U0920893

2015
安徽统计年鉴
ANHUI STATISTICAL YEARBOOK

(总第27期　NO.27)

安　徽　省　统　计　局
ANHUI STATISTICAL BUREAU
国家统计局安徽调查总队
NBS SURVEY OFFICE IN ANHUI
编
COMPILED

中国统计出版社
China Statistics Press

《安徽统计年鉴—2015》

ANHUI STATISTICAL YEARBOOK-2015

图书在版编目（CIP）数据

安徽统计年鉴. 2015 : 汉英对照 / 安徽省统计局,
国家统计局安徽调查总队编. — 北京 : 中国统计出版社,2015.9
ISBN 978-7-5037-7516-1
Ⅰ. ①安… Ⅱ. ①安… ②国… Ⅲ. ①统计资料 – 安徽省
– 2015 – 年鉴 – 汉、英 Ⅳ. ①C832.54-54
中国版本图书馆CIP数据核字(2015)第181397号

安徽统计年鉴-2015

作　　者/ 安徽省统计局 · 国家统计局安徽调查总队
责任编辑/ 佘竞雄　熊威　田野　高维芹
装帧设计/ 徽韵书坊
出版发行/ 中国统计出版社
地　　址/ 北京市丰台区西三环南路甲6号
邮　　编/ 100073
电　　话/ 邮购（010）63376909　书店（010）68783171
网　　址/ http://www.zgtjcbs.com
印　　刷/ 安徽省新华印刷股份有限公司
经　　销/ 新华书店
开　　本/ 890mm × 1240mm　1/16
字　　数/ 1500 千字
印　　张/ 49　　彩页 6页
版　　别/ 2015年9月第 1 版
版　　次/ 2015年9月第 1 次印刷
定　　价/ 450元

本书附同版本CD-ROM一张，光盘内容以书面文字为准。
如有印装差错，由本社发行部调换。

《安徽统计年鉴—2015》编辑委员会

AnHui Statistical Yearbook-2015 Editorial Board

《安徽统计年鉴—2015》编辑部

AnHui Statistical Yearbook-2015 Editorial Department

总 编 辑：倪胜如

副总编辑：周　平　　翟晓琴

责任编辑：田　野　　高维芹

编　　辑：（以姓氏笔画为序）

王　寅	王　锋	王三龙	王文福
牛继武	尹必琼	邓　泓	邓炜炜
史士斌	冉　地	付蜀云	白　杨
冯　辉	吉小军	刘玉如	刘艳丽
闫协平	安　健	李　燚	李庆波
李胜男	杨　睿	吴安琪	吴润青
何文泉	何申明	邹珊珊	汪　汛
张　亮	张军锋	张志勇	张明俊
陈之清	陈正报	罗　薇	周雯雯
郑新华	耿亚君	徐澄洲	黄　微
麻丽敏	程利华	曾　认	谢宏豹
戴　炜	魏小燕		

英文翻译：孙乃经
光盘设计：孙道志
编　　务：汪　剑

编辑说明

一、《安徽统计年鉴—2015》全面、系统地收录了2014年全省及各市、县经济和社会各方面统计数据，重点展现"十二五"以来安徽经济建设和社会发展成就，是一部全面反映安徽省国民经济和社会发展情况的资料性年刊。

二、《安徽统计年鉴—2015》新增非公有制企业法人单位数、中小微型企业法人单位数、生育保险、农村居民家庭人均可支配收入、规模以上工业企业产品和工艺创新情况等内容。

三、全书内容共分23个篇章和附录，即：综合；国民经济核算；人口；就业人员和工资；固定资产投资；能源生产和消费；财政、金融、保险；物价指数；城乡人民生活；城市概况；自然资源和环境保护；农业；工业；建筑业；运输和邮电；国内贸易；对外经济贸易；旅游；教育和科技；卫生和社会服务；文化和体育；公共管理及其他；省级和县级主要经济指标及位次。附录部分主要有：贫困县监测、全省建制镇基本情况、企业电子商务情况。为帮助读者理解和使用有关数据，各篇章附有简要说明和主要指标解释，介绍了统计范围和统计方法。

四、本年鉴使用国民经济行业分类(GB/T4754-2011)。

五、本年鉴中使用的度量衡单位均采用国际统一标准计量单位。

六、本年鉴符号使用说明：年鉴各表中的"空格"表示该项统计指标数据不足本表最小单位数、数据不详或无该项数据。"#"表示其中的主要项。

七、本年鉴中部分合计数或相对数由于单位取舍不同产生的计算误差，均未作机械调整。全书中英文对照，配套出版磁质光盘。

Preface

Ⅰ. The Anhui Statistical Yearbook 2015 totally and systematically covers statistics—for 2014 at provincial and local levels for the city and county. It reflects statistics during the period of the "eleventh-five-year-plan" at the provincial level, mainly showing various aspects of the new achievements that the people in Anhui made in terms of economic construction and social development since the period of the "twelfth five-year-plan." It is an annual statistics publication.

Ⅱ. The Anhui Statistical Yearbook 2015 newly adds non-public economic enterprises and small and medium-sized micro enterprise legal person unit number, birth insurance, rural households per capita disposable income, above scale industrial enterprises products and technology innovation situation, and so on.

Ⅲ. This book contains the following 23 parts and appendices: General Survey; National Accounts; Population; Employment and Wages; Investment in Fixed Assets; Production and Consumption of Energy; Finance, Banking and Insurance; Price Indices; People's Livelihood; General Survey of Cities; Natural resources and Environmental Protection; Agriculture; Industry; Construction; Transportation, Postal and Telecommunication Services; Domestic Trade; Foreign Trade; Tourism; Education and Science; Public Health and Social Services; Culture and Sports; Public Management and Others; Business Survey of Enterprises; Main Economic Indicators and Their Orders of Precedence for Provinces and Countries. The appendix includes: observation and survey of poor countries and basic situation of the whole province organizational towns' basic situation, Enterprise electronic commerce; and so on. To help readers further understand and make use of the data, each part is supplemented by a brief introduction and explanatory note on the main statistical indicators, introducing statistical coverage and statistical methods.

Ⅳ. In this yearbook , We use the classification of national economic industries (GB / T4754-2011).

Ⅴ. The units of measurement used in this book are internationally standardized measurement units.

Ⅵ. Notations used in this book: (blank space) indicates that the figure is not large enough to be measured with the smallest unit in the table, or data are unknown ,or are not available; "#" indicates a major items of the total.

Ⅶ. Statistical discrepancies due to rounding are not adjusted in this book. Anhui Statistical Yearbook is compiled bilingually in Chinese and English and a magnetic CD-ROM has been published to form a complete set.

目　　录
CONTENTS

一、综　　合
Chapter 1 General Survey

二、国民经济核算
Chapter 2 National Accounts

三、人　口
Chapter 3 Population

四、就业人员和工资
Chapter 4 Employment and Wages

五、固定资产投资
Chapter 5 Investment in Fixed Assets

六、能源生产和消费
Chapter 6 Production and Consumption of Energy

七、财政、金融、保险
Chapter 7 Finance, Banking and Insurance

八、物价指数
Chapter 8 Price Indices

九、城乡人民生活
Chapter 9 Livelihood of Urban and Rural People

十、城市概况
Chapter 10 General Survey of Cities

十一、自然资源和环境保护
Chapter 11 Natural Resources and Environment Protection

十二、农　　业
Chapter 12 Agriculture

十三、工　业
Chapter 13 Industry

十四、建 筑 业
Chapter 14 Construction

十五、运输和邮电
Chapter 15 Transport, Post and Telecommunication Services

十六、国内贸易
Chapter 16 Domestic Trade

十七、对外经济贸易
Chapter 17 Foreign Trade and Economic Cooperation

十八、旅　游
Chapter 18 Tourism

十九、教育和科技
Chapter 19 Education and Science

二十、卫生和社会服务
Chapter 20 Public Health and Social Services

二十一、文化和体育
Chapter 21 Culture amd Sports

二十二、公共管理及其他
Chapter 22 Public Management and Others

二十三、省级和县级主要经济指标及位次
Chapter 23 Main Economic Indicators and Their Orders of Precedence of Province and County

附　录
Appendix

第 一 篇

Chapter 1

GENERAL SURVEY

简要说明

一、本篇包括我省行政区划、国民经济综合资料等内容。

二、国民经济综合资料中的“各部门机构数”为第二次基本单位普查后部分行业企业资料更新维护数据。

三、国民经济总量、速度、结构、比例和效益指标均取自本年鉴各篇；国民经济综合资料由省统计局综合处整理。

四、我省境内国家级旅游景点黄山、九华山风景区旅游基本情况，由所在地统计部门提供。

Brief Introduction

I. This chapter covers the summary data on national economy.

II. Data on “the number of grassroots units in various sectors” are the renewed data of some trade enterprises after the second basic unit census.

III. Data on the total value, speed, structure, ratio and effects on the national economy are extracted from the concerned data in other chapters in this yearbook. The summary data on national economy are prepared by the Division of Integrated Statistics of Anhui Statistical Bureau.

IV. Data on the basic conditions of national scenic spot-Mount Huang and Mount Jiuhua are provided by the statistical department where they are.

1—1 全省行政区划（2014年末）
Administrative Divisions in Anhui (End of 2014)

单位：个（unit）

市名称 Name of City		市级区划数 Number of Regions at Cities Level	县级区划数 Number of Regions at County Level	县级市 Cities at County Level	县 Counties	市辖区 Districts under the Jurisdiction of Cities	乡镇级区划数 Number of Regions at Townships Level	镇 Towns	乡 Townships	街道办事处 Street Communities
总　计	**Total**	**16**	**105**	**6**	**56**	**43**	**1514**	**937**	**314**	**263**
合肥市	Hefei	1	9	1	4	4	127	65	19	43
淮北市	Huaibei	1	4		1	3	35	18		17
亳州市	Bozhou	1	4		3	1	89	71	8	10
宿州市	Suzhou	1	5		4	1	106	71	23	12
蚌埠市	Bengbu	1	7		3	4	74	38	17	19
阜阳市	Fuyang	1	8	1	4	3	170	124	33	13
淮南市	Huainan	1	6		1	5	65	34	12	19
滁州市	Chuzhou	1	8	2	4	2	110	82	12	16
六安市	Luan	1	7		5	2	164	109	47	8
马鞍山市	Maanshan	1	6		3	3	48	31	4	13
芜湖市	Wuhu	1	8		4	4	74	40	4	30
宣城市	Xuancheng	1	7	1	5	1	93	58	20	15
铜陵市	Tongling	1	4		1	3	25	7	5	13
池州市	Chizhou	1	4		3	1	56	37	8	11
安庆市	Anqing	1	11	1	7	3	171	97	56	18
黄山市	Huangshan	1	7		4	3	107	55	46	6

注：芜湖市街道办事处含公共服务中心。

a) Street offices of Wuhu City include public service centers.

1—2 全省县以上行政区划（2014年末）
Administrative Divisions of Counties and Above in Anhui (End of 2014)

省辖市 City Under Province Administration	县（市、区） Name of County (City) , District Under Administative
合肥市 Hefei	瑶海区、庐阳区、蜀山区、包河区、巢湖市、长丰县、肥东县、肥西县、庐江县 Yaohai District，Luyang District, Shushan District，Baohe District，Chaohu，Changfeng，Feidong，Feixi，Lujiang
淮北市 Huaibei	相山区、烈山区、杜集区、濉溪县 Xiangshan District，Lieshan District，Duji District，Suixi
亳州市 Bozhou	谯城区、涡阳县、蒙城县、利辛县 Qiaocheng District，Guoyang，Mengcheng，Lixin
宿州市 Suzhou	埇桥区、萧　县、砀山县、灵璧县、泗　县 Yongqiao District，Xiaoxian，Dangshan，Lingbi，Sixian
蚌埠市 Bengbu	龙子湖区、蚌山区、禹会区、淮上区、怀远县、五河县、固镇县 Longzihu District，Bengshan District，Yuhui District，Huaishang District，Huaiyuan，Wuhe，Guzhen
阜阳市 Fuyang	颍州区、颍东区、颍泉区、界首市、临泉县、太和县、颍上县、阜南县 Yingzhou District，Yingdong District，Yingquan District，Jieshou，Linquan，Taihe，Yingshang，Funan
淮南市 Huainan	大通区、田家庵区、谢家集区、八公山区、潘集区、凤台县 Datong District，Tianjiaan District，Xiejiaji District，Bagongshan District，Panji District，Fengtai
滁州市 Chuzhou	琅琊区、南谯区、天长市、明光市、来安县、全椒县、定远县、凤阳县 Langya District，Nanqiao District，Tianchang，Mingguang，Laian，Quanjiao，Dingyuan，Fengyang
六安市 Luan	金安区、裕安区、寿　县、霍邱县、舒城县、金寨县、霍山县 Jinan District，Yuan District，Shouxian，Huoqiu，Shucheng，Jinzhai，Huoshan
马鞍山市 Maanshan	花山区、雨山区、博望区、当涂县、含山县、和　县 Huashan District，Yushan District，Bowang District，Dangtu，Hanshan，Hexian
芜湖市 Wuhu	镜湖区、弋江区、三山区、鸠江区、芜湖县、繁昌县、南陵县、无为县 Jinghu District，Yijiang District，Sanshan District，Jiujiang District，Wuhu，Fanchang，Nanling，Wuwei
宣城市 Xuancheng	宣州区、宁国市、郎溪县、广德县、泾　县、旌德县、绩溪县 Xuanzhou District，Ningguo，Langxi，Guangde，Jingxian，Jingde，Jixi
铜陵市 Tongling	铜官山区、狮子山区、郊　区、铜陵县 Tongguanshan District，Shizishan District，Suburban District，Tongling
池州市 Chizhou	贵池区、东至县、石台县、青阳县 Guichi District，Dongzhi，Shitai，Qingyang
安庆市 Anqing	迎江区、大观区、宜秀区、桐城市、枞阳县、怀宁县、潜山县、太湖县、宿松县、望江县、岳西县 Yingjiang District，Daguan District，Yixiu District，Tongcheng，Zongyang，Huaining，Qianshan，Taihu，Susong，Wangjiang，Yuexi
黄山市 Huangshan	屯溪区、徽州区、黄山区、歙　县、休宁县、黟　县、祁门县 Tunxi District，Huizhou District，Huangshan District，Shexian，Xiuning，Yixian，Qimen

1—3 各行业机构单位数（2014年）
Number of Grass Root Units in Various Sectors (2014)

单位：个（unit）

行业类别	Industrial Category	单位数 Number of Units	#法人单位 Legal Entities	#限额以上单位 Above Designated Unit
合　　计	**Total**	**566411**	**467777**	**35587**
农、林、牧、渔业	**Farming, Forestry, Animal Husbandry and Fishery**	**52473**	**51112**	
农　业	Farming	20848	20654	
林　业	Forestry	4373	3998	
畜牧业	Animal Husbandry	9433	9350	
渔　业	Fishery	3135	3103	
农、林、牧、渔服务业	Agicultural Services	14684	14007	
采矿业	**Mining and Industry**	**2773**	**2595**	**445**
煤炭开采和洗选业	Coal Mining and Dressing	280	218	38
石油和天然气开采业	Extraction of Petroleum and Natural Gas	7	4	
黑色金属矿采选业	Mining and Dressing of Ferrous Metals	474	457	106
有色金属矿采选业	Mining and Dressing of Nonferrous Metals	304	287	74
非金属矿采选业	Mining and Dressing of Nonmetal Minerals	1528	1465	223
开采辅助活动	Mining Auxiliary Activities	120	107	4
其他采矿业	Mining and Dressing of Other Minerals	60	57	
制造业	**Manufacturing**	**83529**	**81904**	**17045**
农副食品加工业	Agricultural and Non-staple Food Processing Industry	6321	5994	1641
食品制造业	Food Production	2434	2375	395
酒、饮料和精制茶制造业	Wine, Beverages and Refined Tea Manufacturing	2441	2392	346
烟草制品业	Tobacco Products	25	22	8
纺织业	Textiles	2514	2482	661
纺织服装、服饰业	Textile and Apparel, Clothing Industry	5825	5753	1040
皮革、毛皮、羽毛及其制品和制鞋业	Leather, Fur, Feather and Its Products and Footwear	1516	1489	289
木材加工和木、竹、藤、棕、草制品业	Wood Processing and Wood, Bamboo, Cane, Palm, Grass Products	3833	3783	623
家具制造业	Furniture Manufacturing	2044	2030	269
造纸及纸制品业	Papermaking and Paper Products	1331	1315	227
印刷和记录媒介的复制	Printing and Record Medium Reproduction	2580	2539	308
文教、工美、体育和娱乐用品制造业	Cultural and Educational Supplies Manufacturing, Industrial, Spoı and Entertainment	2558	2532	427
石油加工、炼焦及核燃料加工业	Petroleum Processing, Coking and Nuclear Fuel Processing	119	117	27
化学原料和化学制品制造业	Raw Chemical Materials and Chemical Products	3598	3531	971
医药制造业	Medical and Pharmaceutical Products	1137	1119	360
化学纤维制造业	Chemical Fiber Industry	133	133	38
橡胶和塑料制品业	Rubber and Plastic Products	4523	4490	1010
非金属矿物制品业	Nonmetal Mineral Products	10172	9955	2031
黑色金属冶炼和压延加工业	Smelting and Pressing of Ferrous Metals	1385	1352	443
有色金属冶炼和压延加工业	Smelting and Pressing of Nonferrous Metals	692	676	218
金属制品业	Metal Products	5138	5045	867
通用设备制造业	Equipments in Current Use	5563	5489	1041
专用设备制造业	Equipments in Special Use	4411	4309	854
汽车制造业	Manufacture of Automobile	2589	2546	802
铁路、船舶、航空航天和其他运输设备制造业	Railway, Shipbuilding, Aerospace and Other Transportation Equipment Manufacturing Industry	676	651	176
电气机械和器材制造业	Electric Equipments and Machinery	4515	4452	1166
计算机、通信和其他电子设备制造业	Computers, Communications and Other Electronic Equipment Manufacturing Industry	2024	2007	450
仪器仪表制造业	Instrument Manufacturing	920	905	130
其他制造业	Other Manufacturing	1302	1288	87
废弃资源综合利用业	Comprehensive Utilization of Waste Resources	682	663	130
金属制品、机械和设备修理业	Metal Products, Machinery and Equipment Repair	528	470	10

1—3 续表1 continued

单位：个（unit）

行业类别	Industrial Category	单位数 Number of Units	#法人单位 Legal Entities	#限额以上单位 Above Designated Unit
电力、热力、燃气及水的生产和供应业	**Electricity, Heat, Gas and Water Production and Supply Industry**	**4082**	**2674**	**267**
电力、热力的生产和供应业	Production and Supply of Electric Power and Heating Power	2198	1001	169
燃气生产和供应业	Production and Supply of Gas	356	285	52
水的生产和供应业	Production and Supply of Tap Water	1528	1388	46
建筑业	**Construction**	**26175**	**22321**	**3162**
房屋建筑业	Housing Industry	5749	4221	1440
土木工程建筑业	Civil Engineering Construction	4618	3772	566
建筑安装业	Construction and Installation Industry	4152	3515	374
建筑装饰和其他建筑业	Building Decoration and Other Construction	11656	10813	782
批发和零售业	**Wholesale & Retail Trade**	**123436**	**107659**	**6055**
批发业	Wholesale Trade	65711	60948	2098
零售业	Retail Trade	57725	46711	3957
交通运输、仓储和邮政业	**Transportation, Storage and Postal Services**	**16219**	**12573**	**1283**
铁路运输业	Railway Transport	197	69	2
道路运输业	Highway Transport	9275	8129	825
水上运输业	Waterway Transport	1160	1073	199
航空运输业	Air Transport	47	27	6
管道运输业	Transport Via Pipelines	9	6	
装卸搬运和运输代理业	Handling and Shipping Agents	2038	1734	85
仓储业	Storage	1414	938	139
邮政业	Postal Services	2079	597	27
住宿和餐饮业	**Accommodation and Catering Trade**	**9120**	**7192**	**1676**
住宿业	Accomodation Trade	2693	2357	579
餐饮业	Catering Trade	6427	4835	1097
信息传输、软件和信息技术服务业	**Information Transmission, Software and Information Technology Services**	**11944**	**8843**	**242**
电信、广播电视和卫星传输服务	Telecommunications, Broadcasting and TV Transmission and Satellite Services	3388	747	83
互联网和相关服务	The Internet and Related Services	1736	1590	23
软件和信息技术服务业	Software and Information Technology Services	6820	6506	136
金融业	**Banking**	**13022**	**3717**	
货币金融服务	Monetary and Financial Services	8676	1650	
资本市场服务	Capital Market Services	1467	1052	
保险业	Insurance	2409	667	
其他金融业	Other Financial Sector	470	348	
房地产业	**Real Estate**	**18202**	**15438**	**3974**
房地产开发经营	Real Estate Development and Operation	6986	6665	3731
物业管理	Estate Management	6389	5202	226
房地产中介服务	Intermediary Services of Real Estate	3630	2510	17
自有房地产经营活动	Own Real Estate Business Activities	635	565	
其他房地产业	Other Real Estate Industry	562	496	
租赁和商务服务业	**Leasing and Commercial Services**	**43182**	**39949**	**525**
租赁业	Leasing	3652	3520	25
商务服务业	Commercial Services	39530	36429	500

1—3　续表2　continued

单位：个（unit）

行业类别	Industrial Category	单位数 Number of Units	#法人单位 Legal Entities	#限额以上单位 Above Designated Unit
科学研究和技术服务业	**Scientific Research and Technical Services**	**18149**	**15405**	**358**
研究与试验发展	Research and Experimental Development	1721	1635	17
专业技术服务业	Professional and Technical Services	11041	9366	285
科技推广和应用服务业	Science and Technology Popularization and Application Services	5387	4404	56
水利、环境和公共设施管理业	**Water Conservancy, Environmental and Public Facilities Management**	**5133**	**3709**	**110**
水利管理业	Water Conservancy Management	1819	821	2
生态保护和环境治理业	Ecological Protection and Environmental Governance Industry	420	370	11
公共设施管理业	Public Facilities Management	2894	2518	97
居民服务、修理和其他服务业	**Residents Service, Repair and Other Services**	**8623**	**7797**	**94**
居民服务业	Resident Services	3530	3117	41
机动车、电子产品和日用产品修理业	Motor Vehicle Repair Industry, Electronic Products and Daily Products	2895	2605	25
其他服务业	Other Services	2198	2075	28
教　育	**Education**	**28525**	**15349**	**136**
学前教育	Education Before School	5963	4758	4
初等教育	Primary Education	14230	3397	6
中等教育	Secondary Education	4047	3410	26
高等教育	High Education	230	207	
特殊教育	Special Education	127	115	
技能培训、教育辅助及其他教育	Auxiliary Skills Training, Education and Other Education	3928	3462	100
卫生和社会工作	**The Department of Health and Social Work**	**23762**	**8994**	**91**
卫　生	Health	21025	7191	88
社会工作	Social Work	2737	1803	3
文化、体育和娱乐业	**Culture, Sports and Entertainment**	**11812**	**11029**	**124**
新闻和出版业	News and Publishing Industry	327	285	26
广播、电视、电影和影视录音制作业	Radio, Television, Film and Television Recording Studios	970	713	38
文化艺术业	Culture and Art	3171	2850	24
体　育	Sports	512	469	4
娱乐业	Entertainment	6832	6712	32
公共管理、社会保障和社会组织	**Public Management, Social Security and Social Organization**	**66250**	**49517**	
中国共产党机关	Organs of Chinese Communist Party	1328	1157	
国家机构	State Organs	28468	13606	
人民政协、民主党派	CPPCC and Democratic Parties	295	295	
社会保障	The Social Security	762	395	
群众团体、社会团体和其他成员组织	Mass Organizations, Social Groups and Other Members of The Organization	16661	15766	
基层群众自治组织	Local Mass Autonomy Organs	18736	18298	

1-4 非公有制企业法人单位数
Number of Non-public Economic Units

单位：个（unit）

项 目	Item	2013	2014
合 计	**Total**	**235401**	**316288**
按登记注册类型分	**Grouped by Registration Status**		
内 资	Domestic Investment Economy	233546	314270
私营独资	Private Wholly-Funded	39841	52994
私营合伙	Private Partnership	7811	9564
私营有限责任公司	Private Limited Liability Companies	128562	169778
私营股份有限公司	Private Joint-Stock Companies	5417	7332
私人投资控股	Private Holding Companies	51915	74602
港澳台商投资	Units with Funds from Hongkong, Macao and Taiwan	799	872
港澳台商独资	Hongkong, Macao and Taiwan Enterprises	439	500
港澳台商投资控股	Enterprises Funded and Controlled by Hongkong, Macao and Taiwan Companies	360	372
外商投资	Foreign Funded Units Funded Share Holding Corporations	1056	1146
外商独资	Foreign Enterprises	572	637
外商投资控股	Foreign Funded and Controlled Corporations	484	509
按规模分	**Grouped by Size**		
大型企业	Large-sized Enterprises	282	334
中小微型企业	Mini-, Small-, Mediume-sized Enterprises	231878	311515
中 型	Medium Size	5339	6909
小 型	Small Size	55810	69985
微 型	Mini Size	170729	234621
按行业分	**Grouped by Sector**		
工 业	Industry	70239	79866
#制造业	Manufacturing	66540	75844
建筑业	Construction	14382	19936
批发和零售业	Wholesale and Retail Trades	73487	95753
交通运输、仓储和邮政业	Transport, Storage and Post	8251	10239
住宿和餐饮业	Hotels and Catering Services	5101	6237
信息传输、软件和信息技术服务业	Information Transmission, Software and Information Technology	5375	7648
金融业	Financial Intermediation	1567	2211
房地产业	Real Estate	10148	12656
租赁和商务服务业	Leasing and Business Services	23123	32841
科学研究和技术服务业	Scientific Research and Technical Services	7460	9687
水利、环境和公共设施管理业	Management of Water Conservancy, Environment	1494	2007
居民服务、修理和其他服务业	Services to Households, Repair and Other Services	4467	6415
教 育	Education	1119	1578
卫生和社会工作	Health and Social Service	358	456
文化、体育和娱乐业	Culture, Sports and Entertainment	6116	7589

注：规模分组按《统计上大中小微型企业划分办法》执行。

a) Scale grouping is according to the "Dividing method of big, medium, small Mini,- sized enterprises of Statistics" .

1-5 中小微型企业法人单位数
Number of Mini-Small-and Medium-sized Enterprises

单位：个（unit）

项　目	Item	2013	2014
合　计	**Total**	**260150**	**356279**
按登记注册类型分	**Grouped by Registration Status**		
内　资	Domestic Investment Economy	258116	354072
港澳台商投资	Units with Funds from Hongkong, Macao and Taiwan	840	916
外商投资	Foreign Funded Economy	1194	1291
按规模分	**Grouped by Size**		
中　型	Medium Size	7335	9271
小　型	Small Size	63950	81257
微　型	Mini Size	188865	265751
按行业分	**Grouped by Sector**		
工　业	Industry	75965	86837
＃制造业	Manufacturing	71208	81653
建筑业	Construction	16026	22259
交通运输业	Transportation	8729	10743
仓储业	Warehousing Industry	753	878
邮政业	Postal Industry	476	576
信息传输业	Information Transmission Industry	1443	2163
软件和信息技术服务业	Software and Information Technology Services	4482	6405
批发业	Wholesale	46994	60871
零售业	Retail	34408	46593
住宿业	Lodging Industry	2063	2341
餐饮业	Catering Industry	3780	4786
房地产开发经营	Real Estate Development Business	5211	6649
物业管理	Property Management	4086	5107
租赁和商务服务业	Leasing and Business Service	26455	37695
其他未列明行业	Other not Listed Industry	25312	33115

注：规模分组按《统计上大中小微型企业划分办法》执行。

a) Scale grouping is according to the "Dividing method of big, medium, small Mini,- sized enterprises of Statistics" .

1—6 国民经济和社会发展总量与速度指标

指　标		Item		总量指标 2000
人口与就业		**Population and Employment**		
人　口		**Population**		
年底总人口	(万人)	Population at the Year-end	(10000 persons)	6278
#市镇人口		Urban		1758
乡村人口		Rural		4520
#男性人口		Male		3258
女性人口		Female		3020
出生人口	(万人)	Births	(10000 persons)	83.9
死亡人口	(万人)	Deaths	(10000 persons)	36.1
人口密度	(人/平方公里)	Density of Population (person/sq.km)		448
年末总户数	(万户)	Total Number of Households at the Year-end	(10000 households)	1656.1
#乡村户数		Numbers of Rural Households		1294.6
就　业	**(万人)**	**Employment**	**(10000 persons)**	
经济活动人口		Economically Active Population		3530.9
从业人员		Employment		3450.7
#国有经济		State-owned Units		314.8
城镇集体经济		Urban of Other Types of Ownership		91.2
港澳台投资经济		Economic Units Funded by Entreneurs from Hong Kong Macao and Taiwan		2.3
外商投资经济		Foreign Funded Units		3.8
城镇私营经济		Urban Private Enteprises		37.6
城镇个体		Urban Self-employed Individuals		134.8
职工人数		Staff and Workers		470.0
国有经济		State-owned Units		307.8
城镇集体经济		Urban of Other Types of Ownership		89.1
其他经济		Units of Other Types of Ownership		73.1
城镇登记失业人数		Registered Unemployed in Urban Areas		31.6
宏观经济		**Macroeconomic Indicator**		
国民经济核算	**(亿元)**	**National Accounting**	**(100 million yuan)**	
生产总值		Gross Domestic Product		2902.1
第一产业		Primary Industry		741.8
第二产业		Secondary Industry		1056.8
#工　业		Industry		885.1
第三产业		Tertiary Industry		1103.5
支出法生产总值		Gross Domestic Expenditures		3041.2
#最终消费		Total Consumption		1947.8
居民消费		Resident Consumption		1615.4
政府消费		Public Consumption		332.3
资本形成总额		Total Investment		1095.0
固定资本形成		Fixed Assets		928.1
存货增加		Stock		166.9
固定资产投资	**(亿元)**	**Investment in Fixed Assets**	**(100 million yuan)**	
固定资产投资额		Fixed Assets Investment		866.7
#国有单位		State-owned Units		431.1
集体单位		Collective-owned Units		124.7
固定资产投资按产业分		Investment in Fixed Assets Grouped by Type of Industry		
#第一产业		Primary Industry		9.1
第二产业		Secondary Industry		232.9
第三产业		Tertiary Industry		624.7
#房地产开发		Real Estate Development		87.9

注：自2011年起，固定资产投资统计口径为500万元以上项目及房地产。

Principal Aggregate Indicators On National Economic and Social Development and Their Related Indices and Growth Rates

Aggregate Date				速度指标 (%) Indices and Growth Rates						
				指 数 (2014年为以下各年) Index (2014 as Percentage of the Following Years)				平均增长速度 Average Annual Growth Rate		
2005	2010	2013	2014	2000	2005	2010	2013	2001—2005	2006—2010	2011—2014
6516	6827	6929	6936	110.5	106.4	101.6	100.1	0.7	0.9	0.4
2313	2949	3316	3409	193.9	147.4	115.6	102.8	5.6	5.0	3.7
4203	3878	3613	3527	78.0	83.9	90.9	97.6	-1.4	-1.6	-2.3
3388	3543	3599	3610	110.8	106.6	101.9	100.3	0.8	0.9	0.5
3127	3283	3330	3326	110.1	106.4	101.3	99.9	0.7	1.0	0.3
75.9	75.7	77.4	77.9	92.8	102.6	102.9	100.6	-2.0	-0.5	0.7
37.9	35.4	36.4	35.7	98.9	94.2	100.8	98.1	1.0	-1.4	0.2
465	487	494	495	110.9	106.9	101.5	100.2	0.7	1.0	0.4
1849.4	2093.4	2143.8	2122.8	128.2	114.8	101.4	99.0	2.2	2.5	0.3
1346.1	1424.3	1448.9	1460.3	112.8	108.5	102.5	100.8	0.8	1.1	0.6
3712.8	4096.8	4327.0	4364.5	123.6	117.6	106.5	100.9	1.0	2.0	1.6
3669.7	4050.0	4275.9	4311.0	124.9	117.5	106.4	100.8	1.2	2.0	1.6
208.7	206.0	196.4	198.8	63.2	95.3	96.5	101.2	-7.9	-0.3	-0.9
30.8	17.9	16.2	15.6	17.1	50.7	87.3	96.4	-19.5	-10.3	-3.3
3.7	7.0	15.9	16.7	725.7	451.1	238.8	105.0	10.0	13.6	24.3
6.7	14.7	20.3	20.9	549.1	311.4	142.3	102.8	12.0	17.0	9.2
86.5	133.3	222.7	272.4	724.5	314.9	204.4	122.3	18.1	9.0	19.6
123.6	264.1	301.2	382.9	284.1	309.8	145.0	127.1	-1.7	16.4	9.7
317.4	372.9	519.5	521.7	111.0	164.4	139.9	100.4	-7.6	3.3	8.8
199.2	206.0	196.4	198.8	64.6	99.8	96.5	101.2	-8.3	0.7	-0.9
28.2	17.9	16.2	15.6	17.5	55.4	87.3	96.4	-20.6	-8.7	-3.3
90.1	149.1	306.9	307.3	420.4	341.1	206.1	100.1	4.3	10.6	19.8
27.8	28.5	39.5	39.3	124.4	141.4	138.0	99.5	-2.5	0.5	8.4
5350.2	12359.3	19229.3	20848.7	471.8	287.5	153.5	109.2	10.4	13.4	11.3
966.5	1729.0	2267.2	2392.4	161.3	150.0	118.7	104.6	1.5	4.8	4.4
2245.9	6436.6	10390.0	11077.7	723.5	384.6	165.3	109.9	13.5	18.4	13.4
1837.4	5407.4	8880.5	9455.5	775.3	418.2	171.0	110.4	13.1	19.6	14.3
2137.8	4193.7	6572.2	7378.7	448.3	250.0	149.4	109.5	12.4	10.8	10.5
5350.2	12359.3	19229.3	20848.7							
3006.7	6213.1	9281.2	10136.8							
2399.4	4873.4	7051.2	7839.2							
607.3	1339.8	2230.0	2297.6							
2354.1	6171.5	10018.3	10905.8							
2214.0	6061.1	9836.5	10723.8							
140.0	110.5	181.7	181.9							
2521.0	11849.4	18251.1	21256.3				116.5	23.8	37.5	22.3
880.6	3061.3	4280.3	4661.0				108.9	15.4		
48.4	323.9	241.5	287.5				119.1	-17.2		
75.4	221.6	389.3	542.0				139.2	52.6		
995.1	5617.4	8265.6	9417.8				113.9	33.7		
1450.4	6010.5	9596.2	11296.5				117.7	18.3		
459.4	2251.8	3946.2	4339.0				110.0	39.2	37.4	17.8

a) Since 2011, the statistical caliber of investment in fixed assets was projects and real estate over 5 million yuan.

1—6 续表1 continued

指标		Item		总量指标 2000
财　　政	**（亿元）**	**Public Finance**	**(100 million yuan)**	
财政收入		Total Revenue		290.4
中　央		Central Covernment		111.7
地　方		Local Governments		178.7
#增值税		Value-added Tax		26.3
营业税		Operation Tax		32.0
企业所得税		Enterprises' Income Tax		23.4
财政支出		Total Expenditures		323.5
地　方		Local Governments		323.5
#一般公共服务		General Public Service		
教　育		Education		
社会保障和就业		Social Security and Employment		
物价总指数	**（上年=100）**	**Price Indices**	**(preceding year=100)**	
商品零售价格指数		Retail Price Index		98.0
居民消费价格指数		Consumer Price Index		100.7
农业生产资料价格指数		Price Indices of Agricultural Means of Production		98.2
农产品生产价格指数		Production Price Indices of Agricultural Products		
工业生产者出厂价格指数		Ex-factory Industrial Producer Price Index		98.9
工业生产者购进价格指数		Industrial Producer Purchasing Price Index		102.6
固定资产投资价格指数		Price Indices of Investment in Fixed Assets		101.6
利用外资	**（万美元）**	**Utilization of Foreign Capital**	**(USD 10000)**	
外商直接投资合同金额		The Contract Amount of Foreign Investment		63602
实际利用外商直接投资额		The Actual Use of Foreign Direct Investment		31847
能源生产与消费	**（万吨标准煤）**	**Production and Consumption of Energy**	**(10000 tons of SCE)**	
能源生产总量		Total Energy Production		3436.1
能源消费总量		Total Energy Consumption		4878.8
产　　业		**Industry**		
农　业		**Agriculture**		
耕地面积	（千公顷）	Cultivated Areas	(1000 hectares)	
总播种面积	（千公顷）	Total Sown Area	(1000 hectares)	8418.0
#粮食播种面积		Sown Area of Grain Crops		5565.6
农林牧渔业总产值	（亿元）	Gross Output Value of Farming, Forestry, Animal Husbandry and Fishery	(100 million yuan)	1220.0
主要农产品产量		Output of Major Farm Products		
粮　食	（万吨）	Grain	(10000 tons)	2472.0
棉　花	（万吨）	Cotton	(10000 tons)	28.5
油　料	（万吨）	Oil-bearing Crops	(10000 tons)	285.1
黄红麻	（万吨）	Jute and Ambary Hemp	(10000 tons)	2.2
烤　烟	（万吨）	Flue-cured Tobacco	(10000 tons)	3.1
茶　叶	（万吨）	Tea	(10000 tons)	4.5
猪　肉	（万吨）	Pork	(10000 tons)	198.5
牛　肉	（万吨）	Beef	(10000 tons)	31.9
羊　肉	（万吨）	Mutton	(10000 tons)	11.2
肉猪出栏	（万头）	Number of Slaughtered Fattened Hogs	(10000 heads)	2393.2
奶　类	（万吨）	milk	(10000 tons)	4.1
水产品	（万吨）	Aquatic Products	(10000 tons)	159.8
农业机械总动力	（万千瓦）	Total Agricultural Machinery Power	(10000 kw)	2975.9
有效灌溉面积	（千公顷）	Irrigated Area	(1000 hectares)	3197.4
化肥使用量	（万吨）	Consumption of Chemical Fertilizers	(10000 tons)	253.2
农村用电量	（亿千瓦时）	Electricity Consumed in Rural Areas	(100 million kwh)	45.8

Aggregate Date				速度指标 (%) Indices and Growth Rates						
				指 数 (2014年为以下各年) Index (2014 as Percentage of the Following Years)				平均增长速度 Average Annual Growth Rate		
2005	2010	2013	2014	2000	2005	2010	2013	2001—2005	2006—2010	2011—2014
656.6	2063.8	3365.1	3663.0	1261.4	557.9	177.5	108.9	17.7	25.7	15.4
277.0	831.8	1142.3	1284.1	1149.6	463.6	154.4	112.4	19.9	24.6	11.5
334.0	1149.4	2075.1	2218.4	1241.4	664.2	193.0	106.9	13.3	28.0	17.9
57.7	129.5	224.5	260.5	990.7	451.6	201.2	116.1	17.0	17.5	19.1
78.1	291.9	502.3	540.0	1687.4	691.4	185.0	107.5	19.5	30.2	16.6
30.1	106.6	190.5	218.3	933.0	725.3	204.8	114.6	5.2	28.8	19.6
713.1	2587.6	4349.7	4664.1	1441.8	654.1	180.2	107.2	17.1	29.4	15.9
713.1	2587.6	4349.7	4664.1	1441.8	654.1	180.2	107.2	17.1	29.4	15.9
	273.7	469.2	408.2			149.1	87.0			10.5
	386.3	736.6	743.1			192.4	100.9			17.8
	334.2	533.6	575.8			172.3	107.9			14.6
100.6	103.2	101.2	100.4	129.3	125.1	109.3	100.4	0.7	2.7	2.2
101.4	103.1	102.4	101.6	139.4	129.9	112.4	101.6	1.4	2.9	3.0
108.3	102.0	100.9	99.6	185.9	156.4	121.0	99.6	3.5	5.3	4.9
98.7	110.8	103.7	100.2	221.6	172.5	120.8	100.2	5.1	7.4	4.8
103.3	109.0	98.2	97.4	135.9	119.3	101.9	97.4	2.6	3.2	0.4
107.1	111.8	96.9	97.2	173.2	134.0	102.5	97.2	5.3	5.5	0.6
101.0	105.4	100.2	100.3	145.3	130.3	109.7	100.3	2.2	3.5	2.3
155358	216462	268851	310969	488.9	200.2	143.7	115.7	19.6	6.9	9.5
68845	501446	1068772	1233978	3874.7	1792.4	246.1	115.5	10.6	48.8	25.2
6215.4	9689.3	10056.3	9413.3	273.9	151.4	97.2	93.6	12.6	9.3	-0.7
6506.0	9706.6	11696.4	12011.0	246.2	184.6	123.7	102.7	5.9	8.3	5.5
		5883.1	5876.4				99.9			
8755.2	9054.9	8945.6	8945.5	106.3	102.2	98.8	100.0	0.8	0.7	-0.3
5988.1	6616.4	6625.3	6628.9	119.1	110.7	100.2	100.1	1.5	2.0	0.05
1666.2	2955.4	4009.2	4223.7	171.3	153.6	118.7	104.6	2.2	5.3	4.4
2605.3	3080.5	3279.6	3415.8	138.2	131.1	110.9	104.2	1.1	3.4	2.6
31.1	31.6	25.1	26.3	92.4	84.7	83.3	104.8	1.8	0.3	-4.5
270.7	227.6	225.4	228.8	80.3	84.5	100.5	101.5	-1.0	-3.4	0.1
1.9	1.2	1.3	1.3	57.2	66.2	101.5	96.9	-2.9	-8.2	0.4
2.5	2.9	4.2	4.3	137.6	170.6	146.3	101.1	-4.2	3.1	10.0
6.0	8.3	10.1	11.1	247.1	185.3	134.0	110.2	5.9	6.7	7.6
231.7	238.8	253.4	264.8	133.4	114.3	110.9	104.5	3.1	0.6	2.6
31.5	18.3	18.1	17.9	56.1	56.8	97.8	98.6	-0.3	-10.3	-0.6
17.6	14.2	15.0	15.5	138.3	88.0	109.1	103.3	9.5	-4.2	2.2
2812.1	2782.1	2971.5	3089.2	129.1	109.9	111.0	104.0	3.3	-0.2	2.7
11.0	20.5	25.3	27.9	676.4	252.2	136.0	110.0	21.8	13.2	8.0
177.6	193.3	215.5	223.7	140.0	125.9	115.7	103.8	2.1	1.7	3.7
3983.8	5409.8	6140.3	6365.8	213.9	159.8	117.7	103.7	6.0	6.3	4.2
3330.8	3519.8	4305.5	4331.7	135.5	130.0	123.1	100.6	0.8	1.1	5.3
285.7	319.8	338.4	341.4	134.8	119.5	106.8	100.9	2.4	2.3	1.6
64.2	107.4	138.4	147.5	322.1	229.8	137.4	106.6	7.0	10.8	8.3

1—6 续表2 continued

指 标		Item		总量指标 2000
工 业（规模以上）		**Industry**		
主要工业产品产量		Output of Major Industrial Products		
布	（亿米）	Cloth	(100 million m)	7.4
家用电冰箱	（万台）	Household Refrigerators	(10000 units)	169.9
房间空气调节器	（万台）	Air Conditioners	(10000 units)	115.8
家用洗衣机	（万台）	Household Washing Machines	(10000 units)	131.7
彩色电视机	（万部）	Colour Television Sets	(10000 units)	156.1
原 煤	（亿吨）	Coal	(100 million tons)	0.5
发电量	（亿千瓦时）	Electricity	(100 million kwh)	368.1
粗 钢	（万吨）	Crude Steel	(10000 tons)	460.6
钢 材	（万吨）	Rolled Steel	(10000 tons)	431.7
水 泥	（万吨）	Cement	(10000 tons)	2136
企业单位数	（个）	Number of Industrial Enterprises	(unit)	3680
#大型企业		Large		193
工业总产值	（亿元）	Gross Industrial Output Value	(100 million yuan)	1661.4
工业增加值	（亿元）	Value Added of Industry	(100 million yuan)	507.4
资产总计	（亿元）	Total Assets	(100 million yuan)	2977.9
负债合计	（亿元）	Total Liabilities	(100 million yuan)	1855.1
主营业务收入	（亿元）	Revenue from principal Business	(100 million yuan)	1688.1
利润总额	（亿元）	Total Profits	(100 million yuan)	38.2
建 筑 业		**Construction**		
企业单位数	（个）	Number of Enterprises	(unit)	
企业从业人员	（万人）	Number of Persons Engaged	(10000 persons)	
建筑业总产值	（亿元）	Gross Output Value	(100 million yuan)	
房屋建筑施工面积	（万平方米）	Floor Space of Buildings Under Construction	(10000 sq.m)	4631.3
房屋建筑竣工面积	（万平方米）	Floor Space of Buildings Completed	(10000 sq.m)	2595.3
#住宅面积		Residential Buildings		1448.0
交通运输		**Transportation**		
货 运 量	（万吨）	Freight Traffic	(10000 tons)	44536
铁 路		Railways		6473
公 路		Highways		32740
水 运		Waterways		5320
民 航		Total Civil Aviation Routes		1.5
客 运 量	（万人）	Passenger Traffic	(10000 persons)	62033
铁 路		Railways		2994
公 路		Highways		58026
水 运		Waterways		860
民 航		Total Civil Aviation Routes		153
内河港口货物吞吐量	（万吨）	Volume of Freight Handled in Major Ports	(10000 tons)	7114
公路里程	（公里）	Total Length of Highways	(km)	44493
等级公路里程	（公里）	Length of Expressway and Class Ⅰ to Ⅳ Highway	(km)	42579
邮电通信业		**Postal and Telecommunication Services**		
邮电业务总量	（亿元）	Total Business Revenue	(100 million yuan)	120.1
函 件	（亿件）	Number of Letters Delivered	(100 million pieces)	1.9
报刊期发数	（万份）	Number of Newspapers and Magazines Distributed	(10000 copies)	929.8
交换机容量	（万门）	Capacity of Office Telephone Exchanges	(10000 lines)	717.1
移动电话年末用户	（万户）	Number of Mobile Telephone Subsecribers at Year-end	(10000 subscribers)	209.1
固定电话年末用户	（万户）	Number of Fixed Telephone Subsecribers at Year-end	(10000 subscribers)	483.8
城 市		Urban		273.0
农 村		Rural		210.8
公用电话	（万户）	Public Telephone	(10000 subscribers)	10.9

注：自2011年起，规模以上工业企业统计范围为年主营业务收入2000万元及以上工业企业。

Aggregate Date				速度指标 (%) Indices and Growth Rates						
				指　数 (2014年为以下各年) Index (2014 as Percentage of the Following Years)				平均增长速度 Average Annual Growth Rate		
2005	2010	2013	2014	2000	2005	2010	2013	2001—2005	2006—2010	2011—2014
5.6	10.9	10.0	11.6	157.3	206.9	107.2	116.3	-5.3	14.1	1.8
530.4	2078.9	2973.9	2765.8	1627.9	521.5	133.0	93.0	25.6	31.4	7.4
515.0	1666.1	3046.7	3040.6	2625.7	590.4	182.5	99.8	34.8	26.5	16.2
441.8	1267.0	1697.8	1528.7	1160.7	346.0	120.7	90.0	27.4	23.5	4.8
374.4	395.3	561.8	602.2	385.8	160.8	152.3	107.2	19.1	1.1	11.1
0.8	1.3	1.4	1.3	267.2	151.8	98.2	92.2	12.0	9.1	-0.4
645.7	1443.9	1958.4	1992.9	541.4	308.6	138.0	101.8	11.9	17.5	8.4
1105.6	1853.8	2787.5	2451.4	532.2	221.7	132.2	87.9	19.1	10.9	7.2
1141.6	2446.4	3138.6	3265.7	756.5	286.1	133.5	104.0	21.5	16.5	7.5
3218	7874	12131	12913	604.5	401.3	164.0	106.4	8.5	19.6	13.2
5277	16277	16193	17762	482.7	336.6	109.1	109.7	7.5	25.3	2.2
61	100	284	283	146.6	463.9	283.0	99.6	-20.6	10.4	29.7
4567.2	18732.0	33756.8	37420.6							
1483.8	5290.6	8646.0	9302.8							
5067.1	15930.3	25906.2	28831.5	968.2	569.0	181.0	111.3	11.2	25.7	16.0
3029.0	9565.9	15367.2	16718.7	901.2	552.0	174.8	108.8	10.3	25.9	15.0
4523.3	18164.6	33788.8	36838.4	2182.2	814.4	202.8	109.0	21.8	32.1	19.3
218.2	1445.6	2108.8	1943.6	5088.0	890.8	134.5	92.2	41.7	46.0	7.7
1946	2469	2757	2807		144.2	113.7	101.8	4.4	4.9	3.3
98.6	158.0	176.9	171.6		174.0	108.6	97.0	6.7	9.9	2.1
923.1	2865.0	4963.6	5482.9		594.0	191.4	110.5	25.0	25.4	17.6
9869.5	23295.7	36274.1	39488.4	852.6	400.1	169.5	108.9	16.3	18.7	14.1
5081.3	10512.4	14851.1	15339.4	591.0	301.9	145.9	103.3	14.4	15.6	9.9
3073.9	6461.5	9683.2	10183.0	703.2	331.3	157.6	105.2	16.2	16.0	12.0
67128	228106	396392	434300	975.2	647.0	190.4	109.6	8.6	27.7	17.5
10386	12091	11566	10488	162.0	101.0	86.7	90.7	9.9	3.1	-3.5
49614	183658	284534	315223	962.8	635.4	171.6	110.8	8.7	29.9	14.5
7125	32355	100290	108587	2041.1	1524.0	335.6	108.3	6.0	35.3	35.4
3.0	2.2	2.4	2.4	157.3	78.7	108.2	98.3	14.9	-6.2	2.0
72871	159597	126975	139823	225.4	191.9	87.6	110.1	3.3	17.0	-3.3
3486	5552	7210	7972	266.3	228.7	143.6	110.6	3.1	9.8	9.5
68927	153697	119433	131403	226.5	190.6	85.5	110.0	3.5	17.4	-3.8
244	139	68	178	20.7	73.0	128.1	261.8	-22.3	-10.6	6.4
214	208	264	270	176.8	126.4	129.9	102.6	6.9	-0.6	6.8
17157	32502	39618	43838	616.2	255.5	134.9	110.7	19.3	13.6	7.8
72807	149382	173763	174373	391.9	239.5	116.7	100.4	10.4	15.5	3.9
67083	142340	168083	169639	398.4	252.9	119.2	100.9	9.5	16.2	4.5
284.0	300.3	513.4	586.0			195.1	114.1	18.8		18.2
2.1	2.1	1.3	1.2	61.2	55.9	55.9	88.6	1.8	平	-13.5
738.0	602.2	652.0	689.0	74.1	93.4	114.5	105.7	-4.5	-4.0	3.4
1611.7	1214.9	1041.0	917.1	127.9	56.9	75.5	88.1	17.6	-5.5	-6.8
1046.9	2798.7	3958.9	4216.0	2016.5	402.7	150.6	106.5	38.0	21.7	10.8
1349.5	1231.0	976.7	839.8	173.6	62.2	68.2	86.0	22.8	-1.8	-9.1
680.0	612.9	603.8	532.3	195.0	78.3	86.8	88.2	20.0	-2.1	-3.5
669.5	618.1	373.0	307.6	145.9	45.9	49.8	82.5	26.0	-1.6	-16.0
65.5	87.9	79.4	72.7	664.6	110.9	82.7	91.5	43.1	6.1	-4.6

a) Since 2011, the statistical scope of the industrial enterprises were industrial companies with revenue from principal business over 20 million yuan.

1—6 续表3 continued

指　标		Item		总量指标 2000
国内商业		**Domestic Trade**		
社会消费品零售总额	(亿元)	Total Retail Sales of Consumer Goods	(100 million yuan)	1077.8
#餐饮收入		Catering income		
商品零售		Commodity retail		
批发零售业购进总额	(亿元)	Total Goods Purchases of Enterprises in Wholesale and Retail Sale Trade	(100 million yuan)	1901.1
批发零售业销售总额	(亿元)	Total Sales of Enterprises in Wholesale and Retail Sale Trade	(100 million yuan)	1764.0
批发零售业库存总额	(亿元)	Total Inventory of Enterprises in Wholesale and Retail Sale Trade	(100 nillion yuan)	393.8
对外经济贸易		**Foreign Trade**		
进出口总额	(万美元)	Total Exports and Tourists	(USD 10000)	334689
进口额		Imports		117483
出口额		Exports		217206
国际旅游		**International Tourism**		
入境旅游人数	(万人次)	Total Number of Tourists	(10000 persons)	31.8
#外国人		Foreigners		16.8
旅游外汇收入	(万美元)	Foreign Exchange Earnings from Tourism	(USD 10000)	8621
旅游星级宾馆个数	(个)	Number of Tourist Hotel of Star Class	(unit)	163
金融保险		**Finance and Insurance**		
金融机构人民币存款余额	(亿元)	Financial Institutions Renminbi Deposit Balance	(100 million yuan)	2485.5
#单位存款		Unit Deposits		
个人储蓄存款		Personal Saving Deposits		1447.2
金融机构人民币贷款余额	(亿元)	Financial Institutions RMB Loan Balance	(100 million yuan)	2385.0
#个人贷款及透支		Individual Loan and Overdrawing		
单位贷款及透支		Unit Loan and Overdrawing		
#经营贷款		Management Loan		
保险公司保费收入	(亿元)	Income From Premium of Insurance Companies	(100 million yuan)	38.2
保险公司赔款及给付	(亿元)	Amount Reparations of Insurance Companies	(100 million yuan)	12.3
教育、科技、文化		**Education, Science and Technology and Culture**		
教　育		**Education**		
幼儿园数	(个)	Number of Kindergartens	(unit)	3932
入园儿童数	(万人)	Student Enrollment in Kingdergartens	(10000 persons)	116.19
学龄儿童入学率	(%)	Percentage of School-age Children Enrolled	(%)	99.67
专任教师数	(万人)	Full-time Teachers	(10000 persons)	
普通高等学校		Regular Institutions of Higher Education		1.51
中等专业学校		Specialized Secondary Schools		0.88
普通中学		Regular Secondary Schools		15.81
#高　中		Senior Secondary Schools		2.92
职业中学		Vocational Secondary Schools		1.94
小　学		Primary Schools		27.37

Aggregate Date				速度指标 (%) Indices and Growth Rates						
				指 数 (2014年为以下各年) Index (2014 as Percentage of the Following Years)				平均增长速度 Average Annual Growth Rate		
2005	2010	2013	2014	2000	2005	2010	2013	2001—2005	2006—2010	2011—2014
1776.7	4300.5	7044.7	7957.0	738.3	447.9	185.0	113.0	10.5	19.3	16.6
	527.9	819.2	924.1			175.0	112.8			15.0
	3772.6	6225.5	7032.9			186.4	113.0			16.8
1513.1	4653.0	7961.6	8463.6	445.2	559.4	181.9	106.3	-4.5	25.2	16.1
1615.5	5144.1	8901.9	9427.5	534.4	583.6	183.3	105.9	-1.7	26.1	16.4
116.2	397.5	632.9	755.6	191.9	650.2	190.1	119.4	-21.7	27.9	17.4
911971	2427677	4563375	4927279	1472.2	540.3	203.0	108.0	22.2	21.6	19.4
392933	1186388	1737737	1777970	1513.4	452.5	149.9	102.3	27.3	24.7	10.6
519038	1241288	2825638	3149309	1449.9	606.8	253.7	111.5	19.0	19.1	26.2
63.3	198.4	385.5	405.1	1273.8	639.9	204.1	105.1	14.8	25.7	19.5
41.1	117.4	200.5	232.9	1387.1	566.7	198.4	116.1	19.6	23.4	18.7
18559	82025	173142	196026	2273.8	1056.2	239.0	113.2	16.6	34.6	24.3
373	453	471	466	285.9	124.9	102.9	98.9	18.0	4.0	0.7
5993.8	16366.1	26739.3	29817.7	1199.7	497.5	182.2	111.5	19.2	22.2	16.2
		12374.1	13643.2				110.3			
3508.7	7788.5	12924.9	14599.4	1008.8	416.1	187.4	113.0	19.4	17.3	17.0
4313.6	11452.3	19088.8	22088.3	926.2	512.1	192.9	115.7	12.6	21.6	17.8
	907.9	1586.7	1771.2			195.1	111.6			18.2
	2984.6	5391.6	5633.6			188.8	104.5			17.2
	2901.6	5316.7	5618.6			193.6	105.7			18.0
133.2	438.2	483.0	572.3	1498.1	429.6	130.6	118.5	28.4	26.9	6.9
30.4	104.6	223.0	234.4	1905.8	771.1	224.0	105.1	19.8	28.0	22.3
2715	4018	6075	6564	166.9	241.8	163.4	108.0	-7.1	8.2	13.1
72.38	100.82	167.95	172.91	148.8	238.9	171.5	103.0	-9.0	6.9	14.4
99.54	99.93	99.70	99.98							
3.24	4.93	5.49	5.65	374.3	174.5	114.7	103.0	16.5	8.8	3.5
0.61	0.77	1.04	1.15	130.5	188.2	148.2	109.9	-7.1	4.9	10.3
19.70	23.01	23.20	23.04	145.8	117.0	100.2	99.3	4.5	3.2	0.04
5.11	6.69	7.38	7.52	257.7	147.2	112.5	101.9	11.8	5.5	3.0
1.73	1.40	2.05	1.72	88.9	99.7	123.4	84.2	-2.3	-4.2	5.4
25.95	24.57	23.81	23.79	86.9	91.7	96.8	99.9	-1.1	-1.1	-0.8

1—6 续表4 continued

指 标		Item		总量指标 2000
在校学生数	（万人）	Student Enrollment	(10000 persons)	
普通高等学校		Regular Institutions of Higher Education		18.24
中等专业学校		Specialized Secondary Schools		19.19
普通中学		Regular Secondary Schools		358.32
#高 中		Senior Secondary Schools		54.14
职业中学		Vocational Secondary Schools		45.28
小 学		Primary Schools		644.24
在校学生毕业生数	（万人）	Graduates of Student Enrollment	(10000 persons)	
普通高等学校		Regular Institutions of Higher Education		2.59
中等专业学校		Specialized Secondary Schools		6.04
普通中学		Regular Secondary Schools		102.31
#高 中		Senior Secondary Schools		13.15
职业中学		Vocational Secondary Schools		14.83
小 学		Primary Schools		121.20
预算内教育经费支出	（亿元）	Government Expenditures on Education	(100 million yuan)	53.99
科 技		**Science and Technology**		
科技活动人员	（万人）	Personnel Engaged in S&T Activities	(10000 persons)	9.72
研究与试验发展经费支出	（亿元）	Expenditures on Research and Development	(100 million yuan)	20.02
技术市场成交额	（万元）	Volume of Transaction in Technical Markets	(10000 yuan)	61011
文 化		**Culture**		
出版数量		Publicatons		
图 书	（万册）	Number of Books Published	(10000 copies)	30992
杂 志	（万册）	Number of Magazines Issued	(10000 copies)	7736
报 纸	（万份）	Number of Newspapers Issued	(10000 copies)	76083
公共图书馆	（个）	Number of Public Libraries	(unit)	84
公共图书馆藏书量	（万册）	Total Collections of Public Libraries	(10000 volumes)	787.4
电视节目制作时间	（小时）	Production Hours of TV Programs	(hours)	24833
广播覆盖率	（%）	Broadcast Covering Rate	(%)	94.8
电视覆盖率	（%）	TV Covering Rate	(%)	93.8
家庭、生活、环境		**Family, People's Livelihood and Environment**		
家 庭		**Family**		
城镇居民平均每户人口	（人）	Average Household Size in Urban Areas	(person)	3.08
农村居民平均每户人口	（人）	Average Household Size in Rural Areas	(person)	4.18
婚 姻	**（万对）**	**Marriages and Divorces**	**(10000 couple)**	
结婚数		Number of Marriages		49.20
离婚数		Number of Divorces		4.27
居 住	**（平方米）**	**Housing**	**(sq.m)**	
城镇居民人均居住面积		Per Capita Gross Floor Space of Urban Residents		14.76
农村居民人均居住面积		Per Capita Net Floor Space of Rural Residents		22.16
生 活		**People's Livelihood**		
城镇居民人均可支配收入	（元）	Per Capita Annual Disposable Income of Urban Households	(yuan)	
城镇居民人均消费性支出	（元）	Per Capita Annual Living Expenditures of Urban Residents	(yuan)	
#食品支出		Food		
农村居民人均可支配收入	（元）	Rural Residents per Capita Disposable Income	(yuan)	
农村居民人均生活费支出	（元）	Per Capita Annual Living Expenditures of Rural Residents	(yuan)	
#食品支出		Food		

Aggregate Date				速度指标 (%) Indices and Growth Rates						
				指 数 （2014年为以下各年） Index (2014 as Percentage of the Following Years)				平均增长速度 Average Annual Growth Rate		
2005	2010	2013	2014	2000	2005	2010	2013	2001—2005	2006—2010	2011—2014
58.91	93.90	105.21	108.05	592.4	183.4	115.1	102.7	26.4	9.8	3.6
18.55	28.93	25.69	26.99	140.6	145.5	93.3	105.0	-0.7	9.3	-1.7
460.86	406.58	325.20	312.54	87.2	67.8	76.9	96.1	5.2	-2.5	-6.4
116.90	127.60	125.51	120.13	221.9	102.8	94.1	95.7	16.6	1.8	-1.5
54.78	48.68	45.68	37.65	83.1	68.7	77.3	82.4	3.9	-2.3	-6.2
584.11	460.44	409.20	415.14	64.4	71.1	90.2	101.5	-1.9	-4.6	-2.6
11.70	23.22	28.01	29.99	1157.8	256.3	129.1	107.1	35.2	14.7	6.6
3.78	9.61	8.96	8.25	136.5	218.2	85.8	92.1	-8.9	20.5	-3.8
142.61	136.57	114.06	109.57	107.1	76.8	80.2	96.1	6.9	-0.9	-5.4
30.10	44.38	41.67	42.94	326.5	142.7	96.8	103.0	18.0	8.1	-0.8
14.51	17.76	14.98	14.88	100.3	102.5	83.8	99.3	-0.4	4.1	-4.3
116.25	87.41	65.49	63.41	52.3	54.5	72.5	96.8	-0.8	-5.5	-7.7
117.40	436.06	771.30	818.78	1516.5	697.4	187.8	106.2	16.8	30.0	17.1
8.94	23.65	33.91	36.51	375.6	408.4	154.4	107.7	-1.7	21.5	11.5
45.61	163.72	352.08	393.61	1966.1	863.0	240.4	111.8	17.9	29.1	24.5
142553	461470	1307716	1698343	2783.7	1191.4	368.0	129.9	18.5	26.5	38.5
25220	23891	25800	25579	82.5	101.4	107.1	99.1	-4.0	-1.1	1.7
5804	5842	6227	5627	72.7	96.9	96.3	90.4	-5.6	0.1	-0.9
98134	116988	124700	121176	159.3	123.5	103.6	97.2	5.2	3.6	0.9
88	88	107	113	134.5	128.4	128.4	105.6	0.9	平	6.5
847.4	1235.8	1776.5	1753.4	222.7	206.9	141.9	98.7	1.5	7.8	9.1
58725	82427	76886	76278	307.2	129.9	92.5	99.2	18.8	7.0	-1.9
95.6	97.3	98.3	98.6							
95.0	97.5	98.6	98.7							
2.95	2.84	2.81	2.94							
4.08	4.03	4.39	3.04					-0.5	-0.2	
43.94	65.09	80.43	79.89	162.4	181.8	122.7	99.3	-2.2	8.2	5.3
5.75	13.24	18.65	20.42	478.2	355.2	154.3	109.5	6.1	18.1	11.4
19.90	31.55	34.86	35.13							
27.00	32.05	32.24	44.67							
			24839				109.0			
			16107				110.4			
			5360							
			9916				112.0			
			7981				110.8			
			2842							

1—6 续表5 continued

指　　标	Item	总量指标 2000
工资、居民生活和保障	**Wages, Living and Pprotection**	
城镇非私营单位就业人员工资总额 (亿元)	Total Wages of Employed Persons of Urban Non-private Owned Units (100 million yuan)	275.53
国有单位	State-owned Units	201.58
城镇集体单位	Urban Collective-ownad Units	31.74
其他单位	Units of Other Types of Ownership	42.20
城镇非私营单位就业人员平均工资 (元)	Average Wage of Employed Persons of Urban Non-private Owned Units (yuan)	6989
城镇居民最低生活保障人数 (人)	Number of Subsistence Allowances for Urban Residents (person)	126460
农村居民最低生活保障人数 (人)	Number of Subsistence Allowances for Rural Residents (person)	102973
卫　生	**Health Care**	
卫生机构数 (个)	Number of Health Institutions (unit)	6705
医院、卫生院	Hospitals	2953
疾病防治中心	Disease Prevention and Controlling	166
妇幼保健站	Maternity and Child Care Centers	110
卫生机构床位数 (张)	Number of Beds in Health Institutions (unit)	123873
#医院、卫生院	Hospitals	114921
卫生机构人员数 (人)	Number of Persons Engaged in Health Institutions (person)	188278
专业卫生技术人员 (人)	Number of Technical Personnel in Hospitals (person)	153808
#执业（助理）医师	Licensed (Assistant) Doctors	69943
注册护士	Registered Nurse	41226
市政建设	**City Construction**	
供水管道长度 (公里)	Length of Water Supply Pipelines (km)	6236
供水总量 (万立方米)	Total Annual Volume of Water Supply (10000 cu.m)	200918
#居民家庭用水	Household Water	61398
天然气供气量 (万立方米)	Supply of Natural Gas (10000 cu.m)	600
#家庭用量	Consumption of Coal Gas for Residential Use	560
液化石油气供气量 (吨)	Liquefied Petroleum Gas (ton)	458621
#家庭用量	Consumption of Liquefied Gas for Residential Use	167146
污水排放量 (万立方米)	Volume of Sewage Discharged (10000 cu.m)	104871
污水处理厂处理量 (万立方米)	Sewage Treatment Plant Capacity (10000 cu.m)	40660
排水管长度 (公里)	Length of Drainage (km)	4120
生活垃圾清运量 (万吨)	Volume of Garbage Swept Away (10000 tons)	327.0
生活垃圾无公害处理量 (万吨)	Volume of Garbage Treated (10000 tons)	165.0
公共汽（电）车总数 (辆)	Total Number of Public Buses and Trolley Buses (unit)	6359
出租汽车数 (辆)	Number of Taxis (unit)	31998
铺装道路长度 (公里)	Length of Paved Roads (km)	5954
公园面积 (公顷)	Area of Parks (hectare)	3472
园林绿地面积 (公顷)	Area of Urban Green Areas (hectare)	32852
建成区绿化覆盖率 (%)	Afforestation Covering Rate in the Constructed Area (%)	27.1
环境、灾害	**Environment and Disaster**	
污染治理项目本年完成投资额 (万元)	Actual Investment in Implemrnyation of the Project for Pollution Treatment in the Project (10000 yuan)	56470
化学需氧量排放量 (万吨)	Amount of CoD Discharged (10000 tons)	44.4
二氧化硫排放量 (万吨)	Volume of Sulphur Dioxide Emission (10000 tons)	57.1
突发环境事件次数 (次)	Number of Environmental Accidents (time)	66
环境污染直接经济损失 (万元)	Losses Converted Into Cash (10000 yuan)	802.0
火灾事故发生数 (起)	Number of Fire Disasters (cases)	6099
火灾伤亡人数 (人)	Number of Casualties in Fire Disasters (person)	227
火灾损失金额 (万元)	Fire Loss (10000 yuan)	6819.4
交通事故发生数 (起)	Number of Traffic Accidents (cases)	25809
交通受伤人数 (人)	Number of Injured in Traffic Accidents (person)	20096
交通死亡人数 (人)	Number of Death in Traffic Accidents (person)	3782
交通事故损失金额 (万元)	Loss of Traffic Accidents (10000 yuan)	7970.0

Aggregate Date				速度指标 (%) Indices and Growth Rates						
2005	2010	2013	2014	指 数 (2014年为以下各年) Index (2014 as Percentage of the Following Years)				平均增长速度 Average Annual Growth Rate		
				2000	2005	2010	2013	2001—2005	2006—2010	2011—2014
484.13	1225.12	2463.72	2631.60	955.1	543.6	214.8	106.8	11.9	20.4	21.1
307.16	691.48	951.76	1027.12	509.5	334.4	148.5	107.9	8.8	17.6	10.4
27.69	42.56	60.76	64.36	202.8	232.4	151.2	105.9	-2.7	9.0	10.9
149.28	491.07	1451.20	1540.12	3649.6	1031.7	313.6	106.1	28.7	26.9	33.1
15334	33341	47806	50894	728.2	331.9	152.6	106.5	17.0	16.8	11.2
977182	883944	782663	724051	572.6	74.1	81.9	92.5	50.5	-2.0	-4.9
251183	2146238	2160542	2089224	2028.9	831.8	97.3	96.7	19.5	53.6	-0.7
32044	23019	24645	24824	370.2	77.5	107.8	100.7		-6.4	1.9
2663	2167	2325	2367	80.1	88.8	109.2	101.7	-1.9	-4.1	2.2
132	124	120	121	72.9	91.7	97.6	100.8	-4.5	-1.2	-0.6
117	119	121	121	110.0	103.4	101.7	100.0	1.2	0.3	0.4
127179	186116	235959	252058	203.5	198.2	135.4	106.8	0.5	7.9	7.9
119625	171389	221319	238631	207.6	199.5	139.2	107.8	0.8	7.5	8.6
193973	247493	353835	365650	194.2	188.5	147.7	103.3	0.6	5.0	10.2
159788	205403	253549	267964	174.2	167.7	130.5	105.7	0.8	5.2	6.9
66102	81097	98630	103738	148.3	156.9	127.9	105.2	-1.1	4.2	6.3
47329	76550	103404	111544	270.6	235.7	145.7	107.9	2.8	10.1	9.9
8745	14730	20450	22247	356.8	254.4	151.0	108.8	7.0	11.0	10.9
206386	160816	161140	167781	83.5	81.3	104.3	104.1	0.5	-4.9	1.1
49728	50889	61328	64145	104.5	129.0	126.0	104.6	-4.1	0.5	6.0
11564	112190	199095	219684	36614.0	1899.7	195.8	110.3	80.7	57.5	18.3
5123	25154	57921	70415	12574.1	1374.5	279.9	121.6	55.7	37.5	29.3
613614	615770	619620	752627	164.1	122.7	122.2	121.5	6.0	0.1	5.1
195508	166335	135713	123246	73.7	63.0	74.1	90.8	3.2	-3.2	-7.2
126761	124449	135346	144249	137.5	113.8	115.9	106.6	3.9	-0.4	3.8
66347	89086	119703	130097	320.0	196.1	146.0	108.7	10.3	6.1	9.9
7606	13136	21891	24580	596.6	323.2	187.1	112.3	13.0	11.5	17.0
477.0	435.3	455.9	464.79	142.1	97.4	106.8	101.9	7.8	-1.8	1.7
83.9	281.0	450.5	462.5	280.3	551.2	164.6	102.7	-12.7	27.3	13.3
8450	11875	16623	18109	284.8	214.3	152.5	108.9	5.9	7.0	11.1
34287	50068	52714	54280	169.6	158.3	108.4	103.0	1.4	7.9	2.0
7985	10157.3	12286.7	12931.6	217.2	161.9	127.3	105.2	6.0	4.9	6.2
3970	8685	10843	11303	325.5	284.7	130.1	104.2	2.7	16.9	6.8
41896	71463	83910	89512	272.5	213.7	125.3	106.7	5.0	11.3	5.8
27.5	37.5	39.9	41.2							
45443	58895	339135	282655	500.5	622.0	479.9	83.3	-4.3	5.3	48.0
44.4	41.1	90.3	88.6	199.5	199.6	215.4	98.1	平	-1.5	21.1
67.2	53.3	50.1	49.3	86.3	73.4	92.5	98.3	3.3	-4.5	-1.9
28	30	6	9	13.6	32.1	30.0	150.0	-15.8	1.4	-26.0
275.4	231.6	274.1	493.0	61.5	179.0	212.9	179.9	-19.2	-3.4	20.8
9182	5174	11706	12319	202.0	134.2	238.1	105.2	8.5	-10.8	24.2
191	56	117	79	34.8	41.4	141.1	67.5	-3.4	-21.8	9.0
4956.1	8474.3	16320.2	14043.6	205.9	283.4	165.7	86.1	-9.9	20.1	13.5
17474	7714	17610	16071	62.3	92.0	208.3	91.3	-7.5	-15.1	20.1
19771	9364	20343	18200	90.6	92.1	194.4	89.5	-0.3	-13.9	18.1
4355	2808	2669	2648	70.0	60.8	94.3	99.2	2.9	-8.4	-1.5
6118.0	2349.6	7375.6	6729.0	84.4	110.0	286.4	91.2	-5.2	-17.4	30.1

1—7 国民经济和社会发展结构指标
Structural Indicators on National Economic and Social Development

单位：%

指　　标	Item	2000	2005	2010	2013	2014
人口与就业	**Population and Employment**					
人　口	**Population**					
城乡结构	Urban and Rural Structure					
城　镇	Urban	28.0	35.5	43.2	47.9	49.2
乡　村	Rural	72.0	64.5	56.8	52.1	50.8
性别结构	Sexual Structure					
男	Male	51.9	52.0	51.9	51.9	52.1
女	Female	48.1	48.0	48.1	48.1	47.9
就　业	**Employment**					
产业结构	Industrial Structure					
第一产业	Primary Industry	58.5	48.6	39.1	34.4	32.8
第二产业	Secondary Industry	16.9	21.4	25.1	27.3	28.1
第三产业	Tertiary Industry	24.6	30.0	35.8	38.3	39.1
宏观经济	**Macro Economy**					
国民核算	**National Accounting**					
生产总值产业结构	Structure of Total Investment in Fixed Assets					
第一产业	Primary Industry	25.6	18.1	14.0	11.8	11.5
第二产业	Secondary Industry	36.4	42.0	52.1	54.0	53.1
第三产业	Tertiary Industry	38.0	39.9	33.9	34.2	35.4
投　资	**Investment**					
固定资产投资产业结构	Structure of Total Investment in Fixed Assets					
第一产业	Primary Industry	1.0	3.0	1.9	2.1	2.6
第二产业	Secondary Industry	26.9	39.5	47.4	45.3	44.3
第三产业	Tertiary Industry	72.1	57.5	50.7	52.6	53.1
资金来源结构	Structure of Funded Sources					
国家预算内资金	State Budgetary Appropriation	6.4	4.6	7.3	4.9	5.2
国内贷款	Domestic Loans	18.7	17.4	9.4	7.5	6.1
利用外资	Foreign Investment	2.5	1.8	0.9	0.6	0.4
自筹和其他投资	Fundraising	72.4	76.2	82.4	87.0	88.3
财　政	**Government Finance**					
财政收入结构	Structure of Government Revenue					
中　央	Central Government	38.5	42.2	40.3	33.9	35.1
地　方	Local Government	61.5	50.9	55.7	61.7	60.6
能源生产与消费	**Energy Production and Consumption**					
能源生产总量结构	Composition of Total Energy Production					
原　煤	Coal	99.8	99.8	98.4	97.5	96.7
一次电力	Primary Power	0.2	0.2	1.2	1.3	1.8
能源消费总量结构	Composition of Total Energy Consumption					
煤　品	Coal		88.6	86.2	78.8	77.9
油　品	Petroleum		10.5	10.3	14.2	15.7
天 然 气	Natural Gas		0.2	1.8	3.1	3.8
一次电力	Primary Power		0.7	1.2	1.1	1.4
其　他	Other			0.5	2.8	1.2
产　业	**Industrial**					
农　业	**Agriculture**					
农林牧渔业产值结构	Structure of Gross Output Value					
农　业	Farming	55.4	49.1	52.3	50.0	50.2
林　业	Forestry	5.2	4.7	4.6	5.8	6.7

1—7 续表1 continued

单位：%

指 标	Item	2000	2005	2010	2013	2014
牧 业	Animal Husbandry	28.6	33.2	29.3	29.2	28.0
渔 业	Fishery	10.8	9.9	10.0	11.0	10.9
工 业	**Industry**					
工业总产值规模结构	Structure of Gross Output Value of Industry					
大型企业	Large Enterprises	49.3	41.2	34.3	35.9	33.6
中型企业	Medium-sized Enterprises	14.9	32.2	25.9	20.9	19.2
小微型企业	Small and Mini Enterprises	35.8	26.6	39.9	43.2	47.2
建 筑 业	**Construction**					
建筑业总产值结构	Structure of Gross Output Value of Construction Enterprises					
建筑工程	Construction Projects	86.5	85.1	87.5	85.6	86.0
安装工程	Installation Projects	11.0	10.8	8.6	8.4	8.0
其 他	Others	2.5	4.1	3.9	6.0	6.0
运 输 业	**Transportation**					
货运量结构	Structure of Freight Traffic					
铁 路	Railways	14.5	15.5	5.3	2.9	2.4
公 路	Highways	73.5	73.9	80.5	71.8	72.6
水 运	Waterways	11.9	10.6	14.2	25.3	25.0
民 航	Total Civil Aviation Routes	0.003	0.004	0.001	0.001	0.001
国内商业	**Domestic Trade**					
社会消费品零售总额构成	Composition of Retail Sales of Consumer Goods					
城 镇	Urban			83.8	81.1	81.2
乡 村	Rural			16.2	18.9	18.8
对外经济贸易	**Foreign Trade**					
出口商品结构	Structure of Exports					
初级产品	Primary Goods	13.3	7.1	6.3	6.5	6.1
工业制成品	Manufactured Goods	86.7	92.9	93.7	93.5	93.9
进口商品结构	Structure of Imports					
初级产品	Primary Goods	38.9	53.0	53.1	57.4	51.0
工业制成品	Manufactured Goods	61.1	47.0	46.9	42.6	49.0
国际旅游	**International Tourism**					
来华旅游人数结构	Structure of Tourists					
外国人	Foreigners	52.7	64.9	59.2	52.0	57.5
港澳台同胞	Compatriots form Hong Kong, Macao and Taiwan	47.3	35.1	40.8	48.0	42.5
金融保险业	**Finance and Insurance**					
金融机构资金来源结构	Structure of Sources of Funds in State Banks					
#各项存款	Deposits	99.1	96.3	103.4	103.9	99.7
其 他	Others	0.9	3.7	-3.4	-3.9	0.3
金融机构资金运用结构	Structure of Fund Uses in State Banks					
#各项贷款	Loans	95.1	69.3	72.4	74.2	73.9
有价证券及投资	Securities and Investment	2.7	3.1	4.7	2.0	4.1
教育、科技、文化	**Education, Science and Culture**					
教 育	**Education**					
在校学生结构	Structure of Student Enrollment					
大 学 生	College and University Students	1.5	4.7	8.2	9.7	10.1
中 学 生	Secondary School Students	35.5	41.2	39.9	34.3	32.6
小 学 生	Primary School Students	53.5	46.7	40.4	37.9	38.6
专任教师结构	Full-time Teachers by Type					
大 学	College and University Students	3.0	6.1	8.5	9.0	9.2
中 学	Secondary School Students	35.3	40.4	42.3	41.5	40.4
小 学	Primary School Students	54.5	49.0	42.5	39.1	38.8
科 技	**Science and Technology**					
研究与试验发展经费筹集款结构	Structure of Funding for Research and Development Outlat					
#政府资金	Government Fund		31.7	22.0	23.5	21.7
企业资金	Enternment Fund		60.1	72.6	73.3	73.5

1—7 续表2 continued

单位：%

指　　标	Item	2000	2005	2010	2013	2014
研究与试验发展经费支出	Research and Development Expenses					
#基础研究	Basic Research		9.0	7.5	6.3	5.7
应用研究	Applied research		20.1	9.6	9.5	10.4
试验发展	Experimental development		61.4	83.0	84.2	83.9
生活、环境	**People's Livelihood and Environment**					
生　活	**People's Livelihood**					
城镇居民消费结构	Consumption Structure of Urban Residents					
食 品 类	Food	45.7	43.7	38.0	39.1	33.3
衣 着 类	Clothing	10.3	12.0	10.6	10.4	8.3
居　住	Residence	8.8	9.3	10.7	10.2	22.0
生活用品及服务	Household Facilities, Articles and Services	7.1	4.6	5.9	5.5	5.7
医疗保健	Health Care and medical Services	4.3	6.3	6.4	5.3	6.1
交通通信	Transport and Communications	7.3	10.6	11.8	14.8	12.0
教育文化娱乐服务	Education, Cultural and Recreation Services	12.0	10.5	12.9	11.7	10.2
其他商品及服务	Other Goods and Services	4.5	3.1	3.8	2.9	2.5
农村居民消费结构	Consumption Structure of Rural Residents					
食 品 类	Food	52.5	45.5	40.7	39.6	35.6
衣 着 类	Clothing	5.4	5.4	5.8	5.9	5.9
居　住	Residence	14.9	15.7	21.6	19.9	21.1
生活用品及服务	Household Facilities, Articles and Services	4.4	4.8	5.8	6.8	6.3
交通通信	Transport and Communications	4.4	9.0	8.5	9.4	10.2
教育文化娱乐服务	Education, Cultural and Recreation Services	11.0	11.7	9.1	6.6	9.2
医疗保健	Health Care and medical Services	4.4	6.1	6.6	9.6	9.8
其他商品及服务	Other Goods and Services	3.1	1.8	2.0	2.1	1.9
卫　生	**Health Care**					
卫生技术人员结构	Composition of medical Technical personnel					
#执业（助理）医师	Licensed (Assistant) Doctors	45.5	41.4	39.5	38.9	38.7
注册护士	Registered Nurses	26.8	29.6	37.3	40.8	41.6
医院床位结构	Hospital Beds by Area					
综合医院	Comprehensive Hospitals				72.9	71.8
中医医院	Hospitals of Traditional Chinese Medicine				13.4	13.7
专科医院	Specialized Hospitals				12.8	13.6
环境、灾害	**Environment and Disasters**					
治理污染资金使用结构	Uses of Funds in Pollution Treatment					
治理废水	Waste Water Treatment	46.7	53.1	24.2	6.3	7.7
治理废气	Waste Gas Treatment	45.4	36.9	52.5	79.3	80.1
治理固体废物	Solid Wastes Treatment	3.8	6.4		2.0	0.7
治理噪声	Noise Abatement	0.7	0.5	0.2	2.4	1.4
其　他	Others	3.4	3.1	23.1	10.1	10.2
火灾事故损失额结构	Structure of Fire Losses Converted into Cash					
特　大	Extraordinarily Serious Fires	41.6	10.7	29.4		
重　大	Serious Fires	6.3	10.9	29.5		
较　大	Larger				13.5	0.5
一　般	Ordinary Fires	52.1	78.4	41.0	86.5	99.5

1—8 国民经济和社会发展比例和效益指标
Indicators on Proportions and Efficiency in National Economic and Social Development

指　标	Item	2000	2005	2010	2013	2014
人　口	**Population**					
出生率 (‰)	Birth Rate (‰)	13.40	12.43	12.70	12.88	12.86
死亡率 (‰)	Death Rate (‰)	5.76	6.23	5.95	6.06	5.89
自然增长率 (‰)	Natural Growth Rate (‰)	7.64	6.20	6.75	6.82	6.97
就　业	**Employment**					
三次产业从业者比例（以第一产业为100）	Employment Ratio by Type of Industry (Employment in primary industry=100)					
第一产业	Primary Industry	100.0	100.0	100.0	100.0	100.0
第二产业	Secondary Industry	29.0	44.0	64.2	79.6	85.6
第三产业	Tertiary Industry	42.0	61.8	91.6	111.4	119.0
城镇登记失业率 (%)	Registered Unemployment Rate in Urban Areas	3.3	4.4	3.7	3.4	3.2
国民核算	**National Accounting**					
全社会劳动生产率 (元/人)	Overall Labor Productivity (yuan/person)	8410	14709	30752	45338	48559
第一产业	Primary Industry	3674	5345	10979	15110	16585
第二产业	Secondary Industry	18071	29590	63966	91281	93080
第三产业	Tertiary Industry	13029	19975	29165	41008	44428
人均生产总值 (元)	Per Capita GDP (yuan)	4779	8631	20888	32001	34425
固定资产投资	**Investment in Fixed Assets**					
固定资产投资相当于生产总值比例 (%)	Proportion of Investment in Fixed Assets to GDP (%)	29.9	47.1	95.9	94.9	102.0
房屋建筑面积竣工率 (%)	Rate of Total Floor Space of Buildings Completed in Construction (%)	56.0	51.5	45.1	40.9	38.8
财　政	**Finance**					
财政收入相当于生产总值比例 (%)	Proportion of Government Revenue to GDP (%)	10.0	12.3	16.7	17.5	17.6
财政支出相当于生产总值比例 (%)	Proportion of Government Expenditure of GDP (%)	11.1	13.3	20.9	22.6	22.4
地方收入相当于中央财政收入比例 (%)	Proportion of Local Government Revenue to Central Government Revenue (%)	160.0	120.6	138.2	181.7	172.8
利用外资	**Utilization of Foreign Capital**					
实际利用外资额相当于签订利用外资额比例 (%)	Proportion of Foreign Capital Actually Used to Total Amount of Foreign Capital for Utilization by Signed Contracts or Agreements (%)	50.1	44.3	231.7	397.5	396.8
能源生产与消费	**Production and Consumption of Energy**					
能源生产弹性系数	Elasticity Ratio of Energy Production	0.26	0.54	0.30		
电力生产弹性系数	Elasticity Ratio of Electricity Production	1.84	0.51	0.69	0.90	0.31
能源消费弹性系数	Elasticity Ratio of Energy Consumption	0.66	0.71	0.62	0.59	0.29
电力消费弹性系数	Elasticity Ratio of Electricity Consumption	1.00	1.08	0.90	1.18	0.41
每万元生产总值消耗的能源 (吨标准煤)	Energy Consumption per 10000 yuan GDP (ton of SCE)	1.68	1.22	0.79	0.676	0.636

1—8 续表1 continued

指 标	Item	2000	2005	2010	2013	2014
农 业	**Agriculture**					
农业从业者人均农产品产量（公斤）	Output of Farm Products per Agricultural (kg)					
粮 食	Grain	1235	1474	1956	2186	2368
棉 花	Cotton	14	18	20	17	18
油 料	Oil-bearing Crops	142	153	145	150	159
肉 类	Meat	156	217	239	269	287
水 产 品	Aquatic Products	80	100	123	144	155
每公顷播种面积农产品产量（公斤）	Output of Farm Crops per Hectare of Sown Area (kg)					
粮 食	Grain	4442	4351	4656	4950	5153
棉 花	Cotton	867	816	918	881	993
油 料	Oil-bearing Crops	1956	2077	2410	2811	2902
工 业	**Industry**					
总资产贡献率 (%)	Ratio of Total Assets to Industrial Output Value (%)	7.09	38.90	16.22	15.10	13.15
资产负债率 (%)	Assets-liability Ratio (%)	63.19	61.63	60.05	59.32	57.99
成本费用利润率 (%)	Ratio of Profits to Industrial Cost (%)	2.40	5.14	8.63	6.67	5.60
流动资产周转次数 （次/年）	Number of Times of Annual of Turnover Circulating Funds (times/year)	1.43	2.25	2.63	3.01	2.87
产品销售率 (%)	Proportion of products Sold (%)		98.24	97.57	97.5	97.55
建 筑 业	**Construction**					
技术装备率 （元/人）	Value of Machinery per Laborer (yuan/peron)	4570	9020	9287	10073.8	12006.3
产值利税率 (%)	Ratio of Per-tax Profits to Gross Output Value (%)	4.16	5.4	7.33	6.86	6.55
劳动生产率 （元/人）	Overall Labor Productivity (yuan/person)	42406	95803	177486	281968	313444
交通运输业	**Transportation**					
客运量弹性系数	Elasticity of Passenger Traffic	0.20	0.47	0.88		1.10
货运量弹性系数	Elasticity of Freight Traffic	0.99	1.04	1.09		1.04
铁路网密度 （公里/万平方公里）	Railway Density (km/10000 sq.km)	154	168	203	251	253
公路网密度 （公里/万平方公里）	Highway Density (km/10000 sq.km)	3176	5197	10663	12403	12446
铁路货运密度 （吨/公里）	Railway Freight Traffic Density (ton/km)	29912	44139	42424	32922	29555
公路货运密度 （吨/公里）	Highway Freight Traffic Density (ton/km)	7358	6814	12295	16375	18078
邮电通信业	**Postal and Telecommunications Services**					
邮电业务总量弹性系数	Elasticity of Postal and Telecommunications Services					1.54
全省电话普及率（按年末常住人口计算）（部/百人）	Access to Telephones, National (set/100 persons)	11.38	39.16	67.65	81.85	83.11
＃移动电话普及率	Access to Mobile Phones	3.43	17.11	46.98	65.65	69.31
国内商业	**Domestic Trade**					
批零和住宿餐饮业人均消费品零售额 （元）	Per Capita Retail Sales And Accommodation of Consumer Good (yuan)	1281	2700	6096	10187	11478
对外经济贸易	**Foreign Trade**					
进出口总额相当于生产总值比例 (%)	Proportion of Total Imports & Exports to GDP (%)	9.1	13.9	13.3	14.7	14.5
国际旅游	**International Tourism**					
每一来华游客花费 （美元）	Expenditure per International Tourist in China(USD)	271	293	413	449	484
国内旅游人均花费 （元）	Expenditure per Domestic Tourist (yuan)		662	838	864	873

1—8　续表2　continued

指　　标	Item	2000	2005	2010	2013	2014
金融保险	**Finance and Insurance**					
金融机构存款相当于生产总值比例　(%)	Bank Deposits as Percentage of GDP　(%)	85.64	112.03	132.42	139.05	143.02
金融机构贷款相当于生产总值比例　(%)	Bank Loans as Percentage of GDP　(%)	82.18	80.63	92.66	99.27	105.95
教　育	**Education**					
学龄儿童入学率　(%)	Net Enrollment Ratio of Primary Schools　(%)	99.67	99.54	99.93	99.70	99.98
小学升学率　(%)	Promotion Rate from Primary Schools to Junior Secondary Schools　(%)	97.55	99.56	99.92	99.65	99.68
初中升学率　(%)	Promotion Rate from Junior Secondary Schools to Senior Secondary Schools　(%)	33.46	60.51	83.86	95.44	96.02
学校教师负担系数　(%)	Student-teacher Ratio (in percentage)　(%)					
高等学校	Colleges and Universities	12.11	18.16	19.05	19.16	19.12
中等学校	Secondary Schools	22.69	24.24	19.23	15.08	14.55
小学学校	Primary Schppls	23.53	22.51	18.74	17.18	17.45
科　技	**Science and Technology**					
研究与开发经费支出相当于生产总值比例　(%)	R&D Expenditures as Percentage of GDP　(%)	0.69	0.85	1.32	1.83	1.89
卫　生	**Health Care**					
每万人执业(助理)医师数　(人)	Number of Doctors per 10000 Persons　(person)	11.21	10.19	11.91	14.26	14.96
每万人医院床位数　(张)	Number of Hospital Beds per 10000 Persons　(unit)	11.80	12.60	17.90	24.80	27.08
医院病床使用率　(%)	Utilization Rate of Hospital Beds　(%)	58.19	68.64	85.88	86.82	87.68
文　化	**Culture**					
每百万人有艺术表演团体（个）	Number of Troupes per Million Persons　(unit)	1.50	1.42	0.81	0.88	14.25
每百万人有公共图书馆（个）	Number of Public Libraries per Million Persons (unit)	1.30	1.36	1.29	1.55	1.63
每百万人有博物馆（个）	Number of Museums per Million Persons　(unit)	0.60	0.66	1.76	2.23	2.37
家　庭	**Family**					
负担少儿系数　(%)	Dependency Ratio of Children　(%)	38.10	34.51	24.68	26.72	26.83
负担老年系数　(%)	Dependency Ratio of the Aged　(%)	11.35	15.08	14.21	17.68	16.83
婚　姻	**Marriages and Divorces**					
离 婚 率　(‰)	Divorce Rate　(‰)	1.37	1.77	3.89	5.39	5.89
生　活	**People's Livelihood**					
城镇与农村居民收入增长率比例（实际扣除价格因素）	Proportion of Growth Rate of Annual Income of Urban Residents to the Growth Rate of Annual Net Income of Rural Residents					0.70
市政建设	**City Construction**					
城市自来水普及率　(%)	Percentage of Households with Access to Tap Water　(%)	95.78	90.52	96.06	98.40	98.63
城市用气普及率　(%)	Percentage of Households with Access to Tap Gas (%)	76.95	72.29	90.52	96.14	96.81
人均公园绿地面积　(平方米)	Public Green Areas per Person　(sq.m)			10.95	12.47	13.20

1—9 社会经济主要指标人均水平
Major Per Capita Indicators of Social and Economy

项 目		Item		2010	2013	2014
地区生产总值	**（元）**	**Gross Domestic Product**	**(yuan)**	**20888**	**32001**	**34425**
农林牧渔业总产值	**（元）**	**Gross Output Value of Farming, Forestry, Animal Husbandry and Fishery**	**(yuan)**	**4339**	**5797**	**6092**
主要产品产量		**Output of Major Products**				
原 煤	（吨）	Coal	(ton)	1.9	2.0	1.8
焦 炭	（吨）	Coke	(ton)	0.1	0.1	0.1
发电量	（千瓦小时）	Electricity	(kwh)	2120.0	2831.8	2874.7
粗 钢	（公斤）	Crude Steel	(kg)	271.5	403.1	353.6
钢 材	（公斤）	Steel Products	(kg)	358.3	453.0	471.1
水 泥	（公斤）	Cement	(kg)	1153.3	1754.1	1862.7
布	（米）	Cloth	(m)	15.9	14.4	16.8
粮 食	（公斤）	Grain	(kg)	452.0	474.0	492.7
棉 花	（公斤）	Cotton	(kg)	4.6	3.6	3.8
油 料	（公斤）	Oil-bearing Crops	(kg)	33.4	32.6	33.0
猪牛羊肉	（公斤）	Pork, Beef and Mutton	(kg)	39.8	41.4	43.0
社会消费品零售额	**（元）**	**Total Retail Sales of Consumer Goods**	**(yuan)**	**6314.3**	**10186.8**	**11477.0**
人民生活	**（元）**	**People's Livelihood**	**(yuan)**			
城镇非私营单位就业人员平均工资		Average Wage of Employed Persons and Related Index of Urban Non-private Owned Units		33341	47806	50894
国 有		State-owned Units		33793	48683	51974
集 体		Urban Collective-owned Units		23869	37927	41741
城镇常住居民可支配收入		Annual Disposable Income of Urban Residents				24839
城镇居民消费性支出		Living Expenditure of Urban Residents				16107
农村常住居民可支配收入		Farmers Disposable Income				9916
农民家庭生活消费支出		Living Expenditure of Rural Residents				7980.8

1—10 人民物质文化生活提高情况
Improvement of People's Material and Cultural Life

项　目	Item		2010	2013	2014
城乡居民收入　（元）	**Income of Rural and Urban Residents**	**(yuan)**			
城镇常住居民人均可支配收入	Annual Per Capita Disposable Income of Urban Residents				24839
农村常住居民人均可支配收入	Per Capita Disposable Income of Farmers				9916
城镇非私营单位就业人员平均工资	Average Wage of Employed Persons and Related Index of Urban Non-private Owned Units		33341	47806	50894
平均每人住房面积　（平方米）	**Per Capita Floor Space of Residential Buildir**	**(sq.m)**			
城镇居民建筑面积	Urban Residents		31.55	34.86	35.13
农村居民建筑面积	Rural Residents		32.05	32.24	44.67
生活、文化、教育、卫生	**Livelihood, Culture, Education and Public Health**				
每百户拥有（抽样）	Number of Durable Consumer Goods Owned Per 100 Households by Sample				
彩色电视机　（台）	TV (Color)	(unit)			
城镇居民	Urban Residents		141.50	122.21	130.04
农　民	Rural Residents		112.13	117.24	119.63
洗衣机　（台）	Washing Machine	(unit)			
城镇居民	Urban Residents		97.35	89.14	93.93
农　民	Rural Residents		56.52	71.13	71.37
移动电话　（部）	Mobile Telephone	(unit)			
城镇居民	Urban Residents		168.46	186.16	208.12
农　民	Rural Residents		136.90	181.08	193.21
每百人每天拥有报纸　（份）	Newspapers per 100 Persons per Day	(copy)	4.7	4.9	4.8
每人每年拥有期刊　（册）	Number of Magazines per Person per Year	(copy)	0.9	0.9	0.8
每万人口中在校大学生　（人）	Number of Enrollment Students of Regular Institutions of Higher Education per 10000 Persons	(person)	155	174	178
每千人口中医院床位数　（张）	Number of Hospital Bed per 1000 persons	(unit)	2	2	3
每千人口中卫生技术人员（人）	Number of Medical Technical Personnel Per 1000 Persons	(person)	3	4	4
储　蓄	**Savings Deposit**				
个人人民币储蓄存款余额　（亿元）	Balance of Savings Deposit of Urban and Rura Residents (year-end)	(100 million yuan)	7788.5	12924.9	14599.4
平均每人储蓄存款　（元）	Per Capita Balance of Saving Deposit	(yuan)	11435	18690	21059

1—11 平均每天主要社会经济活动
Selected Indicators on Average Daily Social and Economic Activities

指　标	Item	2000	2005	2010	2013	2014
每天创造的财富	**Daily Production**					
安徽生产总值（万元）	Gross Domestic Product (10000 yuan)	79509	146580	338612	526831	571199
第一产业	Primary Industry	20323	26479	47371	62114	65545
第二产业	Secondary Industry	28953	61532	176346	284659	303498
工　业	Industry	24249	50339	148148	243300	259054
建筑业	Construction	4704	11193	28198	41756	44885
第三产业	Tertiary Industry	30233	58569	114895	180059	202156
财政收入（万元）	Government Revenue (10000 yuan)	7957	17988	56543	92194	100356
#地　方	Local	4896	9151	31490	56851	60779
粮　食（吨）	Grain (ton)	67726	71378	84397	89852	93584
棉　花（吨）	Cotton (ton)	781	852	866	688	721
油　料（吨）	Oil-bearing Crops (ton)	7810	7416	6236	6176	6269
布（万米）	Cloth (10000 m)	203	154	298	274	319
原　煤（万吨）	Coal (10000 tons)	13.12	23.11	35.70	38.03	35.07
发电量（亿千瓦时）	Electricity (100 million kwh)	1.01	1.77	3.96	5.37	5.46
钢（万吨）	Steel (10000 tons)	1.26	3.03	5.08	7.64	6.72
成品钢材（万吨）	Rolls Steel (final products) (10000 tons)	1.18	3.13	6.70	8.60	8.95
水　泥（万吨）	Cement (10000 tons)	5.85	8.82	21.57	33.24	35.38
家用电冰箱（台）	Household Refrigerator (unit)	4655	14532	56956	81477	75775
家用洗衣机（台）	Household Washing Machines (unit)	3608	12104	34712	46515	41882
每天消费量	**Daily National Consumption**					
居民消费总额（万元）	Resident Consumption (10000 yuan)	44258	65737	133516	193183	214772
农村居民	Rural Residents	26424	24115	41078	53698	59759
城镇居民	Urban Residents	17834	41622	92438	139485	155012
政府消费总额（万元）	Governmert Consumption Expenditure (10000 yuan)	9105	16638	36707	61097	62949
能源消费量（万吨标准煤）	Energy Consumption (10000 tons of SCE)	13.4	17.8	26.6	32.0	32.9
每天其他经济活动	**Other Daily Economic Activities**					
货物运输量（万吨）	Volume of Freight Traffic (10000 tons)	122.0	183.9	624.9	1086.0	1189.9
旅客运输量（万人）	Volume of Passenger Traffic (10000 persons)	170.0	199.6	437.3	347.9	383.1
邮电业务总量（万元）	Business Volume of Postal and Telecommunications Services (10000 yuan)	3292	7781	8228	14066	16055
出版图书（万册）	Books Published (10000 copies)	85	69	65	71	70.1
出版杂志（万册）	Magzines Published (10000 copies)	21.0	15.9	16.0	17.1	15.4
出版报纸（万份）	Newspaper Published (10000 copies)	208	269	321	342	332.0
固定资产投资（万元）	Investment in Fixed Assets (10000 yuan)	23744	69068	324642	500031	582364
城　镇	Urban	17522	58607	299409	461490	538442
农　村	Rural	6223	10461	25233	38541	43923
社会消费品零售总额（万元）	Total Retail Sales of Consumer Goods (10000 yuan)	29529	48677	117822	193005	218000
进出口总额（万美元）	Total Value of Imports and exports (USD 10000)	917	2499	6651	12502	13499
出口额	Exports	595	1422	3401	7741	8628
进口额	Imports	322	1077	3250	4761	4871
实际利用外资额（万美元）	Foreign Capital Actually Used (USD 10000)	87.3	188.6	1373.8	2928.1	3381
国际旅游外汇收入(万美元)	Foreign Exchange Earnings from International Tourism (USD 10000)	23.6	50.8	224.7	474.4	537.1
每天人口变动和婚姻	**Daily Population Changes and Marriages**					
出　生（人）	Births (person)	2234	2079	2060	2120	2134
死　亡（人）	Deaths (person)	946	1038	964	998	978
结　婚（对）	Marriages (couple)	1348	1204	1783	2204	2189
离　婚（对）	Divorces (couple)	117	157	363	511	559

1—12　皖江城市带承接产业转移示范区主要规划目标完成情况（2014年）

The Situation of the Main Goal Completion of the Wanjiang City Zone Contracting Industrial Shifting Model District (2014)

指　　标	Item	全　省 the Whole Province	皖　江 the Area of Wanjiang River	占全省比重（%） Percentage to the Whole Province	2015年规划目标 2015 Plan Goal
经济发展	**Economical Development**				
地区生产总值（亿元）	Gross Domestic Product (100 million yuan)	20848.7	14027.2	67.3	15000
财政收入（亿元）	Government Revenue (100 million yuan)	3663.0	2369.0	64.7	2300
城镇化率（%）	Rate of Urbanization (%)	49.2			≥55
R&D经费相当于GDP比例（%）	Proportion of R&D fund to GDP (%)	1.89			2.2
产业结构	**Industrial Structure**				
非农产业增加值比重（%）	Proportion of Non-agricultural Industries Added Value (%)	88.5	91.7		93
规模以上工业企业（个）	Industrial Enterprises Above Designated Size (unit)	17762	11003	61.9	
规模以上工业增加值中开发区所占比重（%）	Proportion of Development Zones of Add-value of Industrial Enterprises Above Designated Size （%）	57.7	65.5		65
开发区单位土地实现经济收入（万元/亩）	Economic Income of Unit Land Development Zones (10000 yuan per mu)	67.5	79.9		
开放合作	**Opening-up and Cooperation**				
实际利用外商直接投资（亿美元）	Actual Use of Foreign Direct Investment (USD 100 million)	123.4	84.9	68.8	75
实际利用亿元以上省外资金（亿元）	The actual use of more than one hundred million yuan funds outside the province (100 million yuan)	7942.4	5154.5	64.9	
外贸进出口相当于GDP比例（%）	Proportion of Foreign Trade Import and Export to GDP (%)	14.5	18.5		
公共服务	**Public Service**				
城镇居民人均可支配收入（元）	Unban Dweller Per Capita Disposable Income (yuan)	24839	26861	108.1	28500
农村居民人均可支配收入（元）	Rural Residents per Capita Disposable Income (yuan)	9916	11618	117.2	9900
新增城镇就业岗位（万个）	New Increasing Cities Employment Post Every Year (10 thousand)				40
职业中学在校学生数（万人）	Number of Students in Vocational Schools (10000 persons)	37.6			80
环境保护	**Environmental Protection**				
城市污水厂集中处理率（%）	Central Processing Rate of Sewage Treatment Plant (%)	90.2			75
工业企业污染物稳定达标排放率（%）	Central Processing Rate of Sewage Treatment Plant (%)				

注：皖江城市带承接产业转移示范区是指合肥、芜湖、马鞍山、铜陵、安庆、池州、滁州和宣城市，以及六安市的金安区和舒城县。

a) The Wanjiang City Zone Contracting Industrial shifting Model District Refers to Hefei, Wuhu, Maanshan, Tongling, Anqing, Chizhou, Chuzhou and Xuancheng, and Liuan's Jinan District and Shucheng County.

1—13 皖江城市带承接产业转移示范区主要指标

The Main Indices the Wanjiang City Zone Contracting Industrial Shifting Model District

指　　标		Item	
土　地		**Land**	
土地面积	（万平方公里）	Land Area	(10000 kilometer Square)
#开发区面积		Development Zone Area	
人　口		**Population**	
年末总人口	（万人）	Year-end Population	(10000 perons)
劳动就业		**Labour Employment**	
从业人员*	（万人）	Jobholders	(10000 perons)
第一产业		Primary Industry	
第二产业		Secondary Industry	
第三产业		Tertiary Industry	
城　镇		Town	
城镇登记失业率	（%）	Cities and Towns Register Unemployment Rate	
国民经济核算		**National Economic Accounting**	
地区生产总值	（亿元）	Gross Domestic Product	(100 million yuan)
第一产业		Primary Industry	
第二产业		Secondary Industry	
#工　业		Industry	
第三产业		Tertiary Industry	
人均生产总值	（元）	Per Capita gross Domestic Product	(yuan)
固定资产投资		**Fixed Asset Investment**	
固定资产投资额*	（亿元）	Entire Social Fixed Assets Investment	(100 million yuan)
#开发区		Development Area	
#房地产		Rreal Estate	
国内贸易		**Domestic Trade**	
社会消费品零售总额	（亿元）	Social Retailgoods	(100 million yuan)
利用外资		**Use of Foreign Investment**	
实际利用外商直接投资*	（亿美元）	Actual Use of Foreign Direct Investment	(USD 100 million)
#开发区		Development Area	
开发区利用内资	（亿元）	Domestic Capital Using by Development Zone	(100 million yuan)
实际利用省外资金	（亿元）	Actual Use of Fund Outside Anhui Province	(100 million yuan)
实际利用省内资金	（亿元）	Actual Use of Fund Inside Anhui Province	(100 million yuan)
进出口总额*	（亿美元）	Total Export-Import Volume	(USD 100 million)
#开发区		Development Area	
#出　口		Export	
#开发区		Development Area	
财政金融		**Financial Work**	
财政收入	（亿元）	Finance Income	(100 million yuan)
#地方财政收入		Local Financial Revenue	
#开发区土地收入		Development Area Land Income	
地方财政支出	（亿元）	Local Financial Expenditures	(100 million yuan)
金融机构本外币各项贷款*	（亿元）	Local and Foreign Financial Institutions Loans	(100 million yuan)
金融机构本外币各项存款*	（亿元）	The Deposit in Local and Foreign Financial Institutions	(100 million yuan)
农　业		**Agriculture**	
主要农产品产量	（万吨）	Output of Major Farm Products	(10000 ton)
粮　食		Ggrain	
棉　花		Cotton	
油　料		Oil Crops	
规模以上工业		**Industrial Enterprises Above Designated Size**	
企业数	（个）	Number of Enterprises	(unit)
#开发区		Development Area	
主营业务收入*	（亿元）	Main Business Income	(100 million yuan)
#开发区		Development Area	
工业增加值	（亿元）	Industry Value Added	(100 million yuan)
#开发区		Development Area	
资产总计*	（亿元）	Total Assets	(100 million yuan)
#开发区		Development Area	
#流动资产		Current Assets	

注：带“*”号指标为不包含六安市的金安区、舒城县数据。

全　省 Whole Province		皖江示范区 The Wanjiang City Zone Contracting Industrial Shifting Model District		占全省比重（%） Proportion of Whole Province	
2013	2014	2013	2014	2013	2014
14.01	14.01	7.60	7.60	54.2	54.2
0.27	0.28	0.18	0.18	64.1	65.7
6929	6936	3099	3096	44.7	44.6
4275.9	4311.0	1911.0	1935.7	44.7	44.9
1469.7	1415.3	636.5	625.3	43.3	44.2
1169.2	1211.1	577.2	583.0	49.4	48.1
1637.0	1684.6	697.3	727.3	42.6	43.2
1226.2	1277.4	736.5	793.2	60.1	62.1
3.4	3.2				
19229.3	20848.7	12881.7	14027.2	67.0	67.3
2267.2	2392.4	1081.1	1132.1	47.7	47.3
10390.0	11077.7	7363.3	7999.0	70.9	72.2
8880.5	9455.5	6302.2	6857.3	71.0	72.5
6572.2	7378.7	4437.4	4896.2	67.5	66.4
32001	34425				
18251.1	21256.3	12359.0	14458.7	67.7	68.0
6462.9	7395.3	4750.7	5442.5	73.5	73.6
3946.2	4339.0	2639.4	2743.0	66.9	63.2
7044.7	7957.0		4860.5		61.1
106.9	123.4	73.9	84.0	69.1	68.1
67.5	67.5	48.5	51.2	71.8	75.8
2400.6	3142.3	1721.1	2254.6	71.7	71.7
456.3	492.7	390.2	419.6	85.5	85.2
235.6	242.9	208.3	209.9	88.4	86.4
282.6	314.9	227.3	251.6	80.4	79.9
161.0	169.5	137.3	140.0	85.3	82.6
3365.1	3663.0	2144.6	2369.0	63.7	64.7
2075.1	2218.4	1263.6	1356.6	60.9	61.2
4349.7	4664.1	2176.8	2262.5	50.0	48.5
19688.2	22754.7	14164.0	16294.0	71.9	71.6
26938.2	30088.8	17382.0	19122.5	64.5	63.6
3279.6	3415.8	1486.5	1549.2	45.3	45.4
25.1	26.3	24.9	25.4		
225.4	228.8	128.5	133.6	57.0	58.4
16193	17762	10130	11003	62.6	61.9
6300	6979	4369	4662	69.3	66.8
33788.8	36838.4	23671.2	25823.5	70.1	70.1
8646.0	9302.8	5847.3	6345.9	67.6	68.2
4346.1	5011.3	3462.4	3903.2	79.7	77.9
25906.2	28831.5	17495.4	19428.1	67.5	67.4
11392.8	13006.9	8352.2	9515.2	73.3	73.2

a) The index with "*"are data not including Jinan、Shucheng in Luan city.

1—13 续表 continued

指 标		Item	
固定资产净值年平均余额	(亿元)	Annual Mean Remaining Sum of Fixed Asset Net Worth	(100 million yuan)
所有者权益	(亿元)	Owner's Equity	(100 million yuan)
年平均从业人数	(万人)	Annual Mean Employed Population	(10000 perons)
建筑业		**Construction Business**	
总产值*	(亿元)	Total Value of Out-put	(100 million yuan)
#建筑工程产值		Value of Out-put of Architectural Engineering	
工程结算收入	(亿元)	Income From Settlement of Projects	(100 million yuan)
运输邮电通信业		**Transportation ,Posts and Telecommunications Industry**	
铁路营业里程	(公里)	Railroad Revenue Kilometres	(km)
公路里程*	(公里)	Road Mileage	(km)
#高速公路		Freeway	
客运量	(亿人)	Passenger Traffic	(100 million perons)
旅客周转量	(亿人公里)	Turnover of Passenger Traffic	(100 million passenger-km)
货运量	(亿吨)	Freight Traffic	(100 million ton)
货物周转量	(亿吨公里)	Cargo Turnover	(100 million tons-km)
邮电业务总量*	(亿元)	Post and Telecommunication Service Total	(100 million yuan)
教 育		**Education**	
普通高等学校*		Regular Institutions of Higher Education	
学校数	(个)	Number of Schools	(unit)
招生数	(万人)	Entrants	(10000 perons)
在校学生数	(万人)	Enrolment	(10000 perons)
毕业生数	(万人)	Graduates	(10000 perons)
科技活动*		**S&T Activities**	
科技活动人员	(人)	Personnel Engaged in S&T Activities	(peron)
#研究与试验发展(R&D)		(R&D)	
R&D经费内部支出	(万元)	The R&D funds Interior Disburses	(10000 yuan)
#工业企业		Industry Enterprise	
科技机构数	(个)	Number of S&T Organizations	(unit)
科技项目数	(个)	Number of S&T Projects	(unit)
科技人员数	(万人)	Number of S&T People	(10000 perons)
#高中级技术职称人员		High and Middle Technical Title People	
科技项目经费内部支出	(万元)	The S&T Funds Interior Disburses	(10000 yuan)
新产品销售收入	(万元)	Sales Revenue of New Product	(10000 yuan)
#出 口		Export	
国内外三种专利申请*		Three Kinds of Patent Applied of Domestic and Foreign	
受理数	(个)	Number of Cases	(unit)
发 明		Invention	
实用新型		Utility Model	
外观设计		Layout-Design	
授权数	(个)	Number of Authorization	(unit)
发 明		Invention	
实用新型		Utility Model	
外观设计		Layout-Design	
卫 生		**Hygiene**	
卫生机构数*	(个)	Number of Health Institutions	(unit)
#医院、卫生院		Hospital. Heaith Center	
卫生技术人员*	(万人)	Health technical People	(10000 perons)
#执业(助理)医师		Licenses of (Assistant) Dr.	
医疗机构床位*	(万张)	Medical Establishment bed	(10000 unit)
#医院、卫生院		Hospital. Herlth Center	
人民生活		**National Lives**	
城镇非私营单位就业人员平均工资*	(元)	Average Wage of Employed Persons of Urban Non-private Owned Units	(yuan)
城镇常住居民人均可支配收入*	(元)	Urban Per Capita Disposable Income	(yuan)
农村常住居民人均可支配收入*	(元)	Farmer Per Capita Net Income	(yuan)

全　　省 Whole Province		皖江示范区 The Wanjiang City Zone Contracting Industrial Shifting Model District		占全省比重（%） Proportion of Whole Province	
2013	2014	2013	2014	2013	2014
9224.2	10008.7				
10428.5	11947.4	7183.8	8327.1	68.9	69.7
315.7	321.1				
4963.6	5482.9	3880.6	4320.7	78.2	78.8
4249.2	4715.2	3364.4	3777.0	79.2	80.1
3513	3549				
173763	174373	86652	87015	49.9	49.9
3521	3752	1713	1827	48.7	48.7
12.7	14.0				
1318.4	1451.2				
39.6	43.4				
12335.6	13500.9				
513.4	586.0	276.1	322.4	53.8	55.0
106	107	78	78	73.6	72.9
31.5	33.4	23.4	24.8	74.1	74.3
105.2	108.1	76.3	79.1	72.5	73.2
28.0	30.0	20.3	21.6	72.4	72.1
339063	365142	255744	277172	75.4	75.9
180632	201085	132526	150806	73.4	75.0
3520833	3936070	2858808	3204442	81.2	81.4
2477246	2847303				
3484	4093	2528	2914	72.6	71.2
93353	99160	65675	72864	70.4	73.5
34857	49960	24425	37848	70.1	75.8
45148	41889	31403	30243	69.6	72.2
13348	7311	9847	4773	73.8	65.3
48849	48380	34696	35519	71.0	73.4
4241	5184	3147	3768	74.2	72.7
36003	36748	25586	27237	71.1	74.1
8605	6448	5963	4514	69.3	70.0
24645	24824	11407	11475	46.3	46.2
2325	2366	1097	1121	47.2	47.4
25.4	26.8	13.0	13.7	51.4	51.3
9.9	10.4	5.1	5.3	51.6	51.2
23.6	25.2	11.4	12.3	48.4	48.7
22.1	23.9	10.8	11.6	48.6	48.7
47806	50894	50100	53871	104.8	105.8
23114	24839	26248	26861	113.6	108.1
8098	9916	9609	11618	118.7	117.2

1—14 合芜蚌自主创新综合试验区主要指标
Main Indices of HeWuBeng Independent Innovation Comprehensive Area

指　　标		Item	
土　地		**Land**	
土地面积	（万平方公里）	Land Area	(10000 kilometer Square)
#开发区面积		Development Zone Area	
人　口		**Population**	
年末户籍人口	（万人）	Residence Population (year-end)	(10000 perons)
劳动就业		**Labour Employment**	
从业人员	（万人）	Jobholders	(10000 perons)
第一产业		Primary Industry	
第二产业		Secondary Industry	
第三产业		Tertiary Industry	
#城　镇		Town	
城镇登记失业率	（%）	Cities and Towns Register Unemployment Rate	
国民经济核算		**National Economic Accounting**	
地区生产总值	（亿元）	Gross Domestic Product	(100 million yuan)
第一产业		Primary Industry	
第二产业		Secondary Industry	
#工　业		Industry	
第三产业		Tertiary Industry	
人均生产总值	（元）	Per Capita gross Domestic Product	(yuan)
固定资产投资		**Fixed Asset Investment**	
固定资产投资额	（亿元）	Entire Social Fixed Assets Investment	(100 million yuan)
#开发区		Development Area	
#房地产		Real Estate	
国内贸易		**Domestic Trade**	
社会消费品零售总额	（亿元）	Social Retailgoods	(100 million yuan)
利用外资		**Use of Foreign Investment**	
实际利用外商直接投资	（亿美元）	Actual Use of Foreign Direct Investment	(USD 100 million)
#开发区		Development Area	
开发区利用内资	（亿元）	Domestic Capital Using by Development Zone	(100 million yuan)
实际利用省外资金	（亿元）	Actual Use of Fund Outside Anhui Province	(100 million yuan)
实际利用省内资金	（亿元）	Actual Use of Fund Inside Anhui Province	(100 million yuan)
进出口总额	（亿美元）	Total Export-Import Volume	(USD 100 million)
#开发区		Development Area	
#出　口		Export	
#开发区		Development Area	
财政金融		**Financial Work**	
财政收入	（亿元）	Finance Income	(100 million yuan)
#地方财政收入		Local Financial Revenue	
#开发区土地收入		Development Area Land Income	
地方财政支出	（亿元）	Local Financial Expenditures	(100 million yuan)
金融机构本外币各项贷款	（亿元）	Local and Foreign Financial Institutions Loans	(100 million yuan)
金融机构本外币各项存款	（亿元）	The Deposit in Local and Foreign Financial Institutions	(100 million yuan)
农　业		**Agriculture**	
主要农产品产量	（万吨）	Output of Major Farm Products	(10000 ton)
粮　食		Ggrain	
棉　花		Cotton	
油　料		Oil Crops	
规模以上工业		**Industrial Enterprises Above Designated Size**	
企业数	（个）	Number of Enterprises	(unit)
#开发区		Development Area	
主营业务收入	（亿元）	Main Business Income	(100 million yuan)
#开发区		Development Area	
工业增加值	（亿元）	Industry Value Added	(100 million yuan)
#开发区		Development Area	
资产总计	（亿元）	Total Assets	(100 million yuan)
#开发区		Development Area	
#流动资产		Current Assets	

全　省 Whole Province		合芜蚌主要指标 Main Indices of HeWuBeng		占全省比重（%） Proportion of Whole Province	
2013	2014	2013	2014	2013	2014
14.01	14.01	2.34	2.34	16.7	16.7
0.27	0.28	0.13	0.14	48.8	48.4
6929	6936	1463	1468	21.1	21.2
4275.9	4311.0	901.6	933.2	21.1	21.6
1469.7	1415.3	250.5	241.3	17.0	17.0
1169.2	1211.1	281.1	285.6	24.0	23.6
1637.0	1684.6	370.0	406.3	22.6	24.1
1226.2	1277.4	427.7	477.7	34.9	37.4
3.4	3.2				
19229.3	20848.7	7831.7	8641.3	40.7	41.4
2267.2	2392.4	522.6	548.7	23.1	22.9
10390.0	11077.7	4465.7	4935.5	43.0	44.6
8880.5	9455.5	3742.1	4152.3	42.1	43.9
6572.2	7378.7	2843.3	3157.0	43.3	42.8
32001	34425				
18251.1	21256.3	7636.9	8939.5	41.8	42.1
6462.9	7395.3	3586.9	4096.9	55.5	55.4
3946.2	4339.0	1877.3	2013.3	47.6	46.4
7044.7	7957.0		3109.9		39.1
106.9	123.4	44.6	54.8	41.8	44.4
67.5	67.5	32.3	36.8	47.8	54.5
2400.6	3142.3	1256.2	1584.9	52.3	50.4
456.3	492.7	253.3	292.7	55.5	59.4
235.6	242.9	163.0	161.7	69.2	66.6
282.6	314.9	170.7	193.7	60.4	61.5
161.0	169.5	102.3	106.1	63.6	62.6
3365.1	3663.0	1332.8	1516.0	39.6	41.4
2075.1	2218.4	745.5	839.4	35.9	37.8
4349.7	4664.1	1142.0	1254.0	26.2	26.9
19688.2	22754.7	11767.9	11860.0	59.8	52.1
26938.2	30088.8	10211.7	13030.9	37.9	43.3
3279.6	3415.8	696.0	726.2	21.2	21.3
25.1	26.3	10.8	9.3	43.0	35.5
225.4	228.8	83.2	86.0	36.9	37.6
16193	17762	4908	5272	30.3	29.7
6300	6979	2569	2711	40.8	38.8
33788.8	36838.4	14018.8	15284.8	41.5	41.5
8646.0	9302.8	3666.9	4011.3	42.4	43.1
4346.1	5011.3	2448.5	2764.7	56.3	55.2
25906.2	28831.5	10378.7	11707.8	40.1	40.6
11392.8	13006.9	5148.1	6065.6	45.2	46.6

1—14 续表 continued

指 标		Item	
固定资产净值年平均余额	（亿元）	Annual Mean Remaining Sum of Fixed Asset Net Worth	(100 million yuan)
所有者权益	（亿元）	Owner's Equity	(100 million yuan)
年平均从业人数	（万人）	Annual Mean Employed Population	(10000 perons)
建筑业		**Construction Business**	
总产值	（亿元）	Total Value of Out-put	(100 million yuan)
#建筑工程产值		Value of Out-put of Architectural Engineering	
工程结算收入	（亿元）	Income From Settlement of Projects	(100 million yuan)
运输邮电通信业		**Transportation ,Posts and Telecommunications Industry**	
铁路营业里程	（公里）	Railroad Revenue Kilometres	(km)
公路里程	（公里）	Road Mileage	(km)
#高速公路		Freeway	
客运量	（亿人）	Passenger Traffic	(100 million perons)
旅客周转量	（亿人公里）	Turnover of Passenger Traffic	(100 million passenger-km)
货运量	（亿吨）	Freight Traffic	(100 million ton)
货物周转量	（亿吨公里）	Cargo Turnover	(100 million tons-km)
邮电业务总量	（亿元）	Post and Telecommunication Service Total	(100 million yuan)
教 育		**Education**	
普通高等学校		Regular Institutions of Higher Education	
学校数	（个）	Number of Schools	(unit)
招生数	（万人）	Entrants	(10000 perons)
在校学生数	（万人）	Enrolment	(10000 perons)
毕业生数	（万人）	Graduates	(10000 perons)
科技活动		**S&T Activities**	
科技活动人员	（人）	Personnel Engaged in S&T Activities	(peron)
#研究与试验发展（R&D）		（R&D）	
R&D经费内部支出	（万元）	The R&D funds Interior Disburses	(10000 yuan)
#工业企业		Industry Enterprise	
科技机构数	（个）	Number of S&T Organizations	(unit)
科技项目数	（个）	Number of S&T Projects	(unit)
科技人员数	（万人）	Number of S&T People	(10000 perons)
#高中级技术职称人员		High and Middle Technical Title People	
科技项目经费内部支出	（万元）	The S&T Funds Interior Disburses	(10000 yuan)
新产品销售收入	（万元）	Sales Revenue of New Product	(10000 yuan)
#出 口		Export	
国内外三种专利申请		Three Kinds of Patent Applied of Domestic and Foreign	
受理数	（个）	Number of Cases	(unit)
发 明		Invention	
实用新型		Utility Model	
外观设计		Layout-Design	
授权数	（个）	Number of Authorization	(unit)
发 明		Invention	
实用新型		Utility Model	
外观设计		Layout-Design	
卫 生		**Hygiene**	
卫生机构数	（个）	Number of Health Institutions	(unit)
#医院、卫生院		Hospital. Heaith Center	
卫生技术人员	（万人）	Health technical People	(10000 perons)
#执业（助理）医师		Licenses of (Assistant) Dr.	
医疗机构床位	（万张）	Medical Establishment bed	(10000 unit)
#医院、卫生院		Hospital. Herlth Center	
人民生活		**National Lives**	
城镇非私营单位就业人员平均工资	（元）	Average Wage of Employed Persons of Urban Non-private Owned Units	(yuan)
城镇常住居民人均可支配收入	（元）	Urban Per Capita Disposable Income	(yuan)
农村常住居民人均可支配收入	（元）	Farmer Per Capita Net Income	(yuan)

全　省 Whole Province		合芜蚌主要指标 Main Indices of HeWuBeng		占全省比重（%） Proportion of Whole Province	
2013	2014	2013	2014	2013	2014
9224.2	10008.7				
10428.5	11947.4	4218.7	4983.2	40.5	41.7
315.7	321.1				
4963.6	5482.9	3255.1	3682.6	65.6	67.2
4249.2	4715.2	2831.4	3225.1	66.6	68.4
3513	3549				
173763	174373	34162	34295	19.7	19.7
3521	3752	720	754	20.4	20.1
12.7	14.0				
1318	1451				
39.6	43.4				
12335.6	13500.9				
513.4	586.0	167.8	199.9	32.7	34.1
106	107	63	63	59.4	58.9
31.51	33.43	19.2	20.1	61.0	60.2
105.21	108.05	63.0	65.0	59.9	60.2
28.01	29.99	16.7	17.8	59.7	59.2
339063	365142	191427	205369	56.5	56.2
180632	201085	99912	114938	55.3	57.2
3520833	3936070	2183718	2449269	62.0	62.2
2477246	2847303				
3484	4093	1612	1839	46.3	44.9
93353	99160	46950	49272	50.3	49.7
34857	49960	17721	26683	50.8	53.4
45148	41889	20650	18934	45.7	45.2
13348	7311	8579	3655	64.3	50.0
48849	48380	24152	24827	49.4	51.3
4241	5184	2708	3273	63.9	63.1
36003	36748	17093	17973	47.5	48.9
8605	6448	4351	3581	50.6	55.5
24645	24824	5027	5106	20.4	20.6
2325	2366	527	541	22.7	22.9
25.4	26.8	7.7	8.1	30.3	30.3
9.9	10.4	2.9	3.0	29.2	29.2
23.6	25.2	7.0	7.5	29.6	29.9
22.1	23.9	6.6	7.2	29.9	30.2
47806	50894	51638	55460	108.0	109.0
23114	24839	26685	27937	115.4	112.5
8098	9916	10041	13306	124.0	134.2

1—15 皖江城市带承接产业转移示范区分地区主要规划目标完成情况（2014年）

The Situation of the Main Goal Completion of the Wanjiang City Zone Contracting Industrial Shifting Model District By Regions (2014)

地 区	Region	经 济 发 展 Economical Development				产 业 结 构 Industrial Structure			
		地区生产总 值（亿元）Gross Domestic Product (100 million yuan)	财政收入（亿元）Government Revenue (100 million yuan)	城镇化率（%）Rate of Urbanization (%)	R&D经费相当于GDP比 例（%）Proportion of R&D fund to GDP (%)	非农产业比 重（%）Non-agricultural Industries (%)	规模以上工业企业（个）Industrial Enterprises Above Designated Size (unit)	规模以上工业增加值中开发区所占比重（%）Proportion of Development Zones of Add-value of Industrial Enterprises Above Designated Size (%)	开发区单位土地实现经济收入（万元/亩）Economic Income of Unit Land Development Zones (10000 yuan per mu)
合 肥 市	Hefei	5180.6	881.7	69.1	3.1	95.1	2419	76.1	106.8
滁 州 市	Chuzhou	1214.4	203.6	47.8	1.7	82.4	1382	51.0	57.1
马鞍山市	Maanshan	1333.1	202.7	63.9	2.5	94.2	1035	47.5	101.1
芜 湖 市	Wuhu	2309.6	426.0	60.7	2.6	94.9	1973	70.4	64.8
宣 城 市	Xuancheng	917.6	174.9	49.3	1.2	87.1	1349	52.2	52.5
铜 陵 市	Tongling	716.3	132.2	78.7	2.9	98.2	260	53.3	143.9
池 州 市	Chizhou	517.2	92.1	50.1	0.7	86.7	524	46.7	25.9
安 庆 市	Anqing	1544.3	230.8	42.2	0.6	86.2	1791	71.0	97.0
金 安 区	Jinan District	144.7	11.7	51.6		80.3	117		
舒 城 县	Shucheng	149.5	13.2	46.6		79.5	153		

地 区	Region	开放合作 Opening-up and Cooperation			公 共 服 务 Public Service			城市污水厂集中处理率（%）Central Processing Rate of Sewage Treatment Plant (%)
		实际利用外商直接投 资（亿美元）Actual Use of Foreign Direct Investment (USD 100 million)	实际利用省外资金到位资金（亿元）Actual Use of Fund Outside Anhui Province (100 million yuan)	进出口额相当于GDP比 例（%）Proportion of Foreign Trade Import and Export to GDP (%)	城镇常住居民人均可支配收入（元）Unban Dweller Per Capita Disposable Income (yuan)	农村常住居民人均可支配收入（元）Rural Residents per Capita Disposable Income (yuan)	职业中学在校学生数（万人）Number of Students in Vocational Schools (10000 person)	
合 肥 市	Hefei	22.6	1146.1	21.6	29348	14407	2.4	89.4
滁 州 市	Chuzhou	9.2	563.6	9.4	22091	9171	3.4	94.3
马鞍山市	Maanshan	17.6	563.3	16.7	32560	14969	0.9	87.9
芜 湖 市	Wuhu	20.0	987.0	14.5	27384	14606	1.7	90.5
宣 城 市	Xuancheng	6.9	600.3	12.6	26289	11251	1.8	91.6
铜 陵 市	Tongling	2.0	373.8	49.9	29234	16405	0.4	90.0
池 州 市	Chizhou	3.0	296.9	4.9	22295	10629	1.2	92.3
安 庆 市	Anqing	2.7	564.7	7.2	22109	9024	6.9	85.3
金 安 区	Jinan District		25.6	4.1	23581	8933		
舒 城 县	Shucheng	0.6	33.2	4.8	19759	8410		95.6

1-16　中部6省国民经济和社会发展主要指标（2014年）

Main Indicators of National Economic and Social Development of 6 Middle Provinces (2014)

指　　标		Item		中部6省合　计 Total of 6 Middle Provinces	中部6省占全国比重（%） The Proportion of 6 Middle Provinces to National Total
自然资源		**Natural Resources**			
土地面积	（万平方公里）	Area of Land	(10000 sq.km)	102.8	10.7
人　口		**Population**			
年末常住人口	（万人）	Population at Year-end	(10000 persons)	36262.4	26.5
国民经济核算		**National Accounting**			
地区生产总值	（亿元）	Gross Domestic Product	(100 million yuan)	138671.7	21.8
第一产业		Primary Industry		15350.7	26.3
第二产业		Secondary Industry		69034.1	25.4
#工　业		Industry		59744.1	26.2
第三产业		Tertiary Industry		54286.9	17.7
固定资产投资		**Investment in Fixed Assets**			
全社会固定资产投资总额	（亿元）	Total Investment in Fixed Assets	(100 million yuan)	120989.6	24.1
#房地产开发		Real Estate Development		18308.2	19.3
国内商业		**Domestic Trade**			
社会消费品零售总额	（亿元）	Total Retail Sales of Consumer Goods	(100 million yuan)	54360.1	20.7
对外贸易		**Foreign Trade**			
货物进出口总额	（亿美元）	Total Value of Imports and Exports	(100 million USD)	2474.2	5.7
出口额		Exports		1585.2	6.8
进口额		Imports		889.0	4.5
财　政		**Government Finance**			
地方财政收入	（亿元）	Local Governments Revenue	(100 million yuan)	13485.3	17.8
农　业		**Agriculture**			
主要农产品产量	（万吨）	Output of Major Farm Products	(10000 tons)		
粮　食		Grain		18247.8	30.1
棉　花		Cotton		105.6	17.1
油　料		Oil-bearing Grops		1527.7	43.6
糖　料		Sugar Crops		215.8	1.6
蔬　菜		Vegetables		19842.3	26.1
水　果		Fruits		6815.7	26.1
工　业		**Industry**			
规模以上工业主要指标		Main Indicators of Industrial Enterprises above Designated Size			
主营业务收入	（亿元）	Revenue From Principal Business	(100 million yuan)	225169.3	20.6
主营业务成本	（亿元）	Cost From Principal Business	(100 million yuan)	194196.8	20.7
主营业务税金及附加	（亿元）	Business and Extra Charges	(100 million yuan)	3327.6	19.7

1—16 续表 continued

指　标		Item		中部6省合　计 Total of 6 Middle Provinces	中部6省占全国比重 (%) The Proportion of 6 Middle Provinces to National Total
销售费用	(亿元)	Operating Expense	(100 million yuan)	5309.8	19.3
利润总额	(亿元)	Total Profits	(100 million yuan)	12498.9	19.3
税金总额	(亿元)	Total Tax	(100 million yuan)	9530.3	19.7
亏损企业亏损总额	(亿元)	Total Loss of Loss-making enterprises	(100 million yuan)	1259.8	18.2
应收账款	(亿元)	Accounts Receivable	(100 million yuan)	17280.2	16.4
产成品	(亿元)	Finished Product	(100 million yuan)	6362.9	17.1
资产合计	(亿元)	Total Assets	(100 million yuan)	173866.6	18.8
负债合计	(亿元)	Total Liabilities	(100 million yuan)	96701.3	18.4
主要工业产品产量		Output of Major Industrial products			
农用化肥	(万吨)	Chemical Fertilizer	(10000 tons)	2746.0	39.9
水　泥	(万吨)	Cement	(10000 tons)	67891.1	27.4
生　铁	(万吨)	Pig Iron	(10000 tons)	14540.8	20.4
粗　钢	(万吨)	Crude Steel	(10000 tons)	16868.3	20.5
钢　材	(万吨)	Rolled Steel	(10000 tons)	20700.2	18.4
汽　车	(万辆)	Motor Vehicles	(10000 unit)	434.3	18.3
家用电冰箱	(万台)	Household Refrigerators	(10000 unit)	3523.8	40.1
发电量	(亿千瓦小时)	Electricity	(100 million kwh)	11678.2	20.7
建筑业		**Construction**			
企业个数	(个)	Number of Enterprises	(unit)	16825	20.7
总产值	(亿元)	Gross Output Value	(100 million yuan)	32222.2	20.1
交通运输业		**Transportation**			
客运量	(万人)	Total Passenger-kilometer	(10000 persons)	650620.0	29.5
货运量	(万吨)	Total Freight Ton-kilometer	(10000 tons)	1309864.0	29.8
教　育		**Education**			
普通高等学校（研究生和本专科教育）		Regular Institutions of Higher Education (Postgraduate, Undergraduate and Specialty Undergraduate Education)			
招生数	(万人)	New Student Enrollment	(10000 persons)	221.9	28.3
在校学生数	(万人)	Student Enrollment	(10000 persons)	726.6	26.6
毕业生数	(万人)	Number of Graduates	(10000 persons)	194.0	27.2
普通高中		Regular Secondary Schools			
招生数	(万人)	New Student Enrollment	(10000 persons)	224.8	28.2
在校学生数	(万人)	Student Enrollment	(10000 persons)	680.6	28.4
毕业生数	(万人)	Number of Graduates	(10000 persons)	225.2	28.2

注：本表数据为初步统计数。中部6省包括山西、安徽、江西、河南、湖北和湖南。

a) Data in this table are preliminary statistics. 6 middle provinces include: Shanxi, Anhui, Jiangxi, Henan, Hubei and Hunan.

1—17　黄山旅游区域主要经济指标（2014年）
Main Economic Indicators of Tourist Region of Mount Huang (2014)

指　　标	Item	黄山市市区 HuangShan Region Of City	歙　县 SheXian	休宁县 XiuNing	黟　县 YiXian	祁门县 QiMen
土地面积（平方公里）	Total Land Area (sq.km)	2342	2236	2125	847	2257
年末总人口（万人）	Population at the Year-end (10000 persons)	44.27	47.69	27.62	9.43	18.68
#非农业人口	Non-agricultural Population	20.53	6.48	3.79	2.02	3.88
年末城镇从业人员数（万人）	Employment at the Year-ent (10000 persons)	7.16	1.49	1.27	0.63	0.86
生产总值（万元）	Gross Domestic Product (10000 yuan)	2316237	1306014	678470	247793	523184
第一产业	Primary Industry	150547	171374	118521	34100	59127
第二产业	Secondary Industry	1028190	674176	294525	120765	224200
第三产业	Tertiary Industry	1137500	460464	265424	92928	239857
农业总产值（可比价）（万元）	Gross Agricultural Output Value (Constant Price) (10000 yuan)	261433	289425	219554	62688	96135
农业增加值（万元）	Value-added of Agriculture (10000 yuan)	153178	174989	122285	35522	60068
工业增加值（万元）	e-added of Industry (10000 yuan)	770575	587815	224531	91632	180903
公路通车里程（公里）	Length of Highways (km)	1579.9	1627.4	1309.3	597.7	1144.7
邮电业务总量(现行价)（万元）	Business Volume of Post and Telecommunications (Current Price) (10000 yuan)	54708	20624	11315	5578	9356
全社会固定资产投资额（万元）	Total Investment in Fixed Assets (10000 yuan)	2933560	895199	823638	329073	535232
#500万元以上项目投资额	Projects Investment Above 5 million Yuan	1923238	734605	687049	300667	503869
房地产投资额	Investment in Real Estate Development	1010322	160594	136589	28406	31363
社会消费品零售总额（万元）	Total Retail Sales of Consumer Goods (10000 yuan)	1414233	548793	288145	95113	187678
年末职工人数（在岗）（万人）	Number of Staff and Workers at the Year-end (Fully Employed) (10000 persons)	6.62	1.31	1.17	0.56	0.80
职工工资总额（在岗）（万元）	Total Wages of Staff and Workers (Fully Employed) (10000 yuan)	323923	64093	52113	23195	36360
财政收入（不含基金）（万元）	Government Revenue (Excluding Fund) (10000 yuan)	572806	132909	97638	37073	61930
财政支出（不含基金）（万元）	Government Expenditure (Excluding Fund) (10000 yuan)	804587	274865	183036	94799	136885
城乡居民储蓄存款年末余额（万元）	Outstanding Amount of Saving Deposits in Urban and Rural Areas at the Year-end (10000 yuan)	2180901	1296723	694124	320032	554490
农村居民可支配收入（元）	Rural Residents' Disposable Income (yuan)	10942	10883	10772	10917	10803
接待旅游人数（万人）	Tourists Received (10000 persons)	2222.63	645.98	374.28	727.45	194.75
#国际游客	International Tourists	107.52	21.80	14.66	32.41	0.46
国内游客	Domestic Tourists	2115.11	624.18	359.62	695.04	194.29
旅游外汇收入（万美元）	Foreign Exchange Earnings from Tourism (USD 10000)	35650	6727	4292	7564	67

注：第一产业增加值与农业增加值不一致，原因是第一产业增加值剔除农业增加值中的农林牧渔服务业增加值。

a) The first industrial added value and added value of agriculture, the reason is that the first industrial added value of eliminating the added value of services of agriculture and forestry in the added value of agriculture.

1—18 九华山旅游区域主要经济指标（2014年）
Main Economic Indicators of Tourist Region of Mount Jiu Hua (2014)

指　　标	Item	池州市市区 ChiZhou Reigon Of City	青阳县 QingYang	石台县 ShiTai	东至县 DongZhi
土地面积（平方公里）	Total Land Area (sq.km)	2432	1101	1403	3256
年末总人口（万人）	Population at the Year-end (10000 persons)	66.29	27.30	10.83	54.47
#非农业人口	Non-agricultural Population	14.83	4.53	2.18	7.09
年末城镇从业人员数（万人）	Employment at the Year-ent (10000 persons)	14.46	5.52	1.30	4.74
生产总值（万元）	Gross Domestic Product (10000 yuan)	2636535	746042	203901	1215758
第一产业	Primary Industry	302869	102557	38853	268720
第二产业	Secondary Industry	1363980	389130	83662	566319
第三产业	Tertiary Industry	969686	254355	81387	380719
农业总产值（现行价）（万元）	Gross Agricultural Output Value (Current Price) (10000 yuan)	490184	160191	60069	475919
农业增加值（万元）	Value-added of Agriculture (10000 yuan)	302869	102557	38853	268720
工业增加值（万元）	Value-added of Industry (10000 yuan)	1056501	334858	70125	447233
公路通车里程（公里）	Length of Highways (km)	2490	1367	1089	2787
邮电业务总量(现行价)（万元）	Business Volume of Post and Telecommunications (Current Price) (10000 yuan)	49839	16729	6134	24644
全社会固定资产投资额（万元）	Total Investment in Fixed Assets (10000 yuan)	3331674	815139	127188	1087864
社会消费品零售总额（万元）	Total Retail Sales of Consumer Goods (10000 yuan)	989962	280667	100476	357832
年末职工人数（在岗）（万人）	Number of Staff and Workers at the Year-end (Fully Employed) (10000 persons)	57543	15970	5667	15185
职工工资总额（在岗）（万元）	Total Wages of Staff and Workers (Fully Employed) (10000 yuan)	268024	73692	23085	68254
财政收入（不含基金）（万元）	Government Revenue (Excluding Fund) (10000 yuan)	582874	140384	20536	129140
财政支出（不含基金）（万元）	Government Expenditure (Excluding Fund) (10000 yuan)	788550	205039	93039	258428
城乡居民储蓄存款年末余额（万元）	Outstanding Amount of Saving Deposits in Urban and Rural Areas at the Year-end (10000 yuan)	3650047	1168098	401688	1465938
农村居民可支配收入（元）	Rural Residents' Disposable Income (yuan)	11026	11158	7410	10653
接待旅游人数（人）	Tourists Received (person)	9532179	9000800	5158128	7640100
#国际游客	International Tourists	243590	126040	37058	60010
国内游客	Domestic Tourists	9288589	8874760	5121070	7580090
旅游营业收入（万元）	Income of Tourism (10000 yuan)	1115702	988201	371351	620009
旅游外汇收入（万美元）	Foreign Exchange Earnings from Tourism (USD 10000)	12022	6220	1829	2999

主要统计指标解释

可比价格

指计算各种总量指标所采用的扣除了价格变动因素的价格，可进行不同时期总量指标的对比。按可比价格计算总量指标有两种方法：一种是直接用产品产量乘某一年的不变价格计算；另一种是用价格指数进行缩减。

平均增长速度

我国计算平均增长速度有两种方法：一种是习惯上经常使用的“水平法”，又称几何平均法，是以间隔期最后一年的水平同基期水平对比来计算平均每年增长（或下降）速度；另一种是“累计法”，又称代数平均法或方程法，是以间隔期内各年水平的总和同基期水平对比来计算平均每年增长（或下降）速度。在一般正常情况下，两种方法计算的平均每年增长速度比较接近；但在经济发展不平衡、出现大起大落时，两种方法计算的结果差别较大。

本《年鉴》内所列的平均增长速度，均用“水平法”计算。从某年到某年平均增长速度的年份，均不包括基期年在内。如建国四十三年的平均增长速度是以1949年为基期计算的，则写为1950-1992年平均增长速度，其余类推。

企业（单位）登记注册类型

是以在工商行政管理机关登记注册的各类企业为划分对象，以工商行政管理部门对企业登记注册的类型为依据，将企业登记注册类型分为内资企业、港澳台商投资企业和外商投资企业三大类。内资企业包括国有企业、集体企业、股份合作企业、联营企业、有限责任公司、股份有限公司、私营公司和其他企业；港澳台商投资企业和外商投资企业分别包括合资经营企业、合作经营企业、独资经营企业和股份有限公司。对不在工商行政管理部门进行登记注册的行政机关、事业单位和社会团体，主要按其经费来源和管理方式进行划分。

法人单位

指具备以下条件的单位：(一)依法成立，有自己的名称、组织机构和场所，能够独立承担民事责任；（二）独立拥有和使用（或授权使用）资产，承担负债，有权与其他单位签订合同；（三）会计上独立核算，能够编制资产负债表。法人单位包括企业法人、事业单位法人、机关法人、社会团体法人和其他法人。按照下属是否有产业活动单位，又分为单产业法人和多产业法人。

产业活动单位

法人单位所属的产业活动单位，指具备以下条件的单位：（一）在一个场所从事一种或主要从事一种社会经济活动；（二）相对独立组织生产经营或业务活动；（三）能够掌握收入和支出等业务核算资料。

单位数

表中的单位数为单产业法人数和多产业法人所属的产业活动单位数之和。

国有企业

指企业全部资产归国家所有，并按《中华人民共和国企业法人登记管理条例》规定登记注册的非公司制的经济组织。不包括有限责任公司中的国有独资公司。

集体企业

指企业资产归集体所有，并按《中华人民共和国企业法人登记管理条例》规定登记注册的经济组织。

股份合作企业

指以合作制为基础，由企业职工共同出资入股，吸收一定比例的社会资产投资组建，实行自主经营，自负盈亏，共同劳动，民主管理，按劳分配与按股分红相结合的一种集体经济组织。

联营企业

指两个及两个以上相同或不同所有制性质的企业法人或事业单位法人，按自愿、平等、互利的原则，共同投资组成的经济组织。联营企业包括国有联营企业、集体联营企业、国有与集体联营企业和其他联营企业。

有限责任公司

指根据《中华人民共和国公司登记管理条例》规定登记注册，由两个以上、五十个以下的股东共同出资，每个股东以其所认缴的出资额对公司承担有限责任，公司以其全部资产对其债务承担责任的经济组织。有限责任公司包括国有独资公司以及其他有限责任公司。

股份有限公司

指根据《中华人民共和国公司登记管理条例》规定登记

注册，其全部注册资本由等额股份构成并通过发行股票筹集资本，股东以其认购的股份对公司承担有限责任，公司以其全部资产对其债务承担责任的经济组织。

私营企业

指由自然人投资设立或由自然人控股，以雇佣劳动为基础的营利性经济组织。包括按照《公司法》、《合伙企业法》、《私营企业暂行条例》规定登记注册的私营有限责任公司、私营股份有限公司、私营合伙企业和私营独资企业。

其他内资企业

指上述企业之外的其他内资经济组织。

与港澳台商合资经营企业

指港澳台地区投资者与内地企业依照《中华人民共和国中外合资经营企业法》及有关法律的规定，按合同规定的比例投资设立、分享利润和分担风险的企业。

与港澳台商合作经营企业

指港澳台地区投资者与内地企业依照《中华人民共和国中外合作经营企业法》及有关法律的规定，依照合作合同的约定进行投资或提供条件设立、分配利润和分担风险的企业。

港澳台商独资经营企业

指依照《中华人民共和国外资企业法》及有关法律的规定，在内地由港澳台地区投资者全额投资设立的企业。

港澳台商投资股份有限公司

指根据国家有关规定，经外经贸部依法批准设立，其中港、澳、台商的股本占公司注册资本的比例达25%以上的股份有限公司。凡其中港、澳、台商的股本占公司注册资本的比例小于25%的，属于内资企业中的股份有限公司。

中外合资经营企业

指外国企业或外国人与中国内地企业依照《中华人民共和国中外合资经营企业法》及有关法律的规定，按合同规定的比例投资设立、分享利润和分担风险的企业。

中外合作经营企业

指外国企业或外国人与中国内地企业依照《中华人民共和国中外合作经营企业法》及有关法律的规定，依照合作合同的约定进行投资或提供条件设立、分配利润和分担风险的企业。

外资企业

指依照《中华人民共和国外资企业法》及有关法律的规定，在中国内地由外国投资者全额投资设立的企业。

外商投资股份有限公司

指根据国家有关规定，经外经贸部依法批准设立，其中外资的股本占公司注册资本的比例达25%以上的股份有限公司。凡其中外资股本占公司注册资本的比例小于25%的，属于内资企业中的股份有限公司。

行政机关、事业单位和社会团体

参照企业登记注册类型，主要按其经费来源和管理方式划分。具体规定如下：

⑴行政机关：包括国家机关和政党机关，原则上均列为“国有”。但有特殊规定的，如供销社等，则列为“集体”。

⑵事业单位：包括经国家机构编制部门和有关业务主管部门批准成立的各类事业单位，不包括实行企业化管理的事业单位。事业单位的划分办法如下：

①由国家财政预算拨款或列入财政预算外资金管理以及经费主要来源于国有主管部门或国有上级单位的事业单位，列为“国有”。

②经费主要来源于集体单位的事业单位，列为“集体”。

③公民个人（或个人合伙）开办的事业单位，列为“私营”。

④上述以外的其他事业单位，如果其经费来源不明确，按管理方式进行归类。

⑶社会团体：包括经民政部门批准成立以及未纳入社会团体管理条例范围的工会、妇联等各类社会团体。社会团体的划分办法如下：

①未纳入民政部社会团体管理条例范围的工会、妇联、共青团、青联、工商联、科协、侨联等社会团体，国家拨款设立的基金会或基金管理组织以及经费主要来源于国有业务主管部门或国有上级单位的社会团体，列为“国有”。

②经费主要来源于集体单位的社会团体，列为“集体”。

③公民个人（或个人合伙）开办的社会团体，划为“私营”。

④上述以外的其他社会团体，如果其经费来源不明确，改按管理方式进行归类。

Explanatory Notes for Major Statistical Indicators

Comparable Prices

Refer to prices that are used to remove the factors of price change in calculating economic aggregates, so as to facilitate comparison of aggregates over time. Two methods are used for calculating economic aggregates at comparable prices: 1.Multiplying the output of products by their constant prices of certain year; 2.Deflation of data at current prices by relevant price index.

Average Annual Growth Rate

Two methods for calculating average annual growth rate are applied in China, one is often called "level approach" or the method of calculating geometric average, which is derived by comparing the level of the last year of the interval with that of the beginning year; the other is called "accumulative approach" or algebraic average or equation method, which is derived by the summation of the actual figure of each year in the interval divided by the figure in the base year.

Usually the results calculated by the two methods are fairly close, but they differed sharply when uneven economic development occurred with striking fluctuations in growth.

The average annual growth rates listed in this statistical yearbook are calculated by level approach except for the growth rate of investment in fixed assets. The base years are not listed when the years are listed for average annual growth rates. For instance, the average annual growth rate of 43 years since 1949 is listed as average annual growth rate of 1950-1992 without listing the base year 1949. And the analogy of this is also the same for the rest of the years.

Registration Status of Enterprises

Enterprises are classified into 3 categories, namely domestic-funded enterprises, enterprises with investment from Hong Kong, Macao and Taiwan, and enterprises with foreign investment, in the light of the registration status of an enterprise in industrial and commercial administration agencies. Domestic-funded enterprises include state-owned enterprises, collective-owned enterprises, cooperative enterprises, joint ownership enterprises, limited liability corporations, share-holding corporations Ltd., private enterprises and other enterprises. Included in the enterprises with investment from Hong Kong, Macao and Taiwan and enterprises with foreign investment are joint-venture enterprises, cooperative enterprises, sole investment enterprises and share-holding corporations Ltd. For government agencies, institutions and social organizations which are not requested to be registered in industrial and commercial administration agencies, they are classified mainly by their sources of funds and way of management.

State-owned Enterprises

Refer to non-corporation economic units where the entire assets are owned by the state and which have registered in accordance with the Regulation of the People's Republic of China on the Management of Registration of Corporate Enterprises. Excluded from this category are sole state-funded corporations in the limited liability corporations.

Collective-owned Enterprises

Refer to economic units where the assets are owned collectively and which have registered in accordance with the Regulation of the People's Republic of China on the Management of Registration of Corporate Enterprises.

Cooperative Enterprises

refer to a form of collective economic units (enterprises) where capitals come mainly from employees as their shares, with certain proportion of capital from the outside, where production is organized on the basis of independent operation, independent accounting for profits and losses, joint work, democratic management, and a distribution system that integrates remuneration according to work with dividend according to capital share.

Joint Ownership Enterprises

Refer to economic units established by two or more corporate enterprises or corporate institutions of the same or different ownership, through joint investment on the basis of equality, voluntary participation and mutual benefits. They include state joint ownership enterprises, collective joint ownership enterprises, joint state-collective enterprises, other joint ownership enterprises.

Limited Liability Corporations

Refer to economic units established with investment from 2-50 investors and registered in accordance with the Regulation of the People's Republic of China on the Management of Registration of Corporations, each investor bearing limited liability to the corporation depending on its share of investment, and the corporation bearing liability to its debt to the maximum of its total assets. Limited liability corporations include exclusive state-funded limited liability corporations and other limited liability corporations.

Share-holding Corporations Ltd

Refer to economic units registered in accordance with the Regulation of the People's Republic of China on the Management of Registration of Corporations, with total registered capitals divided into equal shares and raised through issuing stocks. Each investor bears limited liability to the corporation depending on the holding of shares, and the corporation bears liability to its debt to the maximum of its total assets.

Private Enterprises

Refer to profit-making economic units invested and established by natural persons, or controlled by natural persons using employed labour. Included in this category are private limited liability corporations, private share-holding corporations Ltd., private partnership enterprises and private-funded enterprises registered in accordance with the Corporation Law, Partnership Enterprises Law and Interim Regulations on Private Enterprises.

Other Domestic-funded Enterprises

Refer to domestic-funded economic units other than those mentioned above.

Joint-venture Enterprises with Funds from Hong Kong, Macao and Taiwan

Refer to enterprises jointly established by investors from Hong Kong, Macao and Taiwan with enterprises in the mainland of China in accordance with the Law of the People's Republic of China on Sino-foreign Joint Venture Enterprises and other relevant laws, where the share of investment, profits and risks is stipulated in the contract.

Cooperative Enterprises with Funds from Hong Kong Macao and Taiwan

Established by investors from Hong Kong, Macao and Taiwan with enterprises in the mainland of China in accordance with the Law of the People's Republic of China on Sino-foreign Cooperative Enterprises and other relevant laws, where the investment or provision of facilities, and the share of profits and risks is stipulated in the cooperative contract.

Enterprises with Sole (exclusive) Investment from Hong Kong, Macao and Taiwan

Refer to enterprises established in the mainland of China with exclusive investment from investors from Hong Kong, Macao and Taiwan in accordance with the Law of the Peoples Republic of China on Foreign-Funded Enterprises and other relevant laws.

Share-holding Corporations Ltd. with Investment from Hong Kong, Macao and Taiwan

refer to share-holding corporations Ltd. established with the approval from the Ministry of Foreign Trade and Economic Relations in line with relevant state regulations, where the share of investment from Hong Kong, Macao or Taiwan businessmen exceeds 25% of the total registered capital of the corporation. In case the share of investment from Hong Kong, Macao or Taiwan is less than 25% of the total registered capital, the enterprise is to be classified as domestic-funded share-holding corporation Ltd.

Joint-venture Enterprises with Foreign Investment

Refer to enterprises jointly established by foreign enterprises or foreigners with enterprises in the mainland of China in accordance with the Law of the People's Republic of China on Sino-foreign Joint Venture Enterprises and other relevant laws, where the share of investment, profits and risks is stipulated in the contract.

Cooperation Enterprises with Foreign Investment

Refer to enterprises jointly established by foreign enterprises or foreigners with enterprises in the mainland of China in accordance with the Law of the People's Republic of China on Sino-foreign Cooperative Enterprises and other relevant laws, where the investment or provision of facilities, and the share of profits and risks is stipulated in the cooperative contract.

Enterprises with Sole (exclusive) Foreign Investment

Refer to enterprises established in the mainland of China with exclusive investment from foreign investors in accordance with the Law of the People's Republic of China on Foreign-Funded Enterprises and other relevant laws.

Share-holding Corporations Ltd. with Foreign Investment

refer to share-holding corporations Ltd. established with the approval from the Ministry of Foreign Trade and Economic Relations in line with relevant state regulations, where the share of investment from foreign investors exceeds 25% of the total registered capital of the corporation. In case the share of foreign investment is less than 25% of the total registered capital, the enterprise is to be classified as domestic-funded share-holding corporation Ltd.

Government Agencies, Institutions and Social Organizations

are classified into following categories by source of funds and way of management taking reference of the registration status of enterprises:

(1) Government agencies: include state and party agencies, classified in principle as “state-owned”. There are exceptions, such as supply and marketing cooperatives which are classified as “collective”.

(2) Institutions: include institutions of various types established with the approval by organization and staffing departments of the government, but exclude institutions where enterprise management system is introduced. Institutions are further classified as follows:

a) Institutions whose main budget is listed in the government budget appropriations or extra-budget funds, or allocated from the budget of their competent government agencies. Such institutions are classified as “state-owned”.

b) Institutions whose budget mainly comes from collective units. Such institutions are classified as “collective”.

c) Institutions other than those mentioned above whose source of budget are not clear. Such institutions are classified by way of management.

(3) Social organizations: include social organizations established with the approval from the Ministry of Civil Affairs, and organizations that are not covered by social organization management regulations such as trade unions, women's federations etc. Social organizations are further classified as follows:

a) Social organizations that are not covered by social organization management regulations of the Ministry of Civil Affairs such as trade unions, women's federations, communist youth leagues, youth associations, industrial and commerce associations, scientists associations, overseas Chinese associations, etc., foundations and fund management organizations established with funds from the state, and social organizations whose funds mainly come from the budget of their competent government agencies. Such institutions are classified as “state-owned”.

b) Social organizations whose budget mainly comes from collective units. Such institutions are classified as “collective”.

c) Social organizations established by individual or a group of citizens, which are classified as “private”.

d) Social organizations other than those mentioned above whose source of budget are not clear. Such organizations are classified by way of management.

第 二 篇

Chapter 2

国民经济核算

NATIONAL ACCOUNTS

简要说明

一、居民消费水平是按人口平均计算的居民消费额，它综合反映一个国家(或地区)人民物质文化生活水平。

二、有关“指数”部分分为“以上年为 100 的指数”和“以 1978 年为 100 的指数”两个方面，“以上年为 100 的指数”表中 2000 年以前(含 2000 年)的数据按 1990 年价格计算，2000-2005 年的数据按 2000 年价格计算，2005—2010 年的数据按 2005 年价格计算，2010 年以后的数据按 2010 年价格计算；“以 1978 年为 100 的指数”是以 1978 年为基数，每年指数相乘得到的。

三、市级人均 GDP 按年平均常住人口测算，县（市）人均 GDP 按年均户籍人口测算。

Brief Introduction

I. Consumption level of residents is average consumption value by population, and reflects people's standard of material and culture life in a country (region).

II. Indices include two parts: one is “the preceding year=100” and the other is “Year 1978=100”. Data in the tables that “the preceding year=100” are calculated at the fixed prices of 1990 before 2000 (including 2010)， data in the years from 2000 to 2005 are calculated at the fixed price of 2000，data in the years from 2005 to 2010 are calculated at the fixed price of 2010 and data are calculated at the fixed price of 2010 after 2010. Data in the tables that “Year 1978=100” are all obtained by the multiplied index each year based on 1978.

III. Municipal GDP per capital is calculated by the annual average resident population. Country (Municipal) GDP per capital is calculated by the annual household populations.

2—1 安 徽 生 产 总 值
Gross Domestic Product

本表按当年价格计算。 Data in value terms in this table are calculated at current price.

年份 Year	生产总值（亿元）Gross Domestic Product (100 million yuan)	第一产业 Primary Industry	第二产业 Secondary Industry	工业 Industry	建筑业 Construction	第三产业 Tertiary Industry	人均生产总值（按常住人口计算）（元/人）Per Capita GDP by Permanent Residents (yuan/person)
2000	2902.09	741.77	1056.78	885.10	171.68	1103.54	4779.5
2005	5350.17	966.50	2245.90	1837.36	408.54	2137.77	8630.7
2006	6112.50	1011.03	2711.18	2240.37	470.81	2390.29	9995.9
2007	7360.92	1200.18	3370.96	2810.00	560.96	2789.78	12039.5
2008	8851.66	1418.09	4198.93	3505.67	693.26	3234.64	14448.2
2009	10062.82	1495.45	4905.22	4064.72	840.50	3662.15	16407.7
2010	12359.33	1729.02	6436.62	5407.40	1029.22	4193.69	20887.8
2011	15300.65	2015.31	8309.38	7062.00	1247.38	4975.96	25659.3
2012	17212.05	2178.73	9404.84	8025.84	1379.00	5628.48	28792.3
2013	19229.34	2267.15	10390.04	8880.45	1524.11	6572.15	32000.9
2014	20848.75	2392.39	11077.67	9455.48	1638.32	7378.69	34424.6

注：1. 2000—2003年的数据按2004年经济普查结果进行修订。
2. 2005—2008年的数据按2008年经济普查结果进行修订。
3. 2013年及以后省市数据行业分类采用《国民经济行业分类》（GB/T 4754—2011），产业分类按照国家统计局2012年制定的三次产业划分规定。产业分类和行业分类的关系：第一产业是指农林牧渔业（不含农林牧渔服务业），第二产业是指工业（不含开采辅助活动，金属制品、机械和设备修理业）和建筑业，第三产业是指除第一产业、第二产业以外的其他行业（下同）。

a) Data in the table from 2000 to 2003 were adjusted according to the result of 2004 economic census.
b) In 2005-2008, data carries on the revision according to the economical general survey result in 2008.
c) In 2013 and later data classification using national standand in classification of economic sectors (GB/T 4754-2011), industry classification adopted the National Bureau of statistics in 2012 to develop the three-industry Division Rules. Industrial classification and relationship of industry classification: primary industry refers to an ecological-economic (not including agriculture, forestry and services), the second industry refers to the industry (excluding mining auxiliary activities, metal products, machinery and equipment repair) and the construction industry, the third industry is to point to in addition to the primary industry, secondary industry of other industries (The same below).

2—2 安 徽 生 产 总 值 构 成
Composition of Gross Domestic Product

本表按当年价格计算。（单位：%） Data in value terms in this table are calculated at current price. (%)

年份 Year	生产总值 Gross Domestic Product	第一产业 Primary Industry	第二产业 Secondary Industry	工业 Industry	建筑业 Construction	第三产业 Tertiary Industry
2000	100.00	25.56	36.41	30.50	5.91	38.03
2005	100.00	18.06	41.98	34.34	7.64	39.96
2006	100.00	16.55	44.35	36.65	7.70	39.10
2007	100.00	16.30	45.80	38.17	7.63	37.90
2008	100.00	16.02	47.44	39.61	7.83	36.54
2009	100.00	14.86	48.75	40.40	8.35	36.39
2010	100.00	13.99	52.08	43.75	8.33	33.93
2011	100.00	13.17	54.31	46.16	8.15	32.52
2012	100.00	12.66	54.64	46.63	8.01	32.70
2013	100.00	11.79	54.03	46.18	7.93	34.18
2014	100.00	11.47	53.14	45.35	7.86	35.39

2—3 安 徽 生 产 总 值 指 数
Indices of Gross Domestic Product

本表按不变价格计算。 （上年为100） The indices in this table are calculated at constant price. （preceding year=100）

年　份 Year	生产总值 Gross Domestic Product	第一产业 Primary Industry	第二产业 Secondary Industry	工　业 Industry	建筑业 Construction	第三产业 Tertiary Industry	人均生产总值 Per Capita GDP
2000	108.27	101.20	109.49	108.88	113.66	111.46	107.57
2005	110.97	101.73	118.39	119.46	113.61	108.24	110.91
2006	112.53	104.54	118.72	119.72	114.21	109.65	114.08
2007	114.17	103.60	119.70	121.57	110.90	112.43	114.19
2008	112.67	106.20	116.08	117.51	108.70	111.10	112.44
2009	112.94	105.02	116.83	117.38	113.78	111.04	112.83
2010	114.59	104.61	120.68	121.86	113.91	110.05	118.77
2011	113.51	104.03	117.96	119.60	109.38	110.58	112.63
2012	112.10	105.55	114.36	115.28	109.07	110.95	111.80
2013	110.44	103.38	111.49	112.33	106.71	111.20	109.88
2014	109.20	104.57	109.94	110.40	107.07	109.48	108.40

2—4 安 徽 生 产 总 值 指 数
Indices of Gross Domestic Product

本表按不变价格计算。 （1978=100） The indices in this table are calculated at constant price. （1978=100）

年　份 Year	生产总值 Gross Domestic Product	第一产业 Primary Industry	第二产业 Secondary Industry	工　业 Industry	建筑业 Construction	第三产业 Tertiary Industry	人均生产总值 Per Capita GDP
2000	839.59	303.73	1443.27	1437.49	1482.42	1789.25	642.84
2005	1377.89	326.55	2715.18	2664.87	3000.53	3209.22	1033.31
2006	1550.56	341.37	3223.34	3190.29	3427.02	3518.80	1178.76
2007	1770.25	353.66	3858.50	3878.51	3800.64	3956.09	1346.00
2008	1994.46	375.59	4478.86	4557.47	4131.23	4395.21	1513.38
2009	2252.63	394.44	5232.61	5349.35	4700.42	4880.36	1707.48
2010	2581.20	412.64	6314.85	6518.59	5354.28	5370.83	2027.97
2011	2929.86	429.26	7449.23	7796.04	5856.69	5938.94	2284.10
2012	3284.37	453.08	8518.94	8987.27	6387.89	6589.25	2553.62
2013	3627.39	468.40	9497.39	10095.55	6816.49	7327.25	2805.89
2014	3961.12	489.82	10441.59	11145.34	7298.09	8021.67	3041.58

2—5 三次产业贡献率
Contribution Rate of the Three Industries

本表按不变价格计算。 （单位：%） The indices in this table are calculated at constant price. （%）

年 份 Year	生产总值 Gross Domestic Product	第一产业 Primary Industry	第二产业 Secondary Industry	工 业 Industry	第三产业 Tertiary Industry
2000	100.00	3.24	52.63	43.02	44.13
2005	100.00	2.89	64.72	55.89	32.39
2006	100.00	6.54	62.70	54.03	30.76
2007	100.00	4.26	61.59	55.62	34.15
2008	100.00	7.46	58.94	53.77	33.60
2009	100.00	5.57	62.19	54.46	32.24
2010	100.00	4.22	70.17	63.19	25.61
2011	100.00	4.17	69.26	63.47	26.57
2012	100.00	5.88	64.21	58.20	29.91
2013	100.00	3.78	60.90	56.19	35.32
2014	100.00	5.44	60.42	54.73	34.14

注：产业贡献率指各产业增加值增量与GDP增量之比。
a) Industrial Contributing refers to the proportion of increment of every industrial value-added to increment of GDP.

2—6 三次产业拉动率
Pulling Rate of the Three Industries

本表按不变价格计算。 （单位：百分点） The indices in this table are calculated at constant price. （percentage points）

年 份 Year	生产总值 Gross Domestic Product	第一产业 Primary Industry	第二产业 Secondary Industry	工 业 Industry	第三产业 Tertiary Industry
2000	8.27	0.27	4.35	3.56	3.65
2005	10.97	0.32	7.10	6.13	3.55
2006	12.53	0.82	7.86	6.77	3.85
2007	14.17	0.60	8.73	7.88	4.84
2008	12.67	0.94	7.47	6.81	4.26
2009	12.94	0.72	8.05	7.05	4.17
2010	14.59	0.62	10.23	9.22	3.74
2011	13.51	0.56	9.36	8.58	3.59
2012	12.10	0.71	7.77	7.04	3.62
2013	10.44	0.39	6.36	5.87	3.69
2014	9.20	0.50	5.56	5.03	3.14

注：产业拉动率指GDP增长速度与各产业贡献率之乘积。
a) The industrial pulling rate to GDP growth refers to the growth rate of GDP multiplying the industrial contributing rate.

2—7 按行业、产业和收入法构成分的安徽生产总值
According to the Industry, the Industry and the Income Method of GDP in Anhui

本表按当年价格计算。(单位：亿元)　　Data in this table are calculated at current price. (100 million yuan)

指　　标	Item	2013	2014
安徽生产总值	**Gross Domestic Product**	**19229.34**	**20848.75**
按行业分	**Grouped by Sector**		
农、林、牧、渔业	Agriculture, Forestry, Animal Husbandry and Fishery	2348.09	2481.89
工　业	Industry	8880.45	9455.48
建筑业	Construction	1524.11	1638.32
批发和零售业	Wholesale and Retail Trades	1375.39	1500.28
交通运输、仓储和邮政业	Transport, Storage and Post	730.36	784.44
住宿和餐饮业	Hotels and Catering Services	314.98	347.66
信息传输、软件和信息技术服务业	Information Transmission, Software and Information Technology	201.65	215.46
金融业	Financial Intermediation	912.77	1046.67
房地产业	Real Estate	711.71	807.33
租赁和商务服务业	Leasing and Business Services	430.84	532.84
科学研究和技术服务业	Scientific Research and Technical Services	136.35	152.65
水利、环境和公共设施管理业	Management of Water Conservancy, Environment	112.30	121.01
居民服务、修理和其他服务业	Services to Households, Repair and Other Services	217.98	262.32
教　育	Education	390.23	434.26
卫生和社会工作	Health and Social Service	263.07	310.42
文化、体育和娱乐业	Culture, Sports and Entertainment	127.66	154.96
公共管理、社会保障和社会组织	Public Management, Social Security and Social Organization	551.40	602.74
按产业分	**Grouped by Industry**		
第一产业	Primary Industry	2267.15	2392.39
第二产业	Secondary Industry	10390.04	11077.67
第三产业	Tertiary Industry	6572.15	7378.69
按收入法构成分	**According to the Income Method**		
劳动者报酬	Compensation of Employees	8791.92	9608.91
生产税净额	Net Taxes on Production	3086.83	3385.01
固定资产折旧	Depreciation of Fixed Assets	2476.46	2849.36
营业盈余	Operation Surplus	4874.13	5005.47

2—8 第三产业增加值
Value-added of the Tertiary Industry

本表按当年价格计算。（单位：亿元） Data in value terms in this table are calculated at current price.（100 million yuan）

行　业	Sector	2013	2014
总　计	**Total**	**6572.15**	**7378.69**
批发和零售业	Wholesale and Retail Trades	1375.39	1500.28
交通运输、仓储和邮政业	Transport, Storage and Post	730.36	784.44
住宿和餐饮业	Hotels and Catering Services	314.98	347.66
信息传输、软件和信息技术服务业	Information Transmission, Software and Information Technology	201.65	215.46
金融业	Financial Intermediation	912.77	1046.67
房地产业	Real Estate	711.71	807.33
租赁和商务服务业	Leasing and Business Services	430.84	532.84
科学研究和技术服务业	Scientific Research and Technical Services	136.35	152.65
水利、环境和公共设施管理业	Management of Water Conservancy, Environment	112.30	121.01
居民服务、修理和其他服务业	Services to Households, Repair and Other Services	217.98	262.32
教　育	Education	390.23	434.26
卫生和社会工作	Health and Social Service	263.07	310.42
文化、体育和娱乐业	Culture, Sports and Entertainment	127.66	154.96
公共管理、社会保障和社会组织	Public Management, Social Security and Social Organization	551.40	602.74

注：根据新的三次产业划分标准，第三产业不仅包括以上行业，还包括农林牧渔业中的农林牧渔服务业，工业中的开采辅助活动和金属制品、机械和设备修理业，所以以上行业之和不等于第三产业（下同）。

a) According to the new standard of the three divisions of industry, the tertiary industry is not only including the above industry, also include the services of agriculture and forestry, animal husbandry fishery industry in mining activities and metal products, machinery and equipment repair, so the above industry is not equal to the sum of the third industry (The same below).

2—9 第三产业增加值构成
Composition of Value-added of the Tertiary Industry

本表按当年价格计算。（单位：%） Data in value terms in this table are calculated at current price.（%）

行　业	Sector	2013	2014
总　计	**Total**	**100.0**	**100.0**
批发和零售业	Wholesale and Retail Trades	20.9	20.3
交通运输、仓储和邮政业	Transport, Storage and Post	11.1	10.6
住宿和餐饮业	Hotels and Catering Services	4.8	4.7
信息传输、软件和信息技术服务业	Information Transmission, Software and Information Technology	3.1	2.9
金融业	Financial Intermediation	13.9	14.2
房地产业	Real Estate	10.8	10.9
租赁和商务服务业	Leasing and Business Services	6.6	7.2
科学研究和技术服务业	Scientific Research and Technical Services	2.1	2.1
水利、环境和公共设施管理业	Management of Water Conservancy, Environment	1.7	1.6
居民服务、修理和其他服务业	Services to Households, Repair and Other Services	3.3	3.6
教　育	Education	5.9	5.9
卫生和社会工作	Health and Social Service	4.0	4.2
文化、体育和娱乐业	Culture, Sports and Entertainment	1.9	2.1
公共管理、社会保障和社会组织	Public Management, Social Security and Social Organization	8.4	8.2

2—10 第三产业增加值指数
Indices of Value-added of the Tertiary Industry

本表按不变价格计算。（上年为100） The indices in this table are calculated at constant price.（preceding year=100)

行业	Sector	2014
总计	**Total**	**109.48**
批发和零售业	Wholesale and Retail Trades	108.68
交通运输、仓储和邮政业	Transport, Storage and Post	106.18
住宿和餐饮业	Hotels and Catering Services	107.42
信息传输、软件和信息技术服务业	Information Transmission, Software and Information Technology	107.71
金融业	Financial Intermediation	113.59
房地产业	Real Estate	106.46
租赁和商务服务业	Leasing and Business Services	119.60
科学研究和技术服务业	Scientific Research and Technical Services	108.82
水利、环境和公共设施管理业	Management of Water Conservancy, Environment	110.92
居民服务、修理和其他服务业	Services to Households, Repair and Other Services	115.73
教育	Education	106.89
卫生和社会工作	Health and Social Service	108.78
文化、体育和娱乐业	Culture, Sports and Entertainment	108.16
公共管理、社会保障和社会组织	Public Management, Social Security and Social Organization	107.59

2—11 各市生产总值和指数
Gross Domestic Product and Its Indices by Region

本表绝对数按当年价格计算，指数按不变价格计算。
Level data in this table are calculated at current prices while indices at constant prices.

地区	Region	生产总值（亿元） Gross Domestic Product (100 million yuan)					指数（上年=100） Indices (preceding year=100)				
		2000	2005	2010	2013	2014	2000	2005	2010	2013	2014
合肥市	Hefei	446.64	1056.21	2961.67	4684.00	5180.56	111.0	116.4	117.0	111.5	110.0
淮北市	Huaibei	103.02	205.14	461.64	714.26	759.64	106.4	111.9	114.2	109.1	109.6
亳州市	Bozhou	153.70	235.40	512.78	819.99	883.63	97.9	110.4	113.8	109.7	107.8
宿州市	Suzhou	178.81	313.79	650.57	1025.20	1140.53	108.0	106.6	113.1	110.5	109.7
蚌埠市	Bengbu	163.66	302.45	638.05	1046.65	1151.19	106.3	108.2	114.5	111.1	110.1
阜阳市	Fuyang	208.87	329.03	721.51	1099.71	1188.97	94.0	111.8	113.6	109.7	108.6
淮南市	Huainan	132.80	267.15	604.18	819.39	789.32	102.3	116.4	113.0	109.7	99.6
滁州市	Chuzhou	217.86	317.35	695.65	1112.34	1214.39	107.0	105.5	115.6	111.1	109.4
六安市	Luan	178.62	309.11	676.11	1020.09	1095.81	101.2	111.3	113.7	108.0	107.9
马鞍山市	Maanshan	173.15	411.79	949.09	1269.90	1333.12	107.6	111.9	114.7	111.0	109.7
芜湖市	Wuhu	256.60	492.04	1341.12	2101.01	2309.55	108.3	113.3	117.6	112.0	110.7
宣城市	Xuancheng	151.97	242.54	525.96	848.52	917.63	102.3	108.6	115.0	110.7	109.0
铜陵市	Tongling	75.71	175.68	466.70	680.60	716.31	109.3	113.2	117.1	111.3	110.0
池州市	Chizhou	60.05	121.00	300.84	472.95	517.17	103.9	113.3	116.1	110.2	109.2
安庆市	Anqing	242.96	421.29	989.04	1418.20	1544.32	106.8	109.1	113.6	110.5	109.3
黄山市	Huangshan	79.73	158.64	309.45	470.90	507.17	109.2	111.0	113.1	109.3	107.6

2—12 各市生产总值（2014年）
Gross Domestic Product by Region (2014)

本表绝对数按当年价格计算，指数按可比价格计算。 (单位：亿元)
Level data in this table are calculated at current prices while indices at constant prices. (100 million yuan)

地区	Region	第一产业 Primary Industry	第二产业 Secondary Industry	第三产业 Tertiary Industry	工业 Industry	建筑业 Construction	批发零售业 Wholesale, Retail Trade	交通运输、仓储和邮政业 Transport, Storage and Postal Services	住宿和餐饮业 Accommodation and Catering Trade	金融业 Banking
合肥市	Hefei	252.35	2862.03	2066.18	2285.10	578.88	390.90	199.69	67.40	309.87
淮北市	Huaibei	57.99	481.76	219.89	444.62	37.34	46.14	27.35	13.40	25.79
亳州市	Bozhou	194.52	348.66	340.45	286.73	62.06	75.77	45.24	19.19	24.22
宿州市	Suzhou	259.67	478.39	402.47	412.46	65.93	83.45	53.88	16.30	21.99
蚌埠市	Bengbu	178.35	597.50	375.35	520.03	77.47	68.83	41.12	29.07	39.12
阜阳市	Fuyang	277.05	504.54	407.37	434.09	70.54	96.31	50.99	21.95	50.44
淮南市	Huainan	67.08	440.71	281.53	382.58	60.15	60.12	28.83	17.52	31.59
滁州市	Chuzhou	214.12	651.16	349.11	570.74	80.42	59.93	46.69	20.76	39.52
六安市	Luan	215.21	520.22	360.38	436.54	83.68	66.54	47.70	22.87	34.34
马鞍山市	Maanshan	77.04	831.12	424.96	746.94	84.30	94.71	32.74	26.75	41.00
芜湖市	Wuhu	118.04	1476.01	715.50	1347.21	136.88	108.48	91.77	48.57	87.82
宣城市	Xuancheng	117.92	471.64	328.07	406.30	71.19	48.62	48.37	16.84	27.80
铜陵市	Tongling	12.58	510.46	193.27	474.99	37.90	37.05	25.68	14.66	25.39
池州市	Chizhou	68.56	243.80	204.81	191.59	52.57	32.53	21.76	17.50	24.65
安庆市	Anqing	212.39	814.73	517.20	722.74	92.97	97.71	40.70	42.71	54.07
黄山市	Huangshan	53.37	217.11	236.69	171.32	46.04	37.22	26.03	17.67	21.23

地区	Region	房地产业 Real Estate Trade	构成(%) Composition 第一产业 Primary Industry	第二产业 Secondary Industry	第三产业 Tertiary Industry	指数 Preceding year=100 国内生产总值 Gross Domestic Product	第一产业 Primary Industry	第二产业 Secondary Industry	第三产业 Tertiary Industry	人均生产总值（元/人） Per Capita GDP (yuan/person)
合肥市	Hefei	273.62	4.9	55.2	39.9	110.0	104.7	111.3	108.8	67689
淮北市	Huaibei	25.51	7.6	63.4	29.0	109.6	104.5	110.6	108.2	35324
亳州市	Bozhou	36.15	22.0	39.5	38.5	107.8	104.5	108.3	109.1	17769
宿州市	Suzhou	24.74	22.8	41.9	35.3	109.7	105.0	111.0	111.0	20895
蚌埠市	Bengbu	40.12	15.5	51.9	32.6	110.1	105.1	112.0	109.4	35542
阜阳市	Fuyang	33.26	23.3	42.4	34.3	108.6	105.0	111.0	108.0	15303
淮南市	Huainan	21.58	8.5	55.8	35.7	99.6	104.6	96.1	106.7	33361
滁州市	Chuzhou	46.41	17.6	53.6	28.8	109.4	104.8	111.1	109.0	30562
六安市	Luan	66.37	19.6	47.5	32.9	107.9	104.5	109.8	107.1	19211
马鞍山市	Maanshan	41.63	5.8	62.3	31.9	109.7	103.7	110.7	108.0	60091
芜湖市	Wuhu	65.31	5.1	63.9	31.0	110.7	104.8	111.1	110.8	64039
宣城市	Xuancheng	27.71	12.9	51.4	35.7	109.0	104.4	110.4	108.4	35726
铜陵市	Tongling	18.92	1.7	71.3	27.0	110.0	104.2	111.0	107.3	97193
池州市	Chizhou	17.11	13.3	47.1	39.6	109.2	104.5	110.1	109.6	36267
安庆市	Anqing	50.06	13.7	52.8	33.5	109.3	104.6	111.4	107.3	28809
黄山市	Huangshan	24.27	10.5	42.8	46.7	107.6	104.1	107.5	108.6	37306

2—13 支出法安徽生产总值
Gross Domestic Product of Anhui by Expenditure Approach

本表按当年价格计算，2005—2008年数据按2008年经济普查结果进行修订。
Data in value terms in this table are calculated at current prices, In 2005-2008, data carries on the revision according to the economical general survey result in 2008.

年份 Year	支出法生产总值（亿元） Gross Domestic Product by Expenditure Approach (100 million yuan)	最终消费 Final Consumption Expenditure	资本形成总额 Gross Captital Formation	货物和服务净出口 Net Export of Goods and Services	资本形成率（投资率）(%) Capital Formation Rate (%)	最终消费率（消费率）(%) Final Consumption Rate (%)
2000	3041.24	1947.78	1094.97	-1.50	36.00	64.05
2005	5350.17	3006.70	2354.10	-10.59	44.00	56.20
2006	6112.50	3374.70	2760.50	-22.74	45.16	55.21
2007	7360.92	3979.71	3418.20	-36.99	46.44	54.07
2008	8851.66	4571.97	4319.15	-39.46	48.79	51.65
2009	10062.82	5179.08	4914.15	-30.41	48.83	51.47
2010	12359.33	6213.15	6171.54	-25.36	49.93	50.27
2011	15300.65	7604.30	7725.04	-28.69	50.49	49.70
2012	17212.05	8439.01	8855.77	-82.73	51.45	49.03
2013	19229.34	9281.22	10018.25	-70.13	52.10	48.27
2014	20848.75	10136.81	10905.76	-193.82	52.31	48.62

2—14 支出法安徽生产总值结构
Structure of Gross Domestic Product Calculated by Expenditure Approach

本表按当年价格计算，2005—2008年数据按2008年经济普查结果进行修订。
Data in value terms in this table are calculated at current prices, In 2005-2008, data carries on the revision according to the economical general survey result in 2008.

年份 Year	最终消费 Final Consumption Expenditure								资本形成总额 Gross Capital Formation			
	绝对数（亿元） Absolute Figure (100 million yuan)				比重 Proportion				绝对数（亿元） Absolute Figure (100 million yuan)		比重（资本形成总额=100） Proportion (Gross Capital Formation=100)	
					最终消费=100 Final Consumption Expenditure=100		居民消费=100 Household Consumption=100					
	居民消费 Household Consumption Expenditure	城镇居民 Urban Household	农村居民 Rural Household	政府消费 Government Consumption Expenditure	居民消费 House hold Consumption Expenditure	政府消费 Government Consumption Expenditure	城镇居民 Urban Household	农村居民 Rural Household	固定资本形成总额 Gross Fixed Capital Formation	存货变动 Change in Inventories	固定资本形成总额 Gross Fixed Capital Formation	存货变动 Change in Inventories
2000	1615.43	650.95	964.49	332.34	82.94	17.06	40.30	59.70	928.09	166.88	84.76	15.24
2005	2399.40	1519.20	880.20	607.30	79.80	20.20	63.32	36.68	2214.00	140.00	94.05	5.95
2006	2707.20	1757.90	949.30	667.50	80.22	19.78	64.93	35.07	2656.90	103.60	96.25	3.75
2007	3225.49	2132.57	1092.92	754.22	81.05	18.95	66.12	33.88	3344.78	73.42	97.85	2.15
2008	3679.34	2473.51	1205.83	892.63	80.48	19.52	67.23	32.77	4229.64	89.51	97.93	2.07
2009	4188.29	2862.56	1325.73	990.79	80.87	19.13	68.35	31.65	4820.46	93.69	98.09	1.91
2010	4873.35	3374.00	1499.35	1339.80	78.44	21.56	69.23	30.77	6061.09	110.45	98.21	1.79
2011	5779.16	3973.86	1805.30	1825.14	76.00	24.00	68.76	31.24	7594.37	130.67	98.31	1.69
2012	6301.91	4439.49	1862.42	2137.10	74.68	25.32	70.45	29.55	8712.90	142.87	98.39	1.61
2013	7051.18	5091.19	1959.99	2230.04	75.97	24.03	72.20	27.80	9836.54	181.71	98.19	1.81
2014	7839.17	5657.95	2181.22	2297.64	77.33	22.67	72.18	27.82	10723.84	181.92	98.33	1.67

2—15 居民消费水平
Household Consumption

本表绝对数按当年价格计算，指数按不变价格计算，2005—2008年数据按2008年经济普查结果进行修订。
Level data in this table are calculated at current prices while indices at constant prices.
In 2005-2008, data carries on the revision according to the economical general survey result in 2008.

年份 Year	绝对数（元）Value (yuan)			城乡消费水平对比（农民=1）Urban/Rural Consumption Ratio (Agricultural Households=1)	指数（上年为100）Index (Preceding year=100)			指数（1978年为100）Index (1978=100)		
	全省居民 All Households	城镇居民 Urban Household	农村居民 Rural Household		全省居民 All Households	城镇居民 Urban Household	农村居民 Rural Household	全省居民 All Households	城镇居民 Urban Household	农村居民 Rural Household
1990	670	1236	570	2.17	96.68	100.16	95.48	210.03	206.34	199.30
1991	683	1379	559	2.47	117.01	124.84	103.33	245.77	257.60	205.94
1992	762	1646	597	2.76	102.81	122.55	102.21	252.66	315.69	210.49
1993	973	2389	700	3.41	105.96	100.74	103.65	267.71	318.03	218.18
1994	1251	2671	969	2.76	105.74	114.23	103.69	283.07	363.27	226.22
1995	1669	3441	1300	2.65	107.20	101.84	109.43	303.45	369.95	247.55
1996	1945	4073	1488	2.74	113.12	111.64	112.85	343.26	413.02	279.37
1997	2275	4429	1796	2.47	114.34	106.02	118.52	392.48	437.90	331.12
1998	2370	4675	1845	2.53	107.10	107.05	106.20	420.06	468.78	351.40
1999	2523	4985	1939	2.57	106.60	107.40	104.70	447.96	503.34	367.83
2000	2588	5323	1922	2.77	104.30	108.00	100.70	466.94	543.36	370.43
2001	2739	5806	1985	2.92	106.31	109.13	104.05	496.40	592.97	385.43
2002	2988	4468	2353	1.90	105.96	111.52	101.01	525.99	661.28	389.32
2003	3312	4933	2572	1.92	108.04	109.83	104.65	570.17	726.28	407.42
2004	3707	5343	2910	1.84	106.80	104.90	106.40	608.94	761.86	433.49
2005	3870	7102	2167	3.28	110.40	106.30	110.40	672.27	809.86	478.57
2006	4409	7886	2427	3.25	112.10	109.20	110.50	753.61	884.37	528.82
2007	5276	9204	2878	3.20	112.90	109.80	111.30	850.83	971.04	588.58
2008	6006	10196	3259	3.13	110.90	108.40	109.30	943.57	1052.61	643.32
2009	6829	11301	3683	3.07	110.30	107.90	108.80	1040.76	1135.77	699.93
2010	8237	13259	4447	2.98	114.51	111.26	114.89	1191.77	1263.66	804.15
2011	9692	15179	5397	2.81	115.30	107.50	113.30	1374.11	1358.43	911.10
2012	10541	16268	5732	2.84	106.67	110.80	108.60	1465.76	1505.14	989.45
2013	11734	17958	6175	2.91	105.10	104.00	105.70	1540.51	1565.35	1045.85
2014	12944	19259	6994	2.75	107.00	104.10	109.80	1648.35	1629.53	1148.34

注：根据国家统计局制度规定，从2003年起按常住人口计算，2002年数据作同口径调整。
a) In accordance with the regulation of NBS, the permanent population has been used since the year 2003 and the data of 2002 have been adjusted in the same scope.

2—16 各市、县生产总值及指数（2014年）

Gross Domestic Product and Indices by County or City (2014)

市、县 County、city		生产总值（亿元）Gross Domestic Product (100 million yuan)	第一产业 Primary Industry	第二产业 Secondary Industry	第三产业 Tertiary Industry	生产总值指数（%）Indices of Gross Domestic Product (2013=100)	第一产业 Primary Industry	第二产业 Secondary Industry	第三产业 Tertiary Industry	人均生产总值（元/人）Per Capita GDP (yuan/person)
合肥市	**Hefei**	**5180.56**	**252.35**	**2862.03**	**2066.18**	**110.0**	**104.7**	**111.3**	**108.8**	**67689**
巢湖市	Chaohu	255.52	28.34	147.62	79.55	108.4	105.9	108.4	109.3	29294
长丰县	Changfeng	333.05	57.66	205.60	69.78	110.4	105.6	112.0	109.6	43814
肥东县	Feidong	448.51	61.80	294.84	91.87	110.9	105.7	113.1	107.5	42193
肥西县	Feixi	508.80	48.58	344.41	115.81	111.1	105.6	112.9	107.8	60849
庐江县	Lujiang	200.23	42.94	94.74	62.55	110.7	105.8	113.4	110.4	16770
淮北市	**Huaibei**	**759.64**	**57.99**	**481.76**	**219.89**	**109.6**	**104.5**	**110.6**	**108.2**	**35324**
濉溪县	Suixi	203.51	41.82	113.74	47.95	112.8	104.8	117.0	108.4	18664
亳州市	**Bozhou**	**883.63**	**194.52**	**348.66**	**340.45**	**107.8**	**104.5**	**108.3**	**109.1**	**17769**
涡阳县	Guoyang	205.19	48.12	89.40	67.67	103.3	105.0	100.2	106.7	12534
蒙城县	Mengcheng	193.73	50.95	80.42	62.36	109.1	105.1	112.2	108.2	14082
利辛县	Lixin	155.01	47.32	43.97	63.71	107.9	105.2	109.6	108.7	9377
宿州市	**Suzhou**	**1140.53**	**259.67**	**478.39**	**402.47**	**109.7**	**105.0**	**111.0**	**111.0**	**20895**
砀山县	Dangshan	142.65	42.44	63.89	36.33	109.2	105.1	111.7	109.0	14637
萧　县	Xiaoxian	200.49	54.71	81.65	64.13	109.9	105.1	111.9	111.0	14511
灵璧县	Lingbi	156.49	53.83	49.73	52.93	108.7	105.3	110.7	110.5	12422
泗　县	Sixian	145.75	49.82	56.74	39.19	108.9	105.2	111.7	109.4	15524
蚌埠市	**Bengbu**	**1151.19**	**178.35**	**597.50**	**375.35**	**110.1**	**105.1**	**112.0**	**109.4**	**35542**
怀远县	Huaiyuan	206.39	61.59	87.73	57.07	109.5	105.2	112.5	109.2	16198
五河县	Wuhe	138.13	50.10	44.83	43.20	108.9	105.1	112.4	109.2	20730
固镇县	Guzhen	144.80	47.24	58.80	38.77	110.1	105.1	113.3	110.7	22907
阜阳市	**Fuyang**	**1188.97**	**277.05**	**504.54**	**407.37**	**108.6**	**105.0**	**111.0**	**108.0**	**15303**
界首市	Jieshou	121.94	23.82	67.71	30.41	109.9	104.9	111.8	108.7	15235
临泉县	Linquan	134.95	66.23	28.24	40.49	107.1	105.0	110.8	107.3	5922
太和县	Taihe	165.72	47.05	68.63	50.03	109.2	105.1	112.0	108.6	9496
阜南县	Funan	124.72	45.30	40.91	38.51	106.4	105.4	106.7	107.1	7202
颍上县	Yingshang	190.50	46.68	102.28	41.54	107.8	104.9	109.5	106.1	10780
淮南市	**Huainan**	**789.32**	**67.08**	**440.71**	**281.53**	**99.6**	**104.6**	**96.1**	**106.7**	**33361**
凤台县	Fengtai	223.38	29.35	145.01	49.02	108.0	104.9	108.9	106.3	35768
滁州市	**Chuzhou**	**1214.39**	**214.12**	**651.16**	**349.11**	**109.4**	**104.8**	**111.1**	**109.0**	**30562**
天长市	Tianchang	262.36	31.21	177.68	53.47	111.3	105.2	112.4	110.7	41527
明光市	Mingguang	111.02	32.78	39.01	39.22	108.4	104.8	110.0	109.7	17473
来安县	Laian	119.12	21.39	65.84	31.89	110.4	104.9	112.3	109.7	24147
全椒县	Quanjiao	106.78	24.76	49.33	32.68	106.1	105.1	104.6	109.3	23188
定远县	Dingyuan	140.98	53.17	46.23	41.58	108.6	104.8	113.1	108.2	14645
凤阳县	Fengyang	140.31	35.86	62.48	41.98	108.4	104.9	110.6	107.8	18193

注：本表绝对额按当年价格计算，指数按可比价格计算。

a) Level data in this table are calculated at current prices while indices at constant prices.

2—16 续表 continued

市、县 County、city		生产总值（亿元）Gross Domestic Product (100 million yuan)	第一产业 Primary Industry	第二产业 Secondary Industry	第三产业 Tertiary Industry	生产总值指数（%）Indices of Gross Domestic Product (2013=100)	第一产业 Primary Industry	第二产业 Secondary Industry	第三产业 Tertiary Industry	人均生产总值（元/人）Per Capita GDP (yuan/person)
六 安 市	**Luan**	**1095.81**	**215.21**	**520.22**	**360.38**	**107.9**	**104.5**	**109.8**	**107.1**	**19211**
寿　县	Shouxian	123.39	41.99	36.62	44.79	107.5	104.6	111.9	107.2	8838
霍邱县	Huoqiu	230.24	47.18	121.66	61.41	108.0	104.7	109.9	106.8	13490
舒城县	Shucheng	149.53	30.58	71.51	47.43	107.0	104.6	109.1	105.1	15015
金寨县	Jinzhai	83.51	18.11	33.36	32.04	104.1	104.6	101.3	107.0	12423
霍山县	Huoshan	145.14	12.66	101.92	30.56	109.7	104.6	110.8	108.0	39979
马鞍山市	**Maanshan**	**1333.12**	**77.04**	**831.12**	**424.96**	**109.7**	**103.7**	**110.7**	**108.0**	**60091**
当涂县	Dangtu	264.51	27.67	188.42	48.42	111.1	105.2	112.4	108.3	55863
含山县	Hanshan	116.10	20.92	60.74	34.44	113.7	105.4	119.3	108.4	26169
和　县	Hexian	129.16	23.34	69.99	35.84	113.0	105.4	118.4	106.9	23885
芜 湖 市	**Wuhu**	**2309.55**	**118.04**	**1476.01**	**715.50**	**110.7**	**104.8**	**111.1**	**110.8**	**64039**
芜湖县	Wuhu	180.32	18.71	127.95	33.66	110.5	104.8	111.4	109.7	52135
繁昌县	Fanchang	204.18	8.82	155.26	40.10	110.6	105.2	111.6	107.4	73354
南陵县	Nanling	172.47	29.27	107.56	35.64	110.7	105.3	111.8	111.1	31335
无为县	Wuwei	337.10	50.42	204.16	82.51	109.0	105.1	109.9	108.7	26648
宣 城 市	**Xuancheng**	**917.63**	**117.92**	**471.64**	**328.07**	**109.0**	**104.4**	**110.4**	**108.4**	**35726**
宁国市	Ningguo	221.07	21.11	144.50	55.46	109.6	104.1	111.0	108.0	57089
郎溪县	Langxi	103.54	14.64	67.23	21.67	109.9	104.5	111.4	108.5	29997
广德县	Guangde	173.07	18.60	92.94	61.52	109.9	104.8	112.0	108.2	33374
泾　县	Jingxian	77.46	17.02	34.40	26.04	108.6	104.5	110.7	108.2	21781
绩溪县	Jixi	53.78	10.54	27.52	15.72	107.9	104.6	109.0	107.8	30429
旌德县	Jingde	31.82	6.94	14.98	9.90	106.0	104.0	105.6	108.1	21224
铜 陵 市	**Tongling**	**716.31**	**12.58**	**510.46**	**193.27**	**110.0**	**104.2**	**111.0**	**107.3**	**97193**
铜陵县	Tongling	123.23	10.19	89.33	23.72	115.3	104.9	118.5	106.6	42550
池 州 市	**Chizhou**	**517.17**	**68.56**	**243.80**	**204.81**	**109.2**	**104.5**	**110.1**	**109.6**	**36267**
东至县	Dongzhi	121.58	26.87	56.63	38.07	109.5	104.6	111.9	109.2	22220
石台县	Shitai	20.39	3.89	8.37	8.14	107.4	104.7	107.0	108.9	18816
青阳县	Qingyang	74.60	10.26	38.91	25.44	109.6	104.8	111.0	109.1	27307
安 庆 市	**Anqin**	**1544.32**	**212.39**	**814.73**	**517.20**	**109.3**	**104.6**	**111.4**	**107.3**	**28809**
桐城市	Tongcheng	217.47	26.93	143.53	47.01	109.5	105.4	111.8	104.2	28742
怀宁县	Huaining	174.51	21.45	111.70	41.36	110.2	104.5	111.9	107.8	24927
枞阳县	Zongyang	191.41	33.68	110.36	47.37	108.5	104.8	110.0	107.2	19705
潜山县	Qianshan	125.31	23.56	69.12	32.64	109.1	104.9	110.7	107.5	21364
太湖县	Taihu	92.58	22.65	42.88	27.04	109.1	105.0	111.6	108.0	16170
宿松县	Susong	143.35	42.05	62.35	38.95	107.9	105.0	109.3	108.2	16841
望江县	Wangjiang	93.90	26.70	41.67	25.53	108.0	104.0	109.5	108.7	14851
岳西县	Yuexi	73.40	15.26	41.02	17.12	109.6	104.7	111.8	107.8	18000
黄 山 市	**Huangshan**	**507.17**	**53.37**	**217.11**	**236.69**	**107.6**	**104.1**	**107.5**	**108.6**	**37306**
歙　县	Shexian	130.60	17.50	67.42	45.68	108.5	103.0	109.7	108.6	27362
休宁县	Xiuning	67.85	12.23	29.45	26.17	108.3	104.7	108.8	109.5	24602
黟　县	Yixian	24.78	3.55	12.08	9.15	107.7	104.8	108.2	108.3	26227
祁门县	Qimen	52.32	6.01	22.42	23.89	108.4	105.2	108.5	109.0	28015

主要统计指标解释

国内生产总值（GDP）

指按市场价格计算的一个国家（或地区）所有常住单位在一定时期内生产活动的最终成果。国内生产总值有三种表现形态，即价值形态、收入形态和产品形态。从价值形态看，它是所有常住单位在一定时期内生产的全部货物和服务价值超过同期投入的全部非固定资产货物和服务价值的差额，即所有常住单位的增加值之和；从收入形态看，它是所有常住单位在一定时期内创造并分配给常住单位和非常住单位的初次收入之和；从产品形态看，它是所有常住单位在一定时期内最终使用的货物和服务价值减去货物和服务进口价值。在实际核算中，国内生产总值有三种计算方法，即生产法、收入法和支出法。三种方法分别从不同的方面反映国内生产总值及其构成。

三次产业

三次产业的划分是世界上较为常用的产业结构分类，但各国的划分不尽一致。根据国家统计局 2012 年制定的三次产业划分规定：

第一产业是指农、林、牧、渔业（不含农、林、牧、渔服务业）；

第二产业是指采矿业（不含开采辅助业），制造业（不含金属制品、机械和设备修理业），电力、热力、燃气及水的生产和供应业，建筑业；

第三产业是指除第一、二产业以外的其他行业。

劳动者报酬

指劳动者因从事生产活动所获得的全部报酬。包括劳动者获得的各种形式的工资、奖金和津贴，既包括货币形式的，也包括实物形式的，还包括劳动者所享受的公费医疗和医药卫生费、上下班交通补贴、单位支付的社会保险费、住房公积金等。对于个体经济来说，其所有者所获得的劳动报酬和经营利润不易区分，这两部分统一作为劳动者报酬处理。

生产税净额

指生产税减生产补贴后的余额。生产税指政府对生产单位从事生产、销售和经营活动以及因从事生产活动使用某些生产要素（如固定资产、土地、劳动力）所征收的各种税、附加费和规费。生产补贴与生产税相反，指政府对生产单位的单方面转移支出，因此视为负生产税，包括政策亏损补贴、价格补贴等。

固定资产折旧

指一定时期内为弥补固定资产损耗按照规定的固定资产折旧率提取的固定资产折旧，或按国民经济核算统一规定的折旧率虚拟计算的固定资产折旧。它反映了固定资产在当期生产中的转移价值。各类企业和企业化管理的事业单位的固定资产折旧是指实际计提的折旧费；不计提折旧的政府机关、非企业化管理的事业单位和居民住房的固定资产折旧是按照统一规定的折旧率和固定资产原值计算的虚拟折旧。原则上，固定资产折旧应按固定资产当期的重置价值计算，但是目前我国尚不具备对全社会固定资产进行重估价的基础，所以暂时只能采用上述办法。

营业盈余

指常住单位创造的增加值扣除劳动者报酬、生产税净额和固定资产折旧后的余额。它相当于企业的营业利润加上生产补贴，但要扣除从利润中开支的工资和福利等。

支出法国内生产总值

是从最终使用的角度反映一个国家（或地区）一定时期内生产活动最终成果的一种方法，包括最终消费支出、资本形成总额及货物和服务净出口三部分。计算公式为：

支出法国内生产总值=最终消费支出+资本形成总额+货物和服务净出口

最终消费支出

指常住单位为满足物质、文化和精神生活的需要，从本国经济领土和国外购买的货物和服务的支出。它不包括非常住单位在本国经济领土内的消费支出。最终消费支出分为居民消费支出和政府消费支出。

居民消费支出

指常住住户在一定时期内对于货物和服务的全部最终消费支出。居民消费支出除了直接以货币形式购买的货物和服务的消费支出外，还包括以其他方式获得的货物和服务的消费支出，即所谓的虚拟消费支出。居民虚拟消费支出包括如下几种类型：单位以实物报酬及实物转移的形式提供给劳动者的货物和服务；住户生产并由本住户消费了的货物和服务，其中的服务仅指住户的自有住房服务；金融机构提供的金融媒介服务；保险公司提供的保险服务。

政府消费支出

指政府部门为全社会提供的公共服务的消费支出和免费或以较低的价格向居民住户提供的货物和服务的净支出，前者等于政府服务的产出价值减去政府单位所获得的经营收入的价值，后者等于政府部门免费或以较低价格向居民住户提供的货物和服务的市场价值减去向住户收取的价值。

资本形成总额

指常住单位在一定时期内获得减去处置的固定资产和存货的净额，包括固定资本形成总额和存货增加两部分。

固定资本形成总额

指常住单位在一定时期内获得的固定资产减处置的固定资产的价值总额。固定资产是通过生产活动生产出来的，且其使用年限在一年以上、单位价值在规定标准以上的资产，不包括自然资产。可分为有形固定资本形成总额和无形固定资本形成总额。有形固定资本形成总额包括一定时期内完成的建筑工程、安装工程和设备工器具购置（减处置）价值，以及土地改良、新增役、种、奶、毛、娱乐用牲畜和新增经济林木价值。无形固定资本形成总额包括矿藏的勘探、计算机软件等获得减处置。

存货变动

指常住单位在一定时期内存货实物量变动的市场价值，即期末价值减期初价值的差额，再扣除当期由于价格变动而产生的持有收益。存货变动可以是正值，也可以是负值，正值表示存货上升，负值表示存货下降。存货包括生产单位购进的原材料、燃料和储备物资等存货，以及生产单位生产的产成品、在制品和半成品等存货。

货物和服务净出口

指货物和服务出口减货物和服务进口的差额。出口包括常住单位向非常住单位出售或无偿转让的各种货物和服务的价值；进口包括常住单位从非常住单位购买或无偿得到的各种货物和服务的价值。由于服务活动的提供与使用同时发生，一般把常住单位从非常住单位得到的服务作为进口，非常住单位从常住单位得到的服务作为出口。货物的出口和进口都按离岸价格计算。

Explanatory Notes for Major Statistical Indicators

Gross Domestic Product (GDP)

refers to the final products at market prices produced by all resident units in a country (or a region) during a certain period of time. Gross domestic product is expressed in three different perspectives, namely value, income, and products respectively. GDP in its value perspective refers to the total value of all goods and services produced by all resident units during a certain period of time, minus the total value of input of goods and services of the nature of non-fixed assets; in other words, it is the sum of the value-added of all resident units. GDP from the perspective of income includes the primary income created by all resident units and distributed to resident and non-resident units. GDP from the perspective of products refers to the value of all goods and services for final consumption by all resident units minus the net exports of goods and services during a given period of time. In the practice of national accounting, gross domestic product is calculated from three approaches, namely production approach, income approach and expenditure approach, which reflect gross domestic product and its composition from different angles.

Three Strata of Industry

Classification of economic activities into three strata of industry is a common practice in the world, although the grouping varies to some extent form country to country. In China economic activities are categorized into the following three strata of industry:

Primary industry refers to agriculture, forestry, animal husbandry and fishery and services in support of these industries.

Secondary industry refers to mining and quarrying, manufacturing, production and supply of electricity, water and gas, and construction.

Tertiary industry refers to all other economic activities not included in the primary or secondary industries.

Labourers Remuneration

refers to the total payment of various forms to labourers for the productive activities they are engaged in. It includes wages, bonuses and allowances, which the labourers earn in cash and in kind. It also includes the free medical services provided to the labourers and the medicine expenses, transport subsidies and social insurance, and housing fund paid by the employers. As regards the individual economy, since labourers remuneration is not easily distinguishable from the operating profit, both parts are treated as labourer remuneration.

Net Taxes on Production

refers to taxes on production less subsidies on production. The taxes on production refers to the various taxes, extra charges and fees levied on the production units on their production, sale and business activities as well as on the use of some factors of production, such as fixed assets, land and labour in the production activities they are engaged in. In contrast to taxes on production, subsidies on production refer to the unilateral government transfer to the production units and are therefore regarded as negative taxes on production. They include subsidies on the loss due to implementation of government policies, price subsidies, etc.

Depreciation of Fixed Assets

refers to the depreciation of fixed assets in a given period, drawn in accordance with the stipulated depreciation rate for the purpose of compensating the wear-and-tear loss of the fixed assets or the depreciation of fixed assets imputed in accordance with the stipulated unified depreciation rate in the national economic accounting system. It reflects the value of transfer of the fixed assets in the production of the current period. The depreciation of fixed assets in various enterprises and institutions managed as enterprises refers to the depreciation expenses actually drawn. In government agencies and institutions not managed as enterprises which do not draw the depreciation expenses, as well as for the houses of residents, the depreciation of fixed assets is the imputed depreciation, which is calculated in accordance with the stipulated unified depreciation rate. In principle, the depreciation of fixed assets should be calculated on the basis of the re-purchased value of the fixed assets. However, currently the conditions in China do not facilitate the revaluation of all the fixed assets. Therefore, only the above-mentioned methods can be adopted at present.

Operating Surplus

refers to the balance of the value added created by the resident units after deducting the labourers remuneration, net taxes on production and the depreciation of fixed assets. It is equivalent to the business profit of the enterprises plus subsidies to production, but the wages and welfare expenses paid from the profits should be deducted.

GDP by Expenditure Approach

refers to the method of measuring the final results of production activities of a country (region) during a given period from the perspective of final uses. It includes final consumption expenditure, gross capital formation and net export of goods and services. The formula for computation is.:

GDP by expenditure approach = final consumption expenditure + gross capital formation + net export of goods and services

Final Consumption Expenditure

refers to the total expenditure of resident units for purchases of goods and services from both the domestic economic territory and abroad to meet the needs of material, cultural and spiritual life. It does not include the expenditure of non-resident units on consumption in the economic territory of the country. The final consumption expenditure is broken down into household consumption expenditure and government consumption expenditure.

Household Consumption Expenditure

refers to the total expenditure of resident households on the final consumption of goods and services. In addition to the consumption of goods and services bought by the households directly with money, the household consumption expenditure also includes expenditure on goods and services obtained by the households in other ways, i.e. the so-called imputed consumption expenditure, which includes the following: (a) the goods and services provided to households by employers in the form of payment in kind and transfer in kind; (b) goods and services produced and consumed by the households themselves, in which the services refer only to the owner-occupied housing; (c) financial intermediate services provided by financial institutions; (d) insurance services provided by insurance companies.

Government Consumption Expenditure

refers to the consumption expenditure spent for the provision of public services provided by the government to the whole country and the net expenditure on the goods and services provided by the government to households free of charge or at reduced prices. The former equals to the output value of the government services minus the value of operating income obtained by the government departments. The latter equals to the market value of the goods and services provided by the government free of charge or at reduced prices to the households minus the value received by the government from the households.

Gross Capital Formation

refers to the fixed assets acquired less disposals and the net value of inventory, thus including gross fixed capital formation and changes in inventories.

Gross Fixed Capital Formation

refers to the value of acquisitions less those disposals of fixed assets during a given period. Fixed assets are the assets produced through production activities with unit value above a specified amount and which could be used for over one year. Natural assets are not included. Gross fixed capital formation can be categorized into total tangible fixed capital formation and total intangible fixed capital formation. Total tangible fixed capital formation includes the value of the construction projects and installation projects completed and the equipment, apparatus and instruments purchased (less those disposed) as well as the value of land improved, the value of draught animals, breeding stock and animals for milk, for wool and for recreational purposes and the newly increased forest with economic value. Total intangible fixed capital formation includes the prospecting of minerals and the acquisition of computer software minus the disposal of them.

Changes in Inventories

refers to the market value of the change in the physical volume of inventory of resident units during a given period, i.e. the difference between the values at the beginning and at the end of the period minus the gains due to the change in prices. The changes in inventories can have a positive or a negative value. A positive value indicates an increase in inventory while a negative value indicates a decrease in inventory. The inventory includes raw materials, fuels and reserve materials purchased by the production units as well as the inventory of finished products, semi-finished products and work-in-progress.

Net Export of Goods and Services

refers to the exports of goods and services subtracting the imports of goods and services. Exports include the value of various goods and services sold or gratuitously transferred by resident units to non-resident units. Imports include the value of various goods and services purchased or gratuitously acquired resident units from non-resident units. Because the provision of services and the use of them happen simultaneously, the acquisition of services by resident units from abroad is usually treated as import while the acquisition of services by non-resident units in this country is usually treated as export. The exports and imports of goods are calculated at FOB.

第 三 篇

Chapter 3

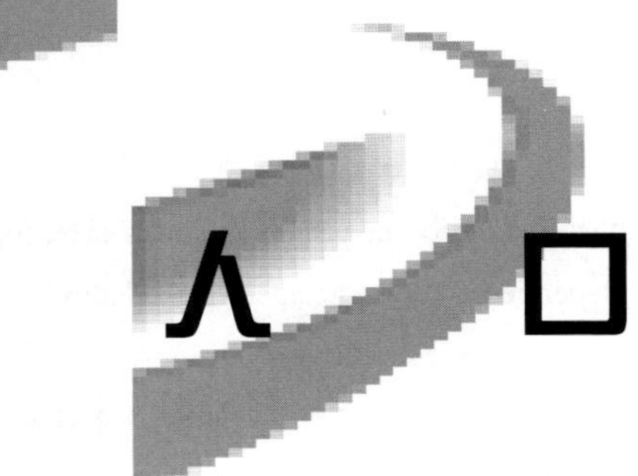

人 口

POPULATION

简要说明

一、本篇资料反映我省2014年及主要年份人口方面的基本情况，包括全省主要人口统计数据，主要指标有：总户数、总人口、家庭户规模、性别比、少年儿童系数、老年系数、老少比、文化程度状况、少年儿童抚养系数、老年抚养系数、总抚养系数、婚姻构成、就业者身份等。

二、本篇资料来源主要有以下三个方面：

1. 家庭户数据、人口性别比、人口受教育程度、抚养系数等资料，根据历年人口抽查调查和人口普查数据整理计算。

2. 历史上六次人口普查资料，根据历次人口普查资料整理。

3. 户籍人口、非农业人口、农业人口，根据省公安厅提供的2014年度户籍人口统计年报资料整理。

三、本篇资料均由省统计局人口和社会科技统计处整理编制。

Brief Introduction

I. Data in this chapter show the basic conditions of Anhui's population in 2014, including the main data of population statistics of the whole province, such as family size, sex ratio, children ratio, the aged ratio, ratio of the aged to children, educational level, children dependency ratio, the aged dependency ratio, and total dependency ratio.

II. There are three main sources for Data published in this chapter.

1. Materials on Households, sex ratio, educational level and dependency ratio are tabulated according to the data of the population sample survey and census of the past years.

2. The historical data of the six population censuses are prepared in accordance with the previous population censuses.

3. Registered population, non-agricultural and agricultural population are collected in accordance with the annual statistical report of Registered population in 2014 by the Department of Public Security of the province.

III. Data in this chapter are prepared by the Population and Social Science Division, Anhui Statistical Bureau.

3—1 主要年份人口指标
Major Population Indicators in Main Year

年份 Year	户籍人口 Residence Populations 总数（万人）Total (10000 persons)	非农业人口比重（%）Proportion of Non-agricultural Populations (%)	常住人口 Permanent Populations 总数（万人）Total (10000 persons)	城镇人口比重（%）Proportion of Urban Populations (%)	出生率（‰）Birth Rate (‰)	死亡率（‰）Death Rate (‰)	自然增长率（‰）Natural Growth Rate (‰)	流向省外半年以上的人数（万人）Floating Out of This Province for More Than Half a Year (10000 persons)
2000	6278	19.59	6093	28.00	13.40	5.76	7.64	433
2005	6516	20.99	6120	35.50	12.43	6.23	6.20	842
2006	6593	21.74	6110	37.10	12.60	6.30	6.30	934
2007	6676	21.98	6118	38.70	12.75	6.40	6.35	1005
2008	6741	22.23	6135	40.50	13.05	6.60	6.45	954
2009	6795	22.33	6131	42.10	13.07	6.60	6.47	992
2010	6827	22.71	5957	43.20	12.70	5.95	6.75	1038
2011	6876	22.93	5968	44.80	12.23	5.91	6.32	1199
2012	6902	22.89	5988	46.50	13.00	6.14	6.86	1157
2013	6929	22.92	6030	47.86	12.88	6.06	6.82	1130
2014	6936	22.69	6083	49.15	12.86	5.89	6.97	1053

注：1．户籍人口为公安户籍统计数，常住人口为人口普查或人口抽样调查推算数；
2．常住人口是指常住本地的人，不包括户籍人口中到省外半年以上的人口，包括外省来我省常住半年以上的人口；
3．以下各表除加以注明的外，均为常住人口数。

a) Residence population is taken from the annual reports of the Department of Public Security and permanent population is calculated from the Sample Survay of Population.
b) Permanent population refers to people inhabit local place, excluding those residence population that going out of this province for more than one year and including the population moving to this province from other province for more than one year.
c) Data in the following tables refer to permanent populations excluding those with notes.

3—2 主要年份人口系数
Ratio of Population in Main Year

单位：%

年份 Year	少年儿童系数 Ratio of Children	老年系数 Retio of the Aged	老少比 Ratio of the Aged to Children	少年儿童抚养系数 Chilren Dependency Ratio	老年抚养系数 The Aged Dependency Ratio	总抚养系数 Dependency Ratio	年龄中位数（岁）Median of Age (year)
2000	25.49	7.59	29.79	38.10	11.35	49.44	30.38
2005	23.07	10.08	43.69	34.51	15.08	49.59	34.32
2006	21.48	10.16	47.30	31.42	14.86	46.28	35.04
2007	20.41	10.72	52.52	29.64	15.57	45.20	35.86
2008	19.81	11.15	56.28	28.70	16.15	44.85	36.25
2009	19.40	11.43	58.92	28.05	16.52	44.57	37.79
2010	17.77	10.23	57.57	24.68	14.21	38.89	36.36
2011	18.59	11.41	61.36	26.56	16.30	42.86	38.83
2012	18.35	12.08	65.83	26.37	17.36	43.73	39.79
2013	18.51	12.24	66.15	26.72	17.68	44.40	40.12
2014	18.68	11.71	62.72	26.83	16.83	43.66	39.42

注：2000年、2010年为普查数据，其余年份为人口变动抽样调查数。

a) Data in 2000 and 2010 are taken from National Population Cansuses and data of other years were taken from the annual National Sample Surveys on Population Changes.

3—3 六次全省人口普查基本情况
Basic Statistics on National Population Census in 1953, 1964, 1982, 1990, 2000 and 2010

指标	Item	1953	1964	1982	1990	2000	2010
总人口 （万人）	**Total Population (10000 persons)**	**3066.3**	**3124.1**	**4966.6**	**5618.1**	**5900.0**	**5950.0**
男	Male	1610.7	1618.2	2576.4	2902.6	3043.8	3024.6
女	Female	1455.7	1506.0	2390.2	2715.5	2856.2	2925.5
育龄妇女 （15—49岁）	Women at Childbearing Age (Age 15-49)	705.4	741.2	1150.8	1498.8	1576.9	1702.8
总户数 （万户）	**Total Number of Households (10000 household)**	**713.2**	**765.2**	**1052.2**	**1337.7**	**1650.5**	**1932.2**
家庭户	Family Households			1047.1	1332.0	1631.4	1886.2
集体户	Non-family Households			5.1	5.6	19.2	46.0
家庭户规模 （人/户）	**Average Family Size (person/household)**	**4.3**	**4.1**	**4.6**	**4.1**	**3.5**	**3.0**
各年龄组人口 （万人）	**Population by Age (10000 persons)**						
0—6岁	Age 0-6	624.7	542.7	679.9	781.5	515.4	511.7
7—14岁	Age 7-14	481.0	657.6	1115.4	813.4	988.7	545.9
15—64岁	Age 15-64		1849.6	2968.5	3719.5	3948.0	4284.0
65岁以上	Age 65 and Over		74.2	202.8	303.7	448.0	608.5
劳动年龄人口	Population Within Working Age	1649.3	1657.6	2615.9	3336.7	3535.1	3725.1
男60岁、女55岁以上人口	Males Aged 60 and Females Aged 55 and Over			425.7	577.1	761.6	1072.7
民族人口 （万人）	**Nationality Population (10000 persons)**						
汉族	Han Nationality	3052.7	3108.6	4940.4	5585.7	5860.2	5910.5
少数民族	Minority Nationalities	13.6	15.5	26.2	32.4	39.8	39.6
15岁及以上人口 （万人）	**Marital Status of Population Aged 15 and Over (10000 persons)**			**3171.3**	**4023.2**	**4396.0**	**4892.4**
未婚	Unmarried			954.6	1112.5	964.2	951.2
有配偶	Married			1959.3	2641.9	3199.9	3582.5
丧偶	Widowed			237.2	247.7	177.1	310.3
离婚	Divorced			20.2	21.1	54.8	48.4
每十万人拥有受教育程度人口 （人）	**Population with Education Attainment Per 10000 from Population Censuses (person)**						
大专以上	Colleges and Over		258	408	883	2312	6733
高中	Senior Secondary School		1010	3977	5037	7653	10840
初中	Junior Secondary School		3861	14236	19970	32826	38604
小学	Primary School		19307	29716	34701	37362	27763
文盲人口及文盲率	**Illiterate Population and Illiterate Rate**						
文盲人口 （万人）	Illiterate Population (10000 persons)			1900.7	1381.8	602.2	484.4
文盲率 （%）	Illiterate Rate (%)			31.8	24.6	10.1	8.1
市镇乡人口 （万人）	**Population of Cities, Towns and Townships (10000 persons)**						
市	City	112.5	214.7	488.5	692.1	843.5	1218.3
镇	Town	153.8	146.7	219.7	310.3	733.2	1339.5
乡	Townships	2800.1	2762.7	4258.4	4615.7	4323.4	3392.3
人口平均预期寿命 （岁）	**Population Life Expectancy (age)**				**70.22**	**72.62**	**75.10**

3—4 各市主要年份人口城镇化率
Main Year Rate of Urbanization by Region

单位：%

地　区	Region	2010	2011	2012	2013	2014
总　计	**Total**	**43.20**	**44.80**	**46.50**	**47.86**	**49.15**
合肥市	Hefei	63.00	64.60	66.40	67.79	69.10
淮北市	Huaibei	54.50	55.70	57.20	58.53	59.76
亳州市	Bozhou	29.10	31.30	33.00	34.40	35.66
宿州市	Suzhou	31.40	33.10	34.80	36.16	37.43
蚌埠市	Bengbu	45.00	46.60	48.30	49.67	50.91
阜阳市	Fuyang	31.90	33.30	34.90	36.23	37.50
淮南市	Huainan	62.90	63.70	65.30	66.65	67.90
滁州市	Chuzhou	41.60	43.40	45.10	46.47	47.75
六安市	Luan	35.90	37.40	38.90	40.19	41.44
马鞍山市	Maanshan	58.00	59.40	61.20	62.57	63.86
芜湖市	Wuhu	54.60	56.30	58.00	59.37	60.67
宣城市	Xuancheng	43.30	45.00	46.70	48.06	49.32
铜陵市	Tongling	73.50	74.90	76.30	77.58	78.68
池州市	Chizhou	44.50	46.00	47.50	48.82	50.06
安庆市	Anqing	36.80	38.10	39.60	40.96	42.23
黄山市	Huangshan	41.10	42.80	44.40	45.74	47.00

3—5 各市常住人口出生率、死亡率（2014年）
Resident Population Birth Rate, Mortality by Region (2014)

地　区	Region	出生率（‰）Birth Rate（‰）	死亡率（‰）Mortality（‰）	自然增长率（‰）Natural Growth Rate（‰）
总　计	**Total**	**12.86**	**5.89**	**6.97**
合肥市	Hefei	10.13	4.03	6.10
淮北市	Huaibei	11.63	4.78	6.85
亳州市	Bozhou	15.44	6.38	9.05
宿州市	Suzhou	16.93	6.45	10.48
蚌埠市	Bengbu	15.56	5.21	10.35
阜阳市	Fuyang	19.03	6.39	12.65
淮南市	Huainan	11.67	5.10	6.57
滁州市	Chuzhou	9.56	5.18	4.38
六安市	Luan	12.81	5.90	6.92
马鞍山市	Maanshan	9.51	4.97	4.54
芜湖市	Wuhu	8.57	5.25	3.33
宣城市	Xuancheng	9.24	5.95	3.29
铜陵市	Tongling	7.72	5.66	2.06
池州市	Chizhou	9.44	5.15	4.29
安庆市	Anqing	9.69	5.03	4.67
黄山市	Huangshan	10.20	6.70	3.50

3—6 各市主要人口指标（2014年）
Main Population Indicators by Region (2014)

地 区	Region	户籍人口 Residence Populations 总数（万人） Total (10000 persons)	非农业人口比重（%） Proportion of Non-agricultural Populations (%)	常住人口 Permanent Populations 总数（万人） Total (10000 persons)	城镇人口比重（%） Proportion of Urban Populations (%)
总　计	**Total**	**6935.83**	**22.69**	**6083**	**49.2**
合肥市	Hefei	712.81	38.07	770	69.1
淮北市	Huaibei	215.30	41.96	216	59.8
亳州市	Bozhou	634.35	9.91	500	35.7
宿州市	Suzhou	642.32	12.86	549	37.4
蚌埠市	Bengbu	371.10	27.43	326	50.9
阜阳市	Fuyang	1051.42	12.03	782	37.5
淮南市	Huainan	243.35	45.64	238	67.9
滁州市	Chuzhou	449.61	21.63	399	47.8
六安市	Luan	720.51	13.24	573	41.4
马鞍山市	Maanshan	227.73	35.84	223	63.9
芜湖市	Wuhu	384.51	47.21	362	60.7
宣城市	Xuancheng	279.84	18.13	257	49.3
铜陵市	Tongling	73.78	58.34	74	78.7
池州市	Chizhou	160.64	18.13	143	50.1
安庆市	Anqing	620.88	18.01	538	42.2
黄山市	Huangshan	147.69	24.84	136	47.0

注：本表常住人口总数及城镇人口比重为2014年人口抽样调查推算数。

a) The permanent populations and proportion of urban populations in this table are taken from the estimated number by the end of 2014.

3—7 各市户数、人口数和性别比（2014年）
Number of Households, Population, and Sex Ratio by Region (2014)

地 区	Region	户数（万户） Number of Households (10000 household)	人口数（万人） Population (10000 persons)	男 Male	性别比（女=100） Sex Ratio (Female=100)
总　计	**Total**	**2122.80**	**6935.83**	**3610.34**	**108.57**
合肥市	Hefei	236.55	712.81	369.39	107.56
淮北市	Huaibei	66.36	215.30	110.54	105.53
亳州市	Bozhou	168.71	634.35	335.72	112.42
宿州市	Suzhou	190.46	642.32	333.05	107.69
蚌埠市	Bengbu	109.54	371.10	192.79	108.12
阜阳市	Fuyang	279.41	1051.42	549.99	109.68
淮南市	Huainan	78.41	243.35	126.76	108.72
滁州市	Chuzhou	141.79	449.61	233.62	108.17
六安市	Luan	236.80	720.51	381.14	112.31
马鞍山市	Maanshan	73.10	227.73	117.48	106.56
芜湖市	Wuhu	127.20	384.51	198.61	106.84
宣城市	Xuancheng	99.13	279.84	144.79	107.21
铜陵市	Tongling	25.71	73.78	37.31	102.31
池州市	Chizhou	54.91	160.64	82.22	104.84
安庆市	Anqing	183.32	620.88	321.25	107.22
黄山市	Huangshan	51.40	147.69	75.66	105.03

注：本表为公安户籍年报统计数。

a) Data in this table are taken from the annual reports of Department of Puplis Security.

3—8　各市主要年份总人口文盲率
Illiteracy Ratio by Region in the Primary Years

单位：%

地　区	Region	1995	2000	2005	2010	2013	2014
总　计	**Total**	**14.09**	**10.06**	**11.74**	**8.14**	**6.12**	**6.10**
合肥市	Hefei	12.97	7.69	8.67	5.28	5.52	4.84
淮北市	Huaibei	12.20	8.42	7.59	6.54	5.55	5.77
亳州市	Bozhou	13.78	10.70	14.59	10.76	6.81	6.90
宿州市	Suzhou	16.34	10.28	11.32	8.64	6.65	6.68
蚌埠市	Bengbu	16.11	10.60	12.17	6.90	5.75	5.74
阜阳市	Fuyang	13.28	11.25	13.18	9.25	6.87	6.89
淮南市	Huainan	9.31	8.32	10.47	6.67	4.42	4.43
滁州市	Chuzhou	13.66	10.77	13.14	9.07	6.29	6.31
六安市	Luan	15.95	9.75	12.67	7.92	6.21	6.31
马鞍山市	Maanshan	8.76	8.87	7.94	5.24	5.00	4.98
芜湖市	Wuhu	12.27	10.81	10.45	5.87	5.60	5.59
宣城市	Xuancheng	13.29	8.88	14.47	9.46	5.79	5.81
铜陵市	Tongling	14.74	10.76	7.20	6.88	4.15	4.60
池州市	Chizhou	14.56	11.29	11.21	8.53	5.75	5.78
安庆市	Anqing	15.10	11.84	11.80	8.80	6.67	6.68
黄山市	Huangshan	10.69	8.35	8.26	6.25	3.86	3.88

3—9　各市15—49岁妇女活产和存活子女状况（2014年）
Live Births and Surviving Children of Women Aged 15-49 by Region（2014）

单位：人 (person)

地　区	Region	15—49岁妇女人数 Number of Women Aged 15-49	活产子女人数 Number of Live Births	男 Male	女 Female	存活子女人数 Number of Surviving Children	男 Male	女 Female	妇女平均活产子女数 Average Number of Live Births per Women
总　计	**Total**	**179462**	**199310**	**108648**	**90662**	**198019**	**107884**	**90135**	**1.11**
合肥市	Hefei	18208	16961	9189	7772	16821	9110	7711	0.93
淮北市	Huaibei	7559	8576	4720	3856	8556	4710	3846	1.13
亳州市	Bozhou	9548	13761	7792	5969	13681	7761	5920	1.44
宿州市	Suzhou	9497	12960	7067	5893	12912	7035	5877	1.36
蚌埠市	Bengbu	10255	11491	6373	5118	11455	6356	5099	1.12
阜阳市	Fuyang	15038	19695	10939	8756	19560	10835	8725	1.31
淮南市	Huainan	8997	10289	5678	4611	10231	5652	4579	1.14
滁州市	Chuzhou	16066	16989	9358	7631	16920	9315	7605	1.06
六安市	Luan	13492	15850	8857	6993	15760	8800	6960	1.17
马鞍山市	Maanshan	9294	9563	5252	4311	9507	5216	4291	1.03
芜湖市	Wuhu	13253	12797	6884	5913	12689	6828	5861	0.97
宣城市	Xuancheng	8046	8118	4050	4068	8067	4019	4048	1.01
铜陵市	Tongling	5156	4954	2633	2321	4914	2609	2305	0.96
池州市	Chizhou	6220	6570	3342	3228	6519	3309	3210	1.06
安庆市	Anqing	21621	23549	12801	10748	23288	12634	10654	1.09
黄山市	Huangshan	7212	7187	3713	3474	7139	3695	3444	1.00

注：本表及3—11、3—15、3—16为2014年人口变动抽样调查实际调查样本汇总数。

a) This form and 3-11,3-15,3-16 are actual survey sample total of population changing sample survey in 2014.

3—10 各市人均受教育年限
The average number of years of Education by Region

单位：年（year）

地 区	Region	2013年人均受教育年限 The average number of years of Education 1n 2013			2014年人均受教育年限 The average number of years of Education 1n 2014		
		合 计 Total	男 Male	女 Female	合 计 Total	男 Male	女 Female
总 计	**Total**	**8.54**	**9.14**	**7.93**	**8.69**	**9.32**	**8.08**
合 肥 市	Hefei	9.49	10.21	8.80	10.14	10.69	9.62
淮 北 市	Huaibei	9.11	9.69	8.55	9.15	9.70	8.63
亳 州 市	Bozhou	7.98	8.58	7.35	7.99	8.65	7.36
宿 州 市	Suzhou	8.58	9.17	7.96	8.59	9.18	7.98
蚌 埠 市	Bengbu	8.74	9.14	8.34	8.84	9.35	8.35
阜 阳 市	Fuyang	8.25	8.82	7.67	8.26	8.83	7.68
淮 南 市	Huainan	9.28	9.72	8.83	9.29	9.73	8.84
滁 州 市	Chuzhou	8.41	9.12	7.80	8.74	9.38	8.08
六 安 市	Luan	8.32	8.79	7.81	8.33	8.80	7.82
马鞍山市	Maanshan	8.91	9.54	8.25	8.92	9.87	8.26
芜 湖 市	Wuhu	9.09	9.63	8.54	9.23	9.88	8.56
宣 城 市	Xuancheng	8.39	8.87	7.89	8.40	8.89	7.90
铜 陵 市	Tongling	9.60	10.19	9.00	9.62	10.25	9.01
池 州 市	Chizhou	8.48	8.99	7.96	8.54	9.31	7.97
安 庆 市	Anqing	8.52	9.26	7.76	8.53	9.27	7.77
黄 山 市	Huangshan	8.68	9.26	8.07	8.69	9.27	8.11

注：本表数据为人口变动抽样调查推算数。
a) Data in this table are estimated from the changing sample survey of population.

3—11 按年龄和性别分人口构成（2014年）
Population by Age and Sex (2014)

年 龄 Age	人口数 （人） Population (person)			占总人口比重 （%） Percentage to Total Population (%)			性别比 （女=100） Sex Ratio (female=100)
	合 计 Total	男 Male	女 Female	合 计 Total	男 Male	女 Female	
总 计 Total	**670960**	**339396**	**331564**	**100.00**	**100.00**	**100.00**	**102.36**
0—4	43051	23654	19397	6.42	6.97	5.85	121.95
5—9	44336	24443	19894	6.61	7.20	6.00	122.87
10—14	37927	21131	16796	5.65	6.23	5.07	125.81
15—19	40760	21614	19146	6.07	6.37	5.77	112.89
20—24	51527	25796	25731	7.68	7.60	7.76	100.25
25—29	47684	22555	25129	7.11	6.65	7.58	89.76
30—34	39760	19167	20592	5.93	5.65	6.21	93.08
35—39	44985	22445	22540	6.70	6.61	6.80	99.57
40—44	62551	30897	31654	9.32	9.10	9.55	97.61
45—49	65776	32171	33605	9.80	9.48	10.14	95.73
50—54	45138	22320	22818	6.73	6.58	6.88	97.82
55—59	31231	16030	15201	4.65	4.72	4.58	105.45
60—64	37635	18622	19014	5.61	5.49	5.73	97.94
65+	78600	38551	40048	11.71	11.36	12.08	96.26

3—12 各市常住人口基本情况（2014年）
Basic Conditions of Population by Region (2014)

地　区	Region	家庭户人口占总人口比重（%） Proportion of Family Members to the Total Population (%)	人口性别比（女=100） Sex Ratio (female=100)	外出半年以上人员性别比（女=100） Sex Ratio of Persons Having Gone out for More Than A Half Year (female=100)	农林牧渔业人口占在业人口比重（%） Proprtion of Farming, Forestry, Husbandary and Fishery People to the Total (%)	其他行业人口占在业人口比重（%） Proportion of People in Other Sectors to the Total (%)
总　计	**Total**	**97.70**	**102.36**	**125.05**	**36.82**	**63.18**
合肥市	Hefei	94.25	98.80	123.42	19.10	80.90
淮北市	Huaibei	98.84	104.31	115.32	35.87	64.13
亳州市	Bozhou	99.00	109.12	129.28	43.00	57.00
宿州市	Suzhou	99.97	100.15	143.47	59.89	40.11
蚌埠市	Bengbu	96.25	104.02	122.23	51.01	48.99
阜阳市	Fuyang	98.03	99.20	139.61	42.12	57.88
淮南市	Huainan	98.55	104.32	114.03	30.14	69.86
滁州市	Chuzhou	99.23	104.49	121.78	35.89	64.11
六安市	Luan	98.66	104.10	129.81	47.58	52.42
马鞍山市	Maanshan	94.47	110.15	118.51	23.82	76.18
芜湖市	Wuhu	94.96	105.63	109.22	20.42	79.58
宣城市	Xuancheng	98.38	99.52	117.47	35.97	64.03
铜陵市	Tongling	99.59	99.88	99.23	16.10	83.90
池州市	Chizhou	99.29	99.76	121.16	28.40	71.60
安庆市	Anqing	98.94	100.72	132.84	31.92	68.08
黄山市	Huangshan	97.06	97.97	115.47	38.05	61.95

注：本表及3—13、3—14、3—21、3—22、3—23、3—24、3—25、3—26、3—27为2014年人口抽样调查样本推算数。

a) This form and 3-13、3-14、3-21、3-22、3-23、3-24、3-25、3-26、3-27 are computative data of population sample survey in 2014.

3—13 各市按家庭户规模分的户数构成（2014年）
Composition of Households by Size of Household and Region (2014)

单位：%

地　区	Region	家庭户规模（人/户） Size of Family Household (person/household)	一人户 One Person	二人户 Two Persons	三人户 Three Persons	四人户 Four Persons	五人户 Five Persons	六人及六人以上户 Six Persons and Over
总　计	**Total**	**3.07**	**12.22**	**25.87**	**28.13**	**18.27**	**9.19**	**6.33**
合肥市	Hefei	2.92	13.13	26.56	32.05	17.12	7.19	3.96
淮北市	Huaibei	3.13	9.35	25.73	31.31	18.98	8.42	6.21
亳州市	Bozhou	3.46	10.04	21.79	20.46	24.82	11.03	11.86
宿州市	Suzhou	3.10	11.93	27.27	24.02	21.10	8.55	7.13
蚌埠市	Bengbu	3.11	10.59	26.40	28.88	18.29	9.19	6.66
阜阳市	Fuyang	3.19	12.95	24.72	22.11	22.24	9.50	8.49
淮南市	Huainan	2.95	13.11	28.35	28.33	17.61	7.32	5.28
滁州市	Chuzhou	3.29	9.75	22.47	28.70	19.52	11.27	8.29
六安市	Luan	3.11	13.12	25.66	25.11	18.43	10.61	7.06
马鞍山市	Maanshan	2.89	14.59	28.83	29.11	14.27	8.41	4.78
芜湖市	Wuhu	3.13	10.33	23.12	32.39	18.21	10.32	5.64
宣城市	Xuancheng	2.76	16.27	30.88	28.06	13.43	7.75	3.61
铜陵市	Tongling	2.72	13.27	30.34	36.83	11.94	5.29	2.33
池州市	Chizhou	2.94	13.06	27.93	29.86	15.85	8.56	4.74
安庆市	Anqing	3.28	9.78	21.66	28.69	20.84	11.27	7.76
黄山市	Huangshan	2.71	17.20	31.59	28.34	11.87	7.58	3.42

3—14 各市人口年龄结构（2014年）
Age Composition of Population by Region (2014)

单位：%

地　区 Region		总人口（万人） Total Population (10000 persons)	年龄构成 Proportion to Total Populations 0—14岁 Age 0-14	15—64岁 Age 15-64	15—59岁 Age 15-59	65岁及以上 Age 65 and Over	抚养比 Dependency Ratio 总抚养比 Gross Dependency Ratio	少儿抚养比 Children Dependency Ratio	老年抚养比 The Aged Dependency Ratio
总　计	**Total**	**6082.90**	**18.68**	**69.61**	**64.00**	**11.71**	**43.66**	**26.83**	**16.83**
合肥市	Hefei	769.58	15.36	73.22	68.00	11.42	36.58	20.98	15.60
淮北市	Huaibei	215.85	16.98	72.69	67.54	10.34	37.58	23.36	14.22
亳州市	Bozhou	499.60	25.15	64.83	60.19	10.01	54.24	38.80	15.44
宿州市	Suzhou	548.60	21.44	66.14	60.31	12.42	51.18	32.41	18.77
蚌埠市	Bengbu	325.78	19.94	68.25	62.92	11.81	46.51	29.21	17.30
阜阳市	Fuyang	782.30	26.30	62.96	58.16	10.73	58.83	41.78	17.05
淮南市	Huainan	237.49	17.60	70.44	64.58	11.96	41.96	24.99	16.97
滁州市	Chuzhou	398.50	14.92	74.22	68.80	10.87	34.74	20.10	14.64
六安市	Luan	572.50	19.81	67.53	61.27	12.66	48.08	29.34	18.75
马鞍山市	Maanshan	222.90	13.46	72.63	65.93	13.91	37.68	18.54	19.15
芜湖市	Wuhu	361.74	13.47	75.14	69.62	11.39	33.08	17.93	15.15
宣城市	Xuancheng	257.42	13.84	71.78	64.45	14.38	39.31	19.28	20.03
铜陵市	Tongling	73.81	14.60	72.97	67.50	12.43	37.05	20.01	17.04
池州市	Chizhou	143.00	15.23	72.82	66.37	11.95	37.32	20.91	16.41
安庆市	Anqing	537.56	16.08	72.54	66.91	11.37	37.85	22.17	15.68
黄山市	Huangshan	136.30	14.14	70.47	62.35	15.39	41.91	20.07	21.84

3—15 各市按性别分的15岁及以上文盲人口（2014年）
Illiterate Population Aged 15 and Over by Sex and Region (2014)

地　区 Region		15岁及以上人口（人） Population Aged 15 and Over (person)	男 Male	女 Female	文盲人口（人） Illiterate Population (person)	男 Male	女 Female	文盲人口占15岁及以上人口的比重 Percentage of Illiterate Population to Total Aged 15 and Over (%)	男 Male	女 Female
总　计	**Total**	**554460**	**275950**	**278510**	**44357**	**11625**	**32732**	**8.00**	**4.21**	**11.75**
合肥市	Hefei	51996	25287	26709	3152	682	2470	6.06	2.70	9.25
淮北市	Huaibei	22518	11261	11257	1452	391	1061	6.45	3.47	9.43
亳州市	Bozhou	28332	14285	14047	2677	718	1959	9.45	5.03	13.95
宿州市	Suzhou	29071	14141	14930	3157	856	2301	10.86	6.05	15.41
蚌埠市	Bengbu	32155	16055	16100	2258	656	1602	7.02	4.09	9.95
阜阳市	Fuyang	42385	19961	22424	4083	1103	2980	9.63	5.53	13.29
淮南市	Huainan	29025	14562	14463	2698	891	1807	9.30	6.12	12.49
滁州市	Chuzhou	48656	24471	24185	2664	567	2097	5.48	2.32	8.67
六安市	Luan	42972	21365	21607	3034	951	2083	7.06	4.45	9.64
马鞍山市	Maanshan	32953	17395	15558	2949	728	2221	8.95	4.19	14.28
芜湖市	Wuhu	41066	21185	19881	2966	763	2203	7.22	3.60	11.08
宣城市	Xuancheng	27439	13730	13709	3090	956	2134	11.26	6.96	15.57
铜陵市	Tongling	16271	8060	8211	977	217	760	6.00	2.69	9.26
池州市	Chizhou	19773	9776	9997	2091	511	1580	10.57	5.23	15.80
安庆市	Anqing	64932	32165	32767	5592	1284	4308	8.61	3.99	13.15
黄山市	Huangshan	24916	12251	12665	1517	351	1166	6.09	2.87	9.21

3—16　各市每十万人口拥有受教育程度人口（2014年）
Population by Educational Level and Region Per 100 Thousand Persons (2014)

单位：人（person）

地　区	Region	大专及以上 College and Higher Level	高中和中专 Senior Secondary School	初　中 Junior Secondary School	小　学 Primary School
总　计	**Total**	**8676**	**11270**	**38164**	**27027**
合 肥 市	Hefei	20120	15294	31988	21038
淮 北 市	Huaibei	8923	12886	45757	19332
亳 州 市	Bozhou	2888	7254	42356	29726
宿 州 市	Suzhou	4624	9255	42905	24219
蚌 埠 市	Bengbu	9315	11111	38586	24895
阜 阳 市	Fuyang	4222	7997	39071	29584
淮 南 市	Huainan	7411	13541	42538	21903
滁 州 市	Chuzhou	7015	12220	42238	27757
六 安 市	Luan	5442	10299	37585	32286
马鞍山市	Maanshan	12357	11974	36233	26039
芜 湖 市	Wuhu	14006	13000	35465	25712
宣 城 市	Xuancheng	6731	10407	37431	29228
铜 陵 市	Tongling	13116	18421	34371	24201
池 州 市	Chizhou	10249	12063	33515	29883
安 庆 市	Anqing	7844	12466	34329	31429
黄 山 市	Huangshan	8677	11709	36812	31825

3—17　各市2014—2015学年小学初中入学率状况
Percentage of Children Enrolled in Primary Schools and Junior Secondary Schools by Region (2014-2015)

单位：%

地　区	Region	初中净入学率 Net Enrollment Ratio of Junior Secondary Schools		小学净入学率 Net Enrollment Ratio of Primary Schools		初中辍学率 Percent of Junior Middle Schoolchildren Quitting Their Studies	小学辍学率 Percent of Primary Schoolchildren Quitting Their Studies
		小　计 Total	女 Female	小　计 Total	女 Female		
总　计	**Total**	**99.82**	**99.83**	**99.98**	**99.98**	**0.25**	**0.06**
合 肥 市	Hefei	100.00	100.00	100.00	100.00		-0.01
淮 北 市	Huaibei	99.00	98.90	100.00	100.00	0.63	0.09
亳 州 市	Bozhou	99.79	99.76	99.97	99.97	0.97	0.25
宿 州 市	Suzhou	100.00	100.00	100.00	100.00	0.25	0.08
蚌 埠 市	Bengbu	100.00	100.00	100.00	100.00	0.08	
阜 阳 市	Fuyang	99.82	99.84	99.98	99.99	0.54	0.12
淮 南 市	Huainan	99.92	99.93	99.93	99.95	0.02	-0.04
滁 州 市	Chuzhou	99.49	99.67	99.91	99.89	0.19	0.02
六 安 市	Luan	99.65	99.60	99.99	99.99	0.04	-0.09
马鞍山市	Maanshan	99.78	99.89	99.93	99.94	0.13	
芜 湖 市	Wuhu	100.00	100.00	100.00	100.00	0.07	
宣 城 市	Xuancheng	99.76	99.75	100.00	100.00	-0.55	0.02
铜 陵 市	Tongling	100.00	100.00	100.00	100.00		0.05
池 州 市	Chizhou	99.90	99.90	100.00	100.00	-0.02	0.01
安 庆 市	Anqing	100.00	100.00	100.00	100.00	0.24	0.08
黄 山 市	Huangshan	99.97	99.97	100.00	100.00	-0.09	

3—18 各市婚姻人口构成（2014年）
Composition of Marriage Status by Region (2014)

单位：%

地　区	Region	15岁及15岁以上的人口合计（人） Total Population Aged 15 and Over (person)	未　婚 Never Married	有配偶 With Spouses	离　婚 Divorced	丧　偶 Widowed
总　计	**Total**	**554460**	**17.52**	**75.07**	**1.31**	**6.09**
合肥市	Hefei	51996	20.56	73.17	1.26	5.01
淮北市	Huaibei	22518	16.78	76.35	1.58	5.30
亳州市	Bozhou	28332	15.61	77.76	1.05	5.57
宿州市	Suzhou	29071	15.36	76.99	0.99	6.66
蚌埠市	Bengbu	32155	18.21	74.38	1.51	5.90
阜阳市	Fuyang	42385	17.51	75.39	1.02	6.08
淮南市	Huainan	29025	16.45	75.41	1.83	6.30
滁州市	Chuzhou	48656	17.86	75.18	1.48	5.47
六安市	Luan	42972	15.91	76.46	1.02	6.60
马鞍山市	Maanshan	32953	19.31	72.70	1.75	6.24
芜湖市	Wuhu	41066	21.07	71.61	1.70	5.63
宣城市	Xuancheng	27439	13.98	77.04	1.85	7.13
铜陵市	Tongling	16271	13.68	78.02	2.10	6.20
池州市	Chizhou	19773	16.75	75.02	1.37	6.85
安庆市	Anqing	64932	19.20	73.01	0.98	6.81
黄山市	Huangshan	24916	12.39	77.36	2.07	8.19

注：本表15岁及以上人口为2014年人口变动抽样调查实际调查数。

a) This form and Population aged 15 and over are the actual survey data of population changing sample survey in 2014.

3—19 全省育龄妇女分年龄孩次的生育率（2014年）
Fertility Rate of Women At Childbearing Age by Age and Children's Order (2014)

单位：‰

年　龄 Age	生育率 Fertility-rate	第一孩生育率 The First Child	第二孩生育率 The Second Child	第三孩及以上生育率 The Third Child and Over
总　计 Total	**30.85**	**18.73**	**11.15**	**0.97**
15-19	**193.67**	**147.15**	**44.29**	**2.22**
20-24	**83.00**	**41.17**	**38.65**	**3.18**
20	153.26	92.05	57.42	3.80
21	104.45	50.84	50.84	2.77
22	81.75	37.37	39.64	4.75
23	55.96	23.38	30.28	2.30
24	40.04	15.22	22.26	2.56
25-29	**32.55**	**9.66**	**20.74**	**2.14**
25	38.40	12.97	23.38	2.05
26	36.59	9.81	24.14	2.64
27	29.78	9.67	18.17	1.93
28	29.31	7.16	20.14	2.01
29	25.72	7.38	16.30	2.04
30-34	**14.99**	**2.51**	**10.30**	**2.17**
30	15.53	2.50	12.27	0.75
31	20.01	3.12	14.55	2.34
32	17.81	2.14	13.30	2.37
33	12.68	2.19	7.07	3.41
34	9.20	2.66	4.60	1.94
35-39	**3.88**	**1.09**	**2.27**	**0.52**
40-44	**0.43**	**0.15**	**0.18**	**0.09**
45-49				

注：本表中的生育率为2014年人口抽样调查样本推算数。

a) The fertility rate of this table are computative data of population sample survey in 2014.

3—20 各市主要年份妇女平均初婚年龄
Women's Average Age At Their First Marriage in Major Years by Region

单位：岁（age）

地　区	Region	2000	2005	2010	2013	2014
总　　计	**Total**	**22.61**	**23.37**	**21.56**	**23.94**	**24.05**
合 肥 市	Hefei	23.10	23.98	22.36	25.43	25.22
淮 北 市	Huaibei	22.58	23.67	21.58	23.75	23.84
亳 州 市	Bozhou	21.90	22.75	20.98	22.71	22.43
宿 州 市	Suzhou	22.32	23.34	21.35	23.36	22.88
蚌 埠 市	Bengbu	22.07	23.50	21.70	23.59	24.12
阜 阳 市	Fuyang	22.17	22.90	21.40	23.77	22.97
淮 南 市	Huainan	22.98	23.41	21.89	24.31	24.03
滁 州 市	Chuzhou	22.54	23.02	21.55	23.80	23.45
六 安 市	Luan	22.29	23.34	21.34	23.17	23.78
马鞍山市	Maanshan	23.05	23.86	22.11	24.43	24.02
芜 湖 市	Wuhu	23.21	23.87	21.93	25.09	24.45
宣 城 市	Xuancheng	22.80	23.85	21.48	24.01	24.64
铜 陵 市	Tongling	23.84	24.96	22.43	24.58	24.71
池 州 市	Chizhou	22.68	23.39	21.56	24.43	25.59
安 庆 市	Anqing	22.24	23.32	21.22	24.30	24.19
黄 山 市	Huangshan	23.13	23.46	21.72	25.11	24.54

3—21 各市按行业分的在业人口比例（2014年）
The Proportion of Employment Population by Industry by Region (2014)

单位：%

地　区	Region	合　计（人）Total (person)	农、林、牧、渔业 Farming, Forestry, Animal Husbandry and Fishery	工　业 Industry	建筑业 Construction	交通运输、仓储及邮电通讯业 Transport, Storage, Post & Telecommunications	批发零售、贸易餐饮业 Wholesale and Retail, Catering Trade	其　他 Other
总　　计	**Total**	**385638**	**36.82**	**13.46**	**10.75**	**4.29**	**16.10**	**18.58**
合 肥 市	Hefei	33649	19.10	10.00	11.95	5.42	19.23	34.29
淮 北 市	Huaibei	15319	35.87	21.92	9.40	4.11	13.27	15.42
亳 州 市	Bozhou	22534	43.00	8.35	12.24	3.97	18.58	13.86
宿 州 市	Suzhou	20672	59.89	7.76	8.32	2.99	9.36	11.67
蚌 埠 市	Bengbu	22109	51.01	6.17	7.60	4.65	12.00	18.57
阜 阳 市	Fuyang	30451	42.12	9.80	14.62	3.81	17.32	12.33
淮 南 市	Huainan	17581	30.14	21.90	9.33	5.96	16.80	15.87
滁 州 市	Chuzhou	35808	35.89	22.12	7.84	5.15	14.85	14.14
六 安 市	Luan	31820	47.58	15.75	10.22	3.50	12.20	10.76
马鞍山市	Maanshan	20865	23.82	20.29	9.07	4.58	17.62	24.62
芜 湖 市	Wuhu	27642	20.42	17.57	9.30	5.28	26.76	20.66
宣 城 市	Xuancheng	19810	35.97	15.21	9.16	4.60	17.27	17.79
铜 陵 市	Tongling	10345	16.10	29.44	8.68	6.76	19.94	19.09
池 州 市	Chizhou	13359	28.40	10.90	10.90	4.02	12.46	33.32
安 庆 市	Anqing	45605	31.92	14.74	13.57	3.08	14.24	22.45
黄 山 市	Huangshan	18069	38.05	9.15	10.42	3.96	17.35	21.07

3—22 各市未工作人口按寻找工作方式分的比例（2014年）

Proportion of Unemployed Persons by Their Types of Seeking Job by Region (2014)

单位：%

地 区	Region	合 计（人）Total (person)	在职业介绍机构求职 Looking for a Job in Employment Agencies	委托亲友找工作 Looking for a job Commissioned by Friends and Relatives	网上求职应聘 Online Job to Apply For	参加招聘会 Going to job Fairs	为自己经营做准备 To Prepare Business by Themselves	其他方式 Others	未找工作 No Looking for a job
总 计	**Total**	**3405**	**8.96**	**35.15**	**11.34**	**9.60**	**5.14**	**10.07**	**19.74**
合肥市	Hefei	453	6.18	40.18	17.66	9.93	2.21	9.27	14.57
淮北市	Huaibei	126	19.84	26.19	17.46	12.70	4.76	7.94	11.11
亳州市	Bozhou	57	19.30	36.84	17.54	10.53	0.00	5.26	10.53
宿州市	Suzhou	120	8.33	20.00	6.67	5.00	5.83	11.67	42.50
蚌埠市	Bengbu	82	8.54	35.37	13.41	8.54	3.66	12.20	18.29
阜阳市	Fuyang	225	10.67	26.22	11.56	1.33	12.44	12.89	24.89
淮南市	Huainan	429	7.69	47.79	10.02	8.86	3.50	10.02	12.12
滁州市	Chuzhou	258	9.69	45.74	6.98	10.85	5.81	8.53	12.40
六安市	Luan	34	5.88	35.29	8.82	11.76	11.76	2.94	23.53
马鞍山市	Maanshan	181	7.73	18.78	13.26	20.99	7.73	10.50	20.99
芜湖市	Wuhu	499	11.02	49.30	9.42	8.62	6.01	7.82	7.82
宣城市	Xuancheng	236	8.05	28.39	10.17	5.51	5.08	13.56	29.24
铜陵市	Tongling	177	8.47	28.25	10.17	15.25	2.82	11.30	23.73
池州市	Chizhou	125	2.40	8.80	4.80	2.40	4.80	18.40	58.40
安庆市	Anqing	209	8.61	29.67	13.88	11.96	8.13	11.00	16.75
黄山市	Huangshan	194	8.25	22.68	8.76	12.89	1.55	6.70	39.18

3—23 各市外出半年以上人口比重、性别比及流向（2014年）

Proportion, Sexual Distinction and Floating Direction of Persons Going Out for More Than Half a Year by Region (2014)

单位：%

地 区	Region	占总人口比重（%）Percentage to Total Population (%)	外出人口性别比（女=100）Sexual Distinction of Persons Going Out (Female=100)	外出流向构成 Composition of Floating Directions			
				本县其他乡镇街道 Other Villages, Towns or Neighbourhoods in This County	本市其他县区 Other Counties or Districts in This City	本省其他市 Other Cities in This Province	外省 Other Provinces
总 计	**Total**	**22.23**	**125.05**	**15.58**	**6.75**	**9.08**	**68.60**
合肥市	Hefei	20.48	123.42	32.38	24.94	8.04	34.64
淮北市	Huaibei	10.31	115.32	18.05	22.02	15.51	44.42
亳州市	Bozhou	23.34	129.28	10.07	0.86	7.50	81.57
宿州市	Suzhou	19.71	143.47	11.82	1.02	9.46	77.70
蚌埠市	Bengbu	18.94	122.23	8.97	7.65	8.68	74.69
阜阳市	Fuyang	26.08	139.61	5.07	2.25	4.97	87.70
淮南市	Huainan	22.28	114.03	23.59	16.96	13.50	45.95
滁州市	Chuzhou	16.12	121.78	23.61	5.11	8.26	63.02
六安市	Luan	23.51	129.81	8.32	1.58	12.98	77.12
马鞍山市	Maanshan	19.03	118.51	24.60	11.13	9.07	55.20
芜湖市	Wuhu	21.56	109.22	18.84	10.34	10.27	60.55
宣城市	Xuancheng	24.94	117.47	36.10	4.81	9.21	49.89
铜陵市	Tongling	19.35	99.23	22.83	17.29	19.56	40.31
池州市	Chizhou	17.42	121.16	20.59	3.98	12.90	62.54
安庆市	Anqing	30.19	132.84	15.02	6.17	10.76	68.06
黄山市	Huangshan	27.41	115.47	21.74	9.21	8.11	58.00

3—24 各市流向省外半年以上的流动人口构成（2014年）
Composition of Persons Floating Out of the Province for More Than Half a Year by Region (2014)

单位：%

地区	Region	合计（人）Total (person)	江苏 Jiangsu	浙江 Zhejiang	上海 Shanghai	广东 Guangdong	北京 Beijing	福建 Fujian	山东 Shandong
总计	**Total**	**87614**	**26.92**	**27.25**	**21.66**	**5.21**	**3.86**	**1.86**	**2.15**
合肥市	Hefei	4192	29.68	14.07	27.84	3.29	9.59	1.93	1.03
淮北市	Huaibei	930	29.89	24.62	15.81	5.48	3.66	0.86	2.37
亳州市	Bozhou	6039	24.09	31.41	12.19	7.77	1.87	2.47	3.39
宿州市	Suzhou	6902	42.77	25.96	8.30	3.71	2.52	1.42	1.90
蚌埠市	Bengbu	5604	27.48	34.10	22.27	6.67	1.55	1.80	0.71
阜阳市	Fuyang	15973	14.38	36.39	16.30	6.65	4.15	1.85	3.89
淮南市	Huainan	4225	22.79	15.69	39.53	6.13	2.18	3.88	1.07
滁州市	Chuzhou	3155	47.35	21.01	20.25	4.15	1.58	0.86	0.73
六安市	Luan	11882	36.57	14.40	40.36	1.99	2.13	0.84	0.92
马鞍山市	Maanshan	4392	44.67	8.15	11.11	2.91	15.78	0.61	3.76
芜湖市	Wuhu	2056	35.41	8.07	29.43	5.45	6.23	1.02	1.46
宣城市	Xuancheng	5057	23.29	31.07	33.56	2.57	1.34	1.38	1.05
铜陵市	Tongling	1491	26.43	17.30	27.57	6.04	7.18	2.01	1.34
池州市	Chizhou	2868	16.88	38.01	25.17	3.87	2.55	2.27	1.92
安庆市	Anqing	7728	21.74	27.26	10.22	10.51	4.45	3.84	3.14
黄山市	Huangshan	5120	11.58	59.63	13.44	4.04	1.99	1.93	1.60

地区	Region	天津 Tianjin	湖北 Hubei	河北 Hebei	辽宁 Liaoning	河南 Henan	新疆 Xinjiang	陕西 Shanxi	流向其他省市 Floating to Other Provinces or Cities
总计	**Total**	**1.11**	**0.85**	**0.88**	**0.61**	**1.07**	**1.18**	**0.87**	**4.52**
合肥市	Hefei	0.31	0.45	0.41	0.45	0.64	3.36	0.93	6.02
淮北市	Huaibei	0.86	2.26	0.32	0.32	2.80	0.43	0.65	9.67
亳州市	Bozhou	0.93	0.41	2.96	0.76	1.51	2.70	0.36	7.18
宿州市	Suzhou	0.54	0.45	0.94	0.19	1.03	1.19	5.51	3.57
蚌埠市	Bengbu	1.36	0.52	0.23	0.12	0.30	0.23	0.25	2.41
阜阳市	Fuyang	2.16	0.97	1.50	0.92	2.85	2.89	0.43	4.67
淮南市	Huainan	0.21	1.25	0.52	0.24	0.54	0.52	0.78	4.67
滁州市	Chuzhou	0.25	0.41	0.13	0.35	0.38	0.67	0.16	1.72
六安市	Luan	0.20	0.46	0.13	0.16	0.29	0.19	0.13	1.23
马鞍山市	Maanshan	0.30	1.43	2.55	0.52	0.48	0.91	0.89	5.93
芜湖市	Wuhu	1.75	1.70	0.78	0.44	1.02	0.19	0.92	6.13
宣城市	Xuancheng	0.47	0.83	0.30	0.16	0.55	0.16	0.49	2.78
铜陵市	Tongling	0.87	1.41	1.07	0.40	0.87	0.47	0.47	6.57
池州市	Chizhou	0.07	0.56	0.28	0.66	1.01	0.17	0.31	6.27
安庆市	Anqing	3.79	1.66	0.54	2.47	0.62	0.47	0.80	8.49
黄山市	Huangshan	0.37	0.82	0.16	0.14	0.35	0.08	0.35	3.52

3—25 各市省内跨市外出半年以上的流动人口构成（2014年）
Composition of Floating Population From City to City in the Province by Region (2014)

单位：%

地 区 Region	合 计 (人) Total (person)	合 肥 市 Hefei	淮 北 市 Huaibei	亳 州 市 Bozhou	宿 州 市 Suzhou	蚌 埠 市 Bengbu	阜 阳 市 Fuyang	淮 南 市 Huainan
总 计 Total	**13879**	**50.28**	**3.13**	**0.97**	**1.72**	**3.52**	**2.46**	**3.93**
合 肥 市 Hefei	913		5.15	1.86	1.10	7.34	4.05	7.01
淮 北 市 Huaibei	373	28.95		3.75	33.51	7.24	4.29	10.46
亳 州 市 Bozhou	564	44.86	5.14		0.89	5.85	7.45	4.08
宿 州 市 Suzhou	810	51.98	18.15	0.62		6.42	0.86	4.07
蚌 埠 市 Bengbu	723	54.91	6.36	0.69	4.56		1.80	6.64
阜 阳 市 Fuyang	1002	52.59	5.79	6.09	0.50	4.29		9.08
淮 南 市 Huainan	1260	57.46	3.33	1.75	1.19	5.08	11.35	
滁 州 市 Chuzhou	397	64.23	3.02		1.01	10.08	1.01	4.03
六 安 市 Luan	2121	77.32	0.57		0.05	2.50	0.99	5.94
马鞍山市 Maanshan	695	52.81	0.43	0.58	0.43	2.73	1.29	2.45
芜 湖 市 Wuhu	341	39.00	1.17	0.29	0.88	2.64	0.88	0.59
宣 城 市 Xuancheng	906	42.60	0.33	0.11	0.66	1.77	0.44	1.32
铜 陵 市 Tongling	972	25.51	0.31	0.10	1.03	1.34	0.41	0.51
池 州 市 Chizhou	704	39.77	0.57	0.14	0.57	0.71	1.56	2.27
安 庆 市 Anqing	1276	63.32	1.25	0.24	0.86	1.80	1.33	3.45
黄 山 市 Huangshan	822	52.43	1.09		0.49	2.92	1.22	1.22

地 区 Region	滁 州 市 Chuzhou	六 安 市 Luan	马鞍山市 Maanshan	芜 湖 市 Wuhu	宣 城 市 Xuancheng	铜 陵 市 Tongling	池 州 市 Chizhou	安 庆 市 Anqing	黄 山 市 Huangshan
总 计 Total	**2.13**	**2.90**	**3.70**	**12.57**	**1.44**	**2.18**	**2.67**	**4.78**	**1.61**
合 肥 市 Hefei	6.68	13.58	7.34	23.11	2.96	6.90	2.41	8.54	1.97
淮 北 市 Huaibei	0.54	1.61	1.07	5.36	0.54			2.14	0.54
亳 州 市 Bozhou	4.43	0.53	16.13	7.62	1.42	0.53	0.18	0.53	0.35
宿 州 市 Suzhou	3.70	2.22	1.36	6.42	0.37	0.62	0.99	1.60	0.62
蚌 埠 市 Bengbu	4.01	3.87	2.35	8.44	0.55	1.52		2.77	1.52
阜 阳 市 Fuyang	1.60	2.40	5.59	9.68	0.50	0.20	0.20	1.40	0.10
淮 南 市 Huainan	2.46	5.16	0.87	6.59	0.63	0.87	0.48	1.59	1.19
滁 州 市 Chuzhou		1.26	3.02	6.55	0.76	1.76	0.76	2.02	0.50
六 安 市 Luan	1.27		2.92	4.43	0.38	0.57	0.19	2.36	0.52
马鞍山市 Maanshan	2.45	0.72		29.21	1.73	1.29	0.72	2.88	0.29
芜 湖 市 Wuhu	2.05	1.17	13.78		13.49	13.49	0.88	5.57	4.11
宣 城 市 Xuancheng	1.43	2.43	5.19	29.03		0.99	0.77	3.42	9.49
铜 陵 市 Tongling	0.41	3.60	2.47	18.31	0.41		20.06	24.18	1.34
池 州 市 Chizhou	1.42	1.70	2.84	21.16	2.41	4.69		15.34	4.83
安 庆 市 Anqing	0.86	2.43	1.80	10.58	0.24	4.47	6.74		0.63
黄 山 市 Huangshan	1.58	2.43	2.68	15.69	6.08	4.26	3.53	4.38	

3—26 全省外出半年以上人口分年龄构成（2014年）
Composition of Population Going out More Than Half a Year in the Whole Province (2014)

单位：%

年 龄 Age	合 计 Total	男 Male	女 Female	性别比 (女=100) Sex Ratio (Female=100)
总计 Total	**100.00**	**55.57**	**44.43**	**125.05**
0-4	**2.96**	**1.64**	**1.33**	**123.33**
5-9	**3.51**	**1.99**	**1.53**	**130.26**
10-14	**3.02**	**1.69**	**1.33**	**127.42**
15-19	**7.09**	**3.95**	**3.14**	**125.57**
15岁	0.71	0.41	0.30	133.01
16岁	1.02	0.57	0.45	127.73
17岁	1.25	0.69	0.57	121.91
18岁	1.78	0.98	0.80	123.27
19岁	2.33	1.30	1.03	126.22
20-24	**16.00**	**8.57**	**7.44**	**115.18**
20岁	2.62	1.42	1.20	117.75
21岁	2.90	1.57	1.33	118.34
22岁	3.17	1.71	1.45	117.95
23岁	3.32	1.76	1.56	113.20
24岁	4.00	2.10	1.90	110.86
25-29	**14.67**	**7.79**	**6.88**	**113.33**
25岁	3.64	1.89	1.75	107.69
26岁	3.10	1.65	1.45	113.77
27岁	3.09	1.66	1.43	116.02
28岁	2.55	1.35	1.20	112.39
29岁	2.29	1.25	1.04	119.58
30-34	**10.28**	**5.68**	**4.60**	**123.70**
30岁	2.15	1.18	0.97	122.62
31岁	2.02	1.11	0.91	121.63
32岁	2.17	1.20	0.97	123.63
33岁	1.89	1.05	0.83	126.38
34岁	2.05	1.14	0.91	124.56
35-39	**9.61**	**5.53**	**4.07**	**135.86**
35岁	2.03	1.15	0.88	130.06
36岁	1.97	1.13	0.84	135.04
37岁	1.75	1.01	0.75	134.70
38岁	1.95	1.12	0.83	135.89
39岁	1.91	1.13	0.78	144.39
40-44	**11.65**	**6.68**	**4.97**	**134.32**
40岁	2.09	1.20	0.89	135.25
41岁	2.14	1.28	0.86	149.41
42岁	2.50	1.43	1.07	133.72
43岁	2.44	1.37	1.07	128.04
44岁	2.47	1.39	1.08	128.37
45-49	**9.89**	**5.61**	**4.29**	**130.79**
45岁	2.27	1.26	1.00	125.82
46岁	2.37	1.32	1.06	125.00
47岁	1.77	1.01	0.76	132.63
48岁	1.85	1.07	0.78	136.88
49岁	1.63	0.94	0.68	138.02
50-54	**4.93**	**2.91**	**2.02**	**144.47**
50岁	1.44	0.83	0.61	136.32
51岁	1.54	0.92	0.62	148.18
52岁	1.18	0.70	0.49	143.69
53岁	0.43	0.26	0.17	154.08
54岁	0.33	0.20	0.13	155.37
55-59	**2.21**	**1.33**	**0.88**	**150.87**
60-64	**1.94**	**1.09**	**0.85**	**127.93**
65+	**2.24**	**1.12**	**1.13**	**99.22**

3—27 各市按外出时间分的外出人口比例（2014年）
Proportion of Persons Going Out by Time and Region (2014)

单位：%

地　区	Region	合　计（人）Total (person)	半年以下 6Month and Under	半年至一年 6Month —1Year	一至五年 1—5 Year	五年以上 5 Year and Over
总　计	**Total**	**222516**	**38.45**	**31.96**	**19.95**	**9.64**
合 肥 市	Hefei	18012	35.24	29.26	22.00	13.49
淮 北 市	Huaibei	4442	49.19	17.67	24.16	8.98
亳 州 市	Bozhou	14364	48.66	33.28	13.36	4.70
宿 州 市	Suzhou	12137	27.57	45.68	22.33	4.42
蚌 埠 市	Bengbu	8771	8.88	36.28	38.10	16.74
阜 阳 市	Fuyang	24070	23.02	52.57	17.97	6.44
淮 南 市	Huainan	9874	8.44	23.32	43.45	24.79
滁 州 市	Chuzhou	14883	66.16	16.92	11.88	5.04
六 安 市	Luan	26282	39.83	28.65	21.22	10.30
马鞍山市	Maanshan	11587	33.80	41.30	16.78	8.13
芜 湖 市	Wuhu	13359	74.28	14.50	7.61	3.61
宣 城 市	Xuancheng	13613	28.35	32.23	26.04	13.38
铜 陵 市	Tongling	4204	8.44	24.02	44.10	23.43
池 州 市	Chizhou	8603	46.65	27.01	17.02	9.32
安 庆 市	Anqing	27791	56.99	29.58	8.70	4.73
黄 山 市	Huangshan	10524	12.50	36.87	30.35	20.28

3—28 历年全省总人口、总户数
Total Populations and Households of the Province Over the Years

单位：万户、万人（10000 households、10000 persons）

年　份 Year	总户数 Total Number of Households	总人口 Population 合计 Total	男 Male	女 Female	性别比(女=100) Sex Ratio (Female=100)	非农业人口 Non-agricultural Population	农业人口 Agriculturl Population
1978	1018	4713	2439	2274	107.27	504	4209
1980	1051	4893	2530	2363	107.10	556	4337
1985	1174	5156	2683	2473	108.46	724	4432
1990	1445	5661	2934	2727	107.57	843	4818
1995	1551	6000	3116	2884	108.08	1044	4956
2000	1656	6278	3258	3020	107.87	1230	5048
2005	1849	6516	3388	3127	108.34	1368	5148
2006	1899	6593	3429	3164	108.38	1433	5160
2007	1949	6676	3469	3206	108.20	1467	5208
2008	2000	6741	3503	3238	108.16	1498	5243
2009	2041	6795	3528	3266	108.02	1517	5277
2010	2093	6827	3543	3283	107.92	1550	5276
2011	2118	6876	3567	3309	107.80	1577	5299
2012	2139	6902	3580	3322	107.78	1580	5322
2013	2144	6929	3599	3330	108.08	1588	5341
2014	2123	6936	3610	3326	108.57	1574	5362

注：本表为公安户籍年报统计数。
a) Data in this table are taken from the annual reports of the Department of Puplis Security.

3—29 各市、县、区户数、人口数（2014年）
Total Number of Households and Population by City, County and Region (2014)

地　区	Region	总户数（户）Total Number of Households (household)	户籍人口（人）Registered Population (person)	男 Male	女 Female	性别比（女=100）Sex Ratio (Female=100)	非农业人口（人）Non-agricultural Population (person)	常住人口（万人）Permanent Population (10000 persons)
总　计	**Total**	**21227959**	**69358267**	**36103352**	**33254915**	**108.57**	**15737682**	**6082.9**
合肥市	**Hefei**	**2365508**	**7128052**	**3693890**	**3434162**	**107.56**	**2713674**	**769.6**
市辖区	Region of City	830128	2453691	1258540	1195151	105.30	1959910	
瑶海区	Yaohai District	215790	617711	315396	302315	104.33	494906	95.0
庐阳区	Luyang District	152968	465061	236181	228880	103.19	434323	64.3
蜀山区	Shushan District	281190	831818	428377	403441	106.18	630487	121.2
包河区	Baohe District	180180	539101	278586	260515	106.94	400194	89.4
巢湖市	Chaohu	315858	864113	446530	417583	106.93	232194	78.2
长丰县	Changfeng	244320	758827	395694	363133	108.97	97719	63.1
肥东县	Feidong	333516	1055093	556619	498474	111.66	133010	86.3
肥西县	Feixi	251250	801400	417039	384361	108.50	128133	74.6
庐江县	Lujiang	390436	1194928	619468	575460	107.65	162708	97.5
淮北市	**Huaibei**	**663609**	**2152974**	**1105434**	**1047540**	**105.53**	**903423**	**215.9**
市辖区	Region of City	344314	1049428	537385	512043	104.95	768115	
杜集区	Duji District	108957	314814	162093	152721	106.14	261283	33.2
相山区	Xiangshan District	126726	399759	201222	198537	101.35	337111	48.6
烈山区	Lieshan District	108631	334855	174070	160785	108.26	169721	33.0
濉溪县	Suixi	319295	1103546	568049	535497	106.08	135308	101.1
亳州市	**Bozhou**	**1687114**	**6343515**	**3357248**	**2986267**	**112.42**	**628796**	**499.6**
谯城区	Qiaocheng District	517207	1670453	883590	786863	112.29	204197	145.3
涡阳县	Guoyang	329670	1637537	867469	770068	112.65	144780	124.8
蒙城县	Mengcheng	341649	1376907	726544	650363	111.71	150771	109.2
利辛县	Lixin	498588	1658618	879645	778973	112.92	129048	120.3
宿州市	**Suzhou**	**1904599**	**6423246**	**3330548**	**3092698**	**107.69**	**826345**	**548.6**
埇桥区	Yongqiao District	579365	1862344	964013	898331	107.31	396445	169.1
砀山县	Dangshan	315686	975811	507706	468105	108.46	136703	81.7
萧　县	Xiaoxian	411855	1380880	718005	662875	108.32	126346	115.7
灵璧县	Lingbi	336878	1263794	655267	608527	107.68	92369	100.2
泗　县	Sixian	260815	940417	485557	454860	106.75	74482	81.9
蚌埠市	**Bengbu**	**1095447**	**3710965**	**1927854**	**1783111**	**108.12**	**1017861**	**325.8**
市辖区	Region of City	373712	1123986	568927	555059	102.50	677877	
龙子湖区	Longzihu District	79902	227615	114158	113457	100.62	166274	21.4
蚌山区	Bengshan District	96995	279767	138360	141407	97.85	255549	39.5
禹会区	Yuhui District	117031	353514	181346	172168	105.33	198911	34.8
淮上区	Huaishang District	79784	263090	135063	128027	105.50	57143	22.0
怀远县	Huaiyuan	351952	1283034	677429	605605	111.86	174044	96.1
五河县	Wuhe	193590	668591	349610	318981	109.60	81455	56.8
固镇县	Guzhen	176193	635354	331888	303466	109.37	84485	55.2

注：本表户籍人口为公安户籍年报统计数，常住人口为抽样调查加权汇总推算数。

a) The annual report data of census register population for public security census register and permanent population sampling survey Weighted summary Calculation number.

3—29 续表1 continued

地　区	Region	总户数（户）Total Number of Households (household)	户籍人口（人）Registered Population (person)	男 Male	女 Female	性别比（女=100）Sex Ratio (Female=100)	非农业人口（人）Non-agricultural Population (person)	常住人口（万人）Permanent Population (10000 persons)
阜阳市	**Fuyang**	**2794142**	**10514166**	**5499882**	**5014284**	**109.68**	**1265257**	**782.3**
市辖区	Region of City	580654	2239944	1158209	1081735	107.07	517118	
颍州区	Yingzhou District	233117	844713	430743	413970	104.05	279416	77.5
颍东区	Yingdong District	157964	656860	345177	311683	110.75	120800	53.7
颍泉区	Yingquan District	189573	738371	382289	356082	107.36	116902	58.4
临泉县	Linquan	583346	2268943	1184273	1084670	109.18	149256	157.9
太和县	Taihe	514365	1733624	915866	817758	112.00	155842	138.8
阜南县	Funan	413148	1711120	890667	820453	108.56	122562	114.6
颍上县	Yingshang	476010	1758810	931756	827054	112.66	177408	123.0
界首市	Jieshou	226619	801725	419111	382614	109.54	143071	58.4
淮南市	**Huainan**	**784089**	**2433453**	**1267585**	**1165868**	**108.72**	**1110719**	**237.5**
市辖区	Region of City	548163	1696252	875160	821092	106.58	971168	
大通区	Datong District	64429	183483	94023	89460	105.10	74931	18.4
田家庵区	Tianjiaan District	181685	548652	279962	268690	104.20	436563	53.8
谢家集区	Xiejiaji District	105588	321614	164661	156953	104.91	219449	39.7
八公山区	Bagongshan District	65150	200172	103270	96902	106.57	157490	21.2
潘集区	Panji District	131311	442331	233244	209087	111.55	82735	39.8
凤台县	Fengtai	235926	737201	392425	344776	113.82	139551	54.2
滁州市	**Chuzhou**	**1417866**	**4496112**	**2336243**	**2159869**	**108.17**	**972371**	**398.5**
市辖区	Region of City	198566	542035	274046	267989	102.26	265966	
琅琊区	Langya District	105340	282868	141678	141190	100.35	204352	31.9
南谯区	Nanqiao District	93226	259167	132368	126799	104.39	61614	25.9
来安县	Laian	166108	493314	252758	240556	105.07	76818	43.5
全椒县	Quanjiao	159228	460501	238416	222085	107.35	109973	39.0
定远县	Dingyuan	273079	962337	512237	450100	113.81	131633	78.6
凤阳县	Fengyang	214656	771043	409388	361655	113.20	103317	65.0
天长市	Tianchang	194021	631519	321185	310334	103.50	165924	60.8
明光市	Mingguang	212208	635363	328213	307150	106.86	118740	53.7
六安市	**Luan**	**2367952**	**7205064**	**3811445**	**3393619**	**112.31**	**954010**	**572.5**
市辖区	Region of City	649214	1891181	995804	895377	111.22	340826	
金安区	Jinan District	312264	875023	455786	419237	108.72	188861	82.1
裕安区	Yuan District	336950	1016158	540018	476140	113.42	151965	88.2
寿　县	Shouxian	449074	1405208	747413	657795	113.62	162853	102.1
霍邱县	Huoqiu	631541	1883188	1000480	882708	113.34	201958	126.7
舒城县	Shucheng	316189	991799	516923	474876	108.85	115432	75.9
金寨县	Jinzhai	205851	671131	362270	308861	117.29	80847	52.0
霍山县	Huoshan	116083	362557	188555	174002	108.36	52094	31.9
马鞍山市	**Maanshan**	**730995**	**2277312**	**1174839**	**1102473**	**106.56**	**816155**	**222.9**
市辖区	Region of City	267572	821950	417305	404645	103.13	554379	
花山区	Huashan District	125793	377025	188595	188430	100.09	339616	43.7
雨山区	Yushan District	87259	260529	131444	129085	101.83	199567	31.7
博望区	Bowang District	54520	184396	97266	87130	111.63	15196	17.2
当涂县	Dangtu	153888	473350	242923	230427	105.42	97232	46.0
含山县	Hanshan	142913	442604	232069	210535	110.23	82793	38.0
和　县	Hexian	166622	539408	282542	256866	110.00	81751	46.3
芜湖市	**Wuhu**	**1271963**	**3845139**	**1986130**	**1859009**	**106.84**	**1815267**	**361.7**
市辖区	Region of City	498783	1449811	739618	710193	104.14	1449811	
镜湖区	Jinghu District	162378	458760	230783	227977	101.23	458760	55.0

3—29 续表2 continued

地　区	Region	总户数(户) Total Number of Households (household)	户籍人口(人) Registered Population (person)	男 Male	女 Female	性别比(女=100) Sex Ratio (Female=100)	非农业人口(人) Non-agricultural Population (person)	常住人口(万人) Permanent Population (10000 persons)
弋江区	Yijiang District	78298	223714	113012	110702	102.09	223714	32.4
鸠江区	Jiujiang District	197447	577061	297855	279206	106.68	577061	60.2
三山区	Sanshan District	60660	190276	97968	92308	106.13	190276	14.9
芜湖县	Wuhu	116523	344749	178527	166222	107.40	62619	29.7
繁昌县	Fanchang	99133	278965	143192	135773	105.46	66664	26.5
南陵县	Nanling	181759	550342	284624	265718	107.12	76949	40.8
无为县	Wuwei	375765	1221272	640169	581103	110.16	159224	102.2
宣城市	**Xuancheng**	**991345**	**2798443**	**1447893**	**1350550**	**107.21**	**507285**	**257.4**
宣州区	Xuanzhou District	310573	866201	445296	420905	105.79	173682	79.5
郎溪县	Langxi	116968	345095	178335	166760	106.94	57485	32.6
广德县	Guangde	172487	518284	269854	248430	108.62	63004	48.9
泾　县	Jingxian	137590	355474	185860	169614	109.58	71370	30.2
绩溪县	Jixi	69056	176778	91315	85463	106.85	36587	15.9
旌德县	Jingde	46729	149994	77890	72104	108.02	24855	12.2
宁国市	Ningguo	137942	386617	199343	187274	106.44	80302	38.1
铜陵市	**Tongling**	**257082**	**737792**	**373112**	**364680**	**102.31**	**430456**	**73.8**
市辖区	Region of City	152862	448738	225750	222988	101.24	378069	
铜官山区	Tongguanshan Distri	85202	261605	131788	129817	101.52	261605	29.0
狮子山区	Shizishan District	37417	104017	52378	51639	101.43	64146	11.7
郊　区	Suburban District	30243	83116	41584	41532	100.13	52318	7.9
铜陵县	Tongling	104220	289054	147362	141692	104.00	52387	25.2
池州市	**Chizhou**	**549088**	**1606354**	**822162**	**784192**	**104.84**	**291229**	**143.0**
贵池区	Guichi District	236251	662897	337536	325361	103.74	148267	61.2
东至县	Dongzhi	183467	544684	279490	265194	105.39	70881	47.4
石台县	Shitai	34745	108286	56075	52211	107.40	21805	9.5
青阳县	Qingyang	94625	290487	149061	141426	105.40	50276	24.9
安庆市	**Anqing**	**1833182**	**6208792**	**3212513**	**2996279**	**107.22**	**1117948**	**537.6**
市辖区	Region of City	255952	734876	368137	366739	100.38	459558	
迎江区	Yingjiang District	76656	207864	104142	103722	100.40	171785	26.0
大观区	Daguan District	90372	267965	134252	133713	100.40	201762	28.5
宜秀区	Yixiu District	88924	259047	129743	129304	100.34	86011	26.3
怀宁县	Huaining	204961	700433	362028	338405	106.98	81005	59.5
枞阳县	Zongyang	284958	969225	504008	465217	108.34	110931	84.7
潜山县	Qianshan	161181	583983	301412	282571	106.67	60896	50.5
太湖县	Taihu	169574	571970	298993	272977	109.53	68642	52.0
宿松县	Susong	249817	854580	454761	399819	113.74	109031	57.6
望江县	Wangjiang	174564	631829	324309	307520	105.46	64602	53.1
岳西县	Yuexi	121886	407770	214610	193160	111.10	45835	32.5
桐城市	Tongcheng	210289	754126	384255	369871	103.89	117448	66.9
黄山市	**Huangshan**	**513978**	**1476888**	**756574**	**720314**	**105.03**	**366886**	**136.3**
市辖区	Region of City	157851	442689	223412	219277	101.89	205290	
屯溪区	Tunxi District	62751	178547	87924	90623	97.02	139109	21.9
黄山区	Huangshan District	59772	161810	83036	78774	105.41	38875	14.8
徽州区	Huizhou District	35328	102332	52452	49880	105.16	27306	9.6
歙　县	Shexian	173440	476914	247418	229496	107.81	64781	41.0
休宁县	Xiuning	85973	276247	141357	134890	104.79	37869	25.1
黟　县	Yixian	35522	94281	48354	45927	105.28	20189	8.1
祁门县	Qimen	61192	186757	96033	90724	105.85	38757	15.8

主要统计指标解释

人口数

指一定时点、一定地区范围内的有生命的个人的总和。

常住人口

是指具有中华人民共和国国籍并在中华人民共和国境内常住的人。

（1）居住本乡、镇、街道，户口在本乡、镇、街道的人；

（2）居住本乡、镇、街道半年以上，户口在外乡、镇、街道的人；

（3）在本乡、镇、街道居住不满半年，离开户口登记地半年以上的人；

（4）居住本乡、镇、街道，户口待定的人；

（5）原住本乡、镇、街道，现在国外工作学习，暂无户口的人；

常住户口在本乡、镇、街道，但已离开本乡、镇、街道半年以上的人，在户口所在地只登记人数，不计入户口所在地的常住人口数内。

总人口文盲率

15 岁及以上不识字人数与总人口数的比例。

出生率（又称粗出生率）

指在一定时期内（通常为一年）平均每千人所出生的人数的比率，一般用千分率表示。

计算公式为：

出生率＝年出生人数/年平均人数×1000‰

式中：出生人数指活产婴儿，即胎儿脱离母体时（不含怀孕月数），有过呼吸或其他生命现象。年平均人数指年初、年底人口数的平均数，也可用年中人口数代替。

死亡率（又称粗死亡率）

指在一定时期内（通常为一年）一定地区的死亡人数与同期平均人数（或期中人数）之比，一般用千分率表示。

计算公式为：

死亡率＝年死亡人数/年平均人数×1000‰

人口自然增长率

指在一定时期内（通常为一年）人口自然增加数（出生人数减死亡人数）与该时期内平均人数（或期中人数）之比，一般用千分率表示。

计算公式为：

人口自然增长率＝（年出生人数－年死亡人数）/年平均人数×1000‰

＝人口出生率－人口死亡率

在业人口（又称就业人口）

指十六周岁及十六周岁以上人口中从事一定的社会劳动并取得劳动报酬或经营收入的人口。

未工作人口

指十六周岁及十六周岁以上人口中未从事社会劳动的人口，包括在校学生、料理家务、待升学、失去工作、离退休、退职、丧失劳动能力等非在业人口。

抚养系数

指被抚养人口（0-14 岁和 65 岁以上人口）与 15-64 岁人口的比例。

计算公式为：

抚养系数＝被抚养人口/15-64 岁人口×100%

老年抚养系数

指老年人口（65 岁以上人口）与 15-64 岁人口的比例。

计算公式为：

老年抚养系数＝老年人口/15-64 岁人口×100%

少年儿童抚养系数

指 0-14 岁少年儿童与 15-64 岁人口的比例。

计算公式为：

少年儿童抚养系数＝少年儿童人口/15-64 岁人口×100%

Explanatory Notes for Major Statistical Indicators

Total Population

refers to the total number of people alive at a certain point of time within a given area.

Permanent Population

refers to the persons who hold the nationality of, and have permanent residing place in the People's Republic of China.

a) Those who reside in the townships, towns and street communities and have their permanent household registration there.

b) Those who have resided in the townships, towns and street communities for more than 6 months but the places of their permanent household registration are elsewhere.

c) Those who have resided in the townships, towns and street communities for less than 6 months but have been away from the place of their permanent household registration for more than 6 months.

d) Those who live in the townships, towns and street communities while the places of their household registration have not yet settled.

e) Those who used to live in the townships, towns and street communities but are working or studying abroad and have no permanent household registration for the time being.

Those who have their permanent household registration in the townships, towns and street communities but have been away from these places for more than 6 months are only registered as total population not counted as permanent population of the places of their household registration.

Total Population Illiterate Ratio

refers to the ratio of the number of illiterate people aged 15 and over to total population.

Birth Rate or (Crude Birth Rate)

refers to the ratio of the number of births to the average population during a certain period of time (usually a year) which is often expressed in‰. The following formula is used:

Birth Rate=Number of Births/Average Number of Population×1000‰

Number of births refers to live births i.e. the births when babies had showed any vital phenomena regardless of the length of pregnancy.

Annual Average Number of Population is the average of the number of population at the beginning of the year and that at the end of the year. Sometimes it is substituted for with the mid year population.

Death Rate (or Crude Death Rate)

refers to the ratio of the number of deaths to the average population (or mid year population) during a certain period of time (usually a year) which is often expressed in‰. The following formula is used:

Death Rate umber of Deaths=Number of Deaths/Annual Average Number of Population×1000‰

Natural Growth Rate of Population

refers to the ratio of natural increase in population (number of births minus number of deaths) in a certain period of time (usually a year) to the average population (or mid year population) of the same period which is often expressed in‰. The following formulas are applied:

Natural Growth of Population=(Number of Births-Number of Deaths)/Average Number of Population×1000‰

Natural Growth Rate of Population=Birth Rate-Death Rate

Employed Population

refers to population aged 16 or over engaging in social labour which generates income.

Not Working Population

refers to population aged 16 or over not engaging in any social labour which generates income, including students enrolled in schools, house wives, students waiting for entering schools with higher level, persons losing their jobs, retirees, job quitters, disabled, etc.

Total Dependency Ratio

refers to the ratio of number of dependents to the total population aged 15-64, the number of dependents being population aged 0-14 and population aged 65 and over. The total dependency ratio is calculated as follows:

Total Dependency Ratio=Number of dependents/Population aged 15-64×100%

The Aged Dependency Ratio

refers to the ratio of the number of the aged population to the total population aged 15-64, the aged being population aged 65 and over. The aged dependency ratio is calculated as follows:

The Aged Dependency Ratio=Number of the aged population/Population aged 15-64×100%

The Juvenile and Children Dependency Ratio

refers to the ratio of the number of the juvenile and children to the total population aged 15-64, the juvenile and children being population aged 0-14. The juvenile and children dependency ratio is calculated as follows:

The Juvenile and Children Dependency Ratio=Number of juvenile and children/Population aged 15-64×100%

第四篇

Chapter 4

EMPLOYMENT AND WAGES

简要说明

一、本篇资料反映我省 2014 年及主要年份劳动经济方面的基本情况，包括全省和 16 个市主要劳动统计数据。主要指标有：就业人员、私营和个体就业人员、城镇登记失业人员及失业率、单位就业人员、工资总额和平均工资等。

二、本篇资料来源主要有四个方面：

1. 就业人员数、工资总额、平均工资，根据《2014 年度全省劳动统计年报》汇总整理提供。

2. 私营企业和个体就业人员，根据省工商局提供的资料整理。

3. 城镇登记失业人数、新增就业人数、城镇登记失业率，根据省人力资源和社会保障厅提供的资料整理。

4. 就业基本情况根据全省劳动统计年报、全省 2014 年人口变动抽样调查资料、省统计局农业统计年报、省工商统计年报等综合编制。

三、1998 年及以后城镇单位就业人员、职工工资、工资总额、平均工资等指标中不再包括离开本单位仍保留劳动关系的职工及其生活费。

四、本篇资料均由省统计局人口和社会科技统计处整理编制。

Brief Introduction

I. Data in this chapter show the basic conditions of Anhui's labor economy in 2014 and the mainly previous years, including the main data of labor statistics of the whole province and 16 prefectures such as number of the employed persons, number of persons employed in the urban private enterprises and self-employment, registered urban unemployed persons and unemployment rate, number of employment in units, , total wages and average wages.

II. There are four main sources for Data published in this chapter.

1. Data on number of employed persons, total wages and average wages are tabulated and provided in accordance with "the Annual Labor statistical Report of Anhui Province in 2014".

2. Data on the number of person employed in private enterprises and self-employed persons are tabulated in accordance with the data supplied by the Provincial Administration for Industry and Commerce.

3. Data on newly employed registered unemployees in urban area, registered urban unemployed persons and unemployment rate and employment services and situations in employment services of labor departments are tabulated in accordance with data supplied by the Department of Labor and Social Insurance.

4. Data on persons employed are provided in accordance with the Provincial Annual Labour Statistical Report, Sample Survey of population changes in 2014, annual agricultural statistical report of Anhui Statistical Bureau, annual statistical report of industry and commerce .

III. The scope of statistics on employed person in urban areas, total number of staff and workers, total wage bills, average wages do not include the persons who had left their working units and while keeping their labour contract/employment relation unchanged since 1998.

Ⅳ. Data in this chapter are prepared by the Population and Social Science Division, Anhui Statistical Bureau.

4—1 就 业 基 本 情 况
Basic Conditions of Employment

单位：万人（10000 persons）

项　　目	Item	2000	2005	2010	2013	2014
经济活动人口	**Economically Active Population**	**3530.9**	**3712.8**	**4096.8**	**4327.0**	**4364.5**
就业人员合计	**Total Number of Employed Persons**	**3450.7**	**3669.7**	**4050.0**	**4275.9**	**4311.0**
第一产业	Primary Industry	2018.9	1783.3	1583.6	1469.7	1415.3
第二产业	Secondary Industry	584.8	783.9	1016.5	1169.2	1211.1
第三产业	Tertiary Industry	847.0	1102.4	1449.9	1637.0	1684.6
就业人员构成（合计=100）	**Composition of Employed Persons (total=100)**					
第一产业	Primary Industry	58.5	48.6	39.1	34.4	32.8
第二产业	Secondary Industry	16.9	21.4	25.1	27.3	28.1
第三产业	Tertiary Industry	24.6	30.0	35.8	38.3	39.1
按城乡分就业人员	**Number of Employed Persons by Urban and Rural Areas**					
城镇就业人员	Urban Employed Persons	652.9	730.5	973.5	1226.2	1277.4
#国有单位	State-owned Units	314.8	208.7	206.0	196.4	198.8
城镇集体单位	Urban Collective Owned Units	91.2	30.8	17.9	16.2	15.6
股份合作单位	Share Holding Units	8.4	3.9	4.7	3.4	3.3
联营单位	Joint Owned Units	1.2	0.8	0.8	0.4	0.4
有限责任公司	Limited Liability Corporations	38.0	52.3	80.0	201.5	200.4
股份有限公司	Share-holding Corporations Ltd.	20.2	24.8	37.7	59.4	58.9
私营企业	Private Enterprises	37.6	86.5	133.3	222.7	272.4
港澳台商投资单位	Units Funded by Entrepreneurs from Hong Kong, Macao & Taiwan	2.3	3.7	7.0	15.9	16.7
外商投资单位	Foreign Funded Units	3.8	6.7	14.7	20.3	20.9
个　　体	Self-employed Individuals	134.8	123.6	264.1	301.2	382.9
乡村就业人员	Rural Employed Persons	2797.7	2939.0	3076.5	3049.7	3033.6
#私营企业	Private Enterprises	27.6	79.2	105.9	100.5	100.7
个　　体	Self-employed Individuals	201.6	143.3	67.5	80.7	60.3
全部职工人数	**Number of Staff and Workers**	**470.0**	**317.4**	**372.9**	**519.5**	**521.7**
国有单位	State-owned Units	307.8	199.2	206.0	196.4	198.8
城镇集体单位	Urban Collective Owned Units	89.1	28.2	17.9	16.2	15.6
其他单位	Units of Other Types of Ownership	73.1	90.1	149.1	306.9	307.3
城镇单位女性就业人员	**Number of Female Employment in Urban Units**	**143.0**	**112.4**	**121.3**	**162.1**	**170.1**
城镇登记失业人数	**Number of Registered Unemployed Persons in Urban Areas**	**31.6**	**27.8**	**28.5**	**39.5**	**39.3**
城镇登记失业率　　（%）	**Registered Unemployment Rate in Urban Areas (%)**	**3.3**	**4.4**	**3.7**	**3.4**	**3.2**

注：全社会就业人员总计、城镇和乡村就业人员小计资料根据有关部门资料进行了调整，因此分市、分类型、分行业的资料相加不等于总计。（下同）

a) Data on the total employed persons and the sub-total of employed persons in urban and rural areas have been adjusted in accordance with the data of related departments. As a result, the sum of the data by city, by ownership or by sector is not equal to the total. The same as in the following tables.

4—2 主要年份分行业就业人员数
Number of Employed Persons by Industry In Main Year

单位：万人（10000 persons）

行　业	Sector	2010	2013	2014
总　计	**Total**	**4050.0**	**4275.9**	**4311.0**
农、林、牧、渔业	Agriculture, Forestry, Animal Husbandry and Fishery	1583.6	1469.7	1415.3
采矿业	Mining	71.2	54.4	54.2
制造业	Manufacturing	527.6	666.7	706.4
电力、热力、燃气及水的生产和供应业	Production and Supply of Electricity, Heat, Gas and Water	10.5	17.6	18.5
建筑业	Construction	407.3	430.5	432.0
批发和零售业	Wholesale and Retail Trades	467.2	501.5	506.7
交通运输、仓储和邮政业	Transport, Storage and Post	168.8	313.7	331.7
住宿和餐饮业	Hotels and Catering Services	150.5	143.6	146.0
信息传输、软件和信息技术服务业	Information Transmission, Software and Information Technology	27.8	93.3	93.4
金融业	Financial Intermediation	15.1	25.6	26.0
房地产业	Real Estate	25.8	30.9	30.5
租赁和商务服务业	Leasing and Business Services	25.2	39.3	40.7
科学研究和技术服务业	Scientific Research and Technical Services	8.3	19.4	24.6
水利、环境和公共设施管理业	Management of Water Conservancy, Environment	30.6	36.1	42.8
居民服务、修理和其他服务业	Services to Households, Repair and Other Services	345.4	220.7	220.7
教　育	Education	67.6	81.3	83.8
卫生和社会工作	Health and Social Service	31.8	39.6	41.7
文化、体育和娱乐业	Culture, Sports and Entertainment	29.4	32.2	34.5
公共管理、社会保障和社会组织	Public Management, Social Security and Social Organization	56.4	59.8	61.6

4—3 各市按三次产业分的就业人员数（2014年）
Number of Employed Persons by Type of Industry and Region (2014)

地　区	Region	就业人员（万人） Total (10000 persons)	第一产业 Primary Industry	第二产业 Secondary Industry	第三产业 Tertiary Industry	构成（合计=100） Composition in Percentage (total=100) 第一产业 Primary Industry	第二产业 Secondary Industry	第三产业 Tertiary Industry
总　计	**Total**	**4311.0**	**1415.3**	**1211.1**	**1684.6**	**32.8**	**28.1**	**39.1**
合 肥 市	Hefei	513.9	92.7	181.4	239.8	18.0	35.3	46.7
淮 北 市	Huaibei	114.8	38.3	39.1	37.4	33.4	34.1	32.6
亳 州 市	Bozhou	353.4	155.5	80.0	117.9	44.0	22.6	33.4
宿 州 市	Suzhou	369.9	154.7	105.6	109.6	41.8	28.5	29.6
蚌 埠 市	Bengbu	218.5	99.8	44.5	74.2	45.7	20.4	33.9
阜 阳 市	Fuyang	610.1	215.1	170.3	224.8	35.3	27.9	36.8
淮 南 市	Huainan	138.0	30.0	54.6	53.4	21.7	39.6	38.7
滁 州 市	Chuzhou	282.6	102.5	99.0	81.1	36.3	35.0	28.7
六 安 市	Luan	433.2	187.9	95.1	150.2	43.4	21.9	34.7
马鞍山市	Maanshan	136.9	43.1	42.2	51.7	31.4	30.8	37.8
芜 湖 市	Wuhu	200.8	48.8	59.7	92.3	24.3	29.7	46.0
宣 城 市	Xuancheng	203.0	74.9	54.1	73.9	36.9	26.7	36.4
铜 陵 市	Tongling	47.7	9.2	18.1	20.4	19.3	37.9	42.8
池 州 市	Chizhou	114.1	45.4	28.6	40.1	39.8	25.1	35.2
安 庆 市	Anqing	436.7	208.8	99.9	128.0	47.8	22.9	29.3
黄 山 市	Huangshan	98.0	34.8	25.2	38.0	35.5	25.7	38.8

4—4 主要年份按城乡分的就业人员数

Number of Employed Persons by Residence in Urban and Rural Areas and Region in Main Year

单位：万人（10000 persons）

年份 Year	合计 Total	城镇 Urban Area						
		小计 Sub-total	国有单位 State-owned Units	集体单位 Collective-owned Units	股份合作单位 Share Holding Units	联营单位 Joint-owned Units	有限责任公司 Limited Liability Corporations	股份有限公司 Share Holding Corparations Ltd.
2000	3450.7	652.9	314.8	91.2	8.4	1.2	38.0	20.2
2005	3669.7	730.5	208.6	30.8	3.9	0.8	52.3	24.8
2006	3741.0	755.9	202.9	28.3	4.3	1.1	59.7	24.9
2007	3818.0	818.1	202.1	25.8	5.0	1.1	63.9	24.7
2008	3916.0	901.9	199.8	24.4	4.8	1.0	67.5	26.5
2009	3988.0	936.2	4.6	18.8	4.5	0.8	75.9	35.7
2010	4050.0	973.5	206.0	17.9	4.7	0.8	80.0	37.7
2011	4120.9	1038.3	219.0	18.3	5.2	1.1	94.0	43.6
2012	4206.8	1141.0	225.7	17.2	4.9	0.8	112.6	45.0
2013	4275.9	1226.2	196.4	16.2	3.4	0.4	201.5	59.4
2014	4311.0	1277.4	198.8	15.6	3.3	0.4	200.4	58.9

年份 Year	城镇 Urban Area				乡村 Rural Area			
	私营企业 Private Enterprises	港澳台商投资单位 Economic Units Funded by Entrepreneurs from Hong Kong, Macao and Taiwan	外商投资单位 Foreign Funded Economic Units	个体 Self-employed Individuals	小计 Sub-total	乡镇企业 Township and Village Enterprises	私营企业 Private Enterprises	个体 Self-employed Individuals
2000	37.6	2.3	3.8	134.8	2797.7	479.8	27.6	201.6
2005	86.5	3.7	6.7	123.6	2939.2	533.2	79.2	143.2
2006	86.1	5.0	7.3	144.0	2985.1	546.5	119.5	162.6
2007	137.3	6.4	8.2	133.8	2999.9	571.1	80.7	133.5
2008	92.2	6.6	8.9	144.5	3014.1	580.6	107.5	100.1
2009	92.5	5.4	12.6	184.8	3051.8	668.3	104.6	78.5
2010	133.3	7.0	14.7	264.1	3076.5		105.9	67.5
2011	165.0	8.3	16.7	255.1	3082.6		105.7	72.7
2012	196.5	8.0	15.9	286.1	3065.8		100.2	65.5
2013	222.7	15.9	20.3	301.2	3049.7		100.5	80.7
2014	272.4	16.7	20.9	382.9	3033.6		100.7	60.3

4—5 各市按城乡分的就业人员数（2014年）

Number of Employed Persons by Residence in Urban and Rural Areas and Region (2014)

单位：人（person）

地区	Region	合计 Total	城镇 Urban Area 小计 Sub-total	国有单位 State-owned Units	集体单位 Collective-owned Units	股份合作单位 Share Holding Units	联营单位 Joint-owned Units	有限责任公司 Limited Liability Corporations	股份有限公司 Share Holding Corpara-tions Ltd.
总计	**Total**	**43110283**	**12774568**	**1988251**	**156087**	**33439**	**3898**	**2004358**	**589211**
合肥市	Hefei	5139000	3372000	383770	16569	5454	1468	685676	191285
淮北市	Huaibei	1148000	587000	60859	10064	3294	22	175153	14305
亳州市	Bozhou	3534000	692000	123526	9412	2216	23	78086	9571
宿州市	Suzhou	3699000	752000	161159	27432	5076		88543	15600
蚌埠市	Bengbu	2185214	516744	113129	6939	2894		108316	28238
阜阳市	Fuyang	6101204	1172939	188519	13380	250	73	84368	20154
淮南市	Huainan	1380000	578000	89596	8434	2664	134	153891	61075
滁州市	Chuzhou	2826000	826000	116657	10794	872		44611	23914
六安市	Luan	4332288	1098817	142028	11442	989	112	42282	22929
马鞍山市	Maanshan	1369131	766713	75729	10024	337		77601	49095
芜湖市	Wuhu	2008141	888639	121690	4229	2402	174	170039	59755
宣城市	Xuancheng	2029600	598400	77296	6443	871		30991	27253
铜陵市	Tongling	477097	289787	37871	221	1128	23	100245	9113
池州市	Chizhou	1141102	260267	52063	2755	140	1028	39561	8922
安庆市	Anqing	4367000	930000	188446	16027	3264	818	90954	31352
黄山市	Huangshan	979771	306671	55913	1922	1588	23	34041	16650

地区	Region	城镇 Urban Area 私营企业 Private Enterprises	港澳台商投资单位 Economic Units Funded by Entrepreneurs from Hong Kong, Macao and Taiwan	外商投资单位 Foreign Funded Economic Units	个体 Self-employed Individuals	乡村 Rural Area 小计 Sub-total	私营企业 Private Enterprises	个体 Self-employed Individuals
总计	**Total**	**2724092**	**166915**	**208648**	**3829463**	**30335715**	**1007416**	**603108**
合肥市	Hefei	601514	54004	80548	477500	1767000	166230	36079
淮北市	Huaibei	75351	7718	3280	231010	561000	28813	24896
亳州市	Bozhou	165882	172	1967	238862	2842000	31628	42998
宿州市	Suzhou	94414	10946	3219	192054	2947000	46119	64266
蚌埠市	Bengbu	91048	7900	3747	149533	1668470	43577	21408
阜阳市	Fuyang	173727	4819	2812	391759	4928265	78522	67925
淮南市	Huainan	85622	3693	3022	104903	802000	21518	11927
滁州市	Chuzhou	316678	11808	19643	250838	2000000	54464	54501
六安市	Luan	216278	2482	7817	629007	3233471	37848	39234
马鞍山市	Maanshan	138015	5107	11221	133660	602418	55326	13020
芜湖市	Wuhu	176423	33294	43004	257451	1119503	136152	25864
宣城市	Xuancheng	191666	4146	14242	194294	1431200	83544	27576
铜陵市	Tongling	60830	5538	2107	69952	187310	40291	5330
池州市	Chizhou	60584	1656	2631	80392	880835	41218	35934
安庆市	Anqing	185129	12261	7749	327280	3437000	112729	66140
黄山市	Huangshan	90931	1371	1639	100968	673100	29437	66010

注：合肥市城镇、乡村私营企业从业人员包括“其他”项。

a) Hefei urban, rural private practitioners, including the "other" items.

4—6 各市分行业城镇非私营单位就业人员数（2014年）

Number of Employed Persons by Sector and Region (2014)

单位：人（person）

地区	Region	合计 Total	农林牧渔业 Agriculture, Forestry, Animal Husbandry and Fishery	采矿业 Mining	制造业 Manufacturing	电力、热力、燃气及水的生产和供应业 Production and Supply of Electricity, Heat, Gas and Water	建筑业 Construction	批发和零售业 Wholesale and Retail Trade	交通运输、仓储和邮政业 Transport, Storage, Post & Telecommunications	住宿和餐饮业 Accommodation and Catering Trade	信息传输、计算机服务和软件业 Information, Circulation Computer Services and Software
总　计	**Total**	**5217386**	**45149**	**313318**	**1226224**	**108415**	**970835**	**234400**	**217155**	**59848**	**73792**
合肥市	Hefei	1450120	777	1094	363098	29105	485044	83906	64374	24480	28782
淮北市	Huaibei	275412	6	115156	48568	3305	30113	4474	5340	942	2190
亳州市	Bozhou	229971	223	11013	44989	1667	16460	14671	15249	1947	2733
宿州市	Suzhou	319076	2914	17435	51266	5416	68585	14405	10653	2221	3795
蚌埠市	Bengbu	272903	270		64141	4356	60873	12158	14779	1953	2501
阜阳市	Fuyang	316194	2004	11911	44013	8416	29561	19089	18924	1465	3456
淮南市	Huainan	325874	2135	123953	32776	19081	21897	10288	9150	1443	1426
滁州市	Chuzhou	229535	6815	1103	65200	3232	17467	7350	10413	1416	4593
六安市	Luan	231760	6605	3389	35257	6410	21279	9298	5927	1272	4168
马鞍山市	Maanshan	231329	737	24389	67890	4573	32078	6199	6960	672	3507
芜湖市	Wuhu	439035	355	251	172040	5422	65171	18525	26241	6804	3503
宣城市	Xuancheng	162420	2220	39	47625	2669	13515	7931	4757	1026	2691
铜陵市	Tongling	156911	2307	1181	64707	1907	34369	4324	5149	1738	949
池州市	Chizhou	108932	901	1410	21965	1511	16433	3496	4735	2128	1469
安庆市	Anqing	353842	15952	994	85567	9288	42066	14687	10699	4361	5982
黄山市	Huangshan	114072	928		17122	2057	15924	3599	3805	5980	2047

地区	Region	金融业 Banking	房地产业 Real Estate	租赁和商务服务业 Leasing and Commercial Services	科学研究和技术服务业 Scientific Research and Technical Services	水利、环境和公共设施管理业 Water Conservancy, Environmental and Public Facilities Management	居民服务、修理和其他服务业 Residents Service, Repair and Other Services	教育 Education	卫生和社会工作 Health and Social Work	文化、体育和娱乐业 Culture, Sports and Entertainment	公共管理、社会保障和社会组织 Public Management, Social Security and Social Organization
总　计	**Total**	**176627**	**103962**	**60156**	**95837**	**81613**	**9458**	**647092**	**281553**	**33561**	**478391**
合肥市	Hefei	32452	32542	19715	37568	10231	1780	103335	48110	11134	72593
淮北市	Huaibei	5718	1881	2422	1705	1185	116	21828	13587	553	16323
亳州市	Bozhou	11716	6173	1176	2676	6357	417	49586	16784	1487	24647
宿州市	Suzhou	10317	6457	3335	6009	4022	574	56518	20807	1254	33093
蚌埠市	Bengbu	10988	6621	4275	7048	6372	352	35458	16402	1575	22781
阜阳市	Fuyang	18949	3751	2787	2909	4113	203	68519	27546	1554	47024
淮南市	Huainan	10703	10638	6393	4255	8100	408	27943	14776	1540	18969
滁州市	Chuzhou	8375	3106	1488	4693	5679	180	40355	15687	619	31764
六安市	Luan	8271	3255	1118	3390	7382	449	54051	20610	1689	37940
马鞍山市	Maanshan	9726	2543	4543	4610	3379	1872	22859	10594	1178	23020
芜湖市	Wuhu	13470	8853	3604	7868	6951	990	45035	21272	1688	30992
宣城市	Xuancheng	7145	2823	1440	2288	3180	121	23132	12241	1338	26239
铜陵市	Tongling	3796	3296	1600	1612	2149	652	8669	5580	783	12143
池州市	Chizhou	6269	1805	1580	2237	3957	147	13338	6660	2795	16096
安庆市	Anqing	11346	7361	3105	5299	5391	1142	62297	22382	2957	42966
黄山市	Huangshan	7386	2857	1575	1670	3165	55	14169	8515	1417	21801

4—7 主要年份私营企业年末就业人员数
Number of Employed Persons in Private Enterprises at the Year-end in Main Year

单位：户、人（household, person）

年份 Year	合计 Total 户数 Number of Enterprises	就业人员 Number of Employed Persons	#投资者 Employers	城镇 Urban Areas 户数 Number of Enterprises	就业人员 Number of Employed Persons	#投资者 Employers	乡村 Rural Areas 户数 Number of Enterprises	就业人员 Number of Employed Persons	#投资者 Employers
2000	46934	651992	110350	28495	375760	72252	18439	276232	38098
2001	55690	785162	134603	34653	465090	88677	21037	320072	45926
2002	60219	960698	150494	39562	596611	99057	22457	364087	51437
2003	74815	1187954	188233	46705	707726	118506	28110	480228	69727
2004	89010	1413199	228734	57127	824019	145300	31883	589180	83434
2005	105998	1656948	270425	63586	864874	160040	42412	792074	110385
2006	130476	2301402	314300	65551	861291	160332	64925	1440111	153968
2007	144895	2179457	363612	103584	1372856	255183	41311	806601	108429
2008	174046	1996617	376738	80506	921748	169862	93540	1074869	206876
2009	189525	1970807	395790	91342	925024	181707	98183	1045783	214083
2010	228670	2392061	490754	128891	1332913	270648	99779	1059148	220106
2011	263483	2707088	581356	172314	1650453	365985	91169	1056635	215371
2012	303857	2966537	664084	218179	1964634	459880	85678	1001903	204204
2013	353841	3231604	757489	268220	2226542	555401	85621	1005062	202088
2014	452338	3731508	929084	367081	2724092	724640	85257	1007416	204444

4—8 各市私营企业年末就业人员数（2014年）
Number of Employed Persons in Private Enterprises at the Year-end by Regior

单位：户、人（household, person）

地区	Region	合计 Total 户数 Number of Enterprises	就业人员 Number of Employed Persons	#投资者 Employers	城镇 Urban Areas 户数 Number of Enterprises	就业人员 Number of Employed Persons	#投资者 Employers	乡村 Rural Areas 户数 Number of Enterprises	就业人员 Number of Employed Persons	#投资者 Employers
总计	**Total**	**452338**	**3731508**	**929084**	**367081**	**2724092**	**724640**	**85257**	**1007416**	**204444**
合肥市	Hefei	136570	767583	285353	119800	601393	246945	16770	166190	38408
淮北市	Huaibei	12356	104164	24661	9519	75351	18245	2837	28813	6416
亳州市	Bozhou	21099	197510	36004	17263	165882	28514	3836	31628	7490
宿州市	Suzhou	21533	140533	37606	16920	94414	26972	4613	46119	10634
蚌埠市	Bengbu	18749	134625	37899	14417	91048	28051	4332	43577	9848
阜阳市	Fuyang	28080	252249	54242	21504	173727	38790	6576	78522	15452
淮南市	Huainan	17051	107140	31693	14362	85622	26108	2689	21518	5585
滁州市	Chuzhou	27462	371142	55030	23120	316678	44679	4342	54464	10351
六安市	Luan	24620	254126	53655	20361	216278	43467	4259	37848	10188
马鞍山市	Maanshan	25194	193341	49980	20277	138015	38816	4917	55326	11164
芜湖市	Wuhu	33682	312575	71129	25894	176423	51681	7788	136152	19448
宣城市	Xuancheng	21229	275210	49109	16438	191666	34220	4791	83544	14889
铜陵市	Tongling	9461	101121	24001	6189	60830	13505	3272	40291	10496
池州市	Chizhou	11102	101802	23200	7640	60584	15397	3462	41218	7803
安庆市	Anqing	32623	297858	70489	24626	185129	51083	7997	112729	19406
黄山市	Huangshan	11494	120368	24915	8722	90931	18064	2772	29437	6851
其他	Others	33	161	118	29	121	103	4	40	15

4—9 主要年份个体年末就业人员数

Number of New Additional Employment and Individual at the End of the Year

单位：户、人（household, person）

年份 Year	合计 Total		城镇 Urban Areas		乡村 Rural Areas	
	户数 Number of Enterprises	就业人员 Number of Employed Persons	户数 Number of Enterprises	就业人员 Number of Employed Persons	户数 Number of Enterprises	就业人员 Number of Employed Persons
2000	1489085	3363571	627100	1347892	861985	2015679
2001	1492870	3396193	633513	1395799	859357	2000394
2002	1402168	3267252	586203	1325486	815965	1941766
2003	1200804	2863314	559658	1288683	641146	1574631
2004	1067271	2562432	501511	1185509	565760	1376923
2005	1110417	2668794	522609	1236364	587808	1432430
2006	1201167	2820534	530394	1194970	670773	1625564
2007	1125342	2673128	579524	1337874	545818	1335254
2008	1142457	2446113	701914	1445017	440543	1001096
2009	1250875	2633497	868141	1848366	382734	785131
2010	1341472	3315820	999110	2640651	342362	675169
2011	1436690	3277866	1106730	2551327	329960	726539
2012	1522643	3516154	1201810	2861106	320833	655048
2013	1678333	3819037	1399830	3012423	278503	806614
2014	1878153	4432571	1597745	3829463	280408	603108

4—10 各市个体年末就业人员数（2014年）

Number of New Additional Employment and Individual at the End of the Year by Region (2014)

单位：户、人（household, person）

地区	Region	合计 Total		城镇 Urban Areas		乡村 Rural Areas	
		户数 Number of Enterprises	就业人员 Number of Employed Persons	户数 Number of Enterprises	就业人员 Number of Employed Persons	户数 Number of Enterprises	就业人员 Number of Employed Persons
总计	**Total**	**1878153**	**4432571**	**1597745**	**3829463**	**280408**	**603108**
合肥市	Hefei	225771	513579	208004	477500	17767	36079
淮北市	Huaibei	76771	255906	65162	231010	11609	24896
亳州市	Bozhou	159418	281860	134070	238862	25348	42998
宿州市	Suzhou	136611	256320	98559	192054	38052	64266
蚌埠市	Bengbu	92650	170941	77957	149533	14693	21408
阜阳市	Fuyang	183660	459684	153771	391759	29889	67925
淮南市	Huainan	71196	116830	62337	104903	8859	11927
滁州市	Chuzhou	117199	305339	105357	250838	11842	54501
六安市	Luan	166678	668241	145867	629007	20811	39234
马鞍山市	Maanshan	76462	146680	69028	133660	7434	13020
芜湖市	Wuhu	127915	283315	114586	257451	13329	25864
宣城市	Xuancheng	105310	221870	92002	194294	13308	27576
铜陵市	Tongling	34442	75282	31814	69952	2628	5330
池州市	Chizhou	59890	116326	39190	80392	20700	35934
安庆市	Anqing	184484	393420	153149	327280	31335	66140
黄山市	Huangshan	59696	166978	46892	100968	12804	66010

4—11 城镇非私营单位就业人员数
Number of f Employed Persons of Urban Non-private Owned Units

单位：万人（10000 persons）

行　业	Sector	2010	2013	2014
总　计	**Total**	**372.94**	**519.52**	**521.74**
农、林、牧、渔业	Agriculture, Forestry, Animal Husbandry and Fishery	6.14	4.91	4.51
采矿业	Mining	32.11	33.10	31.33
制造业	Manufacturing	76.01	120.41	122.62
电力、热力、燃气及水的生产和供应业	Production and Supply of Electricity, Heat, Gas and Water	9.60	11.98	10.84
建筑业	Construction	42.13	99.59	97.08
批发和零售业	Wholesale and Retail Trades	13.97	22.56	23.44
交通运输、仓储和邮政业	Transport, Storage and Post	15.14	22.01	21.72
住宿和餐饮业	Hotels and Catering Services	3.69	5.77	5.98
信息传输、软件和信息技术服务业	Information Transmission, Software and Information Technology	3.80	6.21	7.38
金融业	Financial Intermediation	14.69	17.24	17.66
房地产业	Real Estate	4.88	9.37	10.40
租赁和商务服务业	Leasing and Business Services	4.63	7.10	6.02
科学研究和技术服务业	Scientific Research and Technical Services	6.68	8.33	9.58
水利、环境和公共设施管理业	Management of Water Conservancy, Environment	6.38	7.76	8.16
居民服务、修理和其他服务业	Services to Households, Repair and Other Services	0.53	0.90	0.95
教　育	Education	60.49	63.65	64.71
卫生和社会工作	Health and Social Service	21.99	27.15	28.16
文化、体育和娱乐业	Culture, Sports and Entertainment	3.40	3.38	3.36
公共管理、社会保障和社会组织	Public Management, Social Security and Social Organization	46.69	48.13	47.84

4—12 各市城镇非私营单位就业人员数（2014年）
Number of f Employed Persons of Urban Non-private Owned Units by Region (2014)

单位：万人（10000 persons）

地　区	Region	合　计 Total	国有单位 State-owned Units	城镇集体单位 Urban Collective-owned Units	其他单位 Units of Other Types of Ownership	比重(%) Proportion (%) 国有单位 State-owned Units	城镇集体单位 Urban Collective-owned Units	其他单位 Units of Other Types of Ownership
总　计	**Total**	**5217386**	**1988251**	**156087**	**3073048**	**38.11**	**2.99**	**58.90**
合肥市	Hefei	1450120	383770	16569	1049781	26.46	1.14	72.39
淮北市	Huaibei	275412	60859	10064	204489	22.10	3.65	74.25
亳州市	Bozhou	229971	123526	9412	97033	53.71	4.09	42.19
宿州市	Suzhou	319076	161159	27432	130485	50.51	8.60	40.89
蚌埠市	Bengbu	272903	113129	6939	152835	41.45	2.54	56.00
阜阳市	Fuyang	316194	188519	13380	114295	59.62	4.23	36.15
淮南市	Huainan	325874	89596	8434	227844	27.49	2.59	69.92
滁州市	Chuzhou	229535	116657	10794	102084	50.82	4.70	44.47
六安市	Luan	231760	142028	11442	78290	61.28	4.94	33.78
马鞍山市	Maanshan	231329	75729	10024	145576	32.74	4.33	62.93
芜湖市	Wuhu	439035	121690	4229	313116	27.72	0.96	71.32
宣城市	Xuancheng	162420	77296	6443	78681	47.59	3.97	48.44
铜陵市	Tongling	156911	37871	221	118819	24.14	0.14	75.72
池州市	Chizhou	108932	52063	2755	54114	47.79	2.53	49.68
安庆市	Anqing	353842	188446	16027	149369	53.26	4.53	42.21
黄山市	Huangshan	114072	55913	1922	56237	49.02	1.68	49.30

4—13 城镇非私营单位专业技术人员数（2014年）
Professional and Technical Personnel of Urban Non-private Owned Units (2014)

单位：人（person）

行业	Sector	合计 Total	国有单位 State-owned Units	城镇集体单位 Urban Collective-owned Units	其他单位 Units of Other Types of Ownership
总计	**Total**	**1401809**	**902657**	**58439**	**440713**
按执行会计制度类别分组	**Grouped by Executive Acounting System Type**				
企业	Enterprises	545149	106392	18438	420319
事业	Institutions	792822	741681	39655	11486
机关	Agencies & Organizations	50922	50878	44	
民间非营利组织	Non-profit Organizations	5770		286	5484
其他	Others	7146	3706	16	3424
按国民经济行业分组	**Grouped by Economic Sector**				
农、林、牧、渔业	Agriculture, Forestry, Animal Husbandry and Fishery	5658	5567	74	17
采矿业	Mining	27748	2388	45	25315
制造业	Manufacturing	155352	20646	1265	133441
电力、热力、燃气及水的生产和供应业	Production and Supply of Electricity, Heat, Gas and Water	29767	19189	422	10156
建筑业	Construction	135470	12187	6018	117265
批发和零售业	Wholesale and Retail Trade	18721	3109	556	15056
交通运输、仓储和邮政业	Transport, Storage and Postal Services	15848	6927	1017	7904
住宿和餐饮业	Accommodation and Catering Trade	4238	553	32	3653
信息传输、计算机服务和软件业	Information Circulation, Computer Service and Software	23108	5156	99	17853
金融业	Banking	52681	20966	5517	26198
房地产业	Real Estate	21555	2462	168	18925
租赁和商务服务业	Leasing and Commercial Services	6561	1886	551	4124
科学研究和技术服务业	Scientific Research and Technical Services	52828	35311	658	16859
水利、环境和公共设施管理业	Water Conservancy, Environmental and Public Facilities Management	11224	10109	207	908
居民服务、修理和其他服务业	Residents Service, Repair and Other Services	1249	555	44	650
教育	Education	541170	517982	1726	21462
卫生和社会工作	Health and Social Work	216823	158137	39463	19223
文化、体育和娱乐业	Culture, Sports and Entertainment	17109	15132	299	1678
公共管理、社会保障和社会组织	Public Management, Social Security and Social Organization	64699	64395	278	26

4—14 各市城镇非私营单位专业技术人员数（2014年）
Professional and Technical Personnel of Urban Non-private Owned Units by Region (2014)

单位：人（person）

地区	Region	合计 Total	国有单位 State-owned Units	城镇集体单位 Urban Collective-owned Units	其他单位 Units of Other Types of Ownership
总计	**Total**	**1401809**	**902657**	**58439**	**440713**
合肥市	Hefei	326212	165061	6117	155034
淮北市	Huaibei	51809	25891	3039	22879
亳州市	Bozhou	79697	60440	4599	14658
宿州市	Suzhou	93262	65675	8160	19427
蚌埠市	Bengbu	77319	53073	3115	21131
阜阳市	Fuyang	116438	96103	6200	14135
淮南市	Huainan	63791	37433	1949	24409
滁州市	Chuzhou	76123	55355	4666	16102
六安市	Luan	92306	74257	5892	12157
马鞍山市	Maanshan	57416	28505	1692	27219
芜湖市	Wuhu	110321	59832	1784	48705
宣城市	Xuancheng	47566	34370	2093	11103
铜陵市	Tongling	30695	14838	17	15840
池州市	Chizhou	34506	25342	1578	7586
安庆市	Anqing	109917	82980	6312	20625
黄山市	Huangshan	34431	23502	1226	9703

4—15 城镇非私营单位分行业就业人员数（2014年）

Number of Employed Persons of Urban Non-private Owned Units by Status (2014)

单位：人（person）

行业	Sector	合计 Total	国有单位 State-owned Units	城镇集体单位 Urban Collective-owned Units	其他单位 Units of Other Types of Ownership
总计	**Total**	**5217386**	**1988251**	**156087**	**3073048**
按执行会计标准类别分组	**Grouped by Executive Acounting System Type**				
企业	Enterprises	3649902	515432	100862	3033608
事业	Institutions	1113512	1040235	54267	19010
机关	Agencies & Organizations	426139	425834	305	
民间非营利组织	Non-profit Organizations	11802		541	11261
其他	Others	16031	6750	112	9169
按国民经济行业分组	**Grouped by Economic Sector**				
农、林、牧、渔业	**Agriculture, Forestry, Animal Husbandry and Fishery**	**45149**	**44451**	**432**	**266**
农业	Farming	23712	23664	46	2
林业	Forestry	8819	8809		10
畜牧业	Animal Husbandry	706	452		254
渔业	Fishery	567	523	44	
农、林、牧、渔服务业	Agricultural Services	11345	11003	342	
采矿业	**Mining**	**313318**	**43587**	**981**	**268750**
制造业	**Manufacturing**	**1226224**	**71051**	**9251**	**1145922**
#酒、饮料和精制茶制造业	Wine, Drinks and Refined Tea Manufacturing	38738	3854	90	34794
烟草制品业	Tobacco	13030	11917	1113	
石油加工、炼焦和核燃料加工业	Petroleum Processing, Coking and Nuclear Fuel Processing	5256			5256
化学原料和化学制品制造业	Raw Chemical Materials and Chemical Products	76938	1923	254	74761
橡胶和塑料制品业	Rubber and Plastic Products	56115	544	239	55332
非金属矿物制品业	Nonmetal Mineral Products	60704	5938	1378	53388
黑色金属冶炼和压延加工业	Smelting and Pressing of Ferrous Metals	57699	227	123	57349
有色金属冶炼和压延加工业	Smelting and Pressing of Nonferrous Metals	42286	16		42270
金属制品业	Metal Products	49160	1873	959	46328
通用设备制造业	Equipments in Current Use	84317	6477	275	77565
汽车制造业	Automobile Manufacturing Industry	9703	2135	710	6858
电气机械和器材制造业	Electric Equipment and Machinery	146850	493	823	145534
电力、热力、燃气及水的生产和供应业	**Production and Supply of Electricity, Heat, Gas and Water**	**108415**	**48837**	**1049**	**58529**
建筑业	**Construction**	**970835**	**90010**	**43981**	**836844**
房屋建筑业	Housing Industry	553766	54792	32335	466639
土木工程建筑业	Civil Engineering Construction	263733	26769	3471	233493
建筑安装业	Construction and Installation Industry	71088	5515	6803	58770
建筑装饰和其他建筑业	Building Decoration and Other Construction	82248	2934	1372	77942
批发和零售业	**Wholesale and Retail Trade**	**234400**	**34088**	**4342**	**195970**
批发业	Wholesale	89278	26546	2582	60150
零售业	Retail Trade	145122	7542	1760	135820
交通运输、仓储和邮政业	**Transport, Storage and Postal Services**	**217155**	**95219**	**9087**	**112849**
#铁路运输业	Railway Transport	40656	40313	230	113
道路运输业	Highway Transport	116732	20386	4796	91550
水上运输业	Water Way Transport	12401	258	3646	8497
航空运输业	Air Transport	2761	900		1861
邮政业	Postal Services	30004	26370		3634
住宿和餐饮业	**Accommodation and Catering Trade**	**59848**	**7445**	**919**	**51484**
住宿业	Accommodation Trade	33416	6093	484	26839
餐饮业	Catering Services	26432	1352	435	24645
信息传输、软件和信息技术服务业	**Information Transmission, Software and Information Technology Services**	**73792**	**18313**	**199**	**55280**
电信、广播电视和卫星传输服务	Telecommunications, Broadcasting and TV Transmission and Satellite Services	63145	18112	199	44834
互联网和相关服务	The Internet and Related Services	2471	26		2445
软件和信息技术服务业	Software and Information Technology Services	8176	175		8001

4—15 续表 continued

单位：人（person）

行　业	Sector	合　计 Total	国有单位 State-owned Units	城镇集体单位 Urban Collective-owned Units	其他单位 Units of Other Types of Ownership
金 融 业	**Banking**	**176627**	**62272**	**17797**	**96558**
货币金融服务	Monetary and Financial Services	106487	38121	17783	50583
资本市场服务	Capital Market Services	3852	1862		1990
保险业	Insurance	64965	22010	14	42941
其他金融业	Other Financial Activities	1323	279		1044
房地产业	**Real Estate**	**103962**	**10137**	**1482**	**92343**
#房地产开发经营	Real Estate Development and Operation	70473	3643	143	66687
物业管理	Real Estate Management	26039	1853	1250	22936
租赁和商务服务业	**Leasing and Commercial Services**	**60156**	**18748**	**6752**	**34656**
租赁业	Leasing	1337	179	400	758
商务服务业	Commercial Services	58819	18569	6352	33898
科学研究和技术服务业	**Scientific Research and Technical Services**	**95837**	**60847**	**1021**	**33969**
研究和试验发展	Research and Experimental Development	13534	10473	86	2975
专业技术服务业	Professional and Technical Services	70749	41533	662	28554
科技推广和应用服务业	Science and Technology Popularization and Application Services	11554	8841	273	2440
水利、环境和公共设施管理业	**Water Conservancy, Environmental and Public Facilities Management**	**81613**	**71852**	**1720**	**8041**
水利管理业	Water Conservancy Management	20938	20769	133	36
生态保护和环境治理业	Ecological Protection and Environmental Governance Industry	2408	1688		720
公共设施管理业	Public Facilities Management	58267	49395	1587	7285
居民服务、修理和其他服务业	**Residents Service, Repair and Other Services**	**9458**	**3003**	**835**	**5620**
居民服务业	Resident Services	4097	2584	209	1304
机动车、电子产品和日用产品修理业	Motor Vehicle Repair Industry, Electronic Products and Daily Products	1374	199	63	1112
其他服务业	Other Services	3987	220	563	3204
教　育	**Education**	**647092**	**601204**	**2695**	**43193**
#高等教育	High Education	70651	64925		5726
中等教育	Secondary Education	312910	289715	1386	21809
初等教育	Primary Education	229114	225258	392	3464
卫生和社会工作	**Health and Social Work**	**281553**	**203957**	**51033**	**26563**
卫　生	Health	278171	200831	50934	26406
社会工作	Social Wwork	3382	3126	99	157
文化、体育和娱乐业	**Culture, Sports and Entertainment**	**33561**	**26736**	**661**	**6164**
新闻和出版业	Press and Publication	7408	4592		2816
广播、电视、电影和影视录音制作业	Radio, Television, Film and Television Recording Studios	14351	13165	109	1077
文化艺术业	Culture and Arts	9851	7632	552	1667
体　育	Sports	1455	1174		281
娱乐业	Entertainment	496	173		323
公共管理、社会保障和社会组织	**Public Management, Social Security and Social Organization**	**478391**	**476494**	**1850**	**47**
中国共产党机关	Organs of Chinese Communist Party	16446	16446		
国家机构	State Organs	448852	447822	1030	
人民政协、民主党派	CPPCC and Democratic Parties	2762	2762		
社会保障	The Social Security	3348	3296	5	47
群众团体、社会团体和其他成员组织	Mass Organizations, Social Organizations and Religious Organizations	6192	5983	209	
基层群众自治组织	The Grassroots Autonomous Organizations	791	185	606	

4—16 城镇非私营单位分行业女性就业人员占全部就业人员比重（2014年）
Proportion of Female Employed to Total of Urban Non-private Owned Units by Status by Sector (2014)

以本类型从业人员为100 (Total number of this item employed=100)　　单位：%

行业	Sector	合计 Total	国有单位 State-owned Units	城镇集体单位 Urban Collective-owned Units	其他单位 Units of Other Types of Ownership
总　　计	**Total**	**32.6**	**35.2**	**35.0**	**30.8**
按执行会计标准类别分组	**Grouped by Executive Acounting System Type**				
企　　业	Enterprises	30.0	28.3	26.7	30.4
事　　业	Institutions	43.2	42.6	50.1	54.2
机　　关	Agencies & Organizations	25.5	25.5	29.2	
民间非营利组织	Non-profit Organizations	63.3		60.4	63.5
其　他	Others	51.4	42.0	26.8	58.7
按国民经济行业分组	**Grouped by Economic Sector**				
农、林、牧、渔业	**Agriculture, Forestry, Animal Husbandry and Fishery**	**35.4**	**35.4**	**36.3**	**47.7**
农　业	Farming	39.4	39.4	43.5	0.0
林　业	Forestry	26.7	26.7		10.0
畜牧业	Animal Husbandry	37.1	30.1		49.6
渔　业	Fishery	25.9	25.8	27.3	
农、林、牧、渔服务业	Agricultural Services	34.4	34.3	36.5	
采矿业	**Mining**	**10.4**	**12.4**	**70.2**	**9.9**
制造业	**Manufacturing**	**39.1**	**27.9**	**41.6**	**39.8**
#酒、饮料和精制茶制造业	Wine, Drinks and Refined Tea Manufacturing	40.2	43.6	37.8	39.8
烟草制品业	Tobacco	28.0	26.7	41.7	
石油加工、炼焦和核燃料加工业	Petroleum Processing, Coking and Nuclear Fuel Processing	23.2			23.2
化学原料和化学制品制造业	Raw Chemical Materials and Chemical Products	29.7	27.6	30.7	29.7
橡胶和塑料制品业	Rubber and Plastic Products	40.9	30.0	44.8	41.0
非金属矿物制品业	Nonmetal Mineral Products	28.5	16.8	37.0	29.6
黑色金属冶炼和压延加工业	Smelting and Pressing of Ferrous Metals	15.5	17.2	12.2	15.5
有色金属冶炼和压延加工业	Smelting and Pressing of Nonferrous Metals	19.3	25.0		19.3
金属制品业	Metal Products	30.5	25.6	32.3	30.7
通用设备制造业	Equipments in Current Use	31.7	26.0	38.9	32.1
汽车制造业	Automobile Manufacturing Industry	18.6	18.7	13.7	19.1
电气机械和器材制造业	Electric Equipment and Machinery	40.4	36.3	52.1	40.4
电力、热力、燃气及水的生产和供应业	**Production and Supply of Electricity, Heat, Gas and Water**	**23.7**	**24.5**	**23.9**	**23.0**
建筑业	**Construction**	**11.4**	**10.4**	**14.2**	**11.4**
房屋建筑业	Housing Industry	12.2	9.3	13.3	12.4
土木工程建筑业	Civil Engineering Construction	10.0	12.6	18.7	9.6
建筑安装业	Construction and Installation Industry	11.6	9.0	13.4	11.7
建筑装饰和其他建筑业	Building Decoration and Other Construction	10.8	12.2	28.9	10.5
批发和零售业	**Wholesale and Retail Trade**	**53.6**	**32.6**	**32.2**	**57.7**
批 发 业	Wholesale	38.2	28.4	30.5	42.9
零 售 业	Retail Trade	63.0	47.4	34.6	64.2
交通运输、仓储和邮政业	**Transport, Storage and Postal Services**	**27.1**	**27.2**	**25.1**	**27.1**
#铁路运输业	Railway Transport	13.6	13.3	47.8	21.2
道路运输业	Highway Transport	27.3	26.4	19.4	27.9
水上运输业	Water Way Transport	20.8	18.2	31.6	16.3
航空运输业	Air Transport	38.7	42.8		36.7
邮 政 业	Postal Services	45.6	48.0		28.1
住宿和餐饮业	**Accommodation and Catering Trade**	**61.7**	**57.8**	**61.3**	**62.3**
住 宿 业	Accommodation Trade	61.3	56.1	58.7	62.5
餐 饮 业	Catering Services	62.2	65.2	64.1	62.0
信息传输、软件和信息技术服务业	**Information Transmission, Software and Information Technology Services**	**39.0**	**36.9**	**26.6**	**39.8**
电信、广播电视和卫星传输服务	Telecommunications, Broadcasting and TV Transmission and Satellite Services	38.1	36.9	26.6	38.6
互联网和相关服务	The Internet and Related Services	59.0	26.9		59.4
软件和信息技术服务业	Software and Information Technology Services	40.4	34.3		40.6

4—16 续表 continued

单位：%

行业	Sector	合计 Total	国有单位 State-owned Units	城镇集体单位 Urban Collective-owned Units	其他单位 Units of Other Types of Ownership
金融业	**Banking and Insurance**	**50.3**	**50.6**	**38.4**	**52.3**
货币金融服务	Monetary and Financial Services	45.3	42.8	38.4	49.6
资本市场服务	Capital Market Services	42.2	48.2		36.5
保险业	Insurance	59.3	64.6	50.0	56.6
其他金融业	Other Financial Activities	38.1	30.1		40.2
房地产业	**Real Estate**	**38.2**	**35.9**	**41.3**	**38.4**
#房地产开发经营	Real Estate Development and Operation	35.4	30.3	36.4	35.7
物业管理	Real Estate Management	43.8	39.3	43.0	44.2
租赁和商务服务业	**Leasing and Commercial Services**	**31.5**	**20.6**	**30.7**	**37.5**
租赁业	Leasing	22.7	20.1	14.0	28.0
商务服务业	Commercial Services	31.7	20.6	31.8	37.7
科学研究和技术服务业	**Scientific Research and Technical Services**	**26.2**	**26.1**	**30.0**	**26.3**
研究和试验发展	Research and Experimental Development	28.4	28.2	34.9	28.7
专业技术服务业	Professional and Technical Services	25.0	25.6	32.5	23.9
科技推广和应用服务业	Science and Technology Popularization and Application Services	31.3	25.9	22.3	52.1
水利、环境和公共设施管理业	**Water Conservancy, Environmental and Public Facilities Management**	**38.0**	**37.6**	**34.0**	**42.3**
水利管理业	Water Conservancy Management	25.5	25.5	30.1	19.4
生态保护和环境治理业	Ecological Protection and Environmental Governance Industry	20.9	20.3		22.2
公共设施管理业	Public Facilities Management	43.1	43.2	34.3	44.4
居民服务、修理和其他服务业	**Residents Service, Repair and Other Services**	**32.5**	**30.4**	**30.1**	**34.0**
居民服务业	Resident Services	42.7	31.4	52.6	63.5
机动车、电子产品和日用产品修理业	Motor Vehicle Repair Industry, Electronic Products and Daily Products	23.4	17.1	33.3	24.0
其他服务业	Other Services	25.1	30.5	21.3	25.4
教育	**Education**	**42.4**	**41.5**	**45.9**	**53.5**
#高等教育	High Education	43.4	42.3		55.1
中等教育	Secondary Education	37.8	36.7	34.9	51.6
初等教育	Primary Education	45.8	45.6	64.0	61.5
卫生和社会工作	**Health and Social Work**	**59.7**	**60.9**	**51.0**	**67.0**
卫生	Health	59.8	61.0	51.0	67.0
社会工作	Social Wwork	53.6	53.2	58.6	59.2
文化、体育和娱乐业	**Culture, Sports and Entertainment**	**42.6**	**41.2**	**42.5**	**48.7**
新闻和出版业	Press and Publication	41.3	39.2		44.6
广播、电视、电影和影视录音制作业	Radio, Television, Film and Television Recording Studios	40.9	39.7	31.2	56.3
文化艺术业	Culture and Arts	47.0	46.4	44.7	50.6
体育	Sports	37.4	33.5		53.7
娱乐业	Entertainment	39.3	28.9		44.9
公共管理、社会保障和社会组织	**Public Management, Social Security and Social Organization**	**25.7**	**25.6**	**48.5**	**38.3**
中国共产党机关	Organs of Chinese Communist Party	19.4	19.4		
国家机构	State Organs	25.7	25.6	47.7	
人民政协、民主党派	CPPCC and Domocratic Parties	21.3	21.3		
社会保障	The Social Security	44.8	44.9	40.0	38.3
群众团体、社会团体和其他成员组织	Mass Organizations, Social Organizations and Religious Organizations	35.9	36.5	20.1	
基层群众自治组织	The Grassroots Autonomous Organizations				

4—17 城镇非私营单位主要年份就业人员工资总额和指数
Total Wages of Employed Persons and Related Index of Urban Non-private Owned Units in Major Years

年 份 Year	工资总额（万元） Total Wages (10000 yuan)				指数（上年=100） Index (Preceding year=100)			
	合 计 Total	国有单位 State-owned Units	城镇集体单位 Urban Collective-owned Units	其他单位 Units of Other Types of Ownership	合 计 Total	国有单位 State-owned Units	城镇集体单位 Urban Collective-owned Units	其他单位 Units of Other Types of Ownership
2000	2755252	2015830	317435	421987	103.2	102.1	99.0	112.2
2005	4841315	3071572	276909	1492834	114.9	109.5	107.0	129.7
2006	5710401	3428392	311674	1970336	118.0	111.6	112.6	132.0
2007	7089072	4256242	362330	2470500	124.1	124.1	116.3	125.4
2008	8444708	4950723	397080	3096905	119.1	116.3	109.6	125.4
2009	9742920	5634976	339225	3768719	115.4	113.8	85.4	121.7
2010	12251179	6914813	425619	4910747	119.3	117.1	117.8	122.8
2011	15901381	8495347	517561	6888473	129.8	122.9	121.6	140.3
2012	19259839	10080897	580353	8598589	121.1	118.7	112.1	124.8
2013	24637193	9517563	607624	14512006	127.9	94.4	104.7	168.8
2014	26315988	10271162	643610	15401216	106.8	107.9	105.9	106.1

4—18 城镇非私营单位主要年份就业人员平均工资及指数
Average Wage of Employed Persons and Related Index of Urban Non-private Owned Units in Major Years

年 份 Year	平均货币工资（元） Average Wage in Monetary Terms (yuan)				指数（上年=100） Index (Preceding year=100)			
	合 计 Total	国有单位 State-owned Units	城镇集体单位 Urban Collective-owned Units	其他单位 Units of Other Types of Ownership	合 计 Total	国有单位 State-owned Units	城镇集体单位 Urban Collective-owned Units	其他单位 Units of Other Types of Ownership
2000	6989	7471	4762	7310	107.3	105.3	108.0	114.3
2005	15334	15450	9894	16788	118.6	114.3	126.2	124.8
2006	17949	17755	11869	19946	117.1	114.9	120.0	118.8
2007	22180	22428	15340	23257	123.6	126.3	129.2	116.6
2008	26363	26475	18340	27731	118.9	118.0	119.6	119.2
2009	29658	30220	20606	30011	112.5	114.1	112.4	108.2
2010	33341	33793	23869	33867	115.8	115.9	119.1	115.2
2011	39352	39287	29539	40445	118.0	116.3	123.8	119.4
2012	44601	44818	34741	45209	113.3	114.1	117.6	111.8
2013	47806	48683	37927	47765	107.2	108.6	109.2	105.7
2014	50894	51974	41741	50657	106.5	106.8	110.1	106.1

注：本表所涉及指标，2010年以前为在岗职工相关指标，2010年及以后为就业人员相关指标。

a) Before 2010,the indicators involved in this table were related as employment workers, and after 2010 as the staff and workers indicators.

4—19 城镇非私营单位分行业就业人员工资总额（2014年）
Total Wages of Employed Persons of Urban Non-private Owned Units by Sector (2014)

单位：万元（10000 yuan）

行业	Sector	合计 Total	国有单位 State-owned Units	城镇集体单位 Urban Collective-owned Units	其他单位 Units of Other Types of Ownership
总计	**Total**	**26315988**	**10271162**	**643610**	**15401216**
按执行会计标准类别分组	**Grouped by Executive Acounting System Type**				
企业	Enterprises	18603512	2928458	429234	15245820
事业	Institutions	5480889	5188640	210309	81940
机关	Agencies & Organizations	2105555	2104027	1528	
民间非营利组织	Non-profit Organizations	40106		2064	38042
其他	Others	85926	50037	475	35414
按国民经济行业分组	**Grouped by Economic Sector**				
农、林、牧、渔业	**Agriculture, Forestry, Animal Husbandry and Fishery**	**124664**	**122887**	**1133**	**644**
农业	Farming	58571	58476	83	12
林业	Forestry	22908	22862		46
畜牧业	Animal Husbandry	1418	832		586
渔业	Fishery	1397	1289	108	
农、林、牧、渔服务业	Agricultural Services	40370	39428	942	
采矿业	**Mining**	**2241723**	**286375**	**4489**	**1950859**
制造业	**Manufacturing**	**5874219**	**432853**	**37199**	**5404167**
#酒、饮料和精制茶制造业	Wine, Drinks and Refined Tea Manufacturing	154849	13995	196	140658
烟草制品业	Tobacco	155644	148949	6695	
石油加工、炼焦和核燃料加工业	Petroleum Processing, Coking and Nuclear Fuel Processing	34202			34202
化学原料和化学制品制造业	Raw Chemical Materials and Chemical Products	369711	9030	814	359867
橡胶和塑料制品业	Rubber and Plastic Products	265092	2538	570	261984
非金属矿物制品业	Nonmetal Mineral Products	252286	29104	3143	220038
黑色金属冶炼和压延加工业	Smelting and Pressing of Ferrous Metals	353608	1225	348	352036
有色金属冶炼和压延加工业	Smelting and Pressing of Nonferrous Metals	225149	63		225086
金属制品业	Metal Products	252037	21174	4174	226690
通用设备制造业	Equipments in Current Use	417079	31404	624	385051
汽车制造业	Automobile Manufacturing Industry	45955	9977	4138	31841
电气机械和器材制造业	Electric Equipment and Machinery	678209	2638	4111	671460
电力、热力、燃气及水的生产和供应业	**Production and Supply of Electricity, Heat, Gas and Water**	**833664**	**419457**	**3967**	**410241**
建筑业	**Construction**	**4486127**	**411484**	**144674**	**3929969**
房屋建筑业	Housing Industry	2478961	234691	100028	2144242
土木工程建筑业	Civil Engineering Construction	1334083	135919	12033	1186130
建筑安装业	Construction and Installation Industry	323996	25571	28149	270276
建筑装饰和其他建筑业	Building Decoration and Other Construction	349087	15302	4464	329321
批发和零售业	**Wholesale and Retail Trade**	**973965**	**172024**	**11084**	**790857**
批发业	Wholesale	482925	149775	7118	326032
零售业	Retail Trade	491040	22249	3966	464825
交通运输、仓储和邮政业	**Transport, Storage and Postal Services**	**1099165**	**594492**	**25784**	**478889**
#铁路运输业	Railway Transport	333248	331130	714	1404
道路运输业	Highway Transport	457074	76528	15674	364871
水上运输业	Water Way Transport	53094	948	8098	44048
航空运输业	Air Transport	23777	5306		18471
邮政业	Postal Services	174642	154411		20231
住宿和餐饮业	**Accommodation and Catering Trade**	**174167**	**21553**	**2542**	**150072**
住宿业	Accommodation Trade	102829	17398	1256	84175
餐饮业	Catering Services	71339	4156	1286	65897
信息传输、软件和信息技术服务业	**Information Transmission, Software and Information Technology Services**	**454998**	**114419**	**768**	**339812**
电信、广播电视和卫星传输服务	Telecommunications, Broadcasting and TV Transmission and Satellite Services	383121	113410	768	268944
互联网和相关服务	The Internet and Related Services	15087	109		14978
软件和信息技术服务业	Software and Information Technology Services	56790	900		55891

4—19 续表 continued

单位：万元（10000 yuan）

行　业	Sector	合　计 Total	国有单位 State-owned Units	城镇集体单位 Urban Collective-owned Units	其他单位 Units of Other Types of Ownership
金 融 业	**Banking and Insurance**	**1239135**	**368189**	**150400**	**720546**
货币金融服务	Monetary and Financial Services	965521	293483	150049	521990
资本市场服务	Capital Market Services	42760	19936		22824
保险业	Insurance	214542	53520	351	160671
其他金融业	Other Financial Activities	16312	1250		15062
房地产业	**Real Estate**	**517760**	**45889**	**4201**	**467670**
#房地产开发经营	Real Estate Development and Operation	406062	20686	686	384691
物业管理	Real Estate Management	78016	5251	3267	69498
租赁和商务服务业	**Leasing and Commercial Services**	**245331**	**68216**	**23032**	**154083**
租赁业	Leasing	6449	725	1989	3735
商务服务业	Commercial Services	238882	67491	21043	150348
科学研究和技术服务业	**Scientific Research and Technical Services**	**603969**	**375247**	**5647**	**223076**
研究和试验发展	Research and Experimental Development	92071	70581	267	21223
专业技术服务业	Professional and Technical Services	462790	265764	4158	192868
科技推广和应用服务业	Science and Technology Popularization and Application Services	49108	38903	1222	8984
水利、环境和公共设施管理业	**Water Conservancy, Environmental and Public Facilities Management**	**296139**	**258821**	**4883**	**32435**
水利管理业	Water Conservancy Management	85410	84670	593	147
生态保护和环境治理业	Ecological Protection and Environmental Governance Industry	8108	5660		2449
公共设施管理业	Public Facilities Management	202621	168491	4291	29840
居民服务、修理和其他服务业	**Residents Service, Repair and Other Services**	**35798**	**11999**	**3399**	**20399**
居民服务业	Resident Services	15476	10521	660	4295
机动车、电子产品和日用产品修理业	Motor Vehicle Repair Industry, Electronic Products and Daily Products	5708	694	240	4775
其他服务业	Other Services	14613	784	2499	11330
教　育	**Education**	**3122994**	**2940800**	**11696**	**170498**
#高等教育	High Education	416595	394749		21847
中等教育	Secondary Education	1521042	1424167	6483	90393
初等教育	Primary Education	1038261	1023111	1750	13399
卫生和社会工作	**Health and Social Work**	**1507771**	**1179884**	**200984**	**126904**
卫　生	Health	1494603	1167560	200766	126276
社会工作	Social Wwork	13169	12324	218	627
文化、体育和娱乐业	**Culture, Sports and Entertainment**	**148086**	**115944**	**2269**	**29873**
新闻和出版业	Press and Publication	40442	24837		15605
广播、电视、电影和影视录音制作业	Radio, Television, Film and Television Recording Studios	59061	53849	404	4808
文化艺术业	Culture and Arts	40264	31246	1864	7154
体　育	Sports	6134	5198		936
娱乐业	Entertainment	2185	815		1370
公共管理、社会保障和社会组织	**Public Management, Social Security and Social Organization**	**2336315**	**2330631**	**5462**	**223**
中国共产党机关	Organs of Chinese Communist Party	89687	89687		
国家机构	State Organs	2183460	2179933	3528	
人民政协、民主党派	CPPCC and Democratic Parties	16399	16399		
社会保障	The Social Security	13966	13724	19	223
群众团体、社会团体和其他成员组织	Mass Organizations, Social Organizations and Religious Organizations	30709	29940	770	
基层群众自治组织	The Grassroots Autonomous Organizations	2094	949	1145	

4—20 各市城镇非私营单位分行业就业人员工资总额（2014年）

Total Wages of Employed Persons of Urban Non-private Owned Units by Sector and Region (2014)

单位：万元（10000 yuan）

地区	Region	合计 Total	农林牧渔业 Agriculture, Forestry, Animal Husbandry and Fishery	采矿业 Mining	制造业 Manufacturing	电力、热力、燃气及水的生产和供应业 Production and Supply of Electricity, Heat, Gas and Water	建筑业 Construction	批发和零售业 Wholesale and Retail Trade	交通运输、仓储和邮政业 Transport, Storage, Post & Telecommunications	住宿和餐饮业 Accommodation and Catering Trade	信息传输、计算机服务和软件业 Information, Circulation Computer Services and Software
总计	**Total**	**26315988**	**124664**	**2241723**	**5874219**	**833664**	**4486127**	**973965**	**1099165**	**174167**	**454998**
合肥市	Hefei	8294727	2845	4969	1994662	315365	2532579	423591	427052	70484	186828
淮北市	Huaibei	1451970	29	734536	172577	15972	145951	17935	29469	3065	11891
亳州市	Bozhou	926770	696	67634	180117	9749	57147	48105	53454	5318	13978
宿州市	Suzhou	1238896	5314	106704	161874	34982	238674	46090	34774	5716	21471
蚌埠市	Bengbu	1213755	832		239646	18520	280976	43443	78743	4963	16016
阜阳市	Fuyang	1337157	4617	99190	151133	42273	116664	61078	60999	2988	17381
淮南市	Huainan	1959453	5212	1021523	128969	165164	80197	34785	30272	4049	10255
滁州市	Chuzhou	1149542	18237	7463	338916	22072	69594	31287	40148	4164	28878
六安市	Luan	990065	14042	16099	134425	29068	73919	34490	26442	3371	24791
马鞍山市	Maanshan	1329527	2972	159968	391369	32807	154936	24331	38331	2152	20961
芜湖市	Wuhu	2275748	1075	1154	934005	33382	259472	75772	147027	22050	25261
宣城市	Xuancheng	816098	6401	168	211366	19693	64830	35573	20540	2700	16286
铜陵市	Tongling	820873	9601	8592	320930	13070	148133	15444	25880	5334	7154
池州市	Chizhou	480256	2800	9034	85078	8253	66225	16908	21253	6853	7066
安庆市	Anqing	1502785	46773	4689	360419	59364	136993	49844	47425	11539	30803
黄山市	Huangshan	528367	3221		68731	13929	59838	15290	17358	19424	15980

地区	Region	金融业 Banking	房地产业 Real Estate	租赁和商务服务业 Leasing and Commercial Services	科学研究和技术服务业 Scientific Research and Technical Services	水利、环境和公共设施管理业 Water Conservancy, Environmental and Public Facilities Management	居民服务、修理和其他服务业 Residents Service, Repair and Other Services	教育 Education	卫生和社会工作 Health and Social Work	文化、体育和娱乐业 Culture, Sports and Entertainment	公共管理、社会保障和社会组织 Public Management, Social Security and Social Organization
总计	**Total**	**1239135**	**517760**	**245331**	**603969**	**296139**	**35798**	**3122994**	**1507771**	**148086**	**2336315**
合肥市	Hefei	368621	171785	98778	296718	42018	7180	573734	317929	51079	408509
淮北市	Huaibei	28077	9039	7715	7994	5349	395	111606	68604	2081	79687
亳州市	Bozhou	52904	24541	3300	10274	15192	1491	207248	73573	5611	96438
宿州市	Suzhou	61137	27979	11234	20170	11354	1957	236507	85259	4283	123417
蚌埠市	Bengbu	65704	32004	15259	43453	22450	1221	160139	81972	6285	102131
阜阳市	Fuyang	98599	15384	7902	12608	10540	634	308798	136480	5199	184692
淮南市	Huainan	61760	45622	24557	23877	24500	1417	130647	65258	5942	95448
滁州市	Chuzhou	53699	19258	5315	21868	22603	954	207827	72846	3156	181257
六安市	Luan	51573	17994	3282	15438	26021	1560	240809	103287	7169	166284
马鞍山市	Maanshan	62942	16272	18456	41619	16826	6942	132322	57739	6882	141701
芜湖市	Wuhu	105296	47836	16547	46195	25675	3516	227177	143247	8114	152949
宣城市	Xuancheng	51684	16781	5142	11258	11512	539	125655	70334	6269	139367
铜陵市	Tongling	34217	15137	6899	10222	8680	2960	55304	40127	4806	88385
池州市	Chizhou	31614	8941	5243	10415	15986	443	64534	30028	12848	76734
安庆市	Anqing	69213	34565	10258	22368	20911	4412	271960	115780	12681	192788
黄山市	Huangshan	42097	14621	5443	9492	16522	179	68725	45309	5681	106528

4—21 各市城镇非私营单位就业人员工资总额（2014年）

Total Wages of Employed Persons of Urban Non-private Owned Units at Their Posts by Region (2014)

单位：万元（10000 yuan）

地 区	Region	合 计 Total	国有单位 State-owned Units	城镇集体单位 Urban Collective-owned Units	其他单位 Units of Other Types of Ownership
总 计	**Total**	**26315988**	**10271162**	**643610**	**15401216**
合肥市	Hefei	8294727	2545840	65597	5683291
淮北市	Huaibei	1451970	316576	37633	1097762
亳州市	Bozhou	926770	529233	37083	360453
宿州市	Suzhou	1238896	708366	86464	444066
蚌埠市	Bengbu	1213755	547993	25650	640112
阜阳市	Fuyang	1337157	798536	73400	465221
淮南市	Huainan	1959453	436079	35274	1488099
滁州市	Chuzhou	1149542	603761	51560	494221
六安市	Luan	990065	620403	49705	319957
马鞍山市	Maanshan	1329527	448302	38961	842264
芜湖市	Wuhu	2275748	694333	19479	1561937
宣城市	Xuancheng	816098	404863	33556	377678
铜陵市	Tongling	820873	242289	699	577885
池州市	Chizhou	480256	250851	13061	216344
安庆市	Anqing	1502785	837178	65969	599639
黄山市	Huangshan	528367	286559	9520	232288

4—22 城镇非私营单位分行业就业人员年平均工资

Average Wage of Employed Persons of Urban Non-private Owned Units by Sector

单位：元（yuan）

行 业	Sector	2010	2013	2014
总 计	**Total**	**33341**	**47806**	**50894**
农、林、牧、渔业	Agriculture, Forestry, Animal Husbandry and Fishery	16945	24302	27185
采矿业	Mining	57314	70893	69636
制造业	Manufacturing	29238	43978	48259
电力、热力、燃气及水的生产和供应业	Production and Supply of Electricity, Heat, Gas and Water	40467	72363	77120
建筑业	Construction	28046	44677	47632
批发和零售业	Wholesale and Retail Trades	26935	39263	41863
交通运输、仓储和邮政业	Transport, Storage and Post	29408	47235	50271
住宿和餐饮业	Hotels and Catering Services	18188	28560	29652
信息传输、软件和信息技术服务业	Information Transmission, Software and Information Technology	36316	53755	62501
金融业	Financial Intermediation	46561	65920	72215
房地产业	Real Estate	27250	46679	50362
租赁和商务服务业	Leasing and Business Services	28122	41054	40853
科学研究和技术服务业	Scientific Research and Technical Services	36068	60816	63084
水利、环境和公共设施管理业	Management of Water Conservancy, Environment	20949	32453	35989
居民服务、修理和其他服务业	Services to Households, Repair and Other Services	23258	37074	38091
教 育	Education	32445	46183	48487
卫生和社会工作	Health and Social Service	31811	50908	54468
文化、体育和娱乐业	Culture, Sports and Entertainment	28435	42787	44211
公共管理、社会保障和社会组织	Public Management, Social Security and Social Organization	33622	46164	49012

4—23 各市城镇非私营单位分行业就业人员年平均工资（2014年）

Average Wage of Employed Persons of Urban Non-private Owned Units by Sector By Region (2014)

单位：元（yuan）

地区 Region	合计 Total	农林牧渔业 Agriculture, Forestry, Animal Husbandry and Fishery	采矿业 Mining	制造业 Manufacturing	电力、热力、燃气及水的生产和供应业 Production and Supply of Electricity, Heat, Gas and Water	建筑业 Construction	批发和零售业 Wholesale and Retail Trade	交通运输、仓储和邮政业 Transport, Storage, Post & Telecommunications	住宿和餐饮业 Accommodation and Catering Trade	信息传输、计算机服务和软件业 Information, Circulation Computer Services and Software
总计 Total	**50894**	**27185**	**69636**	**48259**	**77120**	**47632**	**41863**	**50271**	**29652**	**62501**
合肥市 Hefei	58222	36146	47918	55862	109376	53714	50788	66253	29607	66717
淮北市 Huaibei	52681	47667	61837	35388	46592	55969	40412	54501	31861	54049
亳州市 Bozhou	40960	31193	62537	40383	58516	35994	32678	35209	27681	51181
宿州市 Suzhou	39002	17372	58748	32292	65046	35250	31573	32698	26186	57135
蚌埠市 Bengbu	45403	31274		37393	42410	49224	35966	52968	25985	63304
阜阳市 Fuyang	42551	22924	79086	34546	50560	40430	31834	32391	23472	49491
淮南市 Huainan	59212	23895	80236	37780	87928	36219	33063	31879	26514	72472
滁州市 Chuzhou	50334	26274	66577	52225	68082	41265	43019	38486	30526	68028
六安市 Luan	42920	20952	46063	38275	45031	35514	37514	44893	27566	59040
马鞍山市 Maanshan	57144	39993	64532	57260	71150	48126	39042	50729	33002	59212
芜湖市 Wuhu	52578	28965	46353	54086	61568	41871	42967	56089	33203	72359
宣城市 Xuancheng	51011	28285	43154	46764	73675	46843	46294	41213	25808	60522
铜陵市 Tongling	52579	39091	72564	49403	68539	44116	38274	50232	31842	73748
池州市 Chizhou	44856	30971	65229	38864	54873	42555	48585	44333	32354	47873
安庆市 Anqing	42618	29182	46985	42614	63194	32576	34217	43521	26326	51579
黄山市 Huangshan	46473	35278		40406	67130	38075	42401	45026	32095	77347

地区 Region	金融业 Banking	房地产业 Real Estate	租赁和商务服务业 Leasing and Commercial Services	科学研究和技术服务业 Scientific Research and Technical Services	水利、环境和公共设施管理业 Water Conservancy, Environmental and Public Facilities Management	居民服务、修理和其他服务业 Residents Service, Repair and Other Services	教育 Education	卫生和社会工作 Health and Social Work	文化、体育和娱乐业 Culture, Sports and Entertainment	公共管理、社会保障和社会组织 Public Management, Social Security and Social Organization
总计 Total	**72215**	**50362**	**40853**	**63084**	**35989**	**38091**	**48487**	**54468**	**44211**	**49012**
合肥市 Hefei	115115	53915	50833	80019	40695	40111	55810	67376	46026	56590
淮北市 Huaibei	48932	48807	30529	46615	44908	34043	51156	51025	37762	48025
亳州市 Bozhou	49351	44251	28523	38992	24905	36714	41917	44601	37887	39293
宿州市 Suzhou	61370	42853	33514	32491	28117	34340	41625	41739	34075	37542
蚌埠市 Bengbu	61491	49450	35676	62766	35663	34772	46208	51121	40082	44634
阜阳市 Fuyang	55009	40464	26806	43852	25477	31059	44893	50866	33434	39413
淮南市 Huainan	59973	41440	37856	55477	30950	34137	46720	44878	38506	50435
滁州市 Chuzhou	65471	61665	36036	46350	34030	52401	52111	47143	51146	57161
六安市 Luan	63032	54860	30003	45486	35422	34352	44680	50604	42197	43961
马鞍山市 Maanshan	65653	64699	40051	89081	48843	37145	58062	55147	58423	61978
芜湖市 Wuhu	79265	56678	46067	58334	38037	35403	51817	68624	48210	49704
宣城市 Xuancheng	73834	55863	36390	49117	36897	45678	54472	58243	47029	53311
铜陵市 Tongling	90905	45662	43583	61840	40183	47212	63707	72878	61460	72859
池州市 Chizhou	53537	49813	34359	45420	40833	30986	48938	45587	46383	48474
安庆市 Anqing	62304	46970	34137	41763	37262	39959	43658	52344	42541	45033
黄山市 Huangshan	58403	50330	34534	55771	50173	31964	48538	54178	40605	49003

4—24 城镇非私营单位就业人员年平均工资（2014年）
Average Wage of Employed Persons of Urban Non-private Owned Units at Their Posts (2014)

单位：元（yuan）

行业	Sector	合计 Total	在岗职工 On-the-job Worker	国有单位 State-owned Units	城镇集体单位 Urban Collective-owned Units	其他单位 Units of Other Types of Ownership
总计	**Total**	**50894**	**52388**	**51974**	**41741**	**50657**
按执行会计标准类别分组	**Grouped by Executive Acounting System Type**					
企业	Enterprises	51523	52909	57434	43232	50793
事业	Institutions	49469	51030	50122	38940	43765
机关	Agencies & Organizations	49569	51951	49569	50095	
民间非营利组织	Non-profit Organizations	34739	34919		42815	34387
其他	Others	54532	57605	74916	42811	39493
按国民经济行业分组	**Grouped by Economic Sector**					
农、林、牧、渔业	Agriculture, Forestry, Animal Husbandry and Fishery	27185	29637	27222	26220	22848
采矿业	Mining	69636	70294	64564	45803	70534
制造业	Manufacturing	48259	48530	65069	40381	47343
电力、热力、燃气及水的生产和供应业	Production and Supply of Electricity, Heat, Gas and Water	77120	78013	85886	37209	70494
建筑业	Construction	47632	48515	46019	33951	48530
批发和零售业	Wholesale and Retail Trade	41863	42319	50435	25474	40725
交通运输、仓储和邮政业	Transport, Storage and Postal Services	50271	51381	61647	28148	42359
住宿和餐饮业	Accommodation and Catering Trade	29652	29985	29356	27545	29734
信息传输、计算机服务和软件业	Information Circulation, Computer Service and Software	62501	65987	62093	38573	62727
金融业	Banking	72215	88811	61438	85518	76593
房地产业	Real Estate	50362	51082	44976	28307	51324
租赁和商务服务业	Leasing and Commercial Services	40853	41397	36331	34126	44627
科学研究和技术服务业	Scientific Research and Technical Services	63084	65181	61623	55523	65942
水利、环境和公共设施管理业	Water Conservancy, Environmental and Public Facilities Management	35989	39208	35765	26267	40247
居民服务、修理和其他服务业	Residents Service, Repair and Other Services	38091	39456	40842	40369	36310
教育	Education	48487	49664	49103	44985	40043
卫生和社会工作	Health and Social Work	54468	55995	58964	39700	48635
文化、体育和娱乐业	Culture, Sports and Entertainment	44211	46773	43394	34423	48836
公共管理、社会保障和社会组织	Public Management, Social Security and Social Organization	49012	51260	49086	29763	47340

4—25 各市城镇非私营单位就业人员年平均工资（2014年）
Average Wage of Employed Persons of Urban Non-private Owned Units at Their Posts by Region (2014)

单位：元（yuan）

地区	Region	合计 Total	在岗职工 On-the-job Worker	国有单位 State-owned Units	城镇集体单位 Urban Collective-owned Units	其他单位 Units of Other Types of Ownership
总计	**Total**	**50894**	**52388**	**51974**	**41741**	**50657**
合肥市	Hefei	58222	60082	67556	40093	55099
淮北市	Huaibei	52681	53769	51762	38144	53657
亳州市	Bozhou	40960	42109	43338	40282	37966
宿州市	Suzhou	39002	39944	43800	31940	34464
蚌埠市	Bengbu	45403	45282	49096	37566	42993
阜阳市	Fuyang	42551	43361	42624	55480	40926
淮南市	Huainan	59212	61785	48785	40902	63892
滁州市	Chuzhou	50334	51692	51635	48747	48993
六安市	Luan	42920	44922	43822	44045	41118
马鞍山市	Maanshan	57144	58733	59205	39781	57239
芜湖市	Wuhu	52578	53929	57761	46289	50644
宣城市	Xuancheng	51011	53110	52422	52530	49458
铜陵市	Tongling	52579	54338	63796	31067	49008
池州市	Chizhou	44856	46159	48585	47254	41075
安庆市	Anqing	42618	44350	44325	41613	40545
黄山市	Huangshan	46473	48051	51283	49764	41553

4—26 城镇私营单位就业人员和工资情况（2014年）
Wages of Employed Persons in Private Enterprises of Urban Areas (2014)

行　　业	Sector	单位就业人员 Unit Employed People		工资总额	平均工资
		年末人数（人） Number of Persons At the end of Year (person)	平均人数（人） Average Number of Persons (person)	（千元） Total Wage (1000 yuan)	（元） Average Wage (yuan)
总　　计	**Total**	**4218040**	**4166469**	**146942082**	**35268**
按国民经济行业分组	**Grouped by Economic Sector**				
农、林、牧、渔业	Agriculture, Forestry, Animal Husbandry and Fishery	48859	48853	1292306	26453
采矿业	Mining	44309	43378	1781587	41071
制造业	Manufacturing	2013319	2000118	71299222	35648
电力、热力、燃气及水的生产和供应业	Production and Supply of Electricity, Heat, Gas and Water	8685	8507	250637	29462
建筑业	Construction	957060	931752	38146143	40940
批发和零售业	Wholesale and Retail Trade	407908	403718	11675952	28921
交通运输、仓储和邮政业	Transport, Storage and Postal Services	99790	98516	3722158	37782
住宿和餐饮业	Accommodation and Catering Trade	162875	161060	4543472	28210
信息传输、计算机服务和软件业	Information Circulation, Computer Service and Software	43112	42817	1254739	29305
金融业	Banking	6414	6345	302374	47655
房地产业	Real Estate	122709	120450	4097035	34014
租赁和商务服务业	Leasing and Commercial Services	126127	126081	3500068	27760
科学研究和技术服务业	Scientific Research and Technical Services	56057	55924	1879206	33603
水利、环境和公共设施管理业	Water Conservancy, Environmental and Public Facilities Management	9873	9784	249564	25507
居民服务、修理和其他服务业	Residents Service, Repair and Other Services	34881	34756	768971	22125
教　育	Education	26867	26478	826272	31206
卫生和社会工作	Health and Social Work	17568	16561	587911	35500
文化、体育和娱乐业	Culture, Sports and Entertainment	29923	29672	729906	24599
公共管理、社会保障和社会组织	Public Management, Social Security and Social Organization	1704	1699	34559	20341

4—27 城镇非私营单位分行业就业人员年平均工资（2014年）
Average Wage of Employed Persons of Urban Non-private Owned Units by Sector (2014)

单位：元（yuan）

行业	Sector	合计 Total	国有单位 State-owned Units	城镇集体单位 Urban Collective-owned Units	其他单位 Units of Other Types of Ownership
总　　计	**Total**	**50894**	**51974**	**41741**	**50657**
按执行会计标准类别分组	**Grouped by Executive Acounting System Type**				
企　　业	Enterprises	51523	57434	43232	50793
事　　业	Institutions	49469	50122	38940	43765
机　　关	Agencies & Organizations	49569	49569	50095	
民间非营利组织	Non-profit Organizations	34739		42815	34387
其　他	Others	54532	74916	42811	39493
按国民经济行业分组	**Grouped by Economic Sector**				
农、林、牧、渔业	**Agriculture, Forestry, Animal Husbandry and Fishery**	**27185**	**27222**	**26220**	**22848**
农　业	Farming	24008	24024	18065	12300
林　业	Forestry	25740	25714		51111
畜牧业	Animal Husbandry	19857	18443		22281
渔　业	Fishery	24638	24607	25023	
农、林、牧、渔服务业	Agricultural Services	35789	36050	27464	
采矿业	**Mining**	**69636**	**64564**	**45803**	**70534**
制造业	**Manufacturing**	**48259**	**65069**	**40381**	**47343**
#酒、饮料和精制茶制造业	Wine, Drinks and Refined Tea Manufacturing	40120	34987	21778	40763
烟草制品业	Tobacco	118776	123353	65064	
石油加工、炼焦和核燃料加工业	Petroleum Processing, Coking and Nuclear Fuel Processing	64410			64410
化学原料和化学制品制造业	Raw Chemical Materials and Chemical Products	47816	46283	31922	47910
橡胶和塑料制品业	Rubber and Plastic Products	47843	45082	23750	47977
非金属矿物制品业	Nonmetal Mineral Products	42682	49088	22612	42487
黑色金属冶炼和压延加工业	Smelting and Pressing of Ferrous Metals	61096	56433	28032	61185
有色金属冶炼和压延加工业	Smelting and Pressing of Nonferrous Metals	53267	26250		53282
金属制品业	Metal Products	50539	111205	41945	48262
通用设备制造业	Equipments in Current Use	48970	48351	22684	49114
汽车制造业	Automobile Manufacturing Industry	47081	44821	58773	46612
电气机械和器材制造业	Electric Equipment and Machinery	46411	55063	49774	46364
电力、热力、燃气及水的生产和供应业	**Production and Supply of Electricity, Heat, Gas and Water**	**77120**	**85886**	**37209**	**70494**
建筑业	**Construction**	**47632**	**46019**	**33951**	**48530**
房屋建筑业	Housing Industry	46468	44318	32133	47714
土木工程建筑业	Civil Engineering Construction	51807	49084	36878	52354
建筑安装业	Construction and Installation Industry	45957	45083	40736	46666
建筑装饰和其他建筑业	Building Decoration and Other Construction	43454	49410	34076	43373
批发和零售业	**Wholesale and Retail Trade**	**41863**	**50435**	**25474**	**40725**
批 发 业	Wholesale	53682	56351	27419	53636
零 售 业	Retail Trade	34413	29551	22597	34842
交通运输、仓储和邮政业	**Transport, Storage and Postal Services**	**50271**	**61647**	**28148**	**42359**
#铁路运输业	Railway Transport	82420	82590	31057	127618
道路运输业	Highway Transport	39091	37749	32186	39753
水上运输业	Water Way Transport	42870	37043	22211	51925
航空运输业	Air Transport	87836	61551		100116
邮 政 业	Postal Services	55359	55232		56354
住宿和餐饮业	**Accommodation and Catering Trade**	**29652**	**29356**	**27545**	**29734**
住 宿 业	Accommodation Trade	31202	28857	26280	31825
餐 饮 业	Catering Services	27671	31650	28903	27431
信息传输、软件和信息技术服务业	**Information Transmission, Software and Information Technology Services**	**62501**	**62093**	**38573**	**62727**
电信、广播电视和卫星传输服务	Telecommunications, Broadcasting and TV Transmission and Satellite Services	61010	62218	38573	60615
互联网和相关服务	The Internet and Related Services	63495	43480		63708
软件和信息技术服务业	Software and Information Technology Services	74460	51707		74991

4—27 续表 continued

单位：元（yuan）

行 业	Sector	合 计 Total	国有单位 State-owned Units	城镇集体单 位 Urban Collective-owned Units	其他单位 Units of Other Types of Ownership
金 融 业	**Banking and Insurance**	**72215**	**61438**	**85518**	**76593**
货币金融服务	Monetary and Financial Services	91685	77459	85386	104720
资本市场服务	Capital Market Services	112319	108880		115505
保险业	Insurance	35078	26854	250857	38981
其他金融业	Other Financial Activities	124235	44953		145530
房地产业	**Real Estate**	**50362**	**44976**	**28307**	**51324**
#房地产开发经营	Real Estate Development and Operation	57614	56364	46979	57706
物业管理	Real Estate Management	31133	27885	26159	31695
租赁和商务服务业	**Leasing and Commercial Services**	**40853**	**36331**	**34126**	**44627**
租赁业	Leasing	48599	40742	49725	49865
商务服务业	Commercial Services	40678	36289	33144	44511
科学研究和技术服务业	**Scientific Research and Technical Services**	**63084**	**61623**	**55523**	**65942**
研究和试验发展	Research and Experimental Development	67779	67393	31786	70114
专业技术服务业	Professional and Technical Services	65704	63959	63387	68325
科技推广和应用服务业	Science and Technology Popularization and Application Services	41901	43864	44097	34903
水利、环境和公共设施管理业	**Water Conservancy, Environmental and Public Facilities Management**	**35989**	**35765**	**26267**	**40247**
水利管理业	Water Conservancy Management	40548	40522	44549	40889
生态保护和环境治理业	Ecological Protection and Environmental Governance Industry	35299	32677		43336
公共设施管理业	Public Facilities Management	34387	33874	24858	40010
居民服务、修理和其他服务业	**Residents Service, Repair and Other Services**	**38091**	**40842**	**40369**	**36310**
居民服务业	Resident Services	38316	41815	31598	32685
机动车、电子产品和日用产品修理业	Motor Vehicle Repair Industry, Electronic Products and Daily Products	41127	34547	36288	42591
其他服务业	Other Services	36800	35493	44078	35594
教 育	**Education**	**48487**	**49103**	**44985**	**40043**
#高等教育	High Education	59543	61302		39208
中等教育	Secondary Education	49005	49528	47772	42072
初等教育	Primary Education	45204	45290	45702	39456
卫生和社会工作	**Health and Social Work**	**54468**	**58964**	**39700**	**48635**
卫 生	Health	54658	59272	39734	48688
社会工作	Social Wwork	39042	39524	22224	39949
文化、体育和娱乐业	**Culture, Sports and Entertainment**	**44211**	**43394**	**34423**	**48836**
新闻和出版业	Press and Publication	54896	54658		55279
广播、电视、电影和影视录音制作业	Radio, Television, Film and Television Recording Studios	41146	40853	37435	45146
文化艺术业	Culture and Arts	40910	40860	33833	43516
体 育	Sports	42597	44276		35184
娱乐业	Entertainment	44407	47110		42940
公共管理、社会保障和社会组织	**Public Management, Social Security and Social Organizatio**	**49012**	**49086**	**29763**	**47340**
中国共产党机关	Organs of Chinese Communist Party	54714	54714		
国家机构	State Organs	48819	48853	34183	
人民政协、民主党派	CPPCC and Democratic Parties	59699	59699		
社会保障	The Social Security	41726	41651	38000	47340
群众团体、社会团体和其他成员组织	Mass Organizations, Social Organizations and Religious Organizations	49796	50234	37174	
基层群众自治组织	The Grassroots Autonomous Organizations	26988	51292	19381	

4—28 各县（市）城镇非私营单位就业人员和平均工资（2014年）

Number of Employed Persons and Their Average Wages of Urban Non-private Owned Units by County (City) (2014)

县（市） County (City)		就业人员（人） Staff (person)	#国有单位 State-owned Units	#城镇集体单位 Urban Collective-owned Units	就业人员工资总额（千元） Total Wage of Staff (1000 yuan)	#国有单位 State-owned Units	#城镇集体单位 Urban Collective-owned Units	就业人员平均工资（元） Average Wage of Staff (yuan)	#国有单位 State-owned Units	#城镇集体单位 Urban Collective-owned Units
巢湖市	Chaohu	72363	20475	2349	3200212	1136470	77323	46196	56392	32750
长丰县	Changfeng	48514	14567	1467	2408586	796573	59834	51079	54902	41523
肥东县	Feidong	40107	20216	3802	1775602	904748	159807	44656	44659	44133
肥西县	Feixi	85657	17638	976	4399195	859858	46287	51648	49548	47669
庐江县	Lujiang	55590	22171	1146	2315495	1089384	43334	42271	49014	37486
濉溪县	Suixi	49505	20240	6960	2099112	1085275	257006	42635	53607	37150
谯城区	Qiaocheng District	80724	39212	2447	3487719	1694871	58499	43892	44475	25053
涡阳县	Guoyang	46846	31433	2486	1859894	1392011	112979	39970	43866	46322
蒙城县	Mengcheng	54352	27151	2676	2120443	1183562	107741	39970	44232	40626
利辛县	Lixin	44678	22793	1733	1633364	877124	87966	37245	38744	51442
埇桥区	Yongqiao District	165387	84327	9029	6871960	4116488	299049	41682	48560	34099
砀山县	Dangshan	36460	16055	1520	1338653	668097	54120	37181	41541	35582
萧　县	Xiaoxian	51355	21553	12518	1700033	789918	360205	33247	36525	28962
灵璧县	Lingbi	39354	20652	1718	1469423	805700	55636	37640	39108	32460
泗　县	Sixian	25922	18307	2647	977565	691291	95634	37581	37627	36377
怀远县	Huaiyuan	35154	19224	1788	1368331	761823	60847	39367	39821	36699
五河县	Wuhe	18348	11978	1363	793950	544313	45486	43889	46113	33544
固镇县	Guzhen	18746	11590	602	717677	447889	24360	38051	38396	40066
颍州区	Yingzhou District	82005	39933	888	3440871	1852383	37847	42879	47213	44474
颍东区	Yingdong District	27163	14785	612	1258475	648123	26922	46545	44301	43493
颍泉区	Yingquan District	44587	24985	1955	1804873	1059791	118961	41077	43069	61830
界首市	Jieshou	23732	13886	689	972051	559061	43825	40047	39370	64926
临泉县	Linquan	33046	24665	2820	1414782	1058885	169627	43029	43199	60280
太和县	Taihe	35240	23640	3342	1428058	1066871	141715	40426	44783	42905
阜南县	Funan	31315	23630	1105	1193753	909513	79636	38168	38729	73397
颍上县	Yingshang	37921	22339	1969	1814702	804007	115464	47635	36202	58940
凤台县	Fengtai	59008	16242	1867	3988116	653731	51499	68610	40920	27335
天长市	Tianchang	26276	15501	1427	1500950	758701	118158	57640	49666	84038
明光市	Mingguang	21751	15191	1928	891415	616471	73660	41290	40536	39160
来安县	Laian	21493	10233	1582	1120094	486261	80315	52143	47542	52017
全椒县	Quanjiao	23153	12425	414	1119644	647494	13407	48974	53314	32384
定远县	Dingyuan	23483	16117	1729	1123708	782128	63411	48170	48883	37323
凤阳县	Fengyang	23130	14565	2626	1085494	705302	109960	46857	48448	41858
金安区	Jinan District	57960	30252	1205	2783172	1585860	41877	48022	52583	40189
裕安区	Yuan District	27603	20387	724	1199844	844820	22580	43742	41633	31492
寿　县	Shouxian	30585	22078	799	1094621	822852	24960	35774	36999	31278

4—28 续表 continued

县（市） County or City		就业人员（人） Staff (person)	#国有单位 State-owned Units	#城镇集体单位 Urban Collective-owned Units	就业人员工资总额（千元） Total Wage of Staff (1000 yuan)	#国有单位 State-owned Units	#城镇集体单位 Urban Collective-owned Units	就业人员平均工资（元） Average Wage of Staff (yuan)	#国有单位 State-owned Units	#城镇集体单位 Urban Collective-owned Units
霍邱县	Huoqiu	36759	25691	2209	1607871	1123171	88960	43556	43639	40363
舒城县	Shucheng	26266	17166	2225	1046472	728679	107632	40771	43191	49125
金寨县	Jinzhai	22726	16301	3057	919355	641437	149073	40906	39651	47872
霍山县	Huoshan	28624	9537	1223	1187352	427498	61969	41854	45104	50836
当涂县	Dangtu	19333	13065	909	1091629	816227	45181	56590	62927	49704
含山县	Hanshan	17304	10373	677	820038	568418	23075	47240	54540	34287
和　县	Hexian	30613	13105	6178	1542738	679846	224370	50806	51928	37830
芜湖县	Wuhu	12536	7835	374	595679	402980	18390	47830	51552	50801
繁昌县	Fanchang	15379	7131	386	764259	368638	25003	49779	51644	64775
南陵县	Nanling	37917	9866	1031	1548984	470960	46186	41443	48106	44367
无为县	Wuwei	49261	25017	1203	2199929	1154104	48790	45414	47124	41243
宣州区	Xuanzhou District	51822	24285	3308	2712830	1311181	159477	53069	53883	48532
宁国市	Ningguo	39137	11821	835	1965100	657086	50570	50757	55761	60854
郎溪县	Langxi	13682	8513	567	682422	419188	23161	50079	49097	41507
广德县	Guangde	29075	12082	522	1381813	622738	50143	50046	51718	95329
泾　县	Jingxian	13444	9504	582	687280	487002	22404	50042	51540	39513
绩溪县	Jixi	7616	6036	350	377338	302194	14325	49663	50074	41046
旌德县	Jingde	6980	4717	279	325274	232201	15482	47046	49300	57129
铜陵县	Tongling	21427	7599		1100111	472457		52404	62635	
贵池区	Guichi District	47585	13146	1087	2141636	670453	52478	44885	51423	48057
东至县	Dongzhi	15954	11300	937	700525	520675	34605	43595	45927	36775
石台县	Shitai	5766	4628	24	232515	192998	345	40473	41720	15682
青阳县	Qingyang	23591	9543	671	1005922	468826	41977	45558	49854	62373
桐城市	Tongcheng	37495	20908	1672	1595951	961364	48453	42433	46080	29635
怀宁县	Huaining	18741	13077	1853	826764	626899	76241	43842	47174	41503
枞阳县	Zongyang	22730	14965	2767	966613	668731	109724	42541	44716	39871
潜山县	Qianshan	28390	13351	1478	1180242	609380	88801	42494	46057	60327
太湖县	Taihu	27266	14442	1619	1005233	562663	98988	37419	39248	62969
宿松县	Susong	32811	25887	911	1410831	1111586	37285	43647	43477	41893
望江县	Wangjiang	26008	13812	1159	1064484	565792	46197	41350	41184	46664
岳西县	Yuexi	16603	11732	816	675044	496427	33511	40212	41864	35499
屯溪区	Tunxi District	47035	19186	84	2239638	1105608	3709	47766	56961	43635
黄山区	Huangshan District	14524	7844	296	700802	405389	20164	48579	52423	67664
徽州区	Huizhou District	10084	3273	248	470738	165334	19461	47593	51426	78157
歙　县	Shexian	14897	9869	507	697436	488856	20613	47038	49675	41392
休宁县	Xiuning	12670	6115	254	553116	265153	13108	43051	43668	51606
黟　县	Yixian	6312	3596	227	246885	159870	6921	39756	45136	30355
祁门县	Qimen	8550	6030	306	375056	275379	11222	43596	45405	37282

4—29 城镇登记失业人数及失业率

Number of Registered Urban Unemployed Persons and Unemployment Rate

单位：万人（10000 persons）

年　份 Year	本年新登记失业人数 Number of New Unemployed Persons in this Year	登记失业人员中新增就业人数 New Added Employees of the Registered Urban Unemployed Persons	年末实有登记失业人数 Number of Unemployed Persons (Year-end)	#女　性 Female	城镇登记失业率(%) Urban Unemployed Ratio (%)
2000	31.59	12.26	16.52	9.12	3.30
2005	34.63	32.88	13.60	13.60	4.40
2006	32.96	31.99	28.20	13.59	4.25
2007	29.78	29.71	28.02	13.70	4.06
2008	26.49	26.52	29.31	13.63	3.92
2009	25.24	26.08	30.07	13.89	3.92
2010	28.48	31.69	26.86	13.01	3.66
2011	36.91	30.64	33.13	15.65	3.74
2012	36.38	37.17	31.30	14.04	3.68
2013	39.53	38.14	32.36	14.31	3.41
2014	39.32	39.93	31.45	14.20	3.21

4—30 各市城镇登记失业人数及失业率（2014年）

Number of Registered Urban Unemployed Persons and Unemployment Rate by Region (2014)

单位：人（person）

地　区 Region	本年新登记失业人数 Number of New Unemployed Persons in this Year	登记失业人员中新增就业人数 New Added Employees of the Registered Urban Unemployed Persons	年末实有登记失业人数 Number of Unemployed Persons (Year-end)	#女　性 Female	城镇登记失业率(%) Urban Unemployed Ratio (%)
总　计 Total	**393222**	**399349**	**314501**	**142019**	**3.21**
合肥市 Hefei	48016	50718	103032	50557	2.96
淮北市 Huaibei	20821	21159	20603	12014	4.01
亳州市 Bozhou	13059	13860	6324	3875	3.64
宿州市 Suzhou	18425	19233	12429	7584	3.21
蚌埠市 Bengbu	36042	33910	19228	4451	3.21
阜阳市 Fuyang	11098	12416	4772	2167	1.53
淮南市 Huainan	34228	39405	24766	6098	4.00
滁州市 Chuzhou	20752	18800	12156	5463	3.42
六安市 Luan	28029	29747	15737	8594	3.96
马鞍山市 Maanshan	38641	37983	18925	8766	2.80
芜湖市 Wuhu	18227	18257	17413	8546	2.89
宣城市 Xuancheng	19325	18292	10541	4873	3.31
铜陵市 Tongling	40268	39860	9481	4268	3.37
池州市 Chizhou	8364	7120	8558	3768	3.60
安庆市 Anqing	27952	28729	24532	7705	3.68
黄山市 Huangshan	9975	9860	6004	3290	3.69

主要统计指标解释

就业人员

指从事一定社会劳动并取得劳动报酬或经营收入的全部劳动力。包括：1. 全部职工；2. 城镇私营企业从业人员；3. 城镇个体劳动者；4. 农村社会劳动者；5. 其他社会劳动者。这一指标反映了一定时期内全部劳动力资源的实际利用情况，是研究基本国情国力的重要指标。

单位就业人员

指在各级国家机关、政党机关、社会团体及企业、事业单位中工作，取得工资或其他形式的劳动报酬的全部人员。包括在岗职工、再就业的离退休人员、民办教师以及在各单位中工作的外方人员和港澳台方人员、兼职人员、借用的外单位人员和第二职业者。不包括离开本单位仍保留劳动关系的职工。各单位的从业人员反映了各单位实际参加生产或工作的全部劳动力。

城镇私营和个体就业人员

城镇私营就业人员指在工商管理部门注册登记，其经营地址设在县城关镇（含城关镇）以上的私营企业从业人员；包括私营企业投资者和雇工。城镇个体从业人员指在工商管理部门注册登记，并持有城镇户口或在城镇长期居住，经批准从事个体工商经营的从业人员；包括个体经营者和在个体工商户劳动的家庭帮工和雇工。

城镇登记失业人员

指有非农业户口，在一定的劳动年龄内，有劳动能力，无业而要求就业，并在当地就业服务机构进行求职登记的人员。

城镇登记失业率

指城镇登记失业人数同城镇从业人数与城镇登记失业人数之和的比。计算公式为：

城镇登记失业率=城镇登记失业人数/（城镇从业人数+城镇登记失业人数）×100%

在岗职工

指在本单位工作并由单位支付工资的人员，以及有工作岗位，但由于学习、病伤产假等原因暂未工作，仍由单位支付工资的人员。

专业技术人员

指从事专业技术工作的人员以及从事专业技术管理工作且已在1983年以前评定了专业技术职称或在1984年以后聘任了专业技术职务的人员。

专业技术人员具体指工程技术人员、农业技术人员、科研人员（含自然科学研究、社会科学研究及实验技术人员）、卫生技术人员、教学人员（含高等院校、中等专业学校、技工学校、中学、小学）、民用航空飞行技术人员、船舶技术人员、经济人员、会计人员、统计人员、翻译人员、图书资料、档案、文博人员、新闻、出版人员、律师、公证人员、广播电视播音人员、工艺美术人员、体育人员、艺术人员及政工人员。

专业技术管理人员具体指企业、事业单位的领导；企业、事业单位下设的职能机构、企业的生产车间和辅助车间（或附属辅助生产单位）中从事生产、技术、经济管理和政治工作的人员。

按照公务员管理或参照公务员管理的人员不统计为专业技术人员。

就业人员工资总额

指根据《关于工资总额组成的规定》（1990年1月1日国家统计局发布的一号令）进行修订，本单位在报告期内（季度或年度）直接支付给本单位全部就业人员的劳动报酬总额。包括计时工资、计件工资、奖金、津贴和补贴、加班加点工资、特殊情况下支付的工资，是在岗职工工资总额、劳务派遣人员工资总额和其他从业人员工资总额之和。

在岗职工工资总额

指本单位在报告期内直接支付给本单位全部在岗职工的劳动报酬总额。在岗职工工资总额由基本工资、绩效工资、工资性津贴和补贴、其他工资四部分组成。工资总额不包括病假、事假等情况的扣款。

就业人员平均工资

指本单位就业人员在报告期内平均每人所得的工资额。

在岗职工平均工资

指本单位在岗职工在报告期内平均每人所得的工资额。

Explanatory Notes for Major Statistical Indicators

Employed Persons

refers to the persons who are engaged in social labor and receive remuneration payment or earn business income, including: (1)Total staff and workers; (2)Employed persons in private enterprises in urban areas; (3)Self-employed individuals in urban areas; (4)Social laborers in rural areas; (5)Other social laborers. It reflects the utilization of total labor force during a given period of time.

Persons Employed in Various Units

refer to all the persons working in government agencies of various levels, political and party organizations, social organizations, enterprises and institutions, and receiving wages or other forms of payment. They include fully-employed staff and workers, re-employed retirees, teachers in schools run by the local people, foreigners and Chinese compatriots from Hong Kong, Macao, and Taiwan working in various units, part-time employees, employees of other units working temporarily at current posts, and employees holding the second job, but exclude staff and workers who have left their working units while keeping their labour contract (employment relation) unchanged. This indicator reflects the total number of laborers actually engaged in production or other operations in various units.

Persons Employed in Private Enterprises and Self-Employed Individuals in Urban Areas

Persons employed in private enterprises refer to the persons employed in the private enterprises which have been registered at the departments of industrial and commercial administration and are situated at a county town (i.e. a town where the county government is located) for business operation or at urban areas with the level higher than a county town. The self-employed individuals in urban areas refer to persons who hold the certificates of residence in urban areas or have resided in the urban areas for a long time and have been registered at the departments of industrial and commercial administration and approved to be engaged in individual industrial or commercial business, including self-employed persons as well as helpers and hired labourers who work in the individual households engaged in industrial or commercial business.

Registered Urban Unemployed Persons

The registered unemployed persons in urban areas refer to the persons who are registered as permanent residents in the urban areas engaged in non-agricultural activities, aged within the range of working age, capable to labour, unemployed but desirous to be employed and have been registered at the local employment service agencies to apply for a job.

Registered Urban Unemployment Rate

Registered unemployment rate in urban areas refers to the ratio of the number of the registered unemployed persons to the sum of the number of employed persons and the registered unemployed persons. The formula is as follows:

Registered urban unemployment rate =number of registered urban unemployed persons/(urban employed person number + registered urban unemployed person number)×100%

Fully Employed Staff and Workers

refer to persons who work in, and receive wages from their working units, as well as persons who have their work posts, but are temporarily absent from work for reasons of study or on sick, injury or maternal leave and still receive wages from their working units.

Professional and Technical Personnel

refers to professional, technical and managerial staff members in institutions who were rated professional and technical titles before 1983 or appointed professional and technical posts after 1984.

Professional and technical personnel includes the following: Engineering, Agriculture, Scientific Research (including natural science, social science and laboratory technique), Health care, Teaching, civil aviation, shipping, economics, accounting, statistics, translating, archives, publishing, lawyer, broadcasting, craft, physical culture, art and political workers.

Managerial staff refers to the leadership of enterprises and institutions and persons engaged in production, technology, economic management and political work in functioning organizations under enterprises or institutions and workshop of enterprises.

Public servants or the personnel in light of public service are not included.

Total wages of employed persons

According to the "Regulations of total wages" (No.1 decree issued in January 1, 1990 by the National Bureau of Statistics), it is revised, the unit during the report period (quarterly or annual) paid directly to the total remuneration of the units of all employees. Including hourly wages, piece-rate wages, bonuses, allowances and subsidies, overtime wages, wages under special circumstances, It is on the total wages of staff and workers, labor dispatch staff wages and other employees wages .

Total wages of employed staff and workers

Refers to the total remuneration directly to the total staff and workers of the units in the report period. Total wages of staff are made of four parts., the basic salary, performance salary, wages and allowances and subsidies, and other wages ,Total wages does not include Deduction by sick, personal leave and other ituation.

The average wage of employed persons

Refers to the average wages of staff in the report period

Average wages of employed staff and workers

Refers to the average wages of employed staff in the report period

第五篇

Chapter 5

INVESTMENT IN FIXED ASSETS

简要说明

一、按照国家统计局现行统计制度规定,固定资产投资统计的范围包括：⑴城镇投资 500 万元以上项目；⑵房地产开发投资；⑶农村非农户投资。按登记注册类型分，包括内资、港澳台商及外商投资。

二、固定资产投资统计资料来源为：项目建设单位填报的报表和“一套表”平台房地产开发企业填的报表，由省统计局投资处加工整理提供。

三、固定资产投资统计的调查方法，均为全面统计报表。

Brief Introduction

I. According to the current statistical system stipulated by State Statistical Bureau, the fixed assets investment includes: (1) items in town with investment of five million yean and above; (2) the real estate investment; (3) invested not by farmers in rural districts; By the registration, they include domestic investment, investment from Hong Kong, Macao and Taiwan and investment from foreign countries.

II. Data sources for the statistics of investment in fixed assets are as follows: These tables filled by the project construction units and real estate development enterprises of a set of tables platform are provided and processed by investment department of Anhui Provincial Bureau of Statistics

III. Method of data collection: Urban and rural areas are collected by sample surveys.

5—1 固定资产投资主要指标
Total Investment in Fixed Assets

指　　标	Item	2013	2014	2014年比上年增长(%) Growth Rate in 2014 over 2013 (%)
投资总额 （万元）	**Total Investment (10000 yuan)**	**182511212**	**212562939**	**16.5**
按构成分	Grouped by Structure			
建筑安装工程	Construction and Installation	125168903	149999826	19.8
设备工具器具购置	Purchase of Equipment and Instruments	38572123	45328524	17.5
其他费用	Others	18770186	17234589	-8.2
按三次产业分	Grouped by Three Strata of Industry			
第一产业	Primary Industry	3893396	5419864	39.2
第二产业	Secondary Industry	82655965	94177825	13.9
第三产业	Tertiary Industry	95961851	112965250	17.7
投资资金来源 （万元）	**Sources of Funds for Investment (10000 yuan)**	**200921449**	**225572142**	**12.3**
国家预算资金	State Budget	9743698	11675513	19.8
国内贷款	Domestic Loans	15126967	13861008	-8.4
债　券	Bonds	89883	103704	15.4
利用外资	Foreign Investment	1082741	828211	-23.5
自筹资金	Self-raising Funds	144509174	167781620	16.1
其他资金	Others	30368986	31322086	3.1
建设规模 （万元）	**Investment in Construction (10000 yuan)**			
建设总规模	Total Investment in Construction	502758934	572578906	13.9
在建总规模	Total Investment in Projects under Construction	364747321	384545720	5.4
在建净规模	Net Investment in Projects under Construction	179061939	185287579	3.5
房屋建筑面积 （平方米）	**Floor Space of Buildings (sq.m)**			
施工面积	Floor Space under Construction	577233000	583041520	1.0
#住　宅	Residential Buildings	259685927	273217411	5.2
竣工面积	Floor Space Completed	106647625	119370346	11.9
#住　宅	Residential Buildings	50576375	50329655	-0.5

注：统计口径为500万元以上项目及房地产。
a) Statistics is for over 5000000 yuan project and real estate.

5—2 主要年份固定资产投资
Total Investment in Fixed Assets in Main Year

单位：万元（10000 yuan）

年 份 Year	固定资产投资 Investment in Fixed Assets	城 镇 Urban	#房地产开发 Real Estate Development	农 村 Rural	#非农户 Non-Rural Households
2000	8666667	6395369	879261	2271298	1064861
2005	25209640	21391395	4594413	3818245	1699350
2006	35446671	30611574	6374464	4835097	2460086
2007	50936811	44507343	7756432	6429468	3679677
2008	67999535	60016050	13626657	7983485	4800825
2009	92631822	81546076	16698263	11085746	7178208
2010	118494343	109284231	22518045	9210112	9210112
2011	121477794	113723717	26115374	7754077	7754077
2012	150549510	140700322	31516065	9849188	9849188
2013	182511212	168443835	39462264	14067377	14067377
2014	212562939	196531185	43389603	16031754	16031754

注：2010年以后农村中不包含农户数据。
a) Rural data in 2010 do not include rural household data.

5—3 主要年份分行业固定资产投资
Investment in Fixed Assets by Sector in Main Year

单位：万元（10000 yuan）

行 业	Sector	2010	2013	2014
总 计	**Total**	**118494343**	**182511212**	**212562939**
农、林、牧、渔业	Agriculture, Forestry, Animal Husbandry and Fishery	2214109	3893396	5419864
采矿业	Mining	4074986	3411901	3191980
制造业	Manufacturing	44488295	73093924	83729190
电力、热力、燃气及水生产和供应业	Production and Supply of Electricity, Heat, Gas and Water	3865796	5318067	5730423
建筑业	Construction	3638962	832073	1526232
批发和零售业	Wholesale and Retail Trade	2924336	4741913	7935598
交通运输、仓储和邮政业	Transport, Storage and Postal Services	6682157	8125253	10986882
住宿和餐饮业	Accommodation and Catering Trade	1901810	2765705	2337008
信息传输、软件和信息技术服务业	Information Circulation, Computer Service and Software	949936	1157988	1504824
金融业	Banking	493228	908580	1023860
房地产业	Real Estate	28565844	50132830	54056960
租赁和商务服务业	Leasing and Commercial Services	552443	2030808	3357969
科学研究和技术服务业	Scientific Research and Technical Services	748466	1510910	2194817
水利、环境和公共设施管理业	Water Conservancy, Environmental and Public Facilities Management	9898894	15750850	19055987
居民服务、修理和其他服务业	Residents Service, Repair and Other Services	461181	636499	931180
教 育	Education	2170713	2404843	2358152
卫生和社会工作	Health and Social Work	1143594	1351058	1712228
文化、体育和娱乐业	Culture, Sports and Entertainment	1193481	1878149	1950601
公共管理、社会保障和社会组织	Public Management, Social Security and Social Organization	2526112	2566465	3559184

注：2012年以后为500万元以上项目统计口径，与往年为50万元以上项目统计口径不具可比性。
a) In 2012 Statistics is for over 5000000 yuan project, it does not comparable with for over 500000 yuan in past project.

5—4 各市分行业固定资产投资（2014年）

Investment in Fixed Assets by Industry by Region (2014)

单位：万元（10000 yuan）

地 区 Region	合计 Total	农林牧渔业 Agriculture, Forestry, Animal Husbandry and Fishery	采矿业 Mining	制造业 Manufacturing	电力、热力、燃气及水的生产和供应业 Production and Supply of Electricity, Heat, Gas and Water	建筑业 Construction	批发和零售业 Wholesale and Retail Trade	交通运输、仓储和邮政业 Transport, Storage, Post & Telecommunications	住宿和餐饮业 Accommodation and Catering Trade	信息传输、计算机服务和软件业 Information, Circulation Computer Services and Software
总 计 Total	**212562939**	**5419864**	**3191980**	**83729190**	**5730423**	**1526232**	**7935598**	**10986882**	**2337008**	**1504824**
合肥市 Hefei	53026372	756231	269648	17585517	787309	429791	3360471	2321890	768517	892266
淮北市 Huaibei	8408397	175021	366280	4279199	361435	55087	130314	212469	34897	20925
亳州市 Bozhou	6508985	91715	185620	1960574	279707		66531	302495	19102	17100
宿州市 Suzhou	9457973	226934	375056	4813499	133439	127195	132729	686395	35430	25120
蚌埠市 Bengbu	12441839	308154	22688	4505385	163646	148372	142898	436326	39232	10751
阜阳市 Fuyang	8051320	274670	79667	2452790	217272	1865	298879	668994	17704	
淮南市 Huainan	7552729	539851	499628	1797259	726332	123527	123573	256788	74146	42971
滁州市 Chuzhou	12481572	319382	38625	5780368	354773	37135	121442	360911	22430	36475
六安市 Luan	10038153	557830	212987	3551841	545050	15360	115651	519640	126280	47355
马鞍山市 Maanshan	16747414	351947	157677	7543582	225923	30360	957180	649727	178685	151490
芜湖市 Wuhu	23926406	667931	170392	10920468	446878	206135	1209237	1228811	230433	125735
宣城市 Xuancheng	11401195	201373	169908	4765285	475493	37031	128508	1012229	268685	1998
铜陵市 Tongling	7675973	210496	317038	2974559	147260	74018	599025	642867	186811	47434
池州市 Chizhou	5380392	102297	133753	2791648	158968	45834	24170	303370	60530	5457
安庆市 Anqing	13947517	433657	178463	7135278	611462	192122	400452	695035	72832	24132
黄山市 Huangshan	5516702	202375	14550	871938	95476	2400	124538	688935	201294	55615

地 区 Region	金融业 Banking	房地产业 Real Estate	租赁和商务服务业 Leasing and Commercial Services	科学研究和技术服务业 Scientific Research and Technical Services	水利、环境和公共设施管理业 Water Conservancy, Environmental and Public Facilities Management	居民服务、修理和其他服务业 Residents Service, Repair and Other Services	教育 Education	卫生和社会工作 Health and Social Work	文化、体育和娱乐业 Culture, Sports and Entertainment	公共管理、社会保障和社会组织 Public Management, Social Security and Social Organization
总 计 Total	**1023860**	**54056960**	**3357969**	**2194817**	**19055987**	**931180**	**2358152**	**1712228**	**1950601**	**3559184**
合肥市 Hefei	697355	14979794	1221192	953874	5164215	381277	575335	612171	574202	695317
淮北市 Huaibei	1501	2088349	93069	28111	211451	6140	183501	45020	105073	10555
亳州市 Bozhou	3250	2693594		6120	648134	25979	40047	82572	37803	48642
宿州市 Suzhou		1881748	54606	24307	558698	500	42723	47098	22961	269535
蚌埠市 Bengbu	23847	4661960	44445	355967	852508	40836	128042	82272	90331	384179
阜阳市 Fuyang		2766672	60326	7683	545105	13608	130336	147472	24014	344263
淮南市 Huainan	1535	2054186	35197	39546	811874	29150	145323	38561	87361	125921
滁州市 Chuzhou		3814047	71598	6932	1053607	6150	103573	55397	46933	251794
六安市 Luan	659	2434376	83839	46866	1099119	47677	196723	84355	26507	326038
马鞍山市 Maanshan	33780	3121062	228343	363422	2198975	118916	98887	73390	126450	137618
芜湖市 Wuhu	88134	5622745	742959	186836	1277890	82510	228771	234885	224859	30797
宣城市 Xuancheng	18920	2242857	79590	31251	1453306	12569	183192	77512	84196	157292
铜陵市 Tongling	36435	1450717	74605	77548	489121	70066	61597	38488	8024	169864
池州市 Chizhou		1106910	353259	5516	148659	5840	28298	8910	21012	75961
安庆市 Anqing	79074	1638604	70699	42950	1732505	49301	115249	66064	211447	198191
黄山市 Huangshan	39370	1499339	144242	17888	810820	40661	96555	18061	259428	333217

5—5 各行业按登记注册类型分的固定资产投资（2014年）

Investment in Fixed Assets by Industry by Type of Registration (2014)

行业	Sector	总计 Total	内资 Domestic	国有 State-owned
总计	**Total**	**212562939**	**205229806**	**46610052**
#房地产开发	Real Estate Development	43389603	41340527	924955
农、林、牧、渔业	**Agriculture, Forestry, Animal Husbandry and Fishery**	**5419864**	**5313594**	**687036**
农业	Farming	2292611	2268632	196912
林业	Forestry	799797	774662	122776
畜牧业	Animal Husbandry	1095629	1045824	23184
渔业	Fishery	385800	384719	8950
农、林、牧、渔服务业	Agricultural Services	846027	839757	335214
采矿业	**Mining**	**3191980**	**3104257**	**575853**
煤炭开采和洗选业	Coal Mining and Washing Industry	1263441	1252441	390247
石油和天然气开采业	Oil and Gas Industry	34040	34040	6840
黑色金属矿采选业	Ferrous Metal CaiXuanYe	608348	571319	68465
有色金属矿采选业	CaiXuanYe Nonferrous Metallic Deposits	458440	456285	91302
非金属矿采选业	CaiXuanYe Non-metallic Mineral	769403	731864	14506
开采辅助活动	Mining Auxiliary Activities	31987	31987	4493
其他采矿业	Other Mining	26321	26321	
制造业	**Manufacturing**	**83729190**	**80279835**	**3214682**
农副食品加工业	Agricultural and Sideline Products Processing Industry	4374389	4249762	202785
食品制造业	Food Manufacturing	1882310	1818353	13508
酒、饮料和精制茶制造业	Wine, Drinks and Refined Tea Manufacturing	1540050	1247750	71611
烟草制品业	Tobacco Products	271122	271122	238474
纺织业	Textile Industry	1861593	1757773	22425
纺织服装、服饰业	Textile and Garment, Apparel Industry	2923267	2771287	33376
皮革、毛皮、羽毛及其制品和制鞋业	Leather, Fur, Feather and Its Products and Footwear	844114	783304	4743
木材加工和木、竹、藤、棕、草制品业	Wood Processing and Wood, Bamboo, Cane, Palm, Grass Products	1943010	1834937	23376
家具制造业	Furniture Manufacturing	1341410	1307054	20950
造纸和纸制品业	Paper and Paper Products	1324048	1242750	89916
印刷和记录媒介复制业	Printing and Duplicating Industry Record Media	1442663	1410554	144947
文教、工美、体育和娱乐用品制造业	Cultural and Educational Supplies Manufacturing, Industrial, Sporting and Entertainment	937595	905217	19457
石油加工、炼焦和核燃料加工业	Petroleum Processing, Coking and Nuclear Fuel Processing	307923	304026	25368
化学原料和化学制品制造业	Raw Chemical Materials and Chemical Products	3958357	3769805	49673
医药制造业	Pharmaceutical Manufacturing Industry	2069620	2026952	13145
化学纤维制造业	Chemical Fiber Industry	170521	162301	10580
橡胶和塑料制品业	Rubber and Plastic Products	4375167	4111542	19731
非金属矿物制品业	Nonmetal Mineral Products	8268016	7895568	229473
黑色金属冶炼和压延加工业	Smelting and Pressing of Ferrous Metals	1844076	1836075	276369
有色金属冶炼和压延加工业	Smelting and Pressing of Nonferrous Metals	2201277	2181678	262308
金属制品业	Metal Products	4652747	4410998	155575

单位：万元（10000 yuan）

集　体 Collective-owned	股份合作 Cooperative	联　营 Joint	有限责任公　司 Limited Liability	股份有限公　司 Share-holding	私　营 Private	其　他 Others	港澳台商投　资 Funds from Hong Kong, Macao and Taiwan	外商投资 Foreign Funded	个　体 Self-employed Individual
2875433	**574233**	**598716**	**57964220**	**10115430**	**78152781**	**8338941**	**3789807**	**3030735**	**512591**
11287	42648		24464964	1240303	14263251	393119	1472380	576696	
121678	**4038**	**6856**	**718530**	**263043**	**2887762**	**624651**		**45719**	**60551**
42735	538	6856	318138	198036	1204729	300688		7000	16979
10829			96045	2400	493371	49241		11714	13421
4936	3500		150128	29362	678650	156064		27005	22800
5759			65375	7400	250886	46349			1081
57419			88844	25845	260126	72309			6270
24083			**1147119**	**225802**	**988956**	**142444**		**29097**	**58626**
11220			668687	71669	62870	47748		11000	
			9800	9500		7900			
5416			218381	7652	233555	37850			37029
4647			76559	100584	178503	4690		2155	
2800			159652	36397	491045	27464		15942	21597
			3780		9283	14431			
			10260		13700	2361			
156765	**412518**	**189091**	**22304955**	**5672783**	**45541241**	**2787800**	**1276264**	**2039163**	**133928**
9931	7000		1046665	115248	2582021	286112	9450	98839	16338
		12705	515345	100703	1098807	77285	32355	28817	2785
11909	18830	2049	365239	151244	562241	64627	61010	228322	2968
1550			26043		5055				
10270	14500		521817	114955	1017962	55844	42090	56880	4850
			606028	69158	1977250	85475	35146	110894	5940
			230309	50802	445364	52086	40174	20636	
600	5591		462518	23759	1250270	68823	1638	88140	18295
	18909		204941	26317	1016626	19311	900	18818	14638
			371997	128724	641713	10400	21620	55158	4520
25058		927	460942	38017	701974	38689	29259	2850	
			216616	2707	628217	38220	8012	11466	12900
	17998		7535	72363	180637	125	3897		
6717	106747		842395	766065	1931962	66246	88769	96833	2950
10811	12750	4812	841787	347902	708667	87078	35683	6985	
			29940	9000	112781			8220	
21538	21991	28045	833840	356240	2739255	90902	65130	190795	7700
19834	33110	29246	2291464	390803	4526177	375461	327995	18855	25598
			385751	133175	926501	114279		8001	
			735783	76908	1082284	24395	19599		
10	16750		881860	130020	3064914	161869	33147	207089	1513

5—5 续表1 continued

行业	Sector	总计 Total	内资 Domestic	国有 State-owned
通用设备制造业	Equipments in Current Use	7034980	6799409	78191
专用设备制造业	Special Equipment Manufacturing	6650095	6477020	220210
汽车制造业	Automobile Manufacturing Industry	5209971	4970543	265883
铁路、船舶、航空航天和其他运输设备制造业	Railway, Shipbuilding, Aerospace, and Other Transportation Equipment Manufacturing Industry	806422	786515	97117
电气机械和器材制造业	Electric Equipment and Machinery	8355422	8028415	227052
计算机、通信和其他电子设备制造业	Computers, Communications and Other Electronic Equipment Manufacturing Industry	4760450	4593068	206559
仪器仪表制造业	Instrument Manufacturing	901383	894851	13676
其他制造业	Other Manufacturing	562637	553767	136998
废弃资源综合利用业	Comprehensive Utilization of Waste Resources	656883	639117	24406
金属制品、机械和设备修理业	Metal Products, Machinery and Equipment Repair	257672	238322	16800
电力、热力、燃气及水的生产和供应业	**Production and Supply of Electricity, Heat, Gas and Water**	**5730423**	**5243705**	**2911921**
电力、热力生产和供应业	Electricity, Heat Production and Supply Industry	4051189	3667659	2229775
燃气生产和供应业	Gas Production and Supply Industry	487481	425920	102948
水的生产和供应业	Water Production and Supply Industry	1191753	1150126	579198
建筑业	**Construction**	**1526232**	**1526232**	**537786**
房屋建筑业	Housing Industry	298621	298621	64347
土木工程建筑业	Civil Engineering Construction	702144	702144	434953
建筑安装业	Construction and Installation Industry	142775	142775	19888
建筑装饰和其他建筑业	Building Decoration and Other Construction	382692	382692	18598
批发和零售业	**Wholesale and Retail Trade**	**7935598**	**7298902**	**382080**
批发业	Wholesale	3574315	3550752	169811
零售业	Retail Trade	4361283	3748150	212269
交通运输、仓储和邮政业	**Transport, Storage and Postal Services**	**10986882**	**10863593**	**7084076**
铁路运输业	Railway Transport	1188877	1188877	1070994
道路运输业	Highway Transport	6838188	6818357	5475310
水上运输业	Water Way Transport	842423	812532	245217
航空运输业	Air Transport	26048	26048	19018
管道运输业	Pipeline Transport	35711	35711	31231
装卸搬运和运输代理业	Handling and Shipping Agents	757856	752964	14073
仓储业	Warehousing	1217689	1149014	228028
邮政业	Postal Services	80090	80090	205
住宿和餐饮业	**Accommodation and Catering Trade**	**2337008**	**2221098**	**71641**
住宿业	Accommodation Trade	1304013	1222628	64732
餐饮业	Catering Services	1032995	998470	6909
信息传输、软件和信息技术服务业	**Information Transmission, Software and Information Technology Services**	**1504824**	**1474496**	**347227**
电信、广播电视和卫星传输服务	Telecommunications, Broadcasting and TV Transmission and Satellite Services	426888	396560	288351
互联网和相关服务	The Internet and Related Services	110100	110100	29868
软件和信息技术服务业	Software and Information Technology Services	967836	967836	29008

单位：万元（10000 yuan）

集　体 Collective-owned	股份合作 Cooperative	联　营 Joint	有限责任公　司 Limited Liability	股份有限公　司 Share-holding	私　营 Private	其　他 Others	港澳台商投　资 Funds from Hong Kong, Macao and Taiwan	外商投资 Foreign Funded	个　体 Self-employed Individual
2642	22931	68255	1641927	182806	4538877	263780	47962	183309	4300
18445	13926	37082	1767187	592944	3641012	186214	44479	122256	6340
	20010		1590256	595902	2233537	264955	108230	131198	
			126240	43520	485806	33832	9884	9500	523
11450	56386	2980	2277218	627038	4686937	139354	88525	236712	1770
	12709	2990	2387841	374425	1516978	91566	101792	65590	
	12380		194098	38693	612057	23947	6532		
			81496		280308	54965		8870	
6000			273050	77625	258036		12986	4780	
			86827	35720	87015	11960		19350	
126995	**10538**	**26489**	**828381**	**380133**	**864531**	**94717**	**408228**	**77035**	**1455**
25446	6895	3473	612367	336943	424414	28346	350672	32358	500
8000	3181	10477	64867	5882	202296	28269	27864	33697	
93549	462	12539	151147	37308	237821	38102	29692	10980	955
43661			**300528**	**40551**	**511742**	**91964**			
17141			98051		109992	9090			
16325			105940	27604	91926	25396			
7500			11120	4632	80824	18811			
2695			85417	8315	229000	38667			
100094	**17700**	**7090**	**1428080**	**331400**	**4184478**	**847980**	**530179**	**25920**	**80597**
5600	4800	2890	798457	101511	2175680	292003	2950	9034	11579
94494	12900	4200	629623	229889	2008798	555977	527229	16886	69018
111298		**66353**	**1095836**	**693825**	**1573074**	**239131**	**12732**	**88369**	**22188**
2650		28740	49283	36210	1000				
84149		34963	462650	71116	598873	91296	2875	16256	700
19899			135152	38610	281055	92599	2280	7123	20488
			4800			2230			
				880	3600				
			208407	239520	274389	16575	4892		
4600		2650	203844	307489	365972	36431	2685	64990	1000
			31700		48185				
18584	**2200**		**522674**	**286343**	**1187133**	**132523**	**5520**	**52417**	**57973**
	2200		298303	154611	624272	78510	5520	48519	27346
18584			224371	131732	562861	54013		3898	30627
2924	**2591**		**183685**	**81469**	**793493**	**63107**	**15787**	**14541**	
2924			20197	62009	20499	2580	15787	14541	
			13485		52379	14368			
	2591		150003	19460	720615	46159			

5—5 续表2 continued

行 业	Sector	总 计 Total	内 资 Domestic	国 有 State-owned
金融业	**Banking**	**1023860**	**1012589**	**555569**
货币金融服务	Monetary and Financial Services	618807	614787	452749
资本市场服务	Capital Market Services	244053	244053	10894
保险业	Insurance	107161	107161	91926
其他金融业	Other Financial Activities	53839	46588	
房地产业	**Real Estate**	**54056960**	**51968565**	**7961823**
租赁和商务服务业	**Leasing and Commercial Services**	**3357969**	**3345905**	**772328**
租赁业	Leasing	216413	212351	
商务服务业	Commercial Services	3141556	3133554	772328
科学研究和技术服务业	**Scientific Research and Technical Services**	**2194817**	**2168989**	**507428**
研究和试验发展	Research and Experimental Development	763848	751828	131920
专业技术服务业	Professional and Technical Services	984145	977287	225505
科技推广和应用服务业	Science and Technology Popularization and Application Services	446824	439874	150003
水利、环境和公共设施管理业	**Water Conservancy, Environmental and Public Facilities Management**	**19055987**	**19003943**	**14605409**
水利管理业	Water Conservancy Management	2454285	2449185	2165914
生态保护和环境治理业	Ecological Protection and Environmental Governance Industry	444927	440700	321581
公共设施管理业	Public Facilities Management	16156775	16114058	12117914
居民服务、修理和其他服务业	**Residents Service, Repair and Other Services**	**931180**	**907310**	**280204**
居民服务业	Resident Services	406626	388086	220722
机动车、电子产品和日用产品修理业	Motor Vehicle Repair Industry, Electronic Products and Daily Products	346450	343840	40762
其他服务业	Other Services	178104	175384	18720
教 育	**Education**	**2358152**	**2345129**	**1621216**
卫生和社会工作	**Health and Social Wwork**	**1712228**	**1703128**	**1074924**
卫 生	Health	1461676	1452576	974711
社会工作	Social Wwork	250552	250552	100213
文化、体育和娱乐业	**Culture, Sports and Entertainment**	**1950601**	**1910514**	**701497**
新闻和出版业	Press and Publication	33289	33289	14390
广播、电视、电影和影视录音制作业	Radio, Television, Film and Television Recording Studios	138223	138223	11862
文化艺术业	Culture and Arts	909713	909713	442493
体 育	Sports	311685	293685	198716
娱乐业	Entertainment	557691	535604	34036
公共管理、社会保障和社会组织	**Public Management, Social Security and Social Organizatic**	**3559184**	**3538022**	**2717352**
中国共产党机关	Organs of Chinese Communist Party	7765	7765	7765
国家机构	State Organs	2664895	2660593	2375169
人民政协、民主党派	CPPCC and Democratic Parties	7610	7610	7610
社会保障	The Social Security	136363	136363	73328
群众团体、社会团体和其他成员组织	Mass Organizations, Social Organizations and Religious Organizations	214027	209027	79409
基层群众自治组织	The Grassroots Autonomous Organizations	528524	516664	174071

单位：万元（10000 yuan）

集　体 Collective-owned	股份合作 Cooperative	联　营 Joint	有限责任公　司 Limited Liability	股份有限公　司 Share-holding	私　营 Private	其　他 Others	港澳台商投　资 Funds from Hong Kong, Macao and Taiwan	外商投资 Foreign Funded	个　体 Self-employed Individual
11468	**17420**		**163512**	**60556**	**159903**	**44161**		**11271**	
11468	17420		39641	39254	14664	39591		4020	
			88358	4697	135534	4570			
				11680	3555				
			35513	4925	6150			7251	
965228	**42648**	**147443**	**25480837**	**1381608**	**14854826**	**1134152**	**1484798**	**603043**	**554**
26817	**17272**	**32263**	**974905**	**63704**	**1236026**	**222590**	**207**	**7795**	**4062**
			55545	14300	135310	7196			4062
26817	17272	32263	919360	49404	1100716	215394	207	7795	
22598		**5727**	**490037**	**312511**	**719392**	**111296**	**9550**	**12020**	**4258**
7980		4917	58105	280908	256211	11787		12020	
4966		810	338870	31603	300011	75522	2600		4258
9652			93062		163170	23987	6950		
775070	**11402**	**45720**	**1545475**	**74358**	**1056277**	**890232**	**27219**	**22055**	**2770**
63623		20370	85724		17683	95871		5100	
17955		7200	21118	22657	29054	21135		4227	
693492	11402	18150	1438633	51701	1009540	773226	27219	12728	2770
14821		**5865**	**134118**	**37791**	**381253**	**53258**			**23870**
14821		5865	23819	15542	85450	21867			18540
			53474	22249	204551	22804			2610
			56825		91252	8587			2720
34072		**57531**	**99114**	**16375**	**320602**	**196219**	**13023**		
29110	**15232**	**2372**	**146938**	**39725**	**297731**	**97096**	**6300**		**2800**
20724	12482	310	131764	39725	194050	78810	6300		2800
8386	2750	2062	15174		103681	18286			
40547	**15448**	**2000**	**331023**	**148553**	**521763**	**149683**		**1290**	**38797**
					13728	5171			
1700			74690	21956	24712	3303			
8865	15448	2000	84897	74955	199724	81331			
19322			17034		46797	11816			18000
10660			154402	51642	236802	48062		1290	20797
249620	**5226**	**3916**	**68473**	**4900**	**72598**	**415937**		**1000**	**20162**
33952	1786	3916	48998	4900	31305	160567		1000	3302
32698					9600	20737			
1200	3440				13750	111228			5000
181770			19475		17943	123405			11860

5—6 各市按登记注册类型分的固定资产投资（2014年）
Investment in Fixed Assets by Type of Registration by Region (2014)

单位：万元（10000 yuan）

地 区	Region	总 计 Total	国 有 State-owned	集 体 Collective-owned	股份合作 Cooperative	联 营 Joint	有限责任公司 Limited Liability
总 计	**Total**	**212562939**	**46610052**	**2875433**	**574233**	**598716**	**57964220**
合 肥 市	Hefei	53026372	13047127	684898	87874	215124	11192445
淮 北 市	Huaibei	8408397	1469911	172125		61010	1873660
亳 州 市	Bozhou	6508985	1814771	34517	8428	2080	3226178
宿 州 市	Suzhou	9457973	1493838	37337	35862	67994	3463973
蚌 埠 市	Bengbu	12441839	2631193	77002	3268	10805	4107338
阜 阳 市	Fuyang	8051320	2380752	78325	4893	2600	2316152
淮 南 市	Huainan	7552729	2563056	214379	10500	6650	1626073
滁 州 市	Chuzhou	12481572	2528075	20364	50022	8384	3062703
六 安 市	Luan	10038153	3006348	264226	27671	16923	1801739
马鞍山市	Maanshan	16747414	2973365	254420	8200	61299	2057413
芜 湖 市	Wuhu	23926406	2706325	123065		22926	10689601
宣 城 市	Xuancheng	11401195	2842796	77631	153904	71391	2317233
铜 陵 市	Tongling	7675973	1076541	136084	8200	42864	3214532
池 州 市	Chizhou	5380392	1034824	46944		360	2468021
安 庆 市	Anqing	13947517	2785753	597280	170921	6306	3175758
黄 山 市	Huangshan	5516702	2255377	56836	4490	2000	1371401

地 区	Region	股份有限公司 Share-holding	私 营 Private	其 他 Others	港澳台商投资 Funds from Hong Kong, Macao and Taiwan	外商投资 Foreign Funded	个 体 Self-employed Individual
总 计	**Total**	**10115430**	**78152781**	**8338941**	**3789807**	**3030735**	**512591**
合 肥 市	Hefei	4471156	17734924	2334620	2006571	1248387	3246
淮 北 市	Huaibei	361122	3796585	483561	44259	87520	58644
亳 州 市	Bozhou	331068	691745	383808	12335	3255	800
宿 州 市	Suzhou	331050	2944352	599301	111131	350345	22790
蚌 埠 市	Bengbu	754819	4412100	200486	79017	133725	32086
阜 阳 市	Fuyang	309341	2349567	540021	31254	3000	35415
淮 南 市	Huainan	791825	1645158	355839	276014	26786	36449
滁 州 市	Chuzhou	342324	5918906	326881	108135	113536	2242
六 安 市	Luan	235570	4150624	386445	40919	65038	42650
马鞍山市	Maanshan	346122	10106344	574887	145928	175281	44155
芜 湖 市	Wuhu	645071	7982474	689192	629237	359903	78612
宣 城 市	Xuancheng	211972	5149504	361651	18879	159350	36884
铜 陵 市	Tongling	515321	2163057	367791	128390	23193	
池 州 市	Chizhou	106194	1596155	59368	27473	37393	3660
安 庆 市	Anqing	173482	6288340	362943	104204	177320	105210
黄 山 市	Huangshan	188993	1222946	312147	26061	66703	9748

5—7 各市按登记注册类型分的项目投资（2014年）
Projects Investment by Type of Registration by Region (2014)

单位：万元（10000 yuan）

地 区	Region	总 计 Total	国 有 State-owned	集 体 Collective-owned	股份合作 Cooperative	联 营 Joint	有限责任公司 Limited Liability
总 计	**Total**	**169173336**	**45685097**	**2864146**	**531585**	**598716**	**33499256**
合肥市	Hefei	41752861	12683805	683138	87874	215124	5057573
淮北市	Huaibei	6884363	1322931	172125		61010	1476000
亳州市	Bozhou	4418389	1784367	34517		2080	1376786
宿州市	Suzhou	7634655	1476711	29210	35862	67994	2213382
蚌埠市	Bengbu	8372198	2532257	77002	3268	10805	1274878
阜阳市	Fuyang	5894664	2268738	78325	4893	2600	1275746
淮南市	Huainan	6447728	2559499	214379		6650	1037755
滁州市	Chuzhou	9426915	2462014	20364	36022	8384	2203212
六安市	Luan	8215406	3005388	264226	27671	16923	1121295
马鞍山市	Maanshan	14291579	2953109	254420	8200	61299	1037432
芜湖市	Wuhu	19136278	2698710	123065		22926	7049917
宣城市	Xuancheng	9383476	2841587	77631	153904	71391	1409888
铜陵市	Tongling	6348339	1074996	134684	8200	42864	2192912
池州市	Chizhou	4339217	1026824	46944		360	1804458
安庆市	Anqing	12478090	2781957	597280	161201	6306	2452897
黄山市	Huangshan	4149178	2212204	56836	4490	2000	515125

地 区	Region	股份有限公司 Share-holding	私 营 Private	其 他 Others	港澳台商投资 Funds from Hong Kong, Macao and Taiwan	外商投资 Foreign Funded	个 体 Self-employed Individual
总 计	**Total**	**8875127**	**63889530**	**7945822**	**2317427**	**2454039**	**512591**
合肥市	Hefei	3978681	15096937	2258659	709588	978236	3246
淮北市	Huaibei	215617	3046683	427341	42990	61022	58644
亳州市	Bozhou	193906	628185	382158	12335	3255	800
宿州市	Suzhou	292347	2514580	522875	111131	347773	22790
蚌埠市	Bengbu	646406	3443541	200486	78674	72795	32086
阜阳市	Fuyang	231458	1477663	487192	29634	3000	35415
淮南市	Huainan	785105	1170942	355839	254324	26786	36449
滁州市	Chuzhou	328473	3817652	326881	108135	113536	2242
六安市	Luan	178563	3119029	386445	38419	14797	42650
马鞍山市	Maanshan	345922	8876893	453383	130928	125838	44155
芜湖市	Wuhu	608960	7004217	688192	523369	338310	78612
宣城市	Xuancheng	180897	4124261	361299	18879	106855	36884
铜陵市	Tongling	446509	1930050	367791	127140	23193	
池州市	Chizhou	105974	1226763	59368	27473	37393	3660
安庆市	Anqing	150318	5593969	355766	95866	177320	105210
黄山市	Huangshan	185991	818165	312147	8542	23930	9748

5—8 各行业按隶属关系、构成、控股情况分的固定资产投资（2014年）

Investment in Fixed Assets by Industry by Administrative relationship, Composition, Controlled Conditions (2014)

行业	Sector	投资额 Investment	按隶属关系分 By Administrative Relationship	
			中央 Central Investment	地方 Local Investment
总计	**Total**	**212562939**	**3901602**	**208661337**
#房地产开发	Real Estate Development	43389603	407879	42981724
农、林、牧、渔业	**Agriculture, Forestry, Animal Husbandry and Fishery**	**5419864**	**8252**	**5411612**
农业	Farming	2292611		2292611
林业	Forestry	799797	1250	798547
畜牧业	Animal Husbandry	1095629		1095629
渔业	Fishery	385800		385800
农、林、牧、渔服务业	Agricultural Services	846027	7002	839025
采矿业	**Mining**	**3191980**	**85108**	**3106872**
煤炭开采和洗选业	Coal Mining and Washing Industry	1263441	63549	1199892
石油和天然气开采业	Oil and Gas Industry	34040		34040
黑色金属矿采选业	Ferrous Metal CaiXuanYe	608348	8253	600095
有色金属矿采选业	CaiXuanYe Nonferrous Metallic Deposits	458440		458440
非金属矿采选业	CaiXuanYe Non-metallic Mineral	769403	13306	756097
开采辅助活动	Mining Auxiliary Activities	31987		31987
其他采矿业	Other Mining	26321		26321
制造业	**Manufacturing**	**83729190**	**542217**	**83186973**
农副食品加工业	Agricultural and Sideline Products Processing Industry	4374389	6690	4367699
食品制造业	Food Manufacturing	1882310	3425	1878885
酒、饮料和精制茶制造业	Wine, Drinks and Refined Tea Manufacturing	1540050		1540050
烟草制品业	Tobacco Products	271122	118211	152911
纺织业	Textile Industry	1861593		1861593
纺织服装、服饰业	Textile and Garment, Apparel Industry	2923267		2923267
皮革、毛皮、羽毛及其制品和制鞋业	Leather, Fur, Feather and Its Products and Footwear	844114		844114
木材加工和木、竹、藤、棕、草制品业	Wood Processing and Wood, Bamboo, Cane, Palm, Grass Products	1943010		1943010
家具制造业	Furniture Manufacturing	1341410		1341410
造纸和纸制品业	Paper and Paper Products	1324048		1324048
印刷和记录媒介复制业	Printing and Duplicating Industry Record Media	1442663		1442663
文教、工美、体育和娱乐用品制造业	Cultural and Educational Supplies Manufacturing, Industrial, Sporting and Entertainment	937595		937595
石油加工、炼焦和核燃料加工业	Petroleum Processing, Coking and Nuclear Fuel Processing	307923	28636	279287
化学原料和化学制品制造业	Raw Chemical Materials and Chemical Products	3958357	56040	3902317
医药制造业	Pharmaceutical Manufacturing Industry	2069620		2069620
化学纤维制造业	Chemical Fiber Industry	170521		170521
橡胶和塑料制品业	Rubber and Plastic Products	4375167		4375167
非金属矿物制品业	Nonmetal Mineral Products	8268016	138407	8129609
黑色金属冶炼和压延加工业	Smelting and Pressing of Ferrous Metals	1844076	15083	1828993
有色金属冶炼和压延加工业	Smelting and Pressing of Nonferrous Metals	2201277		2201277

单位：万元（10000 yuan）

按构成分 By Use of Funds				按控股情况分 According to the Controlled Conditions					
建筑工程 Construction	安装工程 Installation	设备工器具购置 Purchase of Equipment and Instruments	其他费用 Others	国有控股 State-holding	集体控股 Collective-holding	私人控股 Private-holding	港澳台商控股 Hong Kong, Macao and Taiwan-holding	外商控股 Foreign-holding	其他 Other
132848958	**17150868**	**45328524**	**17234589**	**60150414**	**5303130**	**118857663**	**3181523**	**2450950**	**22619259**
29048736	4118362	516025	9706480	6049800	674291	27217116	1179131	689412	7579853
3883955	**342183**	**739390**	**454336**	**712653**	**149126**	**4147721**		**22950**	**387414**
1686100	126258	288193	192060	202628	64583	1866602		2200	156598
495613	73880	98641	131663	136037	10829	618737			34194
767503	68207	185088	74831	23184	10536	929980		20750	111179
278216	25771	61309	20504	8950	5759	349455			21636
656523	48067	106159	35278	341854	57419	382947			63807
1661625	**301798**	**1005966**	**222591**	**1251314**	**162820**	**1562331**		**14147**	**201368**
645539	123764	395212	98926	960983	92220	151490			58748
30782	750	1650	858	6840		9500			17700
327994	84685	148465	47204	125841	5416	417041			60050
277600	32195	133901	14744	138651	61182	234022		2155	22430
337147	56797	317430	58029	14506	4002	719380		11992	19523
24200	2087	3443	2257	4493		14483			13011
18363	1520	5865	573			16415			9906
40648864	**6798473**	**33414662**	**2867191**	**6887822**	**1309461**	**65113055**	**1065051**	**1451102**	**7902699**
2532565	322826	1299523	219475	216713	24625	3695846		78139	359066
1045339	146798	615157	75016	39383	10850	1611417	25605		195055
814908	179642	465038	80462	75660	49554	981935	32470	215722	184709
97961	40371	127434	5356	238474	1550	31098			
914909	140739	737536	68409	127162	24770	1576756	42090	26520	64295
1635933	235462	930478	121394	33376	905	2629161	22832	74388	162605
444259	77031	276625	46199	4743		751306	44228	16951	26886
1061425	153463	653603	74519	23376	6191	1783511	872	4500	124560
865988	90623	334186	50613	21501	19650	1255592	900		43767
669319	99764	507056	47909	89916	9408	914485	51657	25121	233461
704456	164513	535987	37707	158834	61395	1119025	29259	2850	71300
534236	62301	303503	37555	19457	1400	858753	8012	11466	38507
108291	14988	169435	15209	93551	17998	192477	3897		
1654478	314338	1856943	132598	550750	194203	2715778	68482	93606	335538
1183961	204638	631243	49778	51926	77211	1405822	28083	6985	499593
80760	18621	65483	5657	10580		151721			8220
1962304	386832	1833175	192856	130652	85484	3647285	41816	131615	338315
3967645	705132	3330774	264465	377010	74162	6814504	328295		674045
763734	145743	880728	53871	547304	20830	1204249		1101	70592
945747	120477	1084439	50614	263353	177419	1597224	10099	9500	143682

5—8 续表1 continued

行业	Sector	投资额 Investment	按隶属关系分 By Administrative Relationship 中央 Central Investment	地方 Local Investment
金属制品业	Metal Products	4652747	7045	4645702
通用设备制造业	Equipments in Current Use	7034980	42935	6992045
专用设备制造业	Special Equipment Manufacturing	6650095	8153	6641942
汽车制造业	Automobile Manufacturing Industry	5209971	27903	5182068
铁路、船舶、航空航天和其他运输设备制造业	Railway, Shipbuilding, Aerospace, and Other Transportation Equipment Manufacturing Industry	806422	9450	796972
电气机械和器材制造业	Electric Equipment and Machinery	8355422	400	8355022
计算机、通信和其他电子设备制造业	Computers, Communications and Other Electronic Equipment Manufacturing Industry	4760450	68579	4691871
仪器仪表制造业	Instrument Manufacturing	901383		901383
其他制造业	Other Manufacturing	562637		562637
废弃资源综合利用业	Comprehensive Utilization of Waste Resources	656883	5390	651493
金属制品、机械和设备修理业	Metal Products, Machinery and Equipment Repair	257672	5870	251802
电力、热力、燃气及水的生产和供应业	**Production and Supply of Electricity, Heat, Gas and Water**	**5730423**	**494685**	**5235738**
电力、热力生产和供应业	Electricity, Heat Production and Supply Industry	4051189	480999	3570190
燃气生产和供应业	Gas Production and Supply Industry	487481	10887	476594
水的生产和供应业	Water Production and Supply Industry	1191753	2799	1188954
建筑业	**Construction**	**1526232**	**28673**	**1497559**
房屋建筑业	Housing Industry	298621		298621
土木工程建筑业	Civil Engineering Construction	702144	24363	677781
建筑安装业	Construction and Installation Industry	142775	4310	138465
建筑装饰和其他建筑业	Building Decoration and Other Construction	382692		382692
批发和零售业	**Wholesale and Retail Trade**	**7935598**	**35174**	**7900424**
批发业	Wholesale	3574315	10395	3563920
零售业	Retail Trade	4361283	24779	4336504
交通运输、仓储和邮政业	**Transport, Storage and Postal Services**	**10986882**	**1128318**	**9858564**
铁路运输业	Railway Transport	1188877	629801	559076
道路运输业	Highway Transport	6838188	397962	6440226
水上运输业	Water Way Transport	842423	34563	807860
航空运输业	Air Transport	26048	8659	17389
管道运输业	Pipeline Transport	35711	3584	32127
装卸搬运和运输代理业	Handling and Shipping Agents	757856	899	756957
仓储业	Warehousing	1217689	52850	1164839
邮政业	Postal Services	80090		80090
住宿和餐饮业	**Accommodation and Catering Trade**	**2337008**		**2337008**
住宿业	Accommodation Trade	1304013		1304013
餐饮业	Catering Services	1032995		1032995
信息传输、软件和信息技术服务业	**Information Transmission, Software and Information Technology Services**	**1504824**	**132011**	**1372813**
电信、广播电视和卫星传输服务	Telecommunications, Broadcasting and TV Transmission and Satellite Services	426888	125901	300987
互联网和相关服务	The Internet and Related Services	110100		110100
软件和信息技术服务业	Software and Information Technology Services	967836	6110	961726

单位：万元（10000 yuan）

按构成分 By Use of Funds				按控股情况分 According to the Controlled Conditions					
建筑工程 Construction	安装工程 Installation	设备工器具购置 Purchase of Equipment and Instruments	其他费用 Others	国有控股 State-holding	集体控股 Collective-holding	私人控股 Private-holding	港澳台商控股 Hong Kong, Macao and Taiwan-holding	外商控股 Foreign-holding	其他 Other
2499503	369048	1620364	163832	165870	21082	3855148	5906	166209	438532
3299477	529456	2938837	267210	254635	30322	6050340	42832	162938	493913
3179408	489684	2743624	237379	580240	178174	5219390	39079	88774	544438
2243446	537124	2286645	142756	697952	29910	3439174	78178	124769	839988
396100	57817	309708	42797	119292		583596	9884	9500	84150
3859942	737398	3568214	189868	297698	75716	6665155	44558	148381	1123914
1970091	266945	2424150	99264	1477213	13522	2675538	86499	38417	469261
402985	72465	389020	36913	16281	12980	743757	6532		121833
415979	23777	100622	22259	139920		354758		8870	59089
294736	56862	284507	20778	42330	64990	470212	12986	4780	61585
98979	33595	110625	14473	22670	25160	118042			91800
2732604	**680481**	**2090727**	**226611**	**3643166**	**165715**	**1267926**	**336096**	**107283**	**210237**
1706991	430548	1732712	180938	2877676	58727	673741	273757	75821	91467
237229	137168	101544	11540	118225	11181	243310	32647	22732	59386
788384	112765	256471	34133	647265	95807	350875	29692	8730	59384
998501	**144054**	**302114**	**81563**	**554427**	**43661**	**737846**			**190298**
215787	19810	53562	9462	64999	17141	180600			35881
490915	41927	109370	59932	445992	16325	162847			76980
71111	31540	38153	1971	19888	7500	93504			21883
220688	50777	101029	10198	23548	2695	300895			55554
4970927	**909996**	**1581914**	**472761**	**439615**	**120764**	**5691902**	**506950**	**14386**	**1161981**
2017436	437570	953691	165618	196074	12400	2918267	2950		444624
2953491	472426	628223	307143	243541	108364	2773635	504000	14386	717357
8455324	**409417**	**1508040**	**614101**	**7445093**	**189801**	**2536698**	**9857**	**64990**	**740443**
946190	47576	161588	33523	1135944	34044	15909			2980
5747951	125305	469320	495612	5699967	130378	865290			142553
456675	31123	330158	24467	288745	19899	421203	2280		110296
21368	4030	650		19018		4800			2230
3681	25452	3255	3323	31231	880	3600			
482383	28618	226128	20727	33307		609160	4892		110497
755943	135862	290938	34946	236676	4600	536851	2685	64990	371887
41133	11451	26003	1503	205		79885			
1645313	**263657**	**340526**	**87512**	**128054**	**20784**	**1709301**	**28509**	**49228**	**401132**
921736	142508	191661	48108	120545	2200	944412	28509	45330	163017
723577	121149	148865	39404	7509	18584	764889		3898	238115
660362	**299126**	**516856**	**28480**	**456609**	**9702**	**903730**	**4469**	**10041**	**120273**
181930	113788	125237	5933	374622	7111	28615	4469	10041	2030
55000	33667	16103	5330	29868		64743			15489
423432	151671	375516	17217	52119	2591	810372			102754

5—8 续表2 continued

行　业	Sector	投资额 Investment	按隶属关系分 By Administrative Relationship 中央 Central Investment	地方 Local Investment
金融业	**Banking**	**1023860**	**81068**	**942792**
货币金融服务	Monetary and Financial Services	618807	79533	539274
资本市场服务	Capital Market Services	244053		244053
保险业	Insurance	107161	1535	105626
其他金融业	Other Financial Activities	53839		53839
房地产业	**Real Estate**	**54056960**	**505099**	**53551861**
租赁和商务服务业	**Leasing and Commercial Services**	**3357969**	**19600**	**3338369**
租赁业	Leasing	216413		216413
商务服务业	Commercial Services	3141556	19600	3121956
科学研究和技术服务业	**Scientific Research and Technical Services**	**2194817**	**97828**	**2096989**
研究和试验发展	Research and Experimental Development	763848	32048	731800
专业技术服务业	Professional and Technical Services	984145	65780	918365
科技推广和应用服务业	Science and Technology Popularization and Application Services	446824		446824
水利、环境和公共设施管理业	**Water Conservancy, Environmental and Public Facilities Management**	**19055987**	**517941**	**18538046**
水利管理业	Water Conservancy Management	2454285	48744	2405541
生态保护和环境治理业	Ecological Protection and Environmental Governance Industry	444927	9585	435342
公共设施管理业	Public Facilities Management	16156775	459612	15697163
居民服务、修理和其他服务业	**Residents Service, Repair and Other Services**	**931180**	**16002**	**915178**
居民服务业	Resident Services	406626	16002	390624
机动车、电子产品和日用产品修理业	Motor Vehicle Repair Industry, Electronic Products and Daily Products	346450		346450
其他服务业	Other Services	178104		178104
教　育	**Education**	**2358152**	**30034**	**2328118**
卫生和社会工作	**Health and Social Wwork**	**1712228**	**47797**	**1664431**
卫　生	Health	1461676	34322	1427354
社会工作	Social Wwork	250552	13475	237077
文化、体育和娱乐业	**Culture, Sports and Entertainment**	**1950601**	**7300**	**1943301**
新闻和出版业	Press and Publication	33289		33289
广播、电视、电影和影视录音制作业	Radio, Television, Film and Television Recording Studios	138223		138223
文化艺术业	Culture and Arts	909713	7300	902413
体　育	Sports	311685		311685
娱乐业	Entertainment	557691		557691
公共管理、社会保障和社会组织	**Public Management, Social Security and Social Organizatic**	**3559184**	**124495**	**3434689**
中国共产党机关	Organs of Chinese Communist Party	7765		7765
国家机构	State Organs	2664895	114605	2550290
人民政协、民主党派	CPPCC and Democratic Parties	7610		7610
社会保障	The Social Security	136363		136363
群众团体、社会团体和其他成员组织	Mass Organizations, Social Organizations and Religious Organizations	214027		214027
基层群众自治组织	The Grassroots Autonomous Organizations	528524	9890	518634

单位：万元（10000 yuan）

按构成分 By Use of Funds				按控股情况分 According to the Controlled Conditions					
建筑工程 Construction	安装工程 Installation	设备工器具购置 Purchase of Equipment and Instruments	其他费用 Others	国有控股 State-holding	集体控股 Collective-holding	私人控股 Private-holding	港澳台商控股 Hong Kong, Macao and Taiwan-holding	外商控股 Foreign-holding	其他 Other
753212	**187316**	**74052**	**9280**	**600400**	**28888**	**311075**			**83497**
467461	110002	37104	4240	479402	28888	46460			64057
182997	27702	28391	4963	15591		223892			4570
59733	43676	3675	77	93661		3555			9945
43021	5936	4882		11746		37168			4925
38612568	**4557386**	**811551**	**10075455**	**13892643**	**1690653**	**28116482**	**1191549**	**700813**	**8464820**
2465065	**297416**	**432602**	**162886**	**1056807**	**48619**	**1900817**	**207**		**351519**
91840	20102	96453	8018			194917			21496
2373225	277314	336149	154868	1056807	48619	1705900	207		330023
1104873	**364204**	**680040**	**45700**	**770475**	**26448**	**967434**	**5250**	**13720**	**411490**
361184	145796	244537	12331	152362	11830	287177		12020	300459
425041	180782	357228	21094	462383	4966	431799			84997
318648	37626	78275	12275	155730	9652	248458	5250	1700	26034
16311657	**733309**	**658559**	**1352462**	**15715344**	**854694**	**1410668**	**23499**		**1051782**
1997831	78057	83694	294703	2254893	63623	39208			96561
365214	17356	37910	24447	328781	17955	44882			53309
13948612	637896	536955	1033312	13131670	773116	1326578	23499		901912
661079	**83798**	**148738**	**37565**	**293223**	**14821**	**526908**			**96228**
314331	37833	38634	15828	233262	14821	133466			25077
232831	26159	69261	18199	41241		245182			60027
113917	19806	40843	3538	18720		148260			11124
1906074	**146960**	**214456**	**90662**	**1692343**	**38572**	**444056**	**10086**		**173095**
1086460	**177632**	**366289**	**81847**	**1077156**	**62164**	**466668**			**106240**
893617	165494	350803	51762	976943	46528	339732			98473
192843	12138	15486	30085	100213	15636	126936			7767
1486880	**134983**	**215996**	**112742**	**733804**	**95771**	**871192**		**1290**	**248544**
16061	2188	14181	859	14390		13728			5171
80587	13745	43146	745	15212	1700	96267			25044
718779	64598	51692	74644	471450	25753	305638			106872
256894	18723	29155	6913	198716	23582	76251			13136
414559	35729	77822	29581	34036	44736	379308		1290	98321
2803615	**318679**	**226046**	**210844**	**2799466**	**270666**	**171853**		**1000**	**316199**
7540	25	200		7765					
2008856	288416	203113	164510	2449833	37198	74800		1000	102064
6490	615	505		7610					
122634	9046	3575	1108	73328	32698	9600			20737
179932	6595	7508	19992	80909	4640	25750			102728
478163	13982	11145	25234	180021	196130	61703			90670

5—9 各市按隶属关系、构成、控股情况分的固定资产投资（2014年）

Investment in Fixed Assets by Industry by Administrative relationship, Composition, Controlled Conditions by Region (2014)

单位：万元（10000 yuan）

地区	Region	投资额 Total	按隶属关系分 By Administrative Relationship		按构成分 By Use of Funds			
			中央 Central Investment	地方 Local Investment	建筑工程 Construction	安装工程 Installation	设备工器具购置 Purchase of Equipment and Instruments	其他费用 Others
总计	**Total**	**212562939**	**3901602**	**208661337**	**132848958**	**17150868**	**45328524**	**17234589**
合肥市	Hefei	53026372	1077924	51948448	33628791	6459131	8592889	4345561
淮北市	Huaibei	8408397	108571	8299826	5358916	239707	2189817	619957
亳州市	Bozhou	6508985	66833	6442152	4844688	359980	593063	711254
宿州市	Suzhou	9457973	281504	9176469	6128382	813266	1796132	720193
蚌埠市	Bengbu	12441839	204637	12237202	7030248	1715246	2373304	1323041
阜阳市	Fuyang	8051320	15590	8035730	5667798	384754	920731	1078037
淮南市	Huainan	7552729	207849	7344880	4996456	467489	1419814	668970
滁州市	Chuzhou	12481572	20932	12460640	7767162	792176	2888424	1033810
六安市	Luan	10038153	218411	9819742	6957644	930791	1524583	625135
马鞍山市	Maanshan	16747414	402159	16345255	9662390	890649	5086876	1107499
芜湖市	Wuhu	23926406	303226	23623180	13246058	1257697	7889522	1533129
宣城市	Xuancheng	11401195	276240	11124955	7977207	498583	2033646	891759
铜陵市	Tongling	7675973	132121	7543852	3629754	506338	2746301	793580
池州市	Chizhou	5380392	50905	5329487	3528152	237623	1244642	369975
安庆市	Anqing	13947517	69868	13877649	8463086	1172689	3409254	902488
黄山市	Huangshan	5516702	464832	5051870	3962226	424749	619526	510201

地区	Region	按控股情况分 According to the Controlled Conditions					
		国有控股 State-holding	集体控股 Collective-holding	私人控股 Private-holding	港澳台商控股 Hong Kong, Macao and Taiwan-holding	外商控股 Foreign-holding	其他 Other
总计	**Total**	**60150414**	**5303130**	**118857663**	**3181523**	**2450950**	**22619259**
合肥市	Hefei	17236000	1034749	22991812	1594696	1198232	8970883
淮北市	Huaibei	1981895	204047	5529380	1269	47407	644399
亳州市	Bozhou	2105096	66198	3230147	12335		1095209
宿州市	Suzhou	1915978	172698	6194263	86321	35184	1053529
蚌埠市	Bengbu	3838412	317402	7368525	54838	48893	813769
阜阳市	Fuyang	2689343	198885	4042858	34542		1085692
淮南市	Huainan	3710031	333285	2938074	273950	14041	283348
滁州市	Chuzhou	3106782	261547	8516025	166726	177667	252825
六安市	Luan	3188370	349214	5800635	40919	58785	600230
马鞍山市	Maanshan	3831319	271903	11682386	125828	165331	670647
芜湖市	Wuhu	4395796	261881	14460069	607319	243605	3957736
宣城市	Xuancheng	3396893	540152	6794847	15379	121150	532774
铜陵市	Tongling	1720587	258654	4695102	28429	84109	889092
池州市	Chizhou	1338774	59944	3284493	32098	20668	644415
安庆市	Anqing	3226135	871690	8942618	80813	181389	644872
黄山市	Huangshan	2469003	100881	2386429	26061	54489	479839

5—10 各市按隶属关系、构成、控股情况分的项目投资（2014年）

Investment in Fixed Assets by Industry by Administrative Relationship, Composition, Controlled Conditions by Region (2014)

单位：万元（10000 yuan）

地区	Region	投资额 Total	按隶属关系分 By Administrative Relationship		按构成分 By Use of Funds			
			中央 Central Investment	地方 Local Investment	建筑工程 Construction	安装工程 Installation	设备工器具购置 Purchase of Equipment and Instruments	其他费用 Others
总计	**Total**	**169173336**	**3493723**	**165679613**	**103800222**	**13032506**	**44812499**	**7528109**
合肥市	Hefei	41752861	793658	40959203	26629787	5426638	8476691	1219745
淮北市	Huaibei	6884363	108571	6775792	4266810	71653	2159375	386525
亳州市	Bozhou	4418389	66833	4351556	3460667	236999	585524	135199
宿州市	Suzhou	7634655	281504	7353151	4886284	639843	1778502	330026
蚌埠市	Bengbu	8372198	204637	8167561	4557847	1148123	2293706	372522
阜阳市	Fuyang	5894664	15590	5879074	4404264	214149	889487	386764
淮南市	Huainan	6447728	147182	6300546	4290069	351383	1400207	406069
滁州市	Chuzhou	9426915	20932	9405983	5648645	487381	2828039	462850
六安市	Luan	8215406	208868	8006538	5691644	699302	1499965	324495
马鞍山市	Maanshan	14291579	376532	13915047	7859481	699985	5048082	684031
芜湖市	Wuhu	19136278	303226	18833052	9601992	959644	7869342	705300
宣城市	Xuancheng	9383476	276240	9107236	6506889	308767	2022154	545666
铜陵市	Tongling	6348339	132121	6216218	2870954	354492	2732060	390833
池州市	Chizhou	4339217	50905	4288312	2735385	164718	1239424	199690
安庆市	Anqing	12478090	69868	12408222	7366139	1064816	3401343	645792
黄山市	Huangshan	4149178	437056	3712122	3023365	204613	588598	332602

地区	Region	按控股情况分 According to the Controlled Conditions					
		国有控股 State-holding	集体控股 Collective-holding	私人控股 Private-holding	港澳台商控股 Hong Kong, Macao and Taiwan-holding	外商控股 Foreign-holding	其他 Other
总计	**Total**	**54100614**	**4628839**	**91640547**	**2002392**	**1761538**	**15039406**
合肥市	Hefei	15377464	989354	17585417	637947	907071	6255608
淮北市	Huaibei	1761926	194374	4430470		33309	464284
亳州市	Bozhou	1926600	49756	1422260	12335		1007438
宿州市	Suzhou	1727450	172698	4914818	86321	32612	700756
蚌埠市	Bengbu	3061198	95119	4597460	54495	48893	515033
阜阳市	Fuyang	2530750	149152	2633919	32922		547921
淮南市	Huainan	3682620	328558	1926110	252260	14041	244139
滁州市	Chuzhou	2860691	125021	6138919	109976	93080	99228
六安市	Luan	3104315	310679	4494206	38419	8544	259243
马鞍山市	Maanshan	3293882	267120	9960051	125828	115888	528810
芜湖市	Wuhu	3520893	261881	12707471	492016	226105	1927912
宣城市	Xuancheng	3158402	487828	5295860	15379	68655	357352
铜陵市	Tongling	1470721	202454	3879733	27179	84109	684143
池州市	Chizhou	1183510	52544	2521715	32098	20668	528682
安庆市	Anqing	3119113	842838	7806392	76675	96847	536225
黄山市	Huangshan	2321079	99463	1325746	8542	11716	382632

5—11 分行业固定资产投资建设规模（2014年）

Total Investment in Fixed Assets of Construction（2014）

单位：万元（10000 yuan）

行 业	Sector	建设总规模 Total Investment in Construction	在建总规模 Total Investment in Projects under Construction	在建净规模 Net Investment in Projects under Construction
总 计	**Total**	**572578906**	**384545720**	**185287579**
#房地产开发	Real Estate Development	217097060	179277226	82118262
农、林、牧、渔业	**Agriculture, Forestry, Animal Husbandry and Fishery**	**8230820**	**3474641**	**1768051**
农 业	Farming	3718974	1706876	902355
林 业	Forestry	1219429	522810	269736
畜牧业	Animal Husbandry	1585885	591917	292664
渔 业	Fishery	486690	126681	62676
农、林、牧、渔服务业	Agricultural Services	1219842	526357	240620
采矿业	**Mining**	**7440303**	**4749767**	**1928675**
煤炭开采和洗选业	Coal Mining and Washing Industry	3660887	2890317	1051581
石油和天然气开采业	Oil and Gas Industry	37370	10170	3330
黑色金属矿采选业	Ferrous Metal CaiXuanYe	1729932	914341	382748
有色金属矿采选业	CaiXuanYe Nonferrous Metallic Deposits	715257	411139	227660
非金属矿采选业	CaiXuanYe Non-metallic Mineral	1152365	424584	252344
开采辅助活动	Mining Auxiliary Activities	117577	95016	9173
其他采矿业	Other Mining	26915	4200	1839
制造业	**Manufacturing**	**165458322**	**87758828**	**43715188**
农副食品加工业	Agricultural and Sideline Products Processing Industry	7852799	3911672	2129431
食品制造业	Food Manufacturing	3332720	1356091	793203
酒、饮料和精制茶制造业	Wine, Drinks and Refined Tea Manufacturing	3576488	2428443	1302244
烟草制品业	Tobacco Products	805523	333597	199130
纺织业	Textile Industry	3438507	1477273	744607
纺织服装、服饰业	Textile and Garment, Apparel Industry	4294610	1456402	626788
皮革、毛皮、羽毛及其制品和制鞋业	Leather, Fur, Feather and Its Products and Footwear	1368497	533433	193890
木材加工和木、竹、藤、棕、草制品业	Wood Processing and Wood, Bamboo, Cane, Palm, Grass Products	2860116	1166149	530052
家具制造业	Furniture Manufacturing	2040084	1023579	340763
造纸和纸制品业	Paper and Paper Products	2571262	1315834	605409
印刷和记录媒介复制业	Printing and Duplicating Industry Record Media	1996337	1117820	330758
文教、工美、体育和娱乐用品制造业	Cultural and Educational Supplies Manufacturing, Industrial, Sporting and Entertainment	2063570	1146055	443460
石油加工、炼焦和核燃料加工业	Petroleum Processing, Coking and Nuclear Fuel Processing	1261752	1025835	98314
化学原料和化学制品制造业	Raw Chemical Materials and Chemical Products	8454872	5036296	2539674
医药制造业	Pharmaceutical Manufacturing Industry	4740426	2842465	1555523
化学纤维制造业	Chemical Fiber Industry	522293	227887	136251
橡胶和塑料制品业	Rubber and Plastic Products	8839990	4783349	2472649
非金属矿物制品业	Nonmetal Mineral Products	15765943	9190726	4396576
黑色金属冶炼和压延加工业	Smelting and Pressing of Ferrous Metals	5940808	3683931	2351516
有色金属冶炼和压延加工业	Smelting and Pressing of Nonferrous Metals	4550846	2974780	1122775
金属制品业	Metal Products	7218698	3194891	1623301

5—11 续表1 continued

单位：万元（10000 yuan）

行　业	Sector	建设总规模 Total Investment in Construction	在建总规模 Total Investment in Projects under Construction	在建净规模 Net Investment in Projects under Construction
通用设备制造业	Equipments in Current Use	11343941	4116779	1960177
专用设备制造业	Special Equipment Manufacturing	12590751	7386687	3344881
汽车制造业	Automobile Manufacturing Industry	10852759	5133174	2659041
铁路、船舶、航空航天和其他运输设备制造业	Railway, Shipbuilding, Aerospace, and Other Transportation Equipment Manufacturing Industry	1990207	1266488	878462
电气机械和器材制造业	Electric Equipment and Machinery	17444533	9552751	4526810
计算机、通信和其他电子设备制造业	Computers, Communications and Other Electronic Equipment Manufacturing Industry	13611140	7748141	4672523
仪器仪表制造业	Instrument Manufacturing	1393618	765206	354857
其他制造业	Other Manufacturing	1040525	611907	209720
废弃资源综合利用业	Comprehensive Utilization of Waste Resources	1373911	857214	529438
金属制品、机械和设备修理业	Metal Products, Machinery and Equipment Repair	320796	93973	42965
电力、热力、燃气及水的生产和供应业	**Production and Supply of Electricity, Heat, Gas and Water**	**13982213**	**8417935**	**3949329**
电力、热力生产和供应业	Electricity, Heat Production and Supply Industry	11318027	7257634	3524238
燃气生产和供应业	Gas Production and Supply Industry	892244	389743	141240
水的生产和供应业	Water Production and Supply Industry	1771942	770558	283851
建筑业	**Construction**	**2714042**	**1694924**	**1123592**
房屋建筑业	Housing Industry	404677	184519	75870
土木工程建筑业	Civil Engineering Construction	1795408	1469342	1028592
建筑安装业	Construction and Installation Industry	133806	4470	1470
建筑装饰和其他建筑业	Building Decoration and Other Construction	380151	36593	17660
批发和零售业	**Wholesale and Retail Trade**	**11752892**	**4564856**	**2529011**
批发业	Wholesale	4759840	1461559	653424
零售业	Retail Trade	6993052	3103297	1875587
交通运输、仓储和邮政业	**Transport, Storage and Postal Services**	**36824471**	**29607764**	**16825331**
铁路运输业	Railway Transport	8358079	7397184	2850463
道路运输业	Highway Transport	22504069	18297701	12005307
水上运输业	Water Way Transport	1661754	1077004	413294
航空运输业	Air Transport	53827		
管道运输业	Pipeline Transport	39852	32432	4141
装卸搬运和运输代理业	Handling and Shipping Agents	1685444	1247571	648547
仓储业	Warehousing	2329197	1450053	826476
邮政业	Postal Services	192249	105819	77103
住宿和餐饮业	**Accommodation and Catering Trade**	**5046472**	**2812052**	**1319269**
住宿业	Accommodation Trade	3635656	2486840	1163038
餐饮业	Catering Services	1410816	325212	156231
信息传输、软件和信息技术服务业	**Information Transmission, Software and Information Technology Services**	**2613797**	**1316812**	**836156**
电信、广播电视和卫星传输服务	Telecommunications, Broadcasting and TV Transmission and Satellite Services	612091	178595	82643
互联网和相关服务	The Internet and Related Services	110721	25254	8207
软件和信息技术服务业	Software and Information Technology Services	1890985	1112963	745306

5—11 续表2 continued

单位：万元（10000 yuan）

行　业	Sector	建设总规模 Total Investment in Construction	在建总规模 Total Investment in Projects under Construction	在建净规模 Net Investment in Projects under Construction
金融业	**Banking**	**2044578**	**1371462**	**276509**
货币金融服务	Monetary and Financial Services	1300944	881195	116996
资本市场服务	Capital Market Services	458331	313265	49891
保险业	Insurance	151071	64645	35987
其他金融业	Other Financial Activities	134232	112357	73635
房地产业	**Real Estate**	**243648190**	**196004507**	**90374644**
租赁和商务服务业	**Leasing and Commercial Services**	**5977082**	**3411976**	**1572472**
租赁业	Leasing	249882	76653	35659
商务服务业	Commercial Services	5727200	3335323	1536813
科学研究和技术服务业	**Scientific Research and Technical Services**	**3991413**	**2232785**	**1054211**
研究和试验发展	Research and Experimental Development	1119191	438201	155411
专业技术服务业	Professional and Technical Services	2013473	1319277	623527
科技推广和应用服务业	Science and Technology Popularization and Application Services	858749	475307	275273
水利、环境和公共设施管理业	**Water Conservancy, Environmental and Public Facilities Management**	**41955148**	**25407028**	**12501708**
水利管理业	Water Conservancy Management	4591039	2647426	981038
生态保护和环境治理业	Ecological Protection and Environmental Governance Industry	763992	449996	157288
公共设施管理业	Public Facilities Management	36600117	22309606	11363382
居民服务、修理和其他服务业	**Residents Service, Repair and Other Services**	**1295268**	**470647**	**203819**
居民服务业	Resident Services	633301	243729	87794
机动车、电子产品和日用产品修理业	Motor Vehicle Repair Industry, Electronic Products and Daily Products	402040	95265	28410
其他服务业	Other Services	259927	131653	87615
教　育	**Education**	**4726347**	**2248326**	**1062362**
卫生和社会工作	**Health and Social Wwork**	**3744304**	**2461818**	**1247961**
卫　生	Health	3354691	2262537	1172757
社会工作	Social Wwork	389613	199281	75204
文化、体育和娱乐业	**Culture, Sports and Entertainment**	**4985112**	**3313726**	**1513705**
新闻和出版业	Press and Publication	33652	8000	7600
广播、电视、电影和影视录音制作业	Radio, Television, Film and Television Recording Studios	322472	223000	98793
文化艺术业	Culture and Arts	2252419	1435382	597816
体　育	Sports	702697	386069	102361
娱乐业	Entertainment	1673872	1261275	707135
公共管理、社会保障和社会组织	**Public Management, Social Security and Social Organization**	**6148132**	**3225866**	**1485586**
中国共产党机关	Organs of Chinese Communist Party	18000	16000	4303
国家机构	State Organs	4738073	2547083	1175953
人民政协、民主党派	CPPCC and Domocratic Parties	8855	5065	1245
社会保障	The Social Security	218921	109180	44964
群众团体、社会团体和其他成员组织	Mass Organizations, Social Organizations and Religious Organizations	456268	305573	159894
基层群众自治组织	The Grassroots Autonomous Organizations	708015	242965	99227

5—12 房屋施工、竣工面积和价值（2014年）

Value and Floor Space of Buildings under Construction and Completed（2014）

行 业	Sector	房屋施工面积(平方米) Floor Space of Buildings under Construction (sq.m)	#住宅 Residential Buildings	房屋竣工面积(平方米) Floor Space of Buildings Completed (sq.m)	#住宅 Residential Buildings	房屋竣工价值(万元) Value of Buildings Completed (10000 yuan)	#住宅 Residential Buildings
总 计	**Total**	**583041520**	**273217411**	**119370346**	**50329655**	**27014964**	**11917312**
#房地产开发	Real Estate Development	334791055	231936804	51963666	38296022	14161897	10185423
农、林、牧、渔业	**Agriculture, Forestry, Animal Husbandry and Fishery**	**5985814**	**337814**	**2260576**	**167147**	**428986**	**59261**
农 业	Farming	1607395	134071	715116	128701	158281	50385
林 业	Forestry	434979	2260	106854	1660	30346	1977
畜牧业	Animal Husbandry	2249459	37051	739843	8626	133744	2244
渔 业	Fishery	356715	300	174040	300	27761	41
农、林、牧、渔服务业	Agricultural Services	1337266	164132	524723	27860	78854	4614
采矿业	**Mining**	**1001684**	**12257**	**531103**	**5081**	**123278**	**516**
煤炭开采和洗选业	Coal Mining and Washing Industry	115567		57490		11149	
石油和天然气开采业	Oil and Gas Industry	26370		25920		3083	
黑色金属矿采选业	Ferrous Metal CaiXuanYe	280631	310	169261	310	36689	24
有色金属矿采选业	CaiXuanYe Nonferrous Metallic Deposits	142469	4576	65953	1500	11719	87
非金属矿采选业	CaiXuanYe Non-metallic Mineral	399247	7371	192409	3271	58946	405
开采辅助活动	Mining Auxiliary Activities	13700		11680		934	
其他采矿业	Other Mining	23700		8390		758	
制造业	**Manufacturing**	**114741089**	**512802**	**33332823**	**389087**	**6292743**	**57591**
农副食品加工业	Agricultural and Sideline Products Processing Industry	6783378	39348	2700861	16243	461148	6206
食品制造业	Food Manufacturing	3354368	37050	1205873	27050	177648	3811
酒、饮料和精制茶制造业	Wine, Drinks and Refined Tea Manufacturing	1948583	47577	575853	30417	109731	4630
烟草制品业	Tobacco Products	90063		16970		2129	
纺织业	Textile Industry	2321107	15320	855207	15320	116934	3390
纺织服装、服饰业	Textile and Garment, Apparel Industry	4453290	28047	1377647	21553	246764	3174
皮革、毛皮、羽毛及其制品和制鞋业	Leather, Fur, Feather and Its Products and Footwear	1520842	1831	599495	831	77703	55
木材加工和木、竹、藤、棕、草制品业	Wood Processing and Wood, Bamboo, Cane, Palm, Grass Products	2260625	12875	858785	10025	154174	1701
家具制造业	Furniture Manufacturing	1949897	7100	600778	2100	102528	415
造纸和纸制品业	Paper and Paper Products	2277426	500	1245948		158331	
印刷和记录媒介复制业	Printing and Duplicating Industry Record Media	2052073	100500	455757	100500	83082	10400
文教、工美、体育和娱乐用品制造业	Cultural and Educational Supplies Manufacturing, Industrial, Sporting and Entertainment	1392853	224	495932	224	75656	16
石油加工、炼焦和核燃料加工业	Petroleum Processing, Coking and Nuclear Fuel Processing	150503		52778		9620	
化学原料和化学制品制造业	Raw Chemical Materials and Chemical Products	3154070	31915	1087557	30815	272453	1610
医药制造业	Pharmaceutical Manufacturing Industry	2985198	4450	647949	4450	126433	878
化学纤维制造业	Chemical Fiber Industry	434636		155551		49240	
橡胶和塑料制品业	Rubber and Plastic Products	6991084	41318	2258083	35710	327488	6688
非金属矿物制品业	Nonmetal Mineral Products	9052734	55002	2856355	34406	652954	4530
黑色金属冶炼和压延加工业	Smelting and Pressing of Ferrous Metals	1831260	6150	459079	550	98165	110
有色金属冶炼和压延加工业	Smelting and Pressing of Nonferrous Metals	4493517	25638	762308	19604	94466	2036

5—12 续表1 continued

行业	Sector	房屋施工面积(平方米) Floor Space of Buildings under Construction (sq.m)	#住宅 Residential Buildings	房屋竣工面积(平方米) Floor Space of Buildings Completed (sq.m)	#住宅 Residential Buildings	房屋竣工价值(万元) Value of Buildings Completed (10000 yuan)	#住宅 Residential Buildings
金属制品业	Metal Products	5575581	2000	1789688	1200	374719	120
通用设备制造业	Equipments in Current Use	9548971	10152	3299384	1242	771713	149
专用设备制造业	Special Equipment Manufacturing	12613956	1235	2833117	735	477196	105
汽车制造业	Automobile Manufacturing Industry	6858974	4759	1670587	4409	425825	762
铁路、船舶、航空航天和其他运输设备制造业	Railway, Shipbuilding, Aerospace, and Other Transportation Equipment Manufacturing Industry	1378214		220182		31075	
电气机械和器材制造业	Electric Equipment and Machinery	10238941	36966	2532031	30418	471026	6204
计算机、通信和其他电子设备制造业	Computers, Communications and Other Electronic Equipment Manufacturing Industry	5782135	2532	640917	972	157751	527
仪器仪表制造业	Instrument Manufacturing	1687946	163	464254	163	68493	35
其他制造业	Other Manufacturing	549942		169921		26162	
废弃资源综合利用业	Comprehensive Utilization of Waste Resources	827525	150	410986	150	63047	39
金属制品、机械和设备修理业	Metal Products, Machinery and Equipment Repair	181397		32990		29089	
电力、热力、燃气及水的生产和供应业	**Production and Supply of Electricity, Heat, Gas and Water**	**2188896**	**146796**	**558960**	**144010**	**144048**	**20191**
电力、热力生产和供应业	Electricity, Heat Production and Supply Industry	1442113	9406	194722	7000	73701	2240
燃气生产和供应业	Gas Production and Supply Industry	145418	340	55006	340	13207	200
水的生产和供应业	Water Production and Supply Industry	601365	137050	309232	136670	57140	17751
建筑业	**Construction**	**2103708**	**1015648**	**288863**	**55200**	**54955**	**4500**
房屋建筑业	Housing Industry	820840	343640	180950	55200	18487	4500
土木工程建筑业	Civil Engineering Construction	928989	672008	31300		8432	
建筑安装业	Construction and Installation Industry	53298		28188		7477	
建筑装饰和其他建筑业	Building Decoration and Other Construction	300581		48425		20559	
批发和零售业	**Wholesale and Retail Trade**	**10663426**	**276275**	**4643180**	**80776**	**994651**	**19335**
批发业	Wholesale	4804631	111306	2139373	14826	288022	1606
零售业	Retail Trade	5858795	164969	2503807	65950	706629	17729
交通运输、仓储和邮政业	**Transport, Storage and Postal Services**	**4543378**	**57313**	**900081**	**2813**	**288764**	**2467**
铁路运输业	Railway Transport	323011		4936		890	
道路运输业	Highway Transport	1632795	56291	312775	1991	64274	2339
水上运输业	Water Way Transport	222005	780	72865	780	9146	116
航空运输业	Air Transport	3453		2000		1650	
装卸搬运和运输代理业	Handling and Shipping Agents	502289		188195		45572	
仓储业	Warehousing	1817375	242	318310	42	158098	12
邮政业	Postal Services	42450		1000		9134	
住宿和餐饮业	**Accommodation and Catering Trade**	**6837368**	**22185**	**610327**	**19685**	**181204**	**12468**
住宿业	Accommodation Trade	5873381	12000	283851	9500	101270	4040
餐饮业	Catering Services	963987	10185	326476	10185	79934	8428
信息传输、软件和信息技术服务业	**Information Transmission, Software and Information Technology Services**	**700665**		**107735**		**57192**	
电信、广播电视和卫星传输服务	Telecommunications, Broadcasting and TV Transmission and Satellite Services	41031		24344		3728	
互联网和相关服务	The Internet and Related Services	51595		11472		6000	
软件和信息技术服务业	Software and Information Technology Services	608039		71919		47464	

5—12 续表2 continued

行　业	Sector	房屋施工面积(平方米) Floor Space of Buildings under Construction (sq.m)	#住宅 Residential Buildings	房屋竣工面积(平方米) Floor Space of Buildings Completed (sq.m)	#住宅 Residential Buildings	房屋竣工价值(万元) Value of Buildings Completed (10000 yuan)	#住宅 Residential Buildings
金融业	**Banking**	**563398**	**233800**	**114825**	**800**	**50787**	**120**
货币金融服务	Monetary and Financial Services	231020	800	106826	800	44344	120
资本市场服务	Capital Market Services	309690	233000	6800		4993	
保险业	Insurance	12388		1199		1450	
其他金融业	Other Financial Activities	10300					
房地产业	**Real Estate**	**388950301**	**265438584**	**66976807**	**47732739**	**16562732**	**11537109**
租赁和商务服务业	**Leasing and Commercial Services**	**6022025**	**72940**	**1033875**	**12760**	**309007**	**1551**
租赁业	Leasing	231759	510	62863	510	16723	26
商务服务业	Commercial Services	5790266	72430	971012	12250	292284	1525
科学研究和技术服务业	**Scientific Research and Technical Services**	**1889248**	**293200**	**350984**	**24675**	**80104**	**4944**
研究和试验发展	Research and Experimental Development	437400	275	118486	275	38095	64
专业技术服务业	Professional and Technical Services	593372	24400	91023	24400	22766	4880
科技推广和应用服务业	Science and Technology Popularization and Application Services	858476	268525	141475		19243	
水利、环境和公共设施管理业	**Water Conservancy, Environmental and Public Facilities Management**	**11308462**	**1580525**	**2578126**	**616653**	**532175**	**87442**
水利管理业	Water Conservancy Management	705736	58582	613484	10782	58349	1110
生态保护和环境治理业	Ecological Protection and Environmental Governance Industry	66350		3650		10125	153
公共设施管理业	Public Facilities Management	10536376	1521943	1960992	605871	463701	86179
居民服务、修理和其他服务业	**Residents Service, Repair and Other Services**	**787112**	**24905**	**130344**	**15735**	**56858**	**8016**
居民服务业	Resident Services	404314	19305	68394	15735	37162	8016
机动车、电子产品和日用产品修理业	Motor Vehicle Repair Industry, Electronic Products and Daily Products	166696		44650		16346	
其他服务业	Other Services	216102	5600	17300		3350	
教　育	**Education**	**7986731**	**81228**	**2040539**	**68058**	**370411**	**13965**
卫生和社会工作	**Health and Social Wwork**	**4049608**	**62817**	**633217**	**37652**	**165447**	**7444**
卫　生	Health	3599935	1787	411260	922	129117	630
社会工作	Social Wwork	449673	61030	221957	36730	36330	6814
文化、体育和娱乐业	**Culture, Sports and Entertainment**	**2835973**	**96439**	**526534**	**57515**	**106301**	**2781**
新闻和出版业	Press and Publication	38800		10120		2125	
广播、电视、电影和影视录音制作业	Radio, Television, Film and Television Recording Studios	493615		24100		3221	
文化艺术业	Culture and Arts	1365873	53750	264223	20650	76402	1995
体　育	Sports	407389	42689	162602	36865	8875	786
娱乐业	Entertainment	530296		65489		15678	
公共管理、社会保障和社会组织	**Public Management, Social Security and Social Organization**	**9882634**	**2951883**	**1751447**	**899269**	**215321**	**77611**
中国共产党机关	Organs of Chinese Communist Party	45000					
国家机构	State Organs	4119658	1799786	1347455	723518	166800	56072
社会保障	The Social Security	3682454	100579	74917	27561	9539	6539
群众团体、社会团体和其他成员组织	Mass Organizations, Social Organizations and Religious Organizations	185319	5790	49847	5790	12887	2200
基层群众自治组织	The Grassroots Autonomous Organizations	1850203	1045728	279228	142400	26095	12800

5—13 各市固定资产投资建设规模（2014年）
Total Investment in Fixed Assets In Construction by Region (2014)

单位：万元（10000 yuan）

地 区	Region	建设总规模 Total Investment in Construction	在建总规模 Total Investment in Projects under Construction	在建净规模 Net Investment in Projects under Construction
总 计	**Total**	**572578906**	**384545720**	**185287579**
合肥市	Hefei	136064906	86164090	40335117
淮北市	Huaibei	19203747	11439054	5505718
亳州市	Bozhou	22332449	17851263	9295592
宿州市	Suzhou	24650032	17545558	9268814
蚌埠市	Bengbu	31960225	22992412	11096182
阜阳市	Fuyang	23991033	18916927	10018990
淮南市	Huainan	22915219	16120873	7931867
滁州市	Chuzhou	38136326	28538649	14587846
六安市	Luan	28483792	18259942	10509951
马鞍山市	Maanshan	38149918	21645160	9550726
芜湖市	Wuhu	72521730	50177294	23592640
宣城市	Xuancheng	30307255	20948836	9791356
铜陵市	Tongling	19056244	12888599	5541440
池州市	Chizhou	15044057	8981604	4470862
安庆市	Anqing	30729087	18446951	8343385
黄山市	Huangshan	19032886	13628508	5447093

5—14 各市项目投资建设规模（2014年）
Total Projects Investment In Construction by Region (2014)

单位：万元（10000 yuan）

地 区	Region	建设总规模 Total Investment in Construction	在建总规模 Total Investment in Projects under Construction	在建净规模 Net Investment in Projects under Construction
总 计	**Total**	**355481846**	**205268494**	**103169317**
合肥市	Hefei	78895599	38710459	19077955
淮北市	Huaibei	13260959	6552221	3522226
亳州市	Bozhou	12153535	8935998	4592253
宿州市	Suzhou	14529364	8502763	3922195
蚌埠市	Bengbu	18222279	11618072	5976385
阜阳市	Fuyang	14997257	11063648	6000815
淮南市	Huainan	16742623	11257337	5927980
滁州市	Chuzhou	22541577	14829429	7818976
六安市	Luan	17666069	8970252	5285434
马鞍山市	Maanshan	25424928	11098624	5176991
芜湖市	Wuhu	46496445	31152201	15924941
宣城市	Xuancheng	19842526	11942897	6139314
铜陵市	Tongling	10775403	5576741	2079104
池州市	Chizhou	10184519	5297043	3108456
安庆市	Anqing	23666365	12870790	5967389
黄山市	Huangshan	10082398	6890019	2648903

5—15 各市房屋施工、竣工面积和价值（2014年）

Value and Floor Space of Buildings under Construction and Completed by Region（2014）

地　区	Region	房屋施工面积（平方米）Floor Space of Buildings under Construction (sq.m)	#住宅 Residential Buildings	房屋竣工面积（平方米）Floor Space of Buildings Completed (sq.m)	#住宅 Residential Buildings	房屋竣工价值（万元）Value of Buildings Completed (10000 yuan)	#住宅 Residential Buildings
总　　计	**Total**	**583041520**	**273217411**	**119370346**	**50329655**	**27014964**	**11917312**
合 肥 市	Hefei	101480019	49362768	15066940	8348424	6104623	2439977
淮 北 市	Huaibei	32569719	12552010	5598003	1177848	978448	256272
亳 州 市	Bozhou	23324607	10959039	2648690	1206055	440340	191245
宿 州 市	Suzhou	21783980	12346167	3912696	1354606	699981	318196
蚌 埠 市	Bengbu	37392434	21218731	9347948	4581573	1743845	891348
阜 阳 市	Fuyang	42754882	19270394	8482045	2876885	1342854	457883
淮 南 市	Huainan	26416165	15107725	7209089	2838749	1031184	534218
滁 州 市	Chuzhou	45530142	21837452	11608066	4133029	2103949	1035598
六 安 市	Luan	31475769	18828059	7309753	3411207	1445038	689885
马鞍山市	Maanshan	34537610	14702809	10539953	4207791	2927155	935184
芜 湖 市	Wuhu	77718223	31114466	16754656	7606785	3482668	2017124
宣 城 市	Xuancheng	35613552	13071733	5960882	1917069	1220519	453490
铜 陵 市	Tongling	14347914	6990692	2408520	1375699	571518	348969
池 州 市	Chizhou	17373038	6759649	3854476	1330567	840293	327693
安 庆 市	Anqing	23611984	12075343	6085322	2557848	1428957	671226
黄 山 市	Huangshan	17111482	7020374	2583307	1405520	653592	349004

5—16 各市项目投资的房屋施工、竣工面积和价值（2014年）

Floor Space of Projects Investment Under Construction and Completed and Their Value by Region（2014）

地　区	Region	房屋施工面积（平方米）Floor Space of Buildings under Construction (sq.m)	#住宅 Residential Buildings	房屋竣工面积（平方米）Floor Space of Buildings Completed (sq.m)	#住宅 Residential Buildings	房屋竣工价值（万元）Value of Buildings Completed (10000 yuan)	#住宅 Residential Buildings
总　　计	**Total**	**248250465**	**41280607**	**67406680**	**12033633**	**12853067**	**1731889**
合 肥 市	Hefei	31611942	4506345	4515604	1341638	2726356	207659
淮 北 市	Huaibei	18450752	2350566	4477106	286752	722176	52001
亳 州 市	Bozhou	7180251	810744	1177843	387445	132636	27668
宿 州 市	Suzhou	6400118	1009757	2441213	279751	281839	32930
蚌 埠 市	Bengbu	11277663	1607198	3962054	288139	607755	58235
阜 阳 市	Fuyang	25226313	7095488	7365434	1976186	1060563	230294
淮 南 市	Huainan	12393777	4953602	5470629	1372692	579790	149094
滁 州 市	Chuzhou	18957157	2957271	6809507	677887	815682	125805
六 安 市	Luan	12212120	3712405	5279012	1810502	905608	264757
马鞍山市	Maanshan	16865809	1919418	6026616	802699	1786658	118856
芜 湖 市	Wuhu	41476860	5938018	8953473	1365586	1184727	160066
宣 城 市	Xuancheng	18843501	1073881	3743556	456343	593279	70765
铜 陵 市	Tongling	2486977	572885	722527	218591	157339	67722
池 州 市	Chizhou	7903502	835752	2302938	366326	414603	51026
安 庆 市	Anqing	9008153	1325467	3012644	100478	565170	13085
黄 山 市	Huangshan	7955570	611810	1146524	302618	318886	101926

5—17 各行业投资资金来源和新增固定资产（2014年）
Investment Funds Resource and Newly Added Infixed Assests By Industry (2014)

行　业	Sector	本年资金来源合计 Total Funds This Year	国家预算资金 State Budget
总　计	**Total**	**225572142**	**11675513**
#房地产开发	Real Estate Development	52311679	
农、林、牧、渔业	**Agriculture, Forestry, Animal Husbandry and Fishery**	**5673834**	**313437**
农　业	Farming	2459503	64815
林　业	Forestry	799132	16854
畜牧业	Animal Husbandry	1134850	1880
渔　业	Fishery	394784	
农、林、牧、渔服务业	Agricultural Services	885565	229888
采矿业	**Mining**	**3321029**	**20905**
煤炭开采和洗选业	Coal Mining and Washing Industry	1376866	14099
石油和天然气开采业	Oil and Gas Industry	34050	
黑色金属矿采选业	Ferrous Metal CaiXuanYe	595617	
有色金属矿采选业	CaiXuanYe Nonferrous Metallic Deposits	469795	3151
非金属矿采选业	CaiXuanYe Non-metallic Mineral	783792	
开采辅助活动	Mining Auxiliary Activities	34588	3655
其他采矿业	Other Mining	26321	
制造业	**Manufacturing**	**85133592**	**60661**
农副食品加工业	Agricultural and Sideline Products Processing Industry	4590356	12550
食品制造业	Food Manufacturing	1907128	
酒、饮料和精制茶制造业	Wine, Drinks and Refined Tea Manufacturing	1603354	973
烟草制品业	Tobacco Products	383353	2130
纺织业	Textile Industry	1926777	
纺织服装、服饰业	Textile and Garment, Apparel Industry	3001964	2000
皮革、毛皮、羽毛及其制品和制鞋业	Leather, Fur, Feather and Its Products and Footwear	884978	
木材加工和木、竹、藤、棕、草制品业	Wood Processing and Wood, Bamboo, Cane, Palm, Grass Products	1985262	500
家具制造业	Furniture Manufacturing	1373445	
造纸和纸制品业	Paper and Paper Products	1415430	
印刷和记录媒介复制业	Printing and Duplicating Industry Record Media	1461791	
文教、工美、体育和娱乐用品制造业	Cultural and Educational Supplies Manufacturing, Industrial, Sporting and Entertainment	974534	
石油加工、炼焦和核燃料加工业	Petroleum Processing, Coking and Nuclear Fuel Processing	325138	
化学原料和化学制品制造业	Raw Chemical Materials and Chemical Products	4055273	856
医药制造业	Pharmaceutical Manufacturing Industry	2093121	9000
化学纤维制造业	Chemical Fiber Industry	173590	
橡胶和塑料制品业	Rubber and Plastic Products	4651252	
非金属矿物制品业	Nonmetal Mineral Products	8442426	3422
黑色金属冶炼和压延加工业	Smelting and Pressing of Ferrous Metals	1823309	
有色金属冶炼和压延加工业	Smelting and Pressing of Nonferrous Metals	2171733	
金属制品业	Metal Products	4707307	

单位：万元（10000 yuan）

国内贷款 Domestic Loans	债券 Bonds	利用外资 Foreign Investment	自筹资金 Self-raising Funds	其他资金 Others	投资额 Investment	新增固定资产 Newly Increased Fixed Assets	固定资产交付使用率(%) Rate of Projects of Fixed Assets Completed and Put into Use (%)
13861008	**103704**	**828211**	**167781620**	**31322086**	**212562939**	**138773275**	**65.29**
5679346		27810	22038512	24566011	43389603	20348794	46.90
115377		**46513**	**5012154**	**186353**	**5419864**	**4260669**	**78.61**
48670		17023	2239240	89755	2292611	1721945	75.11
32740		2000	718114	29424	799797	650677	81.36
10347		27490	1071136	23997	1095629	879118	80.24
7670			378814	8300	385800	338652	87.78
15950			604850	34877	846027	670277	79.23
301504		**32435**	**2928543**	**37642**	**3191980**	**2269015**	**71.08**
202324		8000	1152443		1263441	343498	27.19
		8100	25950		34040	31100	91.36
54140			540297	1180	608348	795042	130.69
21106			421855	23683	458440	384824	83.94
14900		15497	740616	12779	769403	665924	86.55
7784		838	22311		31987	23566	73.67
1250			25071		26321	25061	95.21
3245601	**15200**	**475412**	**79810487**	**1526231**	**83729190**	**59395663**	**70.94**
98206		25158	4340968	113474	4374389	3488693	79.75
32990		12040	1825114	36984	1882310	1477462	78.49
40726	100	17609	1511485	32461	1540050	899989	58.44
9500			371723		271122	157441	58.07
122997		8900	1744116	50764	1861593	1449135	77.84
79907		35715	2795122	89220	2923267	2367529	80.99
47400		10483	817765	9330	844114	686517	81.33
60878		24300	1862789	36795	1943010	1437259	73.97
63861		13927	1271116	24541	1341410	865270	64.50
55755			1292840	66835	1324048	852568	64.39
56853			1401208	3730	1442663	804472	55.76
51300		26419	881407	15408	937595	750894	80.09
12591			310547	2000	307923	203375	66.05
155227		23298	3856304	19588	3958357	2600409	65.69
49692			2014689	19740	2069620	1297356	62.69
3520			170070		170521	161080	94.46
262234		125175	4222662	41181	4375167	3378639	77.22
201467		8600	8112174	116763	8268016	5615188	67.91
180640		8600	1613029	21040	1844076	1829886	99.23
91300			2049272	31161	2201277	1395567	63.40
155945		13600	4467371	70391	4652747	3422671	73.56

5—17 续表1 continued

行 业	Sector	本年资金来源合计 Total Funds This Year	国家预算资金 State Budget
通用设备制造业	Equipments in Current Use	6944370	
专用设备制造业	Special Equipment Manufacturing	6850124	22930
汽车制造业	Automobile Manufacturing Industry	5303343	2316
铁路、船舶、航空航天和其他运输设备制造业	Railway, Shipbuilding, Aerospace, and Other Transportation Equipment Manufacturing Industry	832670	
电气机械和器材制造业	Electric Equipment and Machinery	8182078	1304
计算机、通信和其他电子设备制造业	Computers, Communications and Other Electronic Equipment Manufacturing Industry	4753912	
仪器仪表制造业	Instrument Manufacturing	809519	
其他制造业	Other Manufacturing	581739	1380
废弃资源综合利用业	Comprehensive Utilization of Waste Resources	663061	1300
金属制品、机械和设备修理业	Metal Products, Machinery and Equipment Repair	261255	
电力、热力、燃气及水的生产和供应业	**Production and Supply of Electricity, Heat, Gas and Water**	**6446444**	**386560**
电力、热力生产和供应业	Electricity, Heat Production and Supply Industry	4785659	165714
燃气生产和供应业	Gas Production and Supply Industry	494948	1600
水的生产和供应业	Water Production and Supply Industry	1165837	219246
建筑业	**Construction**	**1518315**	**171743**
房屋建筑业	Housing Industry	298699	
土木工程建筑业	Civil Engineering Construction	689419	171743
建筑安装业	Construction and Installation Industry	140129	
建筑装饰和其他建筑业	Building Decoration and Other Construction	390068	
批发和零售业	**Wholesale and Retail Trade**	**8073908**	**31135**
批发业	Wholesale	3649022	4013
零售业	Retail Trade	4424886	27122
交通运输、仓储和邮政业	**Transport, Storage and Postal Services**	**11151546**	**1905665**
铁路运输业	Railway Transport	1198327	350930
道路运输业	Highway Transport	6782472	1432703
水上运输业	Water Way Transport	882507	67873
航空运输业	Air Transport	33639	
管道运输业	Pipeline Transport	36004	3820
装卸搬运和运输代理业	Handling and Shipping Agents	812523	
仓储业	Warehousing	1320751	50317
邮政业	Postal Services	85323	22
住宿和餐饮业	**Accommodation and Catering Trade**	**2404099**	**1873**
住宿业	Accommodation Trade	1355940	
餐饮业	Catering Services	1048159	1873
信息传输、软件和信息技术服务业	**Information Transmission, Software and Information Technology Services**	**1389798**	**79124**
电信、广播电视和卫星传输服务	Telecommunications, Broadcasting and TV Transmission and Satellite Services	417287	71619
互联网和相关服务	The Internet and Related Services	116480	
软件和信息技术服务业	Software and Information Technology Services	856031	7505

单位：万元（10000 yuan）

国内贷款 Domestic Loans	债券 Bonds	利用外资 Foreign Investment	自筹资金 Self-raising Funds	其他资金 Others	投资额 Investment	新增固定资产 Newly Increased Fixed Assets	固定资产交付使用率(%) Rate of Projects of Fixed Assets Completed and Put into Use (%)
237670		9122	6612650	84928	7034980	5436030	77.27
372672		15200	6307365	131957	6650095	4104349	61.72
146625		51098	5070041	33263	5209971	3562367	68.38
54859			775301	2510	806422	508765	63.09
335950		31324	7751413	62087	8355422	5758393	68.92
164290	15100	5312	4342194	227016	4760450	3316128	69.66
26200		7532	766182	9605	901383	569436	63.17
19860			417164	143335	562637	331305	58.88
29566		2000	626081	4114	656883	478936	72.91
24920			210325	26010	257672	188554	73.18
1293652		**56417**	**4577461**	**132354**	**5730423**	**3660760**	**63.88**
1215200		50380	3269350	85015	4051189	2327820	57.46
21580		926	465742	5100	487481	442595	90.79
56872		5111	842369	42239	1191753	890345	74.71
12275			**1225309**	**108988**	**1526232**	**980600**	**64.25**
1300			283424	13975	298621	180183	60.34
3300			424313	90063	702144	318524	45.36
4000			135629	500	142775	134198	93.99
3675			381943	4450	382692	347695	90.86
151636		**17376**	**7660800**	**212961**	**7935598**	**6389578**	**80.52**
79316		1000	3489310	75383	3574315	3036023	84.94
72320		16376	4171490	137578	4361283	3353555	76.89
1180308		**33600**	**6621301**	**1410672**	**10986882**	**5394104**	**49.10**
233783		10000	310227	293387	1188877	936767	78.79
833299			3512641	1003829	6838188	2741981	40.10
35606		21800	708162	49066	842423	569642	67.62
			28839	4800	26048	38305	147.06
			32184		35711	35111	98.32
34200			725504	52819	757856	368704	48.65
43420		1800	1219193	6021	1217689	624062	51.25
			84551	750	80090	79532	99.30
33199		**5000**	**2298950**	**65077**	**2337008**	**1830590**	**78.33**
27429		5000	1291323	32188	1304013	945214	72.49
5770			1007627	32889	1032995	885376	85.71
28800			**1269619**	**12255**	**1504824**	**1085074**	**72.11**
			338288	7380	426888	317668	74.41
			116480		110100	93152	84.61
28800			814851	4875	967836	674254	69.67

5—17 续表2 continued

行 业	Sector	本年资金来源合计 Total Funds This Year	国家预算资金 State Budget
金融业	**Banking**	**1042475**	**31368**
货币金融服务	Monetary and Financial Services	629251	13530
资本市场服务	Capital Market Services	241378	17838
保险业	Insurance	108274	
其他金融业	Other Financial Activities	63572	
房地产业	**Real Estate**	**63384166**	**1426514**
租赁和商务服务业	**Leasing and Commercial Services**	**3558173**	**74481**
租赁业	Leasing	230290	
商务服务业	Commercial Services	3327883	74481
科学研究和技术服务业	**Scientific Research and Technical Services**	**2103127**	**73775**
研究和试验发展	Research and Experimental Development	655266	26521
专业技术服务业	Professional and Technical Services	987814	16356
科技推广和应用服务业	Science and Technology Popularization and Application Services	460047	30898
水利、环境和公共设施管理业	**Water Conservancy, Environmental and Public Facilities Management**	**19406388**	**4758107**
水利管理业	Water Conservancy Management	2395746	954323
生态保护和环境治理业	Ecological Protection and Environmental Governance Industry	441639	136211
公共设施管理业	Public Facilities Management	16569003	3667573
居民服务、修理和其他服务业	**Residents Service, Repair and Other Services**	**885792**	**71660**
居民服务业	Resident Services	393013	65254
机动车、电子产品和日用产品修理业	Motor Vehicle Repair Industry, Electronic Products and Daily Products	320661	5406
其他服务业	Other Services	172118	1000
教 育	**Education**	**2472712**	**556547**
卫生和社会工作	**Health and Social Wwork**	**1765974**	**313681**
卫 生	Health	1507004	258047
社会工作	Social Wwork	258970	55634
文化、体育和娱乐业	**Culture, Sports and Entertainment**	**2100580**	**205200**
新闻和出版业	Press and Publication	29328	
广播、电视、电影和影视录音制作业	Radio, Television, Film and Television Recording Studios	140006	3600
文化艺术业	Culture and Arts	971751	112775
体 育	Sports	314481	85975
娱乐业	Entertainment	645014	2850
公共管理、社会保障和社会组织	**Public Management, Social Security and Social Organization**	**3740190**	**1193077**
中国共产党机关	Organs of Chinese Communist Party	6480	
国家机构	State Organs	2788678	1048598
人民政协、民主党派	CPPCC and Democratic Parties	7660	
社会保障	The Social Security	179348	34669
群众团体、社会团体和其他成员组织	Mass Organizations, Social Organizations and Religious Organizations	196337	5723
基层群众自治组织	The Grassroots Autonomous Organizations	561687	104087

单位：万元（10000 yuan）

					投资额 Investment	新增固定资产 Newly Increased Fixed Assets	固定资产交付使用率(%) Rate of Projects of Fixed Assets Completed and Put into Use (%)
国内贷款 Domestic Loans	债券 Bonds	利用外资 Foreign Investment	自筹资金 Self-raising Funds	其他资金 Others			
4994			**964643**	**41470**	**1023860**	**738462**	**72.13**
			586801	28920	618807	502961	81.28
4994			211346	7200	244053	129999	53.27
			108274		107161	82676	77.15
			58222	5350	53839	22826	42.40
6079466		**46891**	**30316487**	**25514808**	**54056960**	**27846290**	**51.51**
35320			**3354162**	**94210**	**3357969**	**2439057**	**72.63**
3540			226750		216413	184017	85.03
31780			3127412	94210	3141556	2255040	71.78
80018		**4020**	**1936634**	**8680**	**2194817**	**1445671**	**65.87**
10600		4020	614125		763848	457331	59.87
7120			956258	8080	984145	654042	66.46
62298			366251	600	446824	334298	74.82
1042710	**86680**	**76545**	**12005381**	**1436965**	**19055987**	**13328903**	**69.95**
96814			1166277	178332	2454285	1508814	61.48
33890			253078	18460	444927	226981	51.02
912006	86680	76545	10586026	1240173	16156775	11593108	71.75
6500			**791211**	**16421**	**931180**	**760178**	**81.64**
4500			315238	8021	406626	348619	85.73
2000			306355	6900	346450	279975	80.81
			169618	1500	178104	131584	73.88
134720			**1684658**	**96787**	**2358152**	**1725478**	**73.17**
39715		**6200**	**1360419**	**45959**	**1712228**	**1176325**	**68.70**
36915		6200	1170701	35141	1461676	976878	66.83
2800			189718	10818	250552	199447	79.60
54391		**19640**	**1700328**	**121021**	**1950601**	**1464846**	**75.10**
			29328		33289	33672	101.15
		3350	129744	3312	138223	118795	85.94
16516		15000	728761	98699	909713	724046	79.59
14935			206071	7500	311685	222020	71.23
22940		1290	606424	11510	557691	366313	65.68
20822	**1824**	**8162**	**2263073**	**253232**	**3559184**	**2582012**	**72.55**
6480					7765	2000	25.76
11760	1824	7662	1560686	158148	2664895	1886863	70.80
			7660		7610	3790	49.80
			121653	23026	136363	110251	80.85
			167471	23143	214027	131106	61.26
2582		500	405603	48915	528524	448002	84.76

5—18 各市固定资产投资资金来源和新增固定资产（2014年）

Investment Funds Resource and Newly Added Infixed Assests by Region (2014)

单位：万元（10000 yuan）

地区	Region	本年资金来源合计 Total Funds This Year	国家预算资金 State Budget	国内贷款 Domestic Loans	债券 Bonds	利用外资 Foreign Investment
总计	**Total**	**225572142**	**11675513**	**13861008**	**103704**	**828211**
合肥市	Hefei	56382001	2813595	2999172		165734
淮北市	Huaibei	9019067	116965	1262612		
亳州市	Bozhou	7013615	561155	212553		
宿州市	Suzhou	10341158	95845	300817	6100	167265
蚌埠市	Bengbu	12786171	944809	878894		55917
阜阳市	Fuyang	8325712	720841	399289		21800
淮南市	Huainan	8489021	363978	561340		25311
滁州市	Chuzhou	13703455	528817	953641	11600	61070
六安市	Luan	10982861	1149433	519176		93299
马鞍山市	Maanshan	17205769	508857	1358243		107922
芜湖市	Wuhu	25885904	584097	1292577		54458
宣城市	Xuancheng	11968387	1433590	629417		32270
铜陵市	Tongling	7701644	208000	569970	84080	2000
池州市	Chizhou	5473371	198123	398182		5000
安庆市	Anqing	14909538	753105	1217725		14315
黄山市	Huangshan	5384468	694303	307400	1924	21850

地区	Region	自筹资金 Self-raising Funds	其他资金 Others	投资额 Investment	新增固定资产 Newly Increased Fixed Assets	固定资产交付使用率(%) Rate of Projects of Fixed Assets Completed and Put into Use (%)
总计	**Total**	**167781620**	**31322086**	**212562939**	**138773275**	**65.29**
合肥市	Hefei	39606256	10797244	53026372	32682895	61.64
淮北市	Huaibei	6909021	730469	8408397	5126893	60.97
亳州市	Bozhou	5323333	916574	6508985	2788132	42.84
宿州市	Suzhou	7811605	1959526	9457973	5434776	57.46
蚌埠市	Bengbu	9281460	1625091	12441839	7256786	58.33
阜阳市	Fuyang	5435622	1748160	8051320	3625313	45.03
淮南市	Huainan	6555851	982541	7552729	4565011	60.44
滁州市	Chuzhou	9961866	2186461	12481572	9874697	79.11
六安市	Luan	7626063	1594890	10038153	8118634	80.88
马鞍山市	Maanshan	14429623	801124	16747414	14040693	83.84
芜湖市	Wuhu	22151987	1802785	23926406	14621589	61.11
宣城市	Xuancheng	8488853	1384257	11401195	7572278	66.42
铜陵市	Tongling	5785453	1052141	7675973	5604657	73.02
池州市	Chizhou	3677344	1194722	5380392	4173993	77.58
安庆市	Anqing	11302302	1622091	13947517	9856657	70.67
黄山市	Huangshan	3434981	924010	5516702	3430271	62.18

5—19 各市项目投资资金来源和新增固定资产（2014年）

Projests Investment Funds Resource and Newly Added Infixed Assests by Region (2014)

单位：万元（10000 yuan）

地　区	Region	本年资金来源合计 Total Funds This Year	国家预算资金 State Budget	国内贷款 Domestic Loans	债　券 Bonds	利用外资 Foreign Investment
总　　计	**Total**	**173260463**	**11675513**	**8181662**	**103704**	**800401**
合 肥 市	Hefei	40522117	2813595	820857		157924
淮 北 市	Huaibei	7423824	116965	1175637		
亳 州 市	Bozhou	4639593	561155	75063		
宿 州 市	Suzhou	8222666	95845	158922	6100	167265
蚌 埠 市	Bengbu	8535076	944809	462988		35917
阜 阳 市	Fuyang	5619138	720841	242908		21800
淮 南 市	Huainan	7019327	363978	321657		25311
滁 州 市	Chuzhou	9991502	528817	772780	11600	61070
六 安 市	Luan	8571713	1149433	306691		93299
马鞍山市	Maanshan	14632836	508857	998286		107922
芜 湖 市	Wuhu	20793860	584097	475620		54458
宣 城 市	Xuancheng	9687828	1433590	378755		32270
铜 陵 市	Tongling	6168985	208000	400916	84080	2000
池 州 市	Chizhou	4247428	198123	263731		5000
安 庆 市	Anqing	13102048	753105	1102489		14315
黄 山 市	Huangshan	4082522	694303	224362	1924	21850

地　区	Region	自筹资金 Self-raising Funds	其他资金 Others	投资额 Investment	新增固定资产 Newly Increased Fixed Assets	固定资产交付使用率(%) Rate of Projects of Fixed Assets Completed and Put into Use (%)
总　　计	**Total**	**145743108**	**6756075**	**169173336**	**118424481**	**70.00**
合 肥 市	Hefei	35407369	1322372	41752861	28319335	67.83
淮 北 市	Huaibei	6045592	85630	6884363	4817026	69.97
亳 州 市	Bozhou	3935762	67613	4418389	1983845	44.90
宿 州 市	Suzhou	6913756	880778	7634655	4784520	62.67
蚌 埠 市	Bengbu	7011858	79504	8372198	5739518	68.55
阜 阳 市	Fuyang	4300129	333460	5894664	3291529	55.84
淮 南 市	Huainan	6065510	242871	6447728	4026820	62.45
滁 州 市	Chuzhou	8140888	476347	9426915	7145475	75.80
六 安 市	Luan	6683729	338561	8215406	7349232	89.46
马鞍山市	Maanshan	12859014	158757	14291579	12391327	86.70
芜 湖 市	Wuhu	19446999	232686	19136278	11332844	59.22
宣 城 市	Xuancheng	7562393	280820	9383476	6708928	71.50
铜 陵 市	Tongling	5123591	350398	6348339	5118619	80.63
池 州 市	Chizhou	3090875	689699	4339217	3669367	84.56
安 庆 市	Anqing	10514072	718067	12478090	8793571	70.47
黄 山 市	Huangshan	2641571	498512	4149178	2952525	71.16

5—20 各市分行业新增固定资产（2014年）
Newly Increased Fixed Assets by Industry by Region (2014)

单位：万元（10000 yuan）

地区 Region	合计 Total	农林牧渔业 Agriculture, Forestry, Animal Husbandry and Fishery	采矿业 Mining	制造业 Manufacturing	电力、热力、燃气及水的生产和供应业 Production and Supply of Electricity, Heat, Gas and Water	建筑业 Construction	批发和零售业 Wholesale and Retail Trade	交通运输、仓储和邮政业 Transport, Storage, Post & Telecommunications	住宿和餐饮业 Accommodation and Catering Trade	信息传输、计算机服务和软件业 Information, Circulation Computer Services and Software
总计 Total	**138773275**	**4260669**	**2269015**	**59395663**	**3660760**	**980600**	**6389578**	**5394104**	**1830590**	**1085074**
合肥市 Hefei	32682895	487886	198718	11116871	652040	396483	3109831	965802	603097	676214
淮北市 Huaibei	5126893	127265	132194	3514745	83112	4966	114126	145707	20800	
亳州市 Bozhou	2788132	65216	50452	989375	123283		25360	65533	23700	3600
宿州市 Suzhou	5434776	188797	345563	3046870	164100	46827	101216	234490	4030	
蚌埠市 Bengbu	7256786	280262	21428	3144197	113753	97473	101560	161975	19275	12131
阜阳市 Fuyang	3625313	171364	47658	1581993	142445	1865	162123	246234	19264	
淮南市 Huainan	4565011	458848	69323	1134441	452246	41902	107722	73466	97875	
滁州市 Chuzhou	9874697	183220	55002	4298763	261018	15270	61238	153172	12115	25618
六安市 Luan	8118634	531526	389714	3272478	419764	14460	101931	391542	109788	39630
马鞍山市 Maanshan	14040693	283826	142424	6728686	258681	30360	879233	526118	153442	90085
芜湖市 Wuhu	14621589	514673	117789	5400466	219166	174939	752553	1020500	182762	156904
宣城市 Xuancheng	7572278	162207	157459	3963243	208870	20838	106041	336298	189669	
铜陵市 Tongling	5604657	205137	232810	2656400	105739	43686	376036	191029	183965	46275
池州市 Chizhou	4173993	77862	135830	2495802	140927	27975	5500	238746	35669	4500
安庆市 Anqing	9856657	358109	158291	5188210	232578	61156	271232	455086	63560	21862
黄山市 Huangshan	3430271	164471	14360	863123	83038	2400	113876	188406	111579	8255

地区 Region	金融业 Banking	房地产业 Real Estate	租赁和商务服务业 Leasing and Commercial Services	科学研究和技术服务业 Scientific Research and Technical Services	水利、环境和公共设施管理业 Water Conservancy, Environmental and Public Facilities Management	居民服务、修理和其他服务业 Residents Service, Repair and Other Services	教育 Education	卫生和社会工作 Health and Social Work	文化、体育和娱乐业 Culture, Sports and Entertainment	公共管理、社会保障和社会组织 Public Management, Social Security and Social Organization
总计 Total	**738462**	**27846290**	**2439057**	**1445671**	**13328903**	**760178**	**1725478**	**1176325**	**1464846**	**2582012**
合肥市 Hefei	535998	6750918	1031904	635095	3437198	293216	431274	379093	522471	458786
淮北市 Huaibei	1501	658583	10453	7638	114234	640	102299	44980	33095	10555
亳州市 Bozhou	11000	1042796		1900	223159	3600	39585	53840	22271	43462
宿州市 Suzhou		697916	56606		292411	500	35616	21612	24659	173563
蚌埠市 Bengbu	12101	2025659	44445	171885	556596	40076	118129	53618	34033	248190
阜阳市 Fuyang		680600	23562	2150	161848	9823	130599	35021	23934	184830
淮南市 Huainan	1535	1189237	12400		578000	25528	98276	34817	49422	139973
滁州市 Chuzhou		3398726	2730	6412	884919	6381	81076	119162	62082	247793
六安市 Luan	659	1300656	86618	19576	884744	51369	152495	83233	33626	234825
马鞍山市 Maanshan	28453	2149686	169705	342028	1860385	119169	30119	61255	88460	98578
芜湖市 Wuhu	24494	3958013	433776	134431	1080344	69209	108829	119746	121998	30997
宣城市 Xuancheng	18920	1098867	79190	24041	835489	12569	129745	51056	71554	106222
铜陵市 Tongling	30748	600223	67627	46623	462713	49531	65850	35468	4090	200707
池州市 Chizhou		567763	232119	5516	104931	2600	8220	2690	27592	59751
安庆市 Anqing	50443	1101982	63504	37687	1217442	38626	97493	57489	236240	145667
黄山市 Huangshan	22610	624665	124418	10689	634490	37341	95873	23245	109319	198113

5—21 各行业施工、投产项目个数（2014年）
The Number of Construction and Put Into Operation by Industry (2014)

行业	Sector	施工项目（个）Number of Projects under Construction (unit)	#新开工 Started This Year	全部建成投产项目（个）Number of Projects Completed and Put into Use (unit)	项目建成投产率(%) Rate of Projects Completed & Put into Use (%)
总　　计	**Total**	**30373**	**22409**	**22079**	**72.69**
农、林、牧、渔业	**Agriculture, Forestry, Animal Husbandry and Fisher**	**1653**	**1316**	**1222**	**73.93**
农　业	Farming	636	508	450	70.75
林　业	Forestry	234	192	177	75.64
畜牧业	Animal Husbandry	405	314	306	75.56
渔　业	Fishery	116	96	93	80.17
农、林、牧、渔服务业	Agricultural Services	262	206	196	74.81
采矿业	**Mining**	**520**	**405**	**401**	**77.12**
煤炭开采和洗选业	Coal Mining and Washing Industry	63	42	38	60.32
石油和天然气开采业	Oil and Gas Industry	6	6	5	83.33
黑色金属矿采选业	Ferrous Metal CaiXuanYe	103	77	86	83.50
有色金属矿采选业	CaiXuanYe Nonferrous Metallic Deposits	103	87	78	75.73
非金属矿采选业	CaiXuanYe Non-metallic Mineral	227	178	181	79.74
开采辅助活动	Mining Auxiliary Activities	11	8	7	63.64
其他采矿业	Other Mining	7	7	6	85.71
制造业	**Manufacturing**	**13825**	**10056**	**10203**	**73.80**
农副食品加工业	Agricultural and Sideline Products Processing Industry	1002	747	724	72.26
食品制造业	Food Manufacturing	404	313	294	72.77
酒、饮料和精制茶制造业	Wine, Drinks and Refined Tea Manufacturing	285	200	186	65.26
烟草制品业	Tobacco Products	15	7	11	73.33
纺织业	Textile Industry	365	257	284	77.81
纺织服装、服饰业	Textile and Garment, Apparel Industry	733	556	583	79.54
皮革、毛皮、羽毛及其制品和制鞋业	Leather, Fur, Feather and Its Products and Footwear	179	131	133	74.30
木材加工和木、竹、藤、棕、草制品业	Wood Processing and Wood, Bamboo, Cane, Palm, Grass Products	477	373	335	70.23
家具制造业	Furniture Manufacturing	265	192	206	77.74
造纸和纸制品业	Paper and Paper Products	225	167	155	68.89
印刷和记录媒介复制业	Printing and Duplicating Industry Record Media	245	186	170	69.39
文教、工美、体育和娱乐用品制造业	Cultural and Educational Supplies Manufacturing, Industrial, Sporting and Entertainment	226	152	169	74.78
石油加工、炼焦和核燃料加工业	Petroleum Processing, Coking and Nuclear Fuel Processing	30	17	18	60.00
化学原料和化学制品制造业	Raw Chemical Materials and Chemical Products	570	375	438	76.84
医药制造业	Pharmaceutical Manufacturing Industry	337	202	233	69.14
化学纤维制造业	Chemical Fiber Industry	27	16	18	66.67
橡胶和塑料制品业	Rubber and Plastic Products	869	645	670	77.10
非金属矿物制品业	Nonmetal Mineral Products	1483	1118	1071	72.22
黑色金属冶炼和压延加工业	Smelting and Pressing of Ferrous Metals	222	170	171	77.03
有色金属冶炼和压延加工业	Smelting and Pressing of Nonferrous Metals	197	130	127	64.47

注：本表不含房地产开发投资。
a) Data in this table do not include investment in real estate development.

5—21 续表1 continued

行　业	Sector	施工项目 (个) Number of Projects under Construction (unit)	#新开工 Started This Year	全部建成投产项目 (个) Number of Projects Completed and Put into Use (unit)	项目建成投产率 (%) Rate of Projects Completed & Put into Use (%)
金属制品业	Metal Products	843	638	625	74.14
通用设备制造业	Equipments in Current Use	1106	866	881	79.66
专用设备制造业	Special Equipment Manufacturing	919	632	657	71.49
汽车制造业	Automobile Manufacturing Industry	707	484	533	75.39
铁路、船舶、航空航天和其他运输设备制造业	Railway, Shipbuilding, Aerospace, and Other Transportation Equipment Manufacturing Industry	148	108	97	65.54
电气机械和器材制造业	Electric Equipment and Machinery	1097	774	828	75.48
计算机、通信和其他电子设备制造业	Computers, Communications and Other Electronic Equipment Manufacturing Industry	430	285	299	69.53
仪器仪表制造业	Instrument Manufacturing	186	146	123	66.13
其他制造业	Other Manufacturing	104	75	71	68.27
废弃资源综合利用业	Comprehensive Utilization of Waste Resources	88	60	61	69.32
金属制品、机械和设备修理业	Metal Products, Machinery and Equipment Repair	41	34	32	78.05
电力、热力、燃气及水的生产和供应业	**Production and Supply of Electricity, Heat, Gas and Water**	**933**	**626**	**638**	**68.38**
电力、热力生产和供应业	Electricity, Heat Production and Supply Industry	468	296	316	67.52
燃气生产和供应业	Gas Production and Supply Industry	97	56	62	63.92
水的生产和供应业	Water Production and Supply Industry	368	274	260	70.65
建筑业	**Construction**	**286**	**261**	**225**	**78.67**
房屋建筑业	Housing Industry	50	43	32	64.00
土木工程建筑业	Civil Engineering Construction	94	80	64	68.09
建筑安装业	Construction and Installation Industry	32	31	31	96.88
建筑装饰和其他建筑业	Building Decoration and Other Construction	110	107	98	89.09
批发和零售业	**Wholesale and Retail Trade**	**1767**	**1545**	**1382**	**78.21**
批发业	Wholesale	908	807	701	77.20
零售业	Retail Trade	859	738	681	79.28
交通运输、仓储和邮政业	**Transport, Storage and Postal Services**	**1277**	**882**	**828**	**64.84**
铁路运输业	Railway Transport	34	15	16	47.06
道路运输业	Highway Transport	900	621	566	62.89
水上运输业	Water Way Transport	82	57	56	68.29
航空运输业	Air Transport	4	2	4	100.00
管道运输业	Pipeline Transport	5	5	3	60.00
装卸搬运和运输代理业	Handling and Shipping Agents	73	51	58	79.45
仓储业	Warehousing	166	120	118	71.08
邮政业	Postal Services	13	11	7	53.85
住宿和餐饮业	**Accommodation and Catering Trade**	**504**	**397**	**399**	**79.17**
住宿业	Accommodation Trade	230	155	165	71.74
餐饮业	Catering Services	274	242	234	85.40
信息传输、软件和信息技术服务业	**Information Transmission, Software and Information Technology Services**	**342**	**308**	**270**	**78.95**
电信、广播电视和卫星传输服务	Telecommunications, Broadcasting and TV Transmission and Satellite Services	99	84	71	71.72
互联网和相关服务	The Internet and Related Services	28	28	22	78.57
软件和信息技术服务业	Software and Information Technology Services	215	196	177	82.33

5—21 续表2 continued

行　业	Sector	施工项目(个) Number of Projects under Construction (unit)	#新开工 Started This Year	全部建成投产项目(个) Number of Projects Completed and Put into Use (unit)	项目建成投产率(%) Rate of Projects Completed & Put into Use (%)
金融业	**Banking**	**122**	**91**	**89**	**72.95**
货币金融服务	Monetary and Financial Services	61	42	43	70.49
资本市场服务	Capital Market Services	42	34	32	76.19
保险业	Insurance	11	8	8	72.73
其他金融业	Other Financial Activities	8	7	6	75.00
房地产业	**Real Estate**	**1414**	**850**	**922**	**65.21**
租赁和商务服务业	**Leasing and Commercial Services**	**659**	**557**	**502**	**76.18**
租赁业	Leasing	67	59	56	83.58
商务服务业	Commercial Services	592	498	446	75.34
科学研究和技术服务业	**Scientific Research and Technical Services**	**429**	**370**	**345**	**80.42**
研究和试验发展	Research and Experimental Development	161	150	147	91.30
专业技术服务业	Professional and Technical Services	169	140	129	76.33
科技推广和应用服务业	Science and Technology Popularization and Application Services	99	80	69	69.70
水利、环境和公共设施管理业	**Water Conservancy, Environmental and Public Facilities Management**	**4057**	**2890**	**2851**	**70.27**
水利管理业	Water Conservancy Management	589	416	430	73.01
生态保护和环境治理业	Ecological Protection and Environmental Governance Industry	111	92	67	60.36
公共设施管理业	Public Facilities Management	3357	2382	2354	70.12
居民服务、修理和其他服务业	**Residents Service, Repair and Other Services**	**241**	**202**	**190**	**78.84**
居民服务业	Resident Services	118	97	81	68.64
机动车、电子产品和日用产品修理业	Motor Vehicle Repair Industry, Electronic Products and Daily Products	93	78	84	90.32
其他服务业	Other Services	30	27	25	83.33
教　育	**Education**	**588**	**420**	**416**	**70.75**
卫生和社会工作	**Health and Social Wwork**	**369**	**262**	**234**	**63.41**
卫　生	Health	279	187	169	60.57
社会工作	Social Wwork	90	75	65	72.22
文化、体育和娱乐业	**Culture, Sports and Entertainment**	**357**	**249**	**267**	**74.79**
新闻和出版业	Press and Publication	8	6	7	87.50
广播、电视、电影和影视录音制作业	Radio, Television, Film and Television Recording Studios	31	24	27	87.10
文化艺术业	Culture and Arts	149	94	116	77.85
体　育	Sports	63	49	39	61.90
娱乐业	Entertainment	106	76	78	73.58
公共管理、社会保障和社会组织	**Public Management, Social Security and Social Organization**	**1030**	**722**	**695**	**67.48**
中国共产党机关	Organs of Chinese Communist Party	2		1	50.00
国家机构	State Organs	760	512	507	66.71
人民政协、民主党派	CPPCC and Domocratic Parties	3	3	1	33.33
社会保障	The Social Security	35	30	16	45.71
群众团体、社会团体和其他成员组织	Mass Organizations, Social Organizations and Religious Organizations	56	43	40	71.43
基层群众自治组织	The Grassroots Autonomous Organizations	174	134	130	74.71

5—22 各行业按建设性质分项目投资（2014年）

The Project Investment by Industries by Type of Construction (2014)

单位：万元（10000 yuan）

行　　业	Sector	新　建 New Construction	扩　建 Expansion	改建和技术改造 Reconstruction and Technical Transformation
总　计	**Total**	**105154785**	**29770956**	**29453516**
农、林、牧、渔业	**Agriculture, Forestry, Animal Husbandry and Fishery**	**4523158**	**709956**	**163785**
农　业	Farming	1846868	397503	46230
林　业	Forestry	702476	85470	11651
畜牧业	Animal Husbandry	937586	133695	18234
渔　业	Fishery	344214	26366	9700
农、林、牧、渔服务业	Agricultural Services	692014	66922	77970
采矿业	**Mining**	**968437**	**471336**	**1690962**
煤炭开采和洗选业	Coal Mining and Washing Industry	328368	95448	839625
石油和天然气开采业	Oil and Gas Industry	27200	6840	
黑色金属矿采选业	Ferrous Metal CaiXuanYe	144764	121155	334226
有色金属矿采选业	CaiXuanYe Nonferrous Metallic Deposits	149441	90434	165523
非金属矿采选业	CaiXuanYe Non-metallic Mineral	308321	139978	321104
开采辅助活动	Mining Auxiliary Activities	10343	2420	19224
其他采矿业	Other Mining		15061	11260
制造业	**Manufacturing**	**46577192**	**16326829**	**18331652**
农副食品加工业	Agricultural and Sideline Products Processing Industry	2553756	798409	963787
食品制造业	Food Manufacturing	1037518	397437	378827
酒、饮料和精制茶制造业	Wine, Drinks and Refined Tea Manufacturing	769490	334685	391991
烟草制品业	Tobacco Products	126091	107696	37335
纺织业	Textile Industry	1033457	260479	520482
纺织服装、服饰业	Textile and Garment, Apparel Industry	1821737	473779	562046
皮革、毛皮、羽毛及其制品和制鞋业	Leather, Fur, Feather and Its Products and Footwear	525891	166699	141808
木材加工和木、竹、藤、棕、草制品业	Wood Processing and Wood, Bamboo, Cane, Palm, Grass Products	1330511	238275	329547
家具制造业	Furniture Manufacturing	735113	404692	138776
造纸和纸制品业	Paper and Paper Products	744280	241978	302596
印刷和记录媒介复制业	Printing and Duplicating Industry Record Media	782749	276795	343419
文教、工美、体育和娱乐用品制造业	Cultural and Educational Supplies Manufacturing, Industrial, Sporting and Entertainment	580557	185127	160131
石油加工、炼焦和核燃料加工业	Petroleum Processing, Coking and Nuclear Fuel Processing	137645	13989	146107
化学原料和化学制品制造业	Raw Chemical Materials and Chemical Products	2452077	625506	798027
医药制造业	Pharmaceutical Manufacturing Industry	1325029	350073	384906
化学纤维制造业	Chemical Fiber Industry	68048	15452	76606
橡胶和塑料制品业	Rubber and Plastic Products	2223266	927695	1039733
非金属矿物制品业	Nonmetal Mineral Products	4959479	1377071	1739653
黑色金属冶炼和压延加工业	Smelting and Pressing of Ferrous Metals	674054	306320	677375
有色金属冶炼和压延加工业	Smelting and Pressing of Nonferrous Metals	1435903	188752	512430
金属制品业	Metal Products	2297906	1057948	1114653
通用设备制造业	Equipments in Current Use	3651142	1322165	1853332

5—22 续表1 continued

单位：万元（10000 yuan）

行业	Sector	新建 New Construction	扩建 Expansion	改建和技术改造 Reconstruction and Technical Transformation
专用设备制造业	Special Equipment Manufacturing	3816944	1478682	1111286
汽车制造业	Automobile Manufacturing Industry	2291987	1356322	1436136
铁路、船舶、航空航天和其他运输设备制造业	Railway, Shipbuilding, Aerospace, and Other Transportation Equipment Manufacturing Industry	489693	143565	153431
电气机械和器材制造业	Electric Equipment and Machinery	4412522	1903799	1786682
计算机、通信和其他电子设备制造业	Computers, Communications and Other Electronic Equipment Manufacturing Industry	3180641	838372	601285
仪器仪表制造业	Instrument Manufacturing	387536	172314	312012
其他制造业	Other Manufacturing	291188	166970	97554
废弃资源综合利用业	Comprehensive Utilization of Waste Resources	340947	88135	181980
金属制品、机械和设备修理业	Metal Products, Machinery and Equipment Repair	100035	107648	37719
电力、热力、燃气及水的生产和供应业	**Production and Supply of Electricity, Heat, Gas and Water**	**3275371**	**1222186**	**1201276**
电力、热力生产和供应业	Electricity, Heat Production and Supply Industry	2285789	831298	905140
燃气生产和供应业	Gas Production and Supply Industry	271985	146365	69131
水的生产和供应业	Water Production and Supply Industry	717597	244523	227005
建筑业	**Construction**	**965695**	**250147**	**202948**
房屋建筑业	Housing Industry	228067	29430	14359
土木工程建筑业	Civil Engineering Construction	546667	55530	58411
建筑安装业	Construction and Installation Industry	75902	28681	29250
建筑装饰和其他建筑业	Building Decoration and Other Construction	115059	136506	100928
批发和零售业	**Wholesale and Retail Trade**	**4475828**	**2009594**	**1043522**
批发业	Wholesale	1673162	1160763	504422
零售业	Retail Trade	2802666	848831	539100
交通运输、仓储和邮政业	**Transport, Storage and Postal Services**	**7267867**	**1940079**	**1185723**
铁路运输业	Railway Transport	911251	206705	70921
道路运输业	Highway Transport	4279866	1182440	1010965
水上运输业	Water Way Transport	335113	272702	28700
航空运输业	Air Transport	23818	2230	
管道运输业	Pipeline Transport	35711		
装卸搬运和运输代理业	Handling and Shipping Agents	617681	100331	17456
仓储业	Warehousing	1023220	164588	29881
邮政业	Postal Services	41207	11083	27800
住宿和餐饮业	**Accommodation and Catering Trade**	**1384415**	**564824**	**339387**
住宿业	Accommodation Trade	894090	206484	169419
餐饮业	Catering Services	490325	358340	169968
信息传输、软件和信息技术服务业	**Information Transmission, Software and Information Technology Services**	**951335**	**254397**	**267838**
电信、广播电视和卫星传输服务	Telecommunications, Broadcasting and TV Transmission and Satellite Services	218162	75203	125262
互联网和相关服务	The Internet and Related Services	63039	27825	12370
软件和信息技术服务业	Software and Information Technology Services	670134	151369	130206

5—22 续表2 continued

单位：万元（10000 yuan）

行业	Sector	新建 New Construction	扩建 Expansion	改建和技术改造 Reconstruction and Technical Transformation
金融业	**Banking**	**622925**	**141534**	**245001**
货币金融服务	Monetary and Financial Services	432252	54116	118039
资本市场服务	Capital Market Services	169712	57450	16891
保险业	Insurance	4715		102446
其他金融业	Other Financial Activities	16246	29968	7625
房地产业	**Real Estate**	**8895645**	**948790**	**436649**
租赁和商务服务业	**Leasing and Commercial Services**	**2507244**	**448765**	**318059**
租赁业	Leasing	122791	21888	53153
商务服务业	Commercial Services	2384453	426877	264906
科学研究和技术服务业	**Scientific Research and Technical Services**	**1540978**	**325966**	**279398**
研究和试验发展	Research and Experimental Development	556329	148088	59431
专业技术服务业	Professional and Technical Services	682677	103584	155039
科技推广和应用服务业	Science and Technology Popularization and Application Services	301972	74294	64928
水利、环境和公共设施管理业	**Water Conservancy, Environmental and Public Facilities Management**	**14094915**	**2438452**	**2414433**
水利管理业	Water Conservancy Management	1348137	432037	664292
生态保护和环境治理业	Ecological Protection and Environmental Governance Industry	275027	37548	130719
公共设施管理业	Public Facilities Management	12471751	1968867	1619422
居民服务、修理和其他服务业	**Residents Service, Repair and Other Services**	**508078**	**250600**	**138118**
居民服务业	Resident Services	277175	65095	63826
机动车、电子产品和日用产品修理业	Motor Vehicle Repair Industry, Electronic Products and Daily Products	164831	131575	32827
其他服务业	Other Services	66072	53930	41465
教育	**Education**	**1686073**	**415372**	**186106**
卫生和社会工作	**Health and Social Wwork**	**917428**	**353601**	**319274**
卫生	Health	743627	296293	299831
社会工作	Social Wwork	173801	57308	19443
文化、体育和娱乐业	**Culture, Sports and Entertainment**	**1400769**	**385251**	**137323**
新闻和出版业	Press and Publication	11971	5820	4561
广播、电视、电影和影视录音制作业	Radio, Television, Film and Television Recording Studios	100674	7350	27399
文化艺术业	Culture and Arts	750883	110301	43554
体育	Sports	211060	85058	14067
娱乐业	Entertainment	326181	176722	47742
公共管理、社会保障和社会组织	**Public Management, Social Security and Social Organization**	**2591432**	**313277**	**552062**
中国共产党机关	Organs of Chinese Communist Party	485		
国家机构	State Organs	1861496	215283	501523
人民政协、民主党派	CPPCC and Domocratic Parties	3820		3790
社会保障	The Social Security	119969	6539	9855
群众团体、社会团体和其他成员组织	Mass Organizations, Social Organizations and Religious Organizations	172827	32566	4294
基层群众自治组织	The Grassroots Autonomous Organizations	432835	58889	32600

5—23 各市施工、投产项目个数（2014年）
The Number of Construction and Put Into Operation by Region(2014)

地 区	Region	施工项目 (个) Number of Projects under Construction (unit)	#新开工 Started This Year	全部建成投产项目 (个) Number of Projects Completed and Put into Use (unit)	项目建成投产率 (%) Rate of Projects Completed & Put into Use (%)
总 计	**Total**	**30373**	**22409**	**22079**	**72.69**
合肥市	Hefei	5581	4779	4527	81.11
淮北市	Huaibei	946	707	685	72.41
亳州市	Bozhou	883	507	470	53.23
宿州市	Suzhou	1150	790	701	60.96
蚌埠市	Bengbu	1099	830	788	71.70
阜阳市	Fuyang	1209	804	716	59.22
淮南市	Huainan	971	604	596	61.38
滁州市	Chuzhou	2395	1545	1609	67.18
六安市	Luan	2373	1659	1815	76.49
马鞍山市	Maanshan	2683	2183	2180	81.25
芜湖市	Wuhu	2974	2342	2137	71.86
宣城市	Xuancheng	1430	1022	968	67.69
铜陵市	Tongling	931	705	792	85.07
池州市	Chizhou	921	621	624	67.75
安庆市	Anqing	3675	2531	2683	73.01
黄山市	Huangshan	1152	780	788	68.40

注：本表不含房地产开发投资。
a) Data in this table do not include investment in real estate development.

5—24 各市按建设性质分项目投资（2014年）
The Project Investment by Type of Construction by Region(2014)

单位：万元（10000 yuan）

地 区	Region	新 建 New Construction	扩 建 Expansion	改建和技术改造 Reconstruction and Technical Transformation
总 计	**Total**	**105154785**	**29770956**	**29453516**
合肥市	Hefei	18073525	14646460	8267934
淮北市	Huaibei	4211034	1134881	1489690
亳州市	Bozhou	3528182	153447	716223
宿州市	Suzhou	6309148	558973	725450
蚌埠市	Bengbu	7482895	440838	212981
阜阳市	Fuyang	3493529	1028390	1278616
淮南市	Huainan	4705061	711742	841768
滁州市	Chuzhou	7106994	874506	1253980
六安市	Luan	5667852	945735	1534763
马鞍山市	Maanshan	7946236	3212368	3002165
芜湖市	Wuhu	14145149	1516294	3036183
宣城市	Xuancheng	6893886	368326	1831228
铜陵市	Tongling	2657968	1051392	1084413
池州市	Chizhou	3227052	152006	742499
安庆市	Anqing	6335826	2679450	3015408
黄山市	Huangshan	3370448	296148	420215

5—25 按城乡分的项目投资主要指标（2014年）
Main Index of Investment Projects by Urban and Rural (2014)

指 标		Item		合 计 Total	城 镇 Urban Area	农村非农户 Non-Rural Households
完成投资	(万元)	Accomplished Investment	(10000 yuan)	169173336	153141582	16031754
#住 宅		Residential Buildings		3489595	2939402	550193
按建设性质分		Grouped By Type of Construction				
#新 建		New Construction		105154785	94131889	11022896
扩 建		Expansion		29770956	27422883	2348073
改建和技术改造		Reconstruction and Technical Reconstruction		29453516	27200497	2253019
按构成分		Grouped by Composition				
建筑工程		Construction		103800222	92474947	11325275
安装工程		Installation		13032506	11947554	1084952
设备工器具购置		Purchase of Equipment and Instruments		44812499	42025558	2786941
#用于更新的设备		Using in Renewing Equipments		6980199	6535625	444574
其他费用		Others		7528109	6693523	834586
施工项目个数	(个)	Number of Projects	(unit)			
施工项目个数		Number of Construction		30373	26201	4172
#本年新开工		Started this Year		22409	19246	3163
本年投产项目个数		Number of Putting Into Operation of Projects this Year		22079	18947	3132
房屋施工面积	(平方米)	Floor Space of Buildings Under Construction	(sq.m)	250235575	226593941	23641634
#住 宅		Residential Buildings		41790209	36989904	4800305
房屋竣工面积	(平方米)	Floor Space of Buildings Completed	(sq.m)	78050045	68450306	9599739
#住 宅		Residential Buildings		13269797	10481306	2788491
房屋竣工价值	(万元)	Value of Buildings Completed	(10000 yuan)	12853067	11393945	1459122
#住 宅		Residential Buildings		1731889	1324093	407796
新增固定资产	(万元)	Newly Increased Assets	(10000 yuan)	120389212	107543373	12845839
本年资金来源合计	(万元)	Total Funds This Year	(10000 yuan)	173260463	156389849	16870614
国家预算资金		State Budget		11675513	9880002	1795511
国内贷款		Domestic Loans		8181662	6981404	1200258
债 券		Bonds		103704	103704	
利用外资		Foreign Investment		800401	706949	93452
自筹资金		Self-raising Funds		145743108	132544638	13198470
其他资金		Others		6756075	6173152	582923

5—26 各市农村非农户固定资产投资完成情况（2014年）
Completion of the Non-farm households Investment in Fixed Asset in Rural Area by Region (2014)

地区	Region	完成投资 (万元) Accomplished Investment (10000 yuan)	#住宅 Residential Buildings	新增固定资产 (万元) Newly Increased Assets (10000 yuan)	房屋建筑施工面积 (平方米) Floor Space of Buildings Under Construction (sq.m)	#住宅 Residential Buildings	房屋建筑竣工面积 (平方米) Floor Space of Buildings Completed (sq.m)	#住宅 Residential Buildings
总计	**Total**	**16031754**	**550193**	**12845839**	**23641634**	**4800305**	**9599739**	**2788491**
合肥市	Hefei	2614561	75102	1961003	1313243	552944	598680	213435
淮北市	Huaibei	454891	22654	349230	1746771	161354	1062748	119114
亳州市	Bozhou	411918	2345	310678	330791	15285	244667	15285
宿州市	Suzhou	983310	31918	833131	1758920	311688	852890	47538
蚌埠市	Bengbu	1741160	82524	1386820	2227115	522056	1163865	197046
阜阳市	Fuyang	299758	40376	277756	1556769	804534	865037	484892
淮南市	Huainan	1547714	63114	1386265	1841699	642523	1355695	605123
滁州市	Chuzhou	974897	32913	580932	2143288	610548	866629	343107
六安市	Luan	704911	4509	608645	217517	96437	93224	24058
马鞍山市	Maanshan	560527	40239	556892	1100687	258636	292245	70900
芜湖市	Wuhu	768406	16127	582433	946305	81026	500255	62476
宣城市	Xuancheng	2115386	64377	1792725	2891432	261830	775937	208423
铜陵市	Tongling	516688	48996	518339	515916	221091	282472	207041
池州市	Chizhou	54448	14938	69568	247816	188783	201236	162883
安庆市	Anqing	1754389	6462	1226174	861310	23600	206711	20800
黄山市	Huangshan	528790	3599	405248	3942055	47970	237448	6370

5—27 主要年份农村农户固定资产投资和建房
Farm households Investment in Fixed Assets and Buildings Construction in Rural Area

年份 Year	投资总额 (亿元) Total Investment (100 million yuan)	竣工房屋投资 Investment in Buildings Completed	#住宅 Residential Buildings	施工房屋建筑面积 (万平方米) Floor Space of Buildings under Construction (10 000 sq.m)	竣工房屋建筑面积 (万平方米) Floor Space of Buildings Completed (10 000 sq.m)	#住宅 Residential Buildings	竣工房屋造价 (元/平方米) Cost of Buildings Completed (yuan/sq.m)	#住宅 Residential Buildings
2000	120.6	83.2	82.3	4859.0	4771.0	4712.0	174.4	174.6
2005	211.9	110.2	108.9	3028.2	2925.7	2871.0	376.8	379.2
2006	237.2	144.5	140.1	3661.1	3488.4	3381.5	414.1	414.3
2007	275.0	169.9	162.0	4005.2	3699.5	3507.2	459.3	461.9
2008	318.3	195.5	183.9	4224.3	3925.8	3698.5	497.9	497.1
2009	390.8	275.2	266.6	5365.2	5019.8	4803.6	548.1	555.1
2010	439.1	281.7	274.1	4968.0	4511.0	4344.0	624.4	631.0
2011	447.8	292.7	275.9	4828.0	4130.0	3808.0	708.7	724.6
2012	482.0	334.6	322.5	5011.0	4364.0	4149.0	766.7	777.2
2013	530.7	314.0	296.5	4962.0	4115.0	3841.0	763.2	771.8
2014	554.6	407.7	378.2	5483.0	4454.0	4251.0	915.5	889.6

5—28 房地产开发主要指标
Main Indicators of Real Estate Development

指　　标	Item	2000	2005	2010	2013	2014
企业个数　（个）	Number of Enterprises　(unit)	988	1917	3385	3418	3731
登记注册类型	Registration type					
内　资	Domestic Funded	901	1811	3249	3321	3634
#国　有	State-owned Enterprises	298	145	136	121	72
集　体	Collective Enterprises	148	51	25	13	7
港、澳、台投资	Funded by Entrepreneurs from Hong Kong, Macao and Taiwan	65	56	78	57	61
外商投资	Foreign Funded	22	50	58	40	36
企业控股情况	Controlling Stake of Enterprises					
国有控股	Controlling Stake of State-owner			312	292	283
集体控股	Controlling Stake of Group			116	70	62
私人控股	Controlling Stake of Priate			2620	2606	2889
港、澳、台商控股	Controlling Stake of Hong Kong, Macao and Taiwan Businessman			80	56	56
外商控股	Controlling Stake of Foreign Businessman			61	43	35
其　他	Other			196	351	406
本年完成投资额　（万元）	Investment Completed this Year　(10000 yuan)	879261	4594413	22518045	39462264	43389603
#住　宅	Residential Buildings	575174	3233619	15952464	25498814	28476344
本年土地购置面积（万平方米）	Land Space Purchased this Year　(10000 sq.m)	641.30	1896.39	2611.07	2760.18	3029.58
资金来源小计　（万元）	Source of Funds　(10000 yuan)	977459	5430807	28636982	50771573	52311679
国内贷款	Domestically Loans	185685	757235	3237258	4668745	5679346
利用外资	Foreign Investment	19163	67788	61827	10000	27810
自筹资金	Fundraising	325053	2288821	12110747	21436629	22038512
其他资金	Other	447558	2316963	13227150	24656199	24566011
房屋建筑面积　（万平方米）	Floor Space of Buildings　(10000 sq.m)					
施工面积	Floor Space Under Construction	1693.36	5306.92	17541.90	30235.20	33479.11
竣工面积	Floor Space Completed	759.33	1816.86	3020.57	5180.35	5196.37
本年新开工面积	Floor Space Started this Year	900.58	2623.41	7317.60	10077.71	8736.77
#住　宅	Residential Buildings	713.17	2181.61	5770.46	7143.99	5929.47
商品房屋销售面积(万平方米)	Floor Space of Selling House　(10000 sq.m)	536.20	1907.21	4113.88	6265.35	6202.18
#住　宅	Residential Buildings	462.82	1686.03	3604.87	5573.53	5364.94
商品房屋销售价格(元/平方米)	Selling Price of House　(yuan/sq.m)	1193	2220	4212	5080	5394
#住　宅	Residential Buildings	1040	2065	3907	4776	5017
实收资本合计　（万元）	Total Capital Hold　(10000 yuan)	801091	2976285	8603456	18051065	22141675
资产合计　（万元）	State Capital　(10000 yuan)	2471288	12152955	54332428	127860168	154682918
负债合计　（万元）	Total Liabilities　(10000 yuan)	1685674	8530794	40828272	96009073	119244864
资产负债率　（%）	Ratio of Liabilities to Assets　(%)	68.21	70.20	75.15	75.09	77.09
主营业务收入　（万元）	Total Revenue　(10000 yuan)	701896	2720528	13150647	27713587	25272198
#土地转让收入	land Transferred	12293	12785	81646	320078	414692

5—29 房地产开发企业（单位）财务状况
Enterprise's Financial Situation in Real Estate Development

单位：万元（10000 yuan）

项　　目	Item	2005	2010	2013	2014
年初存货	**Opening Stock This Year**	**3403211**	**19892008**	**48665821**	**62480828**
年末资产负债	**Assets and Liabilities at the Year-end**				
流动资产合计	Total of Current Assets	10211981	46759621	109854881	131173766
#应收账款	Receivable Accounts			4321114	4817423
存　货	Stock	5013742	24613144	62109389	74108004
固定资产合计	Fixed Assets			4341819	4786225
固定资产原价	Prime Cost of Fixed Assets	642349	1537883	3169715	3557575
累计折旧	Progressive Depreciation	115739	316551	610706	715489
#本年折旧	Depreciation This Year	28292	67026	157881	169685
在建工程	Projects In building			3031495	3385244
资产总计	Total of Assets	12152955	54332428	127860168	154682918
流动负债合计	Current Liabilities			80149096	97822729
#应付账款	Payables			6969710	10319439
非流动负债合计	Non-Current Liabilities			15859977	21422134
负债合计	Total of Liabilities	8530794	40828272	96009073	119244864
所有者权益合计	Total of Ownership Interest	3622161	13504156	31851096	35438054
#实收资本	Pail-up Capital	2976285	8603456	18051065	22141675
损益及分配	**Profit and Loss and Distribution**				
营业收入	Business Income			27812835	25666562
#主营业务收入	Main Business Earning	2720528	13150647	27713587	25272198
土地转让收入	Earning of Land Transfer	12785	81646	320078	414692
商品房屋销售收入	Sales Revenue of Commercial Houses	2643962	12719888	26592076	23898302
房屋出租收入	Rental Income of Buildings	17969	85698	127565	162350
其他收入	Other Income	45812	263415	673869	796855
营业成本	Business Cost			20584123	19875295
#主营业务成本	Main Business Cost	2150369	9672150	20360157	19417152
营业税金及附加	Business Tax and Affixation			2064790	2053341
#主营业务税金及附加	Main Business Tax and Affixation	165159	972105	2036409	1987655
其他业务利润	Other Business Profit	14302	36519	115855	2904
销售费用	Sales Expense	79057	325905	767855	859558
管理费用	Management Expense	193611	539208	1093596	1188714
财务费用	Financial Expense	57022	166459	451786	658916
营业利润	Operating Profit	89612	1547277	3004410	1111965
投资收益	Investment Yield	2949	29217	108615	151571
利润总额	Total of Profit	91318	1349105	3051762	1440155
应交所得税	Payable Income Tax	45306	270053	477717	501562
人工成本	**Labor cost**				
应付职工薪酬（贷方累计发生额）	Payable Employee Compensation Credit Cumulative Amount			521075	607285

5—30 房地产开发企业（单位）投资、资金和土地情况
Investment, Funds and Land Condition of Real Estate Developer

单位：万元（10000 yuan）

指　标	Item	2005	2010	2013	2014
计划总投资	Total Planned Investment	19301096	89896777	198409117	226434561
自开始建设累计完成投资	Accumulative Investment Actually Made Since Starting of Construction up to the End	8452758	59445213	125107341	147624509
本年完成投资	Investment Made this Year	4594413	22518045	39462264	43389603
#国有控股	State-holding Stock		3582149	7580088	6049800
按构成分：建筑工程	Grouped by Composition: Construction Project	2910705	14092819	26825656	29048736
安装工程	Installation Project	192634	1524652	3335426	4118362
设备工器具购置	Purchase of Equipment and Instrument	42448	250578	440124	516025
其他费用	Other Expenses	1448626	6649996	8861058	9706480
#旧建筑物购置费	Total Expenses of Purchasing Old Buildings	35903	92803	114496	78968
土地购置费	Total Value of Land Purchased	1005275	5161690	6514770	8328848
按工程用途分：	Grouped by the Use of Project				
住　宅	Residential Buildings	3233619	15952464	25498814	28476344
#90平方米以下	Below $90m^2$		4402937	8772045	7451876
144平方米以上 *	Above of $144m^2$		1213521	1922171	1346538
别墅、高档公寓	Villas and Good Apartments	61564	765862	645382	851465
办公楼	Office Buildings	132116	656341	1661961	1689593
商业营业用房	Houses for Business Use	648456	2924003	8008625	9305558
其　他	Other	580222	2985237	4292864	3918108
本年新增固定资产	Newly Increased Fixed Assets This Year	2366611	8564748	20075451	19250298
本年资金来源合计	Total by Source of Funds This Year	6388421	33029854	61877475	65742052
上年末结余资金	Surplus Funds at the End of Last Year	957614	4392872	11105902	13430373
本年资金来源小计	Total Funds this Year	5430807	28636982	50771573	52311679
国内贷款	Domestic Loans	757235	3237258	4668745	5679346
利用外资	Foreign Investment	67788	61827	10000	27810
自筹资金	Self-raising Fund	2288821	12110747	21436629	22038512
其他资金来源	Others	2316963	13227150	24656199	24566011
本年各项应付款合计	Total of All Payable Account This Year	630600	3511325	10588841	12518873
#工程款	Project Account	415047	1658561	6219521	7145176
待开发土地面积　（万平方米）	Land Space Prepared for Development　(10000 sq.m)	1504.06	1709.09	3051.39	3024.17
本年购置土地面积　（万平方米）	Land Space Purchased this Year　(10000 sq.m)	1896.39	2611.07	2760.18	3029.58
本年土地成交价款	Land Costs This Year	1195393	3599668	6416324	7110157

注：＊2005、2010年为140平方米以上的口径。

a) In 2005, 2010,Statistics is for over 140 square meters.

5—31 房地产开发企业（单位）施工、销售和待售情况（2014年）
Construction, sale and for sale in Real Estate Development Units (2014)

指标 Item		合计 Total	按用途分 Grouped by the Use of Project					
			住宅 Residential Buildings	#90平米以下 below 90 sq.m	#别墅、高档公寓 Villas and Good Apartments	办公楼 Office Buildings	商业营业用房 Houses for Business Use	其他 Others
房屋施工面积（万平方米）	Floor Space of Buildings Under Construction (10000 sq.m)	33479.1	23193.7	6035.4	542.4	1085.0	5963.2	3237.2
#新开工面积	Newly Started	8736.8	5929.5	1235.0	150.8	198.5	1738.2	870.6
房屋竣工面积（万平方米）	Floor Space of Buildings Completed (10000 sq.m)	5196.4	3829.6	905.3	78.9	121.0	834.6	411.2
#不可销售面积	Not for Sale	345.9	162.1	26.2	0.7	3.6	61.4	118.8
住宅竣工套数（套）	Sets of Commercial Residential Buildings Completed (set)		359269	111630	4074			
房屋竣工价值（万元）	Value of Buildings Completed (10000 yuan)	14161897	10185423	2317317	406681	396079	2649677	930718
批准预售面积（万平方米）	Advanced Sale Area by Authorization (10000 sq.m)	5851.0	4600.2	910.0	97.0	161.1	974.3	115.4
批准预售住宅套数（套）	Advanced Sale Units by Authorization (set)		443922	112629	6375			
出租房屋面积（万平方米）	Floor Space of Buildings for Renting （10000 sq.m）	82.0	14.0	1.1		5.4	61.5	1.2
商品房销售面积（万平方米）	Floor Space of Selling House (10000 sq.m)	6202.2	5364.9	1427.7	90.9	111.1	648.0	78.2
#现房销售面积	Floor Space of Accomplished Buildings Sold	979.6	800.0	382.2	22.6	22.3	117.8	39.5
期房销售面积	Floor Space of Futures Marketable Housings Sold	5222.6	4564.9	1045.5	68.3	88.8	530.1	38.7
商品房销售额（万元）	Total Sales of Commercial Houses (10000 yuan)	33451894	26917964	7066411	800471	758422	5516254	259254
#现房销售额	Sales Value of Accomplished Buildings	4733387	3598079	1716436	162023	170213	844705	120390
期房销售额	Sales Value of Futures House	28718507	23319885	5349975	638448	588209	4671549	138864
商品住宅销售套数（套）	Sets of Commercial Residential Buildings Sold (set)		531732	180521	5042			
#现房销售套数	Sets of Accomplished Buildings Sold		84504	49995	926			
期房销售套数	Sets of Futures House		447228	130526	4116			
待售面积（万平方米）	Floor Space of Vacant Houses (10000 sq.m)	1636.7	983.9	214.7	76.3	45.7	488.0	119.2
待售1—3年	Vacant 1-3 Years	847.1	524.8	123.3	36.5	15.9	241.2	65.2
待售3年以上	Vacant More than 3 Years	100.7	67.1	27.0	24.1	2.0	25.6	6.0

5—32 房地产开发投资（2014年）

Investment in Real Estate Development (2014)

指 标	Item	总 计 Total	内 资 Domestic Funded	国 有 State-owned Enterprises
计划总投资	Total Planned Investment	226434561	215381826	4851410
自开始建设累计完成投资	Accumulative Investment Actually Made Since Starting of Construction up to the End	147624509	139857870	3621158
本年完成投资	Investment Made this Year	43389603	41340527	924955
#国有控股	State Controlling Share Hold Enterprises	6049800	6046890	924955
按构成分：建筑工程	Grouped by Composition: Construction Project	29048736	27687778	629756
安装工程	Installation Project	4118362	3906074	77614
设备工器具购置	Purchase of Equipment and Instrument	516025	494250	12783
其他费用	Other Expenses	9706480	9252425	204802
#旧建筑物购置费	Total Expenses of Purchasing Old Buildings	78968	78968	
土地购置费	Total Value of Land Purchased	8328848	7912700	178069
按工程用途分：	Grouped by the Use of Project			
住 宅	Residential Buildings	28476344	26857647	645784
#90平方米以下	Below $90m^2$	7451876	6949332	253237
144平方米以上	Above of $144m^2$	1346538	1265535	8507
#别墅、高档公寓	Villas and Good Apartments	851465	676421	117
办公楼	Office Buildings	1689593	1581852	23333
商业营业用房	Houses for Business Use	9305558	9081136	145342
其 他	Other	3918108	3819892	110496
本年新增固定资产	Newly Increased Fixed Assets This Year	19250298	18744324	396664
待开发土地面积（平方米）	Land Space Prepared for Development (sq.m)	30241701	28017623	184088
本年购置土地面积（平方米）	Land Space Purchased this Year (sq.m)	30295843	28052920	260756
本年土地成交价款	Land Costs This Year	7110157	6523755	142117
#拆迁补偿费	Compensation for Demolition	150797	145097	
土地使用权出让金	Selling of land using right	6047626	5466924	141616
契 税	Deed Tax	216865	193783	5805

单位：万元（10000 yuan）

集　体 Collective Enterprises	港、澳、台投　资 Funded by Entrepreneurs from Hong Kong, Macao and Taiwan	外商投资 Foreign Funded	中　央 Central Government	省 Province	市 City	县 County	乡镇企业 Township and Village Enterprises	其　他 Other
43640	7098868	3953867	2484367	10149548	38187393	16963073	1372362	157277818
22717	4802843	2963796	1777926	7239409	23265643	10573108	789092	103979331
11287	1472380	576696	407879	2001345	7085042	3867548	162608	29865181
	2910		337669	1180719	1847939	1341419	4839	1337215
6770	956048	404910	324808	1437719	4495492	2590960	113829	20085928
1610	143943	68345	50958	272066	676328	388059	30295	2700656
507	14865	6910	6706	45264	83185	20074	17	360779
2400	357524	96531	25407	246296	1830037	868455	18467	6717818
			35		10413	7379		61141
2400	343700	72448	20991	199299	1531248	748599	10291	5818420
2820	1262176	356521	344131	1151732	4440733	2882640	106821	19550287
2820	339242	163302	167127	192316	1082385	1121458	16948	4871642
	11245	69758	10441	74700	174200	61389	6338	1019470
	121332	53712		18378	27425	33629	8895	763138
	10594	97147	2698	192502	357241	90051	4461	1042640
7370	153609	70813	41283	456918	1375343	596042	45892	6790080
1097	46001	52215	19767	200193	911725	298815	5434	2482174
1760	231232	274742	194928	1185421	2626999	1658250	46707	13537993
	1678490	545588	511138	580750	3349936	3786763	257917	21755197
	2032566	210357	339376	871331	4702962	2826719	3200	21552255
	504956	81446	74834	166517	1063739	606764	820	5197483
		5700	982	5700	24232	10787	20	109076
	504956	75746	73246	54642	957875	558149	800	4402914
	20397	2685	2896	2869	44272	16283	32	150513

5—33 房地产开发企业财务状况（2014年）
Enterprise's Financial Situation in Real Estate Development (2014)

项　目	Item	流动资产合计 Circulating Funds	#存货 Stock	固定资产原价 Original Value of Fixed Assets	累计折旧 Accumulated Depreciation	资产合计 Total Assets
总　计	**Total**	**131173766**	**74108004**	**3557575**	**715489**	**154682918**
国有及国有控股企业	State Controlling Share Hold Enterprises	31082614	16676191	602887	86661	40895651
按注册类型分	**Grouped by Status of Registration**					
内　资	Domestic Funded	124678103	71088382	3423677	680810	146990305
#国　有	State-owned Enterprises	4859177	2498049	184574	29608	6780687
集　体	Collective Enterprises	30610	15914	923	652	31668
港、澳、台投资	Funded by Entrepreneurs from Hong Kong, Macao and Taiwan	4138772	2031197	109104	26884	4952464
外商投资	Foreign Funded	2356892	988424	24794	7795	2740149
按隶属关系分	**Grouped by Administrative Relationship**					
中　央	Central Government	1846449	1010606	21561	3408	2012879
省	Province	6737011	3766134	145848	24279	8475862
地　区	Prefecture	25431797	14184639	633593	93342	31939485
县	County	10709699	5606343	330015	52014	13635534
乡镇企业	Township and Village Enterprises	683745	369574	3347	1801	737754
其　他	Other	85765066	49170708	2423211	540646	97881404
按资质等级分	**Grouped by qualification grade**					
一　级	First Grade	3215125	1684803	179817	21939	4021281
二　级	Second Grade	23745710	12445302	944660	204329	31811384
三　级	Third Grade	31134459	17397969	1188835	248378	35843320
四　级	Forth Grade	3333075	2107378	105948	32316	3732380
暂　定	Tentative	65805019	37824942	1068776	196518	74871071
其　他	Other	3940379	2647611	69540	12010	4403483

5—34 各市房地产开发企业财务状况（2014年）
Enterprise's Financial Situation in Real Estate Development by Region (2014)

地　区	Region	流动资产合计 Circulating Funds	#存货 Stock	固定资产原价 Original Value of Fixed Assets	累计折旧 Accumulated Depreciation	资产合计 Total Assets
总　计	**Total**	**131173766**	**74108004**	**3557575**	**715489**	**154682918**
合 肥 市	Hefei	40386954	20713540	1328003	245166	48312581
淮 北 市	Huaibei	3336460	1829781	82840	20662	3971170
亳 州 市	Bozhou	6974208	3816322	36447	10825	9942844
宿 州 市	Suzhou	4768670	2843222	47332	16306	5305387
蚌 埠 市	Bengbu	7385919	4148337	372378	31408	9171371
阜 阳 市	Fuyang	6008617	2895070	185045	42761	6960541
淮 南 市	Huainan	4248354	2606338	81910	28780	5162873
滁 州 市	Chuzhou	8474066	5699049	288575	52685	9467889
六 安 市	Luan	5908222	3415735	145978	33640	6565815
马鞍山市	Maanshan	5882958	3864298	153686	34677	6843215
芜 湖 市	Wuhu	16695084	8928494	267536	48007	19502783
宣 城 市	Xuancheng	5103855	3280208	100044	29630	5495831
铜 陵 市	Tongling	4418355	2518069	145013	30395	4806900
池 州 市	Chizhou	3160803	1942819	52035	17151	3674468
安 庆 市	Anqing	4991479	3178962	138187	37964	5763226
黄 山 市	Huangshan	3429764	2427759	132567	35432	3736022

单位：万元（10000 yuan）

负债合计 Total Liabilities	资产负债率(%) Ratio of Liabilities to Assets (%)	所有者权益合计 Owners Equity	实收资本 Capital Hold	主营业务收入 Main Business Income	土地转让收入 Revenue of Land Transfer	主营业务成本 Main Business Cost	主营业务税金及附加 Main Business and Extra Charges	营业利润 Operating profit	应付职工薪酬 The payable staff pay
119244864	**77.09**	**35438054**	**22141675**	**25272198**	**414692**	**19417152**	**1987655**	**1111965**	**607285**
27103932	66.28	13791719	4876445	4082151	402384	3174970	286899	376013	74143
113728444	77.37	33261861	20611212	23688617	408099	18404785	1857683	819434	568265
4080182	60.17	2700505	1473461	498331	11220	351453	61270	52022	14836
27097	85.57	4571	2753	625	37	375	40	-392	184
3441489	69.49	1510975	1036822	1215096		738292	99085	265175	19227
2074931	75.72	665219	493641	368486	6593	274075	30887	27356	19793
1794598	89.16	218281	161404	463484		388841	29158	24040	6348
6201957	73.17	2273905	1487175	1959290	90086	1600573	161043	132354	28196
22568011	70.66	9371473	3995917	3431203	202867	2759785	275097	23332	77699
9925506	72.79	3710028	1438216	1339555	100258	978731	96106	42842	35589
587388	79.62	150366	224549	223438	500	128048	20235	31961	4619
78167403	79.86	19714001	14834414	17855227	20980	13561173	1406016	857436	454834
2937685	73.05	1083595	429909	1208533		864296	104147	163817	18694
21818250	68.59	9993134	4254030	4163808	191375	3253983	331030	210249	88271
27163705	75.78	8679615	4814108	7122654	18160	5314520	535682	611872	152445
3052016	81.77	680364	526656	793366	1721	615421	61702	40134	28372
60776096	81.17	14094975	11465019	11818877	193982	9245975	939035	157553	304728
3497113	79.42	906371	651953	164960	9454	122955	16060	-71660	14776

单位：万元（10000 yuan）

负债合计 Total Liabilities	资产负债率(%) Ratio of Liabilities to Assets (%)	所有者权益合计 Owners Equity	实收资本 Capital Hold	主营业务收入 Main Business Income	土地转让收入 Revenue of Land Transfer	主营业务成本 Main Business Cost	主营业务税金及附加 Main Business and Extra Charges	营业利润 Operating profit	应付职工薪酬 The payable staff pay
119244864	**77.09**	**35438054**	**22141675**	**25272198**	**414692**	**19417152**	**1987655**	**1111965**	**607285**
37057425	76.70	11255156	7140693	8769137	109560	6350776	681709	846356	163599
3408669	85.84	562501	537075	586501		363759	41097	18481	18900
5613117	56.45	4329728	1022754	1494676	191375	1248769	94801	54252	22387
4417778	83.27	887609	638593	979993	237	750808	88161	28240	30211
7610151	82.98	1561220	1015703	1225925	412	904303	121130	59836	35894
5602758	80.49	1357783	1097856	1156216	300	872072	103361	8455	27527
4108039	79.57	1054834	994481	773706		645082	55436	3906	18377
7747372	81.83	1720517	2089696	1582785	12	1253035	132704	-6792	51542
5380360	81.95	1185456	755765	1092158	584	789799	99532	73697	32928
5354004	78.24	1489211	1034892	1100735	9289	927353	70139	-20776	31835
14639098	75.06	4863686	2096307	2737045	100067	2318267	194444	43304	51158
4530443	82.43	965388	657139	1055072	984	906509	83992	-44526	29300
3932159	81.80	874741	729703	456640		354268	37049	894	18907
2600068	70.76	1074401	623747	561850	1000	421944	42593	-10428	14947
4266914	74.04	1496312	1020647	1232473	944	944623	104681	71863	37886
2976509	79.67	759513	686624	467287	-72	365786	36824	-14796	21889

5—35 各市房地产开发企业（单位）个数（2014年）
Number of Enterprises for Real Estate Development by Region (2014)

单位：个（unit）

地区	Region	企业个数 Number of Enterprises	内资企业 Domestic Funded Enterprises	#国有 State-owned	#集体 Collective-owned	#私营 Private Units	港澳台投资企业 Funded by Entrepreneurs from Hong Kong, Macao and Taiwan	外商投资企业 Foreign Funded Enterprises	国有控股 State-owned holdings
总计	**Total**	**3731**	**3634**	**72**	**7**	**1795**	**61**	**36**	**283**
合肥市	Hefei	625	575	20	2	212	31	19	84
淮北市	Huaibei	108	103	5		60	1	4	8
亳州市	Bozhou	172	172	2		7			7
宿州市	Suzhou	163	162	3	1	49		1	13
蚌埠市	Bengbu	190	187	5	1	63	2	1	23
阜阳市	Fuyang	215	213	6		100	2		9
淮南市	Huainan	126	124	2		53	2		9
滁州市	Chuzhou	385	385	5		309			14
六安市	Luan	236	234	1		146	1	1	12
马鞍山市	Maanshan	201	197	3		138	2	2	22
芜湖市	Wuhu	269	259	5		139	7	3	18
宣城市	Xuancheng	239	237	1		147		2	9
铜陵市	Tongling	140	137	1	1	50	2	1	14
池州市	Chizhou	140	140	2	1	53			11
安庆市	Anqing	300	296	6	1	173	4		16
黄山市	Huangshan	222	213	5		96	7	2	14

5—36 各市按控股情况分的房地产企业（单位）个数（2014年）
Number of Real Estate Enterprises (units) by Controlled Holdings by Region (2014)

单位：个（unit）

地区	Region	企业个数 Number of Enterprises	国有控股 State-owned Controlled Holdings	集体控股 Collective-owned Controlled Holdings	私人控股 Private Units Collective-owned Controlled Holdings	港澳台商控股 Funded by Entrepreneurs from Hong Kong, Macao and Taiwan Controlled Holdings	外商控股 Foreign Funded Enterprises Controlled Holdings	其他 Other
总计	**Total**	**3731**	**283**	**62**	**2889**	**56**	**35**	**406**
合肥市	Hefei	625	84	10	390	25	20	96
淮北市	Huaibei	108	8	1	86	1	3	9
亳州市	Bozhou	172	7	3	145			17
宿州市	Suzhou	163	13		128		1	21
蚌埠市	Bengbu	190	23	6	144	2		15
阜阳市	Fuyang	215	9	4	169	2		31
淮南市	Huainan	126	9	2	106	2		7
滁州市	Chuzhou	385	14	6	351	1	1	12
六安市	Luan	236	12	4	187	1	1	31
马鞍山市	Maanshan	201	22	1	163	1	2	12
芜湖市	Wuhu	269	18		174	9	2	66
宣城市	Xuancheng	239	9	2	211		2	15
铜陵市	Tongling	140	14	6	101	2		17
池州市	Chizhou	140	11	3	107			19
安庆市	Anqing	300	16	13	245	3	1	22
黄山市	Huangshan	222	14	1	182	7	2	16

5—37 各市房地产开发建设投资总规模及完成投资（2014年）
General Scale of and Actually Completed Investment in Real Estate Development by Region (2014)

单位：万元（10000 yuan）

地　区	Region	计划总投资 Total Investment Actually Needed	自开始建设至本年底累计完成投资 Accumulative Investment Actually Made Since Starting of Construction up to the End of this Year	本年完成投资 Investment Made this Year	全部建成尚需投资 Further Investment Required for the Completion of Construction
总　计	**Total**	**226434561**	**147624509**	**43389603**	**78810052**
合肥市	Hefei	59850596	39759156	11273511	20091440
淮北市	Huaibei	6062986	4165091	1524034	1897895
亳州市	Bozhou	10479295	5745600	2090596	4733695
宿州市	Suzhou	10257606	5110820	1823318	5146786
蚌埠市	Bengbu	13987516	9083336	4069641	4904180
阜阳市	Fuyang	9091876	5175138	2156656	3916738
淮南市	Huainan	6601245	4613132	1105001	1988113
滁州市	Chuzhou	16859433	10161463	3054657	6697970
六安市	Luan	11040951	5827555	1822747	5213396
马鞍山市	Maanshan	13048460	8911837	2455835	4136623
芜湖市	Wuhu	27582933	20811157	4790128	6771776
宣城市	Xuancheng	11005104	7393335	2017719	3611769
铜陵市	Tongling	8731855	5184609	1327634	3547246
池州市	Chizhou	5101548	3778066	1041175	1323482
安庆市	Anqing	7436549	5209438	1469427	2227111
黄山市	Huangshan	9296608	6694776	1367524	2601832

5—38 各市按用途分的房地产开发企业（单位）完成投资额（2014年）
Actually Completed Investment of Enterprises for Real Estate Development by Region and by Use (2014)

单位：万元（10000 yuan）

地　区	Region	本年完成投资额 Investment Made this Year	住宅 Residential Buildings	#90平米以下 Below 90 sq.m	144平米以上 Above of 144 sq.m	#别墅、高档公寓 Villas and Good Apartments	办公楼 Office Buildings	商业营业用房 Houses for Business Use	其他 Other
总　计	**Total**	**43389603**	**28476344**	**7451876**	**1346538**	**851465**	**1689593**	**9305558**	**3918108**
合肥市	Hefei	11273511	7150365	1894936	286605	234114	726082	1970629	1426435
淮北市	Huaibei	1524034	984234	473954	120143	17962	92431	306479	140890
亳州市	Bozhou	2090596	1232050	131947	37382	8827	34152	663638	160756
宿州市	Suzhou	1823318	1149393	335054	42577	9268	38570	479643	155712
蚌埠市	Bengbu	4069641	2655278	894364	88327	23238	235398	799810	379155
阜阳市	Fuyang	2156656	1427770	257592	31232	20029	56021	479351	193514
淮南市	Huainan	1105001	710887	221543	21868	5660	14640	278878	100596
滁州市	Chuzhou	3054657	1943576	517436	103489	70537	46237	832780	232064
六安市	Luan	1822747	1389191	235407	23882	10879	7154	277773	148629
马鞍山市	Maanshan	2455835	1782796	426978	89644	123974	85959	451442	135638
芜湖市	Wuhu	4790128	3250495	907219	189885	28921	187473	1110189	241971
宣城市	Xuancheng	2017719	1377754	393081	72199	61085	28477	472111	139377
铜陵市	Tongling	1327634	720129	201425	38528	10214	74077	403652	129776
池州市	Chizhou	1041175	711327	110069	31189	43511	14794	190082	124972
安庆市	Anqing	1469427	1064741	161170	76402	5122	28231	266943	109512
黄山市	Huangshan	1367524	926358	289701	93186	178124	19897	322158	99111

5—39 各市房地产开发企业（单位）资金来源（2014年）

Sources of Funds of Enterprises for Real Estate Development by Region (2014)

单位：万元（10000 yuan）

地区	Region	本年资金来源合计 Total Sources of Funds	上年末结余资金 Funds by the End of Last Year	本年资金来源小计 Total Funds This Year	国内贷款 Domestic Loans	#银行贷款 Bank Loan	利用外资 Foreign Investment	#外商直接投资 Foreign Direct Investment	自筹资金 Self-raising Funds	其他资金来源 Others
总计	**Total**	**65742052**	**13430373**	**52311679**	**5679346**	**4630713**	**27810**	**27810**	**22038512**	**24566011**
合肥市	Hefei	20909611	5049727	15859884	2178315	1718334	7810	7810	4198887	9474872
淮北市	Huaibei	1841537	246294	1595243	86975	70009			863429	644839
亳州市	Bozhou	2888029	514007	2374022	137490	96960			1387571	848961
宿州市	Suzhou	3060239	941747	2118492	141895	111295			897849	1078748
蚌埠市	Bengbu	5301245	1050150	4251095	415906	389553	20000	20000	2269602	1545587
阜阳市	Fuyang	3215134	508560	2706574	156381	135185			1135493	1414700
淮南市	Huainan	1921129	451435	1469694	239683	140083			490341	739670
滁州市	Chuzhou	4566186	854233	3711953	180861	117858			1820978	1710114
六安市	Luan	2992312	581164	2411148	212485	191683			942334	1256329
马鞍山市	Maanshan	3356905	783972	2572933	359957	330657			1570609	642367
芜湖市	Wuhu	5833661	741617	5092044	816957	799227			2704988	1570099
宣城市	Xuancheng	2790712	510153	2280559	250662	87365			926460	1103437
铜陵市	Tongling	1943971	411312	1532659	169054	148119			661862	701743
池州市	Chizhou	1415024	189081	1225943	134451	129401			586469	505023
安庆市	Anqing	2204177	396687	1807490	115236	93616			788230	904024
黄山市	Huangshan	1502180	200234	1301946	83038	71368			793410	425498

5—40 各市房地产开发建设房屋建筑面积和造价（2014年）
Floor Space of Buildings and their Cost in Real Estate Development by Region (2014)

地区	Region	施工房屋面积（平方米）Floor Space of Buildings Under Construction (sq.m)	新开工 Newly Started	竣工房屋面积（平方米）Floor Space of Buildings Completed (sq.m)	房屋建筑面积竣工率（%）Ratio of Floor Space of Buildings Completed (%)	竣工房屋价值（万元）Value of Buildings Completed (10000 yuan)	竣工房屋造价（元/平方米）Cost of Buildings Completed (yuan/sq.m)
总计	**Total**	**334791055**	**87367695**	**51963666**	**15.52**	**14161897**	**2725**
合肥市	Hefei	69868077	20507837	10551336	15.10	3378267	3202
淮北市	Huaibei	14118967	1721458	1120897	7.94	256272	2286
亳州市	Bozhou	16144356	4765070	1470847	9.11	307704	2092
宿州市	Suzhou	15383862	4551703	1471483	9.57	418142	2842
蚌埠市	Bengbu	26114771	10018968	5385894	20.62	1136090	2109
阜阳市	Fuyang	17528569	5052206	1116611	6.37	282291	2528
淮南市	Huainan	14022388	3611229	1738460	12.40	451394	2597
滁州市	Chuzhou	26572985	6319671	4798559	18.06	1288267	2685
六安市	Luan	19263649	4437282	2030741	10.54	539430	2656
马鞍山市	Maanshan	17671801	5334658	4513337	25.54	1140497	2527
芜湖市	Wuhu	36241363	6748142	7801183	21.53	2297941	2946
宣城市	Xuancheng	16770051	4504888	2217326	13.22	627240	2829
铜陵市	Tongling	11860937	2115298	1685993	14.21	414179	2457
池州市	Chizhou	9469536	2313187	1551538	16.38	425690	2744
安庆市	Anqing	14603831	3873776	3072678	21.04	863787	2811
黄山市	Huangshan	9155912	1492322	1436783	15.69	334706	2330

5—41 各市按用途分的房地产开发企业（单位）新开工房屋面积（2014年）
Floor Space Started in Real Estate Development by Region and by Use (2014)

单位：平方米（sq.m）

地区	Region	本年新开工房屋面积 Floor Space Started This Year	住宅 Residential Buildings	#90平米以下 Below 90 sq.m	144平米以上 Above of 144 sq.m	#别墅、高档公寓 Villas and Good Apartments	办公楼 Office Buildings	商业营业用房 Houses for Business Use	其他 Other
总计	**Total**	**87367695**	**59294730**	**12349657**	**2036024**	**1507709**	**1984921**	**17381959**	**8706085**
合肥市	Hefei	20507837	12310602	3107669	174431	371748	897009	4429884	2870342
淮北市	Huaibei	1721458	1190659	563966	141416	38418	57243	411877	61679
亳州市	Bozhou	4765070	2845303	419823	176530	16150	40884	1576593	302290
宿州市	Suzhou	4551703	3204786	489805	112297	244882	87056	911324	348537
蚌埠市	Bengbu	10018968	7720507	1760205	73469	36724	251947	1385385	661129
阜阳市	Fuyang	5052206	3696977	366776	24781		34302	827082	493845
淮南市	Huainan	3611229	2582396	864185	6891	2980	18006	684880	325947
滁州市	Chuzhou	6319671	4330479	672132	148808	68367	65990	1417697	505505
六安市	Luan	4437282	3525576	545007	58350	31435	32800	494767	384139
马鞍山市	Maanshan	5334658	3933531	742209	117423	169100	89967	927871	383289
芜湖市	Wuhu	6748142	4373122	1139307	453010	74383	205439	1632649	536932
宣城市	Xuancheng	4504888	2786846	537184	90735	148557	82099	1157106	478837
铜陵市	Tongling	2115298	1181513	307326	58688	14111	55548	502420	375817
池州市	Chizhou	2313187	1431022	287171	43090	35117	34525	339625	508015
安庆市	Anqing	3873776	3015112	325692	203544	32870	17387	468209	373068
黄山市	Huangshan	1492322	1166299	221200	152561	222867	14719	214590	96714

5—42 各市商品房屋销售情况（2014年）
Selling of Commercial Houses by Region (2014)

地区	Region	房屋销售面积（平方米）Floor Space of Commercial-ized Buildings Sold (sq.m)	#住宅 Residential Buildings	现房 Completed Buildings	期房 Buildings Completed in Future	商品房销售额（万元）Total Sales of Commercial-ized Buildings (10000 yuan)	#住宅 Residential Buildings	现房 Completed Buildings	期房 Buildings Completed in Future
总计	**Total**	**62021807**	**53649404**	**9795577**	**52226230**	**33451894**	**26917964**	**4733387**	**28718507**
合肥市	Hefei	15947869	13262153	880005	15067864	11413565	9173914	570684	10842881
淮北市	Huaibei	1206638	1043799	132329	1074309	569020	461540	71792	497228
亳州市	Bozhou	3192676	2470453	95225	3097451	1534412	1018452	48403	1486009
宿州市	Suzhou	4841030	4317592	776632	4064398	1810744	1556418	330660	1480084
蚌埠市	Bengbu	4502819	4107959	607875	3894944	2217843	1873057	239622	1978221
阜阳市	Fuyang	3429346	2967872	109441	3319905	1793890	1420355	56695	1737195
淮南市	Huainan	1797122	1594036	166838	1630284	869779	670069	79300	790479
滁州市	Chuzhou	5039305	4439297	1332496	3706809	2217605	1794573	637093	1580512
六安市	Luan	3311763	2993381	670937	2640826	1530708	1346463	257205	1273503
马鞍山市	Maanshan	2458870	2259661	841727	1617143	1117703	959047	321246	796457
芜湖市	Wuhu	6236978	5612258	2270002	3966976	3296772	2886308	1227412	2069360
宣城市	Xuancheng	2537689	2154049	324840	2212849	1215927	960376	166908	1049019
铜陵市	Tongling	1208745	998844	195297	1013448	926727	457325	108932	817795
池州市	Chizhou	1540749	1285948	316392	1224357	704588	558998	112812	591776
安庆市	Anqing	3615687	3203349	734907	2880780	1722485	1400012	362621	1359864
黄山市	Huangshan	1154521	938753	340634	813887	510126	381057	142002	368124

5—43 各市按用途分的商品房屋实际销售面积（2014年）
Floor Space of Commercial Houses Actually Sold by Use and by Region (2014)

单位：平方米（sq.m）

地区	Region	房屋销售面积 Floor Space of Selling House	商品住宅 Residential Buildings	#90平米以下 Below 90 sq.m	144平米以上 Above of 144 sq.m	#别墅、高档公寓 Villas and Good Apartments	办公楼 Office Buildings	商业营业用房 Houses for Business Use	其他 Other
总计	**Total**	**62021807**	**53649404**	**14277445**	**2303027**	**909201**	**1110978**	**6479580**	**781845**
合肥市	Hefei	15947869	13262153	3908286	786335	328598	527257	1875933	282526
淮北市	Huaibei	1206638	1043799	255620	56905	10639	13184	148254	1401
亳州市	Bozhou	3192676	2470453	324331	129814	8937	21218	641111	59894
宿州市	Suzhou	4841030	4317592	932968	98719	12859	30129	379355	113954
蚌埠市	Bengbu	4502819	4107959	1548634	121403	48037	59794	329567	5499
阜阳市	Fuyang	3429346	2967872	536754	37966	4680	8362	450795	2317
淮南市	Huainan	1797122	1594036	411212	73237		778	200519	1789
滁州市	Chuzhou	5039305	4439297	1095817	78034	92171	61484	502768	35756
六安市	Luan	3311763	2993381	549799	72434	66585	13741	242372	62269
马鞍山市	Maanshan	2458870	2259661	833471	113959	84944	21780	167187	10242
芜湖市	Wuhu	6236978	5612258	2489921	201539	102803	220411	317637	86672
宣城市	Xuancheng	2537689	2154049	425982	91120	63837	15046	354882	13712
铜陵市	Tongling	1208745	998844	159273	26638		18651	178733	12517
池州市	Chizhou	1540749	1285948	217798	99087	17535	34076	187681	33044
安庆市	Anqing	3615687	3203349	391547	220110	4833	53543	318393	40402
黄山市	Huangshan	1154521	938753	196032	95727	55481	11524	184393	19851

5—44 各市按用途分的商品房屋平均销售价格（2014年）
Average Selling Price of Commercial Houses by Region and by Use (2014)

单位：元/平方米（yuan/sq.m）

地区	Region	房屋平均销售价格 Average Selling Price of Houses	商品住宅 Residential Buildings	#90平米以下 Below 90 sq.m	144平米以上 Above of 144 sq.m	#别墅、高档公寓 Villas and Good Apartments	办公楼 Office Buildings	商业营业用房 Houses for Business Use	其他 Other
总计	**Total**	**5394**	**5017**	**4949**	**6079**	**8804**	**6827**	**8513**	**3316**
合肥市	Hefei	7157	6917	6486	8086	11510	8175	9125	3425
淮北市	Huaibei	4716	4422	4599	5637	6538	2803	6981	2084
亳州市	Bozhou	4806	4123	3875	4533	6915	4229	7493	4437
宿州市	Suzhou	3740	3605	3534	3455	8309	2843	5628	2829
蚌埠市	Bengbu	4925	4560	4362	6368	8964	4468	9538	6769
阜阳市	Fuyang	5231	4786	4989	3740	6865	8161	8124	2175
淮南市	Huainan	4840	4204	4072	4596		4447	9897	5059
滁州市	Chuzhou	4401	4042	4050	4477	7032	4973	7651	2182
六安市	Luan	4622	4498	3925	4353	8410	7138	6251	3681
马鞍山市	Maanshan	4546	4244	3197	7483	8368	5797	8474	4257
芜湖市	Wuhu	5286	5143	5307	5980	7366	6102	7758	3408
宣城市	Xuancheng	4791	4458	4248	6032	6141	4843	6923	1885
铜陵市	Tongling	7667	4579	4088	5502		5450	25460	3338
池州市	Chizhou	4573	4347	4076	3650	4697	4353	6640	1859
安庆市	Anqing	4764	4370	4568	4202	4428	7891	8278	4120
黄山市	Huangshan	4419	4059	4424	4540	6003	8886	6223	2060

5—45 各市按用途分的商品房待售情况（2014年）
Commercial House for Sale by Used by Region (2014)

单位：平方米（sq.m）

地区	Region	房屋待售面积 Square House for Sale	商品住宅 Residential Buildings	#90平米以下 Below 90 sq.m	144平米以上 Above of 144 sq.m	#别墅、高档公寓 Villas and Good Apartments	办公楼 Office Buildings	商业营业用房 Houses for Business Use	其他 Other
总计	**Total**	**16367411**	**9838679**	**2146998**	**1433739**	**763136**	**456659**	**4880336**	**1191737**
合肥市	Hefei	2070171	832183	202823	204025	55902	159948	668768	409272
淮北市	Huaibei	577120	410786	83414	78686	18558	9918	112461	43955
亳州市	Bozhou	353029	133806	17079	29147		16567	104426	98230
宿州市	Suzhou	1035385	667717	215148	20178	10017	900	338903	27865
蚌埠市	Bengbu	287192	120085	46084	11867		14400	147226	5481
阜阳市	Fuyang	390627	173777	35143	5911	7121	3441	210687	2722
淮南市	Huainan	587874	372210	50573	54854	1060	29720	148199	37745
滁州市	Chuzhou	2421816	1574363	266799	189577	159929	14238	734121	99094
六安市	Luan	1500978	1014863	133242	31294	28396	9054	352614	124447
马鞍山市	Maanshan	1358313	1075507	413376	217124	149654	32011	207053	43742
芜湖市	Wuhu	830637	616615	108446	104624	94036	9124	160067	44831
宣城市	Xuancheng	1111388	601324	133219	42851	23676	59342	430835	19887
铜陵市	Tongling	615415	277540	78943	90531	11879	13508	248985	75382
池州市	Chizhou	509833	213872	28346	24798	882	30535	246327	19099
安庆市	Anqing	1303438	893652	148060	85661		39404	302375	68007
黄山市	Huangshan	1414195	860379	186303	242611	202026	14549	467289	71978

5—46 各县（市、区）固定资产投资和新增固定资产（2014年）
Investment in Fixed Assets and Newly Increased Fixed Assets by County (City) (2014)

单位：万元，%（10000 yuan %）

县（市）	County (City)	固定资产投资 Investment in fixed Assets	项目投资 Investment Projects	城镇项目 Town Projects	房地产开发投资 Investment in Real Estate Development	新增固定资产 Newly Increased Fixed Assets	固定资产交付使用率 Rate of Projects of Fixed Assets Completed and Put into Use
合肥市直	Units directly under Hefei city	837912	837912	837912		1188	0.14
瑶海区	Yaohai District	3427517	1371310	1371310	2056207	2048673	59.77
庐阳区	Luyang District	5098053	3967547	3855451	1130506	3103416	60.87
蜀山区	Shushan District	7286132	4422651	4343568	2863481	5114522	70.20
包河区	Baohe District	8776509	6091134	6066134	2685375	5875981	66.95
长丰县	Changfeng	3219582	2382437	2180322	837145	2089911	64.91
肥东县	Feidong	4890385	4441073	4153900	449312	3040992	62.18
肥西县	Feixi	5401991	4601718	3729636	800273	2861949	52.98
庐江县	Lujiang	2254768	1966219	1966219	288549	1499439	66.50
合肥高新区	Hefei Hi-tech District	2483358	2483358	2483358		1596829	64.30
合肥经开区	Hefei Economical Development District	4197820	4197820	4197820		1680591	40.03
新站区	Xinzhan District	2457805	2457805	2457805		1800626	73.26
政务区	Zhengwu District	107210	107210	107210		2800	2.61
巢湖经开区	Chaohu Economical Development District	577553	577553	577553		278143	48.16
巢湖市	Chaohu	2009777	1847114	810102	162663	1687835	83.98
淮北市直	Units directly under Huaibei City	1547243	1547243	1547243		1219158	78.80
杜集区	Duji District	1581115	1459847	1222416	121268	1128140	71.35
相山区	Xiangshan District	1582614	470921	374067	1111693	668981	42.27
烈山区	Lieshan District	1527690	1408415	1369034	119275	524683	34.34
濉溪县	Suixi	2169735	1997937	1916712	171798	1585931	73.09
谯城区	Qiaocheng District	2759922	1807220	1807220	952702	865450	31.36
涡阳县	Guoyang	1197897	883847	883847	314050	362383	30.25
蒙城县	Mengcheng	1508381	1015379	749334	493002	1024614	67.93
利辛县	Lixin	1042785	711943	566070	330842	535685	51.37
宿州市直	Suzhou City	608649	608649	608649			
埇桥区	Yongqiao District	3190479	1827144	1793184	1363335	1277451	40.04
宿州经开区	Suzhou Economical Development District	631158	631158	631158		210766	33.39
砀山县	Dangshan	1110669	994127	578302	116542	808275	72.77
萧　县	Xiaoxian	1797007	1714404	1555204	82603	1507644	83.90
灵璧县	Lingbi	828224	709198	434768	119026	661491	79.87
泗　县	Sixian	814018	672206	572311	141812	776534	95.40
蚌埠市直	Units directly under Bengbu City	464654	464654	407054		187012	40.25
龙子湖区	Longzihu District	871298	670189	496201	201109	486850	55.88
蚌山区	Bengshan District	1522393	167552	158683	1354841	332207	21.82

5—46 续表1 continued

单位：万元，%（10000 yuan %）

县（市）	County (City)	固定资产投资 Investment in fixed Assets	项目投资 Investment Projects	城镇项目 Town Projects	房地产开发投资 Investment in Real Estate Development	新增固定资产 Newly Increased Fixed Assets	固定资产交付使用率 Rate of Projects of Fixed Assets Completed and Put into Use
禹会区	Yuhui District	1239912	494398	176546	745514	621002	50.08
蚌埠经开区	Bengbu Economical Development District	358557	358557	356681		45274	12.63
蚌埠高新区	Bengbu High-tech District	1428624	1428624	1428624		729757	51.08
淮上区	Huaishang District	1825285	1057958	942294	767327	1509553	82.70
怀远县	Huaiyuan	2049554	1742141	1229300	307413	1852373	90.38
五河县	Wuhe	1206948	879691	606206	327257	949056	78.63
固镇县	Guzhen	1474614	1108434	829449	366180	543702	36.87
阜阳市直	Units directly under Fuyang City	437108	437108	437108		63024	14.42
颍州区	Yingzhou District	1414658	511037	430996	903621	460348	32.54
颍东区	Yingdong District	1012495	890351	890351	122144	590137	58.29
颍泉区	Yingquan District	802501	502941	464370	299560	243813	30.38
界首市	Jieshou	610468	461454	461454	149014	381959	62.57
临泉县	Linquan	691623	451323	405425	240300	528049	76.35
太和县	Taihe	1031868	906284	804740	125584	345037	33.44
阜南县	Funan	697396	524247	490543	173149	234510	33.63
颍上县	Yingshang	1180446	1037162	1037162	143284	723986	61.33
淮南市直	Units directly under Huainan City	418805	418805	418805			
大通区	Datong District	922398	801842	669564	120556	773292	83.83
田家庵区	Tianjiaan District	1389209	710876	577230	678333	715983	51.54
谢家集区	Xiejiaji District	668160	622935	292492	45225	413945	61.95
八公山区	Bagongshan District	255492	228561	117265	26931	98923	38.72
潘集区	Panji District	1847098	1829105	1437861	17993	691242	37.42
凤台县	Fengtai	1794750	1578787	1242779	215963	1627843	90.70
毛集试验区	Maoji testing District	256817	256817	144018		243783	94.92
滁州市直	Units directly under Chuzhou City	1611759	1611759	1611759		968019	60.06
琅琊区	Langya District	802284	222855	222855	579429	694996	86.63
南谯区	Nanqiao District	1073595	553324	443865	520271	568281	52.93
天长市	Tianchang	2640260	2385076	2385076	255184	2207229	83.60
明光市	Mingguang	1004672	672356	391993	332316	486400	48.41
来安县	Laian	1500148	953571	811994	546577	2045342	136.34
全椒县	Quanjiao	1248270	863004	863004	385266	819127	65.62
定远县	Dingyuan	1422743	1109668	666170	313075	1048077	73.67
凤阳县	Fengyang	1177841	1055302	1055302	122539	1037226	88.06
六安市直	Units directly under Luan City	332409	332409	332409		196737	59.19
金安区	Jinan District	1456844	871678	753723	585166	826375	56.72
裕安区	Yuan District	1409383	826595	826595	582788	1109405	78.72

5—46 续表2 continued

单位：万元，%（10000 yuan %）

县（市）	County (City)	固定资产投资 Investment in fixed Assets	项目投资 Investment Projects	城镇项目 Town Projects	房地产开发投资 Investment in Real Estate Development	新增固定资产 Newly Increased Fixed Assets	固定资产交付使用率 Rate of Projects of Fixed Assets Completed and Put into Use
寿县	Shouxian	1221869	1058699	1039662	163170	984602	80.58
霍邱县	Huoqiu	1193903	1031790	990027	162113	1204337	100.87
舒城县	Shucheng	1082224	931314	875542	150910	886436	81.91
金寨县	Jinzhai	1203831	1118918	723710	84913	1015096	84.32
霍山县	Huoshan	1312092	1218405	1144715	93687	1117762	85.19
叶集试验区	Yijie Experimental District	293945	293945	292459		246231	83.77
六安经开区	Lu'an Economical Development District	531653	531653	531653		531653	100.00
马鞍山市直	Units directly under Maanshan City	139245	139245	139245		14054	10.09
金家庄区	Jinjiazhuang District	35700	35700	35700		21200	59.38
花山区	Huashan District	3707181	2830463	2812463	876718	3047762	82.21
雨山区	Yushan District	3856289	3263267	3201447	593022	3386632	87.82
博望区	Bowang District	1376232	1323224	1193792	53008	1278940	92.93
当涂县	Dangtu	3975733	3523725	3452045	452008	3722879	93.64
含山县	Hanshan	1476098	1296021	1296021	180077	1109674	75.18
和县	Hexian	2180936	1879934	1600339	301002	1459552	66.92
芜湖市直	Units directly under Wuhu City	542199	542199	542199		791588	146.00
镜湖区	Jinghu District	2394033	951646	951646	1442387	2239341	93.54
弋江区	Yijiang District	2723239	1757379	1678469	965860	2208401	81.09
鸠江区	Jiujiang District	2649582	1270258	1270258	1379324	1107469	41.80
三山区	Sanshan District	2492124	2294277	2294277	197847	237891	9.55
芜湖经开区	Wuhu Economical Development District	2768052	2768052	2768052		1376046	49.71
大桥开发区	Big Bridge Development District	109360	109360	109360		55740	50.97
芜湖县	Wuhu	2283882	2133951	2108199	149931	1280873	56.08
繁昌县	Fanchang	2232732	2034707	1874208	198025	1679190	75.21
南陵县	Nanling	2034003	1803129	1681807	230874	1479361	72.73
无为县	Wuwei	2664055	2438175	2056252	225880	1988693	74.65
江北集中区	Jiangbei District	1033145	1033145	1033145		176996	17.13
宣城市直	Xuancheng City	354139	354139	334049		109139	30.82
宣州区	Xuanzhou District	2659040	1750928	1720872	908112	1262993	47.50
宁国市	Ningguo	2388958	2099610	957246	289348	2044360	85.58
郎溪县	Langxi	1864545	1552184	1511095	312361	1110359	59.55
广德县	Guangde	1788098	1664087	995296	124011	1668622	93.32
泾县	Jingxian	1009637	884025	735767	125612	560426	55.51
绩溪县	Jixi	970223	803216	803216	167007	530103	54.64

5—46 续表3 continued

单位：万元，%（10000 yuan %）

县（市）	County (City)	固定资产投资 Investment in fixed Assets	项目投资 Investment Projects	城镇项目 Town Projects	房地产开发投资 Investment in Real Estate Development	新增固定资产 Newly Increased Fixed Assets	固定资产交付使用率 Rate of Projects of Fixed Assets Completed and Put into Use
旌德县	Jingde	366555	275287	210549	91268	286276	78.10
铜陵市直	Units directly under Tongling City	81514	81514	81514			
铜官山区	Tongguanshan District	1123327	766606	764406	356721	877500	78.12
狮子山区	Shizishan District	1840227	1357200	1292262	483027	895614	48.67
铜陵经开区	Tongling Economical Development District	1255883	1255883	1255883		1498631	119.33
郊　区	Suburban District	1490479	1439200	1220550	51279	1323493	88.80
铜陵县	Tongling	1884543	1447936	1217036	436607	1009419	53.56
池州市直	Chizhou City	52334	52334	52334		22078	42.19
贵池区	Guichi District	2173465	1392450	1392450	781015	2258174	103.90
池州经开区	Chizhou Economical Development District	485476	485476	485476			
江南集中区	Jiangnan District	620399	620399	620399		446436	71.96
东至县	Dongzhi	1087864	998912	998912	88952	728331	66.95
石台县	Shitai	127188	95537	46699	31651	116272	91.42
青阳县	Qingyang	817995	678438	672828	139557	595602	72.81
九华山区	Mount Jiuhua area	15671	15671	15671		7100	45.31
迎江区	Yingjiang District	977922	641433	628233	336489	683800	69.92
大观区	Daguan District	453466	402526	281327	50940	116133	25.61
安庆经开区	Anqing Economical Development District	1482399	1482399	1131419		344882	23.27
宜秀区	Yixiu District	813157	658743	573682	154414	493349	60.67
桐城市	Tongcheng	2211150	2097239	2001648	113911	1789507	80.93
怀宁县	Huaining	1509288	1439220	1308636	70068	1018644	67.49
枞阳县	Zongyang	1751500	1450857	1418397	300643	1324294	75.61
潜山县	Qianshan	961843	867626	678330	94217	853906	88.78
太湖县	Taihu	896811	841556	841556	55255	975270	108.75
宿松县	Susong	1220223	1047490	958139	172733	809715	66.36
望江县	Wangjiang	927993	849277	566891	78716	865035	93.22
岳西县	Yuexi	741765	699724	335443	42041	582122	78.48
屯溪区	Tunxi District	1657599	970453	960053	687146	701508	42.32
黄山区	Huangshan District	844554	582774	534337	261780	444588	52.64
徽州区	Huizhou District	342246	280850	171639	61396	335143	97.92
歙　县	Shexian	872908	712064	465999	160844	584811	67.00
休宁县	Xiuning	823638	687049	649467	136589	662789	80.47
黟　县	Yixian	329073	300667	274777	28406	272158	82.70
祁门县	Qimen	535232	503869	452664	31363	429274	80.20

主要统计指标解释

固定资产投资

固定资产投资额是以货币表现的建造和购置固定资产活动的工作量，它是反映固定资产投资规模、速度、比例关系和使用方向的综合性指标。固定资产投资按经济类型可分为国有、集体、个体、联营、股份制、外商、港澳台商、其他等。按照管理渠道，全社会固定资产投资统计的范围包括：⑴城镇和农村500万元以上固定资产投资项目；⑵房地产开发投资；⑶农村非农户投资。

房地产开发投资

指房地产开发公司、商品房建设公司及其他房地产开发法人单位和附属于其他法人单位实际从事房地产开发或经营的活动单位统一开发的包括统代建、拆迁还建的住宅、厂房、仓库、饭店、宾馆、度假村、写字楼、办公楼等房屋建筑物和配套的服务设施，土地开发工程（如道路、给水、排水、供电、供热、通讯、平整场地等基础设施工程）的投资；不包括单纯的土地交易活动。

建设总规模

是指在报告期内所有施工项目的计划总投资。

在建总规模

是指在报告期末所有在建项目的计划总投资。

在建净规模

是指报告期末所有在建项目建成投产尚需的投资总量。

在建净规模＝在建总规模－未投产项目（期末在建）累计完成投资。

固定资产投资的资金来源

根据固定资产投资的资金来源不同，分为国家预算内资金、国内贷款、利用外资、自筹资金和其他资金来源。

⑴国家预算资金：包括一般预算、政府性基金预算、国有资本经营预算和社保基金预算。各类预算中用于固定资产投资的资金全部用为国家预算资金填报，其中一般预算中用于固定资产投资的部分包括基建投资、车购税、灾后恢复重建基金和其他投资。各级政府债券也归入国家预算资金。

⑵国内贷款：指报告期内企、事业单位向银行及非银行金融机构借入的用于固定资产投资的各种国内借款。包括银行利用自有资金及吸收的存款发放的贷款、上级主管部门拨入的国内贷款、国家专项贷款（包括煤代油贷款、劳改煤矿专项贷款等)、地方财政专项资金安排的贷款、国内储备贷款、周转贷款等。

⑶利用外资：指报告期内收到的用于固定资产投资的国外资金，包括统借统还、自借自还的国外贷款，中外合资项目中的外资，以及对外发行债券和股票等。国家统借统还的外资指由我国政府出面同外国政府、团体或金融组织签订贷款协议、并负责偿还本息的国外贷款。

⑷自筹资金：指建设单位报告期内收到的，用于进行固定资产投资的上级主管部门、地方和企、事业单位自筹资金。

⑸其他资金来源：指报告期内收到的除以上各种拨款。

固定资产投资按建设性质分

建设项目的性质一般分为新建、扩建、改建、迁建、恢复。基本建设按建设项目划分建设性质，更新改造、国有单位其他固定资产投资及城镇集体投资等按整个企业、事业单位的建设情况确定建设性质，房地产开发单位、农村投资等投资不划分建设性质。

⑴新建：一般是指从无到有、“平地起家”新开始建设的单位。有的单位原有的基础很小，经过建设后其新增加的固定资产价值超过原有固定资产价值（原值）三倍以上的也算新建。

⑵扩建：一般是指为扩大原有产品的生产能力，在厂内或其他地点增建主要生产车间（或主要工程)、独立的生产线或分厂的企业；事业单位和行政单位在原单位增建业务用房（如学校增建教学用房、医院增建门诊部或病床用房、行政机关增建办公楼等）也作为扩建。

⑶改建：一般是指现有企业、事业单位为了技术进步，提高产品质量，增加花色品种，促进产品升级换代，降低消耗和成本，加强资源综合利用和三废治理、劳保安全等，采用新技术、新工艺、新设备、新材料等对现有设施、工艺条件进行技术改造或更新（包括相应配套的辅助性生产、生活福利设施)。有的企业为充分发挥现有生产能力，进行填平补齐而增建不增加本单位主要产品生产能力的车间等，也属于改建。

固定资产投资按构成分

固定资产投资活动按其工作内容和实现方式分为建筑安装工程，设备、工具、器具购置，其他费用三个部分。

⑴建筑安装工程（建筑安装工作量)：指各种房屋、建筑物的建造工程和各种设备、装置的安装工程。包括各种房屋建造工程，各种用途设备基础和各种工业窑炉的砌筑工程；为施工而进行的各种准备工作和临时工程以及完工后的清理工作等；铁路、道路的铺设，矿井的开凿及石油管道的架设等；水利工程；防空地下建筑等特殊工程；以及各种机械设备的安装工程；为测定安装工程质量，对设备进行的试运工作。在安装工程中，不包括被安装设备本身的价值。

⑵设备、工具、器具购置：指购置或自制达到固定资产标准的设备、工具、器具的价值，固定资产的标准按财务部门规定。新建单位、扩建单位的新建车间按照设计和计划要求购置或自制的全部设备、工具、器具，不论是否达到固定资产标准均计入“设备、工具、器具购置”中。

⑶其他费用：指在固定资产建造和购置过程中发生的，除建筑安装工程和设备、工具、器具购置以外的各种应摊入固定资产的费用。

施工项目

指报告期内曾进行建筑或安装工程施工活动的建设项目，包括报告期内新开工项目、报告期以前开工跨入报告期继续施工的项目以及报告期施过工并在报告期内全部建成投产或停缓建的项目。

全部建成投产项目

工业项目是指设计文件规定形成生产能力的主体工程及其相应配套的辅助设施全部建成，经负荷试运转，证明具备生产设计规定合格产品的条件，并经过验收鉴定合格或达到竣工验收标准，与生产性工程配套的生活福利设施可以满足近期正常生产的需要，正式移交生产的建设项目。非工业项目是指设计文件规定的主体工程和相应的配套工程全部建成，能够发挥设计规定的全部效益，经验收鉴定合格或达到竣工验收标准，正式移交使用的建设项目。

商品住宅

指房地产开发企业（单位）建设并出售、出租给使用者，仅供居住用的房屋。

土地开发投资额

指房地产开发企业完成的前期工程投资，即路通、水通、电通、场地平整等（也称七通一平）所完成的投资。一般指生地开发成熟地的投资。在旧城区（老区拆迁）的开发中，如果有统一的规划，如政府有关部门批准的小区建设的前期工程中，有场地平整，原有建筑物、构筑物拆除，供水供电工程等工作量也可计算。未进行开发工程、只进行单纯的土地交易活动不作为土地开发投资统计。土地开发投资额在房屋用途分组中能分摊的部分就分摊，不能分摊的全部计入其他。

土地购置费

指房地产开发企业为取得土地使用权而支付的费用。土地购置费按当期发生数计入投资，如土地购置费为分期付款的，可分期计入投资；不计入新增固定资产。土地购置费支出包括：①通过草拟方式取得的土地使用权所支付的土地补偿费、附着物和青苗补偿费、安置补偿费及土地征收管理费等；②通过出让方式取得土地使用权所支付的出让金。

投资额按房屋工程用途分组

指投资额中用于各类房屋建设的投资。

住宅

指专供居住的房屋，包括别墅、公寓、职工家属宿舍和集体宿舍（包括职工单身宿舍和学生宿舍）等。但不包括住宅楼中作为人防用、不住人的地下室等。

别墅、高档公寓

一般指单位建筑面积造价高于当地同等地段商品住宅平均造价一倍以上的公寓或别墅，或者经有权审批房地产投资计划的审批单位审定为高档公寓、别墅的房地产投资项目。

本年完成开发土地面积

指报告期内对土地进行开发并已完成七通一平等前期开发工程，具备进行房屋建筑物施工或出让条件的土地面积。

本年购置土地面积

指在本年内通过各种方式获得土地使用权的土地面积。

本年土地成交价款

指进行土地使用权交易活动的最终金额。在土地一级市场，是指土地最后的划拨款和出让价；在土地二级市场是指土地转让、出租、抵押等最后确定的合同价格。土地成交价款与土地购置面积同口径，目的是正确计算平均土地购置价格。

房屋施工面积

指报告期内施工的全部房屋建筑面积。包括本期新开工的面积和上年开工跨入本期继续施工的房屋面积，以及上期已停建在本期恢复施工的房屋面积。本期竣工和本期施工后又停建缓建的房屋面积仍包括在施工面积中，多层建筑应填各层建筑面积之和。

房屋竣工面积

指报告期内房屋建筑按照设计要求已全部完工，达到住人和使用条件，经验收鉴定合格或达到竣工验收标准（实行房地产开发小区综合验收的城市，应经小区综合验收合格），可正式移交使用的各栋房屋建筑面积的总和。

实际销售面积

指报告期内已竣工的房屋面积中已正式交付给购房者或已签订（正式）销售合同的商品房屋面积。不包括已签订预售合同正在建设的商品房屋面积，但包括报告期或报告期以前签订了预售合同，在报告期又竣工的商品房屋面积。

Explanatory Notes for Major Statistical Indicators

Total Investment in Fixed Assets in the Whole Country

Amount of investment in fixed assets refers to the volume of activities in construction and purchases of fixed assets in monetary terms. It is a comprehensive indicator which shows the size, pace, proportional relations and use orientation of the investment in fixed assets. Total investment in fixed assets in the whole country includes, by status of economic ownership, the investment by the state-owned units, collective units, individuals, joint ownership units, share-holding units, as well as investment by businessmen from foreign countries and from Hong Kong, Macao and Taiwan, and by other units. According to management channels, the statistical ranges of the investment in fixed assets include: (1) item invested half million Yuan and over in urban; (2) investment of real estates; (3) investment in rural district not by farmer; (4) investment in rural district by farmer.

Investment in Real Estate Development

It includes the investment by the real estate development companies, commercial buildings construction companies and other real estate development units of various types of ownership in the construction of house buildings, such as residential buildings, factory buildings, warehouses, hotels, guesthouses, holiday villages, office buildings, and the complementary service facilities and land development projects, such as roads, water supply, water drainage, power supply, heating, telecommunications, land leveling and other projects of infrastructure. It excludes the activities in simple land transactions.

Total Size of Construction

refers to the planned total investment for all construction projects during the reference period.

Total Size of Investment in Projects under Construction

refers to the planned total investment of all projects under construction at the end of the reference period.

Net Size of Investment in Projects under Construction

refers to the outstanding requirement of investment of all projects under construction at the end of the reference period.

Net size of investment in projects under construction= Total size of investment – Accumulated completed investment of projects under construction

Sources of Funds for Investment in Fixed Assets

state budgetary appropriation, domestic loans, foreign investment, self-raised funds, and others.

a) State budgetary appropriation refers to appropriation in the budget of the central and local governments earmarked for capital construction and for innovation projects, and the special appropriation from the budget of the central government for capital construction and for the transfer fund to banks to be issued as loans for capital construction projects.

b) Domestic loans refer to various funds borrowed by enterprises and institutions from banks and non-bank financial institutions during the reference period for the purpose of investment in fixed assets, including loans issued by banks from their self-owned funds and deposit, loans appropriated by higher responsible authorities, special loans by government (including loan for replacing petroleum with coal, special loan for reform-through-labour coal mines), loans arranged by local government from special funds, domestic reserve loan, and working loan, etc.

c) Foreign Investment refers to foreign funds received during the reference period for the purpose of investment in fixed assets, including foreign funds borrowed and managed by the government, by individual units, foreign fund in joint venture program, and issue of bonds and stocks at the international financial markets. The foreign funds borrowed and managed by the government refer to foreign loans borrowed by the government from foreign governments, organizations, or financial institutions under official agreements signed by both parties, under which government is responsible for the repayment of both the principal and interests of the foreign loans.

d) Self-raised funds refer to funds received by construction enterprises from their higher responsible authorities, local governments, or raised by enterprises or institutions themselves for the purpose of investment in fixed assets during the reference period.

f) Others refer to funds received during the reference period which are not included in the above-mentioned sources.

Investment in Fixed Assets by Type of Construction

The construction projects in general can be classified by the type of construction into new construction, expansion, reconstruction and moving away. In capital construction, the type of construction is determined by the condition of the project. In investment in innovation, in other investment by state-owned units and investment by collective-owned units, the type of construction is determined by the condition of the whole enterprise or institutions. Investment by type of construction is not applied to investment by real-estate development units, investment in rural areas.

a) New construction in general refers to newly constructed units. In the case in which the value of the original fixed assets is quite small, and the value of newly added fixed assets exceeds the original ones by three times, the expansion construction is considered as new construction.

b) Expansion refers to construction of new major production workshop or independent production line within a factory or in other locations, or construction of a branch factory so as to increase the production capacity of the original products. Newly constructed business houses in institutions and administrative organizations (such as the newly constructed teaching buildings in schools, clinics or bed building in hospitals, and office buildings in administrative agencies, etc.) are also classified as expansion.

c) Reconstruction refers to technical innovation and transformation of the existing equipment and technical conditions undertaken by enterprises and institutions for the purposes of technological advancement, improvement in product quality, enlarging variety of products, promoting new generation of products, reducing production consumption and cost, promoting comprehensive utilization of resources, strengthening treatment of waste gas, waste water and solid wastes, and safety in production, etc. through application of new technologies and techniques, use of new equipment and new materials (including accessory facilities for production or for living and welfare purposes).Construction of new workshops for improving existing production capacity rather than increasing production capacity is also considered as reconstruction.

Investment in Fixed Assets by Structure

refers to the three major parts of investment activities, i.e. construction and installation, purchase of equipment and instrument, and other expenses.

a) Construction and installation (work volume of construction and installation) refers to the construction of various houses and buildings and installation of various kinds of equipment and instruments, including construction of various houses, equipment foundations and industrial kilns and stoves, preparation works for project construction, and clearing up works post project construction, pavement of railways and roads, drilling of mines and putting up of oil pipes, construction of projects of water conservancy, construction of underground air-raid shelters and construction of other special projects, installation of various machinery equipment, testing operation for pre-testing the quality of installation projects. The value of equipment installed is not included in the value of installation projects.

b) Purchase of equipment and instruments refers to the total value of equipment, tools, and vessels purchased or self-produced which come up to standards for fixed assets. Equipment, tools and vessels purchased or self-produced for new workshops by newly established or expanded units are categorized as purchase of equipment and instruments no matter whether they come up to the standards for fixed assets or not.

c) Other expenses refer to expenses occurring during the construction or purchase of fixed assets other than construction, installation or purchase of equipment and instruments.

Projects Under Construction

refer to projects having construction and installation activities undertaken in the reference period, including projects started in the reference period, or continued from the previous period, or completed and put into production or suspended in the reference period.

Projects Completed and Put into Use

Industrial projects refer to the major projects and accessory facilities completed which result in forming production capacity and have been checked and accepted while the living and welfare facilities have been completed and can ensure normal production and formally put into production. Non-industrial projects refer to the major projects and accessory facilities completed which possess the designed capacity and have been checked, accepted and formally put into production.

Commercial Housing

refers to the building just for living sailed and rented to the user by real estate development company.

Amount of Investment on Land

refers to the previous construction investment completed by real estate development company, which includes road project completed, water project completed, electricity project completed, site grading and so on (and also called seven completed one grading). This investment is usually called fresh land developed in to mature land. If there lave unified planning in old section of city (the moving of old district) development, for example, in the prior project of housing estate construction authorized by related party of government the amount of work of site grading, demolition of primary buildings water supply project and power supply project can be calculated. The project without development and purely transaction of land can't be the statistics of development and investment in land. The amount of land development and investment must be apportioned if they can be apportioned in the group by the use of building. If the part can't be apportioned, they can be calculated in others wholly.

The Cost of Buying Land

refers to the cost paid by the real estate company, which can be used for gaining the usufruct of land. The cost of buying land can be calculated for investment based on the current period amounts. The cost of buying land can be calculated for investment by stages if the cost of buying land is divided payments. The cost of buying land can't be calculated for the new permanent assets. The cost of buying land includes ① compensation cost of land, adhesive material, green croups, allocation and management expenses of land expropriation paid by the land-use right in rough style. ②fees for assignment paid by the land-use right in remised style.

Amount of Investment Classified by the Use of Building

Engineering

refers to the investment of all types of building construction among of the amount of investment.

House

refers to the building for living merely including villa, apartment, dormitory of employee, collective dormitory (including the dormitory for bachelors and students) and so on, excluding the basement of resident buildings for civil air defense and no living.

Villas, High-grade Apartments

refer to per construction cost on villas or high-grade apartments are higher by over 100% compared with the average prices of commercial housing at the same place, or projects for the construction of villas or high-grade apartments approved by competent departments in chare of real estate development and investment plans.

Exploitative Land Area Completed This Year

refers to prior development project of land (seven completed one grading and soon) which was developed and completed at report period. The land area has building operations or remised condition.

The Land Area Bought This Year

refers to the area attained land-use right by all kinds of modes this year.

Bargain Price of Land This Year

refers to final sum bargained for the land-use right. The price refers to the final transfer and remised price at land primary market; The price refers to the finally affirmed contract price with land remised, rented, mortgage and so on at land secondary market. Bargain price of land have the same caliber with the land buying area, the aim is to calculate the mean land buying price correctly.

Floor Space Under Construction

refers to total floor space of all buildings under construction during the reference period, including floor space of newly started buildings during the reference period, floor space of construction extended from the previous period to the current period, floor space of construction suspended during the previous period and resumed in the current period, floor space of construction completed in the current period, and floor space of construction started and then suspended in the current period.

Floor Space of Buildings Completed

refers to the floor space of buildings completed in the reference period, which have come up to the designed standards and have been put into use.

第六篇

Chapter 6

能源生产和消费

PRODUCTION AND CONSUMPTION OF ENERGY

简要说明

一、本篇主要内容有：能源生产、消费及品种构成，能源生产和消费弹性系数，近年来综合能源平衡表和电力平衡表，分行业分主要能源品种的消费量等。

二、2011 年及以前年份为分行业主要能源品种消费量、分行业工业用水量是指全部国有及年销售收入 500 万元以上工业企业。2011 年起为全部国有及年销售收入 2000 万元以上工业企业，与历史年份不可比。

三、本篇资料取自省统计局能源处，按照国家统计局报表制度逐级汇总整理。

四、关于数据口径与计算的说明

1. 一次能源生产量与工业统计数据一致。

2. 行业分类采用现行统一的国民经济行业分类国家标准。

3. 能源生产与消费弹性系数分别以能源生产、消费增长速度与国内生产总值增长速度相比求得。

Brief Introduction

I. Data in this chapter cover mainly the energy production, consumption and their composition, the elasticity ratio of energy production and consumption, the overall balance of energy and the balance of electricity, the consumption of energy by sector and by main variety.

II. The consumption of energy by sector and by main variety and industrial water consumption by sector include all state-owned industrial enterprises and the industrial enterprises with yearly sales revenue over five million yuan.

III. Data in this chapter are prepared and provided by the Division of Energy, Anhui Statistical Bureau, in accordance with the national reporting system.

IV. Coverage and calculation of data:

1. Data on the production of primary energy are the same as the concerned data of the industrial statistics.

2. The state classification of national economic sectors is used in the classification of sectors.

3. The elasticity ratio of energy production is calculated as the quotient of the growth rate of energy production divided by the growth rate of GDP; and the elasticity ratio of energy consumption is calculated as the quotient of the growth rate of energy consumption divided by the growth of GDP.

6—1 能源生产和消费总量及电力生产和消费量
Total Production and Consumption of Energy and Electricity

年 份 Year	能源生产总量（万吨标准煤）Total Energy Production（10000 tons of SCE）	电力生产量（亿千瓦时）Electricity (100 million kwh)	能源消费总量（万吨标准煤）Total Energy Consumption（10000 tons of SCE）	电力消费量（亿千瓦时）Electricity (100 million kwh)
2000	3436.14	364.63	4878.82	338.92
2005	6215.42	648.38	6505.98	581.65
2006	5993.75	734.38	7069.39	662.40
2007	6742.44	868.04	7739.33	768.70
2008	8413.93	1101.94	8325.40	858.87
2009	9288.36	1328.58	8895.90	952.30
2010	9689.27	1463.31	9706.60	1077.92
2011	10281.42	1655.07	10570.23	1221.19
2012	10947.05	1807.84	11357.95	1361.10
2013	10056.33	1977.73	11696.39	1528.07
2014	9413.25	2033.92	12011.02	1585.18

注：1.电力生产量为全社会发电量。能源生产和消费量按等价热值计算。2006年后能源生产总量不含跨地区原煤产量。
2.根据第三次全国经济普查结果，2013年的有关数据有所调整（下同）。
a) Electricity Production is the whole social power rate.Energy Production and Consumption are calculated on the basis of equal caloric value. After 2006, Total Energy Production does not contain the trans-regional raw coal output.
b) According to the result of the third national economic census, changed related data in 2013 (the same below).

6—2 综合能源平衡表
Overall Energy Balance

单位：万吨标准煤（10000 tons of SCE）

指 标	Item	2000	2005	2010	2013	2014
可供消费的能源总量	**Total Energy Available for Consumption**					
一次能源生产量	Primary Energy Output	3436.14	6215.42	9689.27	10056.33	9413.25
能源消费总量	**Total Energy Consumption**	**4878.82**	**6505.98**	**9706.60**	**11696.39**	**12011.02**
在总量中：	Consumption by Sector:					
农、林、牧、渔、水利业	Farming, Forestry, Animal Husbandry, Fishery and Water Conservancy	163.48	149.10	199.48	232.21	226.36
工 业	Industry	3881.06	5016.86	7464.63	8179.22	8372.57
建筑业	Construction	53.93	54.32	114.56	190.40	198.75
交通运输和邮电通信业	Transportation, Post and Telecommunications Services	178.38	280.27	528.00	931.82	1032.63
商业、饮食、物资供销和仓储业	Commerce, Catering Services, Materials Supply, Marketing and Storage	57.24	101.75	150.29	303.85	287.38
其 他	Others	57.65	132.90	252.02	417.26	461.60
生活消费	Residential Consumption	487.07	770.78	997.58	1441.63	1431.72
在总量中：	Consumption by Usage:					
终端消费	Final Consumption	4689.61	6126.54	9259.76	11582.47	11969.30
#工 业	Industry	3691.85	4637.41	6779.94	8065.30	8330.86
加工转换损失量	Losses in Processing and Transformation	189.21	379.44	440.06	402.27	370.75
输配损失量	Losses in Transportation and Delivery	73.64	155.34	237.84	307.06	302.95
平衡差额	**Balance**	**8.38**	**17.54**	**-43.42**	**-12.93**	**2.19**

6—3 能源生产弹性系数
Elasticity Ratio of Energy Production

年份 Year	能源生产比上年增长(%) Growth Rate of Energy Production over preceding Year (%)	电力生产比上年增长(%) Growth Rate of Electricity Production over Preceding Year (%)	安徽生产总值比上年增长(%) Growth Rate of Gross Domestic Product (GDP) over Preceding Year (%)	能源生产弹性系数 Elasticity Ratio of Energy Production	电力生产弹性系数 Elasticity Ratio of Electricity Production
2000	2.16	15.25	8.3	0.26	1.84
2005	6.32	6.02	11.8	0.54	0.51
2010	4.32	10.14	14.6	0.30	0.69
2013	-7.18	9.40	10.4		0.90
2014	-6.39	2.84	9.2		0.31

注：能源生产增长速度按等价热值计算；电力生产增长速度按实物量计算。

a) The rate of rise of energy production is calculated on the basis of equal caloric value; The rate of rise of electricity production is calculated on the basis of real amount.

6—4 能源消费弹性系数
Elasticity Ratio of Energy Consumption

年份 Year	能源消费比上年增长(%) Growth Rate of Energy Consumption over Preceding Year (%)	电力消费比上年增长(%) Growth Rate of Electricity Consumption over Preceding Year (%)	安徽生产总值比上年增长(%) Growth Rate of Gross Domestic Product (GDP) over Preceding Year (%)	能源消费弹性系数 Elasticity Ratio of Energy Consumption	电力消费弹性系数 Elasticity Ratio of Electricity Consumption
2000	5.47	8.29	8.3	0.66	1.00
2005	8.33	12.74	11.8	0.71	1.08
2010	9.11	13.19	14.6	0.62	0.90
2013	6.18	12.27	10.4	0.59	1.18
2014	2.69	3.74	9.2	0.29	0.41

注：能源消费增长速度按等价热值计算；电力消费增长速度按实物量计算。

a) The rate of rise of energy consumption is calculated on the basis of equal caloric value; The rate of rise of electricity consumption is calculated on the basis of real amount.

6—5 能源加工转换效率
Efficiency of Energy Conversion

单位：%

年份 Year	总效率 Total Efficiency	火力发电 Thermal Power Generation	炼焦 Coking	炼油 Petroleum Refining
2005	65.58	34.66	88.99	94.17
2010	65.87	39.95	95.76	99.45
2013	66.62	40.87	95.12	99.80
2014	68.04	40.97	94.49	99.85

6—6 主要年份电力平衡表
Electricity Balance Sheet in Main Year

单位：亿千瓦时（100 million kwh）

指　标	Item	2000	2005	2010	2013	2014
可供量	**Total Energy Available for Consumption**					
生产量	Output	364.63	648.38	1463.31	1977.73	2033.92
水力发电及其它发电	Hydraulic Power Generation and Others	4.58	13.48	43.47	44.86	56.13
火　电	Thermal Power	360.05	634.90	1419.84	1932.87	1977.78
消费量	**Total Energy Consumption**	**338.92**	**581.65**	**1077.92**	**1528.07**	**1585.18**
在消费量中	Consumption by Sector					
农、林、牧、渔、水利业	Agriculture, Forestry, Animal Husbandry, Fishery and Water Conservancy	21.31	11.75	11.91	16.83	14.91
工　业	Industry	238.26	430.98	777.18	1057.12	1120.82
#输配电损失量	Losses in Transmission	22.81	43.81	76.81	102.12	101.00
建筑业	Construction	3.75	4.88	14.75	24.71	24.90
交通运输、仓储和邮政业	Transport, Storage and Post	4.22	4.98	14.58	21.09	22.47
批发、零售业和住宿、餐饮业	Wholesale and Retail Trades, Hotels and Catering Services	5.74	12.57	34.97	62.17	60.95
其他行业	Others Sectors	12.61	26.79	50.55	92.07	106.79
生活消费	Household Consumption	53.03	89.70	173.98	254.07	234.35

6—7 主要年份平均每天各种能源消费量
Average Daily Energy Consumption by Variety in Main Year

指　标		Item		2000	2005	2010	2013	2014
合　计	**（万吨标准煤）**	**Total**	**(10000 tons of SCE)**	**13.36**	**17.82**	**26.59**	**32.04**	**32.91**
原　煤	（万吨）	Coal	(10000 tons)	15.96	23.24	37.55	50.17	50.96
焦　炭	（万吨）	Coke	(10000 tons)	1.46	1.48	2.49	2.88	2.92
原　油	（万吨）	Crude Oil	(10000 tons)	0.94	1.14	1.31	1.51	2.05
燃料油	（万吨）	Fuel Oil	(10000 tons)	0.13	0.07	0.03	0.03	0.03
汽　油	（万吨）	Gasoline	(10000 tons)	0.19	0.24	0.43	0.87	0.97
柴　油	（万吨）	Diesel Oil	(10000 tons)	0.39	0.58	1.00	1.72	1.82
电　力	（亿千瓦小时）	Electricity	(100 million kwh)	0.93	1.59	2.95	4.19	4.34

6—8 主要年份生活能源消费量
Average Annual Energy Consumption for Households in Main Year

指标		Item		2000	2005	2010	2013	2014
合　计	**（万吨标准煤）**	**Total**	**(10000 tons of SCE)**	**487.07**	**770.78**	**997.55**	**1441.63**	**1431.72**
煤　炭	（万吨）	Coal	(10000 tons)	433.00	580.00	341.25	281.26	233.64
液化石油气	（万吨）	Liquefied Petroleum Gas	(10000 tons)	16.30	28.11	42.13	79.08	90.78
天然气	（亿立方米）	Natural Gas	(100 million cu.m)		0.40	2.80	10.30	14.34
热　力	（万百万千焦）	Heat	(10 billion kilo-joule)		653.00	661.00	1138.95	1274.80
电　力	（亿千瓦小时）	Electricity	(100 million kwh)	53.03	89.70	173.98	254.07	234.35

6—9 主要年份人均生活能源消费量
Annual per Capita Energy Consumption of Households in Main Year

指标		Item		2000	2005	2010	2013	2014
平均每人生活消费能源	**（千克标准煤）**	**Annual per Capita Consumption for Households**	**(kg of SCE)**	**80.22**	**124.84**	**168.60**	**239.92**	**236.40**
煤　炭	（千克）	Coal	(kg)	71.31	93.94	57.68	46.81	38.58
液化石油气	（千克）	Liquefied Petroleum Gas	(kg)	2.68	4.55	7.12	13.16	14.99
天然气	（立方米）	Natural Gas	(cu.m)		0.65	4.73	17.14	23.67
热　力	（万千焦）	Heat	(kilo-joule)		10.58	11.17	18.95	21.05
电　力	（千瓦小时）	Electricity	(kwh)	87.34	145.29	294.04	422.82	386.94

注：按年平均人口数计算。

a) Data in the table are calculated with the data on the annual average population.

6—10 主要年份能源消耗指标
Energy Consumption Indices in Main Year

年 份 Year	单位地区生产总值能耗(等价值) Unit GDP Energy Consumption (Equal Values)		单位工业增加值能耗(规模以上，当量值) Unit GDP Energy Consumption (Above Scale, Equivalent Value)		单位地区生产总值电耗 Unit GDP Electricity Consumption	
	指标值(吨标准煤/万元) Indices (standard coal ton /10000Yuan)	上升或下降(±%) Up or Down	指标值(吨标准煤/万元) Indices (standard coal ton /10000Yuan)	上升或下降(±%) Up or Down	指标值(千瓦小时/万元) Indices (kilowatt-hour/10000 yuan)	上升或下降(±%) Up or Down
2005	1.216		3.13		1088.11	
2006	1.174	-3.44	2.86	-6.96	1099.86	1.08
2007	1.126	-4.11	2.63	-8.61	1118.33	1.68
2008	1.075	-4.52	2.34	-9.92	1109.06	-0.83
2009	1.017	-5.39	2.10	-11.13	1088.76	-1.83
2010	0.785	-4.78	1.33	-12.94	872.16	-1.17
2011	0.754	-4.06	1.20	-9.54	870.49	-0.19
2012	0.722	-4.15	1.09	-9.56	865.50	-0.57
2013	0.676	-3.78	1.03	-7.04	880.50	1.74
2014	0.636	-5.97	0.94	-8.40	839.28	-5.00

注：1、2010年以后，国内生产总值按照2010年可比价格计算(下同)。
2、按2005年可比价格计算的2010年单位生产总值能耗为0.97，单位工业增加值能耗为1.82，单位生产总值电耗为1075.99。
3、计算单位地区生产总值能耗上升或下降时，两年单位地区生产总值能耗数据保留4位小数。

a) After 2010, GDP is calculated by 2010 comparable price.

b) As caculating by 2005 comparable price, Unit GDP Energy Consumption is 0.97, Unit GDP Energy Consumptionis 1.82, Unit GDP Electricity Consumption is 1075.99.

c) Calculating energy consumption per unit GDP rise or fall, two years for energy consumption per unit GDP data retention 4 decimal places.

6—11 各市能源消耗指标（2014年）
Energy Consumption Indices by Region (2014)

地 区	Region	单位地区生产总值能耗(等价值) Unit GDP Energy Consumption (Equal Values) 上升或下降(±%) Up or Down	单位工业增加值能耗(规模以上，当量值) Unit GDP Energy Consumption (Above Scale, Equivalent Value) 上升或下降(±%) Up or Down	单位地区生产总值电耗 Unit GDP Electricity Consumption 上升或下降(±%) Up or Down
合肥市	Hefei	-7.61	-8.37	-3.48
淮北市	Huaibei	-7.97	4.32	-5.63
亳州市	Bozhou	-4.45	-2.54	-5.05
宿州市	Suzhou	-6.49	-14.67	-5.51
蚌埠市	Bengbu	-6.80	-7.80	-5.77
阜阳市	Fuyang	-4.37	-7.89	-4.10
淮南市	Huainan	-1.59	9.45	-3.06
滁州市	Chuzhou	-6.22	-9.00	1.56
六安市	Luan	-5.72	-18.72	-4.37
马鞍山市	Maanshan	-6.54	-11.08	-1.96
芜湖市	Wuhu	-7.62	-9.80	-5.58
宣城市	Xuancheng	-7.41	-12.76	-6.62
铜陵市	Tongling	-7.37	-13.79	-7.21
池州市	Chizhou	-4.88	-8.71	-1.34
安庆市	Anqing	-6.02	-5.06	-4.88
黄山市	Huangshan	-4.72	-11.72	-7.20

6—12 全社会用电情况
Electricity Used in Whole Society

单位：亿千瓦时（100 million kwh）

类　别	Types	2010	2013	2014
全社会用电量总计	**Total of Electricity Used in Whole Society**	**1077.92**	**1528.07**	**1585.18**
全行业用电量合计	Total of Electricity Used in Whole Trade	903.94	1274.00	1350.83
第一产业	Primary Industry	11.91	16.83	14.91
第二产业	Secondary Industry	791.93	1081.83	1145.71
第三产业	Tertiary Industry	100.10	175.34	190.21
城乡居民生活用电量合计	Electricity Used for Life	173.98	254.07	234.35
城镇居民	Urban	89.50	119.35	101.91
乡村居民	Rural	84.48	134.72	132.44
分行业用电	Grouped by Trade			
农、林、牧、渔业	Agriculture, Forestry, Animal Husbandry and Fishery	11.91	16.83	14.91
工　业	Industry	777.18	1057.12	1120.81
#轻工业	Light Industry	108.54	136.10	155.05
重工业	Heavy Industry	668.64	921.02	965.76
#采矿业	Mining and Quarrying	79.45	110.29	113.33
制造业	Manufacturing	509.39	690.69	763.40
电力、燃气及水的生产和供应业	Production and Supply of Electricity Gas and Water	188.34	256.13	244.09
建筑业	Construction	14.75	24.71	24.90
交通运输、仓储和邮政业	Transport, Storage and Postal Services	14.58	21.09	22.47
信息传输、计算机服务和软件业	Information Circulation, Computer Services and Software	6.40	10.58	11.45
商业和住宿、餐饮业	Commercial、Accommodation and Catering Trade	34.97	62.17	60.95
金融、房地产、商务及居民服务业	Finance、Real Estate、Business Affair & Resident Service	14.46	29.27	41.10
公共事业及管理组织	Public Service & Management Organization	29.69	52.23	54.24

6—13 电力建设情况
Electric Power Construction Situation

类　别		Types		2010	2013	2014
发电量	**（亿千瓦时）**	**Electric Power Generated**	**(100 million kwh)**	**1463.31**	**1977.73**	**2033.92**
线损率	**（%）**	**Electricity Loss Rate on Lines**	**(%)**	**9.14**	**7.87**	**7.67**
年末发电设备容量	**（万千瓦）**	**Power Generating Equipment Capacity (year-end)**	**(10000 kw)**	**2933.00**	**3933.13**	**4326.10**
架空线长度	**（公里）**	**Length of Overhead Lines**	**(km)**	**49017.00**	**57799.00**	**60258.00**
交流特高压		UHVAC			896.00	896.00
直流特高压		UHV DC			771.00	771.00
交流和直流500KV		500KV AC and DC		5115.00	5776.00	5841.00
220KV		220KV		10511.00	12260.00	13261.00
110KV		110KV		12538.00	15182.00	16280.00
35KV		35KV		20467.00	22914.00	23209.00
电缆长度	**（公里）**	**Length of Cable**	**(km)**	**376.00**	**937.00**	**1130.72**
220KV		220KV				33.66
110KV		110KV		157.00	663.00	773.37
35KV		35KV		124.00	274.00	323.69
公用变电容量	**（万千伏安）**	**Public Transformer Capacity**	**(10000 kva)**	**8752.00**	**12902.00**	**14056.00**
交流特高压		UHV DC			900.00	900.00
500KV		500KV		1760.00	2185.00	2410.00
220KV		220KV		3366.00	4633.00	5097.00
110KV		110KV		2712.00	3776.00	4104.00
35KV		35KV		914.00	1408.00	1545.00
用电最高负荷	**（万千瓦）**	**Transport, Storage and Postal Services**	**(10000 kw)**	**1871.00**	**2658.00**	**2715.44**

注：2013年线损率按照省电力公司的合并口径（含所辖县公司）填报。2010年线损率原为母公司口径（不含所辖县公司），现也按照合并口径进行调整。

a) 2013 line loss rate in accordance with the provincial power company's consolidated basis (including the county under the jurisdiction of the company) reported. 2010 line loss rate was originally the parent caliber (excluding companies under the jurisdiction of the county), are also to be adjusted in accordance with a consolidated basis.

6—14 主要年份工业企业主要能源品种消费量
Major of Energy Consumption Species of Industrial Enterprises in Main Year

指　标		Item		2000	2005	2010	2013	2014
原　煤	（万吨）	Coal	(10000 tons)	3378.49	7121.30	13521.91	17173.67	17504.62
洗精煤	（万吨）	Washed and Refined Coal	(10000 tons)	399.60	643.14	1257.91	1376.83	1441.32
其他洗煤	（万吨）	Other Washed Coal	(10000 tons)		105.49	171.72	281.59	388.63
焦　炭	（万吨）	Coke	(10000 tons)	251.52	537.63	900.88	1006.19	1021.13
原　油	（万吨）	Crude Oil	(10000 tons)	344.17	414.49	477.57	551.57	749.09
汽　油	（万吨）	Gasoline	(10000 tons)	4.02	4.98	7.48	7.13	6.74
煤　油	（万吨）	Kerosene	(10000 tons)		0.44	0.61	0.34	0.53
柴　油	（万吨）	Diesel Oil	(10000 tons)	11.00	21.22	33.26	37.76	35.78
燃料油	（万吨）	Fuel Oil	(10000 tons)	18.65	19.82	9.53	5.28	5.12
热　力	（万百万千焦）	Heat	(10 billion kilo-joule)		5381.30	5840.68	7511.83	6854.17

6—15 成品油批发企业能源商品购进、销售与库存（2014年）
Energy Products Trade and Inventory of Refined Oil Wholesale Businesses (2014)

单位：吨（ton）

指　标	Item	汽　油 Gasoline	柴　油 Diesel Oil	煤　油 Kerosene	燃料油 Fuel Oil	润滑油 Lubricating oil
批发企业	**Wholesale Business**					
年初库存量	Inventory At the Beginning of the Year	145015	301008	3100	1218	919
累计购进量	Total Purchase	4056668	6026380	129151	164683	4583
#购自省外	Purchased from Outside the Province	2159025	5204236	129151	163597	2272
累计销售量	Total Sales	4012358	6145085	131596	164334	4581
#销往省外	Sale to Outside the Province				140694	2272
售予省内批发和零售企业	Sales to Wholesale and Retail Business	4012358	6145085	131596	23640	2310
期末库存量	Inventories at the end of Period	189325	182303	655	1567	921

6—16 主要年份分行业全社会工业用电量
Industrial Electricity Consumption of Sector in Main Year

单位：亿千瓦时（100 million kwh）

行业	Sector	2000	2005	2010	2013	2014
消费总量	**Total Consumption**	**238.26**	**430.98**	**777.18**	**1057.12**	**1120.81**
煤炭开采和洗选业	Coal Mining and Dressing	21.14	37.09	55.81	59.88	60.20
黑色金属矿采选业	Mining and Dressing of Ferrous Metals	3.69	5.74	13.63	23.46	23.95
有色金属矿采选业	Mining and Dressing of Nonferrous Metals	4.52	1.09	4.23	11.20	12.51
非金属矿采选业	Mining and Dressing of Nonmetal Minerals	2.45	2.05	5.78	11.97	12.42
开采辅助活动	Mining Auxiliary Activities					
其他矿采选业	Other Minerals Mining and Dressing	0.06			3.69	3.90
农副食品加工业	Agricultural and Non-staple Food Processing Industry	2.33	4.34	14.78	15.16	17.42
食品制造业	Food Production	1.67	4.52	3.56	4.51	6.61
饮料制造业	Beverage Manufacturing	1.55	2.72	3.75	8.81	5.52
烟草加工业	Tobacco Processing	1.25	1.55	1.01	1.02	1.30
纺织业	Textiles	10.90	15.28	17.07	22.14	22.29
纺织服装鞋帽制造业	Textile Dress, Headgear Manufacturing	0.20	1.39	2.97	4.28	4.03
皮革毛皮羽绒及其制品业	Leather, Furs, Related Products and Footwear Manufacturing	0.16	0.49	1.15	1.42	1.23
木材加工及竹藤棕草制品业	Timber Processing, Bamboo, Cane, Palm Fiber and Straw Products	0.55	3.90	9.61	14.27	13.19
家具制造业	Furniture Manufacturing	0.02	0.11	0.67	1.81	2.02
造纸及纸制品业	Papermaking and Paper Products	3.45	0.10	9.43	10.46	13.84
印刷业、记录媒介的复制	Printing and Record Medium Reproduction	1.80	1.29	2.75	2.67	2.14
文教体育用品制造业	Cultural, Educational and Sports Goods	0.12	0.49	1.40	1.19	0.71
石油加工、炼焦及核燃料加工业	Petroleum Processing, Coking and Nuclear Fuel Processing	2.63	2.11	3.38	6.79	7.25
化学原料及制品制造业	Raw Chemical Materials and Chemical Products	43.61	65.13	77.33	96.04	124.84
医药制造业	Medical and Pharmaceutical Products	1.35	3.96	5.33	5.97	6.16
化学纤维制造业	Chemical Fiber	3.83	7.41	7.01	10.00	10.61
橡胶和塑料制品业	Rubber and Plastic Products	2.51	8.22	15.39	22.05	24.94
非金属矿物制品业	Nonmetal Mineral Products	19.45	59.89	114.84	164.66	169.91
黑色金属冶炼及压延加工业	Smelting and Pressing of Ferrous Metals	26.95	66.74	126.24	137.44	146.40
有色金属冶炼及压延加工业	Smelting and Pressing of Nonferrous Metals	7.74	9.67	16.61	35.95	34.35
金属制品业	Metal Products	3.12	7.37	22.05	35.45	39.66
普通机械制造业	Ordinary Machinery	5.72	5.04	12.42	14.49	15.18
专用设备制造业	Equipment for Special Purposes	0.72	1.77	2.82	7.11	7.82
汽车制造业	Automobile Manufacturing Industry	1.69	6.32	12.49	15.83	18.20
铁路、船舶、航空航天和其他运输设备制造业	Railway, Shipbuilding, Aerospace, and Other Transportation Equipment Manufacturing Industry				2.71	2.94
电气机械及器材制造业	Electric Equipment and Machinery	0.90	5.65	15.35	27.01	32.43
通信设备、计算机及其他电子设备制造业	Telecommunication Equipments, Computer and Related Electronic Equipments	0.60	1.77	3.47	11.68	20.87
仪器仪表制造业	Instrument Manufacturing				0.59	0.76
其他制造业	Other Manufacturing	5.57	3.12	5.61	7.33	8.94
废弃资源综合利用业	Comprehensive Utilization of Waste Resources		0.51	0.90	1.49	1.51
金属制品、机械和设备修理业	Metal Products, Machinery and Equipment Repair				0.34	0.32
电力、热力的生产和供应业	Electricity, Heat Production and Supply Industry	52.10	88.61	179.61	245.21	231.65
煤气的生产和供应业	Production and Supply of Gas	0.06	0.64	1.20	1.84	2.27
自来水的生产和供应业	Production and Supply of Tap Water	3.66	4.90	7.53	9.19	10.52

6—17 分行业工业用水情况（2014年）
Industrial Water Situation by Industry (2014)

单位：万立方米（10000 M^3）

行业	Sector	工业取水总量 Industrial Water Got Total Amount of Industrial Water Got	地表水 Surface	地下水 Ground	自来水 Tap	其他水 Other	重复用水数量 Repeat of Water Consumption
消费总量	**Total Consumption**	**288381.8**	**215366.9**	**24945.3**	**38403.1**	**222.1**	**1383504.7**
煤炭开采和洗选业	Coal Mining and Dressing	7981.7	225.6	5957.7	1183.6	14.5	10996.4
黑色金属矿采选业	Mining and Dressing of Ferrous Metals	4592.3	3037.1	797.2	416.9	1.0	13983.2
有色金属矿采选业	Mining and Dressing of Nonferrous Metals	383.1	81.3	133.0	32.3		451.3
非金属矿采选业	Mining and Dressing of Nonmetal Minerals	547.9	477.7	35.8	24.5	5.2	93.5
开采辅助活动	Mining Auxiliary Activities	10.3	0.0	10.3			0.1
农副食品加工业	Agricultural and Non-staple Food Processing Industry	2271.5	237.3	755.0	1267.4	7.2	179.0
食品制造业	Food Production	2013.1	125.1	594.4	1293.3		1008.1
酒、饮料和精制茶制造业	Wine, Drinks and Refined Tea Manufacturing	2984.0	339.8	1226.9	1394.6	12.4	395.3
烟草加工业	Tobacco Processing	229.3	1.5	1.5	226.3		27.9
纺织业	Textiles	2740.0	669.2	265.6	1786.7	15.7	1889.0
纺织服装、服饰业	Textile and Garment, Apparel Industry	1014.8	8.7	54.5	951.3	0.1	12.1
皮革毛皮羽毛及其制品和	Leather, Furs, Down and Related Products	637.6	243.3	141.6	252.5	0.1	121.0
木材加工及竹藤棕草制品业	Timber Processing, Bamboo, Cane, Palm Fiber and Straw Products	718.8	47.9	339.7	329.4	0.1	79.3
家具制造业	Furniture Manufacturing	114.1	1.6	7.0	105.5		0.9
造纸及纸制品业	Papermaking and Paper Products	3185.2	2504.8	311.7	318.7	49.4	4244.7
印刷和记录媒介复制业	Printing and Record Medium Reproduction	355.1	15.2	12.1	313.9	0.6	37.6
文教、工美、体育和娱乐用品制造业	Cultural and Educational Supplies Manufacturing, Industrial, Sporting and Entertainment	255.7	5.9	56.1	193.5		23.4
石油加工、炼焦和核燃料加工业	Petroleum Processing, Coking and Nuclear Fuel Processing	2785.0		0.4	2581.5		92468.3
化学原料及制品制造业	Raw Chemical Materials and Chemical Products	16318.0	10940.9	1490.4	3284.7	26.0	172604.5
医药制造业	Medical and Pharmaceutical Products	2326.4	510.5	693.5	1122.0	0.3	513.3
化学纤维制造业	Chemical Fiber	1233.1	781.0	216.2	203.1	32.9	44115.2
橡胶和塑料制品业	Rubber and Plastic Products	1619.7	263.3	118.7	1233.6	1.2	5349.6
非金属矿物制品业	Nonmetal Mineral Products	10029.7	6188.9	925.2	2727.7	9.1	12344.5
黑色金属冶炼和压延加工业	Smelting and Pressing of Ferrous Metals	18992.9	14702.4	77.1	1270.9	0.1	289861.2
有色金属冶炼和压延加工业	Smelting and Pressing of Nonferrous Metals	7773.2	573.3	89.0	5159.4	12.0	72169.9
金属制品业	Metal Products	1078.5	28.1	31.7	1007.1	2.8	205.9
通用设备制造业	Equipment in Current Use	1696.2	60.3	225.7	1395.1	12.9	208.0
专用设备制造业	Equipment in Special Use	780.2	6.8	28.0	742.7	0.2	2337.2
汽车制造业	Automobile Manufacturing Industry	1735.3	24.0	61.7	1580.3	0.3	2116.9
铁路、船舶、航空航天和其他运输设备制造业	Railway, Shipbuilding, Aerospace, and Other Transportation Equipment Manufacturing Industry	541.4	113.9	8.7	418.8		29.4
电气机械和器材制造业	Electric Equipment and Machinery	2694.5	47.9	203.4	2402.2	2.7	499.9
计算机、通信和其他电子设备制造业	Computer, Communication and Other Electronic Equipment Manufacturing Industry	2257.6	5.0	84.5	2168.1		51835.2
仪器仪表制造业	Instrument Manufacturing	68.8	0.4	1.2	67.2	0.1	2.0
其他制造业	Other Manufacturing	107.6	68.5	1.6	37.2		1.3
废弃资源综合利用业	Comprehensive Utilization of Waste Resourc	53.7	0.3	13.1	19.8	7.0	14.5
金属制品、机械和设备修理业	Metal Products, Machinery and Equipment Repair	35.1			35.1		8.0
电力、热力生产和供应业	Electricity, Heat Production and Supply Industry	37501.1	32725.8	1634.3	781.4	8.1	603277.1
燃气生产和供应业	Production and Supply of Gas	63.2		1.3	61.8	0.1	
水的生产和供应业	Production and Supply of Tap Water	148656.1	140303.6	8339.4	13.1		

6—18 分行业工业企业主要能源品种消费量（2014年）
Consumption of Main Energy Varieties by Sector (2014)

行　业	Sector	原　煤 (吨) Raw Coal (ton)
消费总量	**Total Consumption**	**175046244**
煤炭开采和洗选业	Coal Mining and Dressing	57175604
黑色金属矿采选业	Mining and Dressing of Ferrous Metals	51760
有色金属矿采选业	Mining and Dressing of Nonferrous Metals	92
非金属矿采选业	Mining and Dressing of Nonmetal Minerals	273966
开采辅助活动	Mining Auxiliary Activities	
农副食品加工业	Agricultural and Non-staple Food Processing Industry	582503
食品制造业	Food Production	201659
酒、饮料和精制茶制造业	Wine, Drinks and Refined Tea Manufacturing	297336
烟草制品业	Tobacco Processing	20564
纺织业	Textiles	104764
纺织服装、服饰业	Textile and Garment, Apparel Industry	36480
皮革、毛皮、羽毛及其制品和制鞋业	Leather, Fur, Feather and Its Products and Footwear	36058
木材加工和木、竹、藤、棕、草制品业	Timber Processing, Bamboo, Cane, Palm Fiber and Straw Products	87764
家具制造业	Furniture Manufacturing	1209
造纸和纸制品业	Papermaking and Paper Products	1202505
印刷和记录媒介复制业	Printing and Record Medium Reproduction	48997
文教、工美、体育和娱乐用品制造业	Cultural and Educational Supplies Manufacturing, Industrial, Sporting and Entertainment	52729
石油加工、炼焦和核燃料加工业	Petroleum Processing, Coking and Nuclear Fuel Processing	568635
化学原料和化学制品制造业	Raw Chemical Materials and Chemical Products	10167691
医药制造业	Medical and Pharmaceutical Products	338434
化学纤维制造业	Chemical Fiber	545756
橡胶和塑料制品业	Rubber and Plastic Products	283216
非金属矿物制品业	Nonmetal Mineral Products	19963256
黑色金属冶炼和压延加工业	Smelting and Pressing of Ferrous Metals	4025278
有色金属冶炼和压延加工业	Smelting and Pressing of Nonferrous Metals	234338
金属制品业	Metal Products	48067
通用设备制造业	Equipment in Current Use	595070
专用设备制造业	Equipment in Special Use	21417
汽车制造业	Automobile Manufacturing Industry	49628
铁路、船舶、航空航天和其他运输设备制造业	Railway, Shipbuilding, Aerospace, and Other Transportation Equipment Manufacturing Industry	652
电气机械和器材制造业	Electric Equipment and Machinery	48983
计算机、通信和其他电子设备制造业	Computers, Communications and Other Electronic Equipment Manufacturing Industry	6766
仪器仪表制造业	Instrument Manufacturing	33
其他制造业	Other Manufacturing	519
废弃资源综合利用业	Comprehensive Utilization of Waste Resources	113333
金属制品、机械和设备修理业	Metal Products, Machinery and Equipment Repair	
电力、热力生产和供应业	Production and Supply of Electric Power and Heating Power	77861183
燃气生产和供应业	Production and Supply of Gas	
水的生产和供应业	Production and Supply of Tap Water	

洗精煤 (吨) Washed and Refined Coal (ton)	其他洗煤 (吨) Other Washed Coal (ton)	煤制品 (吨) Coal Product (ton)	焦炭 (吨) Coke (ton)	焦炉煤气 (万立方米) Coke Oven Coal Gas (10000 cu.m)	原油 (吨) Crude Oil (ton)
14413229	**3886318**	**164120**	**10211340**	**231147**	**7490920**
2853961	3511966				
	163				
		596	420		
	5696		133		
				1571	
		681			
291			135		
		39			
			3049		25
2354986					7490888
585025	54627	4812	44442	4081	
38			412		
			1517		
			177		
5732	10249	6218	7201	439	
8610219		150277	10042889	218232	
1271			42753	4125	
424			2101	562	
183		775	42988	2136	7
			4079		
610		718	13998		
			346		
128			4301		
360		3			
			91		
			308		
	303617				

6—18 续表 continued

行　业	Sector	汽　油 (吨) Gasoline (ton)
消 费 总 量	**Total Consumption**	**67411**
煤炭开采和洗选业	Coal Mining and Dressing	3212
黑色金属矿采选业	Mining and Dressing of Ferrous Metals	628
有色金属矿采选业	Mining and Dressing of Nonferrous Metals	245
非金属矿采选业	Mining and Dressing of Nonmetal Minerals	123
开采辅助活动	Mining Auxiliary Activities	6
农副食品加工业	Agricultural and Non-staple Food Processing Industry	3348
食品制造业	Food Production	1038
酒、饮料和精制茶制造业	Wine, Drinks and Refined Tea Manufacturing	1195
烟草制品业	Tobacco Processing	628
纺织业	Textiles	488
纺织服装、服饰业	Textile and Garment, Apparel Industry	1259
皮革、毛皮、羽毛及其制品和制鞋业	Leather, Fur, Feather and Its Products and Footwear	955
木材加工和木、竹、藤、棕、草制品业	Timber Processing, Bamboo, Cane, Palm Fiber and Straw Products	366
家具制造业	Furniture Manufacturing	948
造纸和纸制品业	Papermaking and Paper Products	413
印刷和记录媒介复制业	Printing and Record Medium Reproduction	2798
文教、工美、体育和娱乐用品制造业	Cultural and Educational Supplies Manufacturing, Industrial, Sporting and Entertainment	332
石油加工、炼焦和核燃料加工业	Petroleum Processing, Coking and Nuclear Fuel Processing	59
化学原料和化学制品制造业	Raw Chemical Materials and Chemical Products	3053
医药制造业	Medical and Pharmaceutical Products	662
化学纤维制造业	Chemical Fiber	15
橡胶和塑料制品业	Rubber and Plastic Products	7469
非金属矿物制品业	Nonmetal Mineral Products	3918
黑色金属冶炼和压延加工业	Smelting and Pressing of Ferrous Metals	1546
有色金属冶炼和压延加工业	Smelting and Pressing of Nonferrous Metals	726
金属制品业	Metal Products	2781
通用设备制造业	Equipment in Current Use	5602
专用设备制造业	Equipment in Special Use	3829
汽车制造业	Automobile Manufacturing Industry	4872
铁路、船舶、航空航天和其他运输设备制造业	Railway, Shipbuilding, Aerospace, and Other Transportation Equipment Manufacturing Industry	582
电气机械和器材制造业	Electric Equipment and Machinery	5577
计算机、通信和其他电子设备制造业	Computers, Communications and Other Electronic Equipment Manufacturing Industry	1607
仪器仪表制造业	Instrument Manufacturing	764
其他制造业	Other Manufacturing	382
废弃资源综合利用业	Comprehensive Utilization of Waste Resources	49
金属制品、机械和设备修理业	Metal Products, Machinery and Equipment Repair	217
电力、热力生产和供应业	Production and Supply of Electric Power and Heating Power	4774
燃气生产和供应业	Production and Supply of Gas	265
水的生产和供应业	Production and Supply of Tap Water	680

煤　　油 （吨） Kerosene (ton)	柴　　油 （吨） Diesel Oil (ton)	液化石油气 （吨） Liquefied Petroleum Gas (ton)	天然气（气态） （万立方米） Natural Gas (Gaseous) (10000 cu.m)	热　　力 （百万千焦） Heat (10 billion kilo-joule)	电　　力 （万千瓦时） Electric Power (10000 kh)	其他能源 （吨标准煤） Others Energy Source (tons of SCE)
5285	**357814**	**6833**	**111161**	**68541714**	**10547776**	**55390**
	19086				489844	
	31532		1800		251865	
	2265		42		35645	
	30325			3941429	61087	
					487	
	3968		1947	342707	265859	7118
	797	357	2878	588950	74588	1177
5	1272	480	3172	2971802	62352	732
	370		1096	252126	14634	
27	553	7	959	956069	261016	2385
20	1050	8	156	148496	70798	
	165	9	81		21587	5
24	2146	2	2		122386	5142
	161		5		18746	761
	1871		738	12684166	197382	402
5	2003	6	280	59032	45467	1083
	407	282	139		31041	71
	323	40	19	12986840	121897	
	10982	187	11400	19572695	1204521	2377
	525	29	1095	1278718	74287	9
	262		10	833062	54907	
1954	4600	272	1337	2312637	275370	55
229	159294	1521	28418	82996	1598042	164
	19940		12818	5346287	1588491	11
34	12484	5	17914	251331	466656	1545
278	7395	355	3118	61914	144910	163
468	8636	364	2167	13547	224596	431
4	5011	25	3427	65	115744	137
845	12152	269	5809	708732	198896	87
	1773	421	508		32166	53
48	4026	2108	4416	216688	354425	3203
18	636	88	1940	4799	228083	
2	43				8284	7
	530				13733	
	419		476		12450	
1321	3488		354		2654	
	6617			2926627	1734200	28274
	353		2641		13574	
	354				55106	

6—19 规模以上工业企业能源购进、消费及库存（2014年）
Buys, Consumes and Stock of the Energy of Above Designated Size Industrial Enterprises (2014)

能源名称	Energy Item	购进量 Purchasing Amount		消 费 量 Consumption Amount			年末库存量 Volume of Stock of the end of the Year
		实物量 Real Amount	金 额（万元） Amount (10000 yuan)	工业生产消费 Consumption of Industrial Production	#用于原材料 Used in the Raw Materials	非工业生产消费 Used in non-consumption of Industrial Production	
原 煤 （吨）	Raw Coal (ton)	121558457	6639787	174841600	4206691	204644	5963006
#无烟煤	Anthracite	3898773	363370	4452883	16957	2170	226801
炼焦烟煤	Byerlyte	71931	5948	1551770	361	123	3868
一般烟煤	Generally Bituminous Coal	117535742	6266362	168812225	4189373	202335	5717509
褐 煤	Lignite	27192	1490	24723		16	4684
洗精煤 （吨）	Washed and Refined Coal (ton)	11449956	925250	14413223	175661	6	462700
其他洗煤 （吨）	Other Washed Coal (ton)	369480	11773	3886289		29	9332
煤制品 （吨）	Coal Product (ton)	160722	13770	163436	4662	684	2955
焦 炭 （吨）	Coke (ton)	4529686	591069	10211318	21679	22	264277
其他焦化产品 （吨）	Other Coking Products (ton)	112839	25511	111245	93543		12226
焦炉煤气 （万立方米）	Coke Oven Coal Gas (10000 cu.m)	13041	9753	224295		6852	
高炉煤气 （万立方米）	Blast Furnace Gas (10000 cu.m)	765	37	3104970			
转炉煤气 （万立方米）	Converter Coal Gas (10000 cu.m)	546	92	177230			
发生炉煤气（万立方米）	Producer Gas (10000 cu.m)			124551			
天然气(气态)(万立方米)	Natural Gas(Gaseous) (10000 cu.m)	129930	376660	110697	3242	464	73
液化天然气 （吨）	Liquefied Natural Gas (ton)	4511	2574	4551	237	39	25
原 油 （吨）	Crude Oil (ton)	7514932	4059360	7490918		2	146970
汽 油 （吨）	Gasoline (ton)	64244	53099	31623	896	35788	468
煤 油 （吨）	Kerosene (ton)	5330	4906	3741	329	1544	372
柴 油 （吨）	Diesel Oil (ton)	357288	267538	289843	16852	67970	17555
燃料油 （吨）	Fuel Oil (ton)	39274	15635	51187	533	61	1575
液化石油气 （吨）	Liquefied Petroleum Gas (ton)	7076	4071	6598	142	235	1337
炼厂干气 （吨）	Refinery Gas (ton)	12200	2973	269881			
石脑油 （吨）	Naphtha (ton)	29126	19431	98			
润滑油 （吨）	Lubricating Oil (ton)	2710	2972	2742	490	8	1564
石 蜡 （吨）	Paraffin (ton)	2804	1958	2908	2573		8
溶剂油 （吨）	Solvent Oil (ton)	3435	2850	3473	1246		53
石油焦 （吨）	Refinery Coke (ton)	158644	16903	155782			3161
石油沥青 （吨）	Petroleum asphalt (ton)	8768	3846	8689			92
其他石油制品 （吨）	Other Petroleum Products (ton)	246109	121403	989190	386891	5424	8458
热 力 （百万千焦）	Heat (10 billion kilo-joule)	31466516	191787	68138061		403653	
煤矸石用于燃料 （吨）	Coal gangue used as fuel (ton)	563171	6351	4037768	12500	57	900
城市垃圾用于燃料（吨）	City garbage used as fuel (ton)	491243	220	719148			
生物质废料用于燃料(吨)	Waste biomass used as (ton)	2814126	101705	3050744		252	96134
余热余压 （百万千焦）	Afterheat Excess Pressure (10 billion kilo-joule)	1967562	5431	55034175		1328589	
其它工业废料用于燃料 （吨）	Other Industrial Waste Used as Fuel (ton)	24260	846	220597			
其他燃料 （吨标准煤）	Other fuels (tons of standard coal)	54168	5236	55259	67	130	500

6—20 地区能源消费与单位GDP能耗
Energy Consumption and Unit GDP Energy Consumption

单位：万吨标准煤（10000 tons of SCE）

指　　标	Item	2010	2013	2014
能源消费总量（等价值）	Unit GDP Energy Consumption (Equal Values)	9706.60	11696.39	12011.02
第一产业能源消费	Primary Industry Energy Consumption	199.01	232.21	226.36
第二产业能源消费	Secondary Industry Energy Consumption	7580.68	8369.62	8571.32
工业能源消费	Industry Energy Consumption	7464.63	8179.22	8372.57
建筑业能源消费	Construction Industrial Energy Consumption	114.41	190.40	198.75
第三产业能源消费	Tertiary Industry Energy Consumption	929.33	1652.93	1781.61
#交通运输业能源消费	Transportation Industry Energy Consumption	528.00	931.82	1032.63
居民生活用能	Residences Life Energy Consumption	997.58	1441.63	1431.72
城市居民	Urban	624.84	783.54	750.38
农村居民	Rural	372.75	658.09	681.34
单位GDP能耗(等价值)(吨标准煤/万元)	Unit GDP Energy Consumption （ton of SCE/10000 yuan)	0.785	0.676	0.636

注：GDP按照2010年可比价格计算。
a) GDP is calculated by 2010 comparable price.

6—21 各市全社会用电情况（2014年）
Electricity Used in Whole Society by Region (2014)

单位：亿千瓦时（100 million kwh）

地　区	Region	全社会用电量总计 Total of Electricity Used in Whole Society	全行业用电量合计 Total of Electricity Used in Whole Trade	第一产业 Primary Industry	第二产业 Secondary Industry	第三产业 Tertiary Industry	城乡居民生活用电量合计 Electricity Used for Life	城镇居民 Urban	乡村居民 Rural
总　计	**Total**	**1585.18**	**1350.83**	**14.91**	**1145.71**	**190.21**	**234.35**	**101.91**	**132.44**
合肥市	Hefei	226.14	186.80	1.76	130.08	54.96	39.34	27.30	12.05
淮北市	Huaibei	54.53	46.91	0.46	41.64	4.81	7.62	3.64	3.98
亳州市	Bozhou	47.23	30.61	0.40	22.33	7.89	16.61	5.52	11.10
宿州市	Suzhou	63.92	45.69	0.94	34.55	10.19	18.23	5.55	12.68
蚌埠市	Bengbu	63.14	50.90	1.41	38.03	11.45	12.24	5.55	6.68
阜阳市	Fuyang	96.65	70.57	0.74	57.28	12.55	26.08	7.60	18.49
淮南市	Huainan	75.09	64.36	0.71	56.82	6.82	10.73	5.71	5.03
滁州市	Chuzhou	119.48	103.34	1.34	88.63	13.38	16.14	5.81	10.33
六安市	Luan	69.03	51.63	0.97	39.40	11.26	17.40	5.19	12.21
马鞍山市	Maanshan	170.90	161.44	1.34	150.38	9.73	9.46	5.14	4.33
芜湖市	Wuhu	151.30	135.31	1.33	118.59	15.39	15.99	6.53	9.45
宣城市	Xuancheng	88.97	77.08	1.33	68.35	7.41	11.89	5.04	6.85
铜陵市	Tongling	67.16	63.57	0.19	58.89	4.50	3.60	2.48	1.12
池州市	Chizhou	47.63	42.04	0.42	37.73	3.90	5.59	2.07	3.52
安庆市	Anqing	94.43	76.87	1.19	65.60	10.08	17.56	5.80	11.76
黄山市	Huangshan	24.46	18.60	0.40	12.31	5.89	5.86	3.00	2.86

6—22 各市主要年份工业用电量
Industrial Electricity Used in Main Year by Region

单位：亿千瓦时（100 million kwh）

地 区	Region	2000	2005	2010	2013	2014
总 计	**Total**	**238.26**	**430.98**	**777.18**	**1057.12**	**1120.81**
合肥市	Hefei	23.33	34.07	64.10	109.22	123.42
淮北市	Huaibei	15.11	20.51	31.63	38.89	40.83
亳州市	Bozhou		9.05	13.42	20.62	20.77
宿州市	Suzhou	7.75	13.55	20.32	31.43	33.14
蚌埠市	Bengbu	10.52	23.44	34.32	51.59	37.09
阜阳市	Fuyang	15.43	18.80	36.89	53.75	55.85
淮南市	Huainan	22.54	31.61	46.31	54.49	55.97
滁州市	Chuzhou	8.76	16.36	30.39	44.21	87.17
六安市	Luan	8.40	14.73	25.60	35.82	38.04
马鞍山市	Maanshan	28.35	60.64	104.54	135.40	149.34
芜湖市	Wuhu	12.64	27.03	62.03	107.78	116.30
宣城市	Xuancheng	4.81	23.93	48.13	64.23	66.13
铜陵市	Tongling	14.35	28.37	45.47	56.83	58.58
池州市	Chizhou	3.72	10.07	18.82	33.51	37.13
安庆市	Anqing	14.51	27.86	46.01	59.18	64.16
黄山市	Huangshan	1.63	4.12	7.89	11.74	11.81

6—23 各市工业用水情况（2014年）
Industrial Water Situation by Region (2014)

单位：万立方米（10000 M^3）

地 区	Region	工业取水总量 Industrial Water Got Total Amount of Industrial Water Got	#地表水数量 Surface Water	地下水数量 Ground Water	自来水数量 Tap Water	重复用水数量 Repeat of Water Consumption
总 计	**Total**	**288381.80**	**215366.90**	**24945.30**	**38403.10**	**1383504.70**
合肥市	Hefei	68351.60	59830.60	355.50	7279.50	389961.60
淮北市	Huaibei	9571.80	156.50	6346.50	1331.30	5321.50
亳州市	Bozhou	1842.60	56.80	1595.00	148.50	2358.30
宿州市	Suzhou	6647.70	1887.10	4658.50	63.10	66889.40
蚌埠市	Bengbu	12803.10	9784.00	737.40	2273.50	110304.80
阜阳市	Fuyang	6992.30	3044.70	3707.90	239.60	121682.00
淮南市	Huainan	37999.10	32102.80	4408.40	896.30	168019.70
滁州市	Chuzhou	12231.10	9336.70	476.80	2364.40	17872.10
六安市	Luan	6122.20	3621.20	959.80	1427.30	870.90
马鞍山市	Maanshan	36424.00	30211.20	116.50	2613.60	284456.70
芜湖市	Wuhu	31662.70	26012.60	141.40	5261.10	29557.60
宣城市	Xuancheng	8881.70	5886.90	582.70	2344.80	3184.00
铜陵市	Tongling	19664.00	11685.30	94.20	5853.00	74705.40
池州市	Chizhou	6103.70	4841.90	30.30	1211.10	15368.80
安庆市	Anqing	19464.30	14193.70	634.40	4295.20	92381.80
黄山市	Huangshan	3619.90	2715.00	100.00	800.80	570.10

主要统计指标解释

能源生产总量

指一定时期内全省一次能源生产量的总和，是观察全省能源生产水平、规模、构成和发展速度的总量指标。一次能源生产量包括原煤，原油，天然气，水电、核能及其他动力能（如风能、地热能等）发电量，不包括低热值燃料生产量、生物质能、太阳能等的利用和由一次能源加工转换而成的二次能源产量。

能源消费总量

指一定时期内全省物质生产部门、非物质生产部门和生活消费的各种能源的总和，是观察能源消费水平、构成和增长速度的总量指标。能源消费总量包括原煤和原油及其制品、天然气、电力，不包括低热值燃料、生物质能和太阳能等的利用。能源消费总量分为终端能源消费量、能源加工转换损失量和损失量三部分。

⑴终端能源消费量：指一定时期内全省生产和生活消费的各种能源在扣除了用于加工转换二次能源消费量和损失量以后的数量。

⑵能源加工转换损失量：指一定时期内全省投入加工转换的各种能源数量之和与产出各种能源产品之和的差额，是观察能源在加工转换过程中损失量变化的指标。

⑶能源损失量：指一定时期内能源在输送、分配、储存过程中发生的损失和由客观原因造成的各种损失量，不包括各种气体能源放空、放散量。

能源生产弹性系数

是研究能源生产增长速度与国民经济增长速度之间关系的指标。计算公式为：

能源生产弹性系数＝能源生产总量年平均增长速度/国民经济年平均增长速度

国民经济年平均增长速度，可根据不同的目的或需要，用国民生产总值、国内生产总值等指标来计算，本年鉴是采用国内生产总值指标计算的。

电力生产弹性系数

是研究电力生产增长速度与国民经济增长速度之间关系的指标。一般来说，电力的发展应当快于国民经济的发展，也就是说电力应超前发展。计算公式为：

电力生产弹性系数＝电力生产量年平均增长速度/国民经济年平均增长速度

能源消费弹性系数

是反映能源消费增长速度与国民经济增长速度之间比例关系的指标。计算公式为：

能源消费弹性系数＝能源消费量年平均增长速度/国民经济年平均增长速度

电力消费弹性系数

反映电力消费增长速度与国民经济增长速度之间比例关系的指标。计算公式为：

电力消费弹性系数＝电力消费量年平均增长速度/国民经济年平均增长速度

能源加工转换效率

指一定时期内能源经过加工、转换后，产出的各种能源产品的数量与同期内投入加工转换的各种能源数量的比率。它是观察能源加工转换装置和生产工艺先进与落后、管理水平高低等的重要指标。计算公式为：

能源加工转换效率＝能源加工、转换产出量/能源加工、转换投入量×100

Explanatory Notes for Major Statistical Indicators

Total Energy Production

refers to the total production of primary energy by all energy producing enterprises in the province in a given period of time. It is a comprehensive indicator to show the capacity, scale, composition and development of energy production of the province. The production of primary energy includes that of coal, crude oil, natural gas, hydro-power and electricity generated by nuclear energy and other means such as wind power and geothermal power. However, it excludes the production of fuels of low calorific value, bio-energy, solar energy and the secondary energy converted from the primary energy.

Total Domestic Energy Consumption

refers to the total consumption of energy of various kinds by material production sectors, non material production sectors and households in the province in a given period of time. It is a comprehensive indicator to show the scale, composition and development of energy consumption. The total energy consumption includes that of coal, crude oil and their products, natural gas and electricity; However, it excludes the consumption of fuel of low calorific value, bio-energy and solar energy. Total domestic energy consumption can be divided into three parts:

a)Final Energy Consumption: It refers to the total energy consumption by material production sectors, non material production sectors and households in the province in a given period of time, but excludes the consumption in conversion of the primary energy into the secondary energy and the loss in the process of energy conversion.

b) Loss During the Process of Energy Conversion: It refers to the total input of various kinds of energy for conversion, minus the total output of various kinds of energy in the province in a given period of time. It is an indicator to show the loss that occurs during the process of energy conversion.

c) Loss: It refers to the total of the loss of energy during the course of energy transport, distribution and storage and the loss caused by any objective reason in a given period of time. The loss of various kinds of gas due to gas discharges and stocktaking is excluded.

Elasticity Ratio of Energy Production

is an indicator to show the relationship between the growth rate of energy production and the growth rate of the national economy. The formula is:

Elasticity Ratio of Energy Production=Average Annual Growth Rate of Energy Production / Average Annual Growth Rate of National Economy

The average annual growth rate of the national economy can be shown by the gross national product, gross domestic product and other indicators, depending upon the purposes or needs. The gross domestic product is used in calculation of the ratio in this chapter.

Elasticity Ratio of Electricity Production

is an indicator to show the relationship between the growth rate of electricity production and the growth rate of the national economy. Generally speaking, the growth rate of electricity production should be higher than that of the national economy. Its formula is:

Elasticity Ratio of Electricity Production=Average Annual Growth Rate of Electricity Production / Average Annual Growth Rate of National Economy

Elasticity Ratio of Energy Consumption

is an indicator to show the relationship between the growth rate of energy consumption and the growth rate of the national economy. The formula is:

Elasticity Ratio of Energy Consumption=Average Annual Growth Rate of Energy Consumption / Average Annual Growth Rate of National Economy

Elasticity Ratio of Electricity Consumption

is an indicator to show the relationship between the growth rate of electricity consumption and the growth rate of the national economy. The formula is:

Elasticity Ratio of Electricity Consumption=Average Annual Growth Rate of Electricity / Average Annual Growth Rate of National Economy

Efficiency of Energy Processing and Conversion

refers to the ratio of the total output of energy products of various kinds after processing and conversion and the total input of energy of various kinds for processing and conversion in the same reference period. It is an important indicator to show the current conditions of energy processing and conversion equipment, production technique and management. The formula is:

Efficiency of Energy Processing & Conversion=Output of Energy After Processing & Conversion/Input of Energy for Processing & Conversion×100%

第七篇

Chapter 7

财政、金融、保险

FINANCE, BANKING AND INSURANCE

简要说明

一、本篇反映全省财政收支、金融保险业发展状况。

二、财政收支资料来源于省财政厅财政决算。

三、金融保险业资料有以下三个部分：

1、反映金融机构，包括中国人民银行、中资全国性大型银行、中资全国性中小型银行、中资区域性中小型银行、农村信用社等信贷收支情况，资料由中国人民银行合肥中心支行提供；

2、反映保险业务情况，资料由中国保险监督管理委员会安徽监管局提供；

3、反映股票发行及筹资情况，资料由中国证券监督管理委员会安徽监管局提供。

Brief Introduction

I. Data in this chapter show the provincial government revenue and expenditure and the development of banking and insurance.

II. Data on the government revenue and expenditure come from the Department of Finance in the province. Data are based on the final financial accounts.

III. Data of banking and insurance include the following three parts:

1. Data on the credit funds revenue and expenditure of banking institutions, including the people's Bank of China, the Chinese large national banks, Chinese-funded national small and medium-sized banks, Chinese-funded regional small and medium-sized banks , state-owned commercial banks and rural credit cooperatives are provided by Hefei Branch Office of the People’s Bank of China.

2. Data on the business of insurance are provided by Anhui Regulatory Bureau of the Insurance Regulatory Commission of China.

3. Data on issuing summary for stocks are provided by Anhui Regulatory Bureau of the Securities Regulatory Commission of China.

7—1 财政收支总额及增长速度
Total Government Revenue and Expenditures and Their Increase Rate

年 份 Year	财政收入 (万元) Total Revenue (10000 yuan)	财政支出 (万元) Total Expenditures (10000 yuan)	增长速度 (%) Increase Rate (%)	
			财政收入 Total Revenue	财政支出 Total Expenditures
2000	2904229	3234728	8.0	12.1
2005	6565525	7130633	26.1	18.5
2006	8165120	9402329	24.4	31.9
2007	10347253	12438342	26.7	32.3
2008	13260466	16471253	28.2	32.4
2009	15512563	21419217	17.0	30.0
2010	20638197	25876135	33.0	20.8
2011	26330221	33029911	27.6	27.6
2012	30259871	39610080	14.9	19.9
2013	33650750	43496871	11.2	9.8
2014	36629985	46640973	8.9	7.2

7—2 财政收入占安徽生产总值的比重
Government Revenue as Percentage to Gross Product of Anhui

年 份 Year	财政收入 (万元) Total Revenue (10000 yuan)	安徽生产总值 (亿元) Gross Domestic Product (100 million yuan)	财政收入相当于生产总值的百分比 (%) Percentage of Government Revenue to the Gross Product of Anhui (%)
2000	2904229	2902.1	10.0
2005	6565525	5350.2	12.3
2006	8165120	6112.5	13.4
2007	10347253	7360.9	14.1
2008	13260466	8851.7	15.0
2009	15512563	10062.8	15.4
2010	20638197	12359.3	16.7
2011	26330221	15300.7	17.2
2012	30259871	17212.1	17.6
2013	33650750	19229.3	17.5
2014	36629985	20848.8	17.6

7—3 中央和地方财政收入及比重
Total Revenue and Proportion of Central and Local Governments

年 份 Year	绝 对 数 (万元) Total Revenue (10000 yuan)			比 重 (%) Proportion (%)	
	全 省 Total	中 央 Central Government	地 方 Local Governments	中 央 Central Government	地 方 Local Governments
2000	2904229	1117042	1787187	38.5	61.5
2005	6565525	2769790	3340170	42.2	50.9
2010	20638197	8318470	11493952	40.3	55.7
2011	26330221	10521113	14635608	40.0	55.6
2012	30259871	10782135	17927192	35.6	59.2
2013	33650750	11422965	20750750	33.9	61.7
2014	36629985	12840729	22184418	35.1	60.6

注：2005—2011年财政收入包括出口货物退增值税。
a) Financial Revenue of 2005 - 2011 Includes Value-added Taxes Reimbursed from Exports.

7—4 税收收入和非税收入及比重
Total Revenue and Proportion of Tax and Non-tax

年 份 Year	绝 对 数 (万元) Total Revenue (10000 yuan)			比 重 (%) Proportion (%)	
	全 省 Total	税收收入 Tax Revenue	非税收入 Non-tax Revenue	税收收入 Tax Revenue	非税收入 Non-tax Revenue
2000	1787187	1445761	341426	80.9	19.1
2005	3340170	2445450	894720	73.2	26.8
2010	11493952	8665517	2828435	75.4	24.6
2011	14635608	11083094	3552514	75.7	24.3
2012	17927192	13050933	4876259	72.8	27.2
2013	20750750	15202168	5548582	73.3	26.7
2014	22184418	16925236	5259182	76.3	23.7

7—5 各 项 税 收 收 入
Government Tax Revenue

单位：万元（10000 yuan）

年 份 Year	税收收入 Tax	增值税 Value-added Tax	营业税 Operation Tax	契 税 Contract Tax	企业所得税 Enterprises' Income Tax	个人所得税 Individual Income Tax
2000	1445761	262559	319719	23493	233524	94675
2005	2445450	577244	781042	178145	300808	124964
2010	8665517	1294839	2919300	959149	1065948	319746
2011	11083094	1646777	3791816	1002723	1532602	400445
2012	13050933	1753345	4514185	1170917	1844973	359124
2013	15202168	2244996	5022636	1878926	1904639	434399
2014	16925236	2605482	5399682	1956631	2183194	521420

7—6 地方财政收支情况
Revenue and Expenditure of Local Governments

单位：万元（10000 yuan）

指　　标	Item	2010	2013	2014
收入合计	**Total Revenue**	**11493952**	**20750750**	**22184418**
增值税	Value-added Tax	1294839	2244996	2605482
营业税	Operation Tax	2919300	5022636	5399682
企业所得税	Enterprises' Income Tax	1065948	1904639	2183194
个人所得税	Individual Income Tax	319746	434399	521420
资源税	Resources Tax	126488	197366	208198
城市维护建设税	Tax on Town maintenance and Construction	543983	881277	980024
房产税	Tax on Real Estates	176182	315444	386356
印花税	Stamp Tax	111528	188808	208697
城镇土地使用税	Tax on the Use of Urban Land	325215	712238	1003779
土地增值税	Land Value Added Tax	302222	911505	966661
车船税	Vehiclesand Ship Tax	59462	106991	128294
耕地占用税	Tax on the Occupancy of Cultivated Land	455748	389848	357629
契　税	Contract Tax	959149	1878926	1956631
烟叶税	Leaf Tobacco Tax	5707	13095	19189
专项收入	Expert Project Income	737869	1032570	1294461
行政事业性收费收入	Income from Adiministrative Departments Fees	944613	1567353	1484337
罚没收入	Penalty and Confiscatory Income	267660	492318	491567
国有资本经营收入	Stated-owned Assets Profit	200537	356603	281068
国有资源（资产）有偿使用收入	Income from the Paid Use of Stated-owned Resources (Assets)	598012	1765539	1412931
其他收入	Other Income	79744	334199	294818
支出合计	**Total Expenditure**	**25876135**	**43496871**	**46640973**
一般公共服务	General Public Service	2737167	4691511	4081513
国　防	National Defence	46340	47974	56964
公共安全	Public Security	1194768	1637769	1796020
教　育	Education	3863071	7365882	7430675
科学技术	Science	579817	1096698	1295878
文化体育与传媒	Culture, Sports and Media	516833	795016	822536
社会保障和就业	Social Security and Employment	3341539	5336402	5758225
医疗卫生	Public Health	1842232	3617987	4250037
节能环保	Energy Saving and Environmental Protection	647203	1084246	1047646
城乡社区事务	Expenses in Urban、Rural Areas and Communities	2361782	4597953	5585476
农林水事务	Expenses of Agriculture、Forest and Irrigation	2925244	4781716	5026868
交通运输	Transport	1248616	2760124	3383838
资源勘探电力信息等事务	Resource Prospecting and Electric Power Information and so on	1249406	1456292	1509315
商业服务业等事务	Commercial and Service Industry and so on	458382	601053	620888
金融监管等事务支出	Finance Supervision and so on	51665	36271	50178
援助其他地区支出	Aid Spending Elsewhere			37020
国土海洋气象等事务	Land and Marine Meteorology, Etc	616884	412383	537978
住房保障支出	Housing Safeguard	933614	2257665	2327601
粮油物资管理事务	Grain and Oil Management Service	307059	341961	398543
国债还本付息支出	National Debt Repay and Interests Expenditure	76237	165763	221644
其他支出	Other Expenditure	878276	370705	402130

7—7 各市地方财政收入（2014年）

Final Statement of Local Government Revenue by Region (2014)

单位：万元（10000 yuan）

地 区	Region	收入合计 Total Revenue	增值税 Value-added Tax	营业税 Operation Tax	企业所得税 Enterprises' Income Tax
合肥市	Hefei	5003420	591345	1727914	407481
淮北市	Huaibei	528134	95165	133346	28067
亳州市	Bozhou	726963	117482	192687	37134
宿州市	Suzhou	769444	67153	195092	43869
蚌埠市	Bengbu	1053415	167350	258780	52758
阜阳市	Fuyang	1035094	135829	262144	47482
淮南市	Huainan	753623	122993	174559	39787
滁州市	Chuzhou	1236295	122149	331974	70789
六安市	Luan	948624	77602	273901	51457
马鞍山市	Maanshan	1210516	175868	267377	65673
芜湖市	Wuhu	2335357	413747	466419	178694
宣城市	Xuancheng	1202221	155298	253944	54243
铜陵市	Tongling	662728	82803	135088	42876
池州市	Chizhou	684360	74615	134051	22752
安庆市	Anqing	1056537	106760	292169	62289
黄山市	Huangshan	679903	57721	148760	23961

地 区	Region	个人所得税 Individual Income Tax	资源税 Resources Tax	城市维护建设税 Tax on Town Maintenance and Construction	房产税 Tax on Real Estates	印花税 Stamp Tax
合肥市	Hefei	140057	12226	263964	127765	69380
淮北市	Huaibei	6520	11246	30158	11823	6797
亳州市	Bozhou	6210	2049	31939	6266	6396
宿州市	Suzhou	8306	12163	26932	8171	5600
蚌埠市	Bengbu	8820	735	76731	17485	10859
阜阳市	Fuyang	8940	4828	55959	9772	8494
淮南市	Huainan	13720	12282	40645	16614	7172
滁州市	Chuzhou	14095	14539	57805	19507	10674
六安市	Luan	11254	18251	32475	15801	7351
马鞍山市	Maanshan	16731	25789	55333	35039	14827
芜湖市	Wuhu	36561	29848	142542	51574	24183
宣城市	Xuancheng	13254	22381	42389	16096	9269
铜陵市	Tongling	7699	15609	26095	12796	7245
池州市	Chizhou	4687	11769	18021	8047	4851
安庆市	Anqing	17692	12814	46110	16345	9326
黄山市	Huangshan	7090	1669	16119	11221	5457

7—7 续表 continued

单位：万元（10000 yuan）

地 区	Region	城镇土地使用税 Tax on the Use of Urban Land	土地增值税 Land Value Added Tax	车船税 Tax on Vehicles and Vessels	耕地占用税 Tax on the Occupancy of Cultivated Land	契税 Contract Tax	烟叶税 Leaf Tobacco Tax
合肥市	Hefei	73129	287646	30729	30130	496051	
淮北市	Huaibei	37543	22272	4849	17588	45171	
亳州市	Bozhou	18703	24452	7711	8256	97922	1061
宿州市	Suzhou	49347	39331	6463	10884	70027	
蚌埠市	Bengbu	48085	41310	7240	9808	92749	
阜阳市	Fuyang	33754	52882	12773	23556	147353	273
淮南市	Huainan	47288	48399	5073	6005	52376	
滁州市	Chuzhou	68106	72600	6660	11111	88821	
六安市	Luan	43023	44797	7959	13484	113611	
马鞍山市	Maanshan	79214	47236	6204	8286	134041	
芜湖市	Wuhu	206317	67581	9538	39317	176538	2782
宣城市	Xuancheng	95857	58740	5958	9758	120381	12855
铜陵市	Tongling	72000	20407	2709	1707	56064	
池州市	Chizhou	61899	29924	2456	9092	87182	1836
安庆市	Anqing	37285	62579	8131	21948	106437	
黄山市	Huangshan	28987	46505	3841	6197	71907	382

地 区	Region	专项收入 Expert Project Income	行政事业性收费收入 Income from Administrative Departments Fees	罚没收入 Penalty and Confiscatory Income	国有资本经营收入 State-owned Assets Profit	国有资源（资产）有偿使用收入 Income from the Paid Use of Stated-owned Resources (Assets)	其他收入 Other Income
合肥市	Hefei	137597	222796	54078	44478	160925	125729
淮北市	Huaibei	21441	33919	18869	-2204	4196	1368
亳州市	Bozhou	17786	85634	28600	9703	25255	1717
宿州市	Suzhou	24812	91723	52482	1511	27462	28116
蚌埠市	Bengbu	51644	69271	29345	26330	76928	7187
阜阳市	Fuyang	46046	99157	32331	5100	43382	5039
淮南市	Huainan	66099	48201	18480	-84	32193	1821
滁州市	Chuzhou	46024	89661	47174	1298	154205	9103
六安市	Luan	50430	120739	28832		31562	6095
马鞍山市	Maanshan	41065	55294	21607	45361	114417	1154
芜湖市	Wuhu	113157	96487	27586	86799	137995	27692
宣城市	Xuancheng	52041	53196	39919	20344	162074	4224
铜陵市	Tongling	18379	54799	10115	6616	74360	15361
池州市	Chizhou	21749	112002	10173	8500	60685	69
安庆市	Anqing	46118	80406	27557		86867	15704
黄山市	Huangshan	11793	31623	15682	27316	136540	27132

7—8 各市财政支出（2014年）
Final Statement of Government Expenditure by Region (2014)

单位：万元（10000 yuan）

地　区	Region	支出合计 Total Expenditure	一般公共服务 General Public Service	国防 National Defence	公共安全 Public Security	教育 Education
合 肥 市	Hefei	6987890	700469	8213	253896	1087882
淮 北 市	Huaibei	1160077	103803	1779	48320	175319
亳 州 市	Bozhou	2292171	208016	1116	80062	368394
宿 州 市	Suzhou	2472835	233325	2903	105394	450628
蚌 埠 市	Bengbu	2085574	163019	2160	83035	354791
阜 阳 市	Fuyang	3533451	260778	4405	120034	650115
淮 南 市	Huainan	1459783	146072	1716	82174	198921
滁 州 市	Chuzhou	2688462	196650	4455	110307	423699
六 安 市	Luan	3216049	273691	2276	118230	622111
马鞍山市	Maanshan	1824561	194547	596	89003	266454
芜 湖 市	Wuhu	3466498	202634	4388	106363	508965
宣 城 市	Xuancheng	2224992	275456	1834	67564	332521
铜 陵 市	Tongling	1052923	79457	319	46020	147545
池 州 市	Chizhou	1384950	173060	3206	43897	179691
安 庆 市	Anqing	2994597	333389	2387	124960	580668
黄 山 市	Huangshan	1494172	184078	2055	66558	140731

地　区	Region	科学技术 Science	文化体育与传媒 Culture, Sports and Media	社会保障和就业 Social Security and Employment	医疗卫生 Public Health	节能环保 Energy Saving and Environmental Protection
合 肥 市	Hefei	290529	95372	564287	444502	186499
淮 北 市	Huaibei	16653	13127	136820	108071	16849
亳 州 市	Bozhou	14418	13938	307513	328976	33779
宿 州 市	Suzhou	22436	28917	227814	329669	58790
蚌 埠 市	Bengbu	76245	21143	222758	210816	40537
阜 阳 市	Fuyang	16927	24029	525850	475000	55957
淮 南 市	Huainan	23349	19885	190443	122647	30382
滁 州 市	Chuzhou	46685	31203	302418	321142	52876
六 安 市	Luan	31524	39093	286747	416576	97768
马鞍山市	Maanshan	57483	36848	178014	166082	34934
芜 湖 市	Wuhu	342871	38081	331794	285908	47120
宣 城 市	Xuancheng	76879	30510	214069	217334	50309
铜 陵 市	Tongling	73924	13352	91944	54655	55055
池 州 市	Chizhou	17075	17424	132858	126122	28262
安 庆 市	Anqing	61902	55206	352018	372049	60992
黄 山 市	Huangshan	35777	40760	159189	119565	110449

7—8 续表 continued

单位：万元（10000 yuan）

地 区	Region	城乡社区事务 Expenses in Urban、Rural Areas and Communities	农林水事务 Expenses of Agriculture、Forest and Irrigation	交通运输 Transport	资源勘探电力信息等事务 Resource Prospecting and Electric Power Information and so on	商业服务业等事务 Commercial and Service Industry and so on	金融监管等事务支出 Finance Supervision and so on
合 肥 市	Hefei	1804764	485042	243429	395013	72288	3106
淮 北 市	Huaibei	253796	110635	62961	23223	4817	199
亳 州 市	Bozhou	160297	300797	138694	57284	18664	409
宿 州 市	Suzhou	206568	366809	161693	52188	8092	3038
蚌 埠 市	Bengbu	302334	234700	142828	5944	42510	845
阜 阳 市	Fuyang	197425	455263	241730	83211	12138	14391
淮 南 市	Huainan	164859	134687	64564	32004	19489	96
滁 州 市	Chuzhou	277064	493877	160068	35553	13925	784
六 安 市	Luan	176184	508635	296315	44080	15450	5609
马鞍山市	Maanshan	263441	179328	90481	24343	63431	1922
芜 湖 市	Wuhu	683702	257858	226638	121914	81046	6817
宣 城 市	Xuancheng	329640	267612	173834	16602	35840	1653
铜 陵 市	Tongling	174406	54644	59324	49083	78944	2081
池 州 市	Chizhou	209440	137129	101554	45693	17758	120
安 庆 市	Anqing	189144	404210	228644	22559	20636	6553
黄 山 市	Huangshan	186613	185585	83944	36259	43714	258

地 区	Region	国土海洋气象等事务 Land and Marine Meteorology, Etc	住房保障支出 Housing Safeguard	粮油物资储备事务 Supplies of Grain and Oil and Reserve Affairs	国债还本付息 National Debt Repay and Interests Expenditure	其他支出 Other Expenditure
合 肥 市	Hefei	47112	167305	32973	8503	96706
淮 北 市	Huaibei	6827	65299	5574	3990	2015
亳 州 市	Bozhou	14958	218330	22807	3129	590
宿 州 市	Suzhou	22790	155957	26937	2752	6135
蚌 埠 市	Bengbu	29470	137663	11998	603	2175
阜 阳 市	Fuyang	26250	299533	20138	28393	21884
淮 南 市	Huainan	36713	168952	8166	11130	3534
滁 州 市	Chuzhou	24089	142440	29964	17405	3858
六 安 市	Luan	44284	162470	22697	5340	46969
马鞍山市	Maanshan	27702	127567	8827	6473	7085
芜 湖 市	Wuhu	13876	153735	8781	37442	6565
宣 城 市	Xuancheng	12018	102865	9015	7188	2249
铜 陵 市	Tongling	14178	45980	3704	2050	6258
池 州 市	Chizhou	9144	114031	5645	11791	11050
安 庆 市	Anqing	18376	131401	17661	6813	5029
黄 山 市	Huangshan	6942	64147	4046	9823	13679

7—9 各县（市）地方财政收入（2014年）
Final Statement of Local Government Revenue by County (City) (2014)

单位：万元（10000 yuan）

县（市）	County (City)	收入合计 Total Revenue	增值税 Value-added Tax	营业税 Operation Tax	企业所得税 Enterises' Income Tax	个人所得税 Individual Income Tax	资源税 Resources Tax	城市维护建设税 Tax on Town Maintenance and Construction
合肥市本级	Hefei City at Its Own Level	3127790	365569	1139470	271533	101906	791	188400
巢湖市	Chaohu	167235	21231	49262	13335	2899	7246	8224
长丰县	Changfeng	246801	30979	97399	16088	3361	9	9164
肥东县	Feidong	232677	38892	72400	10765	2331	46	6949
肥西县	Feixi	331460	45633	109155	23875	5194		15419
庐江县	Lujiang	162216	16076	45974	9445	2821	4132	5054
淮北市本级	Huaibei City at Its Own Level	267840	51257	56109	13767	4028	5311	19165
濉溪县	Suixi	142231	23093	39601	9601	1419	2988	7818
亳州市本级	Bozhou City at Its Own Level	209739	21617	58704	12668	3067	97	13097
涡阳县	Guoyang	112527	14494	25257	4072	1107	1164	3302
蒙城县	Mengcheng	144183	29104	36397	5304	699	733	4727
利辛县	Lixin	109888	25888	28998	4473	491	3	3515
宿州市本级	Suzhou City at Its Own Level	317975	20573	74531	23617	3199		11637
砀山县	Dangshan	61842	5953	18996	2155	415	34	1539
萧县	Xiaoxian	95354	7803	21162	4576	854	6273	1850
灵璧县	Lingbi	60581	2903	20248	1981	480	550	1361
泗县	Sixian	62339	3987	23034	2755	484	58	1856
蚌埠市本级	Bengbu City at Its Own Level	454218	52233	87811	23721	4532		52028
怀远县	Huaiyuan	151223	33928	33125	4578	669	332	4438
五河县	Wuhe	94300	16401	26287	3100	711	24	2846
固镇县	Guzhen	84093	18281	18585	3531	257	7	2416
阜阳市本级	Fuyang City at Its Own Level	278104	29707	52786	10037	3227	473	22203
界首市	Jieshou	100232	25428	13659	3031	592		9131
临泉县	Linquan	66753	5747	18050	2825	761	165	1910
太和县	Taihe	117638	14775	28904	2882	774	8	3840
阜南县	Funan	61437	6803	16515	2447	454	171	1604
颍上县	Yingshang	141678	28977	27173	4899	1157	3671	6008
淮南市本级	Huainan City at Its Own Level	363636	26204	61948	24327	7398	7889	13309
凤台县	Fengtai	177980	55449	29464	2183	2676	3725	11937
滁州市本级	Chuzhou City at Its Own Level	298503	33951	79815	24343	3383	197	26345
天长市	Tianchang	204793	25631	47763	9610	2158	1666	9007
明光市	Mingguang	82765	5529	26409	3284	1242	496	3148
来安县	Laian	110695	10126	32087	6275	1309	591	3460
全椒县	Quanjiao	125471	8714	36023	6708	1430	2367	3836
定远县	Dingyuan	105983	5197	41121	6361	1157	3592	2873
凤阳县	Fengyang	136533	12483	22689	6974	1495	5224	3415
六安市本级	Luan City at Its Own Level	311740	18191	92401	10776	3056	6	12275
寿县	Shouxian	68309	6085	26521	3386	1037	58	1995

7—9 续表1 continued

单位：万元（10000 yuan）

县（市） County (City)	收入合计 Total Revenue	增值税 Value-added Tax	营业税 Operation Tax	企业所得税 Enterises' Income Tax	个人所得税 Individual Income Tax	资源税 Resources Tax	城市维护建设税 Tax on Town Maintenance and Construction
霍邱县 Huoqiu	143372	15405	30998	6091	2532	16697	3865
舒城县 Shucheng	90045	7420	28105	6252	1015	83	2598
金寨县 Jinzhai	54570	3442	19109	4472	576	174	1508
霍山县 Huoshan	101667	13007	17841	6359	952	211	5256
马鞍山市本级 Maanshan City at Its Own Level	466268	88113	68774	24840	8547	10002	28077
当涂县 Dangtu	267455	30038	56444	10991	2256	3072	7354
含山县 Hanshan	96205	13798	22454	4451	713	3819	3067
和县 Hexian	126351	9579	29100	7744	1582	6004	2946
芜湖市本级 Wuhu City at Its Own Level	811319	140374	137752	77792	12788	2	88720
芜湖县 Wuhu	240382	72916	27403	12164	1222	1232	6727
繁昌县 Fanchang	262618	61451	22103	18203	1266	25894	7894
南陵县 Nanling	162026	30948	35049	7030	922	384	3782
无为县 Wuwei	186555	31417	44029	13047	2850	2226	6923
宣城市本级 Xuancheng City at Its Own Level	205296	9910	66572	6759	2515	2520	8861
宁国市 Ningguo	218929	33657	40082	18258	3672	2639	9995
郎溪县 Langxi	155765	19671	33219	3180	1379	1354	3809
广德县 Guangde	187637	31928	40783	10757	2121	8125	6395
泾县 Jingxian	103097	19131	19315	3784	980	1678	3092
旌德县 Jingde	46364	8844	8584	1404	426	391	1160
绩溪县 Jixi	66395	6847	12538	1778	513	345	1669
铜陵市本级 Tongling City at Its Own Level	365596	27445	48228	23797	2785	9642	12405
铜陵县 Tongling	133721	17736	29215	7998	1048	5967	3576
池州市本级 Chizhou City at Its Own Level	294288	10404	53136	10530	1601	4765	8638
东至县 Dongzhi	94783	16492	20653	2672	938	1424	2288
石台县 Shitai	15237	1548	3434	576	282	801	310
青阳县 Qingyang	110580	18778	15830	3186	858	2214	2214
安庆市本级 Anqing City at Its Own Level	239111	28706	48217	12693	4587	185	20498
桐城市 Tongcheng	151269	11348	34662	7902	4398	684	4945
怀宁县 Huaining	132664	16373	26425	7981	1532	5038	3233
枞阳县 Zongyang	95504	9401	17507	6069	488	5445	1706
潜山县 Qianshan	66336	6408	18698	3050	611	250	1794
太湖县 Taihu	40158	2852	13662	2649	905	355	1114
宿松县 Susong	66427	4871	17737	2219	996	55	1280
望江县 Wangjiang	45857	3402	14697	1882	467	266	1217
岳西县 Yuexi	39496	4253	14172	1959	438	361	1091
黄山市本级 Huangshan City at Its Own Level	180624	7739	35618	6113	2282		3808
歙县 Shexian	101511	11968	26348	4837	807	77	2486
休宁县 Xiuning	75506	9632	13990	3335	893	552	1743
黟县 Yixian	29176	3441	7530	991	348	11	789
祁门县 Qimen	48966	4497	10738	1522	371	294	1200

7—9 续表2 continued

单位：万元（10000 yuan）

县（市） County (City)	房产税 Tax on Real Estates	城镇土地使用税 Tax on the Use of Urban Land	土地增值税 Land Value Added Tax	耕地占用税 Tax on The Occupancy of Cultivated Land	契税 Contract Tax	其他各项税收收入 Other Income of Tax
合肥市本级 Hefei City at Its Own Level	40914	48467	48610	21776	384931	47079
巢湖市 Chaohu	3929	2574	7058	850	10635	3478
长丰县 Changfeng	3644	5550	20037	806	33012	3121
肥东县 Feidong	3496	3787	14612	1775	16786	3208
肥西县 Feixi	8997	9562	25433	2614	39361	6814
庐江县 Lujiang	1771	3189	6059	2309	11326	2127
淮北市本级 Huaibei City at Its Own Level	4923	10081	1762	10666	29052	3941
濉溪县 Suixi	3299	14647	7519	5600	16119	2217
亳州市本级 Bozhou City at Its Own Level	1952	4758	6547	3236	39996	5224
涡阳县 Guoyang	1609	5004	2689	640	11493	1949
蒙城县 Mengcheng	1156	3893	4679	2123	19061	2844
利辛县 Lixin	431	1264	4061	664	13856	2349
宿州市本级 Suzhou City at Its Own Level	2928	19692	18836	7134	46503	3756
砀山县 Dangshan	546	1816	3519	740	6995	1256
萧县 Xiaoxian	562	2687	3390	1485	4996	1569
灵璧县 Lingbi	343	1056	5344	568	3697	1145
泗县 Sixian	459	2704	3740	331	3365	1018
蚌埠市本级 Bengbu City at Its Own Level	6667	13337	12398	3815	65343	3134
怀远县 Huaiyuan	1149	8550	3856	732	9951	2784
五河县 Wuhe	814	3217	4018	270	9427	2048
固镇县 Guzhen	803	4123	2712	2035	8028	1748
阜阳市本级 Fuyang City at Its Own Level	2224	6219	8892	9694	50941	7627
界首市 Jieshou	738	2272	3057	1127	12504	1462
临泉县 Linquan	516	2301	2915	1877	10423	1251
太和县 Taihe	1332	3634	7661	1024	18225	2826
阜南县 Funan	296	1722	2107	1749	5863	1242
颍上县 Yingshang	1411	11268	5126	6946	10747	1698
淮南市本级 Huainan City at Its Own Level	6997	32352	31153	3434	38557	5734
凤台县 Fengtai	3612	6625	4499	1284	9825	2063
滁州市本级 Chuzhou City at Its Own Level	5563	14576	10301	4378	27503	5604
天长市 Tianchang	3056	10089	14352	506	16551	3492
明光市 Mingguang	1057	6633	3279	936	8018	1105
来安县 Laian	1815	6761	4292	861	5747	1514
全椒县 Quanjiao	1705	7386	11975	410	9607	1704
定远县 Dingyuan	1059	7013	4633	1255	6144	1383
凤阳县 Fengyang	1671	9042	11519	1156	6980	1369
六安市本级 Luan City at Its Own Level	5332	15172	16249	3980	54897	3190
寿县 Shouxian	570	2365	4123	2070	5709	1154

7—9 续表3 continued

单位：万元（10000 yuan）

县（市） County (City)	房产税 Tax on Real Estates	城镇土地使用税 Tax on the Use of Urban Land	土地增值税 Land Value Added Tax	耕地占用税 Tax on The Occupancy of Cultivated Land	契税 Contract Tax	其他各项税收收入 Other Income of Tax
霍邱县 Huoqiu	2022	5664	2812	2496	8055	1753
舒城县 Shucheng	1544	3172	7553	1218	10615	1501
金寨县 Jinzhai	578	1674	1662	1834	8164	935
霍山县 Huoshan	3545	6381	3886	457	9025	1287
马鞍山市本级 Maanshan City at Its Own Level	21058	35353	2009	4191	55545	12645
当涂县 Dangtu	3480	21878	23224	2234	18289	3057
含山县 Hanshan	1043	2592	4487	374	20002	911
和县 Hexian	1800	5945	2920	553	38551	1390
芜湖市本级 Wuhu City at Its Own Level	18594	67514	7151	5517	42163	13740
芜湖县 Wuhu	4553	25205	3011	722	19168	3931
繁昌县 Fanchang	2619	33961	5972	7980	10020	2122
南陵县 Nanling	1528	8856	5014	12470	9466	2869
无为县 Wuwei	3111	13426	7007	1825	17937	2502
宣城市本级 Xuancheng City at Its Own Level	2612	23197	9498	2784	12681	1735
宁国市 Ningguo	4404	20719	11641	1037	20585	2681
郎溪县 Langxi	1797	13925	7316	671	17337	2674
广德县 Guangde	2681	14342	6592	620	18337	3439
泾县 Jingxian	712	4965	6915	839	10619	1618
旌德县 Jingde	352	2158	2524	429	4533	1170
绩溪县 Jixi	1169	4298	2322	488	2060	1059
铜陵市本级 Tongling City at Its Own Level	6228	54984	18411	295	46280	4326
铜陵县 Tongling	2210	17016	1700	1412	9784	1579
池州市本级 Chizhou City at Its Own Level	4312	17372	9813	4645	58547	1842
东至县 Dongzhi	709	11173	1790	1359	9377	3045
石台县 Shitai	215	1095	627	628	964	198
青阳县 Qingyang	1078	13715	2932	1131	13152	1783
安庆市本级 Anqing City at Its Own Level	5000	5970	4318	7156	56563	5373
桐城市 Tongcheng	2679	11042	7752	4299	10727	2768
怀宁县 Huaining	1181	4396	7900	6610	5167	1457
枞阳县 Zongyang	362	3769	3484	598	10133	1094
潜山县 Qianshan	771	3571	3236	256	6815	1143
太湖县 Taihu	531	1276	1512	613	3141	903
宿松县 Susong	284	372	2142	475	8972	1018
望江县 Wangjiang	513	1249	2902	1039	2927	888
岳西县 Yuexi	466	824	2013	902	1992	660
黄山市本级 Huangshan City at Its Own Level	4095	7917	7926	647	24061	3427
歙县 Shexian	1320	3957	4071	404	9806	1700
休宁县 Xiuning	604	2295	4813	2245	11725	1001
黟县 Yixian	676	1665	1375	111	1728	274
祁门县 Qimen	336	1198	4429	1026	6856	592

7—9 续表4 continued

单位：万元（10000 yuan）

县（市） County (City)	专项收入 Expert Projcct Income	行政事业性收费收入 Income from Adiministrative Departments Fees	罚没收入 Penalty and Confisca-tory Income	国有资本经营收入 Stated-owned Assets Profit	国有资源(资产)有偿使用收入 Income from the Paid Use of Stated-owned Resources (Assets)	其他收入 Other Income
合肥市本级 Hefei City at Its Own Level	99472	103698	28954	44478	101835	89907
巢湖市 Chaohu	9548	16875	2509		7322	260
长丰县 Changfeng	5924	10309	1414		1804	4180
肥东县 Feidong	5694	22953	5411		18470	5102
肥西县 Feixi	9657	22628	3625		2990	503
庐江县 Lujiang	7270	31307	4259		8013	1084
淮北市本级 Huaibei City at Its Own Level	11790	31693	11965	-2204	3243	1291
濉溪县 Suixi	7767	353	34		131	25
亳州市本级 Bozhou City at Its Own Level	6255	21844	10259		392	26
涡阳县 Guoyang	2716	19222	5639	9303	1780	1087
蒙城县 Mengcheng	3081	19805	5399		4574	604
利辛县 Lixin	2203	14796	4003	400	2493	
宿州市本级 Suzhou City at Its Own Level	13507	30029	22243	1511	14139	4140
砀山县 Dangshan	1653	9871	4184		1704	466
萧县 Xiaoxian	2050	19227	10048		3545	3277
灵璧县 Lingbi	1339	8501	6287		2571	2207
泗县 Sixian	1589	7303	4727		4929	
蚌埠市本级 Bengbu City at Its Own Level	29326	21936	6476	24390	43729	3342
怀远县 Huaiyuan	11518	23402	2639		6911	2661
五河县 Wuhe	1917	5240	2240	1909	12837	994
固镇县 Guzhen	2464	7664	2203	1	9045	190
阜阳市本级 Fuyang City at Its Own Level	13429	35808	10457	5100	9078	202
界首市 Jieshou	5958	10688	2033		3990	4562
临泉县 Linquan	1600	9577	3213		3622	
太和县 Taihe	3053	20018	5865		2796	21
阜南县 Funan	1373	9544	1790		7730	27
颍上县 Yingshang	15618	5260	4836		6883	
淮南市本级 Huainan City at Its Own Level	42246	31243	11378	-130	19469	128
凤台县 Fengtai	22041	10799	1841	18	9191	748
滁州市本级 Chuzhou City at Its Own Level	13766	25371	12112	1000	5750	4545
天长市 Tianchang	6669	23890	9381	298	20481	193
明光市 Mingguang	1791	7142	3726		8354	616
来安县 Laian	7262	4749	7240		15952	654
全椒县 Quanjiao	2458	4442	2940		23595	171
定远县 Dingyuan	2738	11424	5795		4238	
凤阳县 Fengyang	8644	8884	3667		29473	1848
六安市本级 Luan City at Its Own Level	9384	41379	11173		11511	2768
寿县 Shouxian	1436	6581	4080		1139	

7—9 续表5 continued

单位：万元（10000 yuan）

县（市） County (City)	专项收入 Expert Projcct Income	行政事业性收费收入 Income from Adiministrative Departments Fees	罚没收入 Penalty and Confiscatory Income	国有资本经营收入 Stated-owned Assets Profit	国有资源(资产)有偿使用收入 Income from the Paid Use of Stated-owned Resources (Assets)	其他收入 Other Income
霍邱县 Huoqiu	28407	8869	2222		5484	
舒城县 Shucheng	3571	9241	2229		1913	2015
金寨县 Jinzhai	1396	5241	1899		1795	111
霍山县 Huoshan	3055	27180	2249		976	
马鞍山市本级 Maanshan City at Its Own Level	18617	24684	4193	45215	14205	200
当涂县 Dangtu	6656	12556	3863	146	61916	1
含山县 Hanshan	6080	6890	4065		1348	111
和县 Hexian	2351	5637	3037		7212	
芜湖市本级 Wuhu City at Its Own Level	62600	57334	12673	48717	6088	11800
芜湖县 Wuhu	4048	5302	2006		50329	443
繁昌县 Fanchang	11227	5344	2061	16562	27327	612
南陵县 Nanling	17933	7087	1945	720	10762	5261
无为县 Wuwei	5115	10739	6461		10238	7702
宣城市本级 Xuancheng City at Its Own Level	5324	17793	6574	9718	16243	
宁国市 Ningguo	5180	11527	5115		27737	
郎溪县 Langxi	6484	4072	3165		35712	
广德县 Guangde	17619	6299	9353		8246	
泾县 Jingxian	2076	7226	9724	8600	1823	
旌德县 Jingde	1240	1076	2072		8901	1100
绩溪县 Jixi	1055	1865	2224		24581	1584
铜陵市本级 Tongling City at Its Own Level	15136	32618	6965	6406	34772	14873
铜陵县 Tongling	3243	20978	1759		8500	
池州市本级 Chizhou City at Its Own Level	7727	82861	4504	8500	5090	1
东至县 Dongzhi	1680	3083	3233		14867	
石台县 Shitai	1277	598	403		2213	68
青阳县 Qingyang	6283	4636	1590		21200	
安庆市本级 Anqing City at Its Own Level	14977	18163	2948		3293	464
桐城市 Tongcheng	2646	6497	5440		30063	3417
怀宁县 Huaining	6320	14827	3074		21150	
枞阳县 Zongyang	12773	8548	3765		9221	1141
潜山县 Qianshan	1177	3757	3817		9527	1455
太湖县 Taihu	957	2638	1629		3786	1635
宿松县 Susong	1005	13896	3187		3535	4383
望江县 Wangjiang	1212	6463	1556		4619	558
岳西县 Yuexi	1055	3929	1673		1120	2588
黄山市本级 Huangshan City at Its Own Level	2975	15452	4118		50211	4235
歙县 Shexian	2210	3714	5534		17203	5069
休宁县 Xiuning	1260	2053	1518	16373	1099	375
黟县 Yixian	669	2182	468		1535	5383
祁门县 Qimen	863	1353	1380	4508	3835	3968

7—10 各县（市）财政支出（2014年）
Final Statement of Government Expenditure by County (City) (2014)

单位：万元（10000 yuan）

县（市）	County (City)	支出合计 Total Revenue	一般公共服务 General Public Service	国防 National Defence	公共安全 Public Security	教育 Education	科学技术 Science	文化体育与传媒 Culture, Sports and Media
合肥市本级	Hefei City at Its Own Level	3861581	291710	5735	147838	450730	231154	64182
巢湖市	Chaohu	385894	41280	722	17365	67318	1343	2661
长丰县	Changfeng	420545	47283	343	17002	71411	3478	3809
肥东县	Feidong	441615	48422	386	16064	86523	23097	5310
肥西县	Feixi	484241	81253	286	18568	95949	20229	4451
庐江县	Lujiang	444453	39994	741	12627	91178	3180	2789
淮北市本级	Huaibei City at Its Own Level	488362	52017	1779	29539	54807	6580	6340
濉溪县	Suixi	416968	23998		11600	71560	4022	5883
亳州市本级	Bozhou City at Its Own Level	420922	32214	800	38415	30662	907	3050
涡阳县	Guoyang	456376	36327	99	10727	87072	1683	2396
蒙城县	Mengcheng	454057	47576		11754	90275	5360	4458
利辛县	Lixin	465441	57190	217	13978	83374	2248	2516
宿州市本级	Suzhou City at Its Own Level	644398	53450	2367	40026	26790	12222	14830
砀山县	Dangshan	286238	23653	213	13070	66974	1357	2683
萧县	Xiaoxian	384822	37498	21	15219	93999	1971	3155
灵璧县	Lingbi	355627	31130	2	11994	74045	994	3139
泗县	Sixian	307460	27315	106	14191	59107	1750	2654
蚌埠市本级	Bengbu City at Its Own Level	834843	45170	876	44058	74435	48310	12945
怀远县	Huaiyuan	453549	36892	318	10636	129150	13987	2018
五河县	Wuhe	278496	30158	278	10544	45697	4864	2507
固镇县	Guzhen	258794	27045	246	10129	49825	473	1600
阜阳市本级	Fuyang City at Its Own Level	635422	65570	1816	40670	51280	4905	7801
界首市	Jieshou	268855	17453	51	12769	43258	2672	1600
临泉县	Linquan	472636	34394	190	15983	102965	395	2499
太和县	Taihe	525663	27819	839	13527	128604	1192	3135
阜南县	Funan	452979	17840	313	11585	82240	756	3003
颍上县	Yingshang	455601	43401	717	11371	74976	2118	2538
淮南市本级	Huainan City at Its Own Level	681144	75725	1234	55748	56437	14137	14863
凤台县	Fengtai	404854	29256	109	12877	54959	6378	3208
滁州市本级	Chuzhou City at Its Own Level	554921	42582	2790	37380	31392	13888	7697
天长市	Tianchang	369846	17185	200	12258	65581	8770	7125
明光市	Mingguang	275342	17109	284	10974	32607	3313	1855
来安县	Laian	246454	14866	98	9715	36992	2793	2635
全椒县	Quanjiao	249992	15503	412	9047	39698	4953	2357
定远县	Dingyuan	383099	25038	111	10420	78662	4207	2256
凤阳县	Fengyang	327373	39235	560	12611	68212	2324	5777
六安市本级	Luan City at Its Own Level	770092	49897	387	47788	57226	12503	11908
寿县	Shouxian	436368	31109	282	14219	99150	428	4790

7—10 续表1 continued

单位：万元（10000 yuan）

县（市） County (City)		支出合计 Total Revenue	一般公共服务 General Public Service	国防 National Defence	公共安全 Public Security	教育 Education	科学技术 Science	文化体育与传媒 Culture, Sports and Media
霍邱县	Huoqiu	506475	45769	446	14944	109310	3541	4137
舒城县	Shucheng	326331	28387	205	12273	69989	3073	4203
金寨县	Jinzhai	345572	29166	100	10230	68897	2576	5388
霍山县	Huoshan	232886	23074	239	8290	52220	2910	3853
马鞍山市本级	Maanshan City at Its Own Level	638548	62427	220	35479	61593	29962	19142
当涂县	Dangtu	407501	53525		13623	66575	10926	5686
含山县	Hanshan	220863	19739	293	10053	51299	6759	7202
和县	Hexian	289121	30024	81	10372	41620	5250	3917
芜湖市本级	Wuhu City at Its Own Level	1443129	52890	2652	51683	116273	291666	21439
芜湖县	Wuhu	328900	15431	257	8841	39425	3677	2026
繁昌县	Fanchang	342126	35269	207	8244	41780	5819	4996
南陵县	Nanling	293930	23562	219	12306	68613	5492	1925
无为县	Wuwei	454928	28724	261	11981	107176	5082	3291
宣城市本级	Xuancheng City at Its Own Level	431047	39921	559	26662	47502	17016	4909
宁国市	Ningguo	322618	44575	823	12089	56320	10167	2715
郎溪县	Langxi	256849	28694	5	2296	43505	16763	2674
广德县	Guangde	358430	56795	76	10134	59747	13676	4443
泾县	Jingxian	222118	33622	185	3352	36313	5500	6502
旌德县	Jingde	109273	12493		5167	11571	2181	1515
绩溪县	Jixi	138744	19860		3580	22180	3365	5847
铜陵市本级	Tongling City at Its Own Level	617710	37907		29900	81307	64802	8703
铜陵县	Tongling	245469	22795	319	8713	39370	7525	3958
池州市本级	Chizhou City at Its Own Level	497968	44199	2969	20598	22948	8100	8416
东至县	Dongzhi	258428	41663		8015	60635	2582	1825
石台县	Shitai	93039	11555		3726	11876	944	1400
青阳县	Qingyang	205039	26246	121	6512	24898	1705	2347
安庆市本级	Anqing City at Its Own Level	607546	42404	1107	41620	56209	10377	21678
桐城市	Tongcheng	335722	31657		11624	67388	14619	4235
怀宁县	Huaining	287019	36588	419	11350	76128	5666	6554
枞阳县	Zongyang	303052	39653	256	9197	65421	5938	2677
潜山县	Qianshan	266386	35269	55	9847	49752	5414	3144
太湖县	Taihu	250141	27051		7738	53096	3021	3482
宿松县	Susong	336000	46510	545	10007	82220	5435	3475
望江县	Wangjiang	226069	26246	5	8704	42556	5092	3027
岳西县	Yuexi	222812	21472		7109	46522	4060	4037
黄山市本级	Huangshan City at Its Own Level	358624	36241	1639	21911	17826	8062	7848
歙县	Shexian	274865	19993		13574	40887	10405	9665
休宁县	Xiuning	183036	24865	2	6519	22916	4077	3287
黟县	Yixian	94799	11743	64	4072	8772	1844	7338
祁门县	Qimen	136885	14808	66	5423	15570	3708	2721

7—10 续表2 continued

单位：万元（10000 yuan）

县（市） County (City)		社会保障和就业 Social Security and Employment	医疗卫生 Public Health	节能环保 Energy Saving and Environmental Protection	城乡社区事务 Expenses in Urban、Rural Areas and Communities	农林水事务 Expenses of Agriculture、Forest and Irrigation	交通运输 Transport	资源勘探电力信息等事务 Resource Prospecting and Electric Power Information and so on
合肥市本级	Hefei City at Its Own Level	232330	136958	123434	1477243	87227	187654	261373
巢湖市	Chaohu	65764	42450	13936	10947	53021	14118	11441
长丰县	Changfeng	41939	44277	10342	38837	65685	6429	25121
肥东县	Feidong	48236	56024	9333	33147	72920	9704	12755
肥西县	Feixi	42316	56896	11265	44988	68401	9740	4618
庐江县	Lujiang	66341	64741	4759	10758	88961	12957	12034
淮北市本级	Huaibei City at Its Own Level	40845	35671	12669	137940	22155	44317	5967
濉溪县	Suixi	43023	54045	2784	91720	67708	8305	4796
亳州市本级	Bozhou City at Its Own Level	14270	16296	17492	102525	26984	79855	3854
涡阳县	Guoyang	75366	83771	5123	23828	69773	8744	14101
蒙城县	Mengcheng	64558	75159	1864	7571	59094	17550	8218
利辛县	Lixin	80048	76569	3665	7166	70007	12082	23374
宿州市本级	Suzhou City at Its Own Level	25263	24625	35817	136203	54955	108889	34167
砀山县	Dangshan	31594	52439	6035	3379	45453	11819	3630
萧县	Xiaoxian	47153	65516	4232	19924	52231	11363	4779
灵璧县	Lingbi	39020	60296	4315	8500	65802	12670	3107
泗县	Sixian	31752	47889	2461	23730	62192	5989	4419
蚌埠市本级	Bengbu City at Its Own Level	85686	56961	25077	189760	39051	106527	1363
怀远县	Huaiyuan	45814	64087	3053	10297	74994	9545	2273
五河县	Wuhe	31887	38240	2528	12860	56715	15985	85
固镇县	Guzhen	30315	35105	2336	30556	38227	5203	172
阜阳市本级	Fuyang City at Its Own Level	38988	29360	33019	81756	36343	159920	14784
界首市	Jieshou	50235	38344	2372	10284	34015	9738	25402
临泉县	Linquan	91855	89076	3442	8684	73430	20928	442
太和县	Taihe	75993	78148	7260	32727	68027	15808	9804
阜南县	Funan	77498	68886	3948	18103	69449	12449	9143
颍上县	Yingshang	65062	74355	2045	23169	74590	14985	11985
淮南市本级	Huainan City at Its Own Level	101859	49662	14493	69165	21331	47864	17442
凤台县	Fengtai	42019	38349	10458	54701	72245	12537	6044
滁州市本级	Chuzhou City at Its Own Level	40470	25287	11525	105912	65470	104431	26555
天长市	Tianchang	35717	66873	8474	27855	73581	12763	2336
明光市	Mingguang	41641	41987	5833	19099	54989	8207	2098
来安县	Laian	33559	29975	7441	30552	47988	7619	1356
全椒县	Quanjiao	29498	30952	5097	26922	47343	10355	1403
定远县	Dingyuan	49206	53987	6148	22402	91409	8143	336
凤阳县	Fengyang	37921	46404	5892	8149	63988	4909	566
六安市本级	Luan City at Its Own Level	30022	60650	40686	73421	52813	214033	15248
寿县	Shouxian	44166	63085	8517	38017	86275	13640	10699

7—10 续表3 continued

单位：万元（10000 yuan）

县（市）	County (City)	社会保障和就业 Social Security and Employment	医疗卫生 Public Health	节能环保 Energy Saving and Environmental Protection	城乡社区事务 Expenses in Urban、Rural Areas and Communities	农林水事务 Expenses of Agriculture、Forest and Irrigation	交通运输 Transport	资源勘探电力信息等事务 Resource Prospecting and Electric Power Information and so on
霍邱县	Huoqiu	47920	74847	17332	16257	110094	13553	4703
舒城县	Shucheng	38191	50878	3467	11725	60250	15925	4401
金寨县	Jinzhai	29306	42255	4115	10937	63588	9811	1521
霍山县	Huoshan	22782	29821	5606	14118	41174	6813	3128
马鞍山市本级	Maanshan City at Its Own Level	58052	41415	12348	124164	36246	55740	12405
当涂县	Dangtu	40378	44118	5387	67983	42341	11741	6316
含山县	Hanshan	21418	25206	4145	9850	39326	8270	1515
和县	Hexian	26770	35926	3913	32897	48391	12081	1752
芜湖市本级	Wuhu City at Its Own Level	93421	87343	20634	286876	51560	180021	64482
芜湖县	Wuhu	32818	25394	3066	107918	39998	6248	29275
繁昌县	Fanchang	30020	36610	9602	108453	27454	3871	1527
南陵县	Nanling	36493	32851	1295	32092	44943	20035	2116
无为县	Wuwei	86663	72270	7973	23079	66474	8258	7455
宣城市本级	Xuancheng City at Its Own Level	27344	12887	12088	111438	16504	77710	1532
宁国市	Ningguo	34319	39088	6244	39463	33652	17676	5999
郎溪县	Langxi	14822	23800	1991	43208	35579	15095	531
广德县	Guangde	27035	47088	13486	27774	46382	24796	1902
泾县	Jingxian	31622	20110	4775	17642	22680	18835	
旌德县	Jingde	15548	10503	1319	16520	17108	5606	2348
绩溪县	Jixi	10845	18321	7189	11730	19585	2839	1897
铜陵市本级	Tongling City at Its Own Level	56452	26659	49830	132724	13405	47840	36802
铜陵县	Tongling	19380	19607	3425	13678	36446	5163	11617
池州市本级	Chizhou City at Its Own Level	23801	16034	14163	145630	30793	60775	31935
东至县	Dongzhi	34225	30582	5267	5989	31914	6584	1435
石台县	Shitai	12118	9328	3088	3450	15100	4150	2433
青阳县	Qingyang	24252	20379	1573	46126	23417	3930	5686
安庆市本级	Anqing City at Its Own Level	68725	46291	15048	81381	36755	116040	3559
桐城市	Tongcheng	30903	41860	7167	47023	42218	8306	6483
怀宁县	Huaining	29546	32512	6696	10092	38378	10160	1609
枞阳县	Zongyang	53153	54052	2823	3125	38071	7188	1622
潜山县	Qianshan	36294	36618	6550	13659	39458	14077	2238
太湖县	Taihu	31362	33667	4422	2239	48081	24042	2651
宿松县	Susong	30210	46616	7770	13033	48255	22894	1084
望江县	Wangjiang	32597	34045	3680	2607	42899	11560	800
岳西县	Yuexi	29112	27129	4701	4797	43860	12367	1976
黄山市本级	Huangshan City at Its Own Level	26336	13064	45560	54183	11197	58870	4804
歙县	Shexian	38807	33231	9411	15798	45132	8081	13038
休宁县	Xiuning	22201	19381	5343	24454	29260	3198	4572
黟县	Yixian	11503	7750	4023	6612	16246	2203	1396
祁门县	Qimen	18297	15053	4784	13660	24696	4702	3085

7—10 续表4 continued

单位：万元（10000 yuan）

县（市）	County (City)	商业服务业等事务 Resource Prospecting and Electric Power Information and so on	金融监管等事务支出 Finance Supervision and so on	国土海洋气象等事务 Land and Marine Meteorology, Etc	住房保障支出 Housing Safeguard	粮油物资储备事务 Supplies of Grain and Oil and Reserve Affairs	国债还本付息 National Debt Repay and Interests Expenditure	其他支出 Other Expenditure
合肥市本级	Hefei City at Its Own Level	53457	1412	10897	65243	7340	6501	19163
巢湖市	Chaohu	4534		8112	26772	3372	603	135
长丰县	Changfeng	1114	75	16231	7557	5270	428	13914
肥东县	Feidong	2274	469	2071	6954	3689		4237
肥西县	Feixi	1253	244	1961	8136	7437		6250
庐江县	Lujiang	2597	145	7837	13714	5857	971	2272
淮北市本级	Huaibei City at Its Own Level	1925	128	5001	26394	1542	2141	605
濉溪县	Suixi	1323	71	1381	19959	4002	336	452
亳州市本级	Bozhou City at Its Own Level	1724	117	3668	45901	354	1464	370
涡阳县	Guoyang	376	73	1491	30314	4098	832	182
蒙城县	Mengcheng	1686	50	7645	45893	5346		
利辛县	Lixin	1148	169	1618	19899	9758	415	
宿州市本级	Suzhou City at Its Own Level	2905	1276	8374	59785	1837	617	
砀山县	Dangshan	611		1082	16184	2303	214	3545
萧县	Xiaoxian	1323	1675	3825	16070	2508	360	2000
灵璧县	Lingbi	1233	87	4864	25659	8171	599	
泗县	Sixian	1060		1065	17287	3784	544	165
蚌埠市本级	Bengbu City at Its Own Level	26497	497	4048	71874	1188		520
怀远县	Huaiyuan	3284	70	22640	18242	5140		1109
五河县	Wuhe	1541	119	494	20784	2686	381	143
固镇县	Guzhen	705	110	2281	21047	2939	222	258
阜阳市本级	Fuyang City at Its Own Level	3833	737	4570	44288	1114	2049	12619
界首市	Jieshou	178	895	739	15892	2632	243	83
临泉县	Linquan	1065		894	19139	3605	3452	198
太和县	Taihe	1442	5116	1683	51173	2920	348	98
阜南县	Funan	1230	73	9653	57806	2594	6410	
颍上县	Yingshang	3621	960	2905	20475	2562	15460	8306
淮南市本级	Huainan City at Its Own Level	17760	71	24569	84424	3520	10840	
凤台县	Fengtai	1616	25	6333	45934	4074	290	3442
滁州市本级	Chuzhou City at Its Own Level	3879	418	1342	17923	1415	12968	1597
天长市	Tianchang	1802		1004	22470	5178	674	
明光市	Mingguang	734	18	4747	24158	4008	188	1493
来安县	Laian	2239	20	3945	10904	3488	269	
全椒县	Quanjiao	505	23	1270	20335	3948	283	88
定远县	Dingyuan	1835	60	2197	18582	5295	2537	268
凤阳县	Fengyang	1173	90	8299	17199	3620	290	154
六安市本级	Luan City at Its Own Level	3592	80	7510	44746	1838	2699	43045
寿县	Shouxian	583	294	1498	13514	5696	406	

7—10 续表5 continued

单位：万元（10000 yuan）

县（市） County (City)	商业服务业等事务 Resource Prospecting and Electric Power Information and so on	金融监管等事务支出 Finance Supervision and so on	国土海洋气象等事务 Land and Marine Meteorology, Etc	住房保障支出 Housing Safeguard	粮油物资储备事务 Supplies of Grain and Oil and Reserve Affairs	国债还本付息 National Debt Repay and Interests Expenditure	其他支出 Other Expenditure
霍邱县 Huoqiu	1697	278	27390	8798	4480	825	154
舒城县 Shucheng	841	121	2419	17455	2216	312	
金寨县 Jinzhai	2226	4719	1732	53268	1837	349	3551
霍山县 Huoshan	4124	117	1559	11332	1541	185	
马鞍山市本级 Maanshan City at Its Own Level	26440	497	7983	42013	1732	5659	5031
当涂县 Dangtu	4565	103	3614	27208	2350		1062
含山县 Hanshan	1337	1322	1975	9112	1587	264	191
和县 Hexian	6430		9616	16264	3158	550	109
芜湖市本级 Wuhu City at Its Own Level	37375	5377	3094	49204	2927	20244	3968
芜湖县 Wuhu	3487	10	153	9917	923		36
繁昌县 Fanchang	747	1067	6856	18171	636	591	206
南陵县 Nanling	774	126	815	7962	1297	884	130
无为县 Wuwei	672	237	2356	19215	2998	763	
宣城市本级 Xuancheng City at Its Own Level	6735	238	4088	17618	835	5193	268
宁国市 Ningguo	1226		984	16088	576	267	347
郎溪县 Langxi	13639	23	1902	10804	1113	187	218
广德县 Guangde	6655	20	1470	11761	3073	940	1177
泾县 Jingxian	740	211	269	18752	542	466	
旌德县 Jingde	336	1141	546	4805	503		63
绩溪县 Jixi	4437	20	490	5905	519	135	
铜陵市本级 Tongling City at Its Own Level	3316	889	1875	16473	2808	1857	4161
铜陵县 Tongling	37199	1192	10164	3065	896	193	764
池州市本级 Chizhou City at Its Own Level	8151	120	4172	44248	790	9626	500
东至县 Dongzhi	952		1328	23242	1543	647	
石台县 Shitai	6043		1606	5327	360	535	
青阳县 Qingyang	647		1297	13899	1327	563	114
安庆市本级 Anqing City at Its Own Level	6921	5370	2649	47222	1764	2343	83
桐城市 Tongcheng	1506	30	2206	13131	2477	728	2161
怀宁县 Huaining	2338	158	4006	10842	3046	866	65
枞阳县 Zongyang	365	90	1656	15826	1644	295	
潜山县 Qianshan	2038	95	1911	7663	1893	273	138
太湖县 Taihu	977	18	1183	4723	1708	680	
宿松县 Susong	1186	690	2456	10329	1645	870	770
望江县 Wangjiang	838	102	910	7986	2021	267	127
岳西县 Yuexi	2891		1216	10143	968	452	
黄山市本级 Huangshan City at Its Own Level	30939	25	1375	6901	630	7220	3993
歙县 Shexian	1095	59	858	11304	524	1522	1481
休宁县 Xiuning	1283	66	1245	5033	512	144	4678
黟县 Yixian	3089		663	6306	471	150	554
祁门县 Qimen	316		553	7084	601	167	1591

7—11 主要年份金融机构人民币各项存款和贷款余额
Total Deposite and Loan (RMB) in Financial organ In Main Years

单位：亿元（100 million yuan）

年 份 Year	各项存款合计 Total Deposit	#企业存款 Enterprise Deposit	#农村存款 Countryside Deposit	#城乡居民储蓄存款 City and Countryside Resident Savings Deposit	#城 镇 Cities	各项贷款合计 Total Loan	#工业企业 Industrial Enterprise	#商业企业 Commercial Department	#农业贷款 Agriculture Loan
2000	2485.54	761.90		1447.15		2384.95	398.58	679.76	181.12
2002	3449.23	978.21		2047.51		2941.59	463.28	677.74	256.79
2003	4190.20	1234.15		2475.83		3374.59	515.85	632.96	307.80
2004	5045.34	1489.54		2972.37		3900.57	543.49	646.53	370.66
2005	5993.82	1661.44		3508.67		4313.55	490.97	626.47	430.60
2006	7100.37	2017.32		4077.80		5132.02	606.78	674.69	482.13
2007	8406.57	2537.03		4546.49		6042.51	714.89	734.27	564.87
2008	10303.30	3019.66		5647.51		6948.70	686.84	704.62	560.36
2009	13306.53	4318.24		6619.48		9289.40	757.79	788.58	630.23
2010	16366.10	5208.51		7788.48		11452.29			
2011	19404.30					13729.83			
2012	22977.30					16294.28			
2013	26739.30					19088.80			
2014	29817.73					22088.30			

注：本表中工业企业、商业企业、农业贷款均属短期贷款。

a) In this table, industrial enterprises, commercial enterprises, agriculture loans are short-term loans.

7—12 金融机构人民币信贷资金平衡表
Credit Funds Balance Sheet of Financial Institutions

（年末余额）(year-end) 单位：万元（10000 yuan）

项　　目	Item	2011	2013	2014
资金来源合计	**All Sources**	**194701601**	**257423132**	**299025649**
各项存款	Deposits	194043047	267393254	298177284
单位存款	Unit Deposits	92957385	123740652	136431962
活期存款	Carrent Deposits	52147132	57208224	56732091
定期存款	Fixed Deposits	18656413	33468655	37151333
通知存款	Notice Deposits	2007435	2065847	2397130
保证金存款	Margin Deposits	9340900	13240945	13445726
个人存款	Personal Deposits	93419257	133508718	151381043
储蓄存款	Urban and Rural Savings Deposits	92335727	129249107	145994329
保证金存款	Deposits	31578	157582	159388
结构性存款	Margin Deposits	1051952	4102029	5227326
财政性存款	Fiscal Deposits	5201162	6058855	6321481
临时性存款	Temporary Deposits	527379	576402	496614
委托存款	Commission Deposits	333827	1002481	987775
其他存款	Other Deposits	1604036	2506147	2558408
金融债券	Bonds	399178	898674	1048923
应付及暂收款	Account Payable and Temporary Credit	3835596	6420802	8290657
#应付及预收利息	Payable and Pre-received Interest	1893672	3943482	5090537
同业往来	Commercial Dealings of the Same Trade	1975922	1424961	3852539
各项准备	Every Capital Reserve	2791171	3875660	4879563
#贷款损失准备金	Capital Reserves for Loss of Loan	2733042	3797041	4736730
所有者权益	Creditors' Equity	742634	11813074	15025191
#实收资本	Paid-in Capital	3003409	4766415	6290564
其　　他	Others	-21086784	-41073874	-39026725

注：本表金融机构包括中国人民银行、政策性银行、国有商业银行、股份制商业银行、徽商银行、农村合作银行、农村商业银行、邮储银行、农村信用社、财务公司、信托投资公司等。（下表同）

a) Financial institutions in this table include Chinese People's Bank, policy banks, state-sole-owned commercial bank, commercial banks of stock-sharing system, urban commercial banks, savings deposit agencies of postal banks, rural credit cooperative, rural credit cooperatives and financial trust investment agencies.

7—13 金融机构人民币信贷资金平衡表（资金运用）
Credit Funds Balance Sheet of Financial Institutions (Uses of Funds)

（年末余额）(year-end) 单位：万元（10000 yuan）

项 目	Item	2010	2013	2014
资金运用合计	**Total of Capital Lutilization**	**158212499**	**257423132**	**299025649**
各项贷款	Loans	114522946	190887947	220882969
境内贷款	Within the Boundaries Loan	114522946	190823155	220802894
短期贷款	Short-term Loan	40441674	73430076	76981386
个人贷款及透支	Individual Loan and Overdrawing	9078913	15866976	17711973
#个人消费贷款	Individual Consumption Loan	1036971	2524758	3126794
单位贷款及透支	Unit Loan and Overdrawing	29846329	53916474	56336139
#经营贷款	Management Loan	29015839	53167095	56186207
固定资产贷款	Fixed Asset Loan	764732	745725	114769
普通并购货款	Ordinary Merger Loan		2800	
银团贷款	Syndicate Loan	85935	249043	386075
贸易融资	Trade Financing	1430497	3394783	2547199
中长期贷款	Medium and Long-term Loan	71004991	109529981	131643173
个人贷款	Individual Loan	23722000	42004031	52467882
#个人消费贷款	Individual Consumption Loan	19065546	34532808	43446076
单位贷款	Unit Loan	44323105	59367519	70124813
#经营贷款	Management Loan	9704317	7591923	8960687
固定资产贷款	Fixed Asset Loan	34513840	51775596	61164126
普通并购货款	Ordinary Merger Loan		168750	266957
银团贷款	Syndicate Loan	2959886	7105633	8096157
贸易融资	Trade Finance		883249	686716
信托贷款	Trust Loans			
融资租赁	Capital Blending and Leasing		973661	1667233
委托贷款	Commission Loans	148138		
票据融资	Note Financing	2918448	6777319	9917953
#贴 现	Discount	2879063	6777319	9917953
各项垫款	Advanced Money to be Paid Back Later	9694	112118	593148
境外贷款	Beyond Border Loan		64792	80074
有价证券及投资	Securities & Investment	7476663	5075057	12382534
应收及预付款	Receivables and prepayments	1457693	3051718	3181580
#应收利息	Interest Recievable	242239	827872	971404
同业往来	Commercial Dealings of the Same Trade	117246	421208	575600
行内资金往来	Inter-bank Debts	31955072	44606701	46857334
外汇占款	Purchase of Foreign Exchanges	13190		
固定资产	Fixed Assets	1634775	2938391	3306622
库存现金	Cash Stock	1033305	1650587	1811367
投资性房地产	Investment of Real Estate	1609	13022	13722

7—14 金融机构本外币合并信贷收支
Source and Uses of Credit Funds of Home and Foreign Currency of Financial Institutions

（年末余额）(year-end) 单位：万元（10000 yuan）

项　目	Item	2011	2013	2014
各项存款	**Deposits**	**195473293**	**269382293**	**300888019**
单位存款	Unit Deposits	94092083	125343808	138687214
活期存款	Current Deposits	52897646	57958564	57889561
定期存款	Fixed Deposits	18945987	34125305	38105045
个人存款	Personal Deposits	93704839	133866967	151773010
储蓄存款	Saving Deposits	92612934	129597871	146365500
临时性存款	Temporary Deposits	557426	619035	540879
委托存款	Commission Deposits	334993	1002950	988216
其他存款	Other Deposits	1604426	2506824	2590242
各项贷款	**Loans**	**141463945**	**196881847**	**227546610**
短期贷款	Short-term Loans	52796065	76548430	79331612
个人贷款及透支	Personal Loans and Overdrafts	10578361	15868367	17714879
单位普通贷款及透支	Common Unit Loans and Overdrafts	38212896	54881302	56725687
中长期贷款	Medium-term & Long-term Loans	83888830	111485291	134810887
个人贷款	Personal Loans	29135265	42004183	52468131
单位普通贷款	Common Unit Loans	48967433	60574181	72550005
票据融资	Note Financing	4601902	6777319	9917953
各项垫款	Advanced Money to be Paid Back Later	18010	114363	609808

7—15 各市金融机构本外币信贷收支（2014年）
Credit Income and Expenses of Renminbi and Foreign Currencies of Financial Institutions by Region (2014)

（年末余额）(year-end) 单位：万元（10000 yuan）

地　区	Region	各项存款 Deposits	单位存款 Unit Deposits	活期存款 Carrent Deposits	定期存款 Fixed Deposits	个人存款 Personal Deposits	储蓄存款 Saving Deposits	各项贷款 Loans
总　计	**Total**	**300888019**	**138687214**	**57889561**	**38105045**	**151773010**	**146365500**	**227546610**
合肥市	Hefei	92695758	60575250	20670702	19309047	27197661	25558225	86667901
淮北市	Huaibei	9481679	3949227	1767258	1288215	5386495	5317396	6653180
亳州市	Bozhou	10615466	2993676	1832208	687900	7470652	7420238	6431989
宿州市	Suzhou	13165703	3880219	2151475	1032217	8893431	8843877	6875484
蚌埠市	Bengbu	14383328	6572422	2659684	1557200	7090174	6836841	10106246
阜阳市	Fuyang	20496440	5629949	3655098	810089	14570524	14484633	9638674
淮南市	Huainan	12314883	5017351	2218762	1773509	7119037	6927609	9000311
滁州市	Chuzhou	14244481	5289779	3061193	1073642	8391518	8295709	10453982
六安市	Luan	17169901	6381546	3368964	1346887	10279312	10230450	9596077
马鞍山市	Maanshan	14756215	6351849	2354917	1395402	8193658	7919172	11033404
芜湖市	Wuhu	23229463	11244453	3818099	3308826	11591398	11243951	21826041
宣城市	Xuancheng	10366904	3797400	2224781	793220	6318877	6281566	8307725
铜陵市	Tongling	6860955	3230979	1357291	931947	3460409	3399231	7410331
池州市	Chizhou	6694637	2205629	1171450	689177	4318677	4275209	4643900
安庆市	Anqing	22376259	7377442	4196622	1209403	14468228	14271549	12596902
黄山市	Huangshan	8234515	2977562	1381056	898363	5091440	5058164	5267018

7—16 人民币信贷收支情况（2014年）
Credit Receipts and Payments (2014)

（年末余额）(year-end) 单位：万元（10000 yuan）

项目	Item	中资全国性大型银行 Chinese Large National Banks	中资全国性中小型银行 Chinese National Small and Medium-sized Banks	中资区域性中小型银行 Chinese Regional Small and Medium-sized Banks	#农村商业银行 Rural Commer-cial Bank	#农村合作银行 Roral Coopera-tive Bank	农村信用社 Rural Credit Coopera-tives
各项存款	**Deposits**	**167429962**	**61348652**	**57925737**	**50265589**	**5162364**	**2335361**
单位存款	Unit Deposits	69305034	47231796	16879439	14199809	958118	420441
活期存款	Current Deposits	31691270	15563666	7979571	6330551	652847	301299
定期存款	Fixed Deposits	19228295	13199178	4112403	3439926	200063	87095
通知存款	Notice Deposits	646786	1471798	14543	9785	50	2000
保证金存款	Margin Deposits	3197554	7221751	2855814	2608978	102437	30047
个人存款	Personal Deposits	95914534	12610378	40924555	35957303	4192007	1912011
储蓄存款	Saving Deposits	93031686	10153811	40881698	35924991	4182783	1912011
保证金存款	Margin Deposits	13731	133931	11445	900	9224	
结构性存款	Commission Deposits	2869117	2322636	31412	31412		
临时性存款	Temporary Deposits	158818	212969	121743	108477	12239	2909
其他存款	Other Deposits	2051576	1293509				
各项贷款	**Loans**	**115778874**	**58729238**	**39487921**	**34083105**	**3474674**	**1389547**
境内贷款	Within the Boundaries Loan	115772402	58656068	39487921	34083105	3474674	1389547
短期贷款	Short-term Loan	23629462	25681292	25691641	21574204	2516491	835950
个人贷款及透支	Individual Loan and Overdrawing	4174791	3301399	9837144	8118643	1013053	351466
#个人消费贷款	Individual Consumption Loan	1914512	472994	684355	600635	61787	11816
单位贷款及透支	Unit Loan and Overdrawing	17738317	21544775	15565247	13214839	1455410	396015
#经营贷款	Management Loan	17714784	21478653	15513867	13164329	1455110	396015
固定资产贷款	Fixed Asset Loan	15603	42586	51380	50510	300	
银团贷款	Syndicate Loan		8356	289250	240722	48028	88469
贸易融资	Trade Financing	1716354	826762				
中长期贷款	Medium and Long-term Loan	89211203	29838327	9861579	8917785	689203	481347
个人贷款	Individual Loan	37207918	8551782	4804880	4250383	360439	348601
#个人消费贷款	Individual Consumption Loan	33143544	6475340	2204259	1943641	184755	95443
单位普通贷款	Unit Loan	46998680	19202873	3275303	3041001	176691	10840
#经营贷款	Management Loan	4012681	2393592	2239039	2040481	143816	10840
固定资产贷款	Fixed Asset Loan	42985999	16809281	1036265	1000520	32875	
普通并购贷款	Ordinary Merger Loan	249507	17450				
银团贷款	Syndicate Loan	4745098	1388858	1781395	1626401	152073	121906
贸易融资	Trade Financing	10000	676716				
境外筹资转贷款	Overseas financing Loan		649				
票据融资	Note Financing	2817802	2730553	3867428	3529955	263368	72250
#贴　现	Discount	2817802	2730553	3867428	3529955	263368	72250
各项垫款	Advanced Money to be Paid Back Later	113935	405896	67273	61161	5612	

注：1. 本表中资全国性大型银行包括国家开发银行、中国工商银行、中国农业银行、中国银行、中国建设银行、交通银行、中国邮政储蓄银行。

2. 本表中资全国性中小型银行包括中国进出口银行、中国农业发展银行、中信银行、光大银行、招商银行、兴业银行、民生银行、华夏银行、徽商银行、九江银行、杭州银行、东莞银行。

3. 本表中资区域性中小型银行包括农村商业银行、农村合作银行、村镇银行。

a) The table of Chinese large national banks include: the National Development Bank, ICBC, Agricultural Bank of China, Bank of China, China Construction Bank, Bank of communications, China Post.

b) The table of Chinese national small and medium-sized banks include: the import and Export Bank of China, China Agricultural Development Bank, CITIC Bank, China Everbright Bank, China Merchants Bank, industrial bank, Minsheng bank, Bank of huaxia, Bank of huishang, Bank of Jiujiang, Bank of Hangzhou, Bank of Dongguan.

c)The table of Chinese regional small and medium-sized banks include rural commercial banks, rural cooperative banks, rural bank.

7—17 上市公司数量
Number of Listed Companies

单位：家（unit）

年 份 Year	全省合计 Provincial Total	上交所 Shanghai Stock Exchange	深交所 Shenzhen Stock Exchange	仅发A股公司 A Share Only	发A、H股公司 A & H Share	发A、B股公司 A & B Share	仅发H股公司 H Share Only
2000	26	9	15	20	1	3	2
2005	45	27	18	39	3	3	
2006	47	27	19	40	3	3	1
2007	53	28	24	46	3	3	1
2008	56	28	27	49	3	3	1
2009	58	28	29	51	3	3	1
2010	65	29	36	59	3	3	
2011	77	29	48	71	3	3	
2012	78	29	49	72	3	3	
2013	78	29	49	72	3	3	
2014	80	31	49	74	3	3	

7—18 股票发行及筹资情况
Issuing Summary for Stocks

年 份 Year	股票发行（万股） Amount Issued (10000 shares)		筹资额合计（万元） Raised Capital (10000 yuan)						
	A 股 A Shares	H 股 H Shares		A 股 A Shares	H 股 H Shares	配股筹资 Shares Rights Issued	可转债筹资 Changeable Bonds	认股权行权 Stocks and Rights Issue	公司债 Corporate Bonds
2000	27300		391741	226602		165139			
2005	4000		15200	15200					
2006	24500	16757	726267	125860	50407		550000		
2007	188184		1451247	1364247			87000		
2008	119083		1765186	1458052				307134	
2009	91711		1629589	1429589					200000
2010	128849		1713126	1513126			200000		
2011	122790		3583653	1993653			30000		1560000
2012	248280		1410770	415770					995000
2013	448722		2446186	1764186			32000		650000
2014	323193		1900684	1850684					50000

注：股票发行包括首次发行、增发和认股权行权。

a) Amount issued and raised capital of shares include the-first-time issued and additional issued stocks and rights issues .

7—19 各市股票发行及筹资情况（截止2014年）
Issuing Summary for Stocks by Region (Up to 2014)

地 区	Region	上市公司（家）Number of Listed Companies (unit)	发行股票（只）Number of Listed Shares (unit)	股份总数（万股）Number of Shares (10000 share)	#无限售股份 Unlimited Shares	当年募集资金（万元）Raised Capital (10000 yuan)	#发行股票 Amount of Listed Shares
总 计	**Total**	**80**	**86**	**6700976**	**5726709**	**1900684**	**1850684**
合 肥 市	Hefei	33	35	1933231	1700629	408213	408213
淮 北 市	Huaibei	3	3	200823	196109		
亳 州 市	Bozhou	1	2	50360	50360		
宿 州 市	Suzhou	1	1	288144	192073	300000	300000
蚌 埠 市	Bengbu	3	3	182534	180858		
阜 阳 市	Fuyang	1	1	55578	55578		
淮 南 市	Huainan	1	1	259054	259054		
滁 州 市	Chuzhou	3	3	95951	76434	20000	
六 安 市	Luan	1	1	68657	58657	84500	84500
马鞍山市	Maanshan	8	9	1398263	1145987		
芜 湖 市	Wuhu	11	12	1272643	1054137	473195	473195
宣 城 市	Xuancheng	3	3	180978	179299	30000	
铜 陵 市	Tongling	6	6	434921	354327	584776	584776
池 州 市	Chizhou						
安 庆 市	Anqing	2	2	147316	131861		
黄 山 市	Huangshan	3	4	132525	91345		

注：增发股票、认股权行权募集资金包括在发行股票中。
a) The raised capital of additional listed stocks is included in the listed shares.

7—20 保险公司业务经济技术指标（2014年）
Main Professional Technical Indicators of Insurance Companies (2014)

单位：万元（10000 yuan）

项 目	Item	保费收入 Income From Premium	赔 付 Claim and Payment
合 计	**Total**	**5722918**	**2344099**
按公司类型分	**Devided By The Character of Company**		
财产保险公司	Property Insurance Companies	2549553	1353055
人身保险公司	Life Insurance Companies	3173365	991044
按业务性质分	**Devided BY The Nature of The Business**		
财产保险业务	**Property Insurance Businesses**	**2414469**	**1273893**
企业财产险	Enterprise Property Insurance	72564	30074
家庭财产险	Family Property Insurance	9191	2553
机动车辆险	Motor Vehicle Insurance	1931415	1076949
工程保险	Engineering Insurance	11070	2078
责任保险	Liability Insurance	60581	26401
信用保险	Credit Insurance	34701	11079
保证保险	Guarantee Insurance	74352	8001
船舶保险	Ship Insurance	18658	6555
货物运输险	Freight Transport Insurance	11721	5802
特殊风险保险	Peculiar Risk Insurance	253	
农业保险	Agriculture Insurance	187490	102743
其他保险	Other Insurance	2474	1658
人身保险业务	**Insurance Service of Life**	**3308449**	**1070206**
寿 险	Life Insurance	2744227	863813
健康险	Health Insurance	452090	184518
意外伤害险	Personal Accident Insurance	112132	21875

主要统计指标解释

财政收入

指国家财政参与社会产品分配所取得的收入，是实现国家职能的财力保证。财政收入所包括的内容几经变化，目前主要包括：

（1） 税收收入：包括增值税、消费税、营业税、企业所得税、个人所得税、资源税、城市维护建设税、房产税、印花税、城镇土地使用税、土地增值税、车船税、耕地占用税、契税和烟叶税等。

（2） 非税收入：包括专项收入、行政事业性收费收入、罚没收入、国有资本经营收入和国有资源（资产）有偿使用收入等。

财政支出

国家财政将筹集起来的资金进行分配使用，以满足社会各项事业发展和经济建设的需要，主要包括：

（1）一般公共服务：反映政府提供一般公共服务的支出。具体包括人大事务、政协事务、政府办公厅（室）及相关机构事务、发展与改革事务、统计信息事务、财政事务、税收事务、审计事务、海关事务、人事事务、纪律监察事务、人口与计划生育事务、商贸事务、知识产权事务、工商行政管理事务、食品和药品监督管理事务、质量技术监督与检验检疫事务、国土资源事务、海洋管理事务、测绘事务、地震事务、气象事务、民族事务、宗教事务、港澳台侨事务、档案事务、共产党事务、民主党派事务、群众团体事务、彩票事务、国债事务、其他一般公共服务支出。

（2）公共安全：反映政府维护社会公共安全方面的支出。具体包括武装警察、公安、国家安全、检察、法院、司法、监狱、劳教、国家保密、其他公共安全支出。

（3）教育：反映政府教育支出情况。具体包括教育管理事务、普通教育、职业教育、成人教育、广播电视教育、留学教育、特殊教育、教师进修及干部继续教育、教育附加及基金支出、其他教育支出。

（4）科学技术：反映国家用于科学技术方面的支出。具体包括科学技术管理事务、基础研究、应用研究、技术研究与开发、科技条件与服务、社会科学、科学技术普及、科技交流与合作、其他科学技术支出。

（5）文化体育与传媒：反映政府在文化、文物、体育、广播影视、新闻出版等方面支出。

（6）社会保障和就业：反映政府在社会保障与就业方面的支出。具体包括社会保障和就业管理事务、民政管理事务、财政对社会保险基金的补助、补充全国社会保障基金、行政事业单位离退休、企业关闭破产补助、就业补助、抚恤、退役安置、社会福利、残疾人事业、城市居民最低生活保障、其他城镇社会救济、农村社会救济、自然灾害生活救助、红十字事业、其他社会保障和就业支出。

（7）医疗卫生：反映政府用于医疗卫生方面的支出。具体包括医疗卫生管理事务、医疗服务、社区卫生服务、医疗保障、疾病预防控制、卫生监督、其他医疗卫生支出。

（8）环境保护：反映政府用于环境保护方面的支出。具体包括环境保护管理事务支出、环境监测与监察支出、污染防治支出、自然生态保护支出、天然林保护支出、退耕还林支出、风沙荒漠治理支出、退牧还草支出、已垦草原退耕还草支出等，

（9）城乡社区事务： 反映政府用于城乡社区事务方面的支出。包括城乡社区管理事务、城乡社区规划与管理、城乡社区公共设施、城乡社区住宅、城乡社区环境卫生、建设市场管理与监督、政府住房基金支出、土地有偿使用支出、城镇公用事业附加支出、其他城乡社区事务支出。

（10）农林水事务：反映政府用于农林水事务方面的支出。具体包括农业支出、林业支出、水利支出、南水北调支出、扶贫支出、农业综合开发支出、其他农林水事务支出。

（11）交通运输：反映政府用于交通运输方面的支出。具体包括公路运输支出、铁路运输支出、民用航空运输支出等。

信贷资金

指金融机构以信用方式积聚和分配的货币资金。金融机构信贷资金的来源有各项存款、对国际金融机构负债、流通中货币、银行自有资金及当年结益等；信贷资金的运用有各项贷款、黄金占款、外汇占款、财政借款及在国际金融机构中的资产等。

存款

指企业、机关、团体或居民根据资金必须收回的原则，把货币资金存入银行或其他信用机构保管并取得一定利息的一种信用活动形式。根据存款对象的不同可划分为企业存款、财政存款、机关团体存款、基本建设存款、城镇储蓄存款、

农村存款等科目。它是银行信贷资金的主要来源。

贷款

指银行或其他信用机构根据资金必须归还的原则，按一定利率，为企业、个人等提供资金的一种信用活动形式。我国银行贷款分为流动资金贷款、固定资产贷款、城乡个体工商户贷款以及农业贷款等科目。

保费

指投保人为取得保险人在约定范围内所承担赔偿责任而支付给保险人的费用。

赔款

指保险人根据保险合同的规定，向被保险人支付的赔偿保险责任损失的金额。

给付

包括死伤医疗给付和满期给付。死伤医疗给付是指保险人根据人寿保险及长期健康保险合同的规定，因被保险人在保险期内发生保险责任范围内的保险事故支付给被保险人（或受益人）的金额。满期给付是指被保险人生存期满，保险人按人寿保险合同规定支付给被保险人的满期保险金额。

Explanatory Notes for Major Statistical Indicators

Government Revenue

refers to the revenue of the government finance by means of participating in the distribution of the social products, which is the financial resource for ensuring the government to function. The contents of government revenue have been changed several times. Now it includes the following main items:

1) Various tax revenues, including value added tax, consumption tax, business tax, Enterprise tax, individual income tax, resource tax, city maintenance construction tax, estate tax, stamp tax, town land used tax, land value added tax, vehicle tax and land occupy tax, contract tax and tobacco tax etc.

2) Non tax revenue: Include special revenue and administrative collect fees revenue, punish revenue, state-owned capital operation revenue and state-owned resource (asset) used revenue etc.

Government Expenditure

refers to the distribution and use of the funds the government finance has raised, so as to meet the needs of social various causes and economic construction and. It includes the following main items:

(1) general public service: refers to government expenditure for general public service. Include affairs of the National People's Congress, affairs of the Chinese People's Political Consultative Conference , government office and its relation organization , affairs of development and reform , statistical information, financial, tax revenue, audit, customs, personnel and discipline, population and family planning, business trade , intellectual property, industry and commercial management, food and medicine management, quality and technical supervise and inspection and quarantine, territory resource, marine management, survey, Earthquake, meteorological, national, religious, Hong Kong and Macao and Taiwan, files, affairs of the Communist Party, affairs of democratic party, the organization of the masses, affairs of lottery ticket, affairs of national debt, other general public service expenditure.

(2) Public safety: refers to government expenditure for maintenance social public safety. Include armed police, public security, national safety, procurator work, court, administration of justice, prison, labor education, national security and other public safety expenditure.

(3) Education: Refers to government educational expenditure. Include educational management, ordinary education, professional education, adult education and the education of broadcasting television , study abroad education , special education, teacher study and cadre continued education , education additional and fund expenditure and other educational expenditure.

(4) Science and technology: refers to country expenditure for science and technology. Include the management, basic research, application research, technical research and development of science and technology, the condition of science and technology and service, social science, the popularity of science and technology, the exchange of science and technology and cooperative, other science and technology expenditure.

(5) Culture sport and media: refers to government expenditure for cultural, cultural relic, sports, broadcast movie and TV, news publication and other expenditure.

(6) Social security and employment: refers to government expenditure for social security and employment. Include social security and employment management, administration management and finance, the subsidy for social safety fund, the supplementary nation fund of social security and administrative institution of retirement ,and enterprise to close bankruptcy subsidy and employment subsidy, compensated , discharge to settle, social welfare, handicapped person, city resident lowest life guarantee, other town social relief , rural social relief , natural calamity life help, Red Cross , other social security and employment expenditure

(7) Medical and sanitary: refers to government expenditure for medical and sanitary. Include medical and sanitary management, medical service, community sanitary service, medical guarantee, disease prevention and control, sanitary supervise and other medical and sanitary expenditure.

(8) environmental protection: refers to government expenditure for environmental protection. Include the management expenditure for environmental protection, and supervise expenditure, pollution prevention expenditure, and natural ecology protection expenditure ,natural forest protection expenditure, retreating to plough forest expenditure, desert of dust storm administer expenditure , retreat to herd rough expenditure , already retreat to plough still rough expenditure,

(9) Town and rural community: Refers to government expenditure for the community of town and rural. Include the community management of town and rural, the community program and management of town and rural, community public facility of town and rural, the community residence of town and rural, the community sanitary of town and rural, building market and supervise, government housing fund expenditure and land used payment, town public affairs additional expenditure, the other community expenditure of town and rural of.

(10) Agricultural and forest and water: Refers to

government expenditure for agricultural and forest and water. Include agricultural expenditure, forestry expenditure, the expenditure of water conservancy, south water to north, help poor expenditure, agricultural comprehensive development expenditure and other expenditure agricultural and forest and water.

(11) Traffic transportation: refers to government expenditure for traffic transportation. Include highway transportation expenditure, railway transportation expenditure, civil aerial transportation expenditure and so on.

Credit Funds

refer to the funds issued as loans by banking institutions. The sources of credit funds of the banking institutions included deposits, liabilities to international financial institutions, currency in circulation, self-owned funds and current retained profits, etc. The credit funds can be used in forms of loans, gold, foreign exchange, government debt and assets in the international financial institutions.

Deposit

is a form of credit by which enterprises, institutions, organizations or households can put money into banks and other credit institutions for safekeeping and interest earning under the principle of free withdrawal. According to different depositors, deposits are divided into enterprise deposits, treasury deposits, deposits of government agencies and organizations, capital construction deposits, urban savings deposits, rural deposits and other deposits. Deposits are major sources of the credit funds of banks.

Loan

is a form of credit by which banks and other credit institutions provide funds at certain interest rate to enterprises and individuals in the light of the principle of unconditional repayment. Loans from Chinese banks include circulating capital loans, fixed assets loans, loans to urban and rural individuals engaged in industrial and commercial business and agricultural loans.

Premium

is the fee paid by the insurant to the insurer to obtain the obligation of compensation from the insurance within the agreed terms.

Settled Claim

is the compensation paid by the insurer to the insurant in accordance with the insurance contract.

Payment

includes payment for death, injury or medical treatment and mature payment. Payment for death, injury or medical treatment refers to the money paid to the insurant (or the beneficiary) in accordance with the life or health insurance contract when the insurant encounters accidents within the insured period covered in the contract. Mature payment refers to the mature payment to the insurant in accordance with the life insurance contract at the end of the insured period.

第八篇

Chapter 8

物价指数

PRICE INDICES

简要说明

一、本篇价格指数资料，反映生产、流通、消费与投资等环节的价格变动趋势和变动幅度。主要包括居民消费价格指数、商品零售价格指数、农业生产资料价格指数、农产品生产者价格指数、工业生产者出厂价格指数、原材料燃料动力购进价格指数、固定资产投资价格指数、房地产价格指数。

二、价格指数统计由国家统计局安徽调查总队组织实施，各市、县调查队依据国家统计局统一制定的价格统计调查制度向基层采集原始数据汇总后上报。

三、消费、零售价格指数都是采用分层抽样调查方法编制的，以样本推断总体，被抽选的调查市县 16 个。

四、农产品生产者价格调查采用抽样调查和重点调查相结合的调查方法，调查采用月报和季报相结合的方式，目前我省抽选的调查县为 31 个。

五、工业生产者价格调查采用重点调查和典型调查相结合的方法，调查实行月报，调查对象包括全省 16 个市的 2600 余家工业企业。

六、固定资产投资价格调查采用重点调查与典型调查相结合的方法，调查实行季报，调查对象为全省重点建筑施工企业和建设单位。

Brief Introduction

I. Data on the price indices in this chapter show the changing trend and change rates in production, circulation, consumption and investment, etc., including mainly consumer price indices of residents, retail price indices, price indices of agricultural means of production, purchasing price indices of farm products, producer price indices for industrial products, purchasing price indices of raw materials, fuels and power, prices of investment in fixed assets and price index of real estate.

II. The statistics of price indices is organized by the NBS Survey Office in Anhui. The survey offices of the selected cities and counties collect statistical data from the grassroots units in accordance with the scheme of prices survey stipulated by the State Statistical Bureau, tabulate them and report them to higher agencies.

III. Data for calculation of the consumer price indices of residents and the retail price indices are collected with the stratified sampling method. Data on the population are estimated on the basis of the sample. Sixteen cities and counties have been selected for this purpose.

IV. Agricultural product producer price surveys were calculated by sample survey and typical survey. The surveys were performed monthly and quarterly together including 31conties in Anhui province.

V. Data for the calculation of the price indices of industrial products are collected by Combination of key survey and typical survey method. The surveys are performed monthly including more than 2600 industrial enterprises in Anhui 16 cities.

VI. Data for the calculation of the price indices of the investment in fixed assets are collected by the key unit survey and typical survey. The surveys are performed quarterly including all important building and construction enterprises and construction units in Anhui province.

8—1 各种价格总指数
Price Indices

上年=100（preceding year=100）

年份 Year	居民消费价格指数 General Consumer Price Index	城市居民消费价格指数 Urban Areas	农村居民消费价格指数 Rural Areas	商品零售价格指数 General Retail Price Index	工业生产者出厂价格指数 Ex-factory Industrial Producer Price Index	工业生产者购进价格指数 Industrial Producer Purchasing Price Index	农业生产资料价格指数 Price Indices of Agricultural Means of Production	固定资产投资价格指数 Investment in Fixed Assets Price Index
2000	100.7	100.9	100.5	98.0	98.9	102.6	98.2	101.6
2005	101.4	101.0	101.9	100.6	103.3	107.1	108.3	101.0
2006	101.2	101.4	100.9	100.8	103.1	103.9	100.0	101.9
2007	105.3	105.3	105.2	104.5	103.6	105.1	106.8	105.4
2008	106.2	106.0	106.4	106.3	108.4	112.4	123.9	109.4
2009	99.1	98.9	99.4	99.0	92.8	95.3	95.8	96.0
2010	103.1	103.0	103.4	103.2	109.0	111.8	102.0	105.4
2011	105.6	105.4	105.9	105.3	108.3	110.8	114.3	108.1
2012	102.3	102.2	102.4	102.1	98.3	98.2	105.3	101.0
2013	102.4	102.4	102.5	101.2	98.2	96.9	100.9	100.2
2014	101.6	101.7	101.5	100.4	97.4	97.2	99.6	100.3

8—2 各种价格定基指数
Fixed-base Price Indices

（1990=100）

年份 Year	居民消费价格指数 General Consumer Price Index	城市居民消费价格指数 Urban Areas	农村居民消费价格指数 Rural Areas	商品零售价格指数 General Retail Price Index	工业生产者出厂价格指数 Ex-factory Industrial Producer Price Index	工业生产者购进价格指数 Industrial Producer Purchasing Price Index	农业生产资料价格指数 Price Indices of Agricultural Means of Production	固定资产投资价格指数 Investment in Fixed Assets Price Index
2000	210.4	218.8	202.5	174.8	177.7	219.8	175.0	228.8
2005	225.7	232.5	219.8	180.8	202.4	284.2	208.0	255.1
2006	228.4	235.8	221.8	182.3	208.7	295.2	208.0	259.8
2007	240.5	248.3	233.3	190.5	216.2	310.3	222.1	273.8
2008	255.4	263.2	248.2	202.5	234.4	348.8	275.2	299.5
2009	253.1	260.3	246.7	200.5	217.5	332.4	263.6	287.5
2010	260.9	268.1	255.1	206.9	237.1	371.6	268.9	303.0
2011	275.5	282.6	270.2	217.9	256.8	411.7	307.4	327.5
2012	281.8	288.8	276.7	222.5	252.4	404.3	323.7	330.8
2013	288.6	295.7	283.6	225.2	247.9	391.8	326.6	331.5
2014	293.2	300.7	287.9	226.1	241.5	380.8	325.3	332.5

注：工业生产者出厂价格、工业生产者购进价格、固定资产投资价格指数以1992年为100。
a) Ex-factory industrial producer price index, industrial producer purchasing price, the price index of investment in fixed assets are 100 in 1992.

8—3 居民消费价格分类指数（2014年）
Consumer Price Indices by Category (2014)

上年=100（preceding year=100）

类　　别	Item	全　　省 Provincial Indices	城　　市 Urban Indices	农　　村 Rural Indices
居民消费价格总指数	**General Consumer Price Index**	**101.6**	**101.7**	**101.5**
食　品	**Food**	**102.5**	**102.6**	**102.3**
粮　食	Grain	102.7	103.4	101.7
淀粉及制品	Starch and Related Products	102.1	102.6	101.1
干豆类及豆制品	Bean and Its Products	104.6	103.5	107.3
油　脂	Oil and Fat	94.7	95.1	93.9
肉禽及其制品	Meat and Poultry	98.6	99.1	97.5
蛋	Eggs	115.0	114.8	115.3
水产品	Aquatic Products	101.1	101.8	99.7
菜	Vegetables	97.2	96.8	97.9
#鲜　菜	Fresh Vegetables	96.4	96.0	97.2
调味品	Flavoring	102.0	101.6	102.7
糖	Carbohydrate	100.2	100.3	100.0
茶及饮料	Tea and Beverages	104.0	103.6	104.7
干鲜瓜果	Melons and Fruits	118.3	117.2	120.8
糕点饼干面包	Cake and Bread	101.7	101.7	101.7
液体乳及乳制品	Liquid Breast and Its Products	107.6	107.5	108.0
在外用膳食品	Food for External Use	103.1	102.8	103.9
其他食品	Other Food and Food Processing Services	99.6	99.8	99.2
烟　酒	**Tobacco and Liquor**	**97.5**	**97.6**	**97.3**
烟　草	Tobacco	100.1	100.1	100.0
酒	Liquor	94.0	94.6	93.1
衣　着	**Clothing**	**101.0**	**101.1**	**100.8**
服　装	Garments	101.4	101.7	100.8
衣着材料	Clothing Material	100.4	100.7	100.1
鞋袜帽	Footwear and Hats	99.7	99.3	100.6
衣着加工服务费	Clothing Manufacturing Services	105.6	105.1	106.5
家庭设备用品及维修服务	**Household Facilities and Maintenance Service**	**101.3**	**101.2**	**101.6**
耐用消费品	Durable Consumer Goods	100.4	100.2	100.9
室内装饰品	Interior Decorations	101.1	100.8	101.8
床上用品	Bed Articles	99.2	98.9	100.2
家庭日用杂品	Daily Use Household Articles	100.9	100.7	101.4
家庭服务及加工维修服务	Household Services and Processing Maintenance Services	108.5	109.4	106.4
医疗保健和个人用品	**Medicine, Medical Services and Personal Articles**	**101.6**	**101.3**	**102.3**
医疗保健	Medical Services	101.9	101.8	102.2
个人用品及服务	Personal Articles and Services	101.0	100.5	102.5
交通和通信	**Means of Transportation and Communication**	**99.2**	**99.2**	**99.3**
交　通	Transportation	100.2	100.0	100.4
通　信	Communication	98.2	98.3	98.0
娱乐教育文化用品及服务	**Recreational, Educational and Cultural Articles & Services**	**102.4**	**102.6**	**102.0**
文娱用耐用消费品及服务	Durable Consumer Goods and Services for Recreational Use	98.7	98.4	99.3
教　育	Education	102.6	102.7	102.4
文化娱乐类	Cultural and Entertainment	101.0	101.4	100.2
旅　游	Traveling	106.5	106.6	106.1
居　住	**Housing**	**102.0**	**102.0**	**102.1**
建房及装修材料	Building and Decoration Material	101.1	101.5	100.4
住房租金	Housing Rents	103.7	104.2	101.3
自有住房	One's Own House	102.7	102.6	103.0
水、电、燃料	Water, Electricity and Fuel	100.9	100.7	101.5

8—4 商品零售价格分类指数（2014年）
Retail Price Indices by Category of Commodities (2014)

上年=100（preceding year=100）

类　　别	Item	全　省 Provincial Indices	城　市 Urban Indices	农　村 Rural Indices
商品零售价格总指数	**General Retail Price Index**	**100.4**	**100.4**	**100.5**
食　品	**Food**	**101.8**	**101.9**	**101.6**
粮　食	Grain	102.9	103.4	101.7
淀粉及制品	Starch and Related Products	102.8	103.3	101.1
干豆类及豆制品	Bean and Its Products	104.4	103.4	107.3
油　脂	Oil and Fat	94.5	94.7	93.8
肉禽及其制品	Meat and Poultry	98.6	99.0	97.5
蛋	Eggs	114.9	114.8	115.3
水产品	Aquatic Products	101.2	101.7	99.7
菜	Vegetables	97.1	96.8	97.9
调味品	Flavoring	101.9	101.6	102.7
糖	Carbohydrate	100.0	100.1	99.8
干鲜瓜果	Melons and Fruits	118.0	117.0	120.9
糕点饼干面包	Cake and Bread	101.5	101.5	101.2
液体乳及乳制品	Liquid Breast and Its Products	107.6	107.4	108.0
在外用膳食品	Food for Exteral Use	103.1	102.9	103.8
其他食品	Other Food	99.4	99.6	99.1
饮料、烟酒	**Beverages, Tobacco and Liquor**	**98.1**	**98.2**	**97.6**
茶及饮料	Tea and Beverages	104.1	103.9	104.6
烟　草	Tobacco	100.1	100.1	100.0
酒	Liquor	94.3	94.8	93.0
服装、鞋帽	**Garments, Shoes and Hats**	**101.0**	**101.0**	**100.8**
服　装	Garments	101.5	101.7	100.9
鞋袜帽	Footwear and Hats	99.7	99.4	100.5
其　他	Other	100.1	100.2	100.0
纺织品	**Textiles**	**99.7**	**99.4**	**100.2**
衣着材料	Clothing Material	100.5	100.8	100.1
床上用品	Bed Articles	99.2	98.8	100.3
家用电器及音像器材	**Household Electrical Appliance and Audio-video Supplies**	**99.7**	**99.4**	**100.5**
家庭设备	Household Facilities	100.0	99.7	100.9
文娱用耐用消费品	Durable Consumer Goods for Recreational Use	99.2	98.9	99.9
专业音像器材	Professional Video Equipment	99.6	99.6	99.6
文化办公用品	**Cultural and Office Articles**	**99.0**	**99.0**	**99.0**
日用品	**Articles for Daily Use**	**100.7**	**100.5**	**101.3**
日用百货	Daily Use Sundry Goods	99.6	99.5	100.0
日用杂品	Daily Use Groceries	100.7	100.4	101.7
洗涤用品	Washing Articles	102.1	101.6	103.8
其它日用品	Other Articles for Daily Use	100.8	100.8	100.9
体育娱乐用品	**Sports and Recreational Articles**	**99.9**	**99.8**	**100.2**
体育用品	Sports Articles	100.1	100.0	100.7
娱乐用品	Recreational Articles	99.8	99.7	99.9
交通、通信用品	**Transportation and Telecommunication Articles**	**96.8**	**96.8**	**97.0**
交通运输机械	Transportation Mechanism	97.9	97.9	98.0
通信器材	Telecommunication Facility	93.8	93.7	94.4
家　具	**Furniture**	**101.0**	**101.0**	**100.9**
化妆品	**Cosmetics**	**100.6**	**100.8**	**100.0**
金银珠宝	**Jewelry**	**91.9**	**91.5**	**94.5**
中西药品及医疗保健用品	**Traditional Chinese and Western Medicines and Health Care Articles**	**102.2**	**102.0**	**103.0**
医疗器具及用品	Medical Appliances and Articles	100.7	100.0	102.1
中药材及中成药	Traditional Chinese Medicine	102.2	101.9	102.9
西　药	Western Medicine	102.2	102.1	102.4
保健器具及用品	Health Care Appliances and Articles	103.0	102.0	105.9
书报杂志及电子出版物	**Newspapers, Magazines and Electronic Publications**	**101.4**	**101.6**	**100.6**
教材及参考书	Teaching Materials and Reference Books	101.8	102.1	100.8
书报杂志	Newspapers and Magzines	100.7	100.7	100.5
电子音像制品	Electronic Audio-video Products	102.0	102.6	99.7
燃　料	**Fuels**	**99.7**	**99.7**	**99.7**
煤炭及制品	Coal and Related Products	98.5	97.6	100.1
石油及制品	Petroleum and Related Products	99.9	100.0	99.6
建筑材料及五金电料	**Building Materials, Hardware and Electrical Materials**	**100.1**	**100.3**	**99.7**
建筑装璜材料	Building Decoration Materials	100.0	100.3	99.4
五金电料	Hardware and Electrical Materials	100.6	100.5	101.0

8—5 调查市、县居民消费价格分类指数（2014年）

Consumer Price Indices by Category and by Surveyed City and County (2014)

上年=100（preceding year=100）

市县 Surveyed City and County		总指数 General Index	食品 Food	#粮食 Grain	油脂 Oil or Fat	肉禽及其制品 Meat and Poultry	蛋 Eggs	水产品 Aquatic Products	菜 Vegetables	鲜菜 Fresh Vegetables
合肥市	Hefei	102.0	102.2	103.3	91.9	98.6	116.0	101.5	95.9	95.3
淮北市	Huaibei	101.3	101.9	103.4	97.7	98.1	115.9	106.0	96.9	96.2
亳州市	Bozhou	101.4	102.9	103.2	92.7	100.5	114.3	102.5	92.2	91.4
宿州市	Suzhou	101.4	103.0	105.8	98.8	98.5	116.8	104.5	96.0	94.2
蚌埠市	Bengbu	102.2	103.8	103.3	96.2	98.7	117.3	104.2	99.6	98.7
阜阳市	Fuyang	101.8	103.2	102.6	96.0	100.5	115.4	105.3	98.7	98.1
淮南市	Huainan	101.4	101.1	103.9	94.7	98.0	115.6	101.3	94.3	93.0
滁州市	Chuzhou	101.4	103.2	102.1	96.8	100.0	114.3	97.8	98.4	97.4
马鞍山市	Maanshan	101.6	102.4	102.6	96.1	99.5	112.6	97.7	94.0	93.2
芜湖市	Wuhu	101.9	102.2	103.1	95.3	97.9	111.9	101.1	95.2	94.3
宣城市	Xuancheng	101.3	101.8	101.0	91.4	96.5	112.8	100.0	99.0	98.6
铜陵市	Tongling	101.1	101.8	102.6	94.5	95.3	111.1	102.9	103.0	102.2
安庆市	Anqing	101.3	102.4	103.5	96.7	100.2	112.3	97.3	98.9	98.3
六安市	Luan	101.7	102.9	105.3	87.4	97.9	114.8	106.5	96.9	96.3
桐城市	Tongcheng	101.3	101.9	101.9	95.6	98.0	120.3	100.3	94.5	93.3
歙县	Shexian	102.3	103.7	103.1	96.1	99.2	113.4	98.4	99.7	99.0

市县 Surveyed City and County		茶及饮料 Tea and Beverages	干鲜瓜果 Melons and Fruits	烟酒 Tobacco and Ligquor	衣着 Clothing	家庭设备用品及维修服务 Household Facilities and Maintenance Service	医疗保健和个人用品 Medicine, Medical Services and Personal Articles	交通和通信 Means of Transportation & Communication	娱乐教育文化用品及服务 Recreational, Educational and Cultural Articles and Services	居住 Housing
合肥市	Hefei	104.1	112.9	98.1	101.5	100.8	101.6	98.2	104.5	103.4
淮北市	Huaibei	103.4	110.0	96.4	100.7	100.0	101.0	99.5	103.8	101.4
亳州市	Bozhou	106.4	124.6	96.0	100.5	101.5	100.0	99.2	100.8	102.1
宿州市	Suzhou	101.7	119.5	96.8	99.7	100.9	101.5	98.9	101.4	101.4
蚌埠市	Bengbu	104.0	116.8	98.6	102.1	102.1	102.3	99.2	101.0	101.9
阜阳市	Fuyang	105.7	123.5	97.5	100.9	101.9	101.6	99.7	101.0	102.1
淮南市	Huainan	102.6	113.4	98.1	101.4	100.7	101.8	100.6	103.9	101.0
滁州市	Chuzhou	104.8	117.4	96.0	101.2	100.3	100.4	100.4	102.2	100.1
马鞍山市	Maanshan	105.5	111.8	100.3	101.5	100.4	101.0	99.6	103.0	101.3
芜湖市	Wuhu	98.4	119.2	96.6	101.1	102.4	102.3	98.5	103.6	103.1
宣城市	Xuancheng	104.0	122.0	96.4	101.1	101.7	101.8	99.1	102.3	101.9
铜陵市	Tongling	103.1	114.0	98.3	100.4	100.2	100.4	98.8	103.5	100.6
安庆市	Anqing	106.5	117.0	98.5	100.8	102.1	100.9	99.1	101.5	101.2
六安市	Luan	102.3	122.2	97.8	100.8	100.5	101.8	99.2	101.1	103.0
桐城市	Tongcheng	101.3	117.8	98.2	100.8	102.8	101.8	99.8	102.6	100.5
歙县	Shexian	109.7	122.3	98.3	100.3	100.1	103.8	99.0	100.7	104.3

8—6 调查市、县商品零售价格分类指数（2014年）
Retail Price Indices by Category of Commodities and Surveyed City and County (2014)

上年=100（preceding year=100）

市 县 Surveyed City and County		总指数 General Index	#食品 Food	饮料、烟酒 Beverages, Tobacco and Liquor	服装、鞋帽 Clothing, Shoes and Hats	纺织品 Textiles	家用电器及音像器材 Household Electrical Appliance and Audio-video Supplies	文化办公用品 Cultural and Office Articles	日用品 Articles for Daily Use
合肥市	Hefei	100.3	101.5	98.6	101.5	99.0	98.9	98.5	99.6
淮北市	Huaibei	99.9	101.4	97.2	100.6	100.0	100.0	98.2	99.6
亳州市	Bozhou	99.8	101.9	96.6	100.2	103.5	100.0	98.0	101.0
宿州市	Suzhou	100.3	102.2	96.6	99.7	101.5	100.7	99.2	100.2
蚌埠市	Bengbu	100.9	103.2	99.1	101.6	94.5	98.5	99.6	100.8
阜阳市	Fuyang	100.7	102.2	98.6	100.7	99.9	99.3	98.7	101.3
淮南市	Huainan	100.0	100.6	98.4	101.4	99.7	99.0	98.6	102.9
滁州市	Chuzhou	100.4	102.7	97.2	101.1	102.1	98.9	99.0	100.0
马鞍山市	Maanshan	100.4	101.9	101.2	101.7	100.1	97.2	99.8	100.8
芜湖市	Wuhu	100.6	102.0	96.4	101.0	97.7	100.6	99.9	100.8
宣城市	Xuancheng	100.2	101.1	96.3	101.0	100.8	101.1	98.7	100.6
铜陵市	Tongling	99.9	101.3	98.7	100.7	95.9	99.9	99.1	99.1
安庆市	Anqing	100.4	101.9	99.3	100.8	99.7	100.8	99.6	100.1
六安市	Luan	100.8	102.1	98.2	100.7	100.7	98.3	99.9	101.3
桐城市	Tongcheng	100.5	101.5	98.2	100.7	99.6	100.5	98.7	103.7
歙县	Shexian	101.1	102.9	99.8	100.3	99.9	99.2	100.0	99.9

市 县 Surveyed City and County		体育娱乐用品 Sports and Recreational Articles	交通、通信用品 Transportation and telecommunication Articles	家具 Furniture	化妆品 Cosmetics	金银珠宝 Jewelry	中西药品及医疗保健用品 Traditional Chinese and Western Medicines and Health Care Articles	书报杂志及电子出版物 Newspapers, Magzines and Electronic Publications	燃料 Fuels	建筑材料及五金电料 Building Materials, Hardware and Electrical Materials
合肥市	Hefei	98.7	97.0	100.4	100.4	92.9	101.3	102.6	100.7	100.6
淮北市	Huaibei	99.6	97.0	100.4	100.6	90.4	102.3	101.2	97.3	99.3
亳州市	Bozhou	100.1	95.9	102.4	101.6	89.2	98.3	101.2	97.9	98.7
宿州市	Suzhou	100.3	96.1	101.6	99.6	92.5	102.7	100.7	97.5	100.4
蚌埠市	Bengbu	100.5	96.8	101.2	100.6	91.0	103.4	100.0	99.9	101.0
阜阳市	Fuyang	99.6	96.9	101.7	102.0	91.8	103.5	102.0	99.8	100.8
淮南市	Huainan	101.1	97.5	100.7	99.9	90.2	103.7	101.0	98.3	99.5
滁州市	Chuzhou	98.7	95.9	99.9	100.6	90.1	101.7	101.4	98.9	99.6
马鞍山市	Maanshan	100.2	97.0	101.8	100.0	87.6	101.1	103.1	97.7	102.0
芜湖市	Wuhu	100.6	.96.5	105.6	101.2	91.5	103.9	102.5	99.3	100.7
宣城市	Xuancheng	100.1	96.9	101.9	98.9	92.7	102.7	100.0	99.7	99.8
铜陵市	Tongling	102.0	96.1	100.3	98.5	95.5	101.3	100.2	99.7	100.9
安庆市	Anqing	100.9	96.9	99.2	102.2	90.5	100.8	100.9	99.5	100.3
六安市	Luan	100.1	94.8	98.9	99.8	91.2	103.4	100.8	105.9	99.7
桐城市	Tongcheng	99.4	97.3	100.7	101.8	95.9	102.4	101.6	99.2	98.7
歙县	Shexian	101.6	96.9	99.0	100.5	96.0	104.2	100.8	100.4	100.9

8—7 农业生产资料价格分类指数
Price Indices of Agricultural Means of Production by Category

上年=100（preceding year=100）

类 别	Item	2000	2005	2010	2013	2014
总 指 数	**General Index**	**98.2**	**108.3**	**102.0**	**100.9**	**99.6**
农用手工工具	Hand Tools for Agriculture uses	100.5	111.1	99.4	102.5	104.9
饲 料	Forage	94.0	107.6	104.5	105.1	102.4
产品畜	Product Animals	111.8	114.7	106.1	102.7	101.7
半机械化农具	Semi-mechanized Farm Tools	97.6	105.0	99.0	100.0	100.3
机械化农具	Mechanized Farm Machinery	96.0	106.2	96.9	100.5	102.5
化学肥料	Chemical Fertilizer	92.2	109.0	99.6	95.7	92.2
农药及农药械	Pesticide & Its Appliances	97.1	103.9	99.0	101.4	102.5
农用机油	Oil for Farm Machinery	122.0	107.9	111.4	99.5	98.9
其他农业生产资料	Other Agricultural Means of Production			104.4	102.5	102.7
农业生产服务	Agricultural Production Service			104.0	104.4	104.7

注：农用手工工具2005年以前为小农具。
a) Before 2005 hand tools for agriculture were small farm tools .

8—8 调查市、县农业生产资料价格指数（2014年）
Price Indices of Agricultural Means of Production by Category and Surveyed City and County (2014)

上年=100（preceding year=100）

市 县 Surveyed City and County	总指数 General Index	农业手工工具 Hand Tools for Agriculture uses	饲料 Forage	产品畜 Product Animals	半机械化农具 Semimechanized Farm Tools	机械化农具 Mechanized Farm Machinery	化学肥料 Chemical Fertilizer	农药及农药械 Pesticide & Its Appliances	农用机油 Oil for Farm Machinery	其他农业生产资料 Other Agricultural Means of Production	农业生产服务 Agricultural Production Service
宣 城 市 Xuancheng	99.4	102.9	101.1	104.2	100.0	99.7	92.1	102.7	99.8	101.3	104.5
桐 城 市 Tongcheng	101.2	105.0	105.3	97.4	101.4	108.8	93.9	104.3	98.3	106.3	106.5
歙 县 Shexian	98.4	107.1	101.2	101.7	99.6	100.9	90.9	100.4	98.0	101.9	103.6

8—9 农产品生产者价格指数
Producer Price Indices of Agricultural Products

上年=100（preceding year=100）

类　　别	Item	2005	2010	2013	2014
总指数	**General Index**	**98.71**	**110.82**	**103.71**	**100.21**
农业产品	**Agricultural Products**	**97.30**	**114.77**	**103.83**	**100.71**
谷　物	Cereal	95.41	109.97	103.40	103.26
小　麦	Wheat	91.51	107.65	109.20	104.11
稻　谷	Rice	98.98	110.43	100.34	104.68
玉　米	Corn	96.96	117.58	100.47	100.92
薯　类	Tubers	102.95	119.94	100.83	101.08
豆　类	Beans	88.64	115.38	105.01	101.38
油　料	Oil-bearing Crops	89.23	116.19	101.33	99.88
棉　花	Cotton	109.54	161.74	103.69	95.47
蔬　菜	Vegetables	102.89	115.16	105.36	95.58
茶	Tea	112.35	122.92	100.26	99.71
林业产品	**Forestry Products**	**107.39**	**106.36**	**103.95**	**102.33**
木　材	Timber	107.00	103.90	102.83	102.57
原　木	Logs	106.74	103.88	103.13	102.57
竹　材	Bamboo Material	110.39	103.07	99.44	100.28
牧　业(饲养动物及其产品)	**Animal Husbandry (Breeding Animals and Their Products**	**99.71**	**104.26**	**102.14**	**97.90**
活牲畜	Livestock Breeding (Live Animals)	108.01	108.25	102.19	92.63
牛	Cattle and Buffalo	108.25	105.45	122.23	103.16
羊	Sheep and Goats	112.56	111.29	109.79	101.35
猪	Pig	91.37	99.31	99.67	91.01
家　禽	Poultry	106.34	106.95	101.20	106.26
鸡	Chicken	103.76	105.93	101.20	106.43
鸭	Duck	102.41	110.51	99.85	106.53
禽　蛋	Poultry Eggs	110.74	106.65	102.31	113.35
鸡　蛋	Chicken Eggs	110.67	106.69	102.58	114.34
奶　类	Dairy Products	98.86	112.62		
渔　业	**Fishery**	**105.56**	**106.89**	**107.55**	**102.92**
淡水养殖产品	Aquatic products in Inland Water	105.56	106.89	107.55	102.92
养殖淡水鱼	Freshwater Fishes	104.93	105.57	107.99	103.86
养殖淡水虾	Freshwater Shrimps			106.68	111.81
养殖淡水蟹	Freshwater Crabs			107.65	85.47
其他淡水养殖产品	Other Freshwater Aquatic Products	100.00	111.10	101.39	101.96

8—10 工业生产者出厂价格分类指数
Producer Price Indices for Indnstrial Products by Category

上年=100（preceding year=100）

年 份 Year	总指数 Total Industry Products	生产资料 Means of production	采掘工业 Mining & Quarrying Industry	原材料工业 Raw Materials Industry	加工工业 Manufa-cturing Industry	生活资料 Consumer Goods	食 品 Food	衣 着 Clothing	一般日用品 Articles for Daily Use	耐用消费品 Durable Consumer Goods
2000	98.86	102.05	100.11	106.16	98.78	93.73	91.14	98.48	96.12	98.22
2005	103.25	104.91	113.04	111.06	100.47	98.93	99.60	100.32	101.84	96.67
2006	103.07	104.53	97.85	114.90	100.56	98.36	98.43	100.68	101.55	96.86
2007	103.62	103.74	104.20	102.98	104.05	103.25	105.63	100.89	101.64	100.95
2008	108.41	109.27	119.54	104.54	109.92	105.42	109.70	102.03	102.24	101.25
2009	92.83	91.39	94.98	90.59	91.14	97.82	98.89	99.43	98.56	95.67
2010	108.98	110.86	111.45	116.89	108.12	103.03	104.96	101.97	102.67	100.45
2011	108.30	109.20	104.80	111.20	108.80	105.60	108.90	107.50	106.40	100.40
2012	98.30	97.00	96.90	99.20	96.00	101.70	102.60	103.10	100.30	101.10
2013	98.20	96.90	92.90	96.60	97.50	101.50	102.60	102.70	101.60	99.90
2014	97.40	96.20	90.10	95.70	97.10	100.70	101.00	102.50	100.90	99.80

8—11 工业生产者出厂价格轻重工业分类指数
Sub-index of Light and Heavy industry of Ex-factory Industrial Producer Price Index

上年=100（preceding year=100）

年 份 Year	轻工业 Light Industry	以农产品为原料 Using Farm Products as Raw Materials	以非农产品为原料 Using Non-farm Products Raw Materials	重工业 Heavy Industry	#采掘工业 Mining and Quarrying	原料工业 Raw Materials Industry	加工工业 Manufac-turing Industry
2000	95.68	95.36	97.64	102.06	101.01	106.09	97.67
2005	99.05	99.54	98.62	106.31	112.59	111.32	101.36
2008	105.35	107.08	103.80	110.12	119.02	104.93	116.66
2009	97.01	97.87	96.19	90.52	95.40	90.33	89.45
2010	104.77	106.38	103.19	111.36	110.97	116.63	108.11
2011	107.70	109.90	103.60	108.50	104.80	110.90	107.70
2012	101.40	101.30	101.50	97.10	96.90	99.30	96.10
2013	101.50	102.20	100.10	96.90	92.90	96.90	97.40
2014	100.40	100.80	99.80	96.30	90.10	95.90	97.20

8—12 工业生产者购进价格分类指数
Industrial Products Purchased from the Price Indices by Category

上年=100（preceding year=100）

年 份 Year	全部原材料 Total Raw and Other Materials	#燃料、动力类 Fuel and Power	黑色金属材料 Ferrous Metals	有色金属材料和电线类 Nonferrous Metals	化工原料 Industrial Chemicals	木材及纸浆 Timber and Paper Pulp	建筑材料及非金属矿类 Building Materials and Nonmetal Mine Since	其他工业原材料及半成品 Other Raw Materials and Semi-finished Products	农副产品 Agricultural and Subsidiary Products	纺织原料 Textile Raw Material
2000	102.58	103.22	102.94	110.50	108.97	100.24	95.25	100.76	94.32	103.95
2005	107.13	114.95	108.07	116.42	106.87	103.47	106.55	104.35	98.16	95.41
2008	112.39	116.69	119.38	97.53	107.75	110.48	110.26	110.72	114.92	102.23
2009	95.25	98.54	86.93	84.32	90.50	99.32	100.16	94.17	96.08	97.04
2010	111.76	110.91	113.45	124.92	111.29	103.92	106.94	105.90	110.05	108.52
2011	110.80	112.90	110.10	116.10	109.50	108.70	117.40	103.90	116.30	112.10
2012	98.20	100.10	94.00	95.40	97.10	104.40	98.30	98.10	103.10	96.20
2013	96.90	91.60	96.90	93.80	97.90	99.60	95.70	98.70	103.40	100.30
2014	97.20	93.30	95.90	95.60	98.30	100.40	99.80	98.40	100.80	99.10

8—13 固定资产投资价格指数
Price Indices of Investment in Fixed Assets

上年=100（preceding year=100）

年 份 Year	固定资产投资 Investment in Fixed Assets	建筑安装工程 Construction and Installation	设备工器具购置 Purchase of Equipment, Tools and Instruments	其他费用 Others
2000	101.60	102.80	100.10	98.20
2005	101.04	100.98	100.33	102.26
2008	109.43	113.66	101.17	103.80
2009	95.97	94.35	97.10	101.05
2010	105.35	107.51	101.23	101.54
2011	108.13	110.99	101.93	103.96
2012	100.97	101.27	99.15	102.29
2013	100.15	100.31	98.97	101.20
2014	100.30	100.40	99.60	101.00

主要统计指标解释

居民消费价格指数

是度量消费商品及服务项目价格水平随着时间而变动的相对数，反映居民家庭购买的消费品及服务价格水平的变动情况。它是宏观经济分析和决策、价格总水平监测和调控以及国民经济经济核算的重要指标。其按年度计算的变动率通常被用来作为反映通货膨胀（或紧缩）程度的指标。

商品零售价格指数

商品的零售价格是商品在流通过程中最后一个环节的价格，是工业、商业、餐饮业和其他零售企业向城乡居民、机关团体出售生活消费品和办公用品的价格。商品零售价格指数，反映了市场商品零售价格的变动趋势和变动程度，为国家宏观调控和国民经济核算提供参考依据。同时，还可以在此基础上编制其他派生价格指数。

农产品生产者价格指数

是反映一定时期内，农产品生产者出售农产品价格水平变动趋势及幅度的相对数。该指数可以客观反映全省农产品生产者价格水平和结构变动情况，满足农业与国民经济核算需要。其中某代表品生产者价格指数是通过对全部有出售该产品行为的调查单位的个体指数进行几何平均求得的，类价格指数是通过对其所属的类（或代表品）的价格指数进行加权平均求得的。季度累计价格指数的计算方法与分季指数的计算方法相同。

农业生产资料价格指数

指反映一定时期内农业生产资料价格变动趋势和程度的相对数。其编制目的是了解农业生产中投入物质资料价格的变动状况，服务于国民经济核算。

工业生产者出厂价格指数

是反映各工业行业产品出厂价格总水平的变动趋势和程度的相对数。为国民经济核算、测算工业发展速度、宏观经济分析和调控、理顺价格体系提供依据。

工业生产者购进价格指数

是反映工业企业作为生产投入，而从物资交易市场和能源、原材料生产企业购买原材料、燃料和动力产品时，所支付的价格水平变动趋势和程度的统计指标，是扣除工业企业物质消耗成本中的价格变动影响的重要依据。

目前，我国编制的原材料、燃料和动力购进价格指数所调查的产品包括燃料动力、黑色金属、有色金属、化工、建材等九大类的900多种产品。

固定资产投资价格指数

是反映固定资产投资额价格变动趋势和程度的相对数。固定资产投资额是由建筑安装工程投资完成额、设备、工器具购置投资完成额和其他费用投资完成额三部分组成的。编制固定资产投资价格指数应首先分别编制上述三部分投资的价格指数，然后采用加权算术平均法求出固定资产投资价格总指数。

编制固定资产投资价格指数可以准确地反映固定资产投资中涉及的各类商品和取费项目价格变动趋势和变动幅度，消除按现价计算的固定资产投资指标中的价格变动因素，真实地反映固定资产投资的规模、速度、结构和效益，为国家科学地制定、检查固定资产投资计划并提高宏观调控水平，为完善国民经济核算体系提供科学的、可靠的依据。

Explanatory Notes for Major Statistical Indicators

Resident's Consumer Price Index

As relative index which measures the change in price level of a group of representative consumer goods and services with the passage of time, reflecting the changes in prices of consumer goods and services purchased by residents. It is an important index of macroscopic economic analysis and decisions, general price level monitoring, adjustment and control, and national business accounting. Its changing rate by the year is usually regarded as reflecting the degree of inflation (or tightens).

Retail Price Index

Retail price of goods is the price of the last link in the circulating course. It is the price of consumer goods and official supplies sold to urban and rural residents or organs by industrial, commercial, catering trade and other retail enterprises. Retail price index reflects the trend and degree of changes in retail price of market commodities. It offers the consulting basis of national macroscopic adjustment and control and national business accounting. Besides, other deriving price indices could be worked out basing on it.

Producer Price Indices of Agricultural Production

reflect the trend and degree of changes in producers' prices received by farmers when they sell farm products during a given period. These indices depict the change in the level and structure of producer prices for farm products of the province and meet the needs of agricultural statistics and national accounts statistics. The producer price index for a given product is calculated as the geometrical mean of individual indices for all surveyed units which sell such product, and the indices for a product category is obtained as the weighted mean of price indices for all products in the category. Method for calculating accumulative quarterly indices is the same as for calculating the individual quarterly indices.

Price Indices for Means of Agricultural Production

reflect the relative number of trend and degree of changes in the prices of the means of agricultural production during a given period. Compilation of these indices helps to understand the price changes of material input in agricultural production and serves national economic accounts.

Ex-factory Price Index of Industrial Products

reflects the trend and degree of changes in general ex-factory prices of all industrial products. It offers basis of national business accounting, calculating industrial development speed, national macroscopic analysis, adjustment and control and rationalizing the price system.

Indices of Purchasing Prices of Raw Materials, Fuels and Power

reflect changes in the level and degree of prices paid by industrial enterprises when they purchase production input such as raw materials, fuels and power from the market or from other energy or raw materials producing enterprises. These indices provide important basis for measuring the material consumption of industrial enterprises after removing influence of price changes.

At present, over 900 products in 9 categories, including fuels and power, ferrous metals, non-ferrous metals, chemicals, building materials, are covered in China for the survey to produce indices of purchasing prices of raw materials, fuels and power.

Price Index of Investment in Fixed Assets

reflects the trend and degree of changes in prices of investment in fixed assets. The investment in fixed assets consists of three components, namely the investment in construction and installation, the investment in purchases of equipment and instrument, and the investment in other items. Price index of investment in fixed assets is calculated as the weighted arithmetic mean of the price indices of the three components of investment in fixed assets.

Removing the factor of price change in the aggregates of investment at current prices, this indicator shows the changes in the prices of commodities and fees involved in the investment of fixed assets, and can be used to observe the actual size, growth, structure, and efficiency of investment in fixed assets and provides reliable and scientific data for government planning, management, decision making, and further improving the current national accounting system.

第九篇

Chapter 9

LIVELIHOOD OF
URBAN AND RURAL PEOPLE

简要说明

一、本篇资料内容主要反映城乡居民收支和生活状况，包括居民家庭基本情况、居民收支、消费水平、居住状况及主要消费品拥有量等。

二、本篇资料来源于城乡一体化住户调查。自2013年以来，城乡一体化住户调查整合城乡住户调查资源，统一调查指标、统一抽样方法、统一调查过程、统一数据处理和统一数据发布，由安徽调查总队根据国家统计局《住户收支与生活状况调查方案》组织实施，其调查目的是为全面了解全省和分市、县（区）城乡常住居民收入、生活现状及变化情况，全面准确地反映居民收入分配格局，满足各级政府制定政策计划和进行宏观管理的需要，以及社会各界的信息需求，为国民经济核算提供基础数据。

Brief Introduction

I. This chapter material content mainly reflects the urban and rural residents' income and living conditions, including residents family basic situation, income, consumption level, living condition and the main consumer ownership, etc.

II. This chapter material content is derived from the integrationization of urban and rural household survey. Since 2013, the integrationization of urban and rural household survey has been unifing urban and rural household survey resources unified index, sampling method and survey process, data processing and data releasing. According to the resident income and life condition investigation plan of the national bureau of statistics, the survey office in Anhui organized the implementation. Survey aim is for comprehensive understanding of the province and city and county (district) of urban and rural residents income, living status and changing situation, comprehensive accurately reflecting the residents income distribution pattern, providing for all levels of government policy planning and the need of macro management, and information demanding to the social, and basic data for the national economic accounting.

9—1 人民物质文化生活情况
People's Material and Cultural Life

项　目		Item		2014
就　业		**Employment**		
每一农村劳动力负担人数	（人）	Number of Dependents per Rural Laborer	(person)	1.56
每一城镇就业者负担人数	（人）	Number of Dependents per Urban Employee	(person)	1.85
城镇登记失业率	（%）	Urban Unemployment Rate	(%)	3.2
收　入		**Income of Rural and urban Residents**		
农村居民可支配收入	（元）	Annual per Capita Net Income of Rural Residents	(yuan)	9916
城镇居民可支配收入	（元）	Annual per Capita Disposable Income of Urban		24839
农村居民恩格尔系数	（%）	Engle Coefficient of Rural Households	(%)	35.6
城镇居民恩格尔系数	（%）	Engle Coefficient of Urban Households	(%)	33.3
城镇非私营单位就业人员平均工资	（元）	Average Wage for the Employment of Urban Non Private Units	(yuan)	50894
储　蓄		**Savings**		
城乡居民年底储蓄存款余额	（亿元）	Balance of Savings Deposit of Rural and Urban Residents (year-end)	(100 million yuan)	14599.4
平均每人储蓄存款余额	（元）	Per Capita Balance of Saving Deposit	(yuan)	21059
住房面积	**（平方米）**	**Per Capita Floor Space of Residential Buildings**	**(sq.m)**	
城镇常住居民人均住房建筑面积		Urban Areas (Net)		35.13
农村常住居民人均住房建筑面积		Rural Areas (Net)		44.67
交　通		**Traffic**		
城镇每百户拥有摩托车	（辆）	Number of Motor Cycles per 100 Households in Urban Areas	(unit)	23.07
城市每万人拥有公共车辆(标台)		Number of Buses per 10000 Persons in Cities	(unit)	11.54
城市公用事业		**Public Utilities in Urban Areas**		
自来水普及率	（%）	Ratio of Access to Tap Water	(%)	98.63
燃气普及率	（%）	Ratio of Access to Tap Water	(%)	96.81
人均公园绿地	（平方米）	Per Capita Park Greenery Area	(sq.m)	13.20
文　化		**Culture**		
城镇每百户有彩色电视机	（台）	Number of Color TV Sets per 100 Household in Urban Areas	(unit)	130.04
农村每百户有彩色电视机	（台）	Number of Color TV Sets per 100 Household in Rural Areas	(unit)	119.63
广播人口覆盖率	（%）	Broadcast Covering Ratio of Population	(%)	98.6
电视人口覆盖率	（%）	TV Covering Ratio of Population	(%)	98.7
教　育		**Education**		
学龄儿童入学率	（%）	Enrollment Ratio of School-age Children	(%)	99.98
每万人口中在校大学生数	（人）	Number of University Students per 10000 Persons	(person)	178
卫　生		**Public Health**		
每万人医院病床数	（张）	Number of Hospital Beds per 10000 Persons	(unit)	27.08
每万人有执业（助理）医师数	（人）	Number of Licensed (Assistant) Physicians per 10000 Persons	(person)	14.96

9—2 全省城乡储蓄存款年末余额和年增加额
Savings Deposit in Urban and Rural Areas (Year-end)

单位：万元（10000 yuan）

年 份 Year	年末余额 Outstanding Amount					年增加额 Increased Amount		
	储蓄存款 Savings Deposit	城镇 Urban	农村 Rural	定期 Fixed Deposits	活期 Current Deposits	储蓄存款 Savings Deposit	城镇 Urban	农村 Rural
2000	14471539	11199341	3272198	10914299	3557240	1442783	1148692	294091
2005	35086727	27863991	7222736	24455447	10631280	5363061	4307405	1055656
2006	40778041	32301332	8476709	27728939	13049102	5691314	4437341	1253973
2007	45464944			30173327	15291617	4686903		
2008	56475121			38436895	18038226	11010177		
2009	66194831			42769530	23425302	9715535		
2010	77884800			48529277	29355524	11686596		
2011	92335727					14509808		
2012	111786239					19449855		
2013	129249107					17435708		
2014	146365500					16767629		

注：2009年起储蓄存款增加额根据《安徽省金融统计月报》资料填列。
a) According to "Anhui Province Statistics of finances Monthly Report", the annual saving deposit rate increasing volume in 2009 was filled out the forms.

9—3 城镇居民家庭基本情况
Basic Conditions of Urban Households

项　　目		Item		2014
平均每户家庭人口	**（人）**	**Average Household Size**	**(person)**	**2.94**
平均每户就业人口	**（人）**	**Average Number of Employed persons per Household**	**(person)**	**1.59**
平均每户就业面	**（%）**	**Percentage of Employment per Household**	**(%)**	**54.08**
平均每一就业者负担人数（包括就业者本人）	**（人）**	**Number of Persons Supported by Each Employee Including the Employee Himself or Herself**	**(persons)**	**1.85**
平均每人全部年收入	**（元）**	**Per Capita Annual Income**	**(yuan)**	**27001.17**
#可支配收入		Disposable Income		24838.52
工资性收入		Wages Income		15515.00
经营净收入		Net Income From Business		3881.73
财产净收入		Property Income		1787.66
转移净收入		Transfer Income		3654.13
平均每人消费性支出	**（元）**	**Per Capita Annual Living Expenditures for Consumption**	**(yuan)**	**16107.07**
#食　品		Food		5360.33
衣　着		Clothing		1333.74
居　住		Residence		3542.43
生活用品及服务		Supplies and Services		922.87
交通和通信		Transportation and Communications		1924.87
教育文化娱乐服务		Education, Cultural & Recreation Service		1650.87
医疗保健		Medicine and Medical Service		976.54
其他用品和服务		Other goods and Services		395.42
平均每人消费性支出构成（人均消费性支出=100）	**(%)**	**Composition of per Capita Annual Living Expenditures for Consumption**	**(%)**	**100.00**
#食　品		Food		33.28
衣　着		Clothing		8.28
居　住		Residence		21.99
生活用品及服务		Supplies and Services		5.73
交通和通信		Transportation and Communications		11.95
教育文化娱乐服务		Education, Cultural & Recreation Service		10.25
医疗保健		Medicine and Medical Service		6.06
其他用品和服务		Other goods and Services		2.45

9—4 按收入等级分的城镇居民家庭基本情况（2014年）
Basic Conditions of Urban Households by Level of Income (2014)

项　　目		Item		总平均 The Total Average	低收入户 Low Income Households	中低收入户 In low and Middle-income Households
比　重	(%)	Proportion	(%)	100.00	20.00	20.00
平均每户家庭人口	(人)	Average per Household Size	(person)	2.94	3.35	3.23
平均每户就业人口	(人)	Average Number of Employees per Household	(person)	1.59	1.51	1.66
平均每户就业面	(%)	Percentage of Employed Persons per Household	(%)	53.92	44.92	51.42
平均每一就业者负担人数（包括就业者本人）	(人)	Number of Persons Supported by Each Employee (including the employee-self)	(person)	1.85	2.23	1.94
平均每人可支配收入	(元)	Per Capita Disposable Income	(yuan)	24838.52	10426.78	17522.03
平均每人消费性支出	(元)	Per Capita Annual Expenditure	(yuan)	16107.07	8896.07	12314.94

项　　目		Item		中等收入户 Middle Income Households	中高收入户 Middle High Income Families	高收入户 High Income Households
比　重	(%)	Proportion	(%)	20.00	20.00	20.00
平均每户家庭人口	(人)	Average per Household Size	(person)	2.98	2.67	2.46
平均每户就业人口	(人)	Average Number of Employees per Household	(person)	1.68	1.57	1.51
平均每户就业面	(%)	Percentage of Employed Persons per Household	(%)	56.58	58.56	61.19
平均每一就业者负担人数（包括就业者本人）	(人)	Number of Persons Supported by Each Employee (including the employee-self)	(person)	1.77	1.71	1.63
平均每人可支配收入	(元)	Per Capita Disposable Income	(yuan)	23230.65	30431.84	49910.80
平均每人消费性支出	(元)	Per Capita Annual Expenditure	(yuan)	16111.97	18948.11	27802.33

9—5 按收入等级分的城镇居民家庭年人均可支配收入（2014年）

According to the Income are Rated Annual Per Capita Disposable Income of Urban Households (2014)

单位：元（yuan）

项　　目	Item	总平均 The Total Average	低收入户 Low Income Households	中低收入户 In low and Middle-income Households	中等收入户 Middle Income Households	中高收入户 Middle High Income Families	高收入户 High Income Households
家庭总收入	**Total Income**	**27001.17**	**12239.65**	**19229.00**	**25171.39**	**32645.19**	**53359.62**
#可支配收入	Disposable Income	24838.52	10426.78	17522.03	23230.65	30431.84	49910.80
工资性收入	Wages Income	15515.00	6431.09	11310.33	14785.24	19122.20	30353.83
经营性收入	Net Income From Business	3881.73	1349.67	2588.66	3612.95	4075.20	9137.99
财产性收入	Property Income	1787.66	875.86	1300.69	1581.76	2309.21	3348.86
转移性收入	Transfer Income	3654.13	1770.16	2322.35	3250.70	4925.23	7070.11

9—6 按收入等级分的城镇居民家庭年人均支出（2014年）

According to the Per Capita Income of Urban Households are Rated Years Spending (2014)

单位：元（yuan）

项　　目	Item	总平均 The Total Average	低收入户 Low Income Households	中低收入户 In low and Middle-income Households	中等收入户 Middle Income Households	中高收入户 Middle High Income Families	高收入户 High Income Households
家庭总支出	**Total Expenditure**	**22807.15**	**12178.85**	**16541.08**	**21921.12**	**27012.54**	**41989.87**
消费性支出	Consumption Expenditure	16107.07	8896.07	12314.94	16111.97	18948.11	27802.33
财产性支出	Property Expenditure	137.14	30.70	63.73	162.79	126.03	359.43
转移性支出	Transfer Expenditure	1252.03	693.36	989.18	1144.52	1453.60	2267.76
#社会保障支出	Social Protection Expenditure	940.97	546.95	784.62	866.32	1142.58	1553.27
借贷支出	**Loan Expenditure**	**1908.97**	**733.05**	**907.23**	**1541.76**	**2660.49**	**4449.30**

9—7 按收入等级分的城镇居民家庭年人均消费性支出（2014年）

Per Capita Annual Living Expenditure of Urban Households by Income Scale (2014)

单位：元（yuan）

项　　目	Item	总平均 The Total Average	低收入户 Low Income Households	中低收入户 In low and Middle-income Households	中等收入户 Middle Income Households	中高收入户 Middle High Income Families	高收入户 High Income Households
[illegible]性支出	**Total Living Expenditures**	**16107.07**	**8896.07**	**12314.94**	**16111.97**	**18948.11**	**27802.33**
食品烟酒	Food Alcohol and Tobacco	5360.33	3336.44	4210.98	5511.13	6361.74	8352.44
衣　着	Clothing	1333.74	619.41	992.29	1314.70	1546.62	2545.48
居　住	Residence	3542.43	2042.62	2901.90	3498.27	4237.56	5721.76
生活用品及服务	Supplies and Services	922.87	437.58	662.86	821.96	1147.25	1802.26
交通和通信	Transportation and Communications	1924.87	749.87	1147.69	1999.38	2635.04	3681.84
教育文化娱乐服务	Education, Cultural & Recreation Service	1650.87	1011.08	1378.70	1736.20	1683.15	2740.73
医疗保健	Medicine and Medical Service	976.54	547.51	802.19	857.90	958.31	1952.04
其他用品和服务	Other Commodities and Services	395.42	151.56	218.32	372.42	378.45	1005.78

9—8 按收入等级分的城镇居民家庭年人均消费性支出构成（2014年）
Composition of Per Capita Annual Living Expenditure of Urban Households by Income Scale (2014)

单位：%

项　　目	Item	总平均 The Total Average	低收入户 Low Income Households	中低收入户 In low and Middle-income Households	中等收入户 Middle Income Households	中高收入户 Middle High Income Families	高收入户 High Income Households
消费性支出	**Total Living Expenditures**	**100.00**	**100.00**	**100.00**	**100.00**	**100.00**	**100.00**
食品烟酒	Food Alcohol and Tobacco	33.28	37.50	34.19	34.21	33.57	30.04
衣　着	Clothing	8.28	6.96	8.06	8.16	8.16	9.16
居　住	Residence	21.99	22.96	23.56	21.71	22.36	20.58
生活用品及服务	Supplies and Services	5.73	4.92	5.38	5.10	6.05	6.48
交通和通信	Transportation and Communications	11.95	8.43	9.32	12.41	13.91	13.24
教育文化娱乐服务	Education, Cultural & Recreation Service	10.25	11.37	11.20	10.78	8.88	9.86
医疗保健	Medicine and Medical Service	6.06	6.15	6.51	5.32	5.06	7.02
其他用品和服务	Other Commodities and Services	2.45	1.70	1.77	2.31	2.00	3.62

9—9 按收入等级分的城镇居民家庭平均每百户年末耐用消费品拥有量（2014年）
Number of Durable Consumer Goods Owned Per 100 Urban Households at Year-end by Level of Income (2014)

项　目		Item		总平均 The Total Average	低收入户 Low Income Households	中低收入户 In low and Middle-income Households	中等收入户 Middle Income Households	中高收入户 Middle High Income Families	高收入户 High Income Households
家用汽车	（辆）	Household Automobile	(unit)	15.97	4.60	11.52	14.22	19.69	29.80
摩托车	（辆）	Motorcycle	(unit)	23.07	27.82	28.12	24.98	20.28	14.15
助力车	（辆）	Man-drawn Vehicle	(unit)	61.65	64.36	73.15	64.43	57.87	48.47
洗衣机	（台）	Washing Machine	(unit)	93.93	84.61	94.66	95.83	97.93	96.63
电冰箱	（台）	Refrigerator	(unit)	96.94	92.21	99.52	97.74	99.12	96.12
微波炉	（台）	Microwave Oven	(unit)	58.25	34.53	49.51	62.05	66.30	78.86
彩　电	（台）	Color TV	(unit)	130.04	119.03	129.86	126.44	136.46	138.39
空调器	（台）	Air Conditioner	(unit)	140.37	98.86	124.64	142.39	156.23	179.69
淋浴热水器	（台）	Water Heater	(unit)	93.86	79.00	89.99	97.20	101.63	101.48
消毒碗柜	（台）	Disinfectant Machine	(unit)	3.88	1.14	1.89	2.93	5.56	7.88
洗碗机	（台）	Dishwasher	(unit)	0.62	0.54	0.04	0.74	0.60	1.19
固定电话	（部）	Telephone	(unit)	56.56	48.77	53.04	59.18	62.95	58.87
移动电话	（部）	Mobile Telephone	(unit)	208.12	196.28	217.05	214.22	206.68	206.37
家用电脑	（台）	Computer	(unit)	69.14	44.42	62.73	69.09	76.85	92.57
摄像机	（架）	Video Camera	(unit)	5.12	0.92	2.08	2.89	5.29	14.42
照相机	（架）	Camera	(unit)	30.29	13.06	23.18	23.39	38.52	53.28
健身器材	（套）	Healthy Equipment	(unit)	2.75	0.95	1.50	2.60	3.18	5.50
组合音响	（套）	Hi-Fi Stereo Component System	(set)	6.69	3.85	7.16	4.90	7.33	10.17

9—10 按收入等级分的城镇居民家庭平均每人全年购买商品数量（2014年）
Per Capita Annual Purchases of Major Commodities of Urban Households by Level of Income (2014)

项　目		Item		总平均 The Total Average	低收入户 Low Income Households	中低收入户 In low and Middle-income Households
洗衣机	（台/百户）	Washing Machine	(unit/100 household)	4.98	3.57	4.00
电冰箱	（台/百户）	Refrigerator	(unit/100 household)	3.49	2.03	3.91
空调器	（台/百户）	Air Conditioners	(unit/100 household)	7.43	4.25	7.84
移动电话	（部/百户）	Mobile Telephone Subscribers	(unit/100 household)	32.42	21.80	40.27
彩色电视机	（台/百户）	Color Television Set	(unit/100 household)	6.08	4.12	4.73

项　目		Item		中等收入户 Middle Income Households	中高收入户 Middle High Income Families	高收入户 High Income Households
洗衣机	（台/百户）	Washing Machine	(unit/100 household)	6.02	6.02	5.28
电冰箱	（台/百户）	Refrigerator	(unit/100 household)	3.05	3.79	4.65
空调器	（台/百户）	Air Conditioners	(unit/100 household)	9.33	6.09	9.64
移动电话	（部/百户）	Mobile Telephone Subscribers	(unit/100 household)	36.41	31.10	32.52
彩色电视机	（台/百户）	Color Television Set	(unit/100 household)	7.79	5.06	8.71

9—11 各市城镇居民家庭平均每百户年末耐用消费品拥有量（2014年）

Number of Major Durable Consumer Goods Owned Per 100 Urban Households at the Year-end by Region (2014)

项　目	Item		全　省 Proince Indices	合肥市 Hefei	淮北市 Huaibei	亳州市 Bozhou	宿州市 Suzhou
主要消费品拥有量	**Ownership of Major Durable Consumer Goods**						
家用汽车	Household Automobile		15.97	20.39	18.13	10.99	9.17
摩托车	Motorcycle		23.07	9.61	32.03	22.19	21.93
助力车	Man-drawn Vehicle		61.65	40.37	43.50	130.15	96.86
洗衣机	Washing Machine		93.93	88.92	103.52	100.68	95.51
电冰箱(柜)	Refrigerator		96.94	93.59	100.98	90.29	89.16
微波炉	Microwave Oven		58.25	64.54	46.16	43.42	33.31
彩色电视机	Color TV		130.04	117.40	117.64	122.75	111.94
空　调	Air Conditioner		140.37	134.73	124.80	98.72	101.87
热水器	Water Heater		93.86	94.75	100.38	76.89	82.44
#太阳能热水器	Of Which: Solar Heater		65.40	52.24	93.09	53.92	70.80
消毒碗柜	Disinfectant Machine		3.88	2.42	2.77	0.30	3.47
洗碗机	Dishwasher		0.62	0.30	0.25	0.77	0.29
排油烟机	Kitchen Ventilator		67.77	79.46	65.25	25.36	39.63
固定电话	Telephone		56.56	43.58	64.25	55.72	66.42
移动电话	Mobile Telephone		208.12	190.48	221.11	209.89	195.70
计算机	Computer		69.14	64.79	67.80	52.44	63.04
摄像机	Video Camera		5.12	3.62	4.85	0.57	3.96
照相机	Camera		30.29	33.30	20.37	19.15	18.14
中高档乐器	Medium Upscale Musical Instrument		3.37	2.43	3.64	0.56	2.37
健身器材	Healthy Equipment		2.75	1.37	3.40	5.56	1.44
组合音响	Hi-Fi Stereo Component System		6.69	5.53	6.74	9.40	1.55
信息化调查情况	**Informatization**						
接入有线电视网络的电视机（台）	Cable Television	(set)	85.21	79.38	54.02	46.26	63.37
接入互连网的移动电话　（部）	Network-connected Hand Telephone	(unit)	93.39	82.66	103.56	85.26	94.32
接入互连网的计算机　（台）	Network-connected Computers	(set)	55.12	48.46	49.87	31.34	50.66

单位：元（yuan）

蚌埠市 Bengbu	阜阳市 Fuyang	淮南市 Huainan	滁州市 Chuzhou	六安市 Luan	马鞍山市 Maanshan	芜湖市 Wuhu	宣城市 Xuancheng	铜陵市 Tongling	池州市 Chizhou	安庆市 Anqing	黄山市 Huangshan
4.20	12.39	14.69	15.76	14.57	24.70	18.35	19.02	20.84	9.00	10.69	17.01
21.26	17.07	14.18	43.08	32.87	17.68	16.75	24.81	12.98	36.33	49.51	27.04
40.47	83.74	36.60	74.12	62.17	79.13	68.38	70.15	22.81	51.84	65.18	80.35
93.37	99.90	101.60	94.03	85.28	94.83	90.06	91.17	99.09	79.65	76.74	85.24
89.24	95.25	100.78	96.55	94.69	100.27	97.17	100.77	101.37	95.11	91.40	95.69
45.40	42.75	68.45	66.24	56.79	77.77	65.28	50.10	76.01	48.03	51.75	46.38
122.58	120.66	144.18	143.74	114.73	161.51	137.24	148.47	131.65	110.59	114.56	139.16
104.29	113.87	150.47	130.81	120.14	185.05	143.20	151.12	175.70	128.43	116.34	110.93
93.81	76.64	105.96	89.51	90.38	99.47	94.64	102.33	104.26	91.19	88.53	92.33
71.13	46.27	85.60	75.75	79.56	62.08	53.52	79.90	68.71	69.24	66.81	71.05
1.05	4.42	2.67	2.72	3.99	9.76	5.29	4.81	3.04	5.25	5.17	3.62
1.04	1.48	0.35	0.93	0.00	1.23	0.35	0.55	0.00	0.39	0.36	0.00
56.62	27.89	67.60	56.65	71.34	79.70	74.30	76.59	85.76	69.82	68.56	66.78
66.41	52.03	48.91	54.72	56.84	74.56	67.07	54.64	57.80	56.53	77.10	64.12
181.58	226.75	228.73	222.34	195.60	221.55	204.81	226.37	205.73	192.40	184.95	214.17
60.95	58.86	82.09	57.42	56.13	86.75	70.10	81.14	87.80	59.24	56.31	71.98
3.82	4.94	4.25	4.00	4.85	10.44	6.29	5.80	8.49	2.25	2.48	2.90
18.52	21.15	27.12	20.85	29.83	46.15	30.18	25.07	37.67	21.12	20.53	28.54
0.73	2.15	4.23	1.06	2.71	8.36	2.08	2.30	3.34	1.87	3.78	2.28
3.67	3.67	3.51	2.32	3.04	4.59	2.10	4.80	2.78	0.87	0.83	3.31
5.24	3.05	4.63	5.26	9.16	12.83	6.14	5.72	4.30	7.88	11.70	6.24
87.46	74.48	106.84	69.53	83.88	140.08	104.08	115.71	88.23	91.51	83.60	112.52
55.92	53.93	120.80	70.51	93.84	122.98	96.31	165.87	96.33	68.83	61.05	119.22
46.15	45.79	75.66	44.85	45.11	81.63	57.83	74.78	67.73	47.71	43.02	65.28

9—12 各市城镇居民家庭年人均收支（2014年）

Annual Per Capita Cash Income and Expenditure of Urban Households by Region (2014)

项 目	Item	全 省 Proince Indices	合肥市 Hefei	淮北市 Huaibei	亳州市 Bozhou	宿州市 Suzhou
家庭总收入	**Total Income**	**27001**	**31394**	**26145**	**22909**	**23326**
#可支配收入	Disposable Income	24839	29348	23787	21192	21941
工资性收入	Wages Income	15515	19329	14859	9683	12579
经营净收入	Net Income From Business	3882	3619	3480	7635	4415
财产净收入	Property Income	1788	2444	1354	1347	1188
转移净收入	Transfer Income	3654	3956	4094	2527	3759
家庭总支出	**Total Expenditure**	**22807**	**23458**	**20847**	**21909**	**17457**
生活消费支出	**Life Consumption Spending**	**16107**	**18214**	**14632**	**14264**	**12140**

单位：元（yuan）

蚌埠市 Bengbu	阜阳市 Fuyang	淮南市 Huainan	滁州市 Chuzhou	六安市 Luan	马鞍山市 Maanshan	芜湖市 Wuhu	宣城市 Xuancheng	铜陵市 Tongling	池州市 Chizhou	安庆市 Anqing	黄山市 Huangshan
25706	**23137**	**29013**	**24921**	**22591**	**35007**	**29594**	**30615**	**31474**	**23639**	**24376**	**26281**
24147	21715	26267	22091	20610	32560	27384	26289	29234	22295	22109	24194
14185	13784	18492	12658	13167	18130	14943	13865	20886	13564	13430	14055
3226	3938	2939	4387	3794	6009	4575	7602	1865	3127	3107	3588
1077	1695	1320	1349	1164	2233	1848	1867	1972	2014	1258	1427
5660	2298	3515	3697	2485	6188	6018	2955	4511	3590	4314	5124
19659	**19681**	**26105**	**20909**	**17247**	**30313**	**23085**	**27085**	**27144**	**19644**	**17500**	**20116**
13656	**14410**	**15218**	**13722**	**13183**	**21565**	**16390**	**16453**	**19882**	**14934**	**13047**	**14721**

9—13 农村居民家庭基本情况
Basic Conditions of Rural Households

项　　目	Item	2014
平均每户常住人口　（人）	**Average Number of Permanent Residents per Household (person)**	**3.04**
平均每户整半劳力　（人）	**Average Number of Able-bodied and Semi-able-bodied Laborers per Household (person)**	**1.95**
平均每个劳动力负担人口（含本人）（人）	**Average Number of Persons Supported by a Laborer (including the laborer himself of herself) (person)**	**1.56**
平均每人年收入　（元）	**Per Capita Annual Income (yuan)**	
总收入	Total Revenue	12467.63
工资性收入	Wages Income	3554.87
家庭经营收入	Household Business Income	6274.92
财产性收入	Property Income	169.14
转移性收入	Transfer Income	2468.70
现金收入	Cash Income	11441.05
工资性收入	Wages Income	3543.00
家庭经营收入	Household Business Income	5469.22
财产性收入	Property Income	169.14
转移性收入	Transfer Income	2259.69
平均每人年支出　（元）	**Per Capita Annual Expenditures (yuan)**	
总支出	Total Expenditure	14176.35
消费支出	Cash Comsumption Expenditure	7980.76
生产经营费用支出	Production and Operating Expenditure	1986.46
财产性支出	Cash Property Expenditure	12.72
转移性支出	Cash Transfer Expenditure	242.13
部分商业保险支出	Part of Commercial Insurance Expenditure	41.77
购置资产及非经常性转移支出	Acquisition of Assets and Non-recurring Transfer Expenditure	2880.93
借贷性支出	Lending Expenditure	1031.57
现金支出	Cash Expenditure	12497.06
现金消费支出	Cash Comsumption Expenditure	6380.69
生产经营现金费用支出	Cash Production and Operating Expenditure	1907.24
现金财产性支出	Cash Property Expenditure	12.72
现金转移性支出	Cash Transfer Expenditure	242.13
部分商业保险支出	Part of Commercial Insurance Expenditure	41.77
购置资产及非经常性转移支出	Acquisition of Assets and Non-recurring Transfer Expenditure	2880.93
借贷性支出	Lending Expenditure	1031.57

9—14 各市按来源分农村居民家庭人均可支配收入（2014年）

Per Capita Net Income of Rural Households Grouped by Source by Region (2014)

单位：元（yuan）

地 区	Region	可支配收入 Net Income	工资性收入 Income from Wages and Salaries	经营净收入 Net Income From Business	财产净收入 Net Property Income	转移净收入 Net Transfer Income
合肥市	Hefei	14407	5773	5020	321	3293
淮北市	Huaibei	9116	3658	3530	128	1799
亳州市	Bozhou	8967	3245	3163	114	2446
宿州市	Suzhou	8332	2327	3689	109	2207
蚌埠市	Bengbu	10511	3360	4154	126	2870
阜阳市	Fuyang	8213	2161	3140	49	2863
淮南市	Huainan	10547	4759	3794	276	1718
滁州市	Chuzhou	9171	3391	3954	127	1699
六安市	Luan	8287	3258	2940	72	2017
马鞍山市	Maanshan	14969	7687	5046	366	1869
芜湖市	Wuhu	14606	6966	4273	194	3172
宣城市	Xuancheng	11251	5374	4193	161	1523
铜陵市	Tongling	16405	9330	4427	533	2115
池州市	Chizhou	10629	4421	4109	193	1906
安庆市	Anqing	9024	3567	2550	163	2743
黄山市	Huangshan	10942	4487	4258	118	2079

9—15 农村居民人均收支情况
Per Capita Cash Income and Expenditure of Rural Residents

单位：元（yuan）

项　　目	Item	2014
总收入	**Total Income**	**12467.63**
工资性收入	Wage Income	3554.87
家庭经营收入	Income From Household Business	6274.92
财产性收入	Property Income	169.14
转移性收入	Transfer Income	2468.70
可支配收入	**Net Income**	**9916.42**
期内现金收入合计	**Total Income During the Period**	**11441.05**
工资性收入	Wage Income	3543.00
家庭经营收入	Income From Household Business	5469.22
财产性收入	Property Income	169.14
转移性收入	Transfer Income	2259.69
期内现金支出合计	**Total Cash Expenditure in the Period**	**12497.06**
现金消费支出	Cash Comsumption Expenditure	6380.69
生产经营现金费用支出	Cash Production and Operating Expenditure	1907.24
现金财产性支出	Cash Property Expenditure	12.72
现金转移性支出	Cash Transfer Expenditure	242.13
部分商业保险支出	Part of Commercial Insurance Expenditure	41.77
购置资产及非经常性转移支出	Acquisition of Assets and Non-recurring Transfer Expenditure	2880.93
借贷性支出	Lending Expenditure	1031.57

9—16 农村居民家庭平均每人生活消费支出
Per Capita Living Expenditure of Rural Households

单位：元（yuan）

项 目	Item	2014
生活消费支出	**Living Expenditure**	**7980.76**
按消费类别分	**By Category of Consumption**	
食品烟酒	Food Alcohol and Tobacco	2842.33
衣 着	Clothing	473.95
居 住	Residence	1686.02
生活用品及服务	Household Facilities, Articles and Services	498.69
交通通信	Transportation and Communications	811.71
教育文化娱乐	Cultural, Educational and Recreational Articles and Services	735.12
医疗保健	Medicines and Medical Services	778.84
其他用品和服务	Other Commodities and Services	154.10
按消费性质分	**By Source of Consumption**	
现金消费支出	**Consumption Paid in Money**	**6380.69**
食品烟酒	Food Alcohol and Tobacco	2481.76
衣 着	Clothing	471.69
居 住	Residence	634.48
生活用品及服务	Household Facilities, Articles and Services	496.08
交通通信	Transportation and Communications	811.66
教育文化娱乐	Cultural, Educational and Recreational Articles and Services	735.01
医疗保健	Medicines and Medical Services	597.25
其他用品和服务	Other Commodities and Services	152.76
实物性消费	**Consumption in Kind**	**1600.08**
食 品	Food	360.57
衣 着	Clothing	2.26
居 住	Residence	1051.54

9—17 农村居民家庭平均每人生活消费支出构成
Composition of per Capita Living Expenditure of Rural Households

单位：%

项　目	Item	2014
生活消费支出	**Living Expenditure**	
按消费类别分	**By Category of Consumption**	
食品烟酒	Food Alcohol and Tobacco	35.61
衣　着	Clothing	5.94
居　住	Residence	21.13
生活用品及服务	Household Facilities, Articles and Services	6.25
交通通信	Transportation and Communications	10.17
教育文化娱乐	Cultural, Educational and Recreational Articles and Services	9.21
医疗保健	Medicines and Medical Services	9.76
其他用品和服务	Other Commodities and Services	1.93
按消费性质分	**By Source of Consumption**	
货币性消费	**Consumption Paid in Money**	
食品烟酒	Food Alcohol and Tobacco	31.10
衣　着	Clothing	5.91
居　住	Residence	7.95
生活用品及服务	Household Facilities, Articles and Services	6.22
交通通信	Transportation and Communications	10.17
教育文化娱乐	Cultural, Educational and Recreational Articles and Services	9.21
医疗保健	Medicines and Medical Services	7.48
其他用品和服务	Other Commodities and Services	1.91
实物性消费	**Consumption in Kind**	
食　品	Food	4.52
衣　着	Clothing	0.03
居　住	Residence	13.18

9—18 农村居民家庭平均每人主要消费品消费量
Per Capita Consumption of Major Consumer Goods in Rural Households

品　名		Item		2014
粮食（原粮）	（公斤）	Grain (Unprocessed)	(kg)	181.96
#细　粮		Wheat and Rice		170.11
蔬　菜	（公斤）	Fresh Vegetables	(kg)	88.08
食　油	（公斤）	Edible Oil	(kg)	14.08
猪牛羊肉	（公斤）	Pork, Beef and Mutton	(kg)	17.54
家　禽	（公斤）	Poultry	(kg)	10.09
蛋及制品	（公斤）	Eggs and Related Products	(kg)	9.26
鱼　虾	（公斤）	Fish and Shrimp	(kg)	8.40
食　糖	（公斤）	Sugar	(kg)	1.16
酒	（公斤）	Liquor	(kg)	15.37

9—19 农村居民家庭平均每百户年底耐用消费品拥有量
Number of Durable Consumer Goods Owned per 100 Rural Households at the Year-end

品　名		Item		2014
洗衣机	（台）	Washing Machine	(set)	71.37
电冰箱	（台）	Refrigerator	(set)	86.36
空调机	（台）	Air Conditioner	(set)	53.64
抽油烟机	（台）	Exhaust Fan	(set)	9.67
自行车	（辆）	Bicycle	(unit)	70.77
摩托车	（辆）	Motorcycle	(unit)	51.20
生活用汽车	（辆）	Automobile	(unit)	6.89
电话机	（部）	Telephone	(set)	46.66
移动电话	（部）	Mobile Telephone	(set)	193.21
彩色电视机	（台）	Color TV Set	(set)	119.63
照相机	（台）	Camera	(set)	3.97
家用计算机	（台）	Computer	(set)	18.13
热水器	（台）	Shower	(unit)	63.09

9—20 各市农村居民家庭平均每百户年底耐用消费品拥有量（2014年）

Number of Durable Consumer Goods Owned per 100 Rural Households at the Year-end by Region (2014)

地 区	Region	洗衣机（台）Washing Machine (set)	电冰箱（台）Refrigerator (set)	空调机（台）Air Conditioner (set)	抽油烟机（台）Exhaust Fan (set)	自行车（辆）Bicycle (unit)	摩托车（辆）Motorcycle (unit)
合肥市	Hefei	57.0	91.9	64.0	13.8	58.6	31.1
淮北市	Huaibei	89.3	80.1	50.0	6.7	87.9	75.1
亳州市	Bozhou	88.2	65.9	50.0	1.3	81.8	49.9
宿州市	Suzhou	80.1	64.2	29.1	4.6	75.4	48.5
蚌埠市	Bengbu	76.5	72.1	40.5	3.2	55.1	32.5
阜阳市	Fuyang	87.1	69.1	22.1	2.3	80.7	40.2
淮南市	Huainan	81.4	82.8	63.7	17.4	83.6	44.1
滁州市	Chuzhou	67.7	79.6	40.9	8.3	48.4	46.0
六安市	Luan	46.6	84.8	47.8	11.7	48.7	56.5
马鞍山市	Maanshan	65.1	91.2	94.9	18.7	87.3	48.2
芜湖市	Wuhu	51.6	89.9	81.2	25.6	60.0	24.7
宣城市	Xuancheng	48.2	96.4	78.9	27.0	68.6	44.2
铜陵市	Tongling	44.0	93.6	85.8	20.3	44.8	41.4
池州市	Chizhou	25.2	85.4	64.1	29.2	56.2	55.7
安庆市	Anqing	28.6	81.3	46.4	5.1	41.9	60.2
黄山市	Huangshan	43.1	87.9	36.7	15.3	55.1	57.2

地 区	Region	生活用汽车（辆）Automobile (unit)	电话机（部）Telephone (set)	移动电话（部）Mobile Telephone (set)	彩色电视机（台）Color TV Set (set)	照相机（台）Camera (set)	家用计算机（台）Computer (set)
合肥市	Hefei	8.0	36.3	178.6	121.8	9.2	16.3
淮北市	Huaibei	4.6	57.5	202.2	109.8	10.8	18.2
亳州市	Bozhou	13.0	45.2	164.2	107.2	1.0	8.0
宿州市	Suzhou	4.3	41.1	163.3	103.2	1.1	7.8
蚌埠市	Bengbu	2.6	41.7	155.6	110.5	1.3	13.5
阜阳市	Fuyang	4.8	37.9	153.8	107.4	1.6	4.9
淮南市	Huainan	9.7	33.7	195.6	120.5	2.2	18.3
滁州市	Chuzhou	4.0	30.7	164.0	115.9	2.8	11.8
六安市	Luan	7.2	63.2	167.0	112.4	3.2	5.2
马鞍山市	Maanshan	6.8	62.4	188.2	130.4	6.2	31.9
芜湖市	Wuhu	5.8	41.6	175.0	114.5	5.7	21.6
宣城市	Xuancheng	7.0	54.4	230.9	146.6	5.1	31.7
铜陵市	Tongling	6.7	41.8	218.0	123.0	5.7	39.6
池州市	Chizhou	4.3	58.8	190.1	112.8	5.4	17.5
安庆市	Anqing	7.8	72.9	176.0	110.9	3.5	23.6
黄山市	Huangshan	7.8	65.9	204.8	128.2	4.6	26.6

9—21 各市农村居民人均可支配收入情况
Municipal Rural Residents per Capita Disposable Income

单位：元（yuan）

地　区	Region	2014
合肥市	Hefei	14407
淮北市	Huaibei	9116
亳州市	Bozhou	8967
宿州市	Suzhou	8332
蚌埠市	Bengbu	10511
阜阳市	Fuyang	8213
淮南市	Huainan	10547
滁州市	Chuzhou	9171
六安市	Luan	8287
马鞍山市	Maanshan	14969
芜湖市	Wuhu	14606
宣城市	Xuancheng	11251
铜陵市	Tongling	16405
池州市	Chizhou	10629
安庆市	Anqing	9024
黄山市	Huangshan	10942

9—22 各市农村居民人均生活消费支出情况
Municipal Rural Residents per Capita Consumption Expenditure

单位：元（yuan）

地　区	Region	2014
合肥市	Hefei	9077
淮北市	Huaibei	6447
亳州市	Bozhou	7592
宿州市	Suzhou	5006
蚌埠市	Bengbu	5544
阜阳市	Fuyang	6696
淮南市	Huainan	7238
滁州市	Chuzhou	6484
六安市	Luan	7265
马鞍山市	Maanshan	9833
芜湖市	Wuhu	9606
宣城市	Xuancheng	9323
铜陵市	Tongling	11516
池州市	Chizhou	8779
安庆市	Anqing	7434
黄山市	Huangshan	8151

9—23 各县（区）农村居民家庭人均可支配收入
Various Counties (area) the per Ccapita Disposable Income of Rural Households

单位：元（yuan）

地　区	Region	2014
瑶　海　区	Yaohai District	18482
庐　阳　区	Luyang District	19168
蜀　山　区	Shushan District	18810
包　河　区	Baohe District	19381
合肥新站区	Hefei New Station District	14165
长　丰　县	Changfeng	13395
肥　东　县	Feidong	14807
肥　西　县	Feixi	15070
庐　江　县	Lujiang	13111
巢　湖　市	Chaohu	13860
合肥高新区	Hefei New and High-tech Zone	14181
杜　集　区	Duji District	9599
相　山　区	Xiangshan District	9258
烈　山　区	Lieshan District	9108
濉　溪　县	Suixi	9056
谯　城　区	Qiaocheng District	9875
涡　阳　县	Guoyang	8415
蒙　城　县	Mengcheng	9211
利　辛　县	Lixin	8340
埇　桥　区	Yongqiao District	8503
砀　山　县	Dangshan	8494
萧　　　县	Xiaoxian	8290
灵　璧　县	Lingbi	8399
泗　　　县	Sixian	7949
龙子湖区	Longzihu District	10334
蚌　山　区	Bengshang District	10289
禹　会　区	Yuhui District	10012
淮　上　区	Huaishang District	9966
怀　远　县	Huaiyuan	10610
五　河　县	Wuhe	10569
固　镇　县	Guzhen	10670
颍　州　区	Yingzhou District	9634
颍　东　区	Yingdong District	7769
颍　泉　区	Yingquan District	8365
临　泉　县	Linquan	7826
太　和　县	Taihe	8410

9—23 续表1 continued

单位：元（yuan）

地 区	Region	2014
阜 南 县	Funan	7843
颍 上 县	Yingshang	8241
界 首 市	Jieshou	8983
大 通 区	Datong District	10884
田家庵区	Tianjaan District	11468
谢家集区	Xiejiaji District	10839
八公山区	Bagongshan District	11026
潘 集 区	Panji District	10315
毛集实验区	Maoji Experimental District	10122
凤 台 县	Fengtai	10462
琅 琊 区	Langya District	9874
南 谯 区	Nanqiao District	9486
来 安 县	Laian	9015
全 椒 县	Quanjiao	9394
定 远 县	Dingyuan	8542
凤 阳 县	Fengyang	8080
天 长 市	Tianchang	12780
明 光 市	Mingguang	8529
金 安 区	Jinan District	8933
裕 安 区	Yuan District	8995
寿 县	Shouxian	7813
霍 邱 县	Huoqiu	7902
舒 城 县	Shucheng	8410
金 寨 县	Jinzhai	7762
霍 山 县	Huoshan	9449
叶集试验区	Yeji Experimental District	8203
花 山 区	Huashan District	20298
雨 山 区	Yushan District	20567
博 望 区	Bowang District	16601
当 涂 县	Dangtu	16585
含 山 县	Henshan	12954
和 县	Hexian	12965
镜 湖 区	Jinghu District	18050
弋 江 区	Yijiang District	15121
鸠 江 区	Jiujiang District	16039
三 山 区	Sanshang District	15907

9—23 续表2 continued

单位：元（yuan）

地 区	Region	2014
芜湖县	Wuhu	16269
繁昌县	Fanchang	16118
南陵县	Nanling	15786
无为县	Wuwei	12989
宣州区	Xuanzhou District	11285
郎溪县	Langxi	11020
广德县	Guangde	12770
泾县	Jingxian	10082
绩溪县	Jixi	9335
旌德县	Jingde	9116
宁国市	Ningguo	12567
铜陵县	Tongling	15944
狮子山区	Shizishan District	19443
铜陵市郊区	Tongling Suburban District	18366
贵池区	Guichi District	11026
东至县	Dongzhi	10653
石台县	Shitai	7410
青阳县	Qingyang	11158
九华山景区	Jiuhuashan Mountain Scenic Area	11219
池州开发区	Chizhou Development Zone	11285
迎江区	Yingjiang District	11723
大观区	Daguan District	11501
宜秀区	Yixiu District	11875
怀宁县	Huaining	10457
枞阳县	Zongyang	8456
潜山县	Qianshan	8309
太湖县	Taihu	8010
宿松县	Susong	8074
望江县	Wangjiang	8177
岳西县	Yuexi	8001
桐城市	Tongcheng	10713
屯溪区	Tunxi District	11645
黄山区	Huangshan District	11173
徽州区	Huizhou District	11245
歙县	Shexian	10883
休宁县	Xiuning	10772
黟县	Yixian	10917
祁门县	Qimen	10803

主要统计指标解释

可支配收入

指调查户在调查期内获得的、可用于最终消费支出和储蓄的总和，即调查户可以用来自由支配的收入。可支配收入既包括现金，也包括实物收入。按照收入的来源，可支配收入包含五项，分别为：工资性收入、经营净收入、财产净收入、转移净收入和自有住房折算净租金。计算公式为：

可支配收入=工资性收入+经营净收入+财产净收入+转移净收入+自有住房折算净租金

其中：经营净收入=经营收入-经营费用-生产性固定资产折旧－生产税净额（生产税-生产补贴）

财产净收入=财产性收入-财产性支出

转移净收入=转移性收入-转移性支出

工资性收入

指就业人员通过各种途径得到的全部劳动报酬和各种福利，包括受雇于单位或个人、从事各种自由职业、兼职和零星劳动得到的全部劳动报酬和福利。

经营净收入

指住户或住户成员从事生产经营活动所获得的净收入，是全部经营收入中扣除经营费用、生产性固定资产折旧和生产税净额（生产税减去生产补贴）之后得到的净收入。

财产净收入

指住户或住户成员将其所拥有的金融资产和自然资源交由其他机构单位、住户或个人支配而获得的回报并扣除相关的费用之后得到的净收入。财产净收入包括利息净收入、红利收入、储蓄性保险净收益和转让承包土地经营权租金净收入等。

转移性收入

指国家、单位、社会团体对住户的各种经常性转移支付和住户之间的经常性收入转移。包括政府、非行政事业单位、社会团体对居民转移的养老金或退休金、社会救济和补助、政策性生活补贴、救灾款、经常性捐赠和赔偿以及报销医疗费等；住户之间的赡养收入、经常性捐赠和赔偿以及农村地区（村委会）在外（含国外）工作的本住户非常住成员寄回带回的收入等。

消费支出

指住户用于满足家庭日常生活消费需要的全部支出，包括用于消费品的支出和用于服务性消费的支出。根据用途不同，消费支出可划分为食品烟酒、衣着、居住、生活用品及服务、交通通信、教育文化娱乐、医疗保健、其他用品及服务八大类。根据来源不同，消费支出可划分为现金消费支出、实物消费支出（含自产自用、来自单位、来自政府和其他社会组织）。

Explanatory Notes for Major Statistical Indicators

Disposable income

Refers to the DiaoZhaHu during the survey period, can be used for final consumption expenditure and the sum of savings, namely DiaoZhaHu can be used to discretionary income. Disposable income includes both cash and in-kind income. According to a source of income, disposable income contains five, respectively: salary income, operating income, net income and property transfer net income and home ownership conversion net rents. Calculation formula is:

Disposable income = salary income + business net income, net income property + + home ownership transfer net income reduced net rents

Among them: business net income = operating income - operating costs - productive fixed assets depreciation by net production tax (production tax - production subsidies)

Property income = property income - property spending

Transfer net income = metastatic income - transfer spending

Wage income

Refers to the employment through various means to get all the labor remuneration and benefits, including employed by units or individuals, is engaged in a variety of freelancing, part-time and sporadic labor to get all the labor remuneration and welfare.

Business net income

Refers to the resident or resident members engaged in the production and business operation activities of net income, is all operating income deducted operating expenses, productive fixed assets depreciation and net production tax (production tax less production subsidies) after the net income.

Property income

Refers to the resident or resident members should be owned by the financial assets, natural resources by other agencies and institutions and the resident or disposal and returns and net income after deducting costs associated. Property net income includes interest income, dividend income, net income and the transfer of contracted land management rights rental deposit sex insurance net income, etc.

Metastatic income

Refers to the country, unit, society the homes of various current transfer payment and regular income transfers between households. Including government, non-executive institutions, social organizations to move people's pension or retirement, social relief and assistance, policy-related subsidies, relief of life, regular donations and compensation and reimbursement, etc.; Support between residents income, regular donations and compensation, and rural area (village) and outer (including foreign) work non-permanent members return back to the residents income, etc.

Consumer spending

Refers to the residents used to meet the needs of all family daily life consumption spending, including for consumer spending and for service consumer spending. According to different purposes, consumer spending can be divided into alcohol, tobacco, food, clothing, housing, household items and services, transportation, communication, education and cultural entertainment, health care and other products and services for the eight classes. According to different sources can be divided into consumer spending cash consumption expenditure, real consumer spending (including produce their own, from units, from government and other social organizations).

第十篇

Chapter 10

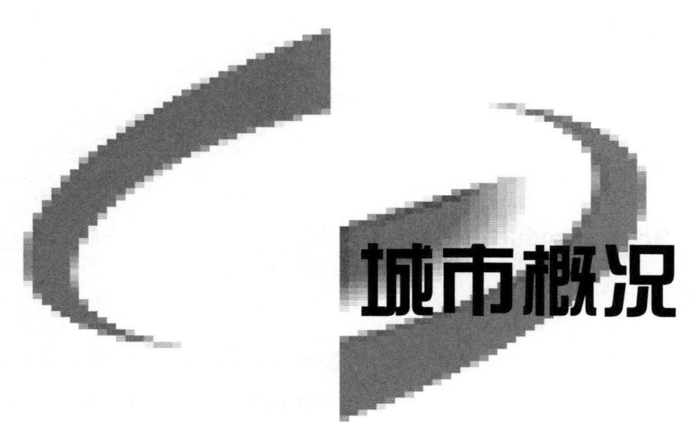

GENERAL SURVEY OF CITIES

简要说明

一、本篇资料反映全省及16个地级城市市辖区社会、经济发展和城市建设的规模、效益及综合水平等基本情况，主要内容：

1. 人口、劳动力及土地面积；

2. 综合经济指标；

3. 固定资产投资；

4. 教育、科技、文化、卫生情况；

5. 财政、金融情况；

6. 人民生活情况；

7. 社会福利、劳动保险；

8. 市政公用事业情况；

二、全省城市社会经济资料由安徽省统计局综合处根据国家统计局《城市社会经济基本情况统计报表制度》搜集、汇总整理提供。

Brief Introduction

I. Data in this chapter show the social and economic development as well as the scale, economic efficiency, overall level and other basic conditions of 16 cities at the prefecture and county level in Anhui Province. The main content is composed of the following parts.

1. Population, labor force and area of land.

2. Comprehensive economic indicators.

3. Investment in fixed assets.

4. The conditions of education, science and technology, culture and health care.

5. The conditions of finance and banking.

6. People's livelihood.

7. Social welfare and labor insurance.

8. The conditions of municipal public utilities.

II. Data on the social and economic conditions of the cities in the province are prepared and provided by the Division of Integrated Statistics of Anhui Statistical Bureau in accordance with the statistical reporting scheme on the basic social and economical situations of the cities, which is stipulated by the State Statistical Bureau.

10—1 地级城市基本情况（2014年）
Basic Statement of Cities at Prefectural Level (2014)

指标		Item		全省 Province	#市区合计 City
人口、劳动力及土地面积		**Population, Labor Force and Land Area**			
年末户籍人口	（万人）	Residence Population (year-end)	(10000 persons)	6935.83	2008.68
年平均户籍人口	（万人）	Annual Average Residence Population	(10000 persons)	6932.18	1993.18
年末城镇非私营单位从业人员数	（万人）	Number of Employed Persons of Urban Non-private Owned Units (year-end)	(10000 persons)	521.74	336.28
城镇私营企业和个体从业人员	（万人）	Self-employed Individuals in Urban Areas	(10000 persons)	655.36	
行政区域土地面积	（平方公里）	Land Area	(sq.m)	140140	27059
#建成区面积		Developed Area			1665
综合经济		**General Economy**			
地区生产总值（当年价格）	（亿元）	Gross Regional Product (at current price)	(100 million yuan)	20848.75	10964.39
第一产业		Primary Industry		2392.39	499.69
第二产业		Secondary Industry		11077.67	6178.90
第三产业		Tertiary Industry		7378.69	4285.79
财政、金融		**Government Finance and Banking**			
地方财政一般预算内收入	（亿元）	Local Budgetary Financial Revenue	(100 million yuan)	2218.44	1180.14
地方财政一般预算内支出	（亿元）	Local Budgetary Financial Expenditure	(100 million yuan)	4664.10	1896.77
一般公共服务支出		General Public Service		408.15	165.70
科学技术		Expenses for Science		129.59	89.63
教育		Expenses for Education		743.07	248.91
文化体育与传媒		Culture, Sports and Media		82.25	26.70
社会保障和就业		Social Security and Employment		575.82	169.12
节能环保		Expenses for Energy Saving and Environmental Protection		104.76	56.60
医疗卫生		Expenses for Public Health		425.00	129.82
住房保障		Expenses for Housing Security		232.76	110.07
城乡社区事务		Expenses in Urban、Rural Areas and Communities		558.55	376.51
交通运输		Transport		338.38	161.37
个人人民币储蓄存款余额	（亿元）	Balance of Savings Deposit of Residents	(100 million yuan)	14599.43	6877.94
农业		**Agriculture**			
蔬菜产量	（万吨）	Output of Vegetables	(10000 tons)	2550.97	
园林水果产量	（万吨）	Output of Garden Fruits	(10000 tons)	284.56	
肉类产量	（万吨）	Output of Meat	(10000 tons)	414.02	
奶类产量	（万吨）	Output of Milk	(10000 tons)	27.87	
水产品产量	（万吨）	Output of Freshwater Products	(10000 tons)	223.69	
工业		**Industry**			
规模以上工业法人企业		Industrial Corporate Enterprises above Designated Size			
工业企业数	（个）	Number of Enterprises	(unit)	17762	6228
内资企业		Domestic Funded Enterprises		16958	5754
港澳台商投资企业		Funded by Entrepreneurs from Hong Kong, Macao and Taiwan		308	193
外商投资企业		Foreign Funded Enterprises		496	281
工业总产值（当年价格）	（亿元）	Gross Output Value (at current price)	(100 million yuan)	37420.62	19320.27
内资企业		Domestic Funded Enterprises		32520.95	15590.51
港澳台商投资企业		Funded by Entrepreneurs from Hong Kong, Macao and Taiwan		2215.39	1678.06
外商投资企业		Foreign Funded Enterprises		2684.28	2051.71
从业人员年平均人数	（万人）	Annual Average Number of Employed Persons	(10000 persons)	318.40	161.61
流动资产合计	（亿元）	Total Circulating Funds	(100 million yuan)	13006.91	8035.49
固定资产合计	（亿元）	Total Fixed Assets	(100 million yuan)	11167.40	7416.18
主营业务收入	（亿元）	Main Business Revenue	(100 million yuan)	36838.37	19334.05
主营业务税金及附加	（亿元）	Main Business Taxes and Extra-charges	(100 million yuan)	476.19	376.28
本年应交增值税	（亿元）	Value Added Tax Payable	(100 million yuan)	991.10	553.21
利润总额	（亿元）	Total Profits	(100 million yuan)	1943.62	879.20

10—1 续表1 continued

指 标	Item	全 省 Province	#市区合计 City
交通运输、邮电通信、能源电力	**Transportation, Post & Telecommunication and Electric Power**		
铁路旅客运量 （万人）	Passenger Traffic of Railways (10000 persons)	7972	
铁路货物运量 （万吨）	Freight Traffic of Railways (10000 tons)	10488	
境内铁路营业里程 （公里）	Length of Railways Within the Boundary (km)	3549	
民用汽车拥有量 （万辆）	Number of Civil Vehicles Owned (10000 units)	437.33	
#私人汽车	Number of Motor Vehicls owned by Individuals	348.20	
公路客运量 （万人）	Passenger Traffic of Highways (10000 persons)	131403	
公路货运量 （万吨）	Freight Traffic of Highways (10000 tons)	315223	
境内公路里程 （公里）	Length of Highways Within the Boundary (km)	174373	
境内高速公路里程 （公里）	Express Highways (km)	3752	
内河港口货物吞吐量 （万吨）	Cargo Handled in Ports of Inland Rivers (10000 tons)	43837.92	
水运客运量 （万人）	Passenger Traffic of Waterways (10000 persons)	178	
水运货运量 （万吨）	Freight Traffic of Waterways (10000 tons)	108587	
民用航空货邮运量 （万吨）	Freight Traffic of Civil Aviation (10000 tons)	2.4	
民用航空客运量 （万人）	Passenger Traffic of Civil Aviation (10000 persons)	270	
年末邮政局（所） （处）	Number of Post Offices (year-end) (unit)	1903	
邮政业务总量 （亿元）	Business Revenue of of Postal Services (100 million yuan)	36.83	
电信业务总量 （亿元）	Business Revenue of of Telecommunication Services (100 million yuan)	549.18	
年末固定电话用户 （万户）	Local Telephone Subscribers at Year-end (10000 subscribers)	839.83	
年末移动电话用户 （万户）	Number of Mobile Telephone Subscribers at Year-end (10000 subscribers)	4215.93	
固定互联网宽带接入用户 （万户）	Number of Internet Wide Band Turning on Users (10000 subscribers)	725.41	
全社会用电量 （亿千瓦时）	Total Electricity Consumption (100 million kwh)	1585.18	750.32
#工 业	Industrial Electricity Consumption	1120.81	522.07
居民生活	Residential Power Consumption	234.35	94.11
内外贸易、外经、旅游	**Trade Foreign Trade and Tourism**		
限额以上批发和零售业商品销售总额 （亿元）	Total Sale of Enterprises Above Designed Size in Wholesale and Retail Trade (100 million yuan)	9427.52	7384.92
社会消费品零售总额 （亿元）	Retailsale of Consumer Goods (100 million yuan)	7957.00	4303.93
进口额（海关数） （亿美元）	Total Imports (customs statistics) (USD 100 million)	177.80	
出口额（海关数） （亿美元）	Total Exports (customs statistics) (USD 100 million)	314.93	
外商直接投资	Forign Drirect Investment		
当年新批项目 （个）	Number of Contracts Newly Signed (unit)	256	209
当年实际使用外资金额 （亿美元）	Amount of Foreign Capital Actually Used (USD 100 million)	123.40	74.99
入境旅游人数 （万人）	Number of inbound Tourists (10000 persons)	405.06	
#外国人	Foreigners	232.90	
港、澳、台同胞	Compatriots from Hong Kong, Macao and Taiwan	172.16	
旅游（外汇）收入 （亿美元）	Foreign Exchange Earnings from International Tourism (USD 100 million)	19.60	
星级饭店 （个）	Number of Tourist Hotel of Star Class (unit)	466	
固定资产投资	**Investment in Fixed Assets**		
固定资产投资额 （亿元）	Total Investment in Fixed Assets (100 million yuan)	21256.29	11394.32
#房地产开发	Total Investment in Real Estate Devlopment	4338.96	2853.32
#住 宅	Residential Buildings	2847.63	1824.21
全年新增固定资产 （亿元）	Newly Increased Fixed Assets (100 million yuan)	13877.33	6125.01

10—1 续表2 continued

指 标	Item	全 省 Province	#市区合计 City
商品房屋销售面积 (万平方米)	Floor Space of Selling House (10000 sq.m)	6202.18	3715.05
#住 宅	Residential Buildings	5364.94	3168.96
商品房屋销售额 (亿元)	Total Sales of Commercial House (100 million yuan)	3345.19	2215.70
#住 宅	Residential Buildings	2691.80	1761.09
商品房屋待售面积 (万平方米)	Square Commercial House for Sal (10000 sq.m)	1636.74	875.94
教育、科技、文化、卫生	**Education, S&T, Culture and Public Health**		
学校数 (所)	Number of Schools (unit)		
普通高等学校	Institutions of Higher Education	107	
中等职业教育学校	Secondary Vocational Technical School	431	215
普通中学	Regular Secondary Schools	3599	1017
小 学	Primary Schools	10547	2461
专任教师数 (人)	Number of Full-time Teachers (person)		
普通高等学校	Institutions of Higher Education	56525	53878
中等职业教育学校	Secondary Vocational Technical School	30529	14396
普通中学	Regular Secondary Schools	230448	74634
小 学	Primary Schools	237902	71355
在校学生数 (万人)	Number of Student Enrollment (10000 persons)		
普通高等学校	Institutions of Higher Education	108.05	
高中阶段在校学生	Senior Secondary	120.13	79.55
中等职业教育学校	Secondary Vocational Technical School	67.67	40.25
普通中学	Regular Secondary Schools	312.54	102.05
小 学	Primary Schools	415.14	128.22
成人高等学校在校学生数 (万人)	Student Enrollment in Institutions of Higher Education for Adults (10000 persons)	22.63	
体育场馆数 (个)	Number of Stadiuns and Gymnasiums (unit)	381	
公共图书馆总藏量 (千册、件)	Total Collecters of Public Libraries (1000 unit)	17534	11159
医院、卫生院数 (个)	Number of Hospitals (unit)	2367	946
医院、卫生院床位数 (张)	Number of Hospital Beds (unit)	238631	123508
医生数（执业医师+执业助理医师） (人)	Number of Doctors (Practicing Doctors + Practicing Mediatinuses) (person)	103738	51863
注册护士 (人)	Registered Nurses (person)	111544	65510
人民生活、社会保障	**Living Standards, Social Security**		
在岗职工工资总额 (亿元)	Total Wages of On-the-job worker (100 million yuan)	2475.21	1691.52
城镇职工基本养老保险参保人数 (万人)	Number of Staff and Workers Participated in Endowment Insurance (10000 persons)	829.25	470.18
城镇职工基本医疗保险参保人数 (万人)	Number of Staff and Workers Participated in Medical Insurance (10000 persons)	739.88	504.59
失业保险参保人数 (万人)	Number of People Participated in Unemployed Insurance (10000 persons)	422.04	297.20
社区服务设施数 (个)	Number of Service Facilities of Community (unit)	7638	3002
城镇居民最低生活保障人数 (万人)	Number of Urban Residents Living on the Minimum Standard of Living (10000 persons)	72.41	35.99
社会治安	**Public Security**		
交通事故死亡人数 (人)	Number of Deaths on Traffic Accidents (person)	2648	984
交通事故损失额 (万元)	Amount of Loss on Traffic Accidents (10000 yuan)	6729	3134
火灾事故死亡人数 (人)	Number of Deaths on Fire Accidents (person)	35	17
火灾事故损失额 (万元)	Amount of Loss on Fire Accidents (10000 yuan)	14044	7245

注：10—1和10—2表中，城镇职工基本养老保险、基本医疗保险参保人数，包括报告期末参加城镇基本养老保险、基本医疗保险并在社保经办机构已建立缴费记录档案的职工人数和离休、退休和退职人员的人数。中等职业教育学校相关指标为包含成人中等专业学校不包含技工学校的数据。

a) In Sheet 10-1and 10-2,The population of basic old-age insurance for urban employees and basic medical insurance,including at the end of the reporting period population taking part in urban basic old-age insurance and basic medical insurance and these population have been set up records by social security agencies, and retired personnel.The indicators data about secondary vocational technical schools are including specialized secondary schools for adults,but not including technical schools.

10—2 地级城市市区基本情况（2014年）
Basic Statement of Cities at Prefectural Level by Region (2014)

指标	Item	合肥市 Hefei	淮北市 Huaibei	亳州市 Bozhou	宿州市 Suzhou
人口、劳动力及土地面积	**Population, Labor Force and Land Area**				
年末总人口（万人）	Population (year-end) (10000 persons)	245.37	104.94	167.05	186.23
年平均户籍人口（万人）	Annual Average Residence Population (10000 persons)	243.08	105.86	167.04	186.64
年末城镇非私营单位从业人员人数（万人）	Number of Employed Persons of Urban Non-private Owned Units (year-end) (10000 persons)	114.79	22.59	8.41	16.60
城镇私营企业和个体从业人员（万人）	Self-employed Individuals in Urban Areas (10000 persons)		26.32		
行政区域土地面积（平方公里）	Land Area (sq.m)	1127	760	2263	2907
＃建成区面积	Developed Area	403	80	54	72
综合经济	**General Economy**				
地区生产总值(当年价格)（亿元）	Gross Regional Product (at current price) (100 million yuan)	3430.76	556.13	293.38	480.77
第一产业	Primary Industry	18.31	18.02	58.53	65.98
第二产业	Secondary Industry	1839.71	371.83	125.87	224.42
第三产业	Tertiary Industry	1572.75	166.29	108.98	190.37
财政、金融	**Government Finance, Banking and Insurance**				
地方财政一般预算内收入（亿元）	Local Budgetary Financial Revenue (100 million yuan)	386.30	38.59	36.04	17.14
地方财政一般预算内支出（亿元）	Local Budgetary Financial Expenditure (100 million yuan)	481.12	74.31	91.63	49.43
一般公共服务	General Public Service	44.22	7.98	6.69	6.03
科学技术	Expenses for Science	23.92	1.26	0.51	0.41
教　育	Expenses for Education	67.55	10.38	10.77	12.97
文化体育与传媒	Culture, Sports and Media	7.64	0.72	0.46	0.25
社会保障和就业	Social Security and Employment	29.97	9.38	8.75	5.30
节能环保	Expenses for Energy Saving and Environmental Protection	13.69	1.41	2.31	0.59
医疗卫生	Expenses for Public Health	18.01	5.40	8.31	7.89
住房保障	Expenses for Housing Security	10.42	4.53	12.22	2.10
城乡社区事务	Expenses in Urban、Rural Areas and Communities	166.61	16.21	12.17	1.48
交通运输	Transport	19.05	5.47	10.03	1.10
个人人民币储蓄存款余额（亿元）	Balance of Savings Deposit of Residents (100 million yuan)	1665.24	338.54	255.50	360.66
工　业	**Industry**				
规模以上工业法人企业	Industrial Corporate Enterprises above Designated Size				
工业企业数（个）	Number of Enterprises (unit)	812	505	230	417
内资企业	Domestic Funded Enterprises	697	491	227	407
港澳台商投资企业	Funded by Entrepreneurs from Hong Kong, Macao and Taiwan	42	6		6
外商投资企业	Foreign Funded Enterprises	73	8	3	4
工业总产值(当年价格)（亿元）	Gross Output Value (at current price) (100 million yuan)	5132.31	1342.11	366.91	569.77
内资企业	Domestic Funded Enterprises	3518.57	1305.29	363.19	504.61
港澳台商投资企业	Funded by Entrepreneurs from Hong Kong, Macao and Taiwan	664.23	12.62		60.95
外商投资企业	Foreign Funded Enterprises	949.51	24.20	3.72	4.21
从业人员年平均人数（万人）	Annual Average Number of Employed Persons (10000 persons)	30.38	20.14	5.04	6.99
流动资产合计（亿元）	Total Circulating Funds (100 million yuan)	2018.07	591.50	162.43	128.94
固定资产合计（亿元）	Main Business Revenue (100 million yuan)	1462.35	762.29	86.58	187.75
主营业务收入（亿元）	Main Business Revenue (100 million yuan)	4737.73	1747.31	347.56	549.14
主营业务税金及附加（亿元）	Main Business Taxes and Extra-charges (100 million yuan)	76.59	12.45	8.60	4.24
本年应交增值税（亿元）	Value Added Tax Payable (100 million yuan)	116.85	51.47	12.87	14.07
利润总额（亿元）	Total Profits (100 million yuan)	276.48	32.78	33.20	25.51

蚌埠市 Bengbu	阜阳市 Fuyang	淮南市 Huainan	滁州市 Chuzhou	六安市 Luan	马鞍山市 Maanshan	芜湖市 Wuhu	宣城市 Xuancheng	铜陵市 Tongling	池州市 Chizhou	安庆市 Anqing	黄山市 Huangshan
112.40	223.99	182.66	54.20	189.12	82.20	144.98	86.62	44.87	66.29	73.49	44.27
107.99	219.99	180.88	54.04	188.88	82.27	140.56	86.70	45.04	66.66	73.43	44.12
20.11	15.49	26.69	9.02	8.67	16.65	32.39	3.53	13.55	6.24	14.38	7.16
	20.02	21.62	25.30	8.90	19.64	24.65	12.75	10.07	11.41		9.48
611	1924	1736	1406	3577	733	1491	2585	355	2432	810	2342
127	112	106	83	72	92	160	50	69	37	85	63
624.52	420.41	565.93	286.40	353.95	823.35	1384.22	251.68	593.08	263.65	404.53	231.62
22.69	56.95	40.14	19.19	63.38	8.35	28.17	38.23	2.85	30.29	13.30	15.32
392.14	171.64	308.20	200.35	166.87	513.17	903.84	110.21	421.13	136.40	190.32	102.82
209.69	191.83	217.60	66.86	123.70	301.82	452.21	103.24	169.10	96.97	200.91	113.49
72.38	54.74	59.12	47.01	46.91	72.05	148.38	21.87	52.90	42.37	41.88	42.47
109.47	135.77	109.84	83.64	130.37	90.71	205.18	38.59	80.75	78.86	56.66	80.46
6.89	11.99	12.10	6.77	11.11	9.13	9.96	3.95	5.67	8.43	3.51	11.27
5.69	0.98	1.78	2.03	1.89	3.45	32.28	0.82	6.64	1.17	5.22	1.57
13.01	21.81	15.02	10.19	20.63	10.70	25.20	5.54	10.82	8.07	1.01	5.26
1.50	1.13	1.68	0.92	1.63	2.00	2.58	0.19	0.94	1.13	2.16	1.77
11.47	16.52	15.02	7.49	9.74	8.94	14.58	5.25	7.26	5.94	6.65	6.84
3.26	3.69	2.37	1.40	5.72	2.15	2.52	0.32	5.16	1.83	1.49	8.69
7.34	12.62	8.94	5.10	14.87	6.08	11.88	4.55	3.50	6.46	4.45	4.42
7.76	13.50	12.70	2.88	5.36	7.50	9.85	1.71	4.29	7.15	4.65	3.44
24.86	10.45	11.54	14.21	8.32	15.27	41.22	6.19	16.07	13.46	5.84	12.61
11.21	16.78	5.35	10.81	23.55	5.84	18.82	1.13	5.42	8.65	11.60	6.58
372.28	498.46	566.14	214.05	385.59	458.61	548.68	200.64	245.71	199.02	350.72	218.09
415	404	422	354	371	411	723	295	187	221	238	223
391	396	406	309	360	374	610	279	166	209	220	212
14	5	6	23	5	14	42	4	12	6	3	5
10	3	10	22	6	23	71	12	9	6	15	6
1236.04	537.89	849.99	698.95	586.12	1440.29	3218.99	313.51	1610.18	342.80	823.46	250.95
1127.53	503.99	790.31	469.90	565.71	1277.53	2329.09	292.96	1180.37	329.73	789.21	242.51
89.97	29.09	53.10	105.76	11.89	46.04	198.74	2.75	385.05	8.07	4.68	5.11
18.53	4.82	6.58	123.29	8.52	116.72	691.16	17.80	44.77	5.00	29.56	3.32
8.87	6.02	18.67	7.52	6.00	11.97	18.00	3.70	7.38	3.10	5.37	2.46
433.61	192.24	496.87	229.31	174.45	699.39	1631.71	108.23	742.64	120.86	206.59	98.63
299.98	185.53	1432.25	181.89	169.10	700.34	924.12	102.68	419.57	199.86	253.09	48.80
1039.06	510.24	844.36	677.55	511.69	1519.06	2937.92	303.12	2203.31	332.92	836.22	236.86
53.85	24.11	8.07	22.80	2.91	6.40	74.11	2.52	3.98	1.84	72.73	1.08
24.31	14.28	48.39	26.25	9.13	35.13	123.66	9.80	21.27	16.91	23.88	4.92
41.33	19.34	-8.26	76.42	29.16	46.35	192.70	19.15	26.42	28.21	27.40	13.03

10—2 续表1 continued

指 标	Item	合肥市 Hefei	淮北市 Huaibei	亳州市 Bozhou	宿州市 Suzhou
邮政、电力	**Post and Electric Power**				
年末邮政局（所） (处)	Number of Post Offices (year-end) (unit)		25	35	30
全社会用电量 (亿千瓦时)	Total Electricity Consumption (100 million kwh)	128.51	33.76	15.52	33.81
#工 业	Industrial Electricity Consumption	56.19	25.01	4.87	20.23
居民生活	Residential Power Consumption	23.60	4.56	5.95	6.43
内外贸易、外经	**Trade Foreign Trade and Tourism**				
限额以上批发零售贸易业商品销售总额 (亿元)	Total Sale of Enterprises Above Designed Size in Wholesale and Retail Trade (100 million yuan)	3604.69	154.90	67.10	164.24
社会消费品零售总额 (亿元)	Retailsale of Consumer Goods (100 million yuan)	1327.71	159.64	140.58	77.64
外商直接投资	Forign Drirect Investment				
当年新批项目 (个)	Number of Contracts Newly Signed (unit)	78	4	1	
当年实际使用外资金额 (亿美元)	Amount of Foreign Capital Actually Used (USD 100 million)	17.78	5.44	1.54	0.79
固定资产投资	**Investment in Fixed Assets**				
固定资产投资额 (亿元)	Amount of Investment in Fixed Assets of Urban Area (100 million yuan)	3523.31	623.87	273.96	286.05
#房地产开发投资	Total Investment in Real Estate Devlopment	868.23	135.22	95.27	103.33
#住 宅	Residential Buildings	519.78	88.15	48.27	66.33
全年新增固定资产 (亿元)	Newly Increased Fixed Assets (100 million yuan)	2228.55	323.40	86.55	126.33
商品房屋销售面积 (万平方米)	Floor Space of Selling House (10000 sq.m)	1007.07	74.43	146.05	291.02
#住 宅	Residential Buildings	796.20	67.03	95.38	255.31
商品房屋销售额 (亿元)	Total Sales of Commercial House (100 million yuan)	813.17	38.41	77.10	131.75
#住 宅	Residential Buildings	636.57	31.68	41.22	112.52
商品房屋待售面积 (万平方米)	Square Commercial House for Sal (10000 sq.m)	122.39	48.44	11.03	73.15
教育、科技、文化、卫生	**Education, S&T, Culture and Public Health**				
学校数 (所)	Number of Schools (unit)				
普通高等学校	Institutions of Higher Education				
中等职业教育学校	Secondary Vocational Technical School	46	11	9	5
普通中学	Regular Secondary Schools	116	74	58	71
小 学	Primary Schools	152	140	317	251
专任教师数 (人)	Number of Full-time Teachers (person)				
普通高等学校	Institutions of Higher Education	23430	1850	729	1185
中等职业教育学校	Secondary Vocational Technical School	2182	724	1062	576
普通中学	Regular Secondary Schools	10847	4624	5240	5383
小 学	Primary Schools	9266	4242	6372	5784
在校学生数	Number of Student Enrollment				
普通高等学校 (万人)	Institutions of Higher Education (10000 persons)	47.20	3.47	1.19	1.99
高中阶段在校学生 (万人)	Senior Secondary (10000 persons)	15.45	2.82	4.96	5.53
中等职业教育学校 (万人)	Secondary Vocational Technical School (10000 persons)	8.24	2.43	2.42	2.49
普通中学 (万人)	Regular Secondary Schools (10000 persons)	14.85	5.55	8.07	8.03
小 学 (万人)	Primary Schools (10000 persons)	21.28	6.59	11.88	11.68

蚌埠市 Bengbu	阜阳市 Fuyang	淮南市 Huainan	滁州市 Chuzhou	六安市 Luan	马鞍山市 Maanshan	芜湖市 Wuhu	宣城市 Xuancheng	铜陵市 Tongling	池州市 Chizhou	安庆市 Anqing	黄山市 Huangshan
27	45	64	32	51	17	30	34	19	29	24	35
41.15	29.57	54.12	21.59	13.75	122.53	93.69	20.02	58.77	32.22	38.63	12.67
26.90	18.35	39.62	13.11	6.93	111.95	72.82	12.81	52.36	26.34	29.45	5.12
5.31	4.19	7.85	2.79	6.21	3.73	7.73	3.54	2.45	2.70	4.24	2.82
312.40	564.95	259.77	204.56	135.22	339.02	865.00	175.49	150.66	79.08	203.26	104.57
318.49	248.07	294.87	103.28	203.50	228.15	430.04	142.64	162.60	99.00	226.29	141.42
7	2	5	7	4	12	71	1	4	2	4	7
8.00	1.00	1.72	3.49	0.68	14.33	13.05	0.84	1.43	1.72	1.64	1.53
760.94	373.00	574.02	339.48	373.03	904.30	1471.22	298.66	593.54	333.17	372.44	293.36
311.84	132.53	93.50	17.75	116.80	152.92	398.54	90.81	103.50	78.10	53.93	101.03
193.42	81.02	60.20	11.46	93.90	109.38	263.80	67.93	56.93	54.15	40.68	68.80
389.70	124.24	48.62	156.47	80.69	780.76	827.45	137.21	460.09	41.93	164.89	148.12
313.54	178.84	158.03	182.84	192.90	180.22	464.94	94.61	86.20	113.29	171.80	59.27
287.04	145.27	139.99	175.30	178.30	164.13	421.82	78.65	69.20	98.80	149.91	46.63
162.44	107.31	76.94	81.32	95.89	84.05	255.84	49.38	71.07	50.18	90.85	30.00
139.06	77.81	59.21	74.34	86.48	71.05	224.73	37.21	33.23	42.89	71.69	21.41
17.72	21.66	53.17	75.13	94.20	79.01	44.15	33.22	50.00	36.37	43.89	72.41
13	22	12	6	18	4	20	6	4	6	16	9
51	104	98	30	121	31	73	47	23	41	43	36
135	361	233	45	238	59	149	58	45	130	114	34
2956	1739	3162	1282	1865	3066	6643	285	1412	1255	2078	941
824	2119	1350	464	773	405	1082	654	225	917	862	177
3640	7198	6890	2431	7767	3326	4499	3173	2067	2329	3491	1729
4067	8501	6642	2152	6169	2890	4398	2840	1709	2245	2486	1592
5.99	3.45	7.92	2.70	4.02	5.42	12.65	0.57	3.40	2.10	3.82	2.10
3.81	9.63	6.58	2.84	8.56	4.17	4.59	2.79	1.10	1.58	3.62	1.53
2.05	5.19	3.20	1.52	3.18	1.04	2.33	1.30	1.24	1.45	1.60	0.58
4.93	11.60	8.04	3.27	11.40	4.34	5.71	3.84	2.47	3.58	4.22	2.15
7.19	16.79	10.09	3.23	10.70	4.67	7.18	4.23	2.58	3.86	3.78	2.49

10—2 续表2 continued

指 标	Item	合肥市 Hefei	淮北市 Huaibei	亳州市 Bozhou	宿州市 Suzhou
初中毕业生升学率 (%)	Proportion of Junior Secondary Graduates Entering into Senior Secondary Schools (%)	158	91	97	96
成人高等学校在校学生数 (万人)	Student Enrollment in Institutions of Higher Education for Adults (10000 persons)	10.60	0.92		0.54
体育场馆数 (个)	Number of Stadiuns and Gymnasiums (unit)	84	6	7	3
剧场、影剧院数 (个)	Number of Theaters and Music Halls (unit)	44	5	4	1
公共图书馆总藏量 (千册、件)	Total Collecters of Public Libraries (1000 units)	4039	800	848	260
医院、卫生院数 (个)	Number of Hospitals (unit)	233	64	46	52
医院、卫生院床位数 (张)	Number of Hospital Beds (unit)	28599	7328	4968	7304
医生数（执业医师+执业助理医师） (人)	Number of Doctors (Practicing Doctors + Practicing Mediatinuses) (person)	11707	2690	1763	3347
注册护士 (人)	Registered Nurses (person)	16162	3294	2016	3921
人民生活	**People's Livelihood**				
在岗职工工资总额 (亿元)	Total Wages of On-the-job worker (100 million yuan)	625.90	124.21	33.34	69.04
城镇居民人均可支配收入 (元)	Annual Per Capita Disposable Income of Urban Households (yuan)	29348	23787	21192	21941
城镇居民人均生活消费支出(元)	Annual Per Capita Life Consumption Expenditure of Urban (yuan)	18214	14632	14264	12140
每百户居民家庭拥有：	Per 100 Households Possessing				
家用汽车 (辆)	Automobile (unit)	20	18	11	9
计算机 (台)	Computer (unit)	65	68	52	63
人均住房建筑面积 (平方米)	Per-capita Area of Housing (sq.m)	35.20	38.87	56.95	32.20
居民消费价格指数(上年为100) (%)	Conumer Price Indices of Residents (preceding year=100) (%)	102.00	101.30	101.37	101.40
社会福利、劳动保险	**Social Welfare, Labor and Insurance**				
城镇职工基本医疗保险参保人数 (万人)	Number of Staff and Workers Participated in Medical Insurance (10000 persons)	122.77	41.85	8.38	29.17
失业保险参保人数 (万人)	Number of People Participated in Unemployed Insurance (10000 persons)	100.93	23.62	5.40	9.30
社区服务设施数 (个)	Number of Service Facilities of Community (unit)	405	93	77	108
城镇居民最低生活保障人数 (万人)	Number of People Enjoyed the Lowest Residential Living Protection Line (10000 persons)	1.56	4.49	0.93	1.44

蚌埠市 Bengbu	阜阳市 Fuyang	淮南市 Huainan	滁州市 Chuzhou	六安市 Luan	马鞍山市 Maanshan	芜湖市 Wuhu	宣城市 Xuancheng	铜陵市 Tongling	池州市 Chizhou	安庆市 Anqing	黄山市 Huangshan
108	130	114	108	102	99	99	97	111	110	151	115
2.68	1.13	1.29	0.26	0.85	0.98	2.82		0.85	0.23	0.67	0.92
8	37	3	1	2	10	41	9	6	6	8	5
9	3	5	5	4	4	6	4	6	4	9	8
848	148	333	152	152	938	882	204	546	109	493	407
64	73	88	16	51	38	60	28	19	34	34	46
9110	9482	9854	3487	7548	4043	12259	3378	4404	2626	5943	3175
3345	3997	4250	1481	3833	2448	4950	1396	1733	1122	2418	1383
4856	4446	5598	1837	3525	3189	6190	1568	2190	1440	3244	2034
67.95	65.48	151.61	46.54	40.40	96.85	161.67	19.40	72.74	26.80	57.21	32.39
24147	21715	26267	22091	20610	32560	27384	26289	29234	22295	22109	24194
13656	14410	15218	13722	13183	21565	16390	16453	19882	14934	13047	14721
4	12	15	16	15	25	18	19	21	9	11	17
61	59	82	57	56	87	70	81	88	59	56	72
42.79	41.17	30.50	36.61	32.20	38.41	33.75	34.90	29.02	41.38	38.40	47.02
102.20	101.80	101.40	101.40	101.70	101.60	101.90	101.30	101.06	101.80	101.30	102.10
36.12	18.83	48.75	14.97	16.67	36.29	49.96	11.11	25.91	7.36	25.35	11.10
16.36	11.50	25.58	7.88	8.69	18.99	27.81	4.14	14.10	3.80	13.42	5.68
363	216	242	223	119	250	225	154	131	63	159	174
3.15	4.67	3.89	1.07	1.75	2.94	3.97	0.85	1.30	0.99	2.03	0.96

10—3 城市市政公用基础设施基本情况
Basic Statistics on Urban Public Utilities

指标	Item	2005	2010	2013	2014
城市面积	**Cities Areas**				
建成区面积（平方公里）	Developed Areas (sq.km)	1260.35	1491.32	1777.26	1835.15
城市人口密度（人/平方公里）	Population Density of Urban Districts (persons/sq.km)	1449	2469	2359	2416
供水、供气及供热	**Water Supply, Gas Supply and Heating**				
供水管道长度（公里）	Length of the Pipeline for Supplying Water (km)	8745	14730	20450	22247
供水总量（万立方米）	Annual Supply of Tap Water (10000 cu.m)	206386	160816	161140	167781
#居民家庭用水量	Water Consumption for Residential Use	49728	50889	61328	64145
人均日生活用水（升）	Per Capita Water Consumption for Residential Use (liter)	195.69	160.83	166.15	166.72
用水普及率（%）	Percentage of Population With Access to Tap Water (%)	90.52	96.06	98.40	98.63
天然气供气量（万立方米）	Supply of Natural Gas (10000 cu.m)	11564	112190	199095	219684
#家庭用量	Consumption of Coal Gas for Residential Use	5123	25154	57921	70415
液化石油气供气量（吨）	Liquefied Petroleum Gas (ton)	613614	615770	619620	752627
#家庭用量	Consumption of Liquefied Gas for Residential Use	195508	166335	135713	123246
供气管道长度（公里）	Length of Gas Pipelines (km)	4068	10126	15639	17425
燃气普及率（%）	Percentage of Population With Access to Gas (%)	72.29	90.52	96.14	96.81
集中供热面积（万平方米）	Heated Area (10000 sq.m)	313.36	2463.70	2329.08	2304.28
公共交通	**Public Traffic**				
公共汽（电）车总数（辆）	Number of Public Transportation Vehicles (buses and trolley buses etc.) (unit)	8450	11875	16623	18109
每万人拥有（标台）	Number of Public Transportation Vehicles per 10000 Population (unit)	7.29	8.23	10.93	11.54
出租汽车（辆）	Taxi (unit)	34287	50068	52714	54280
市政工程	**Municipal Engineering**				
道路长度（公里）	Length of Paved Roads (km)	7985	10157	12287	12932
道路面积（万平方米）	Area of Paved Roads (10000 sq.m)	13454	19927	27070	29124
每人拥有（平方米）	Area of Paved Roads per Population (sq.m)	11.92	16.01	19.61	20.33
排水管道长度（公里）	Length of Sewer Pipelines (km)	7606	13136	21891	24580
建成区排水管道密度（公里/平方公里）	Density of Sewer Pipelines (km/sq.km)	6.03	8.81	12.32	13.39
污水排放量（万立方米）	Volume of Waste Water Discharged (10000 cu.m)	126761	124449	135346	144249
污水处理厂处理量（万立方米）	Volume of Waste Water Treated (10000 cu.m)	66347	89086	119703	130097
城市绿化	**Forestation in Cities**				
绿化覆盖面积（公顷）	Afforested Area (hectare)	47946	85281	101449	107540
#建成区	Developed District	34680	55927	70815	75569
园林绿地面积（公顷）	Greenery Area of Gardens (hectare)	41896	71463	83910	89512
#建成区	Developed District	28864	50214	62868	67868
公园绿地面积（公顷）	Park Greenery Area (hectare)		13630	17223	18909
人均公园绿地面积（平方米）	Per Capita Park Greenery Area (sq.m)		10.95	12.47	13.20
公园个数（个）	Number of Parks (unit)	140	247	312	348
公园面积（公顷）	Area of Parks (hectare)	3970	8685	10843	11303
市容环境卫生	**Environmental Sanitation**				
生活垃圾清运量（万吨）	Volume of Disposal of Excrement (10000 tons)	477.00	435.25	455.93	464.79
生活垃圾无害化处理量（万吨）	Environment-friendly Handling Capacity of the Domestic Rubbish (10000 tons)	83.87	281.00	450.54	462.49
生活垃圾无害化处理率（%）	Living Refuse Treatment Rate (%)		64.56	98.82	99.51
公共厕所（座）	Public Lavatory (unit)	3600	3168	3122	3192
#三类以上	Above Three Kinds		2469	2579	2684

10—4 各市城市建设情况（2014年）

Statistics on City Construction by Region (2014)

单位：平方公里（sq.km）

地　区	Region	城市建设用地面积 Land Area for City Construction	#居住用地 For Residence	#公用设施用　地 For Public Facilities	#道路与交通设施用地 Land for Roads and Traffic Facilities	#绿地与广场用地 Green Space and Square Land	征用土地面　积 Land Put in Requisition for State Construction Projects	城市人口密度（人／平方公里） Population Density of Urban Area (persons/sq.km)
总　计	**Total**	**1830.06**	**590.44**	**61.00**	**268.52**	**207.41**	**107.33**	**2416**
合肥市	Hefei	372.37	111.16	7.22	49.82	52.56	15.07	4592
淮北市	Huaibei	88.34	32.06	1.52	7.15	8.82	3.76	3930
亳州市	Bozhou	60.63	17.48	1.25	12.07	4.61	4.35	4155
宿州市	Suzhou	71.54	25.47	1.86	8.77	6.60	4.36	3224
蚌埠市	Bengbu	127.00	42.57	10.37	20.40	8.78	8.04	2544
阜阳市	Fuyang	107.24	54.03	1.76	15.62	5.04	10.13	2243
淮南市	Huainan	105.26	44.77	3.48	13.86	12.30	14.00	2183
滁州市	Chuzhou	113.10	34.26	4.57	21.26	7.84	9.62	1429
六安市	Luan	72.30	23.73	2.23	10.86	11.57	4.24	3570
马鞍山市	Maanshan	92.34	21.49	1.28	14.66	6.71	3.84	4017
芜湖市	Wuhu	155.00	34.50	11.00	34.50	39.00	7.75	1782
宣城市	Xuancheng	48.28	12.75	0.78	9.08	3.86	4.30	2686
铜陵市	Tongling	67.51	18.24	3.46	10.25	6.62	3.37	2404
池州市	Chizhou	37.06	13.98	0.79	7.63	3.38	0.82	1199
安庆市	Anqing	92.76	31.88	2.59	7.36	6.50	0.00	2105
黄山市	Huangshan	48.35	16.49	0.81	7.56	6.52	1.29	794
桐城市	Tongcheng	24.40	5.55	1.02	0.42	2.05	2.10	1823
天长市	Tianchang	31.18	8.85	0.60	4.80	3.60	0.50	5848
明光市	Mingguang	24.86	9.46	0.45	3.85	2.16	0.50	613
界首市	Jieshou	18.11	7.77	0.40	2.37	1.33	1.65	2275
宁国市	Ningguo	24.83	7.75	0.56	3.63	0.36	1.44	531
巢湖市	Chaohu	47.60	16.20	3.00	2.60	7.20	6.20	6854

10—5 各市城市市政设施情况（2014年）

Basic Statistics on Municipal Infrastructure in Cities by Region (2014)

地 区	Region	年末实有道路长度（公里）Length of Paved Roads (year-end) (km)	年末实有道路面积（万平方米）Area of Paved Roads (year-end) (10000 sq.m)	城市桥梁数（座）Number of City Bridges (unit)	城市道路照明灯（盏）Number of Street Lights (unit)	城市排水管道（公里）Length of City Sewage Pipes (km)	污水管道 Sewage Pipeline
总 计	**Total**	**12932**	**29124**	**1441**	**809764**	**24580**	**9689**
合肥市	Hefei	2140	5850	357	178833	7623	3441
淮北市	Huaibei	657	1099	30	22106	167	167
亳州市	Bozhou	829	1438	126	29404	1038	390
宿州市	Suzhou	728	1435	52	45920	803	125
蚌埠市	Bengbu	835	1788	78	41600	1127	412
阜阳市	Fuyang	752	1804	115	39137	829	302
淮南市	Huainan	747	1480	49	23797	706	147
滁州市	Chuzhou	583	1798	68	33802	1366	527
六安市	Luan	489	1255	22	19467	508	293
马鞍山市	Maanshan	467	1248	67	29600	1415	474
芜湖市	Wuhu	1434	3337	90	76825	2766	827
宣城市	Xuancheng	361	969	61	19780	716	248
铜陵市	Tongling	293	501	30	17548	1203	402
池州市	Chizhou	425	761	29	60999	559	236
安庆市	Anqing	612	1117	78	36692	1041	370
黄山市	Huangshan	401	745	39	49423	479	342
桐城市	Tongcheng	114	315	11	8000	251	90
天长市	Tianchang	353	602	30	11640	312	104
明光市	Mingguang	177	370	10	12408	456	186
界首市	Jieshou	116	266	29	15331	190	51
宁国市	Ningguo	189	431	44	16802	305	117
巢湖市	Chaohu	230	517	26	20650	720	438

10—6 各市城市设施水平（2014年）
Level of Public Facilities in Cities by Region (2014)

地区	Region	城市用水普及率(%) Coverage Rate of Urban Population with Access to Tap Warer (%)	城市燃气普及率(%) Coverage Rate of Urban Population with Access to Gas (%)	每万人拥有公共交通车辆(标台) Number of Public Transportation Vehicles Per 10000 Population (unit)	人均城市道路面积(平方米) Per Capita Area of Paved Roads (sq.m)	人均公园绿地面积(平方米) Per Capita Area of Parks and Green Land (sq.m)
总计	**Total**	**98.63**	**96.81**	**11.54**	**20.33**	13.20
合肥市	Hefei	99.78	98.50	15.24	16.40	13.32
淮北市	Huaibei	99.05	98.39	10.01	13.32	14.96
亳州市	Bozhou	91.22	90.00	9.69	39.82	11.52
宿州市	Suzhou	99.96	97.21	6.94	27.06	12.39
蚌埠市	Bengbu	100.00	100.00	17.03	19.24	12.79
阜阳市	Fuyang	93.92	88.13	11.58	23.73	12.26
淮南市	Huainan	99.19	95.01	9.12	13.92	12.17
滁州市	Chuzhou	99.88	99.83	11.62	44.53	13.31
六安市	Luan	99.48	97.82	7.17	21.16	14.23
马鞍山市	Maanshan	100.00	100.00	10.80	17.67	15.39
芜湖市	Wuhu	100.00	100.00	13.84	25.94	12.59
宣城市	Xuancheng	98.33	96.58	7.97	27.37	13.23
铜陵市	Tongling	100.00	100.00	14.58	11.54	14.79
池州市	Chizhou	99.01	99.64	8.38	25.09	17.08
安庆市	Anqing	100.00	97.62	8.68	17.04	13.19
黄山市	Huangshan	100.00	100.00	5.91	21.05	14.98
桐城市	Tongcheng	92.27	89.28		18.88	13.42
天长市	Tianchang	84.46	83.94		31.17	14.40
明光市	Mingguang	88.03	95.30		23.18	5.94
界首市	Jieshou	91.54	61.48		15.00	4.68
宁国市	Ningguo	98.65	98.77		25.29	13.15
巢湖市	Chaohu	99.39	91.79	7.11	15.71	12.77

10—7 各市城市公共交通情况（2014年）
Basic Statistics on Public Transportation in Cities by Region (2014)

地区	Region	年末公共交通运营数(辆) Number of Public Vehicles under Operation at Year-end (unit)	公共汽、电车 Bus and Trolley Bus	运营线路总长度(公里) Length of Operation Line (km)	公共汽、电车 Bus and Trolley Bus	公共交通客运总量(万人次) Passengers Transported by Public Vehicles (10000 person-times)	公共汽、电车 Bus and Trolley Bus	出租汽车(辆) Number of Taxi (unit)
总计	**Total**	**18109**	**18109**	**22316**	**22316**	**247534**	**247534**	**54280**
合肥市	Hefei	4608	4608	4374	4374	71762	71762	10293
淮北市	Huaibei	709	709	507	507	9656	9656	1633
亳州市	Bozhou	626	626	592	592	3617	3617	2634
宿州市	Suzhou	602	602	977	977	7612	7612	2743
蚌埠市	Bengbu	1474	1474	1372	1372	24513	24513	3264
阜阳市	Fuyang	1023	1023	955	955	21442	21442	3583
淮南市	Huainan	876	876	884	884	15650	15650	3400
滁州市	Chuzhou	920	920	928	928	12274	12274	3160
六安市	Luan	940	940	1218	1218	10200	10200	4201
马鞍山市	Maanshan	775	775	776	776	10747	10747	3273
芜湖市	Wuhu	2160	2160	2835	2835	22021	22021	4974
宣城市	Xuancheng	741	741	1417	1417	8182	8182	2156
铜陵市	Tongling	523	523	425	425	7340	7340	1584
池州市	Chizhou	480	480	1877	1877	4078	4078	1055
安庆市	Anqing	1112	1112	2071	2071	12429	12429	4301
黄山市	Huangshan	317	317	814	814	3110	3110	766
巢湖市	Chaohu	223	223	294	294	2901	2901	1260

10—8 各市城市绿地和园林（2014年）

Basic Statistics on Parks and Green Areas in Cities by Region (2014)

地　区	Region	绿化覆盖面积（公顷）Green Areas (hectare)	建成区 Completed Area	园林绿地面积（公顷）Area of Urban Green Areas (hectare)	公园绿地面积（公顷）Park Green Areas (hectare)	人均公园绿地面积（平方米）Park Green Areas (sq.m)	公园（个）Number of Parks (unit)	建成区绿地率（%）Per Capita ParkGreen Areas (%)	建成区绿化覆盖率（%）Green Covered Area as % of Completed Area (%)
总　计	**Total**	**107540**	**75569**	**89512**	**18909**	**13.20**	**348**	**36.98**	**41.18**
合肥市	Hefei	18428	18170	16704	4751	13.32	51	40.30	45.20
淮北市	Huaibei	4129	3581	4174	1235	14.96	7	43.15	44.62
亳州市	Bozhou	2066	1961	1585	416	11.52	14	28.98	36.31
宿州市	Suzhou	3901	3166	2924	657	12.39	21	39.77	44.09
蚌埠市	Bengbu	5788	4938	4417	1189	12.79	17	34.09	38.81
阜阳市	Fuyang	4804	3795	4282	932	12.26	9	29.57	33.98
淮南市	Huainan	4710	4210	4468	1294	12.17	10	36.77	39.72
滁州市	Chuzhou	4644	3365	4037	537	13.31	20	37.15	40.54
六安市	Luan	3140	2819	2828	844	14.23	19	34.97	38.99
马鞍山市	Maanshan	5915	4028	5621	1087	15.39	15	41.09	43.78
芜湖市	Wuhu	6440	6295	6210	1620	12.59	22	35.64	39.34
宣城市	Xuancheng	3866	2064	3572	468	13.23	18	36.43	41.28
铜陵市	Tongling	5360	3223	5133	642	14.79	7	44.02	46.60
池州市	Chizhou	1910	1562	1419	518	17.08	8	33.51	42.30
安庆市	Anqing	11480	3587	3536	865	13.19	10	40.94	42.20
黄山市	Huangshan	14092	2929	13171	530	14.98	28	39.28	46.79
桐城市	Tongcheng	914	894	824	224	13.42	7	31.09	33.74
天长市	Tianchang	1354	1210	1266	278	14.40	8	36.97	41.02
明光市	Mingguang	426	348	253	95	5.94	15	8.82	14.19
界首市	Jieshou	1237	587	344	83	4.68	2	18.37	32.38
宁国市	Ningguo	1105	1046	914	224	13.15	14	34.49	40.70
巢湖市	Chaohu	1830	1790	1830	420	12.77	26	37.56	38.25

10—9 各市城市燃气情况（2014年）
Basic Statistics on Supply of Gas in Cities by Region (2014)

地 区	Region	管道长度(公里) Length of Gas Pipelines (km)		全年供气总量 Volume of Gas Supply		用气人口(万人) Population with Access to Gas (10000 persons)	
		液化石油气 Liquefied Petroleum Gas	天然气 Natural Gas	液化石油气(吨) Liquefied Petroleum Gas (ton)	天然气(万立方米) Natural Gas (10000 cu.m)	液化石油气 Liquefied Petroleum Gas	天然气 Natural Gas
总 计	**Total**	**270.2**	**17155**	**752627**	**219684**	**303.6**	**1083**
合肥市	Hefei	8.4	3980	28900	44791	24.0	327
淮北市	Huaibei		725	11200	8101	19.0	62
亳州市	Bozhou		621	6230	4291	16.0	17
宿州市	Suzhou		658	7100	2857	26.0	26
蚌埠市	Bengbu	13.0	1714	2200	27652	14.5	78
阜阳市	Fuyang		585	5109	6938	18.0	49
淮南市	Huainan		1236	10713	9361	29.0	72
滁州市	Chuzhou		824	5136	15037	5.2	35
六安市	Luan		568	7409	5609	31.0	27
马鞍山市	Maanshan		1008		21877		71
芜湖市	Wuhu		1319	19200	27978	9.0	120
宣城市	Xuancheng	3.0	344	3600	3771	21.0	13
铜陵市	Tongling		835	277	17901	0.2	43
池州市	Chizhou		571	2635	2866	6.0	24
安庆市	Anqing	94.9	516	605744	6045	16.0	48
黄山市	Huangshan	34.5	172	11029	951	31.0	4
桐城市	Tongcheng	40.0	196	7300	810	7.0	8
天长市	Tianchang		100	5000	128	10.2	6
明光市	Mingguang		126	3016	184	4.0	11
界首市	Jieshou		101	1667	686	6.0	5
宁国市	Ningguo	76.4	317	8302	1739	8.5	8
巢湖市	Chaohu		639	861	10111	2.0	28

10—10 城市供水用水情况
Water Supply and Water Use of Cities

年份 Year	综合生产能力 (万立方米/日) Integrated Production Capacity (10000 cu.m/day)	地下水 Ground Water	供水总量 (万立方米) Water Supply (10000 cu.m)	用水总量(万立方米) Water Use (10000 cu.m) #生产运营用水 Water Used for Business	公共服务用水 Water Used for Public Services	居民家庭用水 Water Used for Residents	消防及其他用水 Water Used for Fire Fighting and Others	人均日生活用水量(升) Per Capita Water Use (liter)
2000	962	159.6	200918	123629		61398		211.84
2005	1033	156.5	206386	123285	23231	49728	10142	195.69
2010	1993	99.2	160816	62871	19191	50889	5155	160.83
2011	820	103.2	158039	51387	18921	56014	5899	169.00
2012	1029	114.6	156888	47010	19443	59439	4406	165.45
2013	1074	98.8	161140	49071	20859	61328	5257	166.15
2014	1075	99.6	167781	49957	21627	64145	5217	166.72

10—11 各市城市供水用水情况(2014年)
Water Supply and Water Use of Cities by Region (2014)

地区 Region	综合生产能力 (万立方米/日) Integrated Production Capacity (10000 cu.m/day)	地下水 Ground Water	供水总量 (万立方米) Water Supply (10000 cu.m)	用水总量(万立方米) Water Use (10000 cu.m) #生产运营用水 Water Used for Business	公共服务用水 Water Used for Public Services	居民家庭用水 Water Used for Residents	消防及其他用水 Water Used for Fire Fighting and Others	人均日生活用水量(升) Per Capita Water Use (liter)
总计 Total	**1075**	**99.64**	**167781**	**49957**	**21627**	**64145**	**5217**	**166.72**
合肥市 Hefei	175		40439	6040	8277	19697		215.27
淮北市 Huaibei	42	22.47	5516	2146	320	2576	43	97.06
亳州市 Bozhou	11	11.10	3119	967	359	1443		149.86
宿州市 Suzhou	27	27.00	4958	1283	580	2372	65	152.56
蚌埠市 Bengbu	76	1.00	16560	8637	2676	4172	30	201.85
阜阳市 Fuyang	46	25.50	6806	2709	1666	1598	27	125.23
淮南市 Huainan	47		8116	1315	873	3843	212	122.77
滁州市 Chuzhou	32	2.00	5953	2076	450	1530	536	134.54
六安市 Luan	22		5174	894	566	1920	466	115.46
马鞍山市 Maanshan	121		17125	9937	933	3983	381	190.66
芜湖市 Wuhu	100		16931	4748	766	6038	1767	144.91
宣城市 Xuancheng	22	1.52	3071	587	569	1436	69	158.72
铜陵市 Tongling	210	0.54	6761	955	1212	2766	82	251.03
池州市 Chizhou	16		2857	780	213	1168	54	126.03
安庆市 Anqing	57		9605	3758	605	2554	760	133
黄山市 Huangshan	21	0.05	3920	897	674	1404	193	172.97
桐城市 Tongcheng	6		1165	150	130	466	125	106.16
天长市 Tianchang	9		1709	126	160	980	93	191.61
明光市 Mingguang	7	3.26	1598	616	98	694	48	154.61
界首市 Jieshou	5	5.20	1256	325	83	750	6	140.62
宁国市 Ningguo	13		1642	612	37	821		139.92
巢湖市 Chaohu	12		3500	400	380	1934	260	193.86

10—12 各市城市污水排放和处理情况（2014年）
City Sewage Emission and Processing by Region (2014)

单位：万立方米（10000 cu.m）

地　区	Region	城市污水排放量 City Sewage discharge	城市污水处理总量 Total of Sewage Processing	污水处理厂处理量 Processing Amount of Sewage Processing Plant	其他污水处理量 Processing Amount of Others	城市污水处理率(%) Rate of City Sewage Treatment (%)	城市污水处理厂集中处理率(%) Central Processing Rate of Sewage Treatment Plant (%)
总　计	**Total**	**144249**	**138779**	**130097**	**8682**	**96.21**	**90.19**
合肥市	Hefei	42200	41736	37727	4009	98.90	89.40
淮北市	Huaibei	4654	4555	4193	362	97.87	90.09
亳州市	Bozhou	3806	3689	3689		96.93	96.93
宿州市	Suzhou	3763	3743	3260	483	99.47	86.63
蚌埠市	Bengbu	13631	13535	12783	752	99.30	93.78
阜阳市	Fuyang	5396	4858	4858		90.03	90.03
淮南市	Huainan	6330	6215	5483	732	98.18	86.62
滁州市	Chuzhou	6107	5863	5758	105	96.00	94.29
六安市	Luan	3624	3305	3153	152	91.20	87.00
马鞍山市	Maanshan	12948	12829	11385	1444	99.08	87.93
芜湖市	Wuhu	13544	12407	12257	150	91.61	90.50
宣城市	Xuancheng	2227	2080	2040	40	93.40	91.60
铜陵市	Tongling	4737	4265	4265		90.04	90.04
池州市	Chizhou	2315	2137	2137		92.31	92.31
安庆市	Anqing	7156	6510	6107	403	90.97	85.34
黄山市	Huangshan	2956	2782	2782		94.11	94.11
桐城市	Tongcheng	818	700	665	35	85.57	81.30
天长市	Tianchang	1500	1499	1499		99.93	99.93
明光市	Mingguang	1397	1368	1368		97.92	97.92
界首市	Jieshou	1026	961	946	15	93.66	92.20
宁国市	Ningguo	1314	1278	1278		97.26	97.26
巢湖市	Chaohu	2800	2464	2464		88.00	88.00

10—13 各市城市市容环境卫生情况（2014年）
Basic Statistics on Urban Sanitation in Cities by Region (2014)

地 区 Region	清扫保洁面积（万平方米）Area under Cleaning Program (10000 sq.m)	生活垃圾清运量（万吨）Volume of Garbage Disposal (10000 tons)	生活垃圾无害化处理量（万吨）Volume of Garbage hazard-free Disposal (10000 tons)	生活垃圾无害化处理率（%）Living Refuse Treatment Rate (%)	粪便清运量（万吨）Volume of Excrement and Urine Disposal (10000 tons)	市容环卫专用车辆设备总数（台）Number of Special Vehicles for Environmental Sanitation (unit)	公共厕所（座）Number of Public Lavatories (unit)
总 计 Total	**26370**	**464.79**	**462.49**	**99.51**	**18.50**	**3116**	**3192**
合肥市 Hefei	6430	110.22	110.22	100.00	2.75	754	226
淮北市 Huaibei	890	20.82	20.82	100.00	0.29	168	58
亳州市 Bozhou	1260	17.64	17.64	100.00	0.38	95	265
宿州市 Suzhou	1406	17.29	17.29	100.00	1.47	149	133
蚌埠市 Bengbu	1775	30.66	30.66	100.00		249	360
阜阳市 Fuyang	963	24.25	24.25	100.00	3.31	189	173
淮南市 Huainan	1871	32.00	31.52	98.50	0.45	172	234
滁州市 Chuzhou	1213	12.59	12.59	100.00	2.10	55	172
六安市 Luan	749	19.09	19.09	100.00	3.85	83	276
马鞍山市 Maanshan	1100	19.85	19.48	98.14	0.61	72	94
芜湖市 Wuhu	2170	40.19	39.39	98.00		413	214
宣城市 Xuancheng	565	11.84	11.84	100.00		140	108
铜陵市 Tongling	1131	12.68	12.68	100.00		122	121
池州市 Chizhou	702	13.83	13.83	100.00	0.32	87	140
安庆市 Anqing	1344	27.48	27.18	98.92	0.60	57	180
黄山市 Huangshan	580	10.38	10.38	100.00		66	58
桐城市 Tongcheng	230	7.00	7.00	100.00		33	10
天长市 Tianchang	420	5.50	5.49	99.84		37	166
明光市 Mingguang	225	5.56	5.56	100.00		13	19
界首市 Jieshou	320	6.69	6.35	94.91	1.08	36	34
宁国市 Ningguo	456	6.04	6.04	100.00		46	35
巢湖市 Chaohu	570	13.20	13.20	100.00	1.29	80	116

主要统计指标解释

供水管道长度

指从送水泵至用户水表之间所有管道的长度。不包括新安装尚未使用、水厂内以及用户建筑物内的管道。

供水总量

指报告期供水企业（单位）供出的全部水量。包括有效供水量和漏损水量。

公共服务用水

指为城市社会公共生活服务的用水。包括行政事业单位、部队营区和公共设施服务、社会服务业、批发零售贸易业、旅馆饮食业以及社会服务业等单位的用水。

居民家庭用水

居民家庭用水指城市范围内所有居民家庭的日常生活用水。包括城市居民、农民家庭、公共供水站用水。

用水普及率

指报告期末城区内用水人口与总人口的比率。计算公式：

用水普及率=城区用水人口 /（城区人口+城区暂住人口）×100%

供气总量

指报告期燃气企业（单位）向用户供应的燃气数量。包括销售量和损失量。

燃气普及率

指报告期末使用燃气的人口与总人口的比率。计算公式：

燃气普及率=城区用气人口 /（城区人口+城区暂住人口）×100%

排水管道长度

指所有排水总管、干管、支管、检查井及连接井进出口等长度之和。

公园绿地

城市中向公众开放的、以游憩为主要功能，有一定的游憩设施和服务设施，同时兼有健全生态、美化景观、防灾减灾等综合作用的绿化用地。

公园面积

指报告期末综合公园、专类公园和带状公园的全部占地总面积。

Explanatory Notes for Major Statistical Indicators

Length of Water Supply Pipelines

refers to the total length of all the pipelines between the water pumps and the user water meters, excluding pipelines newly installed but not used yet, and in water plant, user building's pipeline as well as.

Volume of Water Supply

refers to the total volume of water supplied by water-works (units) during the reference period, including both the effective water supply and loss during the water supply.

Consumption of Water for Public Service

refers to the water consumption of urban society public service, including the consumption of government agencies and public institutions, military barracks, public facilities, wholesale and retail outlets, restaurants, hotels, and other units providing public services.

Consumption of Water for Residential Use

refers to the consumption of water for daily life of all households in the boundary of cities, including households of urban residents and farmers, and public water supply stations.

Percentage of Urban Population with Access to Tap Water

refers to the ratio of the urban population with access to tap water to the total urban population. The formula is:

Percentage of population with access to tap water=(Urban population with access to tap water) / (Urban population)×100%

Volume of Gas Supply

refers to the total volume of gas provided to users by gas-producing enterprises (units) in a year, including the volume sold and the volume lost.

Percentage of Urban Population with Access to Gas

refers to the ratio of the urban population with access to gas to the total urban population at the end of the reference period. The formula is:

Percentage of population with access to gas = (Urban population with access to gas / Urban population) x 100%

Length of Urban Sewage Pipes

refers to the total length of general drainage, trunks. branch and inspection wells, connection wells, inlets and outlets, etc.

Park Green Area

refers to green areas open to the public for amusement and rest with the facilities of amusement, rest and services. Its function includes perfecting ecology, beautifying landscape, and preventing and reducing disaster.

Park Area

Total areas of including comprehensive park, community park, topic park, belt-shaped park.

第十一篇

Chapter 11

自然资源和环境保护

NATURAL RESOURCES AND ENVIRONMENT PROTECTION

简要说明

一、自然状况包括地域、气象状况。自然资源包括土地、气候、林木、水资源。

1. 林木资料来自省林业厅；

2. 水资源资料由省水利厅和省水文局提供；

3. 气象资料由省气象中心整理提供。

二、环境保护统计资料由省环保厅提供，统计资料依据国家环保总局制定的环境统计报表制度，由各市的环境统计年报汇总整理而成，主要包括“三废”排放与处理，反映各工业行业有关“三废”排放与处理的情况。

Brief Introduction

I. Natural conditions cover region and meteorological conditions. Natural resources cover land, climate, forest and water resources.

1. Data on forest are provided by the Department of Forestry of Anhui Province.

2. Data on water conservancy are provided by the Water Conservancy Department and the Marine Products Bureau of Anhui Province.

3. The meteorological data are provided by the Provincial Meteorological Center.

II. Data on environmental protection are provided by the Provincial Environment Protection Department. Data are collected and tabulated by the prefectures and cities in accordance with the annual environmental protection reporting scheme stipulated by the State Environment Protection General Bureau. Data include mainly the discharge and treatment of waste water, waste gas and solid wastes, which show various indicators about the discharge and treatment of waste water, waste gas and solid wastes in various regions and various industrial sectors.

11—1 自　然　状　况
Natural Conditions

项　目		Item		2014
区　域		**Climate**		
土地总面积	(平方公里)	Total Land Area	(sq.km)	140140
山　区		Mountain		41162
平　原		Plain		34608
丘　陵		Hills		40448
圩　区		Low-lying Paddy Fields		12097
湖泊洼地		Lakes and Low-lying Lands		11122
山峰高程	**(米)**	**Height of Mountain Peak**	**(m)**	
大别山		DaBie Shan		1729.0
黄　山		Huang Shan		1864.8
九华山		JiuHua Shan		1344.4
天柱山		TianZhu Shan		1489.8
河流长度(安徽境内)	**(公里)**	**Length（Within the territory of Anhui Province）**	**(km)**	
淮　河		Huaihe River		430
长　江		Changjiang River		416
新安江		Xin An Jiang River		240
湖泊面积		**Area of Lakes**		
巢　湖	(平方公里)	ChaoHu Lake	(sq.km)	800
气　候		**Climate**		
年平均气温	(摄氏度)	Annual Average Temperature	(℃)	
淮北地区		HuaiBei Area		15.6
江淮地区		JiangHuai Area		16.3
沿江地区		Along Chang Jiang River		16.9
江南地区		Lying South of Chang Jiang		16.4
降水量	(毫米)	Precipitation	(mm)	1278.5
淮河流域		Huaihe River Basin		1013.8
淮河上游区		The Upper Reaches of Huaihe River		962.2
淮河中游区		The Middle Reaches of Huaihe River		1012.6
淮河下游区		The Lower Reaches of Huaihe River		1130.4
沂沭泗河		Yishusi River		570.0
长江流域		Changjiang River Basin		1468.3
湖口以下干流		Main Rivers Below Hukou		1450.7
鄱阳湖水系		River System of Poyang Lake		1875.0
太湖水系		River System of Taihu Lake		1302.2
东南诸河		South-eastern Rivers		2060.9
钱塘江		Qiantang Jiang River		2060.9

11—2 自 然 资 源
Natural Resources

项 目		Item		2014
土地资源		**Land Resources**		
林业用地面积	（千公顷）	Area of Afforestated Land	(1000 hectares)	4493.30
#造林面积		Area of Afforesded Hilly Area		157.75
果园面积		Area of Orchard		124.20
茶园面积		Area of Tea Plantations		166.56
林木资源		**Forest Resources**		
活立木总蓄积量	（万立方米）	Total Standing Stock Volume	(10000 cu.m)	26145.10
森林面积	（千公顷）	Forest Area	(1000 hectares)	3958.50
森林覆盖率	（%）	Forest-cover Rate	(%)	28.65
水资源		**Water Resources**		
水资源总量	（亿立方米）	Total Resources	(100 million cu.m)	778.48
淮河流域		Huaihe River Basin		239.89
淮河上游区		The Upper Reaches of Huaihe River		1.28
淮河中游区		The Middle Reaches of Huaihe River		230.12
淮河下游区		The Lower Reaches of Huaihe River		8.03
沂沭泗河		Yishusi River		0.46
长江流域		Changjiang River Basin		463.39
湖口以下干流		Main Rivers Below Hukou		433.46
鄱阳湖水系		River System of Poyang Lake		28.59
太湖水系		River System of Taihu Lake		1.34
东南诸河		South-eastern Rivers		75.20
钱塘江		Qiantang River		75.20
天然年径流量	（亿立方米）	Natural Annual Flow	(100 million cu.m)	712.86
淮河流域		Huaihe River Basin		188.55
淮河上游区		The Upper Reaches of Huaihe River		0.86
淮河中游区		The Middle Reaches of Huaihe River		180.93
淮河下游区		The Lower Reaches of Huaihe River		6.58
沂沭泗河		Yishusi River		0.18
长江流域		Changjiang River Basin		449.11
湖口以下干流		Main Rivers Below Hukou		419.18
鄱阳湖水系		River System of Poyang Lake		28.59
太湖水系		River System of Taihu Lake		1.34
东南诸河		South-eastern Rivers		75.20
钱塘江		Qiantang River		75.20
地下水天然补给资源量	（亿立方米）	Natural Supply of Ground Water	(100 million cu.m)	234.02
淮河流域		Huaihe River Basin		104.35
长江流域		Changjiang River Basin		119.46
新安江流域		Xinanjiang River Basin		10.21
淡水面积	（千公顷）	Freshwater Area	(1000 hectares)	
#养殖面积		Cultivated Area		575.91
主要矿产基础储量		**Major Mineral Basic Reserves**		
煤 炭	（亿吨）	Coal	(100 million tons)	113.28
铁 矿	（矿石，亿吨）	Iron	(Ore, 100 million tons)	21.55
铜 矿	（铜，万吨）	Copper	(Metal, 10000 tons)	213.72
钼 矿	（钼，万吨）	Molybdenum	(Metal, 10000 tons)	126.40
硫铁矿	（矿石，亿吨）	Pyrite Ore	(Ore, 100 million tons)	3.17
水泥用灰岩	（矿石，亿吨）	Limestone for cement	(Ore, 100 million tons)	42.44
玻璃用石英岩	（矿石，亿吨）	Limestone for glass	(Ore, 100 million tons)	4.30
石 膏	（矿石，亿吨）	Gypsum	(Ore, 100 million tons)	35.11
方解石	（矿石，亿吨）	Calcite	(Ore, 100 million tons)	1.55

11—3 主要城市平均气温（2014年）
Monthly Average Temperature in Major Cities (2014)

单位：摄氏度（℃）

城市	City	1月 Jan.	2月 Feb.	3月 Mar.	4月 Apr.	5月 May.	6月 June	7月 July	8月 Aug.	9月 Sept.	10月 Oct.	11月 Nov.	12月 Dec.	年平均 Annual Average
合肥市	Hefei	5.2	3.8	12.1	16.6	22.9	25.4	27.6	25.7	23.2	19.0	11.9	4.6	16.5
淮北市	Huaibei	4.6	3.4	12.5	17.1	23.5	25.8	28.3	25.9	21.7	17.8	9.9	2.7	16.1
亳州市	Bozhou	4.3	2.7	12.3	16.6	22.8	26.0	28.6	25.9	21.9	18.3	10.5	3.8	16.1
宿州市	Suzhou	4.2	3.1	11.9	16.4	22.8	25.6	28.1	25.4	21.7	17.7	10.2	2.8	15.8
蚌埠市	Bengbu	4.3	3.4	11.2	15.5	21.9	24.7	27.0	24.6	21.8	17.5	10.3	2.8	15.4
阜阳市	Fuyang	4.7	3.3	11.7	15.7	21.7	25.0	27.1	24.7	21.7	17.9	10.2	3.5	15.6
淮南市	Huainan	6.3	4.3	12.7	16.7	23.5	25.8	27.9	25.6	22.7	19.1	11.6	4.9	16.8
滁州市	Chuzhou	4.2	3.7	11.2	15.7	22.2	24.1	26.6	24.7	22.2	17.6	11.0	3.3	15.5
六安市	Luan	6.3	4.0	12.6	16.6	22.9	25.2	26.9	25.0	22.4	18.8	11.4	5.1	16.4
马鞍山市	Maanshan	6.2	4.6	12.2	16.3	22.5	24.5	26.8	24.9	22.8	19.0	12.4	5.0	16.4
芜湖市	Wuhu	5.7	5.2	12.6	16.9	22.9	25.5	27.7	25.8	23.6	19.1	12.5	5.0	16.9
宣城市	Xuancheng	5.4	5.6	12.5	16.8	22.1	24.9	27.1	25.4	23.6	18.8	12.4	4.4	16.6
铜陵市	Tongling	6.4	5.4	13.1	17.3	23.1	25.7	27.7	26.0	23.7	19.2	12.4	5.4	17.1
池州市	Chizhou	5.8	5.2	12.7	17.1	22.3	25.3	27.3	25.8	23.9	18.8	12.1	5.0	16.8
安庆市	Anqing	6.3	4.6	12.2	16.7	22.0	25.2	26.9	25.5	23.6	18.8	11.9	5.2	16.6
黄山市	Huangshan	5.4	6.5	12.5	17.8	21.9	25.1	27.4	26.2	25.1	19.3	13.4	5.0	17.1

11—4 主要城市降水量（2014年）
Monthly Precipitation in Major Cities (2014)

单位：毫米（millimeters）

城市	City	1月 Jan.	2月 Feb.	3月 Mar.	4月 Apr.	5月 May.	6月 June	7月 July	8月 Aug.	9月 Sept.	10月 Oct.	11月 Nov.	12月 Dec.	全年 Annual Total
合肥市	Hefei		51.0	4.6	73.2	55.4	50.8	21.5	231.5	206.2	100.3	56.9	0.6	852.0
淮北市	Huaibei	2.8	35.7	10.0	46.1	53.0	78.9	115.1	171.5	191.1	92.4	49.3	0.9	846.8
亳州市	Bozhou	2.4	43.6	17.8	76.3	61.8	63.5	111.2	156.5	272.6	106.6	40.7	1.1	954.1
宿州市	Suzhou	8.6	64.2	37.5	100.9	82.5	126.4	47.6	233.5	264.9	42.5	57.4	1.3	1067.3
蚌埠市	Bengbu	12.3	57.8	32.2	137.0	68.3	115.6	96.5	205.4	179.2	39.4	46.3	1.2	991.2
阜阳市	Fuyang	16.1	81.8	25.7	116.9	30.0	138.4	91.2	127.6	133.8	46.2	55.5	2.3	865.5
淮南市	Huainan	19.5	105.1	72.6	147.0	58.4	177.3	407.0	222.6	113.2	28.4	88.2	0.3	1439.6
滁州市	Chuzhou	24.5	122.5	44.1	189.9	37.9	104.3	230.0	199.4	137.8	54.1	117.8	2.6	1264.9
六安市	Luan	22.3	122.4	47.4	186.7	61.4	116.2	217.0	162.0	91.5	48.5	103.1	1.7	1180.2
马鞍山市	Maanshan	19.4	129.7	84.8	136.6	46.4	115.1	330.3	91.6	78.2	36.3	121.0	5.9	1195.3
芜湖市	Wuhu	20.0	117.8	63.4	159.3	29.4	133.1	261.8	280.8	97.5	35.7	113.0	5.4	1317.2
宣城市	Xuancheng	19.6	131.9	126.3	212.0	165.6	129.3	436.1	33.5	80.3	79.8	143.6	6.4	1564.4
铜陵市	Tongling	26.6	133.0	130.0	206.3	153.1	122.5	434.7	65.3	96.4	72.1	147.8	11.1	1598.9
池州市	Chizhou	27.7	129.3	110.2	151.0	99.3	87.6	358.2	72.9	56.6	57.5	149.7	9.0	1309.0
安庆市	Anqing	24.9	133.3	125.6	160.2	134.8	139.6	355.1	65.4	145.8	56.8	120.7	9.5	1471.7
黄山市	Huangshan	33.3	142.4	183.8	147.4	307.2	454.2	381.1	157.7	156.9	71.9	94.8	13.0	2143.7

11—5 各市全年降水量（2014年）
Total Precipitation by Region (2014)

地区	Region	年降水量 Precipitation 毫米 0.001(m)	亿立方米 (100 million cu.m)	多年平均降水量（亿立方米） Average Precipitation in Many Years (100 million cu.m)	与上年比较 Compared With Last Year (±%)	与多年平均比较 Compared With The Average Precipitation of Many Years (±%)
总计	**Total**	**1278.5**	**1783.3**	**1636.3**	**24.9**	**9.0**
合肥市	Hefei	1197.8	134.7	115.1	36.9	17.0
淮北市	Huaibei	852.8	23.2	23.0	16.9	1.0
亳州市	Bozhou	910.7	76.3	69.1	25.8	10.3
宿州市	Suzhou	820.3	80.8	82.6	8.9	-2.2
蚌埠市	Bengbu	930.3	55.9	52.7	33.8	6.1
阜阳市	Fuyang	995.2	98.1	87.1	32.3	12.5
淮南市	Huainan	893.4	23.3	23.1	12.6	0.8
滁州市	Chuzhou	1115.3	148.7	127.4	34.3	16.7
六安市	Luan	1274.6	235.1	218.0	27.2	7.8
马鞍山市	Maanshan	1249.0	48.6	41.4	40.9	17.5
芜湖市	Wuhu	1302.1	77.7	72.8	22.8	6.7
宣城市	Xuancheng	1487.0	183.5	178.6	22.3	2.7
铜陵市	Tongling	1365.7	15.2	15.5	7.9	-1.8
池州市	Chizhou	1652.8	139.3	135.6	16.2	2.8
安庆市	Anqing	1594.1	246.6	215.7	20.1	14.3
黄山市	Huangshan	1998.1	196.4	178.8	26.5	9.9

11—6 流域分区全年降水量（2014年）
Total Precipitation by Area of Rivers (2014)

流域分区 River Area	年降水量 Precipitation 毫米 0.001(m)	亿立方米 (100 million cu.m)	多年平均降水量（亿立方米） Average Precipitation in Many Years (100 million cu.m)	与上年比较 Compared With Last Year (±%)	与多年平均比较 Compared With The Average Precipitation of Many Years (±%)
总计 Total	**1278.5**	**1783.3**	**1636.3**	**24.9**	**9.0**
淮河流域 Huaihe River Basin	1013.8	675.5	628.4	24.9	7.5
淮河上游区 The Upper Reaches of Huaihe River	962.2	3.6	3.5	23.2	1.1
淮河中游区 The Middle Reaches of Huaihe River	1012.6	648.3	602.7	24.9	7.6
淮河下游区 The Lower Reaches of Huaihe River	1130.4	21.9	20.0	31.0	9.7
沂沭泗河 Yishusi River	570.0	1.7	2.2	-13.6	-23.3
长江流域 Changjiang River Basin	1468.3	975.1	892.8	24.2	9.2
湖口以下干流 Main Rivers Below Hukou	1450.7	919.1	840.8	24.8	9.3
鄱阳湖水系 River System of Poyang Lake	1875.0	53.1	48.9	16.9	8.7
太湖水系 River System of Taihu Lake	1302.2	2.9	3.1	3.2	-5.8
东南诸河 South-eastern Rivers	2060.9	132.7	115.2	30.3	15.2
钱塘江 Qiantang River	2060.9	132.7	115.2	30.3	15.2

11—7 各市水资源总量（2014年）
Water Resources by Region (2014)

单位：亿立方米（100 million cu.m)

地区	Region	天然年径流量 Natural Annual Flow by Region	山丘区地下水资源量 Ground Water Volume of Mountain and Hill Areas	山丘区河川基流量 River Flow of Mountain and Hill Areas	平原区降水入渗补给量 Permeated Precipitation Supply of Plain Areas	平原区降水入渗补给形成的河道排泄量 River Way Drainage Volume Caused by Permeated Precipitation Supply of Plain Areas	地下水资源与地表水资源不重复量 Amount of Non-repeat-calculated Water Between Ground Water and Surface Water	水资源总量 Total Amount of Water Resources by Region
总计	**Total**	**712.86**	**86.88**	**86.11**	**85.27**	**11.38**	**65.62**	**778.48**
合肥市	Hefei	47.62	6.94	6.94	1.28		2.01	49.63
淮北市	Huaibei	3.00	0.32	0.02	3.96	0.50	3.76	6.76
亳州市	Bozhou	16.11			13.90	2.62	11.28	27.39
宿州市	Suzhou	12.41	0.63	0.16	13.85	1.82	12.50	24.91
蚌埠市	Bengbu	15.34	0.42	0.42	8.05	2.05	6.00	21.34
阜阳市	Fuyang	23.70			15.80	3.79	12.01	35.71
淮南市	Huainan	5.88	0.38	0.38	2.49	0.60	1.82	7.70
滁州市	Chuzhou	43.69	6.44	6.44	3.46		2.39	46.08
六安市	Luan	96.04	15.08	15.08	4.22		2.60	98.64
马鞍山市	Maanshan	18.18	1.33	1.33	2.88		1.83	20.01
芜湖市	Wuhu	33.07	2.40	2.40	4.73		2.32	35.39
宣城市	Xuancheng	94.15	13.14	13.14	1.21		0.83	94.98
铜陵市	Tongling	6.59	0.60	0.60	0.65		0.49	7.08
池州市	Chizhou	70.55	8.85	8.85	2.10		1.40	71.95
安庆市	Anqing	114.85	13.60	13.60	6.69		4.38	119.23
黄山市	Huangshan	111.68	16.75	16.75				111.68

11—8 流域分区水资源总量（2014年）
Water Resources by Area of Rivers (2014)

单位：亿立方米（100 million cu.m)

流域分区 River Area	天然年径流量 Natural Annual Flow by Region	山丘区地下水资源量 Ground Water Volume of Mountain and Hill Areas	山丘区河川基流量 River Flow of Mountain and Hill Areas	平原区降水入渗补给量 Permeated Precipitation Supply of Plain Areas	平原区降水入渗补给形成的河道排泄量 River Way Drainage Volume Caused by Permeated Precipitation Supply of Plain Areas	地下水资源与地表水资源不重复量 Amount of Non-repeat-calculated Water Between Ground Water and Surface Water	水资源总量 Total Amount of Water Resources by Region
总计 Total	**712.86**	**86.88**	**86.11**	**85.27**	**11.38**	**65.62**	**778.48**
淮河流域 Huaihe River Basin	188.55	19.42	18.65	64.30	11.38	51.34	239.89
淮河上游区 The Upper Reaches of Huaihe River	0.86			0.56	0.14	0.42	1.28
淮河中游区 The Middle Reaches of Huaihe River	180.93	19.24	18.47	61.33	11.21	49.19	230.12
淮河下游区 The Lower Reaches of Huaihe River	6.58	0.18	0.18	2.10		1.45	8.03
沂沭泗河 Yishusi River	0.18			0.31	0.03	0.28	0.46
长江流域 Changjiang River Basin	449.11	56.18	56.18	20.97		14.28	463.39
湖口以下干流 Main Rivers Below Hukou	419.18	51.69	51.69	20.97		14.28	433.46
鄱阳湖水系 River System of Poyang Lake	28.59	4.29	4.29				28.59
太湖水系 River System of Taihu Lake	1.34	0.20	0.20				1.34
东南诸河 South-eastern Rivers	75.20	11.28	11.28				75.20
钱塘江 Qiantang River	75.20	11.28	11.28				75.20

11—9 主要年份供水和用水情况
Water Supply and Water Use in Rural Area

年 份 Year	供水总量（亿立方米）Water Supply (100 million cu.m)	地表水 Surface Water	地下水 Ground-water	其 他 Others	用水总量（亿立方米）Water Use (100 million cu.m)	农 业 Agricul-ture	工 业 Industry	城镇公共 Urban Public	居民生活 Residents Live	生 态 环境补水 Ecological Protection	人均用水量（立方米/人）Per Capita Water Use (cu.m/person)
2005	208.03	189.60	17.85	0.58	208.03	116.21	67.72	2.84	19.89	1.37	328.50
2006	245.17	226.82	17.87	0.48	245.17	138.27	82.69	3.13	19.64	1.44	401.30
2007	232.05	211.65	19.92	0.48	232.05	122.84	83.81	3.45	20.35	1.60	379.30
2008	266.36	242.38	23.50	0.48	266.36	154.15	85.40	3.66	21.52	1.63	434.20
2009	292.40	265.78	26.13	0.49	292.40	170.43	93.28	4.09	22.65	1.94	476.90
2010	292.50	258.54	33.08	0.89	292.50	167.54	94.32	4.91	23.40	2.30	491.60
2011	294.63	259.90	33.40	1.33	294.63	170.92	90.62	5.27	23.86	3.96	493.70
2012	288.56	253.66	34.01	0.89	288.56	156.67	97.02	7.13	23.96	3.78	481.90
2013	296.02	260.86	33.41	1.75	296.02	165.09	98.43	7.24	24.21	4.05	490.93
2014	272.09	239.93	30.31	1.85	272.09	142.83	92.71	7.40	24.50	4.65	447.30

11—10 各市供水和用水情况（2014年）
Water Supply and Water Use by Region (2014)

地 区 Region	供水总量（亿立方米）Water Supply (100 million cu.m)	地表水 Surface Water	地下水 Ground-water	其 他 Others	用水总量（亿立方米）Water Use (100 million cu.m)	农 业 Agricul-ture	工 业 Industry	城镇公共 Urban Public	居民生活 Residents Live	生 态 环境补水 Ecological Protection	人均用水量（立方米/人）Per Capita Water Use (cu.m/person)
合 肥 市 Hefei	26.66	25.92	0.39	0.35	26.66	15.21	5.73	1.80	3.41	0.51	346.40
淮 北 市 Huaibei	4.84	1.37	3.32	0.15	4.84	2.02	1.83	0.15	0.79	0.05	224.20
亳 州 市 Bozhou	9.74	2.70	7.04		9.74	5.96	1.86	0.21	1.64	0.07	195.00
宿 州 市 Suzhou	10.36	3.46	6.88	0.02	10.36	5.27	2.68	0.26	2.10	0.05	188.80
蚌 埠 市 Bengbu	12.84	10.41	2.32	0.11	12.84	8.19	2.66	0.35	1.35	0.29	394.10
阜 阳 市 Fuyang	15.92	8.37	7.13	0.42	15.92	9.80	2.95	0.26	2.77	0.14	203.50
淮 南 市 Huainan	15.46	14.11	0.82	0.53	15.46	5.67	8.00	0.48	1.13	0.18	651.00
滁 州 市 Chuzhou	21.29	20.65	0.63	0.01	21.29	15.99	2.99	0.57	1.59	0.15	534.30
六 安 市 Luan	30.80	30.17	0.63		30.80	24.77	3.18	0.45	2.09	0.31	538.00
马鞍山市 Maanshan	29.82	29.66	0.16		29.82	7.09	20.50	0.56	1.07	0.60	1337.80
芜 湖 市 Wuhu	30.28	30.16	0.12		30.28	10.94	16.31	0.80	1.73	0.50	837.10
宣 城 市 Xuancheng	13.74	13.48	0.26		13.74	9.61	2.29	0.41	1.12	0.31	533.80
铜 陵 市 Tongling	10.83	10.73	0.08	0.02	10.83	1.49	8.28	0.16	0.40	0.50	1467.40
池 州 市 Chizhou	9.84	9.79	0.05		9.84	4.50	4.13	0.26	0.57	0.38	688.10
安 庆 市 Anqing	25.66	25.09	0.33	0.24	25.66	14.02	8.63	0.27	2.17	0.57	477.30
黄 山 市 Huangshan	4.01	3.86	0.15		4.01	2.30	0.69	0.41	0.57	0.04	294.20

11—11 环境综合整治
Environmental Improvement

指标	Item	2005	2010	2013	2014
环境质量	**Environment Quality**				
大气可吸入颗粒物年均值 (毫克/立方米)	Atmospheric Particulate Matter Average (mg/cu.m)	0.084	0.081	0.099	0.095
二氧化硫日平均值 (毫克/立方米)	The Average Daily Indicators of Sulfur Dioxide (mg/cu.m)	0.030	0.027	0.029	0.026
二氧化氮日平均值 (毫克/立方米)	The Average Daily Indicators of Nitrogen Dioxide (mg/cu.m)	0.031	0.026	0.029	0.030
饮用水源水质达标率 (%)	Up-to-standard Rate of Drinking Water Quality (%)	98.2	93.4	97.6	96.5
区域环境噪声平均值(分贝(A))	The Average Indicator of Urban Noise (decibel)	54.8	54.1	53.9	53.7
交通干线噪声平均值(分贝(A))	The Average Indicator of Traffic Main Line Noise (decibel)	68.6	68.3	66.2	65.2
生态环境	**Eco-environment Protection**				
森林面积 (万公顷)	Area of Forest (10000 hectares)	360.1	380.4	380.4	395.8
森林覆盖率 (%)	Forest Coverage (%)	26.06	27.53	27.53	28.65
当年造林面积 (万公顷)	Area of Reforestation of the Year (10000 hectares)	5.7	6.6	20.8	15.8
自然保护区数 (个)	Number of Nature Reserves (unit)	31	38	39	39
#国家级	National Level	6	6	7	7
自然保护区面积 (万公顷)	Area of Nature Reserves (10000 hectares)	34.7	43.6	41.3	41.0
自然保护区面积占辖区面积比重 (%)	Area of Nature Reserves in Regions (%)	2.5	3.1	3.0	3.0
生态示范区数 (个)	Number of Demonstration Zones of Ecology (unit)	34	34	34	34
#国家级	National Level	30	30	17	17
污染控制	**Pollution Control**				
一般工业固体废物综合利用率 (%)	General Industrial Solid Waste Comprehensive Utilizational Rate (%)	79.3	84.6	84.0	84.4
危险废物处置率 (%)	Rate of Treatment of Hazardous Waste (%)	49.9	59.4	20.3	20.1
环境建设	**Environment Improvement**				
城市污水处理厂集中处理率 (%)	Rate of Concentrating Treatment of Sewage in the City (%)	26.31	71.58	88.44	90.19
城市燃气普及率 (%)	Rate of Gas Utilization in the City (%)	72.3	90.5	96.1	96.8
建成区绿化覆盖率 (%)	Green Coverage Rate in Constructed Areas (%)	27.5	37.5	39.9	41.2

注：饮用水源水质达标率自2008年起改变计算方法，与历史年份数据不可比。

a) The calculation method of up-to-standard rate of drinking water quality is changed since 2008, uncomparing with historical data.

11—11 续表 continued

指 标	Item	2005	2010	2013	2014
自然灾害	**Natural Disaster**				
发生地质灾害起数 （次）	Geological Disaster (unit)	8548	338	261	126
#滑 坡	Landslide	3397	143	147	49
崩 塌	Collapse	4907	164	108	70
人员伤亡 （人）	Casualties (person)		12	2	
#死亡人数	Deaths		6	1	
森林病虫害防治面积 （万公顷）	Forest Area Affected and Cured from Diseasease and Pests (10000 hectares)	21.0	30.1	34.7	33.2
环境污染	**Pollution**				
突发环境事件次数 （次）	Suddenly Environment Event Number (time)	28	30	6	9
#水污染	Water Pollution	16	10	5	5
大气污染	Air Pollution	10	8	1	1
固体废物污染	Solid Waste Pollution		5		
人员伤亡 （人）	Personnel Casualty (person)				
污染直接经济损失 （万元）	Direct Economic Loss Due to Pollution (10000 yuan)	275.4	231.6	274.1	493.0
突发环境事件赔款总额 （万元）	Compensation Total Amount of Suddenly Environment Event (10000 yuan)	144.1	133.0		
污染损害罚款总额 （万元）	Fine Total Amount of Pollution Harm (10000 yuan)	55.2	23.0	9.8	0.8
二氧化硫排放量 （万吨）	Sulphur Dioxide Discharge (10000 tons)	67.20	53.26	50.13	49.30
#生 活	Life		4.82	5.09	5.23
COD排放量 （万吨）	COD Discharge (10000 tons)	44.38	41.11	90.27	88.56
氨氮排放总量 （万吨）	Ammonia Nitrogen Discharge (10000tons)		4.43	10.33	10.05
城镇生活污水排放量（亿吨）	Urban Comsumption Waste Water Discharge (100 million tons)	9.31	11.37	19.51	20.25
#生活污水中化学需氧量排放量 （万吨）	COD Discharge from Urban Consumption Waste Water (10000 tons)		29.63	43.64	43.22
#生活污水中氨氮排放量 （万吨）	Ammonia Nitrogen Discharge from Urban Consumption Waste Water (10000 ton)		3.22	5.81	5.68
环境污染治理	**Investment in the Treatment of Environmental Pollution**				
省辖市空气质量达二级标准 （个）	Cities Directly under the Provincial Government Where the Air Quality Attains the Second Grade National Standards (unit)	14	16	8	9

11—12 环保系统机构、人员数
Environmental Protection Agencies and Persons Engaged

年份 Year	机构总数（个） Number of Agencies (unit)	人员总数（人） Total Number of Staff & Workers (person)	#科技人员 Scientific and Technical Personnel	#监测人员 Monitoring Personnel	#监察人员 Supervisory Personnel
2000	361	4104	1934	1442	957
2005	388	5128	2195	1593	1626
2006	391	5281			
2007	402	5547			
2008	386	5532	2503	1675	2107
2009	405	5527	2513	1659	2109
2010	390	5722	2648	1767	2145
2011	429	5766	2735	1734	2223
2012	450	5816	4318	2070	3439
2013	419	5753		1624	2242
2014	425	5145		1594	1805

注：2014年数据为编制数，不含聘用人员。
a) 2014 data for BianZhiShu, excluding hiring staff.

11—13 生活污染物排放
Discharge of Pollutants from Daily Life

年份 Year	城镇生活污水排放量（万吨） Volume of Urban Waste Water Discharged From Daily Life (10000 tons)	生活污水中化学需氧量排放量（吨） Absorption of Oxygen by Waste Water From Daily Life (ton)	生活及其他二氧化硫排放量（吨） Emission of Sulfur Dioxide From Daily Life and Others (ton)	生活及其他烟尘排放量（吨） Emission of Dust From Daily Life and Others (ton)
2000	80189	275104	44639	37166
2005	93104	307257	56495	45116
2006	96351	310100	65300	56535
2007	101771	311046	54969	51569
2008	101662	305954	53061	49435
2009	106259	295299	51560	50396
2010	113729	296274	48164	47958
2011	172384	450509	42246	15499
2012	186980	440215	49405	87153
2013	195091	436388	50928	44490
2014	202522	432220	52303	44368

注：生活及其他烟尘排放量2011年数据为生活源烟（粉）尘排放量，不包括其他排放量。
a) Life and other soot emissions in 2011 data are life (powder) smoke and dust emissions, do not include other emissions.

11—14 工业企业“三废”排放及治理

Discharge and Treatment of Waste Water, Waste Gas and Solid Wastes by Industry Enterprises

指　标	Item	2000	2005	2010	2013	2014
废　水	**Waste Water**					
工业废水排放总量（万吨）	Total Volume of Waste Water Discharged (10000 tons)	63106	63487	70971	70972	69580
#工业废水COD排放量	COD Discharge from Industrial Waste			11.48	8.71	8.18
废　气	**Waste Gas**					
工业废气排放总量（亿标立方米）	Total Volume of Industrial Waste Gas Emission (100 million cu.m)	3945	6960	17849	28335	29233
工业二氧化硫排放量（万吨）	Volume of Sulphur Dioxide Emission (10000 tons)	35.00	51.47	48.44	45.02	44.06
烟尘排放量（万吨）	Volume of Soot Emission (10000 tons)	24.00	25.27	20.74	35.18	58.53
工业粉尘排放量（万吨）	Volume of Industrial Dust Emission (10000 tons)	29.00	46.23	26.37		
固体废物	**Solid Wastes**					
一般工业固体废物产生量（万吨）		2815	4196	9158	11937	12000
一般工业固体废物综合利用量（万吨）		2014	3357	7849	10462	10466
一般工业固体废物综合利用率（%）		71.60	79.32	84.55	83.99	84.44
一般工业固体废物贮存量（万吨）		489	360	518	933	893
一般工业固体废物处置量（万吨）		949	519	916	1374	1079
污染治理	**Pollution Treatment**					
本年施工项目总数（个）	Total of Construction Items (unit)	861	265	69	127	166
本年完成环保设施投资额（万元）	Complete Environmental Protection Facilities Investment this Year (10000 yuan)	56470	45443	58895	339135	282655
#治理废水	Treatment of Waste Water	26389	24122	14250	21208	21782
治理废气	Treatment of Waste Gas	25621	16768	30932	268775	226285
治理固体废物	Treatment of Solid Wastes	2165	2902		6864	1878
治理噪声	Noise Abatement	375	249	108	8085	3893
治理其他	Others	1920	1402	13588	34204	28817
排污收费及使用	**Fee for Discharging Waste and Fines for Pollution**					
排污费交纳单位（个）	Number of Units Charged (unit)		22617	15031	12480	11199
排污费征收额（万元）	Amount of Pollution Charges (10000 yuan)	13215	28112	55838	61511	63834

注：2014年工业烟粉尘增加了水泥和钢铁行业的无组织排放量。

a) 2014 industrial YanFenChen increased the unorganized emissions of cement and steel industries.

11—15 各市工业废水排放及处理（2014年）
Discharge and Treatment of Industrial Waste Water by Region (2014)

地区	Region	汇总工业企业个数（个）Number of Industrial Enterprises (unit)	工业废水排放总量（万吨）Total Volume of Waste Water Discharge (10000 tons)	#排入污水处理厂 Disperses into the Sewage Treatment Plants	工业废水中污染物排放量（吨）Total Volume Pollutant of Waste Water Discharge (ton) #化学需氧量 COD	#石油类 Petroleum
总计	**Total**	**8401**	**69580.25**	**9293.19**	**81750.78**	**701.77**
合肥市	Hefei	812	6919.68	3040.32	7828.20	26.17
淮北市	Huaibei	370	2276.97	301.58	1615.53	15.66
亳州市	Bozhou	658	2754.64	237.09	2828.51	24.79
宿州市	Suzhou	469	4029.29	432.10	9788.96	26.15
蚌埠市	Bengbu	453	3036.62	1702.95	4466.20	26.62
阜阳市	Fuyang	727	2640.27	335.48	2439.01	95.86
淮南市	Huainan	259	10649.90		5398.47	127.94
滁州市	Chuzhou	748	5755.26		9261.90	62.31
六安市	Luan	606	2740.09	0.16	3850.00	59.63
马鞍山市	Maanshan	566	7338.23	612.44	6706.93	69.97
芜湖市	Wuhu	601	3899.59	1973.15	7251.46	25.59
宣城市	Xuancheng	910	3893.16	233.85	6428.98	73.70
铜陵市	Tongling	221	5692.98		5001.42	22.41
池州市	Chizhou	298	2648.36	213.38	3204.79	2.15
安庆市	Anqing	481	4661.41		4530.42	40.31
黄山市	Huangshan	222	643.79	210.69	1150.01	2.51

地区	Region	#氨氮 Ammonia & Nitrogen	废水治理设施数（套）Number of Facilities for Treatment of Waste Water (set)	废水治理设施处理能力（万吨／日）Handling Ability of Facilities for Treatmnent of Waste Water (10000cu.m/h)	废水治理设施运行费用（万元）Opearating Cost of Facilities of Waste Water (10000Yuan)
总计	**Total**	**6902.85**	**2692**	**962.20**	**230107.3**
合肥市	Hefei	337.28	303	164.75	18794.8
淮北市	Huaibei	75.18	145	57.83	6223.3
亳州市	Bozhou	469.09	110	17.71	4210.3
宿州市	Suzhou	476.69	91	28.43	5597.4
蚌埠市	Bengbu	274.88	131	17.28	8085.8
阜阳市	Fuyang	1323.60	140	16.25	6080.7
淮南市	Huainan	1199.40	124	107.16	10345.3
滁州市	Chuzhou	1054.01	249	28.64	25247.4
六安市	Luan	339.91	151	27.32	4707.9
马鞍山市	Maanshan	226.68	194	315.16	74637.6
芜湖市	Wuhu	99.40	279	35.13	14016.4
宣城市	Xuancheng	288.83	219	23.05	5392.6
铜陵市	Tongling	288.70	161	77.01	19270.8
池州市	Chizhou	128.10	124	7.80	3787.4
安庆市	Anqing	209.09	186	34.09	22611.4
黄山市	Huangshan	112.00	85	4.59	1098.2

11—16 各市工业废气排放及处理（2014年）

Emission and Treatment of Industrial Waste Gas by Region (2014)

地 区	Region	汇总工业企业个数（个）Number of Industrial Enterprises (unit)	工业废气治理设施数（套）Number of Facilities for treat-ment of Waste Gas (set)	工业废气排放总量（亿标立方米）Total Volume of Industrial Waste Gas Emission (100 million cu.m)	工业二氧化硫排放量（吨）Volume of Sulphur Dioxide Emission by Industry (ton)
总 计	**Total**	**8401**	**7993**	**29232.61**	**440642.42**
合肥市	Hefei	812	615	2853.51	42364.19
淮北市	Huaibei	370	663	1684.70	44621.24
亳州市	Bozhou	658	200	392.35	12247.04
宿州市	Suzhou	469	339	1175.50	26452.38
蚌埠市	Bengbu	453	324	1326.52	16407.33
阜阳市	Fuyang	727	377	676.38	17032.53
淮南市	Huainan	259	356	2909.00	59491.89
滁州市	Chuzhou	748	465	1528.26	20525.30
六安市	Luan	606	436	1242.83	14279.27
马鞍山市	Maanshan	566	882	6666.16	58818.75
芜湖市	Wuhu	601	1048	2994.93	38706.00
宣城市	Xuancheng	910	320	1276.73	19357.08
铜陵市	Tongling	221	572	2089.86	31435.60
池州市	Chizhou	298	547	908.89	19880.97
安庆市	Anqing	481	610	1452.93	16013.99
黄山市	Huangshan	222	239	54.05	3008.86

地 区	Region	工业二氧化硫去除量（吨）Volume of Industry Sulphur Dioxide Removed (ton)	工业烟（粉）尘排放量（吨）Volume of Industrial Soot Emission (ton)	工业烟（粉）尘去除量（吨）Volume of Industrial Soot Removed (ton)	废气治理设备运用运行费用（万元）Annual Expenditure for Operation (10000 yuan)
总 计	**Total**	**3003580.80**	**585283.08**	**38501820.17**	**730205.10**
合肥市	Hefei	83942.25	106284.11	4757922.35	48856.30
淮北市	Huaibei	52138.54	23673.55	1263697.34	50512.20
亳州市	Bozhou	3258.29	11663.35	38181.84	1589.80
宿州市	Suzhou	44530.60	27087.25	2128542.15	27759.90
蚌埠市	Bengbu	32838.79	14339.27	213139.92	27491.20
阜阳市	Fuyang	33624.19	16069.56	1304710.31	17027.10
淮南市	Huainan	188888.88	24451.50	6471581.53	90559.60
滁州市	Chuzhou	18392.96	43899.45	1332510.81	19980.10
六安市	Luan	17437.72	35887.70	291822.65	4899.50
马鞍山市	Maanshan	123703.37	100809.57	5330430.54	219657.70
芜湖市	Wuhu	99771.45	58660.20	7129867.44	70031.50
宣城市	Xuancheng	11660.74	45949.96	667906.58	13829.30
铜陵市	Tongling	2040771.64	29667.94	4673822.85	87562.10
池州市	Chizhou	91946.35	16801.39	732164.51	22903.00
安庆市	Anqing	160675.05	27398.56	2125954.18	26201.50
黄山市	Huangshan		2639.73	39565.16	1344.30

11—17 各市工业固体废物产生及处理利用（2014年）

Discharge, Treatment and Utilization of Industrial Solid Wastes by Region (2014)

地 区	Region	汇总工业企业个数（个）Number of Industrial Enterprises (unit)	一般工业固体废物产生量（万吨）The Amount of General Industrial Solid Waste Generation (10000 tons)	危险废物产生量（万吨）The Amount of Hazardous Waste Generation (10000 ton)	一般工业固体废物综合利用量（万吨）The Amount of General Industrial Solid Waste Comprehensive Utilization (10000 ton)	危险废物综合利用量（万吨）The Amount of Hazardous Waste Comprehensive Utilization (10000 ton)
总 计	**Total**	**8401**	**12000.00**	**78.08**	**10466.33**	**65.08**
合肥市	Hefei	812	1001.22	3.15	931.37	0.08
淮北市	Huaibei	370	951.91	1.81	911.99	1.67
亳州市	Bozhou	658	222.41	0.01	221.19	
宿州市	Suzhou	469	533.61	0.41	364.63	0.34
蚌埠市	Bengbu	453	157.71	0.84	150.00	0.73
阜阳市	Fuyang	727	592.93	5.06	591.70	4.74
淮南市	Huainan	259	2682.71	0.14	2486.81	0.03
滁州市	Chuzhou	748	217.46	0.32	209.98	0.03
六安市	Luan	606	444.62	0.05	341.45	0.04
马鞍山市	Maanshan	566	2404.52	38.83	1711.25	38.42
芜湖市	Wuhu	601	351.25	3.10	331.10	1.09
宣城市	Xuancheng	910	456.36	1.54	491.45	1.26
铜陵市	Tongling	221	1516.55	18.47	1321.37	15.27
池州市	Chizhou	298	237.32	1.40	188.46	1.01
安庆市	Anqing	481	193.14	2.78	186.46	0.33
黄山市	Huangshan	222	36.27	0.16	27.12	0.04

地 区	Region	一般工业固体废物综合利用率（%）General Industrial Solid Waste Comprehensive Utilization Rate (%)	一般工业固体废物贮存量（万吨）The Amount of General Industrial Solid Waste Storage (10000 tons)	一般工业固体废物处置量（万吨）The Amount of General Industrial Solid Waste Disposal (10000 tons)	一般工业固体废物处置率（%）General Industrial Solid Waste Disposal Rate (%)
总 计	**Total**	**84.44**	**893.34**	**1078.81**	**8.96**
合肥市	Hefei	92.91	62.96	8.13	0.81
淮北市	Huaibei	92.77	70.55	0.51	0.05
亳州市	Bozhou	99.45		1.22	0.55
宿州市	Suzhou	65.71	84.43	117.84	21.60
蚌埠市	Bengbu	94.87	0.06	8.05	5.10
阜阳市	Fuyang	99.79	0.10	1.14	0.19
淮南市	Huainan	89.17	251.13	50.93	1.90
滁州市	Chuzhou	96.56		7.48	3.44
六安市	Luan	73.49	0.01	123.16	27.70
马鞍山市	Maanshan	71.06	191.81	504.96	21.00
芜湖市	Wuhu	93.32	0.26	23.62	6.72
宣城市	Xuancheng	85.18	57.06	41.93	8.92
铜陵市	Tongling	83.16	143.99	123.57	8.15
池州市	Chizhou	74.97	26.46	54.94	21.48
安庆市	Anqing	96.54		6.69	3.46
黄山市	Huangshan	74.77	4.52	4.63	12.76

11—18 各市城市空气质量指标（2014年）
Ambient Air Quality in Main Cities by Region (2014)

单位：毫克／立方米（milligram/cu.m）

地 区	Region	可吸入颗粒物 (PM_{10}) Clean Area	二氧化硫 (SO_2) Lightly Polluted Area	二氧化氮 (NO_2) Moderately Polluted Area	空气质量达到及好于二级的天数（天） Days of Air Quality Equal to or Above Grade II (days)
全省平均	**Average**	**0.095**	**0.026**	**0.030**	**320**
合 肥 市	Hefei	0.113	0.022	0.031	283
淮 北 市	Huaibei	0.102	0.023	0.037	319
亳 州 市	Bozhou	0.096	0.035	0.035	326
宿 州 市	Suzhou	0.093	0.026	0.031	331
蚌 埠 市	Bengbu	0.115	0.023	0.041	284
阜 阳 市	Fuyang	0.087	0.026	0.025	330
淮 南 市	Huainan	0.107	0.028	0.026	305
滁 州 市	Chuzhou	0.097	0.016	0.020	318
六 安 市	Luan	0.105	0.015	0.021	311
马鞍山市	Maanshan	0.108	0.029	0.035	313
芜 湖 市	Wuhu	0.096	0.027	0.028	319
宣 城 市	Xuancheng	0.091	0.031	0.030	334
铜 陵 市	Tongling	0.106	0.056	0.037	298
池 州 市	Chizhou	0.059	0.029	0.030	362
安 庆 市	Anqing	0.090	0.019	0.030	331
黄 山 市	Huangshan	0.052	0.014	0.017	362

11—19 各市城市道路交通噪声监测情况（2014年）
Monitoring of Urban Road Traffic Noise in Key Cities by Region (2014)

地 区	Region	监测总长度（公里） Total Length of Roads (km)	路段平均宽度（米） Average Width of Roads (m)	平均车流量（辆／小时） Average Traffic Volume (car/hour)	噪声均值（分贝） Average Noise Value (LeqdBA)
总 计	**Total**	**1861.49**	**40.30**	**1555**	**65.2**
合 肥 市	Hefei	591.70	53.70	2486	67.5
淮 北 市	Huaibei	96.78	45.18	444	65.7
亳 州 市	Bozhou	69.80	51.41	77	48.2
宿 州 市	Suzhou	23.65	23.90	1628	66.3
蚌 埠 市	Bengbu	116.08	42.79	1950	69.0
阜 阳 市	Fuyang	29.43	45.38	2349	68.3
淮 南 市	Huainan	56.03	36.77	1306	67.6
滁 州 市	Chuzhou	65.95	33.16	1006	66.0
六 安 市	Luan	66.95	32.97	1329	66.0
马鞍山市	Maanshan	98.53	42.68	1164	66.5
芜 湖 市	Wuhu	404.79	51.14	1708	68.3
宣 城 市	Xuancheng	67.26	37.75	2331	59.6
铜 陵 市	Tongling	38.47	35.37	2159	64.0
池 州 市	Chizhou	28.85	34.47	3278	66.3
安 庆 市	Anqing	50.66	44.32	1174	67.6
黄 山 市	Huangshan	62.50	33.96	497	66.5

11—20 水资源情况
Water Resources

年份 Year	水资源总量（亿立方米） Total Water Resources (100 million cu.m)	地表水资源量 Surface Water	地下水资源量 Ground Water	地表水与地下水资源重复量 Duplicated Measurement Between Surface Water and Groundwater	人均水资源量（立方米／人） Per Capita Water Resources (cu.m/person)
2000	644.21	554.62	188.74	99.15	1026.10
2005	719.25	672.20	195.41	148.36	1135.70
2006	580.50	532.77	159.12	111.39	950.10
2007	712.46	666.10	181.84	135.48	1164.50
2008	699.24	651.88	178.09	130.73	1139.80
2009	733.10	685.92	185.43	138.25	1195.70
2010	939.05	876.27	197.81	135.03	1578.20
2011	602.08	544.17	143.48	85.57	1008.80
2012	700.98	640.64	159.22	98.88	1172.60
2013	585.59	525.41	144.54	84.36	974.54
2014	778.48	712.86	178.91	113.29	1279.78

注：水资源总量=地表水资源量＋地下水资源量－地表水与地下水资源重复量。

a) Total Water Resources=Surface Water+Ground Water-Duplicated Measurement Between Surface Water and Groundwater.

11—21 各市水资源情况（2014年）
Water Resources by Region (2014)

地区	Region	水资源总量（亿立方米） Total Water Resources (100 million cu.m)	地表水资源量 Surface Water	地下水资源量 Ground Water	地表水与地下水资源重复量 Duplicated Measurement Between Surface Water and Groundwater	人均水资源量（立方米／人） Per Capita Water Resources (cu.m/person)
总　计	**Total**	**778.48**	**712.86**	**178.91**	**113.29**	**1279.78**
合肥市	Hefei	49.63	47.62	8.33	6.32	644.90
淮北市	Huaibei	6.76	3.00	4.62	0.86	313.18
亳州市	Bozhou	27.39	16.11	15.08	3.80	548.24
宿州市	Suzhou	24.91	12.41	15.66	3.16	454.06
蚌埠市	Bengbu	21.34	15.34	9.25	3.25	655.04
阜阳市	Fuyang	35.71	23.70	17.18	5.17	456.47
淮南市	Huainan	7.70	5.88	3.08	1.26	324.22
滁州市	Chuzhou	46.08	43.69	10.10	7.71	1156.34
六安市	Luan	98.64	96.04	19.70	17.10	1722.97
马鞍山市	Maanshan	20.01	18.18	4.41	2.58	897.71
芜湖市	Wuhu	35.39	33.07	7.46	5.14	978.33
宣城市	Xuancheng	94.98	94.15	14.41	13.58	3689.69
铜陵市	Tongling	7.08	6.59	1.27	0.78	959.22
池州市	Chizhou	71.95	70.55	11.02	9.62	5031.47
安庆市	Anqing	119.23	114.85	20.59	16.21	2217.98
黄山市	Huangshan	111.68	111.68	16.75	16.75	8193.69

11—22 农村环境状况
The Environment of Rural Areas

年份 Year	农村改水受益率(%) Benefical Rate of the Water Renovation in Rural Areas (%)	农村自来水普及率(%) Popularity Rate of Tape Water in Rural Areas (%)	农村卫生厕所普及率(%) Popularity Rate of Sanitation Toilet in Rural Areass (%)	农村户用沼气 Marsh Gas in Rural House		太阳能热水器 Solar Water Heater
				用户数(万户) (10000 Housrholds)	总产气量(万立方米) Total Volum Gas Production (10000 cu.m)	面积(万平方米) Area (10000 sq.m)
2000	98.5	36.8	40.1	11.44	2862	50.37
2005	99.0	37.6	54.2	31.94	9076	172.88
2006	98.2	39.5	55.6	37.64	10809	224.50
2007	96.2	35.2	51.9	49.21	14763	262.14
2008	97.7	39.1	53.3	56.43	17959	307.53
2009	98.4	43.7	54.1	67.06	20654	373.16
2010	99.6	47.8	57.5	75.26	22334	422.12
2011	96.1	50.4	58.0	79.08	27677	464.40
2012	94.4	53.6	59.2	82.99	25068	503.11
2013	97.0	58.6	62.6	85.76	24693	520.07
2014	93.8	64.3	65.2	88.21	24516	539.60

11—23 各市农村环境状况（2014年）
The Environment of Rural Areas by Region (2014)

地区	Region	农村改水受益率(%) Benefical Rate of the Water Renovation in Rural Areas (%)	农村自来水普及率(%) Popularity Rate of Tape Water in Rural Areas (%)	农村卫生厕所普及率(%) Popularity Rate of Sanitation Toilet in Rural Areass (%)	农村户用沼气 Marsh Gas in Rural House		太阳能热水器 Solar Water Heater
					用户数(万户) (10000 Housrholds)	总产气量(万立方米) Total Volum Gas Production (10000 cu.m)	面积(万平方米) Area (10000 sq.m)
总计	**Total**	**93.80**	**64.30**	**65.20**	**88.21**	**24515.68**	**539.60**
合肥市	Hefei	99.22	67.07	87.90	9.18	2594.34	100.93
淮北市	Huaibei	100.00	79.21	69.90	2.04	585.62	22.42
亳州市	Bozhou	100.00	53.82	42.14	3.48	1144.01	30.91
宿州市	Suzhou	68.17	61.27	56.94	5.24	1755.60	35.33
蚌埠市	Bengbu	99.58	41.50	71.30	2.93	850.50	25.11
阜阳市	Fuyang	100.00	49.76	31.33	9.02	2350.15	33.40
淮南市	Huainan	98.92	62.05	80.25	1.62	408.45	16.60
滁州市	Chuzhou	97.84	67.29	71.54	5.28	1541.23	42.17
六安市	Luan	81.71	52.89	70.87	11.66	3236.38	48.39
马鞍山市	Maanshan	99.84	89.42	73.02	2.07	506.56	24.31
芜湖市	Wuhu	99.75	99.20	100.00	1.18	315.70	25.96
宣城市	Xuancheng	95.23	74.46	78.78	6.30	1784.16	41.77
铜陵市	Tongling	99.09	92.29	83.84	0.70	131.70	11.53
池州市	Chizhou	95.53	67.23	62.59	7.36	1781.75	14.42
安庆市	Anqing	98.32	79.98	73.12	16.38	4482.00	42.80
黄山市	Huangshan	98.06	93.17	82.50	3.77	1047.55	23.55

11—24 农村改水、改厕情况
The Water and Toilets Renovation in Rural Area

指　　标		Item		2005	2010	2013	2014
农村改水		**Water Renovation**					
农村总人口	(万人)	Total Rural Population	(10000 persons)	4490.8	5250.8	5393.0	5393.0
累计已改水受益人口	(万人)	Accumulative Population to Benefit from Water Renovation	(10000 persons)	4419.4	5227.5	5233.0	5057.5
自来水		Tap Water					
厂、站	(个)	Factory, Standion	(unit)	14162	14501	12190	10431
累计受益	(万人)	Accumulative Benefit Population	(10000 persons)	1690.6	2511.4	3158.0	3466.3
占农村总人口	(%)	Proportion of the Total Rural Population	(%)	37.65	47.83	58.56	64.27
手压机井		Manual Pumped Wells					
数　　量	(万台)	Number	(10000 unat)	640.0	543.1	532.0	523.7
累计受益	(万人)	Accumulative Benefit Population	(10000 persons)	2241.3	2438.3	1946.0	1455.5
占农村总人口	(%)	Proportion of the Total Rural Population	(%)	49.91	46.44	36.00	26.99
雨水收集		Rainwater Collection					
累计受益	(万人)	Accumulative Benefit Population	(10000 persons)	31.7	16.4	2.6	2.4
占农村总人口	(%)	Proportion of the Total Rural Population	(%)	0.71	0.31	0.05	0.05
其　他		Other					
累计受益	(万人)	Accumulative Benefit Population	(10000 persons)	455.8	261.4	125.7	133.4
占农村总人口	(%)	Proportion of the Total Rural Population	(%)	10.15	4.98	2.33	2.47
农村改厕		**Toilets Renovation in Rural Area**					
农村总户数	(万户)	Total Rural Households	(10000 subscribers)	1213.7	1346.5	1434.8	1434.8
累计使用卫生厕所户数	(万户)	Households Used Toilets	(10000 subscribers)	657.4	774.9	897.8	935.0
卫生厕所普及率	(%)	Rate of the Sanitation Toilets	(%)	54.2	57.5	62.6	65.2
累计使用卫生公厕户数	(万户)	Household Used Public Sanitation Toilets	(10000 subscribers)	82.3	125.9	148.1	176.9

11—25 农村改水、改厕投资情况
Investment of Water and Toilets Renovation in Rural Area

指　　标		Item		2005	2010	2013	2014
农村改水		**Water Renovation in Rural Area**					
农村改水投入	(万元)	Investment	(10000 yuan)	21669	132386	142903	163670
国家投入		State Investment		10011	114919	126250	147504
国家投入占总投入比重	(%)	The Proportion of State Investment	(%)	46.20	86.81	88.35	90.12
农村改厕		**Toilets Renovation in Rural Area**					
农村改厕投入	(万元)	Investment	(10000 yuan)	11413	33327	36207	34086
国家投入		State Investment		3577	21952	19323	13569
国家投入占总投入比重	(%)	The Proportion of State Investment	(%)	31.34	65.87	53.37	39.81

11—26 突发环境事件情况
Environmental Accidents

年份 Year	突发环境事件次数（次）Number of Environmental Accidents (time)	水污染 Water Pollution	大气污染 Air Pollution	固体废物污染 Solid Wastes Pollution	噪声与振动危害 Noise and Vibration Pollution	直接经济损失（万元）Direct Economic Losses (10000 yuan)	突发环境事件罚款总额（万元）Reparations and Fines on Environmental Accidents (10000 yuan)	污染损害赔款总额（万元）Total Compensation Amount Damage of Pollution (10000 yuan)
2000	66	43	23			802.20	62.46	802.20
2005	28	16	10		2	275.40	55.20	275.40
2006	21	15	4		2	354.80	58.70	452.90
2007	22	13	9			450.00		
2008	16	9	6	1		1440.70		30.00
2009	22	12	3	7		625.36	17.00	
2010	30	10	8	5		231.60	23.00	133.00
2011	12	4	3	1		50.88	40.00	125.00
2012	20	7	3	5		896.50	1.00	878.00
2013	6	5	1			274.06	9.79	
2014	9	5	1	1		492.99	0.79	

11—27 各市突发环境事件情况（2014年）
Environmental Accidents by Region (2014)

地区	Region	突发环境事件次数（次）Number of Environmental Accidents (time)	水污染 Water Pollution	大气污染 Air Pollution	噪声与振动危害 Noise and Vibration Pollution	直接经济损失（万元）Direct Economic Losses (10000 yuan)	突发环境事件罚款总额（万元）Reparations and Fines on Environmental Accidents (10000 yuan)	污染损害赔款总额（万元）Total Compensation Amount Damage of Pollution (10000 yuan)
总计	**Total**	**9**	**5**	**1**		**492.99**	**0.79**	
合肥市	Hefei	1				91.70		
淮北市	Huaibei	1				0.40		
亳州市	Bozhou	1				400.00		
宿州市	Suzhou							
蚌埠市	Bengbu	1		1		0.89	0.79	
阜阳市	Fuyang	2	2					
淮南市	Huainan							
滁州市	Chuzhou							
六安市	Luan							
马鞍山市	Maanshan							
芜湖市	Wuhu							
宣城市	Xuancheng							
铜陵市	Tongling							
池州市	Chizhou							
安庆市	Anqing	3	3					
黄山市	Huangshan							

11—28 地质灾害及防治情况
Geological Disasters and Prevention and Cure

年份 Year	发生地质灾害起数（次） Geological Disasters (time)	#滑坡 Land-slide	#崩塌 Collapse	人员伤亡（人） Casualties (person)	#死亡人数 Deaths	直接经济损失（万元） Direct Economic Losses (10000 yuan)	地质灾害防治项目（个） Number of Projects of Prevention of Geological Disasters (unit)	地质灾害防治投资（万元） Investment of Projects of Prevention of Geological Disasters (10000 yuan)
2005	8320	1528	6445	44	40	96800.0	46	3614
2006	360	72	260	6	3	3714.0	73	9921
2007	314	123	161	5	3	7486.6	123	9361
2008	556	247	285	3	2	8753.2	164	14814
2009	349	116	216	8	2	2179.3	156	12253
2010	338	143	164	12	6	2536.3	189	11352
2011	175	102	60	2	2	1569.6	338	27288
2012	350	170	157	5	3	4601.3	652	25201
2013	261	147	108	2	1	2247.8	624	29280
2014	126	49	70			590.4	537	21937

11—29 各市地质灾害及防治情况（2014年）
Geological Disasters and Prevention and Cure by Region (2014)

地区	Region	发生地质灾害起数（次） Geological Disasters (time)	#滑坡 Land-slide	#崩塌 Collapse	人员伤亡（人） Casualties (person)	#死亡人数 Deaths	直接经济损失（万元） Direct Economic Losses (10000 yuan)	地质灾害防治项目（个） Number of Projects of Prevention of Geological Disasters (unit)	地质灾害防治投资（万元） Investment of Projects of Prevention of Geological Disasters (10000 yuan)
总计	**Total**	**126**	**49**	**70**			**590.4**	**537**	**21937**
合肥市	Hefei	1		1				5	148
淮北市	Huaibei								35
亳州市	Bozhou								31
宿州市	Suzhou								20
蚌埠市	Bengbu								287
阜阳市	Fuyang								
淮南市	Huainan	1							50
滁州市	Chuzhou	2		1			105.0	2	279
六安市	Luan	17	15	2			119.0	310	2435
马鞍山市	Maanshan	1						41	3511
芜湖市	Wuhu							28	3200
宣城市	Xuancheng	10	6	3			15.3	32	2705
铜陵市	Tongling	1	1				0.4	2	1045
池州市	Chizhou	6	2	4			12.0	25	2450
安庆市	Anqing	63	14	47			191.8	51	2150
黄山市	Huangshan	24	11	12			146.9	41	3591

11—30 自然保护基本情况
Basic Situation of Natural Protection

年份 Year	自然保护区(市级以上) Nature Reserves 个数(个) Number of Nature Reserves (unit)	#国家级 Nation Level	面积(万公顷) Area of Nature Reserves (10000 hectares)	#国家级 Nation Level	珍稀濒危动物繁殖场(个) Number of Farms to Breed Rare or Endangered Animals (unit)	珍稀植物引种栽培场(个) Cultivating Farms of Rare Plants (unit)	生态示范区建设试点地区和单位(个) Number of Experimental Units and Region of Ecological Demonstration Zones (unit)	已批准国家级生态示范区(个) Number of Approved the National-level Ecological Demonstration Zones (unit)
2005	31		34.68		5	1	34	9
2006	35		44.81		3		34	9
2007	37		44.00				34	11
2008	37		46.13				34	13
2009	38		43.84				34	13
2010	38	6	43.61	13.14			34	13
2011	38	7	43.20	13.92			34	17
2012	38	7	43.20	13.92			34	17
2013	39	7	41.28	13.92			34	17
2014	39	7	40.97	13.92			34	17

11—31 各市自然保护基本情况(2014年)
Basic Situation of Natural Protection by Region (2014)

地区	Region	自然保护区(市级以上) Nature Reserves 个数(个) Number of Nature Reserves (unit)	#国家级 Nation Level	面积(万公顷) Area of Nature Reserves (10000 hectares)	#国家级 Nation Level	珍稀濒危动物繁殖场(个) Number of Farms to Breed Rare or Endangered Animals (unit)	珍稀植物引种栽培场(个) Cultivating Farms of Rare Plants (unit)	生态示范区建设试点地区和单位(个) Number of Experimental Units and Region of Ecological Demonstration Zones (unit)	已批准国家级生态示范区(个) Number of Approved the National-level Ecological Demonstration Zones (unit)
总计	**Total**	**39**	**7**	**40.97**	**13.92**			**34**	**17**
合肥市	Hefei							1	
淮北市	Huaibei							1	
亳州市	Bozhou							1	1
宿州市	Suzhou	6		2.09				2	1
蚌埠市	Bengbu	3		1.63				2	
阜阳市	Fuyang	2		2.56				3	2
淮南市	Huainan								
滁州市	Chuzhou	2		2.46				1	
六安市	Luan	4	1	5.17	2.89			3	3
马鞍山市	Maanshan	1		1.07				2	1
芜湖市	Wuhu							3	1
宣城市	Xuancheng	3	2	3.14	2.64			5	2
铜陵市	Tongling	1	1	3.15	3.15				
池州市	Chizhou	4	1	5.14	3.34			1	1
安庆市	Anqing	5	1	11.87	1.23			5	1
黄山市	Huangshan	8	1	2.70	0.67			4	4

11—32 森林资源情况
Forest Resources

年 份 Year	林业用地面积 (千公顷) Area of Afforested Land (1000 hectares)	森林面积 (千公顷) Forest Area (1000 hectares)	#人工林 Man-made Forest	森林覆盖率 (%) Forest Coverage Rate (%)	活立木总蓄积量 (万立方米) Total Standing Forest Stock (10000 cu.m)	森林蓄积量 (万立方米) Stock Volume of Forest (10000 cu.m)
2000	4123.20	3318.70	1174.80	24.02	12667.41	10371.90
2005	4403.50	3600.70	2098.70	26.06	16258.35	13755.41
2007	4404.00	3601.00	2099.00	26.06	16258.35	13755.41
2008	4404.00	3601.00	2099.00	26.06	16258.35	13755.41
2009	4404.00	3601.00	2099.00	26.06	16258.35	13755.41
2010	4431.80	3804.20	2250.70	27.53	21710.12	18074.85
2011	4431.80	3804.20	2250.70	27.53	21710.12	18074.85
2012	4431.80	3804.20	2250.70	27.53	21710.12	18074.85
2013	4431.80	3804.20	2250.70	27.53	21710.12	18074.85
2014	4493.30	3958.50	2329.10	28.65	26145.10	22186.55

注：2005年及以后为一类资源清查数。

a) The figures after 2005 of the national first class forest resources by Surveyed.

11—33 各市森林资源情况（2014年）
Forest Resources by Region (2014)

地 区	Region	林业用地面积 (千公顷) Area of Afforested Land (1000 hectares)	森林面积 (千公顷) Forest Area (1000 hectares)	森林覆盖率 (%) Forest Coverage Rate (%)	活立木总蓄积量 (万立方米) Total Standing Forest Stock (10000 cu.m)	森林蓄积量 (万立方米) Stock Volume of Forest (10000 cu.m)
合肥市	Hefei	149.05	127.33	11.13	1329.08	1002.75
淮北市	Huaibei	57.25	50.19	18.31	337.30	275.95
亳州市	Bozhou	150.93	141.65	16.62	1188.95	908.30
宿州市	Suzhou	279.70	255.23	25.68	1534.40	1266.15
蚌埠市	Bengbu	118.19	101.09	16.99	797.73	697.46
阜阳市	Fuyang	189.00	184.89	18.27	1225.60	1078.16
淮南市	Huainan	31.37	24.27	9.39	278.74	229.39
滁州市	Chuzhou	233.84	192.92	14.27	1608.17	1091.94
六安市	Luan	738.26	704.34	38.28	3513.36	3229.06
马鞍山市	Maanshan	75.09	62.32	15.39	332.15	276.64
芜湖市	Wuhu	134.34	102.82	17.06	533.95	438.07
宣城市	Xuancheng	760.53	711.55	57.79	3011.54	2936.15
铜陵市	Tongling	39.87	33.79	31.93	161.39	142.20
池州市	Chizhou	556.03	500.65	59.61	2921.23	2814.50
安庆市	Anqing	619.00	575.71	37.38	3057.64	2842.54
黄山市	Huangshan	825.95	796.76	82.32	4742.09	4718.16

注：数据为各地考核2014年基础数据

a) Data are 2014 foundation data of Local examination.

11—34 造 林 面 积
Area of Afforestation

单位：公顷（hectares）

年份 Year	造林总面积 Total Area of Afforestation	#人工造林 Manual Planting	按林种用途分 by Function of Forest 用材林 Timber Forests	经济林 By-product Forests	防护林 Protection Forests	薪炭林 Fuel Forests	特种用途林 Forests for Special Purpose
2000	69214	69214	29068	33592	4730		1824
2005	57457	57457	26388	4489	25727	739	114
2006	45888	45888	19517	6655	19704		12
2007	58910	52240	21083	6947	29048	179	1653
2008	53322	48366	17037	8444	26440	1033	368
2009	83606	70229	25314	8858	48171		1263
2010	65612	57012	17724	12380	33804	849	855
2011	88731	72747	23939	22445	41121	405	821
2012	112197	100907	36082	34663	39251	267	1934
2013	208099	202766	72712	51817	73732	248	9590
2014	157745	150871	51701	44584	54826	426	6208

11—35 各市造林面积（2014年）
Area of Afforestation by Region (2014)

单位：公顷（hectares）

地区	Region	造林总面积 Total Area of Afforestation	#人工造林 Manual Planting	按林种用途分 by Function of Forest 用材林 Timber Forests	经济林 By-product Forests	防护林 Protection Forests	特种用途林 Forests for Special Purpose
总计	**Total**	**157745**	**150871**	**51701**	**44584**	**54826**	**6208**
合肥市	Hefei	16185	16092	2689	4368	8437	691
淮北市	Huaibei	4355	4355	476	1765	1615	499
亳州市	Bozhou	7596	7596	3700	962	2071	863
宿州市	Suzhou	10217	9726	1557	2435	5961	264
蚌埠市	Bengbu	10067	9867	2070	2305	5416	276
阜阳市	Fuyang	9862	9862	3654	3303	2905	
淮南市	Huainan	6204	6204	163	1262	4691	
滁州市	Chuzhou	16659	16546	7802	3573	4912	125
六安市	Luan	12553	12553	1498	6890	3305	860
马鞍山市	Maanshan	7916	6850	6803	531	488	94
芜湖市	Wuhu	13424	13424	7489	887	2900	2057
宣城市	Xuancheng	13995	11914	4424	6242	3002	327
铜陵市	Tongling	1422	1422	743	339	333	7
池州市	Chizhou	5687	5509	3739	978	950	20
安庆市	Anqing	15544	14891	3916	6192	5313	123
黄山市	Huangshan	6059	4060	978	2552	2527	2

11—36 退耕还林工程建设情况
Situation of Projects for Reforesting Formerly Cultivated Land

单位：公顷（hectares）

年份 Year	造林总面积 Total Area of Afforestation	退耕地造林面积 Reforesting Formerly Cultivated Land Area	荒山荒地造林面积 Afforested Area of Waste Mountains & Land	按林种用途分 by Function of Forest: 用材林 Timber Forests	经济林 By-product Forests	防护林 Protection Forests	薪炭林 Fuel Forests	特种用途林 Forests for Special Purpose	林业投资完成额（万元） Completed Investment in Forestry (10000 yuan)
2005	17026	13333	3693	1054	725	15082	133	32	
2007	16557		16557	258	1635	14353		311	
2008	19567		19134	3556	3303	12705	3		
2009	32540		19211	1802	386	30144		208	
2010	17820		17820	4179	4441	8205	400	595	59665
2011	18520	1805	10229	3265	3155	11198	353	549	112715
2012	21238		14328	1885	2224	9828	201	100	63606
2013	5334	1721	3612	1913	1363	1799		259	58203
2014	20546		15880	9339	4713	5774		720	57254

11—37 各市退耕还林工程建设情况（2014年）
Situation of Projects for Reforesting Formerly Cultivated Land by Region (2014)

单位：公顷（hectares）

地区	Region	造林总面积 Total Area of Afforestation	退耕地造林面积 Reforesting Formerly Cultivated Land Area	荒山荒地造林面积 Afforested Area of Waste Mountains & Land	按林种用途分 by Function of Forest: 用材林 Timber Forests	经济林 By-product Forests	防护林 Protection Forests	薪炭林 Fuel Forests	特种用途林 Forests for Special Purpose	林业投资完成额（万元） Completed Investment in Forestry (10000 yuan)
总计	**Total**	**20546**		**15880**	**9339**	**4713**	**5774**		**720**	**57254**
合肥市	Hefei	864		864	5	106	576		177	10198
淮北市	Huaibei	87		87	13	74				791
亳州市	Bozhou	23		23	15	8				401
宿州市	Suzhou	254		254	64	142			48	1690
蚌埠市	Bengbu									630
阜阳市	Fuyang	465		465	118	180	167			232
淮南市	Huainan									1074
滁州市	Chuzhou	1538		1538	1325	105			108	1333
六安市	Luan	885		885	40	284	561			8498
马鞍山市	Maanshan	2979		2313	2939	40				1180
芜湖市	Wuhu	2958		2958	2498	9	172		279	4139
宣城市	Xuancheng	4694		2693	1065	1725	1859		45	4051
铜陵市	Tongling	77		77	33	37			7	736
池州市	Chizhou	338		338	338					4135
安庆市	Anqing	1926		1926	393	1411	66		56	8220
黄山市	Huangshan	3458		1459	493	592	2373			5797

11—38 森林病虫害防治情况
Prevention of Forest Diseases and Pests

年份 Year	合计 Total			森林病害 Forest Diseases			森林虫害 Forest Plague		
	发生面积（公顷）Area of Occurrence (hectare)	防治面积（公顷）Area of Prevention (hectare)	防治率（%）Prevention Rate (%)	发生面积（公顷）Area of Occurrence (hectare)	防治面积（公顷）Area of Prevention (hectare)	防治率（%）Prevention Rate (%)	发生面积（公顷）Area of Occurrence (hectare)	防治面积（公顷）Area of Prevention (hectare)	防治率（%）Prevention Rate (%)
2000	370273	274367	74.10	55187	24580	44.54	315087	249787	79.28
2005	261516	210369	80.44	22508	20527	91.20	239008	189842	79.43
2006	324916	279230	90.27	41014	38758	100.00	283882	240452	84.70
2007	348314	271562	77.96	49604	44547	89.81	298640	227017	76.02
2008	351110	288916	82.29	48225	39811	82.55	302865	244150	80.61
2009	336606	260229	77.31	59401	49480	83.30	277139	210682	76.02
2010	355750	300543	84.48	55385	42130	76.07	300365	258413	86.03
2011	400865	349334	87.15	52667	40230	76.39	348119	309104	88.82
2012	383217	310850	81.12	47115	30632	65.02	336102	280218	83.37
2013	401666	346666	86.31	38800	33791	87.09	362866	312875	86.22
2014	384507	331806	86.29	54752	44656	81.56	329755	287151	87.08

11—39 各市森林病虫害防治情况（2014年）
Prevention of Forest Diseases and Pests by Region (2014)

地区 Region	合计 Total			森林病害 Forest Diseases			森林虫害 Forest Plague		
	发生面积（公顷）Area of Occurrence (hectare)	防治面积（公顷）Area of Prevention (hectare)	防治率（%）Prevention Rate (%)	发生面积（公顷）Area of Occurrence (hectare)	防治面积（公顷）Area of Prevention (hectare)	防治率（%）Prevention Rate (%)	发生面积（公顷）Area of Occurrence (hectare)	防治面积（公顷）Area of Prevention (hectare)	防治率（%）Prevention Rate (%)
总计 Total	**384507**	**331806**	**86.29**	**54752**	**44656**	**81.56**	**329755**	**287151**	**87.08**
合肥市 Hefei	15212	12791	84.08	2555	1705	66.72	12657	11086	87.59
淮北市 Huaibei	7407	5763	77.80	4593	3543	77.14	2814	2220	78.89
亳州市 Bozhou	23554	20135	85.48	3667	2595	70.77	19887	17540	88.20
宿州市 Suzhou	49086	42872	87.34	7167	6032	84.16	41919	36840	87.88
蚌埠市 Bengbu	17797	15768	88.60	2410	2095	86.92	15387	13673	88.86
阜阳市 Fuyang	52084	43548	83.61	10790	8934	82.80	41294	34614	83.82
淮南市 Huainan	1067			33			1034		
滁州市 Chuzhou	20234	15856	78.36	2104	1282	60.93	18130	14574	80.39
六安市 Luan	70949	61327	86.44	6922	4634	66.94	64027	56693	88.55
马鞍山市 Maanshan	6537	5120	78.32	222			6315	5120	81.08
芜湖市 Wuhu	344						344		
宣城市 Xuancheng	39014	35302	90.49	12102	12012	99.26	26912	23290	86.54
铜陵市 Tongling									
池州市 Chizhou	7448	6020	80.83	13			7435	6020	80.97
安庆市 Anqing	56907	52106	91.56	2175	1825	83.91	54732	50281	91.87
黄山市 Huangshan	16867	15200	90.12				16867	15200	90.12

主要统计指标解释

森林面积

指生长着乔木和竹林，郁闭度在0.3以上（不包括0.3）的林地面积，即有林地面积。它是反映森林资源总面积的重要指标。森林面积包括天然林面积和人工林面积。但不包括灌木林地和疏林地面积。

森林覆盖率

通常是指森林面积以及四旁树木的覆盖面积与土地总面积之比。森林覆盖率，是反映一个国家或地区森林资源和绿化水平的重要指标。计算公式：

森林覆盖率（%）＝森林面积/土地总面积×100%

活立林总蓄积量

指全部土地上树木蓄积的总量。包括森林蓄积、疏林蓄积、散生木蓄积和四旁树蓄积。

森林蓄积量

指一定森林面积上生长着林木树干材积总量。它是反映一个国家或地区森林资源总规模和水平的重要指标。

降水量

指降水深度，即降水平辅在地域面积上的深度。

水资源总量

一定区域内的水资源总量指当地降水形成的地表和地下产水量，即地表径流量与降水入渗补给量之和，不包括过境水量。

地表水资源量

指河流、湖泊、冰川等地表水体中由当地降水形成的、可以逐年更新的动态水量，即天然河川径流量。

地下水资源量

指当地降水和地表水对饱水岩土层的补给量。

地表水与地下水资源重复量

指地表水和地下水相互转化的部分，即在河川径流量中包括一部分地下水排泄量，地下水补给量中包括一部分来源于地表水的入渗量。

供水总量

指各种水源工程为用户提供的包括输水损失在内的毛供水量。

地表水源水供水量

指地表水体工程的取水量，按蓄、引、提、调四种形式统计。从水库、塘坝中引水或提水，均属蓄水工程供水量；从河道或湖泊中自流引水的，无论有闸或无闸，均属引水工程供水量；利用扬水站从河道或湖泊中直接取水的，属提水工程供水量；跨流域调配指水资源一级区或独立流域之间的跨流域调配水量，不包括在蓄、引、提水量中。

地下水源供水量

指水井工程的开采量，按浅层谈水、深层承压水和微咸水分别统计。城市地下水源供水量包括自来水厂的开采量和工矿企业自备井的开采量。

其他水源供水量

包括污水处理再利用、集雨工程、海水淡化等水源工程的供水量。

用水总量

指分配给用户的包括输水损失在内的毛用水量。按用户特性分为农业、工业、生活和生态用水四大类。

农业用水

包括农田灌溉和林牧渔业用水。林牧渔业用水指林果地灌溉、草地灌溉和鱼塘补水。

工业用水

按新水取用量计，不包括企业内部的重复利用水量。

生活用水

包括城镇生活用水和农村生活用水。城镇生活用水由居民用水和公共用水（含服务业、商饮业、货运邮电业及建筑业等用水）组成；农村生活用水除居民生活用水外，还包括畜用水在内。

生态环境补水

仅包括河湖人工补水和城市环境用水。

工业废水排放量

指经过企业厂区所有排放口排到企业外部的工业废水量。包括生产废水、外排的直接冷却水、超标排放的矿井地下水和与工业废水混排的厂区生活污水，不包括外排的间接冷却水（清污不分流的间接冷却水应计算在内）。

城镇生活污水排放量

指城镇居民每年排放的生活污水。用人均系数法测算。测算公式为：

城镇生活污水排放量=城镇生活污水排放系数×市镇非农业人口×365

城镇生活污水中化学需氧量（COD）产生量

指城镇居民每年排放的生活污水中的COD的产生量。用人均系数法测算。测算公式为：

城镇生活污水中COD 产生量=城镇生活污水中COD 产生系数×市镇非农业人口×365

化学需氧量（COD）

测量有机和无机物质化学所消耗氧的质量浓度的水污染指数。

工业废气排放量

指报告期内企业厂区内燃料燃烧和生产工艺过程中产生的各种排入大气的含有污染物的气体的总量，以标准状态（273K，101325Pa）计算。测算公式为：

工业废气排放量=燃料燃烧过程中废气排放量+生产工艺过程中废气排放量

生活及其他SO_2排放量

以生活及其他煤炭消费量和其含硫量为基础，根据以下公式计算：

生活及其他SO_2排放量=生活及其他煤炭消费量×含硫量×0.8×2

工业SO_2排放量

指报告期内企业在燃料燃烧和生产工艺过程中排入大气的SO_2总量，计算公式为：

工业SO_2排放量=燃料燃烧过程中SO_2 排放量+生产工艺过程中SO_2 排放量

工业烟(粉)尘排放量

指报告期内企业在燃料燃烧和生产工艺过程中排入大气的烟尘和工业粉尘的质量之和。

生活及其他烟尘排放量

指除工业生产活动以外的所有社会、经济活动及公共设施的经营活动中燃烧所排放的烟尘纯重量。以生活及其他煤炭消费量为基础进行测算。

一般工业固体废物产生量

指未被列入《国家危险废物名录》或者根据国家规定的危险废物鉴别标准（GB5085）、固体废物浸出毒性浸出方法（GB5086）及固体废物浸出毒性测定方法（GB／T 15555）鉴别方法判定不具有危险特性的工业固体废物。计算公式为：

一般工业固体废物产生量=（一般工业固体废物综合利用量-其中：综合利用往年贮存量）+一般工业固体废物贮存量+（一般工业固体废物处置量-其中：处置往年贮存量）+一般工业固体废物倾倒丢弃量

一般工业固体废物综合利用量

指报告期内企业通过回收、加工、循环、交换等方式，从固体废物中提取或者使其转化为可以利用的资源、能源和其他原材料的固体废物量（包括当年利用的往年工业固体废物累计贮存量）。如用作农业肥料、生产建筑材料、筑路等。

一般工业固体废物综合利用率

指一般工业固体废物综合利用量占一般工业固体废物产生量与综合利用往年贮存量之和的百分率。计算公式为：

一般工业固体废物综合利用率＝一般工业固体废物综合利用量/（一般工业固体废物产生量+综合利用往年贮存量）×100%

一般工业固体废物处置量

指报告期内企业将工业固体废物焚烧和用其他改变工业固体废物的物理、化学、生物特性的方法，达到减少或者消除其危险成分的活动，或者将工业固体废物最终置于符合环境保护规定要求的填埋场的活动中，所消纳固体废物的量。

一般工业固体废物贮存量

指报告期内企业以综合利用或处置为目的，将固体废物暂时贮存或堆存在专设的贮存设施或专设的集中堆存场所内的量。专设的固体废物贮存场所或贮存设施必须有防扩散、防流失、防渗漏、防止污染大气、水体的措施。

危险废物产生量

指当年全年调查对象实际产生的危险废物的量。危险废物指列入国家危险废物名录或者根据国家规定的危险废物鉴别标准和鉴别方法认定的，具有爆炸性、易燃性、易氧化性、毒性、腐蚀性、易传染性疾病等危险特性之一的废物。按《国家危险废物名录》（环境保护部、国家发展和改革委员会 2008 部令第 1 号）填报。

危险废物综合利用量

指当年全年调查对象从危险废物中提取物质作为原材料或者燃料的活动中消纳危险废物的量。包括本单位利用或委托、提供给外单位利用的量。

危险废物处置量

指报告期内企业将危险废物焚烧和用其他改变工业固体废物的物理、化学、生物特性的方法，达到减少或者消除其危险成分的活动，或者将危险废物最终置于符合环境保护规定要求的填埋场的活动中，所消纳危险废物的量。处置量包括处置本单位或委托给外单位处置的量。

危险废物处置率

指危险废物处置量占危险废物产生量与处置往年贮存量之和的百分率。计算公式为：

危险废物处置率＝危险废物梨园量/（危险废物产生量+处置往年贮存量）×100%

生活垃圾清运量

指报告期内收集和运送到垃圾处理厂（场）的生活垃圾数量。生活垃圾指城市日常生活或为城市日常生活提供服务的活动中产生的固体废物以及法律行政规定的视为城市生活垃圾的固体废物。包括：居民生活垃圾、商业垃圾、集市贸易市场垃圾、街道清扫垃圾、公共场所垃圾和机关、学校、厂矿等单位的生活垃圾。

生活垃圾无害化处理率

指报告期生活垃圾无害化处理量与生活垃圾产生量比率。在统计上，由于生活垃圾产生量不易取得，可用清运量代替。计算公式为：

生活垃圾无害化处理率=生活垃圾无害化处理量/生活垃圾产生量×100%

人工林面积

指由人工播种、植苗或扦插造林形成的生长稳定，（一般造林3-5年后或飞机播种5-7年后）每公顷保存株数大于或等于造林设计植树株数80%或郁闭度0.20以上（含0.20）的林分面积。

造林总面积

指报告期内在荒山、荒地、沙丘、退耕地等一切可以造林的土地上，采用人工播种、飞机播种、植苗造林、分植造林等方法新植成片乔木林和灌木林，经过检查验收符合《造林技术规程》要求的单位面积株数，并按《中华人民共和国森林法实施条例》规定，成活率达85%以上（含85%，年降雨量在400毫米以下且无浇灌条件的地区造林成活率达70%以上）的总面积。四旁植树如一侧在四行以上，连片面积0.066公顷（一亩）以上，应统计在造林面积内。造林面积，通常按所有制（国有、国有集体合作、集体和个人）、造林方式（人工、飞机播种）、主要林种用途（用材林、经济林、防护林、薪炭林、特种用途林）分组进行统计。

用材林

指以生产木材为主要目的的森林和林木，包括以生产竹材为主要目的的竹林。

经济林

指以生产果品，食用油料、饮料、调料，工业原料和药材为主要目的的林木。经济林是人们为了取得林木的果实、叶片、皮层、胶液等产品作为工业原料或者供食用所营造的林木，如油茶、油桐、核桃、樟树、花椒、茶、桑、果等。

防护林

指以防护为主要目的的森林、林木和灌木丛。包括水源涵养林，水土保持林，防风固沙林，农田、牧场防护林，护岸林，护路林等。

薪炭林

指以生产燃料为主要目的的林木。

特种用途林

指以国防、环境保护、科学实验等为主要目的的森林和林木。包括国防林、实验林、母树林、环境保护林、风景林，名胜古迹和革命纪念地的林木，自然保护区的森林。

退耕还林还草工程

是我国林业建设上涉及面最广、政策性最强、工序最复杂、群众参与度最高的生态建设工程。主要解决重点地区的水土流失问题。

野生动植物保护及自然保护区建设工程

野生动植物保护及自然保护区建设工程，是一个面向未来，着眼长远，具有多项战略意义的生态保护工程，也是呼应国际大气候、树立中国良好国际形象的“外交工程”。主要解决基因保存、生物多样性保护、自然保护、湿地保护等问题。

自然保护区

指对有代表性的自然生态系统、珍稀濒危野生动植物物种的天然分布区、水源涵养区、有特殊意义的自然历史遗迹等保护对象所在的陆地、陆地水体或海域，依法划出一定面积进行特殊保护和管理的区域。以县及县以上各级人民政府正式批准建立的自然保护区为准。风景名胜区、文物保护区不计在内。

生态示范区

指省级以上环境保护行政主管部门批准，以省、地、县政府为主按批准的生态示范区建设规划实施的行政区域。包括已经过国家或省级环境保护行政主管部门验收的和正在开展试点工作的。

滑坡

指斜坡上不稳定的岩土体在重力作用下沿一定软面（或滑动带）整体向下滑动的物理地质现象。地表水和地下水的作用以及人为的不合理工程活动对斜坡岩、土体稳定性的破坏，经常是促使滑坡发生的主要因素。在露天采矿、水利、铁路、公路等工程中，滑坡往往造成严重危害。

崩塌

指陡坡上大块的岩土体在重力作用下突然脱离母体崩落的物理地质现象。它可因多裂隙的岩体经强烈的物理风化、雨水渗入或地震而造成，往往毁坏建筑物，堵塞河道或交通路线。

突发环境事件

指由于违反环境保护法规的经济、社会活动与行为，以及意外因素的影响或不可抗拒的自然灾害等原因，致使环境受到污染，国家重点保护的野生动植物、自然保护区受到破坏，人体健康受到危害，社会经济和人民财产受到损失，造成不良社会影响的突发性事件。

环境污染治理投资

指在工业污染源治理和城市环境基础设施建设的资金投入中，用于形成固定资产的资金。包括工业新老污染源治理工程投资、建设项目“三同时”环保投资，以及城市环境基础设施建设所投入的资金。

Explanatory Notes for Major Statistical Indicators

Forest Area

refers to the area of forest land where trees, and bamboo grow with canopy density above 0.3, including land of natural woods and planted woods but excluding bush land and thin forest land, which reflects the total areas.

Forestry Coverage-rate

refers to the ratio of area of afforested land to total area of land (measured in recent). According to regulations of the country, when calculating Forestry Cover-rate, in addition to afforested land, bush land, forestry land inside farmland and along sides should be taken into account. This indicator reflects forestry resources and afforestation progress of a country or region. The statistics of Forestry Cover-rate in this statistical year book is calculated as follows:

Forestry Cover-rate(%) = Area of Forestry Land/Area of Total Land × 100%

Total Standing Stock Volume

refers to the total stock volume of trees growing in land, including trees in forest, tress in sparse forest, scattered trees and trees planted by the side of farm houses and along the roads, rivers and fields.

Stock Volume of Forest

refers to total stock volume of wood growing in forest area, which shows the total size and level of forest resources of a country or a region.

Precipitation

refers to deep of precipitation, the deep of the area by precipitation.

Total Water Resources

refers to total volume of water resources measured as run-off for surface water from rainfall and recharge for groundwater in a given area, excluding transit water.

Surface Water Resources

refers to total renewable resources which exist in rivers, lakes, glaciers and other collectors from rainfall and are measured as run-off of rivers.

Groundwater Resources

refers to replenishment of aquifers with rainfall and surface water.

Duplicated Measurement Between Surface Water and Groundwater

refers to mutual exchange between surface water and groundwater, i.e. run-off of rivers includes some depletion with groundwater while groundwater includes some replenishment with surface water.

Water Supply

refers to gross water supply by supply systems from sources to consumers, including losses during distribution.

Surface Water Supply

refers to withdrawals by surface water supply system, broken down with storage, flow, pumping and transfer. Supply from storage projects includes withdrawals from reservoirs; supply from flow includes withdrawals from rivers and lakes with natural flows no matter if there are locks or not; supply from pumping projects includes withdrawals from rivers or lakes with pumping stations; and supply from transfer refers to water supplies transferred from first-level regions of water resources or independent river drainage areas to others, and should not be covered under supplies of storage, flow and pumping.

Groundwater Supply

refers to withdrawals from supplying wells, broken down with shallow layer freshwater, deep layer freshwater and slightly brackish water. Groundwater supply for urban areas includes water mining by both waterworks and own wells of enterprises.

Other Water Supply Sources

include supplies by waste-water treatment, rain collection, seawater desalinization and other water projects.

Water Use

refers to gross water use distributed to users, including loss during transportation, broken down with use by agriculture, industry, living consumption and biological protection.

Water Use by Agriculture

includes uses of water by irrigation of farming fields and by forestry, animal husbandry and fishing. Water use by forestry, animal husbandry and fishing includes irrigation of forestry and orchards, irrigation of grassland and replenishment of fishing pools.

Water Use by Industry

refers to new withdrawals of water, excluding reuse of water within enterprises.

Water Use by Living Consumption

includes use of water for living consumption in both urban and rural areas. Urban water use by living consumption is composed of household use and public use (including services, commerce, restaurants, cargo transportation, posts, telecommunication and construction). Rural water use by living consumption includes both households and animals.

Water Use by Biological Protection

includes replenishment of rivers and lakes and use for urban environment.

Waste Water Discharged by Industry

refers to the volume of waste water discharged by industrial enterprises through all their outlets, including waste water from production process, directly cooled water, groundwater from mining wells which does not meet discharge standards and sewage from households mixed with waste water produced by industrial activities, but excluding indirectly cooled water discharged (It should be included if the discharge is not separated with waste water).

Urban Non-industrial Waste Water Discharge

refers to annual discharge of non-industrial waste water by urban households. It is estimated by per capita coefficient using the formula:

Urban non-industrial waste water discharge = urban non-industrial waste water discharge coefficient urban non-agricultural population 365

Volume of Chemical Oxygen Demand (COD) Generated by Urban Non-industrial Waster Water

refers to chemical oxygen demand generated through the annual discharge of non-industrial waste water by urban households. It is estimated as:

Volume of chemical oxygen demand (cod) generated by urban non-industrial waster water = Coefficient of COD generated through urban non-industrial waste water urban non-agricultural population 365

Chemical Oxygen Demand (COD)

refers to index of water pollution measuring the mass concentration of oxygen consumed by the chemical breakdown of organic and inorganic matter.

Industrial Waste Air Emission

refers to discharge into atmosphere of waste air containing pollutants generated from fuel burning and production process in enterprises within a given period of time. It is calculated at standard status (273K, 101325Pa) as:

Industrial waste air emission = emission through fuel burning + emission through production process

SO_2 Emission through Non-industrial and Other Activities

is calculated on the basis of consumption of coal by households and other activities and the sculpture content of coal with the following formula:

SO_2 emission through non-industrial and other activities = consumption of coal by households and other activities sculpture content 0.82

SO_2 Emission through Industrial Activities

refers to volume of sculpture dioxide emission from fuel burning and production process by enterprises during a given period of time. It is calculated as:

SO_2 emission through industrial activities = SO_2 emission from fuel burning + SO_2 emission from production process

Industrial Soot（Dust）Emission

refers to the total volume of soot and industrial dust emitted into the atmosphere in the fuel combustion and processes of enterprises in the reporting period.

Soot Emission by Consumption and Others

refers to net volume of soot emitted by fuel burning from all social and economic activities and operation of public facilities other than industrial activities. It is calculated on the basis of coal consumption by households and others.

Industrial Solid Wastes Produced

refers to total volume of solid, semi-solid and high concentration liquid residues produced by industrial enterprises from production process in a given period of time, including hazardous wastes, slag, coal ash, gangue, tailings, radioactive residues and other wastes, but excluding stones stripped or dug out in mining (gangue and acid or alkaline stones not included). A stone is acid or alkaline depending on the pH value of the water below 4 or above 10.5 when the stone is in, or soaked by, the water.

Hazardous Wastes

refers to those included in the national hazardous wastes catalogue or specified as any one of the following properties in the national hazardous wastes identification standards: explosive, ignitable, oxidizable, toxic, corrosive or liable to cause infectious diseases or lead to other dangers.

Industrial Solid Wastes Utilized

refers to volume of solid wastes from which useful materials can be extracted or which can be converted into usable resources, energy or other materials by means of reclamation, processing, recycling and exchange (including utilizing in the year the stocks of industrial solid wastes of the previous year). Examples of such utilizations include fertilizers, building materials and road materials. The information shall be collected by the producing units of the wastes.

Ratio of Industrial Solid Wastes Utilized

refers to the percentage of industrial solid wastes utilized over industrial solid wastes produced (including stocks of the previous years). It is calculated as:

Ratio of industrial solid wastes utilized = volume of industrial solid wastes utilized / (industrial solid wastes produced + stock of previous years) 100%

Stocks of Industrial Solid Wastes

refers to volume of solid wastes placed in special facilities or special sites for purposes of utilization or disposal. The sites or facilities should take measures against dispersion, loss, seepage, and air and water contamination.

Industrial Solid Wastes Disposed

refers to quantity of industrial solid wastes which are burnt or placed ultimately in the sites meeting the requirements for environmental protection and not salvaged or recycled (including disposition in the year of those wastes of previous years). The disposition includes landfill (Safe landfills should be conducted for hazardous wastes), incineration, containment spaces, deep underground disposal, backfill in mining pits and disposal at sea.

Industrial Solid Wastes Discharged

refers to volume of industrial solid wastes discharged by producing enterprises to disposal facilities or to other sites. The wastes exclude stones stripped or dug from mining (gangue and acid or alkaline waste stones not included).

Consumption Wastes Transported

refers to volume of consumption wastes collected and transported to disposal factories or sites. Consumption wastes are solid wastes produced from urban households or from service activities for urban households, and solid wastes regarded by laws and regulations as urban consumption wastes, including those from households, commercial activities, markets, cleaning of streets, public sites, offices, schools, factories, mining units and other sources.

Ratio of Consumption Wastes Treated

refers to consumption wastes treated over that produced. In practical statistics, as it is difficult to estimate, the volume of consumption wastes produced is replaced with that transported. It is calculated as:

Ratio of consumption wastes treated = consumption wastes treated / consumption wastes produced ×100%

Area of Man-made Forests

Refer to the arca of stable growing forests, planted manually or by airplanes, with a survival rate of 80% or higher of the designed number of trees per hectare, or with a canopy density of 0.20 degree or above after 3-5 years of manual planting or 5-7 years of airplane planting.

Total Area of Afforestation

refers to the total area of land suitable for afforestation, including barren hills, idle land, sand dunes, rain for green land, on which acres of arbores or bushes are planted through manual planting, airplane planting, plant seedlings, etc. in accordance with the required density standards of the Technical Procedures of Afforestation, and with a survival rate of over 85% in line with the Implementing Rules of the Forest Law of the People Republic of China (or a survival rate of 75% in areas with less that 400 mm of annual rainfall and without irrigation facilities). Included in the this category are trees planted alone the roadsides, riversides, or next to houses that occupy an area over 0.066 hectares, or where more than 4 lines of trees are planted. Total area of afforestation is further classified by ownership (state-owned, state-collective, collective or private), by approach of planting (manual, airplane), and by type of forests (timber, by-products, protection, fuel, special use, etc.).

Timber Forests

refer to forests which are mainly for the production of timber, including bamboo groves planted to harvest bamboos.

By-product Forests

refer to forests that mainly produce fruits, nuts, edible oil, beverages, indigents, raw materials and medicine materials. By-product forests are planted to harvest the fruits, leaves, bark or liquid of trees, and consume them as food or raw materials for the manufacturing industry, such as tea-oil trees, tong oil trees, walnut trees, camphor trees, tea bushes, mulberry trees, fruit trees, etc.

Protection Forests

refer to forests, trees and bushes planted mainly for protection or preservation purpose, including water resource conservation forests, water and soil conservation forests, windbreak and dune-fixing forests, farmland and pasture protection forests, riverside protection forests, roadside protection forests, etc.

Fuel Forests

refer to forests planted mainly for fuels.

Forests for Special Purpose

refer to forests planted mainly for national defense, environment protection or scientific experiments, including national defense forests, experimental forests, mother-tree forests, environment protection forests, scenery forests, and trees in historical or scenic spots, forests in natural reserves.

Project on Preservation of Natural Forests

is the Number One ecological project in China forest industry that involves the largest investment. It consists of 3 components: 1) Complete halt of all cutting and logging activities in the natural forests at the upper stream of Yangtze River and the upper and middle streams of the Yellow River. 2) Significant reduction of timber production of key state forest zones in northeast provinces and in Inner Mongolia. 3) Better protection of natural forests in other regions through rehabilitation programmers.

Projects on Converting Cultivated Land to Forests and Grassland (Grain for Green Projects)

aiming at preventing soil erosion in key regions, these projects are ecological construction projects in the development of forest industry that have the widest coverage and most sophisticated procedures, with strong policy implications and most active participation of the people.

Nature Reserves

refer to certain areas of land, waters or sea that are representative in natural ecological systems, or are natural habitats for rare or endangered wild animals or plants, or water conservation zones, or the location of important natural or historic relics, which are demarked by law and put under special protection and management. Nature reserves are designated by the formal approval of governments at and above county level. Scenic spots and cultural preservation zones are not included.

Ecological Demonstration Zones

refer to administrative areas approved by the environment protection agencies of central and provincial governments and established by provincial, prefecture or county governments in line with the approved programmed for ecological demonstration zones. They include those evaluated and accepted by the environment protection agencies of central and provincial governments and those under pilot development stage.

Landslides

refer to the geological phenomenon of unstable rocks and earth on slopes sliding down along certain soft surface as a result of gravitational force. Role of surface water and underground water, and destruction of the stability of slopes by irrational construction work are usually main factors triggering the landslides. Several damages are often caused by landslides in open mining, in water conservancy projects, and in the construction of railways and highways.

Collapse

refers to the geological phenomenon of large mass of rocks or earth suddenly collapsing from the mountain or cliff as a result of gravitational force. Usually caused by weathering of rocks, permanent of rain or earthquakes, collapse often destructs buildings and blocks river course or transport routes.

Environment Pollution and Destruction Accidents

refer to sudden accidents, due to economic or social activities that are in contrast to environment protection laws or due to unforeseen factors or natural disasters, that lead to the environment pollution, the destruction of protected wild animals, plants or nature reserves, the damage to human health, the economic and property losses, and the negative impact on the society.

Investment in Environment Pollution Harnessing Projects

refers to the proportion of investment in fixed assets in the total investment in harnessing industrial pollution and in the construction of urban environment infrastructure facilities. It includes investment in harnessing sources of industrial pollution, investment in environment protection facilities designed concurrently with construction projects, and investment in urban environment infrastructure facilities.

第十二篇

Chapter 12

农业

AGRICULTURE

简要说明

一、本篇资料反映我省农业生产和农村经济的基本情况，内容主要包括乡村户数、人口与从业人员、耕地、农业机械拥有量、农林牧渔业产值、主要产品产量、水利设施与灌溉防涝、农村居民家庭拥有生产性固定资产等。

二、本篇资料来源：除农村居民家庭拥有生产性固定资产由国家统计局安徽调查总队提供外，其余资料均来源于省统计局农村处的农村统计调查报表制度。

农村统计调查报表制度的统计范围包括各市、县（区）辖区的各种经济类型的全部农林牧渔业以及各非农行业附属的农林牧渔业生产单位，但不包括农业科学试验机构进行的农业生产。

农村统计调查报表制度按照国家统计局统一要求，由各市、县（区）统计局收集、汇总报送，采取抽样调查、典型调查、重点调查和其他调查所取得。部分指标及林业生产情况、渔业生产情况等指标均取自同级业务部门统计资料。

土地状况和农田水利建设、灌溉防涝情况、农作物受灾情况、农业机械拥有量、国营农场基本情况等资料由省国土资源厅、省水利厅、省民政厅、省农机局、省农垦总公司提供。

Brief Introduction

I. Data in this chapter show the basic conditions of agricultural production and rural economy, including mainly number of rural households, population and number of laborers, cultivated land, quantity of agricultural machinery, output of farming, forestry, animal husbandry and fishery, output of major products, facilities of water conservancy and irrigation and flood prevention, productive fixed assets owned by the rural households.

II. Source of data: Data come from the Agricultural Statistical Reporting System stipulated by the Agricultural Office of Anhui Statistical Bureau, except Data on productive fixed assets owned by the Enterprise Survey Organization of Anhui, which is supplied by the Rural Socio-economic Survey Organization of Anhui.

Statistics on agriculture cover all agricultural production activities except activities undertaken by agriculture research institutions.

Data on agriculture are collected, tabulated and processed by the statistical bureau in cities and counties, with sample survey, survey on key units and typical units and other surveys. Data on forestry production, state farm are taken from the professional departments at the same level.

Data on Land conditions and construction of water conservancy, flood irrigation conditions, crops disaster, agricultural machinery and processing volume and state farm are provided by Provincial Department of land resources, Provincial Water Conservancy Department, Provincial Department of Civil Affairs, Provincial Bureau of Agricultural Machinery and Provincial General Company of Agricultural Reclamation.

12—1　农村基本情况和农业生产条件

Rural Basic Data and Agricultural Production Conditions

指　标		Item		2000	2005	2010	2013	2014
乡镇数	（个）	Number of Township and Town Governments	(unit)	1841	1466	1232	1217	1251
#镇个数		Number of Town Governments		941	915	869	871	937
村民委员会	（个）	Number of Villagers' Committees	(unit)	30658	24076	15744	14851	15102
乡村户数	（万户）	Number of Rural Households	(10000 household)	1294.62	1346.13	1424.31	1448.90	1460.32
乡村人口数	（万人）	Rural Population	(10000 persons)			5363.95	5356.97	5350.69
#男		Male					2794.18	2790.92
乡村劳动力资源数	（万人）	Rural labor force resources number	(10000 persons)				3334.28	3328.54
#男		Male					1781.22	1773.31
乡村从业人员数	（万人）	Number of Engaged Persons in Rural Area	(10000 persons)	2797.76	2939.21	3075.86	3049.70	3033.57
#男		Male		1487.89	1574.17	1658.61	1643.54	1637.98
#农　业		Agriculture					1413.79	1395.28
农业机械总动力	（万千瓦）	Total Agricultural Machinery Power	(10000 kw)	2975.87	3983.83	5409.78	6140.28	6365.83
农用排灌机械总动力	（万千瓦）	Irrigation and Drainage Machinery for Agricultural Use	(10000 kw)	522.98	581.82	654.11	696.74	703.96
农用大中型拖拉机	（台）	Number of Large and Medium Agricultural Tractors	(unit)	29612	104798	124660	179851	199349
小型拖拉机	（万台）	Number of Mini-tractors	(10000 units)	165.78	207.98	236.12	224.97	218.90
大中型拖拉机配套农具	（万台）	Number of Related Farm Implements of Large and Medium Tractor	(10000 units)	2.80	7.97	23.31	37.75	44.21
小型拖拉机配套农具	（万台）	Related Farm Implements of Mini-tractor	(10000 units)	351.92	489.71	534.21	524.62	515.73
农用排灌柴油机	（万台）	Number of Diesel Engines	(10000 units)	31.41	33.70	38.65	40.14	39.95
联合收获机	（台）	Combine Harvester	(unit)	9499	48739	102167	145003	159298
机耕面积	（千公顷）	Area Ploughed by Tractors	(1000 hectares)	3600.94	3775.15	4056.35	4335.86	4316.34
机播面积	（千公顷）	Seeded Area by Tractors	(1000 hectares)	1995.52	2329.34	3606.59	4356.20	4687.02
机械植保作业面积	（千公顷）	Plant Protection Area by Tractors	(1000 hectares)	2864.51	2801.01	3547.89	4240.85	4417.43
机收面积	（千公顷）	Harvest Area by Tractors	(1000 hectares)	2425.13	3326.47	5264.28	6025.72	6239.43
农村用电量	（亿千瓦时）	Electricity Consumed in Rural Area	(100 million kwh)	45.81	64.22	107.41	138.39	147.53
农用化肥施用量	（万吨）	Consumption of Chemical Fertilizer	(10000 tons)			319.77	338.40	341.39
#氮　肥		Nitrogenous Fertilizer				112.14	113.52	111.59
磷　肥		Phosphate Fertilizer				35.94	35.56	35.73
农用塑料薄膜使用量	（万吨）	Used Plastic Film	(10000 tons)	5.81	7.83	8.07	9.49	9.62
#地膜使用量		Plastic Used		3.11	3.38	3.73	4.23	4.29
地膜覆盖面积	（千公顷）	Plastic Used Area	(1000 hectares)	697.76	477.76	425.57	440.01	430.71
农用柴油使用量	（万吨）	Diesel Oil Use for Agriculture	(10000 tons)	41.62	55.58	68.13	73.43	73.44
农药使用量	（万吨）	Used Agricultural Chemical Insecticides	(10000 tons)	7.56	9.48	11.66	11.78	11.40
除涝面积	（千公顷）	Flooded or Waterlogged Area Under Control	(1000 hectares)	2148.49	2210.00	2269.05	2287.70	2315.84
堤防保护耕地面积	（千公顷）	Protection Cultivated Land Areas of Embankment	(1000 hectares)	2293.85	2350.96	2341.48	2581.21	2780.16
有效灌溉面积	（千公顷）	Irrigated Area	(1000 hectares)	3197.35	3330.84	3519.78	4305.53	4331.70
规模以上机电井数	（万眼）	JiDianJing Above Designated Size	(10000 units)	16.31	19.54	19.74	20.22	21.28

注：1．2002年以前交通运输、仓储及邮政业为交通运输仓储及邮电通信业；批发和零售业为批发零售贸易餐饮业。

2．2004年从业人员增加信息传输、计算机服务和软件业及住宿和餐饮业。

3．“机电井数”改为“规模以上机电井”。

4．乡镇（包括城关镇）及村民委员会个数来源于省民政厅。

a) Before 2002, the sector of "transport, storage and postal services" was "transport, storage, postal and telecommunication" and the sector of "wholesale and retail trade" was "wholesale, retail trade and catering".

b) The range of employees added the sector of "information transmission, service of the computer and software industry and accommodation and catering trade" in 2004.

c) "JiDianJing number" instead of "JiDianJing above designated size.

d) Number of township (including county towns) and villagers committee comes from the provincial Civil Affairs department.

12—2 主要年份农林牧渔业生产情况
Output of Farming, Forestry, Animal Husbandry and Fishery

指　　标		Item		2000	2005	2010	2013	2014
农产品产量	（万吨）	Yield of Farm Crops	(10000 tons)					
粮　食		Grain		2472.01	2605.31	3080.50	3279.60	3415.83
谷　物		Cereal		2202.23	2399.66	2911.17	3127.30	3260.23
#稻　谷		Rice		1195.14	1317.25	1383.43	1362.30	1394.55
小　麦		Wheat		730.33	808.11	1206.67	1332.00	1393.55
玉　米		Corn		247.28	234.97	312.75	426.00	465.50
豆　类		Beans		114.60	101.98	121.91	114.00	122.15
薯　类		Tubers		233.18	103.67	47.42	38.30	33.45
油　料		Oil-bearing Crops		285.06	270.67	227.60	225.43	228.80
#花　生		Peanuts		111.15	79.29	86.40	88.66	94.35
油菜籽		Rapeseeds		156.77	182.33	133.73	130.05	127.75
芝　麻		Sesame		16.62	89.57	6.61	6.50	6.66
棉　花		Cotton		28.50	31.10	31.60	25.11	26.33
生黄红麻		Jute and Ambary Hemp		2.22	1.94	1.24	1.30	1.26
烟　叶		Tobacco		3.21	2.60	2.98	4.30	4.33
#烤　烟		Flue-cured Tobacco		3.09	2.47	2.91	4.22	4.27
蚕　茧		Silkworm Cocoons		2.46	3.13	3.32	3.22	3.11
茶　叶		Tea		4.54	5.96	8.33	10.09	11.12
#绿　茶		Green Tea				7.70	9.36	10.37
园林水果		Garden Fruits		110.61	151.72	235.67	255.90	284.56
农产品单位面积产量	（公斤/公顷）	Yield of Farm Crops per Hectare	(kg/hectare)					
谷　物		Cereal		4887	4829	5367	5651	5881
棉　花		Cotton		867	816	918	881	993
花　生		Peanuts		3328	3324	4440	4734	4955
油菜籽		Rapeseeds		1625	1912	1935	2289	2319
芝　麻		Sesames		1049	822	1263	1412	1427
生黄红麻		Jute and Ambary Hemp		2623	2981	2903	2948	2962
烤　烟		Flue-cured Tobacco		1638	2407	2735	2582	2479
造林面积	（千公顷）	Afforested Area	(1000 hectares)	69.21	57.46	65.61	208.10	157.75
茶园面积	（千公顷）	Area of Tea Plantations at Year-end	(1000 hectares)	108.37	117.61	133.53	155.32	166.56
果园面积	（千公顷）	Area of Orchards at Year-end	(1000 hectares)	84.78	104.18	107.13	118.22	124.20
大牲畜年末头数	（万头）	Number of Large Animals (year-end)	(10000 heads)	559.35	366.16	151.53	155.66	153.01
#牛		Cattle and Buffaloes		552.95	364.35	150.90	155.09	152.69
马		Horses		1.58	0.35	0.17	0.11	0.11
驴		Donkeys		3.73	1.12	0.37	0.40	0.16
骡		Mules		1.09	0.34	0.09	0.06	0.06
肉猪出栏头数	（万头）	Number of Slaughtered Fattened Hogs	(10000 heads)	2393.18	2812.08	2782.10	2971.53	3089.17
猪年末头数	（万头）	Number of Hogs (year-end)	(10000 heads)	1871.01	1737.41	1442.50	1612.59	1585.35
羊年末头数	（万只）	Number of Sheep and Goats (year-end)	(10000 heads)	794.94	953.03	590.50	605.28	642.75
山　羊		Goats		792.52	950.18	589.60	604.22	641.68
绵　羊		Sheep		2.42	2.85	0.90	1.07	1.07
肉类产量	（万吨）	Output of Meat	(10000 tons)	311.52	382.88	376.94	403.83	414.02
#猪牛羊肉		Pork, Beef and Mutton		241.59	280.79	271.30	286.56	298.19
猪　肉		Pork		198.50	231.74	238.80	253.42	264.80
牛　肉		Beef		31.88	31.46	18.30	18.15	17.89
羊　肉		Mutton		11.21	17.59	14.20	15.00	15.49
奶　类	（吨）	Milk	(ton)	41204	110491	205000	253393	278707
#牛　奶		Cow Milk		41194	110186	205000	253393	278707
绵羊毛	（吨）	Sheep Wool	(ton)	174	129	164	159	169
禽　蛋	（万吨）	Poultry Eggs	(10000 tons)	107.40	122.06	119.00	124.53	122.53
淡水产品产量	（万吨）	Total Output of Freshwater Aquatic Products	(10000 tons)	159.80	177.57	193.31	215.53	223.69

12—3　主要年份农作物总播种面积及构成
Total Sown Area and its Composition

单位：千公顷（1000 hectare）

指　　标	Sector	2000	2005	2010	2013	2014
农作物总播种面积	**Total Sown Area**	**8418.01**	**8755.19**	**9054.87**	**8945.64**	**8945.53**
粮　食	Grain Crops	5565.58	5988.10	6616.42	6625.30	6628.93
谷　物	Cereal	4506.56	4968.79	5424.45	5534.40	5543.33
#稻　谷	Rice	2005.49	2288.61	2245.37	2214.10	2217.33
小　麦	Wheat	1931.17	1989.53	2365.67	2432.85	2434.50
玉　米	Corn	486.61	595.08	761.11	845.10	852.40
豆　类	Beans	601.81	794.91	1021.23	937.60	934.80
薯　类	Tubers	457.21	224.40	170.74	153.30	150.80
油　料	Oil-bearing Crops	1457.36	1303.05	944.25	802.01	788.44
棉　花	Cotton	328.84	381.27	344.40	285.13	265.20
生　麻	Raw Hemp	15.02	12.84	9.44	8.04	7.68
糖　料	Sugar Crops	8.40	5.73	5.73	5.05	4.98
烟　叶	Tobacco	19.67	10.83	10.92	16.54	17.37
蔬　菜	Vegetables	539.68	664.87	775.61	835.96	862.06

指　　标	Sector	构　成（%）　Composition				
		2000	2005	2010	2013	2014
农作物总播种面积	**Total Sown Area**					
粮　食	Grain Crops	66.12	68.39	73.07	74.06	74.10
谷　物	Cereal	53.53	56.75	59.91	61.87	61.97
#稻　谷	Rice	23.82	26.14	24.80	24.75	24.79
小　麦	Wheat	22.94	22.72	26.13	27.20	27.21
玉　米	Corn	5.78	6.80	8.41	9.45	9.53
豆　类	Beans	7.15	9.08	11.28	10.48	10.45
薯　类	Tubers	5.43	2.56	1.89	1.71	1.69
油　料	Oil-bearing Crops	17.31	14.88	10.43	8.97	8.81
棉　花	Cotton	3.91	4.35	3.80	3.19	2.96
生　麻	Raw Hemp	0.18	0.15	0.10	0.09	0.09
糖　料	Sugar Crops	0.10	0.07	0.06	0.06	0.06
烟　叶	Tobacco	0.23	0.12	0.12	0.18	0.19
蔬　菜	Vegetables	6.41	7.59	8.57	9.34	9.64

12—4 农村居民家庭每百户拥有生产性固定资产数量

Number of Productive Fixed Assets of per 100 Rural Household

指　　标		Item		2014
汽　　车	（辆）	Motor Vehicles	(unit)	
大中型拖拉机	（台）	Large and Medium Tractors	(unit)	2.74
小型及手扶拖拉机	（台）	Mini and Walking Tractors	(unit)	30.90
机动脱粒机	（台）	Motorized Threshing Machines	(unit)	7.28
收 割 机	（台）	Harvesters	(unit)	1.75
役　　畜	（头）	Draught Animals	(head)	2.87
产 品 畜	（头）	Commodity Animals	(head)	34.51

注：本表为农村住户抽样调查资料。

a) Data in this table are obtained from the sample surveys on rural households.

12—5 农林牧渔业总产值及指数

Gross Output Value of Farming, Forestry, Animal Husbandry and Fishery and Related Indices

本表按当年价格计算。 (Data in value terms in this table are calculated at current prices.)

年份 Year	绝对数（万元） Gross Output Value (10000 yuan)						指数（%） Related Indices (%)					
	农林牧渔业总产值 Total of Farming, Forestry, Animal Husbandry and Fishery	农业 Farming	林业 Forestry	牧业 Animal Husbandry	渔业 Fishery	农林牧渔服务业 Agricultural Services	农林牧渔业总产值 Total of Farming, Forestry, Animal Husbandry and Fishery	农业 Farming	林业 Forestry	牧业 Animal Husbandry	渔业 Fishery	农林牧渔服务业 Agricultural Services
2000	12199576	6752705	640199	3493827	1312845		101.66	98.60	107.58	105.50	105.02	
2005	16661915	8184809	784147	5535614	1656235	501110	101.41	97.85	105.18	103.91	106.68	115.49
2006	17427221	9075313	883803	4911580	1745031	811494	106.48	108.65	107.29	103.01	106.72	107.37
2007	20700913	10540065	1005045	6373559	1950244	832000	103.79	103.68	106.76	101.99	105.05	109.95
2008	24465113	11978860	1144563	8068922	2323265	949503	106.30	105.47	107.15	107.15	106.32	109.21
2009	25694570	13036410	1112508	7958223	2575913	1011516	105.54	103.99	111.33	106.41	107.50	106.93
2010	29554490	15444267	1352804	8649764	2948154	1159501	104.46	103.24	107.64	104.93	105.47	110.54
2011	34596589	17148396	1820685	10835360	3462285	1329863	103.95	103.93	109.04	102.63	103.91	108.20
2012	37282954	18676407	2094974	11197278	3844341	1469954	105.57	105.80	105.40	105.60	103.50	108.05
2013	40092418	20032646	2330736	11713607	4390661	1624768	103.41	103.24	106.93	102.01	104.63	107.94
2014	42237287	21192056	2830736	11820730	4597009	1796756	104.59	105.04	107.90	102.93	103.97	107.99

注：1）从2003年年报起，农林牧渔业总产值增加农林牧渔服务业，原农业产值中的家庭兼营商品性工业取消。
2）2004年以后农林牧渔业总产值指数按农产品生产者价格指数缩减计算。
3）从2010年年报起，农林牧渔业总产值使用《统计用产品分类目录》计算，2009年数据作了相应调整。

a) From the year 2003 yearport, "agriculture, forestry, animal husbandry and fishing services" was added in the total output value, merchantability industry undertaken by rural households on the side" was cancelled.

b) After 2004, GDP index is calculated by producer price index of agricultural products reducing.

c) From 2010 annual report, the agriculture, forestry animal husbandry and fishery total output value use "Statistics with Product Classified catalog" calculating, in 2009 the data has adjusted correspondingly.

12—6 农林牧渔业增加值及构成

Value-added of Farming, Forestry, Animal Husbandry and Fishery and its Composition

本表按当年价格计算。 (Data in value terms in this table are calculated at current prices.)

年份 Year	绝对数（万元） Gross Output Value (10000 yuan)						构成（%） Composition (%)					
	农林牧渔业增加值 Value added of Farming, Forestry, Animal Husbandry and Fishery	农业 Farming	林业 Forestry	牧业 Animal Husbandry	渔业 Fishery	农林牧渔服务业 Agricultural Services	农林牧渔业增加值 Value added of Farming, Forestry, Animal Husbandry and Fishery	农业 Farming	林业 Forestry	牧业 Animal Husbandry	渔业 Fishery	农林牧渔服务业 Agricultural Services
2000	7320079	4296385	491481	1623483	908730		100.00	58.69	6.72	22.18	12.41	
2005	9664935	5033658	559526	2743105	1089396	239250	100.00	52.08	5.79	28.38	11.27	2.48
2006	10110276	5606000	631724	2355624	1151814	365114	100.00	55.45	6.25	23.30	11.39	3.61
2007	12001765	6468000	710665	3124000	1275000	424100	100.00	53.89	5.92	26.03	10.62	3.54
2008	14180737	7362249	803322	4023720	1519623	471823	100.00	51.92	5.66	28.37	10.72	3.33
2009	14954495	8036573	778866	3965014	1670359	503683	100.00	53.74	5.21	26.51	11.17	3.37
2010	17290240	9524691	942064	4302684	1943482	577319	100.00	55.09	5.45	24.88	11.24	3.34
2011	20153123	10575491	1268286	5364495	2282408	662443	100.00	52.48	6.29	26.62	11.32	3.29
2012	21787349	11517822	1459356	5543678	2534267	732226	100.00	52.86	6.70	25.44	11.63	3.36
2013	23480871	12354221	1623587	5799308	2894412	809343	100.00	52.61	6.91	24.70	12.33	3.45
2014	24818920	13069234	1971886	5852344	3030441	895015	100.00	52.66	7.95	23.58	12.21	3.61

12—7 土地状况（2014年）
Land Characteristics（2014）

指　　标	Item	面　积（平方公里）Area (sq.km)	占总面积（%）Percentage to Total Area (%)
总面积	**Total Land Ares**	**140139.85**	**100.00**
耕　地	Cultivated Land	58764.15	41.93
园　地	Gaeden Land	3520.23	2.51
林　地	Forests Land	37553.80	26.80
牧草地	Area of GrassLand	4.84	0.003
其他农用地	Other Land for Agriculture Use	11843.93	8.45
居民点及独立工矿用地	Land for Inhabitation, Mining and Manufacturing	16226.36	11.58
交通运输用地	Land for Transport Facilities	1333.51	0.95
水利设施用地	Land for Water Conservancy Facilities	2067.90	1.48
未利用地	Unused Land	8825.13	6.30

注：此表来源于省国土资源厅。
a) This form is from the Provincial Department of land and resources.

12—8 农田水利建设
Water Conservancy Construction

年份 Year	水电站装机容量（千瓦）Capacity of Rural Hydropower Station an Year-end (kw)	已建成水库（座）Number of Reservoirs (unit)	水库库容量（亿立方米）Capacity of Reservoirs (100 million cu.m)	节水灌溉面积（千公顷）Irrigated Area With Saved Water (1000 hectares)	水土流失综合治理面积（千公顷）Comprehensive Control of Soil Erosion Area (1000 hectares)	堤防长度（公里）Total Length of Dikes (km)	堤防保护耕地面积（千公顷）Area of Land Protected by Dikes (1000 hectares)
2000	98102	4815	185.10	534.86	1765.30	19902	2184.20
2005	632092	4872	195.50	705.48	1955.90	20074	2226.94
2006	893122	4816	196.11	725.09	1983.64	20206	2319.11
2007	912200	4797	195.64	743.73	2017.53	20212	2319.86
2008	976400	4796	195.39	764.58	2059.19	20255	2357.22
2009	1068404	4808	194.99	788.63	2102.32	20377	2381.60
2010	1074105	4818	199.51	815.77	2136.08	20456	2341.48
2011	1129345	4926	199.99	842.69	2180.33	20632	2348.90
2012	1184653	5324	202.52	882.91	2245.01	20642	2203.93
2013	1241035	5821	324.25	826.67	1654.51	34795	2581.21
2014	1286280	5833	324.32	862.19	1702.02	34900	2780.16

注：2013年水利部新修订了《水利综合统计报表制度》，部分指标定义范围发生变化。
a) In 2013, Ministry of Water Resources newly revised the system of water conservancy comprehensive statistical reporting, and definition of some indicators changed.

12—9　农村居民家庭平均每人出售主要农产品
Per Capita Major Farm Products Sold by Rural Households

单位：公斤（kg）

指　标	Item	2014
粮　食	Crain	1060.83
棉　花	Cotton	6.54
油　料	Oil-bearing Crops	23.00
生　麻	Raw Hemp	0.12
烟　叶	Tobacco	0.03
蔬　菜	Vegetables	24.59
水　果	Fruits	6.66

注：本表为农村住户抽样调查资料。
a) Data in this table are obtained from the sample surveys on rural households.

12—10　农村居民家庭土地经营情况
Area of Land Managed by Rural Households

单位：亩/人（mu/person）

指　标	Item	2014
经营耕地面积	Area of Cultivated Land under Management	2.21
经营山地面积	Hilly Area Under Management	0.69
园地面积	Area of Garden Plot	0.07
养殖水面面积	Water Area for Breeding Aquatics	0.10

注：本表为农村住户抽样调查资料。
a) Data in this table are obtained from the sample surveys on rural households.

12—11 主要年份林业生产情况
Basic Data of Forest Production in Major Years

指 标				2000	2005	2010	2013	2014
营林情况	(公顷)	Management of Forest	(hectares)					
人工造林面积		Afforested Area		75703	57457	57012	202766	150871
新封山育林面积		Area of Setting Apart Mountains for Forestation		45860	50964	20943	26474	6874
新增育苗面积		Area of Growing Seedlings		5933	7812	6709	12575	17426
未成林抚育面积		Area of Tending Young Forest		379356		307795	386336	367332
成林抚育面积		Area of Tending Adult Forest		431746	448187	629653	443194	512548
油桐籽	(吨)	Tung-oil Seeds	(ton)	3109	3208	3054	2830	2653
油茶籽	(吨)	Tea-oil Seeds	(ton)	10419	9743	25864	63932	71425
板 栗	(吨)	Chestnuts	(ton)	45710	68786	137239	124204	197803
竹材采伐量	(万根)	Determination of Bamboo Cut	(10000 units)	4000	6315	9784	12915	14887
木材采伐量	(万立方米)	Determination of Timber Cut	(10000 cu.m)	263	328	458	478	579

12—12 主要年份茶叶、水果生产情况
Tea, Fruits Production in Major Years

单位：吨、公顷（ton，Hectares）

指 标	Item	2000	2005	2010	2013	2014
茶叶产量	Tea	45376	59619	83276	100949	111196
#绿 茶	Green Tea			76984	93608	103741
园林水果产量	Garden Fruits	1106071	1517201	2356680	2558955	2845579
#苹 果	Apples	302040	278143	406858	360488	392285
梨	Pears	616192	638058	966259	979468	1081369
柑橘类	Citrus	5282	12427	27750	35381	35935
其他水果	Other Garden Fruits		588573	955813	1183618	1335990
#桃	Peachs		212186	430134	498366	552978
葡 萄	Grapes	56156	173264	261114	358070	396392
茶园面积	Area of Tea Plantations at Year-end	108373	117606	133529	155318	166562
年末果园面积	Area of Orchards at Year-end	84784	104180	107127	118221	124204
#苹 果	Apples		13914	16806	15595	15321
梨	Pears		38605	38136	37726	37315
葡 萄	Grapes		6023	9434	14765	17108

12—13 主要年份牲畜饲养情况
Number of Livestock in Major Years

单位：万头（万只）（10000 heads）

年份 Year	大牲畜年末头数 Large Animals (year-end)	牛 Cattle and Buffaloes	马（头）Horses (heads)	驴（头）Donkeys (heads)	骡（头）Mules (heads)	肉猪出栏头数 Slaughtered Fattened Hogs	猪年末头数 Hogs (year-end)	羊年末只数 Sheep and Goats (year-end)	山羊 Goats	活家禽 Poultry
2000	559.1	553.0	15805	37238	10929	2393.2	1871.0	794.9	792.5	
2005	366.2	364.4	3459	11217	3350	2812.1	1737.4	953.0	950.2	22672.8
2006	284.4	283.4	2884	5949	1598	2300.4	1471.0	819.8	817.7	22290.5
2007	144.0	143.0	2487	6134	1663	2363.1	1334.2	536.0	532.9	19801.5
2008	145.2	144.5	2105	3346	1092	2527.4	1432.4	560.3	557.3	21489.5
2009	149.5	148.8	1994	3564	1028	2680.2	1482.6	584.2	581.0	22540.8
2010	151.5	150.9	1746	3671	898	2782.1	1442.5	590.5	589.6	23329.8
2011	147.7	147.2	1461	2389	638	2721.1	1467.3	591.6	590.6	23906.0
2012	152.3	151.9	1291	2187	613	2927.6	1555.2	592.2	591.2	25043.1
2013	155.7	155.1	1113	3956	605	2971.5	1612.6	605.3	604.2	24717.6
2014	153.0	152.7	1074	1562	582	3089.2	1585.3	642.7	641.7	24322.1

12—14 主要年份畜产品产量
Output of Livestock Products in Major Years

单位：吨（ton）

年份 Year	肉类总产量 Output of Meat	#猪牛羊肉 Output of Pork,Beef and Mutton	猪肉 Pork	牛肉 Beef	羊肉 Mutton	牛奶 Cow Milk	禽蛋 Poultry Eggs	天然蜂蜜 Honey	蚕茧 Sikworm Cocoons
2000	3115231	2415925	1984985	318794	112146	41194	1074038	10550	24563
2005	3828828	2807853	2317366	314553	175934	110186	1220556	11258	31300
2006	3938028	2830512	2358212	292696	179604	127955	1235618	12831	36000
2007	3236448	2326653	2024503	170643	131507	180937	1085618	14342	38695
2008	3439155	2479187	2173931	171099	134157	181275	1121000	14997	38359
2009	3625873	2612150	2298494	175448	138208	201000	1181919	16312	28838
2010	3769426	2713000	2388000	193000	142000	205000	1190000	16447	33177
2011	3754683	2650704	2330710	178200	141794	225135	1196541	18287	32335
2012	3977356	2823877	2496701	181270	145906	240868	1226455	18900	32610
2013	4038256	2865588	2534151	181451	149986	253393	1245342	20109	32247
2014	4140177	2981857	2647997	178911	154949	278707	1225292	19427	31080

注：全省猪、牛、羊、禽数据来源于国家统计局安徽调查总队畜禽监测数。

a) The pigs, sheep, poultry data is from Anhui Province survey organization of National bureau of statistics monitoring survey.

12—15 农林牧渔业总产值（2014年）
Gross Output Value of Farming, Forestry, Animal Husbandry and Fishery (2014)

单位：万元（10000 yuan）

指　　标	Item	按可比价格计算 Caculated According to Constant Price	按当年价格计算 At Current Prices
农林牧渔业总产值	**Total Gross Output Value**	**41934171**	**42237287**
农业产值	**Gross Output Value of Farming**	**21042541**	**21192056**
谷物及其他作物	Cereal and Other Crops	12150556	12496749
谷　物	Cereal		9003581
#小　麦	Wheat		3716815
稻　谷	Rice		4147522
玉　米	Corn		1069460
薯　类	Tubers		141403
油　料	Oil-bearing Crops		1338224
#花　生	Peanuts		608508
油菜籽	Rapeseeds		627115
豆　类	Beans		670370
棉　花	Cotton		812675
生　麻	Raw Hemp		13228
糖　类	Sugar Crops		36887
烟　叶	Tobacco		101531
其他农作物	Other Crops		378850
#饲料作物	Feed Crops		58354
蔬菜、食用菌及花卉盆景园艺产品	Vegetables, Edible Fungus and Flowers and Plants Bonsai Horticultural Goods	5547809	5410433
#蔬菜（含菜用瓜）	Vegetables (Including Gourd)		4942428
水果、食用坚果、茶、饮料和香料	Fruits, Nut, Tea, Beverage and Spice	2921822	2831985
水果（含果用瓜）	Fruits (including fruited melon)		2156643
#苹　果	Apples		129623
食用坚果	Nut		155285
茶及饮料原料	Tea and Beverage Raw Material		518487
#茶	Tea		518487
香料作物	Spice Crops		1570
中草药材	Chinese Medicinal Herbs	422353	452889
林业产值	**Gross Output Value of Forestry**	**2514868**	**2830736**
林木的培育和种植	Cultivation and Planting of Woods	872711	990202
#造　林	Forestation		264298
竹木采运	Lumbering and Transport of Bamboo and Timber	765639	860678
#村及村以下	At Village Level and Below		563904
林产品	Forest Products	876518	979856
牧业产值	**Gross Output Value of Animal Husbandry**	**12057064**	**11820730**
牲畜饲养	Animals Breeding	1973617	2027001
#牛的饲养	Cattle and Buffaloes Breeding		985558
羊的饲养	Sheep and Goats Breeding		917507
其他牲畜饲养	Other Animals Breeding		6927
奶产品	Dairy Products		101833
#生牛奶	Milk		101833
毛绒产品	Down Products		1912
猪的饲养	Hogs Breeding	6209129	5650929
家禽的饲养	Poultry Breeding	3209635	3479847
狩猎和捕捉动物	Animals Hunting and Catching	49997	49497
其他畜牧业	Other Animal Husbandry	614685	613456
#蚕　茧	Silkworm Cocoon		96388
渔业产值	**Gross Output Value of Fishery**	**4565054**	**4597009**
淡水产品	Freshwater Aquatic Products	4565054	4597009
#养　殖	Cultured		3647975
#鱼　类	Fishes		2714459
虾蟹类	Shrimps and Crabs		1528474
农林牧渔服务业	**Agricultural Services**	**1754645**	**1796756**

12—16　农作物主要产品生产和结构情况（2014年）
Production of Major Farm Products (2014)

指　　标	Item	播种面积（千公顷） Sown Area (1000 hectares)	结　构 Composi-tion	产　量（万吨） Yield (10000 tons)
农作物总播种面积	**Total**	**8945.53**	**100.00**	
粮食作物合计	Grain Crops	6628.93	74.10	3415.83
#夏收粮食	Summer-Harvest Crops	2474.60	27.66	1399.95
谷　物	Cereal	5543.33	61.97	3260.23
稻　谷	Rice	2217.33	24.79	1394.55
早　稻	Early Rice	225.33	2.52	128.27
中稻和一季晚稻	Middle-season Rice and Single-crop Late Rice	1753.50	19.60	1137.30
双季晚稻	Late Rice	238.50	2.67	128.98
小　麦	Wheat	2434.50	27.21	1393.55
冬小麦	Winter Wheat	2434.50	27.21	1393.55
玉　米	Corn	852.40	9.53	465.50
谷　子	Millet	0.05		0.02
高　粱	Sorghum	0.50	0.01	0.13
其他谷物	Other Cereal	38.56	0.43	6.48
#大　麦	Barley	37.70	0.42	6.24
豆类合计	Beans	934.80	10.45	122.15
#大　豆	Soybean	851.60	9.52	115.00
绿　豆	Mung Bean	65.40	0.73	5.60
红小豆	Small Red Bean	6.55	0.07	1.10
薯　类	Tubers	150.80	1.69	33.45
#马铃薯	Potato	8.90	0.10	1.95
油料合计	Oil-bearing Crops	788.44	8.81	228.80
#花　生	Peanuts	190.43	2.13	94.35
油菜籽	Rapeseeds	550.99	6.16	127.75
芝　麻	Sesame	46.68	0.52	6.66
葵花籽	Sunflower Seeds	0.05		0.03
棉　花	Cotton	265.20	2.96	26.33
生麻合计	Fiber Crops	7.68	0.09	2.44
#生黄红麻	Jute and Ambary Hemp	4.25	0.05	1.26
生苎麻	Ramie	1.28	0.01	0.21
生大麻	Hemp	2.16	0.02	0.70
糖料合计	Sugar Crops	4.98	0.06	19.67
#甘　蔗	Sugarcane	4.98	0.06	19.67
烟叶合计	Tobacco	17.37	0.19	4.33
#烤　烟	Flue-cured Tobacco	17.21	0.19	4.27
中草药材	Crude Drugs	87.52	0.98	52.26
蔬菜（含菜用瓜）	Vegetables (including gourd)	862.06	9.64	2550.97
瓜果类（果用瓜）	Melon and Fruit (Fruited Melon)	181.22	2.03	680.73
#西　瓜	Watermelon	141.84	1.59	572.06
香　瓜	Muskmelon	17.85	0.20	54.28
草　莓	Strawberry	16.20	0.18	38.89
其他作物	Other Crops	102.12	1.14	
#青饲料	Green Feed	39.44	0.44	

12—17 各市农村基本情况（2014年）
Basic Statement of Rural Area by Region (2014)

地 区	Region	乡镇数（个）Number of Township and Town Governments (unit)	#镇 数 Town Governments	村民委员会（个）Number of Villagers' Committees (unit)	乡村户数（户）Number of Households (household)
总 计	**Total**	**1251**	**937**	**15102**	**14603226**
合肥市	Hefei	84	65	1357	1263442
淮北市	Huaibei	18	18	279	369032
亳州市	Bozhou	79	71	1260	1313199
宿州市	Suzhou	94	71	1130	1323899
蚌埠市	Bengbu	55	38	944	750461
阜阳市	Fuyang	157	124	1725	2274144
淮南市	Huainan	46	34	561	380909
滁州市	Chuzhou	94	82	956	938660
六安市	Luan	156	109	2098	1810652
马鞍山市	Maanshan	35	31	385	399879
芜湖市	Wuhu	44	40	668	741623
宣城市	Xuancheng	78	58	741	747852
铜陵市	Tongling	12	7	140	96597
池州市	Chizhou	45	37	613	396757
安庆市	Anqing	153	97	1553	1418645
黄山市	Huangshan	101	55	692	377475

地 区	Region	乡村人口数（人）Rural Population (person)	乡村从业人员数（人）Number of Rural Laborers (person)	#男 Male	#农 业 Agriculture
总 计	**Total**	**53506895**	**30335715**	**16379801**	**13952766**
合肥市	Hefei	4502851	2594030	1395587	1024594
淮北市	Huaibei	1391549	719174	401338	405776
亳州市	Bozhou	5080049	2794654	1501149	1263710
宿州市	Suzhou	5161138	2947250	1583352	1526760
蚌埠市	Bengbu	2857217	1683804	906471	908361
阜阳市	Fuyang	8904825	4928265	2633766	2015179
淮南市	Huainan	1380079	835414	451614	287547
滁州市	Chuzhou	3539614	2000332	1085781	1041404
六安市	Luan	6440864	3609445	1980242	1744936
马鞍山市	Maanshan	1407714	782063	433361	329481
芜湖市	Wuhu	2389682	1425522	768359	565177
宣城市	Xuancheng	2369190	1394671	758798	673331
铜陵市	Tongling	293943	188840	100677	69040
池州市	Chizhou	1352913	770155	412991	402045
安庆市	Anqing	5244861	2927638	1580078	1334409
黄山市	Huangshan	1190406	734458	386237	361016

注：乡镇及村民委员会个数来源于省民政厅。
a) Number from the provincial department of the town and the villagers committee.

12—18 各市农、林、牧、渔业总产值及指数（2014年）

Gross Output Value of Farming, Forestry, Animal Husbandry and Fishery and Related Indices by Region (2014)

本表绝对数按当年价格计算，指数按可比价格计算。

Absolute figures in this table are calculated at current prices while indices are calculated at comparable prices.

地区	Region	绝对数（万元） Gross Output Value of Farming, Forestry, Animal Husbandry and Fishery (10000 yuan)					
		农林牧渔业总产值 Total	农业 Farming	林业 Forestry	牧业 Animal Husbandry	渔业 Fishery	农林牧渔服务业 Agricultural Services
总计	**Total**	**42237287**	**21192056**	**2830736**	**11820730**	**4597009**	**1796756**
合肥市	Hefei	4503240	2205454	131332	1441771	633534	91149
淮北市	Huaibei	1010262	573594	33177	331845	43666	27980
亳州市	Bozhou	3617540	2351492	100168	820282	81681	263917
宿州市	Suzhou	4822625	2669622	178350	1682620	93206	198827
蚌埠市	Bengbu	2968302	1636410	85808	870236	306995	68853
阜阳市	Fuyang	5350782	2898625	243025	1807805	175461	225866
淮南市	Huainan	1045054	568618	13993	293701	135546	33196
滁州市	Chuzhou	3696423	1760655	84964	1225059	560115	65630
六安市	Luan	3921081	1727563	334162	1312728	464563	82065
马鞍山市	Maanshan	1386018	693916	21965	212843	349404	107890
芜湖市	Wuhu	2413042	1055176	135481	394333	465550	362502
宣城市	Xuancheng	2135882	1023939	213658	496723	237716	163846
铜陵市	Tongling	216397	108129	18590	39895	36838	12945
池州市	Chizhou	1192701	537694	130918	246617	196084	81388
安庆市	Anqing	3945115	1632884	307484	1062111	676372	266264
黄山市	Huangshan	917128	475846	144258	248486	23945	24593

地区	Region	指数（上年=100） Gross Output Value of Farming, Forestry, Animal Husbandry and Fishery (preceding year=100)					
		农林牧渔业总产值 Total	农业 Farming	林业 Forestry	牧业 Animal Husbandry	渔业 Fishery	农林牧渔服务业 Agricultural Services
总计	**Total**	**104.59**	**105.04**	**107.90**	**102.93**	**103.97**	**107.99**
合肥市	Hefei	104.75	105.93	108.55	102.57	104.75	106.77
淮北市	Huaibei	104.80	103.94	98.18	106.59	100.72	117.30
亳州市	Bozhou	105.04	104.04	102.87	104.77	100.23	118.41
宿州市	Suzhou	105.13	106.37	103.73	103.05	103.61	109.26
蚌埠市	Bengbu	104.97	104.03	108.15	105.80	104.83	114.00
阜阳市	Fuyang	104.89	105.35	106.92	103.89	103.72	106.01
淮南市	Huainan	104.60	105.76	100.57	102.03	105.13	108.03
滁州市	Chuzhou	104.81	104.50	102.48	105.01	105.25	108.84
六安市	Luan	104.65	105.69	99.81	105.02	103.13	105.70
马鞍山市	Maanshan	104.40	103.91	108.04	103.48	103.50	112.05
芜湖市	Wuhu	104.70	103.32	106.73	103.57	106.26	107.34
宣城市	Xuancheng	104.50	104.03	103.02	102.36	105.04	115.93
铜陵市	Tongling	104.50	105.80	103.26	102.89	102.19	107.12
池州市	Chizhou	104.62	104.54	106.44	103.30	104.24	107.46
安庆市	Anqing	104.79	104.01	113.54	103.31	103.83	108.96
黄山市	Huangshan	104.15	103.69	111.17	101.00	100.02	112.01

注：全省农林牧渔业总产值指数按农产品生产者价格指数缩减计算。

a) The index of gross output value of agriculture, forestry, animal husbandry and fishery of the whole province reduces calculating according to producer's price index of agricultural products.

12—19 各市农、林、牧、渔业增加值及构成（2014年）
Value-added of Farming, Forestry, Animal Husbandry and Fishery and its Composition by Region (2014)

本表按当年价格计算。 (Data in value terms in this table are calculated at current prices.)

地区	Region	绝对数（万元） Gross Output Value (10000 yuan)					
		农林牧渔业增加值 Value-added of Farming, Forestry, Animal Husbandry and Fishery	农业 Farming	林业 Forestry	牧业 Animal Husbandry	渔业 Fishery	农林牧渔服务业 Agricultural Services
总计	**Total**	**24818920**	**13069234**	**1971886**	**5852344**	**3030441**	**895015**
合肥市	Hefei	2576271	1244343	89873	781396	407875	52784
淮北市	Huaibei	600875	336909	18903	197880	26178	21005
亳州市	Bozhou	2049261	1448566	80832	354814	60972	104077
宿州市	Suzhou	2699516	1609710	121516	799319	66151	102820
蚌埠市	Bengbu	1820491	982814	56414	506091	238218	36954
阜阳市	Fuyang	2894444	1639196	168305	844558	118462	123923
淮南市	Huainan	694937	365530	9596	200853	94780	24178
滁州市	Chuzhou	2183677	1039976	56128	638556	406504	42513
六安市	Luan	2206125	1035983	249948	614200	252041	53953
马鞍山市	Maanshan	836613	416796	13070	107504	233063	66180
芜湖市	Wuhu	1362014	603833	92456	179103	305012	181610
宣城市	Xuancheng	1270826	619819	156858	244639	157926	91584
铜陵市	Tongling	132217	69047	13078	19076	24652	6364
池州市	Chizhou	716547	338698	99356	121750	125840	30903
安庆市	Anqing	2255803	923835	195383	591171	413464	131950
黄山市	Huangshan	546042	289236	104830	125714	13889	12373

地区	Region	构成（%） Composition (%)					
		农林牧渔业增加值 Value-added of Farming, Forestry, Animal Husbandry and Fishery	农业 Farming	林业 Forestry	牧业 Animal Husbandry	渔业 Fishery	农林牧渔服务业 Agricultural Services
总计	**Total**	**100.00**	**52.66**	**7.95**	**23.58**	**12.21**	**3.61**
合肥市	Hefei	100.00	48.30	3.49	30.33	15.83	2.05
淮北市	Huaibei	100.00	56.07	3.15	32.93	4.36	3.50
亳州市	Bozhou	100.00	70.69	3.94	17.31	2.98	5.08
宿州市	Suzhou	100.00	59.63	4.50	29.61	2.45	3.81
蚌埠市	Bengbu	100.00	53.99	3.10	27.80	13.09	2.03
阜阳市	Fuyang	100.00	56.63	5.81	29.18	4.09	4.28
淮南市	Huainan	100.00	52.60	1.38	28.90	13.64	3.48
滁州市	Chuzhou	100.00	47.62	2.57	29.24	18.62	1.95
六安市	Luan	100.00	46.96	11.33	27.84	11.42	2.45
马鞍山市	Maanshan	100.00	49.82	1.56	12.85	27.86	7.91
芜湖市	Wuhu	100.00	44.33	6.79	13.15	22.39	13.33
宣城市	Xuancheng	100.00	48.77	12.34	19.25	12.43	7.21
铜陵市	Tongling	100.00	52.22	9.89	14.43	18.65	4.81
池州市	Chizhou	100.00	47.27	13.87	16.99	17.56	4.31
安庆市	Anqing	100.00	40.95	8.66	26.21	18.33	5.85
黄山市	Huangshan	100.00	52.97	19.20	23.02	2.54	2.27

12—20 各市土地利用情况（2014年）
Land Use by Region (2014)

单位：千公顷 (1000 hectares)

地区	Region	土地调查面积 Area under Land Survey	农用地 Land for Ageicuture Use	#园地 Garden Land	#牧草地 Grazing and Pasture Land	建设用地 Land for Construction	居民点及工矿用地 Land fot Inhabiation Mining and Manufacturing	交通运输用地 Land for Transport Facilities	水利设施用地 Land for Water Conservancy Facilities
总计	**Total**	**14013.98**	**11168.70**	**352.02**	**0.484**	**1962.78**	**1622.64**	**133.35**	**206.79**
合肥市	Hefei	1144.51	825.94	5.59		212.67	175.27	14.98	22.41
淮北市	Huaibei	274.14	201.82	2.81		63.32	50.50	4.82	8.01
亳州市	Bozhou	852.12	691.47	4.68	0.001	148.27	128.72	9.32	10.24
宿州市	Suzhou	993.88	769.99	74.05	0.003	177.71	146.33	14.08	17.30
蚌埠市	Bengbu	595.07	450.37	1.23	0.008	93.19	79.47	6.14	7.58
阜阳市	Fuyang	1011.82	774.58	0.80	0.004	205.48	184.89	11.28	9.31
淮南市	Huainan	258.40	180.30	1.95	0.091	52.43	43.08	4.33	5.02
滁州市	Chuzhou	1351.60	1070.76	5.85	0.011	204.63	148.95	12.27	43.41
六安市	Luan	1839.92	1519.98	49.42	0.083	216.93	178.47	11.21	27.24
马鞍山市	Maanshan	404.91	300.81	1.13	0.020	67.61	56.51	4.30	6.79
芜湖市	Wuhu	602.61	444.46	3.65	0.020	108.93	90.93	8.74	9.27
宣城市	Xuancheng	1231.25	1080.38	69.08	0.003	103.60	86.58	8.33	8.68
铜陵市	Tongling	105.84	65.79	0.36		25.45	21.72	2.28	1.46
池州市	Chizhou	839.87	725.89	18.47		57.99	46.46	6.18	5.35
安庆市	Anqing	1540.21	1162.21	32.28	0.239	181.21	153.18	9.49	18.55
黄山市	Huangshan	967.84	903.94	80.66		43.36	31.58	5.60	6.18

注：此表来源于省国土资源厅。
a) This form is from the Provincial Department of land and resources.

12—21 各市主要农业机械年末拥有量（2014年）
Agricultural Machinery at the Year-end by Region (2014)

地区	Region	农业机械总动力（万千瓦） Total Power of Agricultural Machinery (10000 kw)	大中型拖拉机 Large and Medium Agricultural Tractors 数量（台） Number (unit)	动力（万千瓦） Capacity (10000 kw)	小型拖拉机 Mini-tractors 数量（台） Number (unit)	动力（万千瓦） Capacity (10000 kw)	大中型拖拉机配套农具（部） Number of Large and Medium Tractor Towing Farm Machinery (unit)	小型拖拉机配套农具（部） Number of Mini-tractor Towing Farm Machinery (unit)	农用运输车（辆） Capacity of Transport Vehicles for Agricultural Use (unit)	节水灌溉面积（千公顷） Irrigated Area With Saved Water (1000 hectares)
总计	**Total**	**6365.83**	**199349**	**866.40**	**2188965**	**1795.12**	**442113**	**5157300**	**665193**	**1348.17**
合肥市	Hefei	415.01	9832	51.73	206020	112.52	13935	416899	16806	3.13
淮北市	Huaibei	276.22	15816	50.97	103743	112.15	31110	327687	17275	138.00
亳州市	Bozhou	839.22	22816	121.22	166702	193.42	48864	422292	245977	426.10
宿州市	Suzhou	827.97	46124	153.22	168497	181.02	111917	428919	183524	294.22
蚌埠市	Bengbu	533.31	11892	55.28	311801	290.48	27602	745341	4167	20.00
阜阳市	Fuyang	719.99	29870	135.95	117438	130.37	70421	308341	109523	321.49
淮南市	Huainan	184.88	4748	23.39	102823	84.37	9998	254862	7754	13.91
滁州市	Chuzhou	678.25	27189	117.50	415217	254.69	57383	901527	14782	43.73
六安市	Luan	736.31	16436	83.12	284432	206.51	43231	732295	27959	56.93
马鞍山市	Maanshan	141.58	3429	19.39	38872	21.96	7097	108335	4366	1.09
芜湖市	Wuhu	203.80	3381	17.27	54792	44.60	7728	115296	4981	0.20
宣城市	Xuancheng	239.99	1838	8.80	55253	50.59	2953	78304	10688	16.60
铜陵市	Tongling	38.10	514	2.49	5562	3.76	883	9638	1450	0.59
池州市	Chizhou	123.33	729	3.35	37929	25.26	1055	95931	2459	3.88
安庆市	Anqing	328.38	4361	22.09	104009	71.30	7873	176575	10285	6.44
黄山市	Huangshan	79.50	374	0.63	15875	12.10	63	35058	3197	1.86

注：节水灌溉面积为农委系统统计数。
a) The areas of water saving irrigation were statisticed by the committee on agriculture.

12—22 各市有效灌溉面积、农用化肥施用、用电情况（2014年）

Irrigated Area and Consumption of Chemical Fertilizer and Electricity in Rural Area by Region (2014)

地区	Region	有效灌溉面积（千公顷）Irrigated Area (1000 hectares)	化肥施用量（吨）Consumption of Chemical Fertilizer (ton)	#氮肥 Nitrogenous Fertilizer	磷肥 Phosphate Fertilizer	钾肥 Potash Fertilizer	农用排灌机械（台）Number of Diesel Engines (unit)
总计	**Total**	**4331.70**	**3413912**	**1115873**	**357266**	**325621**	**1622429**
合肥市	Hefei	456.77	316718	107082	45630	40353	140034
淮北市	Huaibei	142.13	100726	27689	4679	4765	13386
亳州市	Bozhou	449.24	310229	64710	29083	30755	87656
宿州市	Suzhou	416.16	345815	106632	27327	37941	42105
蚌埠市	Bengbu	232.31	301324	109570	33771	25732	12573
阜阳市	Fuyang	401.92	405206	91724	22842	26586	213120
淮南市	Huainan	122.08	151467	55768	25430	10949	14016
滁州市	Chuzhou	486.69	350860	114154	47522	24558	89613
六安市	Luan	585.75	354409	154180	27157	33498	194577
马鞍山市	Maanshan	147.85	84299	27047	6322	4731	198748
芜湖市	Wuhu	196.58	183297	75877	28129	24471	264467
宣城市	Xuancheng	200.72	130620	44989	13973	11021	131815
铜陵市	Tongling	23.90	24715	8957	4857	3602	32037
池州市	Chizhou	95.00	61033	24122	1820	8033	65595
安庆市	Anqing	324.86	254688	84720	37462	36200	93733
黄山市	Huangshan	49.74	38506	18652	1262	2426	28954

地区	Region	农村用电量（万千瓦时）Electricity Consumed in Rural Area (10000 kwh)	农用塑料薄膜使用量（吨）Used Plastic Film (ton)	#地膜使用量 Used of Plastic Film	地膜覆盖面积（公顷）The Area of Plastic Film Covered (hectares)	农用柴油使用量（吨）Consumption of Diesel Oil for Farm Use (ton)	农药使用量（吨）Consumption of Agricultural Pesticide (ton)
总计	**Total**	**1475283**	**96155**	**42906**	**430713**	**734425**	**113974**
合肥市	Hefei	152679	13721	4309	31826	68599	5531
淮北市	Huaibei	25232	2349	873	3537	25749	2923
亳州市	Bozhou	93491	7240	3379	37622	81125	8035
宿州市	Suzhou	94496	15716	9450	60643	112806	23799
蚌埠市	Bengbu	86578	9508	5775	78603	58338	6305
阜阳市	Fuyang	138534	19205	4261	42433	47711	8258
淮南市	Huainan	89379	1460	645	7425	36225	6033
滁州市	Chuzhou	97368	3624	2094	40218	43899	5853
六安市	Luan	137846	6013	3080	29556	101201	14993
马鞍山市	Maanshan	53180	3126	1024	15686	13936	3732
芜湖市	Wuhu	124405	2354	1168	27825	39853	2718
宣城市	Xuancheng	115625	3627	1886	17168	13238	3912
铜陵市	Tongling	21286	310	216	1591	4639	717
池州市	Chizhou	40571	471	268	5167	21349	5585
安庆市	Anqing	181666	5341	3112	25043	57079	12185
黄山市	Huangshan	22949	2090	1366	6370	8678	3395

12—23 各市农作物播种面积（2014年）
Total Sown Areas of Farm Crops by Region (2014)

单位：公顷（hectare）

地 区	Region	农作物总播种面积 Total Sown Area	粮食作物播种面积 Sown Area of Grain Crops	谷 物 Cereal	#稻谷 Rice	小 麦 Wheat	玉 米 Corn	豆 类 Soybeans	薯 类 Tubers	油 料 Oil-bearing Crops	#花 生 Peanuts	油菜籽 Rapeseeds	芝 麻 Sesame
总 计	**Total**	**8945534**	**6628930**	**5543330**	**2217330**	**2434500**	**852400**	**934800**	**150800**	**788441**	**190433**	**550986**	**46682**
合 肥 市	Hefei	751371	492438	472262	345601	108722	16530	12349	7827	109369	19311	87741	2316
淮 北 市	Huaibei	257683	238881	183269	309	121127	61596	54931	681	1746	695	747	304
亳 州 市	Bozhou	1083064	878548	628461	3789	406863	199074	221088	28999	10555	6573	1660	2322
宿 州 市	Suzhou	1020347	820683	656095	8002	357859	287754	136671	27917	56096	45265	8696	2135
蚌 埠 市	Bengbu	637391	470199	432684	110425	240064	81866	32438	5077	64920	60145	2983	1792
阜 阳 市	Fuyang	1227679	1002684	816351	68602	486603	260412	163668	22665	39951	7522	13447	18982
淮 南 市	Huainan	247984	207122	194091	91483	100576	1912	11067	1964	4900	1983	2233	684
滁 州 市	Chuzhou	882260	723137	684857	361093	282293	40418	26703	11577	72525	24040	43577	4908
六 安 市	Luan	905961	730615	705218	437338	241929	25377	17009	8388	77089	9335	65011	2458
马鞍山市	Maanshan	232663	155120	149253	101894	44193	3165	3766	2101	36846	2119	33415	1312
芜 湖 市	Wuhu	377645	204715	193944	159522	27867	6197	5967	4804	51994	2557	48222	1215
宣 城 市	Xuancheng	355805	232291	213128	155942	50184	6918	9957	9206	48160	4370	41904	1886
铜 陵 市	Tongling	46672	28620	27194	17004	8406	1784	1054	372	8020	309	7582	129
池 州 市	Chizhou	203610	117375	112380	99933	6289	6148	3431	1564	39122	913	36864	1345
安 庆 市	Anqing	794826	460847	433638	380950	40598	11201	14016	13193	140136	4795	131835	3488
黄 山 市	Huangshan	129410	64260	48194	38092	306	9795	7749	8317	27012	501	25069	1406

地 区	Region	棉 花 Cotton	生 麻 Fiber Crops	#生黄红麻 Jute and Ambary Hemp	糖 料 Sugar Crops	烟 叶 Tobacco	#烤 烟 Fluecured Tobacco	中草药材 Crude Drugs	蔬 菜 Vegeta-bles	瓜果类 Melon	#西瓜 Water-melon	甜 瓜 Melon	草 莓 Strawb-erry
总 计	**Total**	**265200**	**7684**	**4249**	**4979**	**17372**	**17207**	**87524**	**862064**	**181216**	**141840**	**17849**	**16201**
合 肥 市	Hefei	32649	129		817			73	86737	24478	11755	1600	11123
淮 北 市	Huaibei	792			2	1		139	13324	2697	2173	348	1
亳 州 市	Bozhou	13877	10	10	74	2783	2782	55748	98791	22663	19514	2172	477
宿 州 市	Suzhou	19982	7	7	43	23	23	2174	77030	36373	32865	3003	504
蚌 埠 市	Bengbu	9044			24				68260	19255	17894	695	337
阜 阳 市	Fuyang	11753	72	72	313	483	320	8602	142307	19788	12753	3612	848
淮 南 市	Huainan	912			38				28142	6478	3971	1675	832
滁 州 市	Chuzhou	8425			184			42	46154	15167	13932	325	839
六 安 市	Luan	11326	6371	4090	499	20	20	4838	64223	7474	6182	247	49
马鞍山市	Maanshan	8733	102		353			15	24257	6470	3238	3110	122
芜 湖 市	Wuhu	37673	105	13	895	3027	3027	696	58423	4682	4270	262	126
宣 城 市	Xuancheng	8827	360		690	8920	8920	4779	36829	6316	5360	151	617
铜 陵 市	Tongling	3696	53		29			238	4530	1143	962	143	38
池 州 市	Chizhou	26799	388		38	1526	1526	912	15289	1499	1407	54	38
安 庆 市	Anqing	71565	73	57	318	34	34	3378	74605	4623	3570	383	208
黄 山 市	Huangshan	456	14		662	555	555	5890	23163	2110	1994	69	42

注：全省粮食及棉花播种面积来源于国家统计局安徽调查总队抽样调查数。

a) The sown area of grain is from Anhui Province survey organization of National bureau of Statistics sample survey.

12—24 各市主要农产品单位面积产量（2014年）
Yield of Major Farm Crops per Hectare by Region (2014)

单位：公斤/公顷（kg/hectare）

地 区	Region	谷 物 Cereals	棉 花 Cotton	花 生 Peanuts	油菜籽 Rapeseeds	芝 麻 Sesame	生黄红麻 Jute and Ambary Hemp	烤 烟 Fluecured Tobacco	中草药材 Crude Drugs	蔬 菜 Vegetables	瓜果类 Melon
总 计	**Total**	**5881**	**993**	**4955**	**2319**	**1427**	**2962**	**2479**	**5971**	**29591**	**37564**
合肥市	Hefei	6453	968	3917	2723	1673				23101	25206
淮北市	Huaibei	6292	1265	3666	2142	1174			9029	36378	39314
亳州市	Bozhou	6826	1415	6931	2475	1490	3300	3772	4560	29434	37139
宿州市	Suzhou	5519	1301	4933	1972	1533	714	2391	5091	41505	47230
蚌埠市	Bengbu	6197	1724	6610	1710	1335				38609	49963
阜阳市	Fuyang	6269	1236	3076	2412	1309	3444	1875	17594	37186	38885
淮南市	Huainan	7032	2005	4589	2322	1762				30851	34802
滁州市	Chuzhou	6093	1110	3618	2461	1304				30804	37100
六安市	Luan	6416	1651	3705	2062	1622	2957	2000	12479	21497	27469
马鞍山市	Maanshan	6951	1192	2605	2524	1510			8333	28026	27002
芜湖市	Wuhu	6831	1228	2794	2654	1554	5308	2737	4205	24614	39543
宣城市	Xuancheng	5909	1060	3158	2279	2339		2069	3667	20526	32079
铜陵市	Tongling	5698	1000	2702	2347	1574			6408	24515	25955
池州市	Chizhou	5912	1227	2533	2574	1531		2241	1047	25202	32210
安庆市	Anqing	5730	1420	2989	2081	1350	2386	2471	3642	20731	24837
黄山市	Huangshan	6132	1202	2439	1470	1107		2186	1530	17348	21085

12—25 各市主要农产品产量（2014年）
Yield of Major Farm Crops by Region (2014)

单位：吨（ton）

地 区	Region	粮 食 Grain	谷 物 Cereal	#稻 谷 Rice	小 麦 Wheat	玉 米 Corn	豆 类 Beans	薯 类 Tubers	油 料 Oil-bearing Crops	#花 生 Peanuts	油菜籽 Rapeseeds	芝 麻 Sesame
总 计	**Total**	**34158324**	**32602324**	**13945500**	**13935524**	**4655000**	**1221500**	**334500**	**2288047**	**943537**	**1277548**	**66610**
合肥市	Hefei	3122533	3047739	2483779	475308	82794	28365	46429	318392	75636	238879	3875
淮北市	Huaibei	1250195	1153061	2494	921105	227697	92243	4891	4505	2548	1600	357
亳州市	Bozhou	4674866	4289850	23295	3144283	989365	287961	97055	53124	45556	4108	3460
宿州市	Suzhou	3966744	3621065	59952	2387874	1168938	211308	134371	243710	223285	17151	3274
蚌埠市	Bengbu	2755120	2681409	749348	1527264	402967	51646	22065	405034	397541	5100	2393
阜阳市	Fuyang	5481457	5117714	410401	3381400	1323223	264519	99224	80415	23135	32429	24851
淮南市	Huainan	1394287	1364931	720445	637704	6028	21174	8182	15489	9099	5185	1205
滁州市	Chuzhou	4306925	4172759	2452560	1531298	183214	48411	85755	200634	86986	107249	6399
六安市	Luan	4631198	4524586	3155156	1242218	124852	46203	60409	172615	34585	134042	3988
马鞍山市	Maanshan	1062564	1037396	792647	223927	20816	8611	16557	91863	5519	84328	1981
芜湖市	Wuhu	1384299	1324833	1162582	126559	34032	17632	41834	137024	7143	127993	1888
宣城市	Xuancheng	1329670	1259312	994773	221267	43025	19347	51011	113727	13801	95515	4411
铜陵市	Tongling	159707	154964	120273	24634	10057	2535	2208	18834	835	17796	203
池州市	Chizhou	679879	664421	623550	18792	22053	7564	7894	99278	2313	94906	2059
安庆市	Anqing	2586441	2484907	2313119	118628	50495	37822	63712	293468	14333	274404	4710
黄山市	Huangshan	346884	295547	267255	650	27641	15831	35506	39935	1222	36863	1556

注：全省粮食及棉花产量来源于国家统计局安徽调查总队抽样调查数。
a) The sown area of grain is from Anhui Province survey organization of National bureau of Statistics sample survey.

12—25 续表 continued

单位：吨（ton）

地区	Region	棉花 Cotton	生麻 Fiber Crops	#生黄红麻 Jute and Ambary Hemp	烟叶 Tobacco	#烤烟 Fluecured Tobacco	药材 Medicinal Materials	蔬菜 Vegetables	瓜果类 Melon	#西瓜 Water-melon	香瓜 Melon	草莓 Strawb-erry
总　计	**Total**	**263300**	**24360**	**12585**	**43259**	**42650**	**522636**	**25509729**	**6807255**	**5720640**	**542799**	**388935**
合肥市	Hefei	31588	158					2003670	617001	323704	29447	263850
淮北市	Huaibei	1002			1		1255	484696	106029	88327	11834	35
亳州市	Bozhou	19642	33	33	10497	10493	254227	2907794	841674	722914	83113	4195
宿州市	Suzhou	26003	5	5	55	55	11068	3197168	1717880	1616443	91294	10143
蚌埠市	Bengbu	15591						2635469	962035	902766	26703	24002
阜阳市	Fuyang	14528	248	248	1204	600	151343	5291768	769463	523481	141489	36700
淮南市	Huainan	1829						868212	225447	150631	53627	21187
滁州市	Chuzhou	9350						1421711	562703	543146	6282	11332
六安市	Luan	18700	22188	12094	40	40	60372	1380619	205305	169440	9159	740
马鞍山市	Maanshan	10414	231				125	679831	174703	102552	70384	1767
芜湖市	Wuhu	46255	237	69	8286	8286	2927	1438032	185140	176330	5310	2122
宣城市	Xuancheng	9361	361		18459	18459	17524	755934	202614	186407	3885	7578
铜陵市	Tongling	3697	92				1525	111051	29666	27726	1400	450
池州市	Chizhou	32883	599		3420	3420	955	385318	48283	47766	315	202
安庆市	Anqing	101595	180	136	84	84	12303	1546629	114822	96269	7655	3887
黄山市	Huangshan	548	28		1213	1213	9012	401827	44490	42738	902	745

12—26 各市茶叶、水果生产情况（2014年）
Tea, Fruits Production by Region (2014)

单位：吨（ton）

地区	Region	茶叶 Tea	#绿茶 Green Tea	园林水果 Garden Fruits	#苹果 Apples	梨 Pears	葡萄 Grapes
总　计	**Total**	**111196**	**103741**	**2845579**	**392285**	**1081369**	**396392**
合肥市	Hefei	2040	2040	160156	16	12120	80885
淮北市	Huaibei			122905	18268	11235	26806
亳州市	Bozhou			65618	7302	7503	17569
宿州市	Suzhou			1865922	358083	917574	157822
蚌埠市	Bengbu			82480	239	38250	9510
阜阳市	Fuyang			104574	6505	27995	17802
淮南市	Huainan			38864		7262	8335
滁州市	Chuzhou	482	482	77981	261	5986	21286
六安市	Luan	23501	23172	93944	349	11329	13632
马鞍山市	Maanshan	255	255	33417	305	3259	11911
芜湖市	Wuhu	2686	2676	42096	94	5127	10512
宣城市	Xuancheng	33577	33220	49593	1	22007	4372
铜陵市	Tongling	86	86	4137	12	117	2062
池州市	Chizhou	7537	5006	7269	18	582	543
安庆市	Anqing	12302	11983	32528	832	3389	5605
黄山市	Huangshan	28730	24821	64095		7634	7740

12—27 各市主要林业生产情况（2014年）
Conditions of Forest Production by Region (2014)

地 区	Region	营林情况（公顷） Management of Forest (hectares) 人工造林面积 Man-made Afforested Area	新封山育林面积 Area of Setting Apart Mountains for Afforestation	新增育苗面积 Area of Growing Seedlings	未成林抚育面积 Area of Tending Young Forest	成林抚育面积 Area of Tending Adult Forest	油桐籽（吨） Tung-oil Seeds (ton)	油茶籽（吨） Tea-oil Seeds (ton)	竹材采伐量（万根） Determination of Bamboo Cut (10000 units)	木材采伐量（万立方米） Determination of Timber Cut (10000 cu.m)
总　计	**Total**	**150871**	**6874**	**17426**	**367332**	**512548**	**2653**	**71425**	**14886**	**579**
合肥市	Hefei	16092	93	3968	11396	47944		146	14	15
淮北市	Huaibei	4355		395	15288	4963				6
亳州市	Bozhou	7596		984	5680	22347				72
宿州市	Suzhou	9726	491	1206	19346	90941	30			46
蚌埠市	Bengbu	9867	200	1503	19267	37033				34
阜阳市	Fuyang	9862		1770	35807	37097				50
淮南市	Huainan	6204		266	6672	26333				1
滁州市	Chuzhou	16546	113	3295	78413	43609	2	325	8	43
六安市	Luan	12553		999	30610	46371	1114	24947	1889	48
马鞍山市	Maanshan	6850	1066	569		10497		95	13	4
芜湖市	Wuhu	13424		734	21955	18393		46	1201	12
宣城市	Xuancheng	11914	2081	93	33445	15405	153	837	7329	44
铜陵市	Tongling	1422		155	2762	8393	560	5	48	4
池州市	Chizhou	5509	178	273	25500	43305	176	309	2804	79
安庆市	Anqing	14891	653	154	29303	43869	618	39502	718	67
黄山市	Huangshan	4060	1999	1062	31888	16048		5213	862	54

12—28 各市牲畜饲养情况（2014年）
Number of Livestock by Region (2014)

单位：头（只） (heads)

地 区	Region	大牲畜年末头数 Large Animals (year-end)	牛 Cattle and Buffaloes	马 Horses	驴 Donkeys	骡 Mules	肉猪出栏头数 Slaughtered Fattened Hogs	猪年末头数 Hogs (year-end)	羊年末只数 Sheep and Goats (year-end)	#山羊 Goats	活家禽（万只） Poultry (10000 heads)
总　计	**Total**	**1530091**	**1526873**	**1074**	**1562**	**582**	**30891714**	**15853471**	**6427477**	**6416785**	**24322.07**
合肥市	Hefei	108444	108444				2914510	1435357	91882	86833	6230.56
淮北市	Huaibei	14129	14086		43		682330	429628	278245	277097	1009.44
亳州市	Bozhou	138996	138146	443	111	296	3046590	1548444	1269911	1269911	1239.02
宿州市	Suzhou	179781	179568	46	136	31	4833378	2969164	2449204	2416586	3764.00
蚌埠市	Bengbu	234547	234547				2028687	972697	741616	736951	2083.00
阜阳市	Fuyang	331289	329594	239	1240	216	5603683	2800951	1389213	1389213	2530.20
淮南市	Huainan	63194	63194				506738	290076	130568	130568	789.00
滁州市	Chuzhou	175075	175075				3356226	1843494	374365	372065	2551.00
六安市	Luan	183191	183191				4057008	2126047	464845	464845	3911.60
马鞍山市	Maanshan	19029	19029				370613	191132	67162	67162	751.22
芜湖市	Wuhu	41437	41437				831548	450091	29167	29167	1391.00
宣城市	Xuancheng	43688	43688				1037212	541399	46593	46593	2551.00
铜陵市	Tongling	4165	4165				102384	67522	3139	3139	414.37
池州市	Chizhou	15331	15331				739316	423596	14077	14077	757.00
安庆市	Anqing	124122	124122				2849652	1698681	76920	76920	3332.46
黄山市	Huangshan	28246	27829	346	32	39	963786	768289	5211	4919	423.64

注：全省猪、牛、羊、禽数据来源于国家统计局安徽调查总队畜禽监测数。

a) The pigs, sheep, poultry data is from Anhui Province survey organization of National bureau of statistics monitoring survey.

12—29 各市畜产品产量（2014年）
Output of Livestock Products by Region (2014)

单位：吨（ton）

地区	Region	肉类总产量 Output of Meat	猪牛羊肉 Output of Pork,Beef and Mutton	猪肉 Pork	牛肉 Beef	羊肉 Mutton
总　计	**Total**	**4140177**	**2981857**	**2647997**	**178911**	**154949**
合肥市	Hefei	482598	248807	239881	6999	1927
淮北市	Huaibei	90779	65548	58072	1195	6281
亳州市	Bozhou	319188	283455	236997	19394	27064
宿州市	Suzhou	512598	441255	363813	20309	57133
蚌埠市	Bengbu	325551	228469	170864	38979	18626
阜阳市	Fuyang	630813	549199	468062	47350	33787
淮南市	Huainan	90765	55857	45593	6676	3588
滁州市	Chuzhou	389611	300051	273464	17969	8618
六安市	Luan	545045	370372	337757	16700	15915
马鞍山市	Maanshan	80078	31323	29659	293	1371
芜湖市	Wuhu	155687	75542	70855	4142	545
宣城市	Xuancheng	221896	87615	83693	3042	880
铜陵市	Tongling	18399	8765	8515	183	67
池州市	Chizhou	88359	61991	60187	1553	251
安庆市	Anqing	331431	238959	228135	9568	1256
黄山市	Huangshan	90175	83575	82325	1156	94

地区	Region	生牛奶 Cow Milk	禽蛋 Poultry Eggs	天然蜂蜜 Honey	蚕茧 Sikworm Cocoons
总　计	**Total**	**278707**	**1225292**	**19427**	**31080**
合肥市	Hefei	111550	196241	24	4772
淮北市	Huaibei	22027	54378		
亳州市	Bozhou	17759	69396	26	
宿州市	Suzhou	16787	262260	190	1213
蚌埠市	Bengbu	115500	74503		
阜阳市	Fuyang	6188	143825	1957	667
淮南市	Huainan	52714	67695	4	
滁州市	Chuzhou	10812	114186	103	
六安市	Luan	30238	122483	431	5660
马鞍山市	Maanshan	40230	20982	3130	
芜湖市	Wuhu	4867	81776	60	780
宣城市	Xuancheng		49770	1362	5262
铜陵市	Tongling		10175		69
池州市	Chizhou		37625	709	1586
安庆市	Anqing		194289	2121	6701
黄山市	Huangshan	5230	21681	9310	4370

注：全省猪、牛、羊、禽、奶数据来源于国家统计局安徽调查总队畜禽监测数。

a) The pigs, sheep, poultry, milk data is from Anhui Province survey organization of National bureau of statistics monitoring survey.

12—30 各市水产品产量（2014年）
Output of Aquatic Products by Region (2014)

单位：吨（ton）

地区	Region	水产品总产量 Total Aquatic Products	养殖产量 Cultured Products	捕捞产量 Fishing Products	鱼类 Fish	虾蟹类 Crustacean	贝类 Shell-fish	其它类 Others
总计	**Total**	**2236864**	**1908408**	**328456**	**1785856**	**318361**	**87790**	**44857**
合肥市	Hefei	235011	172278	62733	172143	54028	4087	4753
淮北市	Huaibei	28400	27576	824	28150	226	16	8
亳州市	Bozhou	51838	44441	7397	49554	1647	549	88
宿州市	Suzhou	43500	40112	3388	38092	4591	228	589
蚌埠市	Bengbu	120038	90452	29586	95239	15027	3302	6470
阜阳市	Fuyang	100028	85636	14392	86184	9257	2600	1987
淮南市	Huainan	77680	58309	19371	63854	6830	5628	1368
滁州市	Chuzhou	334000	308423	25577	248934	72963	9569	2534
六安市	Luan	302152	232909	69243	260577	30135	7639	3801
马鞍山市	Maanshan	111234	96834	14400	67513	32511	10579	631
芜湖市	Wuhu	167397	150136	17261	122953	25486	6321	12637
宣城市	Xuancheng	111175	95057	16118	73978	20643	12210	4344
铜陵市	Tongling	24010	22050	1960	21219	1456	703	632
池州市	Chizhou	134265	123943	10322	116654	9786	6377	1448
安庆市	Anqing	379258	345881	33377	325005	33262	17695	3296
黄山市	Huangshan	16878	14371	2507	15807	513	287	271

12—31 各市受灾面积（2014年）
Areas Covered by Natural Disaster by Region (2014)

单位：千公顷（1000 hectares）

地区	Region	农作物受灾情况合计 Total Situation of Crops Affected by Disaster		旱灾 Drought		洪涝灾 Flood	
		受灾面积 Areas Covered	绝收 Total Crops Failure	受灾面积 Areas Covered	绝收 Total Crops Failure	受灾面积 Areas Covered	绝收 Total Crops Failure
总计	**Total**	**710.03**	**23.28**	**391.34**	**16.53**	**285.68**	**5.99**
合肥市	Hefei	3.40					
淮北市	Huaibei						
亳州市	Bozhou	216.22	16.51	133.49	16.51	114.32	
宿州市	Suzhou	253.49		253.49			
蚌埠市	Bengbu						
阜阳市	Fuyang						
淮南市	Huainan						
滁州市	Chuzhou	13.21	0.12				
六安市	Luan	27.91	0.28			8.30	0.06
马鞍山市	Maanshan	7.79				7.79	
芜湖市	Wuhu	34.23	0.85			29.88	0.64
宣城市	Xuancheng	10.93	1.42			10.09	1.42
铜陵市	Tongling	7.34	0.26			6.77	0.26
池州市	Chizhou	39.75	0.31	4.35	0.03	26.28	0.17
安庆市	Anqing	86.46	3.21			72.95	3.10
黄山市	Huangshan	9.30	0.34			9.30	0.34

12—32 国营农场基本情况
Basic Statistics on State Farms

指 标		Item		2000	2005	2010	2013	2014
农场数	（个）	Number of Farms	(unit)	25	25	21	20	20
职工人数	（人）	Number of Staff and Workers	(person)	57773	44849	44759	39332	38688
耕地面积	（千公顷）	Cultivated Area	(1000 hectares)	34.36	32.98	34.75	29.36	30.10
农业机械总动力	（千瓦）	Total Power of Agricultural Machinery	(1000 watts)	241215	316001	454679	482188	437397
农业机械拥有量	（台、辆）	Ownership of Agricultural Machinery	(unit)					
大中型农用拖拉机		Large and Medium Agricultural Tractors		1349	1765	2568	2684	2760
小型及手扶拖拉机		Mini and Walking Agricultural Tractors		3567	5569	6111	5559	5226
农用排灌动力机械		Machinery for Agricultural Drainage and Irrigation		3360	3802	5115	5027	4939
联合收获机		Combine Harvesters		626	730	1078	1351	1283
农用载重汽车		Trucks for Agricultural Use		186	71	181	181	184
农用化肥施用量	（吨）	Consumption of Chemical Fertilizers	(ton)	38355	47187	66814	63395	69392
农业总产值	（万元）	Gross Agricultural Output Value	(10000 yuan)	59620	102784	176197	186562	202326
农作物总播种面积	（千公顷）	Sown Area of Farm Crops	(1000 hectares)	58.40	55.57	68.53	58.99	59.41
粮食作物		Grain		47.54	44.24	61.04	54.75	55.37
棉 花		Cotton		3.31	6.20	3.77	1.51	0.67
油 料		Oil-bearing Crops		5.54	3.98	1.58	0.66	0.82
年末实有茶园面积		Area of Tea Plantations (year-end)		3.40	3.38	3.15	2.38	2.38
年末实有果园面积		Area of Orchards (year-end)		1.19	1.14	1.09	1.21	1.32
主要农产品产量		Yield of Major Farm Crops						
粮食作物	（吨）	Grain	(ton)	222809	233538	340720	313540	347015
棉 花	（吨）	Cotton	(ton)	3389	8730	5431	2489	1132
油 料	（吨）	Oil-bearing Crops	(ton)	7253	7258	3283	1526	1895
茶 叶	（吨）	Tea	(ton)	7793	10460	10894	8873	12743
水 果	（吨）	Fruits	(ton)	15937	16776	26589	4199	29819
畜牧业、渔业生产		Production of Animal Husbandry and Fishery						
大牲畜年末头数	（头）	Number of Large Animals (year-end)	(head)	6022	9581	7799	7493	2652
猪年末头数	（头）	Number of Hogs	(head)	17532	19660	38821	43985	43435
羊年末只数	（只）	Number of Sheep and Goats	(head)	6911	6319	5561	5994	8100
畜产品产量	（吨）	Output of Livestock Products	(ton)					
肉类总产量		Pork, Beef and Mutton		8204	5556	11037	13564	15312
#猪 肉		Pork		2432	2778	4553	6202	6469
生牛奶		Milk		11845	18982	19018	21900	2400
禽 蛋		Poultry Eggs		3220	2605	3346	2794	3081
水产品总产量	（吨）	Total Output of Aquatic Products	(ton)	2786	3431	4777	4673	5543

注：本表为农垦系统数据。

a) Data in this table cover those of the land reclamation department.

12—33 各县（市）农村基本情况（2014年）
Basic Statement of Rural Area by County or City (2014)

县（市）	County (City)	乡镇数（个） Number of Township and Town Governments (unit)	#镇数 Town Governm-ents	村民委员会（个） Number of Villagers' Commit-tees (unit)	乡村户数（户） Number of Househ-olds (household)	乡村人口数（人） Rural Popula-tion (person)	乡村从业人员数（人） Number of Rural Laborers (person)	#男 Male
合肥市辖区	Hefei Reigon of City	11	9	118	139107	448682	260899	145179
巢湖市	Chaohu	12	11	154	191947	665938	359610	195210
长丰县	Changfeng	14	8	265	173009	656430	392640	210548
肥东县	Feidong	18	12	331	254750	944220	601328	324319
肥西县	Feixi	12	8	274	198985	711110	443348	244630
庐江县	Lujiang	17	17	215	305644	1076471	536205	275701
淮北市辖区	Huaibei Reigon of City	7	7	66	122696	447972	232151	128818
濉溪县	Suixi	11	11	213	246336	943577	487023	272520
亳州市辖区	Bozhou Reigon of City	22	20	272	340068	1251421	687811	376795
涡阳县	Guoyang	20	20	368	360521	1347499	748365	389513
蒙城县	Mengcheng	14	12	275	272576	1113004	620226	330315
利辛县	Lixin	23	19	345	340034	1368125	738252	404526
宿州市辖区	Suzhou Reigon of City	24	15	272	330223	1215918	678940	357193
砀山县	Dangshan	13	13	130	210826	837545	510240	258341
萧县	Xiaoxian	23	18	262	325432	1214817	668250	384965
灵璧县	Lingbi	19	13	294	261167	1102571	635735	337755
泗县	Sixian	15	12	172	196251	790287	454085	245098
蚌埠市辖区	Bengbu Reigon of City	12	8	200	163077	545655	310105	166988
怀远县	Huaiyuan	18	10	333	280068	1129061	659013	349959
五河县	Wuhe	14	12	199	157771	606668	365294	202268
固镇县	Guzhen	11	8	212	149545	575833	349392	187256
阜阳市辖区	Fuyang Reigon of City	22	20	282	465280	1679162	930608	502181
界首市	Jieshou	15	12	139	184528	680082	396228	209254
临泉县	Linquan	31	22	376	480570	2035575	1090257	572446
太和县	Taihe	31	28	294	423763	1566181	893738	480590
阜南县	Funan	28	20	312	335068	1426262	781306	413516
颍上县	Yingshang	30	22	322	384935	1517563	836128	455779
淮南市辖区	Huainan Reigon of City	27	22	316	212121	773023	465876	251088
凤台县	Fengtai	19	12	207	140017	504774	304576	165924
毛集区	Maoji District			38	28771	102282	64962	34602
滁州市辖区	Chuzhou Reigon of City	8	8	83	75547	241715	133896	71633
天长市	Tianchang	14	14	116	150812	545779	330657	165439
明光市	Mingguang	13	12	139	143947	537578	301146	164819
来安县	Laian	12	8	130	107237	400087	251719	140045
全椒县	Quanjiao	10	10	94	86722	333189	188165	102652
定远县	Dingyuan	22	16	196	202426	804523	418138	235293
凤阳县	Fengyang	15	14	198	171969	676743	376611	205900
六安市辖区	Luan Reigon of City	36	23	589	437364	1621762	948453	525062
寿县	Shouxian	25	22	269	392916	1314612	762399	410622

12—33 续表 continued

县（市）	County (City)	乡镇数（个）Number of Township and Town Governments (unit)	#镇数 Town Governm-ents	村民委员会（个）Number of Villagers' Commit-tees (unit)	乡村户数（户）Number of Househ-olds (household)	乡村人口数（人）Rural Popula-tion (person)	乡村从业人员数（人）Number of Rural Laborers (person)	#男 Male
霍邱县	Huoqiu	35	25	425	446705	1571155	852708	468528
舒城县	Shucheng	21	15	413	249804	882300	498052	279192
金寨县	Jinzhai	23	12	225	154804	586373	298700	162966
霍山县	Huoshan	16	12	134	90389	325263	168735	92264
叶集区	Yeji District			43	38670	139399	80398	41608
马鞍山市辖区	Maanshan Reigon of City	7	5	104	71361	241910	132895	73175
当涂县	Dangtu	11	9	118	114622	386412	220099	120878
含山县	Hanshan	8	8	95	96759	353133	191047	104768
和县	Hexian	9	9	68	117137	426259	238022	134540
芜湖市辖区	Wuhu Reigon of City	5	5	132	186789	593608	329026	181917
芜湖县	Wuhu	5	5	87	86166	300467	169152	92880
繁昌县	Fanchang	6	6	71	68103	214424	125541	68139
南陵县	Nanling	8	8	157	153820	488707	290847	152159
无为县	Wuwei	20	16	221	246745	792476	510956	273264
宣城市辖区	Xuancheng Reigon of City	15	12	166	242059	749935	448605	240104
宁国市	Ningguo	13	8	103	99164	311936	172136	96199
郎溪县	Langxi	9	7	83	80498	271602	156710	86674
广德县	Guangde	9	6	120	139432	477737	287778	157336
泾县	Jingxian	11	9	132	99574	293330	172333	94511
绩溪县	Jixi	10	8	76	50174	141543	83358	44056
旌德县	Jingde	11	8	61	36951	123107	73751	39918
铜陵市辖区	Tongling Reigon of City	4	3	37	21477	66838	38394	20946
铜陵县	Tongling	8	4	103	75120	227105	150446	79731
池州市辖区	Chizhou Reigon of City	9	9	191	153138	536445	295382	158387
东至县	Dongzhi	15	12	234	143485	489773	289549	152540
石台县	Shitai	8	6	78	29968	95648	55726	30205
青阳县	Qingyang	13	10	110	70166	231047	129498	71859
安庆市辖区	Anqing Reigon of City	12	5	69	98050	316035	175135	98768
桐城市	Tongcheng	12	12	198	180103	686905	388020	210503
怀宁县	Huaining	20	15	204	170625	644567	363087	197027
枞阳县	Zongyang	22	14	235	239528	853494	511758	289737
潜山县	Qianshan	16	11	164	141885	527881	267740	148370
太湖县	Taihu	15	10	174	137904	515361	279009	148605
宿松县	Susong	22	9	209	200464	748616	405678	201425
望江县	Wangjiang	10	8	118	147804	579951	336967	176151
岳西县	Yuexi	24	13	182	102282	372051	200244	109492
黄山市辖区	Huangshan Reigon of City	26	18	175	88024	277228	157595	83431
歙县	Shexian	28	13	183	146366	435464	273817	144748
休宁县	Xiuning	21	10	157	72358	251017	152368	79994
黟县	Yixian	8	5	66	26715	76730	51742	26686
祁门县	Qimen	18	9	111	44012	149967	98936	51378

注：乡镇及村民委员会个数来源于省民政厅。
a) Number from the provincial department of the town and the villagers committee.

12—34 各县（市）土地利用情况（2014年）
Land Use by County or City (2014)

单位：千公顷 (1000 hectares)

县（市）	County (City)	土地调查面积 Area under Land Survey	农用地 Land for Ageicuture Use	#园地 Garden Land	#牧草地 Grazing and Pasture Land	建设用地 Land for Construction	居民点及工矿用地 Land fot Inhabiation Mining and Manufacturing	交通运输用地 Land for Transport Facilities	水利设施用地 Land for Water Conservancy Facilities
合肥市辖区	Hefei Reigon of City	131.25	66.59	0.29		54.84	47.14	3.92	3.77
巢湖市	Chaohu	204.61	125.02	0.95		26.07	22.73	1.71	1.64
长丰县	Changfeng	184.14	150.54	0.10		31.87	22.82	2.62	6.43
肥东县	Feidong	220.59	175.38	0.22		36.94	28.53	2.52	5.89
肥西县	Feixi	169.54	128.65	1.87		26.74	22.38	2.25	2.11
庐江县	Lujiang	234.37	179.76	2.16		36.22	31.67	1.97	2.58
淮北市辖区	Huaibei Reigon of City	75.98	42.62	2.75		27.13	20.47	2.17	4.50
濉溪县	Suixi	198.16	159.20	0.06		36.20	30.03	2.65	3.51
亳州市辖区	Bozhou Reigon of City	226.29	176.81	4.49		45.78	39.30	3.31	3.16
涡阳县	Guoyang	210.99	174.41	0.05		33.93	28.42	2.17	3.34
蒙城县	Mengcheng	214.39	176.87	0.09	0.001	34.48	31.48	1.86	1.14
利辛县	Lixin	200.45	163.38	0.05		34.08	29.51	1.97	2.59
宿州市辖区	Suzhou Reigon of City	290.74	220.48	2.73	0.003	53.58	40.70	6.46	6.42
砀山县	Dangshan	119.67	95.34	59.18		21.81	20.29	1.49	0.03
萧县	Xiaoxian	185.36	134.72	11.50		37.28	30.78	1.91	4.59
灵璧县	Lingbi	212.40	170.06	0.59		32.87	27.52	1.98	3.37
泗县	Sixian	185.70	149.39	0.05		32.17	27.04	2.24	2.89
蚌埠市辖区	Bengbu Reigon of City	61.06	36.48	0.26	0.008	18.58	16.00	2.06	0.52
怀远县	Huaiyuan	238.44	187.33	0.44		32.57	28.38	1.60	2.60
五河县	Wuhe	159.50	118.20	0.26		22.11	17.93	1.30	2.87
固镇县	Guzhen	136.07	108.36	0.26		19.93	17.17	1.18	1.59
阜阳市辖区	Fuyang Reigon of City	195.67	142.39	0.06		48.73	43.21	3.42	2.10
界首市	Jieshou	66.78	50.92	0.23		14.98	13.88	0.70	0.40
临泉县	Linquan	183.88	143.80	0.23		37.17	35.19	1.24	0.74
太和县	Taihe	186.72	150.33	0.11		34.45	30.82	2.26	1.37
阜南县	Funan	180.07	137.26	0.12		33.12	30.26	1.47	1.40
颍上县	Yingshang	198.70	149.88	0.06	0.004	37.03	31.54	2.19	3.30
淮南市辖区	Huainan Reigon of City	154.41	103.82	1.80	0.088	34.34	28.60	3.09	2.65
凤台县	Fengtai	103.99	76.48	0.15	0.003	18.09	14.48	1.25	2.37
滁州市辖区	Chuzhou Reigon of City	140.55	109.00	1.00	0.008	27.12	19.30	2.19	5.62
天长市	Tianchang	175.42	128.09	0.07		34.97	26.48	1.35	7.15
明光市	Mingguang	235.03	187.83	0.71		22.51	17.26	1.58	3.67
来安县	Laian	149.86	116.06	0.38		26.14	19.28	1.25	5.61
全椒县	Quanjiao	156.84	133.38	2.37		20.74	13.86	1.77	5.10
定远县	Dingyuan	300.18	243.92	0.50		45.01	30.63	2.22	12.16
凤阳县	Fengyang	193.73	152.49	0.80	0.003	28.14	22.14	1.90	4.10
六安市辖区	Luan Reigon of City	357.65	279.47	2.19	0.070	63.83	58.73	3.14	1.96

注：此表来源于省国土资源厅。

a) This form is from the Provincial Department of land and resources.

12—34 续表 continued

单位：千公顷 (1000 hectares)

县（市）	County (City)	土地调查面积 Area under Land Survey	农用地 Land for Ageicuture Use	#园地 Garden Land	#牧草地 Grazing and Pasture Land	建设用地 Land for Construction	居民点及工矿用地 Land fot Inhabiation Mining and Manufacturing	交通运输用地 Land for Transport Facilities	水利设施用地 Land for Water Conservancy Facilities
寿　县	Shouxian	294.83	234.31	0.36		34.86	29.05	1.59	4.23
霍邱县	Huoqiu	380.21	284.86	0.24		54.07	45.79	2.50	5.78
舒城县	Shucheng	210.95	178.55	3.99	0.011	25.62	20.12	1.14	4.35
金寨县	Jinzhai	391.90	355.98	32.94		25.96	15.35	1.88	8.73
霍山县	Huoshan	204.38	186.81	9.70	0.002	12.59	9.43	0.98	2.19
马鞍山市辖区	Maanshan Reigon of City	73.31	44.11	0.17		21.65	19.61	1.16	0.88
当涂县	Dangtu	96.97	68.51	0.26		13.87	11.79	0.82	1.27
含山县	Hanshan	102.78	86.77	0.55	0.015	13.45	10.55	1.00	1.90
和　县	Hexian	131.86	101.42	0.15	0.005	18.64	14.57	1.33	2.74
芜湖市辖区	Wuhu Reigon of City	149.06	87.11	0.08	0.019	40.08	32.98	4.22	2.89
芜湖县	Wuhu	64.95	46.23	0.84		13.90	11.71	1.01	1.18
繁昌县	Fanchang	58.43	44.57	0.32		11.40	9.82	1.00	0.58
南陵县	Nanling	125.95	106.20	1.67	0.001	16.05	13.29	1.20	1.56
无为县	Wuwei	204.21	160.35	0.74		27.50	23.13	1.30	3.06
宣城市辖区	Xuancheng Reigon of City	258.51	207.85	10.45		30.01	26.30	2.11	1.60
宁国市	Ningguo	246.69	227.93	21.57		15.37	11.18	1.90	2.29
郎溪县	Langxi	110.06	87.00	6.91		14.42	11.58	0.78	2.05
广德县	Guangde	211.61	183.16	13.79		23.95	20.67	1.46	1.82
泾　县	Jingxian	203.32	186.99	8.61		10.63	9.27	0.73	0.63
绩溪县	Jixi	110.36	102.59	6.76		5.12	4.03	0.99	0.10
旌德县	Jingde	90.70	84.86	1.00	0.003	4.10	3.55	0.37	0.18
铜陵市辖区	Tongling Reigon of City	21.31	9.86	0.06		8.99	7.93	0.84	0.22
铜陵县	Tongling	84.53	55.94	0.30		16.46	13.79	1.43	1.24
池州市辖区	Chizhou Reigon of City	253.89	206.59	1.62		26.43	21.54	3.00	1.89
东至县	Dongzhi	325.00	277.40	7.56		18.73	14.32	1.96	2.45
石台县	Shitai	141.38	136.51	5.67		3.11	2.58	0.31	0.23
青阳县	Qingyang	119.60	105.39	3.61		9.72	8.02	0.92	0.78
安庆市辖区	Anqing Reigon of City	81.03	42.56	0.39	0.021	17.60	15.49	1.15	0.96
桐城市	Tongcheng	155.27	116.19	2.49	0.208	22.08	18.72	1.24	2.11
怀宁县	Huaining	135.76	103.89	0.24	0.011	22.99	20.13	1.03	1.83
枞阳县	Zongyang	186.42	124.95	0.38		28.71	24.78	1.22	2.70
潜山县	Qianshan	168.80	145.57	4.33		17.76	15.54	1.05	1.17
太湖县	Taihu	203.91	172.64	6.37		19.05	13.76	0.82	4.47
宿松县	Susong	236.99	146.37	1.37		23.30	19.62	0.88	2.81
望江县	Wangjiang	134.80	88.59	0.48		18.23	15.03	1.03	2.18
岳西县	Yuexi	237.23	221.45	16.21		11.49	10.10	1.07	0.33
黄山市辖区	Huangshan Reigon of City	234.15	207.45	10.18		18.98	11.65	1.65	5.67
歙　县	Shexian	212.24	196.20	37.55		10.50	9.28	1.17	0.06
休宁县	Xiuning	214.21	203.80	14.60		6.92	5.46	1.34	0.12
黟　县	Yixian	85.74	81.86	4.29		2.73	2.12	0.38	0.24
祁门县	Qimen	221.50	214.63	14.05		4.23	3.07	1.06	0.09

12—35 分地区耕地面积（2014年）
Area of Cultivated Land at Yrar-end By Region (2014)

地　区	Region	耕地面积（总资源）（千公顷）Cultivated Land（Total Area）(1000 hectares)	比　重 (%) Composition to Total (%)
总　　计	**Total**	**5876.41**	**100.00**
合 肥 市	**Hefei**	**560.85**	**9.54**
合肥市辖区	Hefei Reigon of City	50.40	0.86
巢 湖 市	Chaohu	78.12	1.33
长 丰 县	Changfeng	110.58	1.88
肥 东 县	Feidong	121.80	2.07
肥 西 县	Feixi	85.02	1.45
庐 江 县	Lujiang	114.93	1.96
淮 北 市	**Huaibei**	**168.18**	**2.86**
淮北市辖区	Huaibei Reigon of City	29.37	0.50
濉 溪 县	Suixi	138.81	2.36
亳 州 市	**Bozhou**	**599.15**	**10.20**
亳州市辖区	Bozhou Reigon of City	150.12	2.55
涡 阳 县	Guoyang	153.87	2.62
蒙 城 县	Mengcheng	153.53	2.61
利 辛 县	Lixin	141.63	2.41
宿 州 市	**Suzhou**	**571.42**	**9.72**
宿州市辖区	Suzhou Reigon of City	175.47	2.99
砀 山 县	Dangshan	25.67	0.44
萧　　县	Xiaoxian	99.55	1.69
灵 璧 县	Lingbi	140.69	2.39
泗　　县	Sixian	130.05	2.21
蚌 埠 市	**Bengbu**	**377.36**	**6.42**
蚌埠市辖区	Bengbu Reigon of City	28.45	0.48
怀 远 县	Huaiyuan	157.30	2.68
五 河 县	Wuhe	98.52	1.68
固 镇 县	Guzhen	93.08	1.58
阜 阳 市	**Fuyang**	**650.06**	**11.06**
阜阳市辖区	Fuyang Reigon of City	121.68	2.07
界 首 市	Jieshou	43.22	0.74
临 泉 县	Linquan	123.46	2.10
太 和 县	Taihe	128.88	2.19
阜 南 县	Funan	108.00	1.84
颍 上 县	Yingshang	124.81	2.12
淮 南 市	**Huainan**	**144.44**	**2.46**
淮南市辖区	Huainan Reigon of City	79.99	1.36
凤 台 县	Fengtai	64.45	1.10
滁 州 市	**Chuzhou**	**715.80**	**12.18**
滁州市辖区	Chuzhou Reigon of City	50.03	0.85
天 长 市	Tianchang	98.75	1.68
明 光 市	Mingguang	114.99	1.96
来 安 县	Laian	81.55	1.39
全 椒 县	Quanjiao	78.88	1.34
定 远 县	Dingyuan	183.40	3.12
凤 阳 县	Fengyang	108.20	1.84
六 安 市	**Luan**	**716.71**	**12.20**
六安市辖区	Luan Reigon of City	168.37	2.87

注：此表来源于省国土资源厅。

a) This form is from the Provincial Department of land and resources.

12—35 续表 continued

地　区	Region	耕地面积（总资源）（千公顷）Cultivated Land（Total Area）(1000 hectares)	比　重 (%) Composition to Total (%)
寿　　县	Shouxian	196.30	3.34
霍 邱 县	Huoqiu	228.05	3.88
舒 城 县	Shucheng	61.44	1.05
金 寨 县	Jinzhai	39.73	0.68
霍 山 县	Huoshan	22.82	0.39
马鞍山市	**Maanshan**	**175.16**	**2.98**
马鞍山市辖区	Maanshan Reigon of City	22.74	0.39
当 涂 县	Dangtu	42.39	0.72
含 山 县	Hanshan	46.06	0.78
和　　县	Hexian	63.97	1.09
芜 湖 市	**Wuhu**	**268.01**	**4.56**
芜湖市辖区	Wuhu Reigon of City	59.01	1.00
芜 湖 县	Wuhu	31.24	0.53
繁 昌 县	Fanchang	16.55	0.28
南 陵 县	Nanling	50.47	0.86
无 为 县	Wuwei	110.74	1.88
宣 城 市	**Xuancheng**	**248.32**	**4.23**
宣城市辖区	Xuancheng Reigon of City	88.28	1.50
宁 国 市	Ningguo	17.61	0.30
郎 溪 县	Langxi	42.92	0.73
广 德 县	Guangde	42.68	0.73
泾　　县	Jingxian	27.75	0.47
绩 溪 县	Jixi	13.12	0.22
旌 德 县	Jingde	15.95	0.27
铜 陵 市	**Tongling**	**25.85**	**0.44**
铜陵市辖区	Tongling Reigon of City	2.27	0.04
铜 陵 县	Tongling	23.58	0.40
池 州 市	**Chizhou**	**138.42**	**2.36**
池州市辖区	Chizhou Reigon of City	50.29	0.86
东 至 县	Dongzhi	58.40	0.99
石 台 县	Shitai	4.85	0.08
青 阳 县	Qingyang	24.87	0.42
安 庆 市	**Anqing**	**447.83**	**7.62**
安庆市辖区	Anqing Reigon of City	17.66	0.30
桐 城 市	Tongcheng	53.55	0.91
怀 宁 县	Huaining	57.87	0.98
枞 阳 县	Zongyang	68.26	1.16
潜 山 县	Qianshan	40.49	0.69
太 湖 县	Taihu	45.79	0.78
宿 松 县	Susong	81.08	1.38
望 江 县	Wangjiang	63.44	1.08
岳 西 县	Yuexi	19.68	0.33
黄 山 市	**Huangshan**	**68.86**	**1.17**
黄山市辖区	Huangshan Reigon of City	20.45	0.35
歙　　县	Shexian	12.73	0.22
休 宁 县	Xiuning	17.76	0.30
黟　　县	Yixian	8.19	0.14
祁 门 县	Qimen	9.73	0.17

12—36 各县（市）农林牧渔业总产值（2014年）

Gross Putput Value of Farming, Forestry, Animal Husbandry and Fishery by County or City (2014)

本表按当年价格计算 (Data in value terms in this table are calculated at current prices.) 单位：万元（10000 yuan）

县（市）	County (City)	农林牧渔业 Farming, Forestry, Animal Husban and Fishery	农业 Farming	林业 Forestry	牧业 Animal Husban	渔业 Fishery	农林牧渔服务业 Agricultural Services
合肥市辖区	Hefei Reigon of City	319148	175699	28234	71188	29152	14875
巢湖市	Chaohu	508969	238470	15421	135120	97953	22005
长丰县	Changfeng	934971	473663	17110	364081	69117	11000
肥东县	Feidong	1110938	501090	31605	397518	164108	16617
肥西县	Feixi	844455	355372	13766	339392	122554	13371
庐江县	Lujiang	784759	461160	25196	134472	150650	13281
淮北市辖区	Huaibei Reigon of City	315171	158025	13042	116990	23284	3830
濉溪县	Suixi	695091	415569	20135	214855	20382	24150
亳州市辖区	Bozhou Reigon of City	1032537	789813	16016	167819	22289	36600
涡阳县	Guoyang	848615	505245	20014	209994	21051	92311
蒙城县	Mengcheng	900262	591178	39208	185802	19075	64999
利辛县	Lixin	836126	465256	24930	256667	19266	70007
宿州市辖区	Suzhou Reigon of City	1207688	678829	38102	401354	26659	62744
砀山县	Dangshan	720482	464909	25177	197426	7348	25622
萧县	Xiaoxian	1018752	527750	65296	397450	14714	13542
灵璧县	Lingbi	976268	490981	23449	363755	14955	83128
泗县	Sixian	899435	507153	26326	322635	29530	13791
蚌埠市辖区	Bengbu Reigon of City	382164	265705	5558	79467	24749	6685
怀远县	Huaiyuan	1000894	549985	37275	273046	110456	30132
五河县	Wuhe	807240	371367	20823	262340	143180	9530
固镇县	Guzhen	778004	449353	22152	255383	28610	22506
阜阳市辖区	Fuyang Reigon of City	1084371	579667	42013	372290	31342	59059
界首市	Jieshou	434935	233399	30783	147845	7833	15075
临泉县	Linquan	1200598	673030	23428	428868	19986	55286
太和县	Taihe	895545	551129	27318	283433	14165	19500
阜南县	Funan	865020	473754	46591	265451	42570	36654
颍上县	Yingshang	870313	387646	72892	309918	59565	40292
淮南市辖区	Huainan Reigon of City	532139	305503	6025	133327	73508	13776
凤台县	Fengtai	421800	217556	5798	134131	46765	17550
毛集区	Maoji District	91115	45559	2170	26243	15273	1870
滁州市辖区	Chuzhou Reigon of City	292729	159156	12256	81752	33634	5931
天长市	Tianchang	513556	208779	13589	137734	144506	8948
明光市	Mingguang	552441	213096	13721	151688	159761	14175
来安县	Laian	354626	199316	10992	104958	30793	8567
全椒县	Quanjiao	417280	227578	15184	101588	61069	11861
定远县	Dingyuan	959558	444336	10906	431212	63528	9576
凤阳县	Fengyang	606233	308394	8316	216127	66824	6572
六安市辖区	Luan Reigon of City	1060758	509809	109376	315478	107221	18874
寿县	Shouxian	798960	306172	36020	301679	144209	10880

12—36 续表 continued

单位：万元（10000 yuan）

县（市）	County (City)	农林牧渔业 Farming, Forestry, Animal Husban and Fishery	农业 Farming	林业 Forestry	牧业 Animal Husban	渔业 Fishery	农林牧渔服务业 Agricultural Services
霍邱县	Huoqiu	883518	344257	69164	360779	99838	9480
舒城县	Shucheng	530358	249225	48748	150160	56990	25235
金寨县	Jinzhai	323287	174345	35997	84899	15246	12800
霍山县	Huoshan	221552	102568	27716	50117	36947	4204
叶集区	Yeji District	102648	41187	7141	49616	4112	592
马鞍山市辖区	Maanshan Reigon of City	175173	78591	3187	39773	46852	6770
当涂县	Dangtu	418071	141936	4380	41376	203718	26661
含山县	Hanshan	356244	181768	9986	52860	54033	57597
和县	Hexian	436530	291621	4412	78834	44801	16862
芜湖市辖区	Wuhu Reigon of City	507922	266469	16151	63452	92828	69022
芜湖县	Wuhu	311845	176415	8850	46268	63218	17094
繁昌县	Fanchang	166545	64812	31138	34021	24354	12220
南陵县	Nanling	504865	214281	31557	110619	114144	34264
无为县	Wuwei	921865	333199	47785	139973	171006	229902
宣城市辖区	Xuancheng Reigon of City	650707	348788	25158	90454	134342	51965
宁国市	Ningguo	337410	160105	29449	116814	14919	16123
郎溪县	Langxi	244322	129915	16854	30224	54449	12880
广德县	Guangde	333229	145229	46633	105585	19759	16023
泾县	Jingxian	275243	116089	55384	85670	5682	12418
绩溪县	Jixi	177840	82853	10000	41449	3360	40178
旌德县	Jingde	117131	40960	30180	26527	5205	14259
铜陵市辖区	Tongling Reigon of City	58521	24254	2699	12122	16634	2812
铜陵县	Tongling	157876	83875	15891	27773	20204	10133
池州市辖区	Chizhou Reigon of City	496522	216853	42720	112817	101480	22652
东至县	Dongzhi	475919	230930	38173	85665	72298	48853
石台县	Shitai	60069	33604	17330	7921	303	911
青阳县	Qingyang	160191	56307	32695	40214	22003	8972
安庆市辖区	Anqing Reigon of City	249310	96246	9344	48994	74571	20155
桐城市	Tongcheng	476051	175602	36590	182537	69237	12085
怀宁县	Huaining	372428	160740	17404	132294	43570	18420
枞阳县	Zongyang	557576	205660	42232	133424	160160	16100
潜山县	Qianshan	354816	172050	72886	91664	7241	10975
太湖县	Taihu	413061	130393	53038	167785	56545	5300
宿松县	Susong	739292	311803	22950	115724	157087	131728
望江县	Wangjiang	519455	227769	14039	126965	103568	47114
岳西县	Yuexi	263126	152621	39001	62724	4393	4387
黄山市辖区	Huangshan Reigon of City	265585	113880	57505	75069	14626	4505
歙县	Shexian	279472	172717	15623	82486	2746	5900
休宁县	Xiuning	215379	106820	33537	62457	4559	8006
黟县	Yixian	61460	24704	15228	17801	653	3074
祁门县	Qimen	95232	57725	22365	10673	1361	3108

12—37 各县（市）主要经济作物产量（2014年）
Yield of Farm Crops and Area of Cultivated Land by County or City (2014)

单位：吨（ton）

县（市）	County (City)	油料 Oil-bearing Crops	油菜籽 Rapeseeds	棉花 Cotton	生麻 Raw Hemp	糖料 Sugar Crops
合肥市辖区	Hefei Reigon of City	10394	8183	2358		73
巢湖市	Chaohu	59174	52740	7601	158	2929
长丰县	Changfeng	37736	29949	5803		1900
肥东县	Feidong	119271	91003	6139		12825
肥西县	Feixi	58713	30125	5103		4141
庐江县	Lujiang	33104	26879	4584		9561
淮北市辖区	Huaibei Reigon of City	2752	1440	436		112
濉溪县	Suixi	1753	160	566		
亳州市辖区	Bozhou Reigon of City	5993	2205	14515		
涡阳县	Guoyang	2046	150	542		792
蒙城县	Mengcheng	41832	870	3744	19	1090
利辛县	Lixin	3253	883	841	14	1065
宿州市辖区	Suzhou Reigon of City	34282	446	2609		
砀山县	Dangshan	50091	8965	5758		
萧县	Xiaoxian	27101	7040	12814		1465
灵璧县	Lingbi	40892	539	1502	5	36
泗县	Sixian	91344	161	3320		
蚌埠市辖区	Bengbu Reigon of City	6003	756	482		65
怀远县	Huaiyuan	93035	1029	3334		49
五河县	Wuhe	67427	2207	2868		1525
固镇县	Guzhen	238569	1108	8907		0
阜阳市辖区	Fuyang Reigon of City	16558	10332	2131	13	2942
界首市	Jieshou	4729	1880	1359	16	380
临泉县	Linquan	23630	5576	3873	126	6700
太和县	Taihe	10390	4320	3806	25	2700
阜南县	Funan	20670	7941	999	68	2632
颍上县	Yingshang	4438	2380	2360		434
淮南市辖区	Huainan Reigon of City	12617	4249	1491		1848
凤台县	Fengtai	2180	936	338		99
毛集区	Maoji District	692				
滁州市辖区	Chuzhou Reigon of City	21099	10040	2631		
天长市	Tianchang	14057	13890			
明光市	Mingguang	33563	1784	402		602
来安县	Laian	29702	24749	309		
全椒县	Quanjiao	50872	45463	3786		1696
定远县	Dingyuan	34988	9277	1627		1956
凤阳县	Fengyang	16353	2046	595		3550
六安市辖区	Luan Reigon of City	70107	53096	8340	15896	1044
寿县	Shouxian	22770	20375	4866	10	452

12—37 续表 continued

单位：吨（ton）

县（市）	County (City)	油　料 Oil-bearing Crops		棉　花 Cotton	生　麻 Raw Hemp	糖　料 Sugar Crops
			油菜籽 Rapeseeds			
霍邱县	Huoqiu	25987	17771	2340	1079	5026
舒城县	Shucheng	31858	30436	2911	119	2991
金寨县	Jinzhai	10679	3900	61	565	240
霍山县	Huoshan	4846	4291	138	33	68
叶集区	Yeji District	6368	4173	44	4486	1350
马鞍山市辖区	Maanshan Reigon of City	7053	6990	222	72	335
当涂县	Dangtu	26780	26563	1975		28
含山县	Hanshan	37141	32322	7072	145	12072
和县	Hexian	20889	18453	1145	14	3237
芜湖市辖区	Wuhu Reigon of City	41036	40518	14804		3582
芜湖县	Wuhu	17550	14506	4659	58	7382
繁昌县	Fanchang	7382	7297	1131		635
南陵县	Nanling	14134	12994	1770	11	12229
无为县	Wuwei	56922	52678	23891	168	12959
宣城市辖区	Xuancheng Reigon of City	41259	32821	6707	15	15057
宁国市	Ningguo	13038	12586	195	2	188
郎溪县	Langxi	13565	12061	1145		1366
广德县	Guangde	18516	17693	361		513
泾县	Jingxian	11497	6807	789	52	3765
绩溪县	Jixi	9812	9607	29	2	1347
旌德县	Jingde	6040	3940	135	290	4900
铜陵市辖区	Tongling Reigon of City	2354	2129	452	4	30
铜陵县	Tongling	16480	15667	3245	88	910
池州市辖区	Chizhou Reigon of City	38186	37457	8039	59	196
东至县	Dongzhi	47589	44572	23957		625
石台县	Shitai	5642	5485	691		41
青阳县	Qingyang	7861	7392	196	540	
安庆市辖区	Anqing Reigon of City	12928	12866	7719		
桐城市	Tongcheng	26111	25559	3763		55
怀宁县	Huaining	31196	29690	6445	5	1047
枞阳县	Zongyang	41594	40168	10088	3	1211
潜山县	Qianshan	14723	13685	4356	117	65
太湖县	Taihu	21945	21189	9150	1	283
宿松县	Susong	64438	52556	30463	47	880
望江县	Wangjiang	76910	75433	29406		
岳西县	Yuexi	3623	3258	205	7	680
黄山市辖区	Huangshan Reigon of City	7477	6613	209	1	4480
歙县	Shexian	14507	14170	34	17	22854
休宁县	Xiuning	9518	8479	39		7759
黟县	Yixian	4406	4183	28	5	719
祁门县	Qimen	4027	3418	238	5	933

12—38 各县（市）主要林业生产情况（2014年）
Production of Major Forestry Products by County or City (2014)

县（市）	County (City)	营林情况（公顷） Management of Forest (hectares) 人工造林面积 Man-made Afforested Area	新增育苗面积 Area of Growing Seedlings	未成林抚育面积 Area of Tending Young Forest	油桐籽（吨） Tung-oil Seeds (ton)	油茶籽（吨） Tea-oil Seeds (ton)	竹材采伐量（万根） Determination of Bamboo Cut (10000 units)	木材采伐量（万立方米） Determination of Timber Cut (10000 cu.m)
合肥市辖区	Hefei Reigon of City	2765	74	600				0.16
巢湖市	Chaohu	2337	100	3750		55	4.16	2.27
长丰县	Changfeng	2738	1179	2150				10.94
肥东县	Feidong	3449	733					0.40
肥西县	Feixi	2263	1767					0.80
庐江县	Lujiang	2540	115	4896		91	9.58	0.53
淮北市辖区	Huaibei Reigon of City	1739	116					1.79
濉溪县	Suixi	2616	279	15288				4.22
亳州市辖区	Bozhou Reigon of City	1801	110	3680				15.00
涡阳县	Guoyang	1589	188					18.00
蒙城县	Mengcheng	2090	270	2000				19.50
利辛县	Lixin	2116	416					19.40
宿州市辖区	Suzhou Reigon of City	2825	450					12.78
砀山县	Dangshan	295	145	7220				5.31
萧县	Xiaoxian	1646	200	4743				10.10
灵璧县	Lingbi	2391	234	3553				9.83
泗县	Sixian	1886	81	3830				8.50
蚌埠市辖区	Bengbu Reigon of City	1521	88	1300				2.07
怀远县	Huaiyuan	3404	500	3800				8.20
五河县	Wuhe	2511	365	12167				6.50
固镇县	Guzhen	2431	550	2000				16.88
阜阳市辖区	Fuyang Reigon of City	2415	950	4607				12.87
界首市	Jieshou	844	100	1000				3.63
临泉县	Linquan	2153	397	5100				11.74
太和县	Taihe	1424	190					8.60
阜南县	Funan	1482	133	20300				6.26
颍上县	Yingshang	1544		4800				6.90
淮南市辖区	Huainan Reigon of City	3771	200	4099				0.35
凤台县	Fengtai	2224	33	2326				0.97
毛集区	Maoji District	209	33	247				0.05
滁州市辖区	Chuzhou Reigon of City	2053	250	3100			3.00	6.89
天长市	Tianchang	2782	446	13500				9.70
明光市	Mingguang	2172	550	31000			0.50	2.35
来安县	Laian	3335	1100	8500				1.79
全椒县	Quanjiao	2735	300	2800			4.00	5.53
定远县	Dingyuan	2866	160	8860				5.81
凤阳县	Fengyang	603	339	7204	2	325		0.58
六安市辖区	Luan Reigon of City	4776	60	17030		983	169.30	13.92
寿县	Shouxian		467					7.00

12—38 续表 continued

县（市）	County (City)	营林情况（公顷） Management of Forest (hectares) 人工造林面积 Man-made Afforested Area	新增育苗面积 Area of Growing Seedlings	未成林抚育面积 Area of Tending Young Forest	油桐籽（吨） Tung-oil Seeds (ton)	油茶籽（吨） Tea-oil Seeds (ton)	竹材采伐量（万根） Determination of Bamboo Cut (10000 units)	木材采伐量（万立方米） Determination of Timber Cut (10000 cu.m)
霍邱县	Huoqiu	951	280	7900				3.60
舒城县	Shucheng	2330	187		37	16542	195.00	3.33
金寨县	Jinzhai	2571		5060	1077	5222	325.00	14.21
霍山县	Huoshan	1332				2200	1200.00	5.90
叶集区	Yeji District	593	5					0.00
马鞍山市辖区	Maanshan Reigon of City	1488	96				8.68	0.56
当涂县	Dangtu	2045	51					0.40
含山县	Hanshan	843	30			95	3.50	1.66
和县	Hexian	2474	392				1.00	1.16
芜湖市辖区	Wuhu Reigon of City	4422	153	1006			2.30	0.42
芜湖县	Wuhu	1887	1	7460				1.02
繁昌县	Fanchang	516	20			20	800.00	2.60
南陵县	Nanling	945		3333			380.00	1.94
无为县	Wuwei	5370	560	10156		26	19.00	6.10
宣城市辖区	Xuancheng Reigon of City	2287					440.00	7.55
宁国市	Ningguo	1104	28	5181			1039.94	5.54
郎溪县	Langxi	1597	10		35	30	127.05	1.35
广德县	Guangde	3535		16724		2	5000.00	4.00
泾县	Jingxian	1903	3		100		655.00	14.87
绩溪县	Jixi	856	7	8410		720	50.58	3.76
旌德县	Jingde	632	45	3130	18	85	16.99	7.38
铜陵市辖区	Tongling Reigon of City	300	5	400			0.30	0.31
铜陵县	Tongling	1122	150	2342	560	5	48.00	3.47
池州市辖区	Chizhou Reigon of City	1583	10	3096	50	200	540.00	19.33
东至县	Dongzhi	2756	83	14477	31	35	1848.20	29.51
石台县	Shitai	204	36	3650	85	12	360.00	15.33
青阳县	Qingyang	966	144	4277	10	62	55.55	14.74
安庆市辖区	Anqing Reigon of City	1271	7				19.19	2.64
桐城市	Tongcheng	1438			90	400	8.60	7.20
怀宁县	Huaining	1491	35	3320		89	1.00	3.01
枞阳县	Zongyang	1414	5				17.75	7.00
潜山县	Qianshan	1821	35		8	4561	152.08	22.84
太湖县	Taihu	2672	8	13220	390	14490	78.26	10.39
宿松县	Susong	2064	20	12760	10	1402	255.00	7.56
望江县	Wangjiang	1700	6	3	120			2.55
岳西县	Yuexi	1020	38			18560	186.20	4.19
黄山市辖区	Huangshan Reigon of City	834	190	3033		678	201.80	8.32
歙县	Shexian	1656	31	11520		1440	90.00	3.69
休宁县	Xiuning	635	56	5224		1109	285.00	14.56
黟县	Yixian	235	75	2044		186	135.00	4.46
祁门县	Qimen	700	710	10067		1800	150.00	22.73

12—39 各县（市）茶叶、水果生产情况（2014年）

Tea, Fruits Production by County or City (2014)

单位：吨（ton）

县（市）	County (City)	茶 叶 Tea	#绿 茶 Green Tea	园林水果 Garden Fruits	#葡 萄 Grapes
合肥市辖区	Hefei Reigon of City			27554	20822
巢湖市	Chaohu	498	498	10183	2769
长丰县	Changfeng			15860	2491
肥东县	Feidong	8	8	24480	2145
肥西县	Feixi	38	38	38856	12040
庐江县	Lujiang	1496	1496	43223	40618
淮北市辖区	Huaibei Reigon of City			117977	24715
濉溪县	Suixi			4928	2091
亳州市辖区	Bozhou Reigon of City			23005	510
涡阳县	Guoyang			9463	1468
蒙城县	Mengcheng			11767	1104
利辛县	Lixin			21383	14487
宿州市辖区	Suzhou Reigon of City			83468	12094
砀山县	Dangshan			1380750	27886
萧县	Xiaoxian			346200	116852
灵璧县	Lingbi			54835	962
泗县	Sixian			669	28
蚌埠市辖区	Bengbu Reigon of City			22979	1239
怀远县	Huaiyuan			12149	2425
五河县	Wuhe			26122	2147
固镇县	Guzhen			21230	3699
阜阳市辖区	Fuyang Reigon of City			14805	2362
界首市	Jieshou			10120	720
临泉县	Linquan			47474	9768
太和县	Taihe			4000	750
阜南县	Funan			20595	740
颍上县	Yingshang			7580	3462
淮南市辖区	Huainan Reigon of City			30367	7632
凤台县	Fengtai			7987	617
毛集区	Maoji District			510	86
滁州市辖区	Chuzhou Reigon of City	381	381	4627	107
天长市	Tianchang	8	8	58	17
明光市	Mingguang	27	27	7113	171
来安县	Laian	16	16	6651	3911
全椒县	Quanjiao	46	46	8519	2484
定远县	Dingyuan	4	4	21507	1656
凤阳县	Fengyang			29506	12940
六安市辖区	Luan Reigon of City	7089	7089	52794	2636
寿县	Shouxian			22560	670

12—39 续表 continued

单位：吨（ton）

县（市）	County (City)	茶 叶 Tea	#绿 茶 Green Tea	园林水果 Garden Fruits	#葡 萄 Grapes
霍 邱 县	Huoqiu			5957	2322
舒 城 县	Shucheng	2372	2243	9219	7072
金 寨 县	Jinzhai	7360	7160	1060	
霍 山 县	Huoshan	6680	6680	369	
叶 集 区	Yeji District			1985	932
马鞍山市辖区	Maanshan Reigon of City	67	67	3806	2524
当 涂 县	Dangtu	2	2	14490	5871
含 山 县	Hanshan	177	177	13383	2355
和 县	Hexian	9	9	1738	1161
芜湖市辖区	Wuhu Reigon of City	26	17	7554	6377
芜 湖 县	Wuhu	1833	1833	6400	506
繁 昌 县	Fanchang	87	87	4197	1481
南 陵 县	Nanling	488	488	1850	20
无 为 县	Wuwei	252	251	22095	2128
宣城市辖区	Xuancheng Reigon of City	16972	16923	33482	2862
宁 国 市	Ningguo	2567	2567	3094	339
郎 溪 县	Langxi	8758	8526	3045	356
广 德 县	Guangde	1432	1406	4375	591
泾 县	Jingxian	1920	1901	3028	35
绩 溪 县	Jixi	1460	1460	1282	
旌 德 县	Jingde	468	437	1287	189
铜陵市辖区	Tongling Reigon of City	4	4	2832	1750
铜 陵 县	Tongling	82	82	1305	312
池州市辖区	Chizhou Reigon of City	1252	880	2978	260
东 至 县	Dongzhi	2591	1739	2163	231
石 台 县	Shitai	3395	2088	1005	6
青 阳 县	Qingyang	299	299	1123	46
安庆市辖区	Anqing Reigon of City	43	34	1125	91
桐 城 市	Tongcheng	591	589	1794	93
怀 宁 县	Huaining	250	250	3029	197
枞 阳 县	Zongyang	256	256	626	60
潜 山 县	Qianshan	3300	3288	2229	9
太 湖 县	Taihu	2919	2889	6817	30
宿 松 县	Susong	448	182	8640	4813
望 江 县	Wangjiang	45	45	7581	303
岳 西 县	Yuexi	4450	4450	687	9
黄山市辖区	Huangshan Reigon of City	3573	3501	10330	190
歙 县	Shexian	9190	9190	47060	7389
休 宁 县	Xiuning	7381	6389	2378	22
黟 县	Yixian	1971	1643	2259	60
祁 门 县	Qimen	6615	4098	2068	79

12—40 各县（市）畜牧业、渔业生产情况（2014年）
Production of Animal Husbandry, Fishery by County or City (2014)

县（市）	County (City)	出栏猪（头）Sjaughtered Fattened Hogs (heads)	出栏牛（头）Sjaughtered Cattle and Buffaloes (heads)	出栏羊（只）Sjaughtered Sheep and Goats (heads)	出栏活家禽（万只）Sjaughtered Poultry (10000 heads)	禽蛋产量（吨）Output of Poultry Eggs (ton)	水产品产量（吨）Output of Aquatic Products (ton)
合肥市辖区	Hefei Reigon of City	145035	1767	5193	1333.07	16135	12465
巢湖市	Chaohu	203661	3414	27096	1287.00	18226	38018
长丰县	Changfeng	969712	15238	51739	3336.00	28706	36542
肥东县	Feidong	981996	13530	25322	2183.00	47659	53590
肥西县	Feixi	392406	10358	24528	6194.00	60289	40896
庐江县	Lujiang	221700	4970	4830	1254.00	25226	53500
淮北市辖区	Huaibei Reigon of City	297250	2906	116223	629.30	19273	17014
濉溪县	Suixi	385080	7533	318760	1049.18	35105	11386
亳州市辖区	Bozhou Reigon of City	677348	23581	329408	775.00	17986	12966
涡阳县	Guoyang	655134	23086	606350	423.00	15482	13676
蒙城县	Mengcheng	806577	32661	369870	463.00	14865	12896
利辛县	Lixin	907531	55942	719290	751.00	21063	12300
宿州市辖区	Suzhou Reigon of City	1236204	19734	617804	1368.00	53664	14500
砀山县	Dangshan	494189	13028	916360	270.00	19350	4250
萧县	Xiaoxian	1040412	21505	996654	647.00	66407	7200
灵璧县	Lingbi	1120253	48858	478945	1070.00	87389	6600
泗县	Sixian	942320	54450	733250	1443.00	35450	10950
蚌埠市辖区	Bengbu Reigon of City	172098	19524	66248	1020.65	8683	15553
怀远县	Huaiyuan	630006	110009	498835	1428.14	12422	42457
五河县	Wuhe	452621	70333	267228	1345.00	18963	51286
固镇县	Guzhen	773962	66823	502267	2619.21	34435	10742
阜阳市辖区	Fuyang Reigon of City	1229646	36910	705725	1485.07	28581	18868
界首市	Jieshou	301100	14937	209605	393.50	11230	5130
临泉县	Linquan	1241808	102941	508019	1222.88	29625	8915
太和县	Taihe	1013835	35899	326380	728.96	15515	10500
阜南县	Funan	853676	50157	327114	772.86	29026	12899
颍上县	Yingshang	963618	75174	331226	578.61	29848	43716
淮南市辖区	Huainan Reigon of City	187396	25689	107231	1164.00	40146	39481
凤台县	Fengtai	268190	22300	159152	939.70	21414	29277
毛集区	Maoji District	51152	2544	21414	188.30	6135	8922
滁州市辖区	Chuzhou Reigon of City	163574	4761	87379	494.00	4249	24880
天长市	Tianchang	310281	817	72946	489.00	23755	72100
明光市	Mingguang	422844	43451	66461	650.00	21567	74536
来安县	Laian	249307	7503	62001	989.00	7646	25428
全椒县	Quanjiao	276365	5982	74948	1942.00	9796	50019
定远县	Dingyuan	1513320	27230	84095	967.00	22977	36100
凤阳县	Fengyang	420535	37425	160031	811.00	24196	50937
六安市辖区	Luan Reigon of City	797367	5373	80703	2625.00	13463	49776
寿县	Shouxian	1082900	43200	431100	2518.80	34178	98210

12—40 续表 continued

县（市）	County (City)	出栏猪（头）Sjaughtered Fattened Hogs (heads)	出栏牛（头）Sjaughtered Cattle and Buffaloes (heads)	出栏羊（只）Sjaughtered Sheep and Goats (heads)	出栏活家禽（万只）Sjaughtered Poultry (10000 heads)	禽蛋产量（吨）Output of Poultry Eggs (ton)	水产品产量（吨）Output of Aquatic Products (ton)
霍邱县	Huoqiu	1401000	40020	303790	2158.00	49380	91000
舒城县	Shucheng	233375	3088	5503	2073.00	20794	37120
金寨县	Jinzhai	274560	16710	61450	358.00	3205	12800
霍山县	Huoshan	158783	5134	16199	315.00	973	11546
叶集区	Yeji District	109023	182	59131	210.00	490	1700
马鞍山市辖区	Maanshan Reigon of City	79156	320	25437	293.95	4183	14165
当涂县	Dangtu	101910	152	44430	608.00	4304	56993
含山县	Hanshan	82610	950	16600	534.00	6100	20500
和县	Hexian	106937	606	9741	1582.90	6395	19576
芜湖市辖区	Wuhu Reigon of City	130028	2163	6887	1066.00	10050	30960
芜湖县	Wuhu	96896	630	11000	428.00	8110	29560
繁昌县	Fanchang	63203	458	1039	515.46	10390	11874
南陵县	Nanling	292850	4104	7704	1578.00	23310	33996
无为县	Wuwei	248571	19681	9018	1305.00	29916	61007
宣城市辖区	Xuancheng Reigon of City	180711	976	22461	2281.50	11481	63886
宁国市	Ningguo	218974	1379	5906	2677.00	11513	7730
郎溪县	Langxi	69765	596	13295	397.00	7420	24180
广德县	Guangde	230409	362	18451	2509.00	10938	8450
泾县	Jingxian	121448	4703	4819	1308.00	5712	3104
绩溪县	Jixi	140340	6450	1098	39.50	1365	1915
旌德县	Jingde	75565	8543	1878	127.00	1341	1910
铜陵市辖区	Tongling Reigon of City	32831	536	550	132.29	2155	9005
铜陵县	Tongling	69553	585	3078	585.00	8020	15005
池州市辖区	Chizhou Reigon of City	302493	2807	8784	882.00	18140	61651
东至县	Dongzhi	311841	7109	7359	502.00	11258	54260
石台县	Shitai	37142	153	263	37.00	731	204
青阳县	Qingyang	87840	616	417	335.00	7496	18150
安庆市辖区	Anqing Reigon of City	116920	1856	2951	290.00	6507	44163
桐城市	Tongcheng	391650	3226	3958	592.00	56610	34530
怀宁县	Huaining	289311	4866	2820	731.00	23853	26815
枞阳县	Zongyang	258322	2992	2742	925.00	30399	85000
潜山县	Qianshan	260506	4958	8370	501.00	11358	4700
太湖县	Taihu	615120	20312	12142	1860.00	9831	33600
宿松县	Susong	360813	18820	10341	386.00	17704	82820
望江县	Wangjiang	383610	9389	9612	1254.00	35716	66500
岳西县	Yuexi	173400	4509	14455	131.00	2311	1130
黄山市辖区	Huangshan Reigon of City	223459	4363	960	195.00	4664	10106
歙县	Shexian	318786	1301	2974	103.00	10281	1719
休宁县	Xiuning	290754	1702	281	104.30	5005	3553
黟县	Yixian	60192	689	715	28.29	649	669
祁门县	Qimen	70595	73	435	24.49	1082	831

12—41 各县（市）农业机械化及主要能源、物资消耗情况（2014年）

Mechanization of Agriculture and Consumption of Main Energy and Material by County or City (2014)

县（市）	County (City)	农业机械总动力（千瓦）Total Power of Agricultural Machinery (kw)	农用排灌机械（台）Number of Diesel Engines (unit)	农村用电量（万千瓦时）Electricity Consumed in Rural Areas (10000 kwh)	农用化肥施用量（吨）Consumption of Chemical Fertilizers (ton)	农用塑料薄膜使用量（吨）Consumption of Plastic Film for Farm Use (ton)	农药使用量（吨）Consumption of Agricultural Pesticide (ton)
合肥市辖区	Hefei Reigon of City	236232	5648	8594	20217	1325	531
巢湖市	Chaohu	521263	22881	50797	38926	1310	755
长丰县	Changfeng	838007	3781	13879	78054	7376	681
肥东县	Feidong	661085	9874	26811	58339	1763	630
肥西县	Feixi	546470	9683	24769	40719	1400	1988
庐江县	Lujiang	1347060	88167	27829	80463	547	946
淮北市辖区	Huaibei Reigon of City	571715	3860	11796	18168	1459	1168
濉溪县	Suixi	2190487	9526	13436	82558	890	1755
亳州市辖区	Bozhou Reigon of City	2023197	31799	26177	82041	1727	1802
涡阳县	Guoyang	2051767	12314	25846	75927	1658	2159
蒙城县	Mengcheng	2439772	10891	19070	89877	2565	1966
利辛县	Lixin	1877416	32652	22398	62384	1290	2108
宿州市辖区	Suzhou Reigon of City	2143350	6164	25132	96394	3426	1270
砀山县	Dangshan	1149553	9217	9876	41726	4160	14950
萧县	Xiaoxian	1580965	12074	16994	53364	5568	4398
灵璧县	Lingbi	1685571	3521	21425	87848	961	2178
泗县	Sixian	1720241	11129	21069	66483	1601	1003
蚌埠市辖区	Bengbu Reigon of City	569267	2429	16690	44440	1178	572
怀远县	Huaiyuan	2744720	6228	35607	117725	2597	2147
五河县	Wuhe	958614	1829	17900	64655	3104	2058
固镇县	Guzhen	1060471	2087	16381	74504	2629	1528
阜阳市辖区	Fuyang Reigon of City	1258687	16852	29834	101162	4944	798
界首市	Jieshou	471246	11368	19296	40344	883	830
临泉县	Linquan	1639098	130895	24960	81469	4154	1379
太和县	Taihe	1539880	23394	13600	68621	1050	1603
阜南县	Funan	1241277	15913	27267	53745	4748	1247
颍上县	Yingshang	1049724	14698	23577	59865	3426	2401
淮南市辖区	Huainan Reigon of City	1016835	10069	55689	88616	1028	2696
凤台县	Fengtai	831957	3947	28768	51689	390	3075
毛集区	Maoji District			4922	11162	42	262
滁州市辖区	Chuzhou Reigon of City	500615	3909	4671	39241	326	201
天长市	Tianchang	1165030	8389	33326	48654	358	764
明光市	Mingguang	867695	2653	17526	41882	528	603
来安县	Laian	850116	27661	8791	37863	586	451
全椒县	Quanjiao	709389	14706	7575	32696	486	666
定远县	Dingyuan	1484142	12232	14010	88939	750	1593
凤阳县	Fengyang	1205513	20063	11469	61585	590	1575
六安市辖区	Luan Reigon of City	2067474	42586	36821	53784	571	1211
寿县	Shouxian	2229965	72597	30058	157417	390	5419

12—41 续表 continued

县（市）	County (City)	农业机械总动力（千瓦）Total Power of Agricultural Machinery (kw)	农用排灌机械（台）Number of Diesel Engines (unit)	农村用电量（万千瓦时）Electricity Consumed in Rural Areas (10000 kwh)	农用化肥施用量（吨）Consumption of Chemical Fertilizers (ton)	农用塑料薄膜使用量（吨）Consumption of Plastic Film for Farm Use (ton)	农药使用量（吨）Consumption of Agricultural Pesticide (ton)
霍邱县	Huoqiu	1508680	5400	32819	72636	2842	5765
舒城县	Shucheng	802000	40968	16101	25629	379	2243
金寨县	Jinzhai	438349	19200	13457	31446	1197	183
霍山县	Huoshan	316631	13826	6120	4632	529	108
叶集区	Yeji District			2470	8865	105	64
马鞍山市辖区	Maanshan Reigon of City	131819	23600	9529	8200	249	569
当涂县	Dangtu	394669	58120	15339	18594	324	1572
含山县	Hanshan	389657	43598	11212	23753	188	561
和县	Hexian	499698	73430	17100	33752	2365	1030
芜湖市辖区	Wuhu Reigon of City	421296	81067	25975	74981	960	876
芜湖县	Wuhu	321406	37307	5179	21433	102	515
繁昌县	Fanchang	219019	27652	5474	5567	26	136
南陵县	Nanling	393053	46770	32160	37100	110	64
无为县	Wuwei	683225	71671	55617	44216	1156	1127
宣城市辖区	Xuancheng Reigon of City	852382	47602	44814	48629	2001	1861
宁国市	Ningguo	284669	16050	15385	11462	401	316
郎溪县	Langxi	311969	15742	4968	19800	95	750
广德县	Guangde	580021	25529	31861	26711	649	349
泾县	Jingxian	183203	10222	10473	12067	230	239
绩溪县	Jixi	101032	12416	4881	7170	145	292
旌德县	Jingde	86590	4254	3243	4781	106	105
铜陵市辖区	Tongling Reigon of City	88058	3187	4050	8029	79	312
铜陵县	Tongling	292929	28850	17236	16686	231	405
池州市辖区	Chizhou Reigon of City	412937	22981	20716	19785	133	1929
东至县	Dongzhi	433900	24432	12101	30397	224	2958
石台县	Shitai	119477	1902	1381	2318	64	137
青阳县	Qingyang	266954	16280	6373	8533	50	561
安庆市辖区	Anqing Reigon of City	333633	7666	14325	16136	574	817
桐城市	Tongcheng	502200	25960	41596	15922	332	1220
怀宁县	Huaining	472589	15468	11730	13477	1344	2067
枞阳县	Zongyang	481831	14427	24900	37458	395	1551
潜山县	Qianshan	360000	6831	18578	28473	192	721
太湖县	Taihu	260124	9501	12134	30581	356	841
宿松县	Susong	420420	6639	31282	67889	1316	2103
望江县	Wangjiang	331027	5198	14969	33580	652	2725
岳西县	Yuexi	121961	2043	12152	11172	180	140
黄山市辖区	Huangshan Reigon of City	227371	10155	6823	8259	623	574
歙县	Shexian	208309	7347	8441	14490	725	1711
休宁县	Xiuning	166783	6371	4424	10309	453	683
黟县	Yixian	74986	2130	1687	3486	88	224
祁门县	Qimen	117560	2951	1574	1962	201	203

12—42 各县（市）农田水利情况（2014年）
Statement of Water Conservancy by County or City (2014)

单位：千公顷（1000 hectares）

县（市）	County (City)	有效灌溉面积 Irrigated Areas	节水灌溉面积 Irrigatcd Area With Saved Water	除涝面积 Flooded or Waterlogged Area Under Control	堤防保护耕地面积 Levee Protection Cultivated Area	已建成水库总库容（万立方米） Total of Established Reservoir Storage Capacity (10000 m^3)
合肥市辖区	Hefei Reigon of City	14.01	5.76	4.07	5.05	46859.02
巢湖市	Chaohu	56.13	3.36	23.77	17.90	5692.78
长丰县	Changfeng	66.57	5.79	4.01	6.40	30156.43
肥东县	Feidong	120.35	8.31	5.20	4.56	37570.50
肥西县	Feixi	101.93	37.00	7.95	8.85	11700.93
庐江县	Lujiang	97.78	22.24	23.77	34.55	9742.52
淮北市辖区	Huaibei Reigon of City	22.08	8.45	23.41	24.30	1296.26
濉溪县	Suixi	120.05	40.01	121.82	170.33	
亳州市辖区	Bozhou Reigon of City	117.06	24.15	115.50	67.00	
涡阳县	Guoyang	121.26	8.05	113.33	87.40	
蒙城县	Mengcheng	125.69	11.01	102.65	92.31	
利辛县	Lixin	85.23	10.19	93.20	115.00	
宿州市辖区	Suzhou Reigon of City	113.27	22.85	88.84	119.70	1775.05
砀山县	Dangshan	32.77	15.63	39.31	30.00	2945.22
萧县	Xiaoxian	75.50	20.95	65.17	74.87	1131.00
灵璧县	Lingbi	100.98	14.22	102.55	107.11	688.08
泗县	Sixian	93.64	17.71	69.20	86.67	248.00
蚌埠市辖区	Bengbu Reigon of City	32.78	5.59	25.86	36.93	175.00
怀远县	Huaiyuan	103.83	18.73	88.45	120.20	105.50
五河县	Wuhe	45.61	22.09	52.97	54.20	3714.18
固镇县	Guzhen	50.09	9.26	63.42	71.30	
阜阳市辖区	Fuyang Reigon of City	81.21	15.36	89.82	136.42	
界首市	Jieshou	28.90	7.12	30.41	20.45	
临泉县	Linquan	78.16	1.01	72.95	15.79	
太和县	Taihe	67.89	10.06	102.41	100.29	
阜南县	Funan	63.01	3.67	75.09	32.41	
颍上县	Yingshang	82.75	36.69	77.36	83.15	
淮南市辖区	Huainan Reigon of City	60.85	27.38	17.47	43.21	2796.88
凤台县	Fengtai	61.24	37.23	25.96	60.01	
毛集区	Maoji District					
滁州市辖区	Chuzhou Reigon of City	34.47	7.61	3.15	4.11	41565.75
天长市	Tianchang	81.64	6.44	12.00	15.67	50085.65
明光市	Mingguang	51.72	11.61	15.20	14.97	26299.34
来安县	Laian	76.85	3.44	13.20	14.00	26804.57
全椒县	Quanjiao	62.00	6.21	6.29	14.53	43905.45
定远县	Dingyuan	119.14	4.60	1.08	3.08	66611.20
凤阳县	Fengyang	60.86	2.01	9.81	14.30	31156.15
六安市辖区	Luan Reigon of City	131.45	49.42	10.87	14.53	12372.72
寿县	Shouxian	159.95	83.50	23.54	89.10	19882.40

12—42　续表1　continued

单位：千公顷（1000 hectares）

县（市）	County (City)	有效灌溉面积 Irrigated Areas	节水灌溉面积 Irrigated Area With Saved Water	除涝面积 Flooded or Waterlogged Area Under Control	堤防保护耕地面积 Levee Protection Cultivated Area	已建成水库总库容（万立方米） Total of Established Reservoir Storage Capacity ($10000\ m^3$)
霍邱县	Huoqiu	203.83	81.80	33.29	74.95	1237622.98
舒城县	Shucheng	44.05	18.42	10.69	140.00	95516.44
金寨县	Jinzhai	28.20	11.10	2.16	0.04	502798.84
霍山县	Huoshan	18.27	6.67	0.81	3.73	134305.00
叶集区	Yeji District					
马鞍山市辖区	Maanshan Reigon of City	18.07	3.30	15.47	13.91	499.83
当涂县	Dangtu	35.14	6.73	32.68	34.50	585.50
含山县	Hanshan	34.40	6.39	8.58	13.12	8784.35
和县	Hexian	60.24	7.40	30.18	29.84	7033.46
芜湖市辖区	Wuhu Reigon of City	46.39	1.63	40.49	22.24	
芜湖县	Wuhu	22.44	0.35	16.78	16.40	
繁昌县	Fanchang	9.98	1.51	9.43	9.50	1433.30
南陵县	Nanling	42.11	7.36	15.12	18.20	2393.55
无为县	Wuwei	75.66	0.90	54.20	63.48	2780.03
宣城市辖区	Xuancheng Reigon of City	80.07	2.91	26.18	26.16	5715.78
宁国市	Ningguo	15.37		0.60	6.55	97370.50
郎溪县	Langxi	34.09	9.94	8.61	11.01	8845.97
广德县	Guangde	30.80	6.45	8.27	9.60	13954.51
泾县	Jingxian	20.32	3.67	0.31	2.50	273446.19
绩溪县	Jixi	7.55	0.54		7.09	1774.79
旌德县	Jingde	12.52	0.99		0.20	1845.82
铜陵市辖区	Tongling Reigon of City	2.57	0.54	1.13	20.46	320.50
铜陵县	Tongling	21.33	4.66	14.75	17.83	1500.52
池州市辖区	Chizhou Reigon of City	38.81	0.20	27.39	32.30	4013.00
东至县	Dongzhi	39.49	1.89	22.16	21.57	14386.77
石台县	Shitai	3.40	0.75		0.80	2710.00
青阳县	Qingyang	13.30	1.06	4.05	2.31	8014.51
安庆市辖区	Anqing Reigon of City	15.97	1.72	8.90	5.57	931.45
桐城市	Tongcheng	39.88	2.61	11.54	11.50	13841.55
怀宁县	Huaining	34.06	3.99	11.80	10.61	9945.45
枞阳县	Zongyang	57.19	1.38	27.21	38.80	4386.39
潜山县	Qianshan	35.57	2.40	6.17	9.47	12084.64
太湖县	Taihu	36.04	4.15	2.42	2.56	246960.20
宿松县	Susong	50.87	1.52	13.96	40.86	12664.00
望江县	Wangjiang	41.09	1.75	27.98	36.73	1705.09
岳西县	Yuexi	14.19	1.47	0.03	3.99	12085.00
黄山市辖区	Huangshan Reigon of City	15.49	3.53	0.64	9.50	15758.74
歙县	Shexian	8.52	2.22		0.10	1116.51
休宁县	Xiuning	13.10	1.35	0.80	0.69	2306.00
黟县	Yixian	6.08	0.46		0.53	3072.32
祁门县	Qimen	6.55	1.76		0.31	3407.78

12—42 续表2 continued

县（市）	County (City)	全部堤防保护人口（万人）Protection Population of Compelete Embankment (10000 persons)	水土流失治理面积（千公顷）Area of Soil Erosion Under Control (1000 hectares)	农作物受灾面积（千公顷）Area of Farm Crops by Natural Disaster (1000 hectares)	旱灾（千公顷）Area Affected by Drought (1000 hectares)	洪涝灾（千公顷）Area Affected by Flood (1000 hectares)
合肥市辖区	Hefei Reigon of City	26.27	0.20			
巢湖市	Chaohu	38.41	16.51			
长丰县	Changfeng	4.36	0.35			
肥东县	Feidong	25.45	3.87			
肥西县	Feixi	18.05	4.97			
庐江县	Lujiang	30.80	20.31	3.40		
淮北市辖区	Huaibei Reigon of City	107.49	8.67			
濉溪县	Suixi	91.50	0.20			
亳州市辖区	Bozhou Reigon of City	40.00		43.46	43.46	
涡阳县	Guoyang	98.75		38.73	38.73	
蒙城县	Mengcheng	86.00		59.32	19.70	39.62
利辛县	Lixin	70.15		74.70	31.60	74.70
宿州市辖区	Suzhou Reigon of City	90.90	7.40	63.33	63.33	
砀山县	Dangshan	53.65	3.55	29.10	29.10	
萧县	Xiaoxian	93.28	8.04	61.06	61.06	
灵璧县	Lingbi	98.10	3.74	60.00	60.00	
泗县	Sixian	74.52	1.25	40.00	40.00	
蚌埠市辖区	Bengbu Reigon of City	102.19	7.16			
怀远县	Huaiyuan	128.30				
五河县	Wuhe	55.25	2.35			
固镇县	Guzhen	63.40	0.04			
阜阳市辖区	Fuyang Reigon of City	188.57				
界首市	Jieshou	38.23				
临泉县	Linquan	23.25				
太和县	Taihe	129.71				
阜南县	Funan	44.05				
颍上县	Yingshang	92.54				
淮南市辖区	Huainan Reigon of City	145.86	5.04			
凤台县	Fengtai	63.30	1.65			
毛集区	Maoji District					
滁州市辖区	Chuzhou Reigon of City	6.35	37.77	0.73		
天长市	Tianchang	25.00	4.27			
明光市	Mingguang	11.94	35.20	1.20		
来安县	Laian	14.91	19.96	0.16		
全椒县	Quanjiao	23.25	23.26	1.02		
定远县	Dingyuan	3.39	31.35	2.60		
凤阳县	Fengyang	10.00	33.99	7.50		
六安市辖区	Luan Reigon of City	30.81	46.48	8.17		7.98
寿县	Shouxian	69.00	4.68			

12—42 续表3 continued

县（市）	County (City)	全部堤防保护人口（万人） Protection Population of Compelete Embankment (10000 persons)	水土流失治理面积（千公顷） Area of Soil Erosion Under Control (1000 hectares)	农作物受灾面积（千公顷） Area of Farm Crops by Natural Disaster (1000 hectares)	旱灾（千公顷） Area Affected by Drought (1000 hectares)	洪涝灾（千公顷） Area Affected by Flood (1000 hectares)
霍邱县	Huoqiu	38.35	0.86			
舒城县	Shucheng	55.00	72.48	0.91		
金寨县	Jinzhai	1.50	154.74	17.97		0.25
霍山县	Huoshan	10.80	95.42	0.81		
叶集区	Yeji District			0.06		0.06
马鞍山市辖区	Maanshan Reigon of City	49.13	11.52	1.07		1.07
当涂县	Dangtu	45.90	5.59	2.40		2.40
含山县	Hanshan	9.64	27.47	2.33		2.33
和县	Hexian	54.30	13.86	1.98		1.98
芜湖市辖区	Wuhu Reigon of City	143.69	0.51	0.32		0.32
芜湖县	Wuhu	29.14	5.51			
繁昌县	Fanchang	16.00	6.45	0.34		
南陵县	Nanling	32.10	13.01	1.56		1.56
无为县	Wuwei	122.00	8.62	32.01		28.00
宣城市辖区	Xuancheng Reigon of City	46.16	28.20	4.36		4.36
宁国市	Ningguo	12.00	92.54	0.03		0.03
郎溪县	Langxi	15.50	6.99			
广德县	Guangde	23.00	34.47			
泾县	Jingxian	8.50	41.32	5.70		5.70
绩溪县	Jixi	12.49	34.13	0.11		
旌德县	Jingde	3.00	37.71	0.73		
铜陵市辖区	Tongling Reigon of City	31.27	4.93	2.70		2.64
铜陵县	Tongling	26.99	17.33	4.64		4.14
池州市辖区	Chizhou Reigon of City	40.23	31.98	20.50	4.35	9.70
东至县	Dongzhi	26.83	54.58	11.80		11.80
石台县	Shitai	3.84	32.85	1.62		1.02
青阳县	Qingyang	4.97	30.00	5.83		3.76
安庆市辖区	Anqing Reigon of City	15.62	6.98	8.22		5.74
桐城市	Tongcheng	39.00	27.15	8.76		8.42
怀宁县	Huaining	18.15	10.08	6.45		6.33
枞阳县	Zongyang	96.00	18.61	39.33		31.33
潜山县	Qianshan	20.00	44.63	1.87		1.87
太湖县	Taihu	2.47	38.57	1.30		1.30
宿松县	Susong	72.50	14.76	4.46		4.45
望江县	Wangjiang	46.00	5.97	13.64		11.64
岳西县	Yuexi	10.70	77.01	2.44		1.87
黄山市辖区	Huangshan Reigon of City	28.80	93.43	1.81		1.81
歙县	Shexian	0.40	65.05	2.76		2.76
休宁县	Xiuning	2.81	55.05	0.60		0.60
黟县	Yixian	2.00	10.33	1.95		1.95
祁门县	Qimen	4.80	39.07	2.18		2.18

主要统计指标解释

农林牧渔业总产值

农林牧渔业总产值是以货币表现的农林牧渔业的全部产品总量和对农林牧渔业生产活动进行的各种支持性服务活动的价值。它反映一定时期内农林牧渔业生产总规模和总成果，是观察农林牧渔业生产水平和发展速度，研究农林牧渔业内部比例关系、农林牧渔业与工业、农林牧渔业与国家建设、人民生活比例关系的重要指标，同时也是计算农林牧渔业劳动生产率和农林牧渔业增加值的基础资料。1957 年以前的农业总产值中包括了厩肥和农民自给性手工业（如农民自制衣服、鞋、袜，自己从事粮食初步加工等）。1958 年及以后的农业总产值，林业中增加了村及村以下竹木采伐产值；牧业中取消了厩肥产值；副业中取消了农民自给性手工业产值，增加了村及村以下办的工业产值；渔业中增加了海洋捕捞水产品产值。1980 年及以后的农业总产值，在副业中增加了农民家庭兼营工业商品部分的产值。从 1984 年起村及村以下工业产值划归工业。从 1993 年起取消副业，将野生动物的捕猎划入牧业，野生植物采集和农民家庭兼营商品性工业划归农业。2003 年起，取消农业中的农民家庭兼营商品性工业，增加了农林牧渔服务业。

粮食产量

指全社会的产量。包括国有经济经营的、集体统一经营的和农民家庭经营的粮食产量，还包括工矿企业办的农场和其他生产单位的产量。粮食除包括稻谷、小麦、玉米、高粱、谷子及其他杂粮外，还包括薯类和豆类。其产量计算方法，豆类按去豆荚后的干豆计算；薯类（包括甘薯和马铃薯，不包括芋头和木薯）1963 年以前按每 4 公斤鲜薯折 1 公斤粮食计算，从 1964 年开始改为按 5 公斤鲜薯折 1 公斤粮食计算。城市郊区作为蔬菜的薯类（如马铃薯等）按鲜品计算，并且不作粮食统计。其他粮食一律按脱粒后的原粮计算。

油料产量

指全部油料作物的生产量。包括花生、油菜籽、芝麻、葵花籽、胡麻籽（亚麻籽）和其他油料。不包括大豆、木本油料和野生油料。花生以带壳干花生计算。

水产品产量

指人工养殖的水产品和天然生长的水产品的捕捞量。包括海水的鱼类、虾蟹类、贝类和藻类以及内陆水域的鱼类、虾蟹类和贝类，不包括淡水生植物。

猪、牛、羊肉产量

指当年出栏并已屠宰、除去头蹄下水后带骨肉（即胴体重）的重量。

期初（末）畜禽存栏头（只）数

指报告期初（末）农村各种合作经济组织和国营农场、农民个人、机关、团体、学校、工矿企业、部队等单位以及城镇居民饲养的大牲畜、猪、羊、家禽等畜禽的存栏数。

耕地

指种植农作物的土地，包括熟地，新开发、复垦、整理地、休闲地（含轮歇地、轮作地）；以种植农作物（含蔬菜）为主，间有零星果树、桑树或其他树木的土地；平均每年能保证收获一季的已垦滩地和海涂。耕地中包括南方宽度＜1.0 米，北方宽度＜2.0 米固定的沟、渠、路和地坎（埂）；临时种植药材、草皮、花卉、苗木等的耕地，以及其他临时改变用途的耕地。

农作物播种面积

指实际播种或移植有农作物的面积。凡是实际种植有农作物的面积，不论种植在耕地上还是种植在非耕地上，均包括在农作物播种面积中。在播种季节基本结束后，因遭灾而重新改种和补种的农作物面积，也包括在内。

有效灌溉面积

指具有一定的水源，地块比较平整，灌溉工程或设备已经配套，在一般年景下当年能够进行正常灌溉的耕地面积。

农用化肥施用量

指本年内实际用于农业生产的化肥数量，包括氮肥、磷肥、钾肥和复合肥。化肥施用量要求按折纯量计算数量。折纯量是指把氮肥、磷肥、钾肥分别按含氮、含五氧化二磷、含氧化钾的百分之一百成份进行折算后的数量。复合肥按其所含主要成分折算。

农业机械总动力

指主要用于农、林、牧、渔业的各种动力机械的动力总和。包括耕作机械、排灌机械、收获机械、农用运输机械、植物保护机械、牧业机械、林业机械、渔业机械和其他农业机械〔内燃机按引擎马力折成瓦（特）计算、电动机按功率折成瓦（特）计算〕。不包括专门用于乡、镇、村、组办工业、基本建设、非农业运输、科学试验和教学等非农业生产方面用的动力机械与作业机械。

农林牧渔业劳动力

指全社会直接参加农林牧渔业生产活动的劳动力。

Explanatory Notes for Major Statistical Indicators

Gross Output Value of Farming, Forestry, Animal Husbandry and Fishery

refers to the total value of products and all kinds of supporting services of farming, forestry, animal husbandry and fishery, which reflects the total scale and result of agricultural production during a given period. It is an important indicator to observe the production level and the development speed of farming, forestry, animal husbandry and fishery and to research into the interior proportion relations of farming, forestry, animal husbandry and fishery, the proportion relations of farming, forestry, animal husbandry and fishery to industry, national construction and the lives of the people. It is also the basic data to calculate the labor productivity and value-added of farming, forestry, animal husbandry and fishery. Prior to 1957, Chinas gross agricultural output value included barnyard manure and handicraft products for self-consumption (clothes, shoes, stockings, and initial grain processing undertaken by peasant s). Since 1958, cutting and felling of bamboo and trees by villages and other cooperative organizations under villages have been included in forestry; value of barnyard manure has been excluded from animal husbandry; self consumed handicraft s has been excluded from sideline occupations, while the output value of industries run by villages and cooperative organizations under village had been included in sideline occupations and the out put value of fish catches by mot or fishing boats has been added to fishery. Since 1980, the value of handicraft products made for sale by individuals in households had been added to sideline occupations. Since 1984, industries run by villages and under villages have been included in the sector of industry. Since 1993, the subdivision of sideline occupations has been canceled, and the hunting of wild animals has been classified into animal husbandry, and the gathering of wild plants and commodity industry run by rural household have been included in farming. Since 2003, the commercial industrial activities undertaken by rural households as sideline production have been cancelled and the farming, forestry, animal husbandry and fishery services have been included in farming.

Grain Yield

refers to the yield in the whole country including grains produced by state farms, collective units, industrial enterprises and mines. Grain includes rice, wheat, corn, sorghum, millet and other miscellaneous grains as well as tubers and beans. Output of beans refers to dry beans without pods. The output of tubers (sweet potatoes and potatoes, not including taros and cassava) was converted into that of grain at the ratio 4:1, i.e. 4 kilograms of fresh tubers was equivalent to 1 kilogram of grain up to 1963.Since 1964 the ratio for conversion has been 5:1. Tubers supplied as vegetables (such as potatoes) in cities and suburbs are calculated as fresh vegetables and their output is not included in the output of grain. Output of all other grains refers to husked grain.

Yield of Oil-bearing Crops

refers to the total yield of oil bearing crops of various kinds, including peanuts, (dry, in shell) rapeseeds, sesame, sunflower seeds, flax seeds, and other oil bearing crops. Soybeans, oil-bearing woody plants, and wild oil-bearing crops are not included.

Output of Aquatic Products

refers to catches of both artificially cultured and naturally grown aquatic products, including fish, shrimps, crabs and shellfish in sea and inland water as well as seaweed. Freshwater plants are not included.

Output of Pork, Beef, and Mutton

refers to the meat of slaughtered hogs, cattle, sheep and goats with head, feet, and offal taken away.

Number of Livestock or Poultry in Stock at Beginning (or End)

refers to the total number of large animals, pigs, sheep, fowls, etc. raised by rural cooperative organizations, state farms, rural individuals, government agencies, schools, industrial and mining enterprises, army, and urban residents at the beginning (or end) of the reference period.

Cultivated Area (Area under cultivation)

refers to farmland which is plowed constantly for growing crops, including cultivated land, New development, reclamation, finishing, leisure (including (including a break, a rotation)land; land mainly to the cultivation of crops (vegetables), land of sporadic fruit trees or mulberry tree or other trees; beaches and coastal land average annual can ensure the harvest one season , Including South width < 1.0 m, north width < 2.0 m fixed ditch, drainage, roads and sill (ridge); cultivated land temporarily planted herbs, grass, flowers, nursery stock , and other temporarily change of use of cultivated land

Sown Area of Crops

refers to area of land sown or transplanted with crops regardless of being in cultivated area or non cultivated area.

Area of land re-sown due to natural disasters is also included.

Irrigated Area

refers to areas that are effectively irrigated, i.e. level land which has water source and complete sets of irrigation facilities to lift and move adequate water for irrigation purpose under normal conditions.

Consumption of Chemical Fertilizers in Agriculture

refers to the quantity of chemical fertilizers applied in agriculture in the year, including nitrogenous fertilizer, phosphate fertilizer, potash fertilizer, and compound fertilizer. The consumption of chemical fertilizers is required in calculation to convert the gross weight into weight containing 100% effective component (e.g. 100% nitrogen content in nitrogenous fertilizer, 100% phosphorous pent oxide contents in phosphate fertilizer, 100% potassium oxide contents in potash fertilizer). Compound fertilizer is converted with its major component.

Total Power of Farm Machinery

refers to total mechanical power of machinery used in farming, forestry, animal husbandry, and fishery, including plough , irrigation and drainage, harvesting, transport, plant protection, stock breeding, forestry and fishery. The power of internal combustion engines is required to convert horsepower into watts and the power of electric motors is required to be converted into watts. Machinery employed for non agricultural purposes, such as the machines used in township run and village-run industry, construction, non agricultural transport, scientific experiments and teaching, is excluded.

Labour Force Engaged in Farming, Forestry, Animal Husbandry and Fishery

refers to the total laborers who are directly engaged in production of farming, forestry, animal husbandry and fishery.

第 十三 篇

Chapter 13

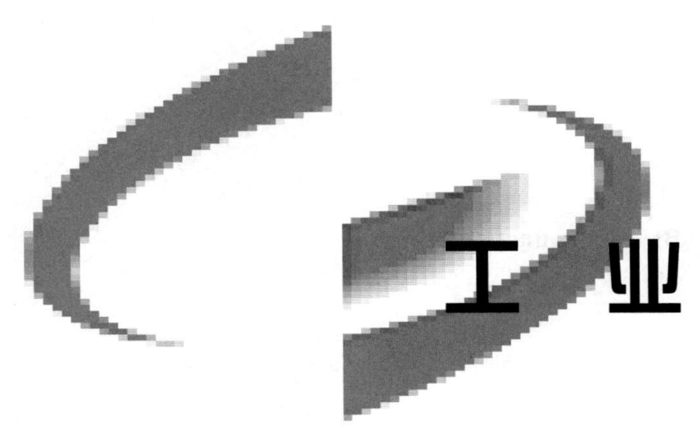

INDUSTRY

简要说明

一、本篇主要包括以下几部分汇总资料：

1. 全部工业企业按登记注册类型、行业分组的企业单位数和工业总产值(其中 1995 年后工业总产值均按新规定计算)。

2. 全部年主营业务收入在 2000 万元及以上的工业企业按地区和行业分组的主要经济指标和经济效益指标，主要包括工业总产值、工业增加值、资本金、流动资产、固定资产、流动负债、所有者权益、主营业务收入、主营业务税金及附加、利润总额、应交增值税、总资产贡献率、资产负债率、成本费用利润率、流动资产周转次数、产品销售率等指标。

3. 大中型工业企业的主要经济指标和经济效益指标。

4. 主要工业产品产量和生产能力等。

二、1998 年开始工业统计范围为全部国有企业及年主营业务收入在 500 万元及以上的非国有工业法人单位，2011 年开始工业统计范围为年主营业务收入在 2000 万元及以上的工业法人单位。与历史年份不具可比性。

三、1995 年及以后年份工业总产值为调整数。

四、行业分类按《国民经济行业分类》(GB/T 4754-2011)标准划分。

五、资料来源：由省统计局工业处根据国家统计局工业统计报表制度收集、汇总、整理提供。

Brief Introduction

Ⅰ. Data in this chapter cover the following parts:

1. The number of industrial enterprises, the gross industrial output value of all industrial enterprises classified by registration status and industrial division. (The gross industrial output value is calculated according to the new stipulation after 1995.)

2. Main economic indicators and efficiency indicators of all state-owned industrial enterprises, and of non-state enterprises each with an main business revenue of over five million yuan, classified by region and by industrial division, including gross industrial output value, industrial value-added, capital, circulating assets, fixed assets, liquid liabilities, creditor's equity, main business revenue, main business tax and extra-charges, sales profit, total profits, ratio of value-added to gross industrial output value, ratio of profits and taxes to funds and output value, turnover of working capital and overall labor productivity.

3. Main economic indicators and efficiency indicators of large and medium size industrial enterprises.

4. Output and production capacity of key industrial products.

Ⅱ. Since 1998, the coverage of industrial statistics is all state-owned industrial enterprises and non-state enterprises each with main business revenue over five million yuan.

Ⅲ. Data on gross industrial output value have been adjusted since 1995.

Ⅳ.Data by branch of industry are based on <National Industrial Classification of all Economic Activities>((GB/T 4754-2011).

Ⅴ. Source of data: All data are prepared and provided by the Division of Industrial Statistics, Anhui Statistical Bureau, in accordance with the industrial statistical reporting system of SSB. Data are collected, tabulated and processed by the statistical bureau in the prefectures and cities.

13—1 工业企业单位数和总产值
Number of Industrial Enterprises and Gross Industrial Output Value

分　类	Sector	2000	2005	2010	2013	2014
企业单位数　(个)	**Number of Industrial Enterprises (unit)**	**3680**	**5277**	**16277**	**16193**	**17762**
在总计中:	Of the Total:					
国有及国有控股企业	State Controlling Share Hold Enterprises	1128	619	737	678	687
在总计中:	Of the Total:					
集体企业	Collective-owned Enterprises	979	261	194	80	76
私营企业	Private Enterprises	533	2725	11269	11806	12815
港澳台商投资企业	Enterprises Funded by Entrepreneurs from Hong Kong, Macao and Taiwan	118	200	375	308	308
外商投资企业	Foreign Funded Enterprises	133	296	539	477	496
工业总产值　(亿元)	**Gross Industrial Output Value (100 million yuan)**	**1661.44**	**4567.23**	**18732.00**	**33756.82**	**37420.62**
在总计中:	Of the Total:					
国有及国有控股企业	State Controlling Share Hold Enterprises	1044.54	2418.44	6902.07	9233.75	8950.92
在总计中:	Of the Total:					
集体企业	Collective-owned Enterprises	177.65	89.44	149.73	84.63	83.68
私营企业	Private Enterprises	77.16	714.73	6068.83	14084.99	16434.37
港澳台商投资企业	Enterprises Funded by Entrepreneurs from Hong Kong, Macao and Taiwan	60.84	226.49	804.94	1697.39	2215.39
外商投资企业	Foreign Funded Enterprises	152.40	517.32	1763.63	2434.52	2684.28

注：工业总产值按当年价格计算。

a) Gross industrial output value is calculated at current prices.

13—2 工业增加值
Value-added of Industry

本表按当年价格计算　(Data in this table are calculated at current prices)　　单位：亿元（100 million yuan）

年　份 Year	工业增加值 Value-added of Industry	内资企业 Domestic Funded Enterprise	#国有及国有控股企业 State-owned or Controlling Share Hold Industry	#集体企业 Collective-owned Industry	私营企业 Private Enterprises	港澳台商投资企业 Enterprises Funded by Entrepreneurs from Hong Kong, Macao and Taiwan	外商投资企业 Foreign Funded Enterprises
2000	507.38	451.57	340.42	49.60	22.24	17.56	38.18
2005	1483.76	1250.18	835.34	22.17	215.10	78.46	155.16
2006	1885.64	1584.14	973.45	38.48	333.64	94.68	206.82
2007	2562.70	2185.24	1211.17	45.21	537.00	91.35	286.11
2008	3259.71	2783.05	1471.12	46.27	822.74	154.94	321.72
2009	3980.55	3474.52	1778.23	30.33	1095.93	151.98	354.05
2010	5290.62	4618.07	2222.19	38.85	1577.45	209.35	463.20
2011	6776.02	5936.86	2541.42	40.65	2065.39	320.69	518.47
2012	7614.11	6742.77	2633.35	24.46	2493.43	333.13	538.21
2013	8646.00	7625.27	2670.89	23.71	3401.02	408.08	612.65
2014	9302.81	8142.61	2590.86	21.35	3861.09	507.56	652.64

注：口径为规模以上工业企业（下同）。2008年为工业快报口径。

a) They referred to industrial enterprises above designated size. The same as following tables. in 2008, It is for express industrial-caliber.

13—3 规模以上工业企业工业增加值

Value-added of Industry of All State-owned and Non-state-owned Industrial Enterprises Above Designated Size

单位：亿元（100 million yuan）

行 业	Sector	2000	2005	2010	2013	2014
总 计	**Total**	**507.38**	**1483.75**	**5290.62**	**8646.00**	**9302.81**
总计中：	**Of the Total:**					
内资企业	Domestic Funded Enterprise	451.57	1250.13	4618.07	7625.27	8142.61
国有企业	State-owned Enterprise	171.00	247.63	319.25	672.78	684.31
集体企业	Collective-owned Enterprise	49.60	22.17	38.85	23.71	21.35
股份合作企业	Share Holding Cooperative Enterprises	16.45	9.81	16.69	5.97	5.96
联营企业	Joint Owned Enterprises	2.53	2.65	3.84	0.97	0.24
有限责任公司	Limited Liability Corporations	101.74	475.95	1924.16	2519.61	2539.50
股份有限公司	Share-holding Corporations Ltd.	85.05	272.50	716.51	934.73	967.99
私营企业	Private Enterprises	22.24	215.10	1577.55	3401.02	3861.09
其他企业	Other Enterprises	2.96	4.32	21.32	66.48	62.18
港澳台商投资企业	Enterprises Funded by Entrepreneurs from Hong Kong, Macao and Taiwan	17.62	78.46	209.35	408.08	507.56
外商投资企业	Foreign Funded Enterprises	38.19	155.16	463.20	612.65	652.64
总计中：	**Of the Total:**					
独资企业	Enterprise Owned by a Sole Investor	240.87		755.37	1191.95	1276.86
合作合伙企业	Cooperative Enterprises	24.93		67.02	121.56	110.35
股份有限公司	Share-holding Corporations Ltd.	92.56		873.02	1199.12	1247.79
有限责任公司	Limited Liability Corporations	149.03		3595.21	6133.37	6667.82
总计中：	**Of the Total:**					
国有及国有控股企业	State Controlling Share Hold Enterprises	340.42	835.34	2222.19	2670.89	2590.86
总计中：	**Of the Total:**					
轻工业	Light Industry	206.02	452.18	1498.68	2754.56	3058.04
重工业	Heavy Industry	301.36	1031.57	3791.94	5891.44	6244.77
总计中：	**Of the Total:**					
大型企业	Large-sized Enterprises	270.74	658.94	2102.42	3371.39	3306.41
中型企业	Medium-sized Enterprises	77.68	470.09	1277.42	1739.31	1842.83
小型企业	Small Enterprises	158.96	354.73	1910.78	3535.30	4153.58

13—4 各市规模以上工业企业工业增加值

Value-added of Industry of All State-owned and Non-state-owned Industrial Enterprises Above Designated Size by Region

单位：亿元（100 million yuan）

地 区	Region	2000	2005	2010	2013	2014
总 计	**Total**	**507.38**	**1483.8**	**5290.62**	**8646.00**	**9302.81**
合 肥 市	Hefei	81.29	263.74	1092.71	1938.77	2074.38
淮 北 市	Huaibei	29.8	99.65	375.51	555.25	551.95
亳 州 市	Bozhou		25.74	94.89	215.57	227.99
宿 州 市	Suzhou	11.81	38.01	184.80	315.00	338.34
蚌 埠 市	Bengbu	32.58	74.6	234.93	499.90	591.37
阜 阳 市	Fuyang	22.63	49.18	216.98	374.91	442.56
淮 南 市	Huainan	30.71	116.06	341.98	416.57	345.18
滁 州 市	Chuzhou	32.07	74.37	282.29	504.25	558.83
六 安 市	Luan	18.78	46.79	228.71	380.29	418.43
马鞍山市	Maanshan	49.7	197.52	358.32	578.49	598.82
芜 湖 市	Wuhu	48.79	167.05	609.74	1228.20	1345.56
宣 城 市	Xuancheng	20.09	49.54	262.21	355.66	394.94
铜 陵 市	Tongling	23.5	92.39	290.07	419.87	423.63
池 州 市	Chizhou	4.02	18.96	80.14	143.32	165.59
安 庆 市	Anqing	50.24	105.54	339.87	598.43	695.85
黄 山 市	Huangshan	8.09	21.87	85.23	121.52	129.39

13—5 分行业规模以上工业企业工业增加值
Value-added of Industry of All Industrial Enterprises Above Designated Size by Industry

单位：万元（10000 yuan）

行　业	Sector	2013	2014
总　计	**Total**	**86460026**	**93028114**
煤炭开采和洗选业	Mining and Washing of Coal	6086956	4531574
黑色金属矿采选业	Mining and Processing of Ferrous Metal Ores	1998176	1874214
有色金属矿采选业	Mining and Processing of Non-Ferrous Metal Ores	309726	311757
非金属矿采选业	Mining and Processing of Nonmetal Ores	492772	584424
开采辅助活动	Mining Auxiliary Activities	3699	3020
农副食品加工业	Processing of Food from Agriculture Products	4338603	4866350
食品制造业	Manufacture of Foods	1226728	1365361
酒、饮料和精制茶制造业	Manufacture of Wine, Beverages and Refined Tea	1926633	2074354
烟草制品业	Manufacture of Tobacco	2596339	2847509
纺织业	Manufacture of Textile	1960708	2135226
纺织服装、服饰业	Manufacture of Textile Wearing Apparel and Clothing	1927007	2338017
皮革毛皮羽毛（绒）及其制品业	Manufacture of Leather, Furs, Feather and Related Products	803711	905587
木材加工及木竹藤棕草制品业	Processing of Timber, Manufacture of Wood, Bamboo, Rattan, Palm and Straw Products	1182797	1348640
家具制造业	Manufacture of Furniture	528536	694859
造纸和纸制品业	Manufacture of Paper and Paper Products	603176	688117
印刷和记录媒介复制业	Printing, Reproduction of Recording Media	952170	1028300
文教、工美、体育和娱乐用品制造业	Manufacture of Culture, Education, Art, Sports and Entertainment Supplies	815981	1044915
石油加工、炼焦和核燃料加工业	Processing of Petroleum, Coking and Processing of Nuclear Fuel	641836	1046010
化学原料和化学制品制造业	Manufacture of Raw Chemical Materials and Chemical Products	4808187	5192789
医药制造业	Manufacture of Medicines	1439559	1763495
化学纤维制造业	Manufacture of Chemical Fibers	168724	211980
橡胶和塑料制品业	Manufacture of Rubber and Plastics	2890421	3115309
非金属矿物制品业	Manufacture of Non-metallic Mineral Products	5466304	6375074
黑色金属冶炼和压延加工业	Smelting and Pressing of Ferrous Metals	4618957	4947269
有色金属冶炼和压延加工业	Smelting and Pressing of Non-ferrous Metals	3533989	3792149
金属制品业	Manufacture of Metal Products	2778437	2866460
通用设备制造业	Manufacture of General Purpose Machinery	4410980	4750867
专用设备制造业	Manufacture of Special Purpose Machinery	3078763	3411218
汽车制造业	Manufacture of Automobile	4414806	4689366
铁路、船舶、航空航天和其他运输设备制造业	Manufacture of Railroads, Ships, Aerospace and Other Transportation Equipments	484127	472861
电气机械和器材制造业	Manufacture of Electrical Machinery and Equipment	9694937	10295036
计算机、通信和其他电子设备制造业	Manufacture of Computers, Communication and Other Electronic Equipmen	2990195	4318177
仪器仪表制造业	Manufacture of Measuring Instruments and Machinery	512646	544465
其他制造业	Manufacture of Others	209225	237847
废弃资源综合利用业	Industry of Comprehensive utilization of waste resources	1100508	1033967
金属制品、机械和设备修理业	Industry of Metal products, machinery and equipment repair	118211	132895
电力、热力生产和供应业	Production and Supply of Electric Power and Heat Power	4922932	4700863
燃气生产和供应业	Production and Supply of Gas	248657	295819
水的生产和供应业	Production and Supply of Water	173907	191973

13—6 规模以上工业企业主要经济指标（2014年）
Main Indicators Above Designated Size Industrial Enterprises (2014)

行　业	Sector	企业单位数（个）Number of Enterprises (unit)	工业总产值（现价）Gross Industrial Output Value
总　计	**Total**	**17762**	**37420.62**
总计中：	**Of the Total:**		
内资企业	Domestic Funded Enterprise	16958	32520.95
国有企业	State-owned Enterprise	113	2139.76
集体企业	Collective-owned Enterprise	76	83.68
股份合作企业	Share Holding Cooperative Enterprises	20	23.77
联营企业	Joint Owned Enterprises	2	0.72
有限责任公司	Limited Liability Corporations	3517	9587.75
股份有限公司	Share-holding Corporations Ltd.	378	3978.40
私营企业	Private Enterprises	12815	16434.37
其他企业	Other Enterprises	37	272.49
港澳台商投资企业	Enterprises Funded by Entrepreneurs from Hong Kong, Macao and Taiwan	308	2215.39
外商投资企业	Foreign Funded Enterprises	496	2684.28
总计中：	**Of the Total:**		
国有及国有控股企业	State Controlling Share Hold Enterprises	687	8950.92
总计中：	**Of the Total:**		
轻工业	Light Industry	7365	12497.47
重工业	Heavy Industry	10397	24923.15
总计中：	**Of the Total:**		
大型企业	Large-sized Enterprises	283	12570.13
中型企业	Medium-sized Enterprises	1424	7173.46
小型企业	Small Enterprises	16055	17677.02

单位：亿元（100 million yuan）

工业销售产值（现价） Value of Industrial Products Sales (At current prices)	#出口交货值 Delivery Value for Export	资产合计 Total Assets	流动资产合计 Circulating Funds	#存货 Stock	#产成品 Finished Product	固定资产合计 Total of Fixed Assets	固定资产原价 Original Value of Fixed Assets	固定资产累计折旧 Accumulated Depreciation of Fixed Assets
36505.46	**2159.12**	**28831.52**	**13006.91**	**3052.55**	**1213.81**	**11167.40**	**16884.78**	**6876.08**
31743.93	1503.84	25843.37	11345.70	2750.84	1089.73	10130.87	15087.86	6076.99
2092.54	11.11	1993.98	566.32	257.15	27.17	1063.02	1667.27	698.46
81.13	1.74	43.11	27.35	6.56	2.28	11.83	20.05	9.80
22.43	0.13	15.25	7.79	1.90	0.80	5.47	7.04	2.47
0.74		1.22	0.28	0.07	0.02	0.19	0.28	0.09
9358.50	491.29	10631.02	4113.46	928.78	364.82	4566.00	6113.88	2238.06
3889.64	412.02	5091.45	2364.79	487.10	185.05	1691.51	2742.99	1180.24
16030.92	587.47	8009.00	4244.86	1065.21	507.90	2756.69	4477.06	1923.19
268.03	0.09	58.34	20.84	4.06	1.69	36.16	59.30	24.68
2136.53	433.78	1342.67	762.69	121.12	40.57	431.79	686.44	273.23
2625.00	221.50	1645.49	898.52	180.59	83.51	604.75	1110.49	525.86
8777.71	439.77	12933.86	4418.85	1038.07	307.25	5982.87	8464.25	3264.46
12164.69	834.23	6656.01	3593.18	1130.21	462.68	2157.34	3501.41	1481.29
24340.77	1324.90	22175.51	9413.73	1922.34	751.13	9010.06	13383.37	5394.79
12309.62	1282.06	14114.65	5750.73	1303.18	440.10	5733.80	8471.66	3537.22
6938.97	428.95	5486.35	2488.07	579.58	245.35	2129.54	3330.03	1327.00
17256.86	448.12	9230.51	4768.11	1169.79	528.36	3304.07	5083.10	2011.87

13—6 续表1 continued

行 业	Sector	负债合计 Total Liabilities	流动负债 Liquid Liabilities
总 计	**Total**	**16718.69**	**11967.04**
总计中:	**Of the Total:**		
内资企业	Domestic Funded Enterprise	14960.89	10455.25
国有企业	State-owned Enterprise	1203.27	759.64
集体企业	Collective-owned Enterprise	19.05	16.96
股份合作企业	Share Holding Cooperative Enterprises	6.04	4.35
联营企业	Joint Owned Enterprises	0.44	0.25
有限责任公司	Limited Liability Corporations	6764.16	4345.24
股份有限公司	Share-holding Corporations Ltd.	2978.42	2176.88
私营企业	Private Enterprises	3950.95	3115.47
其他企业	Other Enterprises	38.58	36.46
港澳台商投资企业	Enterprises Funded by Entrepreneurs from Hong Kong, Macao and Taiwan	849.87	731.48
外商投资企业	Foreign Funded Enterprises	907.93	780.30
总计中:	**Of the Total:**		
国有及国有控股企业	State Controlling Share Hold Enterprises	8298.98	5162.90
总计中:	**Of the Total:**		
轻工业	Light Industry	3354.94	2816.76
重工业	Heavy Industry	13363.75	9150.28
总计中:	**Of the Total:**		
大型企业	Large-sized Enterprises	8894.20	6083.41
中型企业	Medium-sized Enterprises	2981.09	2191.15
小型企业	Small Enterprises	4843.41	3692.48

单位：亿元（100 million yuan）

非流动负债 Long-term Liabilities	所有者权益 Creditors' Equity	#实收资本 Capital Hold	主营业务收入 Revenue from principal Business	主营业务成本 Cost of Principal Business	主营业务税金及附加 Business and Extra Charges	利润总额 Total Profits	本年应付职工薪酬 Wages Payable in This Year	本年应交增值税 Value Added Tax Payable
3861.42	**11947.41**	**5502.29**	**36838.37**	**31708.03**	**476.19**	**1943.62**	**1753.25**	**991.10**
3688.66	10730.94	4782.20	32198.21	27761.96	453.83	1708.70	1572.00	868.92
379.04	778.63	357.98	2059.89	1567.85	256.02	75.09	107.56	95.51
0.85	23.73	4.98	81.35	67.67	0.53	7.24	4.48	3.17
0.42	9.21	3.48	22.32	18.44	0.12	1.41	1.67	0.82
0.12	0.78	0.74	0.61	0.44		-0.03	0.14	0.03
2221.31	3833.39	2068.95	10223.86	8960.46	57.16	429.76	608.39	282.26
722.77	2107.96	707.38	3834.19	3231.86	49.84	208.30	255.29	107.68
362.68	3959.15	1633.11	15696.55	13681.74	88.21	971.03	589.40	368.80
1.46	18.08	5.58	279.45	233.51	1.95	15.90	5.07	10.65
90.39	479.16	272.49	2153.76	1864.99	8.29	92.40	79.03	40.30
82.38	737.31	447.60	2486.39	2081.07	14.08	142.52	102.22	81.89
3004.80	4614.17	2214.79	9696.28	8300.68	315.43	318.05	686.80	317.56
302.65	3248.29	1236.34	11892.89	10005.69	263.28	737.79	538.90	307.53
3558.78	8699.12	4265.95	24945.48	21702.34	212.91	1205.83	1214.35	683.58
2695.24	5200.70	2095.66	13141.10	11233.23	342.08	525.75	827.62	417.43
596.64	2477.33	1268.16	6830.06	5790.74	38.25	455.91	365.67	206.93
569.54	4269.37	2138.47	16867.21	14684.06	95.86	961.95	559.96	366.74

13—6 续表2 continued

行业	Sector	企业单位数 (个) Number of Enterprises (unit)	工业总产值 (现价) Gross Industrial Output Value
按行业分	**Grouped by Sector**		
煤炭开采和洗选业	Mining and Washing of Coal	38	761.13
黑色金属矿采选业	Mining and Processing of Ferrous Metal Ores	106	460.38
有色金属矿采选业	Mining and Processing of Non-Ferrous Metal Ores	74	94.23
非金属矿采选业	Mining and Processing of Nonmetal Ores	223	232.19
开采辅助活动	Mining Auxiliary Activities	4	1.55
农副食品加工业	Processing of Food from Agriculture Products	1641	2844.70
食品制造业	Manufacture of Foods	395	601.38
酒、饮料和精制茶制造业	Manufacture of Wine, Beverages and Refined Tea	346	642.83
烟草制品业	Manufacture of Tobacco	8	359.97
纺织业	Manufacture of Textile	661	929.38
纺织服装、服饰业	Manufacture of Textile Wearing Apparel and Clothing	1040	902.50
皮革毛皮羽毛及其制品和制鞋业	Manufacture of Leather, Furs, Feather and Related Products	289	415.02
木材加工及木竹藤棕草制品业	Processing of Timber, Manufacture of Wood, Bamboo, Rattan, Palm and Straw Products	623	636.69
家具制造业	Manufacture of Furniture	269	291.41
造纸及纸制品业	Manufacture of Paper and Paper Products	227	319.07
印刷和记录媒介复制业	Printing, Reproduction of Recording Media	308	382.78
文教工美体育和娱乐用品制造业	Manufacture of Culture, Education, Art, Sports and Entertainment Supplies	427	415.85
石油加工、炼焦和核燃料加工业	Processing of Petroleum, Coking and Processing of Nuclear Fuel	27	585.14
化学原料和化学制品制造业	Manufacture of Raw Chemical Materials and Chemical Products	972	2162.32
医药制造业	Manufacture of Medicines	360	643.98
化学纤维制造业	Manufacture of Chemical Fibers	38	87.37
橡胶和塑料制品业	Manufacture of Rubber and Plastics	1010	1307.94
非金属矿物制品业	Manufacture of Non-metallic Mineral Products	2031	2279.21
黑色金属冶炼和压延加工业	Smelting and Pressing of Ferrous Metals	443	2255.99
有色金属冶炼和压延加工业	Smelting and Pressing of Non-ferrous Metals	218	2029.75
金属制品业	Manufacture of Metal Products	869	1255.67
通用设备制造业	Manufacture of General Purpose Machinery	1041	1923.60
专用设备制造业	Manufacture of Special Purpose Machinery	854	1370.46
汽车制造业	Manufacture of Automobile	802	2113.70
铁路船舶航空航天和其他运输设备制造业	Manufacture of Railroads, Ships, Aerospace and Other Transportation Equipments	177	250.11
电气机械和器材制造业	Manufacture of Electrical Machinery and Equipment	1166	4466.16
计算机通信和其他电子设备制造业	Manufacture of Computers, Communication and Other Electronic Equipments	451	1639.09
仪器仪表制造业	Manufacture of Measuring Instruments and Machinery	130	181.33
其他制造业	Manufacture of Others	87	95.22
废弃资源综合利用业	Industry of Comprehensive Utilization of Waste Resources	130	428.32
金属制品、机械和设备修理业	Industry of Metal Products, Machinery and Equipment Repair	10	43.18
电力、热力生产和供应业	Production and Supply of Electric Power and Heat Power	169	1842.48
燃气生产和供应业	Production and Supply of Gas	52	128.95
水的生产和供应业	Production and Supply of Water	46	39.59

单位：亿元（100 million yuan）

工业销售产值（现价） Value of Industrial Products Sales (At current prices)	#出口交货值 Delivery Value for Export	资产合计 Total Assets	流动资产合计 Circulating Funds	#存货 Stock	#产成品 Finished Product	固定资产合计 Total of Fixed Assets	固定资产原价 Original Value of Fixed Assets	固定资产累计折旧 Accumulated Depreciation of Fixed Assets
751.57		3117.87	660.22	95.48	37.58	1674.33	1826.15	672.09
439.87		596.61	148.14	17.12	8.43	159.67	302.39	149.07
93.63		79.41	40.55	3.78	2.13	25.13	45.89	25.72
228.52	0.07	122.67	46.79	9.04	5.73	51.86	75.46	26.50
1.57		0.23	0.15	0.03	0.01	0.09	0.21	0.13
2801.52	32.55	1060.58	574.14	200.80	67.41	353.86	595.71	263.98
578.76	17.18	277.08	128.59	39.51	17.66	103.30	183.30	86.04
602.61	11.35	507.22	265.05	107.20	41.04	170.54	235.82	81.80
341.87	0.11	306.80	210.54	176.41	8.30	77.24	129.17	55.17
911.78	118.58	553.34	247.13	81.40	38.03	202.80	318.90	130.03
887.45	144.88	335.80	178.17	44.46	21.25	119.89	169.66	59.77
403.48	65.26	223.11	135.52	43.96	21.08	64.70	90.04	28.75
626.26	19.16	231.16	116.26	40.56	17.94	89.56	117.38	38.72
284.96	21.76	117.01	59.25	19.71	10.40	44.92	77.97	35.59
309.81	3.69	304.03	103.69	23.61	9.53	96.54	141.07	47.30
369.95	5.69	230.72	125.07	31.61	14.20	79.81	124.23	49.03
402.86	136.32	176.22	97.70	27.09	13.14	58.62	81.93	29.62
581.59	0.01	187.45	57.56	30.19	11.04	127.71	212.82	83.26
2132.94	70.27	1645.43	724.12	177.08	92.14	671.03	936.16	316.91
624.85	31.16	460.72	261.17	60.86	25.90	133.14	181.74	65.14
81.61	10.38	130.65	39.53	11.81	5.66	61.14	88.70	28.46
1277.65	109.16	799.25	425.00	104.27	46.50	276.05	455.37	206.04
2223.41	28.43	1902.97	852.18	148.12	70.38	794.70	1190.58	436.52
2220.53	90.76	1684.87	713.23	192.89	69.05	833.55	1517.17	707.04
2003.05	97.93	1236.88	681.46	212.85	42.46	286.22	417.66	164.90
1211.50	28.78	708.64	429.04	109.78	41.72	196.28	371.82	189.03
1858.74	67.63	1231.87	688.10	185.94	83.56	358.33	676.27	342.06
1318.53	35.90	912.97	510.82	123.01	49.58	257.06	410.77	168.45
2085.36	179.70	2026.65	1056.77	169.85	67.78	547.01	812.50	331.70
246.53	5.00	177.73	104.27	20.66	8.65	58.73	75.93	21.80
4296.22	222.47	2512.67	1645.76	317.87	198.02	616.57	1196.91	624.44
1574.95	591.96	1841.43	1046.37	138.17	45.88	589.69	780.75	201.70
172.18	9.67	125.72	80.84	11.85	5.46	34.61	55.19	22.35
93.00	2.20	51.59	31.02	10.82	5.03	14.94	20.60	6.77
422.81	0.00	127.46	83.64	19.23	6.48	34.26	121.02	90.57
42.99	1.13	61.56	43.10	8.80	1.91	16.30	28.61	12.33
1835.11	0.00	2459.10	297.83	30.29	1.27	1725.84	2610.23	1009.25
126.93	0.00	155.09	50.10	3.09	1.05	85.72	90.12	22.12
38.52	0.00	150.94	48.03	3.32	0.43	75.67	118.57	45.95

13—6 续表3 continued

行 业	Sector	负债合计 Total Liabilities	流动负债 Liquid Liabilities
按行业分	**Grouped by Sector**		
煤炭开采和洗选业	Mining and Washing of Coal	2347.52	1208.01
黑色金属矿采选业	Mining and Processing of Ferrous Metal Ores	323.47	221.78
有色金属矿采选业	Mining and Processing of Non-Ferrous Metal Ores	38.82	31.94
非金属矿采选业	Mining and Processing of Nonmetal Ores	57.28	40.22
开采辅助活动	Mining Auxiliary Activities	0.08	0.04
农副食品加工业	Processing of Food from Agriculture Products	504.16	418.63
食品制造业	Manufacture of Foods	134.16	112.13
酒、饮料和精制茶制造业	Manufacture of Wine, Beverages and Refined Tea	250.15	214.42
烟草制品业	Manufacture of Tobacco	80.49	80.16
纺织业	Manufacture of Textile	279.80	202.70
纺织服装、服饰业	Manufacture of Textile Wearing Apparel and Clothing	171.04	139.55
皮革毛皮羽毛及其制品和制鞋业	Manufacture of Leather, Furs, Feather and Related Products	112.57	94.12
木材加工及木竹藤棕草制品业	Processing of Timber, Manufacture of Wood, Bamboo, Rattan, Palm and Straw Products	100.15	81.99
家具制造业	Manufacture of Furniture	55.56	43.36
造纸及纸制品业	Manufacture of Paper and Paper Products	153.45	112.60
印刷和记录媒介复制业	Printing, Reproduction of Recording Media	111.14	89.18
文教工美体育和娱乐用品制造业	Manufacture of Culture, Education, Art, Sports and Entertainment Supplies	81.37	67.01
石油加工、炼焦和核燃料加工业	Processing of Petroleum, Coking and Processing of Nuclear Fuel	122.85	119.06
化学原料和化学制品制造业	Manufacture of Raw Chemical Materials and Chemical Products	947.81	693.06
医药制造业	Manufacture of Medicines	216.18	181.26
化学纤维制造业	Manufacture of Chemical Fibers	76.87	50.46
橡胶和塑料制品业	Manufacture of Rubber and Plastics	368.47	268.16
非金属矿物制品业	Manufacture of Non-metallic Mineral Products	959.19	754.10
黑色金属冶炼和压延加工业	Smelting and Pressing of Ferrous Metals	992.55	717.91
有色金属冶炼和压延加工业	Smelting and Pressing of Non-ferrous Metals	839.63	627.68
金属制品业	Manufacture of Metal Products	366.73	307.65
通用设备制造业	Manufacture of General Purpose Machinery	623.05	467.36
专用设备制造业	Manufacture of Special Purpose Machinery	492.20	396.17
汽车制造业	Manufacture of Automobile	1294.83	1075.74
铁路船舶航空航天和其他运输设备制造业	Manufacture of Railroads, Ships, Aerospace and Other Transportation Equipments	112.61	90.27
电气机械和器材制造业	Manufacture of Electrical Machinery and Equipment	1418.25	1255.24
计算机通信和其他电子设备制造业	Manufacture of Computers, Communication and Other Electronic Equipments	1068.79	766.20
仪器仪表制造业	Manufacture of Measuring Instruments and Machinery	52.22	41.82
其他制造业	Manufacture of Others	19.86	16.55
废弃资源综合利用业	Industry of Comprehensive Utilization of Waste Resources	79.57	60.06
金属制品、机械和设备修理业	Industry of Metal Products, Machinery and Equipment Repair	26.36	26.03
电力、热力生产和供应业	Production and Supply of Electric Power and Heat Power	1672.14	772.08
燃气生产和供应业	Production and Supply of Gas	96.80	73.41
水的生产和供应业	Production and Supply of Water	70.51	48.95

单位：亿元（100 million yuan）

非流动负债 Long-term Liabilities	所有者权益 Creditors' Equity	#实收资本 Capital Hold	主营业务收入 Revenue from principal Business	主营业务成本 Cost of Principal Business	主营业务税金及附加 Business and Extra Charges	利润总额 Total Profits	本年应付职工薪酬 Wages Payable in This Year	本年应交增值税 Value Added Tax Payable
1138.70	771.04	312.45	1112.94	1048.26	9.69	-75.60	290.86	68.49
88.40	271.35	158.69	406.26	347.69	4.71	12.85	15.49	14.91
5.31	40.25	15.74	95.32	74.89	1.23	6.10	5.57	3.66
11.80	63.94	32.18	225.82	184.15	3.83	14.46	9.95	7.80
	0.15	0.06	1.57	1.44		0.05	0.03	0.01
39.86	536.60	189.63	2753.34	2484.85	7.79	131.48	58.60	36.55
10.87	140.81	58.26	564.91	478.55	2.60	30.44	23.90	12.65
13.56	255.15	96.25	577.26	406.14	33.13	62.27	35.22	24.70
	226.31	56.78	341.47	102.59	179.79	30.76	22.14	38.37
48.13	269.24	97.72	903.99	808.19	4.09	52.91	49.46	16.99
10.07	159.21	67.25	874.41	769.85	5.91	45.33	80.33	18.64
9.82	112.67	36.48	387.23	338.02	1.47	25.68	18.93	9.19
7.33	126.88	47.60	615.59	548.68	3.55	33.86	20.75	12.92
6.09	59.68	24.82	282.23	240.92	1.56	19.39	11.81	5.98
32.35	149.25	82.68	306.25	269.95	1.01	16.04	12.90	8.20
10.05	117.07	41.92	359.55	299.89	1.58	28.49	19.48	8.05
4.69	92.85	32.05	386.32	330.76	2.50	20.92	21.55	8.09
3.49	64.56	101.65	568.39	481.29	70.79	1.10	5.91	15.48
213.47	691.42	320.80	2007.69	1693.94	9.61	126.17	69.78	45.79
23.11	241.41	94.55	631.99	512.00	3.03	54.35	38.43	17.87
26.41	52.72	28.02	94.84	78.88	0.42	5.13	4.16	2.35
35.77	422.72	183.14	1230.44	1042.64	6.15	83.66	58.89	24.72
144.65	927.41	464.79	2161.34	1808.07	14.79	182.10	95.24	68.01
209.66	687.59	246.69	2337.04	2148.60	10.07	85.98	74.95	78.40
198.69	386.89	150.72	2615.85	2380.31	5.10	23.14	17.19	32.71
26.88	335.60	139.43	1189.28	1029.50	7.36	73.99	52.18	27.63
72.53	597.40	242.60	1827.41	1571.05	12.04	112.57	86.76	51.29
59.30	411.64	189.76	1288.60	1094.44	8.05	75.68	62.30	27.41
172.83	724.51	282.74	1999.27	1746.81	23.64	93.43	111.66	43.06
11.46	63.68	39.03	247.97	224.36	1.14	4.67	12.95	5.86
109.36	1082.42	502.10	4159.95	3493.45	19.56	263.43	146.21	120.21
267.34	758.05	546.88	1593.18	1371.16	5.32	107.12	93.41	27.09
6.78	73.13	22.15	171.57	132.71	0.96	17.91	10.17	5.37
0.92	31.62	9.18	93.63	74.33	0.36	8.66	3.76	1.94
1.82	44.72	15.83	419.41	390.82	4.27	16.60	4.88	30.07
0.27	35.20	10.66	34.06	27.56	0.15	3.38	5.30	0.52
798.16	783.64	499.61	1805.00	1535.23	7.90	131.58	90.04	67.60
22.95	58.20	22.39	126.74	105.67	0.64	13.94	5.50	1.62
18.54	80.43	39.00	40.27	30.39	0.39	3.59	6.59	0.90

13—7 规模以上工业企业主要经济效益指标（2014年）

Main Indicators on Economic Benefit Above Designated Size Industrial Enterprises by Industrial Branch (2014)

行　业	Sector
总　计	**Total**
总计中：	**Of the Total:**
内资企业	Domestic Funded Enterprise
国有企业	State-owned Enterprise
集体企业	Collective-owned Enterprise
股份合作企业	Share Holding Cooperative Enterprises
联营企业	Joint Owned Enterprises
有限责任公司	Limited Liability Corporations
股份有限公司	Share-holding Corporations Ltd.
私营企业	Private Enterprises
其他企业	Other Enterprises
港澳台商投资企业	Enterprises Funded by Entrepreneurs from Hong Kong, Macao and Taiwan
外商投资企业	Foreign Funded Enterprises
总计中：	**Of the Total:**
国有及国有控股企业	State Controlling Share Hold Enterprises
总计中：	**Of the Total:**
轻工业	Light Industry
重工业	Heavy Industry
总计中：	**Of the Total:**
大型企业	Large-sized Enterprises
中型企业	Medium-sized Enterprises
小型企业	Small Enterprises

总资产贡献率 (%) Ratio of Total Assets to Industrial Output Value (%)	资产负债率 (%) Assets-liability Ratio (%)	流动资产周转次数 (次/年) Number of Times of Annual of Turnover Circulating Funds (times/year)	工业成本费用利润率 (%) Ratio of Profits to Industrial Cost (%)	产品销售率 (%) Proportion of Products Sold (%)
13.15	**57.99**	**2.87**	**5.60**	**97.55**
13.14	57.89	2.87	5.63	97.61
22.62	60.35	3.68	4.45	97.79
26.03	44.19	2.99	9.84	96.96
17.05	39.59	2.87	6.75	94.33
0.23	35.84	2.14	-5.03	102.68
8.81	63.63	2.53	4.36	97.61
8.31	58.50	1.67	5.56	97.77
19.25	49.33	3.71	6.61	97.55
50.08	66.12	13.41	6.42	98.36
11.12	63.30	2.88	4.61	96.44
15.08	55.18	2.84	6.00	97.79
8.83	64.16	2.25	3.43	98.06
20.74	50.40	3.35	6.68	97.34
10.88	60.26	2.69	5.09	97.66
10.40	63.01	2.34	4.20	97.93
14.11	54.34	2.78	7.16	96.73
16.79	52.47	3.56	6.08	97.62

13—7 续表 continued

行　业	Sector
按行业分	**Grouped by Sector**
煤炭开采和洗选业	Mining and Washing of Coal
黑色金属矿采选业	Mining and Processing of Ferrous Metal Ores
有色金属矿采选业	Mining and Processing of Non-Ferrous Metal Ores
非金属矿采选业	Mining and Processing of Nonmetal Ores
开采辅助活动	Mining Auxiliary Activities
农副食品加工业	Processing of Food from Agriculture Products
食品制造业	Manufacture of Foods
酒、饮料和精制茶制造业	Manufacture of Wine, Beverages and Refined Tea
烟草制品业	Manufacture of Tobacco
纺织业	Manufacture of Textile
纺织服装、服饰业	Manufacture of Textile Wearing Apparel and Clothing
皮革毛皮羽毛及其制品和制鞋业	Manufacture of Leather, Furs, Feather and Related Products
木材加工及木竹藤棕草制品业	Processing of Timber, Manufacture of Wood, Bamboo, Rattan, Palm and Straw Products
家具制造业	Manufacture of Furniture
造纸及纸制品业	Manufacture of Paper and Paper Products
印刷和记录媒介复制业	Printing, Reproduction of Recording Media
文教工美体育和娱乐用品制造业	Manufacture of Culture, Education, Art, Sports and Entertainment Supplies
石油加工、炼焦和核燃料加工业	Processing of Petroleum, Coking and Processing of Nuclear Fuel
化学原料和化学制品制造业	Manufacture of Raw Chemical Materials and Chemical Products
医药制造业	Manufacture of Medicines
化学纤维制造业	Manufacture of Chemical Fibers
橡胶和塑料制品业	Manufacture of Rubber and Plastics
非金属矿物制品业	Manufacture of Non-metallic Mineral Products
黑色金属冶炼和压延加工业	Smelting and Pressing of Ferrous Metals
有色金属冶炼和压延加工业	Smelting and Pressing of Non-ferrous Metals
金属制品业	Manufacture of Metal Products
通用设备制造业	Manufacture of General Purpose Machinery
专用设备制造业	Manufacture of Special Purpose Machinery
汽车制造业	Manufacture of Automobile
铁路船舶航空航天和其他运输设备制造业	Manufacture of Railroads, Ships, Aerospace and Other Transportation Equipments
电气机械和器材制造业	Manufacture of Electrical Machinery and Equipment
计算机通信和其他电子设备制造业	Manufacture of Computers, Communication and Other Electronic Equipments
仪器仪表制造业	Manufacture of Measuring Instruments and Machinery
其他制造业	Manufacture of Others
废弃资源综合利用业	Industry of Comprehensive Utilization of Waste Resources
金属制品、机械和设备修理业	Industry of Metal Products, Machinery and Equipment Repair
电力、热力生产和供应业	Production and Supply of Electric Power and Heat Power
燃气生产和供应业	Production and Supply of Gas
水的生产和供应业	Production and Supply of Water

总资产贡献率 (%) Ratio of Total Assets to Industrial Output Value (%)	资产负债率 (%) Assets-liability Ratio (%)	流动资产周转次数 (次/年) Number of Times of Annual of Turnover Circulating Funds (times/year)	工业成本费用利润率 (%) Ratio of Profits to Industrial Cost (%)	产品销售率 (%) Proportion of Products Sold (%)
2.34	75.29	1.77	-5.94	98.74
6.95	54.22	2.78	3.29	95.55
16.24	48.89	2.36	7.00	99.36
22.48	46.69	4.84	7.00	98.42
25.63	36.26	10.69	3.25	101.01
18.30	47.54	4.82	5.00	98.48
17.65	48.42	4.46	5.63	96.24
24.32	49.32	2.20	12.61	93.74
81.34	26.24	1.63	23.06	94.97
15.02	50.57	3.69	6.13	98.11
21.98	50.94	4.92	5.51	98.33
17.61	50.46	2.89	7.06	97.22
23.36	43.32	5.31	5.83	98.36
24.59	47.48	4.82	7.32	97.78
9.91	50.47	2.96	5.49	97.10
17.57	48.17	2.90	8.61	96.65
19.70	46.18	3.97	5.75	96.88
48.53	65.54	10.31	0.21	99.39
12.68	57.60	2.82	6.60	98.64
17.26	46.92	2.43	9.35	97.03
8.35	58.84	2.42	5.66	93.41
15.64	46.10	2.93	7.27	97.68
15.01	50.40	2.56	9.10	97.55
11.59	58.91	3.30	3.84	98.43
6.36	67.88	3.85	0.95	98.68
16.88	51.75	2.79	6.66	96.48
15.25	50.58	2.69	6.55	96.63
13.21	53.91	2.54	6.28	96.21
8.63	63.89	1.96	4.71	98.66
7.60	63.36	2.40	1.92	98.57
16.93	56.44	2.59	6.69	96.20
8.01	58.04	1.53	7.23	96.09
19.90	41.53	2.14	11.60	94.95
22.07	38.49	3.02	10.67	97.67
42.66	62.43	5.02	4.14	98.71
5.97	42.82	0.80	10.66	99.56
10.43	68.00	6.13	8.09	99.60
10.75	62.42	2.59	11.97	98.43
3.63	46.72	0.89	9.01	97.30

13—8 国有控股工业企业主要经济指标（2014年）
Main Indicators of State-owned and State-holding Industrial Enterprises (2014)

行业	Sector	企业单位数（个）Number of Enterprises (unit)	工业总产值（现价）Gross Industrial Output Value
总计	**Total**	**687**	**8950.92**
总计中：	**Of the Total:**		
内资企业	Domestic Funded Enterprise	646	8675.03
国有企业	State-owned Enterprise	113	2139.76
股份合作企业	Share Holding Cooperative Enterprises	1	0.99
联营企业	Joint Owned Enterprises	1	0.47
有限责任公司	Limited Liability Corporations	456	4370.81
股份有限公司	Share-holding Corporations Ltd.	75	2162.99
港澳台商投资企业	Enterprises Funded by Entrepreneurs from Hong Kong, Macao and Taiwan	15	169.52
外商投资企业	Foreign Funded Enterprises	26	106.37
总计中：	**Of the Total:**		
轻工业	Light Industry	153	1279.18
重工业	Heavy Industry	534	7671.74
总计中：	**Of the Total:**		
大型企业	Large-sized Enterprises	99	6659.89
中型企业	Medium-sized Enterprises	184	1174.08
小型企业	Small Enterprises	404	1116.95
按行业分	**Grouped by Sector**		
煤炭开采和洗选业	Mining and Washing of Coal	16	730.25
黑色金属矿采选业	Mining and Processing of Ferrous Metal Ores	10	132.90
有色金属矿采选业	Mining and Processing of Non-Ferrous Metal Ores	4	4.90
非金属矿采选业	Mining and Processing of Nonmetal Ores	10	17.19
农副食品加工业	Processing of Food from Agriculture Products	28	55.40
食品制造业	Manufacture of Foods	8	16.73
酒、饮料和精制茶制造业	Manufacture of Wine, Beverages and Refined Tea	9	109.05
烟草制品业	Manufacture of Tobacco	5	354.89
纺织业	Manufacture of Textile	10	41.25
纺织服装、服饰业	Manufacture of Textile Wearing Apparel and Clothing	10	6.99
木材加工及木竹藤棕草制品业	Processing of Timber, Manufacture of Wood, Bamboo, Rattan, Palm and Straw Products	3	8.30
造纸及纸制品业	Manufacture of Paper and Paper Products	2	6.46
印刷和记录媒介复制业	Printing, Reproduction of Recording Media	8	13.96
石油加工、炼焦和核燃料加工业	Processing of Petroleum, Coking and Processing of Nuclear Fuel	2	462.28
化学原料和化学制品制造业	Manufacture of Raw Chemical Materials and Chemical Products	40	402.04
医药制造业	Manufacture of Medicines	17	62.43
化学纤维制造业	Manufacture of Chemical Fibers	2	41.01
橡胶和塑料制品业	Manufacture of Rubber and Plastics	17	86.41
非金属矿物制品业	Manufacture of Non-metallic Mineral Products	70	354.07
黑色金属冶炼和压延加工业	Smelting and Pressing of Ferrous Metals	14	983.70
有色金属冶炼和压延加工业	Smelting and Pressing of Non-ferrous Metals	13	894.41
金属制品业	Manufacture of Metal Products	24	73.47
通用设备制造业	Manufacture of General Purpose Machinery	44	220.28
专用设备制造业	Manufacture of Special Purpose Machinery	29	150.74
汽车制造业	Manufacture of Automobile	44	935.76
铁路船舶航空航天和其他运输设备制造业	Manufacture of Railroads, Ships, Aerospace and Other Transportation Equipments	10	37.23
电气机械和器材制造业	Manufacture of Electrical Machinery and Equipment	24	472.79
计算机通信和其他电子设备制造业	Manufacture of Computers, Communication and Other Electronic Equipments	30	378.77
仪器仪表制造业	Manufacture of Measuring Instruments and Machinery	3	5.52
其他制造业	Manufacture of Others	1	0.78
废弃资源综合利用业	Industry of Comprehensive Utilization of Waste Resources	3	41.89
金属制品、机械和设备修理业	Industry of Metal Products, Machinery and Equipment Repair	2	33.78
电力、热力生产和供应业	Production and Supply of Electric Power and Heat Power	136	1741.19
燃气生产和供应业	Production and Supply of Gas	12	46.49
水的生产和供应业	Production and Supply of Water	27	27.60

单位：亿元（100 million yuan）

工业销售产值（现价）Value of Industrial Products Sales (At current prices)	#出口交货值 Delivery Value for Export	资产合计 Total Assets	流动资产合计 Circulating Funds	#存货 Stock	#产成品 Finished Product	固定资产合计 Total of Fixed Assets	固定资产原价 Original Value of Fixed Assets	固定资产累计折旧 Accumulated Depreciation of Fixed Assets
8777.71	**439.77**	**12933.86**	**4418.85**	**1038.07**	**307.25**	**5982.87**	**8464.25**	**3264.46**
8509.74	429.25	12743.04	4353.33	1019.38	301.04	5883.20	8295.89	3192.86
2092.54	11.11	1993.98	566.32	257.15	27.17	1063.02	1667.27	698.46
0.99		1.43	0.19			1.14	1.31	0.17
0.49		1.09	0.18	0.04		0.18	0.26	0.08
4280.97	204.51	7522.62	2435.29	515.42	181.47	3548.03	4532.66	1581.26
2134.75	213.63	3223.92	1351.35	246.76	92.40	1270.84	2094.38	912.88
164.81	9.98	63.27	22.48	8.15	1.65	33.37	52.92	17.55
103.16	0.54	127.55	43.04	10.54	4.56	66.30	115.44	54.06
1212.77	75.27	1206.56	677.04	299.72	82.73	352.56	613.98	274.39
7564.94	364.51	11727.30	3741.81	738.35	224.51	5630.31	7850.27	2990.07
6545.89	413.33	10142.67	3518.42	853.21	240.17	4581.99	6432.61	2570.07
1133.55	22.45	1665.43	552.93	120.04	44.29	801.55	1158.15	400.86
1098.27	3.99	1125.77	347.50	64.82	22.79	599.33	873.49	293.54
720.78		3086.92	647.76	93.87	36.85	1665.79	1811.20	664.82
127.76		369.74	69.74	5.74	2.14	91.17	128.93	38.24
5.05		17.36	8.40	0.48	0.22	6.76	7.62	3.23
17.14	0.06	31.02	8.48	1.23	0.75	15.76	22.76	7.88
55.34		25.12	13.20	7.28	1.22	8.73	11.01	2.75
15.73	2.43	6.96	2.62	1.40	0.72	3.94	6.77	2.83
94.57	1.64	107.12	66.40	20.49	6.02	26.25	37.93	12.78
336.68	0.11	298.88	207.55	175.31	8.04	73.78	125.10	53.91
40.40	6.81	93.49	27.27	7.41	3.14	33.09	52.75	20.26
7.00		10.39	7.19	1.37	0.46	3.13	3.97	1.75
7.14		4.23	1.60	0.84	0.56	1.89	2.62	0.91
6.20	0.12	7.46	4.29	2.25	1.52	1.91	3.04	1.13
14.10		9.00	5.84	1.52	0.93	2.57	4.97	3.24
463.78		129.86	32.20	22.53	6.00	97.49	172.47	67.20
378.82	12.16	550.87	179.17	49.15	27.27	281.00	368.15	105.02
63.29	0.03	68.53	36.17	11.04	5.12	22.47	32.75	12.19
39.57	6.85	89.86	17.68	5.53	3.87	46.00	68.92	22.37
82.87	1.91	106.41	45.85	11.54	5.79	43.88	69.01	26.94
342.08	3.70	475.66	178.27	23.37	10.82	239.07	386.38	157.62
984.62	29.91	1059.10	386.99	115.85	34.20	571.69	1073.01	514.72
887.58	90.64	840.08	430.71	158.67	22.67	186.81	273.03	97.71
72.13	2.78	90.19	60.79	12.50	2.64	20.54	32.90	12.58
217.30	13.31	254.05	160.30	48.18	16.83	73.27	115.14	44.46
133.45	1.36	175.06	99.96	23.25	8.10	41.17	51.82	14.79
944.95	123.53	1226.60	650.01	70.20	25.61	291.53	426.71	189.43
37.52	4.77	97.30	63.15	11.21	5.41	26.15	33.15	9.14
449.42	30.79	347.14	265.88	64.68	52.58	49.23	149.49	102.05
341.42	106.86	814.91	365.42	51.91	15.88	344.95	435.32	90.89
5.52		9.05	8.13	0.80	0.05	0.51	2.79	2.27
0.78		1.54	0.71	0.03		0.76	1.72	0.88
41.89		10.91	9.25	2.42	0.02	1.35	2.18	0.91
33.78		49.35	35.95	6.33	0.31	12.31	20.39	8.10
1736.05		2278.12	261.06	25.87	1.09	1590.62	2394.05	925.47
46.22		78.66	22.17	1.06	0.42	47.96	44.83	11.17
26.77		112.92	38.68	2.76	0.02	59.37	91.38	34.82

13—8 续表 continued

行业	Sector	负债合计 Total Liabilities	流动负债 Liquid Liabilities
总计	**Total**	**8298.98**	**5162.90**
总计中：	**Of the Total:**		
内资企业	Domestic Funded Enterprise	8200.30	5098.44
国有企业	State-owned Enterprise	1203.27	759.64
股份合作企业	Share Holding Cooperative Enterprises	1.16	0.80
联营企业	Joint Owned Enterprises	0.37	0.19
有限责任公司	Limited Liability Corporations	4968.69	2912.19
股份有限公司	Share-holding Corporations Ltd.	2026.80	1425.61
港澳台商投资企业	Enterprises Funded by Entrepreneurs from Hong Kong, Macao and Taiwan	45.91	24.13
外商投资企业	Foreign Funded Enterprises	52.76	40.33
总计中：	**Of the Total:**		
轻工业	Light Industry	507.74	416.11
重工业	Heavy Industry	7791.24	4746.79
总计中：	**Of the Total:**		
大型企业	Large-sized Enterprises	6572.66	4151.52
中型企业	Medium-sized Enterprises	962.82	599.51
小型企业	Small Enterprises	763.49	411.87
按行业分	**Grouped by Sector**		
煤炭开采和洗选业	Mining and Washing of Coal	2328.70	1193.25
黑色金属矿采选业	Mining and Processing of Ferrous Metal Ores	204.98	132.78
有色金属矿采选业	Mining and Processing of Non-Ferrous Metal Ores	3.40	2.84
非金属矿采选业	Mining and Processing of Nonmetal Ores	14.87	9.72
农副食品加工业	Processing of Food from Agriculture Products	14.32	12.00
食品制造业	Manufacture of Foods	3.42	2.58
酒、饮料和精制茶制造业	Manufacture of Wine, Beverages and Refined Tea	37.43	35.58
烟草制品业	Manufacture of Tobacco	76.35	76.35
纺织业	Manufacture of Textile	41.24	20.76
纺织服装、服饰业	Manufacture of Textile Wearing Apparel and Clothing	3.59	2.77
木材加工及木竹藤棕草制品业	Processing of Timber, Manufacture of Wood, Bamboo, Rattan, Palm and Straw Products	3.91	2.43
造纸及纸制品业	Manufacture of Paper and Paper Products	2.25	2.06
印刷和记录媒介复制业	Printing, Reproduction of Recording Media	3.41	2.27
石油加工、炼焦和核燃料加工业	Processing of Petroleum, Coking and Processing of Nuclear Fuel	86.72	86.52
化学原料和化学制品制造业	Manufacture of Raw Chemical Materials and Chemical Products	379.34	234.73
医药制造业	Manufacture of Medicines	33.83	29.20
化学纤维制造业	Manufacture of Chemical Fibers	47.95	24.30
橡胶和塑料制品业	Manufacture of Rubber and Plastics	37.21	23.84
非金属矿物制品业	Manufacture of Non-metallic Mineral Products	228.86	164.58
黑色金属冶炼和压延加工业	Smelting and Pressing of Ferrous Metals	643.03	482.39
有色金属冶炼和压延加工业	Smelting and Pressing of Non-ferrous Metals	606.49	428.64
金属制品业	Manufacture of Metal Products	42.10	36.46
通用设备制造业	Manufacture of General Purpose Machinery	130.86	101.81
专用设备制造业	Manufacture of Special Purpose Machinery	109.64	81.00
汽车制造业	Manufacture of Automobile	856.36	719.23
铁路船舶航空航天和其他运输设备制造业	Manufacture of Railroads, Ships, Aerospace and Other Transportation Equipments	72.73	62.45
电气机械和器材制造业	Manufacture of Electrical Machinery and Equipment	187.84	180.96
计算机通信和其他电子设备制造业	Manufacture of Computers, Communication and Other Electronic Equipments	406.99	184.37
仪器仪表制造业	Manufacture of Measuring Instruments and Machinery	4.45	4.44
其他制造业	Manufacture of Others	0.20	0.00
废弃资源综合利用业	Industry of Comprehensive Utilization of Waste Resources	8.03	7.96
金属制品、机械和设备修理业	Industry of Metal Products, Machinery and Equipment Repair	21.62	21.58
电力、热力生产和供应业	Production and Supply of Electric Power and Heat Power	1551.39	718.75
燃气生产和供应业	Production and Supply of Gas	56.12	39.81
水的生产和供应业	Production and Supply of Water	49.37	34.50

单位：亿元（100 million yuan）

非流动负债 Long-term Liabilities	所有者权益 Creditors' Equity	#实收资本 Capital Hold	主营业务收入 Revenue from principal Business	主营业务成本 Cost of Principal Business	主营业务税金及附加 Business and Extra Charges	利润总额 Total Profits	本年应付职工薪酬 Wages Payable in This Year	本年应交增值税 Value Added Tax Payable
3004.80	**4614.17**	**2214.79**	**9696.28**	**8300.68**	**315.43**	**318.05**	**686.80**	**317.56**
2987.63	4522.03	2147.74	9428.43	8063.51	314.63	299.13	675.99	306.96
379.04	778.63	357.98	2059.89	1567.85	256.02	75.09	107.56	95.51
0.36	0.27	0.20	0.95	0.91		0.04		
0.12	0.72	0.70	0.36	0.22		-0.04	0.12	0.02
2030.03	2547.05	1409.23	5207.87	4612.89	28.33	152.61	406.11	154.00
578.09	1195.36	379.63	2159.36	1881.64	30.27	71.42	162.20	57.42
10.38	17.35	12.94	166.99	149.44	0.44	12.98	5.65	7.67
6.78	74.78	54.11	100.86	87.73	0.36	5.95	5.16	2.94
78.87	695.52	196.32	1149.91	752.67	192.91	93.88	78.69	63.90
2925.93	3918.65	2018.47	8546.37	7548.01	122.52	224.18	608.11	253.67
2404.92	3559.45	1448.97	7527.71	6501.31	304.58	161.88	573.17	248.25
331.88	697.28	513.13	1103.33	929.13	5.98	92.52	73.70	40.56
268.00	357.43	252.68	1065.23	870.24	4.87	63.66	39.93	28.75
1135.06	758.91	307.02	1082.40	1021.00	9.46	-75.89	288.38	67.26
66.82	163.92	128.65	122.09	94.21	1.59	4.41	9.87	5.93
0.56	13.95	1.28	5.05	3.17	0.09	0.94	1.87	0.38
4.88	16.16	10.43	16.75	10.58	0.63	1.18	1.90	1.08
0.85	10.75	5.75	55.00	51.23	0.06	1.53	1.21	0.53
0.84	3.54	2.39	15.51	14.07	0.03	0.74	0.90	0.18
1.85	69.69	12.71	90.04	41.88	10.54	10.72	10.66	7.95
0.00	222.54	55.96	336.18	98.28	179.76	30.73	21.05	38.13
20.38	52.26	7.78	52.16	50.24	0.26	5.05	4.66	0.94
0.63	6.53	2.43	7.05	4.39	0.07	1.02	1.32	0.59
0.96	0.32	0.55	7.14	6.34	0.25	0.16	0.27	0.37
0.18	5.21	1.50	4.39	2.94	0.03	0.84	0.82	0.32
0.95	5.59	2.06	12.38	10.06	0.08	0.55	2.74	0.20
0.20	43.14	86.38	462.46	383.50	70.61	-3.39	4.74	13.43
144.31	170.39	103.38	337.56	294.91	0.88	11.06	17.72	7.04
4.63	34.44	15.17	62.52	46.71	0.36	3.49	9.30	2.65
23.64	41.91	20.27	52.66	43.05	0.09	2.65	2.23	0.86
12.89	66.44	32.03	80.58	70.47	0.25	2.11	6.76	2.12
59.59	245.36	122.04	342.34	262.72	2.21	53.12	19.24	19.24
160.57	416.06	145.64	1107.82	1039.00	5.40	31.31	39.67	39.70
177.85	233.58	69.64	1485.84	1349.12	2.27	0.88	3.77	5.83
5.45	47.89	22.01	70.42	57.23	0.32	5.20	6.26	2.98
28.18	122.61	41.90	297.14	263.69	2.29	12.80	22.12	7.77
28.46	65.25	23.92	132.21	107.41	0.90	10.30	10.07	2.71
130.21	369.52	100.37	851.53	751.25	16.86	25.80	52.48	11.61
10.27	24.58	20.49	44.33	40.23	0.08	-4.28	5.53	0.69
6.35	159.30	31.55	360.42	303.20	1.18	26.06	15.00	8.23
211.83	398.09	346.86	345.84	290.03	1.11	33.63	27.55	4.29
0.01	4.60	1.24	5.23	4.23	0.03	0.49	0.38	0.17
0.20	1.34	0.30	0.76	0.56	0.01	0.10	0.04	0.09
0.07	2.88	1.83	41.97	40.92	0.17	0.20	0.23	1.46
0.03	27.73	8.16	24.73	19.90	0.09	2.72	4.01	0.18
737.67	723.61	450.71	1708.54	1460.36	7.02	116.18	86.49	61.62
16.31	22.54	9.80	47.72	42.08	0.17	3.47	2.44	0.30
12.09	63.56	22.60	27.55	21.73	0.27	2.17	5.10	0.72

13—9 国有控股工业企业主要经济效益指标（2014年）
Main Indicators on Economic Benefit of State-owned and State-holding Industrial Enterprises (2014)

行 业	Sector
总 计	**Total**
总计中：	**Of the Total:**
内资企业	Domestic Funded Enterprise
国有企业	State-owned Enterprise
股份合作企业	Share Holding Cooperative Enterprises
联营企业	Joint Owned Enterprises
有限责任公司	Limited Liability Corporations
股份有限公司	Share-holding Corporations Ltd.
港澳台商投资企业	Enterprises Funded by Entrepreneurs from Hong Kong, Macao and Taiwan
外商投资企业	Foreign Funded Enterprises
总计中：	**Of the Total:**
轻工业	Light Industry
重工业	Heavy Industry
总计中：	**Of the Total:**
大型企业	Large-sized Enterprises
中型企业	Medium-sized Enterprises
小型企业	Small Enterprises
按行业分	**Grouped by Sector**
煤炭开采和洗选业	Mining and Washing of Coal
黑色金属矿采选业	Mining and Processing of Ferrous Metal Ores
有色金属矿采选业	Mining and Processing of Non-Ferrous Metal Ores
非金属矿采选业	Mining and Processing of Nonmetal Ores
农副食品加工业	Processing of Food from Agriculture Products
食品制造业	Manufacture of Foods
酒、饮料和精制茶制造业	Manufacture of Wine, Beverages and Refined Tea
烟草制品业	Manufacture of Tobacco
纺织业	Manufacture of Textile
纺织服装、服饰业	Manufacture of Textile Wearing Apparel and Clothing
木材加工及木竹藤棕草制品业	Processing of Timber, Manufacture of Wood, Bamboo, Rattan, Palm and Straw Products
造纸及纸制品业	Manufacture of Paper and Paper Products
印刷和记录媒介复制业	Printing, Reproduction of Recording Media
石油加工、炼焦和核燃料加工业	Processing of Petroleum, Coking and Processing of Nuclear Fuel
化学原料和化学制品制造业	Manufacture of Raw Chemical Materials and Chemical Products
医药制造业	Manufacture of Medicines
化学纤维制造业	Manufacture of Chemical Fibers
橡胶和塑料制品业	Manufacture of Rubber and Plastics
非金属矿物制品业	Manufacture of Non-metallic Mineral Products
黑色金属冶炼和压延加工业	Smelting and Pressing of Ferrous Metals
有色金属冶炼和压延加工业	Smelting and Pressing of Non-ferrous Metals
金属制品业	Manufacture of Metal Products
通用设备制造业	Manufacture of General Purpose Machinery
专用设备制造业	Manufacture of Special Purpose Machinery
汽车制造业	Manufacture of Automobile
铁路船舶航空航天和其他运输设备制造业	Manufacture of Railroads, Ships, Aerospace and Other Transportation Equipments
电气机械和器材制造业	Manufacture of Electrical Machinery and Equipment
计算机通信和其他电子设备制造业	Manufacture of Computers, Communication and Other Electronic Equipments
仪器仪表制造业	Manufacture of Measuring Instruments and Machinery
其他制造业	Manufacture of Others
废弃资源综合利用业	Industry of Comprehensive Utilization of Waste Resources
金属制品、机械和设备修理业	Industry of Metal Products, Machinery and Equipment Repair
电力、热力生产和供应业	Production and Supply of Electric Power and Heat Power
燃气生产和供应业	Production and Supply of Gas
水的生产和供应业	Production and Supply of Water

总资产贡献率 (%) Ratio of Total Assets to Industrial Output Value (%)	资产负债率 (%) Assets-liability Ratio (%)	流动资产周转次数 (次/年) Number of Times of Annual of Turnover Circulating Funds (times/year)	工业成本费用利润率 (%) Ratio of Profits to Industrial Cost (%)	产品销售率 (%) Proportion of Products Sold (%)
8.83	**64.16**	**2.25**	**3.43**	**98.06**
8.71	64.35	2.23	3.32	98.09
22.62	60.35	3.68	4.45	97.79
5.97	81.41	5.20	4.60	100.00
-1.09	34.30	2.05	-9.91	104.07
6.16	66.05	2.20	2.97	97.94
6.07	62.87	1.66	3.27	98.69
34.85	72.57	7.62	8.23	97.22
7.97	41.37	2.37	6.22	96.99
29.45	42.08	1.78	10.11	94.81
6.71	66.44	2.34	2.69	98.61
8.53	64.80	2.20	2.23	98.29
9.67	57.81	2.04	8.87	96.55
10.26	67.82	3.13	6.68	98.33
2.30	75.44	1.76	-6.11	98.70
5.07	55.44	1.77	3.72	96.14
8.05	19.59	0.62	21.25	103.07
11.24	47.92	2.04	7.68	99.73
10.46	57.02	4.19	2.82	99.90
14.34	49.13	5.95	5.00	94.03
26.77	34.94	1.36	15.14	86.72
83.40	25.54	1.63	24.00	94.87
8.29	44.11	1.92	9.23	97.94
15.66	34.53	0.99	16.42	100.23
21.56	92.42	4.47	2.40	86.01
16.36	30.13	1.06	22.27	96.00
9.00	37.93	2.17	4.51	100.98
64.37	66.78	14.67	-0.84	100.32
5.87	68.86	1.96	3.21	94.22
10.26	49.37	1.76	5.74	101.38
6.57	53.36	2.98	5.23	96.49
5.19	34.97	1.78	2.63	95.91
16.84	48.11	1.96	17.76	96.61
8.53	60.72	2.88	2.89	100.09
2.47	72.19	3.45	0.06	99.24
10.25	46.68	1.18	7.85	98.18
9.87	51.51	1.93	4.29	98.64
9.35	62.63	1.35	8.34	88.53
4.93	69.82	1.41	2.88	100.98
-2.58	74.74	0.71	-8.86	100.76
10.01	54.11	1.56	6.72	95.06
5.08	49.94	0.96	10.54	90.14
7.41	49.19	0.64	10.52	100.00
13.81	13.01	1.10	16.34	100.00
23.23	73.61	4.55	0.47	100.00
5.01	43.81	0.70	11.79	100.00
10.09	68.10	6.63	7.52	99.71
5.30	71.35	2.20	7.64	99.41
3.05	43.72	0.77	7.70	96.98

13—10 外商投资和港澳台投资工业企业主要经济指标（2014年）

Main Indicators of Industrial Enterprises with Hong Kong, Macao, Taiwan and Foreign Funds (2014)

行业	Sector	企业单位数（个）Number of Enterprises (unit)	工业总产值（现价）Gross Industrial Output Value
总计	**Total**	**804**	**4899.67**
总计中:	**Of the Total:**		
港澳台商投资企业	Enterprises Funded by Entrepreneurs from Hong Kong, Macao and Taiwan	308	2215.39
外商投资企业	Foreign Funded Enterprises	496	2684.28
总计中:	**Of the Total:**		
轻工业	Light Industry	361	1870.06
重工业	Heavy Industry	443	3029.61
总计中:	**Of the Total:**		
大型企业	Large-sized Enterprises	54	2476.06
中型企业	Medium-sized Enterprises	208	1536.38
小型企业	Small Enterprises	542	887.24
按行业分	**Grouped by Sector**		
黑色金属矿采选业	Mining and Processing of Ferrous Metal Ores	2	31.50
有色金属矿采选业	Mining and Processing of Non-Ferrous Metal Ores	1	0.26
非金属矿采选业	Mining and Processing of Nonmetal Ores	5	2.26
农副食品加工业	Processing of Food from Agriculture Products	26	153.55
食品制造业	Manufacture of Foods	20	105.76
酒、饮料和精制茶制造业	Manufacture of Wine, Beverages and Refined Tea	30	107.29
纺织业	Manufacture of Textile	33	62.71
纺织服装、服饰业	Manufacture of Textile Wearing Apparel and Clothing	70	144.84
皮革毛皮羽毛及其制品和制鞋业	Manufacture of Leather, Furs, Feather and Related Products	22	78.64
木材加工及木竹藤棕草制品业	Processing of Timber, Manufacture of Wood, Bamboo, Rattan, Palm and Straw Products	9	12.63
家具制造业	Manufacture of Furniture	6	32.95
造纸及纸制品业	Manufacture of Paper and Paper Products	12	35.99
印刷和记录媒介复制业	Printing, Reproduction of Recording Media	12	45.57
文教工美体育和娱乐用品制造业	Manufacture of Culture, Education, Art, Sports and Entertainment Supplies	26	61.86
石油加工、炼焦和核燃料加工业	Processing of Petroleum, Coking and Processing of Nuclear Fuel	2	50.25
化学原料和化学制品制造业	Manufacture of Raw Chemical Materials and Chemical Products	56	287.82
医药制造业	Manufacture of Medicines	19	41.95
化学纤维制造业	Manufacture of Chemical Fibers	5	31.30
橡胶和塑料制品业	Manufacture of Rubber and Plastics	45	146.60
非金属矿物制品业	Manufacture of Non-metallic Mineral Products	44	134.99
黑色金属冶炼和压延加工业	Smelting and Pressing of Ferrous Metals	14	288.95
有色金属冶炼和压延加工业	Smelting and Pressing of Non-ferrous Metals	8	361.03
金属制品业	Manufacture of Metal Products	34	94.52
通用设备制造业	Manufacture of General Purpose Machinery	42	390.06
专用设备制造业	Manufacture of Special Purpose Machinery	37	254.17
汽车制造业	Manufacture of Automobile	75	234.35
铁路船舶航空航天和其他运输设备制造业	Manufacture of Railroads, Ships, Aerospace and Other Transportation Equipments	3	0.97
电气机械和器材制造业	Manufacture of Electrical Machinery and Equipment	52	803.25
计算机通信和其他电子设备制造业	Manufacture of Computers, Communication and Other Electronic Equipments	40	619.29
仪器仪表制造业	Manufacture of Measuring Instruments and Machinery	5	54.29
废弃资源综合利用业	Industry of Comprehensive Utilization of Waste Resources	6	32.28
金属制品、机械和设备修理业	Industry of Metal Products, Machinery and Equipment Repair	2	2.07
电力、热力生产和供应业	Production and Supply of Electric Power and Heat Power	9	104.52
燃气生产和供应业	Production and Supply of Gas	28	85.71
水的生产和供应业	Production and Supply of Water	4	5.49

单位：亿元（100 million yuan）

工业销售产值（现价） Value of Industrial Products Sales (At current prices)	#出口交货值 Delivery Value for Export	资产合计 Total Assets	流动资产合计 Circulating Funds	#存货 Stock	#产成品 Finished Product	固定资产合计 Total of Fixed Assets	固定资产原价 Original Value of Fixed Assets	固定资产累计折旧 Accumulated Depreciation of Fixed Assets
4761.53	**655.28**	**2988.15**	**1661.21**	**301.71**	**124.08**	**1036.53**	**1796.93**	**799.09**
2136.53	433.78	1342.67	762.69	121.12	40.57	431.79	686.44	273.23
2625.00	221.50	1645.49	898.52	180.59	83.51	604.75	1110.49	525.86
1829.26	178.12	1012.54	553.87	118.84	61.50	353.30	640.36	300.16
2932.27	477.16	1975.61	1107.34	182.87	62.58	683.23	1156.57	498.93
2423.82	497.87	1370.33	868.94	127.70	58.73	414.20	728.74	323.12
1477.28	102.09	926.72	452.91	90.06	30.37	366.62	666.06	314.91
860.44	55.32	691.10	339.35	83.94	34.98	255.72	402.13	161.06
25.93		37.31	17.18	0.34	0.14	9.06	13.87	4.81
0.20		0.86	0.62	0.06		0.24	0.62	0.38
2.19		5.17	1.95	0.22	0.14	0.83	1.46	0.66
151.92	0.36	84.75	39.51	14.81	5.13	30.18	75.37	46.13
93.08	2.45	58.35	17.28	5.07	1.80	20.74	34.19	13.75
101.60		95.83	31.69	14.22	4.16	54.37	69.62	19.69
61.84	12.88	45.88	22.65	7.71	2.58	18.42	40.28	22.18
142.36	49.11	50.54	27.10	7.01	2.55	19.07	36.05	18.23
77.68	15.90	41.33	22.86	3.74	1.08	13.61	19.33	5.81
11.85	1.84	5.48	3.75	1.96	0.80	0.81	1.69	0.88
32.05		8.54	4.31	0.91	0.69	3.93	6.54	2.62
36.31	0.18	27.70	10.40	2.28	1.03	14.00	17.29	3.32
40.83	0.29	25.05	16.46	4.74	2.83	7.25	13.86	7.24
61.04	51.68	31.36	14.45	2.38	1.03	12.87	15.73	4.08
45.47	0.00	34.06	10.77	1.89	0.66	23.29	32.47	14.58
324.69	7.47	204.05	111.04	13.55	7.06	68.71	112.66	44.73
38.95	1.90	28.13	15.22	5.18	2.87	9.81	16.46	6.78
27.16		30.66	12.85	4.62	0.86	15.07	18.29	3.46
141.02	31.97	156.50	73.87	16.39	8.17	65.88	112.27	48.17
127.25	9.97	196.28	66.81	13.88	7.08	100.98	139.69	41.22
280.08	37.12	115.11	69.25	15.30	3.17	57.30	81.09	20.79
357.91	0.41	107.90	83.26	2.58	1.57	15.67	17.46	4.70
90.71	6.53	63.38	33.61	7.40	2.92	22.49	31.97	10.27
380.17	14.62	153.45	75.33	21.54	8.70	47.90	121.03	75.09
247.70	4.84	131.08	75.81	21.23	6.27	43.24	85.97	43.28
223.75	29.75	184.83	114.11	22.18	8.33	42.88	72.36	33.59
0.93	0.21	4.55	2.00	0.34	0.07	1.99	2.30	0.45
752.66	32.21	369.05	261.14	46.16	35.00	92.09	215.01	126.48
610.08	334.92	407.37	330.37	34.30	4.48	70.14	103.82	34.60
49.51	7.54	31.82	26.52	1.98	1.44	3.86	8.10	4.25
30.01		10.89	5.77	1.49	0.87	1.82	3.25	1.50
2.07	1.13	1.75	0.69	0.08	0.01	0.69	1.45	0.76
103.09		129.97	32.42	4.28		90.60	204.51	114.02
84.19		82.96	24.45	1.49	0.21	45.36	50.69	11.78
5.27		26.22	5.74	0.42	0.36	11.39	20.19	8.80

13—10 续表 continued

行业	Sector	负债合计 Total Liabilities	流动负债 Liquid Liabilities
总计	**Total**	**1757.80**	**1511.79**
总计中：	**Of the Total:**		
港澳台商投资企业	Enterprises Funded by Entrepreneurs from Hong Kong, Macao and Taiwan	849.87	731.48
外商投资企业	Foreign Funded Enterprises	907.93	780.30
总计中：	**Of the Total:**		
轻工业	Light Industry	596.87	526.75
重工业	Heavy Industry	1160.93	985.04
总计中：	**Of the Total:**		
大型企业	Large-sized Enterprises	892.77	815.10
中型企业	Medium-sized Enterprises	501.38	412.74
小型企业	Small Enterprises	363.65	283.95
按行业分	**Grouped by Sector**		
黑色金属矿采选业	Mining and Processing of Ferrous Metal Ores	8.88	3.36
有色金属矿采选业	Mining and Processing of Non-Ferrous Metal Ores	0.46	0.46
非金属矿采选业	Mining and Processing of Nonmetal Ores	1.41	1.41
农副食品加工业	Processing of Food from Agriculture Products	53.97	51.09
食品制造业	Manufacture of Foods	27.59	25.27
酒、饮料和精制茶制造业	Manufacture of Wine, Beverages and Refined Tea	55.59	48.97
纺织业	Manufacture of Textile	22.88	16.48
纺织服装、服饰业	Manufacture of Textile Wearing Apparel and Clothing	28.50	23.95
皮革毛皮羽毛及其制品和制鞋业	Manufacture of Leather, Furs, Feather and Related Products	11.52	11.09
木材加工及木竹藤棕草制品业	Processing of Timber, Manufacture of Wood, Bamboo, Rattan, Palm and Straw Products	3.14	2.87
家具制造业	Manufacture of Furniture	5.31	5.31
造纸及纸制品业	Manufacture of Paper and Paper Products	12.71	10.54
印刷和记录媒介复制业	Printing, Reproduction of Recording Media	10.67	9.31
文教工美体育和娱乐用品制造业	Manufacture of Culture, Education, Art, Sports and Entertainment Supplies	13.80	11.47
石油加工、炼焦和核燃料加工业	Processing of Petroleum, Coking and Processing of Nuclear Fuel	18.60	15.60
化学原料和化学制品制造业	Manufacture of Raw Chemical Materials and Chemical Products	128.73	107.65
医药制造业	Manufacture of Medicines	11.51	6.48
化学纤维制造业	Manufacture of Chemical Fibers	22.98	11.49
橡胶和塑料制品业	Manufacture of Rubber and Plastics	72.29	57.91
非金属矿物制品业	Manufacture of Non-metallic Mineral Products	87.50	73.95
黑色金属冶炼和压延加工业	Smelting and Pressing of Ferrous Metals	77.29	60.59
有色金属冶炼和压延加工业	Smelting and Pressing of Non-ferrous Metals	51.18	47.87
金属制品业	Manufacture of Metal Products	30.21	24.89
通用设备制造业	Manufacture of General Purpose Machinery	73.12	64.13
专用设备制造业	Manufacture of Special Purpose Machinery	61.95	55.53
汽车制造业	Manufacture of Automobile	107.49	99.01
铁路船舶航空航天和其他运输设备制造业	Manufacture of Railroads, Ships, Aerospace and Other Transportation Equipments	1.38	1.13
电气机械和器材制造业	Manufacture of Electrical Machinery and Equipment	247.83	226.17
计算机通信和其他电子设备制造业	Manufacture of Computers, Communication and Other Electronic Equipments	361.89	336.98
仪器仪表制造业	Manufacture of Measuring Instruments and Machinery	14.50	14.14
废弃资源综合利用业	Industry of Comprehensive Utilization of Waste Resources	6.42	3.74
金属制品、机械和设备修理业	Industry of Metal Products, Machinery and Equipment Repair	0.69	0.62
电力、热力生产和供应业	Production and Supply of Electric Power and Heat Power	66.71	34.78
燃气生产和供应业	Production and Supply of Gas	43.63	35.82
水的生产和供应业	Production and Supply of Water	15.45	11.72

单位：亿元（100 million yuan）

非流动负债 Long-term Liabilities	所有者权益 Creditors' Equity	#实收资本 Capital Hold	主营业务收入 Revenue from principal Business	主营业务成本 Cost of Principal Business	主营业务税金及附加 Business and Extra Charges	利润总额 Total Profits	本年应付职工薪酬 Wages Payable in This Year	本年应交增值税 Value Added Tax Payable
172.76	**1216.47**	**720.09**	**4640.16**	**3946.06**	**22.36**	**234.92**	**181.25**	**122.19**
90.39	479.16	272.49	2153.76	1864.99	8.29	92.40	79.03	40.30
82.38	737.31	447.60	2486.39	2081.07	14.08	142.52	102.22	81.89
42.27	413.05	249.02	1758.99	1465.41	11.39	101.75	77.30	55.28
130.50	803.42	471.07	2881.17	2480.65	10.98	133.17	103.95	66.90
59.23	476.42	230.43	2327.76	1972.57	9.78	118.42	89.41	55.53
66.34	413.98	260.19	1479.17	1266.61	8.04	64.91	58.84	40.48
47.19	326.07	229.47	833.23	706.88	4.54	51.59	33.00	26.17
0.13	28.43	2.75	10.28	6.62	0.45	1.70	0.64	0.82
	0.40	0.12	0.20	0.19		-0.22	0.14	
	3.75	2.50	2.19	1.55	0.03	0.17	0.11	0.12
1.90	30.78	29.44	136.16	123.88	0.19	2.37	4.38	1.46
2.32	30.76	16.76	83.28	67.60	0.36	2.78	3.20	2.44
2.44	39.99	28.43	102.64	76.71	3.27	11.00	6.59	3.66
3.27	22.76	16.36	59.97	52.95	0.20	3.15	3.49	1.03
3.39	21.69	15.10	139.69	126.49	1.27	3.24	14.72	2.66
0.42	29.76	7.64	74.46	65.78	0.36	6.76	5.04	3.17
0.05	2.13	0.82	12.08	10.79	0.05	0.85	0.49	0.29
	3.22	1.51	34.26	27.83	0.20	3.53	1.11	0.94
0.06	15.18	12.48	35.99	31.03	0.06	3.36	1.73	2.24
0.19	14.11	5.76	37.92	28.39	0.38	6.04	1.97	1.67
1.50	17.43	5.16	60.02	51.86	0.57	2.61	2.87	0.67
3.00	15.45	10.45	38.42	34.79	0.07	2.19	0.65	1.62
4.71	77.05	62.41	279.07	210.04	1.61	17.89	9.31	11.05
1.72	16.61	6.62	38.78	26.26	0.18	5.52	1.59	1.62
11.50	6.62	7.41	24.35	20.35	0.13	1.23	0.87	1.36
11.01	83.72	60.05	137.58	111.30	0.53	8.11	13.14	2.67
11.21	108.68	67.47	111.03	88.48	0.48	10.64	7.34	3.66
16.10	37.83	18.61	294.28	267.70	0.74	6.95	4.58	10.38
3.31	46.72	11.66	389.57	335.85	0.11	0.18	1.10	4.43
4.58	33.03	20.27	93.54	76.83	0.65	6.88	4.29	2.54
8.41	80.40	36.40	323.10	276.71	2.14	20.24	9.11	13.65
4.91	68.96	41.07	241.17	203.27	1.55	14.48	8.28	3.84
5.97	77.11	51.50	221.62	190.21	1.04	11.10	15.07	5.29
0.20	3.13	3.00	0.93	0.86	0.01	-0.21	0.18	0.01
13.75	119.72	55.69	758.66	639.80	3.64	32.27	22.47	24.35
12.98	44.93	46.04	628.33	577.87	0.46	15.83	24.75	5.01
0.36	17.32	2.22	52.78	34.14	0.38	7.94	3.83	1.48
0.25	4.47	2.56	28.48	27.70	0.08	-0.37	0.15	0.26
	1.06	0.78	2.07	1.73	0.02	0.14	0.77	0.13
31.93	63.25	49.39	99.34	79.40	0.73	15.31	3.19	6.33
7.46	39.24	12.92	81.96	67.77	0.36	10.46	2.96	1.26
3.73	10.76	8.75	5.98	3.35	0.08	0.79	1.14	0.06

13—11 外商投资和港澳台工业企业主要经济效益指标（2014年）

Main Indicators on Economic Benefit of Industrial Enterprises with Hong Kong, Macao, Taiwan and Foreign Funds (2014)

行　业	Sector
总　　计	**Total**
总计中：	**Of the Total:**
港澳台商投资企业	Enterprises Funded by Entrepreneurs from Hong Kong, Macao and Taiwan
外商投资企业	Foreign Funded Enterprises
总计中：	**Of the Total:**
轻工业	Light Industry
重工业	Heavy Industry
总计中：	**Of the Total:**
大型企业	Large-sized Enterprises
中型企业	Medium-sized Enterprises
小型企业	Small Enterprises
按行业分	**Grouped by Sector**
黑色金属矿采选业	Mining and Processing of Ferrous Metal Ores
有色金属矿采选业	Mining and Processing of Non-Ferrous Metal Ores
非金属矿采选业	Mining and Processing of Nonmetal Ores
农副食品加工业	Processing of Food from Agriculture Products
食品制造业	Manufacture of Foods
酒、饮料和精制茶制造业	Manufacture of Wine, Beverages and Refined Tea
纺织业	Manufacture of Textile
纺织服装、服饰业	Manufacture of Textile Wearing Apparel and Clothing
皮革毛皮羽毛及其制品和制鞋业	Manufacture of Leather, Furs, Feather and Related Products
木材加工及木竹藤棕草制品业	Processing of Timber, Manufacture of Wood, Bamboo, Rattan, Palm and Straw Products
家具制造业	Manufacture of Furniture
造纸及纸制品业	Manufacture of Paper and Paper Products
印刷和记录媒介复制业	Printing, Reproduction of Recording Media
文教工美体育和娱乐用品制造业	Manufacture of Culture, Education, Art, Sports and Entertainment Supplies
石油加工、炼焦和核燃料加工业	Processing of Petroleum, Coking and Processing of Nuclear Fuel
化学原料和化学制品制造业	Manufacture of Raw Chemical Materials and Chemical Products
医药制造业	Manufacture of Medicines
化学纤维制造业	Manufacture of Chemical Fibers
橡胶和塑料制品业	Manufacture of Rubber and Plastics
非金属矿物制品业	Manufacture of Non-metallic Mineral Products
黑色金属冶炼和压延加工业	Smelting and Pressing of Ferrous Metals
有色金属冶炼和压延加工业	Smelting and Pressing of Non-ferrous Metals
金属制品业	Manufacture of Metal Products
通用设备制造业	Manufacture of General Purpose Machinery
专用设备制造业	Manufacture of Special Purpose Machinery
汽车制造业	Manufacture of Automobile
铁路船舶航空航天和其他运输设备制造业	Manufacture of Railroads, Ships, Aerospace and Other Transportation Equipments
电气机械和器材制造业	Manufacture of Electrical Machinery and Equipment
计算机通信和其他电子设备制造业	Manufacture of Computers, Communication and Other Electronic Equipments
仪器仪表制造业	Manufacture of Measuring Instruments and Machinery
废弃资源综合利用业	Industry of Comprehensive Utilization of Waste Resources
金属制品、机械和设备修理业	Industry of Metal Products, Machinery and Equipment Repair
电力、热力生产和供应业	Production and Supply of Electric Power and Heat Power
燃气生产和供应业	Production and Supply of Gas
水的生产和供应业	Production and Supply of Water

总资产贡献率 (%) Ratio of Total Assets to Industrial Output Value (%)	资产负债率 (%) Assets-liability Ratio (%)	流动资产周转次数 (次/年) Number of Times of Annual of Turnover Circulating Funds (times/year)	工业成本费用利润率 (%) Ratio of Profits to Industrial Cost (%)	产品销售率 (%) Proportion of Products Sold (%)
13.30	**58.83**	**2.86**	**5.37**	**97.18**
11.12	63.30	2.88	4.61	96.44
15.08	55.18	2.84	6.00	97.79
17.16	58.95	3.27	6.00	97.82
11.32	58.76	2.65	4.96	96.79
13.73	65.15	2.75	5.33	97.89
13.09	54.10	3.34	4.71	96.15
12.72	52.62	2.48	6.63	96.98
6.65	23.79	0.62	19.87	82.31
-26.66	53.69	0.32	-81.99	77.30
6.05	27.38	1.12	8.53	96.95
5.69	63.69	3.52	1.72	98.93
9.80	47.28	5.12	3.25	88.01
19.21	58.01	3.38	11.84	94.69
10.38	49.87	2.68	5.46	98.62
14.97	56.39	5.16	2.39	98.28
25.68	27.87	3.34	9.53	98.78
22.99	57.26	3.29	7.38	93.82
55.57	62.26	7.97	11.65	97.26
21.02	45.87	3.48	10.21	100.90
33.09	42.58	2.33	18.88	89.59
14.64	44.00	4.23	4.50	98.68
12.57	54.62	4.43	5.18	90.49
15.60	63.09	2.58	6.72	112.81
26.99	40.93	2.57	16.46	92.85
12.83	74.97	1.90	5.36	86.78
8.32	46.20	1.96	6.01	96.19
7.96	44.58	1.80	9.63	94.27
17.15	67.14	4.27	2.51	96.93
4.96	47.43	4.69	0.05	99.14
17.23	47.67	2.80	8.19	95.98
23.89	47.65	4.32	6.94	97.46
15.85	47.26	3.21	6.67	97.46
9.91	58.16	2.00	5.11	95.48
-2.10	30.43	0.47	-17.41	96.46
16.28	67.15	3.04	4.33	93.70
5.25	88.84	1.91	2.64	98.51
30.76	45.57	2.02	17.72	91.19
1.31	58.98	4.94	-1.31	92.96
16.56	39.22	3.03	7.05	100.00
19.21	51.33	3.10	18.38	98.63
15.04	52.59	3.43	14.14	98.23
4.23	58.95	1.09	14.07	96.03

13—12 私营工业企业主要经济指标（2014年）
Main Indicators of Private Enterprises (2014)

行业	Sector	企业单位数（个）Number of Enterprises (unit)	工业总产值（现价）Gross Industrial Output Value
总计	**Total**	**12815**	**16434.37**
总计中：	**Of the Total:**		
私营独资	Private Sole-source Investment Enterprise	452	433.73
私营合伙	Private Partnership Enterprise	69	49.60
私营有限责任公司	Private Companies with Limited Liabilities	11747	14880.40
私营股份有限公司	Private Share-holding Companies with Limited Liabilities	547	1070.64
总计中：	**Of the Total:**		
轻工业	Light Industry	5345	6547.08
重工业	Heavy Industry	7470	9887.29
总计中：	**Of the Total:**		
大型企业	Large-sized Enterprises	60	995.13
中型企业	Medium-sized Enterprises	708	2908.80
小型企业	Small Enterprises	12047	12530.44
按行业分	**Grouped by Sector**		
煤炭开采和洗选业	Mining and Washing of Coal	16	26.88
黑色金属矿采选业	Mining and Processing of Ferrous Metal Ores	76	249.43
有色金属矿采选业	Mining and Processing of Non-Ferrous Metal Ores	54	78.07
非金属矿采选业	Mining and Processing of Nonmetal Ores	156	166.35
开采辅助活动	Mining Auxiliary Activities	1	0.21
农副食品加工业	Processing of Food from Agriculture Products	1280	2045.75
食品制造业	Manufacture of Foods	278	334.75
酒、饮料和精制茶制造业	Manufacture of Wine, Beverages and Refined Tea	215	271.59
纺织业	Manufacture of Textile	467	629.27
纺织服装、服饰业	Manufacture of Textile Wearing Apparel and Clothing	794	627.94
皮革毛皮羽毛及其制品和制鞋业	Manufacture of Leather, Furs, Feather and Related Products	217	251.01
木材加工及木竹藤棕草制品业	Processing of Timber, Manufacture of Wood, Bamboo, Rattan, Palm and Straw Products	468	471.97
家具制造业	Manufacture of Furniture	214	227.32
造纸及纸制品业	Manufacture of Paper and Paper Products	166	181.82
印刷和记录媒介复制业	Printing, Reproduction of Recording Media	210	212.41
文教工美体育和娱乐用品制造业	Manufacture of Culture, Education, Art, Sports and Entertainment Supplies	323	284.72
石油加工、炼焦和核燃料加工业	Processing of Petroleum, Coking and Processing of Nuclear Fuel	14	58.40
化学原料和化学制品制造业	Manufacture of Raw Chemical Materials and Chemical Products	678	914.99
医药制造业	Manufacture of Medicines	182	279.92
化学纤维制造业	Manufacture of Chemical Fibers	24	20.58
橡胶和塑料制品业	Manufacture of Rubber and Plastics	777	795.94
非金属矿物制品业	Manufacture of Non-metallic Mineral Products	1525	1380.55
黑色金属冶炼和压延加工业	Smelting and Pressing of Ferrous Metals	380	814.59
有色金属冶炼和压延加工业	Smelting and Pressing of Non-ferrous Metals	164	458.73
金属制品业	Manufacture of Metal Products	667	786.57
通用设备制造业	Manufacture of General Purpose Machinery	784	910.32
专用设备制造业	Manufacture of Special Purpose Machinery	625	707.82
汽车制造业	Manufacture of Automobile	541	678.16
铁路船舶航空航天和其他运输设备制造业	Manufacture of Railroads, Ships, Aerospace and Other Transportation Equipments	132	185.90
电气机械和器材制造业	Manufacture of Electrical Machinery and Equipment	832	1635.72
计算机通信和其他电子设备制造业	Manufacture of Computers, Communication and Other Electronic Equipments	265	366.36
仪器仪表制造业	Manufacture of Measuring Instruments and Machinery	102	99.07
其他制造业	Manufacture of Others	69	77.48
废弃资源综合利用业	Industry of Comprehensive Utilization of Waste Resources	89	181.35
金属制品、机械和设备修理业	Industry of Metal Products, Machinery and Equipment Repair	4	3.76
电力、热力生产和供应业	Production and Supply of Electric Power and Heat Power	12	9.69
燃气生产和供应业	Production and Supply of Gas	6	5.15
水的生产和供应业	Production and Supply of Water	8	3.81

单位：亿元（100 million yuan）

工业销售产值（现价） Value of Industrial Products Sales (At current prices)	#出口交货值 Delivery Value for Export	资产合计 Total Assets	流动资产合计 Circulating Funds	#存货 Stock	#产成品 Finished Product	固定资产合计 Total of Fixed Assets	固定资产原价 Original Value of Fixed Assets	固定资产累计折旧 Accumulated Depreciation of Fixed Assets
16030.92	**587.47**	**8009.00**	**4244.86**	**1065.21**	**507.90**	**2756.69**	**4477.06**	**1923.19**
427.06	11.28	114.74	54.28	13.24	7.05	49.30	69.98	23.60
48.83	1.79	14.12	8.00	2.28	1.32	5.24	7.75	3.06
14511.20	543.15	7213.87	3818.71	963.73	456.99	2522.23	4146.75	1810.39
1043.83	31.25	666.26	363.88	85.96	42.54	179.93	252.58	86.14
6399.78	380.63	2713.92	1446.21	463.87	213.74	957.00	1488.36	603.00
9631.14	206.84	5295.08	2798.65	601.34	294.16	1799.69	2988.70	1320.20
963.10	88.02	730.22	318.79	72.50	38.91	291.29	514.31	238.29
2830.99	219.18	1696.11	858.76	214.68	101.97	597.22	998.63	443.35
12236.83	280.26	5582.67	3067.32	778.04	367.02	1868.18	2964.12	1241.55
26.87		19.57	4.41	0.94	0.51	7.20	12.06	5.64
240.24		158.52	47.87	8.09	4.50	45.22	143.52	101.94
77.60		49.62	26.14	2.29	1.16	14.92	32.55	20.07
164.32		64.43	25.75	5.56	3.67	26.60	39.63	14.64
0.23		0.03	0.02	0.01	0.01		0.01	
2014.05	26.47	665.83	351.29	137.98	48.57	245.06	399.58	170.59
328.77	6.90	144.93	77.38	24.10	10.48	51.45	109.41	61.89
258.74	9.68	151.12	81.07	31.60	15.72	44.29	75.74	35.75
620.53	79.39	277.45	136.42	44.46	21.51	110.17	166.34	65.01
617.15	73.08	220.01	113.01	29.27	14.71	77.55	103.10	31.66
242.03	28.94	109.91	66.02	23.06	12.16	32.28	47.25	17.31
463.92	12.35	170.72	84.51	27.94	12.64	68.61	90.53	29.75
221.74	19.17	94.37	47.57	16.14	8.52	36.33	65.46	31.21
177.62	2.98	80.99	39.96	10.55	4.57	30.40	48.32	20.16
207.31	2.17	119.52	58.31	14.76	6.43	46.05	68.90	24.72
276.18	59.35	120.20	69.05	20.76	10.06	37.35	46.20	12.06
58.10	0.01	17.95	11.27	4.77	3.61	5.48	6.03	1.06
886.99	23.95	437.59	223.65	59.01	32.37	155.20	217.93	71.75
272.37	17.62	144.19	84.23	16.52	8.22	42.59	56.43	17.95
19.69	1.41	10.82	4.94	1.67	1.14	5.61	6.72	1.28
780.27	8.80	375.16	210.86	50.20	25.44	128.36	214.73	99.28
1349.23	11.49	903.74	461.06	84.36	41.45	327.96	481.10	174.17
796.45	15.31	425.98	209.18	49.15	24.03	184.28	341.63	166.77
453.92	1.28	136.95	87.77	20.46	9.61	33.42	57.10	28.46
762.41	14.11	364.13	209.17	52.18	24.45	110.75	217.40	117.76
880.00	25.45	475.41	257.14	69.31	35.49	148.26	292.62	154.21
687.44	21.16	329.78	175.35	46.13	19.29	119.57	192.81	79.80
658.26	24.67	362.43	167.90	44.34	20.56	133.14	200.85	74.59
182.67	0.01	61.44	31.85	7.12	2.49	24.14	32.26	9.93
1578.46	69.38	1005.76	622.15	117.18	62.46	274.56	437.12	188.41
355.04	29.62	312.94	161.61	27.26	13.23	106.62	138.30	36.62
96.50	1.71	66.26	35.53	5.98	2.99	25.01	36.77	13.05
75.31	1.01	30.10	17.46	4.71	1.78	9.94	13.92	4.97
178.97		62.27	32.40	4.11	2.01	24.67	58.13	35.77
3.57		5.77	4.56	1.74	1.52	0.76	2.31	1.55
9.27		26.44	5.10	1.09	0.18	19.94	19.89	1.83
4.91		2.45	1.29	0.34	0.28	1.09	1.41	0.32
3.79		4.23	1.58	0.09	0.05	1.82	2.99	1.27

13—12 续表 continued

行业	Sector	负债合计 Total Liabilities	流动负债 Liquid Liabilities
总计	**Total**	**3950.95**	**3115.47**
总计中：	**Of the Total:**		
私营独资	Private Sole-source Investment Enterprise	44.84	33.90
私营合伙	Private Partnership Enterprise	5.63	4.16
私营有限责任公司	Private Companies with Limited Liabilities	3574.40	2848.81
私营股份有限公司	Private Share-holding Companies with Limited Liabilities	326.08	228.61
总计中：	**Of the Total:**		
轻工业	Light Industry	1311.96	1063.93
重工业	Heavy Industry	2638.99	2051.55
总计中：	**Of the Total:**		
大型企业	Large-sized Enterprises	388.63	265.34
中型企业	Medium-sized Enterprises	828.86	657.67
小型企业	Small Enterprises	2733.46	2192.46
按行业分	**Grouped by Sector**		
煤炭开采和洗选业	Mining and Washing of Coal	9.35	5.48
黑色金属矿采选业	Mining and Processing of Ferrous Metal Ores	94.92	70.59
有色金属矿采选业	Mining and Processing of Non-Ferrous Metal Ores	28.66	23.48
非金属矿采选业	Mining and Processing of Nonmetal Ores	30.44	21.43
开采辅助活动	Mining Auxiliary Activities		
农副食品加工业	Processing of Food from Agriculture Products	289.10	236.73
食品制造业	Manufacture of Foods	71.28	59.53
酒、饮料和精制茶制造业	Manufacture of Wine, Beverages and Refined Tea	75.73	61.28
纺织业	Manufacture of Textile	147.07	112.46
纺织服装、服饰业	Manufacture of Textile Wearing Apparel and Clothing	111.00	89.79
皮革毛皮羽毛及其制品和制鞋业	Manufacture of Leather, Furs, Feather and Related Products	56.28	45.45
木材加工及木竹藤棕草制品业	Processing of Timber, Manufacture of Wood, Bamboo, Rattan, Palm and Straw Products	71.70	59.67
家具制造业	Manufacture of Furniture	43.91	33.23
造纸及纸制品业	Manufacture of Paper and Paper Products	39.43	31.79
印刷和记录媒介复制业	Printing, Reproduction of Recording Media	62.51	47.33
文教工美体育和娱乐用品制造业	Manufacture of Culture, Education, Art, Sports and Entertainment Supplies	55.33	44.98
石油加工、炼焦和核燃料加工业	Processing of Petroleum, Coking and Processing of Nuclear Fuel	14.67	14.32
化学原料和化学制品制造业	Manufacture of Raw Chemical Materials and Chemical Products	216.13	178.29
医药制造业	Manufacture of Medicines	64.30	55.81
化学纤维制造业	Manufacture of Chemical Fibers	4.64	3.67
橡胶和塑料制品业	Manufacture of Rubber and Plastics	173.93	145.00
非金属矿物制品业	Manufacture of Non-metallic Mineral Products	457.11	354.16
黑色金属冶炼和压延加工业	Smelting and Pressing of Ferrous Metals	223.10	135.83
有色金属冶炼和压延加工业	Smelting and Pressing of Non-ferrous Metals	84.37	71.31
金属制品业	Manufacture of Metal Products	184.51	147.55
通用设备制造业	Manufacture of General Purpose Machinery	225.03	178.15
专用设备制造业	Manufacture of Special Purpose Machinery	162.95	133.84
汽车制造业	Manufacture of Automobile	190.09	151.89
铁路船舶航空航天和其他运输设备制造业	Manufacture of Railroads, Ships, Aerospace and Other Transportation Equipments	32.91	21.71
电气机械和器材制造业	Manufacture of Electrical Machinery and Equipment	488.61	404.67
计算机通信和其他电子设备制造业	Manufacture of Computers, Communication and Other Electronic Equipments	149.95	113.00
仪器仪表制造业	Manufacture of Measuring Instruments and Machinery	23.72	16.92
其他制造业	Manufacture of Others	12.49	9.64
废弃资源综合利用业	Industry of Comprehensive Utilization of Waste Resources	32.08	18.82
金属制品、机械和设备修理业	Industry of Metal Products, Machinery and Equipment Repair	2.08	2.01
电力、热力生产和供应业	Production and Supply of Electric Power and Heat Power	18.07	13.52
燃气生产和供应业	Production and Supply of Gas	1.08	0.82
水的生产和供应业	Production and Supply of Water	2.44	1.33

单位：亿元（100 million yuan）

非流动负债 Long-term Liabilities	所有者权益 Creditors' Equity	#实收资本 Capital Hold	主营业务收入 Revenue from principal Business	主营业务成本 Cost of Principal Business	主营业务税金及附加 Business and Extra Charges	利润总额 Total Profits	本年应付职工薪酬 Wages Payable in This Year	本年应交增值税 Value Added Tax Payable
362.68	**3959.15**	**1633.11**	**15696.55**	**13681.74**	**88.21**	**971.03**	**589.40**	**368.80**
2.66	65.68	23.61	421.90	371.57	2.77	24.40	12.89	9.92
0.21	8.30	4.45	47.90	42.95	0.34	2.65	1.57	0.87
328.26	3553.59	1482.59	14224.83	12414.98	79.03	868.55	536.84	334.12
31.56	331.59	122.46	1001.92	852.24	6.06	75.44	38.10	23.88
95.24	1368.87	485.12	6283.64	5504.01	32.91	380.56	260.19	118.39
267.44	2590.29	1147.98	9412.91	8177.73	55.29	590.47	329.21	250.41
89.40	341.21	143.87	943.20	813.29	4.35	77.81	53.62	36.94
99.52	863.41	269.85	2785.84	2381.16	14.72	198.71	152.67	80.83
173.76	2754.54	1219.39	11967.50	10487.29	69.14	694.51	383.11	251.03
3.45	10.22	4.19	26.59	23.58	0.19	0.56	1.90	1.10
18.32	62.86	23.37	227.36	208.65	2.12	4.06	3.38	6.29
4.33	20.64	12.22	79.50	63.04	0.97	4.85	3.00	2.93
4.48	32.89	13.33	162.28	135.40	2.55	10.06	4.68	5.55
	0.02	0.02	0.23	0.22				
19.73	363.27	111.56	1995.98	1803.16	5.41	100.94	39.53	27.30
4.73	71.99	25.20	326.59	280.75	1.59	18.28	12.70	5.99
5.14	73.86	26.62	250.35	198.75	6.69	25.13	8.62	6.07
15.25	127.33	48.17	608.67	538.65	2.87	36.75	29.18	11.59
4.81	104.91	38.43	611.77	539.06	3.94	34.85	53.61	13.10
4.17	56.24	20.26	234.52	210.97	0.90	12.49	10.27	4.87
5.82	95.72	34.07	452.99	400.75	2.58	27.29	15.89	9.09
5.93	49.21	20.55	216.90	186.48	1.22	13.81	9.33	4.39
2.62	40.31	17.80	176.23	156.56	0.72	9.07	6.65	3.02
4.59	55.46	19.65	203.08	170.89	0.74	14.93	8.31	2.83
2.65	63.28	21.77	264.81	228.02	1.48	15.26	15.24	6.03
0.06	3.28	3.24	52.31	48.86	0.07	2.10	0.37	0.38
20.13	215.46	77.18	875.94	752.99	4.11	62.55	22.13	17.83
4.48	78.89	27.18	266.20	227.26	1.27	20.63	11.20	5.53
0.97	6.19	2.18	19.79	16.29	0.10	1.83	0.80	0.41
10.25	197.62	77.78	752.74	643.96	4.16	55.53	28.63	16.06
59.82	433.89	206.06	1317.20	1123.42	9.72	88.45	52.64	34.95
23.45	198.42	68.08	781.20	711.46	2.79	40.75	26.90	25.51
3.06	53.16	30.17	440.68	416.18	1.72	14.18	5.91	11.55
8.59	173.71	71.38	744.61	650.75	4.28	47.03	25.61	16.31
18.10	241.70	100.66	851.66	724.13	5.86	54.80	36.25	21.22
7.13	160.50	62.22	675.64	581.87	4.46	41.48	27.12	15.82
18.85	170.65	57.46	643.67	565.28	3.65	36.14	31.08	16.97
0.71	27.19	11.83	177.57	161.25	0.88	7.60	5.81	4.63
47.37	507.35	266.46	1535.13	1294.28	6.72	111.05	59.76	42.63
21.92	160.88	91.93	354.07	296.87	1.46	34.91	21.54	12.02
4.40	42.22	13.27	94.03	78.56	0.43	8.00	4.37	3.13
0.48	17.54	5.48	76.78	62.51	0.31	6.39	2.92	1.72
1.23	27.27	8.88	178.56	163.65	2.11	7.23	3.11	11.29
0.07	3.69	1.16	3.59	2.77	0.04	0.25	0.19	0.16
4.51	8.18	7.77	8.55	7.02	0.04	1.27	0.47	0.42
0.19	1.37	0.76	5.10	4.41	0.03	0.34	0.09	0.02
0.88	1.79	4.78	3.70	3.06	0.03	0.23	0.22	0.06

13—13 私营工业企业主要经济效益指标（2014年）
Main Indicators on Economic Benefit of Private Industrial Enterprises (2014)

行　业	Sector
总　计	**Total**
总计中：	**Of the Total:**
私营独资	Private Sole-source Investment Enterprise
私营合伙	Private Partnership Enterprise
私营有限责任公司	Private Companies with Limited Liabilities
私营股份有限公司	Private Share-holding Companies with Limited Liabilities
总计中：	**Of the Total:**
轻工业	Light Industry
重工业	Heavy Industry
总计中：	**Of the Total:**
大型企业	Large-sized Enterprises
中型企业	Medium-sized Enterprises
小型企业	Small Enterprises
按行业分	**Grouped by Sector**
煤炭开采和洗选业	Mining and Washing of Coal
黑色金属矿采选业	Mining and Processing of Ferrous Metal Ores
有色金属矿采选业	Mining and Processing of Non-Ferrous Metal Ores
非金属矿采选业	Mining and Processing of Nonmetal Ores
开采辅助活动	Mining Auxiliary Activities
农副食品加工业	Processing of Food from Agriculture Products
食品制造业	Manufacture of Foods
酒、饮料和精制茶制造业	Manufacture of Wine, Beverages and Refined Tea
纺织业	Manufacture of Textile
纺织服装、服饰业	Manufacture of Textile Wearing Apparel and Clothing
皮革毛皮羽毛及其制品和制鞋业	Manufacture of Leather, Furs, Feather and Related Products
木材加工及木竹藤棕草制品业	Processing of Timber, Manufacture of Wood, Bamboo, Rattan, Palm and Straw Products
家具制造业	Manufacture of Furniture
造纸及纸制品业	Manufacture of Paper and Paper Products
印刷和记录媒介复制业	Printing, Reproduction of Recording Media
文教工美体育和娱乐用品制造业	Manufacture of Culture, Education, Art, Sports and Entertainment Supplies
石油加工、炼焦和核燃料加工业	Processing of Petroleum, Coking and Processing of Nuclear Fuel
化学原料和化学制品制造业	Manufacture of Raw Chemical Materials and Chemical Products
医药制造业	Manufacture of Medicines
化学纤维制造业	Manufacture of Chemical Fibers
橡胶和塑料制品业	Manufacture of Rubber and Plastics
非金属矿物制品业	Manufacture of Non-metallic Mineral Products
黑色金属冶炼和压延加工业	Smelting and Pressing of Ferrous Metals
有色金属冶炼和压延加工业	Smelting and Pressing of Non-ferrous Metals
金属制品业	Manufacture of Metal Products
通用设备制造业	Manufacture of General Purpose Machinery
专用设备制造业	Manufacture of Special Purpose Machinery
汽车制造业	Manufacture of Automobile
铁路船舶航空航天和其他运输设备制造业	Manufacture of Railroads, Ships, Aerospace and Other Transportation Equipments
电气机械和器材制造业	Manufacture of Electrical Machinery and Equipment
计算机通信和其他电子设备制造业	Manufacture of Computers, Communication and Other Electronic Equipments
仪器仪表制造业	Manufacture of Measuring Instruments and Machinery
其他制造业	Manufacture of Others
废弃资源综合利用业	Industry of Comprehensive Utilization of Waste Resources
金属制品、机械和设备修理业	Industry of Metal Products, Machinery and Equipment Repair
电力、热力生产和供应业	Production and Supply of Electric Power and Heat Power
燃气生产和供应业	Production and Supply of Gas
水的生产和供应业	Production and Supply of Water

总资产贡献率 (%) Ratio of Total Assets to Industrial Output Value (%)	资产负债率 (%) Assets-liability Ratio (%)	流动资产周转次数 (次/年) Number of Times of Annual of Turnover Circulating Funds (times/year)	工业成本费用利润率 (%) Ratio of Profits to Industrial Cost (%)	产品销售率 (%) Proportion of Products Sold (%)
19.25	**49.33**	**3.71**	**6.61**	**97.55**
33.98	39.08	7.78	6.20	98.46
28.39	39.86	5.99	5.90	98.44
19.17	49.55	3.74	6.51	97.52
17.30	48.94	2.76	8.16	97.50
21.15	48.34	4.36	6.47	97.75
18.27	49.84	3.38	6.70	97.41
17.27	53.22	2.99	8.91	96.78
18.89	48.87	3.26	7.67	97.32
19.61	48.96	3.91	6.18	97.66
10.23	47.79	6.03	2.19	99.94
9.17	59.88	4.76	1.85	96.31
21.54	57.75	3.04	6.67	99.40
29.26	47.24	6.31	6.78	98.78
13.11	7.83	10.06	0.73	107.40
21.84	43.42	5.70	5.32	98.45
19.28	49.18	4.22	5.98	98.21
26.74	50.12	3.09	11.38	95.27
20.34	53.01	4.49	6.43	98.61
24.97	50.45	5.42	6.09	98.28
17.88	51.20	3.57	5.65	96.42
24.39	42.00	5.37	6.42	98.29
22.35	46.52	4.62	6.72	97.55
17.18	48.68	4.42	5.43	97.69
16.85	52.30	3.50	7.99	97.60
20.63	46.03	3.84	6.16	97.00
15.08	81.72	5.16	3.82	99.49
20.69	49.39	3.93	7.70	96.94
20.06	44.59	3.16	8.45	97.30
23.17	42.85	4.00	10.30	95.67
21.73	46.36	3.59	7.98	98.03
15.90	50.58	2.87	7.20	97.73
17.19	52.37	3.74	5.51	97.77
21.95	61.61	5.05	3.31	98.95
20.16	50.67	3.57	6.76	96.93
18.50	47.33	3.32	6.90	96.67
19.78	49.41	3.86	6.57	97.12
16.83	52.45	3.84	5.96	97.07
22.25	53.57	5.62	4.45	98.27
17.46	48.58	2.47	7.81	96.50
16.64	47.91	2.22	10.69	96.91
18.29	35.80	2.66	9.25	97.40
29.19	41.50	4.40	9.59	97.20
36.56	51.52	5.52	4.25	98.69
8.73	36.05	0.79	7.47	94.97
7.72	68.34	1.67	16.47	95.61
15.87	43.96	4.06	6.86	95.36
8.49	57.72	2.34	6.58	99.56

13—14 大中型工业企业主要经济指标（2014年）
Main Indicators of Large and Medium-sized Industrial Enterprises (2014)

行　业	Sector	企业单位数（个）Number of Enterprises (unit)	工业总产值（现价）Gross Industrial Output Value
总　　计	**Total**	**1707**	**19743.59**
总计中：	**Of the Total:**		
内资企业	Domestic Funded Enterprise	1445	15731.16
国有企业	State-owned Enterprise	52	1917.66
集体企业	Collective-owned Enterprise	9	22.20
股份合作企业	Share Holding Cooperative Enterprises	2	6.56
联营企业	Joint Owned Enterprises	1	0.47
有限责任公司	Limited Liability Corporations	456	6040.97
股份有限公司	Share-holding Corporations Ltd.	154	3600.47
私营企业	Private Enterprises	768	3903.93
其他企业	Other Enterprises	3	238.88
港澳台商投资企业	Enterprises Funded by Entrepreneurs from Hong Kong, Macao and Taiwan	107	1865.39
外商投资企业	Foreign Funded Enterprises	155	2147.04
总计中：	**Of the Total:**		
轻工业	Light Industry	805	6019.45
重工业	Heavy Industry	902	13724.14
总计中：	**Of the Total:**		
大型企业	Large-sized Enterprises	283	12570.13
中型企业	Medium-sized Enterprises	1424	7173.46
按行业分	**Grouped by Sector**		
煤炭开采和洗选业	Mining and Washing of Coal	20	743.61
黑色金属矿采选业	Mining and Processing of Ferrous Metal Ores	15	179.72
有色金属矿采选业	Mining and Processing of Non-Ferrous Metal Ores	6	14.31
非金属矿采选业	Mining and Processing of Nonmetal Ores	9	28.62
农副食品加工业	Processing of Food from Agriculture Products	83	740.89
食品制造业	Manufacture of Foods	45	271.57
酒、饮料和精制茶制造业	Manufacture of Wine, Beverages and Refined Tea	43	370.01
烟草制品业	Manufacture of Tobacco	5	357.64
纺织业	Manufacture of Textile	96	401.77
纺织服装、服饰业	Manufacture of Textile Wearing Apparel and Clothing	179	377.23
皮革毛皮羽毛及其制品和制鞋业	Manufacture of Leather, Furs, Feather and Related Products	46	199.61
木材加工及木竹藤棕草制品业	Processing of Timber, Manufacture of Wood, Bamboo, Rattan, Palm and Straw Products	15	47.44
家具制造业	Manufacture of Furniture	10	88.32
造纸及纸制品业	Manufacture of Paper and Paper Products	15	102.75
印刷和记录媒介复制业	Printing, Reproduction of Recording Media	24	121.68
文教工美体育和娱乐用品制造业	Manufacture of Culture, Education, Art, Sports and Entertainment Supplies	44	140.38
石油加工、炼焦和核燃料加工业	Processing of Petroleum, Coking and Processing of Nuclear Fuel	3	491.01
化学原料和化学制品制造业	Manufacture of Raw Chemical Materials and Chemical Products	67	1063.98
医药制造业	Manufacture of Medicines	47	233.58
化学纤维制造业	Manufacture of Chemical Fibers	4	39.09
橡胶和塑料制品业	Manufacture of Rubber and Plastics	58	443.47
非金属矿物制品业	Manufacture of Non-metallic Mineral Products	96	627.35
黑色金属冶炼和压延加工业	Smelting and Pressing of Ferrous Metals	40	1757.44
有色金属冶炼和压延加工业	Smelting and Pressing of Non-ferrous Metals	20	1365.42
金属制品业	Manufacture of Metal Products	61	388.45
通用设备制造业	Manufacture of General Purpose Machinery	106	927.28
专用设备制造业	Manufacture of Special Purpose Machinery	65	539.29
汽车制造业	Manufacture of Automobile	114	1397.08
铁路船舶航空航天和其他运输设备制造业	Manufacture of Railroads, Ships, Aerospace and Other Transportation Equipments	15	65.08
电气机械和器材制造业	Manufacture of Electrical Machinery and Equipment	154	3107.12
计算机通信和其他电子设备制造业	Manufacture of Computers, Communication and Other Electronic Equipments	104	1306.60
仪器仪表制造业	Manufacture of Measuring Instruments and Machinery	7	77.25
其他制造业	Manufacture of Others	7	44.76
废弃资源综合利用业	Industry of Comprehensive Utilization of Waste Resources	9	199.88
金属制品、机械和设备修理业	Industry of Metal Products, Machinery and Equipment Repair	5	38.29
电力、热力生产和供应业	Production and Supply of Electric Power and Heat Power	50	1351.55
燃气生产和供应业	Production and Supply of Gas	7	73.55
水的生产和供应业	Production and Supply of Water	13	20.55

单位：亿元（100 million yuan）

工业销售产值（现价）Value of Industrial Products Sales (At current prices)	#出口交货值 Delivery Value for Export	资产合计 Total Assets	流动资产合计 Circulating Funds	#存货 Stock	#产成品 Finished Product	固定资产合计 Total of Fixed Assets	固定资产原价 Original Value of Fixed Assets	固定资产累计折旧 Accumulated Depreciation of Fixed Assets
19248.59	**1711.00**	**19601.01**	**8238.80**	**1882.76**	**685.45**	**7863.34**	**11801.68**	**4864.22**
15347.50	1111.04	17303.96	6916.95	1664.99	596.35	7082.52	10406.89	4226.18
1870.88	10.44	1768.81	519.49	250.81	26.02	973.28	1526.46	645.56
21.07	0.53	16.16	9.13	2.07	0.86	5.17	6.62	2.26
5.75		5.31	2.10	1.00	0.52	1.98	2.79	1.13
0.49		1.09	0.18	0.04		0.18	0.26	0.08
5894.44	409.86	8243.84	2987.43	666.30	255.32	3590.62	4735.40	1772.79
3525.84	382.91	4800.20	2208.12	455.45	171.89	1594.08	2571.52	1100.52
3794.09	307.21	2426.32	1177.55	287.18	140.88	888.51	1512.94	681.64
234.92	0.09	42.23	12.96	2.14	0.86	28.70	50.90	22.21
1802.21	417.92	1056.07	626.07	83.83	24.45	335.74	554.91	232.06
2098.88	182.04	1240.98	695.78	133.93	64.65	445.08	839.89	405.97
5833.61	548.90	3748.66	2041.03	651.75	255.32	1141.55	1962.79	878.92
13414.99	1162.11	15852.35	6197.77	1231.01	430.13	6721.79	9838.90	3985.30
12309.62	1282.06	14114.65	5750.73	1303.18	440.10	5733.80	8471.66	3537.22
6938.97	428.95	5486.35	2488.07	579.58	245.35	2129.54	3330.03	1327.00
734.06		3102.83	651.50	94.57	37.29	1671.57	1821.54	670.13
166.18		492.51	108.22	7.95	3.53	119.03	170.74	54.06
14.39		21.36	9.07	0.96	0.26	10.36	10.37	3.57
28.61	0.06	11.68	4.94	0.70	0.39	4.08	18.03	13.95
730.27	3.78	413.97	222.76	58.14	19.53	128.26	215.40	93.50
256.22	7.19	113.93	50.86	12.43	5.05	46.44	77.88	33.25
340.67	2.35	322.69	171.83	71.38	22.07	104.78	147.16	50.00
339.43	0.11	285.16	201.48	176.01	8.13	65.46	114.93	52.70
394.69	83.67	324.18	130.31	42.73	19.10	111.95	190.20	86.57
370.97	96.13	150.53	79.69	19.23	9.34	54.32	75.43	25.92
191.40	45.48	132.88	82.93	25.40	12.15	37.97	55.50	19.03
47.48	2.48	19.70	11.02	3.48	1.40	5.96	11.63	6.13
86.99	15.52	33.64	19.83	7.35	4.00	10.99	16.27	5.49
98.80	0.12	191.13	52.73	9.24	3.85	48.48	71.11	23.48
115.15	2.72	85.32	50.39	13.04	6.37	22.80	37.53	17.07
137.05	80.33	60.07	31.90	8.67	3.52	20.04	26.61	7.49
488.08		164.51	44.94	25.02	6.72	119.57	192.13	70.67
1069.78	43.94	1089.70	430.40	102.85	53.18	470.92	651.15	217.58
225.22	10.91	179.65	93.53	21.54	11.38	62.06	81.90	28.25
37.64	8.97	86.18	21.97	5.36	3.70	39.32	62.19	23.47
434.06	99.23	345.78	169.84	45.48	16.01	128.12	214.04	99.44
602.72	14.13	859.06	320.10	50.54	26.05	400.03	628.78	245.64
1742.05	83.71	1461.65	578.11	158.15	49.55	772.14	1421.76	668.45
1349.90	96.93	1036.77	560.78	184.37	28.95	235.30	322.80	116.59
367.44	18.78	281.16	183.26	49.79	14.03	65.25	115.85	52.95
897.43	42.78	713.44	404.79	110.19	50.24	195.66	404.30	220.26
512.45	22.65	464.64	264.50	64.38	24.57	116.22	182.11	72.49
1389.22	160.58	1634.63	841.60	112.34	41.76	416.76	609.05	250.86
64.87	4.76	103.54	64.58	11.63	5.41	31.01	39.89	11.06
2974.29	200.25	1605.42	1061.96	222.31	149.60	395.23	865.64	493.22
1253.99	555.75	1623.14	922.92	114.62	35.83	520.73	693.87	177.33
70.83	7.06	64.25	43.54	4.79	2.85	18.27	30.97	12.71
43.87	0.64	30.53	20.71	7.54	3.61	6.08	6.78	1.05
196.82		51.13	31.50	10.09	4.07	16.72	92.43	77.92
38.29		54.81	38.07	6.98	0.37	15.07	25.67	10.63
1345.11		1787.08	199.85	19.27	0.76	1260.51	1946.78	798.58
72.40		96.59	29.74	1.50	0.46	57.40	59.26	15.75
19.78		105.75	32.64	2.73	0.36	58.47	93.97	37.00

13—14 续表 continued

行业	Sector	负债合计 Total Liabilities	流动负债 Liquid Liabilities
总计	**Total**	**11875.29**	**8274.56**
总计中:	**Of the Total:**		
内资企业	Domestic Funded Enterprise	10481.13	7046.72
国有企业	State-owned Enterprise	1036.60	702.95
集体企业	Collective-owned Enterprise	8.34	7.79
股份合作企业	Share Holding Cooperative Enterprises	1.95	0.93
联营企业	Joint Owned Enterprises	0.37	0.19
有限责任公司	Limited Liability Corporations	5355.19	3320.19
股份有限公司	Share-holding Corporations Ltd.	2828.40	2060.60
私营企业	Private Enterprises	1217.49	923.01
其他企业	Other Enterprises	32.78	31.07
港澳台商投资企业	Enterprises Funded by Entrepreneurs from Hong Kong, Macao and Taiwan	694.01	611.85
外商投资企业	Foreign Funded Enterprises	700.14	615.99
总计中:	**Of the Total:**		
轻工业	Light Industry	1962.06	1695.72
重工业	Heavy Industry	9913.22	6578.84
总计中:	**Of the Total:**		
大型企业	Large-sized Enterprises	8894.20	6083.41
中型企业	Medium-sized Enterprises	2981.09	2191.15
按行业分	**Grouped by Sector**		
煤炭开采和洗选业	Mining and Washing of Coal	2336.04	1197.02
黑色金属矿采选业	Mining and Processing of Ferrous Metal Ores	261.55	176.25
有色金属矿采选业	Mining and Processing of Non-Ferrous Metal Ores	4.51	3.91
非金属矿采选业	Mining and Processing of Nonmetal Ores	4.46	3.45
农副食品加工业	Processing of Food from Agriculture Products	223.21	193.42
食品制造业	Manufacture of Foods	60.40	52.41
酒、饮料和精制茶制造业	Manufacture of Wine, Beverages and Refined Tea	153.22	134.31
烟草制品业	Manufacture of Tobacco	78.30	77.97
纺织业	Manufacture of Textile	166.55	119.49
纺织服装、服饰业	Manufacture of Textile Wearing Apparel and Clothing	82.88	70.96
皮革毛皮羽毛及其制品和制鞋业	Manufacture of Leather, Furs, Feather and Related Products	67.30	57.01
木材加工及木竹藤棕草制品业	Processing of Timber, Manufacture of Wood, Bamboo, Rattan, Palm and Straw Products	8.53	8.07
家具制造业	Manufacture of Furniture	20.25	15.73
造纸及纸制品业	Manufacture of Paper and Paper Products	96.10	65.44
印刷和记录媒介复制业	Printing, Reproduction of Recording Media	36.81	29.97
文教工美体育和娱乐用品制造业	Manufacture of Culture, Education, Art, Sports and Entertainment Supplies	27.38	24.87
石油加工、炼焦和核燃料加工业	Processing of Petroleum, Coking and Processing of Nuclear Fuel	111.62	108.42
化学原料和化学制品制造业	Manufacture of Raw Chemical Materials and Chemical Products	665.03	466.24
医药制造业	Manufacture of Medicines	74.72	59.41
化学纤维制造业	Manufacture of Chemical Fibers	48.56	33.40
橡胶和塑料制品业	Manufacture of Rubber and Plastics	148.33	84.64
非金属矿物制品业	Manufacture of Non-metallic Mineral Products	391.56	283.44
黑色金属冶炼和压延加工业	Smelting and Pressing of Ferrous Metals	861.88	610.78
有色金属冶炼和压延加工业	Smelting and Pressing of Non-ferrous Metals	710.71	523.47
金属制品业	Manufacture of Metal Products	152.48	135.37
通用设备制造业	Manufacture of General Purpose Machinery	362.61	257.95
专用设备制造业	Manufacture of Special Purpose Machinery	270.51	216.52
汽车制造业	Manufacture of Automobile	1064.21	888.57
铁路船舶航空航天和其他运输设备制造业	Manufacture of Railroads, Ships, Aerospace and Other Transportation Equipments	75.08	63.56
电气机械和器材制造业	Manufacture of Electrical Machinery and Equipment	990.88	884.85
计算机通信和其他电子设备制造业	Manufacture of Computers, Communication and Other Electronic Equipments	954.59	678.09
仪器仪表制造业	Manufacture of Measuring Instruments and Machinery	25.18	19.87
其他制造业	Manufacture of Others	12.69	10.67
废弃资源综合利用业	Industry of Comprehensive Utilization of Waste Resources	31.27	27.52
金属制品、机械和设备修理业	Industry of Metal Products, Machinery and Equipment Repair	23.65	23.39
电力、热力生产和供应业	Production and Supply of Electric Power and Heat Power	1161.98	587.83
燃气生产和供应业	Production and Supply of Gas	64.19	42.69
水的生产和供应业	Production and Supply of Water	46.05	37.58

单位：亿元（100 million yuan）

非流动负债 Long-term Liabilities	所有者权益 Creditors' Equity	#实收资本 Capital Hold	主营业务收入 Revenue from principal Business	主营业务成本 Cost of Principal Business	主营业务税金及附加 Business and Extra Charges	利润总额 Total Profits	本年应付职工薪酬 Wages Payable in This Year	本年应交增值税 Value Added Tax Payable
3291.88	**7678.03**	**3363.82**	**19971.16**	**17023.96**	**380.33**	**981.66**	**1193.29**	**624.36**
3166.31	6787.64	2873.20	16164.23	13784.78	362.51	798.33	1045.03	528.34
332.97	723.15	308.88	1854.91	1449.34	255.22	65.76	101.98	88.55
0.12	7.81	1.61	21.21	17.32	0.14	1.70	2.18	0.76
	3.36	1.55	5.75	3.76	0.02	0.49	1.10	0.18
0.12	0.72	0.70	0.36	0.22		-0.04	0.12	0.02
1940.53	2870.50	1529.27	6818.64	5980.33	38.45	254.02	485.73	211.30
702.30	1968.34	615.81	3487.25	2934.02	47.84	186.25	243.70	99.70
188.92	1204.62	413.72	3729.04	3194.45	19.06	276.52	206.29	117.77
1.35	9.15	1.64	247.07	205.35	1.77	13.64	3.95	10.06
61.43	350.06	183.80	1837.36	1603.34	6.72	70.62	66.23	32.04
64.14	540.34	306.83	1969.56	1635.84	11.10	112.71	82.02	63.98
197.75	1777.46	598.07	5674.18	4546.81	229.56	385.82	315.49	202.45
3094.14	5900.57	2765.75	14296.98	12477.15	150.77	595.85	877.79	421.92
2695.24	5200.70	2095.66	13141.10	11233.23	342.08	525.75	827.62	417.43
596.64	2477.33	1268.16	6830.06	5790.74	38.25	455.91	365.67	206.93
1138.56	767.48	309.99	1095.69	1032.19	9.65	-75.67	290.33	68.31
78.31	229.91	138.54	135.83	103.91	2.66	2.42	11.50	8.76
0.60	16.85	2.44	14.33	11.22	0.28	1.70	2.71	0.71
0.79	7.22	2.14	27.98	23.17	0.39	1.49	4.44	0.60
22.34	183.81	57.55	714.34	629.86	1.68	37.64	21.59	14.44
4.05	53.06	21.48	248.31	201.59	1.14	13.09	12.13	8.25
6.27	169.18	51.26	326.22	203.43	26.42	41.19	25.84	19.27
	206.86	40.51	339.27	101.05	179.78	30.82	21.74	38.30
38.78	156.60	49.03	401.06	365.76	1.48	21.77	29.81	7.67
6.05	66.24	29.65	363.06	320.83	2.49	18.97	41.64	8.80
7.79	71.09	17.93	179.66	150.75	0.68	15.03	11.48	4.63
0.37	11.17	4.84	46.93	40.83	0.17	3.24	3.43	1.12
4.15	13.33	3.97	88.49	73.26	0.38	6.61	3.32	2.32
28.13	94.84	53.47	97.65	86.96	0.25	4.23	5.11	4.59
5.03	48.22	13.84	110.60	90.22	0.43	9.49	9.57	3.21
1.42	32.51	8.85	129.01	109.42	0.91	7.09	8.18	2.23
3.20	52.90	96.83	479.78	398.85	70.61	-2.64	5.37	14.37
192.47	422.23	185.99	960.49	787.91	4.34	64.03	42.67	25.66
11.13	104.67	34.27	223.19	169.90	1.01	24.43	20.56	8.57
15.16	37.62	16.37	53.36	43.65	0.19	3.15	2.73	1.10
24.62	194.64	84.76	411.20	339.60	1.83	27.76	29.55	8.43
100.93	466.49	209.10	583.18	457.04	3.52	85.38	38.12	27.24
204.04	597.87	195.04	1869.70	1726.50	8.33	63.55	62.28	68.88
187.24	315.15	105.99	1983.63	1781.11	2.79	6.98	10.27	13.03
14.31	127.73	41.40	368.06	308.86	2.91	26.19	24.51	10.96
50.12	349.17	117.99	903.71	774.66	5.12	60.03	51.53	27.51
47.44	193.38	94.41	502.44	421.08	3.26	28.03	33.12	11.11
156.58	565.58	199.83	1318.39	1147.06	19.72	59.16	81.27	26.06
10.25	28.43	21.21	70.02	63.63	0.14	-2.63	7.31	1.22
86.54	612.17	241.66	2870.38	2400.86	13.53	180.04	106.27	88.31
257.78	656.61	484.42	1287.77	1111.35	3.81	87.04	76.48	18.60
4.89	39.07	5.21	73.96	51.36	0.47	9.51	5.45	2.29
0.35	17.83	4.22	44.93	33.67	0.12	4.10	1.49	0.62
1.05	19.86	3.95	195.19	177.56	2.78	12.22	2.73	21.33
0.20	31.15	9.40	29.34	23.98	0.11	3.00	5.05	0.36
551.27	625.09	374.48	1330.39	1184.06	6.38	94.84	75.11	54.09
21.45	32.30	9.57	72.46	60.63	0.29	7.60	3.49	0.78
8.24	59.70	22.20	21.18	16.17	0.27	0.80	5.08	0.63

13—15 大中型工业企业主要经济效益指标（2014年）
Main Indicators on Economic Benefit of Large and Medium-sized Industrial Enterprises (2014)

行　业	Sector
总　　计	**Total**
总计中：	**Of the Total:**
内资企业	Domestic Funded Enterprise
国有企业	State-owned Enterprise
集体企业	Collective-owned Enterprise
股份合作企业	Share Holding Cooperative Enterprises
联营企业	Joint Owned Enterprises
有限责任公司	Limited Liability Corporations
股份有限公司	Share-holding Corporations Ltd.
私营企业	Private Enterprises
其他企业	Other Enterprises
港澳台商投资企业	Enterprises Funded by Entrepreneurs from Hong Kong, Macao and Taiwan
外商投资企业	Foreign Funded Enterprises
总计中：	**Of the Total:**
轻工业	Light Industry
重工业	Heavy Industry
总计中：	**Of the Total:**
大型企业	Large-sized Enterprises
中型企业	Medium-sized Enterprises
按行业分	**Grouped by Sector**
煤炭开采和洗选业	Mining and Washing of Coal
黑色金属矿采选业	Mining and Processing of Ferrous Metal Ores
有色金属矿采选业	Mining and Processing of Non-Ferrous Metal Ores
非金属矿采选业	Mining and Processing of Nonmetal Ores
农副食品加工业	Processing of Food from Agriculture Products
食品制造业	Manufacture of Foods
酒、饮料和精制茶制造业	Manufacture of Wine, Beverages and Refined Tea
烟草制品业	Manufacture of Tobacco
纺织业	Manufacture of Textile
纺织服装、服饰业	Manufacture of Textile Wearing Apparel and Clothing
皮革毛皮羽毛及其制品和制鞋业	Manufacture of Leather, Furs, Feather and Related Products
木材加工及木竹藤棕草制品业	Processing of Timber, Manufacture of Wood, Bamboo, Rattan, Palm and Straw Products
家具制造业	Manufacture of Furniture
造纸及纸制品业	Manufacture of Paper and Paper Products
印刷和记录媒介复制业	Printing, Reproduction of Recording Media
文教工美体育和娱乐用品制造业	Manufacture of Culture, Education, Art, Sports and Entertainment Supplies
石油加工、炼焦和核燃料加工业	Processing of Petroleum, Coking and Processing of Nuclear Fuel
化学原料和化学制品制造业	Manufacture of Raw Chemical Materials and Chemical Products
医药制造业	Manufacture of Medicines
化学纤维制造业	Manufacture of Chemical Fibers
橡胶和塑料制品业	Manufacture of Rubber and Plastics
非金属矿物制品业	Manufacture of Non-metallic Mineral Products
黑色金属冶炼和压延加工业	Smelting and Pressing of Ferrous Metals
有色金属冶炼和压延加工业	Smelting and Pressing of Non-ferrous Metals
金属制品业	Manufacture of Metal Products
通用设备制造业	Manufacture of General Purpose Machinery
专用设备制造业	Manufacture of Special Purpose Machinery
汽车制造业	Manufacture of Automobile
铁路船舶航空航天和其他运输设备制造业	Manufacture of Railroads, Ships, Aerospace and Other Transportation Equipments
电气机械和器材制造业	Manufacture of Electrical Machinery and Equipment
计算机通信和其他电子设备制造业	Manufacture of Computers, Communication and Other Electronic Equipments
仪器仪表制造业	Manufacture of Measuring Instruments and Machinery
其他制造业	Manufacture of Others
废弃资源综合利用业	Industry of Comprehensive Utilization of Waste Resources
金属制品、机械和设备修理业	Industry of Metal Products, Machinery and Equipment Repair
电力、热力生产和供应业	Production and Supply of Electric Power and Heat Power
燃气生产和供应业	Production and Supply of Gas
水的生产和供应业	Production and Supply of Water

总资产贡献率 (%) Ratio of Total Assets to Industrial Output Value (%)	资产负债率 (%) Assets-liability Ratio (%)	流动资产周转次数 (次/年) Number of Times of Annual of Turnover Circulating Funds (times/year)	工业成本费用利润率 (%) Ratio of Profits to Industrial Cost (%)	产品销售率 (%) Proportion of Products Sold (%)
11.44	**60.59**	**2.47**	**5.19**	**97.49**
11.17	60.57	2.38	5.22	97.56
24.37	58.60	3.61	4.22	97.56
16.47	51.64	2.36	8.62	94.92
15.58	36.74	2.74	9.36	87.59
-1.09	34.30	2.05	-9.91	104.07
7.74	64.96	2.34	3.84	97.57
8.08	58.92	1.63	5.45	97.93
18.40	50.18	3.18	7.98	97.19
61.72	77.63	19.07	6.26	98.34
10.88	65.72	2.99	4.12	96.61
15.68	56.42	2.92	5.97	97.76
22.68	52.34	2.84	7.44	96.91
8.78	62.53	2.35	4.34	97.75
10.40	63.01	2.34	4.20	97.93
14.11	54.34	2.78	7.16	96.73
2.33	75.29	1.77	-6.03	98.72
4.20	53.10	1.28	1.80	92.47
12.77	21.12	1.60	13.29	100.59
22.65	38.18	5.76	5.59	99.98
14.65	53.92	3.23	5.51	98.57
20.92	53.01	5.04	5.39	94.35
27.30	47.48	1.92	15.45	92.07
87.51	27.46	1.70	23.50	94.91
11.24	51.37	3.14	5.52	98.24
21.31	55.06	4.57	5.53	98.34
16.70	50.65	2.20	8.94	95.89
25.82	43.30	4.28	7.37	100.07
29.92	60.20	4.48	8.11	98.50
6.46	50.28	1.86	4.45	96.15
16.22	43.14	2.23	9.28	94.63
19.41	45.58	4.08	5.83	97.63
52.03	67.85	11.10	-0.62	99.40
10.44	61.03	2.30	6.90	100.54
19.75	41.59	2.40	12.07	96.42
7.62	56.35	2.43	6.20	96.28
12.25	42.90	2.49	7.13	97.88
14.46	45.58	1.88	16.25	96.07
10.86	58.97	3.26	3.54	99.12
3.59	68.55	3.54	0.38	98.86
15.73	54.23	2.02	7.72	94.59
13.80	50.83	2.28	7.00	96.78
10.28	58.22	1.92	5.93	95.02
7.07	65.10	1.65	4.42	99.44
-0.20	72.51	1.10	-3.64	99.69
18.29	61.72	2.80	6.59	95.72
7.10	58.81	1.41	7.29	95.97
19.61	39.19	1.72	14.60	91.68
16.28	41.58	2.17	11.01	98.03
71.94	61.16	6.20	6.75	98.47
5.53	43.16	0.78	10.94	100.00
10.68	65.02	6.69	7.63	99.52
9.39	66.46	2.49	11.41	98.44
1.68	43.55	0.70	3.53	96.25

13—16 工业分行业职工人数
Number of Staff and Workers in Industry by Industrial Branch

单位：人（person）

项　　目	Item	2013	2014
总　计	**Total**	**3156740**	**3211223**
按登记注册类型分	**Grouped Type of Registration**		
国　有	State-owned	114658	127913
集　体	Collective-owned	11302	12853
其　他	Other Ownership	3030780	3070457
按行业分	**Grouped by Sector**		
采掘业	**Mining and Quarrying**	**374790**	**350627**
煤炭开采和洗选业	Mining and Washing of Coal	299874	278972
黑色金属矿采选业	Mining and Processing of Ferrous Metal Ores	41021	39459
有色金属矿采选业	Mining and Processing of Non-Ferrous Metal Ores	12588	11250
非金属矿采选业	Mining and Processing of Nonmetal Ores	20945	20703
开采辅助活动	Mining Auxiliary Activities	362	118
制造业	**Manufacturing**	**2675019**	**2748616**
农副食品加工业	Processing of Food from Agriculture Products	161277	151519
食品制造业	Manufacture of Foods	62693	65169
酒、饮料和精制茶制造业	Manufacture of Wine, Beverages and Refined Tea	68803	70849
烟草制品业	Manufacture of Tobacco	10605	12888
纺织业	Manufacture of Textile	139795	133643
纺织服装、服饰业	Manufacture of Textile Wearing Apparel and Clothing	212431	223187
皮革毛皮羽毛及其制品和制鞋业	Manufacture of Leather, Furs, Feather and Related Products	57450	59189
木材加工及木竹藤棕草制品业	Processing of Timber, Manufacture of Wood, Bamboo, Rattan, Palm and Straw Products	56668	57019
家具制造业	Manufacture of Furniture	23714	26974
造纸及纸制品业	Manufacture of Paper and Paper Products	28629	29274
印刷和记录媒介复制业	Printing, Reproduction of Recording Media	37742	40334
文教工美体育和娱乐用品制造业	Manufacture of Culture, Education, Art, Sports and Entertainment Supplies	56605	65038
石油加工、炼焦和核燃料加工业	Processing of Petroleum, Coking and Processing of Nuclear Fuel	6598	6372
化学原料和化学制品制造业	Manufacture of Raw Chemical Materials and Chemical Products	139839	135510
医药制造业	Manufacture of Medicines	58691	65143
化学纤维制造业	Manufacture of Chemical Fibers	11143	9752
橡胶和塑料制品业	Manufacture of Rubber and Plastics	122530	124437
非金属矿物制品业	Manufacture of Non-metallic Mineral Products	208174	218149
黑色金属冶炼和压延加工业	Smelting and Pressing of Ferrous Metals	108654	111788
有色金属冶炼和压延加工业	Smelting and Pressing of Non-ferrous Metals	56293	56257
金属制品业	Manufacture of Metal Products	127085	114296
通用设备制造业	Manufacture of General Purpose Machinery	167903	167084
专用设备制造业	Manufacture of Special Purpose Machinery	114276	119296
汽车制造业	Manufacture of Automobile	181859	186406
铁路船舶航空航天和其他运输设备制造业	Manufacture of Railroads, Ships, Aerospace and Other Transportation Equipments	26651	26369
电气机械和器材制造业	Manufacture of Electrical Machinery and Equipment	269031	274196
计算机通信和其他电子设备制造业	Manufacture of Computers, Communication and Other Electronic Equipmer	117811	152338
仪器仪表制造业	Manufacture of Measuring Instruments and Machinery	14879	16987
其他制造业	Manufacture of Others	8478	10270
废弃资源综合利用业	Industry of Comprehensive Utilization of Waste Resources	12154	12622
金属制品、机械和设备修理业	Industry of Metal Products, Machinery and Equipment Repair	6558	6261
电力、热力、燃气及水生产和供应业	**Electricity, Heat, Gas and Water Production and Supply Industry**	**106931**	**111980**
电力、热力生产和供应业	Production and Supply of Electric Power and Heat Power	88500	87816
燃气生产和供应业	Production and Supply of Gas	7526	8250
水的生产和供应业	Production and Supply of Water	10905	15914

注：不含规模以下私营单位。

a) Excluding scale under the private sector.

13—17　各市全部规模以上工业企业单位数和总产值（2014年）

Number Above Designated Size Industrial Enterprises and Gross Industrial Output Value by Region (2014)

单位：亿元（100 million yuan）

地　区	Region	企　业单位数（个）Number of Enterprises (unit)	#国有及国有控股企业 State-owned or Controlling Share Hold Industry	工　业总产值（现价）Gross Industrial Output Value	#国有及国有控股企业 State-owned or Controlling Share Hold Industry	工　业增加值（现价）Value-added of Industry	#国有及国有控股企业 State-owned or Controlling Share Hold Industry	工业销售产　值（当年价）Value of Industrial Products Sales	#国有及国有控股企业 State-owned or Controlling Share Hold Industry
总　计	**Total**	**17762**	**687**	**37420.62**	**8950.92**	**9302.81**	**2590.86**	**36505.46**	**8777.71**
合肥市	Hefei	2419	181	8589.40	2245.40	2074.38	564.14	8306.64	2158.80
淮北市	Huaibei	766	31	1816.45	505.79	551.95	237.56	1787.41	499.20
亳州市	Bozhou	775	19	844.41	185.45	227.99	71.99	820.13	176.47
宿州市	Suzhou	1129	34	1424.57	127.10	338.34	47.00	1409.93	126.33
蚌埠市	Bengbu	880	40	2215.54	323.24	591.37	135.74	2138.37	295.88
阜阳市	Fuyang	1316	27	1681.71	278.89	442.56	109.56	1627.80	267.04
淮南市	Huainan	561	28	953.92	576.97	345.18	253.88	938.06	570.33
滁州市	Chuzhou	1382	43	2279.22	340.54	558.83	100.58	2230.14	332.25
六安市	Luan	1086	32	1751.02	156.71	418.43	43.77	1697.65	153.76
马鞍山市	Maanshan	1035	49	2560.21	990.83	598.82	238.99	2509.71	994.28
芜湖市	Wuhu	1973	62	5454.16	1216.34	1345.56	327.62	5340.36	1217.03
宣城市	Xuancheng	1349	30	1705.52	148.38	394.94	36.51	1672.06	146.36
铜陵市	Tongling	260	34	1911.76	1131.48	423.63	273.46	1879.79	1118.19
池州市	Chizhou	524	17	655.82	95.80	165.59	27.00	636.68	94.45
安庆市	Anqing	1791	50	3011.46	616.17	695.85	120.33	2963.62	615.64
黄山市	Huangshan	516	10	565.45	11.84	129.39	2.72	547.11	11.70

13—18　各市全部规模以上工业总产值（2014年）

Gross Industrial Output Value Industrial Enterprises Above Designated Size by Region (2014)

本表按当年价格计算　(Data in value terms in this table are calculated at current prices)　　单位：亿元（100 million yuan）

地　区	Region	工业总产值 合　计（当年价）Gross Industrial Outpnt Value	国有及国有控股企业 State-owned or Controlling Share Hold Industry	集体企业 Collective-owned Enterprises	股　份有限公司 Share Holding Enterprises	港澳台商投资企业 Enterprises Funded by Enterpreneurs form Hong Kong, Macao and Taiwan	外　商投资企业 Foreign Funded Enterprises	轻工业 Light Industry	重工业 Heavy Industry
总　计	**Total**	**37420.62**	**8950.92**	**83.68**	**3978.40**	**2215.39**	**2684.28**	**12497.47**	**24923.15**
合肥市	Hefei	8589.40	2245.40	7.62	1111.29	964.90	1088.55	3027.61	5561.78
淮北市	Huaibei	1816.45	505.79	2.21	46.61	47.46	36.73	612.30	1204.15
亳州市	Bozhou	844.41	185.45	4.36	109.29		4.40	552.97	291.45
宿州市	Suzhou	1424.57	127.10	3.14	79.24	68.98	22.39	726.45	698.13
蚌埠市	Bengbu	2215.54	323.24	4.00	215.10	112.33	31.18	911.13	1304.41
阜阳市	Fuyang	1681.71	278.89	2.81	70.15	44.82	21.11	873.14	808.56
淮南市	Huainan	953.92	576.97	5.98	90.77	53.57	6.86	166.10	787.82
滁州市	Chuzhou	2279.22	340.54	10.07	169.71	121.97	158.37	901.55	1377.67
六安市	Luan	1751.02	156.71	5.21	94.95	20.21	171.38	911.47	839.56
马鞍山市	Maanshan	2560.21	990.83	11.69	707.59	57.47	200.76	443.15	2117.06
芜湖市	Wuhu	5454.16	1216.34	5.01	764.87	226.20	749.77	1128.88	4325.28
宣城市	Xuancheng	1705.52	148.38	6.56	267.32	23.39	74.38	451.80	1253.72
铜陵市	Tongling	1911.76	1131.48		26.31	385.78	50.63	44.23	1867.53
池州市	Chizhou	655.82	95.80	0.52	49.44	10.72	18.60	137.35	518.47
安庆市	Anqing	3011.46	616.17	13.35	157.60	70.54	44.66	1337.84	1673.62
黄山市	Huangshan	565.45	11.84	1.14	18.17	7.05	4.53	271.51	293.94

13—19 各市全部规模以上工业企业主要经济指标（2014年）
Main Indicators Above Designated Size Industrial Enterprises by Region (2014)

单位：亿元（100 million yuan）

地区	Region	企业单位数（个）Number of Enterprises (unit)	工业总产值（现价）Gross Industrial Output Value	工业销售产值（当年价）Value of Industrial Products Sales	资产合计 Total Assets	流动资产合计 Circulating Funds	固定资产合计 Total of Fixed Assets	固定资产原价 Original Value of Fixed Assets	负债合计 Total Liabilities
总计	**Total**	**17762**	**37420.62**	**36505.46**	**28831.52**	**13006.91**	**11167.40**	**16884.78**	**16718.69**
合肥市	Hefei	2419	8589.40	8306.64	6226.53	3225.16	2175.64	3999.45	3563.70
淮北市	Huaibei	766	1816.45	1787.41	2304.83	708.88	867.88	1402.49	1499.64
亳州市	Bozhou	775	844.41	820.13	580.28	258.18	254.99	320.49	306.65
宿州市	Suzhou	1129	1424.57	1409.93	703.68	268.74	336.61	474.88	359.20
蚌埠市	Bengbu	880	2215.54	2138.37	1114.81	572.69	387.01	563.43	611.11
阜阳市	Fuyang	1316	1681.71	1627.80	980.95	459.83	383.81	664.19	525.25
淮南市	Huainan	561	953.92	938.06	2240.21	526.29	1443.43	1492.52	1603.19
滁州市	Chuzhou	1382	2279.22	2230.14	1595.90	764.05	600.52	794.02	886.61
六安市	Luan	1086	1751.02	1697.65	1134.34	494.53	460.59	565.75	645.92
马鞍山市	Maanshan	1035	2560.21	2509.71	2318.33	947.14	929.84	1561.32	1284.82
芜湖市	Wuhu	1973	5454.16	5340.36	4366.43	2267.70	1431.29	2381.22	2494.73
宣城市	Xuancheng	1349	1705.52	1672.06	1140.40	585.00	376.59	507.97	619.26
铜陵市	Tongling	260	1911.76	1879.79	1667.93	834.47	519.86	751.04	1096.70
池州市	Chizhou	524	655.82	636.68	542.71	206.05	265.67	326.77	298.22
安庆市	Anqing	1791	3011.46	2963.62	1569.87	685.63	625.48	929.65	748.27
黄山市	Huangshan	516	565.45	547.11	344.31	202.58	108.20	149.58	175.42

地区	Region	#流动负债 Liquid Liabilities	所有者权益 Creditors Equity	#实收资本 Total Capital Hold	主营业务收入 Revenue from principal Business	主营业务成本 Cost of Principal Business	主营业务税金及附加 Business and Extra Charges	利润总额 Total Profits	本年应交增值税 Value Added Tax Payable
总计	**Total**	**11967.04**	**11947.41**	**5502.29**	**36838.37**	**31708.03**	**476.19**	**1943.62**	**991.10**
合肥市	Hefei	2735.60	2624.31	1280.39	8196.10	6957.59	89.15	471.48	203.35
淮北市	Huaibei	820.32	794.95	204.45	2209.24	1956.06	17.68	56.73	58.93
亳州市	Bozhou	211.68	270.04	114.45	798.09	657.81	11.67	65.36	20.67
宿州市	Suzhou	223.51	336.15	140.57	1392.27	1249.36	8.56	58.16	23.30
蚌埠市	Bengbu	492.74	498.37	215.23	1971.21	1717.65	57.88	64.51	29.67
阜阳市	Fuyang	368.43	446.11	152.20	1582.78	1349.44	35.83	78.21	63.83
淮南市	Huainan	900.11	635.32	475.06	952.35	849.28	6.91	-9.22	48.80
滁州市	Chuzhou	628.39	702.46	348.24	2221.93	1798.89	30.23	239.40	77.05
六安市	Luan	466.39	475.46	203.87	1572.72	1380.16	13.29	80.94	27.49
马鞍山市	Maanshan	966.56	1024.55	507.23	2556.55	2303.02	10.56	97.96	67.13
芜湖市	Wuhu	1994.86	1860.50	872.13	5117.49	4371.63	88.48	306.83	193.40
宣城市	Xuancheng	437.56	511.63	207.39	1640.09	1412.27	9.10	119.84	48.39
铜陵市	Tongling	822.18	558.92	225.81	2490.82	2190.62	4.54	36.76	25.37
池州市	Chizhou	217.47	241.05	111.57	640.15	540.60	3.45	52.68	22.84
安庆市	Anqing	545.43	803.69	389.49	2960.32	2503.72	86.43	199.35	70.32
黄山市	Huangshan	135.82	163.90	54.21	536.25	469.92	2.44	24.62	10.54

13—20　各市国有控股工业企业主要经济指标（2014年）

Main Indicators of State-owned and State Holding Majority Shares Industrial Enterprises by Region (2014)

单位：亿元（100 million yuan）

地　区	Region	企业单位数(个) Number of Enterprises (unit)	工业总产值(现价) Gross Industrial Output Value	工业销售产值(当年价) Value of Industrial Products Sales	资产合计 Total Assets	流动资产合计 Circulating Funds	固定资产合计 Total of Fixed Assets	固定资产原价 Original Value of Fixed Assets	负债合计 Total Liabilities
总　计	**Total**	**687**	**8950.92**	**8777.71**	**12933.86**	**4418.85**	**5982.87**	**8464.25**	**8298.98**
合肥市	Hefei	181	2245.40	2158.80	2772.26	1184.87	1158.26	1723.07	1527.67
淮北市	Huaibei	31	505.79	499.20	1711.97	445.20	619.56	944.52	1237.31
亳州市	Bozhou	19	185.45	176.47	208.19	64.89	121.02	164.03	135.26
宿州市	Suzhou	34	127.10	126.33	155.91	23.02	109.03	175.06	119.74
蚌埠市	Bengbu	40	323.24	295.88	386.75	175.29	142.08	196.61	203.38
阜阳市	Fuyang	27	278.89	267.04	308.93	89.83	158.32	230.48	186.33
淮南市	Huainan	28	576.97	570.33	1947.53	376.92	1329.31	1306.05	1437.92
滁州市	Chuzhou	43	340.54	332.25	387.88	114.32	203.55	258.71	251.67
六安市	Luan	32	156.71	153.76	207.70	40.08	139.70	186.01	161.01
马鞍山市	Maanshan	49	990.83	994.28	1365.89	460.72	661.54	1192.04	792.98
芜湖市	Wuhu	62	1216.34	1217.03	1591.20	741.29	566.64	868.27	1019.27
宣城市	Xuancheng	30	148.38	146.36	181.62	56.83	94.93	157.57	121.32
铜陵市	Tongling	34	1131.48	1118.19	1160.85	518.10	385.05	571.25	810.81
池州市	Chizhou	17	95.80	94.45	115.04	19.96	77.93	119.94	54.55
安庆市	Anqing	50	616.17	615.64	414.41	102.58	203.92	349.40	227.72
黄山市	Huangshan	10	11.84	11.70	17.75	4.94	12.03	21.26	12.04

地　区	Region	#流动负债 Liquid Liabilities	所有者权益 Creditors Equity	#实收资本 Total Capital Hold	主营业务收入 Revenue from principal Business	主营业务成本 Cost of Principal Business	主营业务税金及附加 Business and Extra Charges	利润总额 Total Profits	本年应交增值税 Value Added Tax Payable
总　计	**Total**	**5162.90**	**4614.17**	**2214.79**	**9696.28**	**8300.68**	**315.43**	**318.05**	**317.56**
合肥市	Hefei	1038.10	1231.91	657.04	2091.36	1783.00	57.01	112.88	54.86
淮北市	Huaibei	612.75	474.25	98.52	939.72	845.68	5.27	-4.41	34.23
亳州市	Bozhou	71.05	73.01	32.39	157.15	107.69	7.77	17.55	9.40
宿州市	Suzhou	43.88	36.46	23.23	122.57	109.65	0.95	0.87	5.37
蚌埠市	Bengbu	153.34	182.29	65.16	237.65	149.66	48.83	21.35	14.09
阜阳市	Fuyang	96.66	121.92	27.27	242.73	170.48	22.92	-0.81	13.49
淮南市	Huainan	777.45	509.61	404.29	591.70	533.26	5.57	-26.39	41.78
滁州市	Chuzhou	116.16	133.07	70.94	323.09	229.19	21.80	32.67	15.42
六安市	Luan	98.44	45.76	36.55	151.94	132.39	1.19	7.69	4.74
马鞍山市	Maanshan	580.87	572.47	278.58	1110.19	1016.67	4.40	24.03	28.13
芜湖市	Wuhu	757.12	571.90	172.23	1128.42	935.16	63.57	78.04	53.66
宣城市	Xuancheng	54.90	59.73	36.33	143.75	125.19	0.63	10.71	6.45
铜陵市	Tongling	581.78	350.04	126.10	1717.12	1541.59	3.50	20.02	14.69
池州市	Chizhou	32.75	60.48	33.69	96.71	79.85	0.62	10.67	4.42
安庆市	Anqing	143.82	185.56	151.48	631.14	530.79	71.37	13.10	16.65
黄山市	Huangshan	3.84	5.72	0.97	11.03	10.43	0.03	0.08	0.20

13—21 各市外商投资和港澳台工业企业主要经济指标（2014年）

Main Indicators on Economic Benefit of Industrial Enterprises with Hong Kong, Macao, Taiwan and Foreign Funds by Region (2014)

单位：亿元（100 million yuan）

地区	Region	企业单位数（个）Number of Enterprises (unit)	工业总产值（现价）Gross Industrial Output Value	工业销售产值（当年价）Value of Industrial Products Sales	资产合计 Total Assets	流动资产合计 Circulating Funds	固定资产合计 Total of Fixed Assets	固定资产原价 Original Value of Fixed Assets	负债合计 Total Liabilities
总计	**Total**	**804**	**4899.67**	**4761.53**	**2988.15**	**1661.21**	**1036.53**	**1796.93**	**1757.80**
合肥市	Hefei	191	2053.44	2023.69	1130.79	686.70	364.75	725.53	752.41
淮北市	Huaibei	25	84.19	81.48	66.89	24.19	28.06	67.49	36.91
亳州市	Bozhou	5	4.40	4.37	3.78	1.70	1.61	2.11	1.88
宿州市	Suzhou	28	91.36	89.96	56.03	28.09	23.29	26.23	23.55
蚌埠市	Bengbu	37	143.51	133.98	82.91	46.78	23.60	36.16	48.44
阜阳市	Fuyang	22	65.94	59.92	62.95	19.76	28.78	48.80	26.82
淮南市	Huainan	18	60.43	60.06	83.00	27.69	49.84	104.31	51.49
滁州市	Chuzhou	81	280.34	275.19	180.83	78.39	82.15	118.47	110.19
六安市	Luan	25	191.59	184.45	139.21	78.82	71.23	83.00	67.81
马鞍山市	Maanshan	60	258.23	237.83	130.44	64.72	47.54	73.57	72.77
芜湖市	Wuhu	149	975.96	939.63	696.56	396.99	204.39	370.11	388.76
宣城市	Xuancheng	53	97.78	93.65	77.31	51.66	16.60	27.06	39.70
铜陵市	Tongling	25	436.41	424.90	174.66	114.51	48.06	52.66	90.01
池州市	Chizhou	22	29.32	28.00	36.01	11.90	18.18	24.84	23.19
安庆市	Anqing	46	115.20	113.72	59.28	25.12	26.26	33.62	19.72
黄山市	Huangshan	17	11.58	10.70	7.50	4.19	2.18	2.97	4.13

地区	Region	#流动负债 Liquid Liabilities	所有者权益 Creditors Equity	#实收资本 Total Capital Hold	主营业务收入 Revenue from principal Business	主营业务成本 Cost of Principal Business	主营业务税金及附加 Business and Extra Charges	利润总额 Total Profits	本年应交增值税 Value Added Tax Payable
总计	**Total**	**1511.79**	**1216.47**	**720.09**	**4640.16**	**3946.06**	**22.36**	**234.92**	**122.19**
合肥市	Hefei	673.55	376.93	254.25	2010.86	1708.18	9.75	88.93	40.96
淮北市	Huaibei	22.29	29.96	18.85	82.50	72.19	0.53	3.75	1.66
亳州市	Bozhou	1.75	1.89	1.64	3.93	3.36	0.09	0.11	0.07
宿州市	Suzhou	20.51	32.47	9.74	87.17	77.46	0.43	6.45	2.37
蚌埠市	Bengbu	41.17	34.47	22.10	113.15	95.98	1.29	3.14	1.75
阜阳市	Fuyang	15.31	34.90	17.23	59.11	49.04	0.88	6.50	2.94
淮南市	Huainan	27.56	31.52	25.96	58.29	45.26	0.44	7.59	3.17
滁州市	Chuzhou	78.85	72.46	59.34	278.60	232.62	0.58	30.20	8.87
六安市	Luan	49.20	71.09	12.31	165.43	145.80	1.72	8.22	2.83
马鞍山市	Maanshan	64.70	57.49	48.65	223.53	200.52	0.53	6.14	7.52
芜湖市	Wuhu	361.95	306.25	162.75	869.56	724.45	4.67	53.27	36.71
宣城市	Xuancheng	37.11	37.55	17.30	90.19	75.28	0.51	8.69	3.69
铜陵市	Tongling	80.15	74.56	29.41	450.29	387.08	0.19	4.44	6.48
池州市	Chizhou	17.43	12.79	14.88	27.56	23.87	0.17	0.25	0.72
安庆市	Anqing	16.36	38.81	24.22	109.00	95.57	0.53	6.75	2.24
黄山市	Huangshan	3.90	3.34	1.45	11.00	9.42	0.05	0.51	0.20

13—22 各市私营工业企业主要经济指标（2014年）
Main Indicators of Private Enterprises by Region (2014)

单位：亿元（100 million yuan）

地区	Region	企业单位数（个）Number of Enterprises (unit)	工业总产值（现价）Gross Industrial Output Value	工业销售产值（当年价）Value of Industrial Products Sales	资产合计 Total Assets	流动资产合计 Circulating Funds	固定资产合计 Total of Fixed Assets	固定资产原价 Original Value of Fixed Assets	负债合计 Total Liabilities
总　计	**Total**	**12815**	**16434.37**	**16030.92**	**8009.00**	**4244.86**	**2756.69**	**4477.06**	**3950.95**
合肥市	Hefei	1662	2491.43	2384.60	1277.58	717.01	410.45	1071.53	683.66
淮北市	Huaibei	582	993.89	978.81	387.88	172.39	178.65	329.12	164.67
亳州市	Bozhou	284	225.52	222.58	125.31	72.05	40.63	49.43	59.56
宿州市	Suzhou	580	657.14	651.01	215.42	88.75	94.96	146.99	74.98
蚌埠市	Bengbu	587	1178.34	1153.17	279.52	162.13	93.64	167.69	143.35
阜阳市	Fuyang	992	872.32	851.55	370.92	212.19	129.47	198.81	168.11
淮南市	Huainan	391	223.96	217.69	111.68	63.20	37.73	44.05	50.99
滁州市	Chuzhou	1190	1514.37	1479.12	860.59	480.63	271.80	347.10	445.51
六安市	Luan	931	1179.83	1143.05	652.98	302.39	211.70	246.46	348.47
马鞍山市	Maanshan	872	1182.94	1155.99	594.25	342.12	176.15	230.60	307.88
芜湖市	Wuhu	1456	2188.57	2145.50	1247.08	641.43	444.42	785.84	577.36
宣城市	Xuancheng	1183	1144.35	1123.20	635.89	340.11	203.08	247.98	340.51
铜陵市	Tongling	132	134.48	129.85	141.65	83.07	37.35	46.73	84.73
池州市	Chizhou	291	333.35	324.25	218.74	86.31	110.67	123.10	104.52
安庆市	Anqing	1310	1738.91	1707.66	687.27	355.91	256.33	361.29	293.41
黄山市	Huangshan	372	374.97	362.89	202.23	125.17	59.67	80.34	103.22

地区	Region	#流动负债 Liquid Liabilities	所有者权益 Creditors Equity	#实收资本 Total Capital Hold	主营业务收入 Revenue from principal Business	主营业务成本 Cost of Principal Business	主营业务税金及附加 Business and Extra Charges	利润总额 Total Profits	本年应交增值税 Value Added Tax Payable
总　计	**Total**	**3115.47**	**3959.15**	**1633.11**	**15696.55**	**13681.74**	**88.21**	**971.03**	**368.80**
合肥市	Hefei	541.41	572.49	225.06	2333.74	1988.59	10.45	159.42	58.23
淮北市	Huaibei	133.31	215.24	62.99	968.90	855.85	7.47	44.03	18.53
亳州市	Bozhou	46.47	64.59	23.54	219.24	187.60	1.35	16.49	3.59
宿州市	Suzhou	51.47	135.62	53.38	649.66	583.80	4.33	28.09	7.84
蚌埠市	Bengbu	116.82	134.32	49.84	1105.66	1007.80	4.31	26.30	7.67
阜阳市	Fuyang	135.71	199.07	75.49	842.01	736.43	7.45	50.57	25.13
淮南市	Huainan	41.99	59.03	24.45	215.72	193.71	0.53	8.06	1.88
滁州市	Chuzhou	361.23	409.70	177.92	1477.80	1227.68	7.14	161.82	47.01
六安市	Luan	265.29	294.69	126.58	1053.96	933.71	5.07	52.32	14.84
马鞍山市	Maanshan	236.93	278.08	119.42	1098.60	978.05	4.86	61.68	25.48
芜湖市	Wuhu	453.93	662.03	329.55	2127.94	1872.10	14.06	115.15	69.46
宣城市	Xuancheng	276.29	286.71	130.45	1114.70	976.55	6.52	73.86	32.92
铜陵市	Tongling	64.16	56.65	31.94	126.93	111.23	0.41	2.58	1.99
池州市	Chizhou	79.03	111.53	28.79	325.65	277.05	1.44	26.43	9.65
安庆市	Anqing	227.93	384.17	144.87	1681.58	1438.65	11.19	127.95	38.32
黄山市	Huangshan	83.52	95.24	28.84	354.45	312.93	1.63	16.28	6.25

13—23 各市大中型工业企业主要经济指标（2014年）
Main Indicators of Large-scale and Medium-scale Industrial Enterprises by Region (2014)

单位：亿元（100 million yuan）

地 区	Region	企业单位数（个）Number of Enterprises (unit)	工业总产值（现价）Gross Industrial Output Value	工业销售产值（当年价）Value of Industrial Products Sales	资产合计 Total Assets	流动资产合计 Circulating Funds	固定资产合计 Total of Fixed Assets	固定资产原价 Original Value of Fixed Assets	负债合计 Total Liabilities
总 计	**Total**	**1707**	**19743.59**	**19248.59**	**19601.01**	**8238.80**	**7863.34**	**11801.68**	**11875.29**
合肥市	Hefei	330	5998.97	5815.59	4724.68	2403.05	1691.11	2889.73	2750.95
淮北市	Huaibei	72	802.11	787.45	1907.92	531.18	706.51	1071.39	1328.88
亳州市	Bozhou	60	330.35	317.03	286.72	105.18	146.78	194.81	175.96
宿州市	Suzhou	84	395.71	387.32	267.59	89.20	137.93	228.25	165.86
蚌埠市	Bengbu	101	752.69	707.19	555.77	263.11	199.50	277.29	296.38
阜阳市	Fuyang	100	726.17	695.42	543.15	225.38	252.09	486.50	313.37
淮南市	Huainan	49	673.78	664.34	2028.60	428.33	1349.91	1384.38	1485.51
滁州市	Chuzhou	153	1087.43	1061.70	840.44	375.08	333.35	452.32	475.42
六安市	Luan	109	687.48	662.99	544.83	227.15	223.17	281.65	319.04
马鞍山市	Maanshan	89	1365.97	1341.84	1780.15	638.71	760.39	1332.05	985.03
芜湖市	Wuhu	218	3087.04	3026.22	3070.38	1567.94	973.46	1620.53	1815.77
宣城市	Xuancheng	92	611.64	602.07	497.92	260.02	152.28	210.91	249.49
铜陵市	Tongling	34	1614.38	1593.47	1416.22	700.51	430.57	629.27	942.94
池州市	Chizhou	32	222.63	215.16	251.40	67.92	152.09	170.16	135.42
安庆市	Anqing	159	1292.86	1279.39	792.37	302.01	323.60	525.00	400.84
黄山市	Huangshan	25	94.39	91.41	92.86	54.03	30.61	47.44	34.41

地 区	Region	#流动负债 Liquid Liabilities	所有者权益 Creditors Equity	#实收资本 Total Capital Hold	主营业务收入 Revenue from principal Business	主营业务成本 Cost of Principal Business	主营业务税金及附加 Business and Extra Charges	利润总额 Total Profits	本年应交增值税 Value Added Tax Payable
总 计	**Total**	**8274.56**	**7678.03**	**3363.82**	**19971.16**	**17023.96**	**380.33**	**981.66**	**624.36**
合肥市	Hefei	2094.49	1956.99	963.73	5750.39	4877.86	77.50	309.30	144.94
淮北市	Huaibei	701.12	578.16	130.42	1223.69	1103.75	10.02	11.18	42.61
亳州市	Bozhou	102.66	110.64	36.94	295.10	221.30	8.90	30.24	13.22
宿州市	Suzhou	82.87	101.66	32.81	381.87	344.05	2.27	10.34	9.95
蚌埠市	Bengbu	236.53	256.03	81.95	626.14	498.39	52.69	28.21	18.45
阜阳市	Fuyang	216.72	224.91	59.51	667.68	566.66	28.87	29.67	41.56
淮南市	Huainan	831.25	543.09	425.05	671.96	601.94	6.23	-22.55	46.31
滁州市	Chuzhou	330.42	364.07	167.43	1068.58	834.57	25.01	140.08	47.15
六安市	Luan	242.49	229.28	75.55	606.34	530.37	8.85	22.28	12.53
马鞍山市	Maanshan	717.74	793.71	378.84	1434.23	1293.34	5.58	43.41	40.83
芜湖市	Wuhu	1453.17	1252.50	519.67	2842.23	2371.97	71.44	194.78	122.62
宣城市	Xuancheng	158.05	246.49	72.65	581.88	479.82	3.25	57.05	17.10
铜陵市	Tongling	694.92	461.06	163.11	2204.75	1940.50	3.82	25.34	16.76
池州市	Chizhou	98.79	115.57	36.57	219.99	188.60	0.65	19.70	13.01
安庆市	Anqing	287.98	385.94	209.04	1306.47	1093.83	74.81	76.99	35.20
黄山市	Huangshan	25.35	57.94	10.57	89.85	77.01	0.46	5.65	2.12

13—24　主要工业产品产量
Output of Major Industrial Products

项　目		Item		2000	2005	2010	2013	2014
原　煤	（万吨）	Raw Coal	(10000 tons)	4790	8434	13030	13880	12799
洗　煤	（万吨）	Coal Washing	(10000 tons)	464	823	1603	4349	4681
铁矿石原矿量	（万吨）	Iron Ore Products	(10000 tons)	836	1100	3237	5081	5671
铜金属含量	（吨）	Amount Contained of Copper	(ton)	45564	66466	129145	184103	210962
混合饲料	（万吨）	Blending Feed	(10000 tons)	102.9	161.0	121.9	91.7	97.0
原　盐	（吨）	Raw Salt	(ton)	328413	567340	1461487	1561366	1522433
大　米	（吨）	Rice	(ton)	951857	1567509	10421141	15769573	17254899
食用植物油	（万吨）	Edible Vegetable Oil	(10000 tons)	39.72	49.99	66.23	115	122
乳制品	（吨）	Dairy Products	(ton)	14970	54343	664812	940515	1081662
罐　头	（吨）	Can (tin)	(ton)	24897	61143	308924	479429	592317
鲜、冻畜肉	（万吨）	Fresh and Frozen Meat	(10000 tons)	10.2	14.8	59.0	90.3	142.2
糖　果	（吨）	Candy	(ton)	6740	4289	27682	41312	63485
酱　油	（吨）	Soy Sauce	(ton)	22367	7021	41281	125661	144334
发酵酒精	（万千升）	Fermented Alcohol	(10000 kl)	9.5	25.5	68.0	23.2	36.8
白　酒	（万千升）	Liquor	(10000 kl)	46.7	22.4	48.0	40.2	43.6
啤　酒	（万千升）	Beer	(10000 kl)	119.3	115.5	154.1	163.6	135.5
精制茶	（吨）	Refined Tea	(ton)	9951	57042	178927	222543	280019
卷　烟	（亿支）	Cigarettes	(100 million pieces)	788.5	1030.6	1225.9	1313.4	1329.8
纱	（吨）	Yarn	(ton)	275052	383057	565419	899691	1040074
布	（万米）	Cloth	(10000 m)	74047	56293	108663	100123	116485
棉　布	（万米）	Cotton Cloth	(10000 m)	35778	37373	82439	37562	43744
印染布	（万米）	Printing and Dyeing Cloth	(10000 m)	14377	18332	18392	12779	14684
绒线（毛线）	（吨）	Knitting Wool	(ton)	31	1996	528	1795	1858
丝	（吨）	Silk	(ton)	2118	3807	6438	8909	9101
丝织品	（万米）	Silk Fabrics	(10000 m)	3446	2867	4005	7766	7752
服　装	（万件）	Clothing	(10000 units)	6283	11288	53505	84944	109263
梭织服装		Shuttled Clothing		3799	5079	30888	57743	73136
针织服装		Knit Clothing		2433	3625	22617	27201	36127
人造板	（万立方米）	Man-made Board	(10000 cu.m)	65.4	200.2	573.0	1093.2	1328.9
机制纸及纸板	（万吨）	Machine-made Paper and Paperboard	(10000 tons)	55.0	111.1	221.1	226.9	262.2

13—24 续表1 continued

项目		Item		2000	2005	2010	2013	2014
纸制品	(吨)	Paper Products	(ton)	53876	228047	690161	1118713	1641319
原油加工量	(万吨)	Volume of Processed Crude Oil	(10000 tons)	344.8	416.0	476.6	550.8	748.0
汽　油	(万吨)	Gasoline	(10000 tons)	79.4	86.0	97.0	126.9	230.9
柴　油	(万吨)	Diesel Oil	(10000 tons)	151.9	177.4	196.0	225.1	303.3
燃料油	(万吨)	Fuel Oil	(10000 tons)	10.7	8.3	12.4	4.6	4.6
液化石油气	(万吨)	Liquefied Petroleum	(10000 tons)	20.4	30.5	34.1	43.8	60.8
焦　炭	(万吨)	Coke	(10000 tons)	330.2	487.9	839.6	904.4	930.0
硫酸（折100%）	(万吨)	Sulfuric Acid (100%)	(10000 tons)	143.1	202.5	439.7	584.2	636.3
浓硝酸（折100%）	(万吨)	Enriched Nitric Acid (100%)	(10000 tons)	13.6	32.5	54.5	71.2	70.3
氢氧化纳（烧碱）（折100%）	(万吨)	Caustic Soda (100%)	(10000 tons)	10.8	18.8	29.0	47.0	63.5
碳酸纳（纯碱）	(万吨)	Soda Ash	(10000 tons)	8.1	24.1	35.4	54.7	66.5
合成氨	(万吨)	Synthetic Ammonia	(10000 tons)	179.4	231.4	266.4	331.3	354.6
农用氮肥磷钾化学肥料总计	(万吨)	Chemical Fertilizers	(10000 tons)	157.6	204.1	255.4	325.8	299.2
氮肥（折含N100%）	(万吨)	Nitrogen Fertilizers	(10000 tons)	120.9	148.2	201.5	256.9	218.8
磷　肥	(万吨)	Phosphate Fertilizers	(10000 tons)	36.5	55.9	54.0	68.8	80.4
化学农药	(万吨)	Chemical Pesticide	(10000 tons)	1.8	3.7	15.1	19.8	17.4
塑料树脂及共聚物	(吨)	Plastics	(ton)	71687	268920	568858	750419	1042972
肥　皂	(吨)	Soap	(ton)	20326	22803	20704		
合成洗涤剂	(万吨)	Synthetic Detergents	(10000 tons)	39.8	41.3	74.6	89.6	84.3
牙膏（自然支）	(万支)	Toothpaste	(10000 units)	6941	65764	77835		
化学原料药	(吨)	Chemical Medicine	(ton)	4807	18960	9208	23619	34768
中成药	(吨)	Traditional Chinese Medicine	(ton)	9371	9672	26190	43552	44033
化学纤维	(万吨)	Chemical Fiber	(10000 tons)	12.4	11.4	22.0	32.7	23.1
轮胎外胎	(万条)	Tires	(10000 units)	574.0	1073.6	3744.3	2944.7	3308.9
塑料制品	(吨)	Plastic Products	(ton)	321435	735029	1867544	2273262	3083496
塑料薄膜	(吨)	Plastic Film	(ton)	28057	173228	166674	208880	307360
水　泥	(万吨)	Cement	(10000 tons)	2136	3218	7874	12131	12913
大理石板材	(万平方米)	Marble Plate	(10000 sq.m)	2.01	3.30	13.90	228.80	362.50
花岗石板材	(万平方米)	Granite Plate	(10000 sq.m)	4.07	11.60	109.82	434.10	482.30
平板玻璃	(万重量箱)	Plate Glass	(10000 weight cases)	151.5	507.7	1044.3	3002.8	2545.0
生　铁	(万吨)	Pig Iron	(10000 tons)	524.3	1105.7	1844.9	2017.3	1998.6
钢	(万吨)	Steel	(10000 tons)	460.6	1105.6	1853.8	2787.5	2451.4

13—24　续表2　continued

项　　目		Item		2000	2005	2010	2013	2014
钢　材	（万吨）	Rolled Steel	(10000 tons)	431.7	1141.6	2446.4	3138.6	3265.7
铁道用钢材		Steel Use for Railway		9.0	14.8	11.9	15.0	16.2
中小型钢材		Rolled-steel, Medium and Small		185.3	124.7	158.5	312.5	295.5
无缝钢管		Seamless Steel Pipe		3.0	25.4	20.0	81.3	86.5
线　材		Wire Rod		105.8	171.9	301.1	319.2	253.7
铜	（万吨）	Copper	(10000 tons)	22.8	35.9	83.1	121.1	131.0
工业锅炉	（蒸吨）	Industrial Boilers	(ton)	779	2478	5196	25799	31626
内燃机	（万千瓦）	Internal Combustion Engines	(10000 kw)	265.7	713.1			
金属切削机床	（台）	Metal-cutting Machine Tools	(unit)	4743	11769	26283	71846	82121
起重设备	（吨）	Derrick Equipment	(ton)	2761	54935	334543	843374	923926
叉　车	（台）	Forklift	(unit)	10017	20303	40613	64130	63000
泵	（台）	Pump	(unit)	97578	82312	409494	1411119	1751063
轴　承	（万套）	Bearing	(10000 sets)	3212	8055	23665	47825	78141
矿山设备	（吨）	Mining Equipment	(ton)	39769	112593	74055	344676	622464
小型拖拉机	（台）	Mini-tractors	(unit)	168271	119899	17833	21311	23932
农业运输机械	（辆）	Machinery for Agricultural Transportation	(unit)	250987	32287			
汽　车	（辆）	Motor Vehicles	(unit)	107187	401087	1244735	1030513	954956
载货汽车		Trucks		37441	116639	273645	284317	238350
公路汽车		Coach		69452	84980	78426	45838	39578
交流电动机	（万千瓦）	Alternating Current Motor	(10000 kw)	164.4	515.8	1599.5	1948.4	2104.6
变压器	（万千伏安）	Transformer	(10000 KVA)	520.3	1758.6	4136.9	4232.0	4621.8
蓄电池	（千伏安时）	Storage Battery	(KVA.h)	143046	806458	6610665	12347384	19025157
家用洗衣机	（万台）	Household Washing Machines	(10000 units)	131.7	441.8	1267.0	1697.8	1528.7
家用电冰箱	（万台）	Household Refrigerators	(10000 units)	169.9	530.4	2078.9	2973.9	2765.8
电风扇	（万台）	Electric Fans	(10000 units)	11.00	2.93		40	40
房间空气调节器	（万台）	Air Conditioners	(10000 units)	115.80	515.00	1666.08	3046.7	3040.6
电视机	（万部）	TV Sets	(10000 units)	159.7	374.4	395.3	561.8	602.2
＃彩色电视机		Color TV		156.1	374.4	395.3	561.8	602.2
微型电子计算机	（部）	Micro-computers	(unit)	141777	42737	18118	6718042	17158851
发电量	（亿千瓦时）	Electricity	(100 million kwh)	368.1	645.7	1443.9	1958.4	1992.9
火　电		Thermal Power		363.5	634.9	1420.2	1926.7	1933.2
水　电		Hydropower		4.58	10.87	18.85	25.8	28.1
煤　气	（亿立方米）	Gas	(100 million cu.m)	90.9	147.6	286.6	282.4	272.4

13—25 各市主要工业产品产量（2014年）
Output of Major Industrial Products by Region (2014)

项目	Item	合肥市 Hefei	淮北市 Huaibei	亳州市 Bozhou	宿州市 Suzhou
铁矿石原矿量（万吨）	Iron Ore Products (10000 tons)	525.6	221.8		
原盐（万吨）	Raw Salt (10000 tons)				
大米（万吨）	Rice (10000 tons)	245.0			3.4
混合饲料（万吨）	Blending Feed (10000 tons)	1.6	24.5		3.5
食用植物油（万吨）	Edible Vegetable Oil (10000 tons)	23.0	3.6	2.9	1.6
白酒（千升）	Liquor (kl)	4368.0	34885.0	116646.7	7267.1
精制茶（吨）	Refined Tea (ton)	7113.0			
纱（吨）	Yarn (ton)	13835.2	61836.0	33350.5	110906.8
布（万米）	Cloth (10000 m)	6361.2	10894.1	2969.7	5878.9
机制纸及纸板（万吨）	Machine-made Paper and Paperboard (10000 tons)	15.2		1.2	23.7
原油加工量（万吨）	Volume of Processed Crude Oil (10000 tons)	0.0			
农用氮肥磷钾化学肥料总计（万吨）	Chemical Fertilizers (10000 tons)	34.5		15.9	
中成药（吨）	Traditional Chinese Medicine (ton)	3068.2	84.2		2792.5
化学纤维（万吨）	Chemical Fiber (10000 tons)	5.2			
轮胎外胎（万条）	Tires (10000 units)	2255.0			
水泥（万吨）	Cement (10000 tons)	2276.3	825.8	384.4	1004.3
平板玻璃（万重量箱）	Plate Glass (10000 weight cases)				
生铁（万吨）	Pig Iron (10000 tons)	116.9			
钢（万吨）	Steel (10000 tons)	126.5			
成品钢材（万吨）	Steel Products (10000 tons)	208.5			'5.6
铜（万吨）	Copper (10000 tons)				
叉车（台）	Forklift (unit)	59007			
汽车（辆）	Motor Vehicles (unit)	472915		5981	
载货汽车	Trucks	216039		5981	
家用洗衣机（万台）	Household Washing Machines (10000 units)	1423.5			
家用电冰箱（万台）	Household Refrigerators (10000 units)	2427.8			
房间空气调节器（万台）	Air Conditioners (10000 units)	1296.7			
彩色电视机（万部）	Color TV (10000 units)	227.1			
发电量（亿千瓦时）	Electricity (100 million kwh)	184.2	160.6	1.7	113.2

蚌埠市 Bengbu	阜阳市 Fuyang	淮南市 Huainan	滁州市 Chuzhou	六安市 Luan	马鞍山市 Maanshan	芜湖市 Wuhu	宣城市 Xuancheng	铜陵市 Tonglin	池州市 Chizhou	安庆市 Anqin	黄山市 Huangshan
27.8			1.0	2777.5	2024.4	51.7		8.8		32.7	
			152.2								
181.7	85.7	129.3	262.6	234.9	70.1	90.9	125.9	4.1	23.8	256.7	11.3
10.9	0.7		31.7	1.6		0.5	21.9				
10.9	3.2	3.3	0.4	21.4	27.5	1.8	6.3	1.3	5.4	9.3	0.4
19621.0	124560.6		40795.8	46155.3	19455.0		8316.0	259.0	2424.2	11232.0	
			1198.9	32974.0	43.2		37453.1		17687.8	1650.5	181899.0
130367.3	155972.1	3620.0	42743.0	85502.0	8718.0	56582.1	20519.9	1338.2	11013.3	282869.5	20899.8
10548.7	1282.5	2605.2	1424.0		316.4	2360.6	11110.5	975.9		27097.5	32660.0
6.4	3.2	0.7	7.9	7.0	132.6	14.7	17.8		0.5	28.8	2.4
										748.0	
	89.5	33.1	18.9					101.8	2.4	3.1	
235.0	2308.4	1227.3	14239.0	2145.5		7705.6	963.7	0.0	439.7	7122.6	1701.1
	2.5		7.5		0.1					7.8	
793.3						236.8				21.0	2.8
349.0	286.4	739.1	978.9	550.0	1315.4	1585.7	703.7	734.2	192.9	776.9	210.0
477.1			769.4			1297.9			0.5		
	2.0				1699.9	164.4	6.4		9.0		
					1774.3	130.7	127.5	152.1	140.3		
32.9		59.5	87.9	136.5	1998.9	401.8	154.7	145.5	31.3	1.1	1.6
								131.0			
	1796			1716		481					
					16330	459730					
					16330						
			105.2								
			293.4	44.6							
			119.9	5.5		1618.5					
			360.5				5.4		9.3		
93.7	71.4	573.2	33.3	14.9	271.6	166.7	43.0	160.2	40.3	63.9	1.0

13—26 工业主要产品生产能力
Main Prodnct Productivity of Industrial Enterprises

项目		Item		2013	2014
原煤	(吨)	Raw Coal	(ton)	182769585	185078404
卷烟	(万支)	Cigarettes	(10000 pieces)	15862500	15936048
棉纺锭／纺纱量	(锭／吨)	Cotton Spinning / Spinning Amount	(ingot/ton)	3968970	4907891
气流纺锭／纺纱量	(头／吨)	Air Spindle / Spinning Amount	(unit/ton)	180838	202814
棉布织机／布	(台／万米)	Cotton Looms / cloth	(unit/10000 meters)	91373	229183
原油加工能力／原油加工量	(吨/吨)	Processing Capacity of Crude Oil / Processing Amount of Crude Oil	(ton/ton)	10000000	10000000
焦炭	(吨)	Cofe	(ton)	9900000	10213300
烧碱(折100%)	(吨)	Caustic Soda (=100%)	(ton)	760000	790000
碳化钙(电石，折300升／千克)	(吨)	Calcium Carbide (calcium carbide, = 300 liters / kg)	(ton)	10000	10000
农用氮磷钾化学肥料总计(折纯)	(吨)	Total of Agricultural N, P and K Chemical fertilizers (=pure)	(ton)	4139620	4324540
初级形态塑料	(吨)	Primary form Plastic	(ton)	1241519	2264262
化学纤维	(吨)	Chemical Fiber	(ton)	467313	481323
硅酸盐水泥熟料	(吨)	Silicate Cement Grog	(ton)	148490500	153987129
水泥	(吨)	Cement	(ton)	183547083	186688487
平板玻璃	(重量箱)	Plate Glass	(weight cases)	34343971	35445400
生铁	(吨)	Pig Iron	(ton)	22072000	21476080
粗钢	(吨)	Thick Steel	(ton)	35437969	33433340
钢材	(吨)	Rolled Steel	(ton)	39706368	43689941
铁合金	(吨)	Ferroalloy	(ton)	113380	93334
原铝（电解铝）	(吨)	Aluminium (electrolytic aluminum)	(ton)		127800
金属切削机床	(台)	Metal-cutting Machine Tools	(unit)	128882	225616
挖掘机	(台)	Excavating Machine	(unit)	30236	35881
汽车	(辆)	Motor Vehicles	(unit)	1888431	1915000
#基本型乘用车(轿车)		Basic Passenger Car (car)		1010000	1055000
载货汽车		Lorry		520000	475000
民用钢质船舶	(载重吨)	Civil Steel Ship	(carrying capacity ton)	4506358	4994769
太阳能电池	(千瓦)	Solor Battery	(kilowatt)	5178530	6627655
家用电冰箱	(台)	Household Refrigerators	(unit)	35000000	37036955
房间空气调节器	(台)	Air Conditioners	(unit)	38297064	37833483
微型计算机设备	(台)	Microcomputer Equipment	(unit)	17000587	43710283
移动通信手持机(手机)	(台)	Mobile Communication Handset (mobile phone)	(unit)	115000	270000
彩色电视机	(台)	Color TV	(unit)	10936517	12960508
发电设备容量总计／发电量	(万千瓦/万千瓦小时)	Capacity of Power Generation Equipment / Generating Capacity	(10000 kilowatt /10000 kilowatt hour)	4006.9	4373.7
#火电设备容量／发电量		Capacity of Thermal Power Equipment		3749.2	4089.5
水电设备容量／发电量		Capacity of Water Power Equipment		223.0	230.4
风电设备容量／发电量		Capacity of Wind Power Equipment		34.7	49.5

13—27 各县（市）工业企业单位数和总产值（2014年）
Number and Output Value of Industrial Enterprises by County or City (2014)

单位：亿元（100 million yuan）

县（市）	County (City)	企业单位数（个）Number of Enterprises (unit)	工业总产值（当年价）Gross Industrial Output Value (at current prices)	工业销售产值（当年价）Sales Value of Industry (at current prices)	工业增加值（当年价）Value Added of Industry (at current prices)
瑶海区	Yaohai District	49	84.93	82.71	20.88
庐阳区	Luyang District	107	242.93	230.76	61.98
蜀山区	Shushan District	88	165.44	159.28	41.82
包河区	Baohe District	139	624.30	614.37	126.89
巢湖市	Chaohu	150	338.02	327.14	83.88
长丰县	Changfeng	423	719.21	671.28	168.52
肥东县	Feidong	367	871.82	840.83	204.70
肥西县	Feixi	428	1162.26	1126.71	258.85
庐江县	Lujiang	218	191.89	186.24	47.55
杜集区	Duji District	166	226.30	224.20	53.30
相山区	Xiangshan District	93	213.10	208.40	47.80
烈山区	Lieshan District	130	297.40	291.00	76.10
濉溪县	Suixi	261	474.34	468.98	118.02
淮北开发区	Huaibei development area	113	231.00	226.50	55.60
谯城区	Qiaocheng District	230	366.91	347.87	102.11
涡阳县	Guoyang	200	194.34	191.78	55.47
蒙城县	Mengcheng	193	175.54	174.22	46.48
利辛县	Lixin	152	107.62	106.25	23.93
埇桥区	Yongqiao District	310	414.34	414.98	109.72
砀山县	Dangshan	217	243.13	239.73	54.04
萧县	Xiaoxian	190	283.34	279.97	65.96
灵璧县	Lingbi	154	219.75	216.37	44.69
泗县	Sixian	151	108.58	107.64	24.01
龙子湖区	Longzihu District	51	93.63	90.89	22.70
蚌山区	Bengshan District	19	29.36	27.52	6.90
禹会区	Yuhui District	83	367.04	342.39	97.55
淮上区	Huaishang District	147	409.29	402.59	97.59
蚌埠高新区	Bengbug high-tech zone	106	201.55	184.65	56.75
蚌埠经开区	Bengbug economic development area	9	5.45	4.89	1.36
怀远县	Huaiyuan	204	421.93	415.83	94.42
五河县	Wuhe	101	214.80	214.01	50.89
固镇县	Guzhen	160	342.77	330.76	81.73
阜阳开发区	Fuyang development area	49	79.08	77.42	16.62
阜合产业园	Fuyang hefei industrial park	3	1.30	1.26	0.26
颍州区	Yingzhou District	104	156.00	145.62	43.32
颍东区	Yingdong District	127	196.21	192.51	69.58
颍泉区	Yingquan District	121	105.29	102.02	27.82
界首市	Jieshou	202	364.99	349.68	88.95
临泉县	Linquan	127	128.30	123.04	28.19
太和县	Taihe	235	278.81	269.58	66.89

13—27 续表1 continued

单位：亿元（100 million yuan）

县（市）	County (City)	企业单位数（个）Number of Enterprises (unit)	工业总产值（当年价）Gross Industrial Output Value (at current prices)	工业销售产值（当年价）Sales Value of Industry (at current prices)	工业增加值（当年价）Value Added of Industry (at current prices)
阜 南 县	Funan	193	156.52	153.75	36.66
颍 上 县	Yingshang	156	215.19	212.92	64.28
大 通 区	Datong District	132	118.92	114.57	33.75
田家庵区	Tianjaan District	40	138.77	137.24	44.19
谢家集区	Xiejiaji District	64	82.63	80.47	23.64
八公山区	Bagongshan District	41	51.18	50.71	20.00
潘 集 区	Panji District	97	210.63	210.88	81.56
毛集实验区	Maoji District	42	29.54	28.89	10.07
凤 台 县	Fengtai	139	273.93	270.73	109.46
琅 琊 区	Langya District	66	61.40	60.29	14.72
南 谯 区	Nanqiao District	129	155.77	152.87	37.65
天 长 市	Tianchang	369	773.09	790.22	185.14
明 光 市	Mingguang	103	112.09	106.87	26.76
来 安 县	Laian	165	200.38	198.51	47.48
全 椒 县	Quanjiao	142	157.07	149.97	34.81
定 远 县	Dingyuan	132	140.37	139.86	30.04
凤 阳 县	Fengyang	117	169.56	165.13	42.95
金 安 区	Jinan District	117	185.92	181.71	43.44
裕 安 区	Yuan District	151	192.89	188.33	44.74
寿 县	Shouxian	90	97.77	95.20	20.32
霍 邱 县	Huoqiu	146	294.11	278.33	81.01
舒 城 县	Shucheng	153	204.99	198.88	44.81
金 寨 县	Jinzhai	86	103.85	102.41	23.73
霍 山 县	Huoshan	147	355.65	348.71	86.38
叶集试验区	Yeji District	93	108.52	105.32	23.82
花 山 区	Huashan District	108	393.35	385.93	94.82
雨 山 区	Yushan District	160	430.27	418.78	105.03
博 望 区	Bowang District	141	125.34	120.85	32.25
当 涂 县	Dangtu	299	627.29	616.76	145.25
含 山 县	Hanshan	176	213.40	204.02	51.60
和 县	Hexian	149	279.23	271.23	59.76
镜 湖 区	Jinghu District	12	92.38	92.07	18.30
弋 江 区	Yijiang District	163	745.41	729.71	220.77
鸠 江 区	Jiujiang District	268	588.52	569.55	138.30
三 山 区	Sanshang District	70	235.92	235.80	52.21
大桥开发区	Daqiao development area	2	1.59	1.70	0.39
江北产业集中区	Jiangbei industry clusters	2	1.62	1.53	0.33
芜湖经开区	Wuhu economic development area	206	1553.54	1520.24	352.82
芜 湖 县	Wuhu	363	501.76	492.48	123.49

13—27 续表2 continued

单位：亿元（100 million yuan）

县（市）	County (City)	企业单位数（个）Number of Enterprises (unit)	工业总产值（当年价）Gross Industrial Output Value (at current prices)	工业销售产值（当年价）Sales Value of Industry (at current prices)	工业增加值（当年价）Value Added of Industry (at current prices)
繁昌县	Fanchang	314	680.90	674.80	197.35
南陵县	Nanling	311	302.60	296.46	74.06
无为县	Wuwei	262	749.91	726.02	167.54
宣州区	Xuanzhou District	233	199.32	196.06	46.52
宁国市	Ningguo	294	517.89	502.94	127.96
郎溪县	Langxi	221	246.94	244.85	52.81
广德县	Guangde	288	394.17	390.17	88.33
泾　县	Jingxian	137	127.43	124.74	29.16
绩溪县	Jixi	72	73.63	69.85	16.18
旌德县	Jingde	42	31.96	30.98	7.27
铜官山区	Tongguanshan District	28	346.07	342.76	81.95
狮子山区	Shizishan District	41	110.50	109.27	24.42
郊　区	Suburb District	39	198.39	195.32	53.96
铜陵县	Tongling	73	301.58	293.96	73.49
铜陵开发区	Tongling development area	77	626.99	613.25	112.41
贵池区	Guichi District	148	240.33	232.09	61.20
东至县	Dongzhi	152	165.85	162.29	40.16
石台县	Shitai	19	14.53	13.82	3.64
青阳县	Qingyang	133	132.64	129.32	34.11
江南集中区	Jiangnan des	12	4.16	4.02	1.07
池州开发区	Chizhou development area	60	98.31	95.14	25.41
安庆开发区	Anqin development area	79	572.43	570.78	112.96
迎江区	Yingjiang District	33	56.33	54.46	12.95
大观区	Daguan District	61	108.21	100.01	26.25
宜秀区	Yixou District	65	86.49	82.43	22.80
桐城市	Tongcheng	373	524.46	516.21	121.31
怀宁县	Huaining	253	383.41	378.31	93.12
枞阳县	Zongyang	223	355.37	350.91	87.78
潜山县	Qianshan	185	199.14	196.52	48.42
太湖县	Taihu	126	178.64	174.24	38.06
宿松县	Susong	169	214.69	211.62	52.50
望江县	Wangjiang	117	180.05	177.55	42.18
岳西县	Yuexi	107	152.23	150.59	37.53
屯溪区	Tunxi District	101	74.92	71.23	18.14
黄山区	Huangshan District	31	49.99	49.24	9.11
徽州区	Huizhou District	91	126.04	122.49	30.70
歙　县	Shexian	141	171.28	165.54	40.50
休宁县	Xiuning	54	72.35	70.18	15.45
黟　县	Yixian	41	23.11	22.13	5.37
祁门县	Qimen	57	47.76	46.31	11.46

主要统计指标解释

工业

指从事自然资源的开采，对采掘品和农产品进行加工和再加工的物质生产部门。具体包括：(1)对自然资源的开采，如采矿、晒盐等(但不包括禽兽捕猎和水产捕捞)；(2)对农副产品的加工、再加工，如粮油加工、食品加工、缫丝、纺织、制革等；(3)对采掘品的加工、再加工，如炼铁、炼钢、化工生产、石油加工、机器制造、木材加工等，以及电力、自来水、煤气的生产和供应等；(4)对工业品的修理、翻新，如机器设备的修理、交通运输工具(如汽车)的修理等。

工业统计调查单位为独立核算法人工业企业。

独立核算法人工业企业指从事工业生产经营活动的单位。独立核算法人工业企业应同时具备以下条件：①依法成立，有自己的名称、组织机构和场所，能够承担民事责任；②独立拥有和使用资产，承担负债，有权与其他单位签订合同；③独立核算盈亏，并能够编制资产负债表。

国有及国有控股企业

指国有企业加上国有控股企业。国有企业(即原全民所有制工业或国营工业)指企业全部资产归国家所有，并按《中华人民共和国企业法人登记管理条例》规定登记注册的非公司制的经济组织。包括国有企业、国有独资公司和国有联营企业。1957 年以前的公私合营和私营工业，后均改造为国营工业，1992 年改为国有工业，这部分工业的资料不单独分列时，均包括在国有企业内。国有控股企业是对混合所有制经济的企业进行的“国有控股”分类。它是指这些企业的全部资产中国有资产(股份)相对其他所有者中的任何一个所有者占资(股)最多的企业。该分组反映了国有经济控股情况。

本篇涉及的其他企业登记注册类型的解释详见综合篇。

轻工业

指主要提供生活消费品和制作手工工具的工业。按其所使用的原料不同，可分为两大类：(1)以农产品为原料的轻工业，是指直接或间接以农产品为基本原料的轻工业。主要包括食品制造、饮料制造、烟草加工、纺织、缝纫、皮革和毛皮制作、造纸以及印刷等工业；(2)以非农产品为原料的轻工业，是指以工业品为原料的轻工业。主要包括文教体育用品、化学药品制造、合成纤维制造、日用化学制品、日用玻璃制品、日用金属制品、手工工具制造、医疗器械制造、文化和办公用机械制造等工业。

重工业

指为国民经济各部门提供物质技术基础的主要生产资料的工业。按其生产性质和产品用途，可以分为下列三类：(1)采掘(伐)工业，是指对自然资源的开采，包括石油开采、煤炭开采、金属矿开采、非金属矿开采等工业；(2)原材料工业，指向国民经济各部门提供基本材料、动力和燃料的工业。包括金属冶炼及加工、炼焦及焦炭、化学、化工原料、水泥、人造板以及电力、石油和煤炭加工等工业；(3)加工工业，是指对工业原材料进行再加工制造的工业。包括装备国民经济各部门的机械设备制造工业、金属结构、水泥制品等工业，以及为农业提供的生产资料如化肥、农药等工业。

根据上述划分原则，修理业中以重工业产品为修理作业对象的划为重工业，反之划为轻工业。

工业总产值

(1)定义：

工业总产值是工业企业在一定时期内生产的以货币形式表现的工业最终产品或提供工业性劳务活动的总价值量。它反映一定时间内工业生产的总规模和总水平。

(2)计算原则：

工业生产的原则，即凡是企业在报告期生产的经检验合格的产品，不管是否在报告期销售，均包括在内。

最终产品的原则，即凡是计入工业总产值的产品，必须是本企业生产的经检验合格的，不需要再进行任何加工的最终产品。如果企业有中间产品(半成品)对外销售，则对外销售的中间产品应视为企业的最终产品。

工厂法原则，即工业总产值是以工业企业作为基本计算(核算)单位，即按企业的最终产品计算工业总产值。按这种方法计算的工业总产值，不允许同一产品价值在企业内部重复计算，不能把企业内部各个车间(分厂)生产的成果相加，但允许企业间的重复计算。

(3)内容及计算方法：

1995 年全国工业普查对工业总产值(原规定)的内容及计算原则和方法做了某些修订，修订后的工业总产值(新规定)包括三项内容：即本期生产成品价值、对外加工费收入、在制品半成品期末期初差额价值三部分。

本期生产成品价值：指企业本期生产，并在报告期内不再进行加工，经检验、包装入库的全部工业成品(半成品)价值合计，包括企业生产的自制设备及提供给本企业在建工程、其他非工业部门和福利部门等单位使用的成品价值。本期生产成品价值为按自备原材料生产的产品的数量乘以本期不含增值税(销项税额)的产品实际销售平均单价计算；会计核算中按成本价格转帐的自制设备和自产自用的成品，按成本价格计算生产成品价值。生产成品价值中不包括用定货者来料加工的成品(半成品)价值。

对外加工费收入：指企业在报告期内完成的对外承接的工业品加工(包括用定货者来料加工产品)的加工费收入和对外工业修理作业所取得的加工费收入。对外加工费收入按不含增值税(销项税额)的价格计算，可根据会计“产品销售收入”科目的有关资料取得。

对于本企业对内非工业部门提供的加工修理、设备安装的劳务收入，如果企业会计核算基础较好，能取得这部分资料，而且这部分价值所占比重较大，应包括在对外加工费收入中。

自制半成品在制品期末期初差额价值：指企业报告期在制品期末减期初的差额价值，本指标一般可以从会计核算资料中取得。如果会计产品成本核算中不计算半成品、在制品的成本，则总产值中也不包括这部分价值，反之则包括。

(4)工业总产值统计范围变化和计算方法修订情况：

1984年以前工业总产值不包括村办工业，村办工业总产值划归农业。1984年以后工业总产值包括村办工业。

1995年工业普查对工业总产值计算方法做了修订，即从1995年始按新修订(新规定)方法计算工业总产值。新规定与原规定的区别如下：

全价与加工费的计算原则不同：新规定为凡自备原材料，不论其生产繁简程度如何，一律按全价计算工业总产值；凡来料加工，允许按加工费计算工业总产值。原规定则视生产加工的繁简程度不同，规定哪些行业按全价，哪些行业按加工费计算工业总产值。

自制半成品、在产品期末期初差额价值的计算原则不同：新规定要求，凡会计产品成本核算时计算了成本的差额价值，总产值中就应包括，否则可不包括；原规定则按生产周期六个月的界限区分，凡生产周期六个月以上的企业，总产值计算中应包括这部分差额价值，否则可不包括。

计算价格不同：新规定按不含增值税(销项税额)的价格计算；原规定则按含增值税(销项税额)的价格计算。

工业增加值

指工业企业在报告期内以货币表现的工业生产活动的最终成果。

工业增加值有两种计算方法：一是生产法，即工业总产出减去工业中间投入加上应交增值税；二是收入法，即从收入的角度出发，根据生产要素在生产过程中应得到的收入份额计算，具体构成项目有固定资产折旧、劳动者报酬、生产税净额、营业盈余，这种方法也称要素分配法。

资产总计

指企业拥有或控制的能以货币计量的经济资源，包括各种财产、债权和其他权利。资产按流动性分为流动资产、长期投资、固定资产、无形资产、递延资产和其他资产。该指标根据企业会计“资产负债表”中“资产总计”项目的期末数增列。

流动资产

指企业可以在一年内或者超过一年的一个生产周期内变现或者耗用的资产，包括现金及各种存款、短期投资，应收及预付款项、存货等。

固定资产原价

指企业在建造、购置、安装、改建、扩建、技术改造某项固定资产时所支出的全部货币总额。它一般包括买价、包装费、运杂费和安装费等。

固定资产净值

指固定资产原价减去历年已提折旧额后的净额。计算公式为：

固定资产净值=固定资产原价-累计折旧

负债合计

指企业所承担的能以货币计量，将以资产或劳务偿付的债务，偿还形式包括货币、资产或提供劳务。负债一般按偿还期长短分为流动负债和长期负债。根据会计“资产负债表”中“负债合计”的年末数填列。

所有者权益合计

指企业投资人对企业净资产的所有权。企业净资产为企业全部资产与企业全部负债的差额，包括实收资本、资本公积、盈余公积、未分配利润等。根据会计“资产负债表”中“所有者权益”项的期末数填列。

主营业务收入

指会计“利润表”中对应指标的本年累计数。未执行2001年《企业会计制度》的企业，用“产品销售收入”的本期累计数代替。

主营业务成本

指会计“利润表”中对应指标的本年累计数。未执行2001年《企业会计制度》的企业，用“产品销售成本”的本期累计数代替。

主营业务税金及附加

指会计“利润表”中对应指标的本年累计数。未执行2001

年《企业会计制度》的企业，用“产品销售税金及附加” 的本期累计数代替。

利润总额

指企业在生产经营过程中各种收入扣除各种耗费后的盈余，反映企业在报告期内实现的盈亏总额，包括营业利润、补贴收入、投资净收益和营业外收支净额。根据会计“利润表”中的对应指标的本期累计数填列。

本年应交增值税

指企业按税法规定，从事货物销售或提供加工、修理修配劳务等增加货物价值的活动本期应交纳的税金。指企业在报告期应交增值税额。计算公式为：

本年应交增值税=销项税额-（进项税额-进项税额转出）-出口抵减内销产品应纳税额-减免税款+出口退税

本年进项税额指工业企业在报告期内购入货物或接受应税劳务而支付的、准予从销项税额中抵扣的增值税额。

本年销项税额指工业企业在报告期内销售货物或提供应税劳务应收取的增值税额。

从业人员平均人数

是指报告期内每天拥有的从业人员人数。其计算公式为：

月平均人数=报告月内每天实有人数之和/报告月日历日数

季平均人数=季内各月平均人数之和/3

年平均人数=年内各月平均人数之和/12

总资产贡献率

反映企业全部资产的获利能力，是企业经营业绩和管理水平的集中体现，是评价和考核企业盈利能力的核心指标。计算公式为：

总资产贡献率（%）=（利润总额+税金总额+利息支出）/平均资产总额×100%

公式中：税金总额为产品销售税金及附加与应交增值税之和；平均资产总额为期初期末资产之和的算术平均值。

资产负债率

该指标既反映企业经营风险的大小，也反映企业利用债权人提供的资金从事经营活动的能力。计算公式为：

资产负债率（%）=负债总额/资产总额×100%

资产与负债均为报告期期末数。

流动资产周转次数

指一定时期内流动资产完成的周转次数，反映投入工业企业流动资金的周转速度。计算公式为：

流动资产周转次数=主营业务收入/全部流动资产平均余额

公式中：全部流动资产平均余额为期初和期末的流动资产之和的算术平均值。

成本费用利润率

反映企业投入的生产成本及费用的经济效益，同时也反映企业降低成本所取得的经济效益。计算公式为：

成本费用利润率（%）=利润总额/成本费用总额×100%

公式中：成本费用总额为主营业务成本、销售费用、管理费用、财务费用之和。

产品销售率

该指标反映工业产品已实现销售的程度，是分析工业产销衔接情况，研究工业产品满足社会需求的指标。计算公式为：

产品销售率（%）=工业销售产值/工业总产值（现价）×100%

Explanatory Notes for Major Statistical Indicators

Industry

refers to the material production sector which is engaged in the extraction of natural resources and processing and reprocessing of minerals and agricultural products, including (1) extraction of natural resources, such as mining, salt production (but not including hunting and fishing); (2) processing and reprocessing of farm and sideline produces, such as rice husking, flour milling, wine making, oil pressing, silk reeling, spinning and weaving, and leather making; (3) manufacture of industrial products, such as steel making, iron smelting, chemicals manufacturing, petroleum processing, machine building, timber processing; water and gas production and electricity generation and supply; (4)repairing of industrial products such as the repairing of machinery and means of transport (including cars).

In industrial statistics surveys, the units of enquiry are corporate industrial enterprises with independent accounting systems.

Corporate industrial enterprises with independent accounting systems refer to enterprises engaging in industrial production activities, which meet the following requirements: (1) They are established legally, having their own names, organizations, location and able to take civil liability; (2) They possess and use their assets independently, assume liabilities and are entitled to sign contracts with other units; (3) They are financially independent and compile their own balance sheets.

State-owned and State-holding Enterprises

refer to state-owned enterprises plus State-holding enterprises. State-owned enterprises (originally known as State-run enterprises with ownership by the whole society) are non-corporate economic entities registered in accordance with the Regulation of the People's Republic of China on the Management of Registration of Legal Enterprises, where all assets are owned by the State. Included in this category are State-owned enterprises, State-funded corporations and State-owned joint-operation enterprises. Joint State-private industries and private industries, which existed before 1957, were transformed into state-run industries since 1957, and into State-owned industries after 1992. Statistics on those enterprises are included in the State-owned industries instead of being grouped them separately. State-holding enterprises are a sub-classification of enterprises with mixed ownership, referring to enterprises where the percentage of State assets (or shares by the State) is larger than any other single share holder of the same enterprise. This sub-classification illustrates the control of the State over a particular industry.

For explanation of enterprises of other types of registration covered in this chapter, please refer to General Survey.

Light Industry

refers to the industry that produces consumer goods and hand tools. It consists of two categories, depending on the materials used:

(1) Industries using farm products as raw materials. These are the branches of light industry which directly or indirectly use farm products as basic raw materials, including the manufacture of food and beverages, tobacco processing, textile, clothing, fur and leather manufacturing, paper making, printing, etc.

(2) Industries using non-farm products as raw materials. These are the branches of light industry which use manufactured goods as raw materials, including the manufacture of cultural, educational articles and sports goods, chemicals, synthetic fibre, chemical products for daily use, glass products for daily use, metal products for daily use, hand tools, medical apparatus and instruments, and the manufacture of cultural and office machinery.

Heavy Industry

refers to the industry which produces capital goods, and provides various sectors of the national economy with necessary material and technical basis for production. It consists of the following three branches according to the purpose of production or the use of products:

(1) Mining, quarrying and logging industry, which refers to the industry that extracts natural resources, including extraction of petroleum, coal, metal and non-metal ores.

(2) Raw materials industry refers to the industry that provides various sectors of the national economy with raw materials, fuels and power. It includes smelting and processing of metals, coking and coke chemistry, chemical materials and building materials such as cement, plywood, and power, petroleum refining and coal dressing.

(3) Manufacturing industry which refers to the industry that processes raw materials. It includes machine-building industries which equip sectors of the national economy; industries producing metal structure and cement products; and industries producing means of agricultural production, such as chemical fertilizers and pesticides.

In accordance with the above principles of classification,

the repairing trades, which are engaged primarily in repairing products of heavy industry, are classified as heavy industry while those which are engaged in repairing products of light industry are classified as light industry.

Gross Industrial Output Value

(1) Definition: Gross industrial output value is the total volume of final industrial products produced and industrial services provided during a given period in monetary terms. It reflects the total achievements and overall scale of industrial production during a given period.

(2) Principles for calculation:

Statistics on industrial production follow the principle that all products produced by the enterprises and accepted through quality check during the reference period are to be included no matter whether they are sold or not during the reference period.

Determination of final products follows the principle that all products that are included in the calculation of gross industrial output value are the final products of the enterprise which have been accepted through quality check and require no further processing. If an enterprise has intermediate (semi-finished) products to sell, these intermediate products are considered as the final products of the enterprise.

Gross industrial output value is calculated following the principle of factory approach, i.e. industrial enterprise is used as the basic accounting unit in calculating the gross industrial output value. By this approach, value of the same product is not to be double-counted, and the output value of different workshops (branch factories) within the enterprise should not be added. However, this approach allows the possibility of double counting between enterprises.

(3) Content and method of calculation: The old definition of gross industrial output value was modified during the 1995 National Industrial Census. The revised (new) definition of gross industrial output value consists of 3 components: value of the finished products during the reference period, income from processing for external parties, and value of change in semi-finished products between the end and the beginning of the reference period.

Value of finished products during the reference period: refers to the value of all finished (semi-finished) industrial products that are produced during the reference period without the need for further processing, checked for acceptance, packed and put into the warehouse of the enterprise, including the value of own-produced equipment and the value of products provided to the projects under construction of the enterprise, and to other non-industrial or welfare units. Value of finished products during the reference period is calculated by the quantity of products produced using own materials multiplied by the average unit prices at which products are sold (excluding value-added tax). Own-produced equipment and products produced for own use are valued at cost prices as in the case of enterprise accounting. Value of finished products does not include the value of finished products (semi-finished products) that are produced using the materials from the clients who place the orders.

Income from external processing: refers to income from contracted external processing of industrial products (including processing of industrial products using materials from the clients), and the income from industrial repairing work provided to other parties. Income from external processing is calculated using information from the item “products sales income” in the enterprise accounting at the prices with value-added tax excluded.

For income from services such as processing, repairing and installation of equipment provided to non-industrial units within the enterprise, if the accounting work of the enterprise is good enough to separate it from other records, and the share of such services is significant, it should also be included in the income from external processing.

Value of change in semi-finished products between the end and the beginning of the reference period: refers to the value of change in semi-finished products between the end and the beginning of the reference period, which generally can be obtained from accounting records of enterprises. If the enterprise accounting excludes the cost of semi-finished products, then it should not be included in the gross industrial output value, and the reverse if otherwise.

(4) Changes in the scope and method of calculation of the gross industrial output value

Prior to 1984, the value of rural industry run by villages was classified into agriculture instead of industry. Since 1984, it has been included in the gross industrial output value. Method of calculation for the gross industrial output value was modified in the industrial census in 1995. The difference in the new method as compared with the old one is outlined below:

Principle in using full value vs. processing fee: The new method stipulates that all products produced using own materials are to be calculated with full value in reporting the gross industrial output value irrespective of the complexity of production, and for external processing, it allows calculation using processing fee. In the old method, however, the use of full value or processing fee was determined by the degree of complexity of production in different branches of industries.

Principle in determining the value of change in semi-finished products: The new method requires that value of change in semi-finished products should be included in the gross industrial output value if it is included in the accounting record of the enterprise, otherwise it should not be included. In the old method, it is determined by the type of enterprises in terms of production cycle. If the production cycle is over 6 months, the value of change in semi-finished products is included in the gross industrial output value, otherwise it is not.

Difference in prices: The new method uses prices excluding value-added tax in the calculation of gross industrial output value, while the old method used prices including value-added tax.

Value-added of Industry

refers to the final results of industrial production of industrial enterprises in money terms during the reference period.

Industrial value-added can be calculated by two approaches: the production approach, i.e. gross industrial output value minus intermediate input plus value-added tax, and the income approach, i.e. income for various factors used in the course of production, including depreciation of fixed assets, remuneration of labourers, net of production tax, and operating surplus.

Total Assets

refer to all economic resources, in monetary term, these are owned or controlled by enterprises, including properties, creditor's equity and other economic rights of all forms. Classified by the degree of liquidity, total assets include working capitals, long-term investment, fixed assets, intangible assets, deferred assets and other assets. Data on this indicator can be obtained by the year-end figures of total assets in the Assets and Liability Table of accounting records of enterprises.

Working Capital

refers to capital that an enterprise can cash or use during one year or one production cycle that may exceed one year, including cash and savings deposits of various forms, short-term investment, money receivable and prepaid money, inventories, etc.

Annual Average Value of Working Capital

refers to the average value of all working capital of the enterprise during the reference period.

Original Value of Fixed Assets

refers to the total value, in monetary terms, that an enterprise spent on fixed assets, through construction, purchase, installation, transformation, expansion or technical upgrading. Generally, it covers cost of purchase, packing, transportation and installation, etc.

Net Value of Fixed Assets

refers to the original value of fixed assets minus depreciation over the years, i.e.:

Net value of fixed assets = original value of fixed assets - cumulative depreciation

Total Liabilities

refer to payable liabilities of enterprises that have to be repaid in terms of money, assets or labour services. In terms of payment, it can be divided into liquid liabilities and long-term liabilities. Data on this item is obtained from the ending figures on total liabilities from the Assets and Liability Table from the enterprises.

Total Equity

refers to the ownership of net assets of enterprise by its investors. Net assets equal total assets minus total liabilities of the enterprise, including the paid-in capital, accumulation of capital and operating surplus and non-distributed profits. Data are obtained from the ending figures on "total equity" from the "balance sheets".

Revenue from Principal Business

refers to the annual accumulation of the corresponding item in the "profit table" of the accountant. For enterprises that do not follow the 2001 Enterprise Accounting Standards, the year-end accumulation of revenue from the sales of products is used as a substitute.

Cost of Principal Business

refers to the annual accumulation of the corresponding item in the "profit table" of the accountant. For enterprises that do not follow the 2001 Enterprise Accounting Standards, the year-end accumulation of cost for the sales of products is used as a substitute.

Tax and Extra Charges from Principal Business

refer to the annual accumulation of the corresponding item in the "profit table" of the accountant. For enterprises that do not follow the 2001 Enterprise Accounting Standards, the year-end accumulation of tax and extra charges from the sales of products is used as a substitute.

Total Profits

refers to the balance of various incomes minus various spendings in the course of operation, reflecting the total profits and losses of enterprises in reporting period. It includes: operating profits, income from subsidies, net investment income and net income from activities other than operation. Data are obtained from the annual accumulation of the corresponding item in the "profit table" of the accountant.

Value-added Tax Payable in the Current Year

refers to the payable tax of enterprises which engaged in selling of goods or providing services that bring added value to the goods, such as processing, repairing, fitting and other activities should be paid according to Tax Law. It refers to the amount of the value-added tax which should be paid by the enterprises during the reference period. The formula is as follows:

Value-added Tax Payable in the Current Year = tax on sales-(tax on purchase-transferred tax on purchase)-exports deduct tax payable on domestic sales-tax relief+the export tax rebate.

Tax on Purchase in Current Year

refers to goods purchased by industrial enterprises or value added tax that should be paid but being granted the right to deduct from the tax on sales.

Tax on Sales in Current Year

refers to value added tax on industrial enterprises from sales of goods or taxable services that should be charged value added tax.

Average Annual Number of Employed Persons

Employed persons refer to all those who are employed in enterprises and receive remunerations there from, including currently working employees, retirees who are re-employed, teachers of local-run schools, as well as foreigners, staff from Hong Kong, Macao and Taiwan, part-time employees and persons with second job who are employed by the enterprise, and employees of other units temporarily working in the enterprises, but excluding former employees who left the enterprise with their employment records still being kept by the enterprises.

Average number of employed persons refers to the number of employee everyday during the reference period, calculated with the following formula:

Monthly average number = sum of actual employees everyday in reference month / number of calendar dates in reference month

Quarterly average number = sum of monthly average number in reference quarter / 3

Annual average number = sum of monthly average number in reference year / 12

Ratio of Profits, Taxes and Interests to Average Assets

reflects the profit-making capability of all assets of the enterprise and is a key indicator manifesting the performance and management and evaluating the profit-making potential of the enterprise. It is calculated as follows:

Ratio of Profits, Taxes and Interests to Average Assets (%) = (total profits + total taxes + interest payment) / average assets × 100%

In the above formula, total taxes is the sum of tax and extra charges on the sales of products and value-added tax payable; and average assets is the arithmetic mean of the sum of beginning assets and ending assets.

Ratio of Debts to Assets

reflects both the operation risk and the capability of the enterprise in making use of the capital from the creditors. It is calculated as follows:

Ratio of Debts to Assets (%) = total debts / total assets × 100%

Both assets and debts are figures at the end of the reference period.

Turnover of Working Capital

refers to the number of times of turnover of working capital in a given period of time, which reflects the speed of the turnover of working capital of industrial enterprises, and is calculated as follows:

Turnover of Working Capital = sales revenue of products / average balance of total working capital

In the above formula, average balance of total working capital refers to the arithmetic mean of the sum of working capital at the beginning and at the end of the reference period.

Ratio of Profits to Total Industrial Costs

refers to the ratio of profits realized in a given period to the total costs in the same period, which reflects the economic efficiency of input cost and is calculated as follows:

Ratio of Profits to Total Industrial Cost (%) = total profits / total costs × 100%

Total costs in the above formula are the sum of cost of products sold, marketing cost, management cost and financial cost.

Sales Ratio of Products

is an indicator reflecting the actual sale of industrial products, analyzing the production-selling and supply-demand relations. It is calculated as:

Sales Ratio of Products (%) = value of industrial sales / gross industrial output value (current prices) × 100%

第十四篇

Chapter 14

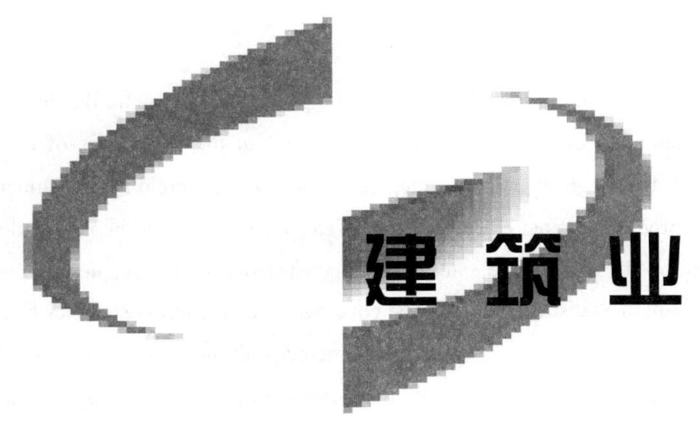

CONSTRUCTION

简要说明

一、本篇资料反映我省建筑业概况和发展情况。主要包括建筑业企业生产经营情况，指标有企业个数、从业人员数、建筑业总产值、房屋建筑面积、机械设备、资产负债、利润税金、劳动生产率、技术装备率等。此外，2003 年及以前还包括农村建筑队主要指标。

二、建筑业企业资料由省统计局固定资产投资处提供。建筑业统计范围从 1996 年年报起由原城镇及城镇以上各种经济类型的建筑业企业扩大到具有建筑业资质等级的各种经济类型的建筑业企业，资料来源依据国家统计局制定的“建筑业统计报表制度”收集的有关年报资料。

Brief Introduction

I. Data in this chapter show the general situation and the development of the construction in the province. They cover mainly the situation of production and management of the enterprises of construction, including number of enterprises number of employed persons, gross output value, floor space of the building, machinery and equipment, assets and liabilities, profits and taxes, labor productivity, per capita machinery, etc. They also cover the main indicators of the rural construction teams at 2003 and before.

II. Data on the enterprises of construction in this chapter are provided by the Division of Statistics in Investment in Fixed Assets, Anhui Statistical Bureau. The coverage of construction statistics has been enlarged since 1996 when the annual statistical reports were submitted. The original coverage includes all the construction enterprises of various types of ownership at and above town level. The new coverage includes all the construction enterprises of various types of ownership with qualification. Data are collected in accordance with the “reporting scheme of construction statistics” stipulated by the National Bureau of Statistics.

14—1 建 筑 业 企 业 概 况
Main Indicators on Construction Enterprises

年 份 Year	总 计 Total	内 资 Domestic Funded	#国有经济 State-owned	#集体经济 Collective-owned	港澳台商投资企业 Funded from Hong Kong, Macao and Taiwan	外 商投资企业 Foreign Funded	国有及国有控股企业 State Controlling Funded Hold Enterprises
企业单位数（个） Number of Enterprises (unit)							
2000	40785		258				
2005	1946	1934	193	278	8	4	321
2006	1996	1980	185	212	12	4	305
2007	2153	2137	183	176	12	4	303
2008	2357	2344	184	163	7	6	292
2009	2408	2394	172	151	7	7	259
2010	2469	2457	168	139	6	6	249
2011	2528	2516	153	134	6	6	249
2012	2662	2651	154	126	6	5	252
2013	2757	2745	122	85	5	7	234
2014	2807	2797	88	79	5	5	229
从业人员（万人） Number of Persons Engaged (10000 persons)							
2000	125.62		21.66				
2005	98.57	98.13	16.67	13.45	0.32	0.11	24.35
2006	112.26	111.63	21.47	9.83	0.44	0.19	32.99
2007	123.25	122.52	22.09	8.75	0.50	0.23	34.10
2008	138.07	137.67	30.56	8.77	0.18	0.22	40.67
2009	143.53	143.14	27.00	7.67	0.14	0.26	37.65
2010	157.97	157.62	31.79	6.68	0.16	0.19	42.66
2011	167.01	166.73	29.85	5.60	0.12	0.15	42.27
2012	168.90	168.62	26.89	5.84	0.15	0.13	37.08
2013	176.88	176.62	21.48	4.17	0.13	0.13	38.52
2014	171.57	171.39	7.16	4.18	0.08	0.10	36.64
总 产 值（万元） Gross Output Value (10000 yuan)							
2000	5320294		1349050				
2005	9230814	9194875	2678924	815820	25256	10683	3674953
2006	11682365	11623868	3494138	623919	40253	18244	5651081
2007	15169772	15079204	4376254	582524	62313	28256	7081557
2008	18578870	18527361	5772807	767214	22006	29503	8085556
2009	22399290	22338010	6799816	777343	26469	34812	9256453
2010	28649619	28583665	8940053	743385	32530	33424	12034370
2011	35996220	35922882	8871556	799971	27509	45829	14371631
2012	42304412	42221898	9479797	940326	27020	55494	15572915
2013	49635516	49560201	9286296	605431	19409	55906	17750941
2014	54829260	54766827	4202697	634176	19529	42904	19626151

注：1．附营施工单位的生产活动在整个建筑生产活动中所占份额极小，加之资料不全，因而在总计中已略去。
2．2005年及以后年份为总承包和专业承包建筑业企业，城镇集体和农村建筑队不作统计。

a) The production activity of subsidiary construction units is omitted in the total because the portion is very small and the data are incomplete.
b) After 2005, Data are general contracting and professional contract of construction enterprises, Cities collective and construction crew of countryside doesn't count.

14—2 主要年份建筑业企业主要经济指标
Main Economic Indicators on Construction Enterprises

指　　标		Item		2000	2005	2010	2013	2014
企业单位数	（个）	Number of Construction Enterprises	(unit)	1571	1946	2469	2757	2807
从业人数	（万人）	Staff and Workers (annual average)	(10000 persons)	71.41	98.57	157.97	176.88	171.57
自有固定资产原价	（万元）	Fixed Assets Owned (original value)	(10000 yuan)	1135784	2403291	4034386	5227028	5508670
自有固定资产净值	（万元）	Fixed Assets Owned (net value)	(10000 yuan)	783712	1666488	2744333	4263738	4406846
自有机械设备净值	（万元）	Net Value of Machinery and Equipment Owned	(10000 yuan)	326347	889068	1466999	1774012	2100205
自有机械设备总台数	（台）	Number of Machinery and Equipment Owned	(unit)	237822	383944	415557	490344	534352
自有机械设备总功率	（万千瓦）	Total Power of Machinery and Equipment Owned	(10000 kw)	250.57	464.92	663.58	1115.18	1286.72
建筑业总产值	（万元）	Gross Output Value of Construction	(10000 yuan)	3028240	9230814	28649619	49655149	54829260
建筑工程		Construction Projects		2621894	7859068	25058430	42491968	47152183
安装工程		Installation Projects		331987	993979	2468351	4171061	4394078
其　　他		Others		74359	377768	1122838	2992120	3282999
固定资产本年折旧	（万元）	Depreciation of Fixed Assets	(10000 yuan)	55430	139061	260805	357205	369168
应付职工薪酬	（万元）	Payable Employee compensation	(10000yuan)				7954344	8268634
主营业务税金及附加	（万元）	Main Business Tax and Additon	(10000yuan)	89526	300229	1043879	1461781	1590954
管理费用中的税金	（万元）	Taxes in Management Expenses	(10000 yuan)	8423	20141	73676	60230	67287
营业利润	（万元）	Business Profit	(10000yuan)				1862180	1927424
利润总额	（万元）	Total Profits	(10000 yuan)	28123	178167	983596	1885181	1934575
利税总额	（万元）	Total Taxes	(10000 yuan)	126073	498536	2101151	3407191	3592816
劳动生产率	（元/人）	Overall Labor Productivity	(yuan/person)					
（按总产值计算）		In Terms of Gross Output Value		42406	95803	177486	281968	313444
房屋建筑施工面积	（万平方米）	Floor Space of Buildings Under Construction	(10000 sq.m)	4631.27	9869.50	23295.69	36274.08	39488.44
房屋建筑竣工面积	（万平方米）	Floor Space of Buildings Completed	(10000 sq.m)	2595.33	5081.27	10512.36	14851.11	15339.43
技术装备率	（元/人）	Value of Machines per Laborer	(yuan/person)	4570	9020	9287	10074	12006
动力装备率	（千瓦/人）	Power of Machines per Laborer	(kw/person)	3.51	4.72	4.20	6.33	7.36
房屋建筑面积竣工率	（%）	Ratio of Floor Space of Buildings Completed	(%)	56.04	51.48	45.13	40.94	38.85
产值利润率	（%）	Ratio of Profit to Gross Output Value	(%)	0.93	1.93	3.43	3.80	3.53
产值利税率	（%）	Ratio of Per-tax Profit to Gross Output Value	(%)	4.16	5.40	7.33	6.86	6.55

14—3 国有经济建筑业企业主要经济指标
Main Economic Indicators on State-owned Construction Enterprises

指 标		Item		2000	2005	2010	2013	2014
企业单位数	(个)	Number of Construction Enterprises	(unit)	258	193	168	122	113
从业人数	(万人)	Staff and Workers (annual average)	(10000 persons)	21.66	16.67	31.79	21.48	20.12
自有固定资产原价	(万元)	Fixed Assets Owned (original value)	(10000 yuan)	636476	918516	1127747	993354	1027276
自有固定资产净值	(万元)	Fixed Assets Owned (net value)	(10000 yuan)	403625	602836	713964	612738	571115
建筑业总产值	(万元)	Gross Output Value of Construction	(10000 yuan)	1349050	2678924	8940053	9286296	10216594
建筑工程		Construction Projects		1199993	2228410	8187459	8503678	9114132
安装工程		Installation Projects		128402	365681	545846	579254	876864
其 他		Others		20655	84834	206749	203363	225598
固定资产本年折旧	(万元)	Depreciation of Fixed Assets	(10000 yuan)	34460	63261	98762	89626	106308
应付职工薪酬	(万元)	Payable Employee compensation	(10000yuan)				1233666	1275098
主营业务税金及附加	(万元)	Main Business Tax and Additon	(10000yuan)	39416	87807	346359	254647	241995
管理费用中的税金	(万元)	Taxes in Management Expenses	(10000 yuan)	3070	3375	17833	6886	7949
营业利润	(万元)	Business Profit	(10000yuan)				146561	150764
利润总额	(万元)	Total Profits	(10000 yuan)	-5159	34788	246938	147302	155640
利税总额	(万元)	Total Taxes	(10000 yuan)	37327	91182	611130	408835	405583
劳动生产率	(元/人)	Overall Labor Productivity	(yuan/person)					
(按总产值计算)		In Terms of Gross Output Value		62283	154711	242736	462557	502971
房屋建筑施工面积	(万平方米)	Floor Space of Buildings Under Construction	(10000 sq.m)	1167	1995	4552	5588	6119
房屋建筑竣工面积	(万平方米)	Floor Space of Buildings Completed	(10000 sq.m)	566.55	747.17	1040.81	1217.02	1150.73
房屋建筑面积竣工率	(%)	Ratio of Floor Space of Buildings Completed	(%)	48.57	37.46	22.86	21.78	18.80
产值利润率	(%)	Ratio of Profit to Gross Output Value	(%)	-0.38	1.30	2.76	1.59	1.52
产值利税率	(%)	Ratio of Per-tax Profit to Gross Output Value	(%)	2.77	3.40	6.80	4.40	3.97

14—4 建筑业企业主要生产指标（2014年）
Main Indicators on Construction Enterprises (2014)

指 标		Item		合 计 Total Enterprises	总承包 General Contractor	专业承包 Professional Contractor
企业单位个数	（个）	Number of Enterprises in Charge of Construction	(unit)	2807	1842	965
签订的合同额	（万元）	Volume of Signed Contracts	(10000 yuan)	97579222	91063251	6515971
直接从建设单位承揽工程完成的产值	（万元）	Accomplished Output Value of the Project Taken Directly from Construction Units	(10000 yuan)	54029231	49059633	4969598
自行完成施工产值		Output Value Completed by Self		53462732	48574200	4888532
分包出去工程产值		Engineering Subcontract Value		566499	485432	81066
从建设单位以外承揽工程完成的产值	（万元）	Accomplished Output Value of the Project Not Taken from Construction Units	(10000 yuan)	1366528	1237259	129269
建筑业总产值	（万元）	Gross Output Value of Construction	(10000 yuan)	54829260	49811459	5017801
#装饰装修产值		Decoration and Fixing UP		1829374	831649	997724
在外省完成产值		In Other Provinces		12059732	10733402	1326330
#建筑工程		Construction Projects		47152183	44771549	2380634
安装工程		Installation Projects		4394078	2867883	1526194
其 他		Others		3282999	2172027	1110973
竣工产值	（万元）	Output Value of Buildings Completed	(10000 yuan)	28163390	25038412	3124978
房屋建筑施工面积	（万平方米）	Floor Space of Buildings Under Construction	(10000 sq.m)	39488.44	39064.81	423.63
#本年新开工		Newly Started Projects in this Year		18323.60	18004.42	319.18
#投标承包的面积		Floor Space Through Tender for the Construction		30350.15	30080.88	269.28
#本年新开工		Newly Started Projects in this Year		13852.25	13645.67	206.58
房屋建筑竣工面积	（万平方米）	Floor Space of Buildings Completed	(10000 sq.m)	15339.43	15030.20	309.23
房屋竣工价值	（万元）	Value of Buildings Completed	(10000 yuan)	18449556	18210964	238592
直接从事生产经营活动的平均人数	（万人）	The Average Number of People Directly Engaged in Production and Business Activities	(10000 person)	174.93	156.04	18.89
从业人员	（万人）	Employed Persons at the Year-End	(10000 person)	171.57	155.12	16.45
#工程技术人员		Engineering Technical Personnel		35.22	32.12	3.10
#一级建造师		First Grade Architect		1.32	1.15	0.18
劳动生产率	（元/人）	Overall Labor Productivity	(yuan/person)	313444	319232	265633
房屋建筑面积竣工率	（%）	Rate of Floor Space of Buildings Completed	(%)	38.85	38.48	73.00

内资企业 Domestic Funded	#集 体 Collective-owned	#私 营 Private	港澳台商投资企业 Funded Enterprises from Hong, Kong, Macao and Taiwan	外商投资企业 Foreign Funded	国有及国有控股企业 State Controlling Funded Hold Enterprises	房屋建筑业 Building	土木工程建筑业 Civil Engineering	建筑安装业 Construction Installation Industry	建筑装饰和其他建筑业 Architectural Decoration and Other Construction Industry
2797	79	1629	5	5	229	1352	553	363	539
97507325	795338	27029441	23987	47911	46250070	56210036	33949233	4776481	2643472
53966858	611484	20017519	19529	42844	19279750	32671332	16030552	3415396	1911951
53400399	610677	19869543	19529	42804	18961292	32423559	15786516	3344040	1908617
566459	807	147977		40	318458	247773	244036	71356	3334
1366428	23499	331651		100	664860	717463	441870	167541	39654
54766827	634176	20201193	19529	42904	19626151	33141021	16228386	3511581	1948271
1827001	4601	1180943	1386	987	161101	714721	114010	54799	945844
12042524	171925	1466889	1202	16007	8209786	4762334	5699117	1346712	251569
47107763	384599	17078642	16165	28255	17653060	30012104	14061274	1778380	1300425
4384458	62607	1583884	792	8827	1516123	1840591	1156802	1197954	198731
3274605	186971	1538668	2571	5823	456969	1288327	1010311	535247	449115
28130535	504270	13035376	4449	28406	6882463	18909420	5913478	2004281	1336210
39461.87	459.03	15919.66	8.56	18.01	11508.81	36186.13	1952.77	1215.86	133.68
18306.02	291.95	8750.37	6.40	11.18	3811.65	16761.36	864.00	591.00	107.24
30331.41	392.21	10329.05	7.56	11.18	11188.28	27567.65	1724.60	960.17	97.73
13841.07	267.75	5625.91		11.18	3729.85	12673.05	724.39	389.28	65.54
15321.66	303.26	8173.32	1.67	16.10	2251.39	14117.58	611.48	508.74	101.63
18431483	307443	9441559	1871	16201	3266333	16954766	800626	565607	128557
174.71	3.95	78.89	0.13	0.09	39.92	118.13	35.40	12.91	8.47
171.39	4.18	79.28	0.08	0.10	36.64	118.44	33.97	10.99	8.16
35.17	1.06	16.27	0.04	0.01	7.83	25.26	6.50	2.15	1.31
1.32	0.01	0.53			0.47	0.76	0.37	0.09	0.10
313474	160738	256069	154865	478310	491614	280535	458399	271908	229928
38.83	66.07	51.34	19.46	89.42	19.56	39.01	31.31	41.84	76.02

14—5 建筑业企业主要财务指标（2014年）
Main Financial Indicators on Construction Enterprises (2014)

指　标	Item	企业数（个）Number of Enterprises (unit)	流动资产合计 Circulating Funds	#存货 Stock
总　计	**Total**	**2807**	**33801763**	**6423879**
#国有及国有控股企业	State Controlling Share Hold Enterprises	228	14512814	2985430
按登记注册类型分	**Grouped by registration Type**			
内资企业	Domestic Funded Enterprise	2797	33709100	6412986
国有企业	State-owned Enterprise	76	1763842	374381
集体企业	Collective-owned Enterprise	77	201596	56433
股份合作企业	Share Holding Cooperative Enterprises	13	196764	19585
联营企业	Joint Owned Enterprises	2	26514	8215
有限责任公司	Limited Liability Corporations	911	20367024	4042993
股份有限公司	Share-holding Corporations Ltd.	89	1988242	314135
私营企业	Private Enterprises	1624	9152410	1596440
其他企业	Other Enterprises	5	12708	804
港澳台商投资企业	Enterprises Funded by Entrepreneurs from Hong Kong, Macao and Taiwan	4	60416	3986
外商投资企业	Foreign Funded Enterprises	6	32247	6907
按国民经济行业分	**Grouped by Sector**			
房屋建筑业	Building	1352	15876968	3064229
土木工程建筑业	Civil Engineering	553	14072025	2590531
#铁路道路隧道和桥梁工程建筑业	Railroad Road Tunnel &Bridge Engineering Enterprises	324	8079442	1354385
建筑安装业	Construction Installation Industry	363	2269453	515115
建筑装饰和其他建筑业	Architectural Decoration and Other Construction Industry	539	1583317	254004
建筑装饰业	Construction Decoration Industry	449	1108111	183494
按资质等级分	**By Qualification Standard**			
施工总承包	Chief Construction Contract	1849	30347551	5784640
特　级	Top Grade	4	5778897	1107419
一　级	First Grade	186	14443548	2629884
二　级	Second Grade	714	6594621	1402243
三级及以下	Third Grade and Below	945	3530484	645093
专业承包	Professional Contract	958	3454212	639240
一　级	First Grade	95	1253040	258218
二　级	Second Grade	286	1080575	167884
三级及以下	Third Grade and Below	577	1120598	213138

单位：万元（10000 yuan）

固定资产合计 Total Fixed Assets	固定资产原价 Original Value of Fixed Assets	累计折旧 Progessive Deprecia-tion	#本年折旧 Deprecia-tion this Year	资产总计 Total of Assets	负债合计 Total of Liabilities	#流动负债 Current Liabilities	所有者权益 Creditors' Equity	#实收资本 Capital Hold	#国家资本 National Capital
4406846	**5508670**	**2030218**	**369168**	**43062282**	**29263881**	**25604036**	**13798402**	**8265149**	**1474189**
1122531	1894837	893665	162476	17518012	14524347	13639445	2993664	2209311	1416328
4369925	5467155	2020731	367240	42920298	29155638	25497184	13764661	8246856	1465641
213351	317416	122942	17244	2129065	1772383	1639893	356682	311107	276032
73299	99832	41994	4658	305842	143528	127637	162315	84184	4463
34402	49411	20218	3466	279422	187000	180583	92422	21515	860
3204	8604	5401	560	31586	12617	2877	18969	4086	3086
1940629	2731188	1148755	211610	25303286	19188036	16898683	6115250	3859017	1161304
269733	289966	83765	19715	2652105	1900179	1727113	751926	321634	13544
1829514	1963434	595287	109590	12199116	5945479	4914824	6253637	3635662	6073
5793	7304	2371	399	19875	6416	5575	13459	9651	278
2043	2487	469	49	63382	56661	56661	6721	5731	
34878	39028	9019	1878	78602	51583	50192	27020	12562	8548
2360237	2508562	777519	150811	20075488	12764608	10950949	7310880	4717342	816486
1535819	2387856	1045136	180593	17947741	13490587	12218598	4457154	2356718	587543
790751	1230953	532413	87009	10441489	7989769	7240838	2451720	1499007	337727
305338	358997	125533	25210	2788923	1698488	1551284	1090436	569411	49154
205452	253255	82030	12554	2250130	1310198	883206	939932	621678	21007
145308	161408	43494	8197	1653287	960316	549495	692971	469071	5228
3874823	4825737	1781655	326465	38351145	26429536	23309125	11921608	7119147	1377574
347373	672560	351042	79025	7431939	6410016	5950339	1021923	1041748	696453
1560166	1881880	720935	126489	17641793	13039987	11444551	4601806	2016282	500757
1169316	1439301	479972	73052	8308316	4405554	3905565	3902761	2418154	129727
797968	831997	229707	47900	4969097	2573978	2008671	2395119	1642962	50637
532023	682933	248563	42703	4711138	2834344	2294911	1876793	1146002	96615
135577	207758	81922	11228	1524817	949542	823300	575276	360942	60400
179777	219493	80158	14994	1445527	768141	712421	677386	371437	18983
216669	255681	86482	16481	1740793	1116662	759189	624132	413623	17233

14—5 续表 continued

指 标	Item	主营收入 Project Settlement Income	主营成本 Project Settlement Cost	主营税金及附加 Project Settlement Tax and Extra Charges
总 计	**Total**	**47744786**	**41854668**	**1590954**
#国有及国有控股企业	State Controlling Share Hold Enterprises	17293195	15616059	514198
按登记注册类型分	**Grouped by registration Type**			
内资企业	Domestic Funded Enterprise	47667000	41799989	1589138
国有企业	State-owned Enterprise	2661105	2363240	84690
集体企业	Collective-owned Enterprise	560079	476849	23406
股份合作企业	Share Holding Cooperative Enterprises	271512	200768	8636
联营企业	Joint Owned Enterprises	22738	19512	447
有限责任公司	Limited Liability Corporations	24593427	21936761	773212
股份有限公司	Share-holding Corporations Ltd.	2678388	2349314	89632
私营企业	Private Enterprises	16866674	14443423	608715
其他企业	Other Enterprises	13078	10122	400
港澳台商投资企业	Enterprises Funded by Entrepreneurs from Hong Kong, Macao and Taiwan	11045	9809	406
外商投资企业	Foreign Funded Enterprises	66741	44871	1410
按国民经济行业分	**Grouped by Sector**			
房屋建筑业	Building	27508725	24269773	952040
土木工程建筑业	Civil Engineering	14961133	13173313	465799
#铁路道路隧道和桥梁工程建筑业	Railroad Road Tunnel &Bridge Engineering Enterprises	8457612	7512014	271982
建筑安装业	Construction Installation Industry	3379113	2840236	110487
建筑装饰和其他建筑业	Architectural Decoration and Other Construction Industry	1895815	1571346	62629
建筑装饰业	Construction Decoration Industry	1389112	1153775	46093
按资质等级分	**By Qualification Standard**			
施工总承包	Chief Construction Contract	43220928	38140344	1446569
特 级	Top Grade	4540562	4086884	138248
一 级	First Grade	22366550	20092749	723548
二 级	Second Grade	10933609	9439828	386548
三级及以下	Third Grade and Below	5380208	4520883	198225
专业承包	Professional Contract	4523858	3714324	144385
一 级	First Grade	1766471	1491601	56018
二 级	Second Grade	1470604	1180551	49999
三级及以下	Third Grade and Below	1286783	1042173	38368

单位：万元（10000 yuan）

其他业务利润 Other Business Profit	销售费用 Operating Expense	管理费用 Management Expense	#税金 Tax	财务费用 Financial Expenses	营业利润 Operating Profit	利润总额 Total Profit	应交所得税 Payable Income Tax	本年应付工资薪酬 Total Payable Wages this Year
44764	**211750**	**1505856**	**67287**	**350610**	**1927424**	**1934575**	**390654**	**8268634**
19545	17000	594861	15416	81772	426417	438127	79433	2437816
45161	206828	1501260	67217	350417	1918007	1925087	386896	8260167
2524	3408	95138	2986	15113	43029	47831	9543	363919
1463	6185	27579	1488	1641	28882	30779	4865	137549
1130	8117	30251	2325	2888	21380	21499	3950	37470
28	530	866	44	39	1039	1002	250	5977
30537	61663	772979	26179	174341	831031	828427	166423	3904870
667	10889	65985	4138	27002	139491	144451	21898	534026
8765	115993	507356	30050	129346	851752	849654	179683	3273943
46	44	1107	6	48	1402	1445	283	2414
		634	7	108	89	88	14	2741
-396	4922	3962	63	85	9329	9401	3745	5725
15957	101219	632042	34856	239868	996937	1001509	224774	5436972
21470	53289	610334	20268	79299	616574	622581	110447	2020811
10401	20710	335180	9350	14283	351411	356575	60305	994219
4139	34612	161338	6567	16823	205524	199812	35528	496864
3200	22629	102142	5596	14620	108390	110673	19906	313986
1728	18759	73044	2219	10045	79175	79563	12179	256279
38564	145226	1236387	55039	321674	1639694	1638882	340077	7516821
5341	2234	197087	2870	5273	143328	141778	23578	560140
19225	46909	515752	15600	208563	720738	716503	133304	3864264
8928	51496	315226	19898	72592	466883	471268	117913	2067578
5070	44587	208322	16671	35246	308745	309333	65282	1024840
6200	66524	269469	12249	28935	287730	295694	50578	751813
667	18950	91102	3375	10296	96312	100229	15303	311912
1946	24265	94108	4776	9179	109221	112130	17512	252788
3587	23309	84260	4098	9461	82198	83335	17763	187113

14—6 劳务分包建筑业企业生产经营情况（2014年）
Productions and Business Indicators of Subcontract Construction Enterprises (2014)

指 标		Item		合 计 Total	国有及国有控股企业 State-owned and State-controlled Enterprises
生产情况		**Producing Indicators**			
企业单位数	（个）	Number of Enterprises	(unit)	355	9
建筑业总产值	（万元）	Gross Output Value of Costruction	(10000 yuan)	1077705	100490
#装饰装修产值		Outpnt Value of Construction Pecoration		154216	
年末从业人数	（万人）	Number of Employed Persons at the Year-end	(10000 person)	14.45	3.06
#现场施工工人		Persons On-site Construction		10.39	2.05
财务状况		**Financial Indicators**			
资产负债		Assets and Liabilities			
固定资产原价	（万元）	Prime Cost of Fixed Assets	(10000 yuan)	96589	289
本年折旧	（万元）	Depreciation This Year	(10000 yuan)	7367	31
资产总计	（万元）	Total of Assets	(10000 yuan)	409315	45936
负债合计	（万元）	Total of Liabilities	(10000 yuan)	229172	37124
实收资本	（万元）	Paicl-up Capital	(10000 yuan)	94469	7081
损益及分配		Profit and Loss and Distribution			
营业收入	（万元）	Business Earning	(10000 yuan)	1032350	107343
#主营业务收入		Main Business Earning		1029303	107283
营业成本	（万元）	Sales Cost	(10000 yuan)	909968	102897
#主营业务成本		Main Business Cost		900473	102893
营业税金及附加	（万元）	Business Tax and Surcharges	(10000 yuan)	42398	870
#主营业务税金及附加		Main Business Tax and Affixation		42178	868
销售费用	（万元）	Total Expense	(10000 yuan)	5057	158
管理费用	（万元）	Management expense	(10000 yuan)	35732	2758
#税金本期		Taxes This Period		1101	17
财务费用	（万元）	Financial expense	(10000 yuan)	3348	98
营业利润	（万元）	Operating Profit	(10000 yuan)	36703	801
利润总额	（万元）	Total of Profit	(10000 yuan)	36633	821
从业人员工资总额	（万元）	Labour Reward of Staff and Workers	(10000 yuan)	522299	85019
全部从业人员年平均人数	（万人）	Average Number of Staff and Workers	(10000 person)	14.51	2.86

14—7 建筑业企业房屋建筑完成情况（2014年）
Floor Space of Buildings Completed by Construction Enterprises (2014)

指 标	Item	房屋建筑竣工面积（万平方米） Completed Area of Building Construction (10000 sq.m)	#国有及国有控股企业 State Controlling Funded Hold Enterprises	竣工房屋价值（万元） Value of the Completed House (10000 yuan)	#国有及国有控股企业 State Controlling Funded Hold Enterprises
总 计	**Total**	**15339.43**	**2251.39**	**18449556**	**3266333**
住 宅	Residential Buildings	10182.95	1611.08	12584298	2287076
商业及服务用房屋	Buildings Used for Business and Services	752.65	63.13	943213	104352
批发和零售用房	Buildings Used for Wholesale and Retail	319.99	24.02	416157	38577
住宿用房	Buildings Used for Accommodation	42.83	13.85	64920	16067
餐饮用房	Buildings Used for Catering Services	17.68	3.69	22344	5023
商务会展用房屋	Buildings Used for	30.61	1.18	46883	1400
居民服务业用房	Buildings Used for Resident Services	341.54	20.39	392909	43286
办公用房	Office Buildings	1063.56	153.98	1261391	201840
科研、教育、医疗用房	Buildings Used for Scientific Research,Education, Medical Services	637.76	56.09	817796	95125
科研用房	Buildings Used for Scientific Research	28.46	2.00	40946	5560
教育用房	Buildings Used for Education	520.22	33.51	640807	50056
卫生医疗用房	Buildings Used for Sanitation and Medical Services	89.07	20.58	136042	39509
文化、体育和娱乐用房	Buildings Used for Culture, Physical Training and Entertainment	108.34	19.39	147996	38149
厂房及建筑物	Workshops and Buildings	2181.05	320.62	2269357	438026
厂 房	Workshops	1201.82	217.82	1237141	318135
仓 库	Storehouses	89.68	6.13	86232	9299
其他用房	Others	323.44	20.98	339273	92466

14—8 各市建筑业企业房屋建筑完成情况（2014年）
Floor Space of Buildings Completed by Construction Enterprises by Region (2014)

地 区	Region	房屋建筑竣工面积（万平方米） Completed Area of Building Construction (10000 sq.m)	#住 宅 Residential Buildings	竣工房屋价值（万元） Value of the Completed House (10000 yuan)	#住 宅 Residential Buildings
总 计	**Total**	**15339.43**	**10182.95**	**18449556**	**12584298**
合肥市	Hefei	6293.31	4287.27	8022162	5635977
淮北市	Huaibei	141.16	77.96	162341	86098
亳州市	Bozhou	199.79	117.29	211213	125994
宿州市	Suzhou	508.08	266.11	550849	278578
蚌埠市	Bengbu	953.92	752.11	1421259	1134190
阜阳市	Fuyang	577.83	376.64	732360	438749
淮南市	Huainan	245.72	142.55	170334	72242
滁州市	Chuzhou	1001.82	682.60	1178369	831901
六安市	Luan	854.82	496.46	866743	514770
马鞍山市	Maanshan	870.28	638.11	1108337	846885
芜湖市	Wuhu	1064.70	723.44	1154807	772200
宣城市	Xuancheng	457.06	283.56	550215	356457
铜陵市	Tongling	292.75	213.06	365419	261268
池州市	Chizhou	519.42	274.80	534653	320216
安庆市	Anqing	1097.78	694.18	1119970	726428
黄山市	Huangshan	261.00	156.81	300524	182346

14—9 各市按登记注册类型和行业分的建筑业企业单位数（2014年）
Number of Construction Enterprises by Registration Status, Section and Region (2014)

单位：个（unit）

地　区	Region	合　计 Total Enterprises	内资企业 Domestic Funded	港澳台商投资企业 Funded by Entrepreneurs from Hong Kong, Macao and Taiwan	外商投资企业 Foreign Funded	国有及国有控股企业 State-owned and State-controlled Enterprises	房屋工程建筑业 Building	土木工程建筑业 Civil Engineering	建筑安装业 Construction Installation Industry	建筑装饰和其他建筑业 Architectural Decoration and Other Construction Industry
总　计	**Total**	**2807**	**2797**	**5**	**5**	**229**	**1352**	**553**	**363**	**539**
合肥市	Hefei	856	853	2	1	76	279	183	185	209
淮北市	Huaibei	49	47	2		7	20	11	8	10
亳州市	Bozhou	46	46			7	34	10	1	1
宿州市	Suzhou	165	165			14	87	31	26	21
蚌埠市	Bengbu	142	141		1	13	58	30	23	31
阜阳市	Fuyang	133	133			15	81	30	7	15
淮南市	Huainan	89	89			13	45	17	16	11
滁州市	Chuzhou	148	146		2	12	86	27	12	23
六安市	Luan	165	165			10	102	47	8	8
马鞍山市	Maanshan	134	133	1		10	65	30	15	24
芜湖市	Wuhu	229	229			16	122	38	21	48
宣城市	Xuancheng	126	125		1	1	61	22	11	32
铜陵市	Tongling	104	104			8	46	13	6	39
池州市	Chizhou	100	100			6	58	13	11	18
安庆市	Anqing	244	244			15	165	39	11	29
黄山市	Huangshan	77	77			6	43	12	2	20

14—10 各市按经济类型和行业分的建筑业总产值（2014年）
Overall Output Value of Enterprises in Charge of Construction by Ownership and Region (2014)

单位：万元（10000 yuan）

地　区	Region	合　计 Total Enterprises	内资企业 Domestic Funded	港澳台商投资企业 Funded by Entrepreneurs from Hong Kong, Macao and Taiwan	外商投资企业 Foreign Funded	国有及国有控股企业 State-owned and State-controlled Enterprises	房屋工程建筑业 Building	土木工程建筑业 Civil Engineering	建筑安装业 Construction Installation Industry	建筑装饰和其他建筑业 Architectural Decoration and Other Construction Industry
总　计	**Total**	**54829260**	**54766827**	**19529**	**42904**	**19626151**	**33141021**	**16228386**	**3511581**	**1948271**
合肥市	Hefei	28760610	28755968	2587	2054	14321786	15797285	9733183	1962075	1268067
淮北市	Huaibei	654979	638830	16149		465520	178286	442386	24524	9782
亳州市	Bozhou	408397	408397			40353	345852	59519		3026
宿州市	Suzhou	2073002	2073002			597848	681980	552974	806881	31168
蚌埠市	Bengbu	3977900	3977680		220	1324618	2338290	1524387	52887	62335
阜阳市	Fuyang	1579014	1579014			241150	1187978	341976	11965	37095
淮南市	Huainan	778211	778211			532731	242073	488510	42113	5515
滁州市	Chuzhou	2198722	2189960		8762	142186	1701050	274121	176867	46683
六安市	Luan	1537239	1537239			55670	1136004	371434	16081	13721
马鞍山市	Maanshan	2826169	2825377	792		824010	2340238	399020	17442	69470
芜湖市	Wuhu	4087233	4087233			574517	2562003	1173175	214340	137715
宣城市	Xuancheng	1299136	1267267		31868	6756	987342	228990	18615	64189
铜陵市	Tongling	1117157	1117157			134907	770456	198783	35677	112241
池州市	Chizhou	1086701	1086701			47828	850965	109800	94882	31054
安庆市	Anqing	1831692	1831692			290755	1490919	268628	36716	35429
黄山市	Huangshan	613097	613097			25517	530301	61498	517	20781

14—11 各市建筑业企业生产情况（2014年）
Production Indicators on Construction Enterprises by Region (2014)

地 区	Region	企业单位个数（个）Number of Enterprises (unit)	总产值（万元）Total Output Value (10000 yuan)	建筑工程 Construction	安装工程 Installation	其它产值 Other Output Value	竣工产值（万元）Outpu Value of Buildings Completed (10000 yuan)
总　计	**Total**	**2807**	**54829260**	**47152183**	**4394078**	**3282999**	**28163390**
合 肥 市	Hefei	856	28760610	25146997	2364095	1249518	13029854
淮 北 市	Huaibei	49	654979	574411	31511	49057	287175
亳 州 市	Bozhou	46	408397	368414	24898	15085	238631
宿 州 市	Suzhou	165	2073002	1179205	493433	400365	1369440
蚌 埠 市	Bengbu	142	3977900	3522327	120629	334944	2288254
阜 阳 市	Fuyang	133	1579014	1486886	21043	71086	1001577
淮 南 市	Huainan	89	778211	421486	325615	31111	376902
滁 州 市	Chuzhou	148	2198722	1901849	154024	142849	1467793
六 安 市	Luan	165	1537239	1331605	72814	132821	1189135
马鞍山市	Maanshan	134	2826169	2374620	227861	223689	1571025
芜 湖 市	Wuhu	229	4087233	3581914	263366	241954	1484906
宣 城 市	Xuancheng	126	1299136	1134790	83723	80623	722816
铜 陵 市	Tongling	104	1117157	954643	105186	57327	613448
池 州 市	Chizhou	100	1086701	985176	53559	47966	685604
安 庆 市	Anqing	244	1831692	1690350	31980	109362	1435718
黄 山 市	Huangshan	77	613097	497511	20342	95244	401113

地 区	Region	房屋建筑施工面积（万平方米）Floor Space of Building Under Construction (10000 sq.m)	房屋建筑竣工面积（万平方米）Floor Space of Building Completed (10000 sq.m)	自有施工机械设备 Machinery and Equipment Owned			期末从业人数（万人）Staff and Workers (annual average) (10000 persons)
				净值（万元）Net Value (10000 yuan)	总台数（台）Number (unit)	总功率（万千瓦）Total Power (10000 kw)	
总　计	**Total**	**39488.44**	**15339.43**	**2100205**	**534352**	**1286.72**	**171.57**
合 肥 市	Hefei	19466.24	6293.31	909176	170739	399.89	76.34
淮 北 市	Huaibei	301.20	141.16	26034	9057	18.66	3.59
亳 州 市	Bozhou	337.36	199.79	33264	12036	12.90	1.68
宿 州 市	Suzhou	855.12	508.08	119031	46826	62.62	9.12
蚌 埠 市	Bengbu	2852.08	953.92	59748	58670	47.88	7.74
阜 阳 市	Fuyang	1682.81	577.83	59497	26122	34.85	5.53
淮 南 市	Huainan	360.01	245.72	52466	17771	17.25	2.30
滁 州 市	Chuzhou	1670.55	1001.82	108796	12920	83.02	8.36
六 安 市	Luan	1420.87	854.82	79567	24260	42.66	9.13
马鞍山市	Maanshan	2152.55	870.28	129129	20449	54.87	8.50
芜 湖 市	Wuhu	2713.35	1064.70	210777	25599	322.15	10.83
宣 城 市	Xuancheng	966.06	457.06	60942	25156	27.91	5.09
铜 陵 市	Tongling	906.60	292.75	33354	10722	41.18	4.40
池 州 市	Chizhou	1156.17	519.42	31777	7355	26.25	4.07
安 庆 市	Anqing	2002.88	1097.78	159510	51202	74.03	11.17
黄 山 市	Huangshan	644.59	261.00	27139	15468	20.59	3.72

14—12 各市建筑业企业主要财务指标（2014年）
Main Financial Indicators on Construction Enterprises by Region (2014)

单位：万元（10000 yuan）

地 区 Region	流动资产合计 Circulating Funds	固定资产合计 Total Fixed Assets	固定资产原价 Original Value of Fixed Asseds	累计折旧 Depreciation Drawn Accumulated	#本年 This Year	资产总计 Total Assets	负债合计 Total Liabilities	所有者权益 Creditors' Equity	#实收资本 Capital Hold
总 计 Total	**33801763**	**4406846**	**5508670**	**2030218**	**369168**	**43062282**	**29263881**	**13798402**	**8265149**
合 肥 市 Hefei	18074967	2120044	2690609	1034860	214373	23176997	16819902	6357096	3783807
淮 北 市 Huaibei	624923	96108	144870	60287	6743	771596	539134	232462	89079
亳 州 市 Bozhou	217021	53807	62777	14374	3327	303910	150638	153272	109086
宿 州 市 Suzhou	951849	235097	284884	81837	18099	1278560	682331	596229	355467
蚌 埠 市 Bengbu	2461739	114330	139767	62107	11402	2974213	2234978	739236	388510
阜 阳 市 Fuyang	1432713	147673	159891	51425	9241	1700620	1182376	518244	328386
淮 南 市 Huainan	759046	103173	155871	61700	9447	908552	651925	256627	146197
滁 州 市 Chuzhou	1022762	182454	183765	57712	10093	1471718	934792	536926	353672
六 安 市 Luan	808505	220689	271275	92990	14671	1134934	474274	660660	349303
马鞍山市 Maanshan	1793358	227076	263882	103800	12404	2152998	1413478	739521	486984
芜 湖 市 Wuhu	2086460	269404	384670	158731	24994	2574253	1591750	982503	624294
宣 城 市 Xuancheng	807124	115784	150005	44497	6912	1030830	581573	449257	260550
铜 陵 市 Tongling	936054	98676	120847	44650	5407	1133011	743134	389877	208723
池 州 市 Chizhou	514800	81760	82096	26012	4858	657170	365212	291957	201335
安 庆 市 Anqing	1007993	280100	332572	100676	13413	1402110	662855	739255	465074
黄 山 市 Huangshan	302450	60672	80890	34560	3785	390809	235528	155281	114683

地 区 Region	主营收入 Main Business Income	主营成本 Main Business Cost	主营税金及附加 Main Business and Extra Charges	销售费用 Operating Expense	管理费用 Management Expense	#税金 Tax	财务费用 Financial Expenses	营业利润 Operating Profit	利润总额 Total Profit	本年应付薪酬总额 Payable Salary This Year
总 计 Total	**47744786**	**41854668**	**1590954**	**211750**	**1505856**	**67287**	**350610**	**1927424**	**1934575**	**8268634**
合 肥 市 Hefei	24748655	21862454	802146	82356	782429	24691	199588	908278	907948	4106176
淮 北 市 Huaibei	679953	557793	9460	6128	36377	1105	1633	51067	49899	167968
亳 州 市 Bozhou	363044	306579	14296	5148	20278	902	1332	15076	14973	61205
宿 州 市 Suzhou	1845424	1539672	66518	19344	74173	3787	13726	111438	111615	326122
蚌 埠 市 Bengbu	2988084	2665944	99585	5314	62110	3981	28230	134259	142328	559565
阜 阳 市 Fuyang	1269394	1102696	46218	5012	32882	2290	6080	55725	56417	212858
淮 南 市 Huainan	911686	827303	24300	3029	29906	1468	1406	23619	24386	111935
滁 州 市 Chuzhou	1710735	1473646	65478	4991	48333	4940	12109	85380	85634	357230
六 安 市 Luan	1519152	1287816	56340	9212	49423	3600	14566	104871	104216	344375
马鞍山市 Maanshan	2949357	2588077	91924	19024	84727	3934	11995	106568	107152	410713
芜 湖 市 Wuhu	3395510	3018874	117955	10973	105275	4182	13582	128609	127302	554525
宣 城 市 Xuancheng	1052896	911476	38002	7537	37012	1534	9225	36998	36487	212144
铜 陵 市 Tongling	1072301	913298	33799	1298	40089	1848	12494	33074	33143	183688
池 州 市 Chizhou	922150	788084	36171	10835	29252	2413	7196	49139	49078	161067
安 庆 市 Anqing	1743714	1496985	67546	16916	60304	6061	14325	69586	69440	382837
黄 山 市 Huangshan	572731	513973	21215	4634	13286	551	3121	13738	14558	116229

主要统计指标解释

建筑业统计单位

指从事房屋、构筑物建造和设备安装活动的法人企业。建筑业法人企业应具有建筑业资质并能够独立核算，同时其应具备以下条件：①依法成立，有自己的名称、组织机构和场所，能够承担民事责任；②独立拥有和使用资产，承担负债，有权与其他单位签订合同；③独立核算盈亏，能够编制资产负债表。

建筑业总产值

是以货币形式表现的建筑业企业在一定时期内生产的建筑业产品和提供的服务的总和。建筑业总产值包括：

⑴建筑工程产值：指列入建筑工程预算内的各种工程价值。

⑵安装工程产值：指设备安装工程价值，不包括被安装设备本身的价值。

⑶其他产值：建筑业总产值中除建筑工程、安装工程以外的产值。包括房屋构筑物修理产值、非标准设备制造产值、总包企业向分包企业收取的管理费以及不能明确划分的施工活动所完成的产值。

a. 房屋构筑物修理产值：指房屋和构筑物修理所完成的产值，但不包括被修理房屋、构筑物本身价值和生产设备的修理价值。

b. 非标准设备制造产值：指加工制造没有定型的非标准生产设备的加工费和原材料价值(如化工厂、炼油厂用的各种罐、槽，矿井生产统一使用的各种漏斗、三角槽、阀门等)以及附属加工厂为本企业承建工程制作的非标准设备的价值。

房屋建筑施工面积

指在报告期内施过工的全部房屋建筑面积，包括本期新开工的房屋面积、上期施工跨入本期继续施工的房屋面积、上期停缓建在本期恢复施工的房屋面积、本期竣工的房屋面积及本期施工后又停缓建的房屋面积。

房屋建筑竣工面积

指在报告期内房屋建筑按照设计要求全部完工，达到了使用条件，经验收鉴定合格，正式移交使用单位的房屋建筑面积。

自有机械设备年末总功率

指本企业自有施工机械、生产设备、运输设备以及其他设备等列为在册固定资产的生产性机械设备年末总功率，按设定能力或查定能力计算。包括机械本身的动力和为该机械服务的单独动力设备，如电动机等。计算单位用千瓦，动力换算可按 1 马力＝0.735 千瓦折合成千瓦数。电焊机、变压器、锅炉不计算动力。

Explanatory Notes for Major Statistical Indicators

Statistical Unit in the Construction Industry

refers to a corporate enterprise engaged in the construction of buildings and structures and in the installation of equipment. A corporate construction enterprise should have qualification certificates with independent accounting system, and should meet the following 3 requirements: a) being set up in line with relevant legal basis, having its full name, organization and location, and capable of taking civil liabilities; b) independently possessing and using its assets and assuming its liabilities, and entitled to sign contracts with other institutions; and c) making independent accounts of its profits and losses, and capable of compiling its own balance sheet.

Gross Output Value of Construction

refers to total of construction products and services, expressed in money terms, produced or rendered by construction and installation enterprises during a given period of time. It includes:

(1) Output value of construction projects: the value of projects covered by the project budgets;

(2) Output value of installation projects: the value of the installation of equipment, (excluding the value of the equipment to be installed);

(3) Other output values: the output value of construction industry apart from that of construction projects and installation projects. It includes: output value of repair of buildings and structures; output value of non-standard equipment manufacturing; overhead expenses received by contracted enterprises from the sub-contracted enterprises and the completed output value of construction activities for which there is no clear definition.

a. Output value of repair of buildings and structures: the value created through the repairs of buildings or structures. It does not include the value of buildings or structures being repaired and the value of the repair of production equipment;

b. Output value of manufactured non-standard equipment: the value of non-standard production equipment, including raw materials and manufacturing cost, made for the construction project (i.e., chemical plant; kettles or tanks used by refineries; various fillers, triangle tanks, valves used by mines). It also includes the output value of equipment manufactured by subsidiary workshops.

Floor Space of Buildings Under Construction

refers to floor space of buildings under construction during the reference period, including the floor space of buildings for which construction has newly started; buildings for which construction has started earlier and is continuing during the reference period; and buildings for which construction has been suspended earlier but has restarted during the reference period; buildings completed during the reference period; and buildings under construction but construction has subsequently been during the reference period.

Floor Space of Buildings Completed

refers to the floor space of buildings that are completed in the reference period in accordance with the requirements of the design, up to the standard for being put into use, and having been checked and accepted by departments concerned as qualified ones.

Total Power of Machinery and Equipment Owned by the End of Year

refers to the total power of machinery and equipment owned by the enterprises, and listed as the fixed assets of the enterprises by the end of the year, including machinery and equipment for construction, production and transportation. The power of the machinery is calculated on basis of the designed or verified capacity, covering the power of the machinery/equipment and the separate power equipment serving the machinery/equipment (such as electric motors), but excluding welders, transformers and boilers. The unit used for the calculation of power is kilowatt, with horsepower converted to kilowatt by 1 horsepower=0.735 kilowatt.

第十五篇

Chapter 15

TRANSPORT, POST AND TELECOMMUNICATION SERVICES

简要说明

一、交通运输业资料主要包括：铁路、公路、水路、民航四种运输方式的线路里程、运输设备拥有量，各种运输方式完成的货物运输量等。

邮电通信业资料主要包括：全省邮电局(所)及邮路情况，邮电通信主要电路及设备拥有量，主要邮电业务完成情况，邮电通信发展水平等资料。

二、有关交通运输资料分别来源于上海铁路局，省交通运输厅，民航安徽监管办，东航安徽分公司，省公安厅及本局有关年报资料。邮电通信业资料来源于省邮政公司、通信管理局。

三、各部门资料调查范围及统计单位。

1. 铁路资料：包括国家以及国有控股合资铁路运营情况，资料来源于国家铁道部反馈数据。

2. 公路、水运、港口资料：公路和水运线路里程为年末通车和通航里程数(不含在建和未正式投入使用的公路和航道)由省交通运输厅提供。民用和公路营运车辆拥有量分别由省公安厅、省交通运输厅和农机局提供。

3. 民航运输资料：民航运输统计对象为我省境内从事民用航空运输飞行和通用飞行的东方航空公司安徽分公司。

4. 邮电通信资料：邮电通信包括邮政和电信业务。邮电业务量按业务范围分为国内业务量和国际及港澳业务量(对台业务量统计在港澳中)。

Brief Introduction

I. Data of transport cover mainly the length of the routes of railways, highways, waterways and civil aviation transport, the ownership of the transport equipment, the freight traffic and passenger traffic accomplished by various means of transportation.

Data of post and telecommunications cover mainly the situation of post and telecommunications offices and postal routes, the telephone lines, telegraph lines and the ownership of the telecommunication facilities, the principal postal and telecommunications services rendered, and the level of the development of the postal and telecommunications services, etc.

II. Data on transport come from Shanghai Railway Bureau, the Department of Transportation, Civil Aviation Administration of Anhui Province, China Eastern Anhui Branch, the Department of Public Security and related annual report of Anhui Statistical Bureau. Data on post and telecommunications come from the provincial administrative bureau of post and telecommunications.

III. The statistical coverage and statistical units of the various data:

1. Data on railways Include State-owned holding joint capital railway operation situation Data come from National Railway Department .

2. Data on highways, waterways and ports: The length of highways and waterways refer to the length open to traffic or navigation at the end of the year (not including the mileage of highways and waterways under construction but not officially put into use.) and Data are provided by the Department of Communication. Data on the stock of the highway civilian and transport business vehicles are provide by the Department of Public Security and Department of transportation and Agricultural Machinery Bureau .

3. Data on the civil aviation transport: The statistical units of the civil aviation transport include the enterprises registered in Anhui and engaged in the civil aviation transport flights and flights for general purpose, including the enterprises directly under the Civil Aviation Administration of Anhui Province or not under it.

4. Data on post and telecommunications: The post and telecommunications statistics cover postal and telecommunication services. The business volume of post and telecommunications is classified by business area into the domestic volume, the volume between China mainland and Hong Kong and Macao (including Taiwan) and the international volume.

15—1 交通运输业基本情况
Basic Conditions of Transportation

指标	Item	2000	2005	2010	2013	2014
运输线路长度（公里）	Length of Transportation Routes (km)					
铁路营业里程	Railways in Operation	2164	2353	2850	3513	3549
公路	Highways	44493	72807	149382	173763	174373
内河	Navigable Inland Waterways	5611	5587	5587	5642	5729
民航	Total Civil Aviation Routes	60553	72263	76303	78462	74668
#国际航线	International Routes	6536	11616	6575	13228	9108
客运量总计（万人）	Total Passenger Traffic (10000 persons)	62033	72871	159597	126975	139823
铁路	Railways	2994	3486	5552	7210	7972
国家	National	2808	3307	5552	7210	7972
地方	Local and Joint Venture Railways	186	179			
公路	Highways	58026	68927	153697	119433	131403
水运	Waterways	860	244	139	68	178
民航	Total Civil Aviation Routes	153	214	208	264	270
旅客周转量总计（万人公里）	Total Passenger-kilometers (10000 passenger-km)	5368953	8062657	15027550	13183702	14511595
铁路	Railways	2040820	3008651	4680584	5520822	6176436
国家	National	1945470	2908851	4680584	5520822	6176436
地方	Local and Joint Venture Railways	95350	99800			
公路	Highways	3141134	4812462	10101874	7339907	7993702
水运	Waterways	36408	3093	2684	1913	3227
民航	Total Civil Aviation Routes	150591	238451	242408	321059	338230
货运量总计（万吨）	Total Freight Traffic (10000 tons)	44536	67128	228106	396392	434300
铁路	Railways	6473	10386	12091	11566	10488
国家	National	6026	8638	12091	11566	10488
地方	Local and Joint Venture Railways	447	1748			
公路	Highways	32740	49614	183658	284534	315223
水运	Waterways	5320	7125	32355	100290	108587
民航	Total Civil Aviation Routes	1.5	3.0	2.2	2.4	2.4
货物周转量总计（万吨公里）	Total Freight Ton-kilometers (10000 tons-km)	10777360	15664802	71536800	123356350	135008915
铁路	Railways	6201382	8837574	10165481	8776513	8099943
国家	National	6106612	8577452	10165481	8776513	8099943
地方	Local and Joint Venture Railways	94770	260122			
公路	Highways	2747117	4226699	50049069	65440223	73923653
水运	Waterways	1826251	2596868	11319581	49136681	52982354
民航	Total Civil Aviation Routes	2610	3661	2669	2932	2965
民用汽车拥有量（辆）	Number of Civil Vehicles Owned (unit)	386706	804952	2432339	3760219	4373284
载客汽车辆数	Number of Buses and Cars	187940	436372	1409937	2758362	3333663
载货汽车辆数	Number of Trucks	192348	332139	663361	799354	861548
私人汽车拥有量	Number of Motor Vehicles Owned by Individuals	156577	354139	1661937	2893385	3481999
民用运输船舶拥有量（艘）	Number of Civil Transport Vessels (unit)		33372	29186	28721	29497
#机动船	Motor Vessels	21692	30439	27041	27193	27938
驳船	Barges	3946	2933	2145	1528	1559
私人运输船舶拥有量（艘）	Number of Private-owned Transport Vessels (unit)		10010	4278	2501	2112
机动船	Motor Vessels	12350	9989	4262	2501	2112
驳船	Barges	445	21	16		

注：2013年交通运输行业专项调查重新确定基数，调整了公路水路客货运输量。

a) 2013 special investigation to determine the base, the transportation industry adjust road waterway passenger and cargo traffic.

15—2 运 输 路 线 长 度
Length of Transportation Routes

单位：公里（km）

指 标	Item	2000	2005	2010	2013	2014
铁 路	**Railways**					
营业里程（省境内）	Length of Railways in Operation (within the boundaries of the province)	2164	2353	2850	3513	3549
公 路	**Highways**					
公路里程	Total Length of Highways	44493	72807	149382	173763	174373
国道、省道	National and Provincial Routes	10497	10997	12412	13015	13255
县 道	County Routes	17494	24200	23970	24207	24226
乡 道	Village and town Routes	16226	36606	36226	36492	36493
专用公路	Special Highways	276	1004	1004	1002	1002
高速公路	Express-way	470	1501	2929	3521	3752
一级公路	First Class	264	338	499	2280	2623
二级公路	Second Class	6347	9633	10504	10411	10694
三级公路	Third Class	9050	12537	15306	17568	17950
四级公路	Forth Class	26448	43074	113106	134303	134619
等外公路	Highway Below Class IV	1914	5724	7042	5680	4734
在公路里程中：	Of the Total Length of Highways:					
晴雨通车里程	Length of Highways Opened to Traffic Despite Rain or Shine	43252	69975	145514	169655	171743
绿化里程	Length of Forestation Highways	29512	49843	60448	128587	130476
水 运	**Waterways**					
内河航道通航里程	Length of Navigable Inland Waterways	5611	5587	5587	5642	5729
民 航	**Total Civil Aviation Routes**					
国际航线	International Routes	6536	11616	6575	13228	9108
国内航线	Domestic Routes	54017	60647	69728	65234	65560

15—3 运 输 线 路 质 量
Quality of Transportation Routes

指　　标		Item		2000	2005	2010	2013	2014
铁路营业里程	**（公里）**	**Length of Railways in Operation**	**(km)**	**2164**	**2353**	**2850**	**3513**	**3549**
#复线里程	（公里）	Double-Tracking Length	(km)	947	1080	1523	2009	2058
复线里程比重	(%)	Proportion	(%)	43.8	45.9	53.4	57.2	58.0
公路线路里程	**（公里）**	**Length of Highways**	**(km)**	**44493**	**72807**	**149382**	**173763**	**174373**
#等级公路里程	（公里）	Expressway and Class I to IV Highways	(km)	42579	67083	142340	168083	169639
等级公路里程比重	(%)	Proportion	(%)	95.7	92.1	95.3	96.7	97.3
内河航道里程	**（公里）**	**length of Navigable Inland Waterways**	**(km)**			**6507**	**6525**	**6613**
#等级航道里程	（公里）	Standard Waterways	(km)			5226	5253	5341
等级航道里程比重	(%)	Proportion	(%)			80.3	80.5	80.8

15—4 内 河 港 口 码 头 吞 吐 量
Volume of Passenger and Freight Handled in Ports of Inland Rivers

年　份 Year	旅客吞吐量（万人） Passenger Handled (10000 persons)	#旅客离港量 Out-port	货物吞吐量（万吨） Cargo Handled (10000 tons)	#集装箱（万标准箱） Container (10000 standard cases)
2000	164.00	77.00	7114.00	2.40
2005	182.49	137.49	17156.70	11.26
2006	166.20	116.20	19995.80	16.17
2007	191.35	161.35	24700.60	21.79
2008	203.00	118.28	27267.01	23.91
2009	96.11	54.61	26449.00	19.91
2010	69.18	57.00	32502.00	22.20
2011	105.00	54.20	37418.60	38.80
2012	70.05	35.44	36097.20	45.58
2013	78.52	41.35	39617.52	52.67
2014	76.38	39.52	43837.92	76.42

注：2011年以后统计范围为通过能力在200万吨以上内河港口，以及从事外贸、集装箱的港口，与历年数据具有不可比性。

a) 2011 statistic range are ports of capacity of 2000000 tons and over in inland river, and portsengaged in foreign trade, container port. the data of the past years are not comparable.

15—5 主要港口分货类吞吐量
Volume of Throughput in Major Ports by Type of Freight

单位：万吨（10000 tons）

货　类	Type of Goods	2005	2010	2013	2014
吞吐量合计	**Total Throughput**	**1850.47**	**1049.70**	**965.81**	**926.77**
煤炭及制品	Coal and Products	962.91	571.73	647.41	539.00
金属矿石	Metal Ores	282.10	185.02	86.58	38.30
钢　铁	Steel and Iron	35.41	99.79	42.13	48.75
矿建材料	Mineral Building	243.00	24.97	4.05	6.86
水　泥	Cement	154.41	8.70	3.28	11.66
木　材	Timber	21.33			
非金属矿石	Nonmetal Ores	63.21	5.14	0.27	19.09
化肥及农药	Chemical Fertilizers and Pesticides	4.60			
盐	Salt	2.35			
粮　食	Grain	1.13			
机械、设备、电器	Machinery , Equipment, Electric Apparatus	3.23	0.13		0.35
化工原料及制品	Industrial Chemicals and Products	3.40	10.33	0.72	0.37
轻工、医药产品	Light industry, Medical Products	0.83			
农林牧渔业产品	Agriculture, Forestry, Animal Husbandry and Fishery Products	1.95	0.08		
其　他	Other	70.61	143.81	181.37	262.38

注：资料来源芜湖港口有限责任公司。
a) Data from Wuhu port Co.,Ltd.

15—6 全社会水路分货类运输量
Freight Traffic of Waterway

货　类	Type of Goods	货运量（万吨）Freight Traffic (10000 tons)		货物周转量（万吨公里）Frright Ton-kilometers (10000 tons-km)	
		2013	2014	2013	2014
合　计	**Total**	**45050**	**108587**	**18479712**	**52982354**
煤炭及制品	Coal and Products	4575	10030	2567149	6566026
石油天然气及制品	Petroleum Gas and Products	481	922	233023	452261
金属矿石	Metal Ores	2061	3903	752829	2008423
钢　铁	Steel and Iron	1562	3960	757434	1828721
矿建材料	Mineral Building	19879	50034	6982458	24170093
水　泥	Cement	5475	16599	2589099	7188437
木　材	Timber	84	958	15912	302520
非金属矿石	Nonmetal Ores	5870	11683	2717510	5425885
化肥及农药	Chemical Fertilizers and Pesticides	332	907	145265	392925
盐	Salt	118	243	20561	105415
粮　食	Grain	1577	3191	662366	1647286
机械、设备、电器	Machinery, Equipment, Electric Apparatus	1460	2548	262012	1140369
化工原料及制品	Industrial Chemicals and Products	530	1667	314234	860792
有色金属	Nonferrous Metals	129	29	41391	13384
轻工、医药产品	Light Industry, Medical Products	300	634	126092	299450
农林牧渔业产品	Agriculture, Forestry, Animal Husbandry and Fishery Products	151	290	63126	117977
其　他	Other	466	989	229251	462390

注：2014年数据为交通运输行业专项调查基数调整后的数据，与2013年数据没有可比性。
a) Data in 2014 are adjusted with for the traffic and transportation industry base adjustment survey base, they are not comparable with the data in 2013.

15—7 全社会公路分货类运输量
Freight Traffic of Highway

货　类	Type of Goods	货运量（万吨）Freight Traffic (10000 tons)		货物周转量（万吨公里）Frright Ton-kilometers (10000 tons-km)	
		2013	2014	2013	2014
合　计	**Total**	**300093**	**315223**	**84330462**	**73923653**
煤炭及制品	Coal and Products	35592	43108	10545659	12286991
石油天然气及制品	Petroleum Gas and Products	8532	9572	2741862	2587263
#原　油	Crude Oil	486	187	172495	131523
金属矿石	Metal Ores	9469	10883	1820498	1972344
钢　铁	Steel and Iron	21674	21897	6430818	5443513
矿建材料	Mineral Building	46865	45362	11609575	8775403
水　泥	Cement	22977	27474	6450011	6197242
木　材	Timber	7637	6756	2421547	1627005
非金属矿石	Nonmetal Ores	10244	6322	2305925	1277104
#磷　矿	Phosphorus Ores	292	356	127961	134927
化肥及农药	Chemical Fertilizers and Pesticides	11404	13084	3147143	3055390
盐	Salt	1879	1725	1915845	519626
粮　食	Grain	17723	24383	5455891	6068987
机械、设备、电器	Machinery, Equipment, Electric Apparatus	15498	17537	4919612	4688047
化工原料及制品	Industrial Chemicals and Products	19098	19766	4480419	3846035
有色金属	Nonferrous Metals	6994	7211	1765774	1625250
轻工、医药产品	Light Industry, Medical Products	14960	14447	4582089	3467304
#日用工业品	Industrial Commodity	6082	5979	1951851	1568471
农林牧渔业产品	Agriculture, Forestry, Animal Husbandry and Fishery Products	12630	12145	3426542	2622528
#棉　花	Cotton	1190	1029	479336	383120
其　他	Other	36917	33551	10311252	7863621

15—8 各市公路客货运输量（2014年）
Volum of Highway Transportation By Region (2014)

地　区	Region	客运量（万人）Passenger Traffic (10000 persons)	旅客周转量（万人公里）Passenger-kilometers (10000 passenger-km)	货运量（万吨）Freight Traffic (10000 tons)	货物周转量（万吨公里）Freight Ton-kilometers (10000 tons-km)
总　计	**Total**	**131403**	**7993702**	**315223**	**73923653**
合肥市	Hefei	16839	1170760	36209	6559144
淮北市	Huaibei	3471	229398	14473	5066026
亳州市	Bozhou	8927	631251	27036	7573340
宿州市	Suzhou	7719	392714	27383	6228170
蚌埠市	Bengbu	6614	240506	24221	6780606
阜阳市	Fuyang	12697	772314	53818	16730688
淮南市	Huainan	4266	225995	12361	2619241
滁州市	Chuzhou	8554	377388	25446	5549880
六安市	Luan	15298	977450	28460	5678887
马鞍山市	Maanshan	5079	237527	8414	916490
芜湖市	Wuhu	7439	387122	12078	2327089
宣城市	Xuancheng	6889	235713	10903	1823004
铜陵市	Tongling	1809	77332	3533	266714
池州市	Chizhou	3953	365695	4420	759516
安庆市	Anqing	15921	1255215	18689	2916054
黄山市	Huangshan	5928	417322	7779	2128804

注：2014年数据为交通运输行业专项调查基数调整后的数据，与2013年数据没有可比性。
a) 2014 data for the transportation industry special investigation base data, after the adjustment are not comparable with 2013 data.

15—9 主要年份公路线路年底到达数（按技术等级分）
Length of Highway Routes at the Year-end (classified by technical level)

单位：公里（km）

年份 Year	公路里程总计 Total Length of Highways	等级路 Express-way and Class I to IV Hughway	高速 Express-way	一级 First Class	二级 Second Class	三、四级公路 Third and Forth Class	等外公路 Highway Below Class IV
2000	44493	42579	470	264	6347	35498	1914
2005	72807	67083	1501	338	9633	55611	5724
2006	147611	122584	1747	347	9162	111328	25027
2007	148372	128241	2206	362	9824	115849	20130
2008	148827	134669	2506	385	10077	121700	14158
2009	149184	139424	2810	475	10312	125827	9759
2010	149382	142340	2929	499	10504	128412	7042
2011	149535	143403	3009	627	10640	129128	6131
2012	165157	159427	3210	1758	9933	144526	5730
2013	173763	168083	3521	2280	10411	151871	5680
2014	174373	169639	3752	2623	10694	152569	4734

15—10 公路线路年底到达数（按技术等级分）（2014年）
Length of Highway Routes at the Year-end (classified by technical level) (2014)

单位：公里（km）

项目	Item	公路里程总计 Total Length of Highways	等级公路 Expressway and Class I to IV Highway 合计 Total	高速 Express-way	一级 First Class	二级 Second Class	三级 Third Class	四级 Forth Class	等外公路 Highway Below Class IV
上年年底到达数	End of Last Year	173763	168083	3521	2280	10411	17568	134303	5680
国　道	National Routes	5136	5136	2687	693	1552	83	122	
省　道	Provincial Routes	7879	7879	834	975	5272	530	267	
县　道	County Routes	24207	24207		273	2913	14197	6825	
乡　道	Village and town Routes	36492	35491		13	239	1656	33582	1001
专用公路	Highways for Special Use	1002	992			46	233	713	11
村　道	Village Routes	99047	94379		327	390	869	92793	4668
本年新建数	Newly Built in This Year	371	371	231	105	35			
国　道	National Routes	25	25			25			
省　道	Provincial Routes	237	237	231	6				
县　道	County Routes								
乡　道	Village and town Routes								
专用公路	Highways for Special Use								
村　道	Village Routes	109	109		99	10			
本年改建变更数	Changed in This Year	239	1184		238	248	382	316	-945
国　道	National Routes	-33	-33		15	-40	-2	-6	
省　道	Provincial Routes	12	12		169	-109	-49		
县　道	County Routes	18	18		13	301	-43	-252	
乡　道	Village and town Routes	1	43			25	444	-426	-42
专用公路	Highways for Special Use								
村　道	Village Routes	242	1145		42	71	33	1000	-903
本年年底到达数	End of This Year	174373	169639	3752	2623	10694	17950	134619	4734
国　道	National Routes	5128	5128	2687	707	1537	81	116	
省　道	Provincial Routes	8127	8127	1065	1150	5163	481	267	
县　道	County Routes	24226	24226		285	3214	14153	6573	
乡　道	Village and town Routes	36493	35534		13	264	2100	33157	959
专用公路	Highways for Special Use	1002	992			46	233	713	11
村　道	Village Routes	99397	95633		468	470	902	93793	3765

15—11 各市公路线路年底到达数（按技术等级分）（2014年）

Length of Highway Routes at the Year-end by Region (classified by technical level) (2014)

单位：公里（km）

地 区	Region	公路里程 总 计 Total Length of Highways	等级公路 Expressway and Class I to IV Highway 合 计 Total	高 速 Express-way	一 级 First Class	二 级 Second Class	三 级 Third Class	四 级 Forth Class	等外公路 Highway Below Class IV
总 计	**Total**	**174373**	**169639**	**3752**	**2623**	**10694**	**17950**	**134619**	**4734**
合 肥 市	Hefei	17012	15706	443	356	855	1817	12235	1306
淮 北 市	Huaibei	3787	3787	87	56	226	600	2817	
亳 州 市	Bozhou	11440	11050	215	169	499	1529	8636	390
宿 州 市	Suzhou	13530	13376	320	134	1091	1415	10417	154
蚌 埠 市	Bengbu	7750	7302	185	121	481	863	5651	448
阜 阳 市	Fuyang	12514	12131	256	279	585	1595	9416	384
淮 南 市	Huainan	4457	4293	66	95	236	606	3291	164
滁 州 市	Chuzhou	16639	16639	328	205	1024	1512	13569	
六 安 市	Luan	22420	22077	370	186	1246	2216	18058	343
马鞍山市	Maanshan	6989	6792	160	233	575	671	5153	197
芜 湖 市	Wuhu	9533	9138	126	221	578	1161	7052	395
宣 城 市	Xuancheng	10599	10548	203	169	824	883	8470	51
铜 陵 市	Tongling	1555	1530	65	61	199	137	1069	25
池 州 市	Chizhou	7878	7174	215	123	651	485	5700	704
安 庆 市	Anqing	16810	16803	288	102	820	963	14631	7
黄 山 市	Huangshan	6258	6251	352	61	545	936	4357	7
广 德 县	Guangde	2884	2759	42	47	164	206	2300	125
宿 松 县	Susong	2318	2284	31	4	97	356	1797	33

15—12 公路密度及通达情况

Density and Reaching Status of Highways

指 标	Item	2000	2005	2010	2013	2014
公路密度	**Density of Highway**					
以国土面积计算（公里/百平方公里）	By Area of Territory (km/100 sq.m)	31.87	52.23	107.16	124.65	125.09
以人口数量计算（公里/万人）	By Population (km/10000 persons)	7.17	11.27	21.98	25.18	25.17
公路通达	**Reaching Status of Highways**					
乡镇数量 （个）	Number of Townships (unit)	1923	1547	1382	1378	1378
#不通公路	Without Highway Communication	3	1			
不通公路乡镇所占比重 （%）	Proportion of Townships Without Highway Communication (%)	0.20	0.06			
行政村数量 （个）	Number of Villages (unit)	29820	25553	17274	17070	17069
#不通公路	Without Highway Communication	4303	187	5	1	1
不通公路行政村所占比重 （%）	Proportion of Villages Without Highway Communication (%)	14.40	0.73	0.03	0.01	0.01

15—13 主要年份民用车辆拥有量
Possession of Civil Vehicles

单位：万辆（10000 units）

指　　标	Item	2000	2005	2010	2013	2014
总　　计	**Total**		**575.48**	**909.66**	**922.58**	**978.47**
载客汽车	Passenger Vehicles	18.79	43.64	140.99	275.84	333.37
大　型	Large		2.87	3.82	4.24	4.54
中　型	Medium		4.10	4.94	3.05	2.93
小　型	Small		29.62	124.91	263.26	321.75
微　型	Minicar		7.05	7.31	5.30	4.15
载货汽车	Trucks	19.23	33.21	66.34	79.94	86.15
重　型	Heavy		5.09	20.24	27.05	30.34
中　型	Medium		12.86	12.41	5.02	4.85
轻　型	Light		13.74	33.12	47.57	50.71
微　型	Mini		1.52	0.56	0.30	0.25
其他汽车	Others		29.00	35.90	20.25	17.81
摩托车	Motorcycles	86.81	246.50	409.38	295.68	293.63
拖拉机	Tractors	168.74	218.46	248.58	242.96	238.83
挂　车	Trailers	2.08	4.65	8.45	7.90	8.67
其他类型车	Other Types of Vehicle	1.64	0.02	0.02	0.01	0.01
机动车驾驶员　（万人）	Number of Motor Drivers　(10000 persons)	147.69	439.73	692.42	914.08	1007.53
#汽车驾驶	Automobile Drivers	94.14	258.40	475.65	731.02	844.12

15—14 主要年份私人车辆拥有量
Possession of Private Vehicles

单位：辆（unit）

指　　标	Item	2000	2005	2010	2013	2014
总　　计	**Total**	**156577**	**583762**	**5726403**	**5836859**	**6404606**
载客汽车	Passenger Vehicles	79225	229835	1078206	2360095	2933970
大　型	Large		4396	4293	993	1175
中　型	Medium		18314	22519	10435	9099
小　型	Small		154414	988464	2300474	2884336
微　型	Minicar			62930	48193	39360
载货汽车	Trucks	76691	121068	285022	376930	410141
重　型	Heavy			28064	31500	34309
中　型	Medium		41398	42674	18817	19256
轻　型	Light		60221	209976	324207	354502
微　型	Mini			4308	2406	2074
其他汽车	Others		232859	298709	156360	137888
摩托车	Motorcycles	681185		4058172	2939571	2918272
挂　车	Trailers			6249	3873	4305
其他类型车	Other Types of Vehicle			45	30	30

注：2005年其他汽车含摩托车、拖拉机、其他类型车。

a) In 2005 other motor vehicles including motorcycles, tractors and other type of vehicles.

15—15 民用车辆拥有量营运情况（2014年）
Civilian Vehicles Capacity of Transportion Situation (2014)

单位：万辆（10000 units）

指标	Item	总计 Total	营运 For Business	非营运 Not for Business	总计中 In the Total: 进口 Import	个人 Individual	新注册 Registered Newly	报废 Write-off
总计	**Total**	**978.47**	**101.65**	**637.71**	**10.58**	**640.46**	**89.68**	**12.18**
#校车	The School Bbus	0.29						
汽车	Number	437.33	87.07	349.97	10.55	348.20	77.19	8.47
载客汽车	Passenger Vehicles	333.37	12.17	320.91	10.51	293.40	64.61	2.97
#大型	Large	4.54	3.42	0.98	0.02	0.12	0.55	0.36
中型	Medium	2.93	1.23	1.56	0.04	0.91	0.24	0.55
小型	Small	321.75	7.51	314.23	10.38	288.43	63.65	1.53
微型	Minicar	4.15	0.01	4.14	0.07	3.94	0.16	0.54
#轿车	Cars	226.14	7.14	218.99	4.54	205.06	43.84	1.08
载货汽车	Trucks	86.15	62.73	23.42	0.03	41.01	11.57	4.23
#重型	Heavy	30.34	29.63	0.71	0.02	3.43	4.24	1.74
中型	Medium	4.85	4.54	0.31		1.93	0.31	1.36
轻型	Light	50.71	28.44	22.27	0.01	35.45	7.02	1.10
微型	Mini	0.25	0.11	0.14		0.21		0.02
#普通载货	General Trucks	42.25	23.65	18.59	0.01	28.75	5.76	1.59
其他汽车	Others	17.81	12.17	5.64	0.01	13.79	1.02	1.26
#三轮汽车	Tricar	9.71	6.91	2.80		9.61	0.51	0.54
低速货车	Low-Speed Truck	5.16	4.68	0.48		3.19	0.22	0.61
摩托车	Motorcycles	293.63	5.94	287.68	0.03	291.83	11.50	3.60
普通	General	290.83	5.94	284.88	0.03	289.03	11.38	3.51
轻便	Portable	2.80		2.80		2.79	0.12	0.12
拖拉机	Tractors	238.83						
挂车	Trailers	8.67	8.63	0.04		0.43	1.00	0.09
其他类型车	Other Types of Vehicle	0.01		0.01				
机动车驾驶员（万人）	Number of Motor Drivers (10000 persons)	1007.53						
#汽车驾驶员	Automobile Drivers	844.12						

15—16 各市民用车辆拥有量(2014年)
Possession of Civil Vehicles by Region (2014)

单位：辆 (unit)

地 区	Region	汽 车 Number	载客汽车 Buses and Cars	载货汽车 Ordinary Trucks	其他汽车 Other Motor Vehicles	摩托车 Motorcycle	拖拉机 Tractors	挂 车 Trailers	其他类型车 Other Types of Vehicle	机动车驾驶员(人) Number of Motor Drivers (person)
总 计	**Total**	**4373284**	**3333663**	**861548**	**178073**	**2936271**	**2388314**	**86726**	**104**	**10075342**
合肥市	Hefei	975744	852746	112101	10897	210923	215852	9125	28	1525618
淮北市	Huaibei	156716	115436	28451	12829	122836	119559	4417		329942
亳州市	Bozhou	298465	184234	97459	16772	207448	189518	7166		723497
宿州市	Suzhou	251331	180527	64419	6385	132307	214621	7176		728146
蚌埠市	Bengbu	188037	131739	54364	1934	135786	323693	8277	10	464179
阜阳市	Fuyang	484019	262294	155056	66669	499817	147308	18998		880298
淮南市	Huainan	157088	123956	31277	1855	87870	107571	3737		333373
滁州市	Chuzhou	208604	155610	51180	1814	118841	442406	9237		579577
六安市	Luan	343169	248182	90897	4090	274069	300868	6186		1027223
马鞍山市	Maanshan	161436	140927	18355	2154	121102	42301	1728	61	383713
芜湖市	Wuhu	318140	280481	31412	6247	123014	58173	1541		667486
宣城市	Xuancheng	208437	164929	31559	11949	192270	57091	2217		630292
铜陵市	Tongling	78107	65690	10223	2194	49509	6076	389	5	184860
池州市	Chizhou	87310	69814	15480	2016	124459	38658	624		275603
安庆市	Anqing	309036	248096	53320	7620	445778	108370	2684		994918
黄山市	Huangshan	125581	88971	15423	21187	88256	16249	3224		346617

15—17 各市私人车辆拥有量(2014年)
Possession of Private Vehicles by Region (2014)

单位：辆 (unit)

地 区	Region	汽车总计 Total	载客汽车 Passenger Vehicles	大型 Large	中型 Medium	小型 Small	载货汽车 Trucks	中型 Light-heavy	轻型 Light	其他汽车 Others
总 计	**Total**	**3481999**	**2933970**	**1175**	**9099**	**2884336**	**410141**	**19256**	**354502**	**137888**
合肥市	Hefei	771032	745046	282	1630	734122	19736	419	18787	6250
淮北市	Huaibei	131590	104213	20	201	102365	15168	862	9830	12209
亳州市	Bozhou	244970	171410	32	415	167013	57949	1771	53735	15611
宿州市	Suzhou	206973	162764	72	508	158600	38656	1937	29819	5553
蚌埠市	Bengbu	129403	112377	57	642	109633	16129	512	14820	897
阜阳市	Fuyang	376048	238202	47	691	233641	73129	1337	69173	64717
淮南市	Huainan	115079	104084	2	142	102496	10355	155	9722	640
滁州市	Chuzhou	159897	134357	44	574	131995	24737	1654	18764	803
六安市	Luan	279215	226130	74	1204	221229	50321	2685	43324	2764
马鞍山市	Maanshan	127475	120774	24	316	119294	5757	312	4948	944
芜湖市	Wuhu	266417	249429	17	406	247359	12198	522	10658	4790
宣城市	Xuancheng	173164	144944	39	567	142906	21036	2087	15816	7184
铜陵市	Tongling	60864	55402	42	120	54739	3894	131	3465	1568
池州市	Chizhou	73966	62120	25	169	61622	10466	1008	8548	1380
安庆市	Anqing	276345	226344	364	1285	222371	43571	3641	36680	6430
黄山市	Huangshan	89371	76184	34	229	74761	7039	223	6413	6148

注：本表与15—14、15—15中私人汽车拥有量有差异，系取数时间节点不同造成，属合理波动。

a) The table with 15 to 14 and 15-15 private car ownership has the difference, is taking some time in different nodes, is reasonable.

15—18 公路营运汽车拥有量
Possession of Vehicles for Highway Business Transportation

年份 Year	汽车总计 (辆) Total Number (unit)	载客汽车 Passenger Vehicles 辆数 (辆) Number (unit)	载客汽车 客位 (客位) Number of Seats (seat)	载货汽车 Trucks 辆数 (辆) Number (unit)	#普通载货汽车 Ordinary Trucks	吨位 (吨) Capacity (ton)	#普通载货汽车 Ordinary Trucks
2000	195800	41083	634782	154717	152711	574050	560603
2005	265746	43515	691381	222231	215938	917083	861406
2006	317385	76114	872788	241271	229341	1007575	917584
2007	347440	78737	914353	268703	258529	1138171	1044463
2008	396461	81956	985120	314505	301548	1662018	1515155
2009	454224	86344	1054876	367880	349971	2089256	1892368
2010	472861	36815	868682	436046	417858	2723868	2504762
2011	551229	37683	908227	513546	496083	3366246	3121167
2012	647425	38143	946386	609282	585617	4318585	4015249
2013	695637	34410	897033	661227	550291	4727364	4182303
2014	723137	33528	896263	689609	570989	5194403	4606239

注：不包含出租车、公交车（下表同）。
a) Not including taxi, bus (the same the following table)。

15—19 各市公路营运汽车拥有量（2014年）
Possession of Vehicles for Highway Business Transportation by Region (2014)

地区	Region	汽车总计 (辆) Total Number (unit)	载客汽车 Passenger Vehicles 辆数 (辆) Number (unit)	载客汽车 客位 (客位) Number of Seats (seat)	载货汽车 Trucks 辆数 (辆) Number (unit)	#普通载货汽车 Ordinary Trucks	吨位 (吨) Capacity (ton)	#普通载货汽车 Ordinary Trucks
总计	**Total**	**723137**	**33528**	**896263**	**689609**	**570989**	**5194403**	**4606239**
合肥市	Hefei	98707	4257	120784	94450	76238	520644	432372
淮北市	Huaibei	27261	822	24488	26439	22356	292673	280767
亳州市	Bozhou	60991	2305	56746	58686	50011	478235	466222
宿州市	Suzhou	56797	1715	52950	55082	44444	506860	452662
蚌埠市	Bengbu	49222	1532	44042	47690	36124	441656	402447
阜阳市	Fuyang	113670	3348	89035	110322	87283	936486	822884
淮南市	Huainan	27494	979	29844	26515	21241	189410	156220
滁州市	Chuzhou	50225	2096	62799	48129	37055	474368	442248
六安市	Luan	69714	3849	98481	65865	56844	400887	354205
马鞍山市	Maanshan	18082	1345	31998	16737	13366	138690	93096
芜湖市	Wuhu	30319	1775	57503	28544	24859	195173	165796
宣城市	Xuancheng	25696	1783	47474	23913	20579	183272	167496
铜陵市	Tongling	8023	471	11373	7552	6751	59168	54376
池州市	Chizhou	11840	946	27961	10894	9797	64341	59637
安庆市	Anqing	61117	4839	97809	56278	54534	183601	168183
黄山市	Huangshan	13979	1466	42976	12513	9507	128939	87628

15—20 国、省道公路交通量（2014年）
Highway Traffic Quantity of National and Provincial Rortes (2014)

指 标	Item	国道 National Routes	省道 Provincial Routes
观测里程 （公里）	Length of Observation (km)	2558	5181
年平均日交通混合当量合计 （辆/日）	Year Average Diurnal Transportation Mix Equivalent Total (unit/day)		
机动车（当量数）	Vehicle (Equivalent Number)	14185	8836
汽 车（当量数）	Automobile (equivalent number)	13351	7230
小型货车（自然数）	Jubilee wagon (natural number)	844	815
中型货车（自然数）	Medium freight vehicle (natural number)	614	459
大型货车（自然数）	Large Freight Vehicle (Natural Number)	972	275
中小客车（自然数）	Small-medium Passenger Auto (Natural Number)	5119	3243
大型客车（自然数）	Large Passenger Auto (Natural Number)	488	264
拖拉机（当量数）	Tractors(Equivalent Number)	187	306
行驶量 （万车公里/日）	Driving Quantity (10000 vehicle-km/day)	3629	4578
适应交通量 （辆/日）	Suitable Traffic Quantity (unit/day)	27337	14789
交通拥挤度	Crowded Degree of Traffic	0.52	0.60

15—21 各市民用运输船舶拥有量（2014年）
Number of Civil Transport Vessels Owned by Region (2014)

地区	Region	总艘数（艘） Total Number (unit)	机动船 Motor Vessels 艘数（艘） Number (unit)	净载重量（吨） Dead Weight Tonnage (ton)	载客量（客位） Passenger Capacity (seat)	功率（千瓦） Drawing Power (km)	驳船 Barges 艘数（艘） Number (unit)	净载重量（吨） Dead Weight Tonnage (ton)
总 计	**Total**	**29497**	**27938**	**36123283**	**14727**	**9294436**	**1559**	**679871**
合肥市	Hefei	2162	2150	1840838	2108	513662	12	7255
淮北市	Huaibei	205	203	85006		35368	2	770
亳州市	Bozhou	1496	1415	1163811		392707	81	36313
宿州市	Suzhou	604	602	446857		122571	2	807
蚌埠市	Bengbu	4333	4115	4798638		1317156	218	91466
阜阳市	Fuyang	3282	2743	5170877		1121420	539	230743
淮南市	Huainan	1605	1011	1031343		310610	594	243687
滁州市	Chuzhou	1624	1613	832125		303890	11	6165
六安市	Luan	2700	2664	3995824	1521	895855	36	22860
马鞍山市	Maanshan	1825	1813	2691572		705042	12	3410
芜湖市	Wuhu	4146	4122	6309809	1448	1669055	24	14578
宣城市	Xuancheng	2152	2152	3313474	469	798313		
铜陵市	Tongling	542	542	703521		187827		
池州市	Chizhou	1079	1079	1730080		389603		
安庆市	Anqing	1575	1547	1974946	4490	512556	28	21817
黄山市	Huangshan	167	167	34562	4691	18801		

15—22 各市私人运输船舶拥有量（2014年）
Number of Private-owned Transport Vessels Owned by Region (2014)

地 区	Region	总艘数（艘） Total Number (unit)	机动船 Motor Vessels 艘数（艘） Number (unit)	净载重量（吨） Dead Weight Tonnage (ton)	载客量（客位） Passenger Capacity (seat)	功率（千瓦） Drawing Power (km)
总　计	**Total**	**2112**	**2112**	**957038**		**368605**
合肥市	Hefei	703	703	323693		115239
淮北市	Huaibei	38	38	18115		7273
亳州市	Bozhou					
宿州市	Suzhou					
蚌埠市	Bengbu					
阜阳市	Fuyang					
淮南市	Huainan					
滁州市	Chuzhou	66	66	30645		12402
六安市	Luan					
马鞍山市	Maanshan	265	265	131730		46813
芜湖市	Wuhu					
宣城市	Xuancheng	859	859	366675		158706
铜陵市	Tongling	26	26	13973		5618
池州市	Chizhou	124	124	68730		20242
安庆市	Anqing					
黄山市	Huangshan	31	31	3477		2312

15—23 全省机场运输业务量（2014年）
Traffic Capacity of Airports (2014)

指　标	Item	运输起降架次（次） Number of Sorties of Taking-off and Landing	旅客（人） Number of Passengers (person)	#过站旅客 Transit Passengers	货邮合计（吨） Goods and Postal Parcels (ton)	#货物 Goods
总　计	**Total**	**68696**	**7235200**	**776706**	**49543.7**	**46771.2**
国内航线	Domestic Routes	66248	7087038	751527	49488.5	46716.0
港澳台航线	Hong Kong, Macao and Taiwan Routes	1993	240454		823.4	823.2
国际航线	International Routes	2448	148162	15179	55.2	55.2
进　港	Arrival	34346	3214467		21523.3	20049.8
国内航线	Domestic Routes	33122	3148399		21492.3	20018.8
港澳台航线	Hong Kong, Macao and Taiwan Routes	997	122235		561.3	561.1
国际航线	International Routes	1224	66068		31.0	31.0
出　港	Departure	34350	4020733	776706	28020.6	26721.4
国内航线	Domestic Routes	33126	3938639	751527	27996.4	26697.2
港澳台航线	Hong Kong, Macao and Taiwan Routes	996	118219		262.1	262.1
国际航线	International Routes	1224	82094	15179	24.2	24.2

注：货邮吞吐量不包括行李，2007以前年度包含行李。过站旅客包含在出港部分，是旅客的其中项。

a) The cargo throughput does not include baggage, Befoer 2007 it included baggage. Transit Passengers have been included in export visitors, It is a part of the passengers.

15—24 民航机场吞吐量（2014年）
Volume of Passenger and Freight Handled in Civil Airports (2014)

项 目	Item	旅客吞吐量（人）Passenger Handled (person)	#发 运 量 Delivered	货物吞吐量（吨）Cargo Handled (ton)	#发 运 量 Delivered
合 计	**Total**	**7235200**	**4020733**	**49543.7**	**28020.5**
合肥机场	Hefei Airport	5974599	3287070	46425.9	25699.2
黄山机场	Huangshan Airport	637044	368986	2636.8	2060.0
安庆机场	Anqing Airport	103142	66820	89.7	76.2
阜阳机场	Fuyang Airport	298539	149855	389.2	184.3
池州机场	Chizhou Airport	221876	148002	2	1

15—25 东航（安徽公司）基本情况
Basic Statistics on Anhui Branch of the Eastern Air Lines, Inc.

指 标		Item		2000	2005	2010	2013	2014
定期航班航线条数	（条）	Number of Civil Aviation Routes	(unit)	64	63	57	58	53
#国内航线		Domestic Routes		59	57	53	51	47
定期航班线里程	（公里）	Length of Civil Aviation Routes	(km)	60553	72263	76303	78462	74668
#国内航线		Domestic Routes		54017	60647	69728	65234	65560
民用航班飞行机场	（个）	Number of Civil Airports	(unit)	34	45	50	42	46
民用飞机架数	（架）	Number of Civil Aircraft	(unit)	13	11	7	11	14
客运量	（万人）	Passenger Traffic	(10000 person)	153.45	214.05	208.17	263.51	270.49
旅客周转量	（万人公里）	Passenger-kilometers	(10000 passenger-km)	150447.8	238451.4	242408.1	321059.4	338229.8
货（邮）运量	（吨）	Freight Traffic	(ton)	15653.9	29753.4	21814.2	23589.4	23596.8
货（邮）周转量	（万吨公里）	Freight Ton-kilometers	(10000 ton-km)	1628.29	3661.38	2668.88	2932.46	2964.95
总周转量	（万吨公里）	Total Air Traffic Ton-kilometers	(10000 ton-km)	15071.24	24977.00	24248.62	31449.44	32956.47
#国际航线		International Routes		866.63	1584.94	145.12	2430.95	2382.38
国内航线		Domestic Routes		14204.61	23392.06	24103.50	29018.49	30574.09

15—26 邮电业务基本情况
Basic Statistics of Postal and Telecommunications Services

指标	Item	2000	2005	2010	2013	2014
邮电业务总量 (万元)	**Business Volume of Postal and Telecommunications Services (10000 yuan)**	**1201398**	**2840149**	**3003244**	**5133986**	**5860055**
函件 (万件)	Number of Letters (10000 pcs)	19270	21141	21121	13328	11805
国内普通包裹 (万件)	Domestic ordinary parcel (10000 pcs)	356	253	151	101	84
快递 (万件)	Pieces of Express Mail Services (10000 pcs)	310	506	1303	1984	2251
报刊期发数 (万份)	Issue of Newspapers and Magazines (10000 copies)	930	738	602	652	689
固定长途电话通话时长 (亿分钟)	Length of Long-distance Calls of Fixed Telephone (100 million minutes)			24.8	18.5	28.6
移动短信业务量 (万条)	Mobile Short Note Business Volume (10000 unit)		860595	3150048	2618206	2192718
固定互联网宽带接入用户 (万户)	Internet Wide Band Turning on Users (10000 households)			342.02	642.64	725.41
移动电话年末用户 (万户)	Number of Mobile Telephone Subsecribers at Year-end (10000 subscribers)		1046.90	2798.70	3958.87	4215.97
#3G移动电话用户	3G Mobile Phone Subscribers			119.14	1394.14	1678.52
固定电话年末用户 (万户)	Number of Fixed Telephone Subsecribers at Year-end (10000 subscribers)	483.82	1349.52	1230.97	976.73	839.83
城市	Urban	272.99	680.02	612.89	603.78	532.25
#住宅	Household		501.76	388.29	359.33	316.19
农村	Rural	210.83	669.50	618.08	372.95	307.58
#住宅	Household		642.14	561.73	316.27	255.53
邮路及农村投递路线总长度 (公里)	Length of Postal Routes and Rural Delivery Routes (km)	205887	206287	196442	193361	197825
#汽车邮路	Highway Routes	30061	51111	41321	45995	44960
铁路邮路	Railway Routes	2320	1725	2434	2355	1110
长途光缆纤芯长度 (芯公里)	Length of Long-distance Optical Cable Core(core kilometer)			713011	822862	882040
长途电话交换机容量 (路端)	Capacity of Long-distance Telephone Exchanges (circuit)	185549	350538	716701	248116	204090
本地固定电话局用交换机容量 (万门)	Capacity of Local Telephone C.O. Switches Capacity (10000 lines)	717.05	1611.67	1214.90	1041.00	917.05

注：本表邮政相关数据仅包含省邮政公司和省邮政速递公司（下同）。
a) Data of this table contains only provincal postal company and postal courier company (the same below).

15—27 各市邮电业务量（2014年）
Post and Telecommunication Services by Region (2014)

地 区	Region	邮电业务总量（万元）Business Volume of Post and Telecommunications (10000 yuan)	邮政业务总量 Business Volume of Post	电信业务总量 Business Volume of Telecommunications	函件（万件）Number of Letters (10000 pcs)	快递（万件）Pieces of Express Mail Services (10000 pcs)	报刊期发数（万份）Newspapers and Magazines Circulation (10000 copies)	国内普通包裹（万件）Domestic Ordinary Parcel (10000 pcs)
总 计	**Total**	**5860054.87**	**368287.42**	**5491767.45**	**11805**	**2250.72**	**689.00**	**84.00**
合肥市	Hefei	1252331.40	48461.57	1203869.82	4599	858.36	83.73	29.78
淮北市	Huaibei	217780.87	11918.15	205862.72	302	25.49	24.00	2.00
亳州市	Bozhou	337433.98	25689.72	311744.27	78	43.78	24.00	4.00
宿州市	Suzhou	419969.28	31648.83	388320.45	403	78.80	31.00	3.00
蚌埠市	Bengbu	311362.13	16236.59	295125.54	632	104.35	28.00	5.00
阜阳市	Fuyang	582948.02	47786.52	535161.50	369	217.97	57.00	6.00
淮南市	Huainan	243931.54	14038.39	229893.15	188	36.21	37.27	2.22
滁州市	Chuzhou	350252.29	16707.62	333544.67	568	136.26	107.00	3.00
六安市	Luan	385123.69	26801.32	358322.37	704	105.34	67.00	4.00
马鞍山市	Maanshan	255318.82	15016.35	240302.48	1114	54.56	31.00	3.00
芜湖市	Wuhu	434905.20	24377.80	410527.40	1243	226.63	37.00	7.00
宣城市	Xuancheng	246323.11	13239.30	233083.82	305	45.19	33.00	4.00
铜陵市	Tongling	113915.84	6711.34	107204.49	86	20.48	11.00	1.00
池州市	Chizhou	149500.74	12291.89	137208.85	180	40.34	35.00	1.00
安庆市	Anqing	420992.70	47154.45	373838.25	736	191.56	55.00	5.00
黄山市	Huangshan	136305.56	9817.60	126487.96	297	65.40	28.00	4.00
其 他	Others	1269.70		1269.70				

地 区	Region	固定互联网宽带接入用户（万户）Internet Wide Band Turning on Users (10000 subscriber)	移动电话年末用户（万户）Number of Mobile Telephone Subscribers (10000 subscriber)	固定电话年末用户（万户）Year-end Installed Telephones (10000 subscriber)	城市 Urban	#住宅 Residential Buildings	农村 Rural	#住宅 Residential Buildings	公用电话（万部）Public Telephone (10000 unit)
总 计	**Total**	**725.41**	**4215.93**	**839.83**	**532.25**	**316.19**	**307.58**	**255.53**	**72.66**
合肥市	Hefei	141.72	759.13	166.65	140.75	71.24	25.90	17.22	19.24
淮北市	Huaibei	29.94	156.99	29.50	21.72	14.61	7.77	5.96	2.40
亳州市	Bozhou	34.28	272.01	33.37	16.17	9.87	17.18	14.79	3.22
宿州市	Suzhou	44.89	343.54	48.34	23.15	14.10	25.19	21.48	3.62
蚌埠市	Bengbu	41.51	226.68	47.00	33.14	20.89	13.85	10.81	5.50
阜阳市	Fuyang	56.94	441.22	61.99	29.36	18.56	32.63	29.19	3.86
淮南市	Huainan	36.52	172.16	34.22	25.86	16.48	8.34	5.62	3.68
滁州市	Chuzhou	48.03	281.33	54.29	27.21	16.76	27.08	22.22	9.74
六安市	Luan	43.04	310.71	54.63	23.00	15.09	31.63	27.72	3.02
马鞍山市	Maanshan	37.75	176.67	44.33	36.07	24.17	8.26	6.59	1.54
芜湖市	Wuhu	60.18	293.99	64.21	51.03	30.57	13.18	9.09	6.15
宣城市	Xuancheng	35.79	200.34	45.44	22.63	14.41	22.81	19.96	2.02
铜陵市	Tongling	17.76	69.76	17.24	14.31	8.32	2.93	1.64	1.32
池州市	Chizhou	19.57	104.26	24.68	11.48	6.84	13.18	12.10	0.90
安庆市	Anqing	56.96	303.96	81.85	36.54	25.24	45.31	40.96	4.02
黄山市	Huangshan	20.55	103.18	32.11	19.79	9.07	12.32	10.18	2.44
其 他	Others								

15—28 邮电局所数及邮递线路（年底数）
Postal and Telecommunication Services Facilities (year-end)

单位：处（unit）

年份 Year	邮政信筒信箱 Postal Mailbox	邮路总长度（公里）Length of Postal Routes (km)	#汽车邮路 Highway Routes	铁路邮路 Railway Routes	农村投递线路（公里）Rural Delivery Routes (km)
2000	6333	63445	30061	2320	142442
2005	6378	70599	51111	1725	135688
2006	6471	64927	42634	2097	139571
2007	6334	68800	44614	2097	141777
2008	6112	88337	47466	1929	141632
2009	6736	86463	50607	2485	150570
2010	6693	45541	41321	2434	150902
2011	4554	55668	52939	2292	132819
2012	3961	188698	43722	2355	133560
2013	4641	48523	45995	2355	144838
2014	3704	46185	44960	1110	151640

注：由于邮政系统调整，2010年、2012年的邮路总长度与往年口径不同，不具可比性。

a) As the postal system adjustment, the caliber of Length of postal routes in 2010,2012 and previous years were different, did not have the commeasurability.

15—29 各市邮电局所数及邮递线路（2014年）
Postal and Telecommunication Services Facilities by Region (2014)

单位：处（unit）

地区	Region	邮政局所 Number of Post and Telecommunications Offices	邮政信筒信箱 Postal Mailbox	邮路总长度（公里）Length of Postal Routes (km)	#汽车邮路 Highway Routes	铁路邮路 Railway Routes	农村投递线路（公里）Rural Delivery Routes (km)
总计	**Total**	**1903**	**3704**	**46185**	**44960**	**1110**	**151640**
合肥市	Hefei	187	340	15526	14416	1110	13585
淮北市	Huaibei	47	497	1032	1002		4420
亳州市	Bozhou	100	87	2095	2095		14254
宿州市	Suzhou	114	147	1587	1583		18616
蚌埠市	Bengbu	89	132	2789	2774		7002
阜阳市	Fuyang	196	111	3336	3336		17420
淮南市	Huainan	84	109	533	533		2850
滁州市	Chuzhou	157	454	1744	1744		9929
六安市	Luan	208	327	3197	3197		10463
马鞍山市	Maanshan	70	86	1742	1742		4006
芜湖市	Wuhu	96	218	3195	3195		3249
宣城市	Xuancheng	126	147	2349	2349		8562
铜陵市	Tongling	35	64	599	578		911
池州市	Chizhou	72	168	1288	1283		10243
安庆市	Anqing	203	525	3157	3142		15217
黄山市	Huangshan	119	292	2018	1993		10913

15—30 各市邮电通信线路
Telecommunication Facilities by Region

地区	Region	长途光缆纤芯长度（芯公里）Length of Long-distance Optical Cable Core		本地用中继光缆纤芯长度（芯公里）Length of Local relaying Optical Cable Core	
		2013	2014	2013	2014
总计	**Total**	**822862**	**882040**	**5600579**	**6360268**
合肥市	Hefei	159886	115448	997069	1344802
淮北市	Huaibei	14057	14270	304364	238016
亳州市	Bozhou	22815	22403	197215	277912
宿州市	Suzhou	29557	43277	287726	290481
蚌埠市	Bengbu	50043	46901	312279	273969
阜阳市	Fuyang	25799	30754	293342	331980
淮南市	Huainan	20962	20422	196575	250226
滁州市	Chuzhou	53981	68655	869641	931554
六安市	Luan	26024	53713	355421	349469
马鞍山市	Maanshan	12324	12300	299947	307336
芜湖市	Wuhu	27463	28835	297019	384807
宣城市	Xuancheng	32117	36908	222023	293376
铜陵市	Tongling	15374	13381	113484	153101
池州市	Chizhou	25409	26271	185260	241005
安庆市	Anqing	46514	87879	410995	400938
黄山市	Huangshan	21822	21822	258220	291297
其他	Others	238716	238801		

15—31 各市邮电通信设备年末拥有量（2014年）
Telecommunication Facilities at Year-end by Region (2014)

地区	Region	接入网光缆线纤芯长度（芯公里）Length of Access Network Optical Cable Core	本地固定电话局用交换机容量（门）Capacity of Local Telephone C.O. Switches (line)	#接入设备网容量 Capacity of Connected Equipment Net	用户交换机容量（门）Capacity of Exchanges Owned by Users (line)
总计	**Total**	**12609788**	**9170552**	**1154803**	**86428**
合肥市	Hefei	2610038	1536832	328086	24135
淮北市	Huaibei	410682	385574	47066	5399
亳州市	Bozhou	656614	398237	54510	510
宿州市	Suzhou	650927	516801	29440	1635
蚌埠市	Bengbu	473919	660920	111423	6808
阜阳市	Fuyang	644655	758352	103094	9139
淮南市	Huainan	479019	408728	38905	2542
滁州市	Chuzhou	1078258	624833	20987	6826
六安市	Luan	831988	549827	36428	4076
马鞍山市	Maanshan	562025	471336	62590	2968
芜湖市	Wuhu	969492	703677	59241	1457
宣城市	Xuancheng	956708	384253	27375	2839
铜陵市	Tongling	270665	177426	25207	1605
池州市	Chizhou	582009	247888	45399	3034
安庆市	Anqing	844045	983620	116343	2029
黄山市	Huangshan	588745	362247	48710	11427

注：接入设备网容量，指标口径调整，与上年不具可比性。

a) Access devices network capacity, rate adjustment, not comparable with that of last year.

主要统计指标解释

铁路营业里程

又称营业长度（包括正式营业和临时营业里程），指办理客货运输业务的铁路正线总长度。凡是全线或部分建成双线及以上的线路，以第一线的实际长度计算；复线、站线、段管线、岔线和特殊用途线以及不计算运费的联络线都不计算营业里程。铁路营业里程是反映铁路运输业基础设施发展水平的重要指标，也是计算客货周转量、运输密度和机车车辆运用效率等指标的基础资料。

公路里程

是指凡达到交通部《公路工程技术标准》规定的技术等级公路，并经公路主管部门正式验收交付使用的里程。包括大中城市的郊区公路以及通过城镇街道的里程和桥梁、隧道、渡口的长度，不包括大中城市的街道、厂矿、林区生产用道和农业生产用道的里程。两条或多条公路共同经由同一路段，只计算一次，不得重复计算里程长度。按公路技术等级分：等级公路里程和等外公路里程，等级公路里程可分为高速公路、一级公路、二级公路、三级公路、四级公路里程。

内河航道里程

是指凡能通航机动船、木帆船以及运输排筏（指利用排筏经营运输），其枯水期水深在0.3米及以上的天然河流、人工河渠、湖泊、水库航道里程。不包括仅供放流木材的河道。湖泊、水库航道里程（库区航道）按固定航线计算。两省以河为界的航道里程，双方均按一半计算，以免重复。

民用航空航线里程

指民用运输班机飞行的航线长度。航线长度指机场之间的距离。航空航线里程以年末到达数为准，因气候关系不能全年通航的航线，按年末情况统计，如果年末能继续通航则计入总长度，否则应扣除不计。计算航线里程可按重复和不重复两种方法，前者是指各航线相加的总和，后者则要扣除各航线之间的重复区段计算。

货（客）运量

指在一定时期内，各种运输工具实际运送的货物（旅客）数量。它是反映运输业为国民经济和人民生活服务的数量指标，也是制定和检查运输生产计划、研究运输发展规模和速度的重要指标。货运按吨计算，客运按人计算。货物不论运输距离长短、货物类别，均按实际重量统计。旅客不论行程远近或票价多少，均按一人一次客运量统计；半价票、小孩票也按一人统计。

货物（旅客）周转量

指在一定时期内，由各种运输工具运送的货物（旅客）数量与其相应运输距离的乘积之总和。它是反映运输业生产总成果的重要指标，也是编制和检查运输生产计划，计算运输效率、劳动生产率以及核算运输单位成本的主要基础资料。计算货物周转量通常按发出站与到达站之间的最短距离，也就是计费距离计算。计算公式为：

货物（旅客）周转量＝Σ货物（旅客）运输量×运输距离。

民用汽车拥有量

指报告期末，在公安交通管理部门按照《机动车注册登记工作规范》，已注册登记领有民用车辆牌照的全部汽车数量。汽车拥有量统计的主要分类：根据汽车结构分为载客汽车、载货汽车及其他汽车；根据汽车所有者不同分为个人（私人）汽车、单位汽车；根据汽车的使用性质分为营运汽车、非营运汽车；根据汽车大小规格不同载客汽车分为大型、中型、小型和微型，载货汽车分为重型、中型、轻型和微型。

邮电业务总量（又称通信业务总量）

是以货币形式表现的通信企业为社会提供各类通信服务的总和。是用于观察通信业务发展变化总趋势的综合性总量指标。根据专业性质分为邮政业务总量和电信业务总量。电信业务总量又可细分为本地网通信业务总量、长途通信业务总量、移动通信业务总量、数据通信业务总量、电报业务总量等。按通信范围可分为：国内通信业务总量、国际及港澳台通信业务总量。计算公式为：

邮电业务总量＝Σ（各类通信业务量×不变单价）+出租代维及其他业务收入

＝邮政业务总量+电信业务总量

邮政业务总量＝Σ（各类邮政业务量×不变单价）+邮政出租代维及其他业务收入

电信业务总量＝Σ（各类电信业务量×不变单价）+电信出租代维及其他业务收入

移动电话用户

指通过移动电话交换机进入移动电话网、占用移动电话号码的电话用户。用户数量以报告期末在移动电话营业部门实际办理登记手续进入移动电话网的户数进行计算，一部移动电话统计为一户。计量单位：户。

电话用户

指接入国家公众固定电话网，并按固定电话业务进行经营管理的电话用户。1997年以前，电话用户分为市内电话用户和农村电话用户。“市内电话用户”是指接入县城及县以上城市的电话网上的电话用户；“农村电话用户”是指接入县邮电局农话台及县以下农村电话交换点，以县城为中心（除市话用户外）联通县、乡（镇）、行政村、村民小组的用户。从1997年起，电话用户数分组调整为以用户所在区域划分为“城市电话用户”和“乡村电话用户”，与过去的按市内电话和农村电话划分方法不同。而电话用户总数、电话机总部数统计范围不变。

住宅电话用户

指安装在居民住宅或农民家里并按照住宅电话用户登记注册和收费的电话用户。包括私人付费、单位付费和按规定免费安装的住宅电话用户。

Explanatory Notes for Major Statistical Indicators

Length of Railways in Operation

refers to the total length of the trunk line under passenger and freight transportation (including both full operation and temporary operation). The calculation is based on the actual length of the first line even if this line has a full or partial double track or more tracks, excluding double tracks, station sidings, tracks under the charge of stations, branch lines, special-purpose lines and the non-payable connecting lines. The length of railways in operation is an important indicator to show the development of the infrastructure for the railway transport, and also the essential data to calculate volume of passenger freight transport, traffic density and utilization efficiency of the locomotives and carriages.

Length of Highways

refers to the length of highways which are built in conformity with the grades specified by the (Highway Engineering Standard) formulated by the Ministry of Communications, and have been formally checked and accepted by the departments of highways and put into use. The length of highways includes that of the suburb highways at large and medium-sized cities, highways passing through streets at small cities and towns, and also the length of bridges and ferries. It does not include the length of streets in big and medium-sized cities and highways built for the production purpose at factories, mines, forest areas and agricultural areas. If two or more highways go the same section of the way, the length of the section is only calculated for once and no duplication is allowed. They could be classified by technical level into class highway and substandard highways. Class highway includes express-way and first class, second class, third class and forth class highway.

Length of Navigable Inland Waterways

refers to the length of the natural rivers, artificial rivers and canals, lakes, and reservoirs open to navigation that deep in 0.3 meters and above in dry season, which enables the transport by motor vessel, wooden sailing boats and rafts (using rafts to transport), excluding river courses which are only used to float odd logs. If two provinces take river as circle, the length of section is only calculated half to both sides, so as not to repeat.

Length of Civil Aviation Routes

refers to the length of all routes for regular civil aviation flights and it is usually the distance between airports. The length is calculated at the end of the year as the standard. The lines that can't open all through the year because of the weather are calculated at the end of the year. If it could continue and open at the end of the year, it should be calculated, otherwise it should be deducted and disregarded. There are usually two ways to calculate the length: duplicated calculation and unduplicated calculation. The former is to put the length of all air routes together, and the later is not to allow the duplication in calculation.

Freight (Passenger) Traffic

refers to the volume of freight (passenger) transported with various means. Freight transport is calculated in tons and passenger traffic is calculated in the number of persons. Despite the type of freight and traveling distance, the freight transport is calculated in the actual weight of the goods: and despite the traveling distance and ticket price, the passenger traffic is calculated by the principle that one person can be counted only once in one travel. The passenger who travels with a half price ticket or a child ticket is also calculated as one person. The freight (passenger) traffic provides a quantitative measure to show how the transport industry serves the national economy and people, and is also an important indicator for planning the transport industry and for studying the development scale and speed of the transport industry.

Freight Ton-kilometers (Passenger-kilometers)

refer to the sum of the products of the volume of transported cargo (passengers) multiplying by the transport distance, usually using ton-kilometer and passenger-kilometer as units for measurement. Normally, the shortest distance between the departure station and the destination station (i.e., the payable distance) is the basis to calculate the freight ton-kilometers. This is an important indicator to show the total results of the transport industry, to prepare and examine the transport plan and to measure the efficiency, the labour productivity and the unit cost of transport. The formula is as follows:

Freight Ton-kilometers (Passenger-kilometers) =∑ {Freight (Passenger) Traffic × Distance of Transportation}

Measuring unit: ton-kilometer (person-kilometer)

Possession of Civil Motor Vehicles

refer to the total numbers of vehicles that are registered and received vehicles license tags according to the Work Standard for Motor Vehicles Registration formulated by the Transport Management Office under the department of public security at the end of the reference period. They are divided into categories. According to the structure of motor vehicles, they are divided into passenger vehicles, trucks and others; according to ownership into private vehicles and vehicles for the unit's use; according to kind of usage into working vehicles and non-working vehicles; and according to size of vehicles into large passenger vehicles, medium-sized passenger vehicles, small passenger vehicles and mini passenger vehicles, heavy trucks, light-heavy trucks, light trucks and mini-trucks.

Business Volume of Post and Telecommunications (Also called Business Volume of Communications)

refers to the total amount of communications services, expressed in currency terms, provided by communications enterprises for the society. It is a comprehensive indicator reflects the total trend of communication service. It could be divided into business volume of post and telecommunication by type and business volume of telecommunication includes business volume of local network, long-distance, mobile communication, digital communication and telegram. It could be divided into domestic, international and business volume of Hong Kong, Macao and Taiwan by the coverage. The formula is as follows:

Business Volume of Post and Telecommunications = Σ (Transaction of Communication Service × Constant Price) + Income from Leasing Maintenance and other Services

= Business Volume of Postal Services + Business Volume of Telecommunication Services

Business Volume of Postal Services =Σ (Transaction of Postal Service × Constant Price) + Income from Leasing, Maintenance and other Services

Business Volume of Telecommunication Services = Σ (Transaction of Telecommunication Service × Constant Price) + Income from Leasing, Maintenance and other Services

Mobile Telephone Subscribers

refer to the persons who own mobile telephone number connected with the mobile telephone communication network and have registered in mobile communication enterprises. The number of subscribers is calculated only when the subscribers who have gone through all the register formalities and entered into the mobile telephone network at the end of the report. One mobile telephone is treated as a subscriber.

Telephone Subscribers

refer to subscribers that are connected to the public line telephone network provided with telephone services. Before 1997, telephone subscribers were classified as city subscribers and village subscribers. City subscribers referred to those connected to city telephone networks in county towns and cities, while village subscribers referred to those connected to village telephone stations at and below counties. Since 1997, the classification of telephone subscribers was modified on the basis of physical location of the subscribers as "urban telephone subscribers" and "rural telephone subscribers", which is different from the previous classification of categorizing "local telephones" and "rural telephones", while the definition of total subscribers and total number of telephones remain unchanged.

Household Telephone Subscribers

refer to telephone sets installed in the dwelling units of residents or peasant families and registered and charged according to house telephone subscribers. They included three types of payment for the service: private payment, unit payment and free installing service.

第 十六 篇

Chapter 16

DOMESTIC TRADE

简要说明

一、本篇资料反映我省国内市场发展情况和批发零售业、餐饮业和住宿业商品经营情况。主要内容有批发零售业商品流通，限额以上批发零售企业、住宿餐饮企业财务状况，社会消费品零售总额、国内集市贸易等。

二、本篇资料是根据国家统计局的批发零售、住宿餐饮业统计报表制度进行搜集和加工整理。

本资料的调查范围：财务状况报表为各种经济类型的限额以上批发和零售业法人企业、住宿和餐饮业法人企业。社会消费品零售总额报表为有零售业务的各种经济类型的企业、行政事业单位。以上统计报表从基层起报，自下而上逐级综合上报，主要采取全面调查方法，局部资料有的以抽样调查推断，有的利用工商、税务等部门的有关资料推算。

三、限额以上批发和零售业、住宿和餐饮业统计限额标准：批发业：年主营业务收入在2000万元及以上；零售业：年主营业务收入在500万元以及上；住宿业：年主营业务收入在200万元及以上；餐饮业：年主营业务收入在200万元及以上。

Brief Introduction

I. Data in this chapter show the development of Anhui's domestic market and the sales of the commodities in wholesale and retail sale trade as well as catering trade accommodation industry, including mainly the circulation of commodities in the wholesale and retail sale trades, the financial condition of the wholesale, retail, accommodation and catering trade enterprises, the total sales of the consumer goods in the whole country and the domestic fair trade, etc.

II. Data in this chapter are collected and processed in accordance with the statistical reporting scheme on wholesale and retail sale trades as well as accommodation industry, catering trade, stipulated by the National Bureau of Statistics.

Statistical coverage: Statistics on financial conditions include all corporate enterprises of wholesale, retail, catering trade above the designated size and star size accommodation. Statistics on retail sales of consumer goods include all enterprises, institutional units and peasants engaged in retail sale business. The method used in data collection is a complete enumeration, under which all units are covered in the survey and data are reported from lower to higher level statistical offices. For local data, sample surveys are used, and in some cases, administrative registers from industrial and commercial administration and taxation administration are used in the estimation.

III. Criteria for wholesale and retail sale trades, hotels and catering services above designated size are as follows: wholesale trade, having 20 or more employees at year-end with annual sales over 20 million yuan; retail trade, having 60 or more employees at year-end with annual sales over 5 million yuan; hotels, certified hotels with star-ranking; catering services, having 40 or more employees with annual income over 2 million yuan.

16—1 国内贸易基本情况
Basic Conditions of Domestic Trade

指　　标	Item	2000	2005	2010	2013	2014
法人机构　　（个）	**Number of Corporation Unit　　(unit)**					
批发零售业	Engaged in Wholesale and Retail Trades	651	815	2449	5213	6047
住宿餐饮业	Accommodation and Catering Trade	15	460	1021	1571	1675
从业人员　　（万人）	**Persons Engaged　　(10000 persons)**					
批发零售业	Engaged in Wholesale and Retail Trades	13.2	12.8	26.2	34.6	37.4
住宿餐饮业	Accommodation and Catering Trade	0.6	5.3	10.2	12.4	12.6
批发零售贸易业　　（亿元）	**Wholesale and Retail Trade　　(100 million yuan)**					
商品购进总额	Total Purchases	1901.1	1513.1	4653.0	7961.6	8463.6
商品销售总额	Total Sale	1764.0	1615.5	5144.1	8901.9	9427.5
商品库存总额	Total Inventory	393.8	116.2	397.5	632.9	755.6
社会消费品零售总额（亿元）	**Total Retail Sales of Consumer Goods (100 million yuan)**	**1077.8**	**1776.7**	**4300.5**	**7044.7**	**7957.0**
按销售单位所在地分	By Location of Establishments					
城　镇	Urban			3605.9	5715.6	6457.1
#城　区	City			2436.6	3854.2	4347.5
乡　村	Rural			694.6	1329.1	1499.9
按消费形态分	Grouped by consumption patterns					
餐饮收入	Catering income			527.9	819.2	924.1
商品零售	Commodity retail			3772.6	6225.5	7032.9

注：1．2000年及以后法人机构和从业人员为限额以上企业；住宿业从2005年纳入统计范围。
2．2005年及以后的商品购进总额、销售总额、库存总额为限额以上口径，2000年为全社会口径。
3．2005年社会消费品零售总额是根据第二次经济普查结果重新调整后的数据。
4．2010—2014年社会消费品零售总额是根据第三次经济普查结果重新调整后的数据。
5．2010年起，社会消费品零售总额分组调整为“按销售单位所在地分”、“按消费形态分”。

a) In 2000 years and after that ,the legal institutions and practitioners were above limit the enterprise; accommodation industry was in the statistical range from 2005.
b) In 2005 years and after that , total purchase and sales of goods,, total inventory were Above limit caliber, in 2000 was the whole society.
c) In 2005 , total retail sales of social consumer goods was based on the results of the second economic census to readjust the data.
d) From 2010-2014 ,total retail sales of social consumer goods was based on the results of the third economic census to readjust the data.
e) From 2010 , Groups of the total retail sales of social consumer goods was adjusted to be "the location of the unit where the unit it is , "consumption patterns".

16—2 限额以上批发零售、住宿餐饮业基本情况（2014年，按登记注册类型分）

Basic Conditions of Enterprises Above Designated Size in Wholesale and Retail Sale and Catering Trade by Registration (2014)

指　标	Item	法人企业（个）Number of Corporation Enterprises (unit)	从业人数（人）Engaged Persons (person)
总　计	**Total**	**7722**	**499643**
批发业合计	**Wholesale Trade**	**2097**	**120626**
国有控股	State-holding Enterprises	225	39113
内　资	Domestic-funded	2076	116313
国　有	State-owned	63	14166
集　体	Collective-owned	16	825
股份合作	Cooperative	5	434
联　营	Joint Ownership	1	23
有限责任公司	Limited Liability Corporations	695	33517
股份有限公司	Share-holding Corporations Ltd.	62	19597
私　营	Private	1210	45888
其　他	Other	24	1863
港澳台商投资	With Investment from Hong Kong, Macao and Taiwan	4	710
合资经营	Joint-venture	1	37
独资经营	With Sole Fund	3	673
外商投资	With Foreign Investment	17	3603
中外合资经营	Joint-venture	3	60
外　资	Solely Foreign Funded	11	2952
外商投资有限公司	Foreign Investment Corporations Ltd.	3	591
零售业合计	**Retail Trade**	**3950**	**253078**
国有控股	State-holding Enterprises	180	31935
内　资	Domestic-funded	3878	231194
国　有	State-owned	37	4766
集　体	Collective-owned	23	737
股份合作	Cooperative	8	513
联　营	Joint Ownership	3	109
有限责任公司	Limited Liability Corporations	1116	89970
股份有限公司	Share-holding Corporations Ltd.	104	24403
私　营	Private	2545	108906
其　他	Other	42	1790
港澳台商投资	With Investment from Hong Kong, Macao and Taiwan	40	12115
合资经营	Joint-venture	7	2609
独资经营	With Sole Fund	32	9146
股份有限公司	Share-holding Corporations Ltd.	1	360
外商投资	With Foreign Investment	32	9769
中外合资经营	Joint-venture	7	4174
外　资	Solely Foreign Funded	22	5216
外商投资有限公司	Foreign Investment Corporations Ltd.	2	229
其他外商投资	Other Foreign Investment	1	150

16—2 续表 continued

指　标	Item	法人企业（个）Number of Corporation Enterprises (unit)	从业人数（人）Engaged Persons (person)
住宿业合计	**Accommodation**	**579**	**51334**
国有控股	State-holding Enterprises	89	11279
内　资	Domestic-funded	564	48155
国　有	State-owned	38	3169
集　体	Collective-owned	4	294
股份合作	Cooperative	2	57
有限责任公司	Limited Liability Corporations	192	20421
股份有限公司	Share-holding Corporations Ltd.	22	2989
私　营	Private	303	20960
其　他	Other	3	265
港澳台商投资	With Investment from Hong Kong, Macao and Taiwan	9	1989
合资经营	Joint-venture	3	608
独资经营	With Sole Fund	6	1381
外商投资	With Foreign Investment	6	1190
中外合资经营	Joint-venture	3	621
外　资	Solely Foreign Funded	2	435
外商投资有限公司	Foreign Investment Corporations Ltd.	1	134
餐饮业合计	**Catering Trade**	**1096**	**74605**
国有控股	State-holding Enterprises	28	2429
内　资	Domestic-funded	1088	72253
国　有	State-owned	10	706
集　体	Collective-owned	6	371
有限责任公司	Limited Liability Corporations	261	21608
股份有限公司	Share-holding Corporations Ltd.	14	831
私　营	Private	786	48263
其　他	Other	11	474
港澳台商投资	With Investment from Hong Kong, Macao and Taiwan	6	2223
合资经营	Joint-venture	1	50
独资经营	With Sole Fund	5	2173
外商投资	With Foreign Investment	2	129
外商投资有限公司	Foreign Investment Corporations Ltd.	2	129

16—3 限额以上批发零售业商品购进、销售和库存情况（2014年，按注册类型分）

Total Purchases, Sales and Inventory of Enterprises Above Designated Size in Wholesale and Retail Trade by Registration (2014)

单位：万元（10000 yuan）

指　标	Item	购进总额 Total Purchases Value	#进口 Imports	销售总额 Total Sales Value	批发 Wholesale Value	零售 Retail Value	年末库存总额 Stock (year-end)
总　计	**Total**	**84636370**	**1729023**	**94275181**	**57550570**	**36724610**	**7555643**
批发业合计	**Wholesale Trade**	**54782266**	**1180637**	**60693275**	**53651187**	**7042088**	**4009305**
国有控股	State-holding Enterprises	23722742	915730	26829567	23346665	3482901	1761006
内　资	Domestic-funded	51800753	1176395	57120156	50105479	7014677	3894713
国　有	State-owned	5015351	4444	6630409	5279285	1351124	538832
集　体	Collective-owned	75980		80357	70718	9640	3141
股份合作	Cooperative	58671		84863	30425	54439	3478
联　营	Joint Ownership	3555		3605	3605		45
有限责任公司	Limited Liability Corporations	23198333	672089	24681376	23066733	1614643	1767725
股份有限公司	Share-holding Corporations Ltd.	10093208	400724	10885700	9112072	1773628	490233
私　营	Private	13068660	99139	14432436	12307582	2124855	1082124
其　他	Other	286994		321410	235060	86350	9134
港澳台商投资	With Investment from Hong Kong, Macao and Taiwan	1567956		1571966	1571446	520	37907
合资经营	Joint-venture	4421		4949	4949		101
独资经营	With Sole Fund	1563535		1567017	1566497	520	37805
外商投资	With Foreign Investment	1413556	4241	2001153	1974262	26891	76685
中外合资经营	Joint-venture	301136		303622	301548	2074	558
外　资	Solely Foreign Funded	1019078	4241	1601351	1588679	12672	72981
外商投资有限公司	Foreign Investment Corporations Ltd.	93342		96181	84036	12145	3147
零售业合计	**Retail Trade**	**29854105**	**548386**	**33581905**	**3899383**	**29682522**	**3546338**
国有控股	State-holding Enterprises	7920991		8868732	1968370	6900362	392495
内　资	Domestic-funded	28268065	548386	31644812	3865979	27778833	3327975
国　有	State-owned	796458		856698	75746	780951	23481
集　体	Collective-owned	33855		42557	11781	30776	1532
股份合作	Cooperative	35130	16530	38321	5292	33029	2691
联　营	Joint Ownership	7868		9037		9037	422
有限责任公司	Limited Liability Corporations	10939724	305222	12079214	1186248	10892966	1698944
股份有限公司	Share-holding Corporations Ltd.	5898043		6898125	1492299	5405826	274239
私　营	Private	10418386	226634	11556275	1059056	10497219	1307670
其　他	Other	138602		164586	35556	129030	18996
港澳台商投资	With Investment from Hong Kong, Macao and Taiwan	910239		1112858	17008	1095850	119699
合资经营	Joint-venture	147028		174267	213	174053	42920
独资经营	With Sole Fund	723884		899265	16795	882471	76779
股份有限公司	Share-holding Corporations Ltd.	39326		39326		39326	
外商投资	With Foreign Investment	675801		824235	16397	807839	98664
中外合资经营	Joint-venture	226091		269427	16397	253031	32754
外　资	Solely Foreign Funded	380277		481599		481599	56861
外商投资有限公司	Foreign Investment Corporations Ltd.	34431		38719		38719	3421
其他外商投资	Other Foreign Investment	35002		34490		34490	5629

16—4 限额以上批发零售业商品购进、销售和库存情况（2014年，按行业分）

Total Purchases, Sales and Inventory of Enterprises Above Designated Size in Wholesale and Retail Trade by Sector (2014)

单位：万元（10000 yuan）

指　　标	Item	购进总额 Total Purchases Value	销售总额 Total Sales Value	批　发 Wholesale Value	零　售 Retail Value	年末库存总额 Stock (year-end)
总　　计	**Total**	**84636370**	**94275181**	**57550570**	**36724610**	**7555643**
批发业合计	**Wholesale Trade**	**54782266**	**60693275**	**53651187**	**7042088**	**4009305**
农、林、牧产品批发	Wholesale of Agriculture, Forest, Animal Husbandry Products	1904960	2020167	1853433	166734	458582
谷物、豆及薯类批发	Wholesale of Corn, Bean and Potato	874315	915726	832485	83241	324275
种子批发	Wholesale of Seed	376815	409242	399578	9665	76014
饲料批发	Wholesale of Feed	161569	184961	161088	23873	9985
棉、麻批发	Wholesale of Cotton, Linen	101373	101052	88271	12781	22241
林业产品批发	Wholesale of Foresty Products	29216	36218	31745	4473	7934
牲畜批发	Wholesale of Livestock	18382	22699	17963	4736	683
其他农牧产品批发	Wholesale of Other Agricultural Products	343290	350269	322304	27965	17451
食品、饮料及烟草制品批发	Wholesale of Food, Beverages and Tobaccos	8809209	11215273	9742660	1472613	839951
米、面制品及食用油批发	Wholesale of Rice, Flour and Edible Oil	1631794	1630113	1518978	111135	455460
糕点、糖果及糖批发	Wholesale of Cakes, Candy and Sugar	40233	43613	43032	581	5341
果品、蔬菜批发	Wholesale of Fruits, Vegetables	497543	544477	399753	144725	14504
肉、禽、蛋及水产品批发	Wholesale of Meat, Poultry, Eggs and Aquatic Products	853282	906324	785542	120782	14400
盐及调味品批发	Wholesale of Salt and Spices	221459	274378	260502	13876	16182
营养及保健品批发	Wholesale of Nutrition and Health Care Products	59807	72928	40432	32496	5112
酒、饮料及茶叶批发	Liquor, Beverage and Tea Wholesale	1326504	1796597	1615208	181389	66535
烟草制品批发	Wholesale of Tobaccos	3678925	5402292	4553263	849029	236504
其他食品批发	Wholesale of Other Food	499662	544551	525951	18600	25915
纺织、服装及日用品批发	Wholesale of Textiles, Garments and Daily Consumer Articles	6889892	7306615	7090640	215975	806314
纺织品、针织品及原料批发	Wholesale of Textiles, Knitwear and Raw Materials	1049194	1118053	1109020	9032	22183
服装批发	Wholesale of Garments	677076	636897	583865	53033	399584
鞋帽批发	Wholesale of Shoes and Hats	18191	26031	24228	1803	1331
化妆品及卫生用品批发	Wholesale of Cosmetics and Health Supplies	1018075	1603301	1591066	12234	72468
厨房、卫生间用具及日用杂货批发	Wholesale of Kitchen, Bathroom Appliances	22086	24484	21448	3036	2191
灯具、装饰物品批发	Wholesale of Lamps and Decorative Items	250805	248582	244903	3679	11310
家用电器批发	Wholesale of Household Electrical Appliances	3793789	3588622	3464669	123953	294083
其他日用品批发	Wholesale of Other Commodities	60676	60647	51441	9205	3163

16—4 续表1 continued

单位：万元（10000 yuan）

指　标	Item	购进总额 Total Purchases Value	销售总额 Total Sales Value	批　发 Wholesale Value	零　售 Retail Value	年末库存总　额 Stock (year-end)
文化、体育用品及器材批发	Wholesale of Culture, Sports Appliances and Equipments	1494830	1635288	1517295	117993	163513
文具用品批发	Wholesale of Stationery	132352	161412	142457	18955	25444
体育用品及器材批发	Wholesale of Sporting goods and equipment	24537	28604	28604		1500
图书批发	Wholesale of Book	372178	411800	390555	21244	62404
首饰、工艺品及收藏品批发	Wholesale of Jewelry, Crafts and Collectibles	83802	87127	19657	67470	11286
其他文化用品批发	Wholesale of Other Cultural Goods	881963	946346	936022	10324	62879
医药及医疗器材批发	Wholesale of Medicines and Medical Appliances	7736101	8566277	6928568	1637709	645807
西药批发	Wholesale of Western Medicine	6849528	7504667	6145194	1359474	596427
中药批发	Wholesale of Traditional Chinese Medicine	790328	949906	701848	248058	38548
医疗用品及器材批发	Wholesale of Medical Supplies and Equipment	96246	111704	81526	30178	10833
矿产品、建材及化工产品批发	Wholesale of Mineral Products, Building Materials and Chemical Products	20177485	21663153	19299993	2363160	891224
煤炭及制品批发	Wholesale of Coal and Related Products	5413046	5560945	5511776	49169	152847
石油及制品批发	Wholesale of Petroleum and Related Products	5102593	5774638	4005275	1769364	131135
非金属矿及制品批发	Wholesale of Western Medicine	104025	113270	110951	2319	3478
金属及金属矿批发	Wholesale of Metal Materials	5058952	5438349	5299210	139139	334248
建材批发	Wholesale of Building Materials	1729428	1878004	1639244	238761	98774
化肥批发	Wholesale of Chemical Fertilizer	1845314	1915855	1774833	141022	98961
农药批发	Wholesale of Pesticides	136442	145666	145666		14226
其他化工产品批发	Wholesale of Other Chemical Products	787683	836426	813039	23387	57556
机械设备、五金交电及电子产品批发	Wholesale of Machinery, Hardware and Electronic Equipment	5257287	5502089	4665264	836825	493607
农业机械批发	Wholesale of Agricultural Machinery	233234	249490	206218	43272	18338
汽车批发	Wholesale of Automobiles	893916	1033339	811545	221794	102797
汽车零配件批发	Wholesale of Auto Parts	1042919	1056815	1035628	21188	158501
摩托车及零配件批发	Wholesale of Motorcycles and Their Parts	41748	45931	30231	15701	5221
五金产品批发	Wholesale of Hardware	62947	69369	67310	2059	2008
电气设备批发	Wholesale of Household Electrical Appliances	482879	497094	452312	44782	16721
计算机、软件及辅助设备批发	Wholesale of Computer, Software and Assistant Appliances	1539435	1537817	1523439	14378	17678
通讯及广播电视设备批发	Wholesale of Communications and Radio and Television Equipment	223134	246921	165164	81757	13628
其他机械设备及电子产品批发	Wholesale of Other Mechanical Equipment and Electronic Products	737076	765314	373418	391896	158715

16—4 续表2 continued

单位：万元（10000 yuan）

指 标	Item	购进总额 Total Purchases Value	销售总额 Total Sales Value	批 发 Wholesale Value	零 售 Retail Value	年末库存总 额 Stock (year-end)
贸易经纪与代理	Trade Broker and Agency	109372	126201	125255	946	3175
贸易代理	Trade agent	94904	106650	105703	946	2864
拍 卖	Auction	883	1039	1039		3
其他贸易经纪与代理	Other Trade Broker and Agency	13585	18513	18513		309
其他批发	Other Wholesale not Classified Elsewhere	2403130	2658211	2428079	230132	86110
再生物资回收与批发	Recycling and Renewable Materials Wholesale	1906449	2015661	1937105	78556	62566
其他未列明的批发	Wholesale of Other Unlisted	496681	642551	490974	151576	23544
零售业合计	**Retail Trade**	**29854105**	**33581905**	**3899383**	**29682522**	**3546338**
综合零售	Integrated Retail	8535377	9431021	883881	8547140	1489163
百货零售	Retail of General Merchandise	3991258	5095598	773495	4322102	415871
超级市场零售	Retail of Supermarkets	4342244	4099127	90748	4008379	1061485
其他综合零售	Retail of Others	201874	236297	19638	216659	11807
食品、饮料及烟草制品专门零售	Retail of Food, Beverages and Tobaccos	1138489	1422793	324970	1097823	128861
粮油零售	Retail of Grain and Oil	80142	88057	39715	48342	34526
糕点、面包零售	Retail of Cakes, Bread	21300	25013	2585	22428	9590
果品、蔬菜零售	Retail of Fruit, Vegetables	83593	224752	62703	162049	2293
肉、禽、蛋及水产品零售	Retail of Meat, Poultry, Eggs and Aquatic Products	236302	255974	24208	231766	9346
营养和保健品零售	Retail of Nutrition and health care products	23216	26574	4569	22004	2097
酒、饮料及茶叶零售	Retail of Wine, tea and beverages	515818	578923	162956	415967	57417
烟草制品零售	Retail of Tobacco Products	15840	17617	2425	15192	1641
其他食品零售	Retail of Other Food	162280	205885	25809	180076	11951
纺织、服装及日用品专门零售	Special Retail of Textiles, Garments and Daily Consumer Articles	623175	798147	64637	733510	121434
纺织品及针织品零售	Retail of Textile and Knitwear	43760	44252	2047	42205	7849
服装零售	Retail of Garments	391359	480161	39119	441042	74042
鞋帽零售	Retail of Shoes and Hats	32033	65384	9307	56077	15282
化妆品及卫生用品零售	Retail of Cosmetics and Health Supplies	85544	97530	114	97416	8457
钟表、眼镜零售	Retail of Watches, Glasses	7295	30553	202	30351	5851
箱、包零售	Retail of Boxes, Bags	574	566	566		8
厨房用具及日用杂品零售	Retail of Kitchen Appliances and Daily-used Goods	15439	15397	7718	7679	1512
自行车零售	Retail of Bicycles	7625	8867	3530	5337	1734
其他日用品零售	Retail of Other Daily Necessities	39545	55439	2035	53405	6699
文化、体育用品及器材专门零售	Retail of Culture, Sports Appliances and Equipments	814261	884448	100567	783882	116505
文具用品零售	Retail of Stationery	12825	21962	442	21520	2132
体育用品及器材零售	Retail of Sporting Goods and Equipment	10540	11332	3868	7464	1666
图书、报刊零售	Retail of Books, Newspapers	414439	446268	39982	406286	56235

16—4 续表3 continued

单位：万元（10000 yuan）

指标	Item	购进总额 Total Purchases Value	销售总额 Total Sales Value	批发 Wholesale Value	零售 Retail Value	年末库存总额 Stock (year-end)
珠宝首饰零售	Retail of Jewelry	84554	95356	47301	48056	38264
工艺美术品及收藏品零售	Retail of Arts and Crafts and Collectibles	272332	278276	2581	275695	12850
乐器零售	Retail of Instruments	551	5007		5007	1292
照相器材零售	Retail of Photographic equipment	3073	3961	1451	2510	201
其他文化用品零售	Retail of Other Cultural Goods	15945	22286	4942	17344	3865
医药及医疗器材专门零售	Retail of Medicines and Medical Appliances	2269782	2586732	723678	1863054	214723
药品零售	Retail of Medicines	2167106	2467778	707254	1760524	210960
医疗用品及器材零售	Retail of Medical Supplies and Equipment	102676	118954	16424	102530	3763
汽车、摩托车、燃料及零配件专门零售	Retail of Motor Vehicles, Motorcycles, Fuel and Parts	12634131	14245497	1337939	12907558	1121186
汽车零售	Retail of Motor Vehicles	8244466	9003592	244161	8759431	1001718
汽车零配件零售	Retail of Auto Parts	152517	171148	7647	163501	22214
摩托车及零配件零售	Retail of Motorcycles and Spare Parts	94923	99069	5701	93369	9870
机动车燃料零售	Retail of Fuel of Motor Vehicles	4142226	4971688	1080431	3891257	87385
家用电器及电子产品专门零售	Special Retail of Household Electric Appliances and Electronic Products	2400724	2565116	292451	2272664	231284
家用视听设备零售	Retail of Home Audio-visual Equipment	1322140	1415584	62325	1353260	142831
日用家电设备零售	Retail of Household Appliances	644214	672186	80917	591269	60796
计算机、软件及辅助设备零售	Retail of Computer, Software and Assistant Appliances	284600	314765	51845	262919	17676
通讯设备零售	Retail of Communication Equipments	109944	115796	75341	40454	6492
其他电子产品零售	Retail of Other Electronic Products	39826	46785	22023	24762	3488
五金、家具及室内装修材料专门零售	Retail of Hardware, Furniture and Decoration Materials	872838	1009551	108212	901339	65203
五金零售	Retail of Hardware	83567	91484	11025	80459	10629
灯具零售	Retail of Lamps	7400	8381	1524	6857	606
家具零售	Retail of Furniture	431640	519188	11846	507341	25676
涂料零售	Retail of Paint	8502	10135		10135	948
卫生洁具零售	Retail of Sanitary Ware	1811	2691		2691	1573
木制装饰材料零售	Retail of Wooden Decorative Materials	53528	58464	16061	42404	7484
陶瓷、石材装饰材料零售	Retail of Ceramic, Stone Decoration Materials	80731	90849	42987	47862	4425
其他室内装修材料零售	Retail of Other interior decoration materials	205660	228359	24770	203589	13863
货摊、无店铺及其他零售业	Retail of Stalls, No Shop and Other	565330	638601	63048	575552	57979
互联网零售	Retail of Internet	270609	280971	12387	268584	45789
邮购及电视、电话零售	Retail of Television, Telephone and Mail Order	91474	124081		124081	
生活用燃料零售	Retail of Living Fuel	91959	102223	23325	78898	5037
其他未列明的零售	Retail of Other Unlisted	111287	131327	27336	103991	7154

16—5 限额以上批发零售业主要商品分类销售额（2014年）

Total Sales of Enterprises Above Designated Size in Wholesale and Retail Sale by Category of Main Commodities (2014)

单位：万元（10000 yuan）

指 标	Item	合 计 Total	批 发 Wholesale	零 售 Retail Sale
总 计	**Total**	**95188867**	**57173542**	**38015325**
粮油、食品、饮料、烟酒类	Grain and Edible Vegetable Oil, Food, Beverages, Tobacco and Liquor	18960942	12123449	6837493
粮油、食品类	Grain and Edible Vegetable Oil, Food	8800071	4336828	4463243
#粮油类	Grain and Edible Vegetable Oil	2652102	1493366	1158736
肉禽蛋类	Meat, Poultry and Eggs	1187462	385934	801528
水产品类	Aquatic Products	387586	177241	210345
蔬菜类	Vegetables	717576	353458	364119
干鲜果品类	melons and Fruits	885479	411207	474271
饮料类	Beverages	1194747	359526	835221
烟酒类	Tobacco and Liquor	8966124	7427095	1539029
服装鞋帽、针、纺织品类	Garments, Footwear, Hats, Knitwear and Textiles	4454458	1486685	2967772
服装类	Garments	2622705	659801	1962904
鞋帽类	Footwear and Hats	899967	311451	588516
针、纺织品类	Knitwear and Textiles	931786	515434	416352
化妆品类	Cosmetics	876513	326507	550007
金银珠宝类	Gold, Silver and Jewelry	903554	180395	723159
日用品类	Articles for Daily Use	2456649	1389002	1067647
洗涤用品类	Washing Articles	785525	474847	310678
儿童玩具类	Toys	106638	20280	86358
五金、电料类	Hardware and Electrical Materials	422417	235818	186599
体育、娱乐用品类	Sports and Recreation Articles	136779	51314	85465
书报杂志类	Newspapers and Magazines	835662	403501	432161
电子出版物及音像制品类	E-journal and Video Products	33730	8268	25461
家用电器和音像器材类	Household Appliances and Video Appliances	6878430	3886117	2992313
中西药品类	Traditional Chinese and Western Medicines	10367297	6618909	3748388
西 药	Western Medicines	7520670	4963310	2557360
中草药及中成药	Chinese Herbal Medicine and Proprietary Chinese Medicine	1470893	932735	538158
文化、办公用品类	Cultural and Official Goods	2433094	1846442	586652
家具类	Furniture	665830	15596	650234
通讯器材类	Communication Appliances	570055	190381	379674
煤炭及制品类	Coal and Related Product	4070599	3950695	119904
木材及制品类	Wood and Wooden Product	76528	76528	
石油及制品类	Petroleum and Related Product	11195450	5353854	5841596
化工材料类	Raw Chemical Materials	2923997	2923997	
化肥类	Chemical Fertilizer	1103243	1103243	
金属材料类	Metal Materials	7159233	7159233	
建筑及装潢材料类	Building and Decoration Materials	1569081	744195	824886
机电产品及设备类	Mechanical and Electrical Products	1792451	1644307	148143
农机类	Agricultural Machinery	149213	149213	
汽车类	Automobile	11844926	2763298	9081627
种子饲料类	Seed and Feedstuff	491775	491775	
棉麻类	Cotton, Hemp	151545	143233	8312
其他类	Other	3917874	3160043	757831

16—6 限额以上批发零售企业主要财务指标情况（2014年，按登记注册类型分）

Main Financial Indicators of Enterprises Above Designated Size in Wholesale and Retail Sale by Registration (2014)

指　标	Item	企业数（个）Number of Enterprises (unit)	流动资产合计 Circulating Funds	#存货 Stock
批发零售企业总计	**Total**	**6047**	**32496902**	**6164121**
批发企业合计	**Wholesale Trade**	**2097**	**21538106**	**3642366**
国有控股	State-holding Enterprises	225	9614992	1594491
内　资	Domestic-funded	2076	20855173	3496779
国　有	State-owned	63	2523163	506727
集　体	Collective-owned	16	13598	3440
股份合作	Cooperative	5	32928	1120
联营企业	Joint Ownership Enterprises	1	305	45
有限责任公司	Limited Liability Company	695	8771267	1488596
股份有限公司	Share-holding Corporations Ltd.	62	4377746	540493
私　营	Private	1210	5055979	946756
其　他	Other	24	80187	9602
港澳台商投资	With Investment from Hong Kong, Macao and Taiwan	4	190536	37781
合资经营	Joint-venture	1	285	123
独资经营	With Sole Fund	3	190251	37658
外商投资	With Foreign Investment	17	492397	107807
中外合资经营	Joint-venture	3	104574	42435
外　资	Solely Foreign Funded	11	375713	62730
外商投资股份有限公司	Share-holding Corporations Ltd	3	12110	2642
其他外商投资企业	Other Foreign Funded Enterprises			
零售企业合计	**Retail Trade**	**3950**	**10958796**	**2521755**
国有控股	State Controlling Share Hold Enterprises	180	3203523	343586
内　资	Domestic-funded	3878	10367556	2324427
国　有	State-owned	37	214030	23261
集　体	Collective-owned	23	4315	1666
股份合作	Cooperative	8	5437	2681
联　营	Joint Ownership Enterprises	3	1967	465
有限责任公司	Limited Liability Corporations	1116	3850213	981413
股份有限公司	Share-holding Corporations Ltd.	104	2514527	222881
私　营	Private	2545	3727718	1080282
其　他	Other	42	49350	11779
港澳台商投资	With Investment from Hong Kong, Macao and Taiwan	40	308975	76528
合资经营企业	Joint-venture	7	85753	40907
合作经营企业	Cooperative Management			
独资经营	With Sole Fund	32	221974	35621
投资股份有限公司	Share-holding Corporations Ltd.	1	1249	
其他投资企业	Other Investment Enterprises			
外商投资	With Foreign Investment	32	282265	120800
中外合资经营	Joint-venture	7	90459	48329
中外合作经营企业	Sino-foreign Cooperative Enterprises			
外　资	Solely Foreign Funded	22	169561	63797
投资股份有限公司	Share-holding Corporation Ltd.	2	10508	3540
其他外商投资企业	Other Foreign Funded Enterprises	1	11737	5134

单位：万元（10000 yuan）

固定资产合计 Total Fixed Assets	固定资产原价 Original Value of Fixed Assets	累计折旧 Progessive Depreciation	#本年折旧 Depreciation this Year	资产总计 Total of Assets	负债合计 Total of Liabilities	流动负债 Working Liabilities	所有者权益 Creditors' Equity	#实收资本 Capital Hold	#国家资本 National Capital
4205714	**5786256**	**1671912**	**322403**	**43378817**	**31349573**	**29713857**	**13059897**	**10111119**	**1646703**
1775865	**2449299**	**703233**	**139068**	**27587363**	**20119048**	**19139018**	**8498968**	**4656916**	**1206067**
1004731	1386084	410063	70407	13238429	8829663	8162786	5439419	1812885	1200347
1768812	2430882	691870	136162	26867638	19153795	18205384	8744496	4622790	1206067
284837	448459	168737	40174	3496482	2121534	1971948	2405601	109889	92287
6633	8222	1590	308	22979	11996	11208	10983	7259	18
2023	4626	2603	204	47332	34405	34275	12927	2855	
536	624	87	25	841	12	12	830	20	
393032	539817	147003	29895	10868228	8076187	7543803	2792040	1741280	731747
626904	803999	200792	21354	5987622	4183275	4025374	1804348	664055	380371
440001	600111	160754	40865	6347476	4647041	4539752	1700435	2090397	1645
14846	25025	10305	3338	96679	79347	79013	17332	7035	
812	1480	669	270	203548	150983	150943	52565	2844	
89	220	132	24	436	42	42	394		
723	1260	537	246	203111	150941	150901	52171	2844	
6242	16936	10694	2636	516177	814270	782691	-298092	31282	
714	1173	459	60	106042	90386	70386	15656	10500	
5480	15635	10155	2572	397800	714047	702469	-316247	18882	
48	128	80	3	12336	9837	9837	2499	1900	
2429849	**3336957**	**968679**	**183336**	**15791454**	**11230525**	**10574839**	**4560929**	**5454203**	**440636**
524310	782319	274444	34625	4594038	2911514	2807314	1682525	599667	384438
2130741	2860596	792018	149491	14811437	10327333	9690909	4484104	5300689	440636
57197	79953	22984	3931	321992	240539	205836	81453	49519	17050
2692	3583	887	179	9283	5250	4422	4033	2000	
5937	7574	1637	98	11635	3188	2931	8447	55763	1500
108	273	165	8	2122	1791	1464	331	128	
769064	1073018	321618	64441	5338482	3879340	3592283	1459143	3414810	163780
530252	708759	212644	23064	3806228	2504597	2418535	1301631	487535	257909
749561	967197	227774	56783	5251604	3649900	3423497	1601704	1273783	376
15930	20239	4308	988	70091	42728	41942	27363	17150	21
151901	209403	57513	12306	509856	395881	385498	113974	103439	
6203	7238	1035	584	96770	67744	65790	29026	14050	
142732	197396	54673	11129	408866	326098	317669	82768	88041	
2965	4770	1804	593	4220	2040	2040	2180	1348	
147207	266958	119148	21540	470161	507310	498431	-37149	50075	
53387	112737	59145	10223	153812	138433	137687	15379	9082	
93013	153325	59915	11297	292596	356110	349353	-63514	35422	
749	774	25		11708	7304	5928	4403	571	
59	122	63	19	12046	5463	5463	6583	5000	

16—6 续表 continued

指 标	Item	主营收入 Project Settlement Income	主营成本 Project Settlement Cost	主营税金及附加 Project Settlement Tax and Extra Charges
批发零售企业总计	**Total**	**83624390**	**76117558**	**527412**
批发企业合计	**Wholesale Trade**	**53989690**	**49343256**	**404888**
国有控股	State-holding Enterprises	23471492	21218470	316587
内 资	Domestic-funded	50967943	46987513	394482
国 有	State-owned	5902350	4686176	268309
集 体	Collective-owned	77365	72347	266
股份合作	Cooperative	77505	73872	155
联营企业	Joint Ownership Enterprises	3898	3605	
有限责任公司	Limited Liability Company	22177236	20815894	73280
股份有限公司	Share-holding Corporations Ltd.	9202862	8759733	9602
私 营	Private	13234024	12310479	42302
其 他	Other	292704	265407	569
港澳台商投资	With Investment from Hong Kong, Macao and Taiwan	1344280	1191663	2973
合资经营	Joint-venture	4949	4469	11
独资经营	With Sole Fund	1339331	1187194	2962
外商投资	With Foreign Investment	1677467	1164081	7433
中外合资经营	Joint-venture	249947	243087	210
外 资	Solely Foreign Funded	1376059	877148	7125
外商投资股份有限公司	Share-holding Corporations Ltd	51462	43846	98
其他外商投资企业	Other Foreign Funded Enterprises			
零售企业合计	**Retail Trade**	**29634701**	**26774302**	**122524**
国有控股	State Controlling Share Hold Enterprises	7718838	7086130	23992
内 资	Domestic-funded	27925407	25343316	114490
国 有	State-owned	713454	658090	3004
集 体	Collective-owned	41623	37282	198
股份合作	Cooperative	23967	21011	416
联 营	Joint Ownership Enterprises	7869	6783	17
有限责任公司	Limited Liability Corporations	10721213	9698879	47490
股份有限公司	Share-holding Corporations Ltd.	5889228	5474077	12775
私 营	Private	10378510	9317106	49786
其 他	Other	149543	130090	804
港澳台商投资	With Investment from Hong Kong, Macao and Taiwan	988799	819684	4663
合资经营企业	Joint-venture	149437	112048	450
合作经营企业	Cooperative Management			
独资经营	With Sole Fund	805074	677845	4052
投资股份有限公司	Share-holding Corporations Ltd.	34288	29790	161
其他投资企业	Other Investment Enterprises			
外商投资	With Foreign Investment	720495	611303	3371
中外合资经营	Joint-venture	229188	195013	1400
中外合作经营企业	Sino-foreign Cooperative Enterprises			
外 资	Solely Foreign Funded	429757	362240	1794
投资股份有限公司	Share-holding Corporation Ltd.	31723	26545	134
其他外商投资企业	Other Foreign Funded Enterprises	29826	27505	43

单位：万元（10000 yuan）

其他业务利润 Other Business Profit	销售费用 Operating Expense	管理费用 Management Expense	#税金 Tax	财务费用 Financial Expenses	营业利润 Operating Profit	利润总额 Total Profit	应交所得税 Payable Income Tax	本年应付工资薪酬 Total Payable Wages this Year
315032	**3547790**	**1604318**	**78306**	**423595**	**1873375**	**1908392**	**389433**	**1620605**
154332	**2077808**	**840282**	**41361**	**224730**	**1360636**	**1430303**	**310286**	**761877**
81407	601689	406869	21352	46133	1074825	1129043	238346	409644
142443	1383642	775376	39075	221078	1461087	1524061	308848	692591
11882	102860	231340	4726	-35524	689252	710810	168073	201510
	1670	1461	208	194	1413	2027	126	1506
136	743	1480	4	578	702	735	111	1975
	115	37		6	135	135		47
91253	596389	236266	13894	123315	417038	478406	103763	228148
18005	249900	92403	10796	44632	142125	145816	10442	96978
21147	421420	208605	9212	87054	201880	178077	26158	154425
20	10545	3783	235	824	8542	8055	175	8003
784	137713	11173	478	-1424	2214	2255	546	5440
	413	20			35	35	30	21
784	137300	11153	478	-1424	2179	2220	516	5419
11104	556453	53733	1808	5075	-102666	-96013	892	63846
	570	189	6	5978	-86	-85	151	1610
11104	550377	53007	1794	-910	-104030	-97377	361	61362
	5507	538	7	7	1450	1449	381	875
160700	**1469982**	**764036**	**36945**	**198866**	**512739**	**478089**	**79147**	**858728**
36504	285406	158672	8107	14167	214509	201265	21300	155672
134878	1213818	701125	34214	195233	521867	494375	72667	770440
9378	26733	12745	568	932	14771	7532	944	16554
144	1548	1639	104	69	1064	1029	69	1596
	899	711	67	43	894	948	1735	3559
	365	646	26	1	47	47	1	170
62711	551058	284543	12657	70415	139869	140391	29776	312269
22255	216644	103904	7585	18496	125514	118495	9683	116390
40380	408683	292935	13014	103707	234035	220045	30296	315111
11	7888	4003	192	1571	5673	5889	163	4789
7773	142329	41582	2374	846	4620	367	4260	49276
51	28832	3492	118	-148	4849	5411	1120	8362
6194	113497	33274	1565	920	-1205	-6052	3078	40166
1528		4816	691	74	976	1008	62	747
18049	113836	21330	357	2787	-13748	-16654	2220	39013
13956	41423	8213	-103	413	-4016	-4136	83	14595
2926	65839	12183	444	2552	-9790	-12501	1987	24028
874	4846	315	7	-40	-77	-154	116	387
293	1727	619	9	-138	135	137	34	3

16—7 限额以上批发零售企业主要财务指标情况（2014年，按行业分）

Main Financial Inventory of Enterprises Above Designated Size in Wholesale and Retail by Sector (2014)

指　　标	Item	企业数（个）Number of Enterprises (unit)	流动资产合计 Circulating Funds	#存货 Stock
总　计	**Total**	**6047**	**32496902**	**6164121**
批发业合计	**Wholesale Trade**	**2097**	**21538106**	**3642366**
农、林、牧产品批发	Wholesale of Farming, Forestry, Animal Husbandry Products	222	895138	300794
食品、饮料及烟草制品批发	Wholesale of Food, Beverages and Tobaccos	321	4596420	845254
#米、面制品及食用油批发	Wholesale of Rice, Flour and Edible Oil	61	893600	363208
烟草制品批发	Wholesale of Tobaccos	16	1753679	256786
纺织、服装及家庭用品批发	Wholesale ofTextile, Clothing and Household Goods	153	2028204	464486
#服装批发	Wholesale of Garments	31	322059	20619
文化、体育用品及器材批发	Wholesale of Culture, Sports Appliances and Equipments	51	1088964	143542
医药及医疗器材批发	Wholesale of Medicines and Medical Appliances	255	2702484	485162
矿产品、建材及化工产品批发	Wholesale of Mineral Products, Building Materials and Chemical Products	651	6491677	846376
#煤炭及制品批发	Wholesale of Coal and Related Products	124	1332091	158428
石油及制品批发	Wholesale of Petroleum and Related Products	45	1198040	102391
金属及金属矿批发	Wholesale of Metal Materials	147	2396183	352785
建材批发	Wholesale of Building Materials	137	485553	74777
化肥批发	Wholesale of Chemical Fertilizer	87	755875	100015
机械设备、五金交电及电子产品批发	Wholesale of Machinery, Hardware and Electronic Equipment	306	2341610	464717
#汽车批发	Wholesale of Automobiles	89	436993	98232
电气设备批发	Wholesale of Electrical Equipments	23	152193	24130
计算机、软件及辅助设备批发	Wholesale of Computer, Software and Assistant Appliances	17	572057	14185
贸易经纪与代理	Trade Broker and Agency	17	40316	3325
其他批发	Other Wholesale not Classified Elsewhere	121	1353293	88710
零售业合计	**Retail Trade**	**3950**	**10958796**	**2521755**
综合零售	Integrated Retail	725	2500242	663454
#百货零售	Retail of General Merchandise	355	1513229	265681
超级市场零售	Retail of Supermarkets	331	943479	384237
食品、饮料及烟草制品专门零售	Retail of Food, Beverages and Tobaccos	504	416985	115247
纺织、服装及日用品专门零售	Special Retail of Textiles, Garments and Daily Consumer Artic	211	277398	104689
#服装零售	Retail of Garments	109	178042	64736
文化、体育用品及器材专门零售	Retail of Culture, Sports Appliances and Equipments	152	366127	102676
#体育用品及器材零售	Sporting Goods and Equipment Retail	2	4281	352
图书、报刊零售	Books, Newspapers and Retail	51	218010	46425
医药及医疗器材专门零售	Retail of Medicines and Medical Appliances	191	1111464	199568
#药品零售	Retail of Medicines	173	1061411	194869
汽车、摩托车、燃料及零配件专门零售	Retail of Motor Vehicles, Motorcycles, Fuel and Parts	1163	4721155	964572
#汽车零售	Retail of Motor Vehicles	933	2850976	856086
机动车燃料零售	Retail of Fuel of Motor Vehicles	26	48699	14168
家用电器及电子产品专门零售	Special Retail of Household Electric Appliances and Electronic Products	578	986900	229513
#日用家电设备零售	Retail of household appliances	213	233157	60552
计算机、软件及辅助设备零售	Retail of Computer, Software and Assistant Appliances	101	128162	18857
通讯设备零售	Retail of Communication Equipments	24	60975	5350
五金、家具及室内装饰材料专门零售	Special Retail of Hardware, Furniture and Decoration Materials	267	352590	65108
无店铺及其他零售	Non-shop and Other Retails	159	225936	76930

单位：万元（10000 yuan）

固定资产合计 Total Fixed Assets	固定资产原价 Original Value of Fixed Assets	累计折旧 Progessive Deprecia-tion	#本年折旧 Deprecia-tion this Year	资产总计 Total of Assets	负债合计 Total of Liabilities	流动负债 Working Liabilities	所有者权益 Creditors' Equity	#实收资本 Capital Hold	#国家资本 National Capital
4205714	**5786256**	**1671912**	**322403**	**43378817**	**31349573**	**29713857**	**13059897**	**10111119**	**1646703**
1775865	**2449299**	**703233**	**139068**	**27587363**	**20119048**	**19139018**	**8498968**	**4656916**	**1206067**
181962	226526	44638	7864	1297022	765787	684210	531235	257466	66317
368838	573627	211078	48122	5855475	2786995	2633708	3068480	356246	129128
45330	57935	12477	2491	978254	842147	824265	136107	80672	49033
198767	323132	130746	32299	2038958	140732	140732	1898226	25223	8061
70022	111544	41546	8357	2416417	2366815	2217139	49602	194487	12837
21205	37821	16616	2025	565827	370423	275284	195404	109805	3801
16131	27912	11781	2251	1444886	905728	883869	539158	137994	95004
188151	258537	70548	16569	3108931	2580937	2502485	527994	347196	13883
803211	1036692	256584	33754	9383501	7234207	6762668	3179947	3035848	873082
57999	87728	30054	7765	2538438	1501554	1189957	1036883	890298	492837
574368	716916	165228	13347	2009193	2083187	1998385	956658	404440	289015
69890	95916	26097	4158	2907904	2393368	2345092	514536	360894	48310
36058	45683	9653	2898	565337	370564	363728	194773	1149923	20075
49152	66373	17220	3721	1000525	612067	605790	388457	167003	15741
67582	107612	40086	10444	2538568	2191426	2171337	347143	226971	2824
13582	21780	8259	2656	484718	407324	397366	77395	67682	1506
4822	6118	1326	392	165582	144934	143327	20648	10568	
1273	2298	1025	134	579976	555651	553095	24325	19651	
1237	2226	989	154	41982	31816	32153	10166	8311	1680
78733	104623	25983	11553	1500583	1255337	1251449	245245	92398	11312
2429849	**3336957**	**968679**	**183336**	**15791454**	**11230525**	**10574839**	**4560929**	**5454203**	**440636**
1099469	1561624	500814	82738	4345218	3223959	3049325	1121259	590375	40199
582702	760117	216702	30874	2581222	1788608	1655923	792614	260751	20383
507893	787416	278895	51165	1703515	1404361	1366186	299154	308656	19190
110386	140370	30249	9062	741229	359265	338907	381964	231498	6889
51169	65471	14314	4576	358291	242720	230037	115571	59250	476
25187	35668	10481	3717	222259	168767	164544	53492	40502	266
63430	102020	39177	4375	477025	199049	191401	277976	120044	57007
192	276	84	20	6961	5644	5398	1317	1300	
37416	71877	34794	3298	286401	102755	102750	183646	76221	55272
75727	112635	36791	7686	1261070	1019408	1000347	241662	179787	28186
73243	109562	36204	7472	1207603	984053	965773	223550	164906	28186
763626	1033018	291334	61157	6507124	4649256	4463914	1857869	3703426	300198
420831	549672	136987	38657	3774195	2941073	2848345	833121	3185440	5365
10545	13178	2633	989	68689	50487	50418	18202	17484	
114288	136696	22517	4382	1245056	949997	900926	295059	174176	3952
22438	30504	8077	1671	277341	203237	200017	74104	47645	550
4737	6532	1775	351	138301	88635	86467	49666	38820	1010
797	1253	456	161	63016	62611	60632	406	5562	442
110002	133366	23369	7181	555301	411573	229466	143728	104952	20
41751	51758	10114	2179	301139	175298	170516	125841	290695	3709

16—7 续表 continued

指　　标	Item	主营收入 Project Settlement Income	主营成本 Project Settlement Cost	主营税金及附加 Project Settlement Tax and Extra Charges
总　　计	**Total**	**83624390**	**76117558**	**527412**
批发业合计	**Wholesale Trade**	**53989690**	**49343256**	**404888**
农、林、牧产品批发	Wholesale of Farming, Forestry, Animal Husbandry Products	1898896	1750367	10816
食品、饮料及烟草制品批发	Wholesale of Food, Beverages and Tobaccos	9869285	7844492	301370
#米、面制品及食用油批发	Wholesale of Rice, Flour and Edible Oil	1523215	1459041	1749
烟草制品批发	Wholesale of Tobaccos	4818154	3604544	280808
纺织、服装及家庭用品批发	Wholesale ofTextile, Clothing and Household Goods	6546428	5718436	13470
#服装批发	Wholesale of Garments	572720	517154	677
文化、体育用品及器材批发	Wholesale of Culture, Sports Appliances and Equipments	1470529	1389704	843
医药及医疗器材批发	Wholesale of Medicines and Medical Appliances	7642619	7264168	10242
矿产品、建材及化工产品批发	Wholesale of Mineral Products, Building Materials and Chemical Products	19054494	18279184	30486
#煤炭及制品批发	Wholesale of Coal and Related Products	5106417	4954910	3835
石油及制品批发	Wholesale of Petroleum and Related Products	4970954	4706933	5007
金属及金属矿批发	Wholesale of Metal Materials	4443394	4296921	8419
建材批发	Wholesale of Building Materials	1625266	1542932	9210
化肥批发	Wholesale of Chemical Fertilizer	1888849	1814371	2471
机械设备、五金交电及电子产品批发	Wholesale of Machinery, Hardware and Electronic Equipment	4948648	4708488	7395
#汽车批发	Wholesale of Automobiles	934306	887244	1491
电气设备批发	Wholesale of Electrical Equipments	485634	472646	501
计算机、软件及辅助设备批发	Wholesale of Computer, Software and Assistant Appliances	1312176	1289327	1283
贸易经纪与代理	Trade Broker and Agency	122433	118930	26
其他批发	Other Wholesale not Classified Elsewhere	2436358	2269486	30240
零售业合计	**Retail Trade**	**29634701**	**26774302**	**122524**
综合零售	Integrated Retail	7913877	6921545	49526
#百货零售	Retail of General Merchandise	4136686	3685811	31806
超级市场零售	Retail of Supermarkets	3553152	3039011	16553
食品、饮料及烟草制品专门零售	Retail of Food, Beverages and Tobaccos	1319262	1143598	12152
纺织、服装及日用品专门零售	Special Retail of Textiles, Garments and Daily Consumer Artic	748217	617140	6968
#服装零售	Retail of Garments	453650	363085	5601
文化、体育用品及器材专门零售	Retail of Culture, Sports Appliances and Equipments	813768	648815	5060
#体育用品及器材零售	Sporting Goods and Equipment Retail	9803	9196	2
图书、报刊零售	Books, Newspapers and Retail	430065	334290	797
医药及医疗器材专门零售	Retail of Medicines and Medical Appliances	2344126	2145192	5684
#药品零售	Retail of Medicines	2230122	2047793	4846
汽车、摩托车、燃料及零配件专门零售	Retail of Motor Vehicles, Motorcycles, Fuel and Parts	12913030	12162774	21573
#汽车零售	Retail of Motor Vehicles	8251102	7780298	15564
机动车燃料零售	Retail of Fuel of Motor Vehicles	149300	140837	252
家用电器及电子产品专门零售	Special Retail of Household Electric Appliances and Electronic Products	2266339	2048940	8308
#日用家电设备零售	Retail of household appliances	608779	554739	2566
计算机、软件及辅助设备零售	Retail of Computer, Software and Assistant Appliances	278620	253296	955
通讯设备零售	Retail of Communication Equipments	106805	100852	296
五金、家具及室内装饰材料专门零售	Special Retail of Hardware, Furniture and Decoration Materials	733182	604711	10289
无店铺及其他零售	Non-shop and Other Retails	582901	481588	2964

单位：万元（10000 yuan）

其他业务利润 Other Business Profit	销售费用 Operating Expense	管理费用 Management Expense	#税金 Tax	财务费用 Financial Expenses	营业利润 Operating Profit	利润总额 Total Profit	应交所得税 Payable Income Tax	本年应付工资薪酬 Total Payable Wages this Year
315032	**3547790**	**1604318**	**78306**	**423595**	**1873375**	**1908392**	**389433**	**1620605**
154332	**2077808**	**840282**	**41361**	**224730**	**1360636**	**1430303**	**310286**	**761877**
483	50529	39650	1129	16591	31704	38502	3072	38281
86686	546780	333068	8847	-28974	951702	977795	231406	318348
860	32759	13808	688	15778	7683	26392	3370	20750
1794	62431	220008	4219	-57123	710583	718340	180104	188486
18151	778052	98091	4207	23051	-71075	-79078	4961	102891
1548	16434	10023	533	5274	24040	8430	2033	7942
1632	43551	17621	614	-59	36667	39612	920	9481
7699	176120	92690	4484	28693	79102	78468	15371	62998
26120	324750	147513	17008	134536	262041	278035	36049	151768
1480	48943	27881	3000	29599	105967	108983	17868	16239
2920	154194	29844	9408	9084	70459	70476	1539	80155
4361	50545	35718	2299	66068	28510	38203	6828	19317
3064	17149	20231	974	7750	25387	25816	3345	16174
11459	25133	21257	718	13328	25906	27400	4572	12758
13090	113541	60482	3986	27147	46641	48258	6976	55141
803	25033	10230	1011	5100	6082	7149	1034	13561
140	7784	2071	343	295	2358	2565	421	1888
	3064	8930	27	7232	2303	2420	701	3518
130	1885	1244	40	302	278	427	183	552
342	42601	49923	1045	23443	23575	48283	11349	22418
160700	**1469982**	**764036**	**36945**	**198866**	**512739**	**478089**	**79147**	**858728**
108498	659464	307539	13711	43385	92505	85795	32973	330640
51971	199059	184147	8689	24669	85946	82731	19810	134710
56281	451892	114754	4093	17422	-1423	-5120	12270	190175
3042	63303	37512	1278	11333	51039	50091	4272	53450
4738	65165	32103	1230	3940	26907	25788	2755	35299
1949	48785	23857	993	2499	10506	9784	1563	25973
4161	48233	36470	1411	3230	69886	66421	3684	32255
	325	222	11	40	17	17	1	67
3352	34471	20571	1136	-24	43808	40856	587	24779
3744	76650	60750	2689	21533	38572	32058	6110	54986
3660	73136	57413	2650	21031	30078	30850	5970	53668
21563	351284	198125	12724	90753	117447	106800	16647	241350
15178	208980	150967	8511	85577	33643	33914	11406	177175
32	3044	3503	210	710	1683	1391	274	3727
8514	117301	45833	1861	12447	45628	48256	5045	61385
1639	24072	12738	581	4515	11093	12905	1067	13737
747	10851	5503	229	497	11496	11752	412	8298
1524	4656	2041	194	2902	-2583	-2563	98	2945
3792	26206	30029	1510	10283	50807	44165	4393	27863
2648	62377	15676	532	1962	19949	18715	3268	21501

16—8 限额以上住宿餐饮业经营情况（2014年）
Above Designated Accommodation Catering Business (2014)

指　　标	Item	营 业 额 Turnover
总　　计	**Total**	**1823364**
住宿业合计	**Total of Accommodation Enterprises**	**707502**
国有控股	State-holding Enterprises	161048
按登记注册类型分组	**Grouped Type of Registration**	
内　资	Domestic-funded	665756
国　有	State-owned	40044
集　体	Collective-owned	3333
股份合作企业	Cooperative	383
有限责任公司	Limited Liability Company	278014
股份有限公司	Share-holding Corporations Ltd.	50061
私　营	Private	291355
其　他	Other	2567
港澳台商投资	With Investment from Hong Kong, Macao and Taiwan	26516
外商投资企业	Enterprises with Foreign Investment	15230
按国民经济行业分	**Grouped by Sector**	
旅游饭店	Tourist Hotel	556488
一般旅馆	Common Hotel	137571
其他住宿服务	Other Accommodation Service	13443
餐饮业合计	**Catering Trade**	**1115862**
国有控股	State-holding Enterprises	64327
按登记注册类型分组	**Grouped Type of Registration**	
内　资	Domestic-funded	1085703
国　有	State-owned	10940
集　体	Collective-owned	4172
有限责任公司	Limited Liability Company	319645
股份有限公司	Share-holding Corporations Ltd.	11910
私　营	Private	733694
其　他	Other	5342
港澳台商投资企业	With Investment from Hong Kong, Macao and Taiwan	28955
外商投资企业	Enterprises with Foreign Investment	1204
按国民经济行业分	**Grouped by Sector**	
正餐服务	Dinner	950412
快餐服务	Fast Food	157376
饮料及冷饮服务	Drink and Cold Drink Service	2808
其他餐饮服务	Other Catering Service	5267

单位：万元（10000 yuan）

				客房数 (间) Guestroom Number (unit)	床位数 (个) Bed Capacity (unit)	餐位数 (位) Number of Seating Arrangement (unit)
客房收入 Room Revenue	餐费收入 Meals Income	商品销售收入 Commodity Sales	其他收入 Other Income			
444586	**1208133**	**106044**	**64601**	**109369**	**189419**	**812920**
327708	**322251**	**17902**	**39640**	**73729**	**124508**	**248738**
74300	71332	5410	10006	13414	23762	41275
308952	303771	17442	35592	69353	117317	237392
15780	19864	2269	2131	3804	6569	15857
1740	1481		112	412	776	810
313	70			222	384	525
125069	126262	7487	19196	28876	47936	90665
31402	17215	388	1056	3909	7682	11132
133350	137859	7172	12973	31875	53582	117073
1297	1021	126	123	255	388	1330
13226	10892	384	2013	2847	4449	5406
5530	7588	77	2035	1529	2742	5940
245621	263791	12885	34191	56572	96224	209017
75613	52742	4985	4232	15662	25786	34915
6474	5719	32	1218	1495	2498	4806
116878	**885882**	**88142**	**24961**	**35640**	**64911**	**564182**
8843	50918	3327	1239	1436	2664	11400
116298	856454	88136	24816	34952	63701	555402
4007	6637	178	118	702	1332	2085
413	2834	567	358	85	160	1850
40197	242177	27751	9520	10328	19830	170843
2359	8471	826	254	750	1249	5941
67604	592768	58759	14564	22684	40474	372200
1718	3567	55	2	403	656	2483
136	28820			55	160	8030
445	608	6	145	633	1050	750
114823	744131	71446	20012	35400	64483	501071
1297	134867	16317	4896	120	188	58657
0	2759		49			1144
758	4126	379	3	120	240	3310

16—9 限额以上住宿业和餐饮企业主要财务指标情况（2014年）

Main Financial Indicators of Enterprises Above Designated Size in Catering Trades by Status of Registration and by Sector (2014)

指　　标	Item	企业数（个）Number of Enterprises (unit)	流动资产合计 Circulating Funds	#存货 Stock
总　计	Total	1675	1580466	156224
住宿业合计	Total of Accommodation Enterprises	579	780815	75187
国有控股	State-holding Enterprises	89	90737	5907
内　资	Domestic-funded	564	730506	74153
国　有	State-owned	38	20592	1505
集　体	Collective-owned	4	2848	178
股份合作企业	Cooperative	2	1129	3
有限责任公司	Limited Liability Company	192	291833	21836
股份有限公司	Share-holding Corporations Ltd.	22	43545	1828
私　营	Private	303	366963	48770
其　他	Other	3	3597	34
港澳台商投资	With Investment from Hong Kong, Macao and Taiwan	9	46379	653
外商投资企业	Enterprises with Foreign Investment	6	3930	381
按国民经济行业分	By Sector			
旅游饭店	Tourist Hotel	385	659049	64641
一般旅馆	Common Hotel	180	116479	7895
其他住宿服务	Other Accommodation Service	14	5287	2652
餐饮业合计	Catering Trade	1096	799652	81038
国有控股	State-holding Enterprises	28	17751	3290
内　资	Domestic-funded	1088	795481	79351
国　有	State-owned	10	4128	510
集　体	Collective-owned	6	515	174
股份合作企业	Cooperative			
有限责任公司	Limited Liability Company	261	261673	17782
股份有限公司	Share-holding Corporations Ltd.	14	16760	1454
私　营	Private	786	508200	59171
其　他	Other	11	4206	261
港澳台商投资企业	With Investment from Hong Kong, Macao and Taiwan	6	2035	662
外商投资企业	Enterprises with Foreign Investment	2	2136	1025
按国民经济行业分	By Sector			
正餐服务	Dinner	1043	741330	73419
快餐服务	Fast Food	37	53907	7111
饮料及冷饮服务	Drink and Cold Drink Service	9	1111	231
其他餐饮服务	Other Catering Service	7	3303	276

单位：万元（10000 yuan）

固定资产合计 Total Fixed Assets	固定资产原价 Original Value of Fixed Assets	累计折旧 Progessive Deprecia-tion	#本年折旧 Deprecia-tion this Year	资产总计 Total of Assets	负债合计 Total of Liabilities	流动负债 Working Liabilities	所有者权益 Creditors' Equity	#实收资本 Capital Hold	#国家资本 National Capital
1526700	**2179621**	**669523**	**145445**	**4495895**	**3222599**	**2464591**	**1273297**	**1218969**	**117400**
946925	**1395921**	**454157**	**72036**	**2538510**	**1882925**	**1368753**	**655585**	**712428**	**102106**
240853	398901	158661	17012	408044	220966	195629	187078	183120	97149
899342	1313031	418849	67254	2255887	1614268	1212981	641619	652302	102106
34961	64505	32855	3468	65779	43900	40918	21879	22718	16979
2366	4317	1952	210	5437	1905	1889	3532	715	333
10	10	1		1182	705	703	477	520	
386354	595129	211090	33752	1017184	770310	533449	246875	332640	55230
75183	127764	47601	6909	128843	87736	70418	41107	48919	27711
394348	512484	122649	22180	1024424	702247	558189	322176	244476	1853
6120	8822	2702	736	13037	7464	7415	5574	2314	
24940	47170	22230	2693	228488	220581	129243	7907	48333	
22643	35721	13078	2090	54135	48076	26529	6059	11793	
789038	1194191	404960	62277	2172711	1638214	1147387	534497	597820	90030
125029	162049	42373	8262	310491	193395	170235	117097	104525	12076
32859	39682	6824	1497	55308	51316	51131	3992	10083	0
579775	**783700**	**215367**	**73409**	**1957385**	**1339674**	**1095838**	**617711**	**506542**	**15294**
41304	58607	17303	1516	75019	62215	53391	12804	12022	9589
569466	766834	208811	67743	1902308	1302281	1063622	600027	481957	15294
5211	10291	5080	140	13566	11067	4536	2500	1081	781
589	1094	506	86	1110	5857	5857	-4748	214	
178831	252480	79210	16420	651165	469162	373382	182002	160353	8307
8601	12070	3578	1050	53480	40703	35207	12777	19424	6096
375255	489387	119904	49966	1177060	773587	642854	403473	299608	110
980	1512	533	82	5928	1906	1786	4022	1276	
9476	15277	5802	5409	19750	19207	14031	543	4485	
834	1589	755	258	35327	18185	18185	17142	20100	
552686	743737	202493	65488	1853839	1270210	1032707	583629	485858	10247
24184	36116	11932	7433	95126	65845	60576	29281	16527	5047
557	741	184	60	2465	1164	1136	1301	1107	
2348	3106	758	429	5956	2455	1419	3501	3050	

16—9 续表 continued

指　　标	Item	主营收入 Project Settlement Income	主营成本 Project Settlement Cost	主营税金及附加 Project Settlement Tax and Extra Charges
总　计	**Total**	**1794185**	**932311**	**86585**
住宿业合计	**Total of Accommodation Enterprises**	**695582**	**317312**	**36805**
国有控股	State-holding Enterprises	156642	72167	8278
内　资	Domestic-funded	655185	306299	34445
国　有	State-owned	37721	19892	1908
集　体	Collective-owned	3528	2213	188
股份合作企业	Cooperative	406	240	23
有限责任公司	Limited Liability Company	273529	119318	15183
股份有限公司	Share-holding Corporations Ltd.	49488	21549	2763
私　营	Private	287958	141152	14237
其　他	Other	2556	1935	144
港澳台商投资	With Investment from Hong Kong, Macao and Taiwan	26544	4954	1592
外商投资企业	Enterprises with Foreign Investment	13853	6059	767
按国民经济行业分	**By Sector**			
旅游饭店	Tourist Hotel	547713	240493	30011
一般旅馆	Common Hotel	133912	69533	6155
其他住宿服务	Other Accommodation Service	13957	7287	639
餐饮业合计	**Catering Trade**	**1098603**	**614999**	**49780**
国有控股	State-holding Enterprises	64046	47613	3439
内　资	Domestic-funded	1068655	602833	48125
国　有	State-owned	10939	7484	350
集　体	Collective-owned	3826	2257	226
股份合作企业	Cooperative			
有限责任公司	Limited Liability Company	309448	173823	13645
股份有限公司	Share-holding Corporations Ltd.	11891	6853	609
私　营	Private	727210	409428	33045
其　他	Other	5342	2989	250
港澳台商投资企业	With Investment from Hong Kong, Macao and Taiwan	28738	11327	1591
外商投资企业	Enterprises with Foreign Investment	1210	839	65
按国民经济行业分	**By Sector**			
正餐服务	Dinner	940460	545194	44532
快餐服务	Fast Food	150257	65276	4910
饮料及冷饮服务	Drink and Cold Drink Service	2622	1630	81
其他餐饮服务	Other Catering Service	5263	2898	258

单位：万元（10000 yuan）

其他业务利润 Other Business Profit	销售费用 Operating Expense	管理费用 Management Expense	#税金 Tax	财务费用 Financial Expenses	营业利润 Operating Profit	利润总额 Total Profit	应交所得税 Payable Income Tax	本年应付工资薪酬 Total Payable Wages this Year
31280	**441753**	**314612**	**14329**	**89517**	**-53635**	**-74016**	**16453**	**368573**
20367	**184458**	**192729**	**8794**	**51345**	**-76557**	**-88684**	**3270**	**162577**
10926	44042	41726	2143	1786	-7810	-23539	491	43452
20367	173244	166621	8155	43658	-58722	-71463	3248	150571
3140	10729	9930	375	110	-3209	-2468	38	9663
6	325	684	63	8	177	180	19	784
	5	133		4	2			168
11605	84340	84195	4570	20320	-43343	-59212	1176	69116
183	8625	11297	553	1614	3598	3786	25	11754
5433	68988	59813	2512	21592	-15623	-13507	1989	58398
	233	568	83	11	-324	-242		689
	8266	20078	483	7545	-15879	-15409		8561
	2948	6030	156	143	-1956	-1813	22	3446
16501	153258	167147	7396	45424	-78729	-91491	2136	135187
3865	28790	21801	1016	5456	2776	3112	946	24613
	2409	3781	382	465	-604	-306	188	2778
10913	**257295**	**121884**	**5534**	**38173**	**22921**	**14668**	**13183**	**205996**
176	5768	7437	148	284	-252	-164	303	7464
10913	240582	120313	5452	38029	25222	16749	13129	200641
70	1838	1273	26	30	-24	38	20	1715
45	1772	503	6	25	-886	-881	51	1156
1826	82245	35966	1034	13922	-4729	-2054	3797	54837
	3059	2134	605	903	-1654	-1586	42	2218
8973	150473	79137	3766	23126	32933	21622	9197	139586
	1197	1299	15	22	-418	-390	23	1131
	16672	1095	3	140	-2086	-1869	54	5087
	41	476	80	4	-215	-212		267
10575	187525	112521	5498	36753	16422	7769	11540	171623
171	68230	8517	27	1329	5771	6155	1575	32199
167	455	293	9	47	303	304	24	655
	1086	553		43	426	439	44	1519

16—10 限额以上批发和零售业连锁经营情况（2014年）
Basic Conditions of Chain-Enterprise Above Quota Wholesale and Retail (2014)

指　标		Item		合　计 Total	直销店 Directly-run Shops	加盟店 Alliance Shops
门店总数	（个）	Gross Number of Shops	(unit)	9594	4171	5423
从业人数	（人）	Number of People Engaged	(person)	96411	83634	12777
零售营业面积	（平方米）	Area of Business	(sq.m)	5577554	5254539	323015
连锁门店商品购进额	（万元）	Total Purchases	(10000 yuan)	16517153	15246225	1270928
#统一配送商品购进额		Centralized Purchase and Delivery		8570719	7663960	906759
#自有配送中心配送商品购进额		Total Revenue of Purchasing by Self Purchase and Delivery		5969298	5549025	420273
非自有配送中心配送商品购进额		Total Revenue of Purchasing by Non-self Purchase and Delivery		428456	190510	237946
连锁门店商品销售额	（万元）	Sales Value of Commodities	(10000 yuan)	16633294	15710169	923125
#零售额		Revenue of Retail Sales		9254158	8938825	315334

16—11 限额以上住宿和餐饮业连锁经营情况（2014年）
Basic Conditions of Chain-Enterprise Above Quota Lodging and food and Beverage Industry (2014)

指　标		Item		合　计 Total	直销店 Directly-run Shops	加盟店 Alliance Shops
门店总数	（个）	Gross Number of Shops	(unit)	583	574	9
从业人数	（人）	Number of People Engaged	(person)	12457	11885	572
餐饮营业面积	（平方米）	Area of Business	(sq.m)	463960	444075	19885
客房数	（间）	Guestroom Number	(unit)	658	452	206
床位数	（个）	Bed Capacity	(unit)	1042	709	333
餐位数	（位）	Number of Seating Arrangement	(unit)	70922	68697	2225
连锁门店商品购进(采购)额	（万元）	Chain shops Commodity Purchasing Volume	(10000 yuan)	80028	78651	1377
#统一配送商品购进额		Centralized Purchase and Delivery		73572	73329	243
#自有配送中心配送商品购进(采购)额		Total Revenue of Purchasing by Self Purchase and Delivery		50311	50231	80
非自有配送中心配送商品购进(采购)额		Total Revenue of Purchasing by Non-self Purchase and Delivery		2445	2438	7
连锁门店营业额	（万元）	Chain shops Turnover	(10000 yuan)	155792	151704	4088
#餐费收入		Catering Income		145225	142562	2663
商品销售额		Total Sales of Goods		6624	6331	293

16—12 各市限额以上批发和零售业连锁经营情况（2014年）

Basic Conditions of Chain-Enterprise Above Quota Wholesale and Retail by Region (2014)

地 区	Region	门店总数（个）Gross Number of Shops (unit)	从业人员（人）Number of People Engaged (person)	零售营业面积（平方米）Area of Business (sp.m)	商品购进总额（万元）Total Purchases (10000 yuan)	#统一配送商品购进额 Centralized Purchase and Delivery	#自有配送中心配送 Total Revenue of Purchasing by Self	商品销售额（万元）Sales Value of Commodities (10000 yuan)	零售额 Retail
总 计	**Total**	**9594**	**96411**	**5577554**	**16517153**	**8570719**	**5969298**	**16633294**	**9254158**
合 肥 市	Hefei	8034	72432	4367345	13760652	6439151	1478340	14897232	7688673
淮 北 市	Huaibei								
亳 州 市	Bozhou	86	1090	25960	49872	26865		58931	58931
宿 州 市	Suzhou								
蚌 埠 市	Bengbu	155	1809	68129	137068	137068		147897	107662
阜 阳 市	Fuyang	636	7094	243991	987979	451969	255936	339273	299669
淮 南 市	Huainan	76	1932	93690	107511	107511	25885	108447	108447
滁 州 市	Chuzhou	73	1722	37462	57140	57140	51197	74251	74251
六 安 市	Luan								
马鞍山市	Maanshan	199	1892	159732	282183	267926	264506	284261	237608
芜 湖 市	Wuhu	68	1266	31510	104320	102831	8145	111222	110391
宣 城 市	Xuancheng	56	1754	122820	565289	565289	565289	99822	99822
铜 陵 市	Tongling	5	22	1300	795	795		587	587
池 州 市	Chizhou								
安 庆 市	Anqing	206	5398	425615	464345	414175		511371	468118
黄 山 市	Huangshan								

16—13 各市限额以上住宿和餐饮业连锁经营情况（2014年）

Basic Conditions of Chain-Enterprise Above Quota Lodging and Food and Beverage Industry by Region (2014)

地 区	Region	门店总数（个）Gross Number of Shops (unit)	从业人员（人）Number of People Engaged (person)	餐饮营业面积（平方米）Area of Business (sp.m)	客房数（间）Guestroom Number (unit)	床位数（个）Bed Capacity (unit)	餐位数（位）Number of eating Arrangement (unit)	商品购进总额（万元）Total Purchases (10000 yuan)	营业额（万元）Turnover (10000 yuan)
总 计	**Total**	**583**	**12457**	**463960**	**658**	**1042**	**70922**	**80028**	**155792**
合 肥 市	Hefei	567	11430	432960	611	948	62287	74969	144792
淮 北 市	Huaibei								
亳 州 市	Bozhou								
宿 州 市	Suzhou								
蚌 埠 市	Bengbu								
阜 阳 市	Fuyang								
淮 南 市	Huainan								
滁 州 市	Chuzhou								
六 安 市	Luan								
马鞍山市	Maanshan	12	803	21000	47	94	7615	3628	8066
芜 湖 市	Wuhu								
宣 城 市	Xuancheng								
铜 陵 市	Tongling								
池 州 市	Chizhou								
安 庆 市	Anqing	4	224	10000			1020	1431	2934
黄 山 市	Huangshan								

16—14 各市限额以上批发零售企业主要财务指标情况（2014年）

Main Financial Indicators of Enterprises Above Designated Size in Wholesale and Retail by Region (2014)

地　区	Region	企业数（个）Number of Enterprises (unit)	流动资产合计 Circulating Funds	#存货 Stock	固定资产合计 Total Fixed Assets	固定资产原价 Original Value of Fixed Assets
总　计	**Total**	**6047**	**32496902**	**6164121**	**4205714**	**5786256**
合肥市	Hefei	1020	14967910	2494383	1323085	1875699
淮北市	Huaibei	230	771104	139439	91413	122256
亳州市	Bozhou	369	723850	162254	133459	163807
宿州市	Suzhou	380	1094686	228855	245220	350427
蚌埠市	Bengbu	371	1446211	225978	216909	282964
阜阳市	Fuyang	467	2130211	424980	293404	439462
淮南市	Huainan	308	910261	246440	133347	211746
滁州市	Chuzhou	450	855015	284854	254186	327848
六安市	Luan	256	862753	178346	138834	209374
马鞍山市	Maanshan	226	1244705	287556	173797	248156
芜湖市	Wuhu	707	3536148	609710	502928	601664
宣城市	Xuancheng	275	743558	191118	212830	276734
铜陵市	Tongling	172	978388	289143	108127	142644
池州市	Chizhou	173	413523	88356	80639	107952
安庆市	Anqing	478	1358628	241939	221525	304848
黄山市	Huangshan	165	459950	70769	76013	120678

16—15 各市限额以上住宿和餐饮企业主要财务指标情况（2014年）

Main Financial Indicators of Enterprises Above Designated Size in Catering Trades by Status of Registration and by Sector by Region (2014)

地　区	Region	企业数（个）Number of Enterprises (unit)	流动资产合计 Circulating Funds	#存货 Stock	固定资产合计 Total Fixed Assets	固定资产原价 Original Value of Fixed Assets
总　计	**Total**	**1675**	**1580466**	**156224**	**1526700**	**2179621**
合肥市	Hefei	343	482416	62397	392033	580658
淮北市	Huaibei	15	24546	1452	9035	17368
亳州市	Bozhou	50	35635	1611	51793	66039
宿州市	Suzhou	66	78485	2517	33666	47004
蚌埠市	Bengbu	82	58199	8884	33227	50948
阜阳市	Fuyang	92	69317	3400	50080	66255
淮南市	Huainan	72	40310	2607	45694	63224
滁州市	Chuzhou	146	64630	7708	71608	92910
六安市	Luan	77	61665	5257	109440	135374
马鞍山市	Maanshan	71	61862	4967	40511	68440
芜湖市	Wuhu	200	154202	19298	192413	281562
宣城市	Xuancheng	79	72201	5819	105402	149465
铜陵市	Tongling	84	89181	5251	29969	46182
池州市	Chizhou	68	38880	3348	85371	114462
安庆市	Anqing	139	125002	16822	143659	175407
黄山市	Huangshan	91	123937	4888	132799	224324

单位：万元（10000 yuan）

累计折旧 Progessive Depreciation	#本年折旧 Depreciation this Year	资产总计 Total of Assets	负债合计 Total of Liabilities	#流动负债 Working Liabilities	所有者权益 Creditors' Equity	#实收资本 Capital Hold	#国家资本 National Capital
1671912	**322403**	**43378817**	**31349573**	**29713857**	**13059897**	**10111119**	**1646703**
556043	93231	19751034	15447107	14582180	5334580	2695106	1164096
40901	9343	1003131	691288	712125	311844	1161779	25525
42826	15319	1150966	782820	775430	368146	231845	26628
107109	17818	1627387	1002387	955089	624999	253489	18857
90910	16829	1830853	1289793	1245799	541061	1439551	31423
146487	21885	2692331	1925207	1828051	767124	395071	70480
78389	13047	1223125	796766	777226	426359	220727	26904
79739	20232	1360055	802490	765013	557566	269097	55637
70623	11452	1183937	625620	612273	558317	177334	30096
74366	12563	1641026	1199280	1183065	441746	251158	17215
130810	24485	4586142	3413051	3123707	1173091	746860	71889
63817	15883	1110826	611749	547319	499078	186640	10728
34411	8096	1276135	963520	899547	312615	1670576	34525
27439	7056	565920	376141	350492	189779	85523	22636
83341	26396	1782628	1066033	1007313	716595	257382	30915
44704	8768	593322	356324	349228	236998	68982	9148

单位：万元（10000 yuan）

累计折旧 Progessive Depreciation	#本年折旧 Depreciation this Year	资产总计 Total of Assets	负债合计 Total of Liabilities	#流动负债 Working Liabilities	所有者权益 Creditors' Equity	#实收资本 Capital Hold	#国家资本 National Capital
669523	**145445**	**4495895**	**3222599**	**2464591**	**1273297**	**1218969**	**117400**
191954	43036	1303890	1005085	779798	298806	338712	47869
8398	774	37260	21477	9777	15783	9480	
14301	2500	106499	64695	53669	41804	23779	4062
13338	4277	133997	72562	51962	61435	53110	2021
17736	4404	112610	68168	65461	44442	30357	194
20393	3163	149342	111091	105468	38251	38914	1201
17530	2825	100027	77558	71112	22468	32292	3283
22359	5205	173427	114995	103565	58432	59502	3009
29245	6167	235678	171007	139356	64672	49793	31
27929	5650	171783	114439	105227	57344	54725	1072
91451	14310	492048	393473	276070	98574	111083	4002
46680	24700	245644	166578	127598	79065	46947	528
16421	3324	153718	104304	82076	49414	52414	
29257	8047	183085	99793	79568	83292	71588	29995
37061	6315	432883	235355	142743	197528	110009	350
85473	10751	464006	402018	271140	61987	136266	19783

16—14 续表 continued

地 区	Region	主营收入 Project Settlement Income	主营成本 Project Settlement Cost	主营税金及附加 Project Settlement Tax and Extra Charges	其他业务利润 Other Business Profit
总 计	**Total**	**83624390**	**76117558**	**527412**	**315032**
合肥市	Hefei	34048191	31286102	120976	127707
淮北市	Huaibei	1599608	1382796	19993	6154
亳州市	Bozhou	2699462	2278515	25701	3434
宿州市	Suzhou	4409244	4109727	32311	7061
蚌埠市	Bengbu	3247121	2907923	31373	11273
阜阳市	Fuyang	7698238	7110488	51103	80486
淮南市	Huainan	2307776	2098959	18756	8830
滁州市	Chuzhou	3155442	2824937	30451	6722
六安市	Luan	2792706	2400486	32588	6171
马鞍山市	Maanshan	3576064	3270864	22457	11252
芜湖市	Wuhu	8816562	8198803	42404	15156
宣城市	Xuancheng	2435552	2170740	24648	2144
铜陵市	Tongling	1425118	1277861	12959	5988
池州市	Chizhou	888521	778271	11175	5144
安庆市	Anqing	3241795	2886182	36251	16351
黄山市	Huangshan	1282993	1134906	14268	1161

16—15 续表 continued

地 区	Region	主营收入 Project Settlement Income	主营成本 Project Settlement Cost	主营税金及附加 Project Settlement Tax and Extra Charges	其他业务利润 Other Business Profit
总 计	**Total**	**1794185**	**932311**	**86585**	**31280**
合肥市	Hefei	631775	297831	31783	14354
淮北市	Huaibei	21125	13216	893	199
亳州市	Bozhou	37002	20437	1896	97
宿州市	Suzhou	42665	21817	1939	224
蚌埠市	Bengbu	67887	35864	2913	199
阜阳市	Fuyang	62568	37566	2757	1082
淮南市	Huainan	46275	26590	2163	1337
滁州市	Chuzhou	112854	68522	5658	384
六安市	Luan	61385	34170	2619	1293
马鞍山市	Maanshan	60892	28049	3164	1104
芜湖市	Wuhu	177902	91299	8276	2067
宣城市	Xuancheng	70244	36619	3564	4300
铜陵市	Tongling	57270	30029	2756	1186
池州市	Chizhou	54066	25264	2463	787
安庆市	Anqing	177889	103304	7685	1593
黄山市	Huangshan	112385	61737	6056	1074

单位：万元（10000 yuan）

销售费用 Operating Expense	管理费用 Management Expense	#税金 Tax	财务费用 Financial Expenses	营业利润 Operating Profit	利润总额 Total Profit	应交所得税 Payable Income Tax	本年应付工资薪酬 Total Payable Wages this Year
3547790	**1604318**	**78306**	**423595**	**1873375**	**1908392**	**389433**	**1620605**
1753644	597493	29066	189006	476620	512087	108671	581284
68824	37492	1436	10274	87281	59744	9967	36672
197180	72759	3006	7611	122031	120381	28390	72671
101028	80494	3450	15022	74040	77398	19317	65662
107335	84112	4715	20761	108189	111714	18057	79270
259137	106469	4590	22680	161940	148807	27664	106277
95755	50965	2433	7549	51459	55938	12940	52497
111882	83832	3283	16733	92620	106640	18653	100642
102927	59756	2533	7788	195201	153979	37723	75954
194513	61043	3810	15488	29714	34365	14160	74613
229853	129761	9652	58540	167633	179566	35036	151198
99942	67645	3617	8402	67212	93176	20415	60433
46571	33386	490	18446	23361	39824	8480	33972
36605	25109	1125	3358	37730	40093	6277	27650
98216	78635	3890	17521	132335	128086	20618	71432
44380	35367	1211	4417	46009	46594	3067	30378

单位：万元（10000 yuan）

销售费用 Operating Expense	管理费用 Management Expense	#税金 Tax	财务费用 Financial Expenses	营业利润 Operating Profit	利润总额 Total Profit	应交所得税 Payable Income Tax	本年应付工资薪酬 Total Payable Wages this Year
441753	**314612**	**14329**	**89517**	**-53635**	**-74016**	**16453**	**368573**
208303	113626	5318	27261	-38596	-56471	8487	135716
1849	4617	78	833	-303	-821	56	4773
6240	6412	261	1552	733	892	257	7509
9379	7757	559	1936	79	248	239	9229
12366	8747	478	2120	7323	8095	437	11183
11330	8772	430	3040	109	1398	394	10863
10758	7146	464	1668	-1600	-2086	88	10678
15278	13211	584	3828	5648	5229	1823	17153
11033	13550	1053	5057	-4367	-5535	370	14073
18026	15816	577	4508	-7750	-7747	298	17474
42481	35263	1322	12570	-10159	-6639	1975	36723
14582	10782	479	3871	1434	3358	727	14349
15500	9538	348	2890	-2705	-2129	145	12077
15343	8443	473	1221	2003	2400	141	14696
29090	22955	585	6738	8924	-172	709	22877
20195	27978	1319	10424	-14408	-14037	309	29203

16—16 各市限额以上批发零售业商品购进、销售和库存情况（2014年）

Total Purchases, Sales and Inventory of Enterprises Above Designated Size in Wholesale and Retail and Inventory by Region (2014)

单位：万元（10000 yuan）

地 区	Region	从业人员（人）Persons Engaged (persons)	购进总额 Total Purchases Value	#进口 Imports	销售总额 Total Sales Value	批发 Wholesale Value	零售 Retail Value	年末库存总额 Stock (year-end)
总计	**Total**	**373704**	**84636370**	**1921492**	**94275181**	**57550570**	**36724610**	**7555643**
合肥市	Hefei	111520	34691033	1589157	38421161	25312373	13108788	2693638
淮北市	Huaibei	12334	1726007	3270	1923008	963914	959094	197099
亳州市	Bozhou	17378	2324057	105	2839500	1521963	1317537	149513
宿州市	Suzhou	16546	4526369	20299	4809326	3090005	1719321	299145
蚌埠市	Bengbu	17144	2868534	103731	3785990	1605471	2180520	239731
阜阳市	Fuyang	31535	8297073	21818	8963877	6042592	2921285	634688
淮南市	Huainan	15139	2709601	28520	2873258	1719897	1153362	238917
滁州市	Chuzhou	21865	3268310	2245	3564466	1944933	1619533	441145
六安市	Luan	21585	2697137	6580	3181559	1523296	1658263	211530
马鞍山市	Maanshan	16691	3814373	33499	4069012	2789774	1279238	337791
芜湖市	Wuhu	32524	8279432	56306	9745486	6474183	3271303	593645
宣城市	Xuancheng	14961	2779722	456	2713753	1201672	1512081	681367
铜陵市	Tongling	7165	1524370	157	1644915	1031773	613142	301404
池州市	Chizhou	6820	853011	545	1010852	391156	619697	88346
安庆市	Anqing	24012	3022453	34151	3315376	1333403	1981974	365540
黄山市	Huangshan	6485	1254890	20655	1413641	604167	809474	82145

16—17 各市限额以上住宿餐饮业经营情况（2014年）

Above Designated Accommodation Catering Business by Region (2014)

单位：万元（10000 yuan）

地 区	Region	从业人员（人）Persons Engaged (persons)	营业额 Turnover	客房收入 Room Revenue	餐费收入 Meals Income	商品销售收入 Commodity Sales	其他收入 Other Income	客房数（间）Guestroom Number (unit)	床位数（个）Bed Capacity (unit)	餐位数（位）Number of Seating Arrangement (unit)
总计	**Total**	**125939**	**1823364**	**444586**	**1208133**	**106044**	**64601**	**109369**	**189419**	**812920**
合肥市	Hefei	43489	641239	109898	458077	44861	28403	23060	36921	278594
淮北市	Huaibei	1373	21323	5849	14523	543	408	1118	1779	5297
亳州市	Bozhou	3532	38129	11988	24534	743	865	2981	5058	20570
宿州市	Suzhou	3756	44872	11347	32639	551	334	3219	5527	21749
蚌埠市	Bengbu	3906	68347	21122	42188	3706	1331	4602	7754	26172
阜阳市	Fuyang	4675	63723	15191	42662	3969	1902	4454	7486	24865
淮南市	Huainan	3757	46611	8755	34322	3059	475	2499	3896	28890
滁州市	Chuzhou	6290	113128	30793	77387	1657	3292	7005	11953	58985
六安市	Luan	5722	63662	20195	40176	1358	1933	5520	9543	35334
马鞍山市	Maanshan	6076	61052	14106	43932	1439	1576	3630	6094	38689
芜湖市	Wuhu	11604	183092	53578	117512	5289	6713	11937	18983	68957
宣城市	Xuancheng	5039	71513	23893	39648	2713	5260	10557	19697	40326
铜陵市	Tongling	4840	58813	11114	45190	1488	1021	2244	3604	30726
池州市	Chizhou	4456	55430	23092	28925	1549	1864	5437	9775	24080
安庆市	Anqing	9172	180129	36764	107364	32015	3985	9620	19556	62435
黄山市	Huangshan	8252	112302	46900	59055	1105	5241	11486	21793	47251

16—18 亿元商品交易市场情况（2014年）
Market Above 100 million Yuan (2014)

指　　标	Item	市场个数（个）Number of Markets (unit)	年末摊位数（个）Number of Booths (unit)	总成交额（万元）Transaction Value (10000 yuan)
全　　省	**Total**	**130**	**115681**	**26972390**
综合市场	**Comprehensive Markets**	**48**	**61897**	**11323424**
生产资料综合市场	The Material of Production Comprehensive Markets	2	10142	2705508
工业品综合市场	Markets for Manufactured Goods	10	25281	2650633
农业品综合市场	Markets for Agricultural Goods	22	13589	3948950
其他综合市场	Other Comprehensive Markets	14	12885	2018333
专业市场	**Specialized markets**	**82**	**53784**	**15648966**
生产资料市场	The Material of Production Markets	13	5424	5456542
农产品市场	Agricultural Product Markets	25	10619	2265162
食品饮料烟酒市场	Food, Drink, Tobacco and Liquor	4	2674	506592
纺织品服装鞋帽市场	Textile, Clothing, Shoes and Hats	9	10002	888356
日用品及文化用品市场	Daily Necessities and Cultual Product Markets			
电器通讯器材电子设备市场	Electrical Communication Equipment Electronic Equipment Markets	1	2236	1020135
医药医疗用品及器材市场	Medicine and Medical Supplies and Equipment Markets	2	6352	2964642
家具五金及装饰材料市场	Furniture, Hardware and Decorative Materials Markets	18	10836	1521962
汽车摩托车及零配件市场	Automobile and Motorcycle Spare Parts Markets	6	2527	813353
花鸟鱼虫市场	Flower, Bird, Fish, Insect Markets	2	1691	128700
其他专业市场	Other Professional Markets	2	1423	83522

16—19 各市亿元商品交易市场情况（2014年）
Market Above 100 million Yuan by Region (2014)

地　区	Region	市场个数（个）Number of Markets (unit)	年末摊位数（个）Number of Booths (unit)	营业面积（平方米）Business Area (sq.m)	总成交额（万元）Transaction Value (10000 yuan)
总　　计	**Total**	**130**	**115681**	**11399428**	**26972390**
合 肥 市	Hefei	34	22797	2976166	9202132
淮 北 市	Huaibei	7	9409	625595	1053983
亳 州 市	Bozhou	2	6980	42000	3091726
宿 州 市	Suzhou				
蚌 埠 市	Bengbu	6	10084	971478	1808712
阜 阳 市	Fuyang	21	13823	1423562	2256440
淮 南 市	Huainan	5	1575	203400	331495
滁 州 市	Chuzhou	14	11987	1139104	999649
六 安 市	Luan	3	2812	24033	95405
马鞍山市	Maanshan	5	1658	182200	647791
芜 湖 市	Wuhu	12	17639	1401193	2200852
宣 城 市	Xuancheng	6	2976	35426	1390192
铜 陵 市	Tongling	5	1943	362300	429220
池 州 市	Chizhou	2	725	44211	94033
安 庆 市	Anqing	8	11273	1968760	3370760
黄 山 市	Huangshan				

16—20 亿元以上商品交易市场摊位分类情况（2014年）
Classification of Commodity Exchange Markets of Transaction Value over 100 Million Yuan (2014)

指　　标	Item	年末摊位数（个） Number of Booths (unit)	总成交额（万元） Transaction Value (10000 yuan)
合　计	**Total**	**115681**	**26972390**
粮油、食品类	Grain and Oil, Food	28088	7169088
饮料类	Beverage Category	2191	538263
烟酒类	Smoke Wine	1775	456102
服装鞋帽、针、纺织品类	Clothing, Shoes, Hats and Textiles	25002	2288717
化妆品类	Cosmetics	806	87894
金银珠宝类	Gold, Silver and Jeweler	1661	341196
日用品类	Articles for Daily Use	5879	366249
五金、电料类	Hardware & Electrical Materials	4010	498431
体育、娱乐用品类	Sports & Recreational Articles	277	14136
书报杂志类	Newspapers and Magazines	105	88954
电子出版物及音像制品类	E-journal and Video Products	224	6966
家用电器和音像器材类	Household Appliances and Video Equipments	2679	898656
中西药品类	Traditional Chinese and Western Medicine	5930	2988326
文化办公用品类	Cultural and official Goods	557	67378
家具类	Furniture	3055	1365400
通讯器材类	Communication Appliances	53	7963
煤炭及制品类	Coal and Related Products	7	2662
木材及制品类	Wood and Wooden Products	1134	497774
石油及制品类	Petroleum and Related Products	2	175
化工材料及制品类	Raw Chemical Materials and Related Products	622	213314
金属材料类	Metal Materials	1991	4836828
建筑及装潢材料类	Building and Decoration Materials	12778	2059791
机电产品及设备类	Mechanical & Electrical Products	2137	622094
汽车类	Automobile	1752	791558
种子饲料类	Seed and Feedstuff	227	20622
棉麻类	Cotton and Hemp	45	29424
其他类	Others	12694	714429

注：国家统计局报表制度商品分类目录发生变化。

a) Changes takea place in the catalogue of the report system of the National Bureau of statistics.

16—21 各市社会消费品零售总额（2014年）
Total Retailsale of Consumer Goods in Major Years by Region (2014)

单位：万元（10000 yuan）

地　区	Region	社会消费品零售总额 Total Retail Sales of Consumer Goods	城　镇 Urban	城　区 City	乡　村 Rural	餐饮收入 Catering Income	商品零售 Commodity Retail
全　省	**Total**	**79570333**	**64571479**	**43475352**	**14998855**	**9240967**	**70329366**
合肥市	Hefei	19496970	18961695	16060879	535275	1364788	18132182
淮北市	Huaibei	2528758	1986940	1608653	541818	135450	2393308
亳州市	Bozhou	3884077	2851006	1092541	1033071	432771	3451306
宿州市	Suzhou	3771609	3112935	1416556	658674	372906	3398703
蚌埠市	Bengbu	5065648	4452537	3041522	613111	486234	4579414
阜阳市	Fuyang	5984073	4707903	2431669	1276170	880203	5103870
淮南市	Huainan	3483816	3022904	2781072	460912	386138	3097678
滁州市	Chuzhou	4063976	3304718	1694678	759258	590154	3473822
六安市	Luan	5074919	2832265	1800544	2242654	482922	4591998
马鞍山市	Maanshan	3735329	3423220	2086869	312109	491163	3244166
芜湖市	Wuhu	6536172	5915732	4300402	620440	748329	5787844
宣城市	Xuancheng	3753864	2311212	1374244	1442652	431924	3321940
铜陵市	Tongling	1891830	1698390	1631283	193440	144965	1746865
池州市	Chizhou	1763730	1372424	899753	391306	248709	1515021
安庆市	Anqing	6001602	4014500	2538100	1987102	1008016	4993586
黄山市	Huangshan	2533962	2128840	1165618	405122	490771	2043191

注：全省分组数据为第三次经济普查国家调整后数据。

a) Data groups of the whole province is the data of the third economic census after adjusting by nation.

16—22 各县（市）社会消费品零售总额（2014年）

Total Retailsale of Consumer Goods in Major Years by County or City (2014)

单位：万元（10000 yuan）

县（市）	County or City	社会消费品零售总额 Total Retail Sales of Consumer Goods	城镇 Urban	乡村 Rural	餐饮收入 Catering Income	商品零售 Commodity Retail
合肥市辖区	Hefei Region of City	16060879	16060879		945331	15115548
巢湖市	Chaohu	806383	696844	109540	115530	690853
长丰县	Changfeng	430205	358945	71260	59552	370653
肥东县	Feidong	736313	619299	117014	68279	668033
肥西县	Feixi	722858	608524	114334	50785	672073
庐江县	Lujiang	740332	617205	123127	125311	615021
淮北市辖区	Huaibei Region of City	1836087	1442682	393405	98348	1737739
濉溪县	Suixi	692671	544258	148413	37102	655569
亳州市辖区	Bozhou Region of City	1405837	1118963	286873	146594	1259242
涡阳县	Guoyang	888774	626304	262470	104983	783791
蒙城县	Mengcheng	842327	616875	225452	97007	745320
利辛县	Lixin	747140	488864	258276	84187	662953
宿州市辖区	Suzhou Region of City	1768827	1413068	355759	113577	1655250
砀山县	Dangshan	491213	444258	46955	70732	420481
萧县	Xiaoxian	705370	562717	142653	107250	598120
灵璧县	Lingbi	430031	385088	44943	27648	402383
泗县	Sixian	376167	307804	68363	53698	322469
蚌埠市辖区	Bengbu Region of City	3184891	3067684	117207	340916	2843975
怀远县	Huaiyuan	901727	679351	222376	48099	853628
五河县	Wuhe	541083	366842	174241	46845	494238
固镇县	Guzhen	437947	338660	99287	50374	387573
阜阳市辖区	Fuyang Region of City	2480689	2229253	251436	184219	2296470
界首市	Jieshou	437248	328196	109052	108434	328814
临泉县	Linquan	692664	482052	210612	134418	558246
太和县	Taihe	1160898	912589	248308	133077	1027821
阜南县	Funan	588240	343995	244244	182760	405479
颍上县	Yingshang	624334	411817	212517	137295	487039
淮南市辖区	Huainan Region of City	2948705	2598589	350116	326828	2621877
凤台县	Fengtai	535111	424315	110796	59310	475801
滁州市辖区	Chuzhou Region of City	1032762	999385	33377	78942	953820
天长市	Tianchang	632622	503072	129550	83305	549317
明光市	Mingguang	520505	413940	106565	99005	421500
来安县	Laian	465267	362909	102358	130275	334992
全椒县	Quanjiao	458269	363464	94805	58897	399372
定远县	Dingyuan	467199	368772	98427	50925	416274
凤阳县	Fengyang	487352	293176	194176	88805	398547
六安市辖区	Luan Region of City	2034984	1812432	222552	114996	1919988
寿县	Shouxian	710401	227328	483073	93379	617022

16—22 续表 continued

单位：万元（10000 yuan）

县（市）	County or City	社会消费品零售总额 Total Retail Sales of Consumer Goods	城镇 Urban	乡村 Rural	餐饮收入 Catering Income	商品零售 Commodity Retail
霍邱县	Huoqiu	761065	243541	517524	77726	683340
舒城县	Shucheng	626493	219273	407220	69907	556586
金寨县	Jinzhai	512426	179349	333077	78056	434370
霍山县	Huoshan	305224	106829	198396	35825	269400
叶集区	Yeji District	124325	43514	80811	13034	111291
马鞍山市辖区	Maanshan Region of City	2281473	2209980	71493	288852	1992621
当涂县	Dangtu	615766	518949	96817	71074	544692
含山县	Hanshan	368532	292749	75783	56963	311569
和县	Hexian	469558	401542	68016	74274	395284
芜湖市辖区	Wuhu Region of City	4300402	4293341	7061	435202	3865200
芜湖县	Wuhu	441836	296393	145443	53198	388638
繁昌县	Fanchang	373787	259846	113941	72081	301706
南陵县	Nanling	540677	342131	198547	67937	472741
无为县	Wuwei	879470	724023	155448	119911	759560
宣城市辖区	Xuancheng Region of City	1426434	847302	579132	128379	1298055
宁国市	Ningguo	725128	479225	245903	72902	652226
郎溪县	Langxi	288297	184163	104134	63171	225126
广德县	Guangde	554156	319091	235065	46561	507595
泾县	Jingxian	335813	209547	126266	53730	282083
绩溪县	Jixi	246473	165347	81126	36861	209612
旌德县	Jingde	177563	106537	71026	30320	147243
铜陵市辖区	Tongling Region of City	1626046	1532226	93820	88405	1537641
铜陵县	Tongling	265784	166164	99620	56560	209224
池州市辖区	Chizhou Region of City	989962	904906	85055	139598	850364
东至县	Dongzhi	357832	208761	149072	50459	307303
石台县	Shitai	100476	58938	41538	14168	86307
青阳县	Qingyang	315461	199819	115642	44484	270977
安庆市辖区	Anqing Region of City	2262948	2262948		506064	1756884
桐城市	Tongcheng	682808	326412	356396	111837	570971
怀宁县	Huaining	589078	202358	386720	86202	502876
枞阳县	Zongyang	569836	249185	320651	80126	489710
潜山县	Qianshan	489101	229536	259565	93101	396000
太湖县	Taihu	339304	130575	208729	29662	309642
宿松县	Susong	493718	357188	136530	48655	445063
望江县	Wangjiang	354440	150444	203996	34191	320249
岳西县	Yuexi	220369	105854	114515	18177	202192
黄山市辖区	Huangshan Region of City	1414233	1289381	124852	289602	1124631
歙县	Shexian	548793	403912	144881	92093	456700
休宁县	Xiuning	288145	224465	63680	40438	247706
黟县	Yixian	95113	72952	22161	26485	68628
祁门县	Qimen	187678	138131	49547	42152	145526

主要统计指标解释

批发业

指批发商向批发、零售单位及其他企事业、机关单位批量销售生活用品和生产资料的活动，以及从事进出口贸易和贸易经纪与代理的活动。批发商可以对所批发的货物拥有所有权，并以本单位、公司的名义进行交易活动；也可以不拥有货物的所有权，而以中介身份做代理销售商。还包括各类商品批发市场中固定摊位的批发活动。

零售业

指百货商店、超级市场、专门零售商店、品牌专卖店、售货摊等主要面向最终消费者（如居民等）的销售活动。包括以互联网、邮政、电话、售货机等方式的销售活动，还包括在同一地点，后面加工生产，前面销售的店铺（如前店后厂的面包房）。不包括：谷物、种子、饲料、牲畜、矿产品、生产用原料、化工原料、农用化工产品、机械设备（乘用车、计算机及通信设备等除外）等生产资料的销售(列入批发业)；非零售单位附带的零售活动，如汽车修理单位销售汽车零件（列入单位主业所对应的行业类别中)；商业零售单位所在商厦的物业管理（列入物业管理）；商业零售单位所在的商品市场、商业大厦的市场管理活动（列入市场管理）。

批发和零售业商品购进、销售、库存额

指各种登记注册类型的批发和零售业企业(单位)以本企业(单位)为总体的，从国内、国外市场购进的商品总量，销售和出口的商品总量，库存的商品总量等情况。该指标可以反映商品流转过程中商品的购进、销售、库存之间的比例关系和存在的问题。

商品购进额

指从本企业以外的单位和个人购进（包括从国外直接进口）作为转卖或加工后转卖的商品金额（含增值税)。商品购进包括：（1）从工农业生产者、批发和零售业企业、住宿和餐饮业企业、出版社或报社的出版发行部门和其他服务业企业购进的商品；（2）从机关团体、事业单位购进的商品；（3）从海关、市场管理部门购进的缉私和没收的商品；（4）从居民收购的废旧商品等。不包括：（1）企业为本单位自身经营用，不是作为转卖而购进的商品，如材料物资、包装物、低值易耗品、办公用品等；（2）未通过买卖行为而收入的商品，如接受其他部门移交的商品、借入的商品、收入代其他单位保管的商品、其他单位赠送的样品、加工回收的成品等；（3）经本单位介绍，由买卖双方直接结算，本单位只收取手续费的业务；（4）销售退回和买方拒付货款的商品；（5）商品溢余。

商品销售额

指对本单位以外的单位和个人出售的商品金额（包括售给本单位消费用的商品，含增值税）。商品销售包括（1）售给城乡居民和社会集团消费用的商品；（2）售给农业、工业、建筑业、运输邮电业、服务业、公用事业等国民经济各行业用于生产、经营用的商品，包括售予批发和零售业作为转卖或加工后转卖的商品；（3）对国（境）外直接出口的商品。不包括：（1）未通过买卖行为付出的商品，如随机构变动移交给其他企业单位的商品、借出的商品、归还受其他单位委托代保管的商品、付出的加工原料和赠送给其他单位的样品等；（2）经本单位介绍，由买卖双方直接结算，本单位只收取手续费的业务；（3）购货退回的商品；（4）商品损耗和损失；（5）出售本单位自用的废旧物资。

商品库存额

指报告期末各种登记注册类型的批发和零售业企业(单位)已取得所有权的商品。它反映批发和零售业企业(单位)的商品库存情况和对市场商品供应的保证程度。商品库存包括：(1)存放在批发和零售业经营单位(如门市部、批发站、采购站、经营处)的仓库、货场、货柜和货架中的商品；(2)挑选、整理、包装中的商品；(3)已记入购进而尚未运到本单位的商品，即发货单或银行承兑凭证已到而货未到的商品；(4)寄放他处的商品，如因购货方拒绝付款而暂时存在购货方的商品；(5)委托其他单位代销(未作销售或调出)尚未售出的商品；(6)代其他单位购进尚未交付的商品。不包括：所有权不属于本单位的商品；委托外单位加工的商品；外贸企业代理其他单位从国外进口尚未付给订货单位的商品；代国家物资储备部门保管的商品等。

连锁总店（总部）

指负责连锁企业资源（商号、商誉、经营模式、服务标准、管理模式等等）的开发、配置、控制或使用等功能的企业核心管理机构。连锁经营是指经营同类商品或服务，使用统一商号的若干店铺，在同一总店（总部）的管理下，采取统一采购或特许经营等方式，实现规模效益的组织形式，包括直营连锁、特许连锁和自愿连锁三种形式。其中，直营连锁是指连锁店铺由连锁公司全资或控股开设，在总部的直接控制下，开展统一经营的连锁经营形式；特许连锁是指拥有注册商标、企业标志、专利、专有技术等经营资源的企业（特许人），以合同形式将其拥有的经营资源许可其他经营者（被特许人）使用，被特许人按合同约定在统一的经营模式下开展经营，并向特许人支付特许经营费用的连锁经营形式；自愿连锁是指若干个店铺或企业自愿组合起来，在不改变各自资产所有权关系的情况下，以同一个品牌形象面对消费者，以共同进货为纽带开展的连锁经营形式。

亿元以上商品交易市场

指年成交额在亿元及以上的商品交易市场。商品交易市场是指经有关部门和组织批准设立，有固定场所、设施，有经营管理部门和监管人员，若干市场经营者入内，常年或实际开业三个月以上，集中、公开、独立地进行生活消费品、生产资料等现货商品交易以及提供相关服务的交易场所，包括各类消费品市场、生产资料市场等。

社会消费品零售总额

指企业（单位、个体户）通过交易直接售给个人、社会集团非生产、非经营用的实物商品金额，以及提供餐饮服务所取得的收入金额。个人包括城乡居民和入境人员，社会集团包括机关、社会团体、部队、学校、企事业单位、居委会或村委会等。

批发和零售业、住宿和餐饮业重点企业限额标准

批发业：年销售额在80000万元及以上；零售业：年销售额在20000万元以及上；住宿业：年营业收入在2000万元及以上；餐饮业：年营业收入在3000万元及以上。

Explanatory Notes for Major Statistical Indicators

Wholesale Trade

refers to the activities of wholesaler selling at wholesale commodities for daily use and capital goods to enterprises of wholesale and retail trades and other enterprises, institutions and government offices, including the activities of wholesaler engaged in import and export and acting as a trade agent. The wholesaler may have the right of ownership over the commodities of wholesale and trade in the name of its own's or a company, the wholesaler may not have the right of ownership, only acts an agent. The wholesale trade also include the activities of wholesaler at the fixed stalls of the wholesale market of different commodities.

Retail Trade

refers to the activities of department store, supermarket, franchised store, brand store, retail stall and on-the-spot-making-selling store selling commodities to the final consumers (citizens) by any means including internet, post, telephone, sales machine. Retail trade excludes the activities of sales of capital goods such a grain, seed, feed, livestock, mineral products, raw material for production, industrial chemicals, chemical products for farm, machine and equipment (vehicle, computer and communication equipment), and the activities of supplementary sales of non-retailer such as the sales of spare parts of car repair business (listed as branch in correspondence with principle business), property management of buildings of retail units (listed as property management); market management of commercial markets and buildings of retail units (listed as market management) .

Purchase, Sales and Stock of Commodities by Wholesale and Retail Trades

refer to the total volume of commodities purchased, total volume of sales and exports, and the stock of commodities by wholesale and retail enterprises (establishments) of different status of registration from domestic and overseas markets. This indicator reflects the relationship among purchase, sales and stock of commodities in the circulation of goods and reveals the existing problems.

Total Purchases of Commodities

refer to the total value of purchases of commodities by enterprises (establishments) from other establishments or individuals (including direct import from abroad) for the purpose of re-selling, either with or without further processing of the commodities purchased. The commodities include: (1) commodities purchased from agricultural and industrial producer, wholesaler, retailer, publishing house and other service business; (2) commodities purchased from institutions and government departments; (3) confiscated goods purchased from the customs authorities or market management agencies; (4) second-hand goods and wastes purchased from residents; The commodities exclude 1. commodities purchased by enterprises (establishments) for use in their own business operation, commodities obtained without buying or selling procedures such as materials, consumable goods of low value, office appliance, etc. 2. received goods without trading, such as goods handed over from others, borrowed goods, preserved goods for others, donated goods from others, processed and retrieved goods, etc. 3. goods of direct settlement between buyer and seller with handling fees introduced by others, 4. goods returned or refused to pay by the buyer, 5. excessive goods.

Total Sales of Commodities

refer to value of commodities sold by the establishments to other establishments and individuals (including goods sold for self consumption, including the value-added tax). The commodities include: (1) commodities sold to urban and rural residents and social groups for their consumption; (2) commodities sold to establishments in all industries for their production and operation, including agriculture, industry, construction, transportation, post and telecommunications, catering services, and public utility including commodities sold to wholesale and retail establishments for re-selling, with or without further processing; and (3) commodities for direct export to abroad. Excluded are (1) extended commodities without trading, such as goods handed over to other enterprises and institutions because of the change of organizations, lent goods, returned goods preserved for others, extended processing materials and samples donated to others, (2) goods of direct settlement between buyer and seller with handling fees introduced by others, 3. goods returned after purchase, (4) damaged and spoiled goods, (5) waste and used goods of self use,

Total Stock of Commodities

refers to total commodities possessed by wholesaler and retailer of various types of registration status at the end of the reference period, reflecting the commodity stock level of various wholesaler and retailer and the potential for market supply. It includes: (1) commodities located in storage, garages, counters, and shelves of operating places of wholesale and retail trades (such as sale stores, wholesale centres, procurement stations and operating offices); (2) commodities in the process of being selected, sorted, and packed; (3) commodities not arrived but recorded as purchase in the account, i.e. commodities not arrived but payment receipts for the commodities from the sellers or the banks arrived; (4) commodities deposited in other places rather than places mentioned above, for instance: commodities in the hold of purchasers temporarily due to the refusal of payment; (5) commodities entrusted to other units to sell but not sold yet; (6) commodities purchased for other units but not delivered yet. Commodities not included as stock are those not owned by the enterprises (units), commodities on commission for processing, imported commodities of agency of foreign trade enterprise but not yet delivered to ordering units and finally those put in stock on behalf of the state material reserves units.

Chain Head Stores (headquarter)

refer to the core leading stores responsible for development, allocation, administration and utilization of resources (name of stores, brand of stores, operation model, service standard, management way, etc.) of chain stores. Chain stores refers to the stores engaged in providing homogeneous commodities or services, with the central leadership of head store (headquarters) and guided by common policies, conduct centralized purchase and distributed selling of commodities, in order to gain better efficiency through standardized operation. The chain stores include regular chain stores, franchise chain stores and voluntary chain stores. Regular Chain store refers to chain stores that are invested or controlled by the headquarters. They operate under direct and unified management from the headquarters. Franchise chain store refers to the chain stores (franchisees) which are franchised with operation resources such as trade marks, names, patent and operation know-how by the franchisors in form of contract and pay the operation fees to the franchisors. Voluntary chain store refers to the stores operate jointly on the voluntary bases while maintaining their status of independent legal entities with full ownership of their assets. They sell goods of same brand from same channel of resource to the consumers.

Large Commodity Markets with Transaction Value over 100 Million Yuan

refers to the commodity markets with an annual transaction at and above 100 million. The commodity market refers to the markets approved and managed by related departments, where there are fixed sites, facilities, managers and administration offices, where there are a certain number of traders to operate for three month and above or all the year, where the commodities including the articles for daily consumption and capital goods and services are traded in a centralized, independent and open way. Such market includes markets of daily goods and market of capital goods, etc.

Total Retail Sales of Consumer Goods

refer to the amount obtained by enterprises (units, self-employed individuals) through direct sales of non-production and non-business physical commodity to individuals, social institutions, and revenue from providing catering services. Individuals include rural and urban households, population from abroad, social institutions include government agencies, social organizations, military units, schools, institutions, neighbourhood (village) committees.

Designated Size Standard of Mian Enterprises in Wholesale and Retail Trade and Accommodation and Catering Industry

Wholesale trade: sales value above 800 million yuan per yuan; Retail sale trade: Sales value above 200 million yuan per year; Accommodation industry: business income above 20 million yuan per year; Catering industry:business income above 30 million yuan per year.

第十七篇

Chapter 17

FOREIGN TRADE AND ECONOMIC COOPERATION

简要说明

一、我省进出口贸易的规模、进出口商品结构、贸易伙伴国的进出口总额以及三资企业的进出口变化情况，根据合肥海关资料加工整理。

二、利用外资资料来源于省商务厅，根据国家商务部和国家统计局共同制订的《利用外资统计制度》加工、整理而成。

三、外商投资企业注册登记情况。资料来源于省工商行政管理局，根据国家工商行政管理局制订的《工商行政管理系统统计报表制度》进行统计、加工、整理而得。凡以工商行政管理机关核准注册，在我省的中外合资经营企业、中外合作经营企业、外商独资企业、中外股份公司、在华从事经营活动的外国及港澳台地区企业及外国公司在我省境内设立的分支机构均列入统计范围。

四、对外承包工程和劳务合作的发展状况。资料来源于省商务厅，根据国家商务部与国家统计局共同制订的《对外承包工程和劳务合作统计制度》通过全面调查方法进行加工、整理而得。

Brief Introduction

I. Data on scale of import and export, commodity structure, total volume of import and export to trade partner and change in import and export of joint, cooperative or exclusively foreign-funded ventures are collected in accordance with the data provided by the Hefei Customs.

II. Data on overall situation of the utilization of foreign capital in Anhui come from the Provincial Department of Commerce and are tabulated in accordance with the "Statistical Scheme on the Utilization of Foreign Capital" designed by the Ministry of Commerce and Economic Cooperation and the National Bureau of Statistics.

III. Data on the registration of the foreign-funded enterprises in various regions come from the Provincial Administration for Industry and Commerce and are tabulated in accordance with the "Statistical Reporting Scheme in the Administrative System of Administration for Industry and Commerce" stipulated by the State Administration for Industry and Commerce. The statistical coverage includes all the Sino-foreign joint ventures, Sino-foreign cooperative enterprises, ventures exclusively with foreign investment, Sino-foreign shareholding companies, foreign enterprises and enterprises of Hong Kong, Macao and Taiwan engaged in commercial activities and the branch offices of the foreign companies, which have been approved by and registered at the Administration for Industry and Commerce to set up in boundary of Anhui Province.

IV. Data on development of the contracted projects, labor services cooperation and design and consultation service with foreign countries come from the Provincial Department of Commerce and are collected with the method of complete enumeration and are tabulated in accordance with the "Statistical Reporting Scheme on the Contracted Projects and Labor Services Cooperation with Foreign Countries" jointly stipulated by the Ministry of Commerce and Economic Cooperation and the National Bureau of Statistics.

17—1 对外经济贸易基本情况
Foreign Trade and Economic Cooperation

单位：万美元（USD 10000）

指　　标	Item	2000	2005	2010	2013	2014
进出口总额	**Total Imports and Exports**	**334689**	**911971**	**2427677**	**4563375**	**4927279**
出口总额	Total Exports	217206	519038	1241288	2825638	3149309
初级产品	Primary Products	28988	37045	78229	182310	193288
工业制成品	Industrial Manufactured Goods	188218	481993	1163059	2643328	2956021
进口总额	Total Imports	117483	392933	1186388	1737737	1777970
初级产品	Primary Products	45718	208280	629398	997841	907582
工业制成品	Industrial Manufactured Goods	71765	184653	556991	739896	870387
进出口差额	Import and Export Balance	+99723	+126105	+54900	+1087901	+1371339
利用外商直接投资	**Foreign Direct Investment Utilization**					
新批项目（个）	The New Projects (unit)	247	421	281	246	256
合同外资额	The Contract Amount of Foreign Investment	63602	155358	216462	268851	310969
实际利用外商直接投资额	The Actual Use of Foreign Direct Investment	31847	68845	501446	1068772	1233978
外商投资企业基本情况	**The Basic Situation of Enterprises With Foreign Investment**					
年底登记户数（户）	At The End of The Registration Number (household)	2216	2165	2546	4466	4722
投资总额	The Total Amount of Investment	914400	1548601	3032426	4161207	4784657
注册资本	Registered Capital	586788	890476	1734905	2266047	2605455
#外　方	Foreign	341328	593280	1293032	1673775	1879129
对外承包工程和劳务合作	**Foreign Contracted Projects and Labor Service Cooperation**					
对外承包工程新签合同额	Newly Signed Contract of Foreign Contracted Projects	11768	36396	151147	275023	266764
对外承包工程完成营业额	Foreign Contracted Projects Completed Turnover	7308	12585	192746	291394	322693
劳务人员实际收入总额	Labor Income Amount				18161	18371
外派劳务人数（人）	Expatriate Population (person)	2019	5756	12631	12531	14139
年末在外劳务人员（人）	At the end of the Year in Foreign Labor Service Personnel (person)	4272	11042	20236	21655	24709
对外投资	**Foreign Investment**					
新批境外企业（机构）数（家）	A new Batch of Overseas Enterprises (Institutions) Number (home)		15	44	59	100
协议对外投资额	Agreement of Foreign Investment		704	112504	271752	180861
实际对外投资额	The Actual Amount of Foreign Investment		1841	80966	68576	46877

注：2013年以后外商投资企业年底登记户数含外商投资企业分支机构。

a) By the end of 2013 registration number of enterprises with foreign investment include branches of enterprises .

17—2 海关出口商品分类金额
Value of Exports by Category of Commodities (Customs Statistics)

单位：万美元（USD 10000）

指　　标	Item	2000	2005	2010	2013	2014
总　　额	**Total**	**217206**	**519038**	**1241288**	**2825638**	**3149309**
初级产品	Primary Goods	28988	37045	78229	182310	193288
食品及主要供食用的活动物	Food and Live Animals Used Chiefly for Food	18098	22603	47659	77706	84682
饮料及烟类	Beverages and Tobacco	29	17	129	298	154
非食品原料	Non-edible Raw Materials	10246	14288	29947	43777	46106
矿物燃料、润滑油及有关原料	Mineral Fuels, Lubricants and Related Materials	596	16	65	539	385
动、植物油脂及腊	Animal and Vegetable Oils, Fats and Wax	19	121	428	59990	61962
工业制成品	Manufactured Goods	188218	481993	1163059	2643328	2956021
化学品及有关产品	Chemicals and Related Products	22855	60227	148644	191105	211862
轻纺产品、橡胶制品、矿冶产品及其制品	Light and Textile Industrial Products, Rubber Products, Minerals Metallurgical Products	72552	205767	281446	867486	899024
机械及运输设备	Machinery and Transport Equipment	25386	142220	421797	878659	1183961
杂项制品	Miscellaneous Products	67425	72718	310905	601633	541857
未分类的商品	Goods not Classified		1061	267	104444	119316

17—3 海关进口商品分类金额
Value of Imports by Category of Commodities (Customs Statistics)

单位：万美元（USD 10000）

指　　标	Item	2000	2005	2010	2013	2014
总　　额	**Total**	**117483**	**392933**	**1186388**	**1737737**	**1777970**
初级产品	Primary Goods	45718	208280	629398	997841	907582
食品及主要供食用的活动物	Food and Live Animals Used Chiefly for Food	941	8113	27272	76953	79492
饮料及烟类	Beverages and Tobacco		4	110	458	430
非食品原料	Non-edible Raw Materials	43747	189954	568818	821418	739888
矿物燃料、润滑油及有关原料	Mineral Fuels, Lubricants and Related Materials	577	8101	26226	27883	37336
动、植物油脂及腊	Animal and Vegetable Oils, Fats and Wax	453	2108	6971	71130	50437
工业制成品	Manufactured Goods	71765	184653	556991	739896	870387
化学品及有关产品	Chemicals and Related Products	12448	30386	60091	102020	119552
轻纺产品、橡胶制品、矿冶产品及其制品	Light and Textile Industrial Products, Rubber Products, Minerals Metallurgical Products	14791	42157	85325	169930	168219
机械及运输设备	Machinery and Transport Equipment	41439	102515	367495	329982	380226
杂项制品	Miscellaneous Products	3087	9595	43856	75065	94212
未分类的商品	Goods not Classified			224	62899	108179

17—4 海关进出口商品分类金额

Value of Imports and Exports by Category of Commodities (Customs Statistics)

单位：万美元（USD 10000）

品名	Item	2013 出口 Exports	2013 进口 Imports	2014 出口 Exports	2014 进口 Imports
总值	**Total**	**2825638**	**1737737**	**3149309**	**1777970**
初级产品	**Primary Goods**	**182310**	**997841**	**193288**	**907582**
食品及活动物	Food and Live Animals	77706	76953	84682	79492
活动物	Live Animals	564		454	1084
肉及肉制品	Meat and Related Products	1324	8410	876	7010
乳品及蛋品	Dairy Products and Eggs	12	11938	33	11941
鱼、甲壳及软体类动物及其制品	Fish, Shellfish and Mollusks and Related Products	4395	548	5956	267
谷物及其制品	Cereals and Related Products	4413	3065	4911	6152
蔬菜及水果	Vegetables and Fruits	25175	17338	22190	22769
糖、糖制品及蜂蜜	Sugar, Sugar Products and Honey	7423	582	8306	317
咖啡、茶、可可、调味料及其制品	Coffee, Tea, Coco, Spices and Related Products	14991	691	20815	2249
饲料（不包括未碾磨谷物）	Feed (excluding unbranded cereal)	2173	15197	1732	12003
杂项食品	Miscellaneous Food	17236	19183	19409	15701
饮料及烟类	Beverages and Tobacco	298	458	154	430
饮　料	Beverages	297	458	154	430
烟草及其制品	Tobacco and Its Products	1			
非食用原料（燃料除外）	Inedible Material (excluding fuel)	43777	821418	46106	739888
生皮及生毛皮	Raw Hides and Raw Furs	92	575	178	452
油籽及含油果实	Oil Seeds and Fruits Containing Oil	5735	14085	5532	25636
生橡胶（包括合成橡胶及再生橡胶）	Raw Rubber (including synthetic rubber and reclaimed rubber)	470	21299	627	23771
软木及木材	Cork and Timber	4428	13875	5561	17255
纸浆及废纸	Paper Pulp and Waste Paper	2192	39605	2178	45716
纺织纤维（羊毛条除外）及其原料	Textile Fibers (excluding wool taps) and Related Waste Material	7473	15798	7646	7850
天然肥料及矿物（煤、石油及宝石除外）	Natural Fertilizer and Mineral (excluding coal, petroleum and precious stone)	2131	1455	3118	1369
金属矿砂及金属废料	Metal Ore and Metal Waste Material	37	713782	19	617131
其他动、植物原料	Other Animal and Plant Material	21221	945	21247	706
矿物燃料、润滑油及有关原料	Mineral Fuel, Lubrication Oil and Related Raw Material	539	27883	385	37336
煤、焦炭及煤砖	Coal, Coke and Briquette	162	17481	109	20349
石油、石油产品及有关原料	Petroleum, Petroleum Products and Related Material	115	9345	150	16292
天然气及人造气	Natural Gas and Person Gas-producing	262	1057	125	696
动植物油、脂及蜡	Animal Fat, Vegetable Oil and Wax	59990	71130	61962	50437
动物油、脂	Animal Fat	288	3175	258	3017
植物油、脂	Vegetable Oil	209	58309	545	41898
已加工的动植物油、脂及动植物蜡	Processed Animal Fat, Vegetable Oil and Wax	36	95	61	348
其他动植物油、脂及蜡	Other Animal Fat,Vegetable Oil and Wax	59457	9551	61099	5175
工业制品	**Industrial Products**	**2643328**	**739896**	**2956021**	**870387**
化学成品及有关产品	Chemical Products and Related Products	191105	102020	211862	119552
有机化学品	Organic Chemical Products	78031	30264	83093	21692
无机化学品	Inorganic Chemical Products	28924	2820	27528	3315

17—4 续表 continued

单位：万美元（USD 10000）

品名	Item	2013 出口 Exports	2013 进口 Imports	2014 出口 Exports	2014 进口 Imports
染料、鞣料及着色料	Dyestuff, Tanning Material and Coloring Material	7204	1794	7977	2244
医药品	Medical and Pharmaceutical Products	15991	1829	19662	2264
精油、香料及盥洗、光洁制品	Essential Oil, Perfume, Sanitary and Surface Finishing Articles	15898	8700	17292	5779
制成废料	Produced Wasted Articles	8062		15465	
初级形状的塑料	Primary Shaped Plastics	10381	40997	12368	61800
非初级形状的塑料	Non-primary Shaped Plastics	17533	4020	18422	5423
其他化学原料及产品	Other Chemical Material and Products	9082	11596	10057	17033
轻纺产品、橡胶制品、矿冶产品及其制品	Textile Products, Rubber Products, Mining and Metallurgical Products	867486	169930	899024	168219
皮革、皮革制品及已鞣毛皮	Leather and Its Products and Tan Hide	38502	13	27193	15
橡胶制品	Rubber Products	56164	16878	53388	13155
软木及木制品（家具除外）	Cork and Wooden Products (excluding furniture)	13759	1311	17336	1772
纸及纸板、纸浆、纸及纸板制品	Paper, Paperboard, Paper Pulp and Paper Products	41030	1707	43035	1533
纺纱、织物、制成品及有关产品	Spinning, Fabric and Related Products	357367	28800	383044	36216
非金属矿物制品	Nonmetal Mineral Products	108357	23082	87324	25924
钢　铁	Iron and Steel	70301	17238	100140	13945
有色金属	Nonferrous Metal	58823	75778	71792	68132
金属制品	Metal Products	123183	5123	115772	7527
机械及运输设备	Machinery and Transportation Equipment	878659	329982	1183961	380226
动力机械及设备	Dynamic Machinery and Equipment	41237	22478	45676	24992
特种工业专用机械	Special Industrial Machinery	62172	61101	336838	45773
金工机械	Metalworking	9320	39919	14606	24234
通用工业机械设备及零件	General Industrial Machinery Equipment and Accessories	165192	138760	172626	149178
办公用机械及自动数据处理设备	Office Machinery and Automatic Data Processing Equipment	88417	29964	39841	82035
电信和声音的录制及重放装置设备	Telecommunication, Sound Recording and Playing Equipment	58142	2745	73606	2865
电力机械、器具及其电气零件	Electric Machinery, Implements and Spare Parts	225081	32308	279405	46443
陆路车辆（包括气垫式）	Land Route Vehicles (including hover-motor)	194724	2535	186330	4235
其他运输设备	Other Transportation Equipment	34373	172	35034	470
杂项制品	Miscellaneous Manufactured Articles	601633	75065	541857	94212
活动房屋、卫生水道、供热及照明装置	Prefabricated House, Sanitation, Water Pipe, Heating and Lighting Installation	70826	224	67727	456
家具及其零件、褥垫及类似填充制品	Furniture and Accessories, Mattress, Bedding Articles	117113	208	74698	143
旅行用品、手提包及类似品	Box and Bag, Travel Goods	45128	15	29753	18
服装及衣着附件	Garments, Clothing Accessories	10193	47	10467	116
鞋　靴	Footwear	83230	60	69846	11
专业、科学及控制用仪器装置	Professional, Scientific and Dominating Instrument	81193	47657	108123	65078
摄影器材、光学物品及钟表	Photographic Equipment, Optical Goods, Clocks and Watches	10019	14598	7313	15596
杂项制品	Miscellaneous Manufactured Articles	183932	12257	173931	12793
未分类的商品	Goods Not Classified	104444	62899	119316	108179

17—5 安徽省同各国（地区）进出口总额
Anhui's Foreign Trade With Related Countries and Territories

单位：万美元（USD 10000）

国别（地区）	Country (region)	2013 进出口总额 Total	2013 出口总额 Exports	2013 进口总额 Imports	2014 进出口总额 Total	2014 出口总额 Exports	2014 进口总额 Imports
合　计	**Total**	**4563375**	**2825638**	**1737737**	**4927279**	**3149309**	**1777970**
亚　洲	**Asia**	**1854714**	**1187392**	**667322**	**2223971**	**1427250**	**796721**
阿富汗	Afghanistan	333	333		798	798	
巴　林	Bahrain	4031	4019	12	6535	6532	3
孟加拉国	Bangladesh	24229	23428	801	25615	24425	1190
不　丹	Kingdom of Bhutan	83	83		8	8	
文　莱	Brunei	5617	5617		2836	2836	
缅　甸	Myanmar	6002	5980	22	11692	11687	5
柬埔寨	Cambodia	5596	4809	787	8870	6815	2054
塞浦路斯	Cyprus	925	925		453	453	
朝　鲜	Democratic People's Republic of Korea	14433	13535	899	16798	16335	463
香　港	Hong Kong	134344	132334	2009	150425	148053	2373
印　度	India	110760	69697	41063	119741	87391	32350
印度尼西亚	Indonesia	136627	69814	66814	111419	69857	41562
伊　朗	Iran	69033	59173	9860	182931	154547	28384
伊拉克	Iraq	13249	13244	5	12702	12702	
以色列	Israel	14552	13012	1540	13327	12028	1299
日　本	Japan	266259	125889	140371	295476	153541	141935
约　旦	Jordan	6798	6758	40	6560	6530	30
科威特	Kuwait	5051	4901	150	16220	15317	902
老　挝	Laos	10499	924	9575	14407	999	13408
黎巴嫩	Lebanon	4801	4801		5585	5581	4
澳　门	Macao	9307	9307		8038	8038	0
马来西亚	Malaysia	152483	109445	43038	114590	51651	62939
马尔代夫	Maldives	82	82		113	113	
蒙　古	Mongolia	1197	1197		1683	867	816
尼泊尔	Nepal	383	383		439	439	
阿　曼	Oman	4704	4662	42	4628	3291	1336
巴基斯坦	Pakistan	25959	21415	4544	28202	21689	6514
巴勒斯坦	Palestine	188	188		20	20	
菲律宾	The Philippines	38405	26263	12142	49413	26191	23222
卡塔尔	Qatar	6453	4725	1727	9125	7067	2058
沙特阿拉伯	Saudi Arabia	47187	37757	9430	36257	29018	7239
新加坡	Singapore	70711	62570	8141	66272	53888	12384
韩　国	Republic of Korea	209458	81129	128329	244989	101917	143072
斯里兰卡	Sri Lanka	5438	4706	733	4719	4064	656
叙利亚	Syria	1861	1861		1569	1569	
泰　国	Thailand	76719	45610	31109	92185	50228	41957
土耳其	Turkey	36669	29989	6680	41671	37762	3909
阿联酋	United Arab Emirates	65947	59023	6923	123645	113919	9726
也门共和国	Arab Republic of Yemen	5999	5948	50	4249	4204	46
越　南	Viet Nam	59739	53370	6369	106917	98126	8791
台　湾	Taiwan	146774	47021	99753	209029	60275	148753
东帝汶	East Timor	83	83		161	161	
哈萨克斯坦	Kazakhstan	6431	5984	447	4750	4740	11

17—5 续表1 continued

单位：万美元（USD 10000）

国 别（地区）	Country (region)	2013			2014		
		进出口总额 Total	出口总额 Exports	进口总额 Imports	进出口总额 Total	出口总额 Exports	进口总额 Imports
吉尔吉斯坦	Kirghiz Tanzania	3760	3759	1	2760	2760	
塔吉克斯坦	Tajikistan	799	799		723	723	
土库曼斯坦	Turkmenistan	5434	5434		2774	2749	25
乌兹别克斯坦	Uzbekistan	5585	5408	176	5735	5345	390
亚洲其他	Other of Asia	33738		33738	56919	3	56916
非 洲	**Africa**	**292513**	**250439**	**42075**	**262789**	**217180**	**45609**
阿尔及利亚	Algeria	31187	31177	10	26852	26811	41
安哥拉	Angola	11686	11686		12899	12899	
贝 宁	Benin	5834	5723	110	6916	6654	262
博茨瓦那	Botswana	452	452		429	429	
布隆迪	Burundi	28	28		61	61	
喀麦隆	Cameroon	2908	2807	102	4253	4251	2
加那利群岛	Canary Islands				4	4	
佛得角	Cape Verde	136	136		103	103	
中 非	Central Africa				73	73	
乍 得	Chad	18	18		10	10	
科摩罗	Comoros	62	62		87	87	
刚 果	The Congo	1201	1199	2	1160	1160	
吉布提	Djibouti	1575	1575		1154	1154	
埃 及	Egypt	20429	20258	171	22127	22026	100
赤道几内亚	Equatorial Guinea	176	176		249	249	
埃塞俄比亚	Ethiopia	11351	8574	2778	10825	4573	6252
加 蓬	Gabon	777	570	207	569	459	110
冈比亚	Gambia	603	603		441	441	
加 纳	Ghana	11391	10751	640	9415	9014	402
几内亚	Guinea	3084	2452	632	2643	2643	
几内亚比绍	Guineabissau	119	119		14	14	
科科迪瓦	Cote D'ivoire	1998	1938	60	2615	2043	571
肯尼亚	Kenya	8423	8407	16	6930	6387	543
利比里亚	Liberia	5909	5907	1	335	325	9
利比亚	Libya	4530	4530		4298	4298	
马达加斯加	Madagascar	1167	1167		1249	1238	11
马拉维	Malawi	1446	1446		985	979	6
马 里	Mali	1295	797	498	1773	232	1541
毛里塔尼亚	Mauritania	2865	1237	1627	1565	1565	
毛里求斯	Mauritius	1006	1006		1012	1012	
摩洛哥	Morocco	10512	9377	1136	9417	9031	386
莫桑比克	Mozambique	5571	4537	1033	7138	4556	2582
纳米比亚	Namibia	472	472		492	492	
尼日尔	Niger	957	449	508	1337	227	1111
尼日利亚	Nigeria	27218	26991	227	28234	27777	457
留尼汪	Reunion	230	230		288	288	
卢旺达	Rwanda	116	116		114	114	
塞内加尔	Senegal	3897	3886	12	4840	4783	57
塞舌尔	Seychelles	29	29		45	45	

17—5 续表2 continued

单位：万美元（USD 10000）

国 别（地区）	Country (region)	2013 进出口总额 Total	2013 出口总额 Exports	2013 进口总额 Imports	2014 进出口总额 Total	2014 出口总额 Exports	2014 进口总额 Imports
塞拉利昂	Sierra Leone	430	429	2	523	522	1
索马里	Somali	343	343		361	361	
南 非	South Africa	40038	35377	4660	31799	29158	2640
苏 丹	Sudan	14753	11526	3227	5924	3141	2783
坦桑尼亚	Tanzania	8611	4599	4012	8908	5168	3740
多 哥	Togo	20146	18387	1759	12158	8615	3543
突尼斯	Tunisia	3164	3123	41	2640	2593	48
乌干达	Uganda	1589	855	734	3426	806	2621
布基纳法索	Burkina Faso	291	270	21	100	100	
扎伊尔	Zaire	9153	2135	7019	8996	6535	2461
赞比亚	Zambia	11499	669	10829	5752	657	5095
津巴布韦	Zimbabwe	1463	1463		646	646	
莱索托	Lesotho	104	104		163	163	
梅利利亚	Melilla				29	29	
斯威士兰	Swaziland				476	13	462
厄立特里亚	Eritrea	51	51		7857	89	7767
马约特岛	Mayuete Island	174	174		48	48	
南苏丹共和国	Republic of South Sudan	49	49		32	28	4
欧 洲	**Europe**	**745970**	**570370**	**175600**	**806746**	**625167**	**181579**
比利时	Belgium	32523	27997	4525	30713	24729	5984
丹 麦	Denmark	11527	9949	1578	13857	12883	974
英 国	United Kingdom	86340	81143	5197	101426	95058	6368
德 国	Germany	174301	92137	82163	180940	106751	74189
法 国	France	46795	39240	7555	50308	42167	8141
爱尔兰	Ireland	6033	2685	3348	3925	3371	554
意大利	Italy	56581	40674	15907	55933	40746	15187
卢森堡	Luxembourg	483	337	146	567	171	396
荷 兰	Netherlands	61978	56699	5279	67205	58441	8764
希 腊	Greece	6715	6222	493	8088	6921	1167
葡萄牙	Portugal	5699	4419	1280	7512	7258	253
西班牙	Spain	38587	33707	4879	53988	35860	18129
阿尔巴尼亚	Albania	1328	767	561	1042	949	93
安道尔	Andorra	4	4		4	4	
奥地利	Austria	8660	3672	4988	9459	3420	6040
保加利亚	Bulgariy	2445	1987	458	2567	1883	684
芬 兰	Finland	18453	8208	10245	10083	8462	1621
匈牙利	Hungary	4210	4013	197	5175	4552	623
冰 岛	Iceland	267	71	196	234	234	
列支敦士登	Principality of Liechtenstein	32	2	30	6		6
马耳他	Malta	6371	6260	111	1930	1719	211
摩纳哥	Monaco	469	469		15	14	
挪 威	Norway	7595	5024	2571	7400	4874	2526
波 兰	Poland	25154	23267	1887	30855	26935	3920
罗马尼亚	Romania	4422	4346	76	7788	6359	1429
瑞 典	Sweden	12866	9425	3441	19442	16071	3372
瑞 士	Switzerland	8995	5242	3754	8714	4930	3784

17—5 续表3 continued

单位：万美元（USD 10000）

国 别（地区）	Country (region)	2013 进出口总额 Total	出口总额 Exports	进口总额 Imports	2014 进出口总额 Total	出口总额 Exports	进口总额 Imports
爱沙尼亚	Estonia	3325	3309	16	3504	3393	112
拉脱维亚	Latvia	1656	1654	2	2085	2084	
立陶宛	Lithuania	3976	3947	30	3323	3267	56
格鲁吉亚	Georgia	1641	1617	23	1058	1035	23
亚美尼亚	Armenia	139	139		1890	206	1684
阿塞拜疆	Azerbaijan	661	661		780	773	7
白俄罗斯	Byelorussia	740	740		1066	1065	1
摩尔多瓦	Moldora	130	128	3	311	306	5
俄罗斯	Russia	72271	61550	10721	80937	72524	8413
乌克兰	Ukraine	13490	13314	176	10568	8463	2105
斯洛文尼亚	Slovenia	4558	3744	814	3648	2746	902
克罗地亚	Croatia	2609	1938	671	2419	2078	341
捷克共和国	Czech	8589	6355	2234	11131	8544	2587
斯洛伐克	Slovak	2410	2365	44	3947	3063	884
前南马其顿	Macedonia	202	202		261	239	22
波 黑	Bosnia	34	34		113	92	21
塞尔维亚	Serbra	464	464		341	341	
黑 山	Montenegro	247	247		178	178	
直布罗陀	Gibraltar				8	8	
拉丁美洲	**Latin America**	**743316**	**291737**	**451580**	**664290**	**257363**	**406927**
安提瓜	Antigua	6	6		4	4	
阿根廷	Argentina	24818	18790	6028	13567	12426	1141
阿鲁巴岛	Aruba Island	25	25		25	25	
巴哈马	The Bahamas	350	350		188	188	
巴巴多斯	Barbados	48	43	5	43	36	7
伯利兹	Belize	53	53		49	49	
玻利维亚	Bolivia	2065	1930	135	1912	1892	20
巴 西	Brazil	132290	65245	67045	122444	59383	63061
智 利	Chile	276615	38356	238259	241170	34742	206428
开曼群岛	Cayman Islands				2	2	
哥伦比亚	Colombia	17895	17753	142	26614	26487	127
多米尼克	Commonwealth of Dominica	19	19		22	22	
哥斯达黎加	Costa Rica	2200	2192	8	2489	2485	4
古 巴	Cuba	1766	1766		527	527	
库腊索岛	Curacao	26	26		21	21	
多米尼加	Dominican	1465	1426	38	2332	1460	872
厄瓜多尔	Ecuador	8998	8291	706	9068	8729	339
法属圭亚那	French Guiana	38	38		27	27	
格林纳达	Grenada	98	98		18	18	
瓜德罗普	Guaderopu	99	99		118	118	
危地马拉	Guatemala	2573	2570	3	2577	2562	15
圭亚那	Guyana	305	305		133	133	
海 地	Haiti	808	808		1054	1054	

17—5 续表4 continued

单位：万美元（USD 10000）

国别（地区）	Country (territory)	2013 进出口总额 Total	2013 出口总额 Exports	2013 进口总额 Imports	2014 进出口总额 Total	2014 出口总额 Exports	2014 进口总额 Imports
洪都拉斯	Honduras	4094	4083	12	744	731	12
牙买加	Jamaica	5896	5896		949	949	
马提尼克	Matinik	51	51		33	33	
墨西哥	Mexico	45522	30406	15116	72015	38618	33398
尼加拉瓜	Nicaragua	691	691		684	683	1
巴拿马	Panama	20838	20617	220	13634	13221	413
巴拉圭	Paraguay	4446	4422	24	3651	3607	43
秘　鲁	Peru	135416	15617	119800	111671	14631	97041
波多黎各	Puerto Rico	807	807		936	927	9
圣卢西亚	Saint Lucia	135	135		122	122	
圣马丁岛	Saint Martin Island	9	9		3	3	
圣文格林纳	Saint Article Greener	7	7		39	39	
萨尔瓦多	El Salvador	1000	1000		1037	1037	
苏里南	Surinam	626	626		356	344	12
特立—巴哥	Trinidad and Tobago	454	454		633	633	
乌拉圭	Uruguay	15531	11494	4038	10263	7193	3070
委内瑞拉	Venezuela	35188	35188		23027	22114	913
英属维尔京群岛	Virgin	4	4		3	3	
圣其茨和尼维斯	Federation of Saint Kitts and Nevis				7	6	1
荷属安第列斯群岛	Antilles Guilder Ang	40	40		78	78	
北美洲	**North America**	**661708**	**470722**	**190986**	**744905**	**562097**	**182808**
加拿大	Canada	105914	48222	57692	93129	47740	45389
美　国	United States	555744	422477	133268	651757	514345	137413
格陵兰	Greenland	26		26	6		6
百慕大	Bermuda Is.	24	24		13	13	
大洋洲	**Oceanic**	**265098**	**54978**	**210120**	**224536**	**60248**	**164288**
澳大利亚	Australia	250212	43662	206550	206307	47828	158479
库克群岛	Cook Islands	1	1		89	89	
斐　济	Fiji	530	530		766	766	
瑙　鲁	Nauru				1	1	
新喀里多尼	New Karidoni	146	146		121	121	
瓦努阿图	Vanuatu	38	38		33	33	
新西兰	New Zealand	9985	6420	3564	13701	7895	5806
巴布亚新几内亚	Papua New Guinea	1075	1071	4	774	773	1
社会群岛	Society Islands	9	9				
所罗门群岛	Solomon Is.	184	184		32	32	
汤　加	Tonga	58	58		6	6	
萨摩亚	Samoa	84	84		31	31	
基里巴斯	Kiribati	120	120		15	15	
图瓦卢	Tuvalu	10	10				
密克罗尼西	Micronesia	7	7				
马绍尔群岛	Marshall Island	2539	2539		2541	2541	
贝劳共和国	Palau	1	1		11	11	
法属波利尼西亚	French Polynesia	98	95	2	107	105	2
大洋洲其他	Other of Oceania				2	2	
国别(地区)不详	**Nationality (Area) Unclear**	**56**		**56**	**42**	**4**	**38**

17—6 进出口商品贸易方式总值（2014年）
Total Value of Import and Export Trade Way (2014)

单位：万美元（USD 10000）

指标	Item	进出口 Imports & Exports 金额 Value	进出口 比重(%) Portion (%)	出口 Exports 金额 Value	出口 比重(%) Portion (%)	进口 Imports 金额 Value	进口 比重(%) Portion (%)
总计	**Total**	**4927279**	**100.00**	**3149309**	**100.00**	**1777970**	**100.00**
一般贸易	General Trade	3454238	70.10	2196147	69.73	1258091	70.76
国家间、国际组织无偿援助和赠送的物资	Between Countries, International Organizations Aid and Donated Materials	1421	0.03	1421	0.05		
其他境外捐赠物资	Other Donations of Goods Outside						
补偿贸易	Compensation						
来料加工装配贸易	Assembly Processing Trade	20761	0.42	12886	0.41	7875	0.44
进料加工贸易	Processing With Imported Trade	1153985	23.42	862738	27.39	291247	16.38
加工贸易进口设备	Processing Trade Imported Equipment	1				1	
寄售代销贸易	Consignment Selling Trade						
边境小额贸易	Small Amount Border Trade						
对外承包工程出口货物	Exports Contracted Projects	24742	0.50	24742	0.79		
租赁贸易	Lease Trade	56		40		16	
外商投资企业作为投资进口的设备、物品	Foreign-invested Enterprises as the Import Investment of Equipment, Goods	12791	0.26			12791	0.72
出料加工	Material Processing	5753	0.12	1622	0.05	4131	0.23
易货贸易	Barter						
免税外汇商品	Duty-free Foreign Exchange Goods						
保税仓库进出境货物	Inward and Outward Goods of Free Trade Storehouse	41883	0.85	14116	0.45	27767	1.56
保税区仓储转口货物	Re-export Goods of Free Trade Zone	203219	4.12	32038	1.02	171180	9.63
出口加工区进口设备	Export Processing Zones Imported Equipment	2901	0.06			2901	0.16
其他	Other	5529	0.11	3559	0.11	1970	0.11

17—7 外国及港澳台直接投资（按投资方式）
Foreign and Hong Kong, Macao and Taiwan Direct Investment (fdi) (by way)

单位：万美元（USD 10000）

指标	Item	2000	2005	2010	2013	2014
新批项目	**A new Batch of Project**	**247**	**421**	**281**	**246**	**256**
#合资经营	Joint Ventures Enterprises	106	168	100	108	103
合作经营	Cooperative Operation Enterprises	27	18	8	5	3
独资经营	Foreign Own Investment Enterprises	114	233	172	131	147
外商投资股份制	Foreign Invested Shareholding Enterprises		2	1	1	3
合同外资额	**More Foreign Contract**	**63602**	**155358**	**216462**	**268851**	**310969**
#合资经营	Joint Ventures Enterprises	5974	41919	47726	110209	107022
合作经营	Cooperative Operation Enterprises	20784	9563	9115	18279	8020
独资经营	Foreign Own Investment Enterprises	36844	102721	156738	136011	188572
外商投资股份制	Foreign Invested Shareholding Enterprises		1155	2883	3351	7355
实际利用外商直接投资额	**Actual Use of Foreign Direct Investment**	**31847**	**68845**	**501446**	**1068772**	**1233978**
#合资经营	Joint Ventures Enterprises	11921	24801	173910	327720	428324
合作经营	Cooperative Operation Enterprises	6965	2316	3922	4414	4407
独资经营	Foreign Own Investment Enterprises	12961	41728	307925	708629	771762
外商投资股份制	Foreign Invested Shareholding Enterprises			15689	28009	29485

17—8 外国和港澳台地区直接投资（按行业）（2014年）
Direct Investment of Foreign Countries, Hong Kong, Macao and Taiwen by Sector (2014)

指标	Item	新签协议 Newly Signed Agreement 合同数（个） Number of Contracts (unit)	投资额（万美元） Investment (USD 10000)	实际投资合计（万美元） Total Actual Investment (USD 10000)	期末实有企业数（个） Number of Enterprises at the End of the Period (unit)	#本期新增企业 Newly Increased In this Period
总　计	**Total**	**256**	**310969**	**1233978**	**4722**	**576**
按投资方式分	**Grouped by Type of Investment**					
#合资企业	Joint Ventures Enterprises	103	107022	428324	1049	82
合作企业	Cooperative Operation Enterprises	3	8020	4407	46	1
外资企业	Foreign Investment Enterprises	147	188572	771762	1328	113
外商投资股份制	Foreign Invested Shareholding Enterprises	3	7355	29485	32	1
按国民经济行业分	**Grouped by Sector**					
农林牧渔业	Farming, Forestry, Animal Husbandry and Fishery	12	13315	30535	70	11
采矿业	Mining and Quarrying	1	65	8856	30	
制造业	Manufacturing	113	126080	549605	1605	83
电力、煤气及水的生产和供应业	Production and Supply of Electric Power, Gas and Water	16	25715	69147	192	15
建筑业	Construction	1	405	8108	105	9
交通运输、仓储及邮政业	Transportation, Storage and Postal Services	2	7763	38435	79	2
信息传输、计算机服务和软件业	Information Circulation, Computer Service and Software	11	6955	12699	421	85
批发和零售业	Wholesale and Retail Trade	34	2812	27970	922	208
住宿和餐饮业	Accommodation and Catering Trade	11	1074	7595	328	52
金融业	Banking	8	36233	36757	200	16
房地产业	Real Estate Trade	5	44788	360717	256	12
租赁和商务服务业	Leasing and Commercial Services	25	35054	38163	243	53
科学研究、技术服务和地质勘查业	Scientific Research, Technical Services and Geological Prospecting	8	2034	14638	120	23
水利、环境和公共设施管理业	Water Conservancy, Environmental and Public Facilities Management	2	1273	10140	34	3
居民服务和其他服务业	Resident Services and Other Services	6	7018	13266	94	3
教　育	Education			3143		
卫生、社会保障和社会福利业	Health Care, Social Protection and Social Welfare					
文化、体育和娱乐业	Culture, Sports and Entertainment	1	387	4207	22	1
其他行业	Others				1	

17—9 外国和港澳台地区直接投资（按国别和地区）（2014年）

Direct Investment of Foreign Countries and Hong Kong, Macao and Taiwen by Countries and Regions (2014)

指　标	Item	新签协议 Newly Signed Agreement		实际投资合计（万美元）Total Actual Investment (USD 10000)	期末实有企业数（个）Number of Enterprises at the End of the Period (unit)	
		合同数（个）Number of Contracts (unit)	投资额（万美元）Investment (USD 10000)			#本期新增企业 Newly Increased In this Period
合　计	**Total**	**256**	**310969**	**1233978**	**4722**	**576**
亚　洲	**Asia**	**182**	**216621**	**964417**	**1441**	**92**
日　本	Japan	11	3080	53447	146	4
韩　国	Republic of Korea	11	2676	5287	71	4
香　港	Hong Kong	110	199839	768134	856	64
澳　门	Macao	1	1403	149	11	
台　湾	Taiwan	39	16794	81089	218	13
亚洲其他	Other of Asia	10	-7171	56311	139	7
非　洲	**Africa**	**5**	**4115**	**18465**	**21**	**3**
埃　及	Egypt	1	8	680	3	1
南　非	South Africa			670		
毛里求斯	Mauritius		120	1305	9	
塞舌尔	Seychelles	4	3987	2743	7	2
非洲其他	Other of Africa			13067	2	
欧　洲	**Europe**	**24**	**40893**	**85647**	**242**	**15**
英　国	United Kingdom	1	245	7515	34	3
德　国	Germany	6	4862	21254	58	3
法　国	France	1	963	7272	21	1
俄罗斯	Russia	1	80		10	
欧洲其他	Other of Europe	15	34743	49606	119	8
拉丁美洲	**Latin America**	**9**	**12433**	**61472**	**217**	**3**
巴　西	Brazil			850	5	
开曼群岛	Cayman Islands		2556	5175	15	
英属维尔京群岛	Virgin	8	9871	53092	174	3
拉丁美洲其他	Other of Latin America	1	5	2355	23	
北美洲	**North America**	**28**	**13368**	**73053**	**306**	**40**
加拿大	Canada	5	541	4574	45	7
美　国	United States	23	12828	68063	251	33
百慕大群岛	Bermuda Is.			416	10	
大洋洲	**Oceanic**	**12**	**23539**	**30926**	**94**	**9**
澳大利亚	Australia	6	19857	16640	44	5
新西兰	New Zealand	1	2	4341	8	
萨摩亚	Samoa	5	4530	9945	22	3
大洋洲其他	Other of Oceanic		-850		20	1
其　他	**Other**				**134**	**35**

17—10 按国别（地区）对外投资
According to the Country (region) of Foreign Investment

国　别（地区）	Country (region)	新批境外企业(机构)数（个）A new Batch of Foreign Enterprises (institutions) (unit)		协议对外投资额（万美元）Foreign Investment Agreement （USD 10000）		实际对外投资额（万美元）Actual Foreign Investment （USD 10000）	
		2013	2014	2013	2014	2013	2014
合　计	**Total**	**59**	**100**	**271752**	**180861**	**68576**	**46877**
亚　洲	**Asia**	**34**	**50**	**27642**	**56745**	**4680**	**17247**
印度尼西亚	Indonesia	4	2	650	3930	213	5127
中国香港	Hong Kong	17	27	12658	38200	3500	11432
中国澳门	Macao	1		362			
泰　国	Thailand	3	1	1490	217	103	296
缅　甸	Myanmar		3		1640		
老　挝	Laos		2		1460	23	20
马来西亚	Malaysia		1		152		
日　本	Japan		1		87		
孟加拉国	Bangladesh		1		300		
韩　国	Republic of Korea	2		9850		9	
印　度	India		1		16		
朝　鲜	Democratic People's Republic of Korea		1		140		
沙特阿拉伯	Saudi Arabia		1		200		
新加坡	Singapore		2		163	205	
越　南	Viet Nam	1		200		27	23
柬埔寨	Cambodia	3	4	2317	10001	583	350
阿联酋	United Arab Emirates	1	1	100	9		
巴基斯坦	Pakistan		1		50		
菲律宾	The Philippines	1		15		15	
台　湾	Taiwan	1					
哈萨克斯坦	Kazakhstan		1		180		
非　洲	**Africa**	**3**	**10**	**24709**	**83392**	**40830**	**543**
津巴布韦	Zimbabwe	2		24560		40117	333
赞比亚	Zambia		4		670	245	
安哥拉	Angola		1		140	263	
尼日利亚	Nigeria		1		400		100
莫桑比克	Mozambique		2		81197	146	28

17—10 续表 continued

国 别（地区）	Country (region)	新批境外企业(机构)数（个） A new Batch of Foreign Enterprises (institutions) (unit)		协议对外投资额（万美元） Foreign Investment Agreement （USD 10000）		实际对外投资额（万美元） Actual Foreign Investment （USD 10000）	
		2013	2014	2013	2014	2013	2014
刚 果	The Congo		1		5		
坦桑尼亚	Tanzania			100		60	72
肯尼亚	Kenya	1	1	49	980		10
欧 洲	**Europe**	**3**	**10**	**324**	**19771**	**3182**	**15329**
瑞 士	Switzerland					3152	119
英 国	United Kingdom		1		1572		
德 国	Germany				10		
法 国	France		4		7107		6873
意大利	Italy					5	5
荷 兰	Netherlands		1		1650		
西班牙	Spain		1		163		
奥地利	Austria		1		8880		8200
白俄罗斯	Byelorussia		1		230		10
俄罗斯	Russia	1	1	200	89	5	52
匈牙利	Hungary				70		70
立陶宛	Lithuania					20	
波 兰	Poland	1		100			
乌克兰	Ukraine	1		24			
拉丁美洲	**Latin America**	**3**	**2**	**36842**	**6570**	**10892**	**8504**
巴 西	Brazil	2		31782	6383	5700	8440
巴拉圭	Paraguay		1		160		
墨西哥	Mexico		1		27		
秘 鲁	Peru					132	64
开曼群岛	Cayman Islands	1		5060		5060	
北美洲	**North America**	**14**	**24**	**181435**	**13179**	**8267**	**3010**
美 国	United States	12	23	9257	12979	3541	1442
加拿大	Canada	2	1	172178	200	4726	1568
大洋洲	**Oceanic**	**2**	**4**	**800**	**1205**	**725**	**130**
澳大利亚	Australia		3	70	1005	442	130
新西兰	New Zealand	1		700		283	
巴布亚新几内亚	Papua New Guinea		1		200		
西萨摩亚	Western Samoa	1		30			

17—11 按国别（地区）对外承包工程和劳务合作
According to the Country (region) of Foreign Contracted Projects and Labor Service Cooperation

国 别（地区）	Country (region)	承包工程（万美元） Contracted Projects（USD 10000）				劳务合作（人） Labor Service Cooperation (person)			
		新签合同额 New Signing Stood		完成营业额 Complete Turnover		外派劳务人数 Field Services Number		年末在外人数 Out at the End of the Number	
		2013	2014	2013	2014	2013	2014	2013	2014
合 计	**Total**	**275023**	**266764**	**291394**	**322693**	**12531**	**14139**	**21655**	**24709**
亚 洲	**Asia**	**45118**	**111482**	**68712**	**92603**	**8216**	**8227**	**13052**	**14143**
阿 曼	Oman		80	137	129			40	40
阿联酋	United Arab Emirates			700	1210	50		38	26
哈萨克斯坦	Kazakhstan			10		2			
乌兹别克斯坦	Uzbekistan						160		85
老 挝	Laos	5208	11280	2766	6406	283	161	263	345
新加坡	Singapore	750		1738	584	1189	1122	2217	2760
巴基斯坦	Pakistan	140	345	3027	3266	150	116	264	220
菲律宾	The Philippines			5					
卡塔尔	Qatar								33
科威特	Kuwait		715	18795	24717	886	159	1125	601
中国香港	Hong Kong			10	10		8	10	22
尼泊尔	Nepal			1683	196			7	7
蒙 古	Mongolia	24		24				270	270
越 南	Viet Nam		1025	5154	1291	383	115	217	9
泰 国	Thailand	1755	27	837	4521	449	628	253	588
台湾省	Taiwan		135		135				
印 度	India		434	4227	1930	18	5	56	61
沙特阿拉伯	Saudi Arabia	8944		15292	15561	2568	3108	4277	5190
日 本	Japan					1046	917	2716	2227
以色列	Israel							148	
马来西亚	Malaysia	290	16176	1443	2958	138	372	133	425
阿富汗	Afghanistan	32		32					
土耳其	Turkey		1500	76	5	10		10	10
孟加拉国	Bangladesh			1734	2488		69	5	72
印度尼西亚	Indonesia	28044	29359	10902	18770	875	1089	833	1013
伊 朗	Iran		40645	48	6195		21		2
伊拉克	Iraq					163	39	170	
缅 甸	Myanmar		9761	72	2230	6	138		137
非 洲	**Africa**	**192370**	**144621**	**179723**	**160258**	**3979**	**5651**	**8082**	**10066**
毛里求斯	Mauritius					52		84	
埃 及	Egypt		740	1512	222	90			
喀麦隆	Cameroon		2116	966	2290	32	87	108	71
埃塞俄比亚	Ethiopia	6958	6170	6969	8438	228	151	261	208
赞比亚	Zambia	10243	15451	7919	11353	292	1808	450	1772

17—11 续表 continued

国 别（地区）	Country (region)	承包工程（万美元） Contracted Projects（USD 10000）				劳务合作（人） Labor Service Cooperation (person)			
		新签合同额 New Signing Stood		完成营业额 Complete Turnover		外派劳务人数 Field Services Number		年末在外人数 Out at the End of the Number	
		2013	2014	2013	2014	2013	2014	2013	2014
马拉维	Malawi	1699	850	2942	4681				
贝 宁	Benin	1300		500	817				
科特迪瓦	Cote D'ivoire			1936	1221	27	40	28	47
莫桑比克	Mozambique	66738	8227	21967	11626				
纳米比亚	Namibia		120		48				
阿尔及利亚	Algeria	5873	40002	52580	44230	1899	2274	2622	3579
坦桑尼亚	Tanzania		2470		14				1
多 哥	Togo				19				
突尼斯	Tunisia			3001	793	31	29	17	17
马 里	Mali		6200		81		11		11
毛里塔尼亚	Mauritania	183	3072	2475	4279	114	91	80	78
利比亚	Libya					2	5	2	
几内亚	Guinea				91				
肯尼亚	Kenya				2999		14		14
加 纳	Ghana			1971	898	15	8	24	12
安哥拉	Angola	28854	41006	52069	36196	595	591	3792	3598
赤道几内亚	Equatorial Guinea			3805	4831	362	167	346	323
苏 丹	Sudan		3038	34	3	8	2	10	11
马达加斯加	Madagascar	86	4592	1367	4955			5	5
刚果(布)	The Republic of Congo	63165		5528	2439	78	58	99	28
刚果(金)	The Democratic Republic of Congo		5234		9594		65		64
津巴布韦	Zimbabwe	6017	3810	7701	2760	4			
塞拉利昂	Sierra Leone	150		146	214		8		
尼日利亚	Nigeria	1104	231	4290	5007	138	214	143	200
莱索托	Lesotho		1292		160		28		27
欧 洲	**Europe**	**10**	**1492**	**433**	**9420**	**175**	**15**	**1**	**15**
俄罗斯联邦	Russia					23		1	
白俄罗斯	Byelorussia	10		433		152			
法 国	France		1492		165				
塞尔维亚	Serbra				9255		15		15
拉丁美洲	**Latin America**	**36892**	**9148**	**41442**	**60038**	**146**	**243**	**419**	**479**
委内瑞拉	Venezuela	20474	8962	37889	59737	120	168	303	372
巴巴多斯	Barbados					5	64	10	74
巴 西	Brazil	982		1792	14		2		
巴拿马	Panama						9		4
特克斯和凯科斯岛	Turks and Caicos Islands							57	
格林纳达	Grenada	14138	186	58	238				
厄瓜多尔	Ecuador	1190		1658				29	29
哥斯达黎加	Costa Rica	107		44	48				
大洋洲	**Oceanic**	**435**	**20**	**1002**	**375**	**1**	**3**	**87**	**6**
斐 济	Fiji					1	3	1	4
西萨摩亚	Western Samoa	3		19	2			2	2
新西兰	New Zealand		20		177				
澳大利亚	Australia	268		879	196			84	

17—12 外商投资企业年末企业数、投资总额及注册资本（2014年）
Number, Investment and Registered Capital of Foreign-funded Enterprises (2014)

项目	Item	企业数（个）Number of Registered Enterprises (unit)	投资总额（万美元）Total Investment (USD 10000)	注册资本（万美元）Registered Capital (USD 10000)	#外方 Capital Invested by Foreign Partner
总计	**Total**	**4722**	**4784657**	**2605455**	**1879129**
按投资方式分	**Grouped by Type of Investment**				
#中外合资	Joint Ventures Enterprises	1049	1985416	1029299	504684
中外合作	Cooperative Operation Enterprises	46	191207	77743	53887
外资企业	Foreign Investment Share Enterprises	1328	2369580	1250077	1248146
外商投资股份制	Foreign Invested Shareholding Enterprises	32	238454	238329	62449
按国民经济行业分	**Grouped by Sector**				
农林牧渔业	Farming, Forestry, Animal Husbandry and Fishery	70	189524	81331	74038
采矿业	Mining and Quarrying	30	39840	22404	14530
制造业	Manufacturing	1605	2616792	1432295	1002244
电力、煤气及水的生产和供应业	Production and Supply of Electric Power, Gas and Water	192	486601	166834	120404
建筑业	Construction	105	74852	40446	32076
交通运输、仓储及邮政业	Transportation, Storage and Postal Services	79	163276	103531	68920
信息传输、计算机服务和软件业	Information Circulation, Computer Service and Software	421	45660	18264	17460
批发和零售业	Wholesale and Retail Trade	922	213571	103464	86571
住宿和餐饮业	Accommodation and Catering Trade	328	58679	31669	27162
金融业	Banking	200	42684	31934	21201
房地产业	Real Estate Trade	256	444271	303545	242228
租赁和商务服务业	Leasing and Commercial Services	243	184393	155640	83675
科学研究、技术服务和地质勘查业	Scientific Research, Technical Services and Geological Prospecting	120	151537	80548	63589
水利、环境和公共设施管理业	Water Conservancy, Environmental and Public Facilities Management	34	60836	25977	20365
居民服务和其他服务业	Resident Services and Other Services	94	5476	3723	2058
教育	Education				
卫生、社会保障和社会福利业	Health Care, Social Protection and Social Welfare				
文化、体育和娱乐业	Culture, Sports and Entertainment	22	6665	3848	2608
其他行业	Others	1			

17—13 各市外商投资企业年末企业数、投资总额及注册资本（2014年）
Number, Investment and Registered Capital of Foreign-funded Enterprises by Region (2014)

地区	Region	企业数（个）Number of Registered Enterprises (unit)	投资总额（万美元）Total Investment (USD 10000)	注册资本（万美元）Registered Capital (USD 10000)	#外方 Capital Invested by Foreign Partner
总计	**Total**	**4722**	**4784657**	**2605455**	**1879129**
合肥市	Hefei	1855	2466609	1442384	975900
淮北市	Huaibei	97	101102	46253	29500
亳州市	Bozhou	88	25273	12611	7002
宿州市	Suzhou	136	102461	47039	38837
蚌埠市	Bengbu	224	126997	66799	55367
阜阳市	Fuyang	123	97141	37980	28004
淮南市	Huainan	100	138287	50409	45070
滁州市	Chuzhou	167	197919	97343	80107
六安市	Luan	171	97290	58518	49599
马鞍山市	Maanshan	284	232071	105256	83786
芜湖市	Wuhu	544	645846	355671	267006
宣城市	Xuancheng	188	92740	50240	38804
铜陵市	Tongling	105	114273	58568	37351
池州市	Chizhou	165	65824	37936	29920
安庆市	Anqing	214	188027	89445	71492
黄山市	Huangshan	158	92797	49002	41383

17—14 各市商品进出口总额
Import and Export Commodities by Region

单位：万美元（USD 10000）

地区	Region	2013 进出口总额 Total	2013 出口总额 Exports	2013 进口总额 Imports	2014 进出口总额 Total	2014 出口总额 Exports	2014 进口总额 Imports	同比增长% Increased by %
总计	**Total**	**4563375**	**2825638**	**1737737**	**4927279**	**3149309**	**1777970**	**8.0**
合肥市	Hefei	1819000	1189889	629111	2074136	1277371	796765	14.0
淮北市	Huaibei	46841	43828	3013	54808	51958	2850	17.0
亳州市	Bozhou	42630	37773	4857	36920	32313	4607	-13.4
宿州市	Suzhou	53463	47192	6271	65123	57419	7704	21.8
蚌埠市	Bengbu	170950	124423	46527	208032	162280	45752	21.7
阜阳市	Fuyang	136558	111401	25157	161012	145277	15735	17.9
淮南市	Huainan	50487	40634	9853	44695	35663	9032	-11.5
滁州市	Chuzhou	185545	138270	47275	220430	151523	68907	18.8
六安市	Luan	80064	77720	2344	68682	66311	2371	-14.2
马鞍山市	Maanshan	362511	138631	223880	297185	124558	172627	-18.0
芜湖市	Wuhu	543322	393136	150186	644665	497428	147237	18.7
宣城市	Xuancheng	187883	175152	12731	169018	158754	10264	-10.0
铜陵市	Tongling	582335	62213	520122	523873	85658	438215	-10.0
池州市	Chizhou	41018	25751	15267	41193	25982	15211	0.4
安庆市	Anqing	180426	149469	30957	225699	194864	30835	25.1
黄山市	Huangshan	80340	70154	10186	91808	81950	9858	14.3

17—15 各市外商直接投资
Foreign Direct Investment by Region

地区	Region	项目（个）Number of Projects (unit) 2013	项目 2014	项目 同比增长% Increased by	合同外资额（万美元）Contract Value (USD 10000) 2013	合同外资额 2014	实际利用外资额（万美元）Used Value (USD 10000) 2013	实际利用外资额 2014	实际利用外资额 同比增长% Increased by
总计	**Total**	**246**	**256**	**4.1**	**268851**	**310969**	**1068772**	**1233978**	**15.5**
合肥市	Hefei	84	85	1.2	96929	111486	189021	225877	19.5
淮北市	Huaibei	3	5	66.7	2337	6839	45934	54431	18.5
亳州市	Bozhou	6	4	-33.3	1157	5321	47383	59687	26.0
宿州市	Suzhou	6	8	33.3	1619	7824	46813	58966	26.0
蚌埠市	Bengbu	8	17	112.5	7949	32466	96830	121357	25.3
阜阳市	Fuyang	8	9	12.5	8238	1727	13134	16207	23.4
淮南市	Huainan	3	5	66.7	10301	5178	23914	20095	-16.0
滁州市	Chuzhou	19	16	-15.8	9335	14565	72596	92353	27.2
六安市	Luan	14	10	-28.6	24676	6598	30403	35191	15.7
马鞍山市	Maanshan	14	14		9462	29293	147895	176131	19.1
芜湖市	Wuhu	28	35	25.0	49129	52953	160548	200340	24.8
宣城市	Xuancheng	13	14	7.7	7508	11306	57303	69002	20.4
铜陵市	Tongling	10	6	-40.0	16215	3907	40310	19577	-51.4
池州市	Chizhou	13	8	-38.5	7741	4920	26208	30260	15.5
安庆市	Anqing	10	13	30.0	11471	12897	45178	26666	-41.0
黄山市	Huangshan	7	7		4784	3689	25302	27838	10.0

17—16 各市外国和港澳台地区直接投资（2014年）

Direct Investment of Foreign Countries, Hong Kong, Macao and Taiwen by Sector by Region (2014)

地　　区	Region	新签协议 Newly Signed Agreement		实际投资合计（万美元） Total Actual Investment (USD 10000)	期末实有企业数（个） Number of Enterprises at the End of the Period (unit)	
		合同数（个） Number of Contracts (unit)	投资额（万美元） Investment (USD 10000)			#本期新增企业 Newly Increased In this Period
总　　计	**Total**	**256**	**310969**	**1233978**	**4722**	**576**
合 肥 市	Hefei	85	111486	225877	1855	244
淮 北 市	Huaibei	5	6839	54431	97	13
亳 州 市	Bozhou	4	5321	59687	88	17
宿 州 市	Suzhou	8	7824	58966	136	20
蚌 埠 市	Bengbu	17	32466	121357	224	27
阜 阳 市	Fuyang	9	1727	16207	123	10
淮 南 市	Huainan	5	5178	20095	100	13
滁 州 市	Chuzhou	16	14565	92353	167	16
六 安 市	Luan	10	6598	35191	171	26
马鞍山市	Maanshan	14	29293	176131	284	35
芜 湖 市	Wuhu	35	52953	200340	544	58
宣 城 市	Xuancheng	14	11306	69002	188	18
铜 陵 市	Tongling	6	3907	19577	105	13
池 州 市	Chizhou	8	4920	30260	165	11
安 庆 市	Anqing	13	12897	26666	214	20
黄 山 市	Huangshan	7	3689	27838	158	15

主要统计指标解释

进出口总额

指实际进出我国国境的货物总金额。包括对外贸易实际进出口货物，来料加工装配进出口货物，国家间、联合国及国际组织无偿援助物资和赠送品，华侨、港澳台同胞和外籍华人捐赠品，租赁期满归承租人所有的租赁货物，进料加工进出口货物，边境地方贸易及边境地区小额贸易进出口货物（边民互市贸易除外），中外合资企业、中外合作经营企业、外商独资经营企业进出口货物和公用物品，到、离岸价格在规定限额以上的进出口货样和广告品（无商业价值、无使用价值和免费提供出口的除外），从保税仓库提取在中国境内销售的进口货物，以及其他进出口货物。进出口总额用以观察一个国家在对外贸易方面的总规模。我国规定出口货物按离岸价格统计，进口货物按到岸价格统计。

商品经营单位所在地进、出口额

指所在地海关注册登记的有进出口经营权的企业实际进、出口额。

商品目的地进口额和商品货源地出口额

目的地进口额是指进口货物的消费、使用或最终抵运地的实际进口额；货源地出口额是指出口货物的产地或原始发货地的实际出口额。

利用外资

指我国各级政府、部门、企业和其他经济组织通过对外借款、吸收外商直接投资以及用其他方式筹措的境外现汇、设备、技术等。

对外借款

是我国利用外资的重要部分。指通过对外正式签订借款协议，从境外筹措的资金，包括外国政府贷款、国际金融组织贷款、外国银行商业贷款、出口信贷以及对外发行债券等。1996 年及以前还包括对外发行股票。

外商直接投资

指外国企业和经济组织或个人（包括华侨、港澳台胞以及我国在境外注册的企业）按我国有关政策、法规，用现汇、实物、技术等在我国境内开办外商独资企业、与我国境内的企业或经济组织共同举办中外合资经营企业、合作经营企业或合作开发资源的投资（包括外商投资收益的再投资），以及经政府有关部门批准的项目投资总额内企业从境外借入的资金。

对外承包工程

指各对外承包公司以招标议标承包方式承揽的下列业务：⑴承包国外工程建设项目，⑵承包我国对外经援项目，⑶承包我国驻外机构的工程建设项目，⑷承包我国境内利用外资进行建设的工程项目，⑸与外国承包公司合营或联合承包工程项目时我国公司分包部分，⑹对外承包兼营的房屋开发业务。对外承包工程的营业额是以货币表现的本期内完成的对外承包工程的工作量，包括以前年度签订的合同和本年度新签订的合同在报告期内完成的工作量。

对外劳务合作

指以收取工资的形式向业主或承包商提供技术和劳动服务的活动。我国对外承包公司在境外开办的合营企业，中国公司同时又提供劳务的，其劳务部分也纳入劳务合作统计。劳务合作营业额按报告期内向雇主提交的结算数（包括工资、加班费和奖金等）统计。

Explanatory Notes for Major Statistical Indicators

Total Imports and Exports at Customs

refer to the value of commodities imported into and exported from the boundary of China. They include the actual imports and exports through foreign trade, imported and exported goods under the processing and assembling trades and materials, supplies and gifts as aid given gratis between governments and by the United Nations and other international organizations, and contributions donated by overseas Chinese, compatriots in Hong Kong and Macao and Chinese with foreign citizenship, leasing commodities owned by tenant at the expiration of leasing period, the imported and exported commodities processed with imported materials, commodities trading in border areas (excluding mutual exchange goods), the imported and exported commodities and articles for public use of the Sino-foreign joint ventures, cooperative enterprises and ventures exclusively with foreign own investment. Also included are import or export of samples and advertising goods for whose CIF or FOB value are beyond the permitted ceiling (excluding goods of no trading or use value and free commodities for export), imported goods sold in China from bonded warehouses and other imported or exported goods. The indicator of the total imports and exports at customs can be used to observe the total size of external trade in a country. In accordance with the stipulation of the Chinese government, imports are calculated at CIF, while exports are calculated at FOB.

Import Export Value by Location of China's Foreign Trade Managing Units

refers to actual value of imports and exports carried out by corporations which have been registered by the local customhouse and are vested with right to run import export business.

Import Value of Commodities by the Places of their Destination and Export Value of Commodities by the Places of their Origin in China

The former indicator refers to the value of import commodities of the places of their consumption, utilization or the places of their final destination. The latter indicator refers to the value of export commodities of the places of their origin or the places of the commodities dispatched.

Utilization of Foreign Capital

refers to remittance, equipment and technology financed from abroad, by loans, foreign direct investment and other forms undertaken by the Chinese governments at all levels, by various departments, enterprises and other economic units.

Foreign Borrowings

an important part of China's utilization of foreign capital, it refer to funds borrowed from abroad through formal signing of borrowing agreements with foreign institutions, including loans of foreign governments, loans of international financial institutions, commercial loans of foreign banks, export credit, and funds raised by Chinese bonds (and shares before 1996) issued abroad.

Direct Investment by Foreign Entrepreneurs

refers to the investments inside China by foreign enterprises and economic organizations or individuals (including overseas Chinese, compatriots from Hong Kong and Macao, and Chinese enterprises registered abroad), following the relevant policies and laws of China, for the establishment of ventures exclusively with foreign own investment, Sino-foreign joint ventures and cooperative enterprises or for co-operative exploration of resources with enterprises or economic organizations in China. It includes the re investment of the foreign entrepreneurs with the profits gained from the investment and the funds that enterprises borrow from abroad in the total investment of projects which are approved by the relevant department of the government.

Contracted Projects with Foreign Countries

refer to projects undertaken by Chinese contractors (project contracting companies) through bidding process. They include: (1)overseas civil engineering construction projects financed by foreign investors; (2)overseas projects financed by the Chinese government through its foreign aid programs; (3)construction projects of Chinese diplomatic missions, trade offices and other institutions stationed abroad; (4)construction projects in China financed by foreign investment; (5)sub-contracted projects to be taken by Chinese contractors through a joint umbrella project with foreign contractor(s); (6)housing development projects. The business income from international contracted projects is the work volume of contracted projects completed during the reference period, expressed in monetary terms, including completed work on projects signed in previous years.

Service Cooperation with Foreign Countries

refers to the activities of providing technology and labour services to employers or contractors in the forms of receiving salaries and wages. Labour services providing by contractual joint ventures of Chine statistics of service co operation with foreign countries. The business income of labour service co operation is the income in the form of wages and salaries, overtime pay, bonuses and other remuneration received from the employers during the reference period.

第十八篇

Chapter 18

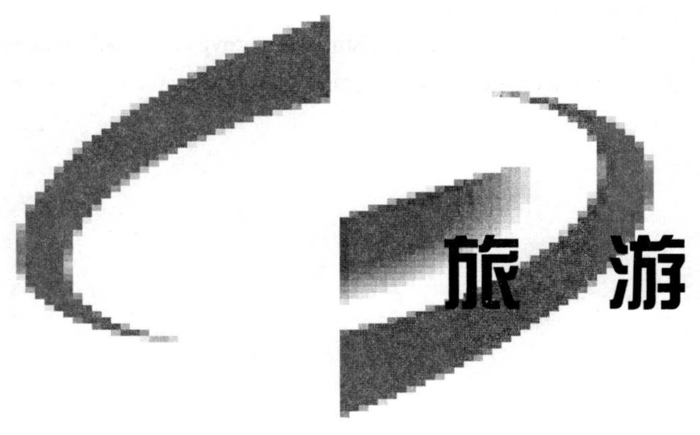

旅游

TOURISM

简要说明

一、旅游业发展情况。入境国际旅游(外国人、华侨、港澳同胞和台湾同胞)人数、不同经济类型的涉外饭店数量及规模情况的资料来源于省旅游局。

二、全省及各市国内旅游资料，是安徽省统计局、安徽省旅游局根据国家旅游局的抽样调查方案和工作要求，组织调查取得。

Brief Introduction

I. Development of tourism: Data on total number of international tourists received (foreigners, overseas Chinese, Chinese compatriots from Hong Kong, Macao and Taiwan), number of tourist hotel in various types and their scale come from the Provincial Tourism Administration.

II. Data on domestic tourism in the province and all cities are collected by the Provincial Statistical Bureau and the Provincial Tourism Administration in accordance with the sample survey scheme stipulated by the State Tourism Administration.

18—1 旅 游 事 业 发 展
Development of Tourism

指　　　标	Item	2000	2005	2010	2013	2014
旅行社总数　（个）	Total Number of Travel Agencies (unit)	332	599	947	1098	1200
组团社	Number of Groups	35	37	20	46	50
国内旅行社	Domestic Travel Agencies	297	562	927	1052	1150
旅行社职工人数　（人）	Number of Staff and Workers of Travel Agencies (person)	3848	6900	9593	9680	8972
入境旅游人数　（人）	Total Number of International Tourists Inbound (person)	318430	632895	1984174	3855000	4050562
外 国 人	Foreigners	167850	410580	1173988	2005232	2328960
港澳和台湾同胞	Compatriots from Hong Kong, Macao and Taiwan	150580	222315	810186	1849768	1721602
国内居民出境总人数(人)	Total Number of Domestic Resident Outbound (person)	5140	64806	127800		1661000
国内旅游人数　（万人次）	Total Number of Domestic Tourists (10000 persons)	2974	4684	15349	33601	37899
旅游收入	Income of Tourism					
国际旅游外汇收入(万美元)	Foreign Exchange Earnings (USD 10000)	8621.5	18558.9	82025.2	173141.6	196025.8
国内旅游收入　（亿元）	Earnings from Domestic Tourism (100 million yuan)	150.5	289.0	1094.8	2903.2	3309.8
旅游部门基本情况	**Basic Statement of Tourism Departments**					
旅游星级宾馆　（个）	Tourist Hotels With Star Class (unit)	163	373	453	471	466
#五星级	Five Star Class		5	14	22	26
四星级	Four Star Class	6	38	88	119	126
三星级	Three Star Class	52	111	182	213	217
二星级	Two Star Class	90	202	166	116	96
一星级	One Star Class	15	17	3	1	1
旅游涉外或星级宾馆	Tourist Hotels Concerning Foreign Affairs or With Star Class					
客　房　（间）	Number of Rooms (unit)	22824	34759	44982	45279	58756
床　位　（张）	Number of Beds (unit)	48318	67782	81867	89578	97732
客房出租率　(%)	Room Occupancy (%)	50.98	63.19	59.27	52.00	51.00
经营情况	Business Status					
营业收入　（亿元）	Business Income (100 million yuan)	38.83	51.75	50.38	54.17	51.47
利润总额　（万元）	Total Profits (10000 yuan)	-2125.6	16961.0	21964.0	16896.0	-30964.5

注：2000年前的客房、床位、客房出租率为涉外饭店情况，2001年以后为星级宾馆情况。

a) Number of rooms, beds and room occupancy refered to hotels concerning foreign affairs before 2000 and they refered to hotels with star class after 2001.

18—2 各市旅游星级饭店（宾馆）住宿设施情况（2014年）
Accommodation Facilities of Hotels Concerning Foreign Affairs by Region (2014)

地 区	Region	饭店（宾馆）（个）Number of Hotels (unit)	五星级 Five Star Class	四星级 Four Star Class	三星级 Three Star Class	二星级 Two Star Class	一星级 One Star Class	客房（间）Number of Rooms (unit)	床位（张）Number of Beds (unit)	客房出租率（%）Room Occupancy (%)
总 计	**Total**	**466**	**26**	**126**	**217**	**96**	**1**	**58756**	**97732**	**51.00**
合肥市	Hefei	75	11	20	32	12		10431	16547	54.97
淮北市	Huaibei	4	1		1	2		722	1224	64.66
亳州市	Bozhou	14	1	4	4	5		757	1346	54.02
宿州市	Suzhou	5		1	3	1		341	624	54.44
蚌埠市	Bengbu	19	1	6	8	4		1912	3176	49.30
阜阳市	Fuyang	13		4	5	4		1198	1959	56.90
淮南市	Huainan	32		5	17	10		1751	2955	55.08
滁州市	Chuzhou	21	1	5	9	6		1463	2514	44.09
六安市	Luan	34	1	10	19	4		2662	4835	47.16
马鞍山市	Maanshan	20	2	6	9	3		2124	3657	45.36
芜湖市	Wuhu	32	1	9	16	6		3610	5883	52.04
宣城市	Xuancheng	33		10	17	6		2566	4654	61.88
铜陵市	Tongling	15	1	4	3	6	1	1337	2232	47.51
池州市	Chizhou	35	1	8	23	3		15673	22874	49.89
安庆市	Anqing	45		10	20	15		4375	8074	55.03
黄山市	Huangshan	69	5	24	31	9		7834	15178	43.36

注：本表星级宾馆（酒店）指2014年底止已得到国家旅游局或省旅游局批准的，不包括已报未批部分。

a) The star class of hotel in this table refer to be approved by the National Tourism Administration or Anhui Tourism Administration up to the Year-end of 2014 excluding those hed been reported but unapproved.

18—3 国际旅游外汇收入及构成
Foreign Exchange Earnings and It's Composition

指 标	Iten	2005 数额（万美元）Value (10000 USD)	2005 比重（%）Percentage (%)	2010 数额（万美元）Value (10000 USD)	2010 比重（%）Percentage (%)	2013 数额（万美元）Value (10000 USD)	2013 比重（%）Percentage (%)	2014 数额（万美元）Value (10000 USD)	2014 比重（%）Percentage (%)
总 计	**Total**	**18558.1**	**100.00**	**82025.2**	**100.00**	**173141.6**	**100.00**	**196025.8**	**100.00**
长途交通	Long Distance Transportation	4676.6	25.20	26986.3	32.90	57829.3	33.40	73509.7	37.50
#民 航	Air	3544.6	19.10	12385.8	15.10	40342.0	23.30	54691.2	27.90
铁 路	Railway	575.3	3.10	8202.5	10.00	7791.4	4.50	7841.0	4.00
汽 车	Highway	278.4	1.50	6398.0	7.80	5886.8	3.40	5880.8	3.00
游 览	Visiting	686.7	3.70	3691.1	4.50	9349.6	5.40	9409.2	4.80
住 宿	Accommodation	2208.4	11.90	8776.7	10.70	16967.9	9.80	26071.4	13.30
餐 饮	Cater	1818.7	9.80	7874.4	9.60	15236.5	8.80	15682.1	8.00
商品销售	Commodity Sale	5957.2	32.10	19111.9	23.30	39130.0	22.60	36656.8	18.70
娱 乐	Entertainment	1132.0	6.10	4839.5	5.90	11773.6	6.80	11369.5	5.80
邮电通讯	Postal and Communication	631.0	3.40	1886.6	2.30	5540.5	3.20	3528.5	1.80
市内交通	Local Transportation	185.6	1.00	1558.5	1.90	3289.7	1.90	3920.5	2.00
其他服务	Other Service	1262.0	6.80	7300.2	8.90	14024.5	8.10	15878.1	8.10

18—4　接待外国人旅游人数（按国别分）
Number of Foreign Tourists by Country

单位：人（person）

指　标	Item	2000	2005	2010	2013	2014
总　计	**Total**	**167850**	**410580**	**1173988**	**2005232**	**2328960**
#日　本	Japan	47272	47040	135277	151781	165114
韩　国	Republic of Korea	21659	188096	405538	702346	880534
新加坡	Singapore	16568	13392	43507	93302	104387
美　国	United States	18456	37124	101700	224742	236062
英　国	United Kingdom	3111	7639	49069	75357	81118
法　国	France	5836	13839	63837	84810	90771
德　国	Federal Republic Of Germany	4699	16012	52934	71796	76936
俄罗斯	Russia	832	1636	23990	48724	49136

18—5　国内旅游情况人数结构（按年龄、身份和职业分）（2014年）
Number of Domestic Tourists by Age, Identity and Occupation (2014)

单位：万人（10000 person）

指　标	Item	按身份分组 By Identity			按职业分组 By Occupation									
		人数合计 Total	城镇居民 Urban Residents	非城镇居民 Unurban Residents	公务员 Public Servicers	事业单位工作人员 Institution Staff	企业工作人员 Enterprise Staff	社会团体工作人员 Social Organizations Staff	个体户 Self-employed	军人 Military People	农民 Peasants	离退休人员 Retirees	学生 Students	其他 Others
合　计	**Total**	**37898.8**	**28343.3**	**9555.5**	**1715.5**	**4395.3**	**12881.6**	**3665.5**	**7517.7**	**213.2**	**1120.4**	**1411.1**	**3673.2**	**1305.4**
55岁以上	55 and Over	3527.4	2563.0	964.3	91.2	259.2	665.9	289.9	684.7	20.5	186.7	1241.4		87.8
45—54岁	45—54	6856.9	5236.9	1620.0	256.6	881.6	2324.3	757.1	1887.7	46.9	285.6	169.7		247.3
35—44岁	35—44	11191.7	8632.9	2558.8	553.4	1443.5	4372.3	1366.8	2673.9	55.4	336.8			389.7
25—34岁	25—34	10055.1	7787.1	2268.0	641.2	1449.5	4116.5	969.4	1759.0	61.4	220.0		455.3	382.8
24岁以下	24 and Under	6267.7	4123.3	2144.4	173.1	361.5	1402.6	282.2	512.4	29.0	91.2		3217.8	197.8

18—6 国内旅游主要经济指标
Main Economic Indicators of Domestic Tourism

年份 Year	人数（万人次）Total Number (10000 persons)	总收入（亿元）Total Income (100 million yuan)	一日游 One-day Tour 人数（万人次）Total Number (10000 persons)	一日游 One-day Tour 收入（亿元）Income (100 million yuan)	过夜旅游 Overnight Tour 人数（万人次）Total Number (10000 persons)	过夜旅游 Overnight Tour 收入（亿元）Income (100 million yuan)
2000	2974.0	150.5	630.0	5.0	2344.0	145.4
2005	4684.0	289.0	917.0	20.4	3767.0	268.6
2006	6159.0	387.6	1161.0	28.3	4998.0	359.4
2007	7849.0	543.7	1600.8	54.0	6248.2	489.7
2008	9938.0	700.2	2566.0	97.9	7372.0	602.3
2009	12268.0	863.8	3901.0	165.5	8367.0	698.3
2010	15349.0	1094.8	5332.0	212.7	10017.0	882.1
2011	22534.8	1815.0	8378.8	385.8	14156.0	1429.2
2012	29229.1	2519.1	9615.2	458.3	19613.9	2060.8
2013	33601.1	2903.2	11981.3	666.1	21619.8	2237.1
2014	37898.8	3309.7	14968.1	883.9	22930.7	2425.8

18—7 各市国内旅游主要经济指标（2014年）
Main Economic Indicators of Domestic Tourism by Region (2014)

地区	Region	总收入（亿元）Total Income (100 million yuan)	一日游 One-day Tour 人数（万人次）Total Number (10000 persons)	一日游 One-day Tour 收入（亿元）Income (100 million yuan)	过夜旅游 Overnight Tour 人数（万人次）Total Number (10000 persons)	过夜旅游 Overnight Tour 收入（亿元）Income (100 million yuan)
总计	**Total**	**3309.7**	**14968.1**	**883.9**	**22930.7**	**2425.8**
合肥市	Hefei	774.3	2476.0	186.3	4058.8	588.0
淮北市	Huaibei	56.1	390.0	15.7	532.2	40.4
亳州市	Bozhou	87.8	480.9	20.5	776.9	67.3
宿州市	Suzhou	79.0	515.0	21.2	811.4	57.8
蚌埠市	Bengbu	128.8	962.8	39.3	1237.2	89.5
阜阳市	Fuyang	90.4	522.0	21.8	892.5	68.7
淮南市	Huainan	74.1	532.9	20.8	764.5	53.4
滁州市	Chuzhou	111.3	521.2	27.2	916.6	84.1
六安市	Luan	130.7	676.0	31.9	1211.0	98.8
马鞍山市	Maanshan	138.5	897.0	43.9	1119.8	94.6
芜湖市	Wuhu	303.9	1091.5	83.1	1693.8	220.8
宣城市	Xuancheng	135.8	627.1	29.7	1173.0	106.1
铜陵市	Tongling	60.2	400.7	17.8	520.4	42.4
池州市	Chizhou	336.9	1398.9	101.4	2072.6	235.5
安庆市	Anqing	337.8	1688.5	104.5	2104.7	233.3
黄山市	Huangshan	464.0	1787.5	118.9	3045.2	345.1

18—8 国内旅游人均花费（2014年）
Per Capita Costs of Domestic Tourism (2014)

单位：元（yuan）

指标	Item	平均每人花费 Per Capita Expenditure	交通费 Local Transportation	住宿费 Accommod-ation	餐饮费 Cater	购物费 Commodity Sale	游览费 Tour Admission Fee
总花费	Total Expenditure	873.3	164.3	119.7	129.7	233.3	89.2
一日游	One-day Tour	590.5	124.5	0.0	91.0	190.3	73.6
过夜花费	Overnight Tour	1057.9	179.5	195.9	148.7	261.4	104.1
#宾馆饭店	Living in Hotel	1146.3	187.3	256.8	153.8	269.8	108.4
#住亲友家	Living in Relative's or Friend's Home	760.8	154.6		129.9	233.6	83.8

18—9 各市国内旅游人均花费（2014年）
Per Capita Costs of Domestic Tourism by Region (2014)

单位：元（yuan）

地区	Region	平均每人花费 Per Capita Expenditure	交通费 Local Transportation	住宿费 Accommod-ation	餐饮费 Cater	购物费 Commodity Sale	平均逗留天数（天） Average Number of Days (day)
总　计	**Total**	**873.3**	**164.3**	**119.7**	**129.7**	**233.3**	**1.49**
合肥市	Hefei	1184.9	175.8	169.9	163.6	428.1	1.68
淮北市	Huaibei	608.5	106.5	75.5	92.9	217.7	1.27
亳州市	Bozhou	698.1	137.4	96.0	96.6	156.4	1.50
宿州市	Suzhou	595.6	151.1	97.2	62.6	107.0	1.50
蚌埠市	Bengbu	585.4	146.2	84.4	63.7	106.0	1.39
阜阳市	Fuyang	639.4	143.5	93.8	90.4	113.2	1.53
淮南市	Huainan	571.4	108.1	92.8	121.2	104.9	1.42
滁州市	Chuzhou	773.9	149.4	118.1	123.5	211.3	1.47
六安市	Luan	692.6	138.0	104.3	140.5	135.2	1.53
马鞍山市	Maanshan	686.8	142.0	85.0	113.8	152.4	1.34
芜湖市	Wuhu	1091.1	180.5	116.9	143.3	334.3	1.51
宣城市	Xuancheng	754.2	122.4	136.9	127.3	217.6	1.59
铜陵市	Tongling	653.6	129.0	84.9	99.6	171.1	1.33
安庆市	Anqing	970.5	183.9	140.9	136.2	259.8	1.46
池州市	Chizhou	890.6	142.8	98.3	118.9	255.4	1.32
黄山市	Huangshan	960.2	199.4	126.1	128.6	232.6	1.44

18—10 国家级黄山风景区旅游事业发展情况
Development of Tourism of Huang Shan Scenic at National Level

指　　标		Item		2000	2005	2010	2013	2014
接待人数	（人次）	Tourists Received	(person-time)	1172871	1709658	2518346	2746457	2971092
接待海外游客		Overseas Tourists		73485	159980	256753	163455	144306
国内游客		Domestic Tourists		1099386	1549678	2261593	2583002	2826786
营业收入	（万元）	Business Income	(10000 yuan)	47881	75017	168945	200211	229500
#游览设施		Touring Facilities		18040	41505	78812	82965	95129
住宿设施		Lodging Facilities		9655	14517	19832	23982	29418
娱乐设施		Entertainment Facilities			334	524	465	434
餐饮设施		Catering Facilities		4004	7427	14580	16332	19251
商业设施		Commercial Facilities		182	500	785	698	652
外汇收入	（万美元）	Foreign Exchange Earnings	(USD 10000)	588	2080	5398	3566	4908
涉外宾馆（酒店）住宿设施		Lodging Facilities of Tourist Hotels						
宾馆（酒店）	（个）	Number of Hotels	(unit)	15	14	14	14	10
#五星级		Five Star Class				2	4	3
四星级		Four Star Class			6	8	9	7
三星级		Three Star Class		5	4	1	1	
二星级		Two Star Class		1	2			
客　房	（间）	Number of Rooms	(unit)	1781	1496	2728	3082	2504
床　位	（张）	Number of Beds	(unit)	5775	4562	5690	6410	5320
客房出租率	(%)	Room Occupancy	(%)	42	62	51	43	49
旅游车辆	（辆）	Number of Touring Vehicles	(unit)	191	95	131	131	129
#大型车辆		Large-sized Vehicles		25	65	96	98	100
中型车辆		Middle-sized Vehicles		50	5	6	4	
小型车辆		Small-sized Vehicles		62	25	29	29	29

18—11　国家级九华山风景区旅游事业发展情况
Development of Tourism of Jiu Hua Shan Scenic at National Level

指　　标	Item		2000	2005	2010	2013	2014
接待人数　（人次）	Tourists Received	(person-time)	443900	648308	4001139	8015923	9000693
接待海外游客	Overseas Tourists		13569	24695	150009	292567	323823
国内游客	Domestic Tourists		430331	623613	3851130	7723356	8676870
营业收入　（万元）	Business Income	(10000 yuan)	12000	28962	390008	871803	987964
#游览设施	Touring Facilities		3579	11006	156003	348720	395184
住宿设施	Lodging Facilities		2493	7240	97502	217951	246991
娱乐设施	Entertainment Facilities		293	579	7800	17357	19670
餐饮设施	Catering Facilities		2860	4345	58501	130770	148194
商业设施	Commercial Facilities		2775	5792	70201	157004	177925
外汇收入　（万美元）	Foreign Exchange Earnings	(USD 10000)	334	307			
涉外宾馆（酒店）住宿设施	Lodging Facilities of Tourist Hotels						
宾馆（酒店）　（个）	Number of Hotels	(unit)	3	8	9	10	10
#五星级	Five Star Class						
四星级	Four Star Class			1	2	3	3
三星级	Three Star Class		1	4	7	7	7
二星级	Two Star Class		2	3			
客　房　（间）	Number of Rooms	(unit)	299	646	831	1041	1036
床　位　（张）	Number of Beds	(unit)	625	1266	1551	1926	1921
客房出租率　（%）	Room Occupancy	(%)	45	58	65	62	63
旅游车辆　（辆）	Number of Touring Vehicles	(unit)	59	64	112	123	129
#大型车辆	Large-sized Vehicles		19	32	61	54	60
中型车辆	Middle-sized Vehicles		30	22	17	64	65
小型车辆	Small-sized Vehicles		10	10	34	5	4

18—12 风景名胜区（2014年）
Scenic Spots (2014)

名　称 Name	级别 Grade	主要特点 Main Characteristics	类别 Kinds	面积（平方公里）Area(sq.km)	地址 Address
黄　山	国家级	世界自然和文化遗产，中国十大风景名胜。以“奇松、怪石、云海、温泉”四绝而闻名	山岳型	154	黄山市
九华山	国家级	中国四大佛教名山之一，是佛教地藏菩萨道场。始于唐开元年间，现存古寺庙94座，佛像1万余尊、文物五千余件	山岳型	120	池州市
天柱山	国家级	“擎天一柱”海拔1450米，道、佛教同存，汉武帝封“南岳”。佛教二、三祖修行地。李白、白居易、苏轼等400余摩崖碑刻	山岳型	82.46	潜山县
琅琊山	国家级	宋代大文学家欧阳修《醉翁亭》而闻名，有著名醉翁亭、醒图、琅琊寺等	山岳型	78.2	滁州市
齐云山	国家级	中国四大道教名山之一，始于唐，盛于明，兴于清，有道教墓葬22外和大量摩崖石碑刻，属丹霞地貌	山岳型	110.4	休宁县
采石矶	国家级	长江三大名矶之首，有“采石山水甲江南”之誉。唐代大诗人李白留下许多不朽诗篇，并在附近香山归宿		48	马鞍山市
巢　湖	国家级	中国五大淡水湖之一，著名姥山、褒禅山、中庙、范增墓等景点	湖泊型	1000	巢湖市
花山谜窟	国家级	人工石窟群，口小内大，有36处，最高30米。所建年代？为何建？何年成？为“千古之谜”		80.6	黄山市
太极洞	国家级	洞龄2.5亿年，长5400多米，分干、水洞而得名。宋代范仲淹等留下不少碑文石刻，《中国石林》称为“桂林山水，广德石洞”	溶洞型	20	广德县
花亭湖	国家级	著名人口湖，有龙山、西风湖、佛图寺、海会寺等六大景区和温泉，沿湖生长方形法华竹而绝名	湖泊型	250	太湖县
浮　山	省　级	古火山之一，佛教禅宗鼻祖慧可大师道场，中国禅宗发祥地。有36岩、72洞、26怪石、34奇峰。南宋以来480多摩崖石刻	山岳型	45	枞阳县
天堂寨	省　级	主峰天堂顶海拔129米，有天塘“瑶池”。大小瀑布100余条而闻名，大别山山脉第二高峰	山岳型	37.2	金寨县
太平湖	省　级	安徽最大人工湖，有“西山观鱼，三峡水趣，桂林景色，龙门”等五大景区。堪与太湖媲美，漓江竟秀	湖泊型	260	黄山区
敬亭山	省　级	原名昭亭山，晋文帝时改为敬亭山，南齐谢眺以来李白等文人留下诗文800余篇，为中国著名“江南诗山”	山岳型	15.3	宣城市
白崖寨	省　级	建寨700余年，寨十华里，宽1米，高2.8—5米，大块岩石砌成。有炮台、点将台等，誉称“南国小长城”	山岳型	57	宿松县
西　山	省　级	溶洞、石、峰、泉、花、树、禽为一体，有古乌霞寺，著名“牡丹之乡”。唐代诗人李白等留下脍炙人口的诗文	山岳型	22.6	南陵县
齐山——秋浦仙境	省　级	全长180公里，是著名“诗河”。李白、杜牧、苏轼等留下40余首诗篇，有古石城遗址，昭明钓台、仰天堂古迹名胜	山岳型	25.78	池州市
石台溶洞群	省　级	石台称为“溶洞之县”，有蓬莱、鱼龙、慈云等100余处溶洞。著名“蓬莱仙洞”长3000余米，钟乳奇秀，玲珑剔透	溶洞型	29.3	池州市
小孤山	省　级	孤峰如柱，兀立长江，称“长江绝岛”，有古炮台、烽火石等古战场遗迹，古刹启秀寺是长江中唯一“妈祖古庙”		8.5	宿松县

18—12　续表　continued

名　称 Name	级别 Grade	主要特点 Main Characteristics	类　别 Kinds	面　积 (平方公里) Area(sq.km)	地　址 Address
凤阳山	省　级	有明中都皇故城、明皇陵石刻、鼓楼台、龙兴寺、古钟、离城、佛教古寺、卧牛湖、奇洞等	山岳型	45	凤阳县
涂山——白乳泉	省　级	大禹娶涂山氏为妻，著名“启母石”——涂山氏化身。唐贞元年白乳泉得名，誉为“天下第七泉”	山岳型	66.35	怀远县
南岳山—佛子岭水库	省　级	古岳庙留汉武帝封石刻门楣，有书法家于佑仁题“小南岳”等文人石刻，为“远东第一坝”	山岳、湖泊型	175	霍山县
万佛山—龙河口水库	省　级	“世界第一人工土石大坝”，有周瑜祖坟、祖慈钓鱼台、五老观太极等景观，国家级保护动植物50余种	山岳、湖泊型	207	舒城县
皇藏峪	省　级	汉高祖称帝前因避秦兵而藏身此地，封为“皇藏峪”。有天然洞穴、井泉、峰峦叠翠、涧水淙淙	山岳型	22.76	萧　县
八公山	省　级	西汉淮南王刘安等八公在此炼丹并食之成仙得名，有珍珠、玛瑙等24泉、淮南王、碧霞元君庙等	山岳型	90	淮南市
大龙山	省　级	山势雄伟、蜿蜒似龙，有92峰、82岩、72岭、82洞、32壑、108奇石和乌、白、黄、赤四大名溪和6大瀑布等	山岳型	120	安庆市
颍州西湖	省　级	北宋宰相晏殊、文学家欧阳修、苏轼等留下113首诗篇。原碑林长廊、八卦阵、八仙石雕和“会老堂”等		24.32	阜阳市
龙须湖	省　级	湖水容量3252万立方米，植被丰富，珍禽野兽较多，湖光山色、风光秀美	湖泊型	110	郎溪县
铜锣寨	省　级	碧峰伟崖，陡不可攀，海拔1096米，有奇松、怪石、云海、温泉“四绝”，素称“江北小黄山”	山岳、古关寨	47	霍山县
大华山	省　级	云峰寺始唐朝，地藏王在此结庵1300余年。太平军的“羊破寨”、庆云寺等，东石笋高38米，为“中华第一石笋”	山岳型	56	六安市
合肥环城公园—西郊	省　级	西郊有蜀山风景、董铺和大房郢水库、森林公园、科学岛等，著名北宋“包拯”——包公祠座落环城公园	城市近郊公园	32	合肥市
紫蓬山	省　级	三国名刹——西庐寺，魏将李典，宋名将葛升墓，淮军名将刘铭传故居。有21米高的如来大佛，五百罗汉、文昌阁等	山岳型	48	肥西县
五柳	省　级	著名“呵泉、龙泉、珍珠泉”等，大方寺、闵祠等殷商文化遗址和众多汉墓		26	宿州市
凤凰山	省　级	宋代古民居，荆公书堂，大明寺，莲花寺和大雄宝殿等自然和人文景观20余处	山岳型	28.4	铜陵市
司空山	省　级	中华佛教禅宗发源地，有“祖禅刹、三祖洞、乌牛古石、南崖瀑布”等，赵朴初题为“禅宗第一山”	山岳型	46.8	岳西县
大历山	省　级	唐玄宗二年始建“翠观庵”，明建“尧舜寺”，有法藏寺、尧池、舜井、伏虎洞、白龙洞等，钟乳奇异，山色峻美	山岳型	26	东至县
卜塘	省　级	山峦叠峰、沟壑纵横、林木绢绣、飞泉叮咚，竹海、古树、清泉、钟鼓并称“四绝”	山岳型	45	马鞍山市
龙子湖	省　级	禹王庙、汤和墓、东明皇陵、中都城、龙兴寺、栖岩寺和淮河风情园等	湖泊型	36.2	蚌埠市
汤池	省　级	汉文帝建庐江国时称“坑泉”，水温63℃，为“华东第一温泉”，有三国周郎和小乔沐浴池、古寺、十三庵等	温泉	22.5	庐江县

18—13 国家级重点文物保护单位
National Grade Main Cultural Relics

名称 Name	时代 Era	地址 Address	批次 Batch	公布时间 Announcement Time
新四军军部旧址	1938-1941	泾县云岭乡	第一批	1961.3
明中都皇故城及皇陵石刻	明	凤阳县	第二批	1982.2
安丰塘（芍陂）	春秋-清	寿县	第三批	1988.1
龙川胡氏宗祠	明-清	绩溪县瀛洲乡	第三批	1988.1
潜口民宅	明-清	黄山市徽州区尘潜口村	第三批	1988.1
许国石坊	明	歙县	第三批	1988.1
花戏楼	清	亳州市谯城区	第三批	1988.1
广教寺双塔	宋	宣州市宣州区敬亭山	第三批	1988.1
和县猿人遗址	旧石器时代	和县陶店乡	第三批	1988.1
薛家岗遗址	新石器时代	潜山县	第四批	1996.11
大工山-凤凰山铜矿遗址	西周至宋	南陵县、铜陵市	第四批	1996.11
棠樾石牌坊群	明、清	歙县郑村乡	第四批	1996.11
老屋阁及绿绕亭	明	黄山市徽州区西溪南村	第四批	1996.11
罗东舒祠（宝伦阁）	明	黄山市徽州区呈坎村	第四批	1996.11
渡江战役总前委旧址	1949年3月-4月	肥东县撮镇瑶岗村	第四批	1996.11
陈山遗址	旧石器时代	宣州市宣州区	第五批	2001.6
凌家滩遗址	新石器时代	含山县	第五批	2001.6
尉迟寺遗址	新石器时代	蒙城县	第五批	2001.6
寿春城遗址	战国	寿县	第五批	2001.6
寿州窑遗址	南朝至塘	淮南市	第五批	2001.6
柳孜运河码头遗址	唐至宋	濉溪县	第五批	2001.6
繁昌窑遗址	宋	繁昌县	第五批	2001.6
皖南土墩墓群	西周至春秋	南陵县、繁昌县	第五批	2001.6
曹氏家族墓群	东汉、三国	亳州市谯城区	第五批	2001.6
朱然家族墓地	三国	马鞍山市	第五批	2001.6
水西双塔	宋	泾县	第五批	2001.6
亳州古地道	宋、元	亳州市谯城区	第五批	2001.6
白崖寨	元至清	宿松县	第五批	2001.6
程氏三宅	明	黄山市屯溪区	第五批	2001.6
呈坎村古建筑群	明、清	黄山市徽州区	第五批	2001.6
渔梁坝	唐至清	歙县	第五批	2001.6
宏村古建筑群	明、清	黟县	第五批	2001.6
西递村古建筑群	明、清	黟县	第五批	2001.6
寿县古城墙	宋至清	寿县	第五批	2001.6
查济古建筑群	宋至清	泾县	第五批	2001.6
天柱山山谷流泉摩崖石刻	宋至清	潜山县	第五批	2001.6
人字洞遗址	旧石器时代	繁昌县	第六批	2006.5
临涣城址	战国	濉溪县	第六批	2006.5
李白墓	唐	当涂县	第六批	2006.5
蒙城万佛塔	宋	蒙城县	第六批	2006.5
溪头三槐堂	明	休宁县	第六批	2006.5
振风塔	明	安庆市迎江区	第六批	2006.5
郑氏宗祠	明	歙县	第六批	2006.5
江村古建筑群	明至清	旌德县	第六批	2006.5
南屏村古建筑群	明至清	黟县	第六批	2006.5
祁门古戏台	明至清	祁门县	第六批	2006.5
许村古建筑群	明至民国	歙县	第六批	2006.5
黄田村古建筑群	清	泾县	第六批	2006.5
世太史第	清	安庆市迎江区	第六批	2006.5
竹山书院	清	歙县	第六批	2006.5
齐云山石刻	宋至清	休宁县	第六批	2006.5
李氏庄园	清	霍邱县	第六批	2006.5
刘铭传旧居	清	肥西县	第六批	2006.5
冯玉祥旧居	1936－1937年	巢湖市居巢区	第六批	2006.5
半塔保卫战旧址	1941年	来安县	第六批	2006.5
淮海战役总前委和华东野战军指挥部旧址	1948年	濉溪县、萧县	第六批	2006.5

18—14　省级文物保护单位
Provincial Cultural Relic Preservation Institutions

名　　称 Name	时　　代 Era	地　　址 Address	批　　次 Batch	公布时间 Announcement Time
古遗址（77处）				
龙潭洞遗址	旧石器时代	和县	第一批	1981年9月8日
银山遗址	旧石器时代	巢湖市	第二批	1986年7月3日
陈山旧石器出土地点	旧石器时代	宣城市宣州区	第三批	1989年5月27日
官山、毛竹山遗址	旧石器时代	宁国市	第四批	1998年5月4日
人字洞遗址	旧石器时代	繁昌县	第五批	2004年10月28日
薛家岗遗址	新石器时代	潜山县	第一批	1981年9月8日
张四墩遗址	新石器时代	安庆市	第一批	1981年9月8日
大城头遗址	新石器时代	肥东县	第一批	1981年9月8日
大陈墩遗址	新石器时代	肥东县	第一批	1981年9月8日
青凤岭遗址	新石器时代	亳州市	第一批	1981年9月8日
钓鱼台遗址	新石器时代	亳州市	第一批	1981年9月8日
胡家村遗址	新石器时代	绩溪县	第一批	1981年9月8日
花家寺遗址	新石器时代	萧县	第一批	1981年9月8日
傅庄遗址	新石器时代	亳州市	第三批	1989年5月27日
石山孜遗址	新石器时代	濉溪县	第三批	1989年5月27日
侯家寨遗址	新石器时代	定远县	第四批	1998年5月4日
尉迟寺遗址	新石器时代	蒙城县	第四批	1998年5月4日
古埂遗址	新石器时代	肥西县	第四批	1998年5月4日
玉石山遗址	新石器时代	灵璧县	第四批	1998年5月4日
凌家滩遗址	新石器时代	含山县	第四批	1998年5月4日
灰角寺遗址	新石器时代	太和县	第四批	1998年5月4日
黄家堰遗址	新石器时代	望江县	第四批	1998年5月4日
下阳遗址	新石器时代	广德县	第四批	1998年5月4日
双墩遗址	新石器时代	蚌埠市	第五批	2004年10月28日
中土坑遗址	新石器时代	祁门县	第五批	2004年10月28日
夫子城遗址	新石器时代	安庆市	第五批	2004年10月28日
小山口遗址	新石器时代	宿州市	第五批	2004年10月28日
古台寺遗址	新石器时代	宿州市	第五批	2004年10月28日
红墩寺遗址	新石器——商周	霍邱县	第三批	1989年5月27日
濮家墩遗址	新石器——商周	滁州市	第二批	1986年7月3日
阮墩遗址	新石器——商周	繁昌县	第五批	2004年10月28日
孙家城土城遗址	新石器——商周	怀宁市	第五批	2004年10月28日
东城都遗址	新石器——西周	六安市	第四批	1998年5月4日
化家湖遗址	新石器——汉	濉溪县	第五批	2004年10月28日
“伍奢冢”遗址	新石器——汉	利辛县	第五批	2004年10月28日
大城墩遗址	新石器——隋唐	含山县	第二批	1986年7月3日
斗鸡台遗址	夏、商	寿县	第四批	1998年5月4日
老邱堆遗址	殷	临泉县	第一批	1981年9月8日
倪邱集遗址	殷	太和县	第一批	1981年9月8日
青莲寺遗址	商周	寿县	第四批	1998年5月4日
贺胜台遗址	商周	阜南县	第四批	1998年5月4日
欧墩遗址	商周	郎溪县	第四批	1998年5月4日
烟墩山遗址	商周	马鞍山市	第五批	2004年10月28日
花城遗址	周	舒城县	第四批	1998年5月4日
牯牛山遗址	周	南陵县	第四批	1998年5月4日
石梁土城遗址	商周、唐宋	天长市	第三批	1989年5月27日
大工山古矿冶遗址	西周——宋	南陵县	第三批	1989年5月27日

18—14 续表1 continued

名 称 Name	时 代 Era	地 址 Address	批 次 Batch	公布时间 Announcement Time
凤凰山铜矿遗址（木鱼山、金牛洞、铜井山遗址、罗家村大炼渣）	西周——宋	铜陵市	第四批	1998年5月4日
古昭关遗址	春秋	含山县	第三批	1989年5月27日
钟离城遗址	春秋	凤阳县	第一批	1981年9月8日
寿春城遗址（含西南小城）	战国	寿县	第四批	1998年5月4日
陈胜、吴广起义遗址	秦	宿州市	第一批	1981年9月8日
蕲县古城遗址	秦	宿州市	第二批	1986年7月3日
垓下遗址	秦	固镇县	第二批	1986年7月3日
新阳城遗址	秦汉	界首市	第四批	1998年5月4日
东城遗址	秦——唐	定远县	第四批	1998年5月4日
龙城遗址	汉	肥东县	第一批	1981年9月8日
六安西古城遗址	汉	六安市	第一批	1981年9月8日
谷阳城遗址	汉	固镇县	第五批	2004年10月28日
北平城遗址	汉	涡阳县	第五批	2004年10月28日
临涣古城遗址	汉—元	濉溪县	第二批	1986年7月3日
三国新城遗址	三国	合肥市	第四批	1998年5月4日
寿州窑址	六朝——唐	淮南市	第一批	1981年9月8日
白土寨窑址	唐——宋	萧县	第一批	1981年9月8日
琴溪窑址	唐——宋	泾县	第二批	1986年7月3日
霞间窑址	五代——北宋	绩溪县	第三批	1989年5月27日
东门渡窑址	五代——北宋	芜湖县	第四批	1998年5月4日
清流关	南唐——宋	滁州市	第三批	1989年5月27日
柯家村遗址	宋	繁昌县	第一批	1981年9月8日
下符桥窑址	宋	霍山县	第二批	1986年7月3日
天静宫遗址	宋	涡阳县	第四批	1998年5月4日
汤池果树窑址	宋	庐江县	第五批	2004年10月28日
“古井贡酒”古井及窖池	宋——明	亳州市	第四批	1998年5月4日
明王台遗址	元	亳州市	第一批	1981年9月8日
明中都城城址	明	凤阳县	第一批	1981年9月8日
琉璃瓦窑址	明	当涂县	第一批	1981年9月8日
谢朓楼遗址	清	宣城市宣州区	第四批	1998年5月4日
古墓葬（45处）				
汤王墓	商	亳州市	第一批	1981年9月8日
武王墩	周	长丰县	第一批	1981年9月8日
万牛墩土墩墓群	周	繁昌县	第三批	1989年5月27日
千峰山土墩墓群	西周——春秋	南陵县	第二批	1986年7月3日
共姬墓	春秋	淮北市	第五批	2004年10月28日
黄泥孤堆（黄歇墓）	战国	淮南市	第五批	2004年10月28日
廉颇墓	战国	寿县	第五批	2004年10月28日
严氏孤堆	战国——汉	长丰县	第一批	1981年9月8日
薛家孤堆	汉	亳州市	第一批	1981年9月8日
虞姬墓	汉	灵璧县	第二批	1986年7月3日
刘安墓	汉	寿县	第二批	1986年7月3日
放王岗古墓群	汉	巢湖市	第四批	1998年5月4日
董园2号石墓	东汉	亳州市	第一批	1981年9月8日
曹四孤堆	东汉	亳州市	第一批	1981年9月8日
张园汉暮	东汉	亳州市	第四批	1998年5月4日
古城画像石墓	东汉	濉溪县	第四批	1998年5月4日
周瑜墓	三国	庐江县	第三批	1989年5月27日
朱然墓	三国·吴	马鞍山市	第二批	1986年7月3日
宋山古墓	三国·吴	马鞍山市	第四批	1998年5月4日
李白墓	唐	当涂县	第一批	1981年9月8日

18—14　续表2　continued

名　称 Name	时　代 Era	地　址 Address	批　次 Batch	公布时间 Announcement Time
何城墓	唐	庐江县	第五批	2004年10月28日
陈翥墓	北宋	铜陵县	第四批	1998年5月4日
明皇陵	明	凤阳县	第一批	1981年9月8日
汤和墓	明	蚌埠市	第二批	1986年7月3日
郑之珍墓	明	祁门县	第三批	1989年5月27日
万孺人墓	明	广德县	第五批	2004年10月28日
常氏三王墓	明	怀远县	第五批	2004年10月28日
化明塘严氏墓	明	五河县	第五批	2004年10月28日
余珊墓	明	桐城市	第五批	2004年10月28日
方以智墓	清	枞阳县	第一批	1981年9月8日
戴东原墓	清	休宁县	第一批	1981年9月8日
渐江墓	清	歙县	第二批	1986年7月3日
邓石如墓	清	怀宁县	第二批	1986年7月3日
姚鼐墓	清	枞阳县	第二批	1986年7月3日
戴名世墓	清	桐城市	第二批	1986年7月3日
刘大木魁墓	清	枞阳县	第三批	1989年5月27日
梅文鼎墓	清	宣城市宣州区	第三批	1989年5月27日
姚莹墓	清	桐城市	第三批	1989年5月27日
梅清墓	清	宣城市宣州区	第四批	1998年5月4日
赵文楷墓	清	太湖县	第四批	1998年5月4日
吴汝纶墓	清	枞阳县	第四批	1998年5月4日
孝子墩古墓	清	长丰县	第五批	2004年10月28日
施闰章墓	清	宣城市宣州区	第五批	2004年10月28日
皋陶墓		六安市	第三批	1989年5月27日
六安汉代王陵墓地	西汉	六安市金安区		2007年8月9日
古建筑（234处）				
芍陂遗址	春秋——清	寿县	第二批	1986年7月3日
汉阙遗址及水牛墓	汉	淮北市	第五批	2004年10月28日
七门堰	汉——清	舒城县	第四批	1998年5月4日
杏花村古井	唐	池州市贵池区	第三批	1989年5月27日
禹王宫	唐——清	怀远县	第三批	1989年5月27日
渔梁坝	唐——清	歙县	第三批	1989年5月27日
西风禅寺及摩崖石刻	唐——近代	太湖县	第五批	2004年10月28日
广教寺双塔	宋	宣城市宣州区	第一批	1981年9月8日
景德寺塔	北宋	宣城市宣州区	第四批	1998年5月4日
多宝庵塔	北宋	六安市	第四批	1998年5月4日
天寿寺塔	宋	广德县	第一批	1981年9月8日
万佛塔	宋	蒙城县	第一批	1981年9月8日
太平塔	宋	潜山县	第一批	1981年9月8日
广济寺塔	宋	芜湖市	第一批	1981年9月8日
黄金塔	宋	无为县	第一批	1981年9月8日
长庆寺塔	宋	歙县	第一批	1981年9月8日
水西大观塔及小方塔	宋	泾县	第一批	1981年9月8日
米公祠	宋	无为县	第一批	1981年9月8日
黄山塔	宋	当涂县	第二批	1986年7月3日
净居寺塔	宋	青阳县	第五批	2004年10月28日
东谯楼	宋	歙县	第五批	2004年10月28日
新州石塔	南宋	歙县	第一批	1981年9月8日
伟溪塔	南宋	祁门县	第三批	1989年5月27日
万寿塔	南宋	和县	第四批	1998年5月4日
仙人塔	南宋	宁国市	第四批	1998年5月4日
望江寺塔	南宋	六安市	第四批	1998年5月4日

18—14 续表3 continued

名 称 Name	时 代 Era	地 址 Address	批 次 Batch	公布时间 Announcement Time
上水关、下水关、广惠桥	宋、明、唐	滁州市	第五批	2004年10月28日
亳州古地下道	宋——元	亳州市	第二批	1986年7月3日
寿县古城墙	宋——清	寿县	第二批	1986年7月3日
丰乐亭	宋——清	滁州市	第二批	1986年7月3日
衙署前门	宋——清	芜湖市	第五批	2004年10月28日
硖山口《慰农亭》及摩崖石刻	宋——清	凤台县	第五批	2004年10月28日
法华禅庵塔	元	嘉山县	第二批	1986年7月3日
寿县孔庙	元——清	寿县	第五批	2004年10月28日
白崖寨	元——清	宿松县	第二批	1986年7月3日
曹门厅	明	歙县	第一批	1981年9月8日
方文泰宅	明	歙县	第一批	1981年9月8日
老屋阁及绿绕亭	明	歙县	第一批	1981年9月8日
苏雪痕宅	明	歙县	第一批	1981年9月8日
罗润坤、罗来龙宅	明	歙县	第一批	1981年9月8日
张林福宅	明	歙县	第一批	1981年9月8日
方春福宅	明	歙县	第一批	1981年9月8日
三槐堂	明	休宁县	第一批	1981年9月8日
方士载宅	明	歙县	第一批	1981年9月8日
贞白门	明	歙县	第一批	1981年9月8日
觉寂塔	明	潜山县	第一批	1981年9月8日
迎江寺及振风塔	明	安庆市	第一批	1981年9月8日
龙兴寺	明	凤阳县	第一批	1981年9月9日
圣僧庵壁画	明	歙县	第一批	1981年9月8日
潜口明代民居建筑群	明	歙县	第二批	1986年7月3日
程氏宅	明	黟县	第二批	1986年7月3日
胡文光刺史坊	明	黟县	第二批	1986年7月3日
奕世尚书坊	明	绩溪县	第二批	1986年7月3日
郑村忠烈坊	明	歙县	第二批	1986年7月3日
黄村进士第	明	休宁县	第二批	1986年7月3日
太和县文庙大成殿	明	太和县	第二批	1986年7月3日
寿县清真寺	明	寿县	第二批	1986年7月3日
六角楼	明	黄山市	第三批	1989年5月27日
冯村进士坊	明	绩溪县	第三批	1989年5月27日
鼓楼基座	明	凤阳县	第三批	1989年5月27日
程大位故居	明	黄山市屯溪区	第三批	1989年5月27日
大观亭	明	歙县	第四批	1998年5月4日
郑氏宗祠	明	歙县	第四批	1998年5月4日
丰口四面坊	明	歙县	第四批	1998年5月4日
殷尚书坊及大司徒坊	明	歙县	第四批	1998年5月4日
韩氏宗祠	明	黟县	第四批	1998年5月4日
梓坞祠堂	明	休宁县	第四批	1998年5月4日
程氏宗祠	明	黄山市屯溪区	第四批	1998年5月4日
岩寺文峰塔	明	黄山市徽州区	第四批	1998年5月4日
长春社	明	黄山市徽州区	第四批	1998年5月4日
五教堂	明	绩溪县	第三批	1989年5月27日
敦履堂	明	绩溪县	第四批	1998年5月4日
父子进士坊	明	旌德县	第四批	1998年5月4日
叶家桥	明	当涂县	第四批	1998年5月4日
清溪塔	明	池州市贵池区	第四批	1998年5月4日
兴济桥	明	池州市贵池区	第四批	1998年5月4日
汪氏宗祠	明	石台县	第四批	1998年5月4日
净信寺	明	青阳县	第四批	1998年5月4日

18—14　续表4　continued

名　　称 Name	时　　代 Era	地　　址 Address	批　　次 Batch	公布时间 Announcement Time
法云寺塔	明	岳西县	第四批	1998年5月4日
观音寺塔	明	六安市	第四批	1998年5月4日
江淮桥	明	含山县	第四批	1998年5月4日
运河桥	明	阜南县	第四批	1998年5月4日
薛阁塔	明	亳州市	第四批	1998年5月4日
玉虚宫牌坊	明	休宁县	第四批	1998年5月4日
柯乔门坊	明	青阳县	第四批	1998年5月4日
中江塔	明	芜湖市	第五批	2004年10月28日
水东花戏楼	明	宣城市宣州区	第五批	2004年10月28日
明代城墙	明	郎溪县	第五批	2004年10月28日
耿村明代耿姓民宅	明	广德县	第五批	2004年10月28日
叶集江西会馆	明	六安市	第五批	2004年10月28日
天心堂	明	歙县	第五批	2004年10月28日
金紫祠	明	黄山市徽州区	第五批	2004年10月28日
敬本堂	明	歙县	第五批	2004年10月28日
大邦伯祠	明	歙县	第五批	2004年10月28日
金柱塔	明	当涂县	第五批	2004年10月28日
司谏第	明（弘治）	歙县	第一批	1981年9月8日
许国石坊	明（1583年）	歙县	第一批	1981年9月8日
程氏三宅	明末	屯溪	第一批	1981年9月8日
宝伦阁	明末清初	歙县	第一批	1981年9月8日
石牌坊群	明——清	歙县	第一批	1981年9月8日
太平桥	明——清	歙县	第一批	1981年9月8日
化城寺	明——清	九华山风景区	第一批	1981年9月8日
龙川胡氏宗祠	明——清	绩溪县	第二批	1986年7月3日
太平山房	明——清	青阳县	第二批	1986年7月3日
安城堡	明——清	太湖县	第二批	1986年7月3日
桐城县文庙	明——清	桐城市	第二批	1986年7月3日
江宁会馆	明——清	亳州市	第三批	1989年5月27日
霍山文庙	明——清	霍山县	第三批	1989年5月27日
镇淮楼	明——清	和县	第三批	1989年5月27日
南谯楼	明——清	歙县	第三批	1989年5月27日
舒余庆堂	明——清	黟县	第三批	1989年5月27日
道德中宫	明——清	亳州市	第三批	1989年5月27日
安庆谯楼	明——清	安庆市	第四批	1998年5月4日
查济民居（含宝公祠、德厅屋、进士门、二甲祠、洪公祠、怀素堂）	明——清	泾县	第四批	1998年5月4日
许氏宗祠及听泉楼	明——清	绩溪县	第三批	1989年5月27日
慈光阁	明——清	黄山风景区	第四批	1998年5月4日
姥山塔	明——清	巢湖市	第四批	1998年5月4日
吴氏大宗祠	明——清	泾县	第五批	2004年10月28日
三溪乐成桥	明——清	旌德县	第五批	2004年10月28日
毛坦厂老街重点古建筑	明——清	六安市	第五批	2004年10月28日
杜氏宗祠	明——清	池州市贵池区	第五批	2004年10月28日
榉根关古徽道	明——清	石台县	第五批	2004年10月28日
金氏宗祠	明——清	东至县	第五批	2004年10月28日
屏山村古建筑群	明——清	黟县	第五批	2004年10月28日
南屏村古建筑群	明——清	黟县	第五批	2004年10月28日
洪坑牌坊群及洪氏家庙	明——清	徽州区	第五批	2004年10月28日
合一堂	明——清	祁门县	第五批	2004年10月28日
古城岩明清建筑群	明——清	休宁县	第五批	2004年10月28日
稠墅牌坊群	明——清	歙县	第五批	2004年10月28日

18—14 续表5 continued

名 称 Name	时 代 Era	地 址 Address	批 次 Batch	公布时间 Announcement Time
棠樾古民居	明——清	歙县	第五批	2004年10月28日
池河太平桥	明——清	定远县	第五批	2004年10月28日
左忠毅公祠	明——清	桐城市	第五批	2004年10月28日
章氏宗祠	明——清	池州市贵池区	第五批	2004年10月28日
太和城关清真寺	明——清	太和县	第四批	1998年5月4日
祁门古戏台群	明——清	祁门县	第三批	1989年5月27日
教弩台旧址	清	合肥市	第一批	1981年9月8日
陶公祠	清	东至县	第一批	1981年9月8日
华祖庵	清	亳州市	第一批	1981年9月8日
包公祠	清	合肥市	第一批	1981年9月8日
琅琊寺	清	滁州市	第一批	1981年9月8日
太白楼	清	马鞍山市	第一批	1981年9月8日
醉翁亭	清	滁州市	第一批	1981年9月8日
花戏楼	清	亳州市	第一批	1981年9月8日
西递清代民居建筑群	清	黟县	第二批	1986年7月3日
泗县文庙大成殿	清	泗县	第二批	1986年7月3日
踏歌岸阁	清	泾县	第二批	1986年7月3日
铁砚山房	清	怀宁	第二批	1986年7月3日
旌德文庙	清	旌德县	第三批	1989年5月27日
文昌阁	清	泾县	第三批	1989年5月27日
资福寺	清	阜阳市	第三批	1989年5月27日
沫河口关卡	清	五河县	第三批	1989年5月27日
显通寺	清	淮北市	第三批	1989年5月27日
半山阁	清	桐城市	第三批	1989年5月27日
蒙城文庙	清	蒙城县	第四批	1998年5月4日
阜阳文峰塔	清	阜阳市	第四批	1998年5月4日
南京巷钱庄	清	亳州市	第四批	1998年5月4日
闵子骞祠及墓	清	宿州市	第四批	1998年5月4日
林探花府	清	宿州市	第四批	1998年5月4日
国光楼	清	全椒县	第四批	1998年5月4日
中庙	清	巢湖市	第四批	1998年5月4日
武壮公祠	清	庐江县	第四批	1998年5月4日
振湖塔	清	肥东县	第四批	1998年5月4日
包氏宗祠	清	肥东县	第四批	1998年5月4日
四望堡寨址	清	霍山县	第四批	1998年5月4日
世太史第	清	安庆市	第四批	1998年5月4日
安庆关南清真寺	清	安庆市	第四批	1998年5月4日
廖河戏台	清	宿松县	第四批	1998年5月4日
雷阳书院	清	望江县	第四批	1998年5月4日
杨家祠堂	清	潜山县	第四批	1998年5月4日
东流双塔	清	东至县	第四批	1998年5月4日
崇德堂戏台	清	石台县	第四批	1998年5月4日
李氏宗祠	清	青阳县	第四批	1998年5月4日
曹氏宗祠	清	青阳县	第四批	1998年5月4日
侯家祠堂	清	朗溪县	第四批	1998年5月4日
溥公祠	清	旌德县	第四批	1998年5月4日
黄田村古民居群	清	泾县	第四批	1998年5月4日
翟氏宗祠	清	泾县	第四批	1998年5月4日
金溪花戏楼	清	泾县	第四批	1998年5月4日
汪氏住宅	清	绩溪县	第四批	1998年5月4日
湖村民居（余社旺宅、章祖望宅、章祖强宅、章秀珍宅）	清	绩溪县	第四批	1998年5月4日

18—14　续表6　continued

名　称 Name	时　代 Era	地　址 Address	批　次 Batch	公布时间 Announcement Time
绩溪文庙	清	绩溪县	第四批	1998年5月4日
周氏宗祠	清	绩溪县	第四批	1998年5月4日
檀干园	清	黄山市徽州区	第四批	1998年5月4日
宏村民居（承志堂、三立堂、南湖书院）	清	黟县	第四批	1998年5月4日
竹山书院	清	歙县	第四批	1998年5月4日
吴氏宗祠	清	歙县	第四批	1998年5月4日
潘氏宗祠	清	歙县	第四批	1998年5月4日
风雨廊桥	清	歙县	第四批	1998年5月4日
庐州府城隍庙戏楼	清	合肥市	第五批	2004年10月28日
大孔祠堂	清	合肥市	第五批	2004年10月28日
唐五房圩转心楼	清	肥西县	第五批	2004年10月28日
父子进士祠堂	清	肥东县	第五批	2004年10月28日
尹氏宗祠	清	长丰县	第五批	2004年10月28日
云氏宗祠及《长生殿》戏文砖雕贞节坊	清	广德县	第五批	2004年10月28日
江村古民居群	清	旌德县	第五批	2004年10月28日
胡炳衡宅	清	绩溪县	第五批	2004年10月28日
石家村古建筑群	清	绩溪县	第五批	2004年10月28日
周氏祠堂	清	宁国市	第五批	2004年10月28日
六安古城墙	清	六安市	第五批	2004年10月28日
褚氏祠堂	清	舒城县	第五批	2004年10月28日
狮山中学玉玺楼	清	霍山县	第五批	2004年10月28日
霍邱文庙	清	霍邱县	第五批	2004年10月28日
祗园寺	清	九华山风景区	第五批	2004年10月28日
百岁宫	清	九华山风景区	第五批	2004年10月28日
甘露寺	清	九华山风景区	第五批	2004年10月28日
严氏宗祠	清	石台县	第五批	2004年10月28日
宁氏宗祠	清	青阳县	第五批	2004年10月28日
赛金花故居	清	黟县	第五批	2004年10月28日
倪望重宅（“一府六县”）	清	祁门县	第五批	2004年10月28日
苏氏宗祠与海宁学舍	清	黄山市黄山区	第五批	2004年10月28日
希范堂	清	黄山市黄山区	第五批	2004年10月28日
程氏宗祠	清	黄山市黄山区	第五批	2004年10月28日
钟鼓楼	清	休宁县	第五批	2004年10月28日
曹氏二宅	清	歙县	第五批	2004年10月28日
员公支祠	清	歙县	第五批	2004年10月28日
周氏宗祠	清	歙县	第五批	2004年10月28日
古戏台、火神庙、嘉祐院古建筑群	清	明光市	第五批	2004年10月28日
尊胜禅院旧址	清	来安县	第五批	2004年10月28日
程文炳宅	清	阜阳市颍东区	第五批	2004年10月28日
臧家公馆	清	界首市	第五批	2004年10月28日
徐氏宗祠暨杨虎城在太和旧居	清	太和县	第五批	2004年10月28日
孙氏宗祠	清	岳西县	第五批	2004年10月28日
占庄老屋	清	潜山县	第五批	2004年10月28日
萧县文庙	清	萧县	第五批	2004年10月28日
建德文庙大成殿	清——民国	东至县	第三批	1989年5月27日
黄宾虹故居	清——民国	歙县	第三批	1989年5月27日
尤家花园及故居	清——民国	颍上县	第五批	2004年10月28日
肉身殿	民国	九华山风景区	第一批	1981年9月8日
李家圩地主庄园	民国	霍邱县	第一批	1981年9月8日
贞一堂	民国	祁门县	第四批	1998年5月4日
淮南市日寇侵华罪行遗址	1939—1945年	淮南市（含：万人坑、碉堡水牢、秘密水牢、窑神庙）	第二批	1986年7月3日

18—14 续表7 continued

名称 Name	时代 Era	地址 Address	批次 Batch	公布时间 Announcement Time
管鲍祠		颍上县	第二批	1986年7月3日
陋室		和县	第二批	1986年7月3日
霸王祠		和县	第二批	1986年7月3日
石窟寺及石刻（30处）				
九女坟画像石刻	汉	宿州市	第二批	1986年7月3日
小孤山石刻	南北朝——清	宿松县	第三批	1989年5月27日
花山石窟群	唐——清	黄山市屯溪区	第五批	2004年10月28日
玉蟹泉摩崖石刻	唐——宋——清	凤阳县	第四批	1998年5月4日
琴高山摩崖石刻	唐——清	泾县	第五批	2004年10月28日
刘冲崖刻	唐——清	九华山风景区	第五批	2004年10月28日
琅琊山摩岩崖石刻及碑刻	唐——民国	滁州市	第四批	1998年5月4日
黄山摩崖石刻	唐—近代	黄山风景区	第五批	2004年10月28日
程九万墓石刻	宋	青阳县	第四批	1998年5月4日
磬石山摩崖造像	宋	灵璧县	第四批	1998年5月4日
华阳洞石刻	宋	含山县	第五批	2004年10月28日
刘源题字石刻	宋末元初	潜山县	第一批	1981年9月8日
米芾芜湖县学记碑和明刻李阳冰歉卦碑	宋、明	芜湖市	第一批	1981年9月8日
王乔洞石窟造像	宋——明	巢湖市	第一批	1981年9月8日
浮山摩崖石刻	宋——清	枞阳县	第一批	1981年9月8日
山谷流泉摩岩石刻	宋——清	潜山县	第一批	1981年9月8日
齐云山碑刻及摩岩石刻	宋——清	休宁县	第一批	1981年9月9日
新安碑园石刻	宋——清	歙县	第二批	1986年7月3日
齐山摩崖石刻	宋——清	池州市	第三批	1989年5月27日
贵池区万罗山摩崖石刻	宋——民国	池州市贵池区	第四批	1998年5月4日
吴复墓石刻	明	肥东县	第三批	1989年5月27日
阮峰墓石刻	明	枞阳县	第四批	1998年5月4日
汪珊墓石刻	明	青阳县	第四批	1998年5月4日
陈德墓石刻	明	凤阳县	第五批	2004年10月28日
报恩寺罗汉	明末清初	寿县	第一批	1981年9月8日
金鸡碑及五猖神庙碑	清	怀宁县	第二批	1986年7月3日
汪由敦墓石刻	清	休宁县	第三批	1989年5月27日
杨捷墓石刻	清	天长市	第四批	1998年5月4日
张廷玉墓石刻	清	桐城市	第四批	1998年5月4日
慧居寺菩萨、罗汉塑像	清——民国	九华山风景区	第一批	1981年9月8日
近现代重要史迹及代表性建筑（69处）				
王步文故居	清	岳西县温泉镇	第四批	1998年5月4日
刘铭传故居	清	肥西县南分路乡	第四批	1998年5月4日
胡适故居	清	绩溪县	第四批	1998年5月4日
李鸿章故居及享堂	清	合肥市	第四批	1998年5月4日
安庆天主堂	清	安庆市	第五批	2004年10月28日
英驻芜领事署	清	芜湖市	第五批	2004年10月28日
天主堂	清	芜湖市	第五批	2004年10月28日
圣雅各中学旧址	清	芜湖市	第五批	2004年10月28日
怀远教会建筑旧址	清	怀远县	第五批	2004年10月28日
许世英故居	清	东至县	第五批	2004年10月28日
李克农故居	清	巢湖市居巢区	第五批	2004年10月28日
汪晓娣等宅（孙起孟旧居）	清	休宁县	第五批	2004年10月28日
太平天国英王府及太平天国英王府壁画	清	安庆市	第五批	2004年10月28日
三河大捷遗迹及古民居	清、近代	肥西县	第五批	2004年10月28日
安徽大学红楼及敬敷书院旧址	清、近代	安庆市	第五批	2004年10月28日
王稼祥故居	近代	泾县	第二批	1986年7月3日
吴樾故居	近代	桐城市	第二批	1986年7月3日

18—14　续表8　continued

名　称 Name	时　代 Era	地　址 Address	批　次 Batch	公布时间 Announcement Time
施从云墓	近代	桐城市	第二批	1986年7月3日
冯玉祥故居	近代	巢湖市	第三批	1989年5月27日
张治中故居	近代	巢湖市	第三批	1989年5月27日
老芜湖海关	近代	芜湖市	第五批	2004年10月28日
观瀑楼及听涛居	近代	黄山风景区	第五批	2004年10月28日
黄山古观景亭	近代	黄山风景区	第五批	2004年10月28日
张乐行故居	1810年——?	涡阳县	第一批	1981年9月8日
捻军会盟旧址	1855年	涡阳县	第一批	1981年9月8日
太平军枞阳会议旧址	1858年	枞阳县	第一批	1981年9月8日
太平军攻城图壁画	太平天国	绩溪县	第一批	1981年9月8日
同仁医院旧址	1906年	安庆市	第四批	1998年5月4日
熊成基安庆起义会议旧址	1908年	安庆市	第一批	1981年9月8日
熊、范二烈士专祠	1912年	安庆市	第四批	1998年5月4日
砀山天主教堂	1917年	砀山县	第四批	1998年5月4日
安徽邮务管理局旧址	1926年	安庆市	第四批	1998年5月4日
中共安徽地委旧址	1926–1927年	安庆市	第四批	1998年5月4日
中国国民党安徽省党部旧址	1926年–1927年	安庆市	第四批	1998年5月4日
“四　·九”暴动旧址	1928年	阜阳县	第一批	1981年9月8日
立夏节起义旧址	1929年	金寨县	第一批	1981年9月8日
红军第11军32师成立旧址	1929年	金寨县	第一批	1981年9月8日
列宁小学旧址	1929—1931年	金寨县	第一批	1981年9月8日
独山革命旧址群	1929—1932年	六安市	第一批	1981年9月8日
赤城县赤色邮政局旧址	1930年	金寨县	第四批	1998年5月4日
六安中心县委、六英霍暴动总指挥部旧址	1930年	金寨县	第五批	2004年10月28日
苏家埠战斗旧址	1932年	六安市	第一批	1981年9月8日
红军中央独立第2师司令部旧址	1934年	岳西县	第一批	1981年9月8日
中共鄂豫皖省委会议旧址	1934年	金寨县	第一批	1981年9月8日
皖南苏区江边特区革命委员会旧址	1934年	黟县	第一批	1981年9月8日
中国工农红军第二十八军重建会议旧址	1935年	岳西县	第一批	1981年7月3日
中共皖浙赣省委驻地旧址	1936—1937年	休宁县	第四批	1998年5月4日
南方八省红军游击队集中地旧址	1938年	歙县	第一批	1981年9月8日
安徽省民众总动员委员会旧址	1938年	六安市	第四批	1998年5月4日
中共鄂豫皖区委员会旧址	1938—1939年	金寨县	第一批	1981年9月8日
新四军四支队驻舒旧址	1938.2 —1939.6	舒城县	第五批	2004年10月28日
新四军军部旧址	1938—1941年	泾县	第一批	1981年7月3日
新四军四师司令部旧址	1938—1941年	涡阳县	第一批	1981年7月3日
半塔保卫战旧址	1940年	来安县	第一批	1981年9月8日
新四军七师司令部旧址	1941—1945年	无为县	第三批	1989年5月27日
抗大八分校旧址	1942—1945年	天长市	第四批	1998年5月4日
野人寨抗日阵亡将士墓	1943年	潜山县	第四批	1998年5月4日
陈独秀墓	1947年	安庆市	第四批	1998年5月4日
淮海战役双堆集战场旧址	1948年11月	濉溪县	第一批	1981年9月8日
渡江战役期间总前委旧址	1949年3—4月	肥东县	第二批	1986年7月3日
渡江战役中线指挥部旧址	1949年	枞阳县	第一批	1981年9月8日
新四军抗日殉国烈士墓	1949年	泾县	第一批	1981年9月8日
渡江战役总前委孙家圩子旧址	1949年	蚌埠市	第五批	2004年10月28日
中共淮海战役总前委旧址	近现代	濉溪县、萧县	第一批	1981年9月8日
洪家大屋	近现代	祁门县	第一批	1981年9月8日
林散之墓	1991年	马鞍山市采石风景区	第五批	2004年10月28日
安徽省博物馆陈列展览大楼	1956年	合肥市庐阳区		2007年8月9日
江淮大戏院主体建筑	1956年	合肥市庐阳区		2007年8月9日
金寨革命烈士陵园	建国后	金寨县		2009年2月25日

18—15 自然保护区
Nature Protection Areas

名　称 Name	级 别 Grade	保护对象 Protection Objects	类　型 Kinds	面　积 (公顷) Area(hectares)	地　址 Address
铜陵淡水豚	国家级	淡水豚类、珍稀鱼类	野生动物	31518	铜陵、贵池、枞阳、无为等县市
古牛绛	国家级	森林生态系统及珍稀动植物	森林生态	6713.3	祁门县、石台县
鹞落坪	国家级	北亚热带常绿阔叶林及濒危动植物	森林生态	12300	岳西县
金寨天马	国家级	北亚热带常绿落叶阔叶混交林	森林生态	28913.7	金寨县
升金湖	国家级	白鹳等珍稀鸟类及湿地生态系统	野生动物	33400	东至县、贵池区
安徽扬子鳄	国家级	扬子鳄及其生境	野生动物	18565	宣州区、郎溪县、广德县、泾县、南陵县
安徽清凉峰	国家级	中亚热带常绿阔叶林及珍稀濒危动植物	森林生态	7811.2	绩溪、歙县
沱　湖	省　级	湿地生态系统及鸟类	内陆湿地	4200	五河县
石臼湖	省　级	珍稀水禽及其生境	内陆湿地	10667	当涂县
安庆沿江湿地	省　级	珍稀水禽及湿地生态系统	内陆湿地	120000	宜秀区、桐城市、望江县、枞阳县、宿松县、太湖县
板　仓	省　级	森林生态、珍稀动植物、水源涵养林	森林生态	1523.2	潜山县
枯井园	省　级	北亚热带常绿阔叶林、原麝、白冠长尾雉、兰科植物	森林生态	4000	岳西县
十里山	省　级	中亚热带常绿阔叶林及其珍稀动植物	森林生态	1936	黄山市黄山区
九龙峰	省　级	森林生态系统	森林生态	2720	黄山市黄山区
天　湖	省　级	阔叶林及野生动植物	森林生态	4500	黄山市徽州区
六股尖	省　级	森林与野生动植物	森林生态	2747	休宁县
岭　南	省　级	森林及野生动植物	森林生态	2771	休宁县
五溪山	省　级	森林及珍稀动植物	森林生态	4050	黟县
查　湾	省　级	森林及珍稀动植物	森林生态	1600	祁门县
皇甫山	省　级	北亚热带落叶阔叶林和鸟类资源	森林生态	3600	滁州市南谯区
女山湖	省　级	湿地生态系统及水生动植物	内陆湿地	21000	明光市
颍州西湖	省　级	湿地及水生生物	内陆湿地	11000	阜阳市颍州区
八里河	省　级	白鹳、白头鹤、大鸨、琵琶、鸳鸯等珍稀鸟类	野生动物	14600	颍上县
大方寺	省　级	落叶阔叶次生林	森林生态	2080	宿州市埇桥区
砀山酥梨	省　级	砀山酥梨种质资源	野生植物	8892	砀山县
砀山黄河故道	省　级	湿地生态系统和越冬水禽	内陆湿地	2180	砀山县
皇藏峪	省　级	银杏、黄檀、小叶朴等	森林生态	2067	萧县
萧县黄河故道	省　级	湿地生态系统	内陆湿地	6316	萧县
沱　河	省　级	珍稀水禽及其生境	内陆湿地	2463	泗县
东西湖	省　级	水鸟及其生境	野生动物	14200	霍邱县
舒城万佛山	省　级	北亚热带常绿阔叶林及珍稀动植物	森林生态	2000	舒城县
霍山佛子岭	省　级	水源涵养林、珍稀野生动植物	森林生态	6667	霍山县
十八索	省　级	白鹳、小天鹅等珍稀鸟类及湿地生态系统	野生动物	7500	池州市贵池区
老　山	省　级	亚热带常绿阔叶林森林生态系统及金钱松、云豹、珍稀鸟类	森林生态	16909	池州市贵池区
盘　台	省　级	森林生态系统及动植物	森林生态	540	青阳县
板　桥	省　级	北中亚热带常绿阔叶林及珍稀动植物	森林生态	5000	宁国市

主要统计指标解释

旅游人数

(1)入境旅游人数：指报告期内来我国观光、度假、探亲访友、就医疗养、购物、参加会议或从事经济、文化、体育、宗教活动的外国人、港澳台同胞等入境游客。统计时，外国人、港澳台同胞每入境一次统计 1 人次。

(2)出境人数：指中国（大陆）居民因公或因私出境前往其他国家、中国香港特别行政区、澳门特别行政区和台湾省观光、度假、探亲访友、就医疗养、购物、参加会议或从事经济、文化、体育、宗教活动的人数，即出境游客。统计时，按每出境一次统计 1 人次。

(3)国内旅游人数：指在报告期内在中国（大陆）观光游览、度假、探亲访友、就医疗养、购物、参加会议或从事经济、文化、体育、宗教活动的中国（大陆）居民人数，其出游的目的不是通过所从事的活动谋取报酬。统计时，国内游客按每出游一次统计 1 人次。

国际旅游(外汇)收入

指入境游客在中国（大陆）境内旅行、游览过程中用于交通、参观游览、住宿、餐饮、购物、娱乐等全部花费。

国内旅游收入

又称旅游总花费。指国内游客在国内旅行、游览过程中用于交通、参观游览、住宿、餐饮、购物、娱乐等全部花费。

国际旅行社

指经营业务范围包括入境旅游业务、出境旅游业务和国内旅游业务的旅行社。

国内旅行社

指经营范围仅限于国内旅游业务的旅行社。

星级饭店

指设备、设施、服务符合《旅游饭店星级的划分与评定》（GB/T14308-2003），通过相关旅游管理部门评定，并取得星级饭店称号的饭店（含预备星级饭店）。

Explanatory Notes for Major Statistical Indicators

Number of Tourists

(1) Visitor arrivals refer to the number of foreigners, Chinese compatriots from Hong Kong, Macao and Taiwan Chinese (mainland) who come to China (mainland) for sight-seeing, vacation, visiting relatives, medical treatment, shopping, attending conference, or to engage in economic, cultural, sports and religious activities. In compiling statistics, each time of entering China is counted as one person-time.

(2) Number of Chinese residents going abroad refer to the number of Chinese (mainland) residents going to other countries, Hong Kong Special Administrative region, Macao Special Administrative region and Taiwan for on official or private purposes, for sight-seeing, vacation, visiting relatives, medical treatment, shopping, attending conference, or to engage in economic, cultural, sports and religious activities. In compiling statistics, each time of leaving is counted as one person-time.

(3) Number of domestic tourists refers to the number of Chinese (mainland) residents who travel within China (mainland) for sight-seeing, vacation, visiting relatives, medical treatment, shopping, attending conference, or to engage in economic, cultural, sports and religious activities. In compiling statistics, each time of travelling is counted as one person-time.

Foreign Exchange Earnings from International Tourism

refer to the total expenditure of foreigners, overseas Chinese, Chinese compatriots from Hong Kong, Macao and Taiwan during their stay in the mainland of China on transportation, sighting, accommodation, food, shopping and entertainment.

Income from Domestic Tourism

refer to expenditure of domestic tourists on transportation, sighting, accommodation, food, shopping and entertainment while they travel.

International Travel Agencies

refer to travel agencies engaged in tourism entering China, Chinese residents going abroad and domestic tourism.

Domestic Travel Agencies

refer to travel agencies only engaged in domestic tourism.

Star-rated Hotels

refer to hotels rated with stars as assessed by the relevant tourism authorities according to GB/T14308-2003 standard with reference to their infrastructure, facilities and service levels.

第 十九 篇

Chapter 19

EDUCATION AND SCIENCE

简要说明

一、教育统计资料包括公办教育和民办教育、学历教育和非学历教育。具体有高等教育（研究生教育、普通高等教育和成人高等教育）中等教育（高中阶段教育和初中阶段教育）、初等教育（小学）、学前教育、特殊教育（盲聋哑和弱智儿童学校等）以及教育经费等资料。主要指标包括学校数、在校学生数、招生数、毕业生数、教职工数和专任教师数、教育经费等。

教育事业统计资料由省教育厅提供；技工学校的资料由省人力资源和社会保障厅提供。

二、科技统计资料主要内容包括：全社会以及工业企业、政府部门属研究机构、高校的研究与试验发展（R&D）活动情况；国内外专利申请和授权情况；技术市场交易情况；开发区高新技术企业主要经济指标；科协系统科技活动情况；气象、质量监督检验检疫等综合技术服务部门业务活动情况；大中型工业企业研究与试验发展（R&D）活动情况等。

资料来源：全省综合资料、企业及有关行业企事业单位的研究与试验发展（R&D）活动情况由省统计局文化产业处提供；政府部门属研究机构资料、科学研究和研究与试验发展（R&D）活动情况资料由省科技厅提供；科协系统科技活动资料由省科协提供；专业技术人员资料由省人力资源和社会保障厅提供；气象、技术市场资料、产品质量监督抽查、专利等资料，分别由省气象局、省质量监督检验检疫局、省知识产权局等部门提供。

Brief Introduction

I. Data on education cover the situations on education funded by government and non-government agencies, and the education with and without academic credentials including higher education (education of postgraduates, general higher education and adult education), secondary education (senior and junior high schools), elementary education (primary schools), preschool education, special education (schools for the blind, deaf-mutes and mentally retarded) and their expenditure. The main indicators include the number of schools, the number of students enrolled, the number of new students enrolled, the number of graduates, the number of staff and workers, the number of full-time teachers, sources and outlay of education funding, and education expenditure from the State budget.

The provincial Ministry of Education provides statistical data on education undertakings and education funding. Data on technical training schools are provided by provincial Ministry of Human Resources and Social Security.

II. Data on technology mainly include: data on scientific and technological activities, R&D activities all over the country, including industrial enterprises, scientific and technological institutions under government departments, universities and colleges; data on domestic and foreign patents application accepted and granted, data on production, research and development activities of high-tech enterprises, data on scientific and technological papers; data on import and export trade of high-technological products; data on technological markets; main economic indicators of high and new-tech industrial enterprises in development zones; data on the number of scientific and technological personnel in state-owned enterprises and institutions; data on the scientific and technological activities in the system of associations for science and technology; data on operation institutions and activities of meteorology, surveying and mapping, product quality supervision, data from the Second National Census on R&D Resources.

Sources of data: data on national aggregates and R&D activities of various enterprises and institutions and data from the Second National Census on R&D Resources are from National Bureau of Statistics; data on scientific and technological institutions under government departments are from Ministry of Science and Technology, and State Administration of Science, Technology and Industry for National Defense; data on scientific research, technical service and geologic prospecting, scientific and technological papers; technological markets and high and new-tech industrial enterprises in development zones are from Ministry of Science and Technology; data on scientific and technological activities in universities and colleges are from Ministry of Education; data on import and export trade of high-technological products are from General Administration of Customs; Data on the number of scientific and technological personnel are from Ministry of Human Resources and Social Security. The China Association for Science and Technology provides data on the scientific and technological activities of associations for science and technology. Data on the development of surveying and mapping, meteorology, earthquake, product quality supervision and patents are provided separately by the State Bureau of Surveying and Mapping, China Meteorological Administration, China Earthquake Administration, National Bureau of Marine Administration, General Administration of Quality Supervision, Inspection and Quarantine, and State Intellectual Property Office.

19—1 教育事业基本情况
Basic Statistics on Education

指　　标	Item	2000	2005	2010	2013	2014
学校数　（所）	**Number of Schools　(unit)**					
普通高等学校	Regular Institutions of Higher Education	42	81	100	106	107
中等学校	Secondary Schools	4621	4533	4241	4002	3977
普通中等专业学校	Regular Specialized Secondary Schools	138	98	108	115	119
中等技术学校	Technical Secondary Schools	104	79	95	102	106
中等师范学校	Teacher Secondary Schools	34	19	13	13	13
普通中学	Regular Secondary Schools	3767	3948	3738	3599	3599
高　中	Senior Secondary Schools	674	760	743	698	694
初　中	Junior Secondary Schools	3093	3188	2995	2901	2905
职业中学	Vocational Secondary Schools	716	487	345	288	259
小　学	Primary Schools	24281	20142	13997	11507	10547
幼儿园	Kindergartens	3932	2715	4018	6075	6564
特殊教育	Special Schools	70	67	62	65	66
专任教师　（万人）	**Number of Full-time Teachers　(10000 persons)**					
普通高等学校	Regular Institutions of Higher Education	1.51	3.24	4.93	5.49	5.65
中等学校	Secondary Schools	18.63	22.04	25.18	26.29	25.92
普通中等专业学校	Regular Specialized Secondary Schools	0.88	0.61	0.77	1.04	1.15
普通中学	Regular Secondary Schools	15.81	19.70	23.01	23.20	23.04
高　中	Senior Secondary Schools	2.92	5.11	6.69	7.38	7.52
初　中	Junior Secondary Schools	12.90	14.59	16.32	15.81	15.52
职业中学	Vocational Secondary Schools	1.94	1.73	1.40	2.05	1.72
小　学	Primary Schools	27.37	25.95	24.57	23.81	23.79
幼儿园	Kindergartens	2.65	1.65	2.96	5.11	5.83
特殊教育	Special Schools	0.09	0.10	0.12	0.13	0.13
招生数　（万人）	**New Student Enrollment　(10000 persons)**					
普通高等学校	Regular Institutions of Higher Education	7.62	19.87	29.69	31.51	33.43
中等学校	Secondary Schools	150.27	185.31	158.37	128.09	121.87
普通中等专业学校	Regular Specialized Secondary Schools	4.92	7.85	10.44	8.78	9.20
普通中学	Regular Secondary Schools	129.75	155.43	129.74	103.31	100.27
高　中	Senior Secondary Schools	21.96	43.46	42.41	38.05	37.06
初　中	Junior Secondary Schools	107.78	111.97	87.33	65.26	63.21
职业中学	Vocational Secondary Schools	15.59	22.03	18.19	16.00	12.39
小　学	Primary Schools	116.60	81.52	81.90	75.31	73.09
幼儿园	Kindergartens	84.29	50.02	66.60	95.01	93.38
特殊教育	Special Schools	0.22	0.24	0.22	0.21	0.27
在校学生　（万人）	**Student Enrollment　(10000 persons)**					
普通高等学校	Regular Institutions of Higher Education	18.24	58.91	93.90	105.21	108.05
中等学校	Secondary Schools	422.79	534.19	484.20	396.58	377.18
普通中等专业学校	Regular Specialized Secondary Schools	19.19	18.55	28.93	25.69	26.99
普通中学	Regular Secondary Schools	358.32	460.86	406.58	325.20	312.54
高　中	Senior Secondary Schools	54.14	116.90	127.60	125.51	120.13
初　中	Junior Secondary Schools	304.18	343.96	278.99	199.69	192.41
职业中学	Vocational Secondary Schools	45.28	54.78	48.68	45.68	37.65
小　学	Primary Schools	644.24	584.11	460.44	409.20	415.14
幼儿园	Kindergartens	116.19	72.38	100.82	167.95	172.91
特殊教育	Special Schools	1.83	1.80	1.40	1.03	1.43
毕业生数　（万人）	**Graduates　(10000 persons)**					
普通高等学校	Regular Institutions of Higher Education	2.59	11.70	23.22	28.01	29.99
中等学校	Secondary Schools	123.18	160.90	163.94	138.00	132.70
普通中等专业学校	Regular Specialized Secondary Schools	6.04	3.78	9.61	8.96	8.25
普通中学	Regular Secondary Schools	102.31	142.61	136.57	114.06	109.57
高　中	Senior Secondary Schools	13.15	30.10	44.38	41.67	42.94
初　中	Junior Secondary Schools	89.16	112.52	92.19	72.39	66.63
职业中学	Vocational Secondary Schools	14.83	14.51	17.76	14.98	14.88
小　学	Primary Schools	121.20	116.25	87.41	65.49	63.41
幼儿园	Kindergartens		40.24	38.89	64.61	67.40
特殊教育	Special Schools	0.20	0.20	0.16	0.11	0.12

19—2 研 究 生 数
Number of Postgraduates

单位：人（person）

年 份 Year	研究生数 Number of Postgraduates					
	在学人数 Student Enrollment	硕士 Master	招生数 New Student Enrollment	硕士 Master	毕业生数 Graduates	硕士 Master
2000	5820	4689	2522	2060	1135	890
2005	21505	17865	8198	7000	4148	3300
2010	38991	34669	14047	12728	9302	8224
2011	41773	37103	14774	13389	11106	10043
2012	44351	39346	15677	14148	11977	10843
2013	46506	41112	16312	14727	13205	11976
2014	46590	41505	16249	14835	13859	12704

19—3 普通高等学校本科分科学生数
Number of Students of the Ordinary College Undergraduate Course Branch

单位：人（person）

项 目	Item	2013			2014		
		毕业生数 Graduates	招生数 New Student Enrollment	在校学生数 Student Enrollment	毕业生数 Graduates	招生数 New Student Enrollment	在校学生数 Student Enrollment
合 计	**Total**	**121965**	**154935**	**583089**	**133251**	**157879**	**605040**
哲 学	Philosophy	54	48	189	52	40	171
经济学	Economics	7252	9510	34591	7517	9898	37595
法 学	Law	3224	3454	13193	3466	3293	12934
教育学	Education	3714	4326	15915	3603	4944	17026
文 学	Literature	13597	13838	51602	13254	13506	51667
历史学	History	529	435	1683	497	457	1634
理 学	Science	14696	14371	59668	15260	13119	56371
工 学	Engineering	40946	58084	213061	47114	61009	224961
农 学	Agriculture	2496	2994	11406	2616	3184	12011
医 学	Medicine	8896	10673	48221	9393	10990	50101
管理学	Management	19723	26703	98413	23088	26806	102295
艺术学	Art	6838	10499	35147	7391	10633	38274

注：2013年起，根据教育部统一部署，使用新颁布的《高等学校本科专业目录》，新增了艺术学学科。

a) Since 2013, according to the unified deployment of the ministry of education, the use of new catalogue of the institutions of higher learning undergraduate, new art discipline.

19—4 普通高等学校专科分科学生数
Number of Students of the Ordinary College Specialty Undergraduate Branch

单位：人（person）

项　目	Item	2013 毕业生数 Graduates	2013 招生数 New Student Enrollment	2013 在校学生数 Student Enrollment	2014 毕业生数 Graduates	2014 招生数 New Student Enrollment	2014 在校学生数 Student Enrollment
合　计	**Total**	**158141**	**160187**	**469034**	**166626**	**176408**	**475505**
农林牧渔大类	Farm, Forest, Animal and Fishery Category	1979	1912	5733	1974	1976	5689
交通运输大类	Transportation Category	2823	3325	8940	2834	3745	9669
生化与药品大类	Biochemical and Drug Category	3647	2627	8842	3436	2805	7891
资源开发与测绘大类	Resource Development and Mapping Category	1957	1345	4790	1762	1151	4042
材料与能源大类	Materials and Energy Category	1419	1394	4300	1350	1563	4077
土建大类	Construction Category	11893	15896	42982	14459	17788	46757
水利大类	Water Conservancy Category	529	733	1997	733	1011	2641
制造大类	Manufacture Category	22925	23797	68742	24144	26931	70313
电子信息大类	Electronic Information Category	21918	16963	55430	20929	19074	52450
环保、气象与安全大类	Environmental, Meteorological and Safety Category	312	402	1121	249	443	1158
轻纺食品大类	Textile, Food Category	2599	2643	7714	2779	2482	7436
财经大类	Finance and Economics Category	36458	38374	115615	39827	42602	118334
医药卫生大类	Medical and Health Category	16926	21132	54620	18182	24770	60968
旅游大类	Tourism Category	6518	5456	17443	6699	6056	16393
公共事业大类	Public Category	1097	1031	2965	1029	1166	3142
文化教育大类	Culture and Education Category	16713	15008	43736	17559	15578	41594
艺术设计传媒大类	Art Design and Media Category	6475	6155	17937	6631	5616	16711
公安大类	Public Security Category			473	254		743
法律大类	Law Category	1953	1994	5654	1796	1651	5497

19—5 普通高等学校分科专任教师数（2014年）
Number of Full-time Teachers by Field of Study in Regular Higher Educational Institutions (2014)

单位：人（person）

项　目	Item	合　计 Total	正高级 With Chief Senior Title	副高级 With Deputy Senior Title	中　级 With Middle-rank Title	初　级 With Junior Title	未定职级 Undetermined rank
合　计	**Total**	**56525**	**4525**	**15147**	**21810**	**11974**	**3069**
哲　学	Philosophy	1737	110	470	726	350	81
经济学	Economics	3945	258	992	1623	817	255
法　学	Law	2453	166	603	1042	489	153
教育学	Education	4552	203	1112	1865	1096	276
文　学	Literature	8019	339	1823	3539	1925	393
历史学	History	676	66	204	254	129	23
理　学	Science	7090	952	2286	2389	1201	262
工　学	Engineering	14397	1332	3998	5469	2730	868
农　学	Agriculture	1318	190	423	483	180	42
医　学	Medicine	4182	422	1305	1385	907	163
管理学	Management	5082	361	1349	1907	1173	292
艺术学	Art	3074	126	582	1128	977	261

19—6 普通中等专业学校分科学生数（2014年）
Number of Students by Field of Study in Regular Specialized Secondary Schools (2014)

单位：人（person）

项 目	Item	毕业生数 Graduates	招生数 New Student Enrollment	在校学生数 Student Enrollment
合　计	**Total**	**82475**	**92043**	**269884**
农林牧渔类	Farm, Forestry, Herd Fish Class	3069	1786	7988
资源环境类	Resources Environment Class	2046	157	2683
能源与新能源类	Energy and New Energy Class		24	27
土木水利类	Construction Water Conservation Class	5226	5016	14678
加工制造类	Processing Manufacture Class	14574	15682	45188
石油化工类	Petroleum Chemical Industry Class	1011	275	929
轻纺食品类	Light Industry and Food Class	646	315	1204
交通运输类	Transportation Class	3419	6386	15890
信息技术类	Information Technology Class	9448	12630	36344
医药卫生类	Medicine Health Class	16509	15845	46835
休闲保健类	Leisure Health Care Class	51	217	431
财经商贸类	Finance and Economics Business Class	7809	11682	30607
旅游服务类	Tourist Service Class	2883	2584	7689
文化艺术类	Cultural and art Class	1754	4733	13647
体育与健身	Sports and Fitness Class	1062	1131	2934
教育类	Education Class	12179	12187	37437
司法服务类	Judicial Service Class			
公共管理与服务类	Public Administration and Service Class	201	281	931
其　他	Other	588	1112	4442

19—7 普通中等专业学校分科专任教师数（2014年）
Full-time Teachers in Regular Specialized Secondary Schools by Field of Study (2014)

单位：人（person）

项 目	Item	合计 Total	正高级 With Chief Senior Title	副高级 With Deputy Senior Title	中级 With Middle-rank Title	初级 With Junior Title	未定职级 Undetermined rank
总　计	**Total**	**11483**	**25**	**3282**	**4136**	**2945**	**1095**
文化基础课	Cultural Base	4144	6	1277	1479	1026	356
专业课	Professional Course	6696	18	1897	2374	1755	652
农林牧渔类	Farm, Forestry, Herd Fish Class	325		114	122	54	35
资源环境类	Resources Environment Class	3			2	1	
能源与新能源类	Energy and New Energy Class	63		20	25	16	2
土木水利类	Construction Water Conservation Class	171		51	59	40	21
加工制造类	Processing Manufacture Class	1283	3	387	443	356	94
石油化工类	Petroleum Chemical Industry Class	50		36	5	4	5
轻纺食品类	Light Industry and Food Class	95		24	29	30	12
交通运输类	Transportation Class	351		56	128	90	77
信息技术类	Information Technology Class	1020	4	284	401	252	79
医药卫生类	Medicine Health Class	599	1	149	194	209	46
休闲保健类	Leisure Health Care Class	5		1	1	2	1
财经商贸类	Finance and Economics Business Class	642	3	198	224	133	84
旅游服务类	Tourist Service Class	253	1	71	84	62	35
文化艺术类	Cultural and art Class	415	3	92	165	104	51
体育与健身	Sportsand Fitness Class	287	2	80	138	57	10
教育类	Education Class	801		230	250	254	67
司法服务类	Judicial Service Class	14		3	7	4	
公共管理与服务类	Public Administration and Service Class	65	1	12	20	21	11
其　他	Other	254		89	77	66	22
实习指导课	Practice and Instruction	643	1	108	283	164	87

19—8 技工学校数和学生数
Number of Technical Schools, Students, Staff and Teachers

年份 Year	学校数（所）Schools (unit)	在校学生数（人）Student Enrollment (person)	毕业生数（人）Graduates (person)	招生数（人）New Student Enrollment (person)	教职工数（人）Staff and Teachers (person)
2000	114	42628	24532	13583	6359
2005	109	86431	27287	34393	6031
2006	95	87463	28792	39482	5319
2007	93	87041	29515	38355	5601
2008	96	101131	37599	50210	5735
2009	93	93647	31393	31836	6716
2010	91	83154	34982	29441	6295
2011	91	71144	34252	25768	6284
2012	88	56048	22674	20686	6452
2013	86	49126	17668	18570	6649
2014	83	44703	16922	16362	6537

注：1、学校数包括技师学院、高级技工学校和普通技工学校。
2、在校学生数包括初级、中级、高级及其以上学制教育和培训人数。
3、招生数包括招收的学制教育和培训人数。

a) the number of schools includes technician school, senior technical schools and ordinary technical schools.

b) the number of students Enrollment, includes students in primary, intermediate, advanced education ,over education system schools and the number of trained people.

c) the number of students enrolled in the school includes students enrolled in education system schools and the number of training people schools.

19—9 初中毕业生和小学毕业生升学率及小学学龄儿童入学率
Percentage of Graduates of Junior Secondary Schools and Primary Schools Entering Higher Level Schools, Percentage of School-Age Children Enrolled

年份 Year	初中毕业生升学率 Percentage of Graduates of Junior Secondary Schools Entering Senior Secondary Schools Entering Senior			小学毕业生升学率 Percentage of Graduates of Primary Schools Entering Junior Secondary Schools			小学学龄儿童入学率 Percentage of School-age Children Enrolled		
	初中毕业生数（万人）Graduates of Junior Secondary Schools (10000 persons)	高级中等学校招生数（万人）Students Entering Senior Secondary Schools (10000 persons)	升学率（%）Percentage of Graduates of Junior Secondary Schools Entering Senior Secondary Schools	小学毕业生数（万人）Graduates of Primary Schools (10000 persons)	初级中等学校招生数（万人）Students Entering Junior Secondary Schools (10000 persons)	升学率（%）Percentage of Graduates of Junior Schools Entering Junior Secondary Schools	学龄儿童数（万人）School-age Children (10000 person)	已入学学龄儿童数（万人）School-age Children Enrolled in Schools (10000 persons)	入学率（%）Enrollment Ratio
2000	97.60	32.66	33.46	121.20	118.22	97.55	620.02	617.94	99.67
2005	117.50	71.10	60.51	116.25	115.73	99.56	549.35	546.83	99.54
2006	118.17	77.60	65.66	110.40	110.37	99.97	523.41	521.96	99.72
2007	114.66	79.13	69.02	96.02	99.49	103.62	513.99	512.98	99.81
2008	108.59	76.94	70.86	103.93	105.17	101.18	493.73	492.92	99.84
2009	101.67	74.70	73.47	98.37	99.17	100.81	466.60	466.03	99.88
2010	92.20	77.32	83.86	87.41	87.34	99.92	446.82	446.50	99.93
2011	92.21	77.91	84.49	76.94	76.09	98.89	431.67	430.72	99.78
2012	86.96	75.08	86.34	72.09	68.94	95.63	395.59	395.29	99.92
2013	72.40	69.10	95.44	65.49	65.26	99.65	401.48	400.29	99.70
2014	66.63	63.98	96.02	63.41	63.21	99.68	407.48	407.41	99.98

19—10 平均每万人口在校学生数和大中小学学生构成
Student Enrollment per 100 Population and Composition of Students Enrolled

年 份 Year	各级学校在校学生数占全省人口(%) Students as Percentage of Total Population	平均每万人口中（人） Number of Students per 10000 Population (person)			大中小学学生占学生总数（%） Students of Different Level as Percentage of Total Students (%)		
		大学生 University and College Students	中学生 Secondary School Students	小学生 Primary School Students	大学生 University and College Students	中学生 Secondary School Students	小学生 Primary School Students
2000	17.38	29.05	574.05	1032.11	1.67	32.83	59.03
2005	19.21	90.42	791.40	896.49	4.71	41.21	46.68
2006	20.36	108.63	853.27	913.73	5.34	41.91	44.88
2007	20.28	119.41	835.75	898.17	5.89	41.21	44.29
2008	19.87	131.93	815.38	849.35	6.64	41.03	42.74
2009	19.23	143.12	785.08	793.87	7.44	40.82	41.28
2010	18.95	155.45	753.69	762.25	8.20	39.77	40.23
2011	18.70	166.26	715.57	743.95	8.89	38.26	39.78
2012	18.09	170.84	651.17	675.85	9.44	36.00	37.36
2013	17.91	174.48	615.08	678.63	9.74	34.37	37.89
2014	17.67	177.63	575.70	682.47	10.05	32.58	38.63

注：1．人口数为当年年底常住人口。
2．各级学校在校生数包括普通高校、普通中专、普通中学、职业中学、普通小学、幼儿园及特殊教育学校在校学生数。
3．中学生数包括普通中学、职业中学在校学生数。

a) Population is permanent population by end of the year.
b) The number of students include students of Colleges and universitiest, he general secondary school, middle school, ordinary occupation schools, primary school, kindergarten and special education schools.
c) Middle school students number including ordinary secondary school, vocational school students.

19—11 各级学校教师负担学生数
Student-teacher Ratio by Level of School

单位：人（person）

年 份 Year	普通高等学校 Regular Institutions of Higher Education		中等学校 Secondary Schools		小学 Primary Schools		幼儿园 Kindergartens	
	专任教师数 Full-time Teachers	平均每个教师负担学生数 Student-teacher Ratio	专任教师数 Full-time Teachers	平均每个教师负担学生数 Student-teacher Ratio	专任教师数 Full-time Teachers	平均每个教师负担学生数 Student-teacher Ratio	专任教师数 Full-time Teachers	平均每个教师负担学生数 Student-teacher Ratio
2000	15065	12.11	186323	22.69	273745	23.53	26470	43.90
2005	32438	18.16	220408	24.24	259493	22.51	16516	43.83
2006	36797	18.04	227771	23.90	256368	21.78	18122	40.45
2007	40743	17.93	235381	22.85	254777	21.57	19220	40.69
2008	43624	18.53	241885	21.80	251020	20.73	20738	42.21
2009	46374	18.93	246388	20.68	248595	19.59	25004	37.52
2010	49298	19.05	251776	19.23	245726	18.74	29591	34.07
2011	51185	19.37	259691	17.50	243319	18.23	36161	32.30
2012	53108	19.26	263397	15.84	241504	16.76	42959	36.75
2013	54903	19.16	262920	15.08	238131	17.18	51120	32.85
2014	56525	19.12	259178	14.55	237902	17.45	58256	29.68

19—12 各级学校女学生和女教师数
Number of Female Students and Teachers by Level of School

指　　标	Item	2000	2005	2010	2013	2014
女学生数　　（万人）	**Number of Female Students　(10000 persons)**	**504.95**	**546.15**	**479.02**	**422.41**	**419.01**
普通高等学校	Regular Institutions of Higher Education	5.96	25.50	44.81	51.36	53.90
普通中等专业学校	Regular Specialized Secondary Schools	10.94	10.52	16.33	14.59	15.15
普通中学	Regular Secondary Schools	161.20	211.58	186.49	149.51	143.51
职业中学	Vocational Secondary Schools	20.37	25.14	21.86	21.16	17.37
小　学	Primary Schools	306.48	273.41	209.53	185.79	189.07
女学生占学生总数的百分比(%)	**Percentage of Female Students to Total Students (%)**	**46.45**	**46.39**	**45.97**	**46.37**	**46.54**
普通高等学校	Regular Institutions of Higher Education	32.67	43.29	47.72	48.81	49.89
普通中等专业学校	Regular Specialized Secondary Schools	56.99	56.71	56.44	56.80	56.15
普通中学	Regular Secondary Schools	44.99	45.91	45.87	45.97	45.92
职业中学	Vocational Secondary Schools	44.98	45.89	44.91	46.33	46.15
小　学	Primary Schools	47.57	46.81	45.51	45.40	45.54
女教师数　　（万人）	**Number of Female Teachers　(10000 persons)**	**15.36**	**18.19**	**21.44**	**23.12**	**23.79**
普通高等学校	Regular Institutions of Higher Education	0.48	1.19	2.00	2.29	2.38
普通中等专业学校	Regular Specialized Secondary Schools	0.31	0.23	0.33	0.45	0.49
普通中学	Regular Secondary Schools	4.05	5.78	7.91	9.59	9.91
职业中学	Vocational Secondary Schools	0.45	0.50	0.48	0.68	0.61
小　学	Primary Schools	10.06	10.48	10.71	10.11	10.41
女教师占教师总数的百分比(%)	**Percentage of Female Teachers to Total Teachers(%)**	**32.33**	**35.51**	**39.07**	**41.59**	**42.98**
普通高等学校	Regular Institutions of Higher Education	32.05	36.82	40.56	41.66	42.09
普通中等专业学校	Regular Specialized Secondary Schools	32.05	38.25	43.14	43.01	42.55
普通中学	Regular Secondary Schools	35.17	29.36	34.39	41.36	39.37
职业中学	Vocational Secondary Schools	23.29	28.79	34.43	33.34	35.15
小　学	Primary Schools	36.76	40.40	43.58	42.45	48.05

19—13 各级各类成人学校基本情况（2014年）
Student Enrollment in Adult Schools by Level and Type (2014)

单位：人（person）

指标	Item	学校数（所）Schools (unit)	毕业生数 Graduates	招生数 New Student Enrollment	在校学生数 Student Enrollment	教职工人数 Teachers and Staff	专任教师 Full-time Teachers
成人高等教育	**Adult's Higher Education**	**6**	**85964**	**98251**	**226328**	**1316**	**748**
#成人高等学校	Adult Education Schools	6	1761	1474	3654	1316	748
广播电视大学	Radio and TV Universities	1	836	609	1593	300	139
职工、农民高等学院	Schools of Higher Education for Staff, Workers and Peasants	3	564	704	1403	353	281
管理干部学院	Colleges for Management Cadres	1	361	161	658	663	328
教育学院	Institute of Education	1					
成人中等专业学校	**Specialized Secondary Schools for Adults**	**53**	**14652**	**8117**	**30321**	**2260**	**1799**
成人中小学校	**Secondary and Primary Schools for Adults**	**376**	**16599**		**9476**	**86**	**74**
成人中学	Secondary Schools for Adults	13	8086		9476	76	64
职工中学	Staff Middle School	1	6730		7556	6	6
农民中学	Secondary Schools for Peasants	12	1356		1920	70	58
成人小学	Primary Schools for Adults	363	8513			10	10
成人技术培训学校	**Technical Training Schools for Adults**	**219**	**176730**		**181801**	**1782**	**891**
职工技术培训学校	Technical Training Schools for Staff and Workers	28	33709		37295	647	322
农民技术培训学校	Technical Training Schools for Peasants	177	128339		129792	793	287
其他培训机构（含社会培训机构）	Other Training Organs (Including Social Training Organs)	14	14682		14714	342	282

19-14 民办教育基本情况（2014年）
Statstics for Non-state Education (2014)

单位：人（person）

项目	Item	校数（所）Number of Schools (unit)	毕业生数 Numer of Students Graduated	招生数 New Enrollment	在校学生数 Enrolled Students	教职工数 Teachers and Staff	专任教师 Full-time Teachers
合计	**Total**	**5087**	**687413**	**812920**	**2186952**	**150105**	**99020**
民办高等教育	**Civilian-run Higher Education**	**20**	**49823**	**55429**	**180280**	**12310**	**9101**
民办中等教育	**Civilian-run Secondary Education**	**618**	**258596**	**254826**	**780298**	**61166**	**44205**
高中阶段教育	Senior High School Education	304	126619	114034	359157	36814	26141
民办普通高中	Civilian-run Senior High Schools	181	67393	55286	194103	28772	20053
民办中等职业教育	Civilian-run Secondary Vocational Education	123	59226	58748	165054	8042	6088
初中阶段教育	Junior High School Education	314	131977	140792	421141	24352	18064
民办小学	**Civilian-run Primary Schools**	**251**	**46098**	**34266**	**256010**	**7098**	**5289**
民办幼儿园	**Civilian-run Kindergartens**	**4198**	**332896**	**468399**	**970364**	**69531**	**40425**
民办非学历教育	**In addition: Civilian-run Non-academic Education**						
民办高等教育机构	Civilian-run Higher Education Institutions	7	335		235	538	281
民办职业技术培训机构	Vocational Technical Training Institutions	16	16815		17166	366	196

注：表中民办普通高中教职工数为初中高中合计数；中等职业教育不含技工学校数字。
资料来源：安徽省教育厅。

a) The total number of tables of common high schools teachers and staff is number of junior high school; secondary occupation education does not contain technical school.

Source: Anhui Municipal Commission of Education.

19—15 各市普通高等学校和中等专业学校情况（2014年）
Number of Specialized Secondary Schools by Region and Type (2014)

单位：人（person）

地 区	Region	学校数（所） Number of Schools (unit)		毕业生数 Number of Graduates		招生数 New Student Enrollment		在校学生数 Student Enrollment	
		高等 Advanced	中等 Middle	高等 Advanced	中等 Middle	高等 Advanced	中等 Middle	高等 Advanced	中等 Middle
总计	**Total**	**107**	**119**	**299877**	**82475**	**334287**	**92043**	**1080545**	**269884**
合肥市	Hefei	50	33	126860	21368	148197	25074	462614	76577
淮北市	Huaibei	3	5	9828	6669	11021	5680	35749	17871
亳州市	Bozhou	2	4	4143	7242	4270	7230	11932	20946
宿州市	Suzhou	3	6	6948	6067	6533	4283	19887	15586
蚌埠市	Bengbu	5	11	17311	5349	15519	5954	61033	16220
阜阳市	Fuyang	4	11	10643	5466	10260	7379	34840	21791
淮南市	Huainan	5	5	18561	4915	18638	6198	64365	16523
滁州市	Chuzhou	4	3	12582	2226	14591	6632	46548	15734
六安市	Luan	5	4	11940	2992	13299	4230	41229	8269
马鞍山市	Maanshan	4	5	12863	3790	15056	2568	52426	8333
芜湖市	Wuhu	8	12	33375	3953	37598	3364	126455	8745
宣城市	Xuancheng	1	6	2313	2530	2448	4456	5726	13703
铜陵市	Tongling	3	2	9271	822	10542	1550	33971	4121
池州市	Chizhou	3	2	6918	1176	6743	775	21024	2518
安庆市	Anqing	5	6	11965	6696	13101	4742	41794	17169
黄山市	Huangshan	2	4	4356	1214	6471	1928	20952	5778

19—16 各市特殊教育情况（2014年）
Basic Statistics on Special Education by Region (2014)

单位：人（person）

地 区	Region	学校数（所） Number of Schools (unit)	毕业生数 Number of Graduates	招生数 New Student Enrollment	在校学生数 Student Enrollment	教职工数 Number of Staff and Teachers	专任教师 Full-time Teachers
总计	**Total**	**66**	**1189**	**2722**	**14304**	**1529**	**1347**
合肥市	Hefei	6	214	354	1864	182	175
淮北市	Huaibei	2	17	69	336	47	44
亳州市	Bozhou	4	69	229	1222	156	143
宿州市	Suzhou	5	62	228	1015	183	141
蚌埠市	Bengbu	5	59	308	892	100	91
阜阳市	Fuyang	6	243	443	2788	163	147
淮南市	Huainan	1	27	77	378	37	30
滁州市	Chuzhou	5	95	160	1137	81	77
六安市	Luan	7	48	130	694	122	104
马鞍山市	Maanshan	3	69	36	446	69	63
芜湖市	Wuhu	4	53	136	577	101	80
宣城市	Xuancheng	5	65	83	529	54	48
铜陵市	Tongling	1	33	37	143	32	26
池州市	Chizhou	2	19	157	941	42	36
安庆市	Anqing	8	89	239	1044	132	117
黄山市	Huangshan	2	27	36	298	28	25

19—17 各市普通中学分城乡学校数和在校学生数（2014年）
Number of Regular Secondary Schools and Student Enrollment by Urban and Rural Areas and by Region (2014)

地 区	Region	学 校 数（所）Number of Regular Secondary Schools (unit)							
		合 计		城 区		镇 区		乡 村	
		Total	高 中 Senior Secondary Schools	Urban Areas	高 中 Senior Secondary Schools	Counties and Towns	高 中 Senior Secondary Schools	Rural Areas	高 中 Senior Secondary Schools
总 计	**Total**	**3599**	**694**	**595**	**225**	**1590**	**430**	**1414**	**39**
合 肥 市	Hefei	362	114	117	46	140	63	105	5
淮 北 市	Huaibei	129	22	57	15	43	7	29	
亳 州 市	Bozhou	291	25	15	5	157	20	119	
宿 州 市	Suzhou	250	45	16	6	125	35	109	4
蚌 埠 市	Bengbu	169	37	31	10	55	25	83	2
阜 阳 市	Fuyang	459	51	57	21	185	26	217	4
淮 南 市	Huainan	129	35	54	20	37	13	38	2
滁 州 市	Chuzhou	289	62	33	16	137	44	119	2
六 安 市	Luan	413	62	28	9	170	48	215	5
马鞍山市	Maanshan	104	26	25	8	48	15	31	3
芜 湖 市	Wuhu	211	41	47	13	107	26	57	2
宣 城 市	Xuancheng	159	20	24	9	94	11	41	
铜 陵 市	Tongling	43	17	20	10	14	7	9	
池 州 市	Chizhou	105	23	20	8	48	14	37	1
安 庆 市	Anqing	368	92	34	19	179	64	155	9
黄 山 市	Huangshan	118	22	17	10	51	12	50	

地 区	Region	在 校 学 生 数（人）Student Enrollment (person)							
		合 计		城 区		镇 区		乡 村	
		Total	高 中 Senior Secondary Schools	Urban Areas	高 中 Senior Secondary Schools	Counties and Towns	高 中 Senior Secondary Schools	Rural Areas	高 中 Senior Secondary Schools
总 计	**Total**	**3125420**	**1201286**	**875977**	**404383**	**1772359**	**740460**	**477084**	**56443**
合 肥 市	Hefei	367012	153103	157281	60148	178658	86680	31073	6275
淮 北 市	Huaibei	112678	47693	54953	26987	50928	20706	6797	
亳 州 市	Bozhou	266208	82268	47139	21318	187231	60950	31838	
宿 州 市	Suzhou	275160	106643	43700	22777	190544	79459	40916	4407
蚌 埠 市	Bengbu	166104	61694	40617	17243	94547	44224	30940	227
阜 阳 市	Fuyang	449172	147159	109672	53280	240899	72352	98601	21527
淮 南 市	Huainan	112723	43376	63124	31041	33677	12033	15922	302
滁 州 市	Chuzhou	215321	81990	60675	32130	126474	49860	28172	
六 安 市	Luan	311805	123367	67252	34675	179442	86268	65111	2424
马鞍山市	Maanshan	108455	44343	33995	13335	56487	25723	17973	5285
芜 湖 市	Wuhu	157768	65671	43016	16932	97566	45982	17186	2757
宣 城 市	Xuancheng	107940	39940	37785	17850	61250	22090	8905	
铜 陵 市	Tongling	35417	15010	23361	10102	9783	4563	2273	345
池 州 市	Chizhou	83810	36963	28892	15674	44591	20941	10327	348
安 庆 市	Anqing	298713	129296	46596	22378	188021	94372	64096	12546
黄 山 市	Huangshan	57134	22770	17919	8513	32261	14257	6954	

19—18　各市普通中学分城乡招生数和毕业生数（2014年）

Number of New Student Enrollment and Graduates of Regular Secondary Schools by Urban and Rural Areas and by Region (2014)

单位：人（person）

地区	Region	招生数 New Student Enrollment 合计 Total	高中 Senior Secondary Schools	城区 Urban Areas	高中 Senior Secondary Schools	镇区 Counties and Towns	高中 Senior Secondary Schools	乡村 Rural Areas	高中 Senior Secondary Schools
总计	**Total**	**1002734**	**370649**	**287907**	**130127**	**563377**	**224886**	**151450**	**15636**
合肥市	Hefei	117970	50124	53347	20730	56009	27526	8614	1868
淮北市	Huaibei	37462	14658	18044	8138	17309	6520	2109	
亳州市	Bozhou	94336	26529	16264	7064	65759	19465	12313	
宿州市	Suzhou	84146	29341	13784	6967	58039	21677	12323	697
蚌埠市	Bengbu	52684	20657	13420	5643	29814	14915	9450	99
阜阳市	Fuyang	157453	49554	37829	17763	84421	24644	35203	7147
淮南市	Huainan	36463	14545	20657	10387	10615	4039	5191	119
滁州市	Chuzhou	67502	26633	19990	10855	39210	15778	8302	
六安市	Luan	94801	34914	20900	10062	53749	24330	20152	522
马鞍山市	Maanshan	34456	13612	10976	4087	17560	7767	5920	1758
芜湖市	Wuhu	49060	19579	13673	5023	30445	13855	4942	701
宣城市	Xuancheng	33427	11948	11802	5481	18907	6467	2718	
铜陵市	Tongling	11489	5180	7704	3521	3058	1526	727	133
池州市	Chizhou	26282	11577	9573	5155	13583	6302	3126	120
安庆市	Anqing	87557	34998	14201	6668	55142	25858	18214	2472
黄山市	Huangshan	17646	6800	5743	2583	9757	4217	2146	

地区	Region	毕业生数 Number of Graduates 合计 Total	高中 Senior Secondary Schools	城区 Urban Areas	高中 Senior Secondary Schools	镇区 Counties and Towns	高中 Senior Secondary Schools	乡村 Rural Areas	高中 Senior Secondary Schools
总计	**Total**	**1095656**	**429396**	**291719**	**138544**	**622323**	**268612**	**181614**	**22240**
合肥市	Hefei	130483	52693	49977	18829	65413	31668	15093	2196
淮北市	Huaibei	42582	16172	19282	9117	19910	7055	3390	
亳州市	Bozhou	78893	24896	13640	6731	56074	18165	9179	
宿州市	Suzhou	95613	34924	14960	7688	64731	25737	15922	1499
蚌埠市	Bengbu	57679	19854	12898	5370	33029	14407	11752	77
阜阳市	Fuyang	141205	47836	34569	17461	75046	22674	31590	7701
淮南市	Huainan	38799	14083	20888	9980	12088	4009	5823	94
滁州市	Chuzhou	72014	23980	19414	10117	40937	13863	11663	
六安市	Luan	118825	53352	24371	13507	69487	38254	24967	1591
马鞍山市	Maanshan	40052	16804	11489	4530	21782	10607	6781	1667
芜湖市	Wuhu	55975	24487	14528	6294	34588	17420	6859	773
宣城市	Xuancheng	39676	15504	13032	6340	23276	9164	3368	
铜陵市	Tongling	13514	5993	8716	4087	3961	1906	837	
池州市	Chizhou	30347	13466	10091	5894	16099	7479	4157	93
安庆市	Anqing	119505	56367	17671	9316	74152	40502	27682	6549
黄山市	Huangshan	20494	8985	6193	3283	11750	5702	2551	

19—19 各市小学分城乡学校数和在校学生数（2014年）

Basic Statistics on Primary Schools by Urban and Rural Areas and by Region (2014)

地 区	Region	学校数（所）Number of Primary Schools (unit)	城区 Urban Areas	镇区 Counties and Towns	乡村 Rural Areas	在校学生数（人）Student Enrollment (person)	城区 Urban Areas	镇区 Counties and Towns	乡村 Rural Areas
总 计	**Total**	**10547**	**826**	**2370**	**7351**	**4151398**	**874609**	**1635152**	**1641637**
合肥市	Hefei	613	146	160	307	442453	222485	141522	78446
淮北市	Huaibei	345	81	84	180	136304	55440	44551	36313
亳州市	Bozhou	1270	36	233	1001	473444	40527	196089	236828
宿州市	Suzhou	882	22	200	660	400919	38067	164942	197910
蚌埠市	Bengbu	685	46	97	542	235068	47102	68668	119298
阜阳市	Fuyang	2050	73	370	1607	738148	90672	273073	374403
淮南市	Huainan	362	64	59	239	149317	61692	37341	50284
滁州市	Chuzhou	396	42	150	204	241347	50076	124195	67076
六安市	Luan	1336	25	274	1037	387009	42939	157718	186352
马鞍山市	Maanshan	274	41	79	154	120808	39486	48600	32722
芜湖市	Wuhu	412	69	130	213	188086	54738	85086	48262
宣城市	Xuancheng	184	20	78	86	133370	29392	76321	27657
铜陵市	Tongling	85	31	19	35	38708	22839	9076	6793
池州市	Chizhou	292	33	79	180	90194	23058	37210	29926
安庆市	Anqing	1222	79	307	836	308581	39503	139645	129433
黄山市	Huangshan	139	18	51	70	67642	16593	31115	19934

地 区	Region	毕业生数（人）Number of Graduates (person)	城区 Urban Areas	镇区 Counties and Towns	乡村 Rural Areas	招生数（人）New Student Enrollment (person)	城区 Urban Areas	镇区 Counties and Towns	乡村 Rural Areas
总 计	**Total**	**634131**	**133412**	**254944**	**245775**	**730882**	**156667**	**279812**	**294403**
合肥市	Hefei	66335	31543	20547	14245	79304	41579	25422	12303
淮北市	Huaibei	23032	9040	7795	6197	24313	9880	7517	6916
亳州市	Bozhou	67118	6331	29664	31123	84301	7243	33685	43373
宿州市	Suzhou	55309	5263	24317	25729	80784	7265	30959	42560
蚌埠市	Bengbu	33040	7000	9123	16917	46408	8975	13943	23490
阜阳市	Fuyang	108136	13941	42096	52099	125694	15914	45097	64683
淮南市	Huainan	22313	9644	5560	7109	27923	11383	6814	9726
滁州市	Chuzhou	40681	8331	21024	11326	39789	8749	19903	11137
六安市	Luan	60766	6097	25019	29650	64810	7655	26729	30426
马鞍山市	Maanshan	21505	6657	8155	6693	19559	6492	8105	4962
芜湖市	Wuhu	30002	8218	12823	8961	31236	9915	13654	7667
宣城市	Xuancheng	21340	4496	12156	4688	22149	5143	12356	4650
铜陵市	Tongling	6347	3771	1514	1062	6410	3809	1512	1089
池州市	Chizhou	14481	3560	6232	4689	15538	3721	6230	5587
安庆市	Anqing	52906	6866	23926	22114	51271	6144	22871	22256
黄山市	Huangshan	10820	2654	4993	3173	11393	2800	5015	3578

19—20 各市职业中学基本情况（2014年）
Basic Statistics on Vocational Secondary Schools by Region (2014)

单位：人（person）

地　　区	Region	学校数（所）Number of Schools (unit)	毕业生数 Number of Graduates	招生数 New Student Enrollment	在校学生数 Student Enrollment	教职工数 Number of Staff and Teachers	专任教师 Full-time Teachers
总　　计	**Total**	**259**	**148869**	**123922**	**376498**	**20460**	**17247**
合 肥 市	Hefei	36	18342	5552	24296	1392	996
淮 北 市	Huaibei	6	1603	1374	4340	669	407
亳 州 市	Bozhou	16	12003	9634	33970	1941	1773
宿 州 市	Suzhou	14	5919	16671	31188	1419	1263
蚌 埠 市	Bengbu	12	6373	3641	12438	1293	1097
阜 阳 市	Fuyang	35	15340	15153	38388	2737	2315
淮 南 市	Huainan	11	5954	4357	13677	483	377
滁 州 市	Chuzhou	19	13851	9849	33906	2022	1854
六 安 市	Luan	32	14233	13431	45000	1789	1483
马鞍山市	Maanshan	6	3661	2887	9465	201	193
芜 湖 市	Wuhu	15	7245	5787	16639	884	731
宣 城 市	Xuancheng	8	8186	5095	18021	895	763
铜 陵 市	Tongling	4	1269	328	4085	275	181
池 州 市	Chizhou	6	4805	3395	12151	587	550
安 庆 市	Anqing	29	25796	23074	68569	3529	3006
黄 山 市	Huangshan	10	4289	3694	10365	344	258

19—21 各市幼儿园基本情况（2014年）
Basic Statistics on Kindergartens by Region (2014)

单位：人（person）

地　　区	Region	园数（所）Number of Schools (unit)	毕业生数 Number of Graduates	招生数 New Student Enrollment	幼儿数（人）Student Enrollment	教职工数 Number of Staff and Teachers	教师 Teachers
总　　计	**Total**	**6564**	**674046**	**933754**	**1729143**	**95225**	**58256**
合 肥 市	Hefei	829	74282	89433	214548	17256	9192
淮 北 市	Huaibei	233	25415	39910	64102	3406	2526
亳 州 市	Bozhou	538	83617	109956	184935	7984	5828
宿 州 市	Suzhou	580	74079	115746	177363	6638	4683
蚌 埠 市	Bengbu	324	45691	74178	112358	5690	3524
阜 阳 市	Fuyang	640	98458	146661	270065	10763	7509
淮 南 市	Huainan	201	22983	33593	65227	3397	1976
滁 州 市	Chuzhou	556	37947	42471	99843	4166	2738
六 安 市	Luan	714	65537	93187	153971	8357	5270
马鞍山市	Maanshan	247	18227	21043	47578	4238	2152
芜 湖 市	Wuhu	467	28219	36986	84516	7765	4164
宣 城 市	Xuancheng	443	21264	22490	65779	5585	3141
铜 陵 市	Tongling	80	5298	7194	14251	1578	852
池 州 市	Chizhou	152	13863	14633	32592	1650	888
安 庆 市	Anqing	402	47840	69761	106706	4622	2485
黄 山 市	Huangshan	158	11326	16512	35309	2130	1328

19—22 各级各类学校教育经费收入情况（2014年）
Basic Statistics on Educational Funds in Various Schools (2014)

单位：万元（10000 yuan）

指标	Item	合计 Total	国家财政性教育经费 Government Appropriation for Education	公共财政预算教育经费 The Budget of Public Finance Education Funds	民办学校中举办者投入 Conducting Investment of Voluntary School	社会捐赠经费 Donations for Education	事业收入 Undertaking Revenue	其他收入 Other Income
总计	**Total**	**10450962**	**8622928**	**8187758**	**36362**	**8305**	**1690402**	**92965**
高等教育	Institutions of Higher Education	1863663	1163106	1136629	1168	1484	664912	32991
普通高等学校	Regular Institutions of Higher Education	1828670	1146713	1120470	1168	1469	646751	32568
本科学校	Undergraduate Courses Schools	1356778	882956	869889		1242	446496	26084
高职高专	Higher Vocational College	471891	263757	250582	1168	226	200255	6485
#职业学校	Vocational Schools	414077	227529	214973	1168	194	178970	6214
成人高等学校	Institutions of Higher Education for Adults	34993	16394	16158		15	18161	423
中等职业学校	Vocational Secondary Schools	691399	593358	547622	1811	336	82549	13345
中等专业学校	Specialized Secondary Schools	372134	322868	292682	880	46	41335	7004
职业高中	Vocational Schools	284098	248640	233933	499	289	29206	5463
#农　村	Rural Areas	232353	210868	198187	289	82	19699	1415
技工学校	Technical Schools	9404	4967	4729			4343	94
成人中等专业学校	Specialized Secondary Schools for Adults	25763	16883	16278	432		7665	783
中　学	Secondary Schools	3455133	2831579	2654522	13735	2442	580721	26655
普通中学	Ordinary High School	3455133	2831579	2654522	13735	2442	580721	26655
普通高中	Senior Secondary Schools	1470553	997608	917669	5661	1406	448086	17791
#农　村	Rural Areas	914651	599798	554320	4359	464	300345	9685
普通初中	Regular Junior Secondary Schools	1984580	1833971	1736853	8074	1036	132634	8864
#农　村	Rural Areas	1524537	1432900	1357248	5752	646	80841	4397
小　学	Primary Schools	3236839	3153273	3028132	8197	2085	64252	9032
普通小学	Regular Primary Schools	3236839	3153273	3028132	8197	2085	64252	9032
#农　村	Rural Areas	2533888	2474363	2384167	7105	1131	45592	5696
特殊教育	Special Education	32606	31996	31354	4	180	197	229
特殊教育学校	Special Education School	31346	30763	30216	4	180	197	202
工读学校	Work-and-study Schools	1260	1233	1139				27
幼儿园	Kindergartens	532550	249015	231762	11446	624	268796	2669
#农　村	Rural Areas	327680	162815	155316	6894	81	156839	1051
教育行政单位	Education Administrative Units	83925	74760	70872		1084	5920	2161
教育事业单位	Education Institution	96469	79133	66218		70	14174	3093
其　他	Others	458378	446708	420648			8880	2790

注：1. 事业收入中从非本级财政或其他政府部门、公办科研机构取得的来源于中央的用于科研的财政拨款87754.2万元。
2. 捐赠收入中港、澳、台及海外捐赠1204万元。

a) Business income from the fiscal or other government departments at the corresponding level, and public research institutions obtained from 877.542 million yuan the central fiscal funding for scientific research.

b) Donation income donated 12.04 million yuan Hong Kong, Macao and Taiwan and overseas.

19—23 全省科技活动基本情况
Basic Statistics on Scientific and Technological Activities

指　　标	Item	2000	2005	2010	2013	2014
科技活动	**Scientific and Technological Activities**					
科技机构数 （个）	Number of Scientific Technological Research Institutions (unit)	984	917	2221	3484	4093
科技活动人员 （万人）	Personnel Engaged in S&T Activities (10000 persons)	9.72	8.94	23.65	33.91	36.51
#大学本科及以上学历	Bachelor's degree or above			9.66	14.36	15.51
研究与试验发展经费支出 （亿元）	Expenditure on R&D (100 million yuan)	20.02	45.61	163.72	352.08	393.61
#基础研究	Basic Research		4.12	12.23	22.13	22.45
应用研究	Applied Research		9.15	15.66	33.49	41.10
试验发展	Experimental Development		27.99	135.83	296.47	330.06
#政府资金	Government Fund		14.48	36.07	82.89	85.42
企业资金	Self-raised Funds by Enterprise		27.40	118.86	257.93	289.15
#相当于GDP比例 （%）	Proportion of Expenditure on R&D to GDP (%)		0.85	1.32	1.83	1.89
科技成果及获奖数 （项）	**Achievements in S&T and National Prizes Won (item)**					
重大科学技术成果	Number of Major Achievements in Science and Technology	511	546	780	920	740
国家发明奖	Number of National Invention Prizes Awarded				2	3
国家科学技术进步奖	Number of National Scientific and Technological Progress Prizes Awarded	1	4	7	9	9
获国家自然科学奖	Number of National Natural Sciences Prize Awarded		1	2	3	1
技术市场成交额 （万元）	**Transaction Value in Technical Market (10000 yuan)**	**61011**	**142553**	**461470**	**1307716**	**1698343**
专　　利	**Patent**					
专利申请受理量 （件）	Total Patent Applications Examined (unit)	1877	3516	37780	93353	99160
发　　明	Creation and Inventions	301	903	6396	34857	49960
实用新型	Utility Models	1080	1715	14417	45148	41889
外观设计	Designs	496	898	16967	13348	7311
专利申请授权量 （件）	Total Patent Applications Authorized (unit)	1482	1939	16012	48849	48380
发　　明	Creation and Inventions	104	238	1111	4241	5184
实用新型	Utility Models	894	1072	8839	36003	36748
外观设计	Designs	484	629	6062	8605	6448

19—24 县级以上政府部门属研究与开发机构及科技信息与文献机构数、人员数

State-owned Research and Development Institutions and Information and Literature Institutions at and Above County Level and Persons Engaged

年份 Year	合计 Total		自然科学技术领域 Field of Natural Sciences and Humanities			社会、人文科学技术领域 Field of Social Sciences and Humanities			科技信息和文献机构 Scientific-technical Information and Literature Institutions		
	机构（个）Institutions (unit)	从业人员（人）Employees (person)	机构（个）Institutions (unit)	从业人员（人）Employees (person)	科技活动人员 S&T Personnel	机构（个）Institutions (unit)	从业人员（人）Employees (person)	科技活动人员 S&T Personnel	机构（个）Institutions (unit)	从业人员（人）Employees (person)	科技活动人员 S&T Personnel
2000	167	7373	139	6690	4523	10	369	289	18	314	229
2005	125	6425	100	5764	4155	8	327	292	17	334	307
2006	122	6412	97	5748	4183	8	327	301	17	337	312
2007	116	6027	91	5364	4140	8	331	299	17	332	310
2008	108	6292	85	5431	4153	8	389	336	15	472	415
2009	104	6224	81	5397	4278	7	343	310	16	484	454
2010	104	6227	83	5405	4402	7	335	313	14	487	455
2011	100	6318	80	5641	4699	7	336	280	13	341	325
2012	98	6527	77	5832	5027	7	334	297	14	361	356
2013	101	6964	80	6258	5450	7	331	305	14	375	335
2014	97	7117	76	6468	5867	7	309	257	14	340	307

19—25 县级以上政府部门属研究与开发机构及科技信息与文献机构科技经费筹集和支出总额

Total Funds and Total Expenditures of State-owned Research and Development Institutions and Information and Literature Institutions at and Above County Level

单位：万元（10000 yuan）

年份 Year	合计 Total		自然科学技术领域 Field of Natural Sciences and Humanities			社会、人文科学技术领域 Field of Social Sciences and Humanities			科技信息和文献机构 Scientific-technical Information and Literature Institutions		
	科技活动收入 S&T Income	科技经费内部支出 Intramural Expenditure on S&T	科技活动收入 S&T Income	政府资金 Government Funds	科技经费内部支出 Intramural Expenditure on S&T	科技活动收入 S&T Income	政府资金 Government Funds	科技经费内部支出 Intramural Expenditure on S&T	科技活动收入 S&T Income	政府资金 Government Funds	科技经费内部支出 Intramural Expenditure on S&T
2000	101388	51908	98004	26988	48804	1871	1231	1741	1513	955	1363
2005	69881	66852	63694	51429	61396	3991	2268	3026	2196	1774	2430
2006	76227	67613	69374	52703	61476	3937	2482	3656	2916	2485	2481
2007	90051	83437	81096	62910	76123	4910	3123	4457	4045	3008	2857
2008	100551	90811	85274	71395	77284	5405	3970	5361	9872	6965	8166
2009	156716	103130	142846	107400	91744	6543	4455	5364	7327	5182	6022
2010	191056	134839	172837	149390	118150	8210	5816	6851	10009	8608	9837
2011	225659	175123	212688	142596	163397	7812	5551	7352	5159	4306	4374
2012	234114	194232	219720	158395	182437	7423	7315	5435	6971	6213	6359
2013	237275	216299	221116	183338	201724	8067	5294	6268	8091	7204	8307
2014	272412	263631	255037	193514	250498	8512	6590	6338	8863	8059	6795

19—26 自然科学和技术领域经费收入（2014年）
Receipts in the Field of Natural Science and Technology (2014)

单位：万元（10000 yuan）

指 标	Item	科技活动收入 S&T Income	政府资金 Government Funds	非政府资金 Non-Government Funds	生产经营活动收入 Production Activities Income	其他收入 Others
总 计	**Total**	**255037**	**193514**	**61524**	**20416**	**16402**
按隶属关系分	**Group by Administrative Relationship**					
省级部门属	Under the Provincial Departments	84704	66833	17872	13286	5882
地市级部门属	Under the Prefectural Departments	17340	15557	1783	2295	3896
中央部门属	Under the Departments of the State Council	152993	111123	41869	4835	6624
中国科学院	Under the Chinese Academy of Science	150612	109217	41396	4835	6624
按学科领域分	**Group by Branch of Science**					
自然科学	Natural Science	163055	118868	44188	16965	9574
农业科学	Agriculture	38086	32600	5486	282	5408
医学科学	Medicine	11038	10239	799	363	371
工程科学与技术	Engineering and Technology	41672	30665	11007	2805	1049
社会、人文科学	Social Sciences and Humanities	1186	1141	45	0	0

19—27 自然科学和技术领域经费支出（2014年）
Expenditures in the Field of Natural Science and Technology (2014)

单位：万元（10000 yuan）

指 标	Item	科技经费内部支出 Intramural Expenditure on S&T	#人员劳务费 Personnel Expenditure	其他日常支出 Other Routine Expenditure	设备购置费 Expenditure for Equipment	生产经营支出 Expenditure of Production	其他支出 Others
总 计	**Total**	**250498**	**66838**	**60243**	**83240**	**17855**	**31587**
按隶属关系分	**Group by Administrative Relationship**						
省级部门属	Under the Provincial Departments	76334	25446	39379	7202	11490	10121
地市级部门属	Under the Prefectural Departments	12023	5670	3070	1525	1535	5957
中央部门属	Under the Departments of the State Council	162141	35723	17794	74513	4830	15509
中国科学院	Under the Chinese Academy of Science	159839	34976	16686	74288	4830	15509
按学科领域分	**Group by Branch of Science**						
自然科学	Natural Science	171955	39296	23487	75157	13608	18899
农业科学	Agriculture	31181	12594	14285	1979	1265	8497
医学科学	Medicine	8904	3346	3144	2400	392	1480
工程科学与技术	Engineering and Technology	37273	11304	19067	3702	2590	2711
社会、人文科学	Social Sciences and Humanities	1186	298	260	1		

19—28 科协系统科技活动情况（2014年）

Basic Statistics on Scientific and Technological Activities of Associations for Science and Technology (2014)

项　　目		Item		科协合计 Total Number of Associations for Science & Technology	省科协 provincial Associations	省级学会 Provincial-level Learned Societies
机构数	**（个）**	**Number of Associations or Learned Societies**	**(unit)**	**123**	**1**	**158**
人员数	**（人）**	**Personnel**	**(person)**			
机　关		Associations		833	42	
直属单位		Enterprises and Non-profit Organizations Attached to Associations or Learned Societies		462	170	
学会理事		Members of Councils				11892
学术活动		**Academic Activities**				
国内学术会议		Domestic Academic Meetings				
次　数	（次）	Number	(times)	75	1	322
参加人数	（人次）	Number of Participants	(person-time)	11277	200	53546
交流论文数	（篇）	Number of Papers Presented	(unit)	1767	150	10970
国际学术会议		International Meetings Held in China				
次　数	（次）	Number	(times)			12
参加人数	（人次）	Number of Participants	(person-time)			1962
交流论文数	（篇）	Number of Papers Presented	(unit)			282
国际民间科技交流		International Folk Exchange of S&T				
接待来访科技团组	（个）	International Group on S&T Received Home	(unit)	40	26	20
接待总人数	（人次）	Person Received	(person-time)	94	52	129
外派科技团组	（个）	Number of Study Tours Sent Aboard	(unit)	2	2	30
外派总人数	（人次）	Total People Sent Aboard	(person-time)	12	12	170
科技培训		**Training Program**				
参加培训人数	（人次）	Number of Training	(person-time)	3754	260	38860
科普活动		**Activities for Popular Science**				
讲座次数	（次）	Number of Lectures	(times)	200	6	200
听讲座人数	（人次）	Number of Participants	(person-time)	20000	600	20000
展览次数	（次）	Number of Exhibitions	(times)	1050	27	377
参观展览人数	（万人次）	Number of Participants	(10000 person-time)	100	1	20
青少年科技竞赛次数	（次）	Number of Teenagers Participating in Science and Technology Competitions	(time)	289	13	34
出　版		**Publications**				
科技期刊种数	（种）	Number of Academic Journals	(kind)	4		55
论文集种数	（种）	Number of Collections of Articles	(kind)	40	1	122
论文集发行量	（册）	Number of Copies Distributed	(copies)	12000	300	60000
科技报纸种数	（种）	Number of Scientific & Technological Newspapers	(kind)	1	1	1

19—29 研究与试验发展（R&D）研究机构情况（2014年）
Institution of Research and Development (2014)

指 标	Item	机构数（个）Number of Institutions (unit)	研究与试验发展人员（人）R&D Personnel (person)	博 士 Doctor's Degree	研究与试验发展经费支出（万元）R&D Funds Disburse (10000 yuan)	科研用仪器设备原价（万元）Initial cost Used Scientific Research Equipment (10000 yuan)	进 口 Import
总　　计	**Total**	**4093**	**81091**	**5121**	**1883308**	**3039919**	**568757**
按学科分	**Group by Branch of Science**						
自然科学	Natural Science	54	5171	2017	189394	272490	138817
农业科学	Agriculture	118	1447	149	20814	18487	5493
医学科学	Medicine	69	981	154	5605	62049	28716
工程科学与技术	Engineering and Technology	3728	71788	2317	1658487	2684040	395618
社会、人文科学	Social Sciences and Humanities	124	1704	484	9008	2852	113
按国民经济行业分	**Grouped by Sector**						
农、林、牧、渔业	Agriculture, Forestry, Animal Husbandry and Fishery	39	94	3	625	820	62
采矿业	Mining	45	2178	37	20675	155681	282
制造业	Manufacturing	3269	60453	1277	1264796	2007067	262208
电力、热力、燃气及水生产和供应业	Electricity, Heat, Gas and Water Production and Supply Industry	12	302	14	13368	66331	975
建筑业	Construction	146	1054	11	18514	135764	695
交通运输、仓储和邮政业	Transport, Storage and Postal Services	5	55	1	6082	2504	
信息传输、软件和信息技术服务业	Information Transmission, Software and Information Technology Services	21	37	3	167	266	
金融业	Banking						
租赁和商务服务业	Leasing and Commercial Services	2	6		103	98	
科学研究和技术服务业	Scientific Research and Technical Services	117	12250	2055	500461	395433	145234
水利、环境和公共设施管理业	Water Conservancy, Environmental and Public Facilities Management	4				14	
教　育	Education	398	4148	1693	48555	265904	154633
卫生和社会工作	The Department of Health and Social Work	35	514	28	9964	10037	4670
文化、体育和娱乐业	Culture, Sports and Entertainment						
按机构类型分	**Grouped by Organization Type**						
政府部门办	Government Department	137	12564	2168	501149	395850	145242
与国内高校合办	Collaborate with Domestic University	26	317	157	2095	19104	10479
与国内独立机构合办	Collaborate with Domestic Independent Institution	2	55	6	19	4	
与境外机构合办	Collaborate with Foreign Institution						
与境外注册外商独资企业合办	Collaborate with Foreign Sole Ownership Enterprise Registed in Foreign						
与境内注册其他企业合办	Collaborate with Domestic Other Enterprise	54	334	106	4574	19783	9100
单位自办	Unit Oneself	3874	67821	2684	1375471	2605177	403937
其　他	Other						
按隶属关系分	**Grouped by Subordination Relations**						
中　央	Central	217	13439	2716	559556	716859	244377
地　方	Local	3876	67652	2405	1323752	2323060	324381

19—30 科技活动、研究与试验发展（R&D）人员（2014年）
People in Science and Technology Activity, Research and Development (2014)

指 标	Item	科技活动人员（人） Personnel Engaged in S&T Activities (person)	#大学本科及以上 University Degree and Above
总 计	**Total**	**365142**	**155128**
按隶属关系分	**Grouped by Subordination Relations**		
中 央	Central	43605	21705
地 方	Local	321537	133423
按国民经济行业分	**Grouped by Sector**		
农、林、牧、渔业	Agriculture, Forestry, Animal Husbandry and Fishery	826	126
采矿业	Mining	17252	2269
制造业	Manufacturing	223122	74067
电力、热力、燃气及水的生产和供应业	Electricity, Heat, Gas and Water Production and Supply Industry	5746	903
建筑业	Construction	14363	2781
交通运输、仓储和邮政业	Transport, Storage and Postal Services	3571	594
信息传输、计算机服务和软件业	Information Circulation, Computer Services and Software	4135	930
金融业	Banking	86	
租赁和商务服务业	Leasing and Commercial Services	4929	147
科学研究和技术服务业	Scientific Research and Technical Services	23945	18164
水利、环境和公共设施管理业	Water Conservancy, Environmental and Public Facilities Management	338	89
教 育	Education	59618	53614
卫生和社会工作	The Department of Health and Social Work	5590	438
文化、体育和娱乐业	Culture, Sports and Entertainment	1621	1006

调查单位数（个）Number of Investigation Units (unit)	有研究与试验发展活动单位 Activity for R&D	研究与试验发展人员（人）Staff of R&D (person)	#研究人员 Staff of Researcher	#全时人员 Staff of Full Time	#博士 Doctor's Degree	研究与试验发展人员折合全时当量（人年）Full-time Equivalent of R&D Personnel (man-years)	#研究人员 Staff of Researcher	基础研究 Basic Research	应用研究 Apply Researcher	试验发展 Experimental and Development Researcher
23589	**3433**	**201085**	**76614**	**120344**	**9101**	**129318**	**48713**	**8854**	**15658**	**104805**
269	89	24272	13917	15482	3486	18127	10465	3135	4282	10710
23320	3344	176813	62697	104862	5615	111191	38248	5719	11376	94095
127	21	186	106	65	10	122	84			122
445	25	12825	7302	4285	50	7228	4374		2548	4680
17045	2907	131317	32226	85136	1477	87078	21812	7	171	86899
267	14	1702	903	221	39	981	478		15	966
3118	42	4779	1836	2699	46	3276	1285		483	2793
1246	4	727	288	422	1	365	89			365
185	9	642	309	600	4	264	86		18	246
12										
456	3	1150	254	1137		315	79			315
238	189	17296	10297	12145	2501	14388	8829	2424	4729	7235
112	5	64	15	36	1	50	10			50
190	171	25609	20281	11317	4940	12343	9859	5723	5835	785
46	42	4588	2597	2147	30	2862	1683	700	1859	303
102	1	200	200	134	2	45	45			45

19—31 研究与试验发展（R&D）产出情况（2014年）
Output of Research and Development (2014)

指 标	Item	专 利申请数（件）Patent Applica-tions (piece)	发明专利 Inventions
总 计	**Total**	**50683**	**19973**
按隶属关系分	**Grouped by Subordination Relations**		
中 央	Central	4947	2730
地 方	Local	45736	17243
按国民经济行业分	**Grouped by Sector**		
农、林、牧、渔业	Agriculture, Forestry, Animal Husbandry and Fishery	26	25
采矿业	Mining	636	193
制造业	Manufacturing	38804	15257
电力、热力、燃气及水的生产和供应业	Electricity, Heat, Gas and Water Production and Supply Industry	804	251
建筑业	Construction	994	267
交通运输、仓储和邮政业	Transport, Storage and Postal Services	6	
信息传输、计算机服务和软件业	Information Circulation, Computer Services and Software	32	21
金融业	Banking		
租赁和商务服务业	Leasing and Commercial Services		
科学研究和技术服务业	Scientific Research and Technical Services	2701	1468
水利、环境和公共设施管理业	Water Conservancy, Environmental and Public Facilities Management	1	1
教 育	Education	6609	2448
卫生和社会工作	The Department of Health and Social Work	70	42
文化、体育和娱乐业	Culture, Sports and Entertainment		

专利授权数（件）Patents Granted (piece)		有效发明专利数（件）Number of patents In Force (piece)	专利所有权转让及许可数（件）Patent all Power Transfer and Clearance Number (piece)	专利所有权转让及许可收入（万元）Patent all Power Transfer and Clearance Income (10000 yuan)	集成电路布图设计登记数（件）Registration Number of Integrated Circuit Layout (unit)	植物新品种权授予数（项）Granted Number of Plant Variety Right (unit)	形成国家或行业标准数（项）Standard Number of Formed Nation and Industry (unit)	发表科技论文（篇）Scientific Papers Issued (piece)	出版科技著作（种）Publication on Science and Technology (kind)
	发明专利 Inventions								
5110	**1266**	**26989**	**1431**	**12144**	**7**	**74**	**1493**	**51706**	**1297**
1319	734	3879	82	537	2		436	12105	60
3791	532	23110	1349	11608	5	74	1057	39601	1237
		3					1	28	
		265	86				5	586	
		21297	1130	10095			1280	3346	
		105	2				14	712	
		183	3				32	379	
							2	7	
		11	9	13			11	9	
1355	426	2413	41	486	2	31	145	4852	87
								6	
3755	840	2712	160	1551	5	43	3	38440	1186
								3341	24

19—32 研究与试验发展（R&D）经费支出情况（2014年）
Research and Development Funds and Internal Expenditure (2014)

单位：万元（10000 yuan）

项　　目	Item	研究与试验发展经费支出 Expenditure for R&D	按活动类型分 By Activities 基础研究 Fundamental Research	应用研究 Applied Rescarch	试验发展 Experimental	#人员劳务费 Labor Expenses
总　计	**Total**	**3936070**	**224460**	**411041**	**3300569**	**1061643**
按执行部门分组	**Grouped by Execution Department**					
科研机构	Scientific Research Institution	472080	89969	143080	239031	94857
高等学校	College	265836	126835	107936	31066	53643
工业企业	Industrial Enterprise	2847303	459	60512	2786332	810564
非工业企业	Non-Industrial Enterprise	294099	1198	67732	225170	76729
事业单位	Institution	56752	6000	31781	18971	25850
按隶属关系分组	**Grouped by Subordination Relations**					
中　央	Central	791526	132316	186235	472975	192166
地　方	Local	3144544	92144	224806	2827595	869478

19—33 各市研究与试验发展（R&D）研究机构情况（2014年）
Institution of Research and Development by Region (2014)

地　　区	Region	机构数（个） Number of Institutions (unit)	研究与试验发展人员（人） R&D Personnel (person)	博　士 Doctor's Degree	研究与试验发展经费支出（万元） R&D Funds Disburse (10000 yuan)	科研用仪器设备原价（万元） Initial cost Used Scientific Research Equipment (10000 yuan)	进　口 Import
总　计	**Total**	**4093**	**81091**	**5121**	**1883308**	**3039919**	**568757**
合 肥 市	Hefei	1005	33018	3619	941416	1064003	284069
淮 北 市	Huaibei	84	2436	84	18478	231234	29061
亳 州 市	Bozhou	74	601	18	7423	19165	3038
宿 州 市	Suzhou	115	753	44	12711	172094	1587
蚌 埠 市	Bengbu	368	5540	134	113825	246728	53935
阜 阳 市	Fuyang	118	1364	63	26075	40840	1507
淮 南 市	Huainan	124	2287	179	35215	58342	10420
滁 州 市	Chuzhou	430	5070	129	112212	238611	13332
六 安 市	Luan	180	1695	58	26040	69936	2866
马鞍山市	Maanshan	255	4608	170	127783	213257	52823
芜 湖 市	Wuhu	466	13748	406	278243	371302	71383
宣 城 市	Xuancheng	259	3630	52	57852	101361	11021
铜 陵 市	Tongling	79	1277	26	43775	53484	5554
池 州 市	Chizhou	117	638	25	10257	30583	3009
安 庆 市	Anqing	303	2921	90	54232	108150	20888
黄 山 市	Huangshan	116	1505	24	17771	20830	4266

19—34 各市科技活动、研究与试验发展（R&D）人员（2014年）

People in Science and Technology Activity, Research and Development by Region (2014)

地　区	Region	科技活动人员（人）Personnel Engaged in S&T Activities (person)	#大学本科及以上 University Degree and Above	调查单位数（个）Number of Investigation Units (unit)	有研究与试验发展活动单位 Activity for R&D	研究与试验发展人员（人）Staff of R&D (person)	#女性 Female	#研究人员 Staff of Researcher	全时人员 Staff of Full Time	非全时人员 Staff of Non-Full Time
总　计	**Total**	**365142**	**155128**	**23589**	**3433**	**201085**	**38300**	**76614**	**120344**	**80741**
合肥市	Hefei	125812	65177	4248	667	71550	15697	28942	47079	24471
淮北市	Huaibei	12328	3832	910	73	8179	955	5622	4239	3940
亳州市	Bozhou	4584	1744	958	62	1838	334	493	919	919
宿州市	Suzhou	6109	2524	1387	116	2528	666	1042	1390	1138
蚌埠市	Bengbu	23158	11345	1237	340	13035	2946	5737	8619	4416
阜阳市	Fuyang	7665	3226	1635	101	3918	754	1515	1927	1991
淮南市	Huainan	18510	5837	732	121	12595	1412	5443	4413	8182
滁州市	Chuzhou	19927	8600	1665	351	10524	1550	3622	6514	4010
六安市	Luan	9214	3751	1338	135	4235	805	1424	2068	2167
马鞍山市	Maanshan	22741	8707	1382	267	12480	2094	4956	7008	5472
芜湖市	Wuhu	56399	21923	2454	411	30353	5521	7380	18951	11402
宣城市	Xuancheng	14687	3775	1565	242	7242	1164	1598	4466	2776
铜陵市	Tongling	16321	3539	470	109	8395	1137	3582	4743	3652
池州市	Chizhou	5946	1888	730	84	3074	572	1035	1479	1595
安庆市	Anqing	15339	6505	2193	241	7188	1874	2994	4318	2870
黄山市	Huangshan	6402	2755	685	113	3951	819	1229	2211	1740

地　区	Region	博士毕业 Doctor	硕士毕业 Master	本科毕业 University Degree	其他学历 Other	研究与试验发展人员折合全时当量（人年）Full-time Equivalent of R&D Personnel (man-years)	#研究人员 Staff of Researcher	基础研究 Basic Research	应用研究 Apply Researcher	试验发展 Experimental and Development Researcher
总　计	**Total**	**9101**	**23723**	**57835**	**110426**	**129318**	**48713**	**8854**	**15658**	**104805**
合肥市	Hefei	5567	11502	23044	31437	47355	19230	5146	6943	35267
淮北市	Huaibei	177	557	1506	5939	5514	3731	190	182	5142
亳州市	Bozhou	18	141	487	1192	940	231	18	44	878
宿州市	Suzhou	55	289	527	1657	1401	539	52	263	1086
蚌埠市	Bengbu	593	2399	4073	5970	9384	3871	864	1780	6741
阜阳市	Fuyang	150	431	1115	2222	2488	915	163	239	2086
淮南市	Huainan	358	975	2240	9022	7098	3084	668	3019	3410
滁州市	Chuzhou	240	964	3346	5974	7563	2635	197	725	6640
六安市	Luan	80	456	1158	2541	2079	704	42	222	1815
马鞍山市	Maanshan	446	1492	3986	6556	7975	2992	151	860	6964
芜湖市	Wuhu	827	2536	9296	17694	17104	3911	735	686	15683
宣城市	Xuancheng	62	184	1661	5335	5115	1080	24	1	5090
铜陵市	Tongling	198	581	1418	6198	6213	2615	105	464	5644
池州市	Chizhou	50	298	468	2258	1331	385	84	68	1179
安庆市	Anqing	226	589	2440	3933	5005	2052	322	108	4574
黄山市	Huangshan	54	329	1070	2498	2753	737	97	51	2606

19—35 各市研究与试验发展（R&D）产出情况（2014年）
Output of Research and Development by Region (2014)

地　区	Region	专利申请数（件）Patent Applications (piece)	发明专利 Inventions	专利授权数（件）Patents Granted (piece)	发明专利 Inventions	有效发明专利数（件）Number of patents In Force (piece)	专利所有权转让及许可数（件）Patent all Power Transfer and Clearance Number (piece)
总　计	**Total**	**50683**	**19973**	**5110**	**1266**	**26989**	**1431**
合肥市	Hefei	16494	7380	1615	832	9437	341
淮北市	Huaibei	831	219	19	5	481	12
亳州市	Bozhou	545	174	6	3	343	38
宿州市	Suzhou	1776	244	765	36	310	5
蚌埠市	Bengbu	2489	1142	203	67	1533	42
阜阳市	Fuyang	1011	412	21	5	397	5
淮南市	Huainan	2158	602	833	68	727	111
滁州市	Chuzhou	3685	1551	269	30	933	16
六安市	Luan	1695	405	297	12	1244	26
马鞍山市	Maanshan	3462	1161	261	97	1884	85
芜湖市	Wuhu	8653	3702	599	84	5639	520
宣城市	Xuancheng	2301	925			1432	73
铜陵市	Tongling	1420	627	22	9	830	8
池州市	Chizhou	1087	305	14	3	571	33
安庆市	Anqing	2322	976	97	5	885	93
黄山市	Huangshan	754	148	89	10	343	23

地　区	Region	专利所有权转让及许可收入（万元）Patent all Power Transfer and Clearance Income (10000 yuan)	集成电路布图设计登记数（件）Registration Number of Integrated Circuit Layout (unit)	植物新品种权授予数（项）Granted Number of Plant Variety Right (unit)	形成国家或行业标准数（项）Standard Number of Formed Nation and Industry (unit)	发表科技论文（篇）Scientific Papers Issued (piece)	出版科技著作（种）Publication on Science and Technology (kind)
总　计	**Total**	**12144**	**7**	**74**	**1493**	**51706**	**1297**
合肥市	Hefei	2086	2	72	532	28592	514
淮北市	Huaibei				22	1228	11
亳州市	Bozhou	5			32	385	15
宿州市	Suzhou	2			35	787	13
蚌埠市	Bengbu	707	5		45	3588	69
阜阳市	Fuyang	2			25	1439	72
淮南市	Huainan	858			102	3099	85
滁州市	Chuzhou	800			102	2137	97
六安市	Luan	36			32	1382	56
马鞍山市	Maanshan	146			80	1893	13
芜湖市	Wuhu	4072			225	3875	214
宣城市	Xuancheng			2	63	74	1
铜陵市	Tongling				38	819	36
池州市	Chizhou	2702			6	409	26
安庆市	Anqing	728			111	1404	62
黄山市	Huangshan				43	595	13

19—36 各市研究与试验发展（R&D）经费支出情况（2014年）
Research and Development Funds and Internal Expenditure by Region (2014)

单位：万元（10000 yuan）

地 区	Region	研究与试验发展经费 Expenditure for R&D	按活动类型分 By Activities			按支出用途分 By Expenditure	
			基础研究 Fundamental Research	应用研究 Applied Rescarch	试验发展 Experimental	日常性支出 Daily Expenditure	资产性支出 Assets Expenditure
总 计	**Total**	**3936070**	**224460**	**411041**	**3300569**	**3211958**	**724112**
合 肥 市	Hefei	1603362	162966	243987	1196409	1244309	359084
淮 北 市	Huaibei	91357	1685	2065	87606	80554	10802
亳 州 市	Bozhou	34546	65	744	33738	28747	5799
宿 州 市	Suzhou	38165	716	2539	34910	31306	6859
蚌 埠 市	Bengbu	234059	10224	35071	188764	162600	71428
阜 阳 市	Fuyang	60364	3869	3539	52957	48502	11862
淮 南 市	Huainan	160357	15059	63225	82074	138306	22051
滁 州 市	Chuzhou	203925	5663	23950	174312	171651	32274
六 安 市	Luan	68030	839	985	66206	56524	11506
马鞍山市	Maanshan	329918	2562	18999	308357	281544	48373
芜 湖 市	Wuhu	611848	11577	8953	591319	531193	80655
宣 城 市	Xuancheng	114303	842	170	113292	96109	18195
铜 陵 市	Tongling	207541	817	3599	203126	191322	16219
池 州 市	Chizhou	38732	396	535	37800	30387	8344
安 庆 市	Anqing	94813	6730	1861	86222	79355	15458
黄 山 市	Huangshan	44749	452	819	43478	39547	5203

19—37 高等学校科技活动情况
Basic Statistics on Higher Education for Scientific and Technological Activities

指 标	Item	2000	2005	2010	2013	2014
科技活动人员 （人）	S&T Personnel (person)	23242	24530	31082	57771	59618
#科学家和工程师	Scientists and Engineers	22366	23608			
研究与发展人员全时当量（人年）	Full-time Equivalent of R&D Personnel (man.year)	7100	5022	7337	12163	12343
#科学家和工程师	Scientists and Engineers	6800	4395			
#基础研究	Fundamental Research	1300	1500	3273	5961	5723
应用研究	Applied Research	1500	2501	3471	5612	5835
试验发展	Experimental Development	4000	397	595	591	785
研究与发展经费支出 （万元）	R&D Expenditure (10000 yuan)	17259	66574	141849	299401	265836

19—38 工业企业科技活动基本情况
Basic Statistics on Science and Technology Activities of Industrial Enterprises

指　标	Item	2013	2014
有研究与试验发展活动的企业 (个)	Number of Enterprises Having R&D Activities (unit)	2369	2946
有研究与试验发展活动的企业占全部企业的比重 (%)	Percentage of Enterprises Having R&D Activities to Total Number of Enterprises (%)	14.64	16.59
科技机构数 (个)	Number of Scientific and Technological Institutions (unit)	2737	3326
科技活动人员 (万人)	Personnel Engaged in S&T Activities (10000 persons)	22.32	24.61
研究与试验发展折合全时人员 (万人年)	Full-time Equivalent of R&D Personnel (10000 man-year)	8.58	9.51
科技机构科技活动人员数 (万人)	Personnel Engaged in S&T Activities in S&T Institutions (10000 persons)	9.30	10.25
开发新产品经费支出 (亿元)	Expenditure on New Product Development (100 million yuan)	324.47	368.52
研究与试验发展经费支出 (亿元)	Expenditure on R&D (100 million yuan)	247.72	284.73
#政府资金	Government Funds	18.34	22.41
企业资金	Self-raised Funds by Enterprises	227.27	259.24
研究与试验发展经费支出占主营业务收入的比重 (%)	Percentage of Expenditure on R&D To Sales Revenue (%)	0.73	0.77
技术引进经费支出 (亿元)	Expenditure for Acquisition of Foreign Technology (100 million yuan)	9.45	7.18
消化吸收经费支出 (亿元)	Expenditure for Assimilation of Technology (100 million yuan)	6.24	4.00
购买国内技术支出 (亿元)	Expenditure for Purchase of Domestic Technology (100 million yuan)	5.96	6.50
专利申请数 (件)	Patent Applications (piece)	32909	40244
#发明专利数	Invention Patents	10866	15701
拥有发明专利数 (件)	Invention Patents Owned (piece)	13582	21667

19—39 各市工业企业研究与试验发展（R&D）基本情况（2014年）
R&D Basic Situation of Industrial Enterprise by Region (2014)

地　区	Region	企业单位数（个）Number of Enterprises (unit)	#有研究与试验发展活动 Activity for R&D	#有科技机构 Unit Of S&T	新产品销售收入（万元）Revenue of New Pproduct Sales (10000 yuan)	研究与试验发展人员合计（人）Staff Of R&D (person)	#参加项目人员 Staff of Participa-ting in Project	#女性 Female
总　计	**Total**	**17757**	**2946**	**2576**	**52808808**	**145845**	**136064**	**22307**
合肥市	Hefei	2414	498	432	16325356	43822	40982	7643
淮北市	Huaibei	766	60	44	712008	7101	6504	725
亳州市	Bozhou	775	54	51	405785	1593	1498	239
宿州市	Suzhou	1129	106	93	471626	1575	1384	222
蚌埠市	Bengbu	880	304	261	2876264	8112	7527	1497
阜阳市	Fuyang	1316	86	91	1018508	2877	2684	417
淮南市	Huainan	561	91	63	324363	9431	8913	611
滁州市	Chuzhou	1382	301	297	6147633	8587	8091	1048
六安市	Luan	1086	117	132	1101772	3549	3295	567
马鞍山市	Maanshan	1035	236	146	3014269	9175	8399	1267
芜湖市	Wuhu	1973	373	330	9886491	24511	23084	3760
宣城市	Xuancheng	1349	230	198	1392650	7114	6613	1144
铜陵市	Tongling	260	93	49	6311595	7113	6728	795
池州市	Chizhou	524	72	59	519308	1781	1559	231
安庆市	Anqing	1791	225	256	1907132	6098	5597	1536
黄山市	Huangshan	516	100	74	394049	3406	3206	605

地　区	Region	#研究人员 Staff of Researcher	#全时人员 Staff of Full Time	研究与试验发展人员折合全时当量合计（人年）Total Work Volume of Conversion Staff of Full Time (person year)	#研究人员 Staff of Researcher	应用研究人员 Staff of Apply Researcher	试验发展人员 Staff of Experimental and Development Researcher
总　计	**Total**	**40274**	**89556**	**95079**	**26613**	**2734**	**92338**
合肥市	Hefei	10294	30655	28645	6752	130	28509
淮北市	Huaibei	4808	3689	4912	3275	11	4901
亳州市	Bozhou	333	805	812	159	1	810
宿州市	Suzhou	517	958	958	275		958
蚌埠市	Bengbu	2224	5688	6146	1730	16	6130
阜阳市	Fuyang	813	1494	1899	556	10	1889
淮南市	Huainan	3514	2658	4984	1843	2538	2446
滁州市	Chuzhou	2420	5324	6122	1800		6122
六安市	Luan	984	1765	1686	474	7	1679
马鞍山市	Maanshan	2852	5156	5798	1729	20	5778
芜湖市	Wuhu	4094	15866	14580	2541		14580
宣城市	Xuancheng	1519	4424	5041	1049		5041
铜陵市	Tongling	2517	4123	5458	1975		5458
池州市	Chizhou	429	921	1041	215		1041
安庆市	Anqing	2104	3955	4478	1653		4478
黄山市	Huangshan	852	2075	2521	587		2521

19—40 各市工业企业研究与试验发展（R&D）经费情况（2014年）

R&D Funds Basic Situation of Industrial Enterprise by Region (2014)

单位：万元（10000 yuan）

地 区	Region	研究与试验发展经费内部支出合计 Expenditure for R&D	按活动类型分组 Grouped by Active Type 应用研究支出 Applied Research Expenditure	试验发展支出 Experiment Development Expanditure	按支出用途分组 Grouped by Using of Funds 经常费支出 Normal Funds Expenditure	#人员劳务费 Salary	资产性支出 Capital Expenditure	#土建工程 Construction Project
总 计	**Total**	**2847303**	**60512**	**2786332**	**2502569**	**810564**	**344734**	**10356**
合 肥 市	Hefei	886822	5744	881056	803879	309445	82943	2904
淮 北 市	Huaibei	87392	574	86819	77612	25402	9780	125
亳 州 市	Bozhou	33912	612	33300	28163	9983	5749	331
宿 州 市	Suzhou	32804		32804	27262	7035	5541	68
蚌 埠 市	Bengbu	143434	444	142990	121404	35711	22030	1538
阜 阳 市	Fuyang	52172	188	51984	45158	15708	7014	110
淮 南 市	Huainan	110513	51694	58819	100723	44558	9790	270
滁 州 市	Chuzhou	161768		161768	138952	43654	22816	719
六 安 市	Luan	64942	139	64373	54548	20410	10395	498
马鞍山市	Maanshan	269941	1118	268823	234882	54225	35059	1097
芜 湖 市	Wuhu	528810		528810	454310	129277	74500	1531
宣 城 市	Xuancheng	111454		111454	94548	29911	16906	220
铜 陵 市	Tongling	199490		199490	183396	43942	16095	490
池 州 市	Chizhou	36016		36016	27868	5583	8148	41
安 庆 市	Anqing	85167		85160	72108	24483	13059	336
黄 山 市	Huangshan	42665		42665	37756	11238	4909	79

地 区	Region	按资金来源分组 Grouped by Source of Funds 政府资金 Govern-ment	企业资金 Enterprise	境外资金 Alien	研究与试验发展经费外部支出 Outside Expenditure	对境内研究机构支出 Foreign Research Instition	对境内高等学校支出 Demestic University
总 计	**Total**	**224062**	**2592374**	**7286**	**191411**	**82055**	**30476**
合 肥 市	Hefei	96381	786831	1341	113588	48367	9966
淮 北 市	Huaibei	5045	81983		4510	1425	2882
亳 州 市	Bozhou	1510	30974		1482	761	654
宿 州 市	Suzhou	2694	29452		721	273	438
蚌 埠 市	Bengbu	5026	135487		2763	685	1821
阜 阳 市	Fuyang	2619	48095		1783	1093	688
淮 南 市	Huainan	4921	105254		8085	2507	3510
滁 州 市	Chuzhou	9554	151594		2401	1369	912
六 安 市	Luan	2017	61626	631	1695	994	602
马鞍山市	Maanshan	30581	237909	118	13243	5174	2576
芜 湖 市	Wuhu	44913	470899	3739	29478	15384	2205
宣 城 市	Xuancheng	5141	103238	1393	1847	421	429
铜 陵 市	Tongling	2605	196886		3782	1029	1163
池 州 市	Chizhou	4162	31583	41	841	134	373
安 庆 市	Anqing	4432	80428	24	4307	2031	1911
黄 山 市	Huangshan	2462	40136		887	409	346

19—41 各市工业企业全部研究与试验发展（R&D）项目和政策情况（2014年）

All R&D Itens and Policies Situation of Industrial Enterprise by Region (2014)

地区	Region	项目数（项）Number of Items (unit)	参加项目人员（人）Staff Taken Part in Items (person)	项目人员折合全时当量（人年）ZFull-time Equivalent of Staff Taken Part in Items (person/year)	全部项目经费内部支出（万元）All Project Interior Expense (10000 yuan)	使用来自政府部门的科技活动资金（万元）Using from Government Department's Technique Cctivity Fund (10000 yuan)	研究开发费用加计扣除减免税（万元）Total Research and Development Expense Counting Tax Reliefs (10000 yuan)	高新技术企业减免税（万元）Tax Reliefs of High and New Technology Enterprises (10000 yuan)
总　　计	**Total**	**14648**	**136064**	**89002**	**2462204**	**259169**	**101993**	**273846**
合 肥 市	Hefei	4528	40982	26776	742662	107819	31423	109006
淮 北 市	Huaibei	330	6504	4589	75760	5741	1056	1423
亳 州 市	Bozhou	152	1498	767	24019	2834	748	2199
宿 州 市	Suzhou	325	1384	855	28858	3529	1768	1107
蚌 埠 市	Bengbu	1081	7527	5718	122870	5674	7192	11122
阜 阳 市	Fuyang	329	2684	1781	44376	3887	2670	1279
淮 南 市	Huainan	531	8913	4684	95132	5871	6288	2242
滁 州 市	Chuzhou	974	8091	5808	143495	10376	5198	8206
六 安 市	Luan	414	3295	1565	43172	4569	6528	3130
马鞍山市	Maanshan	1039	8399	5378	233143	35623	7314	16152
芜 湖 市	Wuhu	1935	23084	13757	491699	47684	15577	58823
宣 城 市	Xuancheng	924	6613	4704	93093	7421	5560	18163
铜 陵 市	Tongling	682	6728	5209	183294	3594	1812	12031
池 州 市	Chizhou	226	1559	908	30683	4924	1574	1695
安 庆 市	Anqing	738	5597	4122	72199	5987	6574	22872
黄 山 市	Huangshan	440	3206	2383	37751	3637	713	4397

19—42 各市工业企业自主知识产权和技术情况（2014年）

Self-owned Intellectual Property Rights and Technology Situation Industrial Enterprise by Region (2014)

地 区	Region	专利申请数（件）Number of Patent Application (unit)	发明专利 Patent of Invention	有效发明专利数（件）Invention Number of Patents Effectively (unit)	境外授权 Overseas Authorization	专利所有权转让及许可数（项）Patent all Power Transfer and Clearanc eNumber (item)	专利所有权转让及许可收入（万元）Patent all Power Transfer and Clearance Income (10000 yuan)	发表科技论文（篇）Publish Technical Papers (unit)
总　　计	**Total**	**40244**	**15701**	**21667**	**148**	**1218**	**10095**	**4644**
合 肥 市	Hefei	13243	5226	5924	28	288	1541	2261
淮 北 市	Huaibei	800	207	433		12		407
亳 州 市	Bozhou	534	167	338	2	37	5	66
宿 州 市	Suzhou	435	188	287	2	5	2	78
蚌 埠 市	Bengbu	2000	774	1335	13	42	707	200
阜 阳 市	Fuyang	935	362	378	5	5	2	111
淮 南 市	Huainan	837	273	502	26	45		336
滁 州 市	Chuzhou	3059	1288	867	5	15	790	41
六 安 市	Luan	1129	357	948	1	26	36	113
马鞍山市	Maanshan	2552	798	1441	11	66	40	505
芜 湖 市	Wuhu	7240	3177	5319	14	472	1627	139
宣 城 市	Xuancheng	2298	922	1432	38	73		45
铜 陵 市	Tongling	1343	595	722		8		111
池 州 市	Chizhou	1042	292	528	2	32	2700	59
安 庆 市	Anqing	2171	945	884	1	69	2645	134
黄 山 市	Huangshan	626	130	329		23		38

地 区	Region	拥有注册商标数（件）Registered Trademark Nubmer (unit)	境外注册 Overseas Registered	形成国家行业标准数（项）National and Industry Standard Number (item)	引进技术经费支出（万元）Introduction Technology funds Experditure (10000 yuan)	消化吸收经费支出（万元）Digestion Absorption Funds Experditure (10000 yuan)	购买国内技术经费支出（万元）Purchasing Domestic Technology Funds Experditure (10000 yuan)	技术改造经费支出（万元）Technological Transforma-tion Funds Experditure (10000 yuan)
总　　计	**Total**	**11720**	**1356**	**1299**	**71782**	**39967**	**64953**	**1452388**
合 肥 市	Hefei	4122	874	459	25525	1767	20525	396598
淮 北 市	Huaibei	287	7	22		322	1237	15086
亳 州 市	Bozhou	941	37	32	537	500	545	18280
宿 州 市	Suzhou	287	3	32	859	204	1593	55674
蚌 埠 市	Bengbu	763	69	42	468	642	457	31651
阜 阳 市	Fuyang	275	4	25	7421	922	261	64985
淮 南 市	Huainan	210		11	6624	1026	21800	68417
滁 州 市	Chuzhou	531	6	98	1370	1734	1952	49192
六 安 市	Luan	324	9	32	3258	1072	34	19743
马鞍山市	Maanshan	603	49	74	4882	13791	1827	280915
芜 湖 市	Wuhu	1782	211	216	11750	12701	8754	59173
宣 城 市	Xuancheng	360	12	61	437	1110	394	34602
铜 陵 市	Tongling	150	13	35	2731	1328	324	222541
池 州 市	Chizhou	256	26	6	266	348	78	10669
安 庆 市	Anqing	408	26	111	5551	2390	5038	106996
黄 山 市	Huangshan	421	10	43	102	111	135	17869

19—43　按行业分规模以上工业企业产品和工艺创新情况（2013-2014年）
Above Scale Industrial Enterprises Products and Technological Innovation by Industry (2013-2014)

行　业	Sector	有产品或工艺创新活动的企业数（个） Number of Enterprises of Products and Technological Innovation (unit)	有产品或工艺创新活动的企业占全部企业的比重（%） Enterprises Proportion of Products and Technological Innovation (%)	#实现产品创新的企业占全部企业的比重 Enterprises Proportion of Having Products Innovation	#实现工艺创新的企业占全部企业的比重 Enterprises Proportion of Having Technological Innovation
总　　计	**Total**	**6441**	**36.27**	**25.82**	**30.01**
煤炭开采和洗选业	Mining and Washing of Coal	11	28.95	7.89	26.32
黑色金属矿采选业	Mining and Processing of Ferrous Metal Ores	26	24.53	6.60	21.70
有色金属矿采选业	Mining and Processing of Non-Ferrous Metal Ores	16	21.62	1.35	18.92
非金属矿采选业	Mining and Processing of Nonmetal Ores	31	13.90	6.73	13.90
开采辅助活动	Mining Auxiliary Activities	2	50.00	0.00	50.00
农副食品加工业	Processing of Food from Agriculture Products	533	32.48	20.84	26.39
食品制造业	Manufacture of Foods	179	45.32	31.14	37.22
酒、饮料和精制茶制造业	Manufacture of Wine, Beverages and Refined Tea	138	39.88	27.75	33.53
烟草制品业	Manufacture of Tobacco	7	87.50	87.50	62.50
纺织业	Manufacture of Textile	179	27.08	14.67	22.24
纺织服装、服饰业	Manufacture of Textile Wearing Apparel and Clothing	150	14.42	6.54	12.50
皮革、毛皮、羽毛及其制品和制鞋业	Manufacture of Leather, Furs, Feather and Related Products	66	22.84	14.19	18.34
木材加工和木、竹、藤、棕、草制品业	Processing of Timber, Manufacture of Wood, Bamboo, Rattan, Palmand Straw Products	132	21.19	12.84	16.53
家具制造业	Manufacture of Furniture	71	26.39	17.10	21.19
造纸和纸制品业	Manufacture of Paper and Paper Products	75	33.04	20.26	29.52
印刷和记录媒介复制业	Printing, Reproduction of Recording Media	103	33.44	18.83	31.17
文教、工美、体育和娱乐用品制造业	Manufacture of Culture, Education, Art, Sports and Entertainment Supplies	143	33.49	27.17	29.27
石油加工、炼焦和核燃料加工业	Processing of Petroleum, Coking and Processing of Nuclear Fuel	15	55.56	37.04	33.33
化学原料和化学制品制造业	Manufacture of Raw Chemical Materials and Chemical Products	467	48.09	35.84	39.34
医药制造业	Manufacture of Medicines	189	52.50	39.72	44.44
化学纤维制造业	Manufacture of Chemical Fibers	13	34.21	26.32	26.32
橡胶和塑料制品业	Manufacture of Rubber and Plastics	367	36.34	26.53	31.19
非金属矿物制品业	Manufacture of Non-metallic Mineral Products	443	21.81	12.36	17.87
黑色金属冶炼和压延加工业	Smelting and Pressing of Ferrous Metals	135	30.47	20.77	24.38
有色金属冶炼和压延加工业	Smelting and Pressing of Non-ferrous Metals	92	42.20	32.57	34.40
金属制品业	Manufacture of Metal Products	274	31.60	20.99	26.07
通用设备制造业	Manufacture of General Purpose Machinery	552	53.03	42.07	41.50
专用设备制造业	Manufacture of Special Purpose Machinery	445	52.11	42.39	41.80
汽车制造业	Manufacture of Automobile	416	51.87	41.77	43.14
铁路、船舶、航空航天和其他运输设备制造业	Manufacture of Railroads, Ships, Aerospace and Other Transportation Equipments	57	32.39	21.59	27.27
电气机械和器材制造业	Manufacture of Electrical Machinery and Equipment	644	55.23	46.83	46.57
计算机、通信和其他电子设备制造业	Manufacture of Computers, Communication and Other Electronic Equipments	275	61.11	51.33	51.11
仪器仪表制造业	Manufacture of Measuring Instruments and Machinery	84	64.62	57.69	50.77
其他制造业	Manufacture of Others	27	31.03	24.14	27.59
废弃资源综合利用业	Industry of Comprehensive Utilization of Waste Resources	18	13.85	6.15	11.54
金属制品、机械和设备修理业	Industry of Metal Products, Machinery and Equipment Repair	3	30.00	30.00	30.00
电力、热力生产和供应业	Production and Supply of Electric Power and Heat Power	47	27.81	1.78	25.44
燃气生产和供应业	Production and Supply of Gas	7	13.46	3.85	13.46
水的生产和供应业	Production and Supply of Water	9	19.57	4.35	17.39

19—44 按登记注册类型分规模以上工业企业产品和工艺创新情况（2013-2014年）
Above Scale Industrial Enterprises Products and Technological Innovation by Type of Registration (2013-2014)

指标	Item	有产品或工艺创新活动的企业数（个）Number of Enterprises of Products and Technological Innovation (unit)	有产品或工艺创新活动的企业占全部企业的比重（%）Enterprises Proportion of Products and Technological Innovation (%)	#实现产品创新的企业占全部企业的比重 Enterprises Proportion of Having Products Innovation	#实现工艺创新的企业占全部企业的比重 Enterprises Proportion of Having Technological Innovation
总计	**Total**	**6441**	**36.27**	**25.82**	**30.01**
内资企业	Domestic Funded Enterprise	6060	35.75	25.36	29.59
国有企业	State-owned Enterprise	42	37.84	21.62	33.33
集体企业	Collective-owned Enterprise	20	26.32	18.42	19.74
股份合作企业	Share Holding Cooperative Enterprises	11	55.00	45.00	45.00
联营企业	Joint Owned Enterprises	1	50.00		50.00
有限责任公司	Limited Liability Corporations	1388	39.48	27.33	33.33
国有独资公司	State Owned Sole Proprietorship Company	59	46.09	28.13	41.41
股份有限公司	Share-holding Corporations Ltd.	259	68.88	59.57	59.84
私营企业	Private Enterprises	4333	33.81	23.90	27.72
其他企业	Other Enterprises	6	16.22	13.51	13.51
港、澳、台商投资企业	Enterprises Funded by Entrepreneurs from Hong Kong, Macao and Taiwan	140	45.45	32.79	37.01
外商投资企业	Foreign Funded Enterprises	241	48.59	37.10	40.12

19—45 各市规模以上工业企业产品和工艺创新情况（2013-2014年）
Above Scale Industrial Enterprises Products and Technological Innovation by Region (2013-2014)

地区	Region	有产品或工艺创新活动的企业数（个）Number of Enterprises of Products and Technological Innovation (unit)	有产品或工艺创新活动的企业占全部企业的比重（%）Enterprises Proportion of Products and Technological Innovation (%)	#实现产品创新的企业占全部企业的比重 Enterprises Proportion of Having Products Innovation	#实现工艺创新的企业占全部企业的比重 Enterprises Proportion of Having Technological Innovation
总计	**Total**	**6441**	**36.27**	**25.82**	**30.01**
合肥市	Hefei	970	40.18	29.78	34.47
淮北市	Huaibei	184	24.02	15.67	18.15
亳州市	Bozhou	207	26.71	17.94	21.68
宿州市	Suzhou	262	23.21	14.70	17.36
蚌埠市	Bengbu	365	41.48	33.07	32.73
阜阳市	Fuyang	349	26.52	17.33	22.49
淮南市	Huainan	243	43.32	26.02	36.90
滁州市	Chuzhou	637	46.09	39.65	35.17
六安市	Luan	336	30.94	18.69	25.60
马鞍山市	Maanshan	413	39.90	29.28	32.08
芜湖市	Wuhu	818	41.46	28.28	36.09
宣城市	Xuancheng	513	38.03	27.80	32.62
铜陵市	Tongling	143	55.00	40.38	45.77
池州市	Chizhou	181	34.54	22.33	28.05
安庆市	Anqing	604	33.72	22.89	28.14
黄山市	Huangshan	216	41.86	30.43	35.85

19—46 省级以上开发区主要经济指标
Main Economic Indicators of Development Areas above the Provincial Level

项　　目	Item	2010	2013	2014
全区经营（销售）收入　（万元）	Business (Sales) Income　(10000 yuan)	106648759	251066248	282860369
#规模以上工业销售收入	Industrial Sales Value	76160676	166867169	191140114
工业总产值（当年价格）　（万元）	Gross Industrial Output Value　(10000 yuan)	86688472	180253830	207554983
#规模以上工业企业	Industrial Enterprises Above Definited Size	80245963	169352747	195236387
#高新技术产业产值	High and New Technology Industrial Output		84039335	97883269
第二产业增加值　（万元）	The Value-added of the Secondary Industry (10000 yuan)	24996921	49800652	56503124
#工业增加值	Industrial Added Value	23036230	46775136	53644035
#规模以上工业增加值	Industrial Output		43460864	50112858
进出口总额　（万美元）	Total Import and Export　(USD 10000)		2356481	2428540
出口额	Export	627112	1609508	1695376
进口额	Import	491467	746973	733164
税收总额　（万元）	Total Tax　(10000 yuan)	3699792	7022463	8044382
财政收入　（万元）	Financial Revenue　(10000 yuan)	5164713	10238881	11394334
#土地收入	Revenue From Land	1577733	2979483	2911299
固定资产投资总额　（万元）	Investment in Fixed Assets　(10000 yuan)	36269297	64629493	73953260
#工业投资	Industrial Investment		42857473	48638707
基础设施投资	In Infrastructure Projects	5452776	6748949	6946563
利用外商直接投资情况	Foreign Direct Investments			
当年新批进区外商投资企业　（个）	Foreign Investment Enterprises Entered this Year(unit)	191	125	120
当年实际利用外商直接投资额　（万美元）	Foreign Direct Investment Amount Actually Used this Year　(USD 10000)	341308	675333	675320
利用内资情况（在建亿元以上项目）	Domestic Investment (Construction project of one hundred million yuan of above)			
项目个数　（个）	Project Number　(unit)		1848	1903
到位省外境内资金额　（万元）	In Place of Domestic Funds Outside the Province　(10000 yuan)		24006434	31423286
专利申请授权情况　（件）	Patent License　(unit)			
专利申请量	Patent Applications		46536	52225
专利授权量	Patent Grant		26353	28610

19—47 国家级开发区主要经济指标（2014年）
Main Economic Indicators of Enterprises in Development Areas (2014)

指　　标		Item		合肥高新技术产业开发区 Hefei New High Technology Industry Devlopment District
全区企业经营收入	(万元)	Business Income	(10000 yuan)	19839751
工业总产值	(万元)	Gross Industrial Output Value	(10000 yuan)	10559185
#规上工业总产值		Industrial Enterprises Above Definited Size		10259185
工业增加值	(万元)	Industrial Added Value	(10000 yuan)	3231637
#规上工业增加值		Industrial Output		3059480
出口总额	(万美元)	Total Export	(USD 10000)	105794
进口总额	(万美元)	Total Import	(USD 10000)	60187
税收总额	(万元)	Total Tax	(10000 yuan)	762086
财政收入	(万元)	Financial Revenue	(10000 yuan)	1100519
固定资产投资总额	(万元)	Investment in Fixed Assets	(10000 yuan)	3750426
#基础设施投资额		In Infrastructure Projets		734347
新批进区外商投资企业	(个)	Number of Foreign Funded Enterprises Approved Into Development Areas	(unit)	11
实际利用外商直接投资额	(万美元)	Foreign Direct Investment Amount Actually Used this Year	(USD 10000)	42046
亿元以上省外投资项目	(个)	Investment Projects (outside the provice, Above 100 million yuan)	(unit)	37
亿元以上项目到位省外境内资金额	(万元)	Investment Projects of Gaining Fund (outside the provice, Above 100 million yuan)	(10000 yuan)	550337
专利申请量	(件)	Patent Applications	(unit)	4924
专利授权量	(件)	Patent Grant	(unit)	2501

合肥经济技术开发区 Hefei Economy and Technology Development District	芜湖经济技术开发区 Wuhu Economy and Technology Development District	芜湖高新技术产业开发区 Wuhu New High Technology Industry Devlopment District	蚌埠高新技术产业开发区 Bengbu New High Technology Industry Devlopment District	马鞍山经济技术开发区 Maanshan Economy and Technology Development District	马鞍山慈湖高新技术开发区 Maanshan New High Technology Industry Devlopment District	铜陵经济技术开发区 Tongling Economy and Technology Development District	安庆经济技术开发区 Anqing Economy and Technology Development District	滁州经济技术开发区 Chuzhou Economy and Technology Development District	池州经济技术开发区 Chizhou Economy and Technology Development District
34671515	21625915	9291128	4176080	4162964	3465113	8260000	9074388	6086300	2046847
24602929	15864358	7454859	2062952	3080993	2642117	6500000	5739437	4345277	1209252
24602929	15650225	7404859	1964404	2915232	2534069	6317831	5712136	3713774	1088327
6136688	3669866	2500000	575967	804819	715032	1321126	1829316	1149630	321801
6104511	3643910	2386459	546403	791351	655442	1305044	1639161	884819	289621
268455	250260	36172	33857	7519	12311	35001	33065	37972	3915
177500	106698	8018	4815	11743	5346	19112	12243	25327	9817
941755	677544	343048	121916	147060	75291	130660	116374	197931	95885
1408608	780112	548003	255433	155510	104478	198320	284648	200981	148951
5115766	3136080	2723239	1721551	1631000	1882309	1530439	1531466	1486941	793881
245195	123369	85000	128550	88000	103670	45927	170859	214990	150837
12	9	1	3	2		1	2	2	
42019	70726	9844	21645	44695	25050	7743	3975	24032	7260
38	33	82	36	49	54	84	30	42	31
823086	935594	725700	1053250	777520	745159	1036575	662000	950933	421650
2898	3928	2160	1008	625	638	604	637	1254	263
1472	2355	1033	492	472	313	455	279	616	146

19—48 各市省级以上开发区主要经济指标（2014年）

Main Economic Indicators of Development Areas above the Provincial Level by Region (2014)

地　区	Region	全区经营（销售）收入（万元）Business (Sales) Income (10000 yuan)	#规上工业销售收入 Industrial Sales Value	工业总产值（当年价格）（万元）Gross Industrial Output Value (10000 yuan)	#规模以上工业企业 Industrial Enterprises Above Definited Size	第二产业增加值（万元）The Value-added of the Secondary Industry (10000 yuan)	#工业增加值 Industrial Added Value	出口总额（万美元）Total Export (USD 10000)	进口总额（万美元）Total Import (USD 10000)	税收总额（万元）Total Tax (10000 yuan)
总　计	**Total**	**282860369**	**191140114**	**207554983**	**195236387**	**56503124**	**53644035**	**1695376**	**733164**	**8044382**
合 肥 市	Hefei	94392646	58831989	61928959	59725927	17062750	15782346	582851	413650	2723768
淮 北 市	Huaibei	4998436	4447760	4733789	4602658	1222807	1179302	24077	2606	111958
亳 州 市	Bozhou	6793835	3912881	4307365	4141695	1163920	1134657	34492	6013	199012
宿 州 市	Suzhou	4342197	2618858	2715454	2654183	771388	742869	11689	2159	160748
蚌 埠 市	Bengbu	18460927	12522090	13725987	12887610	3670150	3498284	68075	6840	390819
阜 阳 市	Fuyang	17603885	9462806	11473950	9762349	3208298	3036086	101598	7723	431680
淮 南 市	Huainan	3364676	1559300	1737670	1624210	508844	504387	14195	6776	94694
滁 州 市	Chuzhou	12910926	9209398	11061388	9398538	2991798	2848672	92075	63065	444653
六 安 市	Luan	10892295	7012335	8122398	7314247	2384498	2265686	35278	1670	368611
马鞍山市	Maanshan	13596767	10109795	10940892	10279426	2926549	2846519	34893	18020	338237
芜 湖 市	Wuhu	46035331	35428244	37124851	36431555	9669322	9466565	410284	135659	1464639
宣 城 市	Xuancheng	9340591	6587923	8264652	6755914	2180422	2061086	110742	9028	401920
铜 陵 市	Tongling	12506127	9633699	10018384	9504133	2343725	2257313	47398	30073	277829
池 州 市	Chizhou	3768580	2576187	3032584	2637238	929964	772952	17716	9964	176909
安 庆 市	Anqing	22376360	16027926	17080222	16279077	5150366	4943213	104083	19483	423897
黄 山 市	Huangshan	1476790	1198924	1286438	1237627	318323	304098	5930	435	35009

地　区	Region	财政收入（万元）Financial Revenue (10000 yuan)	固定资产投资总额（万元）Investment in Fixed Assets (10000 yuan)	#基础设施投资 In Infrastructure Projects	新批进区外商投资企业（个）Foreign Investment Enterprises Entered this Year (unit)	实际利用外商直接投资（万美元）Foreign Direct Investment Amount Actually Used this Year (USD 10000)	亿元以上省外境内投资项目个数（个）Investment Projects (outside the provice, Above 100 million yuan) (unit)	亿元以上项目到位省外境内资金额（万元）Investment Projects of Gaining Fund (outside the provice, Above 100 million yuan) (10000 yuan)	专利申请量（件）Patent Applications (unit)	专利授权量（件）Patent Grant (unit)
总　计	**Total**	**11394334**	**73953260**	**6946563**	**120**	**675320**	**1903**	**31423286**	**52225**	**28610**
合 肥 市	Hefei	4389351	22925014	2092171	41	132734	292	6590978	15144	8723
淮 北 市	Huaibei	131627	2162856	61926	3	26354	33	510639	392	257
亳 州 市	Bozhou	214489	2566945	443029	2	4000	76	1451281	1346	784
宿 州 市	Suzhou	172449	1509441	134328		13932	67	1018103	441	155
蚌 埠 市	Bengbu	726741	6337040	517294	5	85308	142	3793588	3872	1809
阜 阳 市	Fuyang	649101	3202950	443562	8	5260	97	1292614	2051	829
淮 南 市	Huainan	98445	779026	105913	2	5407	21	196030	229	151
滁 州 市	Chuzhou	463508	3364167	508930	4	48406	99	1633417	3424	1789
六 安 市	Luan	403844	2742007	467872	8	20256	44	465001	1817	1069
马鞍山市	Maanshan	431867	4691016	371629	3	78446	143	1882418	3123	1609
芜 湖 市	Wuhu	1790175	11707298	458441	26	149884	341	5464433	11403	6850
宣 城 市	Xuancheng	509559	2635269	454399	3	54978	186	2044136	2634	1243
铜 陵 市	Tongling	410530	3162730	113627	2	17709	118	1401359	2017	1165
池 州 市	Chizhou	240210	1759049	217680	3	11289	55	809750	1249	592
安 庆 市	Anqing	724073	4180177	534083	9	18321	173	2719499	2958	1467
黄 山 市	Huangshan	38366	228275	21679	1	3036	16	150040	125	118

19—49 合肥国家高新技术产业开发区企业经营状况（2014年）

Enterprises Business of Hefei National Development Zone for New and High-level Technology Industries (2014)

经济类型 Ownership	企业数 (家) Enterprises (unit)	总产值 (万元) Gross Output Vaue (10000 yuan)	总收入 (万元) Total Revenue (10000 yuan)	技术性收入 Technical Revenue	利税总额 (万元) Total Pre-tax Profit (10000 yuan)	利润 Profit	出口创汇 (万美元) Foreign Exchange Earned Through Export (USD 10000)	年末职工人数 (人) Number of Staff and Norkers at Year-end (person)	全员劳动生产率 (万元/人) Overall Labor Productivity (10000 yuan/person)
总计 Total	**663**	**27914675**	**35249763**	**5817122**	**6571115**	**3122575**	**676411**	**174307**	**49.1**
国有经济 State-owned	41	6729526	8534229	3086619	3727826	1224484	142072	32410	56.0
私营企业 Private	261	2421392	3149835	953898	1458921	64454	93795	17989	45.5
股份制经济 Share Holding	313	13207266	16525953	1447757	1102587	1687398	295028	100118	48.9
中外合资 Sino-foreign Joint Venture	18	5193196	6546011	181789	216142	122044	110611	19661	60.7
港澳台侨与大陆合资 China-Hong Kong/macao/ Taiwan Joint Venture	13	226021	287784		39503	12031	32926	2262	46.7
港澳台侨独资企业 H.K/Macao/Taiwan Funded	5	101917	147931	147059	21479	9357		867	40.8
其他经济 Others	13	35356	58019		4656	2807	1979	1000	37.0
总计中：三资企业 Joint, Cooperative or Exclusively Foreign-funded Ventures	72	4169730	5045231	338960	436865	192787	169003	24161	43.0

19—50 合肥国家高新技术产业开发区产品概况（2014年）

Products of Hefei National Development Zone for New and High-level Technology Industries (2014)

单位：万元（10000 yuan）

技术领域	Field of Technology	产品数 (种) Quantity of Products (kind)	产值 Output Value	年销售收入 Annual Sales Revenue	出口额 Volume of Export
总计	**Total**	**2027**	**22015413**	**19487432**	**451354**
电子与信息	Electronics and Information Industry	851	580691	520972	85033
生物医药技术	Biology and Medicine	234	621775	525232	25813
新材料	New Materials	85	579686	559688	33999
光机电一体化	Photoelectric, Mechanical and Electrical products	420	9279579	8240948	288712
新能源高效节能	New Energy Sources and Energy Saving Devices	103	5418217	4724935	7115
环境保护	Environmental Protection	44	58767	50863	
航空航天技术	Aviation Technology	15	6223	5403	
核应用技术	Nuclear Application Technology	15	3569	2772	
其他高技术	Other High-level Technology	197	2080016	1685997	7927
非高技术	Unhigh-level Technology	63	3386888	3170623	2755

19—51 全省监督抽查产品质量情况
Results of Sampling Check on Product Quality Under Provincial Supervision

年份 Year	抽查企业（个）Number of Enterprises Selected (unit)	无不合格品企业数（个）Number of Enterprises Without Products Unqualified	抽查产品 Products Selected in Sampling（类）Number of Types	（种）Number of Kinds	合格产品（批次）Number of Products Qualified (kind)	样品合格率（%）Rate of Sample Products Qualified (%)
2000	34063	94204	12	102		
2005	16282	12966	12	99	14656	80.59
2006	16701	13666	12	99	15495	83.03
2007	15964	2539	12	102	15558	85.59
2008	17021	15001	12	114	16665	88.14
2009	19424	17100	12	103	21981	89.34
2010	11459	10154	12	110	12954	90.77
2011	17537	16009	12	157	25077	93.75
2012	15754	14565	12	151	18681	93.27
2013	13851	13086	12	134	16397	93.93
2014	2728	2585	8	88	2953	95.26

注：根据省政府减轻企业负担的要求，2014年我省对企业产品定检明显减少。

a) According to the requirements of the provincial government to reduce the burden of enterprises, in 2014, the province of enterprise products regular checks were significantly reduced.

19—52 技术市场成交情况
Business of Technological Markets

项目	Item	成交项目（项）Transaction Projects (item) 2013	2014	成交金额（万元）Transaction Value (10000 yuan) 2013	2014
总计	**Total**	**6951**	**7093**	**1307716**	**1698343**
按卖方分	**By Selling Party**				
企业法人	Enterprise Artificial Person	4006	4760	1139212	1530038
事业法人	Institution Artificial Person	2891	2280	163493	155170
社团法人	Social Organization Artificial Person	31	26	2323	697
自然人	Natural Person	4	8	134	1075
机关法人	Agencies & Organization Artificial Person	7	8	1556	10452
其他	Others	12	11	998	911
按买方分	**By Buying Party**				
企业法人	Enterprise Artificial Person	4483	4608	977381	1196534
事业法人	Institution Artificial Person	1291	1029	107699	73571
社团法人	Social Organization Artificial Person	10	41	92	590
自然人	Natural Person	17	78	767	2632
机关法人	Agencies & Organization Artificial Person	1122	1249	212736	374217
其他	Others	28	88	9041	50799

19—53 产品质量监督检查情况（2014年）
Results of The Quality of Products and Commodities Under State Supervision (2014)

项　　目	Item	产 品 质 量 Product Quality		
		监督检验企业数（个）Number of Enterprises Supervised & Checked (unit)	有不合格产品企业所占比例（%）Proportion of Enterprises With Products Unqualified (%)	批次合格率（%）Rate of Batch-time Qualified (%)
总　计	**Total**	**2728**	**5.24**	**95.26**
日用及纺织品	**Daily Necessities and Textiles**	**253**	**2.30**	**97.90**
童　车	Child Car	11		100.00
儿童玩具	Children’s Toys	2		100.00
儿童及婴幼儿服装	Children and Infants Clothing	10		100.00
针织内衣	Knitted Underwear	11		100.00
单夹服装	Single Clip Clothing	15		100.00
文　胸	Text Chest	5		100.00
衬　衫	Lining	15		100.00
学生校服	Student Uniforms	20		100.00
西　裤	Trousers	10		100.00
蚕丝被	Silk Quilt	20		100.00
纱　线	Yarn Line	20		100.00
本色布	Color Cloth	10		100.00
土工合成材料	Native Synthetic Material	5		100.00
毛　巾	Towel	10	0.10	93.30
羽绒制品	Down Product	29	3.40	96.60
絮用纤维制品	Fiber Product	30	10.00	90.00
床上用品	Bed Items	30	3.30	96.70
轻工产品	**Light industr Ial Product**	**547**	**7.31**	**92.80**
一次性卫生用品	Disposable Hygiene Product	19		100.00
生活用纸	Living Paper	10		100.00
太阳能热水器	Solar Heater	26		100.00
家　具	Furniture	30	3.40	96.60
配装眼镜	Equipped Glasses	300	4.30	95.70
书画纸	Painting and Calligraphy Paper	43	6.90	94.00
消杀洗剂	Disinfection Lotion	19	15.79	85.00
商品条码	Commodity Bar Code	100	20.00	80.00
机械及安防产品	**Machinery and Security Products**	**443**	**3.16**	**0.97**
汽油、柴油	Gasoline, Diesel	29		100.00
车用乙醇汽油	Vehicle Ethanol Gasoline	22		100.00
润滑油	Lubricating Oil	2		100.00

19—53 续表1 continued

项 目	Item	产品质量 Product Quality 监督检验企业数(个) Number of Enterprises Supervised & Checked (unit)	有不合格产品企业所占比例(%) Proportion of Enterprises With Products Unqualified (%)	批次合格率(%) Rate of Batch-time Qualified (%)
汽车制动元件	Automotive Brake Components	16		100.00
汽车内饰件	Automotive Interior Parts	39		100.00
摩擦材料	Friction Material	14		100.00
消防器材	Fire Equipment	20		100.00
防火门	Fire-proof Door	8		100.00
汽车门锁及保持件	Car Door Lock and Part	10		100.00
数控机床	Numerical Control Machine Tool	17		100.00
汽车燃油箱	Car Fuel Tank	8		100.00
汽车转向部件	Automobile Steering Parts	8		100.00
汽车紧固件	Automotive Fasteners	7		100.00
车用儿童乘员约束系统	Vehicle Child Occupant Restraint System	4		100.00
车用防冻液	Car Antifreeze	5		100.00
井 盖	Well Cover	20		100.00
危险化学品	Hazardous Chemicals	84	3.57	97.00
滤清器	Filter	60	3.33	96.70
车用橡胶密封制品	Rubber Seal for Vehicle	23	4.35	95.70
汽车座椅及头枕	Car Seats and Head Restraints	14	7.14	92.90
气体流量仪表	Gas Flow Meter	9	11.11	80.00
安全防护用品	Safety Protective Equipment	24	25.00	75.00
电子电器	**Electronic Appliance**	**94**	**8.50**	**91.00**
冰 箱	Refrigerator	12		100.00
电动自行车	Electric Bicycle	38		100.00
摄像探头	Camera Probe	8		100.00
空 调	Air Conditioner	7	14.30	85.70
灯 具	Lamp	14	14.30	85.70
洗衣机	Washer	5	20.00	80.00
小家电	Small Household Electrical Appliances	10	40.00	58.00
电工及材料	**Electrical and Materials**	**189**	**2.65**	**97.00**
耐磨材料	Wear Resistant Material	30		100.00
阀 门	Valve Door	13		100.00
铜及铜制品	Copper and Copper Products	41		100.00
阻燃输送带	Flame Retardant Conveyor Belt	5		100.00

19—53 续表2 continued

项 目	Item	产品质量 Product Quality 监督检验企业数（个） Number of Enterprises Supervised & Checked (unit)	有不合格产品企业所占比例（%） Proportion of Enterprises With Products Unqualified (%)	批次合格率（%） Rate of Batch-time Qualified (%)
漆包线	Enameled Wire	14		100.00
电容器	Capacitor	22		100.00
锚 具	Anchor	7		100.00
光伏组件	PV Module	5		100.00
工业碳酸钙	Industrial Calcium Carbonate	14	7.14	90.00
电缆料	Cable Material	13	7.69	90.00
电 机	Electric Machine	10	10.00	90.00
钢制品（不锈钢管）	Steel Products (stainless steel tube)	15	13.33	86.70
建筑装饰装修材料	**Building Decoration Materials**	**371**	**11.86**	**89.40**
铝合金建筑型材	Aluminium Alloy Building Material	14		100.00
水 泥	Cement	40		100.00
新型墙体材料	New Wall Material	15		100.00
给水管材	Water Supply Pipe	20		100.00
油漆涂料	Paint Coating	37	2.78	98.00
玻璃制品	Glass Products	48	4.17	95.80
塑料型材	Plastic Profile	12	8.33	95.70
金属门	Metal Door	20	5.00	95.00
塑料管材	Plastic Pipe	29	17.24	82.80
外墙保温材料	Exterior Wall Heat Preservation Material	25	16.00	84.00
建筑用钢筋	Construction Steel	37	8.11	89.50
中空玻璃	Hollow Glass	15	40.00	60.00
人造板	Artificial Board	39	38.46	61.00
木地板	Wooden Floor	20	30.00	70.00
农业生产资料	**Agricultural Production Material**	**204**	**7.84**	**92.90**
农 药	Pesticides	17	11.76	92.60
食品加工机械	Food Processing Machinery	30	3.33	96.67
排水管	Drainage Pipe	70	4.29	96.00
水 泵	Water Pump	47	4.26	95.70
肥料产品	Fertilizer Product	40	20.00	80.00
食品相关产品	**Food Related Products**	627	1.44	98.00
商用灶具	Commercial Kitchen	16	12.50	90.00
发证及非发证单元的食品相关产品	Food Related Products for Certification and Non-certification Unit	611	1.15	98.80

19—54 三种专利申请受理、授权量
Three Types of Patent Applications Examined and Authorized

单位：项（item）

指　标	Item	2000	2005	2010	2013	2014
申请受理量合计	**Total Applications Examined**	**1877**	**3516**	**37780**	**93353**	**99160**
发　明	Creations and Inventions	301	903	6396	34857	49960
实用新型	Utility Models	1080	1715	14417	45148	41889
外观设计	Designs	496	898	16967	13348	7311
申请受理人情况	**People of Acceptance of the Application**					
个　人	Individual	1423	2282	15316	25364	21376
大专院校	Universities and Colleges	72	209	981	5083	6154
科研单位	Research Institutions	75	167	719	1289	1550
企　业	Enterprises	300	839	20600	61014	68978
机关团体	Government Agencies and Organizations	7	19	164	603	1102
申请授权量合计	**Total Applications Authorized**	**1482**	**1939**	**16012**	**48849**	**48380**
发　明	Creations and Inventions	104	238	1111	4241	5184
实用新型	Utility Models	894	1072	8839	36003	36748
外观设计	Designs	484	629	6062	8605	6448
申请受权人情况	**Authorized Person of the Application**					
个　人	Individual	1085	1234	4852	9738	7877
大专院校	Universities and Colleges	30	85	503	2428	3131
科研单位	Research Institutions	58	70	364	520	651
企　业	Enterprises	302	537	10254	35961	36511
机关团体	Government Agencies and Organizations	7	13	39	202	210

19—55 各市三种专利申请受理、授权量（2014年）

Three Types of Patent Applications Examined and Authorized by Region (2014)

单位：项（item）

地 区 Region	申请受理量合计 Total Applications Examined	发 明 Creations and Inventions	实用新型 Utility Models	外观设计 Designs	申请受理人情况 People of Acceptance of the Application 个 人 Individual	大专院校 Universities and Colleges	科研单位 Research Institutions	企 业 Enterprises	机关团体 Government Agencies and Organizations
总 计 Total	**99160**	**49960**	**41889**	**7311**	**21376**	**6154**	**1550**	**68978**	**1102**
合 肥 市 Hefei	25393	12929	10259	2205	2381	1801	1108	19996	107
淮 北 市 Huaibei	2661	1214	1375	72	1686	20	4	951	
亳 州 市 Bozhou	1727	711	806	210	925	46		724	32
宿 州 市 Suzhou	2916	1163	1282	471	871	961		1062	22
蚌 埠 市 Bengbu	6813	4408	1863	542	3091	65	216	3316	125
阜 阳 市 Fuyang	4331	2361	1522	448	1801	44	40	2342	104
淮 南 市 Huainan	3062	898	2095	69	296	1311	35	1385	35
滁 州 市 Chuzhou	7598	4403	2820	375	1851	395	8	5061	283
六 安 市 Luan	3727	1104	2006	617	1256	140	2	2284	45
马鞍山市 Maanshan	6231	3089	2822	320	876	222	5	4930	198
芜 湖 市 Wuhu	17066	9346	6812	908	2950	955	110	13024	27
宣 城 市 Xuancheng	5757	2891	2655	211	961		1	4737	58
铜 陵 市 Tongling	2582	1378	1149	55	312		3	2259	8
池 州 市 Chizhou	2756	1252	1166	338	204	35		2493	24
安 庆 市 Anqing	5481	2560	2560	361	1773	93	4	3581	30
黄 山 市 Huangshan	1059	253	697	109	142	66	14	833	4

地 区 Region	申请授权量合计 Total Applications Authorized	发 明 Creations and Inventions	实用新型 Utility Models	外观设计 Designs	申请受权人情况 Authorized Person of the Application 个 人 Individual	大专院校 Universities and Colleges	科研单位 Research Institutions	企 业 Enterprises	机关团体 Government Agencies and Organizations
总 计 Total	**48380**	**5184**	**36748**	**6448**	**7877**	**3131**	**651**	**36511**	**210**
合 肥 市 Hefei	12722	1891	9178	1653	970	853	409	10418	72
淮 北 市 Huaibei	1416	121	1226	69	641	4	5	765	1
亳 州 市 Bozhou	908	78	620	210	443	23	1	441	
宿 州 市 Suzhou	1022	50	721	251	200	404	3	415	
蚌 埠 市 Bengbu	3171	529	2023	619	1396	33	98	1604	40
阜 阳 市 Fuyang	1310	217	867	226	550	7		753	
淮 南 市 Huainan	2072	230	1798	44	212	781	5	1050	24
滁 州 市 Chuzhou	3053	241	2069	743	621	159	3	2268	2
六 安 市 Luan	2118	108	1577	433	669	106	1	1339	3
马鞍山市 Maanshan	3066	385	2502	179	324	132	3	2607	
芜 湖 市 Wuhu	8934	853	6772	1309	652	512	109	7607	54
宣 城 市 Xuancheng	2677	114	2424	139	339		1	2327	10
铜 陵 市 Tongling	1474	145	1275	54	80	3	3	1388	
池 州 市 Chizhou	1137	62	925	150	92	7		1038	
安 庆 市 Anqing	2456	77	2092	287	608	29		1818	1
黄 山 市 Huangshan	844	83	679	82	80	78	10	673	3

主要统计指标解释

普通高等学校

指按国家规定的设置标准和审批程序批准举办的，通过全国普通高等学校统一招生考试，招收高中毕业生为主要培养对象，实施高等学历教育的全日制大学、独立设置的学院和高等专科学校、高等职业学校及其他机构（独立学院和分校、大专班）。

成人高等学校

指按照国家规定的设置标准和审批程序批准举办的，通过全国成人高等教育统一招生考试，招收具有高中毕业或同等学历的人员为主要培养对象，利用函授、业余、脱产等多种形式对其实施高等学历教育的学校。包括职工高等学校、农民高等学校、管理干部学院、教育学院、独立函授学院、广播电视大学、其他机构等。其他机构是承担国家成人招生计划任务不计校数的机构。

小学学龄儿童入学率

指调查范围内已入小学学习的学龄儿童占校内外学龄儿童总数（包括弱智儿童，不包括盲聋哑儿童）的比重。计算公式为：

小学学龄儿童入学率＝已入学的小学学龄儿童数/校内外小学学龄儿童总数×100%

财政性教育经费

包括财政预算内教育经费，各级政府征收用于教育的税费，企业办学校教育经费，校办产业、勤工俭学和社会服务收入用于教育的经费。

研究与试验发展（R&D）

指在科学技术领域，为增加知识总量，以及运用这些知识去创造新的应用进行的系统的创造性的活动，包括基础研究、应用研究、试验发展三类活动。国际上通常采用 R&D 活动的规模和强度指标反映一国的科技实力和核心竞争力。

基础研究

指为了获得关于现象和可观察事实的基本原理的新知识(揭示客观事物的本质、运动规律，获得新发现、新学说)而进行的实验性或理论性研究，它不以任何专门或特定的应用或使用为目的。其成果以科学论文和科学著作为主要形式。用来反映知识的原始创新能力。

应用研究

指为获得新知识而进行的创造性研究，主要针对某一特定的目的或目标。应用研究是为了确定基础研究成果可能的用途，或是为达到预定的目标探索应采取的新方法(原理性)或新途径。其成果形式以科学论文、专著、原理性模型或发明专利为主。用来反映对基础研究成果应用途径的探索。

试验发展

指利用从基础研究、应用研究和实际经验所获得的现有知识，为产生新的产品、材料和装置，建立新的工艺、系统和服务，以及对已产生和建立的上述各项作实质性的改进而进行的系统性工作。

R&D 人员

指参与研究与试验发展项目研究、管理和辅助工作的人员，包括项目（课题）组人员，企业科技行政管理人员和直接为项目（课题）活动提供服务的辅助人员。反映投入从事拥有自主知识产权的研究开发活动的人力规模。

R&D 人员全时当量

指全时人员数加非全时人员按工作量折算为全时人员数的总和。例如：有两个全时人员和三个非全时人员（工作时间分别为 20%、30%和 70%），则全时当量为 2+0.2+0.3+0.7=3.2 人年。为国际上比较科技人力投入而制定的可比指标。

R&D 经费内部支出合计

指调查单位用于内部开展 R&D 活动（基础研究、应用研究和试验发展）的实际支出。包括用于 R&D 项目（课题）活动的直接支出，以及间接用于 R&D 活动的管理费、服务费、与 R&D 有关的基本建设支出以及外协加工费等。不包括生产性活动支出、归还贷款支出以及与外单位合作或委托外单位进行 R&D 活动而转拨给对方的经费支出。

R&D 经费内部支出中政府资金

指 R&D 经费内部支出中来自各级政府部门的各类资金，包括财政科学技术拨款、科学基金、教育等部门事业费以及政府部门预算外资金的实际支出。

R&D 经费内部支出中企业资金

指 R&D 经费内部支出中来自本企业的自有资金和接受其他企业委托而获得的经费，以及科研院所、高校等事业单位从企业获得的资金的实际支出。

新产品销售收入

指报告期企业销售新产品实现的销售收入。

发明（专利）

指对产品、方法或者其改进所提出的新的技术方案。是国际通行的反映拥有自主知识产权技术的核心指标。

实用新型（专利）

指对产品的形状、构造或者其结合所提出的适于实用的新的技术方案。反映具有一定技术含量的技术成果情况。

外观设计（专利）

指对产品的形状、图案、色彩或者其结合所作出的富有美感并适于工业上应用的新设计。反映拥有自主知识产权的外观设计成果情况。

Explanatory Notes for Major Statistical Indicators

Regular Institutions of Higher Education

refer to educational establishments set up according to the government evaluation and approval procedures, recruiting graduates from senior secondary schools as the main target by National Matriculation TEST. They include full-time universities, colleges, institutions of higher professional education, institutions of higher vocational education, institutions of higher vocational education and others (non-university tertiary, branch schools and undergraduate classes).

Institutions of Higher Education for Adults

refer to educational establishments, set up in line with relevant rules approved by the government, enrolling staff and workers with senior secondary school or equivalent education, and providing higher education courses in many forms of correspondence, spare time, or full time for adults. Professionals thus trained receive a qualification equivalent to graduates studying regular courses at regular universities, colleges and professional colleges. Institutions of higher learning for adults include schools of higher education for staff and workers, schools of higher education for peasants, colleges for management cadres, pedagogical colleges, independent correspondence colleges, Radio and TV universities and other educational establishments. Other educational establishments have undertakings to enrol adult students but not enumerated in the schools under the State Plan.

Enrollment Rate of Primary School age Children

refers to the proportion of school age children enrolled at schools to the total number of school age children both in and outside schools (including retarded children, but excluding blind, deaf and mute children). The formula is:

Enrollment Rate of Primary School age Children=(Total Primary School age Children at Schools)/(Total Primary School age Children Both at and Outside Schools)×100%

Government Appropriation for Education

refers to State budgetary fund for education, taxes and fees collected by governments at all levels that are used for education purpose, education fund for enterprise-run schools, income from school-run enterprises, work-study programme and social services that are used for education purpose.

Research and Development (R&D)

refers to systematic and creative activities in the field of science and technology aiming at increasing the knowledge and using the knowledge for new application. R&D includes 3 categories of activities: basic research, applied research and experimentation for development. The scale and intensity of R&D are widely used internationally to reflect the strength of S&T and the core competitiveness of a country in the world.

Basic Research

refers to empirical or theoretical research aiming at obtaining new knowledge on the fundamental principles regarding phenomena or observable facts to reveal the intrinsic nature and underlying laws and to acquire new discoveries or new theories. Basic research takes no specific or designated application as the aim of the research. Results of basic research are mainly released or disseminated in the form of scientific papers or monographs. This indicator reflects the innovation capacity for original knowledge.

Applied Research

refers to creative research aiming at obtaining new knowledge on a specific objective or target. Purpose of the applied research is to identify the possible uses of results from basic research, or to explore new (fundamental) methods or new approaches. Results of applied research are expressed in the form of scientific papers, monographs, fundamental models or invention patents. This indicator reflects the exploration of ways to apply the results of basic research.

Experiments and Development

refer to systematic activities aiming at using the knowledge from basic and applied researches or from practical experience to develop new products, materials and equipment, to establish new production process, systems and services, or to make substantial improvement on the existing products, process or services. Results of experiment and development activities are embodied in patents, exclusive technology, and monotype of new products or equipment. In social sciences, experiment and development activities refer to the process of converting the knowledge from basic or applied researches into feasible programmes (including conduct of demonstration projects for assessment and evaluation). There are no experiment and development activities in the science of humanities. This indicator reflects the capability of transferring the results of S&T into technique and products, and measures the realization of S&T in spearheading the economic and social development.

Scientists and Engineers

refer to persons who have completed university or higher education or obtained titles of senior and middle level professional positions.

R & D Personnel

refer to persons engaged in research, management and supporting activities of R & D, including persons in the project teams, persons engaged in the management of S&T activities of enterprises and supporting staff providing direct service to the research projects. This indicator reflects the size of personnel engaged in R&D activities with independent intellectual property.

Full-time Equivalent of R&D Personnel

refers to the sum of the full-time persons and the full-time equivalent of part-time persons converted by workload. For instance, if there are 2 full-time persons and 3 part-time workers (20%, 30% and 70% of working hours respectively on R&D activities), the full-time equivalent are 2+0.2+0.3+0.7=3.2 person-years. This is an internationally comparable indicator of S&T manpower input.

Total Internal Expenditure of Funds on R&D

refers to the real expenditure of surveyed units on their own R&D activities (basic research, application study, test and development) including direct expenditure on R&D activities, indirect expenditure of management and services on R&D activities, expenditure on capital construction and material processing by others. Excluding the expenditure on production activities, return of loan, and fees transferred to cooperated and entrusted agencies on R&D activities.

Internal Expenditure of Government Funds

Refers to the expenditure of funds on R&D activities from government agencies at different levels, including appropriate funds on science and technology from financial departments, scientific funds, operating expenses from education departments and the real expenditure of extra budgetary funds from government agencies.

Internal Expenditure of Funds of Enterprises

refers to the expenditure of funds on R&D activities from self-raised funds of enterprises and funds from other enterprises through entrustment, and the expenditure of funds of institutions, such as institution of scientific research and universities, from enterprises.

Sales Income of New Products

refers to the real sales income of new products of the enterprises at the reporting period.

Patented Inventions

refer to new technical proposals to the products or methods or their modifications. This is universal core indicator reflecting the technologies with independent intellectual property.

Patented Utility Models

refer to the practical and new technical proposals on the shape and structure of the product or the combination of both. This indicator reflects the condition of technological results with certain technical content.

Designs

refer to the aesthetics and industrially applicable new designs for the shape, pattern and colour of the product, or their combinations. This indicator reflects the appearance design achievements with independent intellectual property.

第二十篇

Chapter 20

PUBLIC HEALTH AND SOCIAL SERVICES

简要说明

一、本篇主要反映卫生、民政、劳动保障事业的发展情况。

卫生部分主要包括卫生机构、卫生人员、卫生设施，医疗服务，农村和社区卫生、妇幼保健、医疗保障制度等情况。

民政事业和劳动保障统计资料主要包括社会服务企事业机构、人员、床位情况，优抚和社会救济情况，社区服务设施和农村社会保障网络情况，婚姻服务情况等情况。

二、卫生部分的资料来自省卫生厅。民政事业和劳动保障统计资料分别由省民政厅、省人力资源和社会保障厅依据统计报表制度整理提供。

Brief Introduction

I. Data in this chapter mainly reflect the development of public health, civil affairs, labor and social security.

Data on public health include mainly the number of health institutions, health personnel, health facility; health expenses, medical services, rural and community health, maternal and child health, people's health, major diseases as the causes of death, and health security system.

Data on civil affairs and labor and social security include: institutions, personnel and beds of social services， social welfare relief, community service facilities and rural network of social security, marriage registration service, funeral and interment services, social donations and welfare lottery, retirement pensions, arbitration of labor disputes, etc.

II. Data on public health are mainly from the Information Center under the Ministry of Health. Data on civil affairs, labor and social security are from the Ministry of Civil Affairs and the Ministry of Human Resources and Social Security based on statistical reporting form scheme.

20—1 医疗卫生机构数
Number of Health Institutions

单位：个（unit）

年份 Year	总计 Total	#医院 Hospitals	社区卫生服务中心(站) Community Health Service Center (station)	乡镇卫生院 Township Hospitals	村卫生室 Village Health Room	疾病预防控制中心(防疫站) Disease Prevention and Controlling Center (Epidemic Prevention Station)	专科疾病防治院(所.站) Specialized Disease Prevention and Treatment Canters (stations)	妇幼保健院(所.站) Maternity and Child Care Centers (stations)	急救中心(站) First-aid Center (station)	卫生监督所 Health Supervision Centers
2005	32044	683	635	1980	22847	132	54	117	5	41
2006	31660	699	903	1864	22372	130	50	116	6	71
2007	29144	690	808	1842	20642	129	48	118	7	96
2008	27130	720	918	1824	19276	127	44	119	10	102
2009	24736	713	986	1702	17719	124	47	118	10	103
2010	23019	730	1730	1437	15636	124	50	119	11	110
2011	22884	916	1924	1395	15321	124	52	119	11	111
2012	23278	930	1948	1384	15306	121	52	118	12	119
2013	24645	938	1942	1387	15310	120	50	121	13	113
2014	24824	968	1941	1398	15288	121	48	121	14	113

20—2 医疗卫生机构人员数
Number of Engaged Persons in Health Institutions

单位：人（person）

年份 Year	人员合计 Total	卫生技术人员 Medical Technical Personnel	#执业(助理)医师 Licensed (Assistant) Doctors	注册护士 Registered Nurse	每万人口专业卫生技术人员数 Number of Medical Technical Personnel per 10000 Population
2000	188278	153808	69943	41226	25.24
2005	193973	159788	66102	47329	26.11
2006	204498	169181	69421	50392	27.69
2007	214121	174724	69132	55081	28.56
2008	227470	187785	73845	60860	30.61
2009	244477	202382	79230	69291	33.01
2010	247493	205403	81097	76550	34.48
2011	315514	217709	84773	84495	36.48
2012	334736	236172	92009	95042	39.44
2013	353835	253549	98630	103404	42.05
2014	365650	267964	103738	111544	44.05

注：本表2011年起人员含村卫生室人员情况。每万人口专业卫生技术人员按常住人口计算。

a) From 2011, Data in this table personnel include village health room staff.Professional health workers of Per 10000 population is calculated by permanent population.

20—3 医疗卫生机构、床位、人员数（2014年）
Number of Health Units, Beds and Staff (2014)

指　　标	Item	机构数（个）Health Institutions (unit)	床位数（张）Beds (unit)	人员数（人）Persons Engaged (person)	卫生技术人员 Medical technical Personnel
总　计	**Total**	**24824**	**252058**	**365650**	**267964**
医　院	Hospitals	968	187730	204404	171348
综合医院	Comprehensive Hospitals	640	134819	151977	127959
中医医院	Hospitals of Traditional Chinese Medicine	96	25653	27550	23572
中西医结合医院	Hospitals Combined by Medium Doctors	15	1582	1588	1331
专科医院	Specialized Hospitals	215	25498	23215	18438
口腔医院	Stomatological Hospitals	17	241	878	734
眼科医院	Ophthalmology Hospitals	26	1216	1390	957
耳鼻喉科医院	Ear, Nose and Throat Hospitals	4	125	118	103
肿瘤医院	Malignant Tumour Hospitals	9	2516	2276	1914
心血管病医院	Cardiovascular Disease Hospitals	1	175	221	170
妇产(科)医院	Gynecology Hospitals	25	1346	2461	1704
儿童医院	Children's Hospitals	3	1067	1293	1162
精神病医院	Mental Hospitals	20	8378	4534	3678
传染病医院	Infection Hospitals	9	2435	2524	2095
皮肤病医院	Dermatological Hospitals	3	125	155	135
结核病医院	Tubercle Hospitals	2	1057	940	827
麻风病医院	Leprosy Hospitals	3	26	12	6
骨科医院	Orthopedic Hospitals	17	1016	988	823
康复医院	Rehabilitation Hospitals	20	2966	2287	1794
整形外科医院	Plastic Surgery Hospital	3	120	185	146
美容医院	Cosmetology Hospitals	6	250	424	228
其他专科医院	Other Specialized Hospitals	47	2439	2529	1962
护理院	Nursing Hospitals	2	178	74	48
基层医疗卫生机构	The Basic Medical Institutions	22014	58575	132661	75434
社区卫生服务中心(站)	Community Health Service Center (station)	1941	7427	18360	16197
社区卫生服务中心	Community Health Center	406	7427	10321	9023
社区卫生服务站	Community Health Service Station	1535		8039	7174
卫生院	Commune Hospitals	1399	50901	48571	42141
街道卫生院	Hospitals in the Streets	1	30	36	31
乡镇卫生院	Township Hospitals	1398	50871	48535	42110
中心卫生院	Center Hospitals	448	23774	22851	20052
乡卫生院	Rural Hospitals	950	27097	25684	22058
村卫生室	Village Health Room	15288		56570	8309
门诊部	Outpatient Departments	181	247	2190	1990
诊所、卫生所、医务室	Clinics、Health Institute、Medical Office	3205	0	6970	6797
专业公共卫生机构	Professional Public Health Institutions	1755	4831	25960	19953
疾病预防控制中心	Disease Prevention and Controlling Center	121		5078	3958
专科疾病防治院（所、站）	Specialized Disease Prevention and Treatment Canters (stations)	48	1438	2020	1437
健康教育所（站、中心）	Health Education Offices (stations or centers)	3		29	12
妇幼保健院（所、站）	Maternity and Child Care Centers (stations)	121	3390	6937	5747
急救中心（站）	First-aid Center (station)	14	3	468	257
采供血机构	Blood Collecting and Supply Organizations	23		1231	927
卫生监督所(中心)	Health Supervision Centers	113		2385	2016
计划生育技术服务机构	Birth Control Technical Services	1312		7812	5599
其他卫生机构	Other Health Institutions	87	922	2625	1229
疗养院	Sanatoriums	7	922	465	289
医学科学研究机构	Research Institutes of Medical Science	11		263	133
医学在职培训机构	Medical On-the-job Training Organizations	22		581	246
临床检验中心（所、站）	Clinical Testing Center (station)	6		651	279
其　他	Other	41		665	282

20—4 医疗卫生机构各类人员数（2014年）
Persons Engaged in Health Care Institutions by Type of Occupation (2014)

单位：人（person）

指 标	Item	合 计 Total	卫 生 技术人员 Medical Technical Personnel	执业(助理)医师 Licensed (Assistant) Doctors	注 册 护 士 Registered Nurse	药 师 (士) Pharmacist	其 他 Other	乡村医生和卫生员 Village Doctors and Assistants	其 他 技术人员 Other Technical Personnel	管理人员 Admini-strative Personnel	工勤技能人 员 Logistics Technical Workers
总 计	**Total**	**365650**	**267964**	**103738**	**111544**	**12910**	**23863**	**48261**	**13948**	**13673**	**21804**
按经济类型分	**By the type**										
公 立	The Male Stands	297586	219275	84411	89621	11075	20619	39151	11501	10433	17226
国 有	Countries Have	206676	171736	59936	76880	8480	15586	2066	9687	8942	14245
集 体	Sets the Body	90910	47539	24475	12741	2595	5033	37085	1814	1491	2981
非公立	The Public	68064	48689	19327	21923	1835	3244	9110	2447	3240	4578
#联 营	United Camp	1634	695	346	260	19	36	779	40	71	49
私 营	Private	35686	26302	11218	11195	924	1814	4355	1393	1512	2124
按主办单位分	**According To The Organizer**										
政府办	Set Up by Governmen	245142	198722	73071	83015	10319	19644	9711	10842	9652	16215
#卫生部门	The Health Sector	242809	196905	72290	82319	10262	19464	9711	10758	9453	15982
社会办	Set Up by Society	83561	39748	18267	16012	1550	2005	37077	1421	2183	3132
个人办	Set Up by Individual	36947	29494	12400	12517	1041	2214	1473	1685	1838	2457

20—5 各市医疗卫生机构人员数（2014年）
Number of Persons Engaged in Health Institutions by Region (2014)

单位：人（person）

地 区	Region	合 计 Total	卫 生 技术人员 Medical Technical Personnel	执业(助理)医师 Licensed (Assistant) Doctors	注 册 护 士 Registered Nurse	药 师 (士) Pharmacist	其 他 Other	乡村医生和卫生员 Village Doctors and Assistants	其 他 技术人员 Other Technical Personnel	管理人员 Admini-strative Personnel	工勤技能人 员 Logistics Technical Workers
总 计	**Total**	**365650**	**267964**	**103738**	**111544**	**12910**	**23863**	**48261**	**13948**	**13673**	**21804**
合 肥 市	Hefei	57135	45673	17163	21137	1912	2745	2748	2574	2696	3444
淮 北 市	Huaibei	13993	10632	4133	4722	526	686	1222	684	543	912
亳 州 市	Bozhou	23313	13957	5037	5387	718	1778	6083	994	613	1666
宿 州 市	Suzhou	29034	19942	8081	7583	987	1971	5537	977	951	1627
蚌 埠 市	Bengbu	22212	16274	5688	7551	817	1345	2820	679	1014	1425
阜 阳 市	Fuyang	43448	28217	10899	10324	1253	3822	9609	1518	1519	2585
淮 南 市	Huainan	17866	13423	4991	6110	619	925	1454	864	958	1167
滁 州 市	Chuzhou	21345	15097	6013	5996	741	1494	3552	761	568	1367
六 安 市	Luan	28166	19826	8774	7242	858	1880	5292	806	877	1365
马鞍山市	Maanshan	14063	11058	4107	4794	507	990	845	625	558	977
芜 湖 市	Wuhu	24214	19245	7400	8594	1001	1238	1499	906	1092	1472
宣 城 市	Xuancheng	15434	12266	4861	4935	680	1118	1189	459	579	941
铜 陵 市	Tongling	6666	5614	2162	2528	279	330	129	194	323	406
池 州 市	Chizhou	9107	6892	2820	2718	325	628	1195	330	238	452
安 庆 市	Anqing	29547	21533	8581	8247	1240	2237	4471	1272	890	1381
黄 山 市	Huangshan	10107	8315	3028	3676	447	676	616	305	254	617

20—6 各市医疗卫生机构数（2014年）
Number of Medical Health Institutions by Region (2014)

单位：个（unit）

地 区 Region	总 计 Total	#医 院 Hospitals	社区卫生服务中心(站) Community Health Service Center (station)	乡镇卫生院 Township Hospitals	村卫生室 Village Health Room	疾病预防控制中心(防疫站) Disease Prevention and Controlling Center (Epidemic Prevention Station)	专科疾病防治院(所.站) Specialized Disease Prevention and Treatment Canters (stations)	妇幼保健院(所.站) Maternity and Child Care Centers (stations)	急救中心(站) First-aid Center (station)	卫生监督所 Health Supervision Centers
总 计 Total	**24824**	**968**	**1941**	**1398**	**15288**	**121**	**48**	**121**	**14**	**113**
合 肥 市 Hefei	2253	144	214	123	1122	11	7	12	3	11
淮 北 市 Huaibei	732	75	152	28	305	5		6		2
亳 州 市 Bozhou	1645	46	98	94	1267	5	1	5		4
宿 州 市 Suzhou	1895	64	110	107	1341	6	1	6	1	6
蚌 埠 市 Bengbu	1418	80	152	55	920	9	1	9	1	4
阜 阳 市 Fuyang	2647	89	177	164	1763	9	2	9	1	9
淮 南 市 Huainan	1208	63	184	47	564	8	2	9	1	7
滁 州 市 Chuzhou	1640	60	119	100	1046	8	2	8		9
六 安 市 Luan	2683	35	137	166	2015	9		9		8
马鞍山市 Maanshan	993	53	104	43	437	8	5	7	1	7
芜 湖 市 Wuhu	1435	78	127	61	765	9	7	8	1	9
宣 城 市 Xuancheng	1327	38	68	84	819	8	5	8	1	8
铜 陵 市 Tongling	309	19	56	14	134	2	2	5	1	5
池 州 市 Chizhou	986	28	40	59	605	6	3	3	1	6
安 庆 市 Anqing	2532	65	161	152	1573	10	8	10	1	10
黄 山 市 Huangshan	1121	31	42	101	612	8	2	7	1	8

20—7 各市医疗卫生机构床位数（2014年）
Number of beds of Medical Health Institutions by Region (2014)

单位：张（unit）

地 区 Region	总 计 Total	#医 院 Hospitals	#综合医院 Comprehensive Hospitals	中医医院 Hospitals of Traditional Chinese Medicine	中西医结合医院 Hospitals Combined by Medium Doctors	专科医院 Specialized Hospitals	社区卫生服务中心 Community Health Service Center	乡镇卫生院 Township Hospitals	专科疾病防治院(所.站) Specialized Disease Prevention and Treatment Centers (stations)	妇幼保健院(所.站) Maternity and Child Care Centers (stations)
总 计 Total	**252058**	**187730**	**134819**	**25653**	**1582**	**25498**	**7427**	**50871**	**1438**	**3390**
合 肥 市 Hefei	41672	35350	22013	3696	587	9054	985	4110	115	458
淮 北 市 Huaibei	11719	9757	6710	970	20	2057	519	1217		220
亳 州 市 Bozhou	15154	9145	6773	2031	192	149	501	5229	25	254
宿 州 市 Suzhou	17843	11286	9785	882	35	584	532	5884	30	81
蚌 埠 市 Bengbu	16321	13690	10866	1234	103	1487	335	2140	20	106
阜 阳 市 Fuyang	29326	19126	13131	2928		3067	1064	8820	10	256
淮 南 市 Huainan	12986	9978	8209	310		1459	955	1265	405	200
滁 州 市 Chuzhou	15020	10735	7909	1861	540	425	474	3519	160	132
六 安 市 Luan	19341	11405	7237	2769		1399	297	7166		473
马鞍山市 Maanshan	8019	6516	4873	992		501	191	1042		264
芜 湖 市 Wuhu	17398	14688	10426	2269		1993	309	2028	233	108
宣 城 市 Xuancheng	10579	7848	5588	1438	53	769	479	2057	56	123
铜 陵 市 Tongling	5687	4812	3324	400		1060	141	259	60	415
池 州 市 Chizhou	5507	4287	3417	743		127	33	1030	117	10
安 庆 市 Anqing	18814	13977	10359	2481	32	1105	481	3896	207	253
黄 山 市 Huangshan	6672	5130	4199	649	20	262	131	1209		37

20—8 计 划 生 育 状 况
Family Planning

项　　目		Item		2013	2014	2014年比2013年增减 Increase /decrease in 2014 over 2013
已婚育龄妇女人数（户籍）	**（人）**	**Number of Married Women of Child-bearing Age (registered)**	**(person)**	**14414854**	**14600057**	**1.28**
非农业户口		Non-agricultural Population		2660315	2671624	0.43
农业户口		Agricultural Population		11746941	11928433	1.55
实际采取节育措施人数(户籍)	**（人）**	**Number of Women Actually Taking Birth Control Measures (registered)**	**(person)**	**12680825**	**13057183**	**2.97**
非农业户口		Non-agricultural Population		2301411	2445005	6.24
农业户口		Agricultural Population		10375103	10612178	2.29
符合政策生育（户籍）	**（人）**	**In Line With the Policy of Birth (registered)**	**(person)**	**624099**	**663985**	**6.39**
政策符合率（户籍）	**（%）**	**Policy Rate (registered)**	**(%)**	**77.6**	**79.3**	**1.7**
非农业户口		Non-agricultural Population		90.0	90.3	0.3
农业户口		Agricultural Population		75.5	77.1	1.6
独生子女领证率（户籍）	**（%）**	**Acceptance Rate of Only-child Certificate (registered)**	**(%)**	**41.1**	**41.1**	**0.1**
非农业户口		Non-agricultural Population		47.8	49.3	1.5
农业户口		Agricultural Population		38.3	38.1	-0.2

资料来源：安徽省卫生和计划生育委员会。
Source: Anhui province health and family planning commission.

20—9 医疗机构门诊、住院服务情况（2014年）
Outpatient Service of Medical Institution、the Situation of Hospital Service (2014)

机构类别	Institution Category	总诊疗人次数（人次） Total Number of Patients Treated (person-times)	门、急诊 Out-patients and Emergency Patients	入院人数（人） Hospital Admissions (person)	出院人数（人） Being Out of Hospital (person)	每百门、急诊入院人数（人） Hospital Admissions per 100 Out-patient Times and Emergency Patient-times (person)
总　　计	**Total**	**263461542**	**251885860**	**8212884**	**8181303**	**5.32**
#医　院	Hospitals	90108395	87031094	6201441	6173808	7.13
社区卫生服务中心(站)	Community Health Service Centers	20169415	19339974	130723	130969	0.68
卫生院	Commune Hospitals	44192593	43221803	1710628	1706997	3.96
村卫生室	Village Clinics	90570334	85047728			
门诊部	Clinics	1304054	1202259	3489	3489	
诊所、卫生所、医务室	Clinics、Health Institute、Medical Office	11246268	10948553			
专科疾病防治院（所、站）	Speclalized Disease Prevention and Treatment Centers (stations)	172828	162050	9942	9844	6.14
妇幼保健院（所、站）	Maternity and Child Care Centers (stations)	5199754	4435607	153467	153057	3.46
疗养院	Sanatoriums	183916	182807	3194	3139	1.75

20—10 重大传染病救治及救助情况
Significant Infectious Diseases Treatment and Rescue Situation

指 标	Item	2010	2013	2014
重大传染病救治财政投入（万元）	Significant Financial Investment for Treatment of Infectious Diseases (10000 yuan)			
艾滋病	AIDS	1606.54	1777.53	1824.00
结核病	Tuberculosis	684.98	837.21	810.00
晚期血吸虫病	Advanced Schistosomiasis	3010	2595	2600
重大传染病免费救治（人）	Free Treatment of Major Infectious Diseases (person)			
艾滋病	AIDS	2702	4397	5132
结核病	Tuberculosis	9547	11100	10567
晚期血吸虫病	Advanced Schistosomiasis	6106	4816	5026

20—11 医疗机构病床使用情况（2014年）
Utilization of Hospital Beds at and Above County Level (2014)

机构类别	Type of Hospital	病床周转次数（次）Turnover of Beds (times)	病床工作日（日）Number of Days per Bed in Use in a Year (days)	病床使用率（%）Utilization Rate of Beds (%)	出院者平均住院日（日）Average Hospitalization Period (days)
总 计	**Total**	**33.87**	**294.70**	**80.74**	**8.46**
医 院	Hospitals	34.21	320.02	87.68	9.17
社区卫生服务中心（站）	Community Health Service Centers	19.37	165.53	45.35	7.67
卫生院	Commune Hospitals	35.01	226.35	62.01	6.08
专科疾病防治院（所、站）	Speclalized Disease Prevention and Treatment Centers (stations)	7.22	231.74	63.49	28.22
妇幼保健院（所、站）	Maternity and Child Care Centers (stations)	46.10	267.55	73.30	5.68
疗养院	Sanatoriums	3.63	78.32	21.46	15.67

20—12 主要年份医院病床使用情况
Hospital Beds Usage in Main Years

年份 Year	实有床位(张) Hospital Beds (number)	出院人数(人) Patients Discharged from Hosptials (person)	病床周转次数(次) Turnover of Beds (time)	病床工作日(日) Number of Days per Bed in Use in a Year (days)	病床使用率(%) Utilization Rate (%)	出院者平均住院日(日) Average Stay Days in Hospital (day)
2005	82224	1866751	24.18	250.52	68.64	9.60
2006	133956	2071908	27.62	225.94	61.90	7.51
2007	147848	4045739	29.66	252.44	69.16	7.98
2008	159802	4991581	33.09	269.46	73.82	8.39
2009	113785	3318862	30.40	311.20	85.26	9.80
2010	122171	3718022	31.12	313.48	85.88	9.72
2011	139738	4388588	32.57	318.23	87.19	9.51
2012	157817	5151804	33.85	322.59	88.14	9.28
2013	171508	5544366	33.41	316.88	86.82	9.16
2014	187730	8181303	34.21	320.02	87.68	9.17

20—13 各市医院病床使用情况（2014年）
Hospital Beds Usage by Region (2014)

地区	Region	实有床位(张) Hospital Beds (number)	出院人数(人) Patients Discharged from Hosptials (person)	病床周转次数(次) Turnover of Beds (time)	病床工作日(日) Number of Days per Bed in Use in a Year (days)	病床使用率(%) Utilization Rate (%)	出院者平均住院日(日) Average Stay Days in Hospital (day)
总计	**Total**	**187730**	**8181303**	**34.2**	**320.0**	**87.68**	**9.17**
合肥市	Hefei	35350	1162147	30.5	323.8	88.72	10.68
淮北市	Huaibei	9757	308713	26.3	287.4	78.73	10.48
亳州市	Bozhou	9145	737642	45.1	333.7	91.41	7.13
宿州市	Suzhou	11286	728329	41.2	341.4	93.53	7.99
蚌埠市	Bengbu	13690	517030	33.7	329.7	90.32	9.37
阜阳市	Fuyang	19126	1165245	39.8	342.2	93.75	8.50
淮南市	Huainan	9978	326941	26.5	309.4	84.78	11.14
滁州市	Chuzhou	10735	450338	35.6	303.8	83.25	8.32
六安市	Luan	11405	704450	38.5	318.8	87.35	8.10
马鞍山市	Maanshan	6516	218974	30.9	288.4	79.00	8.68
芜湖市	Wuhu	14688	456779	31.9	307.4	84.21	9.44
宣城市	Xuancheng	7848	342189	37.7	319.2	87.45	8.14
铜陵市	Tongling	4812	122501	22.4	314.6	86.19	13.86
池州市	Chizhou	4287	183146	36.3	311.7	85.40	8.54
安庆市	Anqing	13977	567279	35.8	322.2	88.28	8.96
黄山市	Huangshan	5130	189600	32.8	314.2	86.09	9.86

20—14 主要年份乡镇卫生院病床使用情况
Hospital Beds Usage of Beds of Township Hospitals in Main Years

年份 Year	实有床位(张) Hospital Beds (number)	出院人数(人) Patients Discharged from Hosptials (person)	病床周转次数(次) Turnover of Beds (time)	病床工作日(日) Number of Days per Bed in Use in a Year (days)	病床使用率(%) Utilization Rate (%)	出院者平均住院日(日) Average Stay Days in Hospital (day)
2005	36873	1177482	36.08	141.97	38.90	3.61
2006	38390	1162179	33.22	144.52	39.60	3.99
2007	40837	1473432	38.24	167.75	45.96	3.96
2008	47251	1943976	44.10	205.00	56.13	4.20
2009	51302	2054152	42.50	220.60	60.44	4.80
2010	48944	1495925	31.71	193.91	53.13	5.49
2011	47226	1281046	28.68	186.76	51.17	5.94
2012	48289	1645159	35.54	219.23	59.90	5.95
2013	49781	1709374	35.91	227.82	62.42	5.84
2014	50871	1706132	35.02	226.36	62.02	6.08

20—15 各市乡镇卫生院病床使用情况（2014年）
Hospital Beds Usage of Beds of Township Hospitals by Region (2014)

地区	Region	实有床位(张) Hospital Beds (number)	出院人数(人) Patients Discharged from Hosptials (person)	病床周转次数(次) Turnover of Beds (time)	病床工作日(日) Number of Days per Bed in Use in a Year (days)	病床使用率(%) Utilization Rate (%)	出院者平均住院日(日) Average Stay Days in Hospital (day)
总计	**Total**	**50871**	**1706132**	**35.02**	**226.36**	**62.02**	**6.08**
合肥市	Hefei	4110	89261	23.27	194.58	53.31	7.58
淮北市	Huaibei	1217	47445	39.11	242.46	66.43	6.05
亳州市	Bozhou	5229	305933	59.24	306.96	84.10	5.01
宿州市	Suzhou	5884	258489	46.42	280.22	76.77	5.81
蚌埠市	Bengbu	2140	55930	27.00	230.20	63.07	7.49
阜阳市	Fuyang	8820	386810	45.19	280.04	76.72	5.74
淮南市	Huainan	1265	39343	33.03	227.61	62.36	5.96
滁州市	Chuzhou	3519	78558	22.54	175.83	48.17	7.07
六安市	Luan	7166	257780	36.16	226.63	62.09	6.58
马鞍山市	Maanshan	1042	14287	14.01	106.52	29.18	6.73
芜湖市	Wuhu	2028	13851	10.24	103.92	28.47	6.25
宣城市	Xuancheng	2057	40968	20.43	147.39	40.38	6.58
铜陵市	Tongling	259	2933	11.35	114.89	31.48	7.99
池州市	Chizhou	1030	30223	29.34	217.57	59.61	6.50
安庆市	Anqing	3896	61567	16.59	132.01	36.17	7.12
黄山市	Huangshan	1209	22754	20.20	160.36	43.93	6.09

20—16 主要年份村卫生室基本情况
The Basic Situation of Health Room in Main Years

年 份 Year	机构数（个） Health Institu-tions (unit)	按设置、主办单位分 Grouped by Managing Organization 村 办 Set Up by Village	乡卫生院设点 Spot of Township Commune Hospital	联合办 Joint Set Up	私人办 Private Set Up	其 他 Others	乡村医生和卫生员（人） Rural Doctors and Health Workers (person)	乡村医生 Rural Doctors	卫生员 Health Workers
2005	22847	11339	580	2393	7466	1069	46523	43416	3107
2006	22372	11743	1250	2037	6615	727	46271	44433	1838
2007	20612	10053	1433	1623	6477	1026	44463	43062	1401
2008	19276	9014	2217	1714	5059	1272	49516	47505	2011
2009	17788	8236	3202	1258	3730	1362	54844	52607	2237
2010	15636	7912	3501	1020	1748	1455	55784	53638	2146
2011	15321	7534	4053	1120	1155	1459	55282	52875	2407
2012	15306	7659	4045	1097	1011	1494	53068	50171	2897
2013	15310	7823	3507	1454	945	1581	51640	48365	3275
2014	15288	7215	3152	1481	947	2493	48261	45217	3044

20—17 各市村卫生室基本情况（2014年）
The Basic Situation of Health Room by Region (2014)

地 区	Region	机构数（个） Health Institu-tions (unit)	按设置、主办单位分 Grouped by Setting Up and Managing Organizations 村 办 Set Up by Village	乡卫生院设点 Spot of Township Commune Hospital	联合办 Joint Set Up	私人办 Private Set Up	其 他 Others	乡村医生和卫生员（人） Rural Doctors and Health Workers (person)	乡村医生 Rural Doctors	卫生员 Health Workers
总 计	**Total**	**15288**	**7215**	**3152**	**1481**	**947**	**2493**	**48261**	**45217**	**3044**
合肥市	Hefei	1122	131	608	43	74	266	2748	2525	223
淮北市	Huaibei	305	180	109	1		15	1222	1216	6
亳州市	Bozhou	1267	711	363	47	1	145	6083	5689	394
宿州市	Suzhou	1341	772	200	135	53	181	5537	5079	458
蚌埠市	Bengbu	920	628	141	21	23	107	2820	2618	202
阜阳市	Fuyang	1763	1064	229	69		401	9609	8844	765
淮南市	Huainan	564	33	185		35	311	1454	1258	196
滁州市	Chuzhou	1046	421	402	92	25	106	3552	3267	285
六安市	Luan	2015	589	459	714	13	240	5292	5122	170
马鞍山市	Maanshan	437	367	23		47		845	822	23
芜湖市	Wuhu	765	306	236	48	90	85	1499	1466	33
宣城市	Xuancheng	819	447	79	23	190	80	1189	1147	42
铜陵市	Tongling	134	49	21			64	129	124	5
池州市	Chizhou	605	282	21	19	150	133	1195	1176	19
安庆市	Anqing	1573	1015	47	165	44	302	4471	4257	214
黄山市	Huangshan	612	220	29	104	202	57	616	607	9

20—18 民政行业单位基本情况（2014年）
Basic Conditions of Civil Affairs Agencies (2014)

项目	Item	单位数（个）Number of Enterprises (unit)	职工人数（人）Number of Staff and Workers (person)
民政行政机关	Civil Affairs Administrative Departments	122	2705
民政事业单位	Civil Affairs Institutions		
优抚安置单位	Agencies for Serviceman	143	1297
救灾储备单位	Salvation and Institutions	13	33
社区服务中心	Community Service Centers	1240	6859
婚姻登记服务类单位	Marriage Registration Institutions	81	428
提供住宿的法定社会服务机构	Statutory Social Service Institutions for Accommodation	833	9898
救助类单位	Salvation Institutions	85	578
殡仪类单位	Funeral and Interment Institutions	188	2978
福利彩票发行单位	Welfare Lottery Issuing Institutions	37	583
慈善团体	Charity Institutions		
老龄行政机构	Aging Population Institutions	104	258
其他事业单位	Other Institutions	28	156
民间组织	Non-governmental Organizations		
社会团体	Social Organizations	11977	103447
基金会	Fund Organizations	80	202
民办非企业单位	Non-enterprise Units Run by NGO	10492	128125
基层群众自治组织	Grass Roots Autonomy Organizations		
社区居委会	Neighborhood Committee	3257	16822
村委会	Village Committee	14786	60130
福利企业	Social Welfare Enterprises	343	17480

注：1、2013年救助站建设纳入省政府民生工程，2014年大批完工并投入使用，使救助类单位增加明显。
2、一批养老机构申报成民办非企业单位，致2014年增加较多。

a) Rescue station construction in the provincial government in 2013 the people's livelihood projects, large number of completed and put into use in 2014, the rescue unit increased significantly.

b) A group of pension agencies declare into a people-run non-enterprise unit, to increase more in 2014.

20—19 社会福利救济主要费用情况
Basic Statistics on Social Welfare Relief Funds

单位：万元（10000 yuan）

指标	Item	2000	2005	2010	2013	2014
总计	**Total**	**81751.9**	**230317.2**	**662248.6**	**1080062.8**	**1123357.0**
国家支出	Government Funds	34226.4	210274.1	662248.6	1080062.8	1123357.0
优抚对象补助金额	Funds for Family Members of Martyrs and Disabled Veterans	39372.4	88134.3	156802.1	241885.2	284993.5
国家支出	Government Funds	21314.6	71018.2	156802.1	241885.2	284993.5
困难户得救济金额	Funds for Poor Households	9539.6	110022.3	392297.4	654609.1	707134.2
国家支出	Government Funds	8404.2	110022.3	392297.4	654609.1	707134.2
社会散居孤老残幼供养金额	Funds for Orphans, Disabled, Elderly and Young Persons in Society	25044.1	22867.4	58797.5	80736.2	82995.6
国家支出	Government Funds	1385.3	22867.4	58797.5	80736.2	82995.6
城乡各种福利院支出	Funds for Urban and Rural Welfare Homes of All Types	7795.8	9293.2	54351.6	102832.3	48233.7
光荣院	Homes for the Disabled Veterans	659.1	951.3	9848.6	14996.8	3654.0
国家支出	Government Funds	659.1	934.5	9848.6	14996.8	3654.0
城乡社会福利院	Social Welfare Homes	7136.7	8341.9	44503.0	87835.5	44579.7
国家支出	Government Funds	2463.2	5431.7	44503.0	87835.5	44579.7

20—20 社会福利事业单位基本情况（2014年）
Basic Statistics on Social Welfare Institutions (2014)

项　目	Item	单位数（个）Number of Homes (unit)	工作人员（人）Number of Staff and Workers (person)	床位（张）Number of Beds (unit)	年末收养人数（人）Number of Persons Housed (person)
提供住宿的法定社会服务机构	Provide accommodation of legal and social service agencies	833	9898	117440	67677
#光荣院	Homes for Disabled Veterans	46	349	4598	1430
社会福利院	Social Welfare Homes	58	1124	7491	4347
儿童福利院	Baby Welfare Homes	42	967	6066	3280
城镇老年性福利机构	Urban Elderly Welfare Units	218	3350	33958	16179
农村老年性福利机构	Rural Elderly Welfare Units	459	3345	64053	41414
优抚安置单位	Units for Arranging the Family Members of Martyrs and Disabled Veterans	143	1297	2109	2901
救助类单位	Rescue Agencies	75	521	4523	997

注：根据民政部统计制度，将原“收养类单位”改为“提供住宿的法定社会服务机构”。

a) According to statistical system of the Ministry of Civil Affairs, "adoption of welfare institutions" was changed into" providing accommodation statutory social service institutions".

20—21 享受补助、救济人员情况
Persons Receiving Subsidies or Relief Funds

单位：人、户（person、household）

指　标	Item	2005	2010	2013	2014
城乡居民最低生活保障人数	**Number of Persons Receiving Lowest Cost-of-living in Urban Area and Rural Area**	**1228365**	**3030182**	**2943205**	**2813275**
城镇居民最低生活保障人数	Number of Persons Receiving Lowest Cost-of-living in Urban Area	977182	883944	782663	724051
农村居民最低生活保障人数	Number of Persons Receiving Lowest Cost-of-living in Rural Area	251183	2146238	2160542	2089224
传统救济情况	**Traditional Relief**				
农村定期救济户数	Number of Households Receiving Periodic Relief in Rural Areas	617775	519831	485737	476171
#困难户	Households in Urgent Need	174210	52199	49361	45585
五保户	Households Enjoying the Five Guarantees	375129	467632	436376	430586

20—22 婚姻服务情况
Number of Marriage and Divorces

指 标		Item		2000	2005	2010	2013	2014
内地居民登记结婚	(对)	Registered Marriages	(couple)	491959	439401	650861	804284	798907
初 婚	(人)	First Marriages	(person)	956554	832838	1038265	1401155	1368811
再 婚	(人)	Remarriages	(person)	27358	45964	263457	210143	229003
离 婚	(对)	Divorces	(couple)	42723	57476	132374	186471	204176
离婚率	(‰)	Divorce Rate	(‰)	1.37	1.77	3.89	5.39	5.89

注：本表数据由民政厅、法院提供。
a) The data in this table were provided by Provincial Civil Affairs Department and court.

20—23 各市婚姻服务情况（2014年）
Number of Marriage and Divorces by Region (2014)

地 区	Region	内地居民登记结婚 (对) Registered Marriages (couple)	初 婚 (人) First Marriages (person)	再 婚 (人) Remarriages (person)	登记离婚数 (对) Quantity of Registered Divorcing (couple)	离婚率 (‰) Divorce Rate (‰)
总 计	**Total**	**798017**	**1368811**	**229003**	**139468**	**4.02**
省本级	Provincial Level	11	1578	224	84	
合肥市	Hefei	96925	159133	34717	22575	6.34
淮北市	Huaibei	28557	50203	6911	5613	5.22
亳州市	Bozhou	74356	135809	12903	11085	3.50
宿州市	Suzhou	79855	144372	15338	11581	3.61
蚌埠市	Bengbu	50673	85478	15868	9369	5.08
阜阳市	Fuyang	139902	256913	22891	15675	2.98
淮南市	Huainan	30071	49701	10441	5475	4.50
滁州市	Chuzhou	51482	84091	18873	9074	4.04
六安市	Luan	69584	119737	19431	10052	2.80
马鞍山市	Maanshan	24125	39047	9203	6098	5.35
芜湖市	Wuhu	39259	61415	17103	9062	4.71
宣城市	Xuancheng	27140	39737	14543	7333	5.24
铜陵市	Tongling	6682	10320	3044	2247	6.07
池州市	Chizhou	12690	21435	3945	2914	3.61
安庆市	Anqing	54184	88939	19429	8352	2.69
黄山市	Huangshan	12521	20903	4139	2879	3.90

注：本表数据由民政厅提供，离婚人数不包括法院的调解和判决离婚数。
a) Data in this table are provided by provincial department of civil affairs. The number of divorces excludes those mediated and iudged by courts.

20—24 城乡居民最低生活和社会保障网络基本情况

Basic Statistics on People Receiving Lowest Cost-of-living and Social Security Network in Urban and Rural Area

年 份 Year	城镇社区服务设施数（个） Number of Urban Welfare Facilities (unit)	社区服务单位个数 Number of Community Service	城镇便民、利民服务网点（个） Number of Urban Service Points for Civilian (unit)	城乡居民最低生活保障 People Receiving Lowest Cost-of-living in Urban and Rural Area			
				城镇低保人数（万人） Number of Persons Receiving Lowest Cost-of-living in Urban Area (10000 person)	保障金额（万元） Amount of Money (10000 yuan)	农村低保人数（万人） Number of Persons Receiving Lowest Cost-of-living in Rural Area (10000 person)	保障金额（万元） Amount of Money (10000 yuan)
2000	7868	1728	17334	12.64	12054.2	10.30	1802.4
2005	6815	327	18327	97.72	76012.5	25.12	3594.9
2010	3623		13105	88.40	197149.3	214.62	195417.7
2011	3929	2176	9018	84.20	268292.0	216.59	280596.0
2012	5105	3194	7028	81.90	277417.0	214.61	315783.0
2013	5452	3869	7940	78.27	296775.2	216.05	357833.9
2014	7638	4172	7394	72.41	289567.6	208.92	369713.0

20—25 各市城乡居民最低生活和社会保障网络基本情况（2014年）

Basic Statistics on People Receiving Lowest Cost-of-living and Social Security Network in Urban and Rural Area by Region (2014)

地 区	Region	城镇社区服务设施数（个） Number of Urban Welfare Facilities (unit)	城镇便民、利民服务网点（个） Number of Urban Service Points for Civilian (unit)	城乡居民最低生活保障 People Receiving Lowest Cost-of-living in Urban and Rural Area			
				城镇低保人数（人） Number of Persons Receiving Lowest Cost-of-living in Urban Area (person)	保障金额（万元） Amount of Money (10000 yuan)	农村低保人数（人） Number of Persons Receiving Lowest Cost-of-living in Rural Area (person)	保障金额（万元） Amount of Money (10000 yuan)
总 计	**Total**	**7638**	**7394**	**724051**	**289567.6**	**2089224**	**369713.0**
合肥市	Hefei	906		41203	22588.1	162141	39752.3
淮北市	Huaibei	133		53368	18868.7	32431	7255.7
亳州市	Bozhou	336	4	27673	10298.7	198862	31987.3
宿州市	Suzhou	242	149	40121	12687.9	261084	37856.0
蚌埠市	Bengbu	603	3481	47110	18623.8	90391	16727.0
阜阳市	Fuyang	842	87	105036	36017.5	353220	48474.0
淮南市	Huainan	289		44895	16814.0	37391	9154.4
滁州市	Chuzhou	1063	1399	57621	24737.7	149636	27691.1
六安市	Luan	428		64775	21651.3	256959	33801.0
马鞍山市	Maanshan	449	260	41652	18735.8	41127	13345.7
芜湖市	Wuhu	432	639	64142	31388.0	83711	20874.6
宣城市	Xuancheng	342		27468	12506.7	88970	17470.7
铜陵市	Tongling	311	18	15371	6432.8	10227	2966.5
池州市	Chizhou	130	15	18739	8142.1	53673	10508.0
安庆市	Anqing	387	1000	56182	22714.0	221992	41200.8
黄山市	Huangshan	745	342	18695	7360.5	47409	10647.9

20—26 工 伤 保 险 情 况
Sitution of Industrial Injury Insurance

单位：人、万元（person, 10000 yuan）

项 目	Item	2005	2010	2013	2014
参保人数	Insurance Population	1481894	3594632	4732232	5083382
农民工人数	Number of Rural Workers		1239885	1614913	1524225
享受伤残待遇人数	Number of Enjoy Wounded and Disabled Treatment Population	8356	39101	68513	70036
享受工伤保险待遇的职业病人数	Number of Enjoy Industrial Injury Insurance Treatment Population	2806	5407	5590	4416
因工死亡人数	Number of On-duty Deaths	95	575	663	718
供养亲属人数	Number of Support Relatives	4717	4348	11858	12176
基金收入	Fund Revenue	14709	65403	207579	200120
基金支出	Fund Expense	7176	42040	143476	149667
累计结余	Accumulative Surplus	17243	107429	270486	320939
储备金	Reserve Fund	357	9785	33911	39907

20—27 各市城镇职工基本医疗保险情况（2014年）
Urban Employee Basic Medical Insurance by Region (2014)

地 区	Region	参保人数（人） Insurance Population (person)			基金（万元） Fund (10000 yuan)			
		合计 Total	职工小计 Total of Staffs & Workers	退休人员小计 Total of Retirees	收入 Income	支出 Expenditure	累计结余 Accumulative Surplus	个人帐户 Personal Account
总 计	**Total**	**7398840**	**5280291**	**2118549**	**1737243**	**1477297**	**2012461**	**782483**
合肥市	Hefei	1837136	1412103	425033	569868	418511	774639	189478
淮北市	Huaibei	460781	308605	152176	58172	52147	91209	34848
亳州市	Bozhou	205022	151995	53027	52104	42679	70472	30657
宿州市	Suzhou	300039	232419	67620	54007	41104	106693	32407
蚌埠市	Bengbu	457796	298726	159070	93512	90559	77559	51103
阜阳市	Fuyang	374257	275298	98959	83197	74887	80242	50440
淮南市	Huainan	516170	321529	194641	83167	70440	88273	36590
滁州市	Chuzhou	402023	297590	104433	97312	85930	129417	53121
六安市	Luan	348559	251732	96827	81575	75036	120457	46316
马鞍山市	Maanshan	473007	308498	164509	120561	115667	74825	57928
芜湖市	Wuhu	642026	444123	197903	139696	129092	117657	75650
宣城市	Xuancheng	315265	227701	87564	64703	62865	42856	21160
铜陵市	Tongling	285348	198385	86963	66178	55055	85327	35361
池州市	Chizhou	135106	100533	34573	29796	27357	28906	18339
安庆市	Anqing	460493	325463	135030	102993	99941	82398	22147
黄山市	Huangshan	185812	125591	60221	40403	36028	41533	26938

注：合肥市医疗保险基金收入、支出、累计结余项目中包含省本级相应项目基金。
a) The medcial insurance fund income,expenditure and accumulative suplus of Hefei city including provincial corresponding item fund.

20—28 城镇职工基本养老保险情况
Town Worker is Basic Endowment Insurance

年份 Year	参保职工（人） Active Contributors (person) 年末数 Number at the year-end	#企业 Enterprises	离休、退休退职人员年末人数（人） Retirees at the Year-end (person)	基金收支情况（万元） Revenue and Expenses (10000 yuan) 基金收入 Fund Revenue	基金支出 Fund Expense	累计可用结余基金 Total Usable Balance
2000	3119157	3091751	903164	431000	526700	148000
2005	3469852	3383325	1247613	1210063	1011918	585680
2006	3614088	3532764	1338138	1639319	1304720	925172
2007	3855442	3767541	1447758	2076644	1540523	1461173
2008	4202763	4107353	1581377	2648464	1975524	2134114
2009	4586947	4492001	1694577	3006151	2334678	2805587
2010	4920498	4824616	1774880	3432478	2708340	3529725
2011	5377490	5245417	1915225	4594510	3341022	4783213
2012	5784030	5648688	2053564	5084201	3974490	5892924
2013	5922049	5112893	2191238	6249422	4688128	7454218
2014	5969045	5860399	2323449	6807025	5441083	8820160

20—29 各市城镇职工基本养老保险情况（2014年）
Town Worker is Basic Endowment Insurance by Region (2014)

地区	Region	参保职工（人） Active Contributors (person) 年末数 Number at the year-end	#企业 Enterprises	离休、退休退职人员年末人数（人） Retirees at the Year-end (person)	基金收支情况（万元） Revenue and Expenses (10000 yuan) 基金收入 Fund Revenue	基金支出 Fund Expense	累计可用结余基金 Total Usable Balance
总计	**Total**	**5969045**	**5860399**	**2323449**	**6807025**	**5441083**	**8820160**
合肥市	Hefei	1427141	1389283	334753	1209489	866583	1791610
淮北市	Huaibei	326489	326489	78575	231755	168747	595704
亳州市	Bozhou	139589	139589	48082	109889	106662	124795
宿州市	Suzhou	201600	201600	72076	153078	159083	86446
蚌埠市	Bengbu	372244	372244	150031	312268	329977	8257
阜阳市	Fuyang	242920	216020	100477	216500	224371	116360
淮南市	Huainan	326607	326607	132329	270308	282252	88601
滁州市	Chuzhou	322675	320930	124860	256516	252952	344961
六安市	Luan	228662	228662	116807	210795	236444	143269
马鞍山市	Maanshan	414172	403400	186375	370311	460845	133129
芜湖市	Wuhu	530066	530066	251021	516020	529337	184232
宣城市	Xuancheng	283034	283034	106414	227189	189036	335797
铜陵市	Tongling	180003	180003	63686	123933	134945	91595
池州市	Chizhou	107183	107183	34863	68680	70934	90997
安庆市	Anqing	420382	388951	174276	375067	397565	120366
黄山市	Huangshan	156017	156017	52526	103051	115185	83987

注：总计数中含省直数据。
a) Provincial data is contained in the total number.

20—30 主要年份城镇居民参加基本医疗保险情况
Main Urban Residents to Participate in the Basic Medical Insurance of Year

年 份 Year	参保人数（人） People Participated in Medical Insurance (person)	基金收支情况（万元） Revenue and Expenses (10000 yuan)		
		基金收入 Revenue	基金支出 Expenses	累计结余 Balance at Year-end
2007	4670801	54104	4588	49516
2008	7950481	96295	42962	104297
2009	8655631	147704	97360	155885
2010	9308874	184683	133787	206781
2011	9535889	252180	176054	275948
2012	9747635	321603	236587	356475
2013	9448680	417549	344626	402958
2014	10165339	372422	326502	448820

注：2014年基金收支数据不包含市级统筹单位上解下拨基金收支。
a) 2014 fund balance of payments data does not include the city as a whole unit over financing the fund balance of payments.

20—31 各市城镇居民参加基本医疗保险情况（2014年）
Main Urban Residents to Participate in the Basic Medical Insurance by Region (2014)

地 区	Region	参保人数（人） People Participated in Medical Insurance (person)	基金收支情况（万元） Revenue and Expenses (10000 yuan)		
			基金收入 Revenue	基金支出 Expenses	累计结余 Balance at Year-end
总 计	**Total**	**10165339**	**372422**	**326502**	**448820**
合 肥 市	Hefei	1502580	61734	49803	87772
淮 北 市	Huaibei	528466	14693	15403	9444
亳 州 市	Bozhou	616047	16764	9423	28545
宿 州 市	Suzhou	627184	22447	17329	29019
蚌 埠 市	Bengbu	618472	19836	16603	31886
阜 阳 市	Fuyang	322479	12444	8740	31022
淮 南 市	Huainan	620933	23870	24131	23891
滁 州 市	Chuzhou	704355	27654	18900	52931
六 安 市	Luan	840229	30885	27313	34723
马鞍山市	Maanshan	501000	21309	21199	10611
芜 湖 市	Wuhu	1042122	44193	39926	33384
宣 城 市	Xuancheng	439879	11749	10405	11018
铜 陵 市	Tongling	507252	15997	19786	8247
池 州 市	Chizhou	149878	4851	7674	4419
安 庆 市	Anqing	927481	34425	32573	39283
黄 山 市	Huangshan	216982	9570	7293	12625

注：合肥市参保人数、基金收入、支出、累计结余项目中包含省本级相应项目基金。
a) In Hefei City, number of insurance, fund income and expenditure, the accumulative surplus items include in the provincial level corresponding project fund.

20—32 新型农村合作医疗基本情况
Basic Information of New Type Rural Cooperative Medical

年 份 Year	参合人口（万人）Participation Population (10000 persons)	参合率（%）Participation Rate	补偿受益（万人次）Compensation Benefit (10000 persons times)	住院率（%）Hospitalization Rate (%)	住院实际补偿比（%）Hospitalization Compensation Rate (%)	基金总额（万元）The Total Volume of Funds (10000 yuan)	当年筹资（万元）Yearly Raised Fund (10000 yuan)	农民缴纳 Fund from Farmers	基金支出（万元）Fund Expenditure (10000 yuan)	住院 Hospitalization
2005	614.0	81.2	181.7	3.1	23.2	20506.0	17376.6	6271.5	14804.6	12553.6
2008	4523.9	90.2	1798.3	5.5	46.1	494812.5	430155.8	72296.2	380801.8	346963.6
2009	4651.7	93.6	2477.7	6.6	46.9	590908.0	471793.3	92409.4	506910.8	452125.8
2010	4750.2	96.0	4260.2	6.3	46.3	806507.7	721087.9	142981.6	632122.3	528924.6
2011	4917.1	98.7	6379.8	6.6	51.3	1307626.7	1129839.8	148044.7	932038.5	728213.2
2012	5043.8	99.5	10070.2	8.2	59.3	1869843.8	1487169.7	252338.2	1428580.6	1088589.3
2013	5149.6	100.6	10382.2	9.0	59.8	2326102.6	1895768.1	309303.1	1775727.8	1340230.5
2014	5190.8	101.0	10232.7	9.6	60.0	2659934.3	2129676.5	363169.4	2064647.3	1515113.7

20—33 各市新型农村合作医疗基本情况（2014年）
Basic Information of New Type Rural Cooperative Medical by Region (2014)

地 区 Region	参合人口（万人）Participation Population (10000 persons)	参合率（%）Participation Rate	补偿受益（万人次）Compensation Benefit (10000 persons times)	住院率（%）Hospitalization Rate (%)	住院实际补偿比（%）Hospitalization Compensation Rate (%)	基金总额（万元）The Total Volume of Funds (10000 yuan)	当年筹资（万元）Yearly Raised Fund (10000 yuan)	农民缴纳 Fund from Farmers	基金支出（万元）Fund Expenditure (10000 yuan)	住院 Hospitalization
总 计 Total	**5190.8**	**101.0**	**10232.7**	**9.6**	**60.0**	**2659934.3**	**2129676.5**	**363169.4**	**2064647.3**	**1515113.7**
合 肥 市 Hefei	410.8	103.5	641.4	8.4	59.0	202140.7	166676.8	28752.8	163955.1	131167.5
淮 北 市 Huaibei	134.2	108.7	273.4	9.7	61.5	66404.1	53940.9	9391.8	51177.5	34699.9
亳 州 市 Bozhou	531.5	100.6	1333.1	11.4	61.8	276578.0	222539.3	37204.2	222168.4	153380.2
宿 州 市 Suzhou	528.7	97.1	988.4	10.3	61.8	268094.5	214992.3	37006.8	200396.4	152334.8
蚌 埠 市 Bengbu	272.9	103.1	692.2	9.5	59.9	141122.6	113221.2	19105.2	101324.6	77748.6
阜 阳 市 Fuyang	869.3	98.0	2138.8	10.1	60.5	467653.7	357085.9	60144.0	348965.3	255731.9
淮 南 市 Huainan	126.5	101.2	165.4	8.2	61.1	70365.7	51023.3	8851.7	43872.1	36989.1
滁 州 市 Chuzhou	352.2	101.7	823.8	9.6	58.5	178270.7	142899.5	25150.7	147973.9	107271.9
六 安 市 Luan	594.9	99.9	907.2	9.3	58.5	293587.8	244542.8	41640.2	234189.2	171624.9
马鞍山市 Maanshan	138.3	101.6	205.9	8.6	57.0	68275.8	56866.3	9681.9	56851.6	42509.3
芜 湖 市 Wuhu	218.0	119.4	376.8	7.2	57.7	111947.8	90127.2	15261.4	89487.7	62397.8
宣 城 市 Xuancheng	186.5	103.0	361.1	9.2	62.8	98168.0	76645.9	13406.1	75953.1	48431.8
铜 陵 市 Tongling	29.0	96.9	18.5	10.5	57.3	14987.3	12307.7	1624.3	13083.8	12462.0
池 州 市 Chizhou	134.4	102.8	156.2	9.6	57.4	63003.9	55264.6	9411.3	53382.7	39141.5
安 庆 市 Anqing	431.7	99.5	744.8	8.2	58.0	218632.6	177039.3	30173.3	172006.2	123236.4
黄 山 市 Huangshan	111.9	101.0	206.2	10.1	57.0	51231.6	45614.6	7955.2	44739.0	32334.4
广 德 县 Guangde	46.9	96.7	66.0	12.8	56.4	21849.6	18364.8	3285.5	18803.3	14045.9
宿 松 县 Susong	73.2	99.1	133.5	9.7	50.9	47620.1	30524.3	5123.2	26317.7	19605.8

20—34 各市失业保险基本情况（2014年）
Basic Conditions of Unemloyment Insurance by Region (2014)

单位：万人（10000 persons）

地 区	Region	本年参保人数 Contributors This Year				
		合计 Total	企业 Enterprises	国有企业 State-owned Enterprises	集体企业 Collected-owned Enterprises	事业单位 Institutions
总 计	**Total**	**422.04**	**314.55**	**155.56**	**28.09**	**89.93**
合 肥 市	Hefei	115.86	96.65	56.88	2.10	9.99
淮 北 市	Huaibei	25.20	22.72	13.39	1.08	2.48
亳 州 市	Bozhou	15.02	8.63	2.49	0.93	6.24
宿 州 市	Suzhou	20.10	11.34	3.78	3.98	8.77
蚌 埠 市	Bengbu	21.37	14.60	5.16	0.46	6.42
阜 阳 市	Fuyang	25.01	15.17	11.55	1.12	9.64
淮 南 市	Huainan	29.20	27.08	21.21	4.65	2.12
滁 州 市	Chuzhou	21.62	14.85	3.85	2.97	6.38
六 安 市	Luan	19.00	9.97	3.27	1.12	8.90
马鞍山市	Maanshan	24.62	21.29	2.24	1.93	3.16
芜 湖 市	Wuhu	36.21	30.13	14.10	3.67	5.97
宣 城 市	Xuancheng	13.10	9.58	2.42	0.82	3.35
铜 陵 市	Tongling	15.22	13.10	8.03	1.08	2.12
池 州 市	Chizhou	7.00	4.41	1.92	0.53	2.50
安 庆 市	Anqing	24.16	9.23	3.94	1.42	9.11
黄 山 市	Huangshan	9.35	5.80	1.33	0.23	2.78

地 区	Region	领取失业保险金人数 Beneficiaries of Unemployment Insurance this year	基金（万元） Fund (10000 yuan)		
			收入 Income	支出 Expenditure	累计结余 Accumulative Surplus
总 计	**Total**	**12.25**	**384465.57**	**192574.66**	**879681.08**
合 肥 市	Hefei	3.65	118470.65	37831.07	315899.01
淮 北 市	Huaibei	0.70	15256.19	9375.91	58405.41
亳 州 市	Bozhou	0.13	7071.75	1501.99	23298.49
宿 州 市	Suzhou	0.54	9373.38	4664.00	24817.47
蚌 埠 市	Bengbu	1.07	21038.05	20087.94	21184.62
阜 阳 市	Fuyang	0.29	15718.12	4359.40	45066.73
淮 南 市	Huainan	0.41	45913.42	32312.15	68530.32
滁 州 市	Chuzhou	0.77	20703.83	9848.49	43148.82
六 安 市	Luan	0.49	15392.12	7781.47	44412.61
马鞍山市	Maanshan	0.92	29467.78	11231.46	63569.47
芜 湖 市	Wuhu	1.34	28083.38	31319.53	35611.23
宣 城 市	Xuancheng	0.38	9537.91	3826.86	21718.23
铜 陵 市	Tongling	0.49	10069.87	5452.81	21276.78
池 州 市	Chizhou	0.16	5958.72	1776.08	15316.60
安 庆 市	Anqing	0.64	23298.64	8422.67	50563.46
黄 山 市	Huangshan	0.26	9111.76	2782.83	26861.83

20—35 城乡居民基本养老保险情况
Situation of Rural and Rural Residents Old-age Insurance

单位：万人、万元（10000 persons, 10000 yuan）

项　目	Item	2013	2014
参保人数	People Participated in	3309	3337
年末领取养老金人数	At the end of the Number of Pensioners	840	872
本年基金收入	This Fund Income	1074085	1092738
个人缴费	Individual Paying	358099	337500
集体补助	Collective Subsidy	235	131
政府补贴	Government Subsidy	679321	716032
利息收入	Interest Income		32509
其他收入	Other Earning	588	
转移收入	Income Transfer	7631	6566
本年基金支出	This Fund Spending	633687	653019
养老金支出	Old-age Pension Expenditure	617191	643607
其他支出	Other Spending		1702
转移支出	Transfer Spending		7710
年末基金滚存结余	Fund Blance Year-end	1296446	1767491

注：自2014年起，对城乡居民基本养老保险情况相关指标进行微调。
a) Since 2014, the basic old-age insurance for urban and rural residents is related indicators for fine-tuning.

20—36 各市生育保险情况（2014年）
Birth Insurance Situation by Region (2014)

地　区	Region	参保人数（人）Insurance Population (person)	#女　性 Female	基金收支情况（万元）Revenue and Expenses (10000 yuan) 基金收入 Fund Revenue	基金支出 Fund Expense	累计可用结余基金 Total Usable Balance
总　计	**Total**	**4827735**	**1884121**	**95982**	**75769**	**130104**
合肥市	Hefei	1097627	461255	30113	30665	16828
淮北市	Huaibei	226207	44158	1007	1231	923
亳州市	Bozhou	155912	61152	2326	1233	6702
宿州市	Suzhou	191733	81686	2972	1234	7860
蚌埠市	Bengbu	246343	104088	5318	3711	8348
阜阳市	Fuyang	264385	101341	4639	3035	7312
淮南市	Huainan	240602	77834	3093	2854	4216
滁州市	Chuzhou	251634	95256	4893	2383	10779
六安市	Luan	225010	84685	3896	2387	9635
马鞍山市	Maanshan	575500	259268	5884	3583	13136
芜湖市	Wuhu	371052	143581	10405	9517	5824
宣城市	Xuancheng	188173	62452	2849	2009	4430
铜陵市	Tongling	165527	62005	3050	2120	5562
池州市	Chizhou	85947	29248	1634	1286	2923
安庆市	Anqing	306074	125051	5555	3424	10919
黄山市	Huangshan	112598	47884	3098	1794	6066

注：总计数中含省直数据。基金收支余不包含市级统筹单位上解下拨基金收支。
a) A total number contains data was made. Fund more than balance does not include the city as a whole unit over financing the fund balance of payments.

20—37 规上服务业企业分行业主要经济指标（2014年）
Rules on Service Companies Divisions Leading Economic Indicators (2014)

单位：亿元（100 million yuan）

行业	Sector	单位数（个）Number of Units (unit)	资产总计 Total Assets	营业收入 Operating Income	营业税金及附加 Business Tax and Additional	营业利润 Operating Profit	应付职工薪酬 Handle Employee Compensation	年平均从业人员（人）Annual Average Employees (person)
总　计	**Total**	**3179**	**11293.3**	**2322.3**	**36.2**	**281.6**	**288.7**	**515283**
交通运输、仓储和邮政业	Transportation, Storage and Postal Services	1270	2548.4	918.9	11.6	12.3	113.8	218596
信息传输、软件和信息技术服务业	Information Circulation, Computer Service and Software	241	1100.9	499.1	7.8	82.5	58.1	70174
房地产业	Real Estate	242	44.1	26.7	1.4	0.4	12.3	37345
租赁和商务服务业	Leasing and Commercial Services	519	6542.6	460.6	9.7	150.8	29.7	65590
科学研究和技术服务业	Leasing and Commercial Services	357	345.9	214.6	2.5	21.9	39.0	46384
水利、环境和公共设施管理业	Water Conservancy, Environmental and Public Facilities Management	110	438.2	50.6	1.4	6.1	5.6	12105
居民服务、修理和其他服务业	Residents Service, Repair and Other Services	93	17.8	14.4	0.4	0.5	3.4	10730
教　育	Education	135	52.0	22.1	0.5	1.8	6.9	16714
卫生和社会工作	Health and Social Work	89	62.1	51.8		2.7	12.5	23352
文化、体育和娱乐业	Culture, Sports and Entertainment	123	141.3	63.5	0.9	2.6	7.4	14293

20—38 人力资源服务机构综合情况（2014年）
Human Resources Service Organization Comprehensive Situation (2014)

项目	Item	公共就业服务机构 Public Employment Service Organization	公共人才服务机构 Public Talented Person Service Organization	国有性质服务企业 State-owned Service Enterprise	私营性质服务企业 Private Service Enterprise
服务机构数（个）	Service Organization (uni	148	48	28	352
从业人员人数（人）	Population of Jobholder (person	2385	244	1025	12879
#大专及以下	Junior College and Below	1621	61	890	9236
本　科	Undergraduate Course	730	169	117	3409
硕士及以上	Master and Above	34	14	18	234
#取得职业资格人数	Obtaining Professional Qualification Populatic	780	137	132	4026
设立固定招聘场所（个）	Fixed Employment Advertise Place (uni	150	32	22	351
总资产（万元）	Total Assets (10000 yuan	338662	3248	48875	67840
建立人力资源服务网站（个）	Human Resources Service Network (uni	139	31	9	198
全年营业总收入（万元）	Annual Business Gross Income (10000 yua	3526	1108	50235	218995

注：本年口径有变化，仅统计县以上机构。

a) Caliber of this year there is a change, just above the county statistical agency.

20—39 人力资源服务业务基本情况（2014年）
Human Resources Service Basic Situation (2014)

项目	Item	公共就业服务机构 Public Employment Service Organization	公共人才服务机构 Public Talented Person Service Organization	国有性质服务企业 State-owned Service Enterprise	私营性质服务企业 Private Service Enterprise
服务人员总数 (人)	Total of Service Personnel Registration (person)	5287588	1346063	127749	1478941
登记要求流动人员 (人)	Nubmer of Registration Requesting Flowing Personnel (person)	1094234	265792	50709	1019873
#大专及以下	Junior College and Below	920392	192225	47565	743682
本　科	Undergraduate Course	154478	69047	2843	239984
硕士及以上	Master and Above	19364	4520	301	36207
实现就业和流动人数 (人)	Realizing Employment and Flowing Population (person)	819524	156629	22240	498322
服务用人单位数 (个)	Number of Service Personnel Units (unit)	54184	44460	2684	47587
#国有企、事业单位	State-owned Enterprise and Institution	3017	3438	698	2887
私营企业	Private Enterprise Foreign-funded Enterprise	39175	37396	825	37353
外资企业	Foreign-funded Enterprise	1392	1221	7	1695
建立人力资源数据库 (个)	Establishment Human Resources Database (unit)	257	48	8	1798
现存数据库求职信息总量 (人次)	Total of Extant Database Seeking Employment Information (person time)	1872177	650110	23515	2612424
#全年入库求职信息	Whole Year Warehousing Seeking Employment Information	482073	141416	6031	710962
现场招聘服务	Scene Employment Advertise Service				
举办招聘会次数 (次)	Number of Times of Conducting Job Fair (time)	6912	666	110	2387
#毕业生专场	Graduate Specially	470	237	30	824
农民工专场	Peasant Laborer Specially	939	57	59	1096
参会用人单位 (家)	Attending the Meeting Employer (unit)	48285	37142	405	41022
提供招聘岗位 (个)	Providing Employment Post (unit)	1649103	789860	32829	668149
参会求职人数 (人)	Attending the Meeting Seeking Employment Population (person)	1869087	699859	79784	992363
网络招聘服务 (条)	Network Employment Advertise Service (unit)				
发布岗位信息	Issue Post Information	1923442	109629	6703	1825142
发布求职信息	Issue Seeking Employment Information	268827	66897	4161	570692
劳务(人才)派遣服务	The Service (talented person) to Dispatch to Serve				
派遣单位 (个)	Detached Organization (unit)	4080	636	976	4619
派遣人员总量 (人)	Total of Detached Personnel (person)	37880	13739	27552	124019
登记要求派遣人数 (人)	Registration Requesting Detached Population (person)	10853	2280	13146	119671
人力资源管理咨询	Human Resources Management Consulting				
服务用人单位 (个)	Service Employer Unit (unit)	17088	1665	2004	10274
人力资源外包服务	Human Resources Outsourcing Service				
服务用人单位 (个)	Service Employer Unit (unit)	2581	20	668	3409
流动人员档案管理	Flowing Personnel Record Management				
现存档案数量 (人)	Number of Extant File (person)	1189764	707071	135357	167749
依托档案提供服务 (次)	Depending on the File to Provide Service (time)	405167	477256	18677	120542
培训服务	Training Service				
举办培训班 (个)	Conducting Training Class (unit)	2358	102	889	1408
参加人数 (人)	Participating Population (person)	141580	7498	187010	50766
测评服务	Evaluation Service				
测评人数 (人)	Evaluation Population (person)	10196	941	11808	24375
猎头服务	Headhunting Service				
成功推荐人才 (人)	Successful to Recommend Talented Person (person)	2177	1901		9422

20—40 各市职业技能鉴定综合情况（2014年）

Vocational Skill Appraisal Comprehensive Situation by Region (2014)

单位：人（person）

地区	Region	鉴定机构数（个） Number of Appraisal Institution (unit)			考评人员人数 Number of Evaluation Staff	鉴定考核人数 Appraisal Number of Assessment			
		小计 Total	#鉴定中心 Appraisal Center	#职业技能鉴定所 Vocational Skill Appraisal Institution		小计 Total	初级 Primary	中级 Middle-level	高级 High level
总计	**Total**	**414**	**17**	**397**	**9506**	**656417**	**281133**	**247778**	**111824**
合肥市	Hefei	68	2	66	1574	124091	21193	52587	43596
淮北市	Huaibei	19	1	18	415	18002	8412	6805	2551
亳州市	Bozhou	12	1	11	179	42112	14970	20650	5857
宿州市	Suzhou	18	1	17	275	40137	19840	17238	2586
蚌埠市	Bengbu	33	1	32	255	25944	14220	6056	4801
阜阳市	Fuyang	19	1	18	500	39975	16852	19452	3221
淮南市	Huainan	28	1	27	1090	38600	24426	9170	3734
滁州市	Chuzhou	18	1	17	647	36276	14200	14232	7280
六安市	Luan	29	1	28	344	48477	34308	9971	3587
马鞍山市	Maanshan	20	1	19	664	31017	18598	8421	3052
芜湖市	Wuhu	26	1	25	1103	57674	32084	18794	5795
宣城市	Xuancheng	20	1	19	246	45302	22728	15086	7237
铜陵市	Tongling	18	1	17	402	12625	5570	3486	3062
池州市	Chizhou	13	1	12	114	18057	10937	3009	3969
安庆市	Anqing	26	1	25	285	32477	8580	19762	3492
黄山市	Huangshan	8	1	7	106	19399	12922	4108	2155
省直	Provincial-level	39		39	1307	26252	1293	18951	5849

地区	Region			获取证书人数 Number of Obtaining a Certificate						通过率(%) Pass Rate (%)
		技师 Technician	高级技师 Senior Technician	小计 Total	初级 Primary	中级 Middle-level	高级 High level	技师 Technician	高级技师 Senior Technician	
总计	**Total**	**13718**	**1964**	**558678**	**249483**	**216137**	**85246**	**6966**	**846**	**85.11**
合肥市	Hefei	5078	1637	97350	19511	45595	30067	1461	716	78.45
淮北市	Huaibei	216	18	15371	7674	5920	1647	121	9	85.38
亳州市	Bozhou	635		42112	14970	20650	5857	635		100.00
宿州市	Suzhou	448	25	34244	16855	15136	2031	215	7	85.32
蚌埠市	Bengbu	810	57	24383	13980	5871	4027	482	23	93.98
阜阳市	Fuyang	450		37167	16192	18455	2230	290		92.98
淮南市	Huainan	1120	150	32335	20852	7906	3095	427	55	83.77
滁州市	Chuzhou	564		32938	13490	12809	6188	451		90.80
六安市	Luan	611		35321	26547	6757	1774	243		72.86
马鞍山市	Maanshan	898	48	24956	16021	6534	1934	448	19	80.46
芜湖市	Wuhu	1001		48062	26737	15662	4829	834		83.33
宣城市	Xuancheng	242	9	42289	21433	14027	6610	213	6	93.35
铜陵市	Tongling	507		10409	5368	2735	1961	345		82.45
池州市	Chizhou	142		16252	9853	2681	3576	142		90.00
安庆市	Anqing	623	20	26594	7240	16048	2868	427	11	81.89
黄山市	Huangshan	214		17492	11633	3708	1958	193		90.17
省直	Provincial-level	159		21403	1127	15643	4594	39		81.53

主要统计指标解释

卫生机构

指从卫生行政部门取得《医疗机构执业许可证》，或从民政、工商行政、机构编制管理部门取得法人单位登记证书，为社会提供医疗保健、疾病控制、卫生监督服务或从事医学科研和教育等工作的单位。卫生机构包括医院、疗养院、社区卫生服务中心（站）、卫生院、门诊部、诊所（卫生所、医务室）、急救中心（站）、采供血机构、妇幼保健院（所、站）、专科疾病防治院（所、站）、疾病预防控制中心（防疫站）、卫生监督所、卫生监督监测机构、医学科研机构、医学在职培训机构、健康教育所（站）等其他卫生机构。

医疗机构

指从卫生行政部门取得《医疗机构执业许可证》的机构，包括医院、疗养院、社区卫生服务中心（站）、卫生院、门诊部、诊所（卫生所、医务室）、妇幼保健院（所、站）、专科疾病防治院（所、站） 、急救中心(站)和临床检验中心。

社区卫生服务中心（站）

指为本社区居民提供预防、医疗、保健、康复、健康教育、计划生育技术服务等的基层卫生机构。包括社区卫生服务中心和社区卫生服务站。

卫生人员

指在医疗、预防保健、医学科研和在职教育等卫生机构工作的职工，包括卫生技术人员、其他技术人员、管理人员和工勤人员。

卫生技术人员

包括执业（助理）医师、注册护士、药师（士）、检验和影像人员等卫生专业人员。不包括从事管理工作的卫生技术人员。

执业医师

指《医师执业证》“级别”为“执业医师”且实际从事医疗、预防保健工作的人员，不包括实际从事管理工作的执业医师。执业医师类别分为临床、中医、口腔和公共卫生四类。

执业助理医师

指《医师执业证》“级别”为“执业助理医师”且实际从事医疗、预防保健工作的人员，不包括实际从事管理工作的执业助理医师。执业助理医师类别同样分为临床、中医、口腔和公共卫生四类。

每万人口执业（助理）医师

每万人口执业（助理）医师=（执业医师数+执业助理医师数）/人口数×10000。

每万人口医院、卫生院床位数

每万人口医院卫生院床位数=（医院床位数+卫生院床位数）/人口数×10000。

每万人口卫生技术人员

每万人口卫生技术人员=卫生技术人员数/人口数×10000。

参加新农合人数

指根据本地新农合实施方案到年内新农合筹资截止时已缴纳新农合资金的人口数。

新农合当年基金支出

指本年度实际从新农合基金帐户中支出用于新农合补偿的资金。

新农合补偿支出受益人次

指年内新农合参合人员因病就医获得补偿的人次数，包括住院、家庭帐户形式、门诊、特殊病种大额门诊、住院正常分娩、体检和其他补偿人次之和。

新农合本年度筹资总额

指为本年度筹集的、实际进入新农合专用帐户的基金数额。包括本年度中央及地方财政配套资金、农民个人交纳资金（含民政部门及其他相关部门代缴的救助资金）、新农合基金本年度产生的全部利息收入及其他渠道实际筹集到的新农合基金额。筹资数额以进入新农合专用帐户的基金数额为准，不含上年结转额资金。

城市居民最低生活保障人数

指在报告期末家庭平均收入在当地规定的最低生活保障线以下的城镇居民数。包括“三无”对象，失业人员和在职、下岗、退休人员等。

农村居民最低生活保障人数

指报告期末在建立农村最低生活保障制度的地区，得到当地政府或集体给予最低生活保障的农业人口家庭人数。

五保户

指无法定抚养义务人，或者虽有法定抚养义务人，但是抚养人无抚养能力的；无劳动能力的；无生活来源的老年人、残疾人和未成年人。

离婚率

指当年离婚人数占户籍人口的比重，计算公式为：

离婚率＝当年离婚人数/户籍人数×1000‰。

社会福利企业

指以集中安置有一定劳动能力的残疾人员就业为目的（残疾职工占生产人员10%以上）、带有社会福利性质的企业总称。主要包括福利工厂、假肢厂和其他福利企业。

社区服务设施数

指报告期末设立的以非营利为目的，为本社区居民服务，特别是为老年人、残疾人、儿童服务的社区服务中心、活动站、服务站、养老院、老年公寓（托老所），残疾人工疗站、残疾儿童日托所、家务服务站、婚姻介绍所等福利性设施以及职工社会保险管理服务的机构数。几种不同类型的社区服务单位，共用一个场所的，只能统计为一个社区服务设施。成为社区服务设施的条件：（1）是独立核算单位；（2）有固定的从业人员；（3）有一定的服务项目；（4）有一定的场所。

城镇职工基本养老保险

1.（参保）职工人数

指报告期末按照国家法律、法规和有关政策规定参加基本养老保险并在社保经办机构已建立缴费记录档案的职工人数，包括中断缴费但未终止养老保险关系的职工人数，不包括只登记未建立缴费记录档案的人数。

2.（参保）离退休人员人数

指报告期末参加基本养老保险的离休、退休和退职人员的人数。

3.基金收入

指根据国家有关规定，由纳入基本养老保险范围的缴费单位和个人按国家规定的缴费基数和缴费比例缴纳的养老保险基金，以及通过其他方式取得的形成基金来源的收入。包括单位和职工个人缴纳的基本养老保险费、基本养老保险基金利息收入、上级补助收入、下级上解收入、转移收入、财政补贴和其他收入。

4.基金支出

指按照国家政策规定的开支范围和开支标准从养老保险基金中支付给参加基本养老保险的个人的养老金、丧葬抚恤补助，以及由于保险关系转移、上下级之间调剂资金等原因而发生的支出。包括离休金、退休金、退职金、各种补贴、医疗费、死亡丧葬补助费、抚恤救济费、社会保险经办机构管理费、补助下级支出、上解上级支出、转移支出、其他支出等。

5.基金累计结余

指截止报告期末基本养老保险基金收支相抵后的累计余额。

城镇职工基本医疗保险

1.参保人数

指报告期末按国家有关规定参加相应基本医疗保险的人数。

2.基金收入

指由用人单位和个人按照国家规定的缴费基数、缴费比例或缴费标准缴纳的基本医疗保险基金，财政补助资金以及通过其他方式取得的形成基金来源的款项，包括：单位缴纳收入、个人缴纳收入、财政补助收入（含医疗救助补助个人收入）、财政补贴收入、利息收入、其他收入和转移收入等。

3.基金支出

指按照国家政策规定的开支范围和开支标准，从基本医疗保险基金中支付给参保人员的医疗保险待遇支出，包括住院医疗费用支出、门急诊医疗费用支出、个人账户基金支出、其他支出、转移支出等。

4.基金累计结余

指截止报告期末基本医疗保险基金累计结余金额。

失业保险

1.参保人数

指报告期末按照国家法律、法规和有关政策规定参加了失业保险的城镇企业、事业单位的职工及地方政府规定参加失业保险的其他人员的人数。

2.基金收入

指报告期内筹集的失业保险基金的总额，包括失业保险费收入、利息收入、财政补贴收入、其他收入、转移收入、上级补助收入、下级上解收入。

3.基金支出

指报告期内为保障失业人员基本生活、促进其再就业等支出的基金总额，包括失业保险金支出、医疗补助金支出、丧葬补助金和抚恤金支出、职业培训和职业介绍补贴支出、其他费用支出、其他支出、转移支出、补助下级支出、上解上级支出等。

4.基金累计结余

指截止报告期末失业保险基金收支相抵后的累计余额。

工伤保险

1.参加保险人数

指报告期末依据国家有关规定参加工伤保险的职工人数和有雇工的个体工商户的雇工数。

2.享受保险待遇人数

指年初至报告期末因工伤或职业病而享受工伤保险待遇的人数。为享受工伤医疗待遇中未评定等级的人数、享受伤残待遇人数以及享受因工死亡待遇人数之和。

3.基金收入

指根据国家有关规定，由参加工伤保险的单位按国家规定的缴费基数和缴费比例缴纳的工伤保险基金，以及通过其他形式取得的形成基金来源的款项。包括：单位缴纳的社会统筹基金收入、财政补贴收入、利息收入、其他收入、转移收入等。

4.基金支出

指按照国家政策规定的开支范围和开支标准从工伤保险基金中支付给参加工伤保险的人员及供养直系亲属工伤保险待遇支出及其他支出。包括工伤医疗费、伤残补助金、工亡补助金、护理费、丧葬补助费、工伤预防费用、职业康复费用和其他支出。

5.基金累计结余

指截止报告期末工伤保险基金累计结余金额。

Explanatory Notes for Major Statistical Indicators

Health Care Institutions

refer to the units which have been qualified the Certification of Health Care Institution by the administration of public health, or qualified the Certification of Corporate Unit by the civil affairs, administration for industry and commerce, commission office for public sector reform, and engaging in medical care, disease prevention and control, health supervision and inspection, medicine research and health education, etc., including: hospitals, sanatoriums, community health service centers (stations), health centers, clinics (health stations and infirmaries), first-aid centres (stations), blood gathering and supplying institutions, women and children care agencies (centres and stations), special disease prevention and curing agencies (centres and stations), disease prevention and control centres (epidemic prevention stations), health supervision and inspection agencies, sanitary inspection institutions, medicinal scientific research and on-job training institutions, health education centres and so on.

Medical Organizations

refer to the institutions which have been qualified the Certification of Health Care Institution by the administration of public health, including: hospitals, sanatoriums, community health service centers (stations), health centers, clinics (health stations and infirmaries), women and children care agencies (centres and stations), special disease prevention and curing agencies (centres and stations), first-aid centres (stations) and clinic inspection centers.

Community Health Service Centres (stations)

refer to the primary units that provide the health care for community residents, such as disease prevention and control, medical treatment, health care, rehabilitation, health education, family planning technical services, including community health service centres and community health service stations.

Health Care Employee

refer to all employee engaged in the health care institutions, such as medical organizations, disease prevention and control centres, health care agencies, medicinal scientific research and on-job training institutions, including medical technical personnel, other technical personnel, manager and labour.

Medical Technical Personnel

refer to the professional staff engaged in health care, including licensed (assistant) doctors, registered nurse, pharmacists, laboratory technician, and imaging staff, excluding the medical technical personnel engaged in management job.

Licensed Doctors

refer to the medical workers who have obtained the licenses of qualified doctors and are employed in medical treatment, disease prevention or healthcare institutions, excluding the licensed doctors engaged in management job. The licensed doctors are divided into 4 categories: clinician, Chinese medicine physicians, dentist and public health physicians.

Licensed Assistant Doctors

refer to the medical workers who have obtained the licenses of qualified assistant doctors and are employed in medical treatment, disease prevention or healthcare institutions, excluding the licensed assistant doctors engaged in management job. The classification of licensed assistant doctors is clinician, Chinese medicine, dentist and public health.

Number of Licensed (Assistant) Doctors per 10000 Population

the formula is: Number of Licensed Doctors per 10000 Population = (Number of Licensed Doctors + Number of Licensed Assistant Doctors)/ Population×10000

The population is the figure of household registration from the Ministry of Public Security.

Number of Beds of Hospitals and Health Care per 10000 Population

the formula is: Number of Beds of Hospitals and Health Care per 10000 Population = Number of Beds of Hospitals + Number of Beds of Health Care) / Population ×10000

The population is the figure of household registration from the Ministry of Public Security.

Number of Medical Technical Personnel per 10000 Population

the formula is: Number of Medical Technical Personnel per 10000 Population = Number of Medical Technical Personnel/Population ×10000

The population is the figure of household registration from the Ministry of Public Security.

Number of Persons Participated in the New Rural Cooperative Medical System

refers to the number of persons who have given payment to the new cooperative medical system by the deadline of fundraising during the year according to the implementation plan of the new system.

Expenditure of Funds for the New Rural Cooperative Medical System This Year

refers to expenditures on compensation funds for the new rural cooperative medical system from the fund account of new cooperative medical system this year.

Persons Benefited from the Compensation Expenditure of New Rural Cooperative Medical System

refers to the number of persons participated in the new system who have been compensated for medical treatment in the year, including hospitalization, family account form, out-patient, large special diseases out-patient, normal childbirth in hospital, medical examination and other compensations

Funds Raised for the New Rural Cooperative Medical

System this Year

refers to the amount of funds raised this year and put into the special new rural cooperative medical account, including the matching funds of central and local governments, paid money by farmers (including relief funds paid by the civil affairs department and other relevant departments), all the interest income generated this year of the funds and funds actually raised from other channels this year. The amount of funding equals to the funds entering into the special new rural cooperative medical account, excluding the carry-over funds from the previous year.

Number of Urban Residents Entitled to Minimum Living Allowances

refers to the number of those whose average family income is below a minimum local standard by the end of the reporting period, including both the employed and unemployed, laid off and retired, and those jobless people without stable residence or valid IDs.

Number of Rural Residents Entitled to Minimum Living Allowances

refers to the number of those receiving the minimum living allowances from the local government or community in the rural areas where this allowances system is in place as of the end of the reporting period.

Households Enjoying Five Guarantees

refers to those senior citizens, handicapped or under-aged who, without labour ability, can not make a living by themselves and whose statutory providers are unable to support them or who have no statutory providers at all.

The divorce rate

Refers to the number of divorce proportion of the population, the calculation formula is:

Divorce rate = the number of divorce, the household registration number * 1000 ‰.

Social Welfare Enterprises

refers to those welfare-oriented enterprises employing a significant number of handicapped people with certain labour ability (handicapped employees shall exceed 10% of the production staff), including welfare factories, artificial limb plants as well as other welfare enterprises.

Number of Service Facilities in Communities

refers to the number non-profit welfare facilities set up community residents' in particular the community-based centers that serve senior citizens, the handicapped or children, recreational centers, service centers, nursing homes, apartments for the elderly (nursery for the aged), work and treatment stations for the handicapped, day-care centers for handicapped children, domestic help agencies and dating services, as well as social insurance management agencies for the employees. Different types of community service providers that share the same premise are regarded as one community service facility. The requirements for a social service facility of communities include: (1) independent accounting; (2) fixed employees; (3) provision of certain services; and (4) with certain places.

Basic Pension Insurance of staff and workers in unban

1. Number of staff and workers covered

refer to staff and workers participating in the basic pension insurance programme according to national laws, regulations and related policies at the end of the reference period, who have already had payment records in social security management agencies, including those who have interrupt payment without terminating the insurance programme. Those who have registered in the programme but with no payment records are not included.

2. Number of retirees participating in the basic pension insurance programme

refer to the number of retirees participating in basic pension insurance programmes by the end of the reference period.

3. Revenue of the basic pension insurance programme

refers to payments made by employers and individuals participating in the pension insurance programme in accordance with the basis and proportion stipulated in State regulations, and income from other sources that become source of pension insurance fund, including the premium paid by employers and staff and workers, interest income, subsidies from higher level agencies, income as transfer from subordinate agencies, transferred income, government financial subsidies and other income.

4. Expenditure of basic pension insurance programme

refer to payment made on pensions and funeral subsidies to those retired and resigned people covered in pension insurance programmes according to related national policies on scope and standard of expenditure. Also included are expenditure which arises due to shift of the insurance relationship or adjustment of funds among agencies. More specifically, included are pensions for resigned people, pensions for retired people, pension for people quitting jobs, various subsidies, medical fees, funeral subsidies, compensation payments, management fees for social security agencies, expenses on subsidies to lower subordinates, expenses as transfer to agencies at higher level, transferred expenditure and other expenditure.

5. Balance of basic pension insurance programme

refers to the balance of basic pension insurance funds at the end of the reference period after deducting expenses from revenue.

Basic Medical Care Insurance of staff and workers in unban

1. Number of people participating in the insurance programme

refers to people participating in the basic medical care insurance programme according to related regulations as at the end of reference period.

2. Revenue of the insurance programme

refers to payments made by employers and individuals participating in the medical care insurance programme in accordance with the basis and proportion stipulated in State regulations, and income from other sources that become source of medical insurance fund, including income paid by units, individual paid income, financial assistance's income (including individual income from medicaid), financial subsidies' income, interest income，transfer income and other income.

3. Expenditure of the insurance programme

refers to payment made to people covered in basic medical care insurance programme within the scope and standards of expenditure according to related national policies, and medical care payment , including medical expenses of hospital inpatients, medical expenses for outpatients and emergency patients, payment from individual accounts transfer and othe expenditure r expenditure.

4. Balance of the basic medical care insurance programme

refers to the balance of medical care insurance funds at the end of the reference period.

Unemployment Insurance

1. Number of people covered

refers to staff and workers in urban enterprises or institutions who have participated in the unemployment insurance programme according to relevant policies and regulations, and other people who have participated according to local government regulations, as at the end of reference period.

2. Revenue of the unemployment insurance programme

refers to the total unemployment insurance funds raised in the reference period, including unemployment insurance premium, interest income, financial subsidies, other income, transferred income, subsidies from higher level agencies and income as transfer from subordinate agencies..

3. Expenditure of the unemployment insurance programme

refers to total expenses during the reference period to guarantee the basic livelihood of unemployed people, and to encourage their re-employment. Included are unemployment relief, medical fees, funeral subsidies, compensation payments, training expenses, management fees for unemployment insurance agencies, subsidies to lower level agencies, expenses as transfer to higher level agencies, transferred expenditure and other expenditure.

4. Balance of the unemployment insurance programme

refers to the balance of revenue of the programme after deducting expenses at the end of the reference period.

Work Injury Insurance

1. Number of people covered

refers to staff and workers who have participated in the work injury insurance programme and number of employees in private business according to relevant national regulations at the end of the reference period.

2. Number of beneficiaries

refers to number of people benefited from work injury insurance, as a result of work injury or occupational disease. It is the sum of beneficiaries from the work injury medical treatment withut rating, disabilities and deaths at work places.

3. Revenue of the work injury insurance programme

refers to payments made by employers participating in the work injury insurance programme in accordance with the basis and proportion stipulated in State regulations, and income from other sources that become source of work injury insurance fund, including income of social comprehensive funds paid by employers, government financial subsidies, interest income and other income.

4. Expenditure of the work injury insurance programme

refers to payments made from work injury insurance funds to those who participated in the work injury insurance programme and their direct dependents within the scope and standards of expenditure according to related national policies, and other expenditure, including medical fees for work injury, injury and disability subsidies, death subsidies, nursing fees, funeral subsidies, injury prevention fees, occupational rehabilitation fees and other expenditure.

5. Balance of the work injury insurance programme

refers to the balance of the work injury funds at the end of the reference period.

Maternity Insurance

1. Number of people covered

refers to people who have participated in the maternity insurance programme according to relevant regulation at the end of the reporting period.

2. Number of enjoying insurance

refers to people of sum who enjoy treatment of inductrial injury insurance, medical treatment for not rating work-related injuries , the disability beneficiaries and the worker death and treatment at the beginning of the year to the end of the reporting period

3. Revenue of maternity insurance

refers to payments made by employers participating in the maternity insurance programme in accordance with the basis and proportion stipulated in State regulations, and income from other sources that become source of maternity insurance fund, including income of funds paid by employers, interest income ,transfer income and other income.

4. Expenditure of the maternity insurance programme

refers to payments made from maternity insurance funds to staff and workers who participate in the maternity insurance programme within the scope and standards of expenditure in accordance with related national policies, expenses paid for pregnancy, child delivery or surgeries related to family planning, and other expenditure, including allowance for child bearing, medical fees and other expenditure.

5. Balance of the maternity programme

refers to the balance of the maternity insurance funds at the end of reference period.

第二十一篇

Chapter 21

CULTURE AND SPORTS

简要说明

一、本篇主要反映文化、体育、新闻出版、广播电影电视事业的发展情况。

文化部分主要包括艺术表演团体、艺术表演场所、公共图书馆、文化馆、文化站、广播、电视、新闻出版以及文物等文化事业的机构、人员、经费和业务活动情况。体育部分主要包括群众体育和竞技体育，主要内容有体育系统职工情况，竞技体育成绩，群众体育活动等情况。

二、根据各部门制定的统计报表制度汇总加工整理而成。艺术业、图书馆业、群众文化服务业的资料主要来自省文化厅；文物资料来自省文物局；广播、电视资料来自省广播电视局；新闻出版资料来自省新闻出版局；体育部分的资料来自省体育局。

Brief Introduction

I. Data in this chapter mainly reflect the development of culture; sports; news and publication; and radio broadcasting, films and television.

Data on culture cover mainly the situations on institutions, personnel and business activities of cultural undertakings including arts performing groups and performance venues; public libraries; museums; cultural centres; archives; cultural stations; broadcasting; films; television; news and publication; and cultural relics. Data on sports cover mass sports (sports for all) and athletic sports, including mainly the number of staff and workers in sports departments, number of stadiums and gymnasiums, achievements in athletic sports events, mass sports activities and the international exchanges of sports delegations.

II. Data are collected and tabulated in accordance with the statistical reporting schemes stipulated by the departments concerned. Data on the arts, libraries, mass culture are provided by the Ministry of Culture. Data on archives are from State Archives Administration. Data on cultural relics are from State Administration of Cultural Heritage. Data on radio, film and television are mainly from State Administration of Radio, Film and Television. Data on news and publication are mainly provided by General Administration of Press and Publication. Data on sports are mainly from General Administration of Sport.

21—1 文化艺术和文物事业机构、人员情况（2014年）

Number of Institutions and Personnel in Culture, Art and Cultural Relies (2014)

机构类别	Category of Institution	机构数（个） Number of Institutions (unit)	从业人员（人） Number of Persons Engaged (person)
文化及相关产业	**Culture and Relative Industry**	**12261**	**81906**
艺术业	Art Industry	1038	21974
艺术表演团体	Art Performance Troupes	988	20796
话剧、儿童剧、滑稽剧团	Drama, Children, Plays and Comedy Troupes	50	979
歌舞、音乐类	Dance, Music Class	91	2662
京剧、昆曲类	Beijing Opera and Kunqu Classes	2	202
#京　剧	Beijing Opera Troupes	2	202
地方戏曲类	The Local Drama Class	223	5389
杂技、魔术、马戏类	Acrobatics, Magic, Circus	343	5381
曲艺类	Folk art Classes	22	380
综合性艺术表演团体	Comprehensive Performing Arts Groups	257	5803
艺术表演场所	Art Centers	48	1172
剧场、影剧院	Theaters and Music Halls	36	739
其它艺术单位	Other Art Unit	2	6
图书馆事业	Libraries	113	1410
群众文化事业	Mass Culture	1557	5979
省级文化馆、群众艺术馆	Provincial Cultural Building & People's Art Center	1	31
地市级文化馆、群众文化馆	Prefeture-level City Cultural Building & People's Art Center	14	272
县、市文化馆	County & City Cultural Building	105	1170
文化站	Cultural Stations	1437	4506
乡镇文化站	Township Cultural Stations	1288	4119
艺术教育事业	Culture and Education	6	494
文艺科研	Literary and Scientific Research	11	141
文化科技研究	Cultural Science and Technology Research	3	36
综合性艺术研究	Comprehensive Artistic Research	3	21
地方戏艺术研究	Local Opera art Research	4	78
其他科研机构	Other Scientific Research Institution	1	6
文化市场经营单位	Cultural Market Management Unit	8996	44168
文物业	Cultural Relics	270	3312
文物机构合计	Total of Cultural Relic Organization	104	609
文物保护管理机构	Cultural Relic Protection Management Organization	94	472
文物科研机构	Scientific and Research Historical Relics Agency	1	42
其他文物机构	Other Historical Relics Agency	9	95
博物馆合计	Museums	164	2657
艺术类博物馆	Art Museum	12	242
综合性博物馆	Comprehensive Museum	79	1371
历史类博物馆	History Class Museum	47	649
其它博物馆	Other Museum	26	395
文物商店	Cultural Relics Agencies	2	46
其　他	Other	270	4428

注：2014年艺术事业机构数，包括非公有制艺术表演团体及场所。

a) Number 2014 art institutions, including the non-public sectors of the performing arts groups and places.

21—2 艺术表演团体演出情况（2014年）
Basic Statistics on Performance of Art Troupes (2014)

种 类	Item	演出场数（场）Number of Performances (shows)	到农村演出 Shows in Rural Areas	国内演出观众人数（千人次）Number of Audience While Perfoming at Home (1000 person-times)
总 计	**Total**	**289620**	**235380**	**140957**
国有剧团	Troupes Sponsored by State-owned Units	10370	6160	8802
集体经营剧团	Troupes Sponsored by Collective Units	180	140	1001
其 他	Other	279070	229080	131154
按剧种分	**Art Troupes**			
话剧、儿童剧、滑稽剧团	Drama, Children, Plays and Comedy Troupes	7270	5730	7740
歌舞、音乐类	Dance, Music Class	10010	5810	59491
京剧、昆曲类	Beijing Opera and Kunqu Classes	300	10	228
#京 剧	Beijing Opera Troupes	300	10	228
地方戏曲类	The Local Drama Class	43380	36430	20804
杂技、魔术、马戏类	Acrobatics, Magic, Circus	133210	114550	34344
曲艺类	Folk art Classes	6170	4000	7391
综合性艺术表演团体	Comprehensive Performing Arts Groups	89280	68850	10959

注：2014年演出场数包括非公有制企业数据。
a) Doing a including non-public enterprise data in 2014.

21—3 群众艺术馆、文化馆站业务活动及经费情况（2014年）
Basic Statistics on Activities and Expenditures of Mass Art Centers and Cultural Centers (2014)

项 目		Item		总 计 Total	群众艺术馆、文化馆 Mass Art Centers Cultural Centers	文化站 Cultural Stations
单位数	（个）	Number of Units	(unit)	1557	120	1437
举办展览	（个）	Exhibition	(unit)	5116	976	4140
组织文艺活动	（次）	Art Performances and Story-telling Sessions	(times)	33318	6534	26784
举办训练班		Training Coirses				
班 次	（次）	Number of Classes	(times)	17869	5829	12040
培训人次	（万人次）	Training People	(10000 person-times)	130	36	94
群众艺术馆、文化馆		Units Responsible for Guiding Mass Art				
负责指导单位		Centers and Cultural Centers				
馆办文艺团体	（个）	Literature Groups Hold by Art and Cultural Buildings		336	336	
群众业余演出团、队	（个）	Part-time Art Groups	(unit)	9599	1930	7669
总支出	（万元）	Total Expenditures	(10000 yuan)	46291	19487	26804

21—4 公共图书馆业务活动及经费情况（2014年）
Facilities, Services and Expenditures of Public Libraries (2014)

项 目	Item	总 计 Total	省级公共图书馆 Public Libraries at Provincial Level	地市级公共图书馆 Public Libraries at Prefectural Level	县级公共图书馆 Public Libraries at County Level
公共图书馆 （个）	Number of Public Libraries (unit)	113	1	18	94
总藏量 （千册）	Total Collections (1000 volumes)	17534	3011	5514	9009
图 书	Books	13976	2336	4025	7615
#古 籍	Ancient Works	636	353	168	115
报 刊	Newspapers and Periodicals	1531	308	534	689
开架书刊 （千册）	Open Books and Periodicals (1000 volumes)	6363		2158	4205
有效借书证数 （个）	Valid Card Number (unit)	752542	145578	306739	300225
图书流通情况	Circulation of Books				
总流通人次 （千人次）	Total Number of Circulation (1000 person-times)	15458	1065	5013	9380
书刊文献外借册次 （千册次）	CeCi Borrow Books and Literature (1000 volume-times)	13941	1928	3920	8093
为读者服务举办各种活动 次 数 （次）	Service Activities Provided for Readers Number of Activities (times)	1768	235	624	909
参加人数 （千人次）	Number of Readers Involved (1000 person-times)	447	165	106	176
总支出 （万元）	Total Expenditures (10000 yuan)	22278	3984	7958	10336
#基本支出	Basic Expenditures	12844	2027	4145	6672
#新增藏量购置费	The New Inventory Purchase Expense	3368	569	1430	1369
本年新增藏量 （千册）	This Year the New Inventory (1000 volumes)	1696	187	582	927
公用房屋建筑面积 （千平方米）	Floor Space of Public Buildings (1000 sq.m)	368	37	117	214
#书 库	Stack Rooms	75	8	22	45
阅览室	Reading Rooms	117	9	39	69
阅览室坐席数 （个）	Seating Capacity of Reading Rooms (unit)	29453	1659	9130	18664

注：2014年总藏量不包括电子图书。

a) In 2014, a total does not include electronic books.

21—5 博物馆、文物机构业务活动及经费情况（2014年）
Facilities, Services and Expenditures of Museums and Cultural Relic Agencies (2014)

项 目	Item	文物保护管理机构 protection and Management Agencies	文物科研机 构 Scientific and Research Historical Relics Preservation	其 他文物机构 Other Agencies	博 物 馆 Museums
藏 品 （件）	Number of Units (unit)	74862	4877		715617
#一级品	Number of Exhibitions (unit)	306	29		2331
业务活动	Art Performances and Story-telling Sessions				
陈列展览 （个）	Training Courses (unit)	111			880
参观人次 （千人次）	Number of Classes (1000 person-times)				240568
总支出 （万元）	Total Expenditures (10000 yuan)	8384	3102	2892	44102
#基本支出	Basic Expenditures	3446	555	723	16820
修缮费	Cultural Centers in County Towns	1829			1759
增加值 （万元）	Cultural Clubs (10000 yuan)	3713	1221	599	20511

21—6 档案事业基本情况（2014年）
Basic Statistics on Archiving Institution (2014)

项目		Item		合计 Total	省属 Under the Jurisdiction of Province	市属 Under the Jurisdiction of the City	区县属 Under the Jurisdiction of a District/County
档案馆个数	**（个）**	**Number of National Archives**	**(unit)**	**155**	**14**	**33**	**108**
建筑面积	**（平方米）**	**Floor Space of Building**	**(sq.m)**	**317703**	**29818**	**94507**	**193378**
馆藏档案情况		**Files Colllected in Archives**					
全宗	（个）	Full Archives	(unit)	12015	499	2367	9149
案卷	（万卷件）	Records	(10000 rolls)	2411.51	229.41	592.00	1590.10
建国前档案	（万卷件）	Files Prior to Foundation of PRC	(10000 rolls)	15.07	7.67	4.31	3.09
建国后档案	（万卷件）	Files After Foundation of PRC	(10000 rolls)	2396.44	221.74	587.69	1587.01
录音、录像、影片档案	（盘）	Tape,Video,and Film Files	(piece)	19903	9333	2559	8011
照片档案	（张）	Photo Files	(disc)	867758	280478	445621	141659
缩微胶片		Microfiche					
平片、开窗卡	（张）	Flat and Window-open Microfich	(disc)	4			4
卷片	（万幅）	Rolled Microfiche	(10000 rolls)	264	264		
档案利用情况		**File Utilization**					
本年利用档案人次	（人次）	Persons Using Files in the Year	(person-times)	319223	15705	37988	265530
本年利用资料人次	（人次）	Persons Using Datas in the Year	(person-times)	5919	355	1003	4561
本年利用档案数量	（万卷件次）	Files Used in the Year	0000 roll.times)	74.26	5.00	11.90	57.36
本年利用资料数量	（册次）	Datum Used in the Year	(volume-times)	18666	5106	2326	11234
本年编研档案、资料	（万字）	Files and Data Prepared and Studied in the Year	(10000 Chinese characters)	1686.54	471.13	203.50	1011.91

资料来源：安徽省档案局。

Source: Anhui Municipal Bureau of Archives.

21—7 广播、电视事业发展情况
Basic Statistics on Broadcasting and Television Stations

指　　标		Item		2005	2010	2013	2014
职工人数	(人)	Number of Staff and Workers	(person)	16026	20041	22517	23071
广播电台	(座)	Number of Broadcasting Stations	(set)	17	15	15	14
中波发射台及转播台	(座)	Number of Broadcast Transmission Stations and Relaying Stations	(set)	22	23	23	23
中波发射机功率	(千瓦)	Broadcast Power of Transmitters	(kw)	633	903	1416	1446
县广播电视台	(座)	Number of Wire Broadcast Stations in Counties and Cities	(set)	62	62	61	61
广播人口覆盖率	(%)	Listener Rating	(%)	95.58	97.31	98.34	98.55
电视台	(座)	Number of Television Stations	(set)	17	15	15	14
电视发射台及转播台	(座)	Television Transmission Stations and Relaying Stations	(set)	218	163	142	136
电视发射机功率	(千瓦)	Power of Trandmitters	(kw)	429.30	849.91	945.46	1003.69
电视人口覆盖率	(%)	Viewer Rating	(%)	95.00	97.50	98.57	98.72

21—8 广播、电视覆盖率
Listeners and Viewers Rate

指　　标	Item	覆盖人口（万人） Covered Population (10000 persons)		覆 盖 率 (%) Covering Ratio (%)	
		2013	2014	2013	2014
广　　播	**Broadcasting**	**6787.67**	**6828.27**	**98.34**	**98.55**
中央台节目	Program I of China National Broadcasting	6712.59	6755.00	97.26	97.50
省级台节目	Program I of Provincial Broadcasting	6680.41	6730.28	96.79	97.14
地市级台节目	Program I of Prefectural (city) Broadcasting	6171.75	6319.22	89.42	91.21
县级台节目	Programs of County Broadcasting	4642.27	4641.55	67.26	66.99
电　　视	**Television**	**6802.99**	**6839.72**	**98.57**	**98.72**
中央台节目	Relaying Program I of CCTV	6761.78	6798.91	97.97	98.13
省级台节目	Program I of Provincial Television	6747.81	6786.61	97.77	97.95
地市级台节目	Programs of Prefectural (city) Television	6327.56	6428.26	91.68	92.78
县级台节目	Programs of County Television	4825.13	4825.51	69.91	69.65

21—9 广播、电视节目制作时间
Basic Statistics on Broadcasting and Television

单位：小时 (hour)

指　　标	Item	2013	2014
广播节目制作	**Production of Broadcasting**	**172742**	**179638**
新　闻	News Programs	34928	36543
专　题	Special Subject Programs	43894	42193
综　艺	Variety Entertainment	41836	39428
广播剧	Broadcasting Play	3317	3159
广　告	Advertisement	17464	19650
其　他	Others	31303	38665
电视节目制作	**Production of TV Programs**	**76886**	**76278**
新　闻	News Programs	24560	24132
专　题	Special Subject Programs	22111	21886
综　艺	Variety Entertainment	8459	9045
影视剧	TV Play	1910	2089
广　告	Advertisement	11662	11161
其　他	Others	8184	7965

21—10 广播、电视宣传基本情况（2014年）
Basic Statistics on Broadcasting and Television (2014)

项　目	Item	节目套数（套）Number of Programs (set)	全年公共节目播出时间（小时）Time of Program Transmission All the Year (hour)	制作节目时间（小时）Time of Making Program (hour)	#新闻节目 News Programs	专题节目 Special Subject Programs	综艺节目 Variety Emtertainment
无线广播合计	**All Radio Broadcasting Stations**	**105**	**521869**	**179638**	**36543**	**42193**	**39428**
省　级	Provincial	9	71320	38484	5007	9751	8612
市县级	City and County	96	450549	141154	31536	32442	30816
电视播映合计	**All Television Stations**	**112**	**610264**	**76278**	**24132**	**21886**	**9045**
省　级	Provincial	6	43130	17189	3863	4406	3847
市县级	City and County	106	567134	59089	20269	17480	5198

注：2013年起全省广播电视节目制作时间包括各级广播电视台和社会影视节目制作机构制作的时间。
a) 2013 from the province's radio and television program production time includes all levels of radio and television program production and social organization produced television time.

21—11 图书、杂志和报纸出版数量
Number of Books, Magazines and Newspaper Published

年份 Year	图书 Books Published				杂志 Magazines Published				报纸 Newspapers Publised			
	种类（种）Number of Publications (kind)	新出版 New Publications	总印数（万册）Printed Copies (10000 copies)	总印张数（万印张）Printed Sheets (10000 sheets)	种类（种）Number of Publications (kind)	每期平均印数（万册）Average Printed Copies Per Issue (10000 copies)	总印数（万册）Printed Copies (10000 copies)	总印张数（万印张）Printed Sheets (10000 sheets)	种类（种）Number of Publications (kind)	每期平均印数（万册）Average Printed Copies Per Issue (10000 copies)	总印数（万份）Printed Copies (10000 copies)	总印张数（万印张）Printed Sheets (10000 sheets)
2000	2125	1002	30992	156767	150	621	7736	19538	84	416	76083	114736
2005	3970	1847	25220	118056	177	433	5804	17418	97	393	98134	302498
2006	3751	1689	21528	121327	174	451	5634	17020	97	401	99753	295248
2007	3378	1492	23800	133893	176	457	6342	24403	99	495	106760	327679
2008	5139	1964	27900	194730	176	444	5908	19513	98	465	101600	383952
2009	5560	1331	27204	172802	176	432	5977	23776	97	472	105905	357801
2010	5646	2669	23891	163954	178	404	5842	23115	98	519	116988	470953
2011	7804	4087	25185	186306	180	397	5948	24675	98	505	120769	528120
2012	9094	5210	24440	173709	180	405	6172	25657	98	514	125807	526148
2013	9440	5469	25800	200400	180	397	6227	26000	98	517	124700	509100
2014	9934	5227	25579	192396	180	355	5627	24474	98	500	121176	464623

21—12 主要年份少年儿童读物和课本出版情况
Number of Books Published for Children and Textbooks in Major Years

年 份 Year	种 数（种） Number of Publications (knd)		总印数（万册） Printed Copies (10000 copies)		总印张（千印张） Printed Sheets (1000 sheets)	
	儿童读物 Books for Children	课 本 Textbooks	儿童读物 Books for Children	课 本 Textbooks	儿童读物 Books for Children	课 本 Textbooks
2005	399	310	873	15293	20428	671142
2010	1094	449	1489	10563	90700	789666
2011	1155	633	1452	10536	92877	797456
2012	1256	602	1076	10705	82108	804688
2013	1893	797	1613	11815	115187	859605
2014	2042	951	2079	12801	143409	910917

21—13 主要年份出版印刷生产情况
Conditions of Printing in Main Year

年 份 Year	企业数（个） Number of Enterprises (unit)	工业销售产值（万元） Industrial Sales Value (10000 yuan)	印刷产量 Output of Printing		装订产量（万令） Output of Bookbinding (10000 ream)	用纸量（万令） Amout of Paper Used (10000 ream)
			黑白（万令） Black and White (10000 ream)	彩色（万对开色令） Color (10000 bisect color ream)		
2005	238	160224	849.00	2773.00	530.00	1030.00
2010	258	302870	1094.23	2715.25	809.97	1040.70
2011	261	391576	1228.30	2293.39	1015.33	928.90
2012	267	476557	562.67	3695.05	848.77	1725.95
2013	256	512995	787.67	3802.04	1339.72	1550.91
2014	235	479431	838.72	4399.58	997.17	1624.50

21—14 主要年份出版物发行机构数和网点数
Issuing Institutions and Spots of Publication in Main Year

年 份 Year	发行机构合计（处） Total	国有书店及国有发行点 State-owned Bookstore and Issuing Spots	出版社 Press	网上书店 Online Bookstore	文化教育广电邮政系统 Cultural, Educational Broad-casting and Postal Systems	新华书店系统外批发网点 Wholesale Spots Outside Xinhua Bookstore	集体个体零售 Collective and Personal Retail	新华书店系统出版社自办发行从业人数(人) Persons Engaged in Own Issuance of Presses of Xinhua Book-Store System (persons)	
								全部职工 All Staff	#国有书店及发行点 State-owned Bookstores and Issuing Spots
2005	5950	498	10		1436	248	3758	5253	5155
2010	7723	579	11	1	3576	330	3226	5029	4878
2011	8858	607	11	2	3580	329	4329	5157	5002
2012	8588	649	11	12	3560	306	4050	4906	4756
2013	8568	651	11	3	3582	301	4020	4948	4796
2014	8742	630	11	31	3657	305	4108	5075	4923

21—15 体育活动基本情况
Basic Statement of Sports

指　　标	Item	2000	2005	2010	2013	2014
举办全民健身活动次数（次）	Times of Activities That the Whole Nation in Health Conducted (times)		1354	2920	1722	2318
参加全民健身活动人数（万人）	People Participating the Activities That the Whole Nation in Health (10000 person)		149.28	324.76	236.00	270.80
优秀运动员（人）	Number of Athletes in Grades (person)	1345	1408	852	653	662
运动健将	International Master of Sports		35	159	205	185
一级运动员	First Grade Sportsman	139	86	280	186	197
二级运动员	Second Grade Sportsman	428	1287	160	121	141
等级教练员人数（人）	Number of Coaches in Grades (person)			652	700	654
等级裁判员发展人数（人）	Number of Referees in Grades (person)			864	2396	2898
在国内外比赛中获奖牌数（枚）	Number of Medals Won in the Matches Both Inside and Outside the Country (unit)	92	78.5	160	80.5	105
金　牌	Gold Medals	25	22.5	57	21.5	30
银　牌	Silver Medals	31	27	42	31	41
铜　牌	Bronze Medals	36	29	61	28	34
体育俱乐部（个）	Sports Club (unit)			445		
青少年体育俱乐部	Youth Sports Club			172	284	361
社区体育健身俱乐部	Community Sports Fitness Club			177		
其它体育俱乐部	Other Sports Club			46		

注：优秀运动员2008年以前为等级运动员。
a) Before 2008, Top athletes were athlete in Grades .

21—16 全省体育场地数
Number of Stadiums and Gymnasiums

单位：个 (unit)

指　　标	Item	2010		2013		2014	
		总　计 Total	体育系统 Sports System	总　计 Total	体育系统 Sports System	总　计 Total	体育系统 Sports System
总　　计	**Total**	**18556**	**4535**	**24795**	**7722**	**53189**	**835**
#体育场	Stadiums	84	27	91	34	299	34
体育馆	Gymnasiums	50	34	62	46	82	36
游泳跳水馆	Swimming and Diving Centers	7	6	8	7	142	16
室内外游泳池	Indoor and Outdoor Swimming Pools	140	41	141	42	217	25
有固定看台的灯光球场	Illuminated Fields With Fixed Seating	76	26	76	26		
运动场	Playground	301	34	304	37	365	16
小运动场	Small Playground	2561	10	2561	10	3492	3
篮、排球场	Basketball and Volleyball ground	13838	4077	20081	7520	22149	83

注：2013年体育场地普查后，原由体育系统援建的小体育场地（主要是篮球场）自2014年起不计入体育系统。
a) After 2013 census of sports venues, little sports venues(mainly basketball courts) built by sports system originally are not included in the sports system since 2014.

21—17 体育系统职工人数（2014年）
Number of Staff and Workers in Sports System (2014)

单位：人（person）

人员分类	Category of Personnel	合计 Total	#优秀运动队 Excellent Sports Teams	体育运动学校 Physical Education and Sports Schools	业余学校 Sparetime Sports Schools	公共体育场馆 Public Stadiums and Cymna-siums	机关人员 Officers
总　　计	**Total**	**4079**	**1079**	**151**	**442**	**273**	**1004**
公务员	Public Servants	762					762
运动员	Athletes	662	662				
专职教练员	Full-time Coaches	654	188	63	267	3	
专职文化教师	Full-time Teachers	197		43	4		
科技人员	Scientific and Technical Personnel	34			3		
医务人员	Medical Personnel	14	5	1	1		
管理人员	Administrative Personnel	586	160	18	113	120	
其　　他	Others	1170	64	26	54	150	242

21—18 等级运动员、等级裁判员发展人数（2014年）
Number of Athletes and Referees in Grades by Type of Sports (2014)

单位：人（person）

运动项目	Item	等级运动员 Number of Athletes in Grades	运动健将 Interna-tional Master of Sports	一级 First Grade Sportsman	二级 Second Grade Sportsman	等级裁判员 Number of Referees in Grades	国际、国家级 Interna-tional National Referees	一级 First Grade Referees	二级 Second Grade Referees
总　　计	**Total**	**1436**	**39**	**354**	**1043**	**2898**	**20**	**356**	**2522**
田　　径	Track and Field	160		16	144	338	2	33	303
游　　泳	Swimming	117	2	10	105	139	2	4	133
体　　操	Gymnastics	18		7	11	1	1		
蹦　　床	Spring Bed	1		1					
举　　重	Weightlifting	11		4	7	4		1	3
拳　　击	Boxing	37	1	8	28	5		2	3
中国式摔跤	Chinese style wrestling	4	2	1	1				
国际式摔跤	Wrestling	59	4	20	35	1			1
柔　　道	Judo	36	2	11	23				
跆拳道	Kickboxing	67	3	30	34	71	1	5	65
击　　剑	Fencing	12		7	5	2			2
赛　　艇	Racing Shell	19		4	15				
皮划艇	Canoeing	21		8	13				
射　　击	Shooting	46		33	13	19			19
足　　球	Football	99		30	69	172		22	150
篮　　球	Basketball	143		18	125	532		35	497
排　　球	Volleyball	59		17	42	167		12	155
乒乓球	Table Tennis	32		17	15	300	2	26	272
羽毛球	Badminton	26		11	15	241	2	20	219
网　　球	Tennis	25			25	96		9	87
健美操	Aerobics	1	1						
手　　球	Handball	126	7	34	85	26		17	9
武　　术	Wu Shu	145	8	22	115	222	4	20	198
国际象棋	International Chess					26		9	17
中国象棋	Chinese Chess	5			5	29		12	17
围　　棋	Weiqi	12			12	63		16	47
其　　他	Others	155	9	45	101	444	6	113	325

注：等级运动员与等级裁判员为当年市以上体育行政部门审批数。

a) Number of Grade athletes and referees is approval number in the year above the city levle of the sports administrative departments.

主要统计指标解释

文化及相关产业

指为社会公众提供文化、娱乐产品和服务的活动以及与这些活动有关联的活动的集合。根据提供文化、娱乐产品和服务活动的属性特点，划分为公益性文化活动和经营性文化活动两大类。

文化及相关产业是第三产业的重要组成部分。是在我国《国民经济行业分类》基础上的派生分类，有文化服务和相关文化服务两大类：

艺术表演团体

指由文化部门主办或实行行业管理（经文化市场行政部门审批或已申报登记并领取相关许可证），专门从事表演艺术等活动的各类专业艺术表演团体，含民间职业剧团。如话剧团、方言话剧团、滑稽剧团、儿童剧团、歌剧团、木偶团、皮影团等以及由若干剧种组成的综合性专业艺术表演团体。不包括群众业余文艺表演团体。

艺术表演场所

指由文化部门主办或实行行业管理（经文化市场行政部门审批或已申报登记并领取相关许可证），有观众席、舞台、灯光设备，公开售票、专供文艺团体演出的文化活动场所。附属于文化部门机构内非独立核算的剧场、排演场，公开营业的也应单独统计。

广播节目综合人口覆盖率

指根据国家广电总局制定的《广播电视人口覆盖率统计技术标准和方法》进行统计调查的，在对象区内采用无线、有线、卫星等技术手段能够收听到包括中央、省、地市、县广播节目其中任意一套的人口数占全省总人口数的百分比。

电视节目综合人口覆盖率

指根据国家广电总局制定的《广播电视人口覆盖率统计技术标准和方法》进行统计调查的，在对象区内采用无线、有线、卫星等技术手段能够收看到包括中央、省、地市、县级电视节目中任意一套的人口数占全省总人口数的百分比。

等级运动员人数

指经考核正式批准授予等级运动员称号的人数。运动员等级分为国际级运动健将、运动健将、一级运动员、二级运动员、三级运动员、少年级运动员。

等级裁判员人数

指经考核正式批准授予等级裁判员称号的人数。裁判员等级分为国际裁判、国家级裁判、一级裁判、二级裁判、三级裁判。

体育场

指有 400 米跑道（中心含足球场），有固定道牙，跑道 6 条以上，并有固定看台的室外田径场地。体育场按看台容纳观众人数分为：甲级 25000 人以上，乙级 15000-25000 人，丙级 5000-15000 人，丁级 5000 人以下。

体育馆

指有固定看台，可供篮球、排球、羽毛球、乒乓球、体操等项目训练比赛活动用的室内运动场地。体育馆按看台容纳观众人数分为：甲级 6000 人以上，乙级 4000-6000 人，丙级 2000-4000 人，丁级 2000 人以下。

Explanatory Notes for Major Statistical Indicators

Culture and Related Industries

refer to the aggregate of activities, providing the mass with culture goods, amusement goods and services. According to the characteristics of culture goods, amusement goods and services, they can be classified into two categories, or nonprofit cultural activities and profit cultural activities.

Culture and related industries is the important component of the tertiary industry. These are the derivative sector from the Industrial Classification of the National Economy and are composed of two categories of culture services and related cultural services.

Arts Performance Troupes

refer to the various professional performing arts groups, which sponsored by the cultural sectors or guided by the cultural society (approved by the cultural market administration, or registered and permitted with the relative certificate), including non-governmental troupes, such as drama troupes, dialect troupes, comedy troupes, children troupes, Opera troupes, puppetry troupes, Shadowgraph troupes, etc., comprehensive professional arts performance troupes. The mass amateur arts performance troupes are not included.

Arts Performance Places

refer to the various sites for cultural activities, which sponsored by the cultural sectors or guided by the cultural society (approved by the cultural market administration, or registered and permitted with the relative certificate), with the facility of auditorium, stage, and lighting, and selling tickets in public. The theaters and rehearse sites which are affiliated to the cultural sectors without independent financial accounts which are open to the public should be covered independently.

Radio Coverage of Population

refers to the percentage of population, which can listen to one of central, provincial, city, prefecture, and county radio programs by wireless, cable, satellite and other technical means, in the surveying area, to national total population, according to Statistical Standard and Method on Television and Radio Coverage of Population established by the State Administration of Broadcasting, Film and Television.

Television Coverage of Population

refers to the percentage of population, which can watch one of central, provincial, city, prefecture, and county television programs by wireless, cable, satellite and other technical means, in the surveying area, to national total population, according to Statistical Standard and Method on Television and Radio Coverage of Population established by the State Administration of Broadcasting, Film and Television.

Number of Athletes in Grades

refers to the number of athletes who have been given titles through examination. The titles of athletes include international masters of sports, masters of sports, first-grade, second-grade and third-grade sportsmen and young athletes.

Number of Referees in Grades

refers to the number of referees who have been given titles after examination. They are classified as international referees, national referees and referees of the first, second and third grades.

Stadiums

refer to stadiums for track and field events with six lane 400-meter tracks around soccer fields, permanent track marks and permanent bleachers. Stadiums are classified according to seating capacity. They include: Class A stadiums seating 25000 people each. Class B stadiums seating 15000 to 25000 people each. Class C stadiums seating 5000 to 15000 people each, and Class D stadiums seating fewer than 5000 people.

Gymnasiums

refer to indoor sports grounds with permanent seats in which basketball, volleyball. badminton, table tennis and gymnastics competitions can be held. Gymnasiums are classified according to seating capacity. They include Class A gymnasiums seating over 6000 people. Class B gymnasiums seating 4000 to 6000 people. Class C gymnasiums seating 2000 to 4000 people, and Class D gymnasiums seating fewer than 2000 people.

第二十二篇

Chapter 22

PUBLIC MANAGEMENT AND OTHERS

简要说明

本篇主要包括社会活动参与、公检法司、残疾人事业和妇联干部情况等内容。

一、社会活动参与的内容主要包括历届安徽省人大代表和政协委员情况以及工会组织和妇联组织情况。

二、公检法司的资料主要包括公安机关的刑事案件立案情况和治安案件查处情况，交通、火灾事故情况，人民检察院的办案情况，人民法院审理案件和收结案情况，以及律师、公证、调解工作等情况。

Brief Introduction

Data in this chapter show statistics on participation in social activities, public security, procuratorial, legal and judicial affairs, disabled persons, women's Federation cadres and so on.

I. Data on participation in social activities cover mainly information on representatives to the National People's Congress (NPC), members of the Chinese People's Political Consultative Conference (CPPCC) and National trade unions. Data on number of NPC and CPPCC representatives are provided by NPC and CPPCC respectively.

II. Data on public security, procuratorial, legal and judicial affairs cover information such as criminal cases registered and offense cases handled by the public security agencies, traffic or fire accidents, cases handled by procuratorate's offices, cases accepted and settled by the people's courts, and statistics on lawyers, notarization and mediation.

22—1 历届安徽省人民代表大会代表人数
Number of Anhui Province the National People's Congress Represents

单位：人（person）

			代表总数 Total Number of Deputies	#女代表 Female Deputies	占代表总数(%) As Percentage to Total	少数民族代表 Ethnic Minority Deputies	占代表总数(%) As Percentage to Total
一　届	First Congress	(1954)	448	69	15.40	8	1.79
二　届	Second Congress	(1958)	496	68	13.71	9	1.81
三　届	Third Congress	(1964)	497	96	19.32	9	1.81
五　届	Fifth Congress	(1978)	998	196	19.64	28	2.81
六　届	Sixth Congress	(1983)	813	167	20.54	34	4.18
七　届	Seventh Congress	(1988)	729	157	21.54	28	3.84
八　届	Eighth Congress	(1993)	729	164	22.50	27	3.70
九　届	Ninth Congress	(1998)	728	195	26.79	35	4.81
十　届	Tenth Congress	(2003)	732	204	27.87	33	4.64
十一届	Eleventh Congress	(2008)	730	212	29.04	34	4.66
十二届	Twelfth Congress	(2013)	730	210	28.77	34	4.66

22—2 历届政协安徽省委员会委员人数
Number of Anhui Province Political Consultative Conference Committee Member

单位：人（person）

			委员总数 Total Number of Deputies	#中国共产党委员 Deputies from the Communist Party of China	占委员总数(%) As Percentage to Total	少数民族委员 Ethnic Minority Deputies	占委员总数(%) As Percentage to Total
一　届	First Congress	(1954)	171	53	30.99	6	3.51
二　届	Second Congress	(1958)	308	88	28.57	8	2.60
三　届	Third Congress	(1964)	372	108	29.03	18	4.84
四　届	Fourth Congress	(1978)	506	297	58.70	21	4.15
五　届	Fifth Congress	(1983)	724	231	31.91	30	4.14
六　届	Sixth Congress	(1988)	694	234	33.72	40	5.76
七　届	Seventh Congress	(1993)	705	245	34.75	40	5.67
八　届	Eighth Congress	(1998)	730	273	37.40	37	5.07
九　届	Ninth Congress	(2003)	740	278	37.57	37	5.00
十　届	Tenth Congress	(2008)	745	286	38.39	38	5.10
十一届	Eleventh Congress	(2013)	745	297	39.87	39	5.23

22—3 妇联组织及工作情况
Basic Statistics of Women's Associations

项　　目		Item		2010	2013	2014
妇联组织数	(个、所)	Number of Women's Associations	(unit)	30830	32605	26267
妇联兴办各类家长学校	(个)	Number of Householders' Schools Set Up by Women's Associations	(unit)	15406	18456	16510
妇联自办托幼园所	(所)	Number of Nurseries and Kindergartens Set Up by Women's Associations	(unit)	44	39	44
资助女童入学或返校数	(人)	Number of Sponsored Female Children Beginning or Returning to School	(person)	90709		
妇联陪审员人数	(人)	Number of Juniors in Women's Associations	(person)	397	139	169
妇联维权干部中取得律师资格证书的人数	(人)	Number of Upholding Right Cadres in Women's Associations Got Lawyer Credentials	(person)	309	15	15
双学双比活动		Status of "Double-study and Double-emulation"				
接受技术培训人数	(万人)	Number of Technique Trainees	(10000 persons)	99.96	14.12	56.91
三八绿色工程		March Eighth Green Project				
基地个数	(个)	Number of Bases	(unit)	733	208	187
基地亩数	(亩)	Area of Bases	(mu)	242658	58735	60995
巾帼扶贫项目数	(个)	Woman's Anti-poverty　Number of Anti-poverty Projects	(unit)	41	21	23
农村妇女学校数	(所)	Number of Rural Woman Schools	(unit)	1924	3708	3533
失业妇女再就业培训人数	(人)	Unemployed Women Trained by the Women's Federation	(person)	115028		
受表彰情况		Basic Statistics on Commendation				
评选巾帼建功标兵数	(人)	Women Pacesetters in Performing Meritorious Services	(person)	1948	597	479
巾帼文明示范岗数	(个、所)	Number of Woman's Civilization Demonstration Posts	(unit)	2000	744	679
三八红旗手	(人)	March 8th Red Banner Winners	(person)	3655	2078	2099
三八红旗集体	(个)	March 8th Red Banner Groups	(unit)	1049	669	799
五好文明家庭	(户)	"Five Good" Civilized Families	(household)	426502	87552	16703

22—4 工会组织情况
Basic Statistics on Trade Unions

年份 Year	工会基层组织数（个） Number of Grassroots Unions (unit)	全省已建工会组织的基层单位职工与会员人数（人） Membership and Number of Staff and Workers in Grassroots Unions (person)						工会专职工作人员人数（人） Number of Full-time Personnel of Unions (person)
		职工人数 Number of Staff and Workers	#女职工 Female	#农民工 Rural Workers	会员人数 Membership	#女会员 Female	#农民工 Rural Workers	
2005	35828	4599881	1614030		4384087	1502544		13684
2010	61256	7102254	2437677	2282833	6663678	2317129	2082135	29837
2011	81569	7441468	2651160	2641849	6943609	2505211	2399562	26167
2012	104452	8034712	2874950	2812424	7466536	2721859	2564198	28520
2013	118842	8405695	3000511	2996477	7817592	2866934	2780131	31712
2014	120120	8449313	3027230	2878936	7936712	2924183	2723081	32625

22—5 妇女参政议政状况
Basic Conditions on Women's Participating in the Administration and Discussion of State Affairs

项目	Item	2005	2010	2013	2014
省(区、市)人大代表数（人）	Provincial (area, city) National People's Congress number (persons)	732	739	736	742
#女性	Female	204	212	209	208
省(区、市)政协委员数（人）	Provincial (area, city) CPPCC Member Number (persons)	750	743	744	743
#女性	Female	151	165	167	166
中共党员人数（万人）	The number of members of the Communist Party of China (10000 persons)	285.00	315.90	341.02	346.50
#女性	Female	44.80	59.20	70.14	72.50
省级政府领导班子中女干部配备率（%）	Female Cadres Portion of Provincial Rank Government Leading Group (%)	100.00	100.00	100.00	100.00
地级政府领导班子中女干部配备率（%）	Female Cadres Portion of Region Rank Government Leading Group (%)	70.60	100.00	93.80	81.20
县级政府领导班子中女干部配备率（%）	Female Cadres Portion of County Rank Government Leading Group (%)	97.10	87.60	89.50	88.60

22—6 妇女儿童教育培训情况
Basic Conditions on Women and Children's Education and Training

项目	Item	2005	2010	2013	2014
国有企事业单位各类专业技术人员数（万人）	Number of Professional and Technical Personnel in State-owned Enterprises and Institutions (10000 persons)	81.4		84.4	
#女　性	Female	29.0		33.8	
小学学龄儿童入学率（%）	Percentage of School-age Children Enrolled (%)	99.50	99.93	99.70	99.98
女　性	Female	99.50	99.90	99.70	99.98
男　性	Male	99.50	99.90	99.70	99.98
九年义务教育巩固率（%）	9 Years Compulsory Education Consolidation Rate (%)			91.4	92.2
高中阶段毛入学率（%）	The Gross Enrollment Rate of High School (%)	43.3	80.0	90.0	91.9
高等教育毛入学率（%）	The Gross Enrollment Rate of Higher Education (%)	17.3	24.3	35.0	37.9

22—7 妇女卫生保健状况
Basic Conditions on Women Hygiene

项　　目	Item	2005	2010	2013	2014
农村改水受益人口普及率 (%)	Percentage of People Benefited from Remade Water in Rural Area (%)	99.00	99.56	97.03	93.78
农村享有卫生厕所的人口覆盖率 (%)	Coverage Rate of people Who Enjoy Sanitary Toilet (%)	54.20	57.55	62.57	65.16
妇幼保健机构病床数 (张)	Number of Sickbeds in Maternity and Child Care Organs (unit)	2322	3265	3569	3390
妇幼保健机构医生数 (人)	Number of Doctors in Maternity and Child Care Organs (person)	2010	2248	2204	2202
孕产妇系统管理率 (%)	Percentage of Pregnant and Lying-in Women Under System Management (%)	59.40	39.04	73.47	76.32
住院分娩率 (%)	Percentage of Childbirths in Hospital (%)	86.10	98.69	99.86	99.89
孕产妇死亡率 (1/10万)	Death Rate of Pregnant and Lying-in Women (1/100 thousand)	41.20	25.46	13.89	12.02
非住院分娩消毒接生率 (%)	Percentage of Practicing Midwifery With New Methods Out of Hospital (%)	96.10	99.31	95.81	99.08
已婚育龄妇女避孕率 (%)	Contraception Rate of Married Women in Their Childbearing Age (%)	91.40	89.71	88.63	89.49
婚前医学检查率 (%)	Percentage of Medical Examinations Before Marriage (%)	4.50	68.92	90.10	91.51

22—8 儿童卫生保健状况
Basic Conditions on Children Hygiene

项　　目	Item	2005	2010	2013	2014
婴儿死亡率 (‰)	Death Rate of Infants (‰)	21.77	10.70	6.50	4.80
5岁以下儿童死亡率 (‰)	Death Rate of Children Below Five (‰)	24.23	13.32	8.42	6.48
住院分娩出生缺陷发生率 (‰)	Percentge of Childbirth Defects in Hospital (‰)	8.83	12.11	9.94	11.72
卡介苗接种率 (%)	Rate of Inoculating With BCG Vaccine (%)	99.62	99.68	99.52	99.83
脊髓灰质炎疫苗接种率 (%)	Rate of Inoculating With Polio Vaccine (%)	97.76	99.66	99.53	99.64
百白破疫苗接种率 (%)	Rate of Inoculating With Joint Vaccine of Pertussis, Diphtheria and Tetanus	97.60	99.64	99.55	99.66
麻疹疫苗接种率 (%)	Rate of Inoculating With Measles Vaccine (%)	97.13	99.61	97.83	99.70
乙肝疫苗接种率 (%)	Rate of Inoculating With Hepatitis B Vaccine (%)	96.95	99.68	99.33	99.77
7岁以下儿童保健管理率 (%)	Percentage of Children Below Seven Under Health Management (%)	65.98	61.43	89.03	89.94
0–6个月婴儿纯母乳喂养率(%)	0-6 Month Baby Breastfeeding rate (%)		65.65	63.72	64.20
5岁以下儿童中重度贫血患病率 (%)	Prevalence of Severe Anemia Rate of Children Under 5 Years of Age (%)		1.13	1.14	0.90
5岁以下儿童低体重患病率(%)	Low Weight Rate of Children Under 5 Years of Age (%)		0.99	0.64	0.72

22—9 残疾人事业基本情况
Basic Information of People With Disabilities

指　　标		Item		2010	2013	2014
康　　复		**Rehabilitation**				
白内障复明手术		Sight-restoring Cataract Surgery				
白内障复明手术	（万例）	Sight-restoring Cataract Surgeries	(10000 cases)	2.9	3.4	3.7
人工晶体植入率	（%）	Artificial Intra-ocular Lens Implantation Rate	(%)	96	96	96
低视力配用助视器	（人）	Vision-aids Provided for Individuals With Low-vision	(person)	1058	4752	5552
聋儿康复		Rehabilitation of Children With Hearing Disability				
年收训聋儿	（人）	Hearing and Speech Training	(person)	769	1924	1802
聋儿入普幼普小率	（%）	Enrollment Rate of Trained Children to Ordinary Kindergartens and Primary Schools	(%)	37.0	60.0	60.0
培训家长	（人）	Parents Trained	(person)	1102	4978	3719
精神病防治康复		Prevention and Treatment of Psychiatric Diseases				
开展精神病防治康复工作市县数	（个）	Counties Carried on the Works of Prevention and Treatment of Psychiatric Diseases	(unit)	44	88	94
综合防治康复精神病人数	（万人）	Prevention and Treatment Provided for Patients With Severe Psychiatric Diseases	(10000 persons)	13.2	27.2	28.1
监护率	（%）	Guardianship Rate	(%)	91.2	82.0	84.0
显好率	（%）	Significant Improvement Rate	(%)	56.7	57.8	58.7
社会参与率	（%）	Social Involvement Rate	(%)	44.8	47.0	47.2
肇事率	（%）	Violent Events Rate	(%)	0.06	0.02	0.02
康复训练与服务	（人）	Rehabilitation Training and Service	(person)			
肢体残疾康复训练数		Function Training Provided to Persons With Physical Disability		3782	17625	24629
智残儿童康复训练数		Rehabilitation Training Provided to Children With Intellectual Disability		1031	6202	6419
脑瘫儿童康复训练数		Rehabilitation Training Provided to Children With Cerebral Palsy		303	1381	2093
麻风畸残康复		Rehabilitation of People With Leprosy				
矫治手术	（例）	Orthopedic Surgeries	(case)		105	
发放辅助用具	（件）	Assistant Devices Provided	(unit)			
康复训练	（人）	Rehabilitation Training	(person)			
教　　育		**Education**				
未入学适龄残疾儿童少年	（万人）	School-age Disabled Children Without Schooling	(10000 persons)	0.99	0.50	0.52
职业教育与培训		Vocational Education and Training				
机构数	（个）	Facilities	(unit)	413	172	144
教育与培训人数	（人）	Number of Educated and Trained	(person)	26513	42174	34382
就　　业		**Employment**				
城镇残疾人就业状况		Employment of Urban Handicapped				
当年安排就业人员	（人）	Persons Employed in the Year	(person)	12782	22783	7914
#按比例就业		Employed by Quota Scheme		3295	4280	1752
集中就业		Employed at Welfare Enterprises		3323	6187	1604
个体就业		Self-employed		6164	12316	4558
未安排就业	（人）	Unemployed	(person)	78344	30117	42224
农村残疾人就业状况		Employment of Rural Handicapped				
就　业	（万人）	Employed	(10000 persons)	107.7	83.5	76.4
未就业	（万人）	Unemployed	(10000 persons)	24.0	13.5	23.6
残疾人就业服务机构	（个）	Employment Placement Service Facilities for Disabled Jobseekers	(unit)	115	95	95
省		Provinces		1	1	1
市		Cities (inc. cities at county level)		17	16	16
县（含县级市）		County		58	50	50
市辖区		Districts Under the Jurisdiction of Cities		41	28	28
盲人按摩		**Massage by Persons With Visual Disability**				
保健按摩员培训	（人）	Massage Therapists Training	(person)	2000	1013	1214
医疗按摩员培训	（人）	Keep-fit Massager Training	(person)	327	69	119
扶　　贫		**Poverty Alleviation**				
扶持人数	（万人次）	Number of Supporting	(10000 person times)	11.9	15.8	15.2
脱贫人数	（万人次）	Number of Going out poor	(10000 person times)	2.4	2.9	3.2
残联组织建设		**Organization Building of Disabled Persons' Federation**				
残疾人工作者数	（人）	Workers for Handicapped	(person)	3061	3453	3719

22—10 律师、公证、调解、司法鉴定、法律援助工作基本情况
Basic Statistics on Lawyers, Notarization and Mediation

指标		Item		2000	2005	2010	2013	2014
律师工作		**Lawyers**						
律师事务所	(个)	Number of Law Offices	(unit)	326	407	500	574	608
律　　师	(人)	Lawyers	(person)	3073	3820	5019	6277	6763
专职律师		Full-time Lawyers		1972	3424	4411	5654	6127
兼职律师		Part-time Lawyers		1101	347	281	335	339
公职律师		Government Lawyers			49	97	92	99
公司律师		Corporation Counsel				11	11	11
法援律师		Legal Aid Lawyers				219	185	187
聘请担任常年法律顾问的单位	(处)	Number of Units With Permanent Legal Advisors	(unit)	8713	10322	10945	12371	14888
民事、经济诉讼代理	(件)	Civil, Economic Litigation Agents	(case)	42404	89734	69615	91619	113784
刑事诉讼辩护及代理	(件)	Defense and Agent of Criminal Cases	(case)	16549	18217	15164	22162	24629
行政诉讼代理	(件)	Agent of Administrative Action	(case)	1957	3089	1428	1816	2285
非诉讼法律事务	(件)	Number of Non-litigious legal Affairs	(case)	12477	23253	5188	6048	7582
法律援助中心	(个)	Legal Aid Centre	(unit)	50	112	126	125	125
法律援助人员	(人)	Legal aid Staff	(person)	193	399	450	475	512
司法鉴定工作		**Judicial Appraisal Work**						
司法鉴定所	(个)	Judicial Appraisal Unit	(unit)		87	104	122	121
司法鉴定人员	(人)	Judicial Appraisal Personnel	(person)		1295	1493	1685	1738
办理司法鉴定事项	(件)	Handing Judicial Appraisal Waork	(case)		15116	37927	57602	70470
公证工作		**Notarization**						
公证处	(个)	Number of Notary Offices	(unit)	113	108	84	83	83
公证人员	(人)	Notaries personnel	(person)	590	666	769	823	885
#公证员		Notaries		396	399	350	379	390
公证员助理		Assistant Notaries			100	201	229	278
办理公证事项	(件)	Notarized Matters	(unit)	336817	250658	375828	363929	316544
涉外及港澳台公证事项	(件)	And Hong Kong, Macao and Taiwan Notarization Matters Involving Foreign Elements	(case)		29105	53614	55551	55782
人民调解工作		**Number of People's Mediation**						
司法助理员	(人)	Number of Judicial Assistants	(person)	2564	4148	4307	3946	3752
人民调解委员会	(个)	Number of people's Mediation Committees	(unit)	38180	31180	23094	21338	21011
人民调解员	(人)	People's mediatorss	(person)	282420	205785	139366	121573	111203
调解民间纠纷	(件)	Number of Civil Disputes Mediated	(case)	288952	198869	329660	624250	605726

22—11 劳动人事争议仲裁委员会受理及处理案件情况（2014年）
Accepted and Settled Cases by Labor Dispute Arbitration Committee (2014)

单位：件（case）

案件类别	Category of Cases	合计 Total	国有企业 State-owned Enterprises	城镇集体企业 Urban Collective-owned Enterprises
上期未结案件数	**Number of Cases Left Over from Last Period**	**668**	**31**	**6**
案件受理情况	**Cases Accepted**			
案件数	Number of Cases	17330	927	184
#集体争议案件数	Number of Collective Disputes	143	14	7
涉及劳动者人数（人）	Number of Related to Laborers (person)	23277	1336	586
#集体争议涉及劳动者人数	Number of Collective Dispute Related Laborers	3722	273	268
案件处理情况	**Case Settled**			
结案件数	Number of Cases Settled	17371	931	188
处理方式	**Manners of Settlement**			
仲裁调解	By Mediation	8145	519	72
仲裁裁决	By Arbitration Lawsuit	8389	355	114
其他方式	Others	837	57	2
处理结果	**Result of Settlement**			
用人单位胜诉	Won by Units	952	74	18
劳动者胜诉	Lawsuit Won by Laborers	8502	339	113
双方部分胜诉	Lawsuit Partly Won by Both Parties	6917	459	54
本期未结案数	**Number of Cases Dissettled**	**627**	**24**	**2**
案外调解争议数	**Number of Cases Settled by Other Forms**	**13027**	**496**	**206**

案件类别	Category of Cases	外商投资及港澳台投资企业 Foreign Funded and Hong Kong, Macao & Taiwan Chinese Funded Enterprises	私营企业 Private Enterprises	其他 Others
上期未结案件数	**Number of Cases Left Over from Last Period**	**8**	**569**	**45**
案件受理情况	**Cases Accepted**			
案件数	Number of Cases	248	15026	533
#集体争议案件数	Number of Collective Disputes	1	117	1
涉及劳动者人数（人）	Number of Related to Laborers (person)	333	19858	563
#集体争议涉及劳动者人数	Number of Collective Dispute Related Laborers	56	2954	14
案件处理情况	**Case Settled**			
结案件数	Number of Cases Settled	250	15102	489
处理方式	**Manners of Settlement**			
仲裁调解	By Mediation	89	6992	250
仲裁裁决	By Arbitration Lawsuit	160	7373	231
其他方式	Others	1	737	8
处理结果	**Result of Settlement**			
用人单位胜诉	Won by Units	26	815	5
劳动者胜诉	Lawsuit Won by Laborers	129	7583	211
双方部分胜诉	Lawsuit Partly Won by Both Parties	90	5838	266
本期未结案数	**Number of Cases Dissettled**	**6**	**496**	**90**
案外调解争议数	**Number of Cases Settled by Other Forms**	**251**	**11440**	**486**

22—12 公安机关立案的刑事案件情况
Criminal Cases Registered in Public Security Organs

案件类别	Category of Cases	立案（起） Number of cases Registered (case)		构成（%） Composition (%)	
		2013	2014	2013	2014
总　计	**Total**	**259883**	**238338**	**100.00**	**100.00**
#杀　人	Homicide	328	275	0.13	0.12
伤　害	Injury	5755	4528	2.21	1.90
抢　劫	Robbery	3081	1764	1.19	0.74
强　奸	Rape	1272	1064	0.49	0.45
拐卖人口	Kidnapping and Selling People	1490	1410	0.57	0.59
盗　窃	Larceny	192281	174264	73.99	73.12
诈　骗	Fraud	21344	24090	8.21	10.11
伪造、变造货币，持有使用伪造货币	Forging and Fabricating Bills or Using Forged Bills	29	35	0.01	0.01
其　他	Others	21503	20062	8.27	8.42

22—13 公安机关受理、查处治安案件情况
Offense Cases Against Public order Handled by Public Security Organs

单位：起（case）

案件类别	Category of Cases	2013		2014	
		受　理 Number of Cases Accepted to be Treated	查　处 Number of Cases Investigated and Treated	受　理 Number of Cases Accepted to be Treated	查　处 Number of Cases Investigated and Treated
总　计	**Total**	**637574**	**622987**	**632089**	**611792**
#扰乱单位、公共场所秩序	Disturbing Unit & Public Order	4990	4931	3919	3806
寻衅滋事	Making Trouble	2447	2370	2045	1914
阻碍执行职务	Handling Public Affairs	1151	1130	1813	1782
非法携带枪支、弹药、管制刀具	Illegal Holding of Gun、Ammo & Tube Cutting Tool	859	827	742	708
违反危险物质管理规定	Violation of Management Rule of Dangerous Material	947	908	881	865
殴打他人	Hitting other People	283455	279505	264380	258911
盗　窃	Stealing	69636	63657	81895	73321
诈骗、抢夺、敲诈勒索财物	Swindle Snatch & Blackmail Blackmailing Money & Goods	8820	8019	10705	9723
哄　抢	Making Scramble	20	14	17	16
卖淫、嫖娼	Prostitution & Go Whoring	1556	1539	1952	1919
赌　博	Gambling	9330	9091	9873	9677
其　他	Other	163501	161742	163431	161588

22—14 各市公安机关立案的刑事案件情况（2014年）
Criminal Cases Registered in Public Security Organs By Region (2014)

单位：起（case）

地区	Region	总计 Total	#杀人 Homicide	伤害 Injury	抢劫 Robbery	强奸 Rape	拐卖人口 Kidnapping and Selling People
总计	**Total**	**238338**	**275**	**4528**	**1764**	**1064**	**1410**
合肥市	Hefei	68869	23	568	254	100	147
淮北市	Huaibei	6760	6	255	104	54	17
亳州市	Bozhou	17307	40	557	188	102	442
宿州市	Suzhou	12439	32	81	133	142	47
蚌埠市	Bengbu	15551	16	441	66	75	71
阜阳市	Fuyang	16805	42	900	325	122	127
淮南市	Huainan	10743	11	210	154	52	45
滁州市	Chuzhou	13052	11	298	80	79	112
六安市	Luan	12694	18	268	109	63	96
马鞍山市	Maanshan	10828	11	168	67	33	73
芜湖市	Wuhu	16818	17	178	99	56	3
宣城市	Xuancheng	8664	10	123	40	45	16
铜陵市	Tongling	4400	0	45	39	20	32
池州市	Chizhou	4040	8	62	19	23	16
安庆市	Anqing	14834	26	291	69	83	155
黄山市	Huangshan	4534	4	83	18	15	11

地区	Region	盗窃 Larceny	诈骗 Fraud	伪造、变造货币，持有使用伪造货币 Forging and Fabricating Bills or Using Forged Bills	其他 Others	青少年刑事案件作案成员占全部作案成员比重(%) Proportion of Young People In Criminal Cases
总计	**Total**	**174264**	**24090**	**35**	**20062**	**24.73**
合肥市	Hefei	56109	7189	11	2566	32.41
淮北市	Huaibei	4667	854		550	26.05
亳州市	Bozhou	11527	1711	1	2378	7.60
宿州市	Suzhou	8520	886	2	1433	17.01
蚌埠市	Bengbu	11460	1796	6	1024	21.80
阜阳市	Fuyang	11627	962	1	1121	16.29
淮南市	Huainan	6679	1068	1	1694	22.25
滁州市	Chuzhou	9770	1060		1159	19.80
六安市	Luan	9070	1231	1	1385	20.56
马鞍山市	Maanshan	8165	970	3	899	25.74
芜湖市	Wuhu	11709	2171	1	1785	19.91
宣城市	Xuancheng	6132	826	4	980	18.28
铜陵市	Tongling	3150	622		233	18.26
池州市	Chizhou	2694	528	1	580	24.51
安庆市	Anqing	10083	1623	3	1739	22.30
黄山市	Huangshan	2902	593		536	29.87

22—15 各市公安机关查处治安案件情况（2014年）
Offense Caese Against Public order Handled by Public Security Organs By Region (2014)

单位：起（case）

地区	Region	总计 Total	#扰乱单位、公共场所秩序 Disturbing Unit & Public Order	寻衅滋事 Making Trouble	阻碍执行职务 Handling Public Affairs	非法携带枪支、弹药、管制刀具 Illegal Holding of Gun、Ammo & Tube Cutting Tool	违反危险物质管理规定 Violation of Management Rule of Dangerous Material
总计	**Total**	**611792**	**3806**	**1914**	**1782**	**708**	**865**
合肥市	Hefei	191169	498	88	77	85	102
淮北市	Huaibei	22331	42	37	30	10	37
亳州市	Bozhou	26080	203	129	857	47	105
宿州市	Suzhou	39071	142	184	88	28	40
蚌埠市	Bengbu	44808	331	421	61	35	17
阜阳市	Fuyang	24720	316	176	163	37	55
淮南市	Huainan	23360	250	53	38	35	8
滁州市	Chuzhou	33360	65	57	26	31	35
六安市	Luan	35134	363	214	120	43	57
马鞍山市	Maanshan	15815	118	57	23	105	77
芜湖市	Wuhu	47864	615	54	52	58	186
宣城市	Xuancheng	21932	196	95	63	32	36
铜陵市	Tongling	8039	39	40	7	27	4
池州市	Chizhou	8854	109	49	22	22	11
安庆市	Anqing	50379	422	190	108	74	90
黄山市	Huangshan	18876	97	70	47	39	5

地区	Region	殴打他人 Hitting Other People	盗窃 Stealing	诈骗、抢夺、敲诈勒索财物 Swindle Snatch & Blackmail Blackmailing Money & Goods	哄抢 Making Scramble	卖淫、嫖娼 Prostitution & Go Whoring	赌博 Gambling	其他 Other
总计	**Total**	**258911**	**73321**	**9723**	**16**	**1919**	**9677**	**161588**
合肥市	Hefei	62776	25180	3322		527	1865	77437
淮北市	Huaibei	6292	1669	150		7	59	10852
亳州市	Bozhou	11879	2399	153	3	53	218	4734
宿州市	Suzhou	18135	3175	241		65	155	11483
蚌埠市	Bengbu	25195	2883	585	7	68	1276	7515
阜阳市	Fuyang	9805	6245	634	2	74	215	2201
淮南市	Huainan	9603	4053	717		142	649	3607
滁州市	Chuzhou	17835	5231	714	1	56	430	3462
六安市	Luan	19752	4528	921		85	257	685
马鞍山市	Maanshan	4194	7656	447		52	345	214
芜湖市	Wuhu	19350	2230	181		211	1042	16138
宣城市	Xuancheng	10218	2251	492		115	1027	4326
铜陵市	Tongling	2318	2127	530		40	101	1360
池州市	Chizhou	5624	526	69		44	48	1473
安庆市	Anqing	25812	2717	488	3	207	1005	12477
黄山市	Huangshan	10123	451	79		173	985	3624

22—16 检察机关直接立案侦查案件情况（2014年）
Cases Under Direct Investigation by Procurator's Offices (2014)

案件类别	Category of Cases	受案（起）Cases Accepted	立案合计 Total Number of Cases Registered		大案（件）Large Cases	要案（人）Key Cases	结案合计 Total Number of Cases Setted	
		(case)	件 (case)	人 (person)	(case)	(person)	件 (case)	人 (person)
总　　计	**Total**	**1892**	**1816**	**2219**	**219**	**145**	**1735**	**2139**
贪污贿赂案件小计	**Sub-total of Cases on Corruption and Bribery**	**1481**	**1446**	**1717**		**126**	**1359**	**1629**
贪　　污	Corruption	422	390	589		8	379	581
贿　　赂	Bribery	954	954	1002		114	874	921
挪用公款	Misappropriation of Public Funds	103	100	119		4	101	118
集体私分	Collectve Illegal Possession of Public Funds	2	2	7			5	9
巨额财产来源不明	Unstated Source of Large Properties							
渎职案件小计	**Sub-total of Cases on Abuse and Dereliction of Duty**	**411**	**370**	**502**	**219**	**19**	**376**	**510**
滥用职权	Abuse of Power	238	223	302	158	18	227	306
玩忽职守	Dereliction of Duty	114	94	115	38		97	120
徇私舞弊	Fraudulent Practice	35	29	39	10		25	33
其　　他	Others	24	24	46	13	1	27	51

22—17 检察机关处理申诉案件情况（2014年）
Appeals Handled by Procurator's Offices (2014)

单位：件（case）

案件类别	Category of Cases	受理 Cases Accepted	立案复查 Cases Registered of Reinves-tigation	结案 Cases Settled	改变原决定 Original Decision Changed
总　　计	**Total**	**7340**	**1948**	**1873**	**151**
不服刑事拘留	Appeals Against Criminal Detention	27			
不服不立案	Appeals Against Rejection of The Case	406			
不服逮捕	Appeals Against Arrest	42			
不服不批捕	Appeals Against Rejection of Arrest	202	94	92	10
不服不起诉	Appeals Against Rejection of Prosecute	349	295	274	11
不服撤案	Appeals Against Withdrawal of the Case	17			
不服原免于起诉	Appeals Against Original Exemption of Lawsuit	13	7	6	
不服刑事判决	Appeals Against Judgment of Criminal Case	2020	1322	1278	2
不服劳教	Appeals Against Judgment of Reeducation Through Labor	6			
其　　他	Others	4258	230	223	128

22—18 人民法院行政一审案件收结案情况（2014年）
First Trial Administrative Cases Accepted and Settled by Courts (2014)

单位：件（case）

项　　目	Item	收　案 Cases Accepted	结　案 Cases Settled	维　持 Affirmation of Original Judgement	撤　销 Cancellation	驳回起诉 Reject	撤　诉 Withdrwal	其　他 Other	结案中单独提起行政赔偿 Of the Cases Settled: Set Administrative Compensation Alome
总　计	**Total**	**4489**	**4374**	**437**	**330**	**319**	**1025**	**2263**	**459**
公　安	Public Security	626	601	161	14	21	241	164	34
资　源	Resources	1373	1349	43	66	75	144	1021	316
城　建	City Construction	813	797	51	86	91	245	324	20
工　商	Industry and Commerce	80	77	10	10	5	37	15	5
卫　生	Health	8	9	2	1		2	4	
环　保	Environmental Protection	17	16	1	1	3	3	8	
交　通	Traffic	49	48	3	3	4	26	12	1
税　务	Tax	18	23	6	1		14	2	
其　他	Others	1505	1454	160	148	120	313	713	83

22—19 人民法院刑事一审案件收结案情况（2014年）
First Trial Criminal Cases Accepted and Settled by Courts (2014)

单位：件（case）

案件类别	Category of Cases	收　案 Cases Accepted	结　案 Cases Settled
总　计	**Total**	**34871**	**34538**
危害公共安全罪	Offences Against Public Security	8865	8837
破坏社会主义市场经济秩序罪	Offences Against Socialist Economic Order	1761	1766
侵犯公民人身权利、民主权利罪	Offences Against Citizens' Personal and Democratic Rights	7589	7595
侵犯财产罪	Offences Against Properties	8361	8296
妨碍社会管理秩序罪	Offences Against Social Management of order	6775	6625
危害国防利益罪	Offences Against National Defense	5	6
贪污贿赂罪	Offences on Corruption and Bribery	1306	1225
渎职罪	Offences on Dereliction of Duty	207	186
其　他	Others	2	2

22—20 人民法院合同纠纷一审案件收结案情况（2014年）
First Trial Cases of Contract Disputes Accepted and Settled by Courts (2014)

单位：件（case）

项目	Item	收案 Cases Accepted	结案 Cases Settled	判决 Hudgement	驳回起诉 Reject	撤诉 Withdrwal	调解 Mediation	其他 Other
总计	**Total**	**159738**	**155847**	**64449**	**2693**	**43390**	**43658**	**1657**
买卖合同	Buying and Selling Contracts	27678	27362	10581	685	7908	7898	290
房地产开发经营合同	Real Estate Developing and Managing Contracts	3554	3612	1071	46	1052	1361	82
供用电、水、气、热力合同	Electricity, Water and Gas and Using Contracts	119	115	33	2	50	29	1
借款合同	Loan Contracts	67621	65089	31858	936	14352	17313	630
租赁合同	Leasing Contracts	6257	6211	2910	121	1821	1316	43
建设工程合同	Construction Project Contracts	6813	6375	2923	137	1724	1486	105
承揽合同	Contractor	2496	2502	994	43	659	770	36
运输合同	Transportation Contracts	982	977	427	31	283	224	12
知识产权合同	Intellectual property Right	13	11	3	1	4	3	
经营合同	Operating Contracts	2143	2144	976	34	695	416	23
农村承包合同	Rural Contracts	140	134	93	6	22	12	1
电信合同	Telecommunication Contracts	693	691	14		489	187	1
服务合同	Service Contracts	9944	9836	1750	94	6488	1477	27
劳动争议	Labour Contention	13789	13588	4124	176	3628	5441	219
劳务合同	Labour Contracts	4829	4778	1537	92	950	2174	25
其他	Others	12667	12422	5155	289	3265	3551	162

22—21 人民法院婚姻家庭、继承、权属、侵权纠纷及其他民事一审案件收结案情况（2014年）
First Trial Civil Cases of Marriage and Family, Inheritance, Right and Infringement Disputes and Other Civil Cases Accepted and Settled by Courts (2014)

单位：件（case）

项目	Item	收案 Cases Accepted	结案 Cases Settled	判决 Hudgement	驳回起诉 Reject	撤诉 Withdrwal	调解 Mediation	其他 Other
总计	**Total**	**164479**	**164276**	**55884**	**1527**	**32248**	**59253**	**15364**
婚姻家庭	Marriage and Family	76597	76825	26565	392	19333	30102	433
继承	Inheritance	1252	1272	413	18	271	561	9
所有权及与所有权相关权利纠纷	Ownership and Related Right Disputes	6937	6901	2651	313	2318	1528	91
票据、证券权益纠纷	Rights and Interests Disputes of Bills and Securities	80	68	35	1	23	7	2
股东权纠纷	Shareholder Right Disputes	633	613	297	21	189	93	13
知识产权	Intellectual Property Right	1383	1318	417	11	518	366	6
不正当竞争纠纷	Illegitimate Competition Disputes	28	19	3	1	10	4	1
人身权纠纷	Personal Right Disputes	54143	54382	22108	151	6953	25091	79
特殊侵权纠纷	Special Infringement Disputes	4173	4045	1833	63	975	1132	42
不当得利	Irrational Interests	1377	1353	560	35	491	243	24
无因管理	No Cause management	15	14	6		7		1
适用特别程序案件	Cases Suitable for Special Procedure	17407	17041	755	508	1060	57	14661
其他	Others	454	425	241	13	100	69	2

22—22 全省统计执法检查情况（2014年） Statistical Law Enforcement Inspection Situation (2014)

地区 Region	检查单位（个）Inspection Unit (unit)	统计违法行为（件）Statistical Illegal Activity (case)	立案案件（件）Put on Record Case (case)	结案案件（件）Settled Lawsuit Case (case)：总计 Total	按违法性质分 Grouped by Illegal Character：提供不真实或不完全整统计资料 Provide False or Incomplete Entire Statistics	拒报 Refusing to Report	迟报 Late Reported
总计 Total	**13230**	**1607**	**1207**	**1205**	**254**	**15**	**82**
合肥市 Hefei	1728	202	192	191	61	1	
淮北市 Huaibei	427	75	42	42	3		2
亳州市 Bozhou	815	36	22	22	14		8
宿州市 Suzhou	1843	253	60	60	1		
蚌埠市 Bengbu	596	62	60	60	6		1
阜阳市 Fuyang	734	105	96	95	16	14	31
淮南市 Huainan	647	76	76	76	44		8
滁州市 Chuzhou	923	133	98	98	23		3
六安市 Luan	719	71	69	69	22		
马鞍山市 Maanshan	559	76	76	76	6		1
芜湖市 Wuhu	1176	187	106	106	10		9
宣城市 Xuancheng	544	58	55	55	5		
铜陵市 Tongling	334	33	33	33	4		
池州市 Chizhou	451	50	50	50	8		2
安庆市 Anqing	963	107	102	102	11		4
黄山市 Huangshan	571	68	55	55	20		
广德县 Guangde	120	13	13	13			13
宿松县 Susong	80	2	2	2			

地区 Region	结案案件（件）Settled Lawsuit Case (case)：未按规定设置原始记录和统计台帐 Installing Original Records & Statistical Table Account Without the Regulation	其他 Other	按处理情况分 Grouped by Handling Situation：警告 Admonition	罚款 Fines：件数 Cases	罚款 Fines：金额（万元）Sum of Money (10000 yuan)	通报批评 Circulation Criticism	其他 Other
总计 Total	**239**	**611**	**437**	**28**	**32.5**	**503**	**252**
合肥市 Hefei	39	88	122	7	8.2	69	3
淮北市 Huaibei	5	32	6			2	34
亳州市 Bozhou			3			5	3
宿州市 Suzhou	11	48	12			48	
蚌埠市 Bengbu	9	44	3			8	49
阜阳市 Fuyang	21	13	6	12	2.6	74	3
淮南市 Huainan	15	9	30	1	1.5	51	9
滁州市 Chuzhou	17	53	27	6	19.5	3	63
六安市 Luan	12	35				69	
马鞍山市 Maanshan	2	67		1	0.2	25	50
芜湖市 Wuhu	25	62	103			3	
宣城市 Xuancheng	20	30	37	1	0.5	16	1
铜陵市 Tongling	10	19				27	6
池州市 Chizhou	5	35	42			8	
安庆市 Anqing	26	61	46			56	
黄山市 Huangshan	22	13				26	29
广德县 Guangde						13	
宿松县 Susong		2					2

22—23 交通和火灾事故发生情况
Basic Statistics on Traffic Accidents and Fires

指　　标	Item	2000	2005	2010	2013	2014
交通事故发生数（起）	Number of Traffic Accidents (case)	25809	17474	7714	17610	16071
一次性死亡三人以上事故	Accidents With More Than Three Deaths One Time	57	85	54	33	28
交通事故损失（万元）	Losses of Traffic Accidents (10000 yuan)	7970.0	6118.0	2349.6	7375.6	6729.0
一次性死亡三人以上事故	Accidents With More Than Three Deaths One Time	304.0	306.0	116.6	448.0	90.4
火灾事故发生数（起）	Number of Fires (case)	6099	9182	5174	11706	12319
特　大	Extraordinarily Serious	2	1	13		
重　大	Serious	8	6	47		
较　大	Larger				5	1
一　般	Ordinary	6089	9175	5114	11701	12318
火灾事故损失（万元）	Losses of Fires (10000 yuan)	5704.0	3393.4	8474.3	16320.2	14043.6
特　大	Extraordinarily Serious	2373.0	361.5	2495.1		
重　大	Serious	358.0	370.9	2500.7		
较　大	Larger				2206.9	69.9
一　般	Ordinary	2973.0	2661.0	3478.5	14113.3	13973.7

22—24 交通事故情况（2014年）
Basic Statistics on Traffic Accidents (2014)

指　　标	Region	发生数（起）Number of Araffic Accidents (case)	死亡人数（人）Number of Deaths (person)	受伤人数（人）Number of Injuries (person)	损失折款（万元）Losses Coverted Into Cash (10000 yuan)
总　计	**Total**	**16071**	**2648**	**18200**	**6729.0**
#一次性死亡三人以上事故	Accidents With More Than Three Deaths One Time	28	98	46	90.4
机动车	Motor-driven Vehicles	14083	2503	15763	6431.7
汽　车	Automobiles	10744	1911	11447	5558
摩托车	Motorcycles	2560	365	3530	581.7
拖拉机	Tractors	404	101	411	109.1
农业运输车	Transport Vehicles for Agricultural Use	244	71	235	65.5
非机动车	Non-motor-driven Vehicles	1928	125	2387	231
#自行车	Bicycles	94	5	96	8.7
#其它非机动车	Other Non-motor-driven Vehicles	1834	120	2291	222.3
行人、乘车人	Pedestrians				

注：机动车相关指标有重复计算。

a) Motor vehicle related indicators have repeated calculation.

22—25 主要年份火灾事故情况
Basic Statistics on Fires in Main Year

年 份 Year	发生数 (起) Number of Traffic Accidents (case)	死亡人数 (人) Number of Deaths (person)	受伤人数 (人) Number of Injuries (person)	直接经济损失 (万元) Losses Converted into Cash (10 000 yuan)	人口火灾发生率 (1/10万人) Average Number of Fires Per 100 Thousand Persons
2000	6099	79	148	6819.4	9.8
2005	9182	93	98	4956.1	11.8
2006	9141	38	45	5638.9	14.0
2007	6755	60	36	5623.8	10.2
2008	5882	72	29	8618.6	8.7
2009	5475	45	24	8400.4	8.1
2010	5174	35	21	8474.3	8.0
2011	5400	33	13	5496.0	9.1
2012	5377	33	13	5293.0	7.8
2013	11706	61	56	16320.2	16.9
2014	12319	35	44	14043.6	17.8

22—26 火灾事故发生情况（2014年）
Basic Statistics on Fires (2014)

项 目	Item	合 计 Total	按事故发生程度分 By Serious Degree of Fires			
			特 大 Extraordinarily Serious	重 大 Serious	较 大 Larger	一 般 Ordinary
发 生 （起）	Fires (case)	12319			1	12318
死 亡 （人）	Deaths (person)	35			5	30
受 伤 （人）	Injuries (person)	44			6	38
损失折款 （万元）	Losses Converted Into Cash (10000 yuan)	14044			70	13974
平均每起事故损失（元）	Average Loss Per Fire (yuan)	11399			700000	11344

22—27 各市交通事故情况（2014年）
Basic Statistics on Traffic Accidents by Region (2014)

地区	Region	合计 Total				城区 Urban Areas		
		发生数（起） Number of Traffic Accidents (case)	死亡人数（人） Number of Deaths (person)	受伤人数（人） Number of Injuries (person)	损失折款（万元） Losses Coverted Into Cash (10000 yuan)	发生数（起） Number of Traffic Accidents (case)	死亡人数（人） Number of Deaths (person)	受伤人数（人） Number of Injuries (person)
总计	**Total**	**16071**	**2648**	**18200**	**6729**	**6269**	**961**	**6780**
合肥市	Hefei	2431	374	2622	1482	1240	117	1308
淮北市	Huaibei	782	69	936	181	387	40	470
亳州市	Bozhou	1074	185	1263	268	443	56	520
宿州市	Suzhou	1120	210	1212	363	397	76	467
蚌埠市	Bengbu	484	119	610	125	230	61	314
阜阳市	Fuyang	758	151	765	351	182	55	171
淮南市	Huainan	918	87	991	367	640	64	661
滁州市	Chuzhou	609	182	467	391	161	44	97
六安市	Luan	1260	258	1631	393	430	89	541
马鞍山市	Maanshan	711	132	696	186	326	56	346
芜湖市	Wuhu	2123	232	2188	766	687	92	523
宣城市	Xuancheng	690	155	816	495	170	79	185
铜陵市	Tongling	352	26	404	94	253	14	281
池州市	Chizhou	564	105	763	244	283	48	375
安庆市	Anqing	1557	271	2055	857	178	53	213
黄山市	Huangshan	638	92	781	167	262	17	308

22—28 各市火灾事故情况（2014年）
Basic Statistics on Fires by Region (2014)

地区	Region	发生数（起） Number of Fires (case)	死亡人数（人） Number of Deaths (person)	受伤人数（人） Number of Injuries (person)	直接经济损失（万元） Direct Losses (10000 yuan)	人口火灾发生率（1/10万人） Average Number of Fires Per 100 Thousand People
总计	**Total**	**12319**	**35**	**44**	**14044**	**17.8**
合肥市	Hefei	2623	6	13	2748	36.9
淮北市	Huaibei	1031	1	7	479	48.0
亳州市	Bozhou	237	2	1	1526	3.7
宿州市	Suzhou	276		4	543	4.3
蚌埠市	Bengbu	1124	2		348	30.4
阜阳市	Fuyang	454	8	9	858	4.3
淮南市	Huainan	784			118	32.3
滁州市	Chuzhou	1205	2	2	1586	26.8
六安市	Luan	1168	1		990	16.2
马鞍山市	Maanshan	890	2		674	39.0
芜湖市	Wuhu	620	4		683	16.1
宣城市	Xuancheng	1003			540	35.8
铜陵市	Tongling	127		1	243	17.2
池州市	Chizhou	150	2	1	508	9.3
安庆市	Anqing	326	3	4	1404	5.2
黄山市	Huangshan	301	2	2	797	20.3

22—29 灾 害 情 况（2014年）
Statistics on Disasters (2014)

项 目	Item	自然灾害直接经济损失（亿元）Direct Losses of Natural Disasters (100 million yuan)	农业经济损失 Agricultural Losses	农作物灾害（万公顷）Area of Crop Disaster (10000 hectare) 受灾面积 Areas Covered	绝收面积 Areas of Total Crop Failure	受灾人口（万人）Population Covered (10000 persons)
总 计	**Total**	**29.90**	**21.40**	**71.00**	**2.30**	**1059.90**
旱 灾	Drought	9.90	9.90	39.10	1.70	600.80
洪涝灾	Floods	15.10	8.20	28.60	0.59	427.80

22—30 救 灾 情 况
Statistics on Disaster Relief

单位：万元 (10000 yuan)

项 目	Item	财政资金投入 Investment of Financial Fund		接受捐赠下拨 Appropriation to Lower Levels From Donation	
		2013	2014	2013	2014
总 计	**Total**	**37855**	**22812**	**1755**	**77.4**
中 央	Central Government	30632	19480		
省 级	Provincial-level	3124	2500		
地 市	Prefecture-level	862	135	703	
县 级	County-level	3237	697	1052	77.4

22-31 福 利 彩 票
Welfare Lottery

项 目	Item	2013	2014
福利彩票发行额 （亿元）	Circulation of Welfare Lottery (100 million yuan)	59.07	69.30
福利彩票公益金提取额 （亿元）	Public Welfare Funds Drawn from Welfare Lottery (100 million yuan)	17.08	19.40

22-32 体 育 彩 票
Sport Lottery

项 目	Item	2013	2014
体育彩票销售额 （亿元）	Circulation of Sport Lottery (100 million yuan)	36.41	46.10
体育彩票公益金提取额 （亿元）	Public Welfare Funds Drawn from Sport Lottery (100 million yuan)	9.38	11.10

主要统计指标解释

律师

指受聘参加法律顾问处工作，担任法律顾问、刑（民）事代理人、刑事辩护人，办理非诉讼事件、解答法律询问，代写法律事务文书等主要从事律师业务的专职法律工作者和兼职律师。

公证人员

指在公证处工作的人员总称，包括公证处主任、副主任、公证员、公证员助理(助理公证员)和其他从事辅助性工作的人员。

公证文书

指公证处根据当事人申请，依照事实和法律，按照法定程序制作的，具有法律效力的司法证明文书。

调解人员

指在人民调解委员会担负调解民间一般民事纠纷和轻微违法行为引起纠纷的工作人员，包括调解委员会的委员和调解小组的调解员。

调解民间纠纷

指调解委员会依照法律规定，根据自愿原则，用说服教育的方法调解民间发生的有关民事权利和义务的争执，促成当事双方达到协议和谅解，解决纠纷。包括婚姻家庭纠纷，财产权益纠纷等，不包括法院受理调解的民事案件数。

特大火灾

指造成 30 人以上死亡，或者 100 人以上重伤，或者 1 亿元以上直接财产损失的火灾。

重大火灾

指造成 10 人以上 30 人以下死亡，或者 50 人以上 100 人以下重伤，或者 5000 万元以上 1 亿元以下直接财产损失的火灾。

一般火灾

指造成 3 人以下死亡，或者 10 人以下重伤，或者 1000 万元以下直接财产损失的火灾。

人民检察院直接立案侦查案件

指按照管辖的规定，由人民检察院直接立案侦查的贪污贿赂犯罪、渎职犯罪、国家机关工作人员利用职权实施的侵犯公民人身权利和民主权利的犯罪以及经省级人民检察院决定立案侦查的国家机关工作人员利用职权实施的其他重大犯罪案件。

立案

指检察机关对犯罪线索进行初步调查后，认为存在职务犯罪事实并需要追究刑事责任时，依法决定作为刑事案件进行侦查的诉讼活动，是追究犯罪的开始。

大案

贪污贿赂犯罪案件指贪污、贿赂数额在 5 万元以上，挪用公款案在 10 万元以上，其他案件在 50 万元以上。渎职犯罪大案一般为直接经济损失 5 万元以上，死亡 1 人以上或者重伤 3 人以上的案件；或虽然没有造成经济损失和伤亡，但犯罪情节恶劣或造成严重后果的案件。

要案

指县、处级以上干部的犯罪案件。该指标主要反映职务犯罪案件中县、处级以上干部被人民检察院依法立案侦查的情况。

青少年罪犯

指人民法院在报告期内判决发生法律效力的有罪判决中 14 周岁以上不满 25 周岁的罪犯。其中 14 周岁以上不满 18 周岁的罪犯为未成年罪犯。

行政案件

指公民、法人和其他组织不服行政机关作出的具体行政行为，向人民法院提起行政诉讼，人民法院依法审理的案件。

单独赔偿

指单独提起行政赔偿的案件。当事人对行政行为的合法性没有争议，就行政侵权造成的损害赔偿单独提起赔偿诉讼。

受理劳动争议案件数

指劳动争议仲裁委员会根据国家有关规定，对劳动争议当事人的申请予以审查，符合受理条件而正式立案、准备处理的劳动争议案件数。

收案

是指人民法院在报告期（月、季、年）内对符合诉讼法规定的立案条件，已决定立案的案件数。

结案

是指人民法院在统计报告期内，审理完毕或认为不需要再审理，决定结束审理或者做出实体或程序方面处理的案件数。

Explanatory Notes for Major Statistical Indicators

Lawyers

are legal workers who are employed full time by legal counseling firms to act as legal advisers, agents in criminal or civil lawsuits, or defenders in criminal lawsuits, or to handle non-litigious legal affairs, to advise on matters of law or to write legal papers for others. Both full-time and part time lawyers are included.

Notary Personnel

refers to people working for notary offices including: directors, deputy directors, notaries, assistant notaries and other people providing assistance.

Notary Documents

refer to the judicial notary documents drawn up at the request of the interested party and are in accordance with facts and the law and following certain legal proceedings.

Mediators

refer to workers on people's mediation committees responsible for mediating in civil disputes and cases of slight infraction of the law. They include members of the mediation committees and mediators of mediation groups.

Mediation of Civil Disputes

refers to mediation committees' work in mediating in civil disputes concerning civil rights and duties through persuasion and education in accordance with the provisions of law on a voluntary basis, so as to solve disputes by helping the parties involved come to an agreement and understanding. These disputes include divorce cases and disputes over property ownership, but exclude the civil cases to be handled by the court.

Extraordinarily Serious Fire Case

refers to a case which has caused over 30 deaths; or over 100 serious injuries; or a direct property loss over 100 million yuan.

Serious Fire Case

refers to a case which has caused over 10 to 30 deaths; or over 50 to 100 serious injuries; or a direct property loss over 50 million to 100 million yuan.

Ordinary Fire Case

refers to a case which has caused less than three deaths; or less than 10 serious injuries; or a direct property loss less than 10 million yuan.

Cases Registered and Handled Directly by People's Procuratorate Offices

refer to those serious criminal cases that, according to the functional jurisdiction, are registered and handled by the People's Procuratorate Offices, including the ones on bribery and corruption, the ones on abuse and dereliction of duty, offences against citizens' personal and democratic rights by government officials abusing their powers; and that are registered and handled by the provincial Procuratorate offices in relation to other major crimes committed by government officials by abusing their powers.

Acceptance of Case

refers to the decision made by the procurators office to confirm the act of crime after initial investigation and to start legal proceedings of the case as criminal case.

Large Case

In case of corruption and bribery, it refers to the case involves a bribery of over 50000 yuan, or a misappropriation of over 100000, or other cases involving 500000 yuan. In case of offence on dereliction of duty, it refers to the case that causes an economic loss of over 50000, loss of one life, or severe injury of 3 persons; or a case that displays extremely disgusting behavior of the offender or results in grave aftermath.

Key Cases

refer to crimes committed by county and director-level officials. This indicator reflects the situation of those county and director-level officials involved in criminal cases registered and handled by People's Procuratorate offices.

Juvenile Criminals

refers to the offenders within the age range of 14 to 25 convicted guilty by the court during the reporting period while those between 14 and 18 are defined as minor offenders.

Administrative Cases

refers to the cases filed by citizens, corporations and other organizations against the specific administrative conducts of administrative authorities and handled by the court.

Separate Compensation

refers to cases that are separately filed for administrative compensation by the party who has no dispute on the legality of administrative conducts but brings proceedings separately to claim for damages caused by administrative tort.

Number of Labour Disputes Cases Accepted

refers to the number of cases of labour disputes submitted that, after being reviewed by the labour dispute arbitration committees in line with the relevant national regulations, are accepted and registered for treatment.

Cases Accepted

refers to the number of cases During the report period (month ,season ,year) that meet the specification of procedural law: and are determined in Acceptance of Cases.

Cases Settled

refers to the number of cases During the report period that are finished or need not checked, are determined in finishing and are Made a substantive or procedural aspects of processing.

第二十三篇

Chapter 23

省级和县级主要经济指标及位次

MAIN ECONOMIC INDICATORS AND THEIR ORDERS OF PRECEDENCE OF PROVINCE AND COUNTY

简要说明

一、本篇包括全国分省(市)主要年份经济指标及位次和本省县级主要经济指标及位次。

二、各县资料均来自本年鉴各篇。

三、人均指标依据年平均人数计算。

Brief Introduction

I. This chapter includes main economic indicators and their orders of precedence of provinces and counties of Anhui in major years.

II. Data of counties are extracted from the concerned data in other chapters in this yearbook.

III. Per capita indicators are calculated in accordance with annual average population.

23—1 全国分省（市）主要年份生产总值及位次

Gross Domestic Product and Their Orders of Precedence in Major Years by Province or City

本表按当年价格计算 (Data in value terms in this table are calculated at current prices.)　　单位：亿元（100 million yuan）

省（市）	Province or City	2000	位次 Order of Precedence	2005	位次 Order of Precedence	2010	位次 Order of Precedence	2013	位次 Order of Precedence
全　国	**National Total**	**99776**		**185896**		**408903**		**588019**	
北　京	Beijing	3161.66	13	6969.52	10	14113.58	13	19800.81	13
天　津	Tianjin	1701.88	23	3905.64	20	9224.46	20	14442.01	19
河　北	Hebei	5043.96	6	10012.11	6	20394.26	6	28442.95	6
山　西	Shanxi	1845.72	20	4230.53	16	9200.86	21	12665.25	23
内蒙古	Inner Mongolia	1539.12	24	3905.03	21	11672.00	15	16916.50	15
辽　宁	Liaoning	4669.06	8	8047.26	8	18457.27	7	27213.22	7
吉　林	Jilin	1951.51	19	3620.27	22	8667.58	22	13046.40	21
黑龙江	Heilongjiang	3151.40	14	5513.70	14	10368.60	16	14454.91	17
上　海	Shanghai	4771.17	7	9247.66	7	17165.98	9	21818.15	12
江　苏	Jiangsu	8553.69	2	18598.69	2	41425.48	2	59753.37	2
浙　江	Zhejiang	6141.03	4	13417.68	4	27722.31	4	37756.58	4
安　徽	**Anhui**	**2902.09**	**15**	**5350.17**	**15**	**12359.33**	**14**	**19229.34**	**14**
福　建	Fujian	3764.54	10	6554.69	13	14737.12	12	21868.49	11
江　西	Jiangxi	2003.07	18	4056.76	17	9451.26	19	14410.19	20
山　东	Shandong	8337.47	3	18366.87	3	39169.92	3	55230.32	3
河　南	Henan	5052.99	5	10587.42	5	23092.36	5	32191.30	5
湖　北	Hubei	3545.39	12	6590.19	12	15967.61	11	24791.83	9
湖　南	Hunan	3551.49	11	6596.10	11	16037.96	10	24621.67	10
广　东	Guangdong	10741.25	1	22557.37	1	46013.06	1	62474.79	1
广　西	Guangxi	2080.04	16	3984.10	18	9569.85	18	14449.90	18
海　南	Hainan	526.82	28	918.75	28	2064.50	28	3177.56	28
重　庆	Chongqing	1791.00	22	3467.72	23	7925.58	23	12783.26	22
四　川	Sichuan	3928.20	9	7385.10	9	17185.48	8	26392.07	8
贵　州	Guizhou	1029.92	27	2005.42	26	4602.16	26	8086.86	26
云　南	Yunnan	2011.19	17	3462.73	24	7224.18	24	11832.31	24
西　藏	Tibet	117.80	31	248.80	31	507.46	31	815.67	31
陕　西	Shanxi	1804.00	21	3933.72	19	10123.48	17	16205.45	16
甘　肃	Gansu	1052.88	26	1933.98	27	4120.75	27	6330.69	27
青　海	Qinghai	263.68	30	543.32	30	1350.43	30	2122.06	30
宁　夏	Ningxia	295.02	29	612.61	29	1689.65	29	2577.57	29
新　疆	Xinjiang	1363.56	25	2604.19	25	5437.47	25	8443.84	25

注：1. 因分级核算，各省、市、自治区汇总数不等于全国数据。（下同）

a) Because of the sizing calculation, the provinces, municipalities and autonomous regions hui is not equal to the total data (The same below).

23—2 全国分省（市）主要年份生产总值第一产业及位次

Gross Domestic Product of Precedence and Their Orders of Precedence by Province or City

本表按当年价格计算 (Data in value terms in this table are calculated at current prices.) 单位：亿元（100 million yuan）

省（市） Province or City	2000	位次 Order of Precedence	2005	位次 Order of Precedence	2010	位次 Order of Precedence	2013	位次 Order of Precedence
全　国 National Total	**14716**		**21804**		**39355**		**55322**	
北　京 Beijing	79.25	27	88.68	28	124.36	29	159.64	29
天　津 Tianjin	73.69	28	112.38	26	145.58	27	186.96	28
河　北 Hebei	824.55	6	1400.00	6	2562.81	3	3381.98	4
山　西 Shanxi	179.86	25	262.42	25	554.48	24	741.01	24
内蒙古 Inner Mongolia	350.80	18	589.56	18	1095.28	17	1575.76	17
辽　宁 Liaoning	503.44	13	882.41	12	1631.08	11	2216.15	12
吉　林 Jilin	398.73	16	625.61	17	1050.15	19	1466.74	18
黑龙江 Heilongjiang	383.15	17	684.60	15	1302.90	14	2474.12	9
上　海 Shanghai	76.68	26	90.26	27	114.15	30	124.89	30
江　苏 Jiangsu	1048.34	3	1461.51	4	2540.10	4	3469.86	3
浙　江 Zhejiang	630.98	11	892.83	11	1360.56	13	1760.34	15
安　徽 Anhui	**741.77**	**8**	**966.50**	**9**	**1729.02**	**9**	**2267.15**	**11**
福　建 Fujian	640.57	10	827.36	13	1363.67	12	1874.23	13
江　西 Jiangxi	485.14	14	727.37	14	1206.98	15	1588.51	16
山　东 Shandong	1268.57	1	1963.51	1	3588.28	1	4565.97	1
河　南 Henan	1161.58	2	1892.01	2	3258.09	2	3972.70	2
湖　北 Hubei	662.30	9	1082.13	8	2147.00	8	3030.27	6
湖　南 Hunan	784.92	7	1100.65	7	2325.50	6	2990.31	7
广　东 Guangdong	986.32	4	1428.27	5	2286.98	7	2977.13	8
广　西 Guangxi	557.38	12	912.50	10	1675.06	10	2290.64	10
海　南 Hainan	192.00	24	300.75	24	539.83	25	736.03	25
重　庆 Chongqing	284.87	20	463.40	20	685.38	21	1002.68	21
四　川 Sichuan	945.58	5	1481.14	3	2482.89	5	3368.66	5
贵　州 Guizhou	271.20	21	368.94	22	625.03	22	998.47	22
云　南 Yunnan	431.80	15	661.69	16	1108.38	16	1860.80	14
西　藏 Tibet	36.39	31	48.04	31	68.72	31	84.68	31
陕　西 Shanxi	258.22	22	435.77	21	988.45	20	1460.97	19
甘　肃 Gansu	194.10	23	308.06	23	599.28	23	844.69	23
青　海 Qinghai	40.12	30	65.34	30	134.92	28	204.72	27
宁　夏 Ningxia	46.03	29	72.07	29	159.29	26	210.81	26
新　疆 Xinjiang	288.18	19	509.99	19	1078.63	18	1434.83	20

23—3 全国分省（市）主要年份生产总值第二产业及位次

Gross Domestic Product of Secondary Industry and Their Orders of Precedence in Major Years by Province or City

本表按当年价格计算 (Data in value terms in this table are calculated at current prices.) 单位：亿元（100 million yuan）

省（市）	Province or City	2000	位次 Order of Prece-dence	2005	位次 Order of Prece-dence	2010	位次 Order of Prece-dence	2013	位次 Order of Prece-dence
全国	**National Total**	**45326**		**87127**		**188805**		**256810**	
北京	Beijing	1033.29	15	2026.51	17	3388.38	23	4292.56	24
天津	Tianjin	863.83	16	2135.07	16	4840.23	19	7275.45	17
河北	Hebei	2514.96	5	5271.57	6	10707.68	6	14781.85	6
山西	Shanxi	858.37	17	2357.04	14	5234.00	16	6613.06	20
内蒙古	Inner Mongolia	582.57	24	1773.21	20	6367.69	14	9104.08	13
辽宁	Liaoning	2344.40	6	3869.40	8	9976.82	7	13963.95	7
吉林	Jilin	768.89	20	1580.83	21	4506.31	21	6871.96	18
黑龙江	Heilongjiang	1731.70	9	2971.68	11	5204.11	17	5846.67	21
上海	Shanghai	2207.63	8	4381.20	7	7218.32	12	7907.81	15
江苏	Jiangsu	4435.89	2	10524.96	2	21753.93	2	29086.08	1
浙江	Zhejiang	3273.93	4	7164.75	4	14297.93	4	18047.52	4
安徽	**Anhui**	**1056.78**	**14**	**2245.90**	**15**	**6436.62**	**13**	**10390.04**	**12**
福建	Fujian	1628.45	10	3175.92	9	7522.83	10	11329.60	11
江西	Jiangxi	700.76	22	1917.47	19	5122.88	18	7713.02	16
山东	Shandong	4164.45	3	10478.62	3	21238.49	3	27442.85	3
河南	Henan	2294.15	7	5514.14	5	13226.38	5	16742.90	5
湖北	Hubei	1437.38	11	2852.12	12	7767.24	9	11786.64	9
湖南	Hunan	1293.18	13	2612.57	13	7343.19	11	11553.97	10
广东	Guangdong	4999.51	1	11356.60	1	23014.53	1	28994.22	2
广西	Guangxi	732.76	21	1510.68	23	4511.68	20	6731.32	19
海南	Hainan	103.97	30	240.83	30	571.00	30	797.39	30
重庆	Chongqing	760.03	23	1564.00	22	4359.12	22	5812.29	22
四川	Sichuan	1433.11	12	3067.23	10	8672.18	8	13472.05	8
贵州	Guizhou	391.20	27	821.16	27	1800.06	27	3276.24	26
云南	Yunnan	833.25	18	1426.42	24	3223.49	24	4939.21	23
西藏	Tibet	27.05	31	63.52	31	163.92	31	292.92	31
陕西	Shanxi	782.58	19	1951.36	18	5446.10	15	8912.34	14
甘肃	Gansu	421.65	26	838.56	26	1984.97	26	2745.35	27
青海	Qinghai	108.83	29	264.61	29	744.63	29	1151.28	29
宁夏	Ningxia	121.43	28	281.05	28	827.91	28	1259.59	28
新疆	Xinjiang	537.58	25	1164.79	25	2592.15	25	3574.88	25

23—4 全国分省（市）主要年份生产总值第三产业及位次

Gross Domestic Product of Precedence Industry and Their Orders of Precedence in Main Years by Province or City

本表按当年价格计算 (Data in value terms in this table are calculated at current prices.) 单位：亿元（100 million yuan）

省（市）	Province or City	2000	位次 Order of Precedence	2005	位次 Order of Precedence	2010	位次 Order of Precedence	2013	位次 Order of Precedence
全　国	**National Total**	**39734**		**76965**		**180743**		**275887**	
北　京	Beijing	2049.12	6	4854.33	5	10600.84	5	15348.61	5
天　津	Tianjin	764.36	20	1658.19	16	4238.65	14	6979.60	14
河　北	Hebei	1704.45	8	3340.54	7	7123.77	7	10279.12	9
山　西	Shanxi	807.49	18	1611.07	17	3412.38	19	5311.18	21
内蒙古	Inner Mongolia	605.74	24	1542.26	20	4209.02	15	6236.66	16
辽　宁	Liaoning	1821.20	7	3295.45	8	6849.37	8	11033.12	7
吉　林	Jilin	783.89	19	1413.83	22	3111.12	22	4707.70	24
黑龙江	Heilongjiang	1036.55	15	1857.42	15	3861.59	17	6134.12	17
上　海	Shanghai	2486.86	4	4776.20	6	9833.51	6	13785.45	6
江　苏	Jiangsu	3069.46	2	6612.22	2	17131.45	2	27197.43	2
浙　江	Zhejiang	2236.12	5	5360.10	4	12063.82	4	17948.72	4
安　徽	**Anhui**	**1103.54**	**14**	**2137.77**	**14**	**4193.69**	**16**	**6572.15**	**15**
福　建	Fujian	1495.52	11	2551.41	13	5850.62	13	8664.66	13
江　西	Jiangxi	817.17	16	1411.92	23	3121.40	21	5108.66	22
山　东	Shandong	2904.45	3	5924.74	3	14343.14	3	23221.51	3
河　南	Henan	1597.26	9	3181.27	9	6607.89	9	11475.70	8
湖　北	Hubei	1445.71	13	2655.94	12	6053.37	11	9974.92	11
湖　南	Hunan	1473.39	12	2882.88	10	6369.27	10	10077.39	10
广　东	Guangdong	4755.42	1	9772.50	1	20711.55	1	30503.44	1
广　西	Guangxi	789.90	17	1560.92	18	3383.11	20	5427.94	20
海　南	Hainan	230.85	28	377.17	28	953.67	28	1644.14	28
重　庆	Chongqing	746.10	23	1440.32	21	2881.08	24	5968.29	19
四　川	Sichuan	1549.51	10	2836.73	11	6030.41	12	9551.36	12
贵　州	Guizhou	367.52	27	815.32	26	2177.07	25	3812.15	25
云　南	Yunnan	746.14	22	1374.62	24	2892.31	23	5032.30	23
西　藏	Tibet	54.37	31	137.24	31	274.82	31	438.07	31
陕　西	Shanxi	763.20	21	1546.59	19	3688.93	18	5832.14	18
甘　肃	Gansu	437.13	26	787.36	27	1536.50	27	2740.65	27
青　海	Qinghai	114.73	30	213.37	30	470.88	30	766.06	30
宁　夏	Ningxia	127.56	29	259.49	29	702.45	29	1107.17	29
新　疆	Xinjiang	537.80	25	929.41	25	1766.69	26	3434.13	26

23—5 全国分省（市）主要年份城镇固定资产投资及位次

Urban Investment in Fixed Assets and Their Orders of Precedence in Main Years by Province or City

单位：亿元（100 million yuan）

省（市）	Province or City	2000	位次 Order of Prece-dence	2005	位次 Order of Prece-dence	2010	位次 Order of Prece-dence	2013	位次 Order of Prece-dence	2014	位次 Order of Prece-dence
全国	**National Total**	**24243**		**75096.48**		**270251.99**		**436527.70**		**502004.90**	
北京	Beijing	1186	6	2595.41	10	5350.84	22	6797.54	25	6873.44	26
天津	Tianjin	526	17	1367.48	24	6252.22	20	9103.01	22	10490.37	21
河北	Hebei	1048	7	3361.65	7	14621.72	6	22629.77	5	26147.20	4
山西	Shanxi	457	22	1671.91	19	5845.23	21	10745.35	18	11976.96	18
内蒙古	Inner Mongolia	347	24	2563.54	11	8838.67	12	14070.50	14	17431.05	13
辽宁	Liaoning	1028	8	3669.71	5	15793.64	4	24791.40	4	24426.83	6
吉林	Jilin	485	20	1595.92	21	7695.62	16	9880.00	20	11254.84	19
黑龙江	Heilongjiang	741	13	1638.17	20	6495.85	19	11794.17	16	9587.09	22
上海	Shanghai	1679	2	3198.57	8	5106.86	24	5644.13	27	6012.97	27
江苏	Jiangsu	1645	3	6211.87	2	22809.04	1	35983.00	1	41552.75	2
浙江	Zhejiang	1445	5	4756.95	4	11980.32	8	20189.07	7	23554.76	7
安徽	**Anhui**	**576**	**15**	**2140.03**	**14**	**11104.35**	**9**	**18090.89**	**10**	**21069.24**	**10**
福建	Fujian	810	12	1970.12	15	7992.46	14	15045.81	12	17911.71	12
江西	Jiangxi	322	25	1933.93	16	8470.19	13	12450.84	15	14677.04	15
山东	Shandong	1564	4	7274.83	1	22585.11	2	35875.86	2	41599.13	1
河南	Henan	885	11	3528.29	6	15799.22	3	25321.52	3	30012.28	3
湖北	Hubei	988	10	2433.23	12	9959.91	10	18796.85	9	22491.67	9
湖南	Hunan	634	14	2174.91	13	9301.29	11	17230.14	11	20575.33	11
广东	Guangdong	2536	1	5760.73	3	15270.71	5	21794.98	6	25843.06	5
广西	Guangxi	398	23	1554.25	22	6719.29	17	11383.93	17	13287.60	16
海南	Hainan	150	28	351.51	29	1278.62	29	2625.02	28	3039.46	29
重庆	Chongqing	459	21	1786.43	17	6597.78	18	10285.29	19	12136.52	17
四川	Sichuan	1016	9	2989.60	9	12552.58	7	19754.36	8	22662.26	8
贵州	Guizhou	288	27	916.09	26	2945.78	27	7102.78	24	8778.40	24
云南	Yunnan	504	19	1550.18	23	5308.93	23	9621.83	21	11073.86	20
西藏	Tibet	49	31	187.22	31	463.26	31	876.00	31	1069.23	31
陕西	Shanxi	529	16	1761.18	18	7744.17	15	14516.71	13	16840.44	14
甘肃	Gansu	322	26	790.22	27	3054.73	26	6407.20	26	7759.62	25
青海	Qinghai	132	29	312.56	30	967.44	30	2285.30	30	2788.91	30
宁夏	Ningxia	124	30	382.71	28	1397.52	28	2577.79	29	3093.92	28
新疆	Xinjiang	520	18	1210.09	25	3274.20	25	7363.39	23	9058.31	23

注：各省数据不包括跨地区项目投资。

a) Every provincial data does not include inter-regional project investment.

23—6 全国分省（市）主要年份农林牧渔业总产值及位次

Gross Output Value of Farming, Forestry, Animal Husbandry, and Fishery and Their Orders of Precedence in Main Years by Province or City

本表按当年价格计算 (Data in value terms in this table are calculated at current prices.)　　单位：亿元（100 million yuan）

省（市） Province or City	2000	位次 Order of Precedence	2005	位次 Order of Precedence	2010	位次 Order of Precedence	2013	位次 Order of Precedence	2014	位次 Order of Precedence
全　国 National Total	**24777**		**39450.89**		**69319.76**		**96995.27**		**102226.09**	
北　京 Beijing	195	27	268.85	26	328.02	26	421.78	27	420.07	28
天　津 Tianjin	156	28	258.41	27	317.33	27	412.36	28	441.71	27
河　北 Hebei	1549	5	2600.83	3	4309.42	3	5832.94	4	5994.79	4
山　西 Shanxi	302	25	483.80	24	1047.85	22	1447.01	24	1530.48	24
内蒙古 Inner Mongolia	518	18	980.21	18	1843.57	18	2699.50	16	2779.81	16
辽　宁 Liaoning	967	12	1671.57	9	3106.53	9	4349.72	10	4498.36	10
吉　林 Jilin	598	17	1050.49	17	1850.28	16	2670.60	17	2763.01	17
黑龙江 Heilongjiang	625	16	1294.41	14	2536.30	12	4633.26	9	4894.80	9
上　海 Shanghai	216	26	233.39	28	287.03	29	323.48	29	322.22	30
江　苏 Jiangsu	1874	3	2576.98	4	4297.14	4	6158.03	3	6443.37	3
浙　江 Zhejiang	1040	10	1428.28	12	2172.86	14	2837.39	15	2844.59	15
安　徽 Anhui	**1220**	**7**	**1666.19**	**10**	**2955.45**	**10**	**4009.24**	**11**	**4223.73**	**11**
福　建 Fujian	1029	11	1396.15	13	2307.06	13	3281.96	13	3522.31	13
江　西 Jiangxi	760	14	1142.99	15	1900.58	15	2578.35	18	2726.54	20
山　东 Shandong	2294	1	3741.81	1	6650.94	1	8749.99	1	9198.26	1
河　南 Henan	1981	2	3309.70	2	5734.20	2	7198.08	2	7549.11	2
湖　北 Hubei	1126	9	1775.58	8	3501.99	8	5160.56	6	5452.84	6
湖　南 Hunan	1219	8	2056.24	7	3787.47	6	5043.58	7	5304.82	7
广　东 Guangdong	1632	4	2447.57	6	3754.86	7	4946.81	8	5234.21	8
广　西 Guangxi	827	13	1448.37	11	2720.99	11	3755.19	12	3947.73	12
海　南 Hainan	309	24	475.88	25	821.31	25	1144.94	25	1252.18	25
重　庆 Chongqing	413	21	662.19	21	1021.13	23	1513.74	23	1594.96	23
四　川 Sichuan	1370	6	2457.46	5	4081.81	5	5620.27	5	5888.09	5
贵　州 Guizhou	412	22	571.84	22	997.82	24	1663.02	21	2118.48	21
云　南 Yunnan	680	15	1068.58	16	1810.53	19	3056.04	14	3263.35	14
西　藏 Tibet			67.74	31	100.77	31	128.00	31	138.72	31
陕　西 Shanxi	472	20	730.72	20	1666.06	20	2562.51	19	2741.82	19
甘　肃 Gansu	323	23	521.53	23	1057.02	21	1517.74	22	1618.80	22
青　海 Qinghai	58	30	94.04	30	201.32	30	310.30	30	327.49	29
宁　夏 Ningxia	78	29	138.00	29	305.94	28	430.00	26	445.47	26
新　疆 Xinjiang	487	19	831.06	19	1846.18	17	2538.88	20	2744.01	18

23—7 全国分省（市）主要年份工业增加值及位次
Value-added of Industry and Their Orders of Precedence in Main Years by Province or City

本表按当年价格计算 (Data in value terms in this table are calculated at current prices.)　　单位：亿元（100 million yuan）

省（市）	Province or City	2000	位次 Order of Precedence	2005	位次 Order of Precedence	2010年比上年增长位次 Compared to Last Year	2013年比上年增长位次 Compared to Last Year	2014年比上年增长位次 Compared to Last Year
全　国	**National Total**	**25394.80**		**66425.20**				
北　京	Beijing	722.65	12	1705.40	15	27	28	25
天　津	Tianjin	630.09	14	1783.00	13	1	6	11
河　北	Hebei	1132.66	8	3219.00	7	22	23	27
山　西	Shanxi	428.71	19	1712.00	14	8	22	30
内蒙古	Inner Mongolia	279.54	24	1135.50	20	14	14	12
辽　宁	Liaoning	1194.03	7	3007.40	8	18	24	28
吉　林	Jilin	496.19	18	1200.80	19	12	24	24
黑龙江	Heilongjiang	1213.05	6	2166.30	10	26	29	31
上　海	Shanghai	1687.18	4	3994.70	5	17	30	29
江　苏	Jiangsu	2604.37	2	8054.00	3	24	18	14
浙　江	Zhejiang	1560.11	5	4904.70	4	23	27	23
安　徽	**Anhui**	**507.38**	**17**	**1373.90**	**17**	**4**	**1**	**7**
福　建	Fujian	797.12	11	2235.20	9	11	4	3
江　西	Jiangxi	269.73	25	828.50	24	9	11	4
山　东	Shandong	2549.35	3	8411.90	1	27	20	15
河　南	Henan	1116.39	9	3228.00	6	14	15	7
湖　北	Hubei	1011.77	10	1847.90	12	4	15	9
湖　南	Hunan	528.06	16	1535.90	16	7	17	15
广　东	Guangdong	3423.86	1	8290.00	2	19	26	19
广　西	Guangxi	323.88	22	833.10	23	1	7	10
海　南	Hainan	63.25	30	138.00	30	16	31	2
重　庆	Chongqing	283.73	23	716.40	25	1	2	1
四　川	Sichuan	662.44	13	2034.40	11	6	21	15
贵　州	Guizhou	216.99	27	561.60	27	25	2	5
云　南	Yunnan	531.47	15	1018.10	21	27	12	22
西　藏	Tibet	9.25	31	17.40	31	30	13	26
陕　西	Shanxi	411.17	20	1267.20	18	13	5	5
甘　肃	Gansu	244.73	26	601.80	26	21	18	19
青　海	Qinghai	63.34	29	179.50	29	10	9	18
宁　夏	Ningxia	73.68	28	202.30	28	19	10	21
新　疆	Xinjiang	356.62	21	933.30	22	31	7	12

注：工业为月度快报口径。
a) Data in the table are preliminary statistics.

23—8 全国分省（市）主要年份社会消费品零售总额及位次

Total Retail Sales of Consumer Goods and Their Orders of Precedence in Main Years by Province or City

本表按当年价格计算 (Data in value terms in this table are calculated at current prices.) 单位：亿元（100 million yuan）

省（市）	Province or City	2000	位次 Order of Prece-dence	2005	位次 Order of Prece-dence	2010	位次 Order of Prece-dence	2013	位次 Order of Prece-dence	2014	位次 Order of Prece-dence
全国	**National Total**	**34152.6**		**67958.7**		**154554.0**		**237809.9**		**271896.1**	
北京	Beijing	1443.3	11	2902.8	11	6229.3	10	8375.1	11	9638.0	11
天津	Tianjin	736.6	18	1190.1	23	2902.6	22	4470.4	23	4738.7	23
河北	Hebei	1613.9	9	2952.9	10	6821.8	6	10516.7	9	11820.5	9
山西	Shanxi	629.1	21	1401.2	17	3207.9	19	5139.3	17	5717.9	19
内蒙古	Inner Mongolia	484.0	24	1344.1	19	3337.3	17	5114.2	19	5657.6	21
辽宁	Liaoning	1847.6	5	2999.0	6	6809.6	7	10581.4	7	11857.0	8
吉林	Jilin	810.9	17	1460.8	16	3501.8	16	5426.4	16	6080.9	16
黑龙江	Heilongjiang	1094.0	14	1760.1	15	4001.0	15	6251.2	15	7015.3	15
上海	Shanghai	1722.3	8	2973.0	8	6036.9	11	8052.0	13	9303.5	13
江苏	Jiangsu	2604.1	2	5699.9	3	13482.3	3	20796.5	3	23458.1	3
浙江	Zhejiang	2298.8	4	4631.7	4	10163.2	4	15225.5	4	17835.3	4
安徽	**Anhui**	**1077.8**	**15**	**1765.0**	**14**	**4151.5**	**14**	**6481.4**	**14**	**7957.0**	**14**
福建	Fujian	1372.8	12	2345.8	13	5310.0	13	8275.3	12	9346.7	12
江西	Jiangxi	704.9	19	1236.2	21	2932.9	21	4576.1	22	5292.6	22
山东	Shandong	2545.9	3	6126.4	2	14211.6	2	22294.8	2	25111.5	2
河南	Henan	1786.7	7	3358.4	5	7893.5	5	12426.6	5	14005.0	5
湖北	Hubei	1789.4	6	2964.6	9	6719.4	8	10885.9	6	12449.3	6
湖南	Hunan	1364.7	13	2459.1	12	5775.3	12	9018.6	10	10723.5	10
广东	Guangdong	4071.9	1	7882.6	1	17414.7	1	25453.9	1	28471.1	1
广西	Guangxi	859.2	16	1397.0	18	3271.8	18	5133.1	18	5772.8	18
海南	Hainan	172.5	28	268.6	28	623.8	28	992.9	28	1224.5	28
重庆	Chongqing	643.4	20	1215.8	22	2878.0	23	4599.8	21	5710.7	20
四川	Sichuan	1523.7	10	2981.4	7	6634.7	9	10561.4	8	12393.0	7
贵州	Guizhou	343.7	27	606.9	27	1482.7	25	2366.2	25	2936.9	25
云南	Yunnan	583.2	23	1034.4	24	2500.3	24	4004.6	24	4632.9	24
西藏	Tibet	42.9	31	73.1	31	180.8	31	293.2	31	364.5	31
陕西	Shanxi	607.6	22	1322.4	20	3147.7	20	4999.5	20	5918.7	17
甘肃	Gansu	362.7	26	632.8	26	1369.4	26	2173.8	26	2668.3	26
青海	Qinghai	82.1	30	160.5	30	346.0	30	544.1	30	620.8	30
宁夏	Ningxia	90.2	29	174.3	29	403.6	29	610.5	29	737.2	29
新疆	Xinjiang	374.5	25	637.8	25	1324.5	27	2108.2	27	2436.5	27

注：本表2014年数据均为第三次经济普查调整后数据。

a) The data in 2014 of this table are adjusted by the third economic census.

23—9 全省分县（市）主要经济指标及位次（2014年）

Main Economic Indicators and Their Orders of Precedence of All Counties (2014)

县（市）	County (City)	生产总值（亿元） Gross Demestic Product (100 million yuan)		人均生产总值（元） Per Capita Gross Demestic Product (yuan)		地方财政收入（万元） Local Government Revenue (10000 yuan)		人均地方财政收入（元） Local Per Capita Government Revenue (yuan)		财政支出（万元） Government Expenditure (10000 yuan)	
		指标 Amount	位次 Order of Prece-dence	指标 Amount	位次 Order of Prece-dence	指标 Amount	位次 Order of Prece-dence	指标 Amount	位次 Order of Prece-dence	指标 Amount	位次 Order of Prece-dence
巢湖市	Chaohu	255.52	7	29294	16	167235	12	1917.26	28	385894	19
长丰县	Changfeng	333.05	4	43814	6	246801	4	3246.76	11	420545	15
肥东县	Feidong	448.51	2	42193	8	232677	6	2188.87	24	441615	13
肥西县	Feixi	508.80	1	60849	2	331460	1	3964.05	7	484241	3
庐江县	Lujiang	200.23	17	16770	42	162216	13	1358.59	34	444453	12
濉溪县	Suixi	203.51	15	18664	37	142231	20	1304.42	37	416968	16
涡阳县	Guoyang	205.19	13	12534	54	112527	28	687.35	54	456376	6
蒙城县	Mengcheng	193.73	18	14082	52	144183	18	1048.03	43	454057	9
利辛县	Lixin	155.01	27	9377	59	109888	31	664.73	56	465441	5
砀山县	Dangshan	142.65	33	14637	50	61842	52	634.54	58	286238	38
萧县	Xiaoxian	200.49	16	14511	51	95354	39	690.14	53	384822	20
灵璧县	Lingbi	156.49	26	12422	56	60581	54	480.88	60	355627	24
泗县	Sixian	145.75	29	15524	45	62339	51	663.98	57	307460	33
怀远县	Huaiyuan	206.39	12	16198	43	151223	17	1186.84	40	453549	10
五河县	Wuhe	138.13	36	20730	34	94300	41	1342.60	35	278496	39
固镇县	Guzhen	144.80	31	22907	29	84093	43	1330.30	36	258794	44
界首市	Jieshou	121.94	44	15235	46	100232	36	1252.34	39	268855	42
临泉县	Linquan	134.95	37	5922	62	66753	47	292.91	62	472636	4
太和县	Taihe	165.72	25	9496	58	117638	27	674.09	55	525663	1
阜南县	Funan	124.72	41	7202	61	61437	53	354.79	61	452979	11
颍上县	Yingshang	190.50	20	10780	57	141678	21	801.68	48	455601	7
凤台县	Fengtai	223.38	9	35768	11	177980	11	2359.47	21	404854	18
天长市	Tianchang	262.36	6	41527	9	204793	8	3241.50	12	369846	22
明光市	Mingguang	111.02	48	17473	40	82765	44	1302.69	38	275342	40
来安县	Laian	119.12	46	24147	26	110695	29	2243.81	23	246454	49
全椒县	Quanjiao	106.78	49	23188	28	125471	26	2724.76	19	249992	48
定远县	Dingyuan	140.98	34	14645	49	105983	32	1100.93	42	383099	21
凤阳县	Fengyang	140.31	35	18193	38	136533	22	1770.22	30	327373	30
寿县	Shouxian	123.39	42	8838	60	68309	46	489.26	59	436368	14
霍邱县	Huoqiu	230.24	8	13490	53	143372	19	766.66	50	506475	2

23—9 续表1 continued

县（市）	County (City)	生产总值（亿元）Gross Demestic Product (100 million yuan) 指标 Amount	位次 Order of Precedence	人均生产总值（元）Per Capita Gross Demestic Product (yuan) 指标 Amount	位次 Order of Precedence	地方财政收入（万元）Local Government Revenue (10000 yuan) 指标 Amount	位次 Order of Precedence	人均地方财政收入（元）Local Per Capita Government Revenue (yuan) 指标 Amount	位次 Order of Precedence	财政支出（万元）Government Expenditure (10000 yuan) 指标 Amount	位次 Order of Precedence
舒城县	Shucheng	149.53	28	15015	47	90045	42	904.19	46	326331	31
金寨县	Jinzhai	83.51	53	12423	55	54570	55	811.80	47	345572	25
霍山县	Huoshan	145.14	30	39979	10	101667	34	2800.39	17	232886	51
当涂县	Dangtu	264.51	5	55863	4	267455	2	5648.44	4	407501	17
含山县	Hanshan	116.10	47	26169	23	96205	37	2168.52	25	220863	55
和县	Hexian	129.16	39	23885	27	126351	25	2336.50	22	289121	36
芜湖县	Wuhu	180.32	21	52135	5	240382	5	6950.22	2	328900	29
繁昌县	Fanchang	204.18	14	73354	1	262618	3	9434.69	1	342126	26
南陵县	Nanling	172.47	24	31335	13	162026	14	2943.69	15	293930	35
无为县	Wuwei	337.10	3	26648	21	186555	10	1474.72	32	454928	8
宁国市	Ningguo	221.07	10	57089	3	218929	7	5653.60	3	322618	32
郎溪县	Langxi	103.54	50	29997	15	155765	15	4512.66	6	256849	46
广德县	Guangde	173.07	23	33374	12	187637	9	3618.30	10	358430	23
泾县	Jingxian	77.46	54	21781	31	103097	33	2898.96	16	222118	54
绩溪县	Jixi	53.78	58	30429	14	66395	49	3756.75	9	138744	58
旌德县	Jingde	31.82	60	21224	33	46364	57	3092.14	13	109273	60
铜陵县	Tongling	123.23	43	42550	7	133721	23	4617.15	5	245469	50
东至县	Dongzhi	121.58	45	22220	30	94783	40	1732.31	31	258428	45
石台县	Shitai	20.39	62	18816	36	15237	62	1406.04	33	93039	62
青阳县	Qingyang	74.60	55	27307	20	110580	30	3804.32	8	205039	56
桐城市	Tongcheng	217.47	11	28742	17	151269	16	1999.25	27	335722	28
怀宁县	Huaining	174.51	22	24927	24	132664	24	1894.93	29	287019	37
枞阳县	Zongyang	191.41	19	19705	35	95504	38	983.16	44	303052	34
潜山县	Qianshan	125.31	40	21364	32	66336	50	1130.92	41	266386	43
太湖县	Taihu	92.58	52	16170	44	40158	59	701.41	52	250141	47
宿松县	Susong	143.35	32	16841	41	66427	48	780.43	49	336000	27
望江县	Wangjiang	93.90	51	14851	48	45857	58	725.30	51	226069	52
岳西县	Yuexi	73.40	56	18000	39	39496	60	968.60	45	222812	53
歙县	Shexian	130.60	38	27362	19	101511	35	2126.77	26	274865	41
休宁县	Xiuning	67.85	57	24602	25	75506	45	2737.93	18	183036	57
黟县	Yixian	24.78	61	26227	22	29176	61	3088.08	14	94799	61
祁门县	Qimen	52.32	59	28015	18	48966	56	2621.98	20	136885	59

23—9 续表2 continued

县（市）	County (City)	就业人员平均工资（元）Average Wage of Staff and Workers (yuan)		规模以上工业增加值（亿元）Gross Industrial Output Value at and Above Township Level (100 million yuan)		人均工业增加值（元）Per Capita Gross Industrial Output Value (yuan)		农林牧渔业总产值（万元）Gross Output Value of Farming, Forestry, Animal Husbandry and Fishery (10000 yuan)	
		指标 Amount	位次 Order of Precedence	指标 Amount	位次 Order of Precedence	指标 Amount	位次 Order of Precedence	指标 Amount	位次 Order of Precedence
巢湖市	Chaohu	46196	23	83.88	19	9616.55	25	508969	31
长丰县	Changfeng	51079	7	168.52	5	22169.42	9	934971	7
肥东县	Feidong	44656	26	204.70	2	19256.54	10	1110938	2
肥西县	Feixi	51648	6	258.85	1	30956.37	4	844455	16
庐江县	Lujiang	42271	39	47.55	35	3982.39	49	784759	20
濉溪县	Suixi	42635	35	118.02	11	10823.96	23	695091	24
涡阳县	Guoyang	39970	50	55.47	28	3388.23	54	848615	15
蒙城县	Mengcheng	39970	51	46.48	37	3378.62	55	900262	9
利辛县	Lixin	37245	59	23.93	54	1447.46	61	836126	17
砀山县	Dangshan	37181	60	54.04	29	5545.13	43	720482	23
萧县	Xiaoxian	33247	62	65.96	25	4773.72	45	1018752	3
灵璧县	Lingbi	37640	56	44.69	39	3547.46	52	976268	5
泗县	Sixian	37581	57	24.01	53	2557.73	58	899435	10
怀远县	Huaiyuan	39367	53	94.42	13	7410.02	33	1000894	4
五河县	Wuhe	43889	27	50.89	33	7244.90	35	807240	18
固镇县	Guzhen	38051	55	81.73	20	12929.94	18	778004	21
界首市	Jieshou	40047	49	88.95	15	11113.92	21	434935	36
临泉县	Linquan	43029	34	28.19	51	1236.82	62	1200598	1
太和县	Taihe	40426	47	66.89	24	3833.04	50	895545	11
阜南县	Funan	38168	54	36.66	46	2117.06	59	865020	14
颍上县	Yingshang	47635	18	64.28	26	3637.28	51	870313	13
凤台县	Fengtai	68610	1	109.46	12	14511.07	14	421800	37
天长市	Tianchang	57640	2	185.14	4	29304.72	6	513556	30
明光市	Mingguang	41290	43	26.76	52	4212.23	48	552441	27
来安县	Laian	52143	5	47.48	36	9623.94	24	354626	44
全椒县	Quanjiao	48974	15	34.81	47	7558.84	32	417280	39
定远县	Dingyuan	48170	16	30.04	49	3120.33	57	959558	6
凤阳县	Fengyang	46857	22	42.95	40	5568.05	42	606233	25
寿县	Shouxian	35774	61	20.32	56	1455.31	60	798960	19
霍邱县	Huoqiu	43556	32	81.01	21	4331.93	47	883518	12

23—9 续表3 continued

县（市）	County (City)	就业人员平均工资 (元) Average Wage of Staff and Workers (yuan)		规模以上工业增加值 (亿元) Gross Industrial Output Value at and Above Township Level (100 million yuan)		人均工业增加值 (元) Per Capita Gross Industrial Output Value (yuan)		农林牧渔业总产值 (万元) Gross Output Value of Farming, Forestry, Animal Husbandry and Fishery (10000 yuan)	
		指标 Amount	位次 Order of Precedence	指标 Amount	位次 Order of Precedence	指标 Amount	位次 Order of Precedence	指标 Amount	位次 Order of Precedence
舒城县	Shucheng	40771	45	44.81	38	4500.00	46	530358	28
金寨县	Jinzhai	40906	44	23.73	55	3530.64	53	323287	47
霍山县	Huoshan	41854	40	86.38	18	23792.10	8	221552	53
当涂县	Dangtu	56590	3	145.25	7	30675.69	5	418071	38
含山县	Hanshan	47240	19	51.60	32	11630.97	20	356244	42
和县	Hexian	50806	8	59.76	27	11050.91	22	436530	35
芜湖县	Wuhu	47830	17	123.49	9	35703.77	2	311845	48
繁昌县	Fanchang	49779	13	197.35	3	70898.73	1	166545	56
南陵县	Nanling	41443	41	74.06	22	13455.79	15	504865	32
无为县	Wuwei	45414	25	167.54	6	13243.68	17	921865	8
宁国市	Ningguo	50757	9	127.96	8	33044.38	3	337410	45
郎溪县	Langxi	50079	10	52.81	30	15298.51	13	244322	52
广德县	Guangde	50046	11	88.33	16	17033.99	11	333229	46
泾县	Jingxian	50042	12	29.16	50	8200.01	31	275243	50
绩溪县	Jixi	49663	14	16.18	57	9153.38	27	177840	55
旌德县	Jingde	47046	20	7.27	60	4850.24	44	117131	59
铜陵县	Tongling	52404	4	73.49	23	25375.79	7	157876	58
东至县	Dongzhi	43595	31	40.16	43	7339.91	34	475919	34
石台县	Shitai	40473	46	3.64	62	3354.80	56	60069	62
青阳县	Qingyang	45558	24	34.11	48	11735.55	19	160191	57
桐城市	Tongcheng	42433	38	121.31	10	16032.88	12	476051	33
怀宁县	Huaining	43842	28	93.12	14	13301.41	16	372428	41
枞阳县	Zongyang	42541	36	87.78	17	9036.13	28	557576	26
潜山县	Qianshan	42494	37	48.42	34	8254.31	30	354816	43
太湖县	Taihu	37419	58	38.06	44	6647.23	37	413061	40
宿松县	Susong	43647	29	52.50	31	6168.35	38	739292	22
望江县	Wangjiang	41350	42	42.18	41	6671.29	36	519455	29
岳西县	Yuexi	40212	48	37.53	45	9203.42	26	263126	51
歙县	Shexian	47038	21	40.50	42	8485.19	29	279472	49
休宁县	Xiuning	43051	33	15.45	58	5602.33	41	215379	54
黟县	Yixian	39756	52	5.37	61	5683.77	40	61460	61
祁门县	Qimen	43596	30	11.46	59	6136.48	39	95232	60

23—9 续表4 continued

县（市）	County (City)	人均农林牧渔业总产值（元）Per Capita Gross Outpnt Value of Farming, Forestry, Animal Husbandry and Fishery (yuan)		农民人均可支配收入（元）Capita Net Income of Rural Households (yuan)		社会消费品零售总额（万元）Total Retail Sale of Consumer Goods (10000 yuan)		人均社会消费品零售总额（元）Per Capita Total Retail Sale of Consumer Goods (yuan)	
		指标 Amount	位次 Order of Prece-dence	指标 Amount	位次 Order of Prece-dence	指标 Amount	位次 Order of Prece-dence	指标 Amount	位次 Order of Prece-dence
巢湖市	Chaohu	5835.04	44	13859.53	8	806383	6	9244.73	19
长丰县	Changfeng	12299.90	2	13395.20	9	430205	43	5659.51	47
肥东县	Feidong	10450.97	4	14806.80	7	736313	10	6926.74	36
肥西县	Feixi	10099.15	5	15070.30	6	722858	12	8644.93	23
庐江县	Lujiang	6572.50	33	13111.18	10	740332	9	6200.41	42
濉溪县	Suixi	6374.80	38	9056.00	36	692671	15	6352.61	39
涡阳县	Guoyang	5183.60	55	8415.00	43	888774	3	5428.90	50
蒙城县	Mengcheng	6543.80	34	9211.00	34	842327	5	6122.68	43
利辛县	Lixin	5057.89	58	8339.66	47	747140	8	4519.60	56
砀山县	Dangshan	7392.68	27	8494.00	41	491213	33	5040.21	54
萧县	Xiaoxian	7373.37	28	8290.00	49	705370	14	5105.22	52
灵璧县	Lingbi	7749.47	25	8398.70	46	430031	44	3413.52	60
泗县	Sixian	9580.06	8	7949.00	56	376167	45	4006.63	58
怀远县	Huaiyuan	7855.30	22	10609.74	26	901727	2	7077.01	33
五河县	Wuhe	11493.14	3	10568.64	27	541083	27	7703.71	30
固镇县	Guzhen	12307.56	1	10670.41	24	437947	41	6928.06	35
界首市	Jieshou	5434.24	51	8983.00	38	437248	42	5463.14	49
临泉县	Linquan	5268.10	54	7826.00	59	692664	16	3039.34	62
太和县	Taihe	5131.66	56	8410.00	45	1160898	1	6652.19	37
阜南县	Funan	4995.36	59	7843.00	58	588240	23	3397.00	61
颍上县	Yingshang	4924.66	60	8241.00	50	624334	20	3532.79	59
凤台县	Fengtai	5591.79	47	10462.00	28	535111	29	7093.95	32
天长市	Tianchang	8128.66	18	12779.62	14	632622	18	10013.26	13
明光市	Mingguang	8695.20	15	8528.86	40	520505	30	8192.54	29
来安县	Laian	7188.35	31	9015.23	37	465267	38	9431.07	17
全椒县	Quanjiao	9061.77	10	9394.10	32	458269	39	9951.90	14
定远县	Dingyuan	9967.68	7	8542.00	39	467199	37	4853.16	55
凤阳县	Fengyang	7860.13	21	8080.00	52	487352	35	6318.77	40
寿县	Shouxian	5722.51	46	7812.75	60	710401	13	5088.21	53
霍邱县	Huoqiu	4724.46	62	7902.00	57	761065	7	4069.67	57

23—9 续表5 continued

县（市）	County (City)	人均农林牧渔业总产值（元）Per Capita Gross Outpnt Value of Farming, Forestry, Animal Husbandry and Fishery (yuan)		农民人均可支配收入（元）Capita Net Income of Rural Households (yuan)		社会消费品零售总额（万元）Total Retail Sale of Consumer Goods (10000 yuan)		人均社会消费品零售总额（元）Per Capita Total Retail Sale of Consumer Goods (yuan)	
		指标 Amount	位次 Order of Prece-dence	指标 Amount	位次 Order of Prece-dence	指标 Amount	位次 Order of Prece-dence	指标 Amount	位次 Order of Prece-dence
舒城县	Shucheng	5325.59	52	8410.00	44	626493	19	6290.93	41
金寨县	Jinzhai	4809.32	61	7762.02	61	512426	31	7623.02	31
霍山县	Huoshan	6102.60	40	9449.43	31	305224	53	8407.33	25
当涂县	Dangtu	8829.34	12	16584.78	1	615766	21	13004.50	4
含山县	Hanshan	8029.97	20	12954.00	13	368532	47	8306.94	28
和县	Hexian	8072.38	19	12965.00	12	469558	36	8683.14	22
芜湖县	Wuhu	9016.44	11	16269.00	2	441836	40	12774.90	5
繁昌县	Fanchang	5983.22	42	16118.00	3	373787	46	13428.49	3
南陵县	Nanling	9172.39	9	15786.00	5	540677	28	9823.03	15
无为县	Wuwei	7287.35	29	12989.00	11	879470	4	6952.22	34
宁国市	Ningguo	8713.23	13	12567.00	16	725128	11	18725.62	1
郎溪县	Langxi	7078.25	32	11020.00	18	288297	54	8352.25	26
广德县	Guangde	6425.83	37	12770.00	15	554156	25	10686.08	9
泾县	Jingxian	7739.49	26	10082.00	30	335813	51	9442.64	16
绩溪县	Jixi	10062.52	6	9335.00	33	246473	57	13945.91	2
旌德县	Jingde	7811.78	23	9116.00	35	177563	60	11842.15	6
铜陵县	Tongling	5451.18	50	15944.00	4	265784	56	9177.05	20
东至县	Dongzhi	8698.18	14	10653.03	25	357832	48	6539.95	38
石台县	Shitai	5543.03	48	7410.00	62	100476	61	9271.70	18
青阳县	Qingyang	5511.10	49	11158.41	17	315461	52	10852.91	8
桐城市	Tongcheng	6291.72	39	10713.00	23	682808	17	9024.33	21
怀宁县	Huaining	5319.65	53	10457.00	29	589078	22	8414.21	24
枞阳县	Zongyang	5739.90	45	8456.00	42	569836	24	5866.11	45
潜山县	Qianshan	6049.05	41	8309.00	48	489101	34	8338.40	27
太湖县	Taihu	7214.67	30	8010.00	54	339304	50	5926.41	44
宿松县	Susong	8685.74	16	8074.00	53	493718	32	5800.55	46
望江县	Wangjiang	8215.95	17	8177.00	51	354440	49	5605.99	48
岳西县	Yuexi	6452.92	36	8001.00	55	220369	58	5404.34	51
歙县	Shexian	5855.24	43	10883.00	20	548793	26	11497.82	7
休宁县	Xiuning	7809.87	24	10772.00	22	288145	55	10448.42	10
黟县	Yixian	6505.11	35	10917.00	19	95113	62	10067.05	11
祁门县	Qimen	5099.38	57	10803.00	21	187678	59	10049.58	12

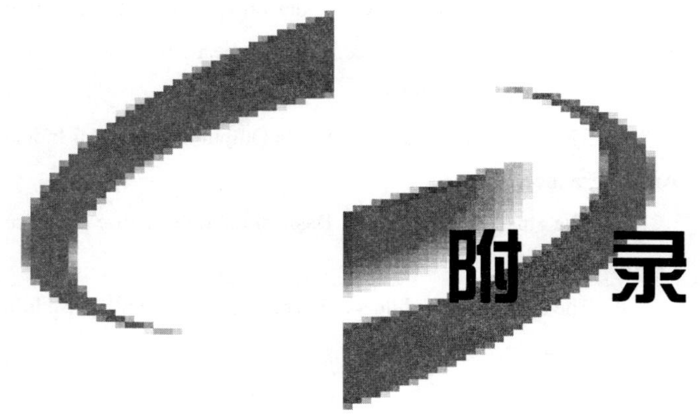

附　录

APPENDIX

简要说明

一、附表 1：贫困县监测情况由省农村贫困监测办公室提供。贫困概念指在一定的社会方式和生活方式下，个人家庭所得难以维持基本生存要求状况。

二、附表 2：全部林业部门产业总产值由省林业厅提供。

三、附表 3：全省建制镇基本情况由省局农业处提供。

四、附录 4、5：企业信息化建设情况由省局服务业处提供。

Brief Introduction

Ⅰ. The attached schedule 1: Data on observation and survey of counties are provided by the Rural Poverty Observation and Survey Office of Anhui Province. Poverty means that the income of the persons in the family can't meet the basic living demand in certain social and living style.

Ⅱ. The attached schedule 2 : Gross Output Value of All Industries in Forestry System was provided by Department of Forestry of Anhui Province.

Ⅲ. The attached schedule 3 : Basic situation of entire province organic town was provided by Department of agriculture of Anhui Province.

Ⅳ. The attached schedule 4、5: The situation of enterprise informatization construction is provided by service industrial section of provincial bureau.

附录1—1　全省农村贫困监测调查情况
Observation and Survey of Poverty in Rural Areas

		贫困人口（万人）Poor Population (10000 persons)		贫困发生率（%）Proportion of Poor Population to the Total (%)	
		2013	2014	2013	2014
总　　计	**Total**	**573.17**	**398.99**	**10.7**	**7.5**
国家级贫困及片区县	National Poverty and Counties	309.71	221.50	16.2	11.7
省扶贫开发重点县	Prvincial Key Counties of Poverty Alleviation and Development	113.18	81.05	9.4	7.5

附录1—2　各市农村贫困监测调查情况
Observation and Survey of Poverty in Rural Areas by Region

地　　区	Region	贫困人口（万人）Poor Population (10000 persons)		贫困发生率（%）Proportion of Poor Population to the Total (%)	
		2013	2014	2013	2014
总　　计	**Total**	**573.17**	**398.99**	**10.7**	**7.5**
合 肥 市	Hefei	25.32	17.47	5.6	3.5
淮 北 市	Huaibei	5.44	3.01	4.0	2.2
亳 州 市	Bozhou	55.97	40.84	9.3	8.0
宿 州 市	Suzhou	73.38	50.63	14.1	9.8
蚌 埠 市	Bengbu	16.98	11.19	6.0	3.9
阜 阳 市	Fuyang	115.19	83.95	12.8	9.4
淮 南 市	Huainan	6.72	4.18	4.9	3.0
滁 州 市	Chuzhou	25.99	16.74	7.3	4.7
六 安 市	Luan	97.36	69.28	15.2	10.8
马鞍山市	Maanshan	5.68	2.39	4.0	1.7
芜 湖 市	Wuhu	17.91	10.85	7.7	4.5
宣 城 市	Xuancheng	11.10	7.21	4.7	3.0
铜 陵 市	Tongling	1.13		3.7	
池 州 市	Chizhou	12.39	8.93	8.6	6.6
安 庆 市	Anqing	91.58	64.62	17.5	12.3
黄 山 市	Huangshan	11.04	7.70	9.3	6.5

附录1—3 农村扶贫开发重点县监测调查情况
Observation and Survey of Poor County

地　　区	Region	贫困人口（万人）Poor Population (10000 persons)		贫困发生率（%）Proportion of Poor Population to the Total (%)	
		2013	2014	2013	2014
国家级贫困及片区县	**National Poverty and Counties**	**309.71**	**221.50**	**16.2**	**11.7**
潜山县	Qianshan	10.72	7.33	20.3	13.9
太湖县	Taihu	14.09	10.09	27.4	19.6
宿松县	Susong	14.01	10.14	18.7	13.5
望江县	Wangjiang	14.47	10.44	24.8	18.0
岳西县	Yuexi	12.54	8.82	33.9	23.7
颍东区	Yingdong District	11.85	8.54	19.8	14.0
临泉县	Linquan	25.35	18.54	12.1	9.1
阜南县	Funan	22.46	16.58	15.1	11.6
颍上县	Yingshang	18.70	13.75	12.3	9.1
砀山县	Dangshan	11.62	8.46	13.6	10.1
萧　县	Xiaoxian	24.17	17.61	19.8	14.5
灵璧县	Lingbi	12.33	7.81	11.2	7.1
泗　县	Sixian	9.97	6.54	12.6	8.3
裕安区	Yuan District	15.84	11.00	17.4	12.1
寿　县	Shouxian	15.13	11.07	12.4	8.4
霍邱县	Huoqiu	21.19	15.48	13.6	9.9
舒城县	Shucheng	13.15	8.98	15.0	10.2
金寨县	Jinzhai	14.77	10.60	25.7	18.1
利辛县	Lixin	24.47	17.54	17.4	12.8
石台县	Shitai	2.88	2.18	31.1	22.8
省扶贫开发重点县	**Prvincial Key Counties of Poverty Alleviation and Development**	**113.18**	**81.05**	**9.4**	**7.5**
怀远县	Huaiyuan	6.43	4.76	5.7	4.2
定远县	Dingyuan	12.96	9.26	15.0	11.5
颍州区	Yingzhou District	4.93	3.18	8.3	6.8
颍泉区	Yingquan District	7.72	5.70	13.3	10.1
太和县	Taihe	16.89	12.35	10.9	7.9
界首市	Jieshou	7.28	5.31	12.2	7.8
埇桥区	Yongqiao District	15.29	10.22	11.0	8.4
金安区	Jinan District	10.18	6.98	14.0	9.8
谯城区	Qiaocheng District	8.24	6.17	4.0	4.0
涡阳县	Guoyang	13.45	9.95	9.6	7.4
蒙城县	Mengcheng	9.80	7.18	8.1	6.5

附录2　全部林业部门产业总产值

Gross Output Value of All Industries in Forestry System, Anhui Province

单位：万元（10000 yuan）

指　　标	Item	2014
总　　计	**Total**	**25108181**
第一产业	**The First Industry**	**7524719**
林木的培育和种植	Forest Cultivating and Planting	2061880
育种和育苗	Seeds and Seedlings	761977
造　林	Afforestation	735634
林木的抚育和管理	Forest Tending and Management	564269
木材和竹材的采运	Timber and Bamboo Logging and Transportation	762126
木材采运	Timber Logging and Transportation	510442
竹材采运	Bamboo Logging and Transportation	251684
经济林产品的种植与采集	Economic Forest Planting and Products Collecting	3694811
花卉的种植	Flowers Industry	664760
陆生野生动物繁育与利用	Land Wild Animals Raising and Utilization	166700
林业服务业	Forestry Service Industry	174442
第二产业	**The Second Industry**	**13361841**
木材加工及木、竹、藤、棕、苇制品制造	Timber Processing and Wood, Bamboo, Vine, Palm, and Reeds Products	8922915
木、竹、藤家具制造	Wooden, Bamboo and Vine Furniture	1011103
木、竹、苇浆造纸	Wood, Bamboo and Reeds Pulp/Paper	438712
林产化学产品制造	Forestry Chemical Products	127136
木质工艺品和木质文教体育用品制造	Wooden Craftwork and Education/Sports Tools	461791
非木质林产品加工制造业	Non-wood Forestry Products	1766196
其　他	Others	233491
第三产业	**The Third Industry**	**4221621**
林业旅游与休闲服务	Forestry Tourism and Relaxation Service	2792920
林业生态服务	Forestry Zoology Service	594563
林业专业技术服务	Forestry Technical Service	89378
林业公共管理服务	Forestry Public Adminstration and Service	310564

注：该表由省林业厅提供，统计核算执行国家林业局部门统计制度，并由国家统计局备案。

a) The table is provided by Forestry Department of Anhui Province, the statistics is in accordance with the regulation made by China State Forestry Administration, which is put on records in China State Statistic Bureau.

附录3　全省建制镇基本情况（2014年）
Basic Conditions on Organic Town of the Province (2014)

镇　　Town	常住人口 (人) Population of Permanent Residents (person)	从业人员 (人) Practitioners (person)	公共财政收入 (万元) Public Finance Income (10000 yuan)	农作物播种面积 (公顷) Crop Planting Area (hectares)	工业企业个数 (个) Number of Industrial Enterprises (unit)	工业企业从业人员 (人) Industrial Companies from Personnel of Course of Study (person)	建筑业企业个数 (个) Number of Construction Enterprises (unit)	建筑业企业从业人员数 (人) Construction Enterprise Employees (person)
合肥市瑶海区大兴镇	56955	7996	3075	99	113	2070	27	3747
合肥市庐阳区大杨镇	39712	39393	13050	255	103	5820	7	3255
合肥市蜀山区井岗镇	125712	33547	17580		76	3672	121	1821
合肥市蜀山区南岗镇	19014	6608	1812	38	79	3096	5	115
合肥市蜀山区小庙镇	71865	60811	8200	17040	152	6380	28	2350
合肥市包河区淝河镇	98637	57627	4559	330	155	3582	9	15682
合肥市包河区大圩镇	25754	18916	3752	1638	36	4298		
长丰县水湖镇	121355	57989	17876	12374	102	4725	56	9321
长丰县庄墓镇	28416	14240	636	4098	31	280		
长丰县杨庙镇	40127	32942	3210	10477	82	2655		900
长丰县吴山镇	34688	26660	2882	9806	67	3332	6	120
长丰县岗集镇	55163	22021	28500	6955	381	23500	45	3000
长丰县双墩镇	103563	57131	159400	13195	235	6684	17	2453
长丰县下塘镇	83125	52637	6450	16073	106	3756	2	3988
长丰县朱巷镇	28694	24279	1709	10126	175	816		
肥东县店埠镇	229134	192617	5471	13758	204	6502	31	31572
肥东县撮镇镇	79418	49042	92000	10091	486	12739	31	6375
肥东县梁园镇	53928	53175	5824	14612	47	1922	9	646
肥东县桥头集镇	46837	35705	7712	7174	85	3356	13	352
肥东县长临河镇	32490	30982	3997	7786	17	384	3	92
肥东县石塘镇	72120	46880	4500	12029	51	1110	5	910
肥东县古城镇	38694	37819	2031	15170	75	952	5	84
肥东县八斗镇	58032	42875	4577	19268	8	761	2	17
肥东县元疃镇	18736	16719	5265	6876	31	602	3	320
肥东县白龙镇	72112	44521	4215	16638	39	912		
肥东县包公镇	38685	37159	3283	10231	10	254	1	21
肥东县陈集镇	30652	18075	2806	9045	6	108		
肥西县上派镇	185384	51280	99376	5972	289	6988	247	3522
肥西县三河镇	56603	35960	14000	7698	72	7520	24	2933
肥西县官亭镇	89992	42376	3345	13775	46	960	9	505
肥西县山南镇	61768	43217	1831	16107	31	2935	13	173
肥西县花岗镇	107649	65101	3193	17308	135	10887	18	5089
肥西县紫蓬镇	29527	17495	16040	2563	115	4516	16	241
肥西县桃花镇	73351	38138	69200		226	26911	42	3510
肥西县丰乐镇	38900	27598	1858	10791	37	1920	3	27
庐江县庐城镇	174193	87939	90606	10076	224	5898	68	9905
庐江县冶父山镇	37752	26485	14359	10335	101	2674	22	1449
庐江县万山镇	35860	26156	6540	5790	49	1692	11	1090
庐江县汤池镇	33446	30190	3614	5302	55	1292	15	2787
庐江县郭河镇	44525	34079	4068	9898	41	2066	11	83
庐江县金牛镇	28945	26059	2192	7076	30	986	9	682
庐江县石头镇	30956	21882	2492	6762	42	1311	5	50
庐江县同大镇	54163	48305	5523	12243	63	1992	2	21
庐江县白山镇	44703	42225	2492	8234	32	1116	7	1115
庐江县盛桥镇	56063	34404	2463	10062	33	1022	8	384
庐江县白湖镇	81300	52669	9691	29927	122	4797	9	1625
庐江县龙桥镇	45620	29453	17032	7868	30	1914	9	366
庐江县矾山镇	44250	25219	5061	5743	89	2361	11	1076
庐江县罗河镇	55902	41050	15705	8952	33	1619	10	4263
庐江县泥河镇	84315	56051	6865	16390	93	2438	17	630

附录3　续表1　continued

镇　　Town	常住人口（人）Population of Permanent Residents (person)	从业人员（人）Practitioners (person)	公共财政收入（万元）Public Finance Income (10000 yuan)	农作物播种面积（公顷）Crop Planting Area (hectares)	工业企业个数（个）Number of Industrial Enterprises (unit)	工业企业从业人员（人）Industrial Companies from Personnel of Course of Study (person)	建筑业企业个数（个）Number of Construction Enterprises (unit)	建筑业企业从业人员数（人）Construction Enterprise Employees (person)
庐江县乐桥镇	50146	37229	1059	10914	28	765	8	77
庐江县柯坦镇	52592	36688	1932	9378	49	1194	7	281
合肥经济技术开发区高刘镇	63425	45919	4948	12895	78	3876		
巢湖市栏杆集镇	50469	30810	1677	8536	46	1450	4	320
巢湖市苏湾镇	56017	54829	1947	4362	1	70		
巢湖市柘皋镇	68500	32752	2944	12516	48	1350	1	400
巢湖市银屏镇	37680	14979	4024	4967	55	2678	7	82
巢湖市夏阁镇	67253	36413	4829	11118	82	2063		
巢湖市中垾镇	34314	20356	3565	448	109	5722	1	119
巢湖市散兵镇	40355	33746	7029	2832	30	1625	7	32
巢湖市烔炀镇	63198	36720	6192	10853	76	4000	13	510
巢湖市黄麓镇	42872	21133	4269	5464	69	6350	7	2916
巢湖市槐林镇	72794	64779	4853	9218	173	16378	4	372
巢湖市坝镇镇	30375	16983	1919	4882	31	782	4	243
淮北市杜集区朔里镇	32143	14980	3490	3321	112	3368	1	96
淮北市杜集区石台镇	29985	14959	1751	2849	101	3012	4	86
淮北市杜集区段圆镇	28876	19951	2041	3683	72	6127	3	407
淮北市相山区渠沟镇	48745	26455	3942	7083	186	16500	3	20
淮北市烈山区烈山镇	71761	39042	5720	4375	239	15699	7	1713
淮北市烈山区宋町镇	53065	25389	2453	6456	76	3251	1	59
淮北市烈山区古饶镇	89452	55834	2886	15819	185	4673	14	424
濉溪县濉溪镇	98551	15705	35055	3079	114	7798	10	4490
濉溪县韩村镇	67475	34420	23026	14137	173	6702		
濉溪县刘桥镇	57517	46468	10201	8391	98	5969	1	398
濉溪县五沟镇	105236	49449	17373	24970	25	3685		
濉溪县临涣镇	93620	73031	9577	19442	178	1840		
濉溪县双堆集镇	104851	57915	946	34339	5	848		
濉溪县铁佛镇	130502	54827	6997	28195	29	1431		
濉溪县南坪镇	100699	45177	4564	25817	17	1109		
濉溪县百善镇	114306	51630	15355	27228	45	5596		
濉溪县孙町镇	104353	79884	11053	24490	89	1638		
濉溪县四铺镇	88559	21129	7858	25719	15	1412		
亳州市谯城区古井镇	86650	36260	12300	10600	168	13220	3	364
亳州市谯城区芦庙镇	30305	17880	900	5768	6	47		
亳州市谯城区华佗镇	38792	18990	1312	6532	21	986	1	35
亳州市谯城区魏岗镇	48427	33817	2434	6850	41	3000	1	30
亳州市谯城区牛集镇	67724	37820	681	11591	40	2600		
亳州市谯城区颜集镇	52956	34456	671	8355	12	352		
亳州市谯城区五马镇	30826	25405	660	7020	18	956	1	56
亳州市谯城区十八里镇	68130	43629	29975	9990	209	18021	11	2457
亳州市谯城区谯东镇	61646	34377	821	9432	12	371		
亳州市谯城区十九里镇	33860	18000	6900	3900	160	7000		
亳州市谯城区沙土镇	53965	35626	959	13500	17	1112		
亳州市谯城区观堂镇	67616	30440	980	12260	29	3198		
亳州市谯城区大杨镇	66517	38623	3427	15186	36	2657		
亳州市谯城区城父镇	61970	35328	1820	12453	20	1021	1	43
亳州市谯城区十河镇	68304	47420	1776	12926	21	1847	1	50
亳州市谯城区双沟镇	92488	51926	1551	16410	35	2080	1	60
亳州市谯城区淝河镇	42150	22997	1492	10715	12	510		
亳州市谯城区古城镇	51000	26544	1080	12934	17	640	3	32
亳州市谯城区龙杨镇	65960	33930	822	12100	16	370		
亳州市谯城区立德镇	43794	26767	405	8968	19	369		

附录3　续表2　continued

镇　　　Town	常住人口 (人) Population of Permanent Residents (person)	从业人员 (人) Practitioners (person)	公共财政收入 (万元) Public Finance Income (10000 yuan)	农作物播种面积 (公顷) Crop Planting Area (hectares)	工业企业个数 (个) Number of Industrial Enterprises (unit)	工业企业从业人员 (人) Industrial Companies from Personnel of Course of Study (person)	建筑业企业个数 (个) Number of Construction Enterprises (unit)	建筑业企业从业人员数 (人) Construction Enterprise Employees (person)
涡阳县西阳镇	42833	24070	416	8262	40	1915		
涡阳县涡南镇	67168	25306	545	12894	138	2800		
涡阳县楚店镇	55165	28292	386	9977	68	1360		
涡阳县高公镇	46020	22602	392	8163	40	680		
涡阳县高炉镇	43225	30555	835	10902	76	3782	1	41
涡阳县曹市镇	72998	33844	521	17807	76	788		
涡阳县青町镇	81285	38364	584	16251	125	2286		
涡阳县石弓镇	54335	42045	461	10197	132	852		
涡阳县龙山镇	77978	36736	564	13079	54	1627		
涡阳县义门镇	83725	40693	702	13252	38	588		
涡阳县新兴镇	83582	45947	584	13528	42	1098		
涡阳县临湖镇	67720	34679	224	17370	42	1098		
涡阳县丹城镇	69438	28774	329	13174	130	2829		
涡阳县马店集镇	52321	24635	438	10385	46	1280		
涡阳县花沟镇	65007	30206	420	10538	75	2050		
涡阳县店集镇	39063	22876	348	6858	98	1796		
涡阳县陈大镇	58791	25552	413	9366	26	2118		
涡阳县牌坊镇	86737	40591	316	19878	78	2510	2	41
涡阳县公吉寺镇	54446	28843	426	9548	65	1483	1	22
涡阳县标里镇	65007	30606	420	11922	88	2680		
涡阳县单集林场	19870	9382	170	5296	35	1150		
蒙城县城关镇	110814	70365	15410	464	55	2687	26	6987
蒙城县双涧镇	58220	34260	1032	11216	47	2722		
蒙城县小涧镇	69100	57500	998	15660	210	3310		
蒙城县坛城镇	57319	18894	889	12995	1214	6082	112	491
蒙城县许疃镇	72599	43333	893	16133	30	4168	2	560
蒙城县板桥集镇	61375	57955	1135	17251	88	8365	26	2232
蒙城县马集镇	63958	38175	428	13902	56	1865	3	165
蒙城县岳坊镇	62518	36690	1090	14850	332	7896		
蒙城县立仓镇	125556	49757	1159	24697	24	650	10	750
蒙城县楚村镇	100315	59033	770	19246	213	2560	2	478
蒙城县乐土镇	95272	57582	2507	23389	41	1874	29	410
蒙城县三义镇	75892	63025	500	14116	16	502	1	78
蒙城县篱笆镇	61835	35107	935	13368	15	324	3	66
利辛县城关镇	234177	152031	7020	14280	225	11780	88	19013
利辛县阚疃镇	87352	42740	1748	11685	22	1750	1	122
利辛县张村镇	61342	34334	1280	12295	26	893	1	202
利辛县江集镇	62150	36127	1337	11456	25	397	2	164
利辛县旧城镇	52291	26793	611	9040	22	245	1	320
利辛县西潘楼镇	56220	35451	2324	9117	51	1485		40
利辛县孙集镇	39980	17716	796	7381	16	462	1	75
利辛县汝集镇	62284	54328	1268	10291	14	456		75
利辛县巩店镇	75916	40273	966	12901	22	463		37
利辛县王人镇	63196	28501	715	9963	24	650		
利辛县王市镇	54651	33383	888	8585	23	412		34
利辛县永兴镇	52155	30643	750	8521	3	410	1	119
利辛县马店孜镇	65344	38552	871	10600	15	367	2	319
利辛县大李集镇	53578	22422	567	8564	6	253		38
利辛县胡集镇	53817	36395	1290	12657	17	1056	2	424
利辛县展沟镇	38000	21530	344	6402	13	180		
利辛县程家集镇	52565	37566	647	11705	24	733	1	72
利辛县中疃镇	59117	36949	854	11715	26	613	10	114

附录3　续表3　continued

镇　　Town	常住人口（人）Population of Permanent Residents (person)	从业人员（人）Practitioners (person)	公共财政收入（万元）Public Finance Income (10000 yuan)	农作物播种面积（公顷）Crop Planting Area (hectares)	工业企业个数（个）Number of Industrial Enterprises (unit)	工业企业从业人员（人）Industrial Companies from Personnel of Course of Study (person)	建筑业企业个数（个）Number of Construction Enterprises (unit)	建筑业企业从业人员数（人）Construction Enterprise Employees (person)
利辛县望疃镇	95877	55669	950	18575	21	489		481
宿州市埇桥区符离镇	91693	44386	6636	9916	187	11724	1	270
宿州市埇桥区芦岭镇	72761	53202	1782	15550	55	9031		
宿州市埇桥区朱仙庄镇	65265	30802	6148	10386	245	12135		
宿州市埇桥区褚兰镇	49404	30315	444	10646	40	1452		
宿州市埇桥区曹村镇	57815	36936	2129	13445	45	1952		
宿州市埇桥区夹沟镇	71284	36945	1035	14338	28	671		
宿州市埇桥区栏杆镇	77687	28860	585	15303	35	990		
宿州市埇桥区时村镇	85340	31442	650	14703	74	2764		
宿州市埇桥区永安镇	64630	39996	818	16877	23	1210		
宿州市埇桥区灰古镇	33202	20299	720	7925	29	1533		
宿州市埇桥区大店镇	60126	34803	651	20861	46	2172		
宿州市埇桥区大泽乡镇	53955	34127	574	13720	60	3849		
宿州市埇桥区桃园镇	35362	19234	1043	8891	42	3100		
宿州市埇桥区蕲县镇	77641	44020	2143	12236	187	3841		
宿州市埇桥区大营镇	38480	19471	402	11358	11	647		
砀山县砀城镇	194678	51990	7645	5055	632	19625	29	12311
砀山县赵屯镇	54870	32185	596	7988	62	4022	23	252
砀山县李庄镇	47698	29068	729	4602	56	1300	23	264
砀山县唐寨镇	76174	34750	599	2642	21	305	15	230
砀山县葛集镇	59635	32028	518	4132	36	1187	46	1068
砀山县周寨镇	75748	31595	445	12099	306	4221	14	638
砀山县玄庙镇	87181	47768	1165	8189	78	4690	86	4168
砀山县官庄坝镇	47878	27513	872	6238	26	1289	2	75
砀山县曹庄镇	30068	23707	786	6324	31	1182	2	122
砀山县关帝庙镇	56546	25793	1045	8220	169	4384	4	78
砀山县朱楼镇	40898	13742	812	6960	38	2312	3	42
砀山县良梨镇	56411	38933	675	2550	43	1225		
砀山县程庄镇	63939	41571	445	9878	16	2316		
萧县龙城镇	121134	72980	17200	4986	289	24590	20	33041
萧县黄口镇	101000	41169	3130	11682	40	7410	2	420
萧县杨楼镇	77100	34329	2700	11953	39	1430		
萧县闫集镇	50790	17490	408	7698	6	1210		
萧县新庄镇	74238	40971	734	14905	14	253		
萧县刘套镇	34132	19965	1488	5454	30	320	5	105
萧县马井镇	74257	31979	510	11960	26	2016		
萧县大屯镇	68818	36679	1040	9055	26	986		
萧县赵庄镇	68543	16532	720	10838	132	2616		
萧县杜楼镇	68445	39496	3077	12173	50	3938	2	73
萧县丁里镇	40670	20221	1363	5873	50	1135	2	58
萧县王寨镇	74102	36060	2129	12714	25	480		
萧县祖楼镇	40877	34643	690	5371	32	1488		
萧县青龙集镇	28431	9201	562	4532	13	176		
萧县张庄寨镇	79850	52000	1400	13600	145	2800	1	46
萧县永堌镇	29165	19162	1754	4338	21	1465	2	21
萧县白土镇	29830	18650	202	4485	20	756		
萧县官桥镇	18255	13955	685	3787	22	1326		
灵璧县灵城镇	105495	66470	4393	10734	60	2958	37	6862
灵璧县韦集镇	49920	34450	210	12927	28	480		
灵璧县黄湾镇	41760	31675	561	13561	10	322		
灵璧县娄庄镇	78997	38488	583	23104	24	706		
灵璧县杨疃镇	69421	37742	580	17938	17	2110	1	147

附录3 续表4 continued

镇 Town	常住人口（人）Population of Permanent Residents (person)	从业人员（人）Practitioners (person)	公共财政收入（万元）Public Finance Income (10000 yuan)	农作物播种面积（公顷）Crop Planting Area (hectares)	工业企业个数（个）Number of Industrial Enterprises (unit)	工业企业从业人员（人）Industrial Companies from Personnel of Course of Study (person)	建筑业企业个数（个）Number of Construction Enterprises (unit)	建筑业企业从业人员数（人）Construction Enterprise Employees (person)
灵璧县尹集镇	61736	45115	525	13725	15	2120	1	7
灵璧县浍沟镇	45588	33240	477	8520	7	216	1	38
灵璧县尤集镇	55481	31110	767	10847	37	1580	26	510
灵璧县下楼镇	68622	40982	743	12567	39	2636	6	990
灵璧县朝阳镇	71180	41350	927	12809	33	1680	1	172
灵璧县渔沟镇	70950	27482	1172	11049	48	1356	2	254
灵璧县高楼镇	73821	49800	465	11498	55	3100	1	4850
灵璧县冯庙镇	78037	45989	1187	13618	41	750		
泗县泗城镇	96115	64165	3165	7832	81	3263	13	5592
泗县墩集镇	30790	23421	450	8107	8	190		
泗县丁湖镇	57910	31199	408	11773	7	56		
泗县草沟镇	71306	40029	1076	19400	30	912		
泗县长沟镇	45389	25033	1226	15855	49	2422		
泗县黄圩镇	63674	22409	4447	10811	60	6580		
泗县大庄镇	67299	37513	2416	10907	28	1153		
泗县山头镇	66717	38322	875	10773	300	3500		
泗县刘圩镇	44228	30071	1038	7930	18	1700	3	300
泗县黑塔镇	75284	28718	502	17842	148	3946	1	85
泗县草庙镇	19765	10698	398	6981	19	312	2	29
泗县屏山镇	64075	63671	632	16717	15	1890		
蚌埠市龙子湖区长淮卫镇	43408	30762	1050	7070	99	3455		
蚌埠市禹会区秦集镇	33562	19900		1898	74	1331	9	78
蚌埠市禹会区马城镇	73400	54076	2249	11617	62	4206		
蚌埠市淮上区小蚌埠镇	49887	29612	33500	2529	120	5940	3	18
蚌埠市淮上区吴小街镇	28765	15071	12000	3059	90	2989	9	130
蚌埠市淮上区曹老集镇	44230	30330	3500	10363	54	700	8	1561
蚌埠市淮上区梅桥镇	47036	28980	2654	6702	19	892		
蚌埠市淮上区沫河口镇	77543	37295	3663	20386	25	365	5	127
怀远县城关镇	172486	108737	52602	7108	190	8815	27	3694
怀远县鲍集镇	71447	55130	2965	18685	20	874	4	72
怀远县龙亢镇	65711	38995	4358	11371	20	1125	1	69
怀远县河溜镇	67989	44154	1545	12559	15	831	1	291
怀远县常坟镇	100174	60012	4991	16069	62	2845	4	320
怀远县双桥集镇	60588	28535	1886	14585	10	409		
怀远县魏庄镇	47805	23523	931	12750	14	719		
怀远县万福镇	55736	45779	754	13066	5	110		
怀远县唐集镇	66843	45080	752	18171	27	1142		
怀远县白莲坡镇	90123	49267	2406	16123	54	1986	1	39
五河县城关镇	108976	71975	15672	8196	123	2617	6	1452
五河县新集镇	51233	33096	1440	12168	7	486		
五河县小溪镇	30139	21740	1617	8990	63	1895		
五河县双忠庙镇	53053	23056	1052	13268	28	683	1	13
五河县小圩镇	45641	26562	1242	8797	18	1258		
五河县东刘集镇	68729	38122	1160	23655	4	195		
五河县头铺镇	55666	24243	2199	9430	14	310		
五河县大新镇	29757	17390	1018	7730	5	160		
五河县武桥镇	30791	25115	756	9407	31	720		
五河县朱顶镇	50337	37251	1549	8563	16	435		
五河县浍南镇	60311	35260	1101	21241	17	655		
五河县申集镇	53875	32883	1656	12393	7	171		
固镇县城关镇	108062	40653	37924	12224	588	32056	30	3035

附录3　续表5　continued

镇　　Town	常住人口（人）Population of Permanent Residents (person)	从业人员（人）Practitioners (person)	公共财政收入（万元）Public Finance Income (10000 yuan)	农作物播种面积（公顷）Crop Planting Area (hectares)	工业企业个数（个）Number of Industrial Enterprises (unit)	工业企业从业人员（人）Industrial Companies from Personnel of Course of Study (person)	建筑业企业个数（个）Number of Construction Enterprises (unit)	建筑业企业从业人员数（人）Construction Enterprise Employees (person)
固镇县王庄镇	37913	28308	1278	11273	8	768	3	389
固镇县新马桥镇	53165	35522	3732	13420	76	1860	6	852
固镇县连城镇	49005	25978	4430	9035	226	10712	3	402
固镇县刘集镇	60126	38824	4139	17899	39	6895	4	520
固镇县任桥镇	57099	34002	2229	16027	7	612	3	756
固镇县湖沟镇	49820	35722	2496	14774	45	4710	5	305
固镇县濠城镇	32819	32663	1747	8133	6	360	3	260
阜阳市颍州区王店镇	69113	27999	996	9724	34	574		
阜阳市颍州区程集镇	46068	24803	2138	7442	39	1988		
阜阳市颍州区三合镇	38570	19824	735	6969	17	172		
阜阳市颍州区西湖镇	34250	20643	583	5953	8	367		
阜阳市颍州区九龙镇	42336	26688	623	6871	17	392		
阜阳市颍州区三十里铺镇	42251	22816	1110	6498	5	493		
阜阳市颍州区三塔集镇	73412	52091	1526	9527	16	1248		
阜阳市颍东区口孜镇	77419	36728	966	9939	15	336		
阜阳市颍东区插花镇	84801	34971	2221	10862	27	680	1	96
阜阳市颍东区袁寨镇	67441	35277	1050	5915	25	488	1	26
阜阳市颍东区枣庄镇	43416	23675	664	8044	9	188		
阜阳市颍东区老庙镇	43984	21919	702	8096	15	303	1	70
阜阳市颍东区正午镇	46624	21071	974	9420	9	212	1	38
阜阳市颍东区杨楼孜镇	35206	24512	1442	4983	25	531		
阜阳市颍东区新乌江镇	48055	28200	645	8104	30	1200		
阜阳市颍泉区伍明镇	115518	73981	1000	16957	295	3152	1	140
阜阳市颍泉区宁老庄镇	97659	56752	3830	13415	70	2306		
阜阳市颍泉区闻集镇	127139	60843	1399	18231	78	4412	1	435
阜阳市颍泉区行流镇	106385	64508	1258	16011	135	6235	3	1650
临泉县城关镇	185284	97016	5438	4435	150	7520	38	7579
临泉县杨桥镇	59647	39030	1056	6406	22	562		
临泉县同城镇	62485	36402	5980	6988	34	1320	1	110
临泉县谭棚镇	63721	44030	763	8260	51	432		
临泉县老集镇	71344	34225	543	7510	78	2750	1	209
临泉县滑集镇	75096	42906	844	8834	12	475		
临泉县吕寨镇	61844	38593	640	7727	6	89		
临泉县单桥镇	62291	31013	470	7289	8	323	1	178
临泉县长官镇	83025	41935	601	10163	14	337		
临泉县宋集镇	88318	56603	673	10211	7	130		
临泉县张新镇	59863	35556	907	6153	18	135	1	178
临泉县艾亭镇	77069	39346	898	9766	49	578		
临泉县陈集镇	68483	34705	351	9695	19	275		
临泉县韦寨镇	91994	48251	567	9230	71	1412	2	837
临泉县迎仙镇	78268	35810	442	9310	8	285		
临泉县瓦店镇	62341	37810	563	7962	11	519		
临泉县姜寨镇	70981	38740	370	7644	26	650		
临泉县庙岔镇	69426	38657	553	8245	9	415		
临泉县黄岭镇	76546	38816	533	8640	4	236		
临泉县白庙镇	55206	29210	503	5949	6	401	1	34
临泉县关庙镇	69246	30103	641	8220	4	126		
临泉县杨小街镇	52688	23256	458	6536	5	136	1	36
太和县城关镇	241738	132951	26683	2936	116	15600	11	1706
太和县旧县镇	57506	28649	3144	6544	10	2250	1	208
太和县税镇镇	45955	20996	969	2504	40	1210		
太和县皮条孙镇	24292	17792	651	3415	172	4200		

附录3　续表6　continued

镇　　　Town	常住人口 （人） Population of Permanent Residents (person)	从业人员 （人） Practitioners (person)	公　　共 财政收入 （万元） Public Finance Income (10000 yuan)	农作物 播种面积 （公顷） Crop Planting Area (hectares)	工业企业 个　　数 （个） Number of Industrial Enterprises (unit)	工业企业 从业人员 （人） Industrial Companies from Personnel of Course of Study (person)	建筑业 企业个数 （个） Number of Construction Enterprises (unit)	建筑业企业 从业人员数 （人） Construction Enterprise Employees (person)
太和县原墙镇	59998	33587	910	4051	19	388		
太和县倪邱镇	57521	30983	1690	8985	33	1020		
太和县李兴镇	74192	38599	1011	9566	27	4012		
太和县大新镇	54389	32017	2910	7455	27	2035		
太和县肖口镇	59522	34470	4733	7294	64	3268		
太和县关集镇	51399	35229	3165	3898	6	335		
太和县三塔镇	44209	40452	2386	11060	38	1263		
太和县双浮镇	48381	27918	246	6018	8	582		
太和县蔡庙镇	34139	18692	438	4926	36	1690		
太和县三堂镇	49027	32507	1499	8491	52	783		
太和县苗老集镇	46840	29182	2286	8938	15	1689		
太和县赵庙镇	53400	36252	2317	8156	45	1650		
太和县宫集镇	41677	28711	2889	8135	13	1268		
太和县坟台镇	83651	57394	2083	15802	16	265		
太和县洪山镇	66559	51235	819	10150	12	1570		
太和县清浅镇	41390	17492	175	3012	15	260		
太和县五星镇	38679	28686	2762	5440	40	812		
太和县高庙镇	18256	14220	114	3436	25	611		
太和县桑营镇	40943	22692	682	7390	11	336		
太和县大庙集镇	55590	34284	258	6972	10	320		
太和县阮桥镇	46486	29158	525	7940	22	420		
太和县双庙镇	52941	31380	448	6533	51	254		
太和县胡总镇	24697	13645	43	4295	4	860		
阜南县方集镇	41000	18411	138	3100	25	285		
阜南县中岗镇	41664	19832	1102	4580	47	4300		
阜南县柴集镇	68680	40055	2087	9724	128	1511		
阜南县新村镇	58228	30939	454	7842	12	452		
阜南县朱寨镇	78901	40649	384	9068	18	223	1	56
阜南县柳沟镇	43607	27410	363	5612	18	420		
阜南县赵集镇	48670	24445	456	7668	13	521		
阜南县田集镇	59613	35217	703	7376	11	460		
阜南县苗集镇	59550	30359	487	7882	12	180		
阜南县黄岗镇	59469	36139	2826	6148	43	8150		
阜南县焦陂镇	70735	42210	934	8385	21	900		
阜南县张寨镇	58068	33606	426	6890	8	853		
阜南县王堰镇	41532	25044	290	7900	6	395		
阜南县地城镇	41741	16776	301	5938	10	488		
阜南县洪河桥镇	69368	39421	506	6472	75	1121		
阜南县王家坝镇	33236	16137	83	3016	6	240		
阜南县王化镇	40241	21813	377	5109	7	170	1	17
阜南县曹集镇	44872	23202	1350	5009	26	4650		
阜南县鹿城镇	158466	62468	8661	6814	534	11097	18	3765
阜南县会龙镇	36337	20428	330	7833	32	5860		
颍上县慎城镇	166891	84010	11374	7093	122	6640	17	468
颍上县谢桥镇	87620	53172	4881	9724	168	9560	15	276
颍上县南照镇	52048	28679	936	5568	95	10250	2	195
颍上县杨湖镇	58633	31992	535	6268	17	620	5	266
颍上县江口镇	80577	40016	790	9261	32	896		
颍上县润河镇	55643	35881	387	7431	8	218	2	31
颍上县新集镇	42721	24182	258	5848	4	86		
颍上县六十铺镇	60025	36331	1132	9458	30	616		
颍上县耿棚镇	79983	39729	267	9347	81	2126	1	86

附录3　续表7　continued

镇　　Town	常住人口（人）Population of Permanent Residents (person)	从业人员（人）Practitioners (person)	公共财政收入（万元）Public Finance Income (10000 yuan)	农作物播种面积（公顷）Crop Planting Area (hectares)	工业企业个数（个）Number of Industrial Enterprises (unit)	工业企业从业人员（人）Industrial Companies from Personnel of Course of Study (person)	建筑业企业个数（个）Number of Construction Enterprises (unit)	建筑业企业从业人员数（人）Construction Enterprise Employees (person)
颍上县半岗镇	46521	28826	399	6914	20	496	1	34
颍上县王岗镇	39234	21479	389	7840	10	504	8	291
颍上县夏桥镇	48674	29735	1068	8533	27	516	4	73
颍上县江店孜镇	50793	31475	370	8997	9	312		
颍上县陈桥镇	46608	28381	440	7608	20	1267		
颍上县黄桥镇	55493	31886	617	7400	38	1500		
颍上县八里河镇	56098	26433	1152	6270	10	660	5	205
颍上县迪沟镇	39831	23346	1250	5983	30	987		
颍上县西三十铺镇	44475	29641	894	6248	83	860		
颍上县红星镇	36498	16819	946	5827	14	163		
颍上县十八里铺镇	53403	18846	799	7235	59	1158	3	98
颍上县鲁口镇	35463	15176	508	4752	6	260	2	150
颍上县古城镇	45176	21469	1762	6469	46	8800	1	40
阜阳合肥现代产业园区袁集镇	51363	24702		5419	27	903		
界首市光武镇	58072	34528	15789	5426	85	7875		
界首市泉阳镇	42664	28210	565	6252	12	1160		
界首市芦村镇	31377	17728	463	4922	3	80		
界首市新马集镇	46049	25028	494	6026	26	716		
界首市大黄镇	37848	19470	466	4712	25	2590		
界首市田营镇	30882	17390	77116	3063	18	11870		
界首市陶庙镇	59886	33242	742	7246	37	1520		
界首市王集镇	52218	31520	599	6440	7	310		
界首市砖集镇	50660	23789	592	5365	16	700	1	793
界首市顾集镇	39500	29800	738	5646	2	120		
界首市代桥镇	26633	26130	405	4008	2	46		
界首市舒庄镇	32226	17218	404	4021	3	137		
淮南市大通区上窑镇	31129	15742	6720	4660	170	4612	2	735
淮南市大通区洛河镇	38674	11661	2355	3440	247	2013	2	1011
淮南市大通区九龙岗镇	29593	15276	2790	2532	132	1462	3	422
淮南市田家庵区舜耕镇	43698	5267	31364	77	50	745	3	420
淮南市田家庵区安成镇	33145	27274	51955	3467	86	3722		
淮南市田家庵区曹庵镇	37669	23805	1108	6258	46	1296	5	76
淮南市田家庵区三和镇	38062	23280	1982	4531	48	652	58	2840
淮南市谢家集区望峰岗镇	45437	22670	12258	750	48	3380		
淮南市谢家集区李郢孜镇	42153	28810	924	955	73	2661	7	586
淮南市谢家集区唐山镇	15781	14392	2385	1744	65	4873	1	170
淮南市谢家集区杨公镇	28000	18250	635	6321	18	380		
淮南市八公山区八公山镇	19785	6111	15821	573	135	4132	1	121
淮南市八公山区山王镇	54960	13141	2580	1995	40	6760	2	136
淮南市潘集区高皇镇	50164	29196	903	8794	22	1683		
淮南市潘集区平圩镇	41103	22943	1382	4261	35	2620	4	536
淮南市潘集区泥河镇	38838	19350	1507	6200	56	825		
淮南市潘集区潘集镇	35736	24490	1265	7912	18	2137	1	40
淮南市潘集区芦集镇	53549	26973	712	9119	17	337		
淮南市潘集区架河镇	29798	19583	2099	4794	7	248	1	70
淮南市潘集区夹沟镇	31712	24166	480	6456	11	550		
淮南市潘集区祁集镇	22006	13204	755	2804	13	373		
淮南市潘集区贺疃镇	32286	18923	516	7625	8	110		
凤台县城关镇	104396	9492	14100	83	26	428	9	1766
凤台县新集镇	67221	16105	25600	7561	182	1703	1	1053
凤台县朱马店镇	33371	23123	982	7241	42	2567		
凤台县岳张集镇	65000	30710	22000	6865	130	2860		

附录3　续表8　continued

镇　　Town	常住人口（人）Population of Permanent Residents (person)	从业人员（人）Practitioners (person)	公共财政收入（万元）Public Finance Income (10000 yuan)	农作物播种面积（公顷）Crop Planting Area (hectares)	工业企业个数（个）Number of Industrial Enterprises (unit)	工业企业从业人员（人）Industrial Companies from Personnel of Course of Study (person)	建筑业企业个数（个）Number of Construction Enterprises (unit)	建筑业企业从业人员数（人）Construction Enterprise Employees (person)
凤台县顾桥镇	30118	19886	1198	3723	59	1327	2	187
凤台县毛集镇	48352	24020	13147	8205	44	2542	2	1031
凤台县夏集镇	31938	17981	2649	5031	33	1500	1	450
凤台县桂集镇	39901	17834	1256	6296	96	5152		
凤台县焦岗湖镇	43970	26684	1011	7715	11	380		
凤台县凤凰镇	43434	33561	17390	8024	23	2951	2	68
凤台县杨村镇	39195	21513	660	6296	80	1790		
滁州市南谯区乌衣镇	59000	17983	6724	11495	42	2850	4	8
滁州市南谯区沙河镇	22833	15726	5522	7908	62	2875		
滁州市南谯区章广镇	27154	10396	951	8858				
滁州市南谯区黄泥岗镇	24556	14046	1807	6445	21	1124		
滁州市南谯区珠龙镇	18099	11584	1985	5507				
滁州市南谯区大柳镇	13328	6726	2115	4961	21	730	1	30
滁州市南谯区腰铺镇	27509	19101	5271	6238	242	7846	1	146
滁州市南谯区施集镇	31322	15016	1373	7680	32	1205	3	77
来安县新安镇	103867	79203	15083	10349	122	8318	6	3308
来安县半塔镇	67192	46413	2950	15109	69	5325	1	428
来安县水口镇	50964	32493	3536	14335	72	1128		
来安县汊河镇	38203	29291	42003	8290	175	10726		
来安县大英镇	13615	8694	460	3636	16	503		
来安县雷官镇	23651	17871	563	7360	13	472		
来安县施官镇	34843	26287	593	10109	34	771		
来安县舜山镇	27765	20621	761	7108	13	387		
全椒县襄河镇	122836	55781	54579	6456	323	7102	13	6941
全椒县古河镇	38179	17915	5379	7030	134	4421		
全椒县大墅镇	48807	26691	1963	8605	26	1985		
全椒县二郎口镇	53202	24228	2300	10843	64	3451		
全椒县武岗镇	21643	10041	1800	5529	45	1859		
全椒县马厂镇	36268	23602	1056	6275	19	1065		
全椒县石沛镇	28143	11642	1122	4805	39	1109		
全椒县十字镇	39854	17044	26749	9956	145	3125		
全椒县西王镇	26555	15734	385	3165	12	456		
全椒县六镇镇	43660	20803	3578	11960	39	2218		
定远县定城镇	161761	105129	14534	17162	428	2889	12	7641
定远县炉桥镇	103698	64347	6884	15344	398	5680	1	40
定远县永康镇	62597	29668	1111	10876	47	2067		
定远县吴圩镇	71323	41423	572	17525	13	284		
定远县朱湾镇	22895	18569	135	5968	15	566		
定远县张桥镇	57437	32358	559	13282	171	2536		
定远县藕塘镇	55915	26278	359	16136	92	2850		
定远县池河镇	56378	27428	573	13773	20	1103		
定远县连江镇	28537	16281	171	8772	9	720		
定远县界牌集镇	27330	11884	210	9695	5	56		
定远县仓镇	33228	13181	121	10451	5	224		
定远县三和集镇	34848	21904	1419	10099	13	1267		
定远县西卅店镇	39051	22874	1365	11437	16	3659		
定远县桑涧镇	38815	20581	208	12924	11	360		
定远县蒋集镇	29208	13487	108	7853	4	256		
定远县大桥镇	26748	18332	184	8498	6	81		
凤阳县府城镇	146231	83629	3852	11721	67	3998	27	13008
凤阳县临淮镇	46038	29924	3355	2456	90	4896	2	45
凤阳县武店镇	59940	39386	1835	7526	62	1100		

附录3　续表9　continued

镇　　Town	常住人口（人）Population of Permanent Residents (person)	从业人员（人）Practitioners (person)	公共财政收入（万元）Public Finance Income (10000 yuan)	农作物播种面积（公顷）Crop Planting Area (hectares)	工业企业个数（个）Number of Industrial Enterprises (unit)	工业企业从业人员（人）Industrial Companies from Personnel of Course of Study (person)	建筑业企业个数（个）Number of Construction Enterprises (unit)	建筑业企业从业人员数（人）Construction Enterprise Employees (person)
凤阳县西泉镇	40356	21368	1546	6623	52	1568	1	12
凤阳县官塘镇	38240	22345	855	6595	13	310		
凤阳县刘府镇	71374	39310	20727	13297	126	5640	1	14
凤阳县大庙镇	51777	25667	17983	12857	244	8843		
凤阳县殷涧镇	27346	19280	942	8633	20	219		
凤阳县总铺镇	50630	30180	1450	14535	30	510		
凤阳县红心镇	37600	21860	548	10737	8	180		
凤阳县板桥镇	65735	34682	12062	13620	66	7129	1	20
凤阳县大溪河镇	31449	14625	585	8985	18	555		
凤阳县小溪河镇	53139	29917	2912	14667	40	2173	2	33
凤阳县枣巷镇	26597	14526	620	6058	2	12		
天长市铜城镇	76536	45926	32349	17338	325	16273	3	182
天长市汊涧镇	59644	29373	13096	9783	131	7021	3	92
天长市秦栏镇	60895	49809	10579	7908	383	15592		
天长市大通镇	41861	22070	1666	10403	91	2846		
天长市杨村镇	40893	23850	5847	7899	148	6678		
天长市石梁镇	32453	26208	3330	6324	103	3233	1	6
天长市金集镇	40139	20186	4712	6410	160	4650		
天长市永丰镇	24945	16372	3889	5750	190	4758	3	44
天长市仁和集镇	42058	25657	4623	8607	185	5902	1	28
天长市冶山镇	34396	20474	4873	5474	126	8238		
天长市郑集镇	23044	13125	1411	4018	58	5053		
天长市张铺镇	32480	20011	1280	9173	72	3486		
天长市新街镇	24888	16123	1446	6030	58	3380	1	55
天长市万寿镇	14495	9199	3582	2705	44	2489		
明光市张八岭镇	26902	16834	1016	5436	16	1224		
明光市三界镇	19197	11013	555	3544	10	427		
明光市管店镇	17015	9011	668	2877	30	1118		
明光市自来桥镇	30413	15780	948	5172	11	364		
明光市涧溪镇	51262	27568	1832	10437	48	1753		
明光市石坝镇	51364	32763	1299	12002	30	721		
明光市苏巷镇	24413	9693	892	7771	14	880		
明光市桥头镇	31634	16947	2033	8500	15	823		
明光市女山湖镇	42718	23258	1161	8031	16	973		
明光市古沛镇	30371	17021	1383	8102	14	707		
明光市潘村镇	65035	31408	1591	11484	19	965		
明光市柳巷镇	29408	15564	479	5886	3	103		
六安市金安区木厂镇	42467	24901	900	6899	10	1350	1	17
六安市金安区马头镇	35410	24303	510	4911	13	395		
六安市金安区东桥镇	36420	12488	851	4042	11	360	2	80
六安市金安区张店镇	52868	52860	1308	6663	9	158		
六安市金安区毛坦厂镇	24071	6999	1531	1132	27	1514	3	235
六安市金安区东河口镇	52976	29955	611	6459	12	795		
六安市金安区双河镇	46353	27338	1155	6631	19	800		
六安市金安区施桥镇	58397	30358	1050	7665	247	4300	5	500
六安市金安区孙岗镇	57300	38087	1533	10222	29	2160		
六安市金安区三十铺镇	82631	32567	12384	9564	144	5927	3	790
六安市金安区椿树镇	24670	22660	1090	2670	29	1090	1	30
六安市裕安区苏埠镇	55376	44959	4033	4287	65	8675	3	107
六安市裕安区韩摆渡镇	52056	30146	737	4508	20	460		
六安市裕安区新安镇	72402	36048	6711	6518	28	2150	1	50
六安市裕安区顺河镇	47727	24527	1062	2865	21	1310	2	191

附录3　续表10　continued

镇　　Town	常住人口（人）Population of Permanent Residents (person)	从业人员（人）Practitioners (person)	公共财政收入（万元）Public Finance Income (10000 yuan)	农作物播种面积（公顷）Crop Planting Area (hectares)	工业企业个数（个）Number of Industrial Enterprises (unit)	工业企业从业人员（人）Industrial Companies from Personnel of Course of Study (person)	建筑业企业个数（个）Number of Construction Enterprises (unit)	建筑业企业从业人员数（人）Construction Enterprise Employees (person)
六安市裕安区独山镇	75809	45680	1862	6410	96	3400	5	79
六安市裕安区石婆店镇	31913	21950	375	4308	14	566		
六安市裕安区城南镇	36598	21802	19756	3838	45	1089	1	890
六安市裕安区丁集镇	48536	39433	1508	8621	19	2060	3	490
六安市裕安区固镇镇	42620	19156	818	7138	46	1980		
六安市裕安区徐集镇	32496	19741	2643	5039	11	1286	5	486
六安市裕安区分路口镇	50091	30629	3624	7224	26	1038	9	865
六安市裕安区江家店镇	44083	34630	1800	7900	20	2400	3	350
寿县寿春镇	123108	60436	4281	5961	346	7860	16	138
寿县双桥镇	42288	38834	1049	10695	28	888		
寿县涧沟镇	47009	19896	986	9603	10	630	1	25
寿县丰庄镇	44531	24072	833	7234	18	305	1	113
寿县正阳关镇	43166	37396	2095	10225	11	2820	1	134
寿县迎河镇	63129	52424	1260	9446	19	581		
寿县板桥镇	53737	42350	1275	5232	3	589		
寿县安丰塘镇	41154	34295	861	9480	17	436	2	12
寿县堰口镇	64438	24649	2150	10667	38	1700	6	1242
寿县保义镇	61741	39406	2171	11167	32	586		
寿县隐贤镇	39244	27647	1165	3612	207	4462	1	32
寿县安丰镇	62360	50083	2883	14558	22	583	2	25
寿县众兴镇	56490	30877	1156	8135	20	1000		
寿县茶庵镇	24540	13920	573	7293	19	816		
寿县三觉镇	53299	37607	1181	11709	132	1916		
寿县炎刘镇	73000	42666	1952	13244	47	3150	7	764
寿县刘岗镇	35121	23222	964	12830	13	779	3	117
寿县双庙集镇	26043	24223	1106	9413	25	1669	3	565
寿县小甸镇	67638	49735	2435	12951	22	875	4	143
寿县瓦埠镇	17833	15178	810	4449	4	410	1	12
寿县大顺镇	39756	38442	702	8080	36	1986	2	144
寿县窑口镇	34033	18659	1730	9440	15	1000	1	120
霍邱县城关镇	157688	61404	7169	5328	45	11932	15	9538
霍邱县河口镇	20063	18108	1066	3364	23	365	2	62
霍邱县周集镇	86692	37561	1714	11142	186	4152	3	92
霍邱县临水镇	63992	35282	2088	9518	49	863	3	285
霍邱县新店镇	73065	43984	2062	13410	26	3526	2	568
霍邱县石店镇	54603	30334	1245	10757	121	4126	1	150
霍邱县马店镇	41927	24038	1297	2499	105	1972		
霍邱县孟集镇	60617	39599	1202	12206	217	3250	14	343
霍邱县花园镇	43329	23332	552	5804	88	2628	25	212
霍邱县扈胡镇	64637	63928	920	10877	171	4667		
霍邱县长集镇	36139	26260	986	4335	17	469		
霍邱县洪集镇	44418	23473	654	7707	960	9613		
霍邱县姚李镇	58571	34278	5028	6695	95	4100		
霍邱县乌龙镇	28568	25086	1365	8643	8	344		
霍邱县高塘镇	51202	28116	1490	9685	208	6867	2	1300
霍邱县龙潭镇	44226	21045	1040	3440	27	421		
霍邱县岔路镇	28940	22739	481	7055	8	420		
霍邱县冯井镇	41991	30135	1194	7248	18	1411		
霍邱县众兴集镇	39255	8900	2000	4794	7	200	2	200
霍邱县夏店镇	39832	21369	560	5870	167	2048	8	101
霍邱县曹庙镇	28783	21596	530	5365	51	621		
霍邱县叶集镇	91890	58286	1040	5869	150	7376	5	1106

附录3　续表11　continued

镇　　Town	常住人口（人）Population of Permanent Residents (person)	从业人员（人）Practitioners (person)	公共财政收入（万元）Public Finance Income (10000 yuan)	农作物播种面积（公顷）Crop Planting Area (hectares)	工业企业个数（个）Number of Industrial Enterprises (unit)	工业企业从业人员（人）Industrial Companies from Personnel of Course of Study (person)	建筑业企业个数（个）Number of Construction Enterprises (unit)	建筑业企业从业人员数（人）Construction Enterprise Employees (person)
霍邱县范桥镇	41230	22018	1710	4670	152	790	13	3130
霍邱县潘集镇	54180	35127	1582	12023	24	1645	15	581
霍邱县三元镇	27260	19241	551	8138	4	214		
舒城县城关镇	193293	81727	14053	9161	220	10792	41	31071
舒城县晓天镇	35351	26265	827	2386	38	1052	1	835
舒城县桃溪镇	25935	11759	1859	2428	16	368	1	28
舒城县万佛湖镇	40736	21513	1288	3717	36	627	8	1446
舒城县千人桥镇	53375	26502	1965	7894	50	3084	2	1578
舒城县百神庙镇	41748	23605	1064	7902	26	1026	1	3537
舒城县杭埠镇	54906	31823	7560	8048	82	9600	1	600
舒城县舒茶镇	32025	19974	1039	4057	27	1321	2	310
舒城县南港镇	47212	31259	1204	5932	86	2152	2	45
舒城县干汊河镇	54333	35901	1755	6649	87	5997	6	595
舒城县张母桥镇	30235	20178	591	3096	24	980	1	35
舒城县五显镇	21569	14635	466	2510	34	3079	1	29
舒城县山七镇	32028	20001	275	2283	5	61	2	36
舒城县河棚镇	19609	13669	303	1369	15	260	1	50
舒城县汤池镇	49103	25475	393	4179	13	396	6	468
金寨县梅山镇	128015	68527	6533	4018	120	1850	6	480
金寨县麻埠镇	16317	7920	829	153	334	2945	1	65
金寨县青山镇	18062	9233	1086	875	38	1856	1	134
金寨县燕子河镇	29960	13962	1684	4340	48	930		
金寨县天堂寨镇	14297	7257	1928	2160	11	89	1	30
金寨县古碑镇	51435	24304	1006	2446	476	3178	1	148
金寨县吴家店镇	19530	8432	775	2789	26	145		
金寨县斑竹园镇	22381	9604	1204	2309	31	682	2	25
金寨县汤家汇镇	35189	21090	1258	4407	52	1887	4	148
金寨县南溪镇	48679	24275	1052	1780	21	2115	5	550
金寨县双河镇	26623	11937	703	1963	31	563		
金寨县白塔畈镇	27953	12734	1120	4133	14	2122	2	118
霍山县衡山镇	85446	28135	31552	1805	107	7582	13	1660
霍山县佛子岭镇	18167	12032	1801	763	10	1130	1	65
霍山县下符桥镇	19308	8765	1277	2961	17	578		
霍山县但家庙镇	16374	9696	906	2962	18	865	1	855
霍山县与儿街镇	38553	17787	2179	3580	33	1256		
霍山县黑石渡镇	26264	14552	1108	1529	51	2629		
霍山县诸佛庵镇	34059	15022	2064	1820	19	1790		
霍山县落儿岭镇	10032	4594	2057	500	75	1780		
霍山县磨子潭镇	13807	4829	1066	1444	39	196		
霍山县大化坪镇	18955	10466	427	1484	52	252	10	161
霍山县漫水河镇	19014	9557	310	1914				
霍山县上土市镇	17732	10791	201	1412	3	18	1	7
马鞍山市雨山区向山镇	57113	10312	21600	1695	271	12187	4	489
马鞍山市博望区博望镇	85012	66371	30229	6902	841	23005	3	88
马鞍山市博望区丹阳镇	53918	32327	13000	7443	192	7527	9	130
马鞍山市博望区新市镇	42041	24612	11000	4225	149	2715	3	565
当涂县姑孰镇	147812	109340	35100	5358	263	6458	14	2969
当涂县黄池镇	39085	33674	11854	6785	76	3625	15	1200
当涂县乌溪镇	22185	11807	4724	3200	39	4100	1	1335
当涂县石桥镇	48866	28544	12064	9267	128	10922	13	3022
当涂县塘南镇	33270	22758	2018	5065	45	2318	2	52
当涂县护河镇	29583	16313	3233	7178	62	2378	8	420

附录3　续表12　continued

镇　Town	常住人口（人）Population of Permanent Residents (person)	从业人员（人）Practitioners (person)	公共财政收入（万元）Public Finance Income (10000 yuan)	农作物播种面积（公顷）Crop Planting Area (hectares)	工业企业个数（个）Number of Industrial Enterprises (unit)	工业企业从业人员（人）Industrial Companies from Personnel of Course of Study (person)	建筑业企业个数（个）Number of Construction Enterprises (unit)	建筑业企业从业人员数（人）Construction Enterprise Employees (person)
当涂县太白镇	38096	31556	11087	5327	258	12167	52	1892
当涂县年陡镇	39663	22210	44486	7275	226	4889	33	286
当涂县湖阳镇	30106	21574	1233	1225	10	3852	3	390
含山县环峰镇	95734	65373	20303	7805	71	4096	3	219
含山县运漕镇	46571	18027	6490	7887	61	3579	8	565
含山县铜闸镇	26166	13878	3751	4357	60	4128	2	385
含山县陶厂镇	41058	13340	2646	4544	34	1768		
含山县林头镇	74075	32845	31165	7764	305	9260	3	435
含山县清溪镇	41432	19730	5344	5259	96	6534	2	35
含山县仙踪镇	65398	21141	11894	9125	19	2992	1	13
含山县昭关镇	21531	11142	1700	4241	10	665		
和县历阳镇	136860	79626	17991	14995	141	6395	47	17868
和县白桥镇	41765	29552	5610	6635	49	871	2	9
和县姥桥镇	66152	30907	5250	10094	27	839	7	220
和县功桥镇	39125	27865	4296	6821	9	110		
和县西埠镇	39002	24278	5870	11583	63	1934		
和县香泉镇	29297	25019	4125	9408	50	1014	2	11
和县乌江镇	65883	41038	42931	11358	119	6612	6	651
和县善厚镇	34049	19883	4067	7240	16	354	1	22
和县石杨镇	41960	27582	32600	6532	53	1923		
芜湖市鸠江区沈巷镇	86173	72878	8827	8800	91	2214	1	38
芜湖市鸠江区二坝镇	59262	66003	2858	6533	75	1210		
芜湖市鸠江区汤沟镇	63674	21938	1548	11146	78	1540	1	26
芜湖市鸠江区白茆镇	71295	54259	1896	11162	65	1392	4	127
芜湖市三山区峨桥镇	54993	30405	1387	2063	35	712		
芜湖县湾沚镇	117154	91651	48066	14028	139	2538	38	603
芜湖县六郎镇	83026	82739	37039	12188	191	5891	4	187
芜湖县陶辛镇	52752	27761	19800	9780	54	1298	7	328
芜湖县红杨镇	57006	42484	13956	11230	12	154		
芜湖县花桥镇	39530	33832	14791	8097	20	462	1	27
繁昌县繁阳镇	97303	45418	33302	3493	115	4910	13	8172
繁昌县荻港镇	40034	27366	46263	2449	81	7136		
繁昌县孙村镇	57402	43142	44689	4927	419	23274	1	120
繁昌县平铺镇	31541	19509	4694	5939	21	887	1	190
繁昌县新港镇	18596	12255	19065	884	50	5680		
繁昌县峨山镇	24924	13716	10136	2245	78	3360		
南陵县籍山镇	136605	52915	19979	14575	171	3397	17	23649
南陵县许镇镇	77252	67437	18638	18213	152	4931	2	6792
南陵县弋江镇	104792	88509	18028	17177	165	2865	1	56
南陵县三里镇	37682	28281	6136	8609	68	2043	8	1072
南陵县何湾镇	45353	24675	5783	8872	24	1370		
南陵县工山镇	55981	37156	6260	5333	63	1190		
南陵县烟墩镇	16957	9711	4509	3644	26	287		
南陵县家发镇	30583	18375	8907	6185	74	3922	1	661
无为县无城镇	220935	63867	45600	8314	165	13120	156	11610
无为县襄安镇	52869	30857	2574	7285	31	829	3	1465
无为县陡沟镇	68560	30031	1723	10279	38	1216	2	28
无为县石涧镇	79729	34402	12000	9492	98	2610	2	41
无为县严桥镇	65146	31612	1975	9698	71	3427	1	170
无为县开城镇	66523	27276	1762	9120	25	1652	4	536
无为县蜀山镇	58123	39198	1251	8798	38	612	4	283
无为县牛埠镇	45302	43573	1661	7563	50	1220	9	570

附录3　续表13　continued

镇　　Town	常住人口（人）Population of Permanent Residents (person)	从业人员（人）Practitioners (person)	公共财政收入（万元）Public Finance Income (10000 yuan)	农作物播种面积（公顷）Crop Planting Area (hectares)	工业企业个数（个）Number of Industrial Enterprises (unit)	工业企业从业人员（人）Industrial Companies from Personnel of Course of Study (person)	建筑业企业个数（个）Number of Construction Enterprises (unit)	建筑业企业从业人员数（人）Construction Enterprise Employees (person)
无为县刘渡镇	40300	28801	1186	3352	8	1135		
无为县姚沟镇	31259	19785	4875	3667	46	4708	10	120
无为县泥汊镇	67142	40002	20400	11395	156	8360	3	245
无为县福渡镇	41726	22333	3850	6081	27	2100	7	130
无为县泉塘镇	59120	45141	1394	7462	62	2995	7	167
无为县赫店镇	37690	15198	1610	5273	43	823	2	148
无为县红庙镇	44075	17802	992	5762	30	1720		
无为县高沟镇	51236	35371	42258	667	223	18730	4	1922
宣城市宣州区水阳镇	90329	55539	10716	8837	63	4467		
宣城市宣州区狸桥镇	66305	52000	11500	12000	190	5106	2	30
宣城市宣州区沈村镇	39443	26170	3483	8762	21	440	1	5
宣城市宣州区古泉镇	13135	10280	3142	6404	40	2721	2	109
宣城市宣州区洪林镇	43838	30648	5480	8206	51	1470		
宣城市宣州区寒亭镇	20068	11088	2260	6760	41	1200	1	2
宣城市宣州区文昌镇	20397	12927	1154	2668	16	4152	1	25
宣城市宣州区孙埠镇	53206	32183	21294	7048	138	5410	1	17
宣城市宣州区杨柳镇	36546	22945	3778	8352	34	714		
宣城市宣州区水东镇	32407	19652	15800	3443	48	3865	2	410
宣城市宣州区新田镇	19628	10334	700	3112	16	628		
宣城市宣州区周王镇	19075	10602	2967	2844	20	525		
宣城市宣州区溪口镇	24936	15608	1201	1229	14	566		
郎溪县建平镇	118616	50142	28700	5268	59	1792	7	1885
郎溪县十字镇	38341	19171	16091	8169	137	4518	1	141
郎溪县新发镇	26697	15439	3362	6562	86	2231	1	125
郎溪县涛城镇	26594	18519	3573	2373	67	1983		
郎溪县梅渚镇	26401	13123	822	5411	78	2200	2	1587
郎溪县毕桥镇	20012	9906	2312	4484	42	860	2	50
郎溪县飞鲤镇	39213	17182	1885	8172	40	810		
广德县桃州镇	127029	86758	9731	6774	380	21564	89	11349
广德县柏垫镇	47112	26688	6959	1649	123	1861		
广德县誓节镇	82803	52245	10402	10299	56	1985		
广德县邱村镇	75332	49976	13216	12334	217	9597	3	25
广德县新杭镇	80142	44097	67690	8539	205	20716	3	446
泾县泾川镇	107680	47219	29704	3288	284	13122	54	6420
泾县茂林镇	16177	10033	3588	3722	24	912		
泾县榔桥镇	27492	23193	5075	4891	52	913	1	35
泾县桃花潭镇	31507	17351	2294	4690	115	1052		
泾县琴溪镇	17537	15519	3058	3221	56	1498	6	185
泾县蔡村镇	14516	11487	1125	1518	15	503		
泾县云岭镇	37935	18889	10052	6557	161	983		
泾县黄村镇	21297	16052	2133	4346	20	885		
泾县丁家桥镇	15634	14911	3102	3578	45	4100		
绩溪县华阳镇	48110	15288	1800	1059	98	3660	9	3622
绩溪县临溪镇	10017	6038	326	1393	65	1278		
绩溪县长安镇	23101	12000	102	1463	31	489	1	512
绩溪县上庄镇	14362	12458	630	1572	33	3261		
绩溪县扬溪镇	12551	7200	143	1424	21	450	2	23
绩溪县伏岭镇	15163	11648	43	2165	17	262	8	1530
绩溪县金沙镇	7807	4089	28	751	15	337		
绩溪县瀛洲镇	8276	5358	521	1160	16	440		
旌德县旌阳镇	50929	26191	3776	3193	118	1910	5	1133
旌德县蔡家桥镇	15538	8115	1591	2304	24	273	1	3

附录3　续表14　continued

镇　　Town	常住人口 (人) Population of Permanent Residents (person)	从业人员 (人) Practitioners (person)	公共财政收入 (万元) Public Finance Income (10000 yuan)	农作物播种面积 (公顷) Crop Planting Area (hectares)	工业企业个数 (个) Number of Industrial Enterprises (unit)	工业企业从业人员 (人) Industrial Companies from Personnel of Course of Study (person)	建筑业企业个数 (个) Number of Construction Enterprises (unit)	建筑业企业从业人员数 (人) Construction Enterprise Employees (person)
旌德县三溪镇	12129	4626	582	2320	27	930		
旌德县庙首镇	11491	7169	2100	2076	40	498		
旌德县白地镇	7459	7357	611	2594	20	978		
旌德县俞村镇	12178	7570	403	2139	11	158		
宁国市港口镇	33569	20830	46600	2497	57	5098	5	50
宁国市梅林镇	22195	14827	1610	1593	109	3029		
宁国市中溪镇	21060	14658	9500	2185	139	7100		
宁国市宁墩镇	12103	7655	780	620	44	2200		
宁国市仙霞镇	21027	8520	1300	1889	20	1060		
宁国市甲路镇	12743	9948	1089	883	29	512		
宁国市胡乐镇	12393	6632	2225	392	32	495		
宁国市霞西镇	21816	13450	808	1280	8	255		
铜陵市狮子山区西湖镇	25854	14430	4600	1120	66	1514	5	405
铜陵市郊区铜山镇	12365	7420	5250	1250	25	1725	1	1210
铜陵市郊区大通镇	26461	15320	8100	1350	41	2802		
铜陵县五松镇	33580	2986	1513		151	1205	14	7411
铜陵县顺安镇	46244	22040	2780	3799	135	9585	1	55
铜陵县钟鸣镇	48007	23689	2480	4107	92	7890	11	1780
铜陵县天门镇	45639	25558	1035	4953	463	7775	5	58
池州市贵池区殷汇镇	48596	27956	693	5687	25	500	2	400
池州市贵池区牛头山镇	41884	22933	1982	7590	53	2620	1	5
池州市贵池区涓桥镇	33176	19902	1730	3363	62	1320	1	42
池州市贵池区梅街镇	20459	12166	714	1162	55	2100	3	18
池州市贵池区梅村镇	24350	18857	780	2041	83	670		
池州市贵池区唐田镇	15890	11900	1027	2340	28	820	1	220
池州市贵池区牌楼镇	23457	12212	563	2429	29	600	1	350
池州市贵池区乌沙镇	47392	25997	2908	6260	73	3188		
池州市贵池区棠溪镇	11262	6270	2271	1030	35	932		
东至县尧渡镇	118802	45192	24900	7893	113	2385	36	1895
东至县东流镇	31686	27141	12224	8526	51	4960		
东至县大渡口镇	72866	49081	21988	10111	132	4398	4	2560
东至县胜利镇	59489	38087	1920	15553	91	6341		
东至县张溪镇	59453	58592	2107	5719	7	1215	3	63
东至县洋湖镇	31213	22232	512	4201	9	186		
东至县葛公镇	25353	12701	585	2004	18	286	1	12
东至县香隅镇	34624	19974	2467	7809	50	925		
东至县官港镇	27516	27316	761	1315	30	443		
东至县昭潭镇	21108	11858	552	2237	44	825		
东至县龙泉镇	25330	20889	402	4215	54	960		
东至县泥溪镇	23176	12523	593	1223	27	1046		
石台县仁里镇	9940	4488	4962	273	65	2664	7	1069
石台县七都镇	16845	11940	1548	1162	26	496		
石台县仙寓镇	9286	9062	936	315	2	55	1	16
石台县丁香镇	10013	6599	517	362	20	327		
石台县小河镇	20655	11528	907	1658	19	713		
石台县横渡镇	8951	8944	889	563	4	72		
青阳县蓉城镇	88916	30017	13388	3229	173	3246	21	4018
青阳县木镇镇	15347	14045	7338	1687	139	4135	2	24
青阳县庙前镇	22476	15276	3602	2379	20	320	4	620
青阳县陵阳镇	22240	15163	4125	3095	58	865	1	22
青阳县新河镇	17618	11632	4871	3027	79	2112	4	42
青阳县丁桥镇	21623	11778	9020	2719	80	3540		

附录3　续表15　continued

镇　　Town	常住人口 (人) Population of Permanent Residents (person)	从业人员 (人) Practitioners (person)	公共财政收入 (万元) Public Finance Income (10000 yuan)	农作物播种面积 (公顷) Crop Planting Area (hectares)	工业企业个数 (个) Number of Industrial Enterprises (unit)	工业企业从业人员 (人) Industrial Companies from Personnel of Course of Study (person)	建筑业企业个数 (个) Number of Construction Enterprises (unit)	建筑业企业从业人员数 (人) Construction Enterprise Employees (person)
青阳县朱备镇	7867	2779	790	617	7	463	1	6
青阳县杨田镇	19352	12072	2733	2711	52	648		
青阳县九华镇	4800	2800	625				1	143
青阳县西华镇	14031	13106	8390	632	49	924		
安庆市大观区海口镇	44561	25181	689	6811	56	4713	1	470
安庆市宜秀区大龙山镇	45692	10679	7284	944	42	1460	2	1080
安庆市宜秀区杨桥镇	21241	14545	875	1975	29	2029	2	1742
安庆市宜秀区罗岭镇	28347	20780	1447	4125	85	2158	1	20
怀宁县高河镇	80364	24530	19191	6239	124	2047	20	364
怀宁县石牌镇	97822	46391	3219	9106	102	1920	2	1156
怀宁县月山镇	31496	14533	7884	2313	236	8025	4	181
怀宁县马庙镇	47932	28505	17680	9158	198	12375	3	196
怀宁县金拱镇	31000	15115	2186	3010	121	5923	1	690
怀宁县茶岭镇	31381	15004	2492	3432	169	3649	1	208
怀宁县公岭镇	12872	8570	1079	3887	29	966	1	263
怀宁县黄墩镇	20496	17965	2143	3391	34	1565	1	322
怀宁县三桥镇	12947	8934	965	6325	17	3717	1	248
怀宁县小市镇	20167	14016	1225	7591	65	2510	1	137
怀宁县黄龙镇	18932	12014	402	2184	13	496		
怀宁县平山镇	22159	22158	1647	3590	68	1466	1	11
怀宁县腊树镇	30546	19427	900	5606	40	2296		
怀宁县洪铺镇	39327	20545	7946	4444	42	1180		
怀宁县江镇镇	15026	14605	1540	2989	20	219		
枞阳县枞阳镇	95909	32489	9491	5511	10	356	1	196
枞阳县欧山镇	54015	18242	1866	2829	41	3904		
枞阳县汤沟镇	91928	63200	960	6331	52	5400	2	470
枞阳县老洲镇	66127	45226	1244	3725	15	3358	1	2756
枞阳县陈瑶湖镇	37356	26084	2356	6401	98	3726		
枞阳县周潭镇	45064	23820	510	11766	38	1708		
枞阳县横埠镇	72604	40279	4000	8978	124	1736	1	284
枞阳县项铺镇	27900	13620	955	1123	20	610		
枞阳县钱桥镇	37952	30460	1175	7975	23	1827		
枞阳县麒麟镇	40719	13208	1880	10593	34	2508	25	250
枞阳县义津镇	34562	28110	2832	11196	23	3741	4	658
枞阳县浮山镇	20261	5911	896	3578	11	392		
枞阳县会宫镇	45710	33983	1874	1850	79	1137	3	421
枞阳县官埠桥镇	32610	19290	1712	6726	29	350	1	45
潜山县梅城镇	140626	31993	5566	7574	94	4710	32	480
潜山县源潭镇	77530	34985	7198	9001	449	23000	9	960
潜山县余井镇	47054	32937	1231	8532	110	2400	1	27
潜山县王河镇	43554	33124	780	6771	6	85		
潜山县黄铺镇	38870	29447	3970	5931	41	784	2	84
潜山县槎水镇	25799	18932	1675	2724	25	2250	2	3420
潜山县水吼镇	21494	17902	945	2220	17	226	1	11
潜山县官庄镇	27135	6767	1039	3489	88	798	3	211
潜山县黄泥镇	15433	10707	350	2785	10	61		
潜山县黄柏镇	11037	4652	348	1825	16	427		
潜山县天柱山镇	13021	7290	1668	665	4	211		
太湖县晋熙镇	79823	45808	2524	3665	1497	11632	17	7888
太湖县徐桥镇	48628	34469	2090	9168	84	3900	2	426
太湖县新仓镇	75203	36937	1840	9240	30	600	2	102
太湖县小池镇	42335	26204	1993	5422	23	2483	3	528

附录3 续表16 continued

镇 Town	常住人口（人）Population of Permanent Residents (person)	从业人员（人）Practitioners (person)	公共财政收入（万元）Public Finance Income (10000 yuan)	农作物播种面积（公顷）Crop Planting Area (hectares)	工业企业个数（个）Number of Industrial Enterprises (unit)	工业企业从业人员（人）Industrial Companies from Personnel of Course of Study (person)	建筑业企业个数（个）Number of Construction Enterprises (unit)	建筑业企业从业人员数（人）Construction Enterprise Employees (person)
太湖县寺前镇	23254	18756	1229	941				
太湖县天华镇	31255	22499	692	1037	16	360	2	120
太湖县牛镇镇	24712	12658	192	1750	7	98	2	12
太湖县弥陀镇	38265	22211	1703	2739	166	1829	54	806
太湖县北中镇	37245	25070	405	3704	16	901		
太湖县百里镇	24952	15420	1077	2539	30	480	15	150
宿松县孚玉镇	108794	65465	45564	1290	69	1972	25	1510
宿松县复兴镇	42467	30209	3117	13059	85	1826	2	153
宿松县汇口镇	32383	26028	696	9506	38	2186		
宿松县许岭镇	35670	25760	1031	4872	32	520	2	1400
宿松县下仓镇	25693	25650	503	4435	9	85		
宿松县二郎镇	22016	17178	988	3075	10	944	2	80
宿松县破凉镇	40159	33689	837	3589	43	2700		
宿松县凉亭镇	34174	15084	260	3571	36	964	1	308
宿松县长铺镇	28145	14447	736	3932	36	460		
望江县华阳镇	121174	56912	1089	12405	143	20000	10	5107
望江县杨湾镇	28605	21232	142	8902	20	147		
望江县漳湖镇	22164	15958	683	8894	13	195		
望江县赛口镇	35067	23218	602	7982	37	1880		
望江县高士镇	80187	35498	1300	15168	113	4934	23	4315
望江县鸦滩	79013	41574	1068	16895	142	2947	3	169
望江县长岭镇	76535	42692	2347	13976	152	5912	3	392
望江县太慈镇	74897	42777	1500	13674	52	4078	1	892
岳西县天堂镇	58051	22252	8512	710	137	11111	5	3843
岳西县店前镇	26225	22325	431	1170	115	1920	2	120
岳西县来榜镇	23153	19872	1520	867	75	1650	3	226
岳西县菖蒲镇	23694	8343	429	1168	50	1357	2	451
岳西县头陀镇	10356	6036	520	607	59	542	1	21
岳西县白帽镇	20367	12433	252	1035	72	650	2	80
岳西县温泉镇	34570	18559	1905	1786	79	2576	5	1295
岳西县响肠镇	19663	9975	925	1943	41	272	7	50
岳西县河图镇	11892	4641	700	1981	41	224	2	19
岳西县五河镇	10232	8058	426	1302	36	2282		
岳西县主簿镇	8226	5460	667	635	46	935	1	30
岳西县冶溪镇	15345	15106	1014	4630	26	801	1	225
岳西县黄尾镇	7008	3478	459	1011	13	178	4	40
安庆经济开发区老峰镇	30008	15900	1648	1500	43	1275		
桐城市孔城镇	80411	47072	3856	5573	121	5481	4	2730
桐城市吕亭镇	61844	41804	4499	8650	132	14955	3	141
桐城市范岗镇	64542	46469	8133	4634	2447	21000	1	440
桐城市新渡镇	71985	67822	9856	6949	1328	17459	8	734
桐城市双港镇	53843	32535	5512	3926	431	11259	5	697
桐城市大关镇	67756	35123	4441	10198	122	2124	4	836
桐城市青草镇	69416	38698	2432	4750	248	7439	3	24
桐城市金神镇	54967	31441	3976	4804	1334	14037		
桐城市嬉子湖镇	22144	8579	313	2079	27	313		
桐城市唐湾镇	12489	9642	722	288	11	1320		
桐城市黄甲镇	12245	6051	487	482	2	50		
桐城市鲟鱼镇	907	421	794		5	760		
黄山市屯溪区屯光镇	15677	9546	3224	1117	106	4514	42	1256
黄山市屯溪区阳湖镇	31029	7408	10640	441	25	1321	28	294
黄山市屯溪区黎阳镇	13892	8890	10200	1097	37	1700	2	802

附录3　续表17　continued

镇　　Town	常住人口（人）Population of Permanent Residents (person)	从业人员（人）Practitioners (person)	公共财政收入（万元）Public Finance Income (10000 yuan)	农作物播种面积（公顷）Crop Planting Area (hectares)	工业企业个数（个）Number of Industrial Enterprises (unit)	工业企业从业人员（人）Industrial Companies from Personnel of Course of Study (person)	建筑业企业个数（个）Number of Construction Enterprises (unit)	建筑业企业从业人员数（人）Construction Enterprise Employees (person)
黄山市屯溪区新潭镇	9833	6382	3800	1041	60	1010	20	340
黄山市屯溪区奕棋镇	10288	6156	7000	1382	65	1560	4	350
黄山市黄山区甘棠镇	57475	11788	20018	2684	7	510	12	7410
黄山市黄山区仙源镇	11049	10290	2414	1751	22	435	1	33
黄山市黄山区汤口镇	16309	11182	7011	185	18	254		
黄山市黄山区谭家桥镇	7639	3509	2203	894	22	139	6	190
黄山市黄山区太平湖镇	9553	6032	10013	631	13	414	5	547
黄山市黄山区焦村镇	14732	7717	2404	2151	23	250	1	10
黄山市黄山区耿城镇	9460	5085	6600	658	10	320	2	70
黄山市黄山区三口镇	9110	9091	3225	1414	9	674	1	139
黄山市黄山区乌石镇	9355	6493	1804	884	13	580	1	26
黄山市徽州区岩寺镇	27929	19891	19149	3099	98	2039	15	1600
黄山市徽州区西溪南镇	17744	9467	9072	3147	34	314		
黄山市徽州区潜口镇	11758	8294	5185	1844	42	769	6	75
黄山市徽州区呈坎镇	11120	7863	7056	1572	40	1650		
歙县徽城镇	91002	28285	32500	1534	205	15000	25	3600
歙县深渡镇	29840	14619	3100	1616	20	592	2	146
歙县北岸镇	16670	8299	1462	2124	50	963	2	56
歙县富堨镇	16428	8689	5372	3139	78	435		1121
歙县郑村镇	16285	11086	4645	2492	50	2217	2	200
歙县桂林镇	26167	19080	6232	3711	71	3520	2	21
歙县许村镇	8725	5555	689	1825	4	351		
歙县溪头镇	16437	9426	897	1976	12	1133		
歙县杞梓里镇	30506	19918	1304	2101	13	83		
歙县霞坑镇	20069	15743	1256	1581	6	109	3	41
歙县岔口镇	17809	8736	288	1339	9	268		
歙县街口镇	12343	11590	250	618				
歙县王村镇	24723	14091	1316	2857	6	226	1	26
休宁县海阳镇	58178	20962	20333	3500	108	5590	13	2556
休宁县齐云山镇	13673	8531	3475	2111	18	160	2	66
休宁县万安镇	23388	14046	7400	4625	20	620	14	860
休宁县五城镇	22958	14736	1346	2164	31	260	2	20
休宁县东临溪镇	19760	12715	2488	1672	34	533	2	14
休宁县兰田镇	13063	10046	860	3430	6	103	1	10
休宁县溪口镇	23734	12348	1700	3181	35	1378	2	124
休宁县流口镇	5539	3485	589	181	3	28		
休宁县汪村镇	10773	5643	284	727	13	195	1	34
休宁县商山镇	22122	16604	3263	3527	31	1036		
黟县碧阳镇	40063	19226	4518	3241	189	3930	7	1496
黟县宏村镇	17694	11592	6144	2515	17	93	1	15
黟县渔亭镇	7949	4688	2020	1001	26	800		
黟县西递镇	6081	4229	3732	658	5	500		
祁门县祁山镇	60845	27161	3846	1779	852	6820	4	700
祁门县小路口镇	6875	4339	358	741	7	281	1	18
祁门县金字牌镇	12033	6927	787	1176	120	1378		
祁门县平里镇	6995	4732	123	717	2	37		
祁门县历口镇	14083	8406	547	1273	10	142		
祁门县闪里镇	6911	7851	155	5869	3	61		
祁门县安凌镇	13382	7878	89	2000	10	383		
祁门县凫峰镇	7178	6975	618	1219	20	160		
祁门县塔坊镇	7134	5266	588	716	12	170		

附录4—1 企业电子商务情况（2013年）
Enterprise E-commerce by Registration (2013)

指 标	Item	企业数（个）Number of Enterprises (unit)	有电子商务的企业数 Number of E-Commerce Enterprises	电子商务销售的企业数 Number of E-Commerce Selling Enterprises
总 计	**Total**	**31710**	**1506**	**1220**
总计中：	**Of the Total:**			
内资企业	Domestic-funded	30663	1437	1167
国有企业	State-owned	709	44	33
集体企业	Collective-owned	299	6	5
股份合作企业	Cooperative	66	2	2
联营企业	Joint Ownership Enterprises	14		0
有限责任公司	Limited Liability Company	7976	346	266
股份有限公司	Share-holding Corporations Ltd.	859	78	71
私营企业	Private	20530	954	783
其他企业	Other	210	7	7
港、澳、台商投资企业	With Investment from Hong Kong, Macao and Taiwan	444	29	22
外商投资企业	With Foreign Investment	603	40	31
按行业分：	**Grouped by Sector**			
采矿业	Mining	450	3	2
制造业	Manufacturing	15255	897	770
电力、热力、燃气及水生产和供应业	Production and Supply of Electricity, Heat, Gas and Water	251	6	0
建筑业	Construction	3006	94	42
批发和零售业	Wholesale and Retail Trades	5179	195	156
交通运输、仓储和邮政业	Transport, Storage and Post	1233	30	25
住宿和餐饮业	Hotels and Catering Services	1549	134	123
信息传输、软件和信息技术服务业	Information Transmission, Software and Information Technolo	184	25	22
金融业	Financial Intermediation			0
房地产业	Real Estate	3425	59	25
租赁和商务服务业	Leasing and Business Services	446	26	23
科学研究和技术服务业	Scientific Research and Technical Services	305	9	8
水利、环境和公共设施管理业	Management of Water Conservancy, Environment	96	11	11
居民服务、修理和其他服务业	Services to Households, Repair and Other Services	77		0
教 育	Education	95	4	2
卫生和社会工作	Health and Social Service	69	1	1
文化、体育和娱乐业	Culture, Sports and Entertainment	90	12	10

有自营平台销售的企业 Enterprises With Proprietary Platform Sales	B2B的企业数 Number of B2B Enterprises	有电子商务采购的企业数 Number of E-Commerce Purchasing Enterprises	电子商务销售额（万元）E-commerce Sales (10000 yuan)	自营电子商务平台销售额 Proprietary Sales E-commerce Platform	B2B销售额 Business Income of B2B	服务类销售额 Sales of the Service Industry	面向大陆区域以外的销售额 Sales to Mainland Area	电子商务采购额（万元）E-commerce Purchases (10000 yuan)	自营电子商务平台采购额 Those from Proprietary E-commerce Platform	服务类采购额 Service Class Purchases	面向大陆区域以外的采购额 For Those from Outside the Mainland Area
360	**429**	**903**	**13550737**	**6224387**	**1588203**	**324496**	**839888**	**10509870**	**4261151**	**168524**	**127209**
344	410	867	11307419	4645493	1479099	305408	717104	8666790	2887775	167340	86412
18	8	29	3158349	2723444	843547	90515		4111320	1788820	69696	
2	1	4	1258	24	1	1227	1	2263		600	
1		2	521	420			341	252	120		
88	117	198	2156104	662108	391731	85594	145170	993981	479356	20663	22646
25	34	46	4433701	930683	77629	36837	339254	2673307	374833	2845	488
209	245	583	1556114	328801	164896	91203	232338	884933	244646	73534	63278
1	5	5	1372	13	1295	33		735	1	1	
4	9	15	640876	142638	32086	525	24227	531278	69630	317	1147
12	10	21	1602442	1436257	77019	18562	98558	1311802	1303746	868	39650
		1	100					10		2	1
224	229	556	8417418	1739785	309039	92781	801336	6583938	1443551	65520	94193
		6						688652	6938	2010	
9	11	83	19381	6239	896	699	201	29773	14490	2267	594
59	74	107	4908054	4348153	1153577	95277	10818	3156363	2773733	76979	32027
9	7	16	50786	6199	2786	14954	27165	5740	2278	2127	0
22	55	40	7228	2002	3214	2583	68	1458	288	1084	1
15	16	16	29110	17964	20754	13992		27353	17997	5527	200
3	10	47	9987	3021	414	536		2703	2	1111	171
12	14	14	73590	68300	64368	69915	65	12740	1717	11099	11
4	1	8	828	193	3	303	130	466	142	191	
1	7	2	33432	32465	32669	33001	105	604	10	604	10
1		3	42	26		42		7	4	4	
			16								
1	5	4	765	42	484	414		66			

附录4—2 企业通过互联网开展的活动情况（2013年）
Enterprises Activities Through the Internet by Registration (2013)

指 标	Item	企业数（个） Number of Enterprises (unit)	使用互联网的企业 Enterprises Using the Internet 数量（个） Number (unit)	比重(%) Proportion (%)
总 计	**Total**	**31710**	**31302**	**98.7**
总计中：	**Of the Total:**			
内资企业	Domestic-funded	30663	30273	98.7
国有企业	State-owned	709	697	98.3
集体企业	Collective-owned	299	297	99.3
股份合作企业	Cooperative	66	64	97.0
联营企业	Joint Ownership Enterprises	14	14	100.0
有限责任公司	Limited Liability Company	7976	7892	98.9
股份有限公司	Share-holding Corporations Ltd.	859	847	98.6
私营企业	Private	20530	20257	98.7
其他企业	Other	210	205	97.6
港、澳、台商投资企业	With Investment from Hong Kong, Macao and Taiwan	444	434	97.7
外商投资企业	With Foreign Investment	603	595	98.7
按行业分：	**Grouped by Sector**			
采矿业	Mining	450	447	99.3
制造业	Manufacturing	15255	15032	98.5
电力、热力、燃气及水生产和供应业	Production and Supply of Electricity, Heat, Gas and Water	251	243	96.8
建筑业	Construction	3006	2962	98.5
批发和零售业	Wholesale and Retail Trades	5179	5128	99.0
交通运输、仓储和邮政业	Transport, Storage and Post	1233	1221	99.0
住宿和餐饮业	Hotels and Catering Services	1549	1535	99.1
信息传输、软件和信息技术服务业	Information Transmission, Software and Information Technol	184	184	100.0
金融业	Financial Intermediation			
房地产业	Real Estate	3425	3388	98.9
租赁和商务服务业	Leasing and Business Services	446	440	98.7
科学研究和技术服务业	Scientific Research and Technical Services	305	300	98.4
水利、环境和公共设施管理业	Management of Water Conservancy, Environment	96	96	100.0
居民服务、修理和其他服务业	Services to Households, Repair and Other Services	77	74	96.1
教 育	Education	95	95	100.0
卫生和社会工作	Health and Social Service	69	69	100.0
文化、体育和娱乐业	Culture, Sports and Entertainment	90	88	97.8

收发电子邮件 E-mail		了解商品和服务的信息 Commodity and Service Information		从政府机构获取信息 Access Information From Government		与政府机构互动 Interaction With Government		使用网上银行 Using Online Bank		使用其他金融服务 Using Other Financial Services	
数　量 (个) number (unit)	占使用互联网企业的比重 (%) The Proportion of Enterprises Using the Internet (%)	数　量 (个) number (unit)	占使用互联网企业的比重 (%) The Proportion of Enterprises Using the Internet (%)	数　量 (个) number (unit)	占使用互联网企业的比重 (%) The Proportion of Enterprises Using the Internet (%)	数　量 (个) number (unit)	占使用互联网企业的比重 (%) The Proportion of Enterprises Using the Internet (%)	数　量 (个) number (unit)	占使用互联网企业的比重 (%) The Proportion of Enterprises Using the Internet (%)	数　量 (个) number (unit)	占使用互联网企业的比重 (%) The Proportion of Enterprises Using the Internet (%)
28532	**91.2**	**19378**	**61.9**	**19757**	**63.1**	**10611**	**33.9**	**24020**	**76.7**	**5200**	**16.6**
27535	91.0	18709	61.8	19017	62.8	10155	33.5	23175	76.6	4966	16.4
645	92.5	400	57.4	498	71.4	262	37.6	482	69.2	106	15.2
250	84.2	149	50.2	173	58.2	82	27.6	177	59.6	38	12.8
60	93.8	46	71.9	43	67.2	20	31.3	49	76.6	10	15.6
12	85.7	6	42.9	9	64.3	6	42.9	8	57.1	2	14.3
7291	92.4	4800	60.8	5104	64.7	2756	34.9	6128	77.6	1355	17.2
797	94.1	548	64.7	597	70.5	351	41.4	662	78.2	212	25.0
18309	90.4	12632	62.4	12473	61.6	6621	32.7	15539	76.7	3212	15.9
171	83.4	128	62.4	120	58.5	57	27.8	130	63.4	31	15.1
422	97.2	264	60.8	309	71.2	201	46.3	364	83.9	110	25.3
575	96.6	405	68.1	431	72.4	255	42.9	481	80.8	124	20.8
396	88.6	264	59.1	262	58.6	147	32.9	297	66.4	62	13.9
13909	92.5	10155	67.6	9840	65.5	5717	38.0	11949	79.5	2649	17.6
227	93.4	116	47.7	176	72.4	111	45.7	165	67.9	34	14.0
2767	93.4	1530	51.7	2241	75.7	1023	34.5	2378	80.3	462	15.6
4469	87.1	3506	68.4	2543	49.6	1202	23.4	3778	73.7	773	15.1
1080	88.5	537	44.0	705	57.7	311	25.5	841	68.9	168	13.8
1244	81.0	777	50.6	723	47.1	368	24.0	1040	67.8	161	10.5
181	98.4	134	72.8	127	69.0	81	44.0	141	76.6	47	25.5
3176	93.7	1761	52.0	2366	69.8	1268	37.4	2622	77.4	644	19.0
410	93.2	226	51.4	292	66.4	143	32.5	323	73.4	99	22.5
289	96.3	162	54.0	209	69.7	107	35.7	206	68.7	39	13.0
93	96.9	57	59.4	76	79.2	35	36.5	73	76.0	16	16.7
66	89.2	41	55.4	43	58.1	22	29.7	48	64.9	14	18.9
83	87.4	30	31.6	56	58.9	22	23.2	55	57.9	9	9.5
61	88.4	31	44.9	47	68.1	24	34.8	43	62.3	8	11.6
81	92.0	51	58.0	51	58.0	30	34.1	61	69.3	15	17.0

附录4—2 续表 continued

指 标	Item	提供客户服务 Providing for Customer Service 数 量 (个) number (unit)	占使用互联网企业的比重(%) The Proportion of Enterprises Using the Internet (%)
总 计	**Total**	**12766**	**40.8**
总计中:	**Of the Total:**		
内资企业	Domestic-funded	12272	40.5
国有企业	State-owned	268	38.5
集体企业	Collective-owned	70	23.6
股份合作企业	Cooperative	32	50.0
联营企业	Joint Ownership Enterprises	4	28.6
有限责任公司	Limited Liability Company	3181	40.3
股份有限公司	Share-holding Corporations Ltd.	399	47.1
私营企业	Private	8228	40.6
其他企业	Other	90	43.9
港、澳、台商投资企业	With Investment from Hong Kong, Macao and Taiwan	192	44.2
外商投资企业	With Foreign Investment	302	50.8
按行业分:	**Grouped by Sector**		
采矿业	Mining	120	26.8
制造业	Manufacturing	6813	45.3
电力、热力、燃气及水生产和供应业	Production and Supply of Electricity, Heat, Gas and Water	88	36.2
建筑业	Construction	920	31.1
批发和零售业	Wholesale and Retail Trades	2169	42.3
交通运输、仓储和邮政业	Transport, Storage and Post	390	31.9
住宿和餐饮业	Hotels and Catering Services	566	36.9
信息传输、软件和信息技术服务业	Information Transmission, Software and Information Technology	127	69.0
金融业	Financial Intermediation		
房地产业	Real Estate	1104	32.6
租赁和商务服务业	Leasing and Business Services	174	39.5
科学研究和技术服务业	Scientific Research and Technical Services	123	41.0
水利、环境和公共设施管理业	Management of Water Conservancy, Environment	42	43.8
居民服务、修理和其他服务业	Services to Households, Repair and Other Services	25	33.8
教 育	Education	41	43.2
卫生和社会工作	Health and Social Service	26	37.7
文化、体育和娱乐业	Culture, Sports and Entertainment	38	43.2

拨打互联网电话或召开视频会议 Dial Internet telephone or Hold Video Conference		在线提供产品 Provide Online Product		发布消息或即时消息 Release Messages or Instant Messages		员工培训 Staff Training		对外或对内招聘 External or Interna Lrecruitment		其 他 Other	
数 量 (个) number (unit)	占使用互联网企业的比重(%) The Proportion of Enterprises Using the Internet (%)	数 量 (个) number (unit)	占使用互联网企业的比重(%) The Proportion of Enterprises Using the Internet (%)	数 量 (个) number (unit)	占使用互联网企业的比重(%) The Proportion of Enterprises Using the Internet (%)	数 量 (个) number (unit)	占使用互联网企业的比重(%) The Proportion of Enterprises Using the Internet (%)	数 量 (个) number (unit)	占使用互联网企业的比重(%) The Proportion of Enterprises Using the Internet (%)	数 量 (个) number (unit)	占使用互联网企业的比重(%) The Proportion of Enterprises Using the Internet (%)
3056	**9.8**	**4939**	**15.8**	**10445**	**33.4**	**8129**	**26.0**	**12114**	**38.7**	**10472**	**33.5**
2716	9.0	4731	15.6	9954	32.9	7734	25.5	11456	37.8	10169	33.6
125	17.9	80	11.5	280	40.2	245	35.2	219	31.4	229	32.9
10	3.4	22	7.4	69	23.2	48	16.2	47	15.8	108	36.4
6	9.4	8	12.5	26	40.6	20	31.3	24	37.5	20	31.3
				4	28.6	2	14.3	3	21.4	5	35.7
1007	12.8	1130	14.3	2985	37.8	2401	30.4	3201	40.6	2753	34.9
194	22.9	182	21.5	411	48.5	354	41.8	412	48.6	280	33.1
1355	6.7	3280	16.2	6108	30.2	4613	22.8	7478	36.9	6706	33.1
19	9.3	29	14.1	71	34.6	51	24.9	72	35.1	68	33.2
138	31.8	88	20.3	207	47.7	173	39.9	280	64.5	138	31.8
202	33.9	120	20.2	284	47.7	222	37.3	378	63.5	165	27.7
35	7.8	32	7.2	83	18.6	85	19.0	99	22.1	135	30.2
1413	9.4	3248	21.6	4975	33.1	3578	23.8	6038	40.2	4778	31.8
75	30.9	18	7.4	117	48.1	86	35.4	81	33.3	66	27.2
171	5.8	159	5.4	984	33.2	947	32.0	1144	38.6	1196	40.4
618	12.1	722	14.1	1590	31.0	1406	27.4	1807	35.2	1655	32.3
94	7.7	77	6.3	357	29.2	249	20.4	275	22.5	440	36.0
108	7.0	183	11.9	425	27.7	408	26.6	594	38.7	510	33.2
93	50.5	82	44.6	118	64.1	110	59.8	131	71.2	75	40.8
320	9.4	280	8.3	1276	37.7	893	26.4	1463	43.2	1162	34.3
48	10.9	55	12.5	204	46.4	134	30.5	177	40.2	178	40.5
37	12.3	28	9.3	138	46.0	92	30.7	131	43.7	107	35.7
12	12.5	15	15.6	44	45.8	30	31.3	41	42.7	39	40.6
6	8.1	9	12.2	21	28.4	15	20.3	29	39.2	26	35.1
5	5.3	5	5.3	41	43.2	41	43.2	35	36.8	41	43.2
10	14.5	7	10.1	29	42.0	27	39.1	32	46.4	28	40.6
11	12.5	19	21.6	43	48.9	28	31.8	37	42.0	36	40.9

附录5—1 企业电子商务情况（2014年）
Enterprise E-commerce by Registration (2014)

指 标	Item	企业数（个）Number of Enterprises (unit)	有电子商务的企业数 Number of E-Commerce Enterprises	电子商务销售的企业数 Number of E-Commerce Selling Enterprises
总 计	**Total**	**35132**	**3126**	**2598**
总计中：	**Of the Total:**			
内资企业	Domestic-funded	34060	2995	2493
国有企业	State-owned	641	53	44
集体企业	Collective-owned	289	12	11
股份合作企业	Cooperative	65	4	2
联营企业	Joint Ownership Enterprises	10		
有限责任公司	Limited Liability Company	9568	772	621
股份有限公司	Share-holding Corporations Ltd.	905	121	105
私营企业	Private	22360	2023	1701
其他企业	Other	222	10	9
港、澳、台商投资企业	With Investment from Hong Kong, Macao and Taiwan	454	53	42
外商投资企业	With Foreign Investment	618	78	63
按行业分：	**Grouped by Sector**			
采矿业	Mining	435	8	6
制造业	Manufacturing	16816	1783	1542
电力、热力、燃气及水生产和供应业	Production and Supply of Electricity, Heat, Gas and Water	263	14	3
建筑业	Construction	3141	110	33
批发和零售业	Wholesale and Retail Trades	6043	491	413
交通运输、仓储和邮政业	Transport, Storage and Post	1275	44	35
住宿和餐饮业	Hotels and Catering Services	1665	405	389
信息传输、软件和信息技术服务业	Information Transmission, Software and Information Technolo	241	64	51
金融业	Financial Intermediation			
房地产业	Real Estate	3836	89	23
租赁和商务服务业	Leasing and Business Services	520	33	28
科学研究和技术服务业	Scientific Research and Technical Services	355	16	11
水利、环境和公共设施管理业	Management of Water Conservancy, Environment	110	18	18
居民服务、修理和其他服务业	Services to Households, Repair and Other Services	94	6	5
教 育	Education	132	5	2
卫生和社会工作	Health and Social Service	83	1	
文化、体育和娱乐业	Culture, Sports and Entertainment	123	39	39

注：2014年电子商务的统计范围与2012年不同，2012年的统计范围是大中型工业、有资质的建筑业、大中型批发和零售业、大中型住宿和餐饮业、全部房地产开发经营业以及重点服务业法人单位,2014年的统计范围规模以上工业、有资质的建筑业、限额以上批发和零售业、限额以上住宿和餐饮业、全部房地产开发经营以及规模以上服务业法人单位。两个年度的数据统计范围不同，数据不可比。

有自营平台销售的企业 Enterprises With Proprietary Platform Sales	B2B的企业数 Number of B2B Enterprises	有电子商务采购的企业数 Number of E-Commerce Purchasing Enterprises	电子商务销售额（万元） E-commerce Sales (10000 yuan)	自营电子商务平台销售额 Proprietary Sales E-commerce Platform	B2B销售额 Business Income of B2B	服务类销售额 Sales of the Service Industry	面向大陆区域以外的销售额 Sales to Mainland Area	电子商务采购额（万元） E-commerce Purchases (10000 yuan)	自营电子商务平台采购额 Those from Proprietary E-commerce Platform	服务类采购额 Service Class Purchases	面向大陆区域以外的采购额 For Those from Outside the Mainland Area
580	**1752**	**1724**	**21084068**	**16049881**	**18813838**	**248740**	**2222747**	**13771392**	**11275076**	**634650**	**297035**
554	1675	1654	17809261	13819107	15716522	217201	2047347	12038509	10010109	633456	253989
21	20	31	6950423	6937441	6575484	322	1146	5046427	5045349	415606	64783
	9	5	41714		40854	2953	127	704		1	
1	2	3	2193	786	2193		655	1890	935		
145	352	413	2040345	1148831	1323927	44412	199889	1804123	1280036	25829	60252
29	60	61	5374619	4839733	5172867	54727	1010342	3526059	3231395	160501	11500
357	1225	1133	3390609	891666	2594394	114577	829536	1653862	452394	31360	112453
1	7	8	9358	650	6802	210	5652	5445		159	5001
11	29	27	711040	35753	605959	4845	47868	421365	18350	710	3792
15	48	43	2563767	2195022	2491357	26694	127532	1311518	1246617	484	39254
	6	5	47598		47507		223	37457			
377	1324	1080	14289823	10439873	13740374	39859	2025512	7592504	5973754	160479	234404
2	3	13	6946	6870	6867			1092508	1045386	416770	26106
2	25	93	20740	3353	7289	7303	3045	156588	134822	6672	3987
93	202	259	6176433	5407097	4843143	19500	69129	4747798	4014912	4176	26460
8	19	19	65987	21852	55491	59991	326	5432	1737	243	215
27	100	96	36544	2264	8339	19123	2381	2403	104	348	172
36	22	37	360208	128725	63628	59583	117357	116470	91495	30627	2154
	8	77	20187		159	26		1414		99	16
15	13	16	12105	7240	4958	7119	3755	15653	12830	15050	3500
4	6	11	2703	1306	2145	1350		1024	34	159	
8	12	4	31169	30406	30572	30713	208	183	4	10	20
		2	548			548		13		13	
		3	28			28		9		1	
		1						28			
8	12	8	13052	895	3365	3596	811	1908		5	

a) In 2014, statistical scope of electronic commerce is different from it in 2012, In 2012, statistical scope is the large and medium-sized industries, construction industry, large and medium-sized wholesale and retail, large and medium sized accommodation and catering industry, real estate development business and key service industries legal units, In 2014, statistical scope is above scale industries and construction industry, above scale wholesale and retail industry, above scale accommodation and catering industry, all real estate development and management and above scale service industry legal units. The statistical scope of data of the two years is different, the data are not comparable.

附录5—2 企业通过互联网开展的活动情况（2014年）
Enterprises Activities Through the Internet by Registration (2014)

指 标	Item	企业数（个） Number of Enterprises (unit)	使用互联网的企业 Enterprises Using the Internet 数量（个） Number (unit)	比重(%) Proportion (%)
总 计	**Total**	**35132**	**34805**	**99.1**
总计中：	**Of the Total:**			
内资企业	Domestic-funded	34060	33736	99.0
国有企业	State-owned	641	635	99.1
集体企业	Collective-owned	289	288	99.7
股份合作企业	Cooperative	65	63	96.9
联营企业	Joint Ownership Enterprises	10	10	100.0
有限责任公司	Limited Liability Company	9568	9488	99.2
股份有限公司	Share-holding Corporations Ltd.	905	892	98.6
私营企业	Private	22360	22139	99.0
其他企业	Other	222	221	99.5
港、澳、台商投资企业	With Investment from Hong Kong, Macao and Taiwan	454	452	99.6
外商投资企业	With Foreign Investment	618	617	99.8
按行业分：	**Grouped by Sector**			
采矿业	Mining	435	422	97.0
制造业	Manufacturing	16816	16648	99.0
电力、热力、燃气及水生产和供应业	Production and Supply of Electricity, Heat, Gas and Water	263	260	98.9
建筑业	Construction	3141	3114	99.1
批发和零售业	Wholesale and Retail Trades	6043	6002	99.3
交通运输、仓储和邮政业	Transport, Storage and Post	1275	1269	99.5
住宿和餐饮业	Hotels and Catering Services	1665	1645	98.8
信息传输、软件和信息技术服务业	Information Transmission, Software and Information Technol	241	238	98.8
金融业	Financial Intermediation			
房地产业	Real Estate	3836	3801	99.1
租赁和商务服务业	Leasing and Business Services	520	516	99.2
科学研究和技术服务业	Scientific Research and Technical Services	355	353	99.4
水利、环境和公共设施管理业	Management of Water Conservancy, Environment	110	108	98.2
居民服务、修理和其他服务业	Services to Households, Repair and Other Services	94	94	100.0
教 育	Education	132	132	100.0
卫生和社会工作	Health and Social Service	83	83	100.0
文化、体育和娱乐业	Culture, Sports and Entertainment	123	120	97.6

收发电子邮件 E-mail		了解商品和服务的信息 Commodity and Service Information		从政府机构获取信息 Access Information From Government		与政府机构互动 Interaction With Government		使用网上银行 Using Online Bank		使用其他金融服务 Using Other Financial Services	
数　量（个）number (unit)	占使用互联网企业的比重（%）The Proportion of Enterprises Using the Internet (%)	数　量（个）number (unit)	占使用互联网企业的比重（%）The Proportion of Enterprises Using the Internet (%)	数　量（个）number (unit)	占使用互联网企业的比重（%）The Proportion of Enterprises Using the Internet (%)	数　量（个）number (unit)	占使用互联网企业的比重（%）The Proportion of Enterprises Using the Internet (%)	数　量（个）number (unit)	占使用互联网企业的比重（%）The Proportion of Enterprises Using the Internet (%)	数　量（个）number (unit)	占使用互联网企业的比重（%）The Proportion of Enterprises Using the Internet (%)
31819	**91.4**	**20305**	**58.3**	**21788**	**62.6**	**11075**	**31.8**	**27338**	**78.5**	**4655**	**13.4**
30788	91.3	19646	58.2	20997	62.2	10587	31.4	26425	78.3	4447	13.2
570	89.8	347	54.6	449	70.7	222	35.0	443	69.8	66	10.4
253	87.8	139	48.3	170	59.0	75	26.0	178	61.8	21	7.3
54	85.7	33	52.4	40	63.5	25	39.7	46	73.0	10	15.9
10	100.0	6	60.0	8	80.0	4	40.0	6	60.0		
8763	92.4	5504	58.0	6027	63.5	3112	32.8	7430	78.3	1345	14.2
839	94.1	547	61.3	612	68.6	360	40.4	707	79.3	183	20.5
20110	90.8	12960	58.5	13558	61.2	6733	30.4	17468	78.9	2804	12.7
189	85.5	110	49.8	133	60.2	56	25.3	147	66.5	18	8.1
437	96.7	265	58.6	335	74.1	215	47.6	392	86.7	93	20.6
594	96.3	394	63.9	456	73.9	273	44.2	521	84.4	115	18.6
362	85.8	236	55.9	261	61.8	127	30.1	289	68.5	47	11.1
15542	93.4	10639	63.9	11002	66.1	6019	36.2	13556	81.4	2403	14.4
246	94.6	132	50.8	193	74.2	126	48.5	200	76.9	26	10.0
2906	93.3	1467	47.1	2305	74.0	1039	33.4	2538	81.5	424	13.6
5240	87.3	3837	63.9	2881	48.0	1269	21.1	4483	74.7	661	11.0
1148	90.5	505	39.8	736	58.0	284	22.4	940	74.1	131	10.3
1298	78.9	806	49.0	730	44.4	333	20.2	1115	67.8	115	7.0
238	100.0	182	76.5	177	74.4	110	46.2	200	84.0	50	21.0
3547	93.3	1810	47.6	2576	67.8	1327	34.9	2969	78.1	614	16.2
480	93.0	245	47.5	343	66.5	151	29.3	394	76.4	86	16.7
337	95.5	200	56.7	251	71.1	121	34.3	268	75.9	43	12.2
100	92.6	67	62.0	73	67.6	45	41.7	79	73.1	25	23.1
80	85.1	46	48.9	51	54.3	21	22.3	74	78.7	12	12.8
114	86.4	34	25.8	83	62.9	33	25.0	87	65.9	9	6.8
72	86.7	36	43.4	55	66.3	29	34.9	58	69.9	3	3.6
109	90.8	63	52.5	71	59.2	41	34.2	88	73.3	6	5.0

附录5—2 续表 continued

指 标	Item	提供客户服务 Providing for Customer Service 数 量（个）number (unit)	占使用互联网企业的比重（%）The Proportion of Enterprises Using the Internet (%)
总 计	**Total**	**13103**	**37.6**
总计中：	**Of the Total:**		
内资企业	Domestic-funded	12603	37.4
国有企业	State-owned	215	33.9
集体企业	Collective-owned	65	22.6
股份合作企业	Cooperative	29	46.0
联营企业	Joint Ownership Enterprises	1	10.0
有限责任公司	Limited Liability Company	3464	36.5
股份有限公司	Share-holding Corporations Ltd.	398	44.6
私营企业	Private	8369	37.8
其他企业	Other	62	28.1
港、澳、台商投资企业	With Investment from Hong Kong, Macao and Taiwan	205	45.4
外商投资企业	With Foreign Investment	295	47.8
按行业分：	**Grouped by Sector**		
采矿业	Mining	88	20.9
制造业	Manufacturing	7083	42.5
电力、热力、燃气及水生产和供应业	Production and Supply of Electricity, Heat, Gas and Water	93	35.8
建筑业	Construction	801	25.7
批发和零售业	Wholesale and Retail Trades	2223	37.0
交通运输、仓储和邮政业	Transport, Storage and Post	398	31.4
住宿和餐饮业	Hotels and Catering Services	582	35.4
信息传输、软件和信息技术服务业	Information Transmission, Software and Information Technology	174	73.1
金融业	Financial Intermediation		
房地产业	Real Estate	1135	29.9
租赁和商务服务业	Leasing and Business Services	187	36.2
科学研究和技术服务业	Scientific Research and Technical Services	151	42.8
水利、环境和公共设施管理业	Management of Water Conservancy, Environment	40	37.0
居民服务、修理和其他服务业	Services to Households, Repair and Other Services	29	30.9
教 育	Education	46	34.8
卫生和社会工作	Health and Social Service	23	27.7
文化、体育和娱乐业	Culture, Sports and Entertainment	50	41.7

拨打互联网电话或召开视频会议 Dial Internet telephone or Hold Video Conference		在线提供产品 Provide Online Product		发布消息或即时消息 Release Messages or Instant Messages		员工培训 Staff Training		对外或对内招聘 External or Interna Lrecruitment		其　他 Other	
数　量（个）number (unit)	占使用互联网企业的比重(%) The Proportion of Enterprises Using the Internet (%)	数　量（个）number (unit)	占使用互联网企业的比重(%) The Proportion of Enterprises Using the Internet (%)	数　量（个）number (unit)	占使用互联网企业的比重(%) The Proportion of Enterprises Using the Internet (%)	数　量（个）number (unit)	占使用互联网企业的比重(%) The Proportion of Enterprises Using the Internet (%)	数　量（个）number (unit)	占使用互联网企业的比重(%) The Proportion of Enterprises Using the Internet (%)	数　量（个）number (unit)	占使用互联网企业的比重(%) The Proportion of Enterprises Using the Internet (%)
3555	**10.2**	**4825**	**13.9**	**10982**	**31.6**	**8706**	**25.0**	**13434**	**38.6**	**10745**	**30.9**
3162	9.4	4643	13.8	10501	31.1	8262	24.5	12789	37.9	10441	30.9
88	13.9	63	9.9	243	38.3	205	32.3	193	30.4	207	32.6
21	7.3	17	5.9	48	16.7	52	18.1	41	14.2	104	36.1
8	12.7	9	14.3	21	33.3	23	36.5	26	41.3	21	33.3
1	10.0			2	20.0	2	20.0	1	10.0	2	20.0
1297	13.7	1230	13.0	3405	35.9	2808	29.6	3875	40.8	3062	32.3
199	22.3	185	20.7	417	46.7	351	39.3	451	50.6	282	31.6
1536	6.9	3113	14.1	6299	28.5	4764	21.5	8122	36.7	6703	30.3
12	5.4	26	11.8	66	29.9	57	25.8	80	36.2	60	27.1
159	35.2	70	15.5	202	44.7	193	42.7	270	59.7	129	28.5
234	37.9	112	18.2	279	45.2	251	40.7	375	60.8	175	28.4
30	7.1	27	6.4	69	16.4	77	18.2	88	20.9	112	26.5
1656	9.9	2985	17.9	5122	30.8	3736	22.4	6565	39.4	4501	27.0
92	35.4	12	4.6	136	52.3	115	44.2	102	39.2	68	26.2
164	5.3	137	4.4	962	30.9	952	30.6	1192	38.3	1235	39.7
687	11.4	772	12.9	1761	29.3	1566	26.1	2045	34.1	1844	30.7
114	9.0	65	5.1	339	26.7	267	21.0	307	24.2	445	35.1
108	6.6	243	14.8	440	26.7	402	24.4	627	38.1	574	34.9
114	47.9	107	45.0	156	65.5	148	62.2	171	71.8	94	39.5
410	10.8	293	7.7	1407	37.0	986	25.9	1695	44.6	1373	36.1
68	13.2	73	14.1	224	43.4	162	31.4	227	44.0	196	38.0
50	14.2	31	8.8	153	43.3	126	35.7	161	45.6	107	30.3
13	12.0	17	15.7	40	37.0	29	26.9	51	47.2	43	39.8
8	8.5	11	11.7	25	26.6	18	19.1	34	36.2	29	30.9
10	7.6	11	8.3	56	42.4	54	40.9	58	43.9	48	36.4
8	9.6	5	6.0	31	37.3	28	33.7	50	60.2	35	42.2
23	19.2	36	30.0	61	50.8	40	33.3	61	50.8	41	34.2

中国统计出版社最新图书简目

(仅供参考,以实际出版为准)

统计资料

中国统计年鉴　中国统计摘要　中国发展报告
中国经济普查年鉴2013　国际统计年鉴　金砖国家联合统计手册
中国-东盟国家统计手册　中国区域经济统计年鉴　中国县域统计年鉴
中国城市统计年鉴　中国农村统计年鉴　中国地区经济监测报告
中国贸易外经统计年鉴　中国对外直接投资统计公报　中国商品交易市场统计年鉴
大中型批发零售和住宿餐饮企业统计年鉴　中国零售和餐饮连锁企业统计年鉴　中国住户调查年鉴
中国价格统计年鉴　中国农产品价格调查年鉴　全国农产品成本收益资料汇编
中国环境统计年鉴　中国能源统计年鉴　国外资源、能源和环境统计资料汇编
中国工业统计年鉴　中国建筑业统计年鉴　中国房地产统计年鉴
中国城市建设统计年鉴　中国城乡建设统计年鉴　中国第三产业统计年鉴
中国证券期货统计年鉴　中国科技统计年鉴　中国高技术产业统计年鉴
工业企业科技活动资料　中国劳动统计年鉴　中国人口和就业统计年鉴
中国人才资源统计报告　中国社会统计年鉴　中国文化及相关产业统计年鉴
文化及相关产业统计概览　中国教育经费统计年鉴　中国民政统计年鉴
中国民族统计年鉴　中国工会统计年鉴　中国残疾人事业统计年鉴
中国妇女儿童状况统计资料（英）　中国乡镇街道行政区域简册

省级综合统计年鉴系列

北京 天津 河北 山西 内蒙古 辽宁 吉林 黑龙江 上海 江苏 浙江 安徽 福建 江西 山东 河南 湖北 湖南
广东 广西 海南 重庆 四川 贵州 云南 西藏 陕西 甘肃 青海 宁夏 新疆 新疆生产建设兵团

市(县)级综合统计年鉴系列

天津滨海新区 石家庄 唐山 邯郸 保定 沧州 邢台 廊坊 承德 衡水 秦皇岛 张家口 太原 大同 阳泉 长治 晋城
朔州 晋中 运城 忻州 临汾 呼和浩特 呼和浩特新城区 鄂尔多斯 包头 沈阳 大连 长春 四平 哈尔滨 齐齐哈尔
黑龙江垦区 上海浦东新区 南京 无锡 徐州 常州 苏州 南通 连云港 淮安 盐城 扬州 镇江 泰州 宿迁 江阴
丹阳 杭州 宁波 温州 嘉兴 绍兴 金华 衢州 舟山 台州 丽水 合肥 安庆 马鞍山 福州 厦门 宁德 南昌 九江
上饶 新余 抚州 济南 青岛 枣庄 滕州 郑州 洛阳 平顶山 三门峡 南阳 商丘 济源 武汉 十堰 荆州 宜昌 荆门
咸宁 长沙 广州 深圳 惠州 东莞 南宁 柳州 桂林 来宾 海口 三亚 成都 贵阳 昆明 西安 兰州 庆阳 银川
乌鲁木齐 兵团一师 兵团十师

调查年鉴系列

天津 山西 内蒙古 辽宁 吉林 上海　福建 河南 湖北 湖南 广西 重庆　四川 云南 甘肃 宁夏 新疆

“十二五”规划教材

统计学（经济管理类专业本科适用，单薇 等）　抽样调查理论与方法（冯士雍 等）
贝叶斯统计（茆诗松 等）　统计学（黄良文 等）　试验设计（茆诗松 等）
统计学：从数据到结论（吴喜之）　医学统计学（于浩）　统计学（经济、管理类专业基础教材，张小斐）
概率论与数理统计三十三讲（魏振军）　概率论与数理统计三十三：学习指导与习题解答（魏振军）
非参数统计（吴喜之 等）　统计学：经济与管理中的数据分析（李慧云 等）
卫生管理统计学（新编医学院校基础课教材，尚磊）　医院统计学（新编医学院校基础课教材，徐天和 等）
社会统计学（蒋萍 等）　现代金融投资统计分析（李腊生 等）
国民经济核算初级教程（经济类、统计类、管理类专业适用，蒋萍 等）

重点图书

图解中国经济2015　新编英汉汉英统计大词典　中华医学统计百科全书
挑大学选专业2016—考研择校指南　挑大学选专业2015—高考志愿填报指南